中华人民共和国史编年

2017年卷

当代中国研究所　中央档案馆 编

《中华人民共和国史编年》2017年卷编写组

执行主编　武　力

副 主 编　徐　成　王凤环

撰 稿 人　（按姓氏笔画为序）

陈希驰　徐　成　章舜粤　戴燕军

目 录

正 文

附 录

凡　例

一 《中华人民共和国史编年》（简称《国史编年》）是以编年体全面反映中华人民共和国各个领域重大史事的资料书，旨在为研究中华人民共和国史提供翔实可靠的史料，同时也为国内外读者查阅有关中华人民共和国史的资料提供方便。

二　举凡涉及中华人民共和国政治、经济、文化、科技、教育、卫生、民族、社会、人口、宗教、疆域、地理、区划、灾害、气候、生态、资源、军事、国防、外交等方面的大事，均在编写之列。

三 《国史编年》为多卷本，自1949年起，每年独立成卷，采用纲目体编写。

四 《国史编年》由纲文、目文、注释、附录等部分组成。部分条目史事简单，将纲目合一，仅以纲文记事。与纲目文内容相关的重要文献或史料，分别以文献或附录形式附在纲文或目文之后，并标明资料来源。对纲目文涉及的人名、地名等，作必要注释。注释采用页末脚注。

五 《国史编年》条目采自原始的或权威的资料，凡对某一事件有两种或两种以上说法的，在经过认真考证后，采用相对准确的说法，并用注释加以说明。

六 《国史编年》条目以时间先后为序，逐日排列。难以确定具体日期的，视具体情况分别标以上旬、中旬、下旬，月初、月底，或月、季、上半年、下半年。

七　在编写《国史编年》的条目时，原则上一事一条，遇有重大事件或一件事始终时间间隔较长的，可以出两个条目。

八 《国史编年》对各种机构、会议的称谓，凡文字较多的，在文内用简称，并在附录中附有该机构的全称与简称对照表。

九 《国史编年》采用1986年经国务院批示由国家语言文字工作委员会重

新发表的《简化字总表》，以及1988年由国家语言文字工作委员会和新闻出版署发布的《现代汉语通用字表》收录的汉字。

十 《国史编年》所用数字，除习惯用法或特殊用法以汉字标示外，一般用阿拉伯数字。文献中的数字遵从原文中的用法。

十一 《国史编年》中的人物在加注时，凡中国人，只注明生卒年（不详者空缺备考）、民族、籍贯、时任职务（兼数职者注主要职务）。凡外国人，取其标准译名，只注国别和时任职务。

十二 凡条目所涉及的内容在本卷或之前各卷中有相关内容的，凡编者认为有必要提示的，在该条目中用括号标注：参见本卷某月某日，或《国史编年》某某年卷某月某日。

十三 《国史编年》每卷在目录后面均置：（1）《凡例》，说明《国史编年》的体例；（2）《本卷编辑说明》，概述该年基本历史脉络、特点、主要资料来源、未尽事宜和作者分工。

《中华人民共和国史编年》编委会

2019年5月30日

本卷编辑说明

本卷为《中华人民共和国史编年》2017年卷，起止时间为2017年1月1日至12月31日。

2017年中国政治生活中的重大事件，是中国共产党召开了第十九次全国代表大会。大会提出新时代党的建设总要求并作出了“中国特色社会主义进入新时代”的重大判断，大会把“习近平新时代中国特色社会主义思想”写入党章，成为引领中华民族沿着中国特色社会主义道路坚定前行的指导思想。

2017年，中国共产党在加强自身建设方面，贯彻落实“全面从严治党”战略部署，加强党风廉政建设和反腐败斗争，继续推动《关于新形势下党内政治生活的若干准则》贯彻执行；深入推进“两学一做”学习教育常态化制度化；纠正“四风”不止步，作风建设永远在路上；坚决查处和纠正违法违规行为，严厉惩处腐败分子，反腐败斗争压倒性态势已经形成并巩固发展；中共中央发布《中国共产党工作机关条例（试行）》《关于加强新形势下党的督促检查工作的意见》《中国共产党党务公开条例（试行）》《中国共产党巡视工作条例》《领导干部报告个人有关事项规定》《领导干部个人有关事项报告查核结果处理办法》等规章制度，全面推进党内制度建设，夯实全面从严治党的制度基础。

2017年在法制建设方面，人大常委会制定了红十字会法、民法总则、国家情报法、核安全法、国歌法、公共图书馆法、烟叶税法、船舶吨税法，修改了企业所得税法、水污染防治法、民事诉讼法等32件次。

2017年是实施“十三五”规划的重要一年。这一年，面对复杂多变的国际国内形势，中国经济继续保持了6.9%的增长速度，居民收入增长7.3%；城镇新增就业1351万人，年末城镇登记失业率3.90%，比2016年末下降0.12个百分点，为多年来最低；社会养老保险已经覆盖9亿多人，基本医疗保险已经覆盖13.5亿人；1000多万农村贫困人口实现脱贫，其中340万贫困人口实现易地扶贫搬迁，各类棚户区改造开工数量提前完成600万套目标任务；国有企业效益明显好转，2017年利润增长23.5%；财政收入增长7.4%，扭转了增速放缓态势；进出口增长14.2%，实际使用外资1363亿美元，创历史新高；出境旅游14273万人次，增长5.6%。城乡居民生活水平有新的提高。

2017年改革开放和经济社会发展等各项工作实现了预期目标，稳中有进，各领域工作和成效主要表现在以下几个方面：

着力创新和完善宏观调控，经济运行保持在合理区间。广义货币M2增长8.2%，社会融资规模存量增长12%。企业效益明显改善，全年规模以上工业企业实现利润7.52万亿元，增长21%，增速比上年加快12.5个百分点。全年社会消费品零售总额增长10.2%，最终消费支出对经济增长的贡献率达到58.8%。全社会固定资产投资增长7%。民生、高技术、工业技术改造等领域投资保持较快增长，高技术制造业、装备制造业投资分别增长17%和8.6%。

深入推进供给侧结构性改革，发展质量和效益不断提升。“三去一降一补”成效明显。钢铁、煤炭去产能年度目标任务超额完成，“地条钢”全面取缔，淘汰停建缓建煤电产能6500万千瓦。商品房待售面积比上年末下降15.3%。规模以上工业企业资产负债率下降0.6个百分点。全年为各类市场主体减负超过1万亿元。生态保护和环境治理业、水利管理业、农业投资分别增长23.9%、16.4%和16.4%，快于全部投资16.7个、9.2个和9.2个百分点。“中国制造2025”加快落实，制造业创新中心、工业强基、绿色制造、智能制造等重大工程稳步实施，机械装备、石化医药、冶金建材、新材料、轻纺等产业转型升级步伐加快。服务业增加值增长8%，对经济增长的贡献率达到58.8%，比上年提高1.3个百分点。172项重大水利工程已累计开工122项，其中2017年新开工16项。全年铁路建设完成投资超过8000亿元，公路水路完成投资超过2万亿元，民航完成投资825亿元。多式联运加快发展，集装箱铁水联运量增长20%以上。

大力实施创新驱动发展战略，经济发展新动能加速成长。全国研究与试验发展经费投入强度达到2.12%，科技进步贡献率提高到57.5%。一批重大科技成果涌现，“慧眼”卫星成功发射运行，C919大型客机首飞，量子计算机研制取得重大突破，首艘国产航母顺利下水，海域可燃冰首次试采成功；全面创新改革试验深入推进，169 项先行先试改革举措全面启动，其中 13 项改革举措向全国推广。“科技创新 2030—重大项目”启动实施。17 家国家自主创新示范区、156 家国家高新区形成区域创新发展的核心载体和重要引擎。新支持 92 个国家双创示范基地建设，建成 4298 家众创空间、3255 家科技企业孵化器和 400 余家企业加速器。全年新登记企业达到 607.4 万户，增长 9.9%，日均新登记企业达到 1.66 万户。规模以上高技术制造业、工业战略性新兴产业和装备制造业增加值分别增长 13.4%、11% 和 11.3%，比规模以上工业增加值增速快 6.8 个、4.4 个和 4.7 个百分点。“互联网 +”行动深入推进，推动实体经济振兴和加快转型升级。高铁网络、电子商务、共享经济、移动支付、基因检测等走在世界前列。移动宽带用户普及率达到 81.4%。全年网上零售额达 7.18 万亿元，增长 32.2%。“十三五”国家战略性新兴产业发展规划全面落实。

全面深化经济体制改革，经济社会发展活力进一步释放。全年共削减国务院部门行政许可事项和中央指定地方实施行政许可事项 127 项，市场准入负面清单制度试点扩大至 15 个省份；集中修订了 12 部法律法规，核准项目前置要件精简为 2 项；初步实现 71 个部门、32 个地方“网络通”，16 个重点领域“数据通”“业务通”。

以“一带一路”建设为重点，开放型经济新体制稳步健全。中欧班列 2017 年开行 3673 列。全年非金融类境外直接投资 1201 亿美元。

深入推进城乡区域协调发展，新增长点增长极增长带加快培育。西部大开发“十三五”规划印发实施，西部地区全年新开工重点工程 17 项，总投资 4941 亿元；雄安新区正式设立，京津冀协同发展迈出重要步伐。

加强能源资源节约和生态环境保护，绿色发展取得新进展。单位国内生产总值能耗和二氧化碳排放量分别下降 3.7% 和 5.1%，万元国内生产总值用水量下降 5.6%，完成全年目标。完成京津冀 3 省（市）、长江经济带 11 省（市）和宁夏回族自治区共 15 省份生态保护红线划定工作。

着力保障和改善民生，人民生活水平进一步提升。中央财政补助地方专项扶贫资金增长 30.3%。安排中央预算内投资 244 亿元、中央财政贷款贴息资金 72.49 亿元用于易地扶贫搬迁，贫困发生率降至 3.1%。

中央军委在朱日和联合训练基地阅兵，纪念中国人民解放军建军90周年。还举行了纪念全民族抗战爆发80周年仪式和南京大屠杀死难者国家公祭仪式。香港回归祖国20周年时，习近平去香港视察。

中国特色大国外交卓有成效。中国成功举办了“一带一路”国际合作高峰论坛，形成各国合力推动“一带一路”建设的国际共识，编织起以亚欧大陆为中心，辐射各大陆、连接各大洋的合作网络。中国成功化解中印在洞朗地区的对峙事件，在坚定捍卫国家主权的同时，也保持了中印两国正常的国家关系，为维护地区稳定和世界和平作出了贡献。习近平主席成功主持了金砖国家领导人厦门会晤和新兴市场国家与发展中国家的对话会，开启了金砖合作的第二个“金色十年”，也构建起了具有全球影响的南南合作新平台。习近平主席在达沃斯世界经济论坛年会和联合国日内瓦总部发表了重要演讲，发出推进经济全球化进程再平衡、共同构建人类命运共同体的时代强音。中美元首一年之内3次会晤，多次通话通信，为新时期的中美关系确定发展方向、打造对话平台，致力于在相互尊重、互利互惠基础上实现中美关系稳定发展。中俄元首5次会晤，双方务实合作增势强劲，就维护全球战略稳定紧密配合，中俄全面战略协作向着更高水平、更宽领域迈进。中欧关系稳中有进，各领域的交流与互利合作进一步地拓展。党的十九大后，国家主席习近平首次出访越南、老挝两个邻国，传递出构建周边命运共同体的明确信号。国务院总理李克强出席东亚合作领导人系列会议，推动中国、东盟关系从成长期迈向成熟期。

在取得上述成绩的同时，中国经济社会发展中还存在不少困难和问题。发展不平衡不充分的一些突出问题尚未解决。经济增长内生动力还不够足，创新能力还不够强，发展质量和效益不够高，一些企业特别是中小企业经营困难，民间投资增势疲弱，部分地区经济下行压力较大，金融等领域风险隐患不容忽视。脱贫攻坚任务艰巨，农业基础仍然薄弱，城乡区域发展和收入分配差距依然较大。重特大安全生产事故时有发生。在空气质量、环境卫生、食品药品安全和住房、教育、医疗、就业、养老等方面，群众还有不少不满意的地方。政府职能转变还不到位。政府工作存在不足，有些改革举措和政策落实不力，一些干部服务意识和法治意识不强、工作作风不实、担当精神不够，形式主义、官僚主义不同程度存在。群众和企业对办事难、乱收费意见较多。一些领域不正之风和腐败问题仍然多发。这些问题，都有待于今后着力解决。

本卷在编写过程中，依据和参考文献的主要来源为《习近平谈治国理政》第二卷、《十八大以来重要文献选编》中册、《党的十九大报告辅导读本》、《十八大以来新发展新成就》、《国务院公报》、《中国统计年鉴》、《人民日报》、《光明日报》、《经济日报》、中国共产党新闻网、中国政府网、中国人大网、中国政协网、中华人民共和国最高人民法院网、中华人民共和国最高人民检察院网、新华网、人民网及国务院各部委网站等。

本卷在编写过程中，武力、王凤环、徐成参加了统稿工作，吴文红参与了资料整理和编辑工作，王绍忠、焦东华、纪国伟等参加了审定稿工作。

本卷撰稿人的分工如下：徐成：1 月 1 日—5 月 31 日，11 月 1 日—12 月 31 日；陈希驰：6 月 1 日—6 月 30 日；戴燕军：7 月 1 日—10 月 30 日；章舜粤：附录。

本卷编写组

正 文

1 月

1月1日

［纲　文］　**国家主席习近平就中国正式接任金砖国家主席国致信俄罗斯总统普京、南非总统祖马、巴西总统特梅尔、印度总理莫迪。**

［目　文］　习近平向四国领导人介绍中方担任主席国期间推进金砖国家合作进程的设想。习近平指出，中国将于2017年9月在福建省厦门市举办金砖国家领导人第9次会晤。在各成员国共同努力下，金砖国家合作成功走过了第一个十年，在政治、经济、人文等诸多领域结出丰富成果。领导人会晤进程不断迈出新步伐，为金砖国家合作注入新的动力。金砖国家堪称新兴市场国家和发展中国家合作的典范，为各成员国人民带来福祉，为促进世界经济增长、完善全球治理、推动国际关系民主化作出重要贡献。2017年，金砖国家合作将开启第二个十年。展望未来，金砖国家合作将取得更大发展，也将在国际事务中发挥更大作用。当前，全球挑战突出，国际形势中不确定、不稳定因素增加，金砖国家要加强团结合作，维护共同利益。作为2017年金砖国家主席国，中方期待同各成员国一道，围绕“深化金砖伙伴关系，开辟更加光明未来”的主题，凝聚合作共识，规划合作蓝图。为此，希望厦门会晤重点在以下方面取得进展：一是深化务实合作，促进共同发展；二是加强全球治理，共同应对挑战；三是开展人文交流，夯实民意基础；四是推进机制建设，构建更广泛伙伴关系。中方将秉持开放包容、合作共赢的金砖精神，同各成员国携手并肩，推动厦门会晤取得成功，推动金砖国家合作迈上新的台阶。

金砖国家合作机制成立于2006年。自2009年首次领导人会晤以来，迄今已举行8次领导人会晤。习近平在新年伊始致信其他金砖国家领导人，正式拉开2017年金砖国家“中国年”的大幕，标志着中国作为金砖国家主席国的工作已经全面启动。

1月1日

［纲　文］　**中共中央、国务院印发《关于深入推进农业供给侧结构性改革加快培育农业农村发展新动能的若干意见》。**

［目　文］　《意见》由六个部分组成：一、优化产品产业结构，着力推进农业提质增效。二、推行绿色生产方式，增强农业可持续发展能力。三、壮大新产业新业态，拓展农业产业链价值链。四、强化科技创新驱动，引领现代农业加快发展。五、补齐农业农村短板，夯实农村共享发展基础。六、加大农村改革力度，激活农业农村内生发展动力。

《意见》指出，各级党委和政府必须始终坚持把解决好“三农”问题作为全党工作重中之重不动摇，重农强农调子不能变、力度不能减，切实把认识和行动统一到中央决策部署上来，把农业农村工作的重心转移到推进农业供给侧结构性改革上来，落实到政策制定、工作部署、财力投放、干部配备等各个方面。要深入贯彻党的十八届六中全会精神，切实增强“四个意识”，将全面从严治党要求落实到农村基层，严格落实农村基层党建工作责任制，坚持整乡推进、整县提升，切实加强农村基层党组织建设，全面规范农村基层党组织生活，持续整顿软弱涣散村党组织，选好管好用好农村基层党组织带头人，实行村党组织书记县级备案管理，强化村级组织运转经费保障，发展壮大村级集体经济。扎实推进抓党建促脱贫攻坚工作，充分发挥村党组织第一书记的重要作用。县乡纪委要把查处侵害群众利益的不正之风和腐败问题作为主要工作任务。加强农民负担监管。完善村党组织领导的村民自治有效实现形式，加强村务监督委员会建设，健全务实管用的村务监督机制，开展以村民小组、自然村为基本单元的村民自治试点工作。深化农村社区建设试点。培育与社会主义核心价值观相契合、与社会主义新农村建设相适应的优良家风、文明乡风和新乡贤文化。提升农民思想道德和科学文化素质，加强农村移风易俗工作，引导群众抵制婚丧嫁娶大操大办、人情债等陈规陋习。强化农村社会治安管理、法律宣传教育服务和信访工作。加大“三农”工作宣传力度，为农村改革发展稳定营造良好氛围。

1月1日

［纲　文］　**《求是》杂志第1期发表习近平《在党的十八届六中全会第二次全体会议上的讲话（节选）》。**

［目　文］　《讲话（节选）》共分四个部分。第一部分，深刻阐明落实好全会精神，必须更加深入地认识和把握全面从严治党，坚定不移推进全面从严治党。第二部分，着重阐明全面加强和规范党内政治生活。第三部分，着重阐明全面落实党内监督责任。第四部分，着重阐明突出抓好领导干部特别是高级干部。

1月1日

［纲　文］　**国家主席习近平就洛伊特哈德就任2017年度瑞士联邦主席致贺电。**

1月1日

［纲　文］　**汪洋在北京市考察农业普查工作。**

［目　文］　国务院第三次全国农业普查领导小组组长汪洋在北京市顺义区高丽营镇一村，与普查员走进农家院，了解农业普查现场登记过程，看望慰问普查对象和普查人员时强调，现场登记是农业普查的中心环节，直接决定着整个普查的数据质量和工作进度。要严格按照普查方案和各项工作细则、工作流程的要求，一丝不苟地做好现场登记，确保普查对象不重不漏、登记信息准确完整、原始数据真实可信。各普查机构和普查人员要依法保护普查对象的合法权益，对普查取得的资料严格保密，不得作为实施任何处罚和是否享受惠农政策的依据。农村居民和农业生产经营单位要积极依法履行义务，主动配合普查，如实提供有关情况和资料。

1月1日是第三次全国农业普查现场登记工作全面展开的起始之日。第三次全国农业普查现场登记工作于2017年3月底前完成，全国500万普查人员使用手持移动采集终端，逐村、逐户、逐单位完成对2亿多农户和300多万个单位基础数据的采集。

1月1日

［纲　文］ **国家海洋局本日起发布南沙永暑、渚碧、美济三大岛礁海洋环境预报。**

［目　文］ 国家海洋局对三大岛礁的海洋气象和水文观测，涵盖了逐小时的风向风速、气温、气压、湿度、降水、能见度、潮汐、海温、盐度、浪高、浪向、波周期等观测要素；对海洋环境的监测包括pH值、溶解氧、水色、透明度等要素。海啸地震观测和专项海洋生态环境监测将在下一步开展。对南沙三大岛礁海洋环境预报，主要涵盖波浪、潮汐、海温、风、热带气旋，72小时预报及海洋灾害警报等内容。

1月2日

［纲　文］ **国家主席习近平、国务院总理李克强就土耳其发生严重枪击事件分别向土耳其总统埃尔多安、总理耶尔德勒姆致慰问电。**

1月2日

［纲　文］ **中共中央办公厅、国务院办公厅印发《关于深化国有企业和国有资本审计监督的若干意见》。**

［目　文］ 《意见》指出，深化国有企业和国有资本审计监督，要围绕国有企业、国有资本、境外投资以及国有企业领导人员履行经济责任情况，做到应审尽审、有审必严。要完善国有企业和国有资本审计监督体制机制，做到国有企业、国有资本走到哪里，审计就跟进到哪里，不留死角。国有企业主要领导人员要切实履行整改第一责任。国有资产监管等部门对审计发现移送的重大问题，要依纪依法依规处理，严肃追责问责，将审计结果及整改情况作为考核、任免、奖惩的重要依据。

《意见》要求，各级国有资产监管机构要依法依规履行监管职责，组织做好对国有企业的内部审计工作。地方各级党委和政府要统一思想，切实加强对国有企业和国有资本审计工作的组织领导，结合实际做好安排部署，明确目标任务，完善保障措施，强化督促落实，确保审计工作有序实施、取得实效。

1月3日

［纲　文］ **张高丽主持召开国务院食品安全委员会第4次全体会议，习近平作出指示。**

［目　文］ 中共中央总书记习近平指示指出，民以食为天，加强食品安全工作，关系我国13亿多人的身体健康和生命安全，必须抓得紧而又紧。这些年，党和政府下了很大气力抓食品安全，食品安全形势不断好转，但存在的问题仍然不少，老百姓仍然有很多期待，必须再接再厉，把工作做细做实，确保人民群众“舌尖上的安全”。各级党委和政府及有关部门要全面做好食品安全工作，坚持最严谨的标准、最严格的监管、最严厉的处

罚、最严肃的问责，增强食品安全监管统一性和专业性，切实提高食品安全监管水平和能力。要加强食品安全依法治理，加强基层基础工作，建设职业化检查员队伍，提高餐饮业质量安全水平，加强从“农田到餐桌”全过程食品安全工作，严防、严管、严控食品安全风险，保证广大人民群众吃得放心、安心。

国务院总理李克强作出批示指出，食品安全是全面建成小康社会的重要标志。2016年，各级食安委及成员单位做了大量工作，取得了积极成效。谨向同志们致以诚挚问候！新的一年，面对依然复杂严峻的食品安全形势，要认真贯彻党中央、国务院决策部署，把保障食品安全放在更加突出的位置，完善食品安全监管体制机制，大力实施食品安全战略。要切实发挥食安委统一领导、食安办综合协调作用，坚持源头控制、产管并重、重典治乱，夯实各环节、各方面的责任，着力提高监管效能，凝聚社会共治合力，进一步治理“餐桌污染”，推动食品安全形势持续改善，不断提高人民群众满意度和获得感。

会议主要内容是：学习习近平指示和李克强批示精神，全面总结2016年食品安全工作，研究部署2017年重点工作。国务院食品安全委员会副主任汪洋出席会议并讲话。国务院食品安全委员会成员单位、有关部门负责人参加会议，食品安全委员会专家委员会有关专家列席会议。

国务院食品安全委员会主任张高丽指出，保障食品安全是全面建成小康社会的迫切需要，是推进供给侧结构性改革的重要举措。要加快完善食品安全标准体系，抓紧制定一些急需的标准，推动食品安全标准与国际标准对接，用最严谨的标准为食品安全提供基础性制度保障。要坚持源头严防、过程严管、风险严控，对生产经营过程采取彻查隐患、处罚到人、公开信息的综合措施，用最严格的监管守住不发生系统性区域性食品安全风险的底线。要完善食品安全行政执法程序，严格落实食品安全法有关规定，完善办理危害食品安全刑事案件的司法解释，推动掺假造假行为直接入刑，用最严厉的处罚坚决遏制和打击违法犯罪行为。要不折不扣落实食品安全责任制，研究制定食品安全工作问责办法，用最严肃的问责推动各地区各部门切实依法履职尽责。要把餐饮食品安全作为一项重大民生工程来抓，全面治理“餐桌污染”，提高餐饮业质量安全水平。

1月3日

［纲　文］ **国务院印发《全国国土规划纲要（2016—2030年）》。**

［目　文］ 《纲要》共10章。主要有基本形势、总体要求、战略格局、集聚开发、分类保护、综合整治、联动发展、支撑保障、配套政策、纲要实施等部分内容。

《纲要》要求，各地区、各部门要尽快组织开展省级国土规划编制工作，调整完善资源环境、产业、投资、财税等相关规划和政策法规，建立部门协调和监督检查机制，全面推进各项工作。

1月3日

［纲　文］ **国务院办公厅印发《“菜篮子”市长负责制考核办法》，自2017年1月3日起施行。**

1月3日

［纲　文］ **工业和信息化部印发《卫星网络申报协调与登记维护管理办法（试行）》。**

［目　文］ 《办法》共6章30条。主要有总则、卫星网络的申报和国内协调、卫星网络的国际协调、卫星网络的登记、卫星网络的维护、附则等内容。自2017年3月1日起施行。

1月3日

［纲　文］ **教育部办公厅印发《关于做好2017年普通高等学校部分特殊类型招生工作的通知》。**

［目　文］ 《通知》由五个部分组成：一、加强组织领导。二、严格考试安全保密管理。三、完善考生资格审核程序。四、逐步提高对考生文化课成绩的录取要求。五、严肃处理特殊类型考试招生违规行为。

《通知》要求，请各省级教育行政部门速将本通知转发至本行政区域内有关高校。普通高校艺术类专业、高水平艺术团、高水平运动队、保送生招生工作应严格按照本通知及《教育部办公厅关于做好2016年普通高等学校部分特殊类型招生工作的通知》有关工作要求执行。教育部授权各地各高校组织的单独招生、自主招生、综合评价及飞行员、国防生招生等其他特殊类型招生考试工作应参照执行。本通知未尽事宜按照现行有关招生工作规定办理。

1月3日

［纲　文］ **教育部基础教育二司发布《关于在中小学地方课程教材中全面落实“十四年抗战”概念的函》。**

［目　文］ 《函》说，根据在教材中要落实“十四年抗战概念”的精神，教育部要求对各级各类教材进行修改，在2017年春季教材中要求全面落实。请你们对中小学地方课程教材进行全面排查，凡有“八年抗战”字样，改为“十四年抗战”，并视情况修改与此相关的内容，确保树立并突出十四年抗战概念。

1月3日

［纲　文］ **中宣部在北京召开全国宣传部长会议。**

［目　文］ 中共中央书记处书记刘云山出席并讲话。国务院副总理刘延东出席会议。中宣部部长刘奇葆主持会议并作工作部署。

刘云山指出，要深入贯彻落实以习近平同志为核心的党中央各项决策部署，牢固树立政治意识、大局意识、核心意识、看齐意识，以高度政治责任感做好宣传思想工作，为迎接党的十九大胜利召开提供有力思想舆论保证。新形势新任务对宣传思想工作提出新要求。要树立高度的文化自信，坚持正确政治方向、舆论导向、价值取向。宣传思想战线要按照全面从严治党要求，加强自身党的建设，讲政治、强党性、敢担当、勇创新、严律己，推动宣传思想工作队伍强起来。各级党委要坚持党管宣传、党管意识形态，落实意识形态工作责任制，掌握工作领导权主导权。

1月3日

［纲　文］　**中国铁路总公司工作会议在北京召开。**

［目　文］　全国18个铁路局、各专业运输公司、铁道第三勘察设计院、各有关铁路公司（筹备组）、各安全监督管理特派办及总公司机关各部门、中国铁路驻外机构和境外项目机构、总公司各直属机构和在京所属各单位代表出席了会议。会议总结了2016年铁路工作，分析了面临的形势，部署了2017年重点任务，要求全路干部职工紧密地团结在以习近平同志为核心的党中央周围，解放思想，勇于担当，不忘初心，继续前进，奋力开创铁路改革发展新局面。

1月3日

［纲　文］　**刘延东在北京市考察基层医疗卫生工作。**

［目　文］　国务院副总理刘延东在北京市西城区月坛社区卫生服务中心，看望慰问基层医护人员、就诊患者，考察家庭医生签约服务、医疗联合体建设、康复治疗等情况，并与13家医院及社区卫生服务中心负责人座谈。她肯定北京市医改取得的成效，指出基层医疗卫生机构和家庭医生是守护群众健康的第一道防线，分级诊疗是服务13亿多群众看病就医的重大制度设计，要以公平可及、群众受益为目标，促进工作重心下移和资源下沉，完善制度体系。要打破区域限制，大力推进医疗联合体建设，与医保、远程医疗等相结合，构建上下贯通的分工协作机制，形成“小病在基层、大病到医院、康复回基层”的就医格局。

刘延东在真武庙六里小区的居民家中，亲切看望患病老人，询问有关情况，指出要充分发挥家庭医生优势，从老年人、孕产妇、儿童、残疾人、慢性疾病患者等重点人群入手，做实做细签约服务包。逐步将个性化健康管理、大医院绿色通道等纳入服务项目，注重与社区养老康复结合，不断提高签约服务的质量与覆盖面，让更多的老百姓获得实实在在的健康福利。

1月3日

［纲　文］　**外交部发言人介绍中方担任金砖国家主席国期间的四大重点工作。**

［目　文］　发言人表示，中国已于2017年1月1日正式接任金砖国家主席国，并将于9月在福建省厦门市主办金砖国家领导人第9次会晤。国家主席习近平在1月1日致信其他金砖国家领导人，拉开了2017年金砖国家“中国年”的大幕，标志着中国作为金砖国家主席国的工作全面启动。具体而言，中方工作有四大重点，一是以经济合作为主线，协同推进各领域务实合作，不断开创贸易投资大融合、货币金融大流通、基础设施大联通、人员文化大交流的新局面。二是就国际和地区重大问题协调行动，推动完善全球治理，共同应对全球性挑战。三是着力打造人文交流新亮点，推动金砖合作深入民心，造福人民。四是继续完善金砖合作机制，构建更广泛的伙伴关系，不断扩大金砖“朋友圈”。

1月3—4日

［纲　文］　**2017年全国文化厅局长会议在北京召开。**

［目　文］　会议的主题是：贯彻党的十八大和十八届三中、四中、五中、六中全会精神，学习贯彻中共中央总书记习近平系列讲话精神，贯彻中央关于文化建设的重大决策和2017年全国宣传部长会议精神，总结2016年文化工作，部署2017年重点任务。文化部部长雒树刚作工作报告。文化部副部长杨志今主持会议。会议期间举行了2016年度文化部优秀专家座谈会，并为优秀专家颁证。

1月4日

［纲　文］　**李克强主持召开国务院常务会议。**

［目　文］　会议主要内容是：一、决定再取消一批中央指定地方实施的行政许可并清理规范一批行政审批中介服务事项。会议决定，一是在本届政府已取消230项中央指定地方实施的行政审批事项的基础上，再取消民办学校招生简章和广告备案核准、棉花加工资质认定等53项许可，其中14项将提请全国人大常委会修法取消。下一步要抓紧对中央指定地方实施许可事项制定清单，未列入清单的一律取消。二是再取消与法律职业资格认定、铁路运输基础设备生产企业审批等有关的20项中介服务事项。积极探索将与行政审批相关的中介服务逐步改为政府购买。二、审议通过“十三五”市场监管规划，推动营造公平法治便捷透明的市场环境。会议确定，“十三五”期间，要着力营造“三个环境”。一是宽松便捷的准入环境。二是公平有序的竞争环境。三是安全放心的消费环境。三、部署创新政府管理优化政府服务，加快新旧动能接续转换。会议指出，顺应生产力发展新要求，加快培育新动能、改造提升传统动能，是促进经济结构转型和实体经济升级的重要途径。必须创新政府管理、优化政府服务，营造包容支持创业创新和推动传统产业提质增效的制度环境。

1月4日

［纲　文］　**汪洋在北京主持召开国务院旅游工作部际联席会议第4次全体会议。**

［目　文］　国务院副总理汪洋指出，要牢固树立和贯彻落实创新、协调、绿色、开放、共享发展理念，坚持稳中求进工作总基调，全面实施“十三五”旅游业发展规划，推进体制机制创新，提升融合发展能力，完善公共服务体系，切实增强旅游对稳增长、调结构、惠民生的促进作用。2016年旅游业改革发展取得可喜进展，产业规模稳步扩大，公共服务得到加强，市场秩序不断好转，经济社会综合效益进一步显现。但旅游业仍处于矛盾凸显期，一些发展“短板”依然存在，旅游业改革发展任务依然艰巨。要坚定不移地推进供给侧结构性改革，大力优化产品结构，加快发展全域旅游，更好地满足多层次多样化旅游消费需求。要完善现代旅游治理体系，深化旅游管理体制、市场监管体制、景区体制、旅行社体制、导游体制等改革，加强旅游市场综合整治，提高旅游发展质量和效益。要坚持综合产业综合抓的工作思路，加强部门协作，强化政策集成，汇聚旅游业改革发展的合力。春节是游客出行高峰期，一定要把旅游安全放在首位，落实地方政府属地管理责任、旅游企业主体责任、相关部门监管责任，认真排查各类安全隐患，切实保障广大游客

生命财产安全。

1月4日

［纲　文］　**中国昌吉（新疆）—古泉（安徽宣城）±1100千伏特高压直流输电工程跨越秦岭首基铁塔组立顺利完成。**

［目　文］　该工程是目前世界上电压等级最高、输送容量最大、输送距离最远、技术水平最先进的特高压输电工程，起点位于新疆昌吉回族自治州，终点位于安徽宣城市，全长3324公里。

1月4日

［纲　文］　**国家铁路局发布，由中国自行设计研制、拥有全面自主知识产权的中国标准动车组已获颁型号合格证和制造许可证。这标志着中国标动具备了大规模生产许可条件和上线商业运营资格。**

1月4日

［纲　文］　**吉林省通化市辉南县聚德康安养院发生火灾事故，造成7人死亡。**

［目　文］　经调查认定，火灾事故是一起较大生产安全责任事故。已对相关责任人依法依规处理。

5日，民政部下达紧急通知，要求各级民政部门要立即展开养老院（机构）安全大排查，排查内容要涵盖冬季消防安全和养老服务中的食品、卫生、意外伤害、地质、建筑工地等安全隐患，要逐家排查、逐项排查。排查发现隐患的，要责令立即整治。排查整治工作要在春节前完成，确保养老院（机构）老年人生活生命安全。

1月4日

［纲　文］　**《人民日报》报道，经中共中央批准，中共中央纪委对第十八届中央委员，天津市委原代理书记、天津市原市长黄兴国严重违纪问题立案审查。**

［目　文］　黄兴国身为中央委员，严重违反政治纪律和政治规矩、组织纪律、廉洁纪律、工作纪律和国家法律，政治上蜕变，经济上贪婪，生活上腐化，其违纪行为性质十分恶劣、情节特别严重、影响极坏，严重破坏了天津的政治生态，损害了党的事业和形象，应予严肃处理。依据《中国共产党纪律处分条例》等有关规定，经中央纪委常委会议研究并报中共中央政治局会议审议，决定给予黄兴国开除党籍处分；由监察部报请国务院批准给予其开除公职处分；收缴其违纪所得；将其涉嫌犯罪问题、线索及所涉款物移送司法机关依法处理。

2017年9月25日，河北省石家庄市中级人民法院公开宣判黄兴国受贿案，对被告人黄兴国以受贿罪判处有期徒刑12年，并处罚金人民币300万元。

1月4—5日

［纲　文］　**国家林业局在福建省三明市召开2017年全国林业厅局长会议。**

［目　文］　国家林业局副局长张永利主持会议。国家林业局局长张建龙出席并讲话。中央农村工作领导小组、国务院研究室、国家发展和改革委员会、财政部、国家开

发银行、中国农业发展银行、中央军委后勤保障部等有关方面的负责人出席会议。会议的主要任务是：学习中共中央总书记习近平系列讲话精神，贯彻落实党的十八大和十八届三中、四中、五中、六中全会以及中央经济工作会议、中央农村工作会议精神，总结2016年林业工作，分析当前林业形势，部署2017年林业任务。

1月5日

［纲　文］　**国务院批复发展改革委，同意《西部大开发“十三五”规划》。**

［目　文］　批复说，一、原则同意《西部大开发“十三五”规划》，请认真组织实施。二、《规划》实施要全面贯彻党的十八大和十八届三中、四中、五中、六中全会精神，深入贯彻习近平总书记系列重要讲话精神和治国理政新理念新思想新战略，认真落实党中央、国务院决策部署，统筹推进“五位一体”总体布局和协调推进“四个全面”战略布局，牢固树立和贯彻落实新发展理念，坚持创新驱动、开放引领，充分发挥自身比较优势，紧紧抓住基础设施和生态环保两大关键，增强可持续发展支撑能力，统筹推进新型城镇化与新型工业化、信息化、农业现代化协调发展，在推动经济转型升级、缩小区域发展差距上取得阶段性突破，在持续改善民生、促进社会和谐上取得实质性进展，在巩固边疆安全稳定、维护民族团结进步上作出更大贡献，推动西部经济社会持续健康发展，实现与全国同步全面建成小康社会的奋斗目标。三、西部地区各省、自治区、直辖市人民政府和新疆生产建设兵团要增强紧迫感，自我加压，奋发有为，依靠改革开放创新增强内生动力，结合本地实际，将《规划》确定的重大工程、重大项目、重大政策、重要改革任务与本地区经济社会发展“十三五”规划做好衔接，完善推进机制，强化政策保障，分解落实各项工作，确保目标任务如期完成，努力开创西部发展新局面。四、国务院西部地区开发领导小组各成员单位、各有关部门和单位要做好西部大开发与“一带一路”建设、长江经济带发展等重大战略的统筹衔接，在对口帮扶、财政税收、项目布局、融资服务等方面加大对西部地区的支持力度，东中部地区要进一步提升对口支援水平，形成支持西部大开发的新合力。五、国家发展改革委要加强综合协调与服务，会同有关部门和单位强化对《规划》实施情况的跟踪分析和监督检查，注意研究新情况、解决新问题、总结新经验，适时组织开展《规划》实施中期评估，推动《规划》各项目标任务落实。重大问题及时向国务院报告。

1月5日

［纲　文］　**汪洋在北京主持召开国务院防震减灾工作联席会议。**

［目　文］　会议总结回顾2016年防震减灾工作，听取2017年地震活动趋势会商分析意见，安排部署重点工作任务。

国务院副总理、抗震救灾指挥部指挥长汪洋指出，要认真贯彻落实党中央、国务院的决策部署，坚持以防为主、防抗救相结合，坚持常态减灾与非常态救灾相统一，突出灾前预防，重视风险防范，强化综合治理，统筹推进监测预报、震害防御、应急救援体系建设，不断提升全社会抵御地震灾害的综合防范能力。要清醒认识我国地震多发的国情，加强震情监视跟踪和分析研判，力争做出有减灾实效的预测预报。要立足于防大震、救大灾，认真做好应急预案和各项应急准备工作，不断提高科学决策水平和应急处置能力。深入开展城乡老旧房屋、中小学校和农村住房等抗震加固，提高地震高风险地区抗震能力。建立防震减灾宣传教育长效机制，推进防震减灾科普教育全覆盖，提升群众防灾意识和自救互救能力。各地要将防震减灾工作列入重要议事日程，确保责任到位、预案到位、措施到位、行动到位，最大限度减轻地震灾害损失。

1月5日

［纲　文］　**中宣部在北京召开推进媒体深度融合工作座谈会。**

［目　文］　中共中央政治局委员、中宣部部长刘奇葆出席会议时指出，要深入贯彻落实习近平总书记系列重要讲话精神，坚定不移推进传统媒体和新兴媒体深度融合，尽快从相“加”阶段迈向相“融”阶段，实现融为一体、合而为一，不断提高新闻舆论传播力引导力影响力公信力。推进媒体深度融合，要重点突破采编发流程再造这个关键环节，以“中央厨房”即融媒体中心建设为龙头，创新媒体内部组织结构，构建新型采编发网络。要确立移动优先战略，创新移动新闻产品，打造移动传播矩阵。要加强全媒人才培养，加强媒体融合政策保障，推动形成中央媒体为引领、省级媒体为骨干的融合传播布局。

会议期间，与会代表观摩了人民日报社“中央厨房”、新媒体中心和人民网建设情况。

1月5日

［纲　文］　**国家邮政局在北京召开2017年全国邮政管理工作会议。**

［目　文］　交通运输部部长李小鹏出席会议并讲话。国家邮政局局长马军胜做工作报告。各省（区、市）邮政管理局、副省级城市邮政管理局、国家邮政局机关各司局、直属各单位以及中国邮政集团公司和主要快递企业的负责人参加会议。会议提出，继续深化行业供给侧结构性改革，按照“打通上下游、拓展产业链、画大同心圆、构建生态圈”思路，深化业务联动，汇集社会资源，提升科技水平，提高服务质量，强化安全保障，加快转型提效，加快建成与小康社会相适应的现代邮政业，为实现“两个一百年”奋斗目标作出积极贡献。

1月5日

［纲　文］　**中央纪委通报2016年全国纪检监察机关纪律审查情况。**

［目　文］　2016年，全国纪检监察机关共接受信访举报253.8万件次，处置问题线索73.4万件，谈话函询14.1万件次，立案41.3万件，处分41.5万人（其中党纪处分34.7万人）。处分省部级干部76人，厅局级干部2700余人，县处级干部1.8万人，乡科级干部6.1万人，一般干部7.6万人，农村、企业等其他人员25.6万人。

1月5日

［纲　文］　**中央和国家机关事务工作先进集体劳动模范和先进工作者表彰大会在北京举行，中共中央政治局常委张高丽会见与会人员并讲话。**

1月5日

［纲　文］ **国家体育总局足球运动管理中心正式注销。**

［目　文］ 足球运动管理中心的注销，表明中国足协与国家体育总局正式“脱钩”，中国足球“两块牌子、一套人马”的组织构架成为历史。

1月5日

［纲　文］ **外交部部长王毅应约同美国国务卿克里通电话。**

［目　文］ 王毅表示，中美关系正处于承前启后的重要阶段，两国合作的成果来之不易，双方应共同悉心维护，把握好两国关系发展的正确方向。

克里表示，近年来，美中关系全面发展，成果丰硕。双方在推动全球经济复苏、应对气候变化、解决国际安全热点问题等领域保持了密切合作。美中关系十分重要。坚持基于美中三个联合公报的一个中国政策，是美国两党的共同立场。

1月5日

［纲　文］ **外交部发言人就韩国继续部署“萨德”表示，我们敦促有关方面停止有关部署进程，不要在错误的道路上越走越远。**

［目　文］ 有记者问：王毅外长4日会见了来访的韩国共同民主党国会议员代表团，双方就“萨德”问题交换了意见。但同时，韩国政府表示将继续推进部署“萨德”系统。中方对此有何评论？

发言人说，关于“萨德”问题，中方已多次表达关切和明确反对立场，有关方面对此是清楚的。美国在韩国部署“萨德”反导系统严重破坏地区战略平衡，损害包括中国在内的本地区有关国家战略安全利益，也不利于维护朝鲜半岛的和平与稳定。我们敦促有关方面停止有关部署进程，不要在错误的道路上越走越远。我们也希望中韩双方能通过沟通协商，找到兼顾彼此关切的妥善解决办法。

1月5日

［纲　文］ **第7届世界军人运动会组委会在北京举行成立大会。**

［目　文］ 国务院副总理刘延东、中央军委副主席范长龙出席并讲话。会上宣读了国际军事体育理事会主席艾尔西诺的贺信。中央国家机关有关部门、军队有关单位和湖北省、武汉市领导等参加会议。

刘延东在讲话中指出，第7届世界军人运动会将于2019年在中国举办，这是习近平总书记和中央军委作出的重大决策，是中国及中国军队对世界和平与国际军事体育运动的重大贡献。在新中国成立70周年、全面建成小康社会进入冲刺阶段之际举办世界军人运动会，对于展示中国成就、彰显中国形象、传播中华文化、宣传我国和平发展主张，对于推动军地合作与军民融合、增进中外军队交流与友谊具有重要意义。

范长龙指出，国家体育总局、湖北省、武汉市和军委机关有关部门等，为申办第7届世界军人运动会做了大量卓有成效的工作。组委会成立后，要准确把握这次运动会的意义和主题，以开放的理念、科学的方法、过硬的作风，努力把这次军运会办成一届有世界标准、有中国特色、有时代内涵、有综合效益的军人体育文化盛会，努力实现办赛水平一流、参赛成绩一流。要发挥世界军人运动会的窗口作用，向世界传递中国文化、讲好中国故事。坚持创新驱动，积极推进制度机制创新、军民深度融合，赋予赛会时代内涵、留下历史印记。要统筹兼顾好办赛需求和社会、经济效益，坚持勤俭办赛。要尽快健全工作机构和协调机制，细化任务清单，高标准高质量推进各项筹备工作。

国际军事体育理事会以“体育传友谊”为宗旨，世界军人运动会自 1995 年开始每 4 年举办一次。第 7 届世界军人运动会于 2015 年申办成功，2019 年 10 月在湖北省武汉市举行。这是我国第一次承办综合性国际军事体育赛事，赛会主题为“共享友谊、同筑和平”。

1 月 5 日

［纲　文］ **中国在西昌卫星发射中心用长征三号乙运载火箭，成功将通信技术试验卫星二号发射升空。这次发射是长征系列运载火箭的第 245 次飞行。**

1 月 5—6 日

［纲　文］ **国家卫生计生委在北京召开 2017 年全国卫生计生工作会议。**

［目　文］ 国务院总理李克强作出批示指出，2016 年全国卫生计生系统开拓进取，攻坚克难，在深化医改、推动基本公共卫生服务均等化、全面实施两孩政策、振兴发展中医药等方面取得了新成绩。广大卫生计生工作者要认真贯彻党中央、国务院决策部署，深入实施健康中国建设基本方略，抓住公立医院综合改革、医保支付、药品供应与价格、分级诊疗等重点，把医改向纵深推进，使群众享受更加便利、优质的医疗服务，大力发展健康产业，为更好满足群众多层次、多样化的需求，提升人民健康水平作出新的贡献。

国务院副总理刘延东批示指出，希望医疗卫生战线深入落实全国卫生与健康大会和《“健康中国 2030”规划纲要》提出的各项任务要求，加快建设五项基本医疗卫生制度，促进“三医”联动，统筹推进公共卫生、疾病防控、生育服务管理、中医药振兴、健康产业发展等各项事业，全面落实从严治党各项任务，优化健康服务供给，努力全方位、全周期保障人民健康。

国家卫生计生委副主任、国家中医药局局长王国强主持会议。国家卫生计生委主任李斌作工作报告。会议学习李克强、刘延东批示精神，全面总结 2016 年卫生计生工作，研究部署 2017 年工作。中央有关部门代表，各省、自治区、直辖市、计划单列市卫生计生委，新疆生产建设兵团卫生局、人口计生委主要负责人；中央军委后勤保障部、武警部队后勤保障部卫生局负责人，中直机关、中央国家机关人口计生委负责人参加了会议。

1 月 5—6 日

［纲　文］ **水利部在北京召开全国水利厅局长会议。**

［目　文］ 水利部部长陈雷出席会议并讲话。部分单位在大会上作了交流发言。会议主要内容是：落实党的十八大和十八届三中、四中、五中、六中全会精神，贯彻中共中央总书记习近平系列讲话精神，按照中央经济工作会议、中央农村工作会议部署，总结

2016年水利工作，分析当前水利改革发展形势，部署2017年重点任务。会议讨论了《深化农田水利改革的指导意见（征求意见稿）》。

1月5—6日

［纲　文］ **2017年中国人民银行工作会议在北京召开。**

［目　文］ 中国人民银行行长周小川出席会议并讲话。中国人民银行党委副书记易纲主持会议。各党委委员就分管工作提出要求。会议主要议程是，贯彻落实党的十八届六中全会和中央经济工作会议精神，总结2016年工作，分析当前经济金融形势，部署2017年工作。

1月6日

［纲　文］ **国家主席习近平任免驻外大使。**

［目　文］ 习近平根据全国人民代表大会常务委员会的决定任免下列驻外大使：一、免去赵宏声的中华人民共和国驻赤道几内亚共和国特命全权大使职务；任命陈国友为中华人民共和国驻赤道几内亚共和国特命全权大使。二、免去张利民的中华人民共和国驻圭亚那合作共和国特命全权大使职务；任命崔建春为中华人民共和国驻圭亚那合作共和国特命全权大使。

1月6日

［纲　文］ **国家主席习近平在北京会见吉尔吉斯斯坦总统阿塔姆巴耶夫。**

［目　文］ 习近平指出，昨天是中吉建交25周年。25年来，两国政治互信不断深化，经济合作全面推进，双边关系达到前所未有的高度。双方在涉及彼此核心利益和关切问题上相互支持，在重大国际和地区事务中保持密切沟通和协作。中吉已经成为真正的好朋友、好邻居、好伙伴。中方愿同吉方一道，认真落实双方签署的有关合作文件，打造合作亮点，推动中吉战略伙伴关系发展不断取得新成果。中吉关系发展取得巨大成就，关键在于双方始终坚持睦邻友好、相互尊重、平等互利、合作共赢原则。吉尔吉斯斯坦是古丝绸之路沿线重要国家。近年来，在双方共同努力下，两国共建“一带一路”取得积极成果。双方应加快推进重大基础设施建设项目，推进落实产能投资合作，促进两国中小企业合作，做好“一带一路”建设同欧亚经济联盟建设对接，加强在教育、科技和旅游等人文领域的合作。中方愿同吉方深化安全合作，共同打击“东突”等“三股势力”，维护两国和本地区安全稳定。中方愿继续同吉方在上海合作组织框架内密切协调和配合。

阿塔姆巴耶夫表示，吉方愿深化同中方在基础设施、农业等领域合作，积极参与“一带一路”建设，推进“一带一路”同欧亚经济联盟对接合作。吉方坚定支持中方维护自身核心利益的努力，将继续坚持奉行一个中国政策。吉方愿与中方密切安全合作，坚决打击“三股势力”。

1月6日

［纲　文］ **李克强主持召开国务院党组会议。**

［目　文］　张高丽、刘延东、汪洋、马凯、常万全、郭声琨、王勇等出席。会议主要内容是：学习贯彻中共中央总书记习近平在十八届中央纪委七次全会上的讲话精神，部署持续深入推进政府系统党风廉政建设和反腐败工作。会议决定抓紧筹备召开国务院第五次廉政工作会议。

会议指出，党的十八大以来，国务院党组按照党中央全面从严治党要求，在政府系统狠抓中央八项规定落实，坚决反对“四风”，深入开展“两学一做”学习教育，强化权力约束和源头反腐，坚持通过简政放权、放管结合、优化服务改革铲除滋生腐败土壤，严格整肃庸政懒政怠政行为，严厉查处重点领域腐败和违规违纪问题，党风廉政建设和反腐败工作取得显著成效，但仍需不断引向深入。把全面从严治党要求贯彻到政府自身建设各方面，增强政治意识、大局意识、核心意识、看齐意识，坚决维护以习近平同志为核心的党中央权威，自觉在思想上政治上行动上同以习近平同志为核心的党中央保持高度一致，不折不扣落实党中央决策部署，坚定不移落实中央八项规定，持之以恒反对“四风”，推进标本兼治，将党风廉政建设和反腐败工作持续推向纵深。

1 月 6 日

［纲　文］　**工业和信息化部公布《新能源汽车生产企业及产品准入管理规定》，自 2017 年 7 月 1 日起施行。**

1 月 6 日

［纲　文］　**工商总局公布《网络购买商品七日无理由退货暂行办法》。**

［目　文］　《办法》共 7 章 39 条。主要有总则、不适用退货的商品、退货程序、特别规定、监督检查、法律责任、附则等内容。自 2017 年 3 月 15 日起施行。

1 月 6 日

［纲　文］　**国家副主席李源潮在北京会见马尔代夫外长阿西姆。**

［目　文］　李源潮说，中马传统友好，中国将马尔代夫视为推进 21 世纪海上丝绸之路建设的重要合作伙伴。2017 年是中马建交 45 周年，希望双方保持高层交往势头，加快推进自贸谈判和中马友谊大桥等重大合作项目，扩大旅游合作和人文交流，推动中马面向未来的全面友好合作伙伴关系不断发展。阿西姆说，马尔代夫坚定奉行一个中国政策，视中国为马重要合作伙伴，愿在“一带一路”框架下扩大各领域互利合作。

5 日，外交部部长王毅在北京与阿西姆举行会谈时表示，国家主席习近平 2014 年访马，将中马关系提升为面向未来的全面友好合作伙伴关系。2017 年是中马建交 45 周年，双方要按照两国领导人设计的发展蓝图，推动中马关系取得更多新成就。阿西姆表示，马方将同中方一道努力，以建交 45 周年为契机，让马中传统友好焕发新的生机和活力。双方还就共同关心的国际和地区问题交换了意见。

1 月 6 日

［纲　文］　**环境保护部在北京召开核与辐射安全监管 2016 年度工作总结会议。**

［目 文］ 环境保护部副部长刘华出席会议并讲话。国家能源局、国防科工局、各大核电集团公司、有关行业协会学会等相关单位代表出席了会议。会上，环境保护部核与辐射安全监管一、二、三司，国际司，以及各派出机构和技术支持单位分别对2016年工作进行了总结，还部署了2017年工作。

1月6日

［纲 文］ **2017年“欢乐春节”暨中乌建交25周年音乐会在乌克兰首都基辅国家音乐厅举行。**

1月6日

［纲 文］ **《人民日报》发表题为《切实加强党的十九大代表选举工作的组织领导》的评论员文章。**

1月6—8日

［纲 文］ **中国共产党第十八届中央纪律检查委员会第七次全体会议在北京召开。**

［目 文］ 中共中央总书记习近平出席并讲话。李克强、张德江、俞正声、刘云山、王岐山、张高丽等出席会议。全会由中央纪律检查委员会常务委员会主持。全会总结2016年纪律检查工作，部署2017年任务，审议通过了王岐山代表中央纪委常委会所作的《推动全面从严治党向纵深发展，以优异成绩迎接党的十九大召开》工作报告，审议通过了《中国共产党纪律检查机关监督执纪工作规则（试行）》。会议发表了《中国共产党第十八届中央纪律检查委员会第七次全体会议公报》。全会一致认为，制定监督执纪工作规则，是纪检机关贯彻党的十八届六中全会精神，落实全面从严治党部署，带头强化自我约束，把监督执纪权力关进制度笼子，做到正人先正己的实际行动，充分表明了严格自律的担当和决心。

习近平指出，全面贯彻落实党的十八届六中全会精神，以新的认识指导新的实践，继续在常和长、严和实、深和细上下功夫，坚持共产党人价值观，依靠文化自信坚定理想信念，严肃党内政治生活，强化党内监督，推进标本兼治，全面加强纪律建设，持之以恒抓好作风建设，把反腐败斗争引向深入，不断增强全面从严治党的系统性、创造性、实效性。

1月6—7日

［纲 文］ **国家海洋局在北京召开全国海洋工作会议。**

［目 文］ 国土资源部部长姜大明出席会议并讲话。国家海洋局局长王宏作了海洋工作报告。国家海洋局副局长房建孟主持会议。来自中央国家机关相关部委有关部门负责人，沿海各省（区、市）及计划单列市海洋厅（局）长，局机关各部门、局属各单位主要负责人出席会议。会议主要内容是：传达国务院总理李克强、国务院副总理张高丽的批示。全面总结2016年工作，安排部署2017年重点任务。

姜大明强调，海洋事业是国土资源工作的重要组成部分，推进海洋事业改革发展，必须围绕建设海洋强国这个根本目标，全面提升海洋治理能力现代化水平，着力提高七种能力，推动海洋事业再上新台阶。

1月7日

［纲　文］　**国资委公布《中央企业投资监督管理办法》。**

［目　文］　《办法》共8章29条。主要有总则、投资监管体系建设、投资事前管理、投资事中管理、投资事后管理、投资风险管理、责任追究、附则等内容。自2017年1月7日起施行。国资委于2006年公布的《中央企业投资监督管理暂行办法》（国资委令第16号）同时废止。

1月7日

［纲　文］　**国资委公布《中央企业境外投资监督管理办法》。**

［目　文］　《办法》共8章32条。主要有总则、境外投资监管体系建设、境外投资事前管理、境外投资事中管理、境外投资事后管理、境外投资风险管理、责任追究、附则等内容。自2017年1月7日起施行。国资委于2012年公布的《中央企业境外投资监督管理暂行办法》（国资委令第28号）同时废止。

1月7日

［纲　文］　**国家主席习近平特使、全国政协副主席王正伟在加纳首都阿克拉出席加纳总统阿库福—阿多就职仪式。**

1月7日

［纲　文］　**《人民日报》发表题为《把握规律，巩固全面从严治党成果——一论学习贯彻习近平总书记十八届中央纪委七次全会讲话精神》的评论员文章。**

1月7—12日

［纲　文］　**外交部部长王毅对马达加斯加、赞比亚、坦桑尼亚、刚果、尼日利亚进行访问。**

［目　文］　王毅在马达加斯加塔那那利佛会见了马达加斯加总统埃里，与马达加斯加外长阿塔拉举行会谈，两国外长就共同关心的国际和地区问题交换了意见，一致同意进一步加强协调与合作，更好维护两国和发展中国家的共同利益；在赞比亚卢萨卡会见了赞比亚总统伦古，与赞比亚外长卡拉巴举行会谈；在坦桑尼亚达累斯萨拉姆会见了坦桑尼亚总理马贾利瓦，与坦桑尼亚外长马希加举行会谈；在刚果布拉柴维尔会见了刚果总统萨苏，与刚果外长加科索举行会谈；在尼日利亚阿布贾会见了尼日利亚总统布哈里，与尼日利亚外长奥尼亚马举行会谈，两国外长分别代表各自政府签署《中华人民共和国政府与尼日利亚联邦共和国政府联合声明》。

1月8日

［纲　文］　**新华社讯，中共中央办公厅、国务院办公厅印发《关于深化职称制度改革的意见》。**

［目　文］《意见》由六个部分组成：一、总体要求。二、健全职称制度体系。三、完善职称评价标准。四、创新职称评价机制。五、促进职称评价与人才培养使用相结合。六、改进职称管理服务方式。

《意见》指出，各地区各部门要充分认识职称制度改革的重要性、复杂性、敏感性，将职称制度改革列入重要议事日程，加强组织领导，狠抓工作落实。人力资源社会保障部要会同有关部门抓紧制定配套措施，分系列推进职称制度改革。各地区各部门要深入调查研究，制定具体实施方案，坚持分类推进、试点先行、稳步实施，妥善处理改革中遇到的矛盾和问题。加强职称管理法治建设，完善职称政策法规体系。加强舆论引导，搞好政策解读，做好深入细致的思想政治工作，引导广大专业技术人才积极支持和参与职称制度改革，确保改革平稳推进和顺利实施。

1月8日

［纲　文］**国务院批复新疆维吾尔自治区人民政府，同意乌鲁木齐市城市总体规划。**

［目　文］批复说，一、原则同意《乌鲁木齐市城市总体规划（2014—2020年）（2017年修订）》。二、重视城乡区域统筹发展。在《总体规划》确定的13783.1平方公里城市规划区范围内，实行城乡统一规划管理。三、合理控制城市规模。到2020年，中心城区常住人口控制在410万人以内，城市建设用地控制在513平方公里以内。四、完善城市基础设施体系。五、建设资源节约型和环境友好型城市。六、创造优良的人居环境。七、重视历史文化和风貌特色保护。要统筹协调发展与保护的关系，按照整体保护的原则，切实保护好城市传统风貌和格局。要落实历史文化遗产保护和紫线管理要求，重点保护好大小十字及建国路周边特色传统街巷、乌拉泊古城等各级文物保护单位及其周围环境。开展城市生态修复和综合环境整治，做好城市整体设计，加强对建筑高度、体量和样式的控制和引导，构建人工和自然有机结合、民族特色与现代风貌交相辉映的城市景观。八、严格实施《总体规划》。城市建设要实现经济社会协调发展，物质文明和精神文明共同进步。

批复要求，乌鲁木齐市人民政府要根据本批复精神，认真组织实施《总体规划》，任何单位和个人不得随意改变。新疆维吾尔自治区和住房城乡建设部要加强对《总体规划》实施工作的指导、监督和检查。

1月8日

［纲　文］**中国首架极地固定翼飞机“雪鹰601”成功降落南极内陆冰盖最高点，海拔4000多米的中国南极昆仑站。**

［目　文］这是南极航空史上该类机型首次飞抵这个区域。标志中国南极航空保障能力覆盖到南极内陆地区。

1月8日

［纲　文］**《人民日报》发表题为《保持定力，步步深入推进管党治党——二论学习**

贯彻习近平总书记十八届中央纪委七次全会讲话精神》的评论员文章。

1月8—14日

［纲　文］　**应全国人大常委会委员长张德江的邀请，乌拉圭国会众议院议长阿马里利亚率团访华。**

［目　文］　9日，张德江在北京与阿马里利亚举行会谈时说，希望以今天的会谈为新起点，推动双方合作不断迈向新台阶，更好服务各自发展战略、服务两国友好合作的大局。一是在政治上坚持真诚相待，巩固互信基础。双方要加强交流对话，增进对各自发展道路、政治制度、重大关切和核心利益的理解，筑牢中乌关系的政治基础。二是在经贸上坚持互利共赢，促进共同发展。双方要积极推动务实合作，加强两国合作协议的批准进程，支持商签双边自贸协定，同时要为两国开展重大项目及融资合作创造良好的法治和投资环境。三是在人文上坚持互学互鉴，深化传统友谊。四是加强治国理政交流，借鉴发展经验。双方可以结合各自经济社会发展需要，选择共同感兴趣的议题深入交流，分享经验。阿马里利亚说，乌拉圭高度重视发展乌中关系，始终坚定奉行一个中国原则。乌方期待成为"一带一路"建设的重要支点，愿与中方深挖互补优势、加强务实合作，促进共同发展。

同日，全国政协主席俞正声在北京会见阿马里利亚时说，中方赞赏乌方长期以来在台湾、涉藏、涉疆等涉及中国核心利益问题上给予理解和支持。中国全国政协愿同乌拉圭国会进一步加强往来和交流，为中乌关系发展作出更大贡献。阿马里利亚说，发展对华关系是乌方各政党、各阶层的共识。乌国会愿为推动乌中友好合作多做工作。

1月9日

［纲　文］　**国家主席习近平在北京会见津巴布韦总统穆加贝。**

［目　文］　习近平指出，中津传统友谊是在两国人民并肩争取民族解放的战斗中凝结而成的，也是由穆加贝总统和中国老一辈领导人共同缔造的，经受住了时间和国际风云变幻的考验，历久弥坚。中国永远不会忘记老朋友，中国人民珍视同津巴布韦人民的深厚情谊。中方赞赏津方在涉及中国核心利益和重大关切问题上一贯给予坚定支持，将一如既往地支持津巴布韦维护主权、安全、发展利益，支持津巴布韦人民走自主选择的发展道路。在双方共同努力下，我同穆加贝总统就发展两国关系达成的共识以及中非合作论坛约翰内斯堡峰会成果正得到积极落实。两国在基础设施建设、农业等领域的合作正在积极推进。中方愿鼓励有实力的中国企业赴津巴布韦投资兴业，扩大双方合作。中方愿同津方一道，推动两国互利合作关系不断取得新成果。

穆加贝表示，很高兴再次来到伟大的友好中国。习近平主席2015年对津巴布韦的国事访问和出席中非合作论坛约翰内斯堡峰会取得巨大成功。中国长期以来对包括津巴布韦在内非洲国家的经济社会发展给予了宝贵帮助，非洲国家正在采取积极步骤，推进落实习近平主席在约翰内斯堡峰会上宣布的中非十大合作计划。津方愿继续深化同中方在基础设施、农业等领域合作。

1月9日

［纲　文］　**中共中央、国务院在北京举行国家科学技术奖励大会。**

［目　文］　国务院副总理张高丽主持大会。习近平、李克强、刘云山、张高丽等出席大会。国务院总理李克强代表中共中央、国务院在大会上讲话。中央和国家机关及军队有关方面负责人，国家科技教育领导小组成员，国家科学技术奖励委员会委员和首都科技界代表等共约3300人参加大会。

中共中央总书记习近平向获得2016年度国家最高科学技术奖的中国科学院物理研究所赵忠贤院士和中国中医科学院屠呦呦研究员颁发奖励证书。习近平等向获得国家自然科学奖、国家技术发明奖、国家科学技术进步奖和中华人民共和国国际科学技术合作奖的代表颁奖。国务院副总理刘延东宣读了《国务院关于2016年度国家科学技术奖励的决定》。

2016年度国家科学技术奖共授奖279个项目、7名科技专家和1个国际组织。其中，国家最高科学技术奖2人；国家自然科学奖42项，其中一等奖1项、二等奖41项；国家技术发明奖66项，其中一等奖3项、二等奖63项；国家科学技术进步奖171项，其中特等奖2项、一等奖20项、二等奖149项；授予5名外籍科技专家和1个国际组织中华人民共和国国际科学技术合作奖。

同日，国务院副总理刘延东在北京会见获得2016年度中华人民共和国国际科学技术合作奖的外国专家，并向他们颁发奖章。刘延东表示，中国政府将深入实施创新驱动发展战略，构建激励创新的体制机制，实施更积极、更开放、更有效的人才引进政策，加强基础研究和原始创新，增强自主创新能力，推进大众创业、万众创新，努力早日建成创新型国家。中国政府将积极融入全球创新网络，完善科技开放合作机制，为外国高层次专家来华工作、交流创造更好条件，推动中外科技合作和产业发展实现新的突破。

获奖的专家有：德国燃烧学专家赫英郝斯、美国水文地质专家葛立夫、法国计算机专家阿布瑞尔、德国轻量化工程专家胡芬巴赫以及国际玉米小麦改良中心代表克鲁夫。科技部部长万钢，中科院院长白春礼等有关部门负责人参加会见。从1995年至今，共有106位外国专家和3个国际组织获得中华人民共和国国际科学技术合作奖。

1月9日

［纲　文］　**中共中央、国务院印发《关于加强耕地保护和改进占补平衡的意见》。**

［目　文］　《意见》由六个部分组成：一、总体要求。二、严格控制建设占用耕地。三、改进耕地占补平衡管理。四、推进耕地质量提升和保护。五、健全耕地保护补偿机制。六、强化保障措施和监管考核。

《意见》要求，各省级政府要层层分解耕地保护任务，落实耕地保护责任目标，完善考核制度和奖惩机制。耕地保护责任目标考核结果作为领导干部实绩考核、生态文明建设目标评价考核的重要内容。探索编制土地资源资产负债表，完善耕地保护责任考核体系。实行耕地保护党政同责，对履职不力、监管不严、失职渎职的，依纪依规追究党政领导责任。

1月9日

［纲　文］　**新华社讯，中共中央办公厅、国务院办公厅印发《省级空间规划试点方案》。**

［目　文］　《方案》由四个部分组成：一、总体要求。二、主要任务。三、配套措施。四、工作要求。

《方案》指出，国家层面成立由国家发展改革委牵头的试点工作部际协调机制，成员由国家发展改革委、国土资源部、环境保护部、住房城乡建设部、水利部、国家林业局、国家海洋局、国家测绘地理信息局等部门组成。各有关部门要在前一阶段工作基础上，统一思想、齐心协力、积极配合、密切协作，确保试点工作顺利进行。各试点省份党委和政府要高度重视，加强对试点工作的组织领导，建立健全相关工作机制，按照中央统一部署精心组织、细化方案，扎实高效推进各项工作。

1月9日

［纲　文］　**司法部、外交部、商务部、国务院法制办公室印发《关于发展涉外法律服务业的意见》。**

［目　文］　《意见》由五个部分组成：一、发展涉外法律服务业的重要性和必要性。二、总体要求。三、主要任务。四、主要措施。五、组织领导。

《意见》指出，司法行政部门要建立律师事务所在境外设立分支机构备案制度，加强对设立境外法律服务机构的引导和规范管理工作。

1月9日

［纲　文］　**张德江主持召开全国人大常委会党组会议。**

［目　文］　会议主要内容是：学习领会习近平总书记在十八届中央纪委七次全会上的重要讲话和全会精神，结合全国人大及其常委会实际研究部署贯彻落实工作。李建国、王胜俊、王晨、沈跃跃、吉炳轩、张平、向巴平措、艾力更·依明巴海参加会议。

会议强调，要牢固树立政治意识、大局意识、核心意识、看齐意识，坚决维护以习近平同志为核心的党中央权威，自觉站在党和国家大局上想问题、办事情，确保党中央重大决策部署在全国人大及其常委会得到贯彻落实。要把国家监察体制改革相关立法作为常委会工作的重中之重，确保党的主张通过法定程序成为国家意志，为构建集中统一、权威高效的国家监察体制提供法治保障。要认真贯彻落实党中央部署要求，切实做好十三届全国人大代表选举工作，确保换届工作正确方向，体现工人阶级领导的、以工农联盟为基础的人民民主专政的国体，确保选举工作弊绝风清，决不允许以任何形式破坏社会主义民主法治。

会议要求，要认真履行全面从严治党主体责任，坚持标本兼治，坚持以上率下，深入推进全国人大党的建设。要严把理想信念总开关，不断坚定和提高政治觉悟，让理想信念铭记于心、见之于行。要加强党内政治文化建设，依靠文化自信坚定理想信念，始终不忘初心、坚守正道。要严肃党内政治生活，严守政治纪律和政治规矩，把维护核心、向核心看齐落实到实际行动中去，落实到履职尽责的全过程和各方面。要严格贯彻执行中央八项规定精神，持之以恒改进作风，全面加强纪律建设，强化党内监督，营造良好政治生态，践行忠诚干净担当。

1 月 9 日

［纲　文］　**全国政协在北京邀请已故知名人士和党外全国政协委员夫人茶话迎春。**

［目　文］　全国政协主席俞正声出席。全国政协副主席兼秘书长张庆黎主持茶话会。中央统战部部长孙春兰，全国政协副主席李海峰、陈晓光出席。全国政协副主席杜青林在茶话会上回顾了在以习近平同志为核心的党中央坚强领导下，2016 年党和国家事业发展的重大成就，介绍了过去一年人民政协事业取得的新发展。

出席茶话会的已故知名人士和党外全国政协委员夫人有：王定国（谢觉哉夫人）、徐素芝（陈俊生夫人）、许慧君（朱光亚夫人）、师剑英（马文瑞夫人）、舒允宜（成思危夫人）、董启丰（陈锦华夫人）、谢雪萍（张学思夫人）、孔若仪（方荣欣夫人）、李玲虹（蔡子民夫人）、文洁若（萧乾夫人）、高言德（李力仁夫人）、黄浣碧（爱泼斯坦夫人）、陶君雅（赵子立夫人）、陆履仁（潘廉志夫人）、冯莉娟（郑庭笈夫人）、张祖贻（张纪域夫人）、周颖如（罗荣渠夫人）、由昆（陈景润夫人）等。

1 月 9 日

［纲　文］　**马凯在北京主持召开国家新材料产业发展领导小组第一次会议。**

［目　文］　国务院副总理、国家新材料产业发展领导小组组长马凯指出，新材料是重要的基础性、先导性产业。加快新材料产业发展是建设制造强国的迫切需要，是党中央、国务院作出的重要战略部署。要立足我国产业发展实际，着眼应对新一轮材料变革，以只争朝夕的精神，采取更加有力举措，尽快把我国新材料产业搞上去。一要坚持需求牵引、战略导向。聚焦国家重大战略亟需和产业发展瓶颈，加快发展一批关键基础材料和前沿新材料。二要坚持创新驱动、重点突破。启动实施重点新材料研发及应用重大工程，建设国家新材料创新中心，研发一批、储备一批、应用一批。三要坚持产用结合、军民融合。加快测试评价等平台建设，强化应用研发对接，抓好初期市场培育，深化军民双向转移。四要坚持市场主导、政府推动。发挥企业主体作用和市场对发展方向、路线和资源配置的导向作用。政府在简政放权、知识产权保护、市场秩序、标准建设、人才培养等方面为新材料产业发展营造良好环境。

1 月 9 日

［纲　文］　**环境保护部在北京召开长江经济带生态环境保护座谈会。**

［目　文］　会议由环境保护部副部长黄润秋主持。环境保护部部长陈吉宁出席并讲话。长江经济带沿江 11 省（市）有关负责人参加座谈会。会议内容是：总结 2016 年长江经济带生态环境保护工作进展，统筹谋划 2017 年工作目标和重点任务。

2016 年，长江经济带水质优良（Ⅰ—Ⅲ类）断面比例为 75.2%，比 2015 年提高 2.8

个百分点，劣Ⅴ类水质断面下降2.9个百分点。但同时，长江经济带生态环境保护形势依然紧迫而复杂，仍面临流域系统性保护不足，生态功能退化严重；污染物排放量大，饮用水安全保障任务艰巨；沿江化工行业环境风险隐患突出，守住环境安全底线压力大等问题。陈吉宁表示，要按照《“十三五”生态环境保护规划》和即将出台的《长江经济带生态环境保护规划》部署的各项目标任务，2017年底前，沿江11个省（市）要完成生态保护红线划定，全面建立生态保护红线制度，11个直辖市、省会城市、计划单列市建成区基本消除黑臭水体。实施以控制单元为基础的水环境质量管理，改革完善流域环境监管和行政执法体系，把河长制的建立和落实情况纳入中央环保督察，推动各地落实属地责任，健全长效机制。

1月9日

［纲　文］　**国家宗教事务局在北京召开2017年全国宗教局长会议。**

［目　文］　会议主要内容是：总结交流2016年工作，研究部署2017年工作。国家宗教局局长王作安作工作报告。他说，过去一年，在党中央的正确指导下，国家宗教局认真学习贯彻全国宗教工作会议精神，以法治的方式推进宗教工作，以创新的精神推动解决突出问题，以“三严三实”的要求着力夯实基础，各项工作取得新的进展。2017年宗教工作将切实贯彻落实新修订《宗教事务条例》，着力提高宗教工作法治化水平，着力引导我国宗教坚持中国化方向，着力解决宗教领域突出问题，着力加强宗教界自身建设，促进我国宗教领域团结稳定，把宗教界人士和信教群众团结在以习近平同志为核心的党中央周围，以优异的成绩迎接党的十九大胜利召开。

1月9日

［纲　文］　**国家统计局发布，2015年，中国国内生产总值（GDP）现价总量为689052亿元，比初步核算数增加了3546亿元；按不变价格计算，增速为6.9%。**

1月9日

［纲　文］　**中国在酒泉卫星发射中心用快舟一号甲小型运载火箭，成功发射吉林一号灵巧视频03星（吉林林业一号），同时搭载行云试验一号、凯盾一号两颗立方体星。**

［目　文］　此次任务采用纯商业发射合同组织形式，完全按市场行为运作，是快舟火箭的“商业第一单”，也是中国航天科工集团公司商业航天首发，标志着中国在商业航天领域迈出新步伐。吉林林业一号卫星是中国首颗林业卫星。

1月9日

［纲　文］　**外交部发言人就日本和韩国围绕韩国民间团体在日本驻釜山总领馆门前竖立慰安妇塑像一事外交纷争升级表示，日方须在历史认识上取信于亚洲受害国人民。**

［目　文］　发言人说，中方注意到有关事态发展。按说这是韩日两国间的纷争，但“慰安妇”问题是日本军国主义分子在二战期间对许多国家犯下的严重反人道罪行，我们觉得日本方面实在是有必要深刻反思一下，为何历史这一页始终翻不过去。日方在反省历史时，在关键问题上闪烁其词；日本领导人去珍珠港“慰灵”的同时，对日本军国主义造

成最重创伤的亚洲邻国却表现出漠视；特别是日本政要从珍珠港一回国就直接去参拜供奉着甲级战犯的靖国神社。日本领导人反省历史问题上这种避近就远、避重就轻、避实就虚的表现，很难让世人感受到日方的诚意、诚信和诚实。日方如果想放下历史包袱，就必须在历史认识上切实取信于国际社会，特别是亚洲受害国人民。

1 月 9 日

［纲　文］ **《人民日报》发表题为《标本兼治，书写反腐倡廉优异答卷——三论学习贯彻习近平总书记十八届中央纪委七次全会讲话精神》的评论员文章。**

1 月 9—10 日

［纲　文］ **国家中医药管理局在北京召开 2017 年全国中医药工作会议。**

［目　文］ 国家卫生计生委主任李斌出席并讲话。国家卫生计生委副主任、国家中医药管理局局长王国强作工作报告。来自全国各省（自治区、直辖市）、计划单列市的中医药主管部门负责人参加会议并交流讨论。

会议主要任务是：贯彻党的十八大和十八届三中、四中、五中、六中全会以及全国卫生与健康大会、中央经济工作会议精神，学习贯彻中共中央总书记习近平系列讲话精神和发展中医药的新思想新论断新要求，全面落实党中央、国务院关于中医药工作的决策部署，回顾总结 2016 年工作，适应新形势新任务，研究部署 2017 年工作，着力推动中医药振兴发展，努力为人民群众提供全方位全周期的中医药服务，为健康中国建设作出应有贡献。

1 月 9—10 日

［纲　文］ **共青团十七届六中全会在北京召开。**

［目　文］ 全会审议通过了《共青团十七届六中全会关于落实全面从严治党要求、大力推进从严治团的决议》《关于新形势下推进从严治团的规定》《共青团 2017 年工作要点》，讨论了《关于在全团集中开展“学习习总书记讲话，强化共青团员意识”主题教育实践活动的方案》。

9 日，国家副主席李源潮出席全会时指出，要贯彻落实中共中央总书记习近平重要讲话精神，以迎接党的十九大为主线，以深化共青团改革为动力，全面落实从严治团方针，团结带领广大团员青年为全面建成小康社会建功立业。

1 月 9—10 日

［纲　文］ **第 4 届台胞社团论坛在北京举行。**

［目　文］ 论坛主题为“服务乡亲、沟通两岸，促进两岸关系和平发展”。来自台湾、港澳及海外的逾 400 位台胞社团领袖达成了坚持“九二共识”、反对“台独”等五项共识。

9 日，全国政协主席俞正声在北京会见出席论坛的部分代表时指出，当前台湾当局拒不承认“九二共识”，不认同两岸同属一个中国，使两岸关系和平发展面临严峻挑战。在新形势下，广大台胞社团要继续致力于促进两岸民间融合交流和各领域深层次合作，为扩大两岸同胞的共同利益凝心聚力。俞正声提出四点意见。一是维护好两岸关系和平发展的政治基础。坚持体现一个中国原则的“九二共识”是两岸关系行稳致远的基石。希望海内外台胞社团认清“台独”的严重危害，团结起来坚决反对一切形式的“台独”分裂活动，多做有利于维护两岸关系和平发展的事。二是把握好两岸经济社会融合发展的新机遇。希望台胞社团多发挥民间沟通渠道的作用，多做符合两岸同胞共同利益的事，多做促进两岸同胞融合的事，让两岸交流合作的成果惠及更多的台湾基层民众。三是建设好两岸同胞的共同精神家园，积极弘扬中华文化。四是培育好两岸社会融合发展的新动力。我们热忱欢迎台湾年轻人来大陆交流特别是体验式交流，通过学习、就业、创业等方式加深对大陆社会的全面了解。

1月9—11日

［纲　文］　**全国文化市场管理工作会议在北京召开。**

［目　文］　会议总结2016年文化市场管理工作，根据2017年全国文化厅局长会议精神对文化市场重点工作作出安排。全国各省（区、市）和新疆生产建设兵团、各计划单列市文化市场管理部门和综合执法机构相关负责人以及文化市场有关行业协会代表参加会议。

会议认为，2016年文化市场工作围绕促进行业健康发展，确保市场规范有序，既注重执法监管，又注重行业引导，既注重督查落实，又注重对新情况及时研究制订相应政策，既注重贯彻落实统一要求，又注重因地因行业因主体施策，制度建设、转型升级、执法监管等方面工作都取得新进展。

会议提出，一是要建立健全适应简政放权和扩大开放新形势的文化市场监管制度，不断提高文化市场监管法治化水平，形成包括准入制度、行政检查与执法、信用监管、行业引导与企业自律、信息网络、政策法规体系六个主要方面的市场监管制度基本框架。二是要一着不让地加强内容和经营行为管理，加强对突出问题的专项治理，确保正确的价值观引领和主导文化产品供给，确保正常的市场秩序。运用举报监督、巡查抽查、查办大案要案、及早介入、及时引导处置等手段，加强内容和经营行为管理。加强对文化产品和服务内容的价值引导，确保文化产品供给导向正确。加强对演出市场的高票价和恶性炒作、网络文化活动中的“三俗”行为和内容，以及农村演出市场的专项治理。三是要深入推进行业转型升级，促进更多企业和场所健康规范发展。上网服务业要以城乡结合、县城乡镇为重点，文化娱乐行业要大力推动歌舞娱乐和游戏游艺场所转型升级。四是要密切关注新业态、新主体和新群体，引导健康发展，扩大积极因素。五是要加强能力建设，不断改进工作方法，着重提高把握正确导向的能力、依法治理的能力和掌握情况的能力。

本次会议还对2016年度全国文化市场十大案件和重大案件办案单位、中西部地区文化市场综合执法能力提升三年（2014—2016）行动计划先进单位进行了表扬。

1月9—11日

［纲　文］　**第15届香港国际授权展在香港举行。**

［目　文］　受权展由香港特区政府贸易发展局主办。设有6个亚洲地区展馆，包括中国内地、日本、韩国、马来西亚、泰国以及中国台湾。370家来自12个国家及地区的企业参展，展出超过900个品牌及授权项目，当中包括卡通人物、动漫、教育娱乐、艺术文化、时尚生活与服饰、餐饮授权等。文化部组织80多家来自北京、广东、四川等地的文创企业参展。

1月10日

［纲　文］　**习近平主持召开中共中央政治局常务委员会会议。**

［目　文］　会议听取全国人大常委会、国务院、全国政协、最高人民法院、最高人民检察院党组工作汇报。

会议指出，办好中国的事情，关键在党。中国特色社会主义最本质的特征是中国共产党领导，中国特色社会主义制度的最大优势是中国共产党领导。坚持党的领导首先是坚持党中央集中统一领导。坚持党中央集中统一领导，是全面从严治党、严肃党内政治生活、加强党内监督的重要目的，也是一条根本的政治规矩。要深入学习贯彻党的十八届六中全会精神，严格执行《关于新形势下党内政治生活的若干准则》《中国共产党党内监督条例》，牢固树立政治意识、大局意识、核心意识、看齐意识，坚持以党的旗帜为旗帜、以党的方向为方向、以党的意志为意志，切实把党中央重大决策部署落实到各项工作中去。

会议认为，过去的一年，全国人大常委会、国务院、全国政协、最高人民法院、最高人民检察院党组坚持党中央集中统一领导，维护党中央权威，落实全面从严治党责任，规范党内政治生活制度，强化政治领导责任，扎实开展“两学一做”学习教育。坚持围绕中心、服务大局，在贯彻落实党中央重大决策部署上凝神聚焦发力，为推进党和国家各项事业发展、实现“十三五”良好开局作出了积极贡献。过去的一年，中央书记处认真贯彻党中央决策部署，协助党中央抓全面从严治党，指导群团工作尤其是群团改革，推动一批党内法规文件制定和实施，配合办好一系列重要会议和重大纪念活动，各项工作取得了新成绩。

会议强调，2017年我们将召开党的十九大，也是实施“十三五”规划的重要一年、推进供给侧结构性改革的深化之年。全国人大常委会、国务院、全国政协、最高人民法院、最高人民检察院党组要坚决维护党中央权威，在思想上政治上行动上始终同以习近平同志为核心的党中央保持高度一致，抓好党中央重大决策部署落地生根，确保党中央令行禁止。要扎实做好党中央部署的各项工作，紧紧围绕大局履职尽责，坚持稳中求进工作总基调，着力防范和化解各种风险，促进经济平稳健康发展和社会和谐稳定。要落实全面从严治党责任，严肃党内政治生活，自觉接受党内监督和各方面监督，加强党组自身建设，不断提高党的建设水平。中央书记处要带头讲政治，坚持正确政治方向，服务大局出谋划策，突出重点抓好落实，不断提高运用科学理论解决实际问题的能力，完成好党中央交办的各项任务。

1 月 10 日

［纲　文］　**国务院印发《国家教育事业发展“十三五”规划》。**

［目　文］　《规划》由 11 个部分组成：一、以新理念引领教育现代化。二、全面落实立德树人根本任务。三、改革创新驱动教育发展。四、协调推进教育结构调整。五、协同营造良好育人生态。六、统筹推动教育开放。七、全面提升教育发展共享水平。八、着力加强教师队伍建设。九、加快推进教育治理现代化。十、加强和改进教育系统党的建设。十一、组织实施。

《规划》指出，推动各级教育行政部门定期发布教育改革发展动态和规划实施情况，及时向社会公布规划实施进展状况，主动接受家长、社会、媒体的监督，将社会各界对规划的意见和建议作为规划调整的重要依据，确保规划总体目标任务如期完成。

1 月 10 日

［纲　文］　**食品药品监管总局发布《婴幼儿辅助食品生产许可审查细则（2017 版）》。**

［目　文］　《细则》共 8 章 75 条。主要有总则、生产场所、设备设施、设备布局与工艺流程、人员管理、管理制度、试制产品检验合格报告、附则等内容。自 2017 年 1 月 10 日起施行。

1 月 10 日

［纲　文］　**国务院在北京召开全国农村集体产权制度改革电视电话会议。**

［目　文］　国务院副总理汪洋出席会议并讲话。会议主要内容是：落实《中共中央国务院关于稳步推进农村集体产权制度改革的意见》精神，动员部署今后一个时期农村集体产权制度改革工作。

汪洋指出，农村集体产权制度改革是完善农村基本经营制度、保护农民集体资产权益的重大举措。要认真贯彻落实党中央、国务院的决策部署，坚持市场经济改革方向，把实现好、维护好、发展好广大农民的根本利益作为改革的出发点和落脚点，分类有序推进改革，逐步构建归属清晰、权能完整、流转顺畅、保护严格的中国特色社会主义农村集体产权制度，促进农村集体经济发展和农民持续增收。农村集体产权制度改革是全面深化农村改革的一项重要任务，政策性强、涉及面广，必须切实加强组织领导，积极稳妥推进。要全面开展农村集体资产清产核资，科学确认农村集体经济组织成员身份，由点及面有序推进经营性资产股份合作制改革，不断发展壮大农村集体经济。要坚持农民集体所有不动摇，不能把集体经济改弱了、改小了、改垮了，防止集体资产流失；坚持农民权利不受损，不能把农民的财产权利改虚了、改少了、改没了，防止内部少数人控制和外部资本侵占。要充分尊重农民意愿，发挥农民主体作用，支持农民创新创造，把选择权交给农民，确保农民知情权、参与权、表达权、监督权，真正让农民成为改革的参与者和受益者。

1 月 10 日

［纲　文］　**刘延东考察中科院北京新技术基地。**

［目　文］　国务院副总理刘延东考察了平流层飞艇、空间实验室、遥感卫星地面站等项目研发情况，并与科技工作者座谈。她指出，2016年，中科院广大科研人员开拓进取、奋勇争先，取得了“中国天眼”射电望远镜、“墨子号”量子卫星、空间冷原子钟、煤炭清洁利用等一批重大成果，推动科技创新水平迈上新台阶。要强化高端引领，加强前沿领域战略布局和技术预判，建设高水平人才队伍和科技智库，以全球视野谋划和推动科技创新，全面提高创新源头供给能力。要强化辐射带动，支持北京、上海科技创新中心建设，推动跨区域创新合作，打造创新高地，做好科研成果转化的“大文章”。要强化服务民生，聚焦医疗健康、食品安全、污染防治等社会关切的问题加强科研攻关，开展科技扶贫，增强人民群众获得感。要落实全面从严治党要求，着力营造良好科研创新环境，以优异成绩迎接党的十九大胜利召开。

1月10日

［纲　文］　**国家统计局发布2016年12月全国居民消费价格指数（CPI）。**

［目　文］　数据显示，CPI环比上涨0.2%，同比上涨2.1%。2016年全年CPI同比上涨2.0%，涨幅比2015年扩大了0.6个百分点。

1月10日

［纲　文］　**中国社会科学院公布2016年度“六大考古新发现”。**

［目　文］　贵州贵安新区牛坡洞遗址、辽宁朝阳市半拉山红山文化墓地、湖北天门市石家河新石器时代遗址、陕西神木县石峁遗址皇城台遗迹、新疆尼勒克县吉仁台沟口青铜时代聚落遗址、河南洛阳市西朱村曹魏墓入选。新设了国外考古新发现，乌兹别克斯坦明铁佩古城遗址榜上有名。

1月10日

［纲　文］　**国家中医药管理局在北京召开全国中医药科技创新工作会议。**

［目　文］　本次会议旨在贯彻落实中共中央总书记习近平系列讲话精神和全国科技创新大会、全国卫生与健康大会精神，把科技创新放在中医药事业全局的核心位置优先发展，动员和激励广大科技工作者和中医药人员发挥积极性、创造性，统一思想、凝聚共识，明确目标、健全机制，增强自信、攻坚克难，为中医药事业振兴发展提供动力和支撑，为建设健康中国和创新型国家贡献力量。

国家卫生计生委副主任、国家中医药管理局局长王国强要求，中医药科研工作者在“十三五”期间围绕中医药传承、实践、创新三个重点领域，集中精力抓大事，整合资源攻难关。国家中医药管理局副局长于文明宣读《关于通报表彰“十二五”以来中医药领域获得国家科学技术奖励项目团队的决定》，对获得国家最高科学技术奖的屠呦呦研究员和获得国家科技进步奖、自然科学奖、技术发明奖的53个项目团队进行通报表扬。屠呦呦研究团队代表、科技部社会发展科技司司长吴远彬、工信部消费品工业司副司长吴海东作大会报告。北京市中医管理局、四川省中医药管理局、上海中医药大学附属龙华医院、江苏省中医院、广州中医药大学、中药资源普查办公室、江中制药集团等单位交流发言。

1月10日

［纲　文］ **中国交通广播正式开播。**

［目　文］ 根据中央人民广播电台与交通运输部签订的战略合作协议，双方在总结和推广“中国高速公路交通广播”示范项目经验的基础上，继续深化共建“中国交通广播”，打造能实现在城际城市连续收听、大区域同频覆盖、既联网播出又具备区域差异化信息发布的国家级应急广播平台。

1月10日

［纲　文］ **公安部消防局发布2016年全国火灾情况。**

［目　文］ 全国共接报火灾31.2万起，亡1582人，伤1065人，直接财产损失37.2亿元，与2015年相比，四项数字分别下降10.1%、16.7%、12.2%和14.6%。其中，较大火灾64起，同比减少4起、下降5.9%；未发生重大和特别重大火灾，新中国成立以来首次全年未发生一次亡10人以上的火灾。从出警总体情况看，全国消防队伍（含非现役多种形式消防队）共接警出动112.7万起，与2015年基本持平（微降0.5%），共出动人员1223.5万人次、车辆207.4万辆次，营救遇险被困人员19.2万人，抢救和保护财产价值380多亿元。

1月10日

［纲　文］ **外交部发言人表示，南海仲裁案不可能成为中国和东盟之间的问题。**

［目　文］ 菲律宾外长马赛和菲律宾副外长马纳洛近日分别表示，菲律宾担任2017年东盟轮值主席国期间，将不会把南海仲裁案裁决作为东盟会议讨论议题，由于菲方正在同中方进行双边接触，没有在东盟层面提及仲裁的必要性。

发言人说，中方对作为2017年东盟轮值主席国的菲律宾政府上述表态表示欢迎。南海问题本来也只是中国与部分东盟国家之间的问题，不是中国和东盟之间的问题。中方将继续致力于同直接有关国家通过谈判磋商和平解决南海有关争议，同东盟国家共同维护地区和平稳定。2017年是东盟成立50周年。中方一向高度重视东盟在地区事务中的重要作用，中方愿同菲方加强沟通对话，支持菲方开展好东盟轮值主席国有关工作，同东盟国家共同聚焦发展合作，妥善处理敏感问题，推动中国—东盟关系和东亚合作不断取得新进展。

1月10日

［纲　文］ **《人民日报》发表题为《认真开好民主生活会》的评论员文章。**

1月10—11日

［纲　文］ **环境保护部在北京召开2017年全国环境保护工作会议。**

［目　文］ 会议由环境保护部副部长黄润秋主持。环境保护部部长陈吉宁出席会议并讲话。各省、自治区、直辖市和副省级市、解放军和新疆生产建设兵团环境保护厅（局）长，环境保护部机关各部门，各派出机构和直属单位的主要负责人出席会议。会议主要内容是：全面贯彻党的十八大和十八届三中、四中、五中、六中全会精神，深入贯

彻中共中央总书记习近平系列讲话精神和治国理政新理念新思想新战略，总结2016年环保工作主要进展，研究落实“十三五”生态环境保护规划，安排2017年环保重点任务。2017年，一要坚决治理大气、水、土壤污染。持续推进大气污染治理，完善大气环境管理制度，部署推进O_3污染防治；加大燃煤电厂超低排放改造、散煤和小散乱污企业群治理、中小锅炉淘汰、挥发性有机物减排等工作力度；深化机动车环境管理；加强重污染天预测预报和预警会商，继续强化重污染天气应对。深入推进水污染治理，以贯彻落实“水十条”为主线，督促落实地方政府责任；配合住建部门加大黑臭水体整治力度；推进饮用水水源规范化建设；指导各地开展2.8万多个建制村的环境综合整治；各地工业集聚区要在2017年底前按规定建成污水集中处理设施，并安装自动在线监控装置。全面实施“土十条”，全面启动土壤污染状况详查，开展建设用地土壤环境调查评估，加快土壤污染防治法立法，继续推动土壤污染治理与修复技术应用试点和土壤污染综合防治先行区建设。二要深化和落实生态环保领域改革。三要加强环境法治建设。四要积极主动应对环境风险。五要加大生态保护力度。六要加强核与辐射安全监管。七要创新决策和管理方式。八要加强科技支撑和基础能力。九要加强党风廉政建设和反腐败工作。

1月10—11日

［纲　文］　**科技部在北京召开2017年全国科技工作会议。**

［目　文］　会议主要议题是：认真贯彻落实党的十八大和十八届三中、四中、五中、六中全会精神，学习贯彻中共中央总书记习近平系列讲话精神，贯彻落实全国科技创新大会精神，全面实施创新驱动发展战略，总结2016年科技工作，明确2017年工作思路，研究部署科技改革发展重点举措。会议印发了科技部党组2017年一号文件《关于贯彻落实党的十八届六中全会精神深入实施创新驱动发展战略 开启建设世界科技强国建设新征程的意见》。全国政协副主席、科技部部长万钢作工作报告，科技部副部长王志刚作总结讲话。中央和国家机关有关部门科技管理工作负责人，各地方科技厅局主要负责人，国家自主创新示范区和部分高新区负责人、民口科技重大专项实施管理办公室负责人等200多名代表参加会议。

2017年要重点做好以下十方面工作：一是加快部署实施重大科技项目，在战略必争领域把握新一轮科技竞争的制高点。二是以国家实验室为引领，打造国家战略科技力量。三是持续加强基础前沿研究，增强原始创新能力。四是深度参与全球创新治理，提升科技创新国际化水平。五是加快关键共性技术突破，推动产业向价值链中高端迈进。六是大力发展民生科技，促进民生改善和可持续发展。七是深入实施科技成果转移转化行动，推动科技型创新创业。八是打造区域创新高地，推动区域协同创新发展。九是深化改革攻坚，推动重点改革任务落实落地。十是健全激励和运行机制，激发科技人才和全社会创新积极性。

1月11日

［纲　文］　**习近平给新疆和田地区的库尔班·吐鲁木的长女托乎提汗·库尔班**

回信。

［目　文］　中共中央总书记习近平在回信中说，托乎提汗：你好！看了你的孙女如克亚木的来信，得知你年近 90 身板还很硬朗，得知你们一大家 100 多人都过上了幸福生活，我非常高兴。咱们新疆好地方，民族团结一家亲。库尔班·吐鲁木是新疆各族人民的优秀代表，我小时候就听说过他爱党爱国的故事，让人十分感动。多年来，你一直坚持你父亲爱党爱国的情怀，给后辈和乡亲们树立了榜样。希望你们全家继续像库尔班大叔那样，同乡亲们一道，做热爱党、热爱祖国、热爱中华民族大家庭的模范，促进各族群众像石榴籽一样紧紧抱在一起，在党的领导下共同创造新疆更加美好的明天。祝你健康长寿、阖家幸福，也请代问家人和乡亲们好！

20 世纪 50 年代，新疆于田县农民库尔班·吐鲁木为表达翻身得解放的感恩之情，多次想“骑着毛驴上北京看望毛主席”，后来受到毛泽东两次接见。人们亲切地称他为“库尔班大叔”。托乎提汗是库尔班的长女，近日她的孙女如克亚木·麦提赛地给习近平写信，代她表达了感谢党和政府关怀、热爱祖国、热爱新疆、热爱家乡的愿望。

1 月 11 日

［纲　文］　**李克强主持召开国务院常务会议。**

［目　文］　会议主要内容是：一、确定规范发展区域性股权市场的政策措施，拓宽中小微企业融资渠道。会议确定，一是促进区域性股权市场在规范中发展，发挥其主要服务所在省级行政区域内中小微企业的积极作用。对目前跨区域经营的，要抓紧调整规范。二是各省（区、市）和计划单列市区域性股权市场由一家机构负责运营。对同区域多家运营机构的，要积极稳妥整合。三是实行合格投资者制度。参与区域性股权市场交易的，应当是依法设立且具备一定条件的法人机构、合伙企业，以及具备较强风险承受能力和一定规模金融资产的自然人等。四是齐抓共管落实监管责任。省级人民政府负责按规定对区域性股权市场实施监管，并承担风险处置责任。证监会负责对发行证券的范围、交易方式、持有人数量等制定规则，并对监管工作进行指导、协调和服务。二、通过城管执法统一制式服装和标志标识管理办法，推进规范文明执法提升城市管理水平。会议强调，城管执法直接面对群众，要深化简政放权、放管结合、优化服务改革，围绕完善事中事后管理，推动建设一支管理精细化、执法规范化、服务人性化的城管队伍，更好体现执法的统一性、权威性，避免简单粗暴任性执法。要把执法人员规范录用和精简冗员相结合，重点向市、县和社区、街面等基层一线配备和倾斜。加快推进城市综合执法，防止交叉执法、重复检查，逐步实现“多帽合一”，提升管理和服务效能。为建设更加包容、和谐、文明的现代城市提供支撑。三、通过《残疾人教育条例（修订草案）》及《残疾预防和残疾人康复条例（草案）》。

1 月 11 日

［纲　文］　**俞正声主持召开全国政协党组会议。**

［目　文］　全国政协副主席、党组成员杜青林、张庆黎、李海峰、陈元、卢展工、

王家瑞、马飚出席会议。中共全国政协机关党组、各专门委员会分党组负责人列席会议。会议主要内容是：学习贯彻中共中央总书记习近平在十八届中央纪委七次全会上的讲话和全会精神。

会议指出，全国政协一要坚定不移推进反腐败斗争。惩治腐败力度决不减弱、零容忍态度决不改变，坚决打赢反腐败这场正义之战。二要坚决执行中央八项规定。在带队视察调研、出国访问，代表政协参加会议活动中，严格要求、轻车简从，为政协组织和政协委员作出表率。三要严格遵守换届纪律。认真落实党中央关于换届工作的部署，严肃纪律，确保换届工作正确方向。四要认真贯彻中央关于规范党和国家领导人有关待遇的规定，加强自我约束。加强对机关党组和专门委员会分党组的领导，从严要求政协委员和政协机关干部，不忘初心、坚守正道，永葆共产党人政治本色。五要认真筹备组织全国政协十二届五次会议。坚持简约简朴办会，坚决杜绝不正之风，把会议开成凝聚正能量、积极奋发向上的大会。人民政协要做好履行职能的各项工作，以优异成绩迎接党的十九大胜利召开。

1月11日

［纲　文］　**中央党校举行2016年秋季学期毕业典礼**。

［目　文］　中央党校校长刘云山出席并为学员颁发毕业证书。中央组织部部长赵乐际出席毕业典礼。中央党校常务副校长何毅亭主持毕业典礼。中央有关部门负责人、中央党校负责人出席毕业典礼。中央党校本期毕业学员862人。

1月11日

［纲　文］　**新华社报道，中共中央办公厅、国务院办公厅印发《关于创新政府配置资源方式的指导意见》**。

［目　文］　《意见》由七个部分组成：一、总体要求。二、创新自然资源配置方式。三、创新经营性国有资产配置方式。四、创新非经营性国有资产配置方式。五、创新资源配置组织方式。六、创新资源配置监管方式。七、强化组织领导和实施保障。

《意见》指出，建立健全资源配置信息公开和公众参与制度，资源配置目标、原则、程序、配置结果等信息，除涉及国家安全内容外，要一律向社会公开，充分发挥社会公众和第三方专业机构在创新政府配置资源方式工作中的积极作用。

1月11日

［纲　文］　**国务院新闻办公室发表《中国的亚太安全合作政策》白皮书**。

［目　文］　白皮书1.6万余字，主要有中国对亚太安全合作的政策主张、中国的亚太安全理念、中国与地区其他主要国家的关系、中国在地区热点问题上的立场和主张、中国参与亚太地区主要多边机制、中国参与地区非传统安全合作等内容。

1月11日

［纲　文］　**国务院在北京召开全国安全生产电视电话会议**。

［目　文］　国务院副总理、国务院安委会主任马凯出席会议并讲话。国务委员、国务院安委会副主任郭声琨出席会议，国务委员、国务院安委会副主任王勇主持会议。

会议要求认真贯彻落实党的十八届六中全会、中央经济工作会议精神，按照中共中央总书记习近平和国务院总理李克强关于安全生产工作的指示批示要求，坚持稳中求进工作总基调，深入排查安全生产隐患，标本兼治、综合治理、系统建设，持续夯实安全生产基础，着力提升依法监管能力和全社会整体安全水平，为党的十九大胜利召开营造良好的安全生产环境。

会议指出，2016年各地区、各部门和各单位认真贯彻落实党中央、国务院决策部署，安全生产工作取得积极成效，事故总量、死亡人数、重特大事故继续下降。但安全生产形势依然严峻复杂，事故总量仍然较大，特别是岁末年初重特大事故集中多发，造成重大人员伤亡，教训十分深刻。各地区、各部门要进一步警醒起来，对当前安全生产工作进行再动员再部署，组织开展安全生产大检查“回头看”，强化重点行业领域安全监管执法，严格落实各项责任和防范措施，切实抓好岁末年初安全生产工作。

会议强调，2017年要全面实现事故总量、死亡人数、重特大事故“三个继续下降”，重点防范和坚决遏制重特大事故的发生，更好地维护人民群众生命财产安全。要全面持续动态排查消除各类安全隐患，突出抓好煤矿、危险化学品、交通运输、建筑施工、城市安全等重点行业领域专项整治，切实强化打非治违。要狠抓企业主体责任、部门监管责任和政府领导责任落实，加强失职问责，推动企业建立全员安全生产责任制，普遍实施安全生产巡查和考核，建立严密的安全生产责任体系。要加快法律法规和标准制修订，建立安全生产行政执法与刑事司法衔接制度，制定实施安全生产监管监察能力建设规划，全面推进安全生产依法治理。

1月11日

［纲　文］　**中储粮与中储棉重组大会在北京举行。**

［目　文］　经国务院批准，中国储备棉管理总公司整体并入中国储备粮管理总公司，成为其全资子企业。中国储备棉管理总公司不再作为国资委直接监管企业。

中国储备粮管理总公司与中国储备棉管理总公司均以重要农产品储备经营管理为主业，两家企业使命一致、业务相近，具备整合重组的良好基础。重组后的中储粮，进一步整合国家重要农产品储备资源、调控资源，其规模效应和整体优势将进一步放大，在国家粮棉油宏观调控中的地位更重要，维护国家粮棉油安全和市场稳定的作用将进一步巩固加强。

1月11日

［纲　文］　**国家防汛抗旱总指挥部在北京召开全国防汛抗旱工作视频会议。**

［目　文］　会议主要内容是：传达贯彻国家防总全体会议精神，总结2016年防汛抗旱防台风工作，分析面临的形势，安排部署2017年防汛抗旱防台风工作。

国家防总秘书长、水利部副部长刘宁主持会议。国家防总副总指挥、水利部部长陈雷出席会议并讲话。国家防总副秘书长、中国气象局副局长矫梅燕介绍了2017年天气形势预测分析情况。长江、海河、太湖防总和北京、江苏、湖北、广东、海南防指负责人分别作交流发言。国务院应急办和国家防总有关成员单位及水利部有关司局、直属单位负责人在北京主会场出席会议。各流域防总、各省（自治区、直辖市）、新疆生产建设兵团、各计划单列市防汛抗旱指挥部和有关成员单位的负责人在各地分会场参加会议。

1 月 11 日

［纲　文］　**中央统战部召开党风廉政建设工作会议。**

［目　文］　会议的主要任务是学习贯彻中央纪委七次全会精神特别是中共中央总书记习近平讲话精神，认真落实以习近平为核心的党中央关于全面从严治党各项要求。

中央统战部部长孙春兰出席会议时指出，习近平总书记在中央纪委七次全会上的讲话，明确了增强全面从严治党系统性创造性实效性的努力方向，为深入推进反腐倡廉提供了根本遵循。要把学习贯彻习近平总书记重要讲话与学习贯彻十八届六中全会精神相结合，把维护以习近平同志为核心的党中央权威作为最大的政治，不断增强政治意识、大局意识、核心意识、看齐意识，始终与以习近平同志为核心的党中央保持高度一致。要以迎接党的十九大胜利召开为主线，着眼筑牢全面从严治党的思想根基，教育引导统战干部坚定理想信念、提高政治站位，增强政治敏锐性和政治鉴别力。要把党中央关于全面从严治党各项要求落实到政治上、工作上、生活上和作风上，严守政治纪律和政治规矩，以党的旗帜为旗帜、以党的方向为方向、以党的意志为意志，深入贯彻落实党中央关于统一战线各项重大决策部署，推动全面从严治党融入统战工作各个方面。

1 月 11 日

［纲　文］　**中国全国人大与日本国会众议院合作委员会第 9 次会议在北京举行。**

［目　文］　全国人大常委会副委员长兼秘书长王晨和日本国会众议院代表团团长、众议院运营委员长佐藤勉共同主持会议并作主旨发言。王晨指出，中日关系稳定持续发展符合两国人民的根本利益。两国应当以中日邦交正常化 45 周年为契机，本着“以史为鉴、面向未来”的精神，恪守中日四个政治文件和四点原则共识，妥善处理敏感问题，努力改善国民感情，扩大互利合作，使两国关系早日重回健康发展轨道。希望中日议会交流机制能够成为中日关系的一个稳压器，为增进两国民众相互了解、构建互信作出贡献。日方表示，愿进一步加强与中方的交流与合作，不断增进两国国民感情，致力于扩大双边关系的正能量，构筑互利共赢的日中互惠关系。

同日，全国人大常委会委员长张德江在北京会见与会的日方代表团时说，中国重视同日本发展健康稳定的互利共赢关系，这符合两国和两国人民的共同利益。2017 年是中日邦交正常化 45 周年，双方应以史为鉴、面向未来，坚持《中日联合声明》等四个政治文件的原则精神，推动中日关系沿着正确方向前行。中国全国人大愿发展与日本国会的友好关系，共同维护两国关系的政治基础，积极开展机制化和各层次交流，大力推动人文和民间友好交往，为改善中日关系作出积极贡献。

日方代表团团长佐藤勉说，期待两国立法机关加强交流，增进理解，推动两国关系发展。

1月12日

［纲 文］ **新华社讯，中共中央印发《县以上党和国家机关党员领导干部民主生活会若干规定》，并发出通知，要求各地区各部门认真遵照执行。**

［目 文］ 《规定》共22条，自2016年12月23日起施行。1990年5月25日中共中央印发的《关于县以上党和国家机关党员领导干部民主生活会的若干规定》同时废止。

1月12日

［纲 文］ **国务院印发《关于第三批取消中央指定地方实施行政许可事项的决定》。**

［目 文］ 《决定》说，经研究论证，国务院决定第三批取消39项中央指定地方实施的行政许可事项。另有14项依据有关法律设立的行政许可事项，国务院将依照法定程序提请全国人民代表大会常务委员会修订相关法律规定。各地区、各部门要抓紧做好事中事后监管措施的落实和衔接工作，明确责任主体和工作方法，切实提高行政审批改革的系统性、协同性、针对性和有效性。这39项包括《棉花加工资格认定》《普通中小学、幼儿园、中等职业学校（含民办）章程核准》《自费出国留学中介服务机构资格认定》等。

1月12日

［纲 文］ **国务院印发《关于第三批清理规范国务院部门行政审批中介服务事项的决定》。**

［目 文］ 《决定》说，经研究论证，国务院决定第三批清理规范17项国务院部门行政审批中介服务事项，不再作为行政审批的受理条件。另有2项涉及修改法律的中介服务事项，国务院将依照法定程序提请全国人民代表大会常务委员会修订相关法律规定；另有1项涉及修改《内地与香港关于建立更紧密经贸关系的安排》和《内地与澳门关于建立更紧密经贸关系的安排》的中介服务事项，国务院有关部门将按程序与香港、澳门特别行政区政府磋商，修改补充相关安排。各有关部门要认真做好清理规范行政审批中介服务事项的落实工作，加快配套改革和相关制度建设，加强事中事后监管，保障行政审批质量和效率。对于涉及公共安全的行政审批事项，中介服务清理规范后，要进一步强化相关监管措施，确保安全责任落实到位。这17项包括《固定资产投资项目节能评估文件编制》《无线电发射设备型号核准测试》等。

1月12日

［纲 文］ **国务院印发《关于扩大对外开放积极利用外资若干措施的通知》。**

［目 文］ 《通知》由三个部分组成：一、进一步扩大对外开放。二、进一步创造公平竞争环境。三、进一步加强吸引外资工作。

《通知》指出，各地区、各部门要充分认识新形势下做好利用外资工作的重要意义，高度重视，主动作为，强化责任，密切协作，国家发展改革委、商务部要会同有关部门加强督促检查，确保各项政策措施落到实处。结合各项政策措施实施，大力创造更加开放、便利、透明的营商环境，积极吸引外商投资以及先进技术和管理经验，稳定外商投资规模和速度，提高利用外资水平和质量，着力推动新一轮高水平对外开放，以开放促改革、促发展。

1 月 12 日

［纲　文］　**国务院印发《“十三五”市场监管规划》。**

［目　文］　《规划》共 5 章。主要有规划编制背景、总体思路、市场监管重点任务、健全市场监管体制机制、规划组织实施等内容。

《规划》指出，要健全市场监管体制机制，强化竞争政策，健全企业信用监管，加强大数据监管，完善市场监管体制，推动市场监管法治建设。各部门、各地方要加强组织协调，明确责任分工，强化督查考核，充分发挥社会共治作用，形成市场监管合力，推动规划有效实施。

1 月 12 日

［纲　文］　**国务院办公厅印发《国家突发事件应急体系建设“十三五”规划》。**

［目　文］　《规划》由五个部分组成：一、现状与形势。二、指导思想、基本原则和建设目标。三、主要任务。四、重点建设项目。五、保障措施。

《规划》指出，国务院办公厅、国家发展改革委要组织开展本规划实施情况中期评估，及时发现问题并提出改进措施。地方政府要加强对本地区实施规划情况的监督检查。

1 月 12 日

［纲　文］　**国务院办公厅印发《安全生产“十三五”规划》。**

［目　文］　《规划》由五个部分组成：一、面临的形势。二、指导思想、基本原则和规划目标。三、主要任务。四、重点工程。五、规划实施保障。

《规划》要求，各地区、各有关部门要制定规划实施考核办法及执行评价指标体系，加强对规划实施情况的动态监测。健全规划实施的社会监督机制，鼓励社会公众积极参与规划实施评议。安全监管总局要在 2018 年牵头开展规划中期评估，并根据评估结果，及时对规划范围、主要目标、重点任务进行动态调整，优化政策措施和实施方案；在 2020 年对规划最终实施情况进行评估并向社会公布结果。

1 月 12 日

［纲　文］　**新华社讯，中宣部发出通知，要求各地党委宣传部和中央各主要新闻单位，继续组织开展“新春走基层”活动。**

1 月 12 日

［纲　文］　**全国政协在北京召开双周协商座谈会，就“提升中华老字号品牌质量”建言献策。**

［目　文］　座谈会由全国政协主席俞正声主持。全国政协副主席杜青林、韩启德、张庆黎、王家瑞、马飚出席。全国政协委员刘凡、张海涛、张红力、金建华、李玉光、刘长庚、汪苹、冯平、刘文伟、张连起、张其成、高鹰忠、张彦森、黄淑和，以及企业家代

表梅群、张健在座谈会上发言。商务部副部长房爱卿介绍了有关情况。文化部副部长项兆伦、国家工商总局副局长刘俊臣等与委员互动交流。

委员们认为，中华老字号是优秀民族品牌和传统商业文化的集中代表，具有不可再生的经济价值、社会价值、文化价值。自2006年“振兴老字号工程”启动以来，品牌质量提升取得积极成效，但发展呈分化态势，一定程度存在创新意识滞后、企业机制僵化、侵权案件频发、传承后继乏人、支持和保护力度不够等困难和问题。要认真贯彻落实习近平总书记关于让民族品牌大放光彩的重要指示精神，做好保护和促进老字号发展工作，营造良好的有利环境。

一些委员建议，一是加强法律保护。要加大打击假冒品牌的工作力度。企业注册商标时，要尽可能把老字号注册成商标的一部分。要从法律上研究保护跨地区品牌单一性的问题。二是处理好技艺传承和科技创新的关系。三是长期传承、做好做精。老字号要长期传承，不一定都要做强做大，关键是做好做精。要大力弘扬工匠精神，培养传统传承人。四是大力支持、积极宣传。保护文化传承，政府给予适当的支持是必要的，关键是尊重市场规律，坚持优质优价原则，坚持企业自主定价。五是加大中华老字号国企改革力度，包括加快混合所有制改革、建立现代企业制度等，增强企业活力。

1月12日

［纲　文］　**中国科协九届二次全委会在北京召开。**

［目　文］　国家副主席李源潮出席会议并讲话。中国科协主席万钢代表科协九届常委会作工作报告。会议传达了中央书记处对中国科协工作的指示精神，审议通过了常委会工作报告。中国科协九届全委会委员、部分在京中国科协荣誉委员出席会议，全国学会、协会、研究会秘书长，部分省级地方科协专职主席、党组书记，以及中国科协机关各部门、各直属单位主要负责人等列席会议。

1月12日

［纲　文］　**全国永久基本农田省市县三级划定方案论证审核工作如期完成。**

［目　文］　国土资源部发布，截至2016年底，31个省（区、市）和新疆生产建设兵团，以及98%的市县级全域永久基本农田划定方案通过论证审核，全国共分解下达保护任务15.4785亿亩，超过全国土地利用总体规划调整完善方案确定的15.46亿亩永久基本农田保护目标任务。同时，全国城市周边范围内共划定永久基本农田9370万亩，其中，新划入2720万亩，平均保护比例由45%上升到60%；划定后的永久基本农田与森林、河流、湖泊、山体等共同形成了城市生态屏障，成为城市开发的实体边界。

1月12日

［纲　文］　**国家旅游局在长沙召开2017年全国旅游工作会议。**

［目　文］　会议主要内容是，贯彻落实中共中央总书记习近平系列讲话精神和党的十八大以来的部署，按照中央经济工作会议和旅游工作部际联席会议要求，总结“515战略”实施以来的全国旅游工作，分析发展形势，推进“十三五”旅游业发展，明

确发展目标方向。会议确定 2017 年的中心任务是“加快由粗放型旅游大国向比较集约型旅游大国转变”，并部署实施 2017 年 15 项重点行动。国家旅游局局长李金早做了题为《积极实施“三步走”战略 奋力迈向我国旅游发展新目标》的工作报告。湖南省省长许达哲到会并致辞。

发展改革委、财政部、国家中医药管理局、交通部、公安部、国务院办公厅、质检总局、商务部、国研室、中央网信办、国家工商总局、环保部、税务总局、工业和信息化部、国务院旅游工作部际联席会议成员单位代表，各省区市旅游委局和新疆生产建设兵团旅游局主要负责人等出席会议。国家旅游局公布了 2016 中国旅游十大新闻人物，并为优秀旅游企业代表颁奖。

1 月 12 日

［纲 文］ **保监会在北京召开 2017 年全国保险监管工作会议。**

［目 文］ 会议指出，全国保费收入从 2011 年的 1.4 万亿元增长到 2016 年的 3.1 万亿元，年均增长 16.8%。偿付能力不达标公司从 2011 年的 5 家减少到 2016 年三季度末的 3 家，行业净资产从 2011 年的 5566 亿元增加到 2016 年 11 月底的 1.76 万亿元。保险行业和保险监管还存在一些突出问题，必须引起高度重视。一是保险业仍处于发展的初级阶段，发展模式粗放的问题仍然存在。二是多重因素共振加大了保险风险防控的难度，风险防范面临较大压力。三是市场化信息化法制化趋势日益明显，但监管自身建设还相对滞后。四是保险监管系统党的建设还存在薄弱环节，要牢记全面从严治党永远在路上。

1 月 12 日

［纲 文］ **中国人民银行公布，2016 年全年人民币贷款增加 12.65 万亿元，同比多增 9257 亿元。**

1 月 12 日

［纲 文］ **海军新闻发言人表示，赴南海执行跨海区训练和试验的中国海军航母辽宁舰编队通过台湾海峡，继续开展后续任务。**

［目 文］ 发言人说，在台湾海峡航渡期间，辽宁舰及编队各舰艇科学组织，精心操纵，严格按照大型舰艇通过海峡的要求，加强值更执勤，确保了航渡安全。

13 日，中国海军航母辽宁舰编队顺利完成跨海区跨年度训练和试验任务后，返回青岛航母军港。

自 2016 年 12 月 20 日起航以来，由辽宁舰和数艘驱护舰，及多架歼—15 舰载战斗机和多型舰载直升机组成的航母编队，坚持航行一路、训练一路、检验一路、研究一路，组织了长时间连续航行并交替转换海区训练。编队航迹跨越渤海、黄海、东海和南海等海区，航经宫古海峡、巴士海峡、台湾海峡等海峡水道。任务期间，编队组织歼—15 舰载战斗机在不同海区复杂水文气象条件下进行了舰基起降、空战战术、伙伴加受油等科目训练，组织各属舰围绕编队侦察预警体系构建、对空对潜防御作战、编队航行与补给等科目同步开展训练，锻炼提升了舰机融合与编队协同能力，展示检验了航母编队作战能力形成阶段成果，实际探索了航母编队远海作战体系构建和组织指挥方法，创新实践了航母部队合成化、体系化、实战化远航训练模式，促进了航母战斗力建设深入发展。

1月12—13日

［纲　文］　**国土资源部在北京召开全国国土资源工作会议**。

［目　文］　国土资源部部长姜大明出席会议并讲话。国土资源部副部长、国家测绘地理信息局局长库热西·买合苏提主持会议。中央纪委驻国土资源部纪检组组长赵凤桐传达国务院领导批示。国务院办公厅和国家机关有关部门负责人，国家海洋局、国家测绘地理信息局、中国地质调查局、武警黄金指挥部负责人，各省（区、市）及计划单列市国土资源主管部门、新疆生产建设兵团国土资源局、各省会城市国土资源主管部门主要负责人，解放军土地管理局主要负责人，部机关各司局、各派驻地方的国家土地督察局、部其他直属单位主要负责人参加会议。

会议主要内容是，深入贯彻党的十八大和十八届三中、四中、五中、六中全会精神，全面落实中央经济工作会议和农村工作会议部署，总结2016年国土资源工作，分析形势，部署2017年工作任务。2017年要着力推动供给侧结构性改革取得实质性进展、着力提高促进实体经济发展的精准度和有效性、着力增强农业农村发展新动能、着力形成促进房地产平稳健康发展的基础性土地制度、着力推动国土资源领域重大改革落地生根、着力推进国土资源领域科技创新、着力增强资源自主保障能力、着力维护群众资源权益、着力推进法治国土建设。

1月12—15日

［纲　文］　**应中共中央总书记、国家主席习近平邀请，越共中央总书记阮富仲对中国进行正式访问**。

［目　文］　访问期间，习近平在北京同阮富仲举行了会谈并共同出席双方有关合作文件的签字仪式。双方一致表示，要秉持“长期稳定、面向未来、睦邻友好、全面合作”方针和“好邻居、好朋友、好同志、好伙伴”精神，着眼大局、立足长远、坚定目标、相向而行，推动中越关系沿着正确轨道向前发展。国务院总理李克强、全国人大常委会委员长张德江、全国政协主席俞正声、中央纪委书记王岐山在北京分别会见阮富仲。俞正声与阮富仲共同出席庆祝中越建交67周年暨2017年迎新春友好活动。双方发表了《中越联合公报》。阮富仲还在浙江省参观访问。

习近平同阮富仲会谈时就进一步发展中越关系提出七点建议：一是加强高层引领，增进政治互信。二是深化两党合作，促进交流互鉴。两党关系对两国关系具有重要引领作用，双方要构建全方位、宽领域、多层次交往格局，深化治党治国经验交流互鉴，共同提升执政能力和党的建设科学化水平。三是深化务实合作，加快战略对接。要发挥双边合作指导委员会的统筹协调作用，深化两国互利合作，促进共同发展。四是拓展两军交往，深化安全合作。双方要深化两国执法安全交流合作，落实已经签署的合作机制和协议。五是活跃民间交往，夯实民意基础。双方要密切两国人民特别是年轻一代交往，加强教育、文化、新闻、旅游、体育等领域合作。六是妥善管控分歧，推进海上合作。双方要加大战略沟通力度，继续增进互信，为海上问题解决奠定扎实的政治基础，同时推进海上共同开发与合作。七是加强国际协调，维护共同利益。中方支持越方举办2017年亚太经合组织领导人非正式会议。

阮富仲说，我完全赞同习近平总书记对发展两党两国关系的建议。越中关系健康稳定发展对两国社会主义事业具有决定性意义，符合两党、两国、两国人民根本利益。越南将传承越中传统友谊，坚持按照“十六字”方针和“四好”精神推进越中全面战略合作伙伴关系，这是越南对外关系的战略选择和长期外交政策头等优先。

李克强在会见阮富仲时指出，我们愿同越方加快“一带一路”建设同“两廊一圈”战略对接，推动海上、陆上、金融合作三线并进取得更多成果，实现双边贸易均衡增长，让两国人民从中更多受益。愿在中国—东盟、澜沧江—湄公河次区域合作等框架下不断挖掘合作潜力，同有关各方一道努力推进区域经济一体化，发出支持经济全球化、贸易自由化、投资便利化的积极信号，共同维护地区的和平稳定与发展繁荣。

阮富仲表示，愿同中方落实好业已达成的各项共识，增进高层往来和政治互信，深化发展战略对接，拓展双向贸易和投资，在农业、产能、科教等广泛领域开展互利合作，保持双边关系发展的积极势头，并为本地区和世界的和平与发展贡献力量。

1月12—13日

［纲　文］　**中央政法委在北京召开中央政法工作会议，习近平作出指示。**

［目　文］　中共中央总书记习近平指示指出，全国政法机关要强化忧患意识，提高政治警觉，增强工作预见性，不断创新理念思路、体制机制、方法手段，全面提升防范应对各类风险挑战的水平，确保国家长治久安、人民安居乐业。近年来，政法战线认真贯彻党中央决策部署，一手抓当前、一手谋长远，深入推进平安中国、法治中国、过硬队伍建设，为维护国家安全和社会稳定、服务经济社会发展作出了重要贡献。2017年是我们党和国家历史上具有特殊重要意义的一年。要把维护国家政治安全特别是政权安全、制度安全放在第一位，提高对各种矛盾问题预测预警预防能力，为党的十九大召开营造安全稳定的社会环境。要锲而不舍推进司法体制改革，进一步提高司法质量、效率和公信力。要坚持不懈加强政法队伍建设，进一步营造风清气正、干事创业的良好生态。各级党委要切实抓好维护安全稳定工作，加强源头性、基础性工作，肩负起促一方发展、保一方平安的政治责任。要加强和改善对政法工作的领导，选好配强政法机关领导班子，研究解决制约政法工作的体制性机制性问题，为做好新形势下政法工作提供有力保障。

中共中央政治局委员、中央政法委书记孟建柱在会上传达习近平指示并讲话。国务委员、公安部部长郭声琨，最高人民法院院长周强，最高人民检察院检察长曹建明出席会议。

会议指出，全国政法机关要认真学习贯彻习近平指示精神，全面贯彻党的十八大和十八届三中、四中、五中、六中全会及中央经济工作会议精神，围绕统筹推进“五位一体”总体布局和协调推进“四个全面”战略布局，坚持稳中求进工作总基调，主动适应国内外形势新变化，牢固树立深度的忧患意识，切实增强工作预见性，以理念创新为引领，深化司法体制改革，积极运用现代科技手段，一手抓从严从实从细做好保安全、护稳定工作，一手抓深入解决源头性、基础性问题，推动平安中国、法治中国和过硬队伍建设再上新台阶，进一步提高维护国家安全和社会稳定的能力，提高司法公信力，增强人民群众安全感和满意度，为全面建成小康社会营造安全稳定的社会环境、公正规范的法治环境，以优异成绩迎接党的十九大胜利召开。

1月13日

［纲　文］　**国务院办公厅印发《关于创新管理优化服务培育壮大经济发展新动能加快新旧动能接续转换的意见》。**

［目　文］　《意见》由五个部分组成：一、总体要求。二、提高政府服务的能力和水平。三、探索包容创新的审慎监管制度。四、激发新生产要素流动的活力。五、强化支撑保障机制建设。

《意见》要求，各地区、各部门要充分认识加快培育壮大经济发展新动能的重要性、紧迫性和艰巨性，把思想、认识和行动统一到党中央、国务院决策部署上来，认真履职尽责、密切协调配合、主动担当作为、加强督查检查，切实把本意见提出的各项任务措施落到实处，为进一步激发市场活力和动力、加快新旧动能接续转换营造良好制度环境。

1月13日

［纲　文］　**中组部、中宣部印发《宣传思想文化系统事业单位领导人员管理暂行办法》。**

［目　文］　《办法》共9章47条。主要有总则、任职条件和资格、选拔任用、任期和任期目标责任、考核评价、职业发展和激励保障、监督约束、退出、附则等内容。自2017年1月13日起施行。

1月13日

［纲　文］　**中组部、教育部印发《高等学校领导人员管理暂行办法》。**

［目　文］　《办法》共9章50条。主要有总则、任职条件和资格、选拔任用、任期和任期目标责任、考核评价、职业发展和激励保障、监督约束、退出、附则等内容。自2017年1月13日起施行。

1月13日

［纲　文］　**中组部、教育部印发《中小学校领导人员管理暂行办法》。**

［目　文］　《办法》共9章47条。主要有总则、任职条件和资格、选拔任用、任期和任期目标责任、考核评价、职业发展和激励保障、监督约束、退出、附则等内容。自2017年1月13日起施行。

1月13日

［纲　文］　**中组部、科技部印发《科研事业单位领导人员管理暂行办法》。**

［目　文］《办法》共9章50条。主要有总则、任职条件和资格、选拔任用、任期和任期目标责任、考核评价、职业发展和激励保障、监督约束、退出、附则等内容。自2017年1月13日起施行。

1月13日

［纲　文］ **中组部、卫生计生委印发《公立医院领导人员管理暂行办法》。**

［目　文］《办法》共10章50条。主要有总则、任职条件和资格、选拔任用、聘任管理、任期和任期目标责任、考核评价、职业发展和激励保障、监督约束、退出、附则等内容。自2017年1月13日起施行。

1月13日

［纲　文］ **李克强在北京主持召开专家学者和企业界人士座谈会，听取对政府工作报告的意见建议。**

［目　文］ 国务院副总理张高丽出席。刘延东、汪洋、王勇等参加座谈会。中国社科院高培勇建议，要深化财税体制改革，加大减税降费力度。中国人民大学曾湘泉提出，要突出重点地区、行业和人群，实施更有针对性的就业促进行动。清华大学朱民谈到，要防范和化解金融风险，使金融更好服务实体经济。中车集团刘化龙提出，要持续营造支持实体经济发展升级的氛围，更好发挥龙头企业带动作用。中粮集团赵双连建议，要加快推进农业供给侧结构性改革，提高农业综合生产能力。TCL集团李东生提出，要加大对战略性新兴产业和重要基础核心技术开发的扶持，降低企业负担。摩拜单车公司胡玮炜建议，要鼓励和支持科技创新，促进分享经济等新业态发展。

国务院总理李克强说，2017年国际环境复杂性进一步凸显，地缘政治风险、国际政治格局变化、经济规则被挑战等都带来很大的不确定性和多重影响，国内经济发展也面临较大压力和困难。围绕把中央经济工作会议各项部署落到实处，在具体工作中，要进一步提高宏观调控的预见性和精准性，针对经济运行中的深层次矛盾和潜在风险点，采取有力措施，保持经济运行在合理区间，巩固稳中向好态势。进一步为企业发展营造良好环境，继续全面深化改革，持续推动简政放权、放管结合、优化服务，抓紧制定实施和逐步完善权力清单、责任清单，切实降低制度性交易成本。坚持政府过紧日子，继续压缩一般性开支，为企业减税降费腾出空间，今年要在降低收费等非税负担方面让市场主体有切身感受，国务院要对此开展督查。进一步加快新旧动能转换，依法坚决淘汰落后产能，实施更加积极的就业政策，推动大众创业、万众创新，催生更多有前景、能促进就业的新产业、新业态。以新技术新模式推动传统产业改造提升，加快发展先进制造业，促进包括一二三产业在内的实体经济升级，提高需求的有效性。进一步做好保障和改善民生工作，加强保基本、兜底线，对雾霾等重大民生关切要组织专家攻关，对成因、成分科学分析判断，进一步深化治理防治措施，确保民生改善不断取得新进展。

1月13日

［纲　文］ **纪念王任重诞辰100周年座谈会在北京举行。**

［目　文］　全国政协主席俞正声出席并在会前会见王任重亲属。国务院副总理马凯出席。全国政协副主席兼秘书长张庆黎主持座谈会。全国人大常委会副委员长李建国在座谈会上缅怀了王任重同志光辉的一生和卓越功勋，强调要学习他坚守信仰、不忘初心的崇高追求，一心向党、对党忠诚的坚强党性，胸怀全局、勇担重任的担当精神，实事求是、学以致用的优良学风，光明磊落、清正廉洁的政治本色，为实现“两个一百年”奋斗目标和中华民族伟大复兴的中国梦作出新的贡献。

王任重（1917年—1992年3月16日）曾担任国务院副总理，中央书记处书记，第六届全国人大常委会副委员长，第七届全国政协副主席，是中国共产党第八届中央候补委员，第十一、十二、十三届中央委员。

1月13日

［纲　文］　**马凯在郑州检查春运工作。**

［目　文］　国务院副总理马凯在郑州火车站、长途汽车中心站和新郑国际机场，向候车候机乘客询问春运服务情况和旅客出行体验，检查春运组织、运力调配以及候乘服务、客流集散、安全保障等情况。马凯强调，要坚持安全第一、乘客为本，科学安排运力，加强运输衔接，提升服务水平，强化安全管控，努力为全国人民欢度新春佳节提供更加有力的交通运输服务保障。

1月13日

［纲　文］　**海关总署在北京召开2017年全国海关关长会议。**

［目　文］　海关总署党组书记、署长于广洲代表海关总署党组作题为《坚持全面从严治党深化改革强化监管优化服务以优异成绩迎接党的十九大胜利召开》的主题讲话，回顾总结2016年海关工作并对2017年海关工作进行部署。2016年我国外贸进出口总值24.33万亿元人民币，下降0.9%，其中出口13.84万亿元，下降2.0%，进口10.49万亿元，增长0.6%，进出口逐季回稳，结构继续优化；加强国际海关合作，全年签署25份海关合作文件，其中11份在国家领导人见证下签署；加强实际监管，探索实施“顺势监管”“先期机检”，出口查验率降低1个百分点，无纸化通关全面推进；全年监管进出口货运量39.8亿吨、运输工具3381.9万辆（架、艘），分别增长0.8%、5.2%。全年实现税收净入库15388亿元，较上年15000亿元的税收基数增长2.6%；深入开展“国门利剑2016”联合专项行动，全年侦办走私犯罪案件2633起，案值529.3亿元，分别增长17.0%、4%，特别是查证走私大米等粮食36.6万吨，是上年的4倍，创历史新高；“三互”大通关改革迈出坚实步伐，全国通关一体化改革落地生根，自贸试验区新一批13项改革试点经验在全国复制推广，“双随机、一公开”应用的深度、广度逐步扩大，全国海关随机布控率达到94.3%，随机派员查验达到100%；全面清理和规范进出口环节收费，2016年，海关行政性收费项目已全部取消。

2017年，全国海关加强实际监管，强化税收征管，努力完成2017年税收预算目标。开展打击走私“国门利剑2017”联合专项行动，坚决打击粮食走私，严厉打击冻品走私，持续打击成品油、电子产品、机械设备等重点敏感涉税商品及资源性产品走私，严厉打击涉毒涉枪、固体废物、濒危物种走私，着力铲除各类专业走私团伙。深化与“一带一路”沿线国家海关通关协作，推进中欧班列重点铁路口岸对外开放，畅通国际物流大通道，支持企业“走出去”。进一步深化自贸试验区监管制度创新，加大试点经验复制推广力度，研究出台对新设自贸试验区的支持措施。2017年将基本实现全国通关一体化，加强“三互”大通关建设，制订国际贸易“单一窗口”标准版在全国范围内推广，实现“双随机、一公开”全覆盖，建设“互联网+海关”一体化网上办事平台，形成线上线下融合发展的海关服务新模式，进一步提高通关效率，压缩货物通关时间三分之一。

1月13日

［纲　文］　**第30次全国“扫黄打非”工作电视电话会议在北京召开。**

［目　文］　中央政治局委员、全国“扫黄打非”工作小组组长刘奇葆出席会议时指出，要深入学习贯彻习近平总书记系列重要讲话精神，紧紧围绕迎接宣传贯彻党的十九大这条主线，坚持专项治理与综合治理、集中行动与日常监管、依法管理与教育引导、网下清查与网上净化相结合，扎实做好各项工作，营造风清气正的社会文化环境。

全国“扫黄打非”工作小组专职副组长李长江宣读了《关于表彰2016年全国“扫黄打非”先进集体和先进个人的决定》。中宣部副部长、全国“扫黄打非”工作小组副组长庹震宣读了《2017年“扫黄打非”行动方案（要点）》。全国各省（区、市）有关负责人在分会场出席会议。

1月13日

［纲　文］　**中央军委慰问驻京部队老干部迎新春文艺演出在北京举行。**

［目　文］　中共中央总书记习近平出席并向全军老同志祝贺新春。中央军委副主席范长龙、许其亮，中央军委委员常万全、赵克石、张又侠、吴胜利、马晓天、魏凤和等观看。

1月13日

［纲　文］　**中央军委副主席范长龙、国务委员兼国防部长常万全在北京分别会见越南国防部长吴春历。**

［目　文］　范长龙在会见吴春历时说，中国军队愿与越南军队共同努力，坚决落实好两党领导人达成的重要共识，继续加强两军高层交往，推进两军政治工作、边海防管控、人员培训等交流合作，妥善应对各种挑战，维护两国共同利益。中越两军要不断增进政治互信，妥善管控矛盾分歧，推动中越全面战略合作伙伴关系迈上新的高度。吴春历说，越中两军关系是两党两国关系的重要支柱，越方愿与中方一道，拓展务实合作的广度和深度，推动两军关系不断向前发展。

常万全在会见吴春历时说，中方重视发展中越两军关系，愿同越方一道，全面落实两党领导人重要共识，继续开展高层交往，推进机制化建设，深化人员培训、边防管控等各领域务实合作，为推动两国共同发展、维护地区和平稳定作出积极贡献。吴春历说，越方愿同中方一道，按照两党领导人指明的方向，继续保持高层频繁互动，不断深化务实合作，推动两军关系迈上新台阶。

1月13日

［纲　文］　**国台办发言人表示，在国际上搞“两个中国”“一中一台”“台湾独立”没有出路。**

［目　文］　尼日利亚政府近日要求台湾地区驻尼机构取消“伪称”、摘除“伪牌”，迁出首都，削权减人。台湾有关方面对此表示不满与抗议。

发言人就上述情况表示，外交部已就此表明我们的立场。一个中国原则具有不容置疑的历史事实和法理基础。国际社会普遍奉行一个中国政策是大势所趋。在国际上搞“两个中国”“一中一台”“台湾独立”是注定没有出路的。

1月13日

［纲　文］　**中国奥委会发布《关于2008年奥运会3名中国女子举重运动员兴奋剂违规成立的声明》。**

［目　文］　《声明》说，国际奥委会在其官方网站上发布信息，确认2008年北京奥运会样本复检中查出的中国女子举重队曹磊、陈燮霞、刘春红3名运动员兴奋剂违规成立，作出取消上述运动员北京奥运会成绩、收回金牌等处罚。这3名运动员使用兴奋剂的行为严重违背体育道德和奥林匹克精神，中国奥委会对此予以谴责。中国奥委会尊重国际奥委会作出的决定，并将会同有关部门对此事件展开深入调查，对于发现的违法违规行为，将依法依规予以严惩。长期以来，中国奥委会高度重视反兴奋剂工作，一贯坚持“严令禁止、严格检查、严肃处理”的反兴奋剂“三严”方针，对兴奋剂“零容忍”。发现一起，查处一起，绝不姑息。同时，广泛开展反兴奋剂教育参赛资格准入制度，提升运动员自觉抵制兴奋剂意识和能力。我们深知反兴奋剂工作的艰巨性、复杂性和长期性。我们的目标和国际奥委会等相关国际组织是一致的，坚决打击使用兴奋剂的非法行为，保护干净运动员的权益，维护奥林匹克运动的纯洁。我们将继续为实现纯洁体育的目标不懈努力。

同日，中国举重协会对2008年奥运会3名中国女子举重运动员兴奋剂复检结果呈阳性发表声明：我协会从国际奥委会网站获悉，国际奥委会判定2008年北京奥运会样本复检中查出的3名中国女子举重运动员曹磊、陈燮霞、刘春红兴奋剂违规成立，并作出取消成绩和收回金牌的处罚。中国举重协会将按照国际奥委会和国际举重联合会相关规定要求，严肃认真对待，深刻汲取教训，对相关责任人决不姑息，依法从严从重给予处罚。

1月13日

［纲　文］　**《人民日报》发表题为《开好民主生活会的重要制度保障》的评论员文章。**

1月13—14日

［纲　文］　**教育部在北京召开2017年全国教育工作会议。**

［目　文］　教育部部长陈宝生作工作报告。教育部党组成员按照2017年总体工作部署，结合会议分组讨论情况，就分管工作作出具体要求。各省（区、市）、新疆生产建

设兵团、计划单列市教育行政部门和直属高校领导班子成员、教育部机关处级以上干部、直属单位负责人在主会场和分会场参加会议。

1月14日

［纲　文］　**国务院办公厅通知黑龙江省人民政府，同意佳木斯市城市总体规划。**

［目　文］　通知说，一、国务院原则同意《佳木斯市城市总体规划（2011—2020年）》。二、重视城乡区域统筹发展。在《总体规划》确定的2003.8平方公里城市规划区范围内，实行城乡统一规划管理。三、合理控制城市规模。到2020年，中心城区常住人口控制在110万人以内，城市建设用地控制在96.98平方公里以内。要贯彻落实城乡规划法关于先规划后建设的原则，禁止在《总体规划》确定的建设用地范围之外设立各类开发区和城市新区。四、完善城市基础设施体系。要按照绿色循环低碳的理念规划建设城市基础设施。五、建设资源节约型和环境友好型城市。六、创造优良的人居环境。七、重视历史文化和风貌特色保护。落实历史文化遗产保护和紫线管理要求，重点保护好三江平原汉魏时期遗址群、合江省政府旧址等各级文物保护单位及其周围环境。要做好城市整体设计，加强对建筑高度、体量、样式的规划引导和控制，保护好松花江岸线等自然山水格局，突出具有高寒地区独特风情的滨江城市风貌。八、严格实施《总体规划》。

通知要求，佳木斯市人民政府要根据本通知精神，认真组织实施《总体规划》，任何单位和个人不得随意改变。黑龙江省和住房城乡建设部要加强对《总体规划》实施工作的指导、监督和检查。

1月14日

［纲　文］　**汪洋在山西调研脱贫攻坚工作。**

［目　文］　国务院副总理、国务院扶贫开发领导小组组长汪洋在武乡县走访贫困村贫困户，慰问太行山革命老区贫困群众和基层扶贫干部，询问群众生产生活情况，了解产业扶贫、电商扶贫、光伏扶贫、旅游扶贫等工作进展。他指出，贫困地区要牢固树立“四个意识”，切实以脱贫攻坚统揽经济社会发展全局，加大工作落实力度，强化产业和劳务输出扶贫，培育壮大贫困村集体经济，管好用好扶贫资金，加强干部作风建设，激发贫困群众内生动力，加快推进精准脱贫、稳定脱贫。

调研期间，汪洋与省际交叉考核组和第三方评估组进行座谈，听取对扶贫考核评估工作情况汇报和意见建议。他指出，考核评估要真正深入扶贫一线，排除干扰，实地查核，确保结果准确可靠。要敢于揭短亮丑，如实反映扶贫工作中的问题，推动早发现、早解决，以真考实评促真抓实干。要注重发现工作先进典型，总结可复制可推广经验，推动脱贫攻坚有力有效推进。要用好考核评估结果，对任务完成不好的，该约谈要约谈，该通报要通报，对搞形式主义、弄虚作假、数字脱贫的，要严肃问责。

1月14日

［纲　文］　**公安部在北京召开全国公安厅局长会议。**

［目　文］　国务委员、公安部部长郭声琨出席并讲话。公安部常务副部长傅政华主持会议并作会议总结讲话。人力资源和社会保障部副部长邱小平在会上讲话。各省、自治区、直辖市和新疆生产建设兵团公安厅局长，省会（自治区首府）市、计划单列市公安局长，公安部部属局级单位主要负责人参加会议。

郭声琨指出，全国公安机关要全面贯彻党的十八大和十八届三中、四中、五中、六中全会精神，深入贯彻习近平总书记系列重要讲话特别是关于政法公安工作的重要指示精神，认真贯彻中央经济工作会议和中央政法工作会议精神，牢固树立政治意识、大局意识、核心意识、看齐意识，积极适应当前国内外形势新变化，牢牢把握稳中求进工作总基调，不断提高政治站位、强化责任担当，坚持聚焦风险防控、提升能力水平，从严从实从细抓好保稳定、护安全、促和谐各项工作措施的落实，努力为党的十九大胜利召开创造安全稳定的社会环境。

1月14日

［纲　文］　**最高法在北京召开全国高级法院院长会议。**

［目　文］　最高人民法院院长周强出席会议并讲话。各高级人民法院院长出席会议。最高人民法院表彰了全国优秀法院、全国优秀法官和全国法院办案标兵。

周强指出，要深入学习贯彻习近平总书记系列重要讲话精神，牢固树立“四个意识”，坚决维护以习近平同志为核心的党中央权威，增强忧患意识和责任感，按照“努力让人民群众在每一个司法案件中感受到公平正义”的目标要求，坚持司法为民、公正司法，全面深化司法体制改革和信息化建设，努力建设过硬队伍，进一步加强基层基础工作，更好维护社会大局稳定、促进社会公平正义、保障人民安居乐业，以优异成绩迎接党的十九大胜利召开。

1月14日

［纲　文］　**外交部发言人敦促美国有关方面认清台湾问题的高度敏感性，恪守美国两党历届政府作出的承诺，妥善处理台湾问题。**

［目　文］　有记者问：据媒体报道，美国当选总统近日接受记者采访时提及中美关系，表示包括一个中国政策在内的所有事项都在谈判之列。中方对此有何评论？

发言人说，世界上只有一个中国，台湾是中国领土不可分割的一部分，中华人民共和国政府是代表中国的唯一合法政府。这是国际社会公认的事实，任何人都无法改变。一个中国原则是中美关系的政治基础，是不可谈判的。我们敦促美国有关方面认清台湾问题的高度敏感性，恪守美国两党历届政府作出的承诺，即奉行一个中国政策、遵守中美三个联合公报原则，妥善处理台湾问题，以免影响中美关系健康稳定发展和两国重要领域的合作。

1月14日

［纲　文］　**中国法学会原党组书记、会长王仲方，在北京逝世，享年96岁。**

1月14—15日

［纲　文］　**最高检在北京召开全国检察长会议。**

［目　文］　最高人民检察院检察长曹建明出席会议并讲话。各省、自治区、直辖市检察院，解放军军事检察院，新疆生产建设兵团检察院检察长出席会议。最高检机关各内设机构、直属事业单位主要负责人，解放军各战区、总直属军事检察院检察长参加会议。北京、河北、湖南、广西、海南、贵州六个省级检察院和最高检公诉厅、司改办作了大会经验交流。

曹建明指出，全国各级检察院要深入学习贯彻党的十八大和十八届三中、四中、五中、六中全会和中央经济工作会议、中央政法工作会议精神，深入学习贯彻习近平总书记系列重要讲话特别是对政法工作、检察工作的重要指示和孟建柱同志重要讲话精神，强化忧患意识，服务保障大局，深化司法改革，加强检察监督，在全面依法治国中发挥检察机关特殊作用，以高度的政治担当为党的十九大胜利召开营造安全稳定的社会环境。

1月14—15日

［纲　文］　**司法部在北京召开全国司法厅（局）长会议。**

［目　文］　会议分析了司法行政工作面临的形势任务，从全力维护国家安全和社会稳定，努力服务经济社会发展和保障改善民生，深入推进司法行政改革，深入开展法治宣传教育和依法治理，切实加强司法行政科技信息化建设，全面加强司法行政系统党的建设、反腐倡廉建设和司法行政队伍建设等六个方面对做好2017年司法行政工作作出全面部署。江苏、云南、上海、浙江、安徽、湖南、山东、甘肃、湖北、北京、江西、四川等12个省（市）司法厅（局）作了大会交流发言。中央办公厅、中央宣传部、中央编办、中央政法委、中央防范和处理邪教办公室、最高人民法院、最高人民检察院、国务院办公厅、国家发改委、公安部、安全部、财政部有关部门负责人应邀出席会议。

1月15—18日

［纲　文］　**国家主席习近平应邀对瑞士进行国事访问。**

［目　文］　陪同习近平出访的有：习近平主席夫人彭丽媛、中央政策研究室主任王沪宁、中央办公厅主任栗战书、国务委员杨洁篪等。13日，习近平在瑞士媒体发表署名文章《深化务实合作 共谋和平发展》。

访问期间，习近平在伯尔尼同瑞士联邦主席洛伊特哈德举行会谈，两国元首积极评价中瑞关系，一致同意继续秉承开放包容理念，坚持走合作共赢道路，深化各领域务实合作，推动中瑞关系实现更好发展；一致同意，双方保持密切交往，利用各层级对话机制，就彼此关心的重大问题及时沟通，推动中瑞关系沿着健康稳定的轨道向前发展。双方同意在中瑞创新战略对话平台这一新机制统筹引领下，加强“中国制造2025”同瑞士“工业4.0”对接，推进两国企业和研究机构创新合作。双方将推动中瑞自由贸易协定升级，扩大贸易、投资、金融、保险合作规模，加强能源、环保等领域合作，加强“一带一路”建设合作；同意以签署新的文化合作协定为契机，加强文化领域交流合作。中瑞两国将共同举办2017年中瑞旅游年，加强两国旅游合作。双方愿以中国举办2022年冬季奥运会为契机，加强两国冬季体育运动合作；双方在反对贸易保护主义、和平解决国际争端等重大问题上拥有相同或相近立场，同意共同致力于维护开放包容的全球贸易体制，推动全球治理体系向更加公正合理的方向发展。两国元首见证了外交、自由贸易、发展合作、能源、海关、知识产权、文化、教育、体育、地方交往等领域双边合作文件的签署并共同会见了记者。习近平在伯尔尼会见了瑞士联邦国民院议长施塔尔和联邦院议长比绍夫贝尔格；在洛桑国际奥林匹克博物馆会见国际奥林匹克委员会主席巴赫。世界卫生组织结核病和艾滋病防治亲善大使彭丽媛应世界卫生组织总干事陈冯富珍和联合国艾滋病规划署执行主任西迪贝邀请，在日内瓦出席为她举行的亲善大使任期续延暨颁奖仪式。

17日，习近平在达沃斯国际会议中心出席世界经济论坛2017年年会开幕式，并发表题为《共担时代责任共促全球发展》的主旨演讲，指出要坚定不移推进经济全球化，引导好经济全球化走向，打造富有活力的增长模式、开放共赢的合作模式、公正合理的治理模式、平衡普惠的发展模式，牢固树立人类命运共同体意识，共同担当，同舟共济，共促全球发展。

会议期间，习近平在达沃斯会见了比利时国王菲利普、美国副总统拜登、世界经济论坛主席施瓦布。

18日，习近平在日内瓦万国宫出席“共商共筑人类命运共同体”高级别会议，并发表题为《共同构建人类命运共同体》的主旨演讲并会见了第71届联合国大会主席汤姆森和联合国秘书长古特雷斯。古特雷斯向习近平赠送周恩来总理1954年率团出席日内瓦会议的珍贵历史文件和1945年各国签署的《联合国宪章》正本复印件；访问了世界卫生组织，会见陈冯富珍总干事并共同见证了《中华人民共和国政府和世界卫生组织关于“一带一路”卫生领域合作的谅解备忘录》等协议的签署。

1月15日

［纲　文］　**新华社讯，中共中央办公厅、国务院办公厅印发《关于促进移动互联网健康有序发展的意见》。**

［目　文］　《意见》由六个部分组成：一、重要意义和总体要求。二、推动移动互联网创新发展。三、强化移动互联网驱动引领作用。四、防范移动互联网安全风险。五、深化移动互联网国际交流合作。六、加强组织领导和工作保障。

《意见》指出，建立健全网络数据管理、个人信息保护等重点管理制度。完善移动互联网管理多部门执法协调机制，加快执法信息技术系统建设，提高对网络违法犯罪识别、取证、联动查处打击等能力。加强网络普法，强化网民法治观念，提升全民网络素养。

1月15日

［纲　文］　**国务院办公厅印发《关于进一步加强疫苗流通和预防接种管理工作的意见》。**

［目　文］　《意见》由六个部分组成：一、完善疫苗管理工作机制。二、促进疫苗自主研发和质量提升。三、加强疫苗流通全过程管理。四、规范预防接种管理。五、落实保

障措施。六、强化监督检查。

《意见》要求，各省（区、市）人民政府要结合工作实际制定具体贯彻办法，落实属地管理责任，加强组织领导，将预防接种等疾病预防控制工作情况、对疾病预防控制机构财政政策落实情况等纳入政府考核内容，加大监督检查力度，依法有序做好疫苗流通和预防接种各项工作。国家卫生计生委、食品药品监管总局要会同有关部门加强监督检查，适时开展专项督查，重要情况及时报告国务院。

1 月 15 日

［纲　文］　**西藏自治区第十届人民代表大会第五次会议选举洛桑江村为西藏自治区人大常委会主任；选举齐扎拉为西藏自治区主席。**

1 月 15 日

［纲　文］　**中国科学院大连化学物理研究所和上海应用物理研究所联合成功研制极紫外自由电子激光装置——“大连光源”。**

［目　文］　“大连光源”发出了世界上最强的极紫外自由电子激光脉冲，单个皮秒（1 皮秒等于一万亿分之一秒）激光脉冲产生 140 万亿个光子，这套总长 100 米的装置成为世界上最亮且波长完全可调的极紫外自由电子激光光源。自由电子激光是国际上最新一代先进光源，也是当今世界发达国家竞相发展的重要方向，在科学研究、国防科技发展中有着重要的应用前景。

1 月 15 日

［纲　文］　**中共江苏省委原书记，江苏省第七届人民代表大会常务委员会主任、党组书记韩培信，在南京逝世，享年 97 岁。**

1 月 15—16 日

［纲　文］　**中国侨联九届四次全委会议在北京召开。**

［目　文］　中国侨联主席林军传达了中央书记处关于侨联工作的指示精神，并代表中国侨联作工作报告。会议审议通过了《中国侨联工作报告（审议稿）》的决议，通报表彰了全国侨联信息工作先进单位。

15 日，国家副主席李源潮出席会议时指出，要贯彻落实习近平总书记重要讲话精神，以迎接党的十九大为主线，以深化侨联改革为动力，团结凝聚归侨侨眷和海外侨胞为全面建成小康社会发挥独特作用。

1 月 16 日

［纲　文］　**《习近平二十国集团领导人杭州峰会讲话选编》出版发行。**

［目　文］　《选编》收入了国家主席习近平在二十国集团工商峰会开幕式上的主旨演讲、在二十国集团领导人杭州峰会上的开幕辞和闭幕辞、在二十国集团领导人杭州峰会五个阶段会议上的引导发言和总结发言等讲话 17 篇，由外文出版社以中、英文在国内外出版发行。

1月16日

［纲　文］　**国务院印发《关于香港特别行政区政府张建宗等4人职务任免的通知》。**

［目　文］　《通知》说，香港特别行政区政府：依照《中华人民共和国香港特别行政区基本法》的有关规定，根据香港特别行政区行政长官梁振英的提名和建议，国务院2017年1月16日决定：任命张建宗为政务司司长，陈茂波为财政司司长；免去林郑月娥的政务司司长职务，曾俊华的财政司司长职务，张建宗的劳工及福利局局长职务，陈茂波的发展局局长职务。

1月16日

［纲　文］　**交通运输部公布《航道通航条件影响评价审核管理办法》。**

［目　文］　《办法》共6章31条。主要有总则、航道通航条件影响、申请与审核、监督检查、法律责任、附则等内容。自2017年3月1日起施行。交通部于1994年9月10日发布的《跨越国家航道的桥梁通航净空尺度和技术要求的审批办法》（交基发〔1994〕906号）和2006年7月26日发布的《关于进一步做好跨越航道的桥梁通航净空尺度和技术要求审批工作的通知》（交水发〔2006〕388号）同时废止。

1月16日

［纲　文］　**国家铁路局印发《铁路工程建设工法管理办法》。**

［目　文］　《办法》共5章26条。主要有总则、申报、评审及推荐、成果管理、附则等内容。自2017年3月1日起施行。原铁道部《关于印发〈铁路建设工程工法管理办法〉的通知》（铁建设〔2008〕156号）同时废止。

1月16日

［纲　文］　**李克强在北京主持召开座谈会，听取教育、科技、文化、卫生、体育界人士和基层群众代表对《政府工作报告（征求意见稿）》的意见建议。**

［目　文］　中央政治局常委张高丽出席，刘延东、汪洋、马凯等参加座谈会。南京工业大学校长黄维提出要加强基础教育和基础研究，培养有创意、善创新、敢创造、会创业的年轻一代；清华大学副校长施一公建议要重视科技人才培养和引进工作，建立长期稳定支持优秀科学家的机制。国务院总理李克强说，要继续实施创新驱动发展战略。科技、教育承载着国家的未来，要落实扩大高校和科研院所教学科研自主权的政策措施，加大政策和资金支持，鼓励从事基础研究的科研人员沉下心来搞研究，把冷板凳坐热。他责成有关部门抓紧研究提高研究生基础补贴标准，调动青年人才积极性。

北京复兴医院月坛社区卫生服务中心主任杜雪平提出，要以加强医疗联合体建设为抓手，合理配置医疗资源。李克强说，要根据分级诊疗开展情况改革完善公立大医院评级标准，完善到基层服务的家庭医生绩效工资制度，促进优质医疗资源下沉，为群众提供质优便利的医疗服务。

中国作协副主席、作家王安忆提出要繁荣文艺创作，推进中外文化交流。国家乒乓球队总教练刘国梁建议要发展体育产业，推动全民健身。国家一级演员葛优围绕把电影产业发展成为支柱产业提了建议。李克强说，市场经济是法治经济，必须要符合道德准则，要讲诚信、守规则。文化、健身、影视等行业对人文精神的塑造具有独特作用，这些领域社会需求旺盛，释放其中的潜力和活力需要进一步放宽准入、破除不合理限制，要积极促进这些领域繁荣发展，满足群众精神文化需求，推动社会文明进步。

安徽省黟县农友种植专业合作社理事长徐海波谈了自己在大众创业、万众创新热潮中放弃省城工作、积极返乡创业的情况，希望政府帮助解决农业风险保障不足问题。李克强要求有关部门抓紧研究完善农业保险体系，更好服务农业生产。杭州钢铁集团转岗职工黄敏结合自身经历谈到，在企业转型升级过程中，他从钢厂技术员变成家政服务公司董事长，还帮助解决了十几个就业岗位。李克强说，去产能过程中，必须妥善做好分流职工的转岗安置。你的经历表明，"双创"对扩大就业发挥了重要的支撑作用。要继续全面深化改革，瞄准群众期盼和创业办事的痛点难点，把简政放权、放管结合、优化服务向纵深推进，为人民群众、为市场主体、为新产业新业态新模式发展提供更好服务，鼓励更多人投身创业创新。

1月16日

［纲 文］ **中央统战部在北京召开全国统战部长会议**。

［目 文］ 全国政协主席俞正声出席会议时指出，要认真学习贯彻党的十八届六中全会精神，坚决维护以习近平同志为核心的党中央权威，深入推进党中央关于统一战线决策部署的贯彻落实，把统战工作提高到一个新水平，为党的十九大胜利召开凝聚智慧和力量。

中央统战部部长孙春兰主持会议时指出，要深入学习领会习近平总书记统一战线重要思想，深刻理解关于统一战线工作的新论断新理论新理念新要求，武装头脑、指导实践。要把2017年作为"落实年""创新年"，牢牢把握迎接党的十九大、学习贯彻党的十九大精神这条主线，继续深入贯彻落实以习近平同志为核心的党中央关于统一战线重大决策部署，扎实做好各领域重点工作。要探索运用网络开展统战工作，创新工作方法，解决难点问题，加强舆论引导。要讲政治、敢担当、强作风、重本领，不断提升统战干部素质能力。

1月16日

［纲 文］ **汪洋在北京主持召开全国打击侵权假冒工作领导小组全体会议**。

［目 文］ 国务院副总理汪洋指出，2016年各地区、各有关部门围绕重点领域持续开展专项整治，共查办侵权假冒违法犯罪案件17万余件，抓获犯罪嫌疑人近2万人，判决1.5万余人，有力地维护了人民群众的切身利益，促进了创新创业环境的持续改善，赢得了国际社会的积极评价。要针对当前新形势新问题，聚焦重点产品、重点区域和重点环节，加强跨区域、跨部门和跨国境合作，努力提升"双打"工作水平。要深入推进互联网领域专项治理，创新网络监管方式，提高追踪溯源和精准打击能力。持续开展农村和城乡结合部市场治理，净化农村市场环境。针对"一带一路"沿线国家和地区推进"清风"行

动，维护中国制造良好形象。加强法治和诚信建设，推进行政执法与刑事司法衔接，对侵权失信主体开展联合惩戒。广泛开展知识产权双边对话、磋商与合作，健全海外维权援助机制。加大春节期间执法巡查，确保节日消费安全。

1月16日

［纲　文］　**全国棚户区改造工作电视电话会议在北京召开。**

［目　文］　国务院总理李克强作出批示指出：棚户区改造是重大的民生工程和发展工程。2016年，各地区、各有关方面积极作为、密切配合、攻坚克难，圆满完成棚改年度目标任务，对改善困难家庭住房条件、拉动扩大有效需求等发挥了重要作用。2017年棚改任务仍然艰巨，望认真贯彻党中央、国务院决策部署，牢固树立新发展理念，以推进供给侧结构性改革为主线，进一步加大工作力度，落实责任，保障好资金等各项条件，既推动今年新开工600万套棚改任务早安排、早启动，又抓好续建棚改项目建设，继续提高货币化安置比例，力争让更多群众早日入住。要围绕抓好工程质量安全、搞好配套设施建设，做好分配管理服务，完善措施、细化工作、严格监管，让搬进新居的群众住得更加放心、舒心。严肃查处挪用套取棚改资金等违法违规行为。以保障和改善民生的新成绩为促进经济持续健康发展作出新贡献，迎接党的十九大胜利召开！

本次会议经国务院批准，由住房城乡建设部、发展改革委、财政部、国土资源部、人民银行、国家开发银行、中国农业发展银行联合召开。会议主要内容是：学习中共中央总书记习近平讲话，传达国务院总理李克强以及国务院副总理张高丽对棚改工作的批示。住房城乡建设部部长陈政高对2016年棚户区改造工作作了全面总结，对2017年棚户区改造工作任务作出部署。发展改革委、财政部、人民银行、国家开发银行相关负责人出席会议并讲话。

会议指出，2016年不仅按照棚户区改造三年计划（2015年—2017年）安排，全面完成了开工600万套的目标任务，而且表现出三个明显特点：一是棚改工作动手早，绝大多数省（区、市）2016年棚改开工进度明显快于2015年，15个省（区、市）在2016年9月底就完成了全年开工任务；二是货币化安置力度大，2016年全国棚改货币化安置比例达到48.5%，比2015年提高18.6个百分点；三是实现了按合同约定及时偿还贷款，开发银行、农业发展银行棚改贷款的逾期不还率、贷款不良率均为零。

安徽、湖南、贵州、陕西4省住房城乡建设厅主要负责人分别介绍了本地区棚户区改造经验做法。农业部、审计署、国资委、税务总局、林业局、银监会有关司局相关负责人参会。

1月16日

［纲　文］　**2017年全国标准化工作会议在北京召开。**

［目　文］　会议主要内容是：总结2016年工作，部署2017年任务。质检总局局长支树平出席会议并讲话。国务院有关部门、部分行业协会、集团公司相关负责人，国家认监委、质检总局、在京部分行业标准化研究机构的主要负责人，各省、自治区、直辖市及

计划单列市、副省级城市、新疆生产建设兵团质量技术监督局（市场监督管理部门）负责标准化工作的人员参加了会议。

支树平说，2016年标准化工作改革取得了新突破，“标准化+”行动拓展了新领域，标准国际化迈上了新台阶。2017年标准化工作要重点抓好全力推进实施标准化战略和全力推进质量提升行动两件大事。

1月16日

［纲　文］　**商务部合作司负责人谈2016年中国对外投资合作情况**。

［目　文］　2016年，我国境内投资者全年共对全球164个国家和地区的7961家境外企业进行了非金融类直接投资，累计实现投资11299.2亿元人民币（折合1701.1亿美元，同比增长44.1%）；12月当月对外直接投资558.6亿元人民币（折合84.1亿美元，同比下降39.4%）。对外承包工程全年完成营业额10589.2亿元人民币（折合1594.2亿美元，同比增长3.5%），新签合同额16207.9亿元人民币（折合2440.1亿美元，同比增长16.2%）。2016年末我在外各类劳务人员约97万人，同比微降5.6%。

1月16日

［纲　文］　**国防部在北京举行2017年新春招待会**。

［目　文］　国务委员兼国防部长常万全，中央军委委员赵克石、张又侠、吴胜利、马晓天、魏凤和等，军委机关各部门、驻京各大单位和武警部队领导出席了招待会。来自80多个国家的驻华武官及夫人240余人应邀出席。

1月16日

［纲　文］　**外交部发言人表示，日方极力挑拨南海局势心态极不健康**。

［目　文］　有记者问，近日，日本首相安倍晋三访问菲律宾、澳大利亚和印尼，所到之处都主动提到南海问题，甚至有报道说，安倍主动提出向菲律宾提供导弹，但被菲总统杜特尔特拒绝。中方对此作何回应？

发言人说，中方注意到杜特尔特总统就任以来，坚持独立自主的外交政策，在相互平等、相互尊重的基础上同其他国家发展友好合作关系。中方对此表示赞赏。的确，正如大家看到的，在中国和有关东盟国家的共同努力下，南海局势正趋稳向好，已经重回通过谈判协商解决的正轨。而日方领导人仍在不遗余力、处心积虑地挑拨离间，渲染所谓地区紧张，日方这种做法居心叵测，心态极不健康。

1月16—18日

［纲　文］　**俞正声在新疆调研**。

［目　文］　全国政协主席俞正声在头屯河农场同和·幸福城社区，走进社区服务大厅、活动室、培训室、党员电教室，认真了解社区群众生活情况，叮嘱工作人员用心用情把为民服务的事情办好；在新疆恒汇机电股份有限公司机电市场、天康生物股份有限公司，询问生产经营、市场销售、技术研发等情况，勉励他们适应市场需求，提升产品质量和竞争力，增强企业内生动力，更好促进兵团发展和兵地融合发展；在兵团十二师三坪农

场民兵值班连，与值班民兵亲切交流，鼓励他们提高综合素质和训练水平，切实保障群众生产生活和社会稳定。

俞正声听取兵团党委工作汇报，与兵团有关方面负责人座谈，出席兵团深化改革动员大会并作动员讲话。俞正声指出，要着眼社会稳定和长治久安，统筹做好经济发展和保障民生各项工作，促进各民族交往交流交融，坚决依法打击“三股势力”和暴力恐怖犯罪，维护社会大局稳定。要切实加强党的领导，及时研究兵团改革中的重大问题，加强指导和督促检查，合力推进各项改革措施落地。

1月16—17日

[纲　文]　**刘云山在北京看望著名科技专家、文化界知名人士。**

[目　文]　中共中央政治局常委、中央书记处书记刘云山分别看望了我国著名数学家、中国科学院院士吴文俊，导弹和运载火箭专家、中国工程院院士王永志，中国人民大学清史研究所名誉所长、著名清史专家戴逸，代表中共中央总书记习近平和党中央向科技工作者、文化工作者致以诚挚问候和新春祝福。专家和学者们对习近平总书记和党中央的亲切关怀深表感谢，对党中央治国理政新理念新思想新战略高度赞誉，表示欣逢伟大时代，中华文化繁荣兴盛正当其时。

1月16—17日

[纲　文]　**中华全国总工会第十六届执行委员会第五次全体会议在北京召开。**

[目　文]　会议主要内容是：总结2016年工会工作并对2017年的工作作了部署。中共中央政治局委员、中华全国总工会主席李建国主持会议并讲话。全国总工会副主席李玉赋作工作报告。

李建国指出，要坚持以人民为中心的发展思想，依法履行好工会维权基本职责，把“职工之家”“娘家人”的称号做得更加名副其实。加大为职工办实事解难事力度，帮助职工解决就业和生活上遇到的新问题，扩大职工群众的获得感。李建国要求，高度关注企业关停并转迁过程中的职工权益问题，突出维护好职工劳动经济权益，继续聚焦城市困难职工解困脱困帮扶，为解决农民工工资拖欠积极发挥作用。

1月17日

[纲　文]　**中组部从代中央管理党费中划拨1.5亿元，用于“两节”期间走访慰问生活困难党员和老党员。**

1月17日

[纲　文]　**中央国家机关第31次党的工作会议暨第29次纪检工作会议在北京召开。**

1月17日

[纲　文]　**中国社科院发布《国人工资报告》。**

[目　文]　《报告》显示，2005年至2016年十年间，中国居民工资理财规模增长近

10 倍，而同期工资增长不足 3 倍，工资理财规模超过工资增长 3 倍。其中，工资理财规模是指居民工资中主动理财的支出额占可支配收入的比重。更多人开始通过理财寻求更高收益资产增值，互联网理财成为新型投资理财热点。2013 年至 2016 年间，中国互联网理财规模由 3853 亿元激增到 2.6 万亿元，中国居民使用互联网理财的意愿率已达 11.15%。

1 月 17 日

［纲　文］　**一座年产能超 1 万立方米的气凝胶大规模产业化工厂在武汉市新洲区正式落成**。

［目　文］　成为中国气凝胶原材料的最大生产厂家，约占全球产能的 1/8，从而改写该领域长期由外国公司主导的局面。气凝胶是物理世界中最轻的固体、导热系数最低的材料，在航空航天、节能环保、国防军工、石油化工、轨道交通等领域应用广泛，是各国竞相投入研发的新材料。

1 月 17 日

［纲　文］　**原版刷印《清敕修大藏经》捐赠仪式在故宫博物院举行**。

［目　文］　北京文物保护基金会名誉理事长、《清敕修大藏经》经版修复保护项目委员会总顾问延藏法师等向故宫博物院捐赠了该套经书。故宫博物院院长单霁翔向捐赠者代表颁发了捐赠证书。

大藏经是佛教经典的总集，简称为藏经，有多个版本。《清敕修大藏经》又称《乾隆大藏经》或《龙藏》，是我国古代最后一部官刻汉文佛藏。其不仅包括佛教经典，还收录了元、明、清历代高僧大德的章疏、论著、语录、史传和目录等，涉及政治、经济、文化、天文、地理、日常生活等方面，具有极高的历史文献价值和艺术价值。

《清敕修大藏经》始制于清雍正十一年（1733 年），从雍正十三年开雕，至乾隆三年（1738 年）竣工，雕成经版 79036 块。经版初刻完成后存于故宫武英殿内，后历经劫难、几经辗转。2009 年，经国家相关部门批准，《清敕修大藏经》文物保护项目正式启动。《清敕修大藏经》自诞生以来，其经版第一次有了现代化专业库房存放，遗失或损坏的经版第一次被全部补齐并修复，《清敕修大藏经》第一次建立了数字化科学档案。另外，在项目实施过程中，手工抄纸、制墨、刷印、装订等环节均采用中国传统手工艺技术，保证了印刷质量。此次原版刷印的《清敕修大藏经》由国家图书馆出版社出版。

1 月 17—18 日

［纲　文］　**中国地震局在北京召开 2017 年全国地震局长会议**。

［目　文］　中国地震局局长郑国光作大会主题报告。中国地震局副局长赵和平主持会议。各省、自治区、直辖市、各副省级城市和新疆生产建设兵团地震部门负责人，中国灾害防御协会和中国地震学会负责人参加会议。会议的主要内容是：深入学习贯彻党的十八大，十八届三中、四中、五中、六中全会精神和习近平总书记系列重要讲话精神，认真落实中央经济工作会议、国务院防震减灾工作联席会议等重要会议精神，总结 2016 年全国地震工作，部署 2017 年工作，以优异成绩迎接党的十九大胜利召开。

1月17—18日

［纲　文］　**环境保护部在北京召开大气污染成因与控制及趋势分析学术研讨会。**

［目　文］　环境保护部部长陈吉宁出席会议并讲话。环境保护部副部长黄润秋，京津冀区域大气污染防治联合研究顾问组5名院士和总体专家组25名专家、全国各地大气领域各研究方向的专家代表参加研讨会，交流大气污染防治研究成果，凝聚科学共识，为完成《大气十条》及“十三五”环境空气质量改善目标任务强化科学支撑。研讨会上，与会专家围绕大气污染成因、大气污染控制、空气质量趋势分析3个主题展开深入讨论，以进一步理清我国大气污染的形成机制与成因，明确大气污染治理的方向与重点措施。

1月18日

［纲　文］　**新华社讯，中共中央印发《关于新形势下加强政法队伍建设的意见》。**

［目　文］　《意见》共7个部分26条，明确了新形势下政法队伍建设的指导思想、目标任务，提出了加强和改进政法队伍建设的政策措施。

《意见》要求，加强思想政治建设。把坚定的理想信念作为政法队伍的政治灵魂，坚定不移走中国特色社会主义法治道路，确保政法工作沿着坚定正确的政治方向前进；铸就绝对忠诚的政治品格，牢固树立政治意识、大局意识、核心意识、看齐意识，严守党的政治纪律和政治规矩，完善政治轮训制度，探索建立政治督察制度，确保党对政法工作的绝对领导落到实处；培育和践行政法职业精神，深化以忠诚、为民、担当、公正、廉洁为主要内容的政法干警核心价值观教育，把政法职业荣誉制度纳入国家荣誉制度体系，完善树立先进典型、表彰优秀政法干警常态化机制，增强政法干警职业荣誉感和归属感。加强履职能力建设。建立健全各类执法司法人员岗位素质能力基本标准，建立符合执法司法规律的政法干警绩效考评体系，在职务晋升、薪酬待遇、荣誉激励等方面全面体现能力和业绩导向。构建教、学、练、战一体化教育培训机制，全面推进青年政法干警业务导师制，建立岗位业务咨询和顾问制度，提高执法司法专业能力；强化宗旨意识和群众观念，鼓励政法干警到条件艰苦、情况复杂、矛盾集中的地方和岗位锻炼成长，提高群众工作能力；全面实施科技强警战略，建设数据化、智慧型政法机关，造就一大批精业务、熟法律、懂科技的复合型人才，提高科技应用能力；树立主动宣传、立体传播理念，完善政法宣传舆论引导工作机制，提升互联网时代政法干警的媒介素养，提高社会沟通能力。加强政法专门人才队伍建设，制定政法专门人才差别化管理办法。

1月18日

［纲　文］　**李克强主持召开国务院第六次全体会议，讨论《政府工作报告（征求意见稿）》。**

［目　文］　国务院副总理张高丽、刘延东、汪洋、马凯，国务委员常万全、郭声琨、王勇出席会议。有关部门、单位负责人列席会议。会议主要内容是，讨论拟提请十二届全国人大五次会议审议的政府工作报告，决定将《政府工作报告（征求意见稿）》发往

各省（区、市）和中央国家机关有关部门、单位征求意见。

国务院总理李克强指出，向全国人民代表大会报告工作，是国务院的法定职责。政府工作报告是向人民作出的庄严承诺，广泛征求社会各界特别是基层群众的意见，进一步修改好报告，有利于鼓舞士气、引导预期、凝聚共识，更好践行以人民为中心的发展思想，改进和推动政府工作。2017年政府工作依然艰巨繁重。面对世界经济形势不确定性明显增加和国内诸多困难与挑战，既要增强忧患意识，也要保持战略定力和底气。要贯彻落实新发展理念，坚持稳中求进工作总基调，以提高发展质量和效益为中心，以推进供给侧结构性改革为主线，全面做好稳增长、促改革、调结构、惠民生、防风险各项工作，持续释放创新驱动、改革推动、开放带动叠加效应，推动实体经济升级和民生不断改善，促进经济平稳健康发展和社会和谐稳定，以优异成绩迎接党的十九大胜利召开。

1月18日

［纲　文］　**李克强主持召开国务院常务会议。**

［目　文］　会议主要内容是：一、通过“十三五”促进就业规划，推动稳定和扩大就业打造高素质劳动者队伍。二、部署进一步做好困难群众生活保障工作，兜住基本民生底线。会议确定，一是各级财政要在一般性转移支付中，把保障困难群众基本生活放在重要位置，确保政府这方面投入只增不减。中央财政已拨付的救助补助资金要抓紧到位。二是全国各县（市、区）都要建立健全由政府负责人牵头的困难群众生活保障工作协调机制，确保党中央、国务院相关决策部署落实到基层。三是指导各地加大受灾群众困难排查力度，做好自然灾害应急救助。会议强调，要落实社会救助和保障标准与物价上涨挂钩联动机制，防止物价波动影响困难群众生活。各地要加强节日期间福利院、特困人员供养机构、救助机构等安全管理和服务保障，在加强农村留守儿童关爱保护中，特别要改善孤儿和残疾儿童等群体的保障条件。鼓励有条件的地方提高困难残疾人生活补贴和重度残疾人护理补贴。在露宿人员集中地区设立开放式救助点和临时庇寒场所，确保生活无着流浪乞讨人员等有饭吃、有衣穿、有场所避寒。给困难群众更多关爱和温暖。

1月18日

［纲　文］　**国务院办公厅批复民政部，同意建立加快发展康复辅助器具产业部际联席会议制度。**

［目　文］　批复说，国务院同意建立由民政部牵头的加快发展康复辅助器具产业部际联席会议制度。联席会议不刻制公章，不正式行文，请按照国务院有关文件精神认真组织开展工作。

1月18日

［纲　文］　**气象局公布《中国气象局关于废止部分部门规章的决定》。**

［目　文］　《决定》说，废止《防雷工程专业资质管理办法》（2011年7月29日中国气象局第22号令公布）和《中国气象局关于修改〈防雷工程专业资质管理办法〉的决定》

（2013年5月31日中国气象局第25号令公布）。自2017年1月18日起施行。

1月18日

［纲　文］　**气象局公布《气象行政许可实施办法》。**

［目　文］　《办法》共6章46条。主要有总则、许可项目与实施机关、实施程序、监督管理、法律责任、附则等内容。自2017年5月1日起施行。2006年11月24日公布的中国气象局第15号令《气象行政许可实施办法》和2008年10月9日公布的中国气象局第17号令《中国气象局关于修改〈气象行政许可实施办法〉的决定》同时废止。

1月18日

［纲　文］　**气象局公布《气象行业管理若干规定》，自2017年5月1日起施行。**

1月18日

［纲　文］　**中组部在北京召开全国组织部长会议。**

［目　文］　中组部部长赵乐际主持会议并作工作报告。中共中央政治局常委、中央书记处书记刘云山出席会议时指出，要深入贯彻以习近平同志为核心的党中央决策部署，增强政治意识、大局意识、核心意识、看齐意识，全面提升党建工作和组织工作水平，为党的十九大胜利召开提供坚强组织保证。做好2017年党建工作和组织工作，要抓住关键、重点发力。要推进“两学一做”学习教育常态化制度化，深入学习党章党规，深入学习习近平总书记系列重要讲话精神和治国理政新理念新思想新战略，健全和规范“三会一课”等制度，确保取得实实在在的效果。要扎实做好党的十九大代表选举和地方领导班子换届等工作，坚持党管干部原则，精准科学选人用人，严肃政治纪律、组织纪律、换届纪律，切实把好政治关、廉洁关，坚决防止“带病提拔”“带病上岗”。要具体落实党内政治生活各项规定，加强党内政治文化建设，把从严管理监督干部与加强正向激励结合起来，推动形成风清气正的政治生态。要加强城市、农村、国企、高校、机关和社会组织等党的建设，明确问题清单和责任清单，加大对突出问题和群众身边不正之风整治力度，推动基层党组织强起来。

1月18日

［纲　文］　**中央统战部在北京召开各民主党派中央开展脱贫攻坚民主监督工作座谈会。**

［目　文］　中央统战部部长孙春兰出席并讲话。各民主党派中央副主席、国务院扶贫办、河南和云南省委有关负责人发言。22个承担脱贫攻坚任务的省（区）党委统战部部长参加座谈会。

孙春兰指出，脱贫攻坚民主监督是彰显我国多党合作制度优势的新实践，是对民主监督的新探索，也是展示和提高民主党派参政议政能力的新平台。希望各民主党派中央深入贫困地区、贫困群众中开展调查研究，了解中共中央关于脱贫攻坚大政方针和决策部署贯彻落实情况，及时发现问题，提出建设性意见，帮助地方党委政府更好地完成扶贫任务，使民主监督的过程成为坚持党的领导的过程，成为推动政策落实的过程。各有关方面要深化对脱贫攻坚民主监督工作的认识，在脱贫攻坚信息提供、政策解答、调研考察等方面给予支持，共同研究解决有关问题，提高工作质量和水平，为打赢脱贫攻坚战作出新贡献。

1月18日

［纲　文］　**山西省第十二届人民代表大会第七次会议补选骆惠宁为省人大常委会主任。**

1月18日

［纲　文］　**内蒙古自治区第十二届人民代表大会第六次会议补选李纪恒为内蒙古自治区人大常委会主任。**

1月18日

［纲　文］　**梁振英发表香港2017年施政报告。**

［目　文］　香港特区行政长官梁振英在立法会发表2017年施政报告，指出将继续秉持“发展经济，改善民生”的施政理念，促进社会和谐共融。他寄语香港社会利用“一国两制”的独特双重优势，在国家“十三五”规划和“一带一路”倡议下把握机遇和时间，为国家建设贡献力量。

1月18日

［纲　文］　**最高人民法院院长周强在北京同芬兰最高法院院长蒂莫·埃斯科签署《中华人民共和国最高人民法院和芬兰最高法院司法交流与合作谅解备忘录》。**

1月18日

［纲　文］　**《人民日报》发表题为《世界经济不能从大海退回到湖泊》的评论员文章。**

1月19日

［纲　文］　**习近平向2016中埃文化年闭幕式致贺信。**

［目　文］　国家主席习近平对中埃文化年的成功举办表示热烈祝贺。习近平指出，2016年是中国和埃及两个伟大国家建交60周年。60年来，在双方共同努力下，中埃关系不断发展，造福两国和两国人民，成为中国同阿拉伯国家、中国同非洲国家及南南关系的典范。为庆祝这个重要的年份，我和塞西总统共同倡议举办中埃文化年。一年来，中埃双方在两国25个省市举办了涵盖文化艺术、图书、广播电影电视、思想对话、青年教育等各领域交流活动100余项，对增进两个文明古国人民相互了解和友谊发挥了积极作用。中埃文化年是中国首次同阿拉伯国家举办的文化年，是两国在“一带一路”倡议下增进民心相通的重要举措，是世界古老文明交流互鉴的盛事。中方愿同埃方携手努力，继续加强两国文明交流和人文合作，为两国全面战略伙伴关系发展夯实社会和民意基础。

同日，2016中埃文化年闭幕式在广东广州举行。埃及总统塞西也发来贺信。

2016年1月21日，习近平和塞西在古老的卢克索神庙广场共同出席中埃建交60周年庆祝活动暨2016中埃文化年开幕式。

1月19日

［纲　文］　**李克强在北京主持召开座谈会，听取各民主党派中央、全国工商联负责**

人和无党派人士代表对《政府工作报告（征求意见稿）》的意见建议。

［目　文］　国务院副总理张高丽、刘延东、汪洋、马凯，中央统战部部长孙春兰，国务委员常万全、郭声琨、王勇，全国政协副主席罗富和、齐续春、陈晓光、马培华、刘晓峰出席。

民革中央主席万鄂湘就推进“一带一路”建设、巩固脱贫攻坚成果提了建议。民盟中央主席张宝文就促进政府数据开放利用、推动文化“走出去”谈了看法。民建中央主席陈昌智提出，要加大降费力度降低企业成本，加强雾霾综合防治。民进中央主席严隽琪说，要继续促进义务教育均衡发展，加强对基层医疗卫生人员的培训。农工党中央主席陈竺就精准施策促改革补短板、建设美丽中国提了建议。致公党中央常务副主席蒋作君提出，要重视发挥中医药在传播中华传统文化中的作用，强化居民个人健康管理。九三学社中央主席韩启德就海绵城市建设、农业面源污染治理谈了看法。台盟中央主席林文漪建议推动沿边地区开发开放、推动两岸融合发展。全国工商联主席王钦敏就振兴实体经济、促进民间投资提了建议。无党派人士代表李卫就提高自主创新能力、发展人工智能谈了看法。

国务院总理李克强说，一年来，在以习近平同志为核心的党中央坚强领导下，经过全国上下共同奋斗，我国经济社会发展取得了显著成绩，经济运行保持在合理区间，增速位居世界前列，更优异的是新增城镇就业人数比上年又有提高，连续第四年保持在1300万人以上，结构优化升级呈现良好势头，新动能对经济发展的支撑作用日益明显，实现了“十三五”良好开局。这其中也凝聚了各民主党派、工商联、无党派人士的智慧心血。你们发挥各自优势，围绕党和国家中心工作及经济社会发展的各个方面，提出很多有价值、有分量的决策参考和政策建议，这些都对推动政府工作发挥了很重要的作用。2017年国内外环境依然复杂严峻，我们要坚持稳中求进工作总基调，全面做好稳增长、促改革、调结构、惠民生、防风险各项工作。我们有信心、有能力应对好来自各方面的挑战，促进经济平稳健康发展和社会和谐稳定。

1月19日

［纲　文］　**国务院办公厅印发《关于促进开发区改革和创新发展的若干意见》。**

［目　文］　《意见》由六个部分组成：一、总体要求。二、优化开发区形态和布局。三、加快开发区转型升级。四、全面深化开发区体制改革。五、完善开发区土地利用机制。六、完善开发区管理制度。

《意见》要求，各地区、各部门要高度重视，上下配合，按照职责分工，加强对开发区工作的指导和监督，营造有利的政策环境，共同开创开发区持续健康发展的新局面。

1月19日

［纲　文］　**国务院办公厅印发《推行行政执法公示制度执法全过程记录制度重大执法决定法制审核制度试点工作方案》。**

［目　文］　《方案》由三个部分组成：一、基本要求。二、试点任务。三、组织实施。

《方案》指出，国务院法制办要会同有关方面对试点情况进行跟踪评估，及时研究试点工作中发现的新情况新问题，定期交流、通报试点进展情况；试点工作结束后，研究提出全面推行的意见。

1月19日

［纲　文］　**国务院办公厅印发《生育保险和职工基本医疗保险合并实施试点方案》。**

［目　文］　《方案》由四个部分组成：一、总体要求。二、试点地区。三、试点内容。四、保障措施。

《方案》要求，人力资源社会保障部、财政部、国家卫生计生委要对试点期间各项改革措施执行情况、实施效果、群众满意程度等内容进行全面总结评估，并向国务院报告。

1月19日

［纲　文］　**国务院办公厅印发《中国遏制与防治艾滋病“十三五”行动计划》。**

［目　文］　《计划》由五个部分组成：一、防治现状。二、总体要求。三、防治措施。四、保障措施。五、督导与评估。

《计划》指出，国务院防治艾滋病工作委员会办公室要制订本行动计划督导与评估方案，组织相关部门开展督导检查，在“十三五”末组织或委托第三方开展评估工作。各地区、各有关部门要对本行动计划实施进展、质量和成效进行督导与评估，将重点任务落实情况作为督查督办的重要事项，确保本行动计划各项任务得到贯彻落实。

1月19日

［纲　文］　**商务部、发展改革委、国土资源部、交通运输部、国家邮政局印发《商贸物流发展“十三五”规划》。**

［目　文］　《规划》由六个部分组成：一、发展基础。二、面临形势。三、总体思路。四、主要任务。五、重点工程。六、保障措施。

1月19日

［纲　文］　**最高人民检察院印发《关于充分发挥检察职能依法惩治“村霸”和宗族恶势力犯罪积极维护农村和谐稳定的意见》。**

［目　文］　《意见》指出，各级检察机关要坚决依法惩治“村霸”和宗族恶势力刑事犯罪，突出打击为“村霸”和宗族恶势力充当“保护伞”的职务犯罪。检察机关要主动加强与纪检监察、组织人事、公安、民政、社会治安综合治理等部门的协作配合，充分发挥惩治、教育、预防、监督、服务等多元检察职能，多措并举，综合施治，依法严厉打击危害农村和谐稳定的违法犯罪，坚决铲除“村霸”和宗族恶势力“毒瘤”。检察机关对于办案过程中遇到的因干群关系、土地征用、环境污染、移民搬迁、集体资产处置、村务公开、邻里纠纷和宗族问题等引发的矛盾纠纷，要积极协助相关单位和部门依法及时妥善处理，避免矛盾激化，防止被一些别有用心的人员和势力利用。

1月19日

［纲　文］　**国家知识产权局发布2016年主要工作统计数据及相关情况。**

［目　文］　2016年，国家知识产权局共受理发明专利申请133.9万件，同比增长21.5%，连续6年位居世界首位。截至2016年底，中国国内（不含港澳台）发明专利拥有量共计110.3万件，每万人口发明专利拥有量达到8.0件。

1月19日

［纲　文］　**全国认证认可工作会议暨第15次全国认证认可工作部际联席会议在北京召开。**

［目　文］　会议主要内容是：学习贯彻党的十八届六中全会及中央经济工作会议精神，贯彻落实全国质检工作会议的部署要求，围绕实施《认证认可检验检测发展“十三五”规划》，总结和部署年度工作。

质检总局局长支树平出席会议并讲话。质检总局副局长、全国认证认可工作部际联席会议召集人孙大伟作工作报告。上海、云南介绍了推动认证认可工作的做法。全国认证认可工作部际联席会议成员单位和特邀单位代表，质检总局有关司局、国家标准委和在京直属单位负责人等出席主会场会议。全国各直属检验检疫局及分支局，各省、自治区、直辖市及计划单列市、副省级城市、市县区质量技术监督局（市场监管部门），以及各检验检测认证示范区、认证认可工作联系点地方政府和各地资质认定协作部门的代表参加分会场视频会议。

1月19日

［纲　文］　**吉林省第十二届人民代表大会第六次会议选举刘国中为吉林省省长。**

1月19日

［纲　文］　**重庆市第四届人民代表大会第五次会议选举张国清为重庆市市长。**

1月19日

［纲　文］　**湖南省第十二届人民代表大会第七次会议补选杜家毫为省人大常委会主任。**

1月19日

［纲　文］　**中宣部、中央军委政治工作部、共青团中央在人民大会堂联合举行陆军某部“大功三连”先进事迹报告会。**

［目　文］　报告会上，“大功三连”指导员王金龙、士官长张海生、战士陆钧杰的母亲刘嘉彤、退伍战士李冲、“大功三连”所在旅政治委员刘海成，从不同侧面讲述了这个先进集体用中央军委主席习近平系列讲话精神建连育人的强军实践。中央军委副主席许其亮在报告会前会见了报告团成员，代表习近平主席和军委其他领导，向报告团成员以及“大功三连”全体官兵致以亲切问候。

陆军某部“大功三连”是一支在抗日烽火中诞生的英雄连队，战争年代4次荣立大功，和平建设时期多次立功受奖，被中央军委授予“基层建设模范连”荣誉称号。中宣部16日向全社会公开发布陆军某部“大功三连”的先进事迹，授予他们“时代楷模”荣誉称号。

1月19日

［纲　文］　**上海立信会计金融学院与慧科集团在上海签署协议，共建全国首个金融**

科技学院。

［目　文］　学院将面向金融业、现代服务业及“互联网 +”领域，将大数据、区块链、人工智能等新兴技术与金融、会计等相关学科深度融合，以切实推进金融科技领域应用型复合型人才培养，填补新一轮金融科技创新浪潮中的人才短缺。上海立信会计金融学院是由上海立信会计学院和上海金融学院合并而成的会计、金融特色的应用型财经高校。近年来，学院先后与中国农业银行上海分行合作组建“浦江学院”、与通用电气（中国）有限公司组建“通用电气班”，探索应用型人才培养模式。

1 月 19 日

［纲　文］　**《人民日报》发表题为《历史是勇敢者创造的》的评论员文章**。

1 月 20 日

［纲　文］　**国务院批复广东省、广西壮族自治区、海南省人民政府和发展改革委、住房城乡建设部，同意北部湾城市群发展规划**。

［目　文］　批复说，一、原则同意《北部湾城市群发展规划》，请认真组织实施。二、《规划》实施要全面贯彻党的十八大和十八届三中、四中、五中、六中全会以及中央城镇化工作会议、中央城市工作会议精神，深入贯彻习近平总书记系列重要讲话精神和治国理政新理念新思想新战略，认真落实党中央、国务院决策部署，统筹推进“五位一体”总体布局和协调推进“四个全面”战略布局，牢固树立和贯彻落实新发展理念，着力推进供给侧结构性改革，加快培育发展新动能，拓展发展新空间，以共建共保洁净海湾为前提，以打造面向东盟开放高地为重点，以构建环境友好型产业体系为基础，发展美丽经济，建设宜居城市和蓝色海湾城市群，充分发挥对“一带一路”有机衔接的重要门户作用和对沿海沿边开放互动、东中西部地区协调发展的独特支撑作用。三、广东、广西、海南三省（区）人民政府要切实加强组织领导，健全协作机制，明确责任分工，制定实施方案，做好与相关专项规划的衔接，确保各项目标任务落到实处。《规划》实施中涉及的重大事项、重大政策和重大项目按规定程序报批。四、国务院有关部门要按照职能分工，研究制定支持北部湾城市群发展的具体政策措施，在有关规划编制、体制创新、重大项目建设、优化行政区划设置等方面给予积极支持。

1 月 20 日

［纲　文］　**国务院办公厅印发《关于规范发展区域性股权市场的通知》**。

1 月 20 日

［纲　文］　**统计局发布《2016 年国民经济实现“十三五”良好开局》**。

［目　文］　《开局》由十个部分组成：一、粮食生产再获丰收，畜牧业生产形势基本稳定。二、工业生产平稳增长，企业效益明显好转。三、固定资产投资缓中趋稳，商品房待售面积减少。四、市场销售平稳较快增长，消费升级类商品增长较快。五、出口降幅收窄，进口由负转正。六、居民消费价格温和上涨，工业生产者价格月度同比由降转升。

七、居民收入稳定增长，城乡差距继续缩小。八、供给侧结构性改革取得积极进展，经济结构继续优化。九、货币信贷平稳增长，新增贷款同比多增。十、人口总量平稳增长，城镇化率继续提高。

《开局》指出，总的来看，2016年国民经济运行保持在合理区间，发展的质量和效益提高。同时应当看到，国际国内经济环境依然错综复杂，经济稳中向好的基础尚不牢固。下一步，我们要更加紧密地团结在以习近平同志为核心的党中央周围，认真贯彻落实党中央、国务院决策部署和中央经济工作会议精神，坚持稳中求进工作总基调，坚持以提高发展质量和效益为中心，坚持宏观政策要稳、产业政策要准、微观政策要活、改革政策要实、社会政策要托底的政策思路，坚持以推进供给侧结构性改革为主线，适度扩大总需求，加强预期引导，深化创新驱动，全面做好稳增长、促改革、调结构、惠民生、防风险各项工作，促进经济平稳健康发展和社会和谐稳定，以优异成绩迎接党的十九大胜利召开。

1月20日

［纲　文］ **财政部、住房城乡建设部发布《中央财政城镇保障性安居工程专项资金管理办法》。**

［目　文］ 《办法》共8章25条。主要有总则、资金分配、资金申报和审核、资金下达、使用管理、绩效评价、法律责任、附则等内容。自2017年1月20日起施行。《中央财政城镇保障性安居工程专项资金管理办法》（财综〔2014〕14号）同时废止。

1月20日

［纲　文］ **最高人民法院印发《关于执行案件移送破产审查若干问题的指导意见》。**

［目　文］ 《意见》由六个部分组成：一、执行案件移送破产审查的工作原则、条件与管辖。二、执行法院的征询、决定程序。三、移送材料及受移送法院的接收义务。四、受移送法院破产审查与受理。五、受移送法院不予受理或驳回申请的处理。六、执行案件移送破产审查的监督。

《意见》指出，受移送法院收到上级法院的通知后，10日内仍不接收材料或不作出是否受理裁定的，上一级法院可以径行对移送破产审查的案件行使管辖权。上一级法院裁定受理破产案件的，可以指令受移送法院审理。

1月20日

［纲　文］ **国务院总理李克强在北京同在华外国专家举行新春座谈会。**

［目　文］ 诺贝尔化学奖得主、美国西北大学、天津大学药学院教授斯托达特，瑞典皇家科学院、工程院院士、华南师范大学特聘教授斯文贝格，德国宝马集团大中华区总裁兼首席执行官康思远，《中国日报》美籍高级记者聂子瑞等分别就人才培养、创新创业、智能制造与职业教育、拓展中国故事的国际影响等谈了观点和建议。

李克强表示，过去一年，面对国际国内较大经济下行压力，中国经济保持了平稳运行，实现全年经济增长6.7%，增速在主要经济体中名列前茅，对世界经济增长贡献率达到 30% 以上。同时经济结构调整优化提速，城镇新增就业连续第四年超过 1300 万人。这些成绩的取得也包含了广大外国专家的智慧心血。中国经济韧性、潜力和回旋余地巨大，内需广阔，人才人力资源充足。我们有信心、有条件、有能力在新的一年继续保持良好的发展势头。中国经济社会发展取得的成就根本动力来自改革开放。我们将继续围绕处理好政府与市场的关系、推进政府自身改革，深化简政放权、放管结合、优化服务等改革，充分发挥每个人的聪明才智和创造活力，着力培育经济发展新动能，同时加快创新向一二三产业覆盖融合，改造和提升传统产业，以新旧动能平稳转换助推中国经济转型升级。我们将继续推进新一轮更高水平对外开放，着力营造公开透明、公平有序可预期的市场和法治环境，打造外商投资的热土。中国欢迎各国人才来华创新创业、参与中国的现代化建设，将在入境居留、项目申请、科研资源、产权保护等领域加大支持力度，让中外智慧融合迸发、知识和创造的价值充分体现，更好促进中国和世界各国同发展、共进步。

1 月 20 日

［纲　文］　**全国人大教科文卫委员会在北京举行宣传贯彻《中华人民共和国公共文化服务保障法》座谈会。**

［目　文］　全国人大常委会副委员长兼秘书长王晨出席会议并讲话。会议由全国人大教科文卫委员会主任委员柳斌杰主持。中宣部，全国人大教科文卫委员会、法律委员会，全国人大常委会法制工作委员会，文化部，国家新闻出版广电总局，财政部，国务院法制办公室等有关部门负责人，以及部分专家学者、公共文化服务机构代表参加座谈会。与会专家学者、公共文化服务机构的代表从不同角度畅谈公共文化服务保障法出台的意义和作用，为落实公共文化服务保障法提出了一些好建议、好办法。

王晨指出，公共文化服务保障法是文化领域一部综合性、全局性、基础性的重要法律，要宣传贯彻实施好这部法律，加快构建公共文化服务体系，实现和维护人民群众基本文化权益，并以此为新起点深入推进文化法治建设，为建设社会主义文化强国、全面建成小康社会、实现中华民族伟大复兴中国梦作出新的贡献，用优异成绩迎接党的十九大胜利召开。

1 月 20 日

［纲　文］　**纪念吴阶平诞辰 100 周年座谈会在北京举行。**

［目　文］　全国人大常委会委员长张德江出席座谈会并在会前会见吴阶平亲属。中央统战部部长孙春兰主持座谈会。

全国人大常委会副委员长李建国在座谈会上缅怀了吴阶平同志追求真理、献身医学的生平业绩和历史贡献，强调要学习他的爱国情操和崇高品德，更加紧密地团结在以习近平同志为核心的党中央周围，不忘初心、继续前进，以优异成绩迎接党的十九大胜利召开，为实现"两个一百年"奋斗目标、实现中华民族伟大复兴的中国梦作出新贡献。

吴阶平（1917 年 1 月 22 日—2011 年 3 月 2 日）是中国共产党的优秀党员，著名的医学科学家、医学教育家、泌尿外科专家和社会活动家，九三学社的杰出领导人，曾担任第八届、九届全国人民代表大会常务委员会副委员长。

1月20日

［纲　文］　**俞正声主持召开全国政协第五十三次主席会议。**

［目　文］　全国政协副主席杜青林、韩启德、林文漪、罗富和、何厚铧、李海峰、陈元、卢展工、周小川、王家瑞、王正伟、马飚、齐续春、陈晓光、马培华、刘晓峰、王钦敏出席会议。

会议通报了中共政协全国委员会党组2017年工作要点，审议通过了政协第十二届全国委员会第五次会议议程（草案）和日程（草案）、政协全国委员会常务委员会工作报告（草案）、政协全国委员会常务委员会关于政协十二届四次会议以来提案工作情况的报告（草案）、政协第十二届全国委员会第五次会议各次全体会议执行主席和主持人名单、政协第十二届全国委员会委员调整界别名单、政协全国委员会2017年对外交往计划，书面审议了政协全国委员会2016年对外交往工作总结（稿）、政协全国委员会办公厅2016年工作总结（稿）、政协全国委员会办公厅关于2016年反映社情民意信息工作情况的报告（草案）、政协全国委员会办公厅关于2016年全国政协委员视察考察工作情况的报告（草案）、政协全国委员会各专门委员会2016年工作总结（稿）。会议决定将上述有关草案（稿）提请全国政协十二届常委会第十九次会议审议。

1月20日

［纲　文］　**2017年对台工作会议在北京举行。**

［目　文］　中共中央政治局常委俞正声出席会议并讲话。国务委员杨洁篪主持会议。中共中央台办、国务院台办主任张志军作工作报告。中央党政军有关部门和各地有关负责人出席会议。

俞正声指出，过去一年，以习近平同志为核心的党中央准确研判形势，科学决策部署，牢牢把握两岸关系发展大方向。各地各部门认真贯彻落实党中央对台工作方针和决策部署，扎实推进各项工作，取得积极成效。党中央给予充分肯定。2017年两岸关系和台海局势更加复杂严峻。我们要坚决贯彻党中央对台工作大政方针，继续坚持体现一个中国原则的“九二共识”，坚决反对和遏制任何形式的“台独”分裂活动，维护国家主权和领土完整，维护两岸关系和平发展和台海和平稳定。

会议要求，各地各部门要深入学习贯彻中共中央总书记习近平对台工作思想，按照党中央决策部署，扎实做好对台各项工作。团结台湾所有认同两岸同属一个中国的政党、团体和组织，同两岸同胞一道，维护“九二共识”政治基础，持续推进两岸民间各领域交流合作，促进两岸经济社会融合发展，不断扩大两岸基层民众和青年的参与度和获益面。研究出台便利台湾同胞在大陆学习、就业、创业、生活的政策措施，积极支持台商台企在大陆更好发展，依法维护台胞权益。对台工作系统要切实加强党风廉政建设，坚持高标准自律，打造对党忠诚、业务专精、纪律严明的高素质对台工作干部队伍。

1 月 20 日

［纲　文］ **刘云山在北京主持召开中央文明委第五次全体会议**。

［目　文］ 中央精神文明建设指导委员会副主任刘延东、刘奇葆等出席会议。会议认为，党的十八大以来，以习近平同志为核心的党中央高度重视精神文明建设，指导和推动精神文明建设工作聚焦新实践、培育新风尚、凝聚正能量，有力服务了党和国家工作大局，促进了国民素质和社会文明程度提升。

中共中央政治局常委、中央精神文明建设指导委员会主任刘云山指出，要增强政治意识、大局意识、核心意识、看齐意识，突出坚持和发展中国特色社会主义、实现中华民族伟大复兴中国梦这一主题，突出迎接、宣传、贯彻党的十九大这条主线，突出稳中求进工作总基调，强化价值引领、深化工作措施，为党和国家事业发展提供强大精神力量。

1 月 20 日

［纲　文］ **马凯在北京主持召开国务院农民工工作领导小组第 5 次全体会议**。

［目　文］ 国务院副总理马凯肯定了农民工工作取得的积极进展并指出，要认真落实中共中央总书记习近平和国务院总理李克强指示批示精神，坚持稳中求进工作总基调，牢固树立和贯彻落实新发展理念，以有序推进农民工市民化为目标，以新生代农民工为重点对象，扎实做好为农民工服务工作，以优异成绩迎接党的十九大胜利召开。要以新生代农民工为重点，大力促进农民工就业创业，实施“技能培训促就业行动”，多渠道、广领域为他们创造就业机会，统筹做好农民工返乡创业和就业扶贫工作。要以治欠保支为重点，切实维护农民工劳动保障权益，继续加大专项检查和整治力度，全力保障农民工工资支付，加快建立预防和解决拖欠农民工工资问题长效机制。要以完善户籍、住房、土地政策为重点，积极推动农民工在城镇落户，落实好户籍制度改革各项政策措施，全面实施居住证制度，将符合条件的农民工纳入住房保障范围，维护好农民工在农村的“三权”。要以教育医疗为重点，推动落实农民工平等享受城镇基本公共服务。积极促进农民工融入城市社会，加强人文关怀，做好关爱农村留守儿童、妇女和老人工作。

1 月 20 日

［纲　文］ **中组部、人力资源社会保障部、公务员局在北京召开 2017 年全国公务员管理工作会议**。

［目　文］ 中组部常务副部长陈希出席会议并讲话，人力资源社会保障部部长尹蔚民主持会议。

会议指出，做好 2017 年公务员工作，要深入学习贯彻中共中央总书记习近平系列讲话精神，围绕落实全面从严治党要求这个主题，围绕迎接十九大和学习贯彻十九大精神这条主线，坚持稳中求进工作总基调，坚持队伍建设和制度建设一起抓，以促进公务员想干事、敢干事为重点，加强思想政治建设和能力建设，推进分类管理，拓宽优秀人才来源渠道，改进考核工作，强化激励约束，健全制度机制，努力建设一支忠诚、干净、担当的高素质专业化公务员队伍。各级公务员管理部门要提高政治站位，拓宽全局视野，自觉把公务员工作放到大局中去思考谋划，树立公道正派核心理念，提高专业素养，配强工作力量，加强工作协调，狠抓工作落实，切实以优异成绩迎接党的十九大胜利召开。

1月20日

［纲　文］　**北京市第十四届人民代表大会第五次会议补选李伟为北京市人大常委会主任；补选蔡奇为北京市市长。**

1月20日

［纲　文］　**湖北省第十二届人民代表大会第五次会议补选蒋超良为湖北省人大常委会主任；补选王晓东为湖北省省长。**

1月20日

［纲　文］　**青海省第十二届人民代表大会第六次会议选举王国生为青海省人大常委会主任，选举王建军为青海省省长。**

1月20日

［纲　文］　**江西省第十二届人民代表大会第七次会议补选鹿心社为省人大常委会主任。**

1月20日

［纲　文］　**上海市第十四届人民代表大会第五次会议补选应勇为上海市市长。**

1月20日

［纲　文］　**浙江省第十二届人民代表大会第五次会议选举车俊为浙江省省长。**

1月20日

［纲　文］　**政协安徽省十一届委员会第五次会议补选徐立全为省政协主席。**

1月20日

［纲　文］　**神舟十一号载人飞行任务飞行乘组航天员颁奖授称大会在北京举行。**

［目　文］　大会由中央军委装备发展部部长张又侠主持。中央军委装备发展部政委安兆庆宣读了中共中央、国务院、中央军委《关于给景海鹏颁发“一级航天功勋奖章”，授予陈冬“英雄航天员”荣誉称号并颁发“三级航天功勋奖章”的决定》。

中央军委副主席许其亮代表习近平和中央军委，向受表彰的景海鹏、陈冬同志表示热烈祝贺，向参研参试官兵和工程战线全体同志致以诚挚问候并强调，要从维护核心、看齐追随的高度，始终牢记建设航天强国和世界科技强国的重托，更加自觉地把中国梦、强军梦、飞天梦和个人的梦想统一起来，凝聚起不忘初心、继续前进的强大意志力量。

1月20日

［纲　文］　**《人民日报》发表题为《世界命运应该由各国共同掌握——一论学习习近平主席在联合国日内瓦总部的演讲》的评论员文章。**

1月20—21日

［纲　文］　**汪洋在陕西调研脱贫攻坚工作。**

［目 文］ 国务院副总理、国务院扶贫开发领导小组组长汪洋来到商洛市商州区和丹凤县，到易地扶贫搬迁集中安置点，看望慰问搬迁贫困群众和基层扶贫干部，询问群众生产生活情况，了解易地扶贫搬迁、产业扶贫、生态扶贫等工作进展。

汪洋强调，易地扶贫搬迁是一项系统工程，必须统筹兼顾，稳妥推进。对“一方水土养不活一方人”的地方，要改变贫困群众穷窝苦熬的状况，鼓励他们搬迁打拼，努力做到应搬尽搬。要明确搬迁只是手段，脱贫才是目的，解决好搬迁后影响稳定脱贫的问题。要用活用好城乡建设用地增减挂钩政策，理顺还款渠道，防止形成财政包袱和银行坏账。要健全搬迁资金项目监管机制，严肃查处违规招投标、贪占挪用资金等行为，实现廉洁搬迁。

1月21日

［纲 文］ **安徽省第十二届人民代表大会第七次会议选举李锦斌为省人大常委会主任；选举李国英为安徽省省长。**

1月21日

［纲 文］ **云南省第十二届人民代表大会第五次会议选举陈豪为云南省人大常委会主任；选举阮成发为云南省省长。**

1月21日

［纲 文］ **中国石油天然气集团公司公布，2016年，石油产量超过1.05亿吨，连续22年保持1亿吨以上水平；天然气产量980亿立方米，实现产量10年翻一番。**

1月21日

［纲 文］ **中国银行（塞尔维亚）有限公司在贝尔格莱德举行开业仪式，标志着塞尔维亚第一家中资银行成立。**

1月21日

［纲 文］ **《人民日报》发表题为《开启未来的钥匙就在我们手中——二论学习习近平主席在联合国日内瓦总部的演讲》的评论员文章。**

1月22日

［纲 文］ **习近平主持中共中央政治局第38次集体学习。**

［目 文］ 本次学习的主题是：深入推进供给侧结构性改革。发展改革委宏观经济研究院陈东琪研究员就这个问题进行讲解，并谈了意见和建议。中共中央政治局各位委员听取了讲解，并就有关问题进行了讨论。

中共中央总书记习近平指出，推进供给侧结构性改革是我国经济发展进入新常态的必然选择，是经济发展新常态下我国宏观经济管理必须确立的战略思路。必须把改善供给侧结构作为主攻方向，从生产端入手，提高供给体系质量和效率，扩大有效和中高端供给，增强供给侧结构对需求变化的适应性，推动我国经济朝着更高质量、更有效率、更加公平、更可持续的方向发展。当前制约我国经济发展的因素，有周期性、总量性的，但主要是结构性的。结构性问题，供给和需求两侧都有，但矛盾的主要方面在供给侧。供给侧结构性改革是一场关系全局、关系长远的攻坚战。我们要在已有工作和成效的基础上，在目标、任务、方式、政策、路径、举措等方面深化落实，不断取得实质性进展。推进供给侧结构性改革，要处理好几个重大关系。要处理好政府和市场的关系。使市场在资源配置中起决定性作用和更好发挥政府作用，是推进供给侧结构性改革的重大原则。做加法，就是扩大有效供给和中高端供给，补短板、惠民生，加快发展新技术、新产业、新产品，为经济增长培育新动力。要处理好供给和需求的关系。供给和需求是市场经济内在关系的两个基本方面，供给侧和需求侧是管理和调控宏观经济的两个基本手段。经济政策是以供给侧为重点还是以需求侧为重点，要依据宏观经济形势作出抉择，二者不是非此即彼、一去一存的替代关系，而是要相互配合、协调推进。志不求易者成，事不避难者进。各地区各部门一定要树立必胜信念、知难而进，注意发现和研究解决新问题，不能因有困难而不为、因有风险而躲避、因有阵痛而不前，坚定不移把供给侧结构性改革向前推进。

1月22日

［**纲　文**］　**习近平主持中共中央政治局会议。**

［**目　文**］　会议主要内容是：一、决定设立中央军民融合发展委员会，由习近平任主任。中央军民融合发展委员会是中央层面军民融合发展重大问题的决策和议事协调机构，统一领导军民融合深度发展，向中央政治局、中央政治局常务委员会负责。二、审议《中央政治局常委会听取和研究全国人大常委会、国务院、全国政协、最高人民法院、最高人民检察院党组工作汇报和中央书记处工作报告的综合情况报告》。会议对全国人大常委会、国务院、全国政协、最高人民法院、最高人民检察院党组和中央书记处2016年的工作给予充分肯定，同意其对2017年的工作安排。会议强调，要深入学习贯彻党的十八届六中全会精神，严格执行《关于新形势下党内政治生活的若干准则》《中国共产党党内监督条例》，深刻理解和牢固树立政治意识、大局意识、核心意识、看齐意识，坚决维护以习近平同志为核心的党中央权威，始终在思想上政治上行动上同以习近平同志为核心的党中央保持高度一致，坚决维护党中央集中统一领导，不折不扣贯彻执行党中央决策部署。

会议指出，2017年我们将召开党的十九大，也是实施“十三五”规划的重要一年、推进供给侧结构性改革的深化之年。要坚持稳中求进工作总基调，统筹推进“五位一体”总体布局和协调推进“四个全面”战略布局，紧紧围绕大局履职尽责，交上让党和人民满意的答卷。全国人大常委会、国务院、全国政协、最高人民法院、最高人民检察院党组要自觉坚持党中央集中统一领导，贯彻落实新发展理念，落实全面从严治党责任，扎实做好党中央部署的各项工作，着力防范和化解各种风险，促进经济平稳健康发展和社会和谐稳定。中央书记处要服务大局出谋划策，突出重点抓好落实，深入开展调查研究，健全完善工作机制，提高解决实际问题能力，完成好党中央交办的各项任务。

1月22日

［纲　文］　**习近平在北京同各民主党派中央、全国工商联负责人和无党派人士代表共迎新春。**

［目　文］　中共中央政治局常委俞正声、张高丽出席。孙春兰、栗战书，各民主党派中央、全国工商联有关负责人，中央有关部门负责人参加活动。民革中央主席万鄂湘、民盟中央主席张宝文、民建中央主席陈昌智、民进中央主席严隽琪、农工党中央主席陈竺、致公党中央主席万钢、九三学社中央主席韩启德、台盟中央主席林文漪、全国工商联主席王钦敏和无党派人士代表郭雷、苏士澍等应邀出席。应邀出席的还有全国政协副主席董建华、何厚铧，已退出领导岗位的各民主党派中央、全国工商联原主席、第一副主席和常务副主席。林文漪代表各民主党派中央、全国工商联和无党派人士致辞。

中共中央总书记习近平指出，刚刚过去的2016年，是我国发展进程中极不平凡的一年。面对错综复杂的国际形势和艰巨繁重的国内改革发展稳定任务，中共中央团结带领全国各族人民，齐心协力、迎难而上，“十三五”实现良好开局，朝着实现“两个一百年”奋斗目标又迈进了一大步。过去的一年，我们对统一战线重大工作和重点问题进行了谋划，特别是对中共中央关于统一战线重大决策部署贯彻落实情况开展了全国范围的调研检查，统一战线呈现出团结、振奋、活跃的良好局面。2017年也是实施“十三五”规划的重要一年，是推进供给侧结构性改革的深化之年。

习近平提出三点希望。一是希望同志们积极为中共十九大召开营造良好氛围，坚持中国共产党的领导，深入开展“不忘合作初心，继续携手前进”专题教育，教育引导广大成员增强“四个意识”，把思想和行动统一到中共中央对国际国内形势的判断上来，把智慧和力量凝聚到中共中央决策部署上来。二是希望同志们紧紧围绕改革发展稳定大局履职尽责，以改革创新的精神、求真务实的作风，围绕“十三五”规划实施建言献策，就贯彻落实新发展理念、经济社会发展、全面深化改革、推动创新创造重大问题，围绕中共中央高度重视、社会各界普遍关注、基层群众最为关切的难点问题，深入调查研究，多谋良策、多出实招。三是希望同志们把政治交接贯穿换届工作全过程，坚持德才兼备、以德为先的选人用人导向，做好人选酝酿、民主推荐、沟通协商、人选考察等各项工作。

1月22日

［纲　文］　**国务院办公厅印发《中国防治慢性病中长期规划（2017—2025年）》。**

［目　文］　《规划》由五个部分组成：一、规划背景。二、总体要求。三、策略与措施。四、保障措施。五、督导与评估。

《规划》要求，各地区要将慢性病防治作为健康中国建设和深化医药卫生体制改革的重点内容，纳入地方重要民生工程，强化组织实施。各有关部门要按照职责分工落实规划重点任务，形成慢性病防治工作合力。

1月22日

［纲　文］ **商务部在北京召开2017年全国进出口工作电视电话会议。**

［目　文］ 会议的主要任务是，全面贯彻党的十八大和十八届三中、四中、五中、六中全会以及中央经济工作会议精神，落实全国商务工作会议部署，总结2016年外贸工作，分析当前外贸形势，部署2017年重点工作。商务部、各进出口商会及国家开发银行、进出口银行、出口信用保险公司100余人在主会场参加会议。各省、自治区、直辖市及计划单列市、新疆生产建设兵团商务主管部门在分会场参加会议。

2016年全年进出口降幅比2015年收窄6.1个百分点；四个季度进出口分别下降8.1%、下降1.1%、增长0.8%和增长3.8%，呈现逐季回稳走势。2017年重点是要抓好四方面工作：一是千方百计稳增长。继续狠抓政策落实，坚持问题导向，聚焦企业关注的贸易便利化、进出口环节收费、融资难融资贵等问题，实现重点突破，切实为企业减负助力。促进加工贸易创新发展，研究完善梯度转移差异化政策。实施积极进口政策，扩大高新技术设备、关键零部件进口。二是推动外贸动力转换。加快推进跨境电子商务、市场采购贸易、外贸综合服务企业等新业态发展。稳步推动诚信体系建设，推进外贸诚信企业推介制度。务实做好贸易摩擦应对工作。三是坚定不移调结构。重点推进国际市场结构、经营主体结构、出口商品结构、国内区域布局和贸易方式优化，加快推进贸易平台、生产基地和国际营销网络建设。四是真抓实干强基础。深入基层，加强调研，总结企业好经验好做法，凝聚共识，营造有利于外贸发展的环境。

1月22日

［纲　文］ **中国人民银行发布，2016年债券市场发行各类债券规模达36.1万亿元。**

［目　文］ 数据显示，2016年，债券市场发行各类债券规模达36.1万亿元，较上年增长54.2%，增速较上年降低42.4个百分点。其中，银行间债券市场发行债券32.2万亿元，增长53.8%。2016年，国债发行2.9万亿元，地方政府债券发行6万亿元，国家开发银行、中国进出口银行和中国农业发展银行发行债券3.4万亿元，政府支持机构发行债券2250亿元，商业银行等金融机构发行金融债券1.3万亿元，信贷资产支持证券发行3838.1亿元，同业存单发行13万亿元，公司信用类债券发行8.2万亿元。

1月22日

［纲　文］ **全国供销合作总社发布，2016年全国供销社系统实现销售总额4.78万亿元。**

［目　文］ 2016年全国供销社系统实现销售总额4.78万亿元，同比增长10.9%，实现利润407.7亿元，同比增长6.8%，资产总额突破1.38万亿元。全系统电子商务交易和在线商品销售额达6031亿元，同比增长52.3%。2016年，各地供销合作社以土地托管为重点，托管服务拓展到全国28个省份，托管服务面积达到1亿亩。

电子商务发展势头良好，“供销e家”全国平台与31个省（区、市）的近700个市县供销社实现了对接，上线品种超过4.6万种。今年，供销社系统将依托县级电商企业、物流配送中心或其他经营主体，新建200家县域运营中心。加快推动县域运营中心向乡村延伸经营服务，建设电商服务站，整合各类物流资源，打通农村电商“最后一公里”。

1月22日

［纲　文］　**中国互联网络信息中心（CNNIC）发布第39次《中国互联网络发展状况统计报告》。**

［目　文］　《报告》显示，截至2016年12月，中国网民规模达7.31亿，互联网普及率达到53.2%，超过全球平均水平3.1个百分点，超过亚洲平均水平7.6个百分点。

1月22日

［纲　文］　**新闻出版广电总局、海关总署公布《出版物进口备案管理办法》，自2017年3月1日起施行。**

1月22日

［纲　文］　**税务总局公布《全文废止和部分条款废止的税收规范性文件目录》。**

［目　文］　《目录》对《国家税务总局关于印发〈税务稽查业务公开制度（试行）〉的通知》（国税发〔2000〕163号）、《国家税务总局关于加强煤炭行业税收管理的通知》（国税发〔2005〕153号）、《国家税务总局关于进一步推行办税公开工作的意见》（国税发〔2006〕172号）、《国家税务总局关于贯彻落实扩大小型微利企业减半征收企业所得税范围有关问题的公告》（国家税务总局公告2015年第17号）等全文废止；对《国家税务总局关于企业为股东个人购买汽车征收个人所得税的批复》（国税函〔2005〕364号）废止第二条。

1月22日

［纲　文］　**环境保护部公布63个获得2016年度环境保护科学技术奖的项目。**

［目　文］　环境保护科学技术奖励委员会批准63个项目获2016年度环境保护科学技术奖，其中一等奖6项，二等奖26项，三等奖30项，科普类奖1项。

《钨钼冶金氨污染全过程控制技术及应用示范》获得本年度环保科学技术一等奖。

1月22日

［纲　文］　**《人民日报》发表题为《与世界同行，助人类共赢——三论学习习近平主席在联合国日内瓦总部的演讲》的评论员文章。**

1月23—24日

［纲　文］　**习近平在张家口考察冬奥会筹办工作，视察驻张家口部队，看望慰问基层干部群众。**

［目　文］　23日，中共中央总书记习近平在考察北京冬奥会筹办工作时指出，筹办2022年北京冬奥会，是国家的一件大事。各有关地方有关部门要着眼于办成一届精彩、非凡、卓越的奥运盛会，科学合理制定规划，节约集约利用资源，按进度高质量完成筹办工作各项任务。在陆军第65集团军看望慰问官兵并指出，要围绕实现党在新形势下的强军目标，贯彻新形势下军事战略方针，坚持稳中求进工作总基调，深入推进政治建军、改

革强军、依法治军，着力强化练兵备战，努力开创部队建设发展新局面，以优异成绩迎接党的十九大胜利召开。

24日，习近平在张家口市张北县农村考察调研，同基层干部群众一起算扶贫账、谋脱贫计，给困难群众送去党中央的亲切关怀。

习近平主持召开座谈会，听取河北省和张家口市工作汇报，对河北省和张家口市在国内外经济形势复杂多变、自身发展面临多重困难和挑战的情况下取得的各方面成绩表示肯定。

习近平指出，去产能特别是去钢铁产能，是河北推进供给侧结构性改革的重头戏、硬骨头，也是河北调整优化产业结构、培育经济增长新动能的关键之策。河北要树立知难而上的必胜信念，坚决去、主动调、加快转。要在已有工作和成效的基础上，再接再厉，推动各项任务有实质性进展。去产能如同逆水行舟，不进则退。要梳理工作中的薄弱环节，确保落后产能应去尽去、"僵尸企业"应退尽退，决不允许出现弄虚作假行为，决不允许已化解的过剩产能死灰复燃，决不允许对落后产能搞等量置换，决不允许违法违规建设新项目。要把发展生产扶贫作为主攻方向，努力做到户户有增收项目、人人有脱贫门路；要把易地搬迁扶贫作为重要补充，确保搬得出、稳得住、能致富；要把生态补偿扶贫作为双赢之策，让有劳动能力的贫困人口实现生态就业，既加强生态环境建设，又增加贫困人口就业收入；要把发展教育扶贫作为治本之计，确保贫困人口子女都能接受良好的基础教育，具备就业创业能力，切断贫困代际传递；要把社会保障兜底扶贫作为基本防线，加大重点人群救助力度，用社会保障兜住失去劳动能力人口的基本生活。各级党委和政府要把脱贫责任扛在肩上，把任务抓在手上，确保每项工作落实到人，确保贫困人口如期实现脱贫，不能搞虚假扶贫、数字脱贫。要把扶贫同扶志结合起来，着力激发贫困群众发展生产、脱贫致富的主动性，着力培育贫困群众自力更生的意识和观念，引导广大群众依靠勤劳双手和顽强意志实现脱贫致富。

1月23日

［纲　文］　**国务院印发《"十三五"推进基本公共服务均等化规划》。**

［目　文］　《规划》共15章。主要内容有规划背景、指导思想和主要目标、国家基本公共服务制度、基本公共教育、基本劳动就业创业、基本社会保险、基本医疗卫生、基本社会服务、基本住房保障、基本公共文化体育、残疾人基本公共服务、促进均等共享、创新服务供给、强化资源保障、推进规划实施和监督评估等内容。

1月23日

［纲　文］　**发展改革委、能源局、国土资源部印发《地热能开发利用"十三五"规划》。**

［目　文］　《规划》由六个部分组成：一、规划基础和背景。二、指导方针和目标。三、重点任务。四、重大项目布局。五、规划实施。六、投资估算和环境社会影响分析。

1月23日

［纲　文］　**交通运输部公布修改后的《小型航空器商业运输运营人运行合格审定规**

则》，自2017年4月1日起施行。

1月23日

［纲　文］　**财政部印发《政府和社会资本合作（PPP）综合信息平台信息公开管理暂行办法》。**

［目　文］　《办法》共5章21条。主要有总则、信息公开的内容、信息公开的方式、监督管理、附则等内容。自2017年3月1日起施行。

1月23日

［纲　文］　**国务院副总理汪洋在北京会见菲律宾财政部长多明格斯率领的菲政府代表团一行。**

［目　文］　双方就落实两国元首达成的合作共识、深化双边务实合作等交换了意见。汪洋表示，中菲两国是友好近邻，双方经贸合作空间广阔，潜力巨大。双方应落实好两国元首在互利合作领域达成的重要共识，发挥两国政府经贸联委会作用，抓紧制订双边经贸合作规划，扎实推进双方优先合作项目，稳步推动中菲友好合作关系持续健康发展。

1月23日

［纲　文］　**国务院学位委员会第33次会议在北京召开。**

［目　文］　国务院副总理、国务院学位委员会主任委员刘延东在会议上指出，党的十八大以来，我国学位与研究生教育结构布局不断优化，质量进一步提高，办学活力持续增强，国际影响力大幅提升。目前我国现有博士授予单位401个、硕士授予单位327个，在学人数近260万，为现代化建设提供了有力人才支撑。实现中华民族伟大复兴的中国梦，对学位与研究生教育提出了新的更高要求。要坚持正确办学方向，以立德树人为根本、人才培养为核心，发挥好课堂教学主渠道作用和导师的引路人作用，加强和改进研究生思想政治教育。要推进“放管服”改革和学位法制建设，健全学位授权审核机制，不断完善我国学位制度。要继续深化研究生培养模式改革，加强学科教材建设，着力提高博士培养质量，加强学风建设，对学术不端“零容忍”，深化国际合作和交流，推动研究生教育内涵发展。要统筹推进世界一流大学和一流学科建设，以学科为基础，以改革为动力，建立动态调整机制，全面提高我国高等教育整体水平。

1月23日

［纲　文］　**财政部公布2016年全国财政收支情况。**

［目　文］　2016年，全国一般公共预算收入159552亿元，比上年增长4.5%。其中，中央一般公共预算收入72357亿元，同比增长4.7%；地方一般公共预算本级收入87195亿元，同比增长4.2%。全国一般公共预算收入中的税收收入130354亿元，同比增长4.3%；非税收入29198亿元，同比增长5%。

2016年，全国政府性基金收入46619亿元，比上年增长11.9%。分中央和地方看，中央政府性基金收入4178亿元，同比增长2.6%；地方政府性基金本级收入42441亿元，同比增长12.9%，其中国有土地使用权出让收入37457亿元，同比增长15.1%。

1月23日

［纲　文］　**中国煤炭工业协会发布2016年煤炭行业经济运行情况。**

［目　文］　2016年全国规模以上煤炭企业原煤产量33.64亿吨，同比下降9.4%。随着2016年年初煤炭去产能和煤矿减量化生产政策实施，4月份起产量降幅超过10%，全国煤炭供需形势由严重供大于求逐渐转为供需基本平衡；9月份以来，煤炭产能逐渐释放，产量环比增加，降幅不断收窄。

2016年煤炭经济运行有以下特点：一是需求继续下降，能源消费结构出现阶段性变化。2016年全国煤炭消费在连续两年下降的基础上同比继续下降1.3%。电力、钢铁等主要行业耗煤同比仍然下降。但9月份以来，由于水电出力减少，火电增速加快，日均耗煤大幅增加。二是去产能取得明显成效，煤炭产量下降与偶发性因素叠加，煤炭价格短时快速上涨，最终实现合理回归。三是煤炭企业经营状况尚未得到根本好转。虽然2016年下半年煤价回升、企业效益增加，但回升的时间较短，大多数煤矿仍处于累计亏损状态，弥补前几年的巨大亏损还需要时间，特别是企业资金链紧张的状况并没有得到根本好转。

1月23日

［纲　文］　**广东省第十二届人民代表大会第五次会议选举李玉妹为广东省人大常委会主任；选举马兴瑞为广东省省长。**

1月23—25日

［纲　文］　**李克强在云南慰问考察。**

［目　文］　国务院总理李克强来到鲁甸，在当年的震中龙头山镇，看到曾经的废墟上盖起排排新房，遭到严重损毁的道路等设施面貌一新时说，我代表习近平总书记向大家表示慰问；在村民家中，询问他们现在家里生活怎么样，年货是否准备好了，叮嘱当地干部要为群众就业拓宽渠道；在受灾群众办的客栈，对他们自力更生发展旅游业表示赞许。听到村民反映，他们外出务工被欠薪，李克强当即要求当地政府帮助追讨，有关部门要在全国范围内对欠薪问题开展进一步专项督查。对欠薪这一顽症要拿出治本之策，坚决维护农民工合法权益。

地处乌蒙山深处的余家大冲13村民小组十几户人家都是贫困户。李克强走进几户村民家中，送上从集市购买的年货，向他们拜年。看到阴冷昏暗的土坯房四面透风、人畜混住，李克强神色凝重，询问口粮够不够吃，有没有低保，备没备年货。与村民围坐在场坝上，共话加快脱贫的办法。他说，党和政府一定会帮助困难群众改善生产生活条件，有关部门要支持地方因地制宜、创新机制，多渠道筹集易地扶贫搬迁资金，加快脱贫攻坚进度，城市棚户区改造力度也要加大，大家一起努力，日子一定会一年比一年好。

李克强考察了云南的医药、能源企业和云南师范大学，肯定云南经济社会发展取得的成绩，希望抓好发展这个第一要务，以供给侧结构性改革为主线，适度扩大总需求，依靠改革开放和推进新型工业化、城镇化，加快新旧动能转换，加强民族团结，继续保持好的发展势头。

1 月 24 日

［纲　文］　**新华社报道，中共中央办公厅、国务院办公厅印发《关于进一步引导和鼓励高校毕业生到基层工作的意见》。**

［目　文］　《意见》由六个部分组成：一、总体要求。二、多渠道开发基层岗位，为高校毕业生到基层工作搭建平台。三、健全保障措施，为高校毕业生在基层成长成才创造良好条件。四、实施高校毕业生基层项目，发挥项目示范引领作用。五、畅通流动渠道，为在基层工作的高校毕业生职业发展提供支持。六、加强组织领导。

1 月 24 日

［纲　文］　**国务院办公厅印发《关于进一步改革完善药品生产流通使用政策的若干意见》。**

［目　文］　《意见》由三个部分组成：一、提高药品质量疗效，促进医药产业结构调整。二、整顿药品流通秩序，推进药品流通体制改革。三、规范医疗和用药行为，改革调整利益驱动机制。

《意见》要求，各地、各部门要投入更多精力抓好改革落实，把责任压实，要求提实，考核抓实，确保改革落地生效。

1 月 24 日

［纲　文］　**保监会发布《关于进一步加强保险资金股票投资监管有关事项的通知》。**

［目　文］　《通知》进一步明确了重大股票投资和上市公司收购的监管要求，规定了保险机构开展重大股票投资和上市公司收购在偿付能力、股票投资能力、内控管理等方面应具备的基本条件和程序要求。自 2017 年 1 月 24 日起施行。《中国保监会关于加强和改进保险资金运用比例监管的通知》（保监发〔2014〕13 号）第三部分第（一）条第二款的规定同时废止。其他有关监管规定与本通知不一致的，以本通知为准。本通知发布后，保险机构股票投资已存在不符合本通知规定情形的，应当及时报告并进行整改。

1 月 24 日

［纲　文］　**住房城乡建设部发布《建筑工程设计招标投标管理办法》，自 2017 年 5 月 1 日起施行。**

1 月 24 日

［纲　文］　**住房城乡建设部发布《城市管理执法办法》。**

［目　文］　《办法》共 8 章 42 条。主要有总则、执法范围、执法主体、执法保障、执法规范、协作与配合、执法监督、附则等内容。自 2017 年 5 月 1 日起施行。1992 年 6 月 3 日发布的《城建监察规定》（建设部令第 20 号）同时废止。

1 月 24 日

［纲　文］　**俞正声在北京与全国性宗教团体负责人迎春座谈。**

［目　文］　中共中央政治局委员刘延东、孙春兰等出席座谈会。全国政协主席俞正声在听取各宗教团体负责人发言后说，2016年是中华民族伟大复兴征程中十分重要的一年，特别是中国共产党召开了十八届六中全会，正式明确习近平总书记为党中央的核心、全党的核心，这是关系党和国家事业长远发展的大事。党中央对宗教工作的方针政策是一贯的、明确的。各宗教团体要认真学习和深刻领会，引导宗教界人士和信教群众正确理解坚持党的宗教工作基本方针、坚持我国宗教中国化方向和宗教工作法治化，将思想和行动统一到中央精神上来，反对极端主义、恐怖主义，坚决拥护中国共产党的领导，维护祖国统一。宗教团体要在加强班子建设、明确职能定位、提升管理水平、服务信教群众等方面下功夫，推动本宗教沿着时代和社会发展的轨道前进，带领广大宗教界人士把中国的宗教事业办好。各地、各部门要一如既往地支持宗教团体的工作，帮助宗教团体加强自身建设，及时解决影响宗教关系和谐的突出问题。新春将至，要特别关心生活困难的信教群众，帮助他们度过一个安定、祥和的春节。

1月24日

［纲　文］　**新华社讯，北京市、山西省、浙江省分别成立监察委员会。**

［目　文］　根据党中央确定的《关于在北京市、山西省、浙江省开展国家监察体制改革试点方案》和第十二届全国人大常委会第二十五次会议决定，北京市、山西省和浙江省人民代表大会产生了监察委员会。三省市监察委员会的正式成立，标志着国家监察体制改革试点工作取得阶段性成果。

1月24日

［纲　文］　**外交部部长王毅应约同蒙古国外长蒙赫奥尔吉勒通电话。**

［目　文］　蒙赫奥尔吉勒表示，蒙古国政府对达赖不久前窜访蒙古国给蒙中关系带来负面影响表示遗憾。蒙方坚定支持一个中国政策，一贯认为西藏是中国不可分割的一部分，西藏问题属于中国内政。蒙方就达赖窜访和“十世哲布尊丹巴”确认等问题重申了此前公开表达的立场。蒙方强调重视发展对华关系，将切实维护蒙中关系政治基础，以实际行动推动蒙中关系改善。

王毅表示，中蒙关系发展符合两国和两国人民根本利益。达赖窜访蒙古国给中蒙关系带来消极影响。蒙方对此进行了深刻反思，就不允许达赖再次窜访等问题作出公开明确承诺。希望蒙方认真吸取教训，恪守承诺，尊重中方重大关切和核心利益，为推动中蒙关系改善切实作出努力。

1月24日

［纲　文］　**《人民日报》发表题为《努力开创耕地保护新局面》的评论员文章。**

1月25日

［纲　文］　**习近平等党和国家领导人分别看望老同志。**

［目　文］　春节前夕，中共中央总书记习近平等党和国家领导人分别看望或委托有

关方面负责人看望了江泽民、胡锦涛、李鹏、朱镕基、李瑞环、吴邦国、温家宝、贾庆林、宋平、李岚清、曾庆红、吴官正、李长春、罗干、贺国强和田纪云、迟浩田、姜春云、钱其琛、王乐泉、王兆国、回良玉、刘淇、吴仪、曹刚川、曾培炎、王刚、王汉斌、何勇、王丙乾、邹家华、王光英、布赫、铁木尔·达瓦买提、彭珮云、周光召、曹志、李铁映、司马义·艾买提、何鲁丽、丁石孙、许嘉璐、蒋正华、顾秀莲、热地、盛华仁、路甬祥、乌云其木格、华建敏、陈至立、周铁农、司马义·铁力瓦尔地、蒋树声、桑国卫、唐家璇、梁光烈、戴秉国、肖扬、韩杼滨、贾春旺、叶选平、杨汝岱、任建新、宋健、钱正英、孙孚凌、万国权、胡启立、赵南起、毛致用、王忠禹、李贵鲜、张思卿、罗豪才、张克辉、郝建秀、徐匡迪、张怀西、李蒙、廖晖、白立忱、陈奎元、阿不来提·阿不都热西提、李兆焯、黄孟复、张梅颖、张榕明、钱运录、孙家正、李金华、郑万通、邓朴方、厉无畏、陈宗兴、王志珍等老同志，向老同志们致以诚挚的节日问候，衷心祝愿老同志们新春愉快、健康长寿。

老同志们对此表示感谢，充分肯定党的十八大以来在以习近平同志为核心的党中央领导下党和国家各项事业取得的显著成就，希望全党全国各族人民更加紧密地团结在以习近平同志为核心的党中央周围，高举中国特色社会主义伟大旗帜，把党的十八大和十八届三中、四中、五中、六中全会精神贯彻好、落实好，进一步增强“四个意识”，统筹推进“五位一体”总体布局，协调推进“四个全面”战略布局，坚持稳中求进工作总基调，牢固树立和贯彻落实新发展理念，万众一心，艰苦奋斗，为实现“两个一百年”奋斗目标、实现中华民族伟大复兴的中国梦而不懈奋斗。

1 月 25 日

［纲　文］　**新华社报道，中共中央办公厅、国务院办公厅印发《关于实施中华优秀传统文化传承发展工程的意见》。**

［目　文］　《意见》由四个部分组成：一、重要意义和总体要求。二、主要内容。三、重点任务。四、组织实施和保障措施。

《意见》指出，各级党委和政府要从坚定文化自信、坚持和发展中国特色社会主义、实现中华民族伟大复兴的高度，切实把中华优秀传统文化传承发展工作摆上重要日程，加强宏观指导，提高组织化程度，纳入经济社会发展总体规划，纳入考核评价体系，纳入各级党校、行政学院教学的重要内容。各级党委宣传部门要发挥综合协调作用，整合各类资源，调动各方力量，推动形成党委统一领导、党政群协同推进、有关部门各负其责、全社会共同参与的中华优秀传统文化传承发展工作新格局。各有关部门和群团组织要按照责任分工，制定实施方案，完善工作机制，把各项任务落到实处。

1 月 25 日

［纲　文］　**环境保护部、公安部、最高人民检察院发布《环境保护行政执法与刑事司法衔接工作办法》。**

［目　文］　《办法》共 6 章 39 条。主要有总则、案件移送与法律监督、证据的收集

与使用、协作机制、信息共享、附则等内容。自2017年1月25日起施行。原国家环保总局、公安部和最高人民检察院《关于环境保护主管部门移送涉嫌环境犯罪案件的若干规定》（环发〔2007〕78号）同时废止。

1月25日

［纲　文］　**食品药品监管总局公布《医疗器械召回管理办法》。**

［目　文］　《办法》共6章37条。主要有总则、医疗器械缺陷的调查与评估、主动召回、责令召回、法律责任、附则等内容。自2017年5月1日起施行。2011年7月1日起施行的《医疗器械召回管理办法（试行）》（中华人民共和国卫生部令第82号）同时废止。

1月25日

［纲　文］　**食品药品监管总局公布《体外诊断试剂注册管理办法修正案》，自2017年1月25日起实施。**

1月25日

［纲　文］　**保监会公布《中国保险监督管理委员会行政处罚程序规定》。**

［目　文］　《规定》共6章87条。主要有总则、管辖、立案与调查、处罚、执行、附则等内容。自2017年3月31日起施行；《中国保险监督管理委员会行政处罚程序规定》（保监会令2010年第5号）和《中国保险监督管理委员会关于修改〈中国保险监督管理委员会行政处罚程序规定〉的决定》（保监会令2015年第2号）同时废止。

1月25日

［纲　文］　**国务院总理李克强应约同德国总理默克尔通电话。**

［目　文］　两国总理互致中国农历新春问候，就中德、中欧关系以及当前国际地区形势等共同关心的问题交换意见。

李克强表示，中德关系在过去一年保持高水平发展势头，合作取得丰硕成果。当前国际政治经济形势不确定、不稳定因素增多，中德应通过加强合作促进贸易投资自由化便利化，向市场释放稳定和可预期的信号，共同维护现行国际体系和秩序。中方愿同德方密切沟通协作，推动二十国集团领导人汉堡峰会取得成功。中方十分关注欧洲形势的发展，将一如既往坚定支持欧洲一体化，希望欧洲保持稳定和繁荣，期待同欧方共同促进中欧关系取得更大发展。希望德方继续推动欧盟尽早履行《中国加入世贸组织议定书》第十五条所作承诺。

默克尔表示，德方愿在新的一年同中方保持高层交往，深化经贸、新能源、电动汽车、第三方市场等诸多领域以及在二十国集团框架内的合作。加强国际合作，共同对外发出通过多边主义解决全球性问题的积极信号。德方高度赞赏中方支持欧洲一体化，愿进一步推动欧盟履行《中国加入世贸组织议定书》有关承诺，希望欧中投资协定谈判尽快完成。

1月25日

［纲　文］　**刘云山在中央电视台2017年春节联欢晚会彩排现场，看望慰问演职人员。**

［目　文］　中共中央政治局常委刘云山向大家致以节日祝福和诚挚慰问，勉励大家精心排演、精益求精，以喜闻乐见、丰富多彩的文艺节目，传递浓浓春意，营造欢乐、喜庆、祥和、团圆的节日氛围。

1月25日

［纲　文］　**中共中央政治局委员、国务院副总理刘延东在北京考察中央民族大学，看望问候留校师生员工。**

1月26日

［纲　文］　**中共中央、国务院在北京举行2017年春节团拜会，习近平出席并讲话。**

［目　文］　团拜会由国务院总理李克强主持，党和国家领导人习近平、张德江、俞正声、刘云山、王岐山、张高丽等与各界人士2000多人欢聚一堂、共迎佳节。

中共中央总书记习近平指出，天不言而四时行。2016年，全党全军全国各族人民团结一心、开拓进取，实现“十三五”开门红，推动党和国家各项工作又迈上了一个新台阶。我国经济增长继续名列世界前茅，脱贫攻坚首战告捷，人民生活继续改善，改革开放取得新的重大成效，国防和军队改革实现重大突破，依法治国深入实施，全面从严治党向纵深推进。我们伟大祖国的发展进步，为世界和平与发展作出了重大贡献。2017年，中国共产党将召开第十九次全国代表大会，为中国特色社会主义事业绘就新的蓝图。做好党和国家各项工作，关键在求真务实、真抓实干。全党全军全国各族人民要紧密团结在党中央周围，增强“四个意识”，坚定“四个自信”，全面贯彻落实党的十八大和十八届三中、四中、五中、六中全会精神，以马克思列宁主义、毛泽东思想、邓小平理论、“三个代表”重要思想、科学发展观为指导，贯彻党中央治国理政新理念新思想新战略，坚持稳中求进工作总基调，以时不我待的紧迫感、舍我其谁的使命感，统筹推进“五位一体”总体布局、协调推进“四个全面”战略布局，以优异成绩迎接党的十九大胜利召开。全党全军全国各族人民要在中国共产党领导下，闻鸡起舞，登高望远，撸起袖子加油干，继续向着全面建成小康社会的奋斗目标进发，继续向着中华民族伟大复兴的中国梦进发，继续向着构建人类命运共同体的美好前景进发，在我们广袤的国土上，书写13亿多中国人民伟大奋斗的历史新篇章。

1月26日

［纲　文］　**国务院印发《“十三五”促进就业规划》。**

［目　文］　《规划》由八个部分组成：一、总体要求。二、增强经济发展创造就业岗位能力。三、提升创业带动就业能力。四、加强重点群体就业保障能力。五、提高人力资源市场供求匹配能力。六、强化劳动者素质提升能力。七、构建更有力的保障支撑体系。八、组织实施。

《规划》指出，各有关部门要高度重视促进就业工作，切实履行好促进就业鼓励创业的职责，不断完善促进就业创业的政策措施，健全工作机制，明确任务分工，加强跟踪调度，协调解决重大问题，确保本规划重点任务、主要措施有效落实。

1月26日

［纲　文］　**国务院办公厅印发《关于加强困难群众基本生活保障有关工作的通知》**。

［目　文］　《通知》由四个部分组成：一、进一步提高对困难群众基本生活保障工作重要性的认识。二、进一步加强对重点群体的基本生活保障。三、进一步加大困难群众基本生活保障资金投入。四、进一步加强对困难群众基本生活保障工作的组织领导。

《通知》要求，各级政府要把困难群众基本生活保障工作作为优先安排，进一步加强领导。全国各县（市、区）都要建立健全由政府负责人牵头，民政部门负责，发展改革、教育、财政、人力资源社会保障、住房城乡建设、卫生计生、扶贫、残联等部门和单位参加的困难群众基本生活保障工作协调机制，定期研究解决本地区各类困难群众基本生活保障问题，确保党中央、国务院相关决策部署更好地落实到基层。

1月26日

［纲　文］　**国务院办公厅通知河南省人民政府，同意开封市城市总体规划**。

［目　文］　通知说，一、国务院原则同意《开封市城市总体规划（2011—2020年）》。二、重视城乡区域统筹发展。在《总体规划》确定的548平方公里城市规划区范围内，实行城乡统一规划管理。三、合理控制城市规模。到2020年，中心城区常住人口控制在146万人以内，城市建设用地控制在142平方公里以内。要贯彻落实城乡规划法关于先规划后建设的原则，禁止在《总体规划》确定的建设用地范围之外设立各类开发区和城市新区。四、完善城市基础设施体系。五、建设资源节约型和环境友好型城市。六、创造优良的人居环境。七、重视历史文化和风貌特色保护。八、严格实施《总体规划》。

通知要求，开封市人民政府要根据本通知精神，认真组织实施《总体规划》，任何单位和个人不得随意改变。河南省和住房城乡建设部要加强对《总体规划》实施工作的指导、监督和检查。

1月26日

［纲　文］　**财政部发布，2016年国有企业利润同比增长1.7%**。

［目　文］　2016年国有企业营业总收入458978亿元，同比增长2.6%；国有企业利润总额23157.8亿元，同比增长1.7%。此外，建材、交通和施工房地产等行业实现利润同比增幅较大，石油、纺织、烟草和石化等行业实现利润同比降幅较大。钢铁、化工、有色等行业亏损。

1月26日

［纲　文］　**范长龙看望慰问驻京部队官兵**。

［目　文］　中央军委副主席范长龙到北京卫戍区某团、空军航空兵某师、武警北京总队某支队训练场、作战值班室、飞机维修机库，亲切看望官兵，察看部队训练，听取工作汇报；抽查了全军和武警部队值班情况，通过视频与我在南苏丹、黎巴嫩、苏丹、刚果（金）、马里、利比里亚执行联合国维和任务部队，在吉布提执行保障基地建设任务官兵和在亚丁湾海域护航编队等通话。他要求各级加强战备值班执勤，及时稳妥处理各种突发情

况，确保节日期间安全稳定。他勉励在境外执行任务官兵牢记习主席和中央军委重托，强化使命担当，坚决完成任务，展示我军威武之师、文明之师良好形象。

1月26日

［纲　文］　**常万全在驻京部队调研慰问。**

［目　文］　国务委员兼国防部长常万全，来到军委国防动员部民兵武器装备陈列馆和军委国际军事合作办公室调研慰问，向官兵和职工致以诚挚问候和新春祝福。他强调，要更加紧密团结在以习近平同志为核心的党中央周围，强化政治意识、大局意识、核心意识、看齐意识，团结一致，扎实工作，努力在各自岗位上作出新的更大成绩。

1月26日

［纲　文］　**外交部发言人就日本APA酒店日前决定撤出右翼书籍表示，希望日方履行承诺。**

［目　文］　有记者问，APA酒店是本届日本札幌亚洲冬季运动会的官方指定酒店。有报道说APA酒店同意撤出右翼书籍，但也有说法称APA酒店仍未决定。你是否了解有关情况？

发言人说，中国奥委会已经就APA酒店的错误做法向日方提出交涉，要求其严格遵守《奥林匹克宪章》和亚奥理事会相关规定，尽快妥善解决此事。中国奥委会致函亚奥理事会，请其敦促日方立即纠正错误。日前，札幌亚冬会组委会秘书长已正式复函中国奥委会，表示APA酒店决定从酒店客房、大堂、前台撤出所有书籍。我们希望日方切实履行承诺，并保证运动会期间不再发生类似问题，以保证亚冬会顺利举行。

1月27日

［纲　文］　**国务院办公厅通知河南省人民政府，同意南阳市城市总体规划。**

［目　文］　通知说，一、国务院原则同意《南阳市城市总体规划（2011—2020年）》。二、重视城乡区域统筹发展。在《总体规划》确定的3760平方公里城市规划区范围内，实行城乡统一规划管理。三、合理控制城市规模。到2020年，中心城区常住人口控制在180万人以内，城市建设用地控制在165平方公里以内。要贯彻落实城乡规划法关于先规划后建设的原则，禁止在《总体规划》确定的建设用地范围之外设立各类开发区和城市新区。四、完善城市基础设施体系。要按照绿色循环低碳的理念规划建设城市基础设施。五、建设资源节约型和环境友好型城市。六、创造优良的人居环境。七、重视历史文化和风貌特色保护。八、严格实施《总体规划》。

通知要求，南阳市人民政府要根据本通知精神，认真组织实施《总体规划》，任何单位和个人不得随意改变。河南省和住房城乡建设部要加强对《总体规划》实施工作的指导、监督和检查。

1月27日

［纲　文］　**郭声琨除夕夜检查北京春节安保工作。**

［目　文］　国务委员、公安部部长郭声琨来到街面执勤岗、巡逻警务站、消防中队和北京市公安局指挥中心，检查节日安保工作，向执勤人员致以慰问和新春祝福，希望大家继续发扬连续奋战的优良作风，以满腔的热忱、规范的执法、热情的服务，全力完成好春节安保各项工作任务。他要求，要牢固树立政治意识、大局意识、核心意识、看齐意识，用人民公安为人民的真情大义，切实强化责任担当，全面加强社会治安防控，严厉打击违法犯罪活动，盯紧抓牢防恐反恐、大型活动安保、道路交通和消防安全等工作，进一步改进工作方式、强化服务措施，努力为人民群众生活出行等提供更好服务，确保广大群众安安全全、开开心心过大年。

1月27日

［纲　文］　**《人民日报》发表题为《把专题组织生活会开出高质量》的评论员文章**。

1月28日

［纲　文］　**一艘载有28名中国游客和3名当地工作人员的快艇在马来西亚沙巴州环滩岛附近海域翻沉**。

［目　文］　29日，中共中央总书记习近平作出指示，要求外交部和我国驻马来西亚使领馆加强与当地有关部门的联系，加大协调力度，全力做好搜救工作。交通运输部、国家旅游局等有关部门要立即启动应急机制，协助马方尽快开展救援。当前正值新春佳节，走亲访友、外出旅游人数较多，各地区各有关部门要进一步加强安全管理，做好应急防范工作，提醒人民群众增强安全防范意识，确保人民群众过一个安定祥和的新春佳节。

李克强作出批示，要求敦促马方加大力度，全力搜救我国失联游客，绝不漏掉一人。在境外中国公民保护机制框架下，妥善处理相关事宜，维护好我国公民合法权益，并会同有关地方做好游客家属信息通报、安抚等工作。春节期间，我国外出旅游人数较多，要进一步强化安全意识和相关措施，保证出行安全。

按照习近平指示和李克强要求，外交部和中国驻马来西亚使领馆同马方沟通，派员参与搜救工作，并敦促马方有关部门全力施救，交通运输部、国家旅游局等有关部门已启动应急机制，协助开展救援。

30日，外交部发言人表示，翻沉事件发生后，中国外交部立即按照习近平主席指示和李克强总理要求，指示驻马来西亚使馆和驻哥打基纳巴卢总领馆启动应急机制。驻马来西亚大使向马方提出交涉，要求马方全力开展搜救工作。驻哥打基纳巴卢总领馆派人赴马搜救中心进行协调。我们向遇难人员表示沉痛哀悼，向遇难者家属表示深切慰问。中方希望马来西亚方面继续全力做好翻沉快艇上人员的搜救工作，及时向中方通报搜救工作进展，全力救治并妥善安置获救人员，保存好遇难人员遗体，做好后续处置工作。同时，对翻沉事件进行公正、客观的调查，尽快查明事件真相。

截至31日，28名中国游客已有20人获救，其中伤势较轻12人，中等伤情8人；4人遇难；4名游客和1名船员失联。

1月29日

[纲　文]　**中共中央办公厅、国务院办公厅印发《国家“十三五”时期文化发展改革规划纲要》。**

[目　文]　《纲要》由13个部分组成：一、总体要求。二、加强思想理论建设。三、提高舆论引导水平。四、培育和践行社会主义核心价值观。五、繁荣文化产品创作生产。六、加快现代公共文化服务体系建设。七、完善现代文化市场体系和现代文化产业体系。八、传承弘扬中华优秀传统文化。九、提高文化开放水平。十、推进文化体制改革创新。十一、加强文化人才队伍建设。十二、完善和落实文化经济政策。十三、组织实施。

《纲要》指出，各地要结合实际，编制好本地区文化发展改革规划。各地区各有关部门要加强对本规划纲要实施情况的跟踪分析和监督检查，推动各项任务措施落到实处。

1月30日

[纲　文]　**中共中央办公厅印发《中国共产党党委（党组）理论学习中心组学习规则》。**

[目　文]　《规则》共5章17条。主要有总则，组织与职责，学习内容、形式与要求，学习管理、考核与问责，附则等内容。自2017年1月30日起施行。此前有关规定与本规则不一致的，以本规则为准。

1月30日

[纲　文]　**中国选手蔡宗菊在澳门赢得女子迷你轻量级世界拳王金腰带，成为该拳击组织的首位中国女子世界拳王。**

1月30日

[纲　文]　**中央党校原校委常委、教育长，中国社会科学院原副院长江流，在北京逝世，享年95岁。**

2 月

2月1日

［纲　文］　**国务院公布修订后的《残疾人教育条例》。**

［目　文］　《条例》共9章59条。主要有总则、义务教育、职业教育、学前教育、普通高级中等以上教育及继续教育、教师、条件保障、法律责任、附则等内容。自2017年5月1日起施行。

2月1日

［纲　文］　**国务院办公厅印发《“十三五”全国结核病防治规划》。**

［目　文］　《规划》由五个部分组成：一、防治现状。二、总体要求。三、防治措施。四、组织实施。五、监督与评估。

《规划》要求，地方各级人民政府要高度重视结核病防治工作，将其纳入当地经济社会发展规划，定期组织对本地区结核病防治工作的监督检查。各有关部门要按照职责分工，加强统筹协调，加强宣传教育、科研与国际合作，多措并举，扎实有序推动各项工作。

2月1日

［纲　文］　**国家超级计算天津中心发布，中国首台千万亿次超级计算机“天河一号”处于饱和运行状态。**

［目　文］　部署在该中心的“天河一号”每天在线任务量已超1400个，处于饱和运行状态，这是欧美国家级超算中心都很难达到的一个业务规模。2010年起“天河一号”，面向国内外提供石油勘探、高端装备制造、生物医药、动漫设计、新能源、新材料等领域的超级计算服务。

2月2日

［纲　文］　**《人民日报》报道，大唐西市博物馆晋升中国博物馆协会公布的“国家一级博物馆名单”，成为全国首家、也是唯一一家获评为国家一级博物馆的民办博物馆。**

2月2日

［纲　文］　**山西省人大常委会原主任、党组书记阮泊生，在太原逝世，享年101岁。**

2月3日

［纲　文］　**李克强主持召开国务院常务会议。**

［目　文］　会议主要内容是：一、听取办理人大代表建议和政协委员提案情况汇报，更好接受监督推进科学决策。2016年国务院各部门共牵头办理全国人大代表建议7873件、全国政协委员提案3862件，分别占总数的91.5%和90.9%，在出台相关政策措施时吸纳了3000余条意见和建议，有力推动了政府各方面工作。2017年各部门要创新举措，进一步提高办理质量和实效。一是把建议提案办理作为常态化年度重点任务，强化督办考核，按时保质完成。对涉及情况复杂的建议提案，要深入研究，抓紧办理。二是通过在线调研、实地访谈等，加强与代表委员沟通。对建议提案的答复要摈弃空话套话，凡有承诺的都要确保落实。三是从今年起，对涉及公共利益、社会广泛关注的建议提案，承办单位原则上都要公开答复全文，及时回应关切，接受群众监督。二、部署建立解决农民工工资拖欠的长效机制，切实维护农民工合法权益。一是深入开展专项整治和督查，集中曝光一批典型案件，严肃查处欠薪违法行为包括欠薪陈案，坚决打击恶意欠薪违法犯罪。二是落实欠薪发生地省级政府负总责、市（地）县级政府具体负责的属地责任和人社部门监管责任，对工作不到位的要问责。三是各级人社部门要畅通网站、热线等欠薪投诉举报渠道，并通过媒体或在工地设告示牌等方式广而告之，让农民工投诉“有门”。四是建立拖欠工资“黑名单”制度，对列入名单的企业采取限制市场准入等惩戒措施，情节严重的降低资质等级。对长期拖欠工程款的单位不得批准新项目开工。五是以工程建设领域为重点，督促企业依法按月足额支付工资，全面推行施工过程结算、工资专户管理和银行代发等制度，加快构建确保农民工拿到“辛苦钱”的长效机制。三、通过“十三五”国家食品和药品安全规划，有效保障人民健康福祉。一是强化全过程监管。二是强化抽查检验和风险预警。三是强化技术支撑。运用“互联网+”、大数据等实施在线智慧监管，严格落实食品药品生产、经营、使用、检测、监管等各环节安全责任。让广大群众饮食用药无安全之忧。

2月3日

［纲　文］　**国务院印发《“十三五”现代综合交通运输体系发展规划》。**

［目　文］　《规划》由十个部分组成：一、总体要求。二、完善基础设施网络化布局。三、强化战略支撑作用。四、加快运输服务一体化进程。五、提升交通发展智能化水平。六、促进交通运输绿色发展。七、加强安全应急保障体系建设。八、拓展交通运输新领域新业态。九、全面深化交通运输改革。十、强化政策支持保障。

《规划》指出，要加强规划组织实施，完善相关配套政策措施；加大政策支持力度，加强土地、投资、补贴等组合政策支撑保障；完善法规标准体系；强化交通科技创新，提高发展科技含量和技术水平；培育多元人才队伍，培养急需的高层次、高技能人才。

2月3日

［纲　文］　**国务委员杨洁篪应约同美国总统国家安全事务助理弗林通电话。**

［目　文］　杨洁篪表示，中美之间拥有广泛共同利益和巨大合作潜力。双方继续开展合作符合两国和两国人民的实际利益。中方希望美国新政府与中方共同努力，加强高层及各级别交往，维护两国关系政治基础，拓展双边、地区、全球层面各领域合作，管控好

分歧和敏感问题，推动中美关系更好向前发展。

弗林表示，美国政府致力于发展强有力的美中关系，愿同中方加强高层交往、开展互利合作、妥善处理敏感问题。美中双方可以在双边、地区和国际事务中开展广泛合作。美方希同中方继续保持密切沟通。

2月3日

［纲　文］　**外交部发言人表示，中方与印方就王琪滞留印度一事保持密切接触。**

［目　文］　有记者问，据报道，中国老兵王琪1963年以来滞留印度，他一直希望能返回中国与家人团聚。中方是否就此与印方进行沟通？中方为王琪回国作了哪些努力？

发言人说，近日，中国驻印度使馆领事部负责人已经就此事作出了回应。中国驻印度使馆知悉此事，并一直就此同王琪先生本人及其亲属、同印度有关部门保持密切接触。我们非常同情王先生的遭遇，一直以来提供了相关帮助。相信在中印双方的共同努力下，在尊重当事人本人意愿的前提下，此事一定能够获得圆满解决。

有记者问，据日本媒体报道，美国国防部长马蒂斯访日期间重申《美日安保条约》适用于钓鱼岛。中方对此有何评论？

发言人说，钓鱼岛及其附属岛屿自古以来就是中国固有领土，这是不容篡改的历史事实。所谓《美日安保条约》是冷战时期的产物，不应损害中国的领土主权和正当权益。我们敦促美方采取负责任的态度，停止在钓鱼岛主权问题上发表错误言论，避免使有关问题进一步复杂化，给地区形势带来不稳定因素。

2月4日

［纲　文］　**国务院办公厅通知湖南省人民政府，同意衡阳市城市总体规划。**

［目　文］　通知说，一、国务院原则同意《衡阳市城市总体规划（2006—2020年）（2017年修订）》。二、重视城乡区域统筹发展。在《总体规划》确定的1121.41平方公里城市规划区范围内，实行城乡统一规划管理。三、合理控制城市规模。到2020年，中心城区常住人口控制在170万人以内，城市建设用地控制在161.5平方公里以内。要贯彻城乡规划法关于先规划后建设的原则，禁止在《总体规划》确定的建设用地范围之外设立各类开发区和新城新区。四、完善城市基础设施体系。要按照绿色循环低碳的理念规划建设城市基础设施。五、建设资源节约型和环境友好型城市。六、创造优良的人居环境。七、重视历史文化和风貌特色保护。要落实历史文化遗产保护和紫线管理要求，重点保护好南岳摩崖石刻、衡州窑等各级文物保护单位及其周围环境。八、严格实施《总体规划》。

通知要求，衡阳市人民政府要根据本通知精神，认真组织实施《总体规划》，任何单位和个人不得随意改变。湖南省和住房城乡建设部要加强对《总体规划》实施工作的指导、监督和检查。

2月4日

［纲　文］　**教育部公布《普通高等学校学生管理规定》。**

［目　文］《规定》共7章68条。主要有总则、学生的权利与义务、学籍管理、校园秩序与课外活动、奖励与处分、学生申诉、附则等内容。自2017年9月1日起施行。原《普通高等学校学生管理规定》（教育部令第21号）同时废止。其他有关文件规定与本规定不一致的，以本规定为准。

2月4日

［纲　文］能源局公布，截至2016年底，中国光伏发电新增装机容量3454万千瓦，累计装机容量7742万千瓦，新增和累计装机容量均为全球第一。

2月5日

［纲　文］“中澳旅游年”在悉尼开幕。

［目　文］国务院总理李克强和澳大利亚总理特恩布尔致贺词。李克强在贺词中表示，人文交往是支撑中澳关系发展的重要支柱之一。我高兴地看到，中澳互为两国民众青睐的旅游目的地，去年双向人员往来近200万人次。希望双方以举办旅游年为契机，扩大和深化人文等广泛领域的交流与合作，为中澳关系全面发展培育更加坚实的民意基础。中澳都尊重世界文明多样性。中方愿同澳方在建交45年关系良好发展的基础上，继续秉持平等相待、包容开放、互学互鉴，共同维护世界和平，促进地区稳定，推动双方互利合作取得新的成果，更好造福两国人民。特恩布尔表示，澳中旅游合作伙伴关系20多年来取得累累硕果。中国已成为澳大利亚最有价值的旅游市场，去年访澳的中国游客也达120万人。“澳中旅游年”活动标志两国关系进入崭新时代。相信通过双方共同努力，澳中将会共享未来发展带来的机遇。

开幕式上，中国国家旅游局局长李金早，澳大利亚贸易、旅游与投资部部长乔博分别宣读两国总理的贺词。双方还举办《国之瑰宝》民族音乐会、焰火表演等活动。中澳旅游部门、我国驻澳外交机构、两国旅游企业界、旅澳华侨华人以及当地市民、青年学生代表等2000余人出席上述活动。

12月13日，“2017中澳旅游年”闭幕式在广州举行。国家旅游局副局长杜江在致辞中表示，2017中澳旅游年开幕一年来，双方在这一框架下开展了系列丰富多彩的活动。2017年1至9月，澳大利亚公民访问中国达53.6万人次，同比增长10.6%，中国公民访问澳大利亚达104.3万人次，同比增长12.7%，中澳已相互成为对方重要的旅游客源市场。

2月5日

［纲　文］中哈粮食过境安全大通道正式打通。

［目　文］一列来自哈萨克斯坦、装载有720吨小麦的火车抵达中哈（连云港）物流中转基地，这批小麦将在江苏连云港口岸换装海运发往越南。这是哈萨克斯坦小麦首次从中国过境发往东南亚市场，标志着中亚经过我国至第三国的物流循环体系初步建立，中哈粮食过境安全大通道正式贯通。

通过从中国过境运输，不仅提升了哈麦较同类小麦在货价和运线的市场竞争力，同时也解决了中亚、中欧班列运载实箱出去多返回少、返程空载比例大的难题。据估算，2017年哈萨克斯坦将会有近50万吨小麦过境连云港口岸走进东南亚市场。

2月6日

［纲　文］ **习近平在北京主持召开中央全面深化改革领导小组第32次会议。**

［目　文］ 中央全面深化改革领导小组副组长李克强、刘云山、张高丽出席会议。中央全面深化改革领导小组成员出席，中央和国家机关有关部门负责人列席会议。

中共中央总书记、中央全面深化改革领导小组组长习近平指出，党政主要负责同志是抓改革的关键，要把改革放在更加突出位置来抓，不仅亲自抓、带头干，还要勇于挑最重的担子、啃最硬的骨头，做到重要改革亲自部署、重大方案亲自把关、关键环节亲自协调、落实情况亲自督察，扑下身子，狠抓落实。

会议审议通过了《新时期产业工人队伍建设改革方案》《关于加强党对地方外事工作领导体制改革的实施意见》《关于改革驻外机构领导机制、管理体制和监督机制的实施意见》《关于改革对外工作队伍建设的实施意见》《关于改革援外工作的实施意见》《关于社会智库健康发展的若干意见》《国家科技决策咨询制度建设方案》《关于推进公共信息资源开放的若干意见》《按流域设置环境监管和行政执法机构试点方案》《外国人永久居留证件便利化改革方案》《关于深化中央主要新闻单位采编播管岗位人事管理制度改革的试行意见》《关于实行国家机关“谁执法谁普法”普法责任制的意见》；听取了《关于全国总工会改革试点工作总结报告》《上海市委全面深化改革领导小组关于群团改革试点工作总结的报告》《重庆市委全面深化改革领导小组关于群团改革试点工作总结的报告》。

2月6日

［纲　文］ **国家主席习近平任免驻外大使。**

［目　文］ 习近平根据全国人民代表大会常务委员会的决定任免下列驻外大使：一、免去邱学军的中华人民共和国驻厄立特里亚国特命全权大使职务；任命杨子刚为中华人民共和国驻厄立特里亚国特命全权大使。二、免去潘和钧的中华人民共和国驻卢旺达共和国特命全权大使职务；任命饶宏伟为中华人民共和国驻卢旺达共和国特命全权大使。

2月6日

［纲　文］ **国务院办公厅印发《关于创新农村基础设施投融资体制机制的指导意见》。**

［目　文］ 《意见》由五个部分组成：一、总体要求。二、构建多元化投融资新格局，健全投入长效机制。三、完善建设管护机制，保障工程长期发挥效益。四、健全定价机制，激发投资动力和活力。五、保障措施。

《意见》要求，要强化规划引导作用，按照城乡一体化发展的要求，统筹农村基础设施建设布局，推动城镇基础设施向农村延伸。要完善相关法律法规，依法保护投资者合法权益，维护公平有序的市场投资环境。

2月6日

［纲　文］　**工业和信息化部、民政部、卫生计生委印发《智慧健康养老产业发展行动计划（2017—2020年）》。**

［目　文］　《计划》由三个部分组成：一、总体要求。二、重点任务。三、组织实施。

《计划》指出，按照企业主体、政府扶持、市场化运作的方式，开展覆盖多级区域、多种类型的应用试点，培育100个智慧健康养老示范企业，建设500个智慧健康养老示范社区，创建100个具有区域特色、产业联动的智慧健康养老示范基地。引导医院、养老机构、社区服务中心和相关企业机构参与支持试点项目建设，支持企业探索可推广、可复制的智慧健康养老服务模式，为智慧健康养老服务提供优质的医疗、养老资源保障。

2月6日

［纲　文］　**中国大洋38航次科考任务起航。**

［目　文］　“蛟龙”号载人潜水器搭乘母船向阳红09从青岛起航，执行中国大洋38航次科考任务。

6月23日，向阳红09号船搭载“蛟龙”号载人潜水器及全体科考队员返回青岛。“蛟龙”号138天航行1.83万海里，本航次三个航段“蛟龙”号累计下潜30次、常规调查75个站位，足迹遍布西北印度洋、中国南海、西北太平洋，作业地形涵盖海山、热液、海沟等典型海底地形区域，共计23家单位156人参航。本航次获得珍贵样品与数据，取得五大科学成果：一、实施大洋调查研究计划“印度洋多金属硫化物成矿潜力与环境评价”项目；二、围绕我国2017年重点研发计划“1000米级多金属结核采矿试验工程”项目；三、国家实验室科技创新项目“‘蛟龙’号试验性应用航次（中国大洋38航次）南海潜次调查与研究”的下潜作业中，利用“蛟龙”号先进的技术优势获得了南海中部海山链珍贝海山一典型断面的玄武岩样品，直接观察到台湾峡谷现代浊流的地貌和沉积证据，极大地推进了南海中部海山岩石学及南海北部海底峡谷浊流的科学研究；四、作为国内超深渊海域研究的重点，中科院先导项目“海斗深渊前沿科技问题研究与攻关”在马里亚纳海沟开展5次作业；五、973计划“超深渊生物群落及其与关键环境要素的相互作用机制研究”在雅浦海沟开展5次作业，采集到大量巨型生物样品，首次获得2条雅浦海沟狮子鱼样品和2只未知物种，初步查明了雅浦海沟南段巨型底栖生物分布特点，发现雅浦海沟水体和沉积物中微生物具有较高的丰度和多样性，对下一步研究具有重要意义。

2月6日

［纲　文］　**外交部发言人表示，希望日本就如何切实消除核泄漏事故影响作负责任说明。**

［目　文］　有记者问：据报道，东京电力公司根据最新对福岛第一核电站2号机组内部拍摄的视频图像分析估测，2号机组安全壳内部最大辐射可能达到每小时530希沃特，

人如果暴露在这种辐射中几十秒即可致死。中方对此是否感到担心？是否会影响中国公民赴日本旅游？

发言人说，我们注意到有关报道，中方一向高度关注日本福岛核泄漏事故产生的影响，我们也多次要求日本政府及时做好有关处置，同时也做好事故的后续处理工作。对日本福岛核泄漏及其对海洋环境、食品安全和人类健康产生的影响，任何一个负责任的政府都会持续高度关注。我们也希望日本政府能够就如何采取有效措施切实消除核泄漏事故产生的影响作出负责任的说明。这不仅是对日本本国国民负责，也是对邻国人民和国际社会负责。外交部已经发布了相关的安全提醒，相信中国公民会妥善安排自己的出行计划，切实做好安全防护。

2月6日

［纲　文］ **《人民日报》发表题为《深入推进农业供给侧结构性改革》的社论。**

2月7日

［纲　文］ **国家主席习近平、国务院总理李克强分别同斯里兰卡总统西里塞纳、总理维克勒马辛哈互致贺电庆祝中斯建交60周年。**

［目　文］ 习近平在贺电中指出，中斯建交60年来，两国关系经受住了国际风云变幻的考验，保持健康发展势头。我高度重视中斯关系发展，赞赏斯里兰卡积极参与“一带一路”倡议，愿同你携手努力，巩固政治互信，扩大互利合作，深化民间友好，推动中斯真诚互助、世代友好的战略合作伙伴关系焕发新的生机活力。

西里塞纳在贺电中表示，斯方坚定致力于加强同中国的关系，相信“一带一路”倡议将在古代海上丝绸之路基础上开辟斯中合作的新时代。祝斯中关系不断向前发展。

李克强在贺电中表示，中斯自1957年建交以来，两国关系健康稳定发展，历久弥坚。近年来，双方以共建“一带一路”为契机，不断拓展各领域合作的广度和深度，两国关系发展前景广阔。中方愿同斯方一道，弘扬传统友谊、深化互利合作，推动中斯战略合作伙伴关系取得更多新成就。

维克勒马辛哈在贺电中说，斯方愿同中方共同努力，不断深化双边关系，拓展合作领域，造福两国人民。

2月7日

［纲　文］ **国务院公布《残疾预防和残疾人康复条例》。**

［目　文］ 《条例》共6章36条。主要有总则、残疾预防、康复服务、保障措施、法律责任、附则等内容。自2017年7月1日起施行。

2月7日

［纲　文］ **新华社讯，中共中央办公厅、国务院办公厅印发《关于划定并严守生态保护红线的若干意见》。**

［目　文］ 《意见》由四个部分组成：一、总体要求。二、划定生态保护红线。三、严

守生态保护红线。四、强化组织保障。

《意见》指出，本意见实施后，其他有关生态保护红线的政策规定要按照本意见要求进行调整或废止。各地要抓紧制定实施方案，明确目标任务、责任分工和时间要求，确保各项要求落到实处。

2月7日

［纲　文］　**国务院办公厅印发《关于开展全国政务服务体系普查的通知》。**

［目　文］　《通知》说，健全完善政务服务体系，是贯彻落实党中央、国务院决策部署，提升政府服务效率和群众获得感的重要举措，是推动“放管服”改革各项措施落实到位的重要支撑，对建设人民满意的服务型政府具有重要意义。

《通知》明确了普查的对象和内容、方式和时间、工作要求等内容。

2月7日

［纲　文］　**最高人民法院印发《人民法院落实〈保护司法人员依法履行法定职责规定〉的实施办法》，自2017年2月7日起施行。**

2月7日

［纲　文］　**公安部在北京召开全国公安国际合作工作会议。**

［目　文］　会议主要议程是：研究部署进一步加强和改进新形势下的国际执法安全合作工作。中共中央政治局委员、中央政法委书记孟建柱对公安国际合作工作提出要求，国务委员、公安部部长郭声琨出席并讲话。公安部常务副部长傅政华主持会议。中央政法委、中央编办、财政部、外交部等中央和国家有关部门负责人应邀出席会议。

孟建柱充分肯定了党的十八大以来公安机关坚决贯彻落实党中央决策部署，统筹国内国际两个大局，统筹境内境外两条战线，严厉打击跨国犯罪和各类新型犯罪，深化国际执法安全合作，为维护国家安全和社会稳定作出的重要贡献。他指出，新形势新情况下，执法安全合作既面临发展重大机遇，也面临严峻挑战。各级公安机关要以贯彻习近平总书记总体国家安全观为指引，始终坚持党的领导，坚持服务大局，坚持整合资源、合成作战，突出重点、因国施策，完善对外合作战略布局，开拓创新，积极参与全球安全治理，不断提升国际执法安全合作的能力和水平，以优异的成绩迎接党的十九大胜利召开。

2月7日

［纲　文］　**交通运输部公布《公共航空旅客运输飞行中安全保卫工作规则》。**

［目　文］　《规则》共6章50条。主要有总则、工作职责、工作措施、培训质量控制、法律责任、附则等内容。2017年3月10日起施行。2016年4月4日起施行的《公共航空旅客运输飞行中安全保卫工作规则》（交通运输部令2016年第5号）同时废止。

2月7日

［纲　文］　**海关总署公布2016年缉私十大典型案例。**

［目　文］　十大典型案例是：一、深圳海关侦办“使命01”走私电子产品案。二、黄埔、广州、昆明海关查获绕越设关地走私商品“5·18”专案。三、“1214”打击大米走

私专项行动。四、宁波海关侦办“3·09”走私成品油案。五、天津海关侦办“9·10”走私大理石荒料案。六、大连、哈尔滨、满洲里海关查获走私木制品出口系列案。七、广州海关侦办“BW341”走私冰毒出境案。八、厦门海关侦办“5·25”走私武器弹药案。九、“10·18”打击走私旧医疗设备专项行动。十、上海海关侦办“12·10”走私珍贵动物制品案。

2月7日

［纲　文］　**刘延东考察北京科技创新中心建设情况。**

［目　文］　国务院副总理刘延东来到北京怀柔科学城，调研科技创新中心规划以及五个重大科技基础设施建设情况，考察中科院力学所复现高超声速飞行条件激波风洞、高速列车动模型试验平台，考察中科合成油公司以自主核心技术为依托的煤制油项目，并主持召开北京全国科技创新中心建设推进会。

刘延东指出，支持北京建设全国科技创新中心是党中央、国务院着眼国家发展大局作出的重大部署。国务院印发《北京加强全国科技创新中心建设总体方案》以来，北京市主动谋划部署，细化任务分工，强化组织保障，各项工作取得良好开局。科技创新中心建设是一项系统性工程，要坚持面向未来谋篇布局，统筹用好各方面科技创新资源，高水平谋划和推进科技创新中心建设。

2月7—10日

［纲　文］　**外交部部长王毅应邀对澳大利亚、新西兰进行正式访问。**

［目　文］　7日，第4轮中澳外交与战略对话在堪培拉举行。王毅与澳大利亚外长毕晓普共同主持。王毅表示，双方应筹备好2017年的高层往来，努力打造“自贸繁荣”新时代，推动两国经贸合作朝着更趋多元、更可持续的方向转型升级。双方应推进发展战略对接，加强第三方合作和国际产能合作，通过创新提升合作水平。办好“中澳旅游年”系列活动，扩大人文和地方交流，希澳方积极考虑采取更多便利人员往来措施。深化追逃追赃等司法执法合作。毕晓普表示，澳方希继续成为中国可信赖的合作伙伴，期待与中方为今年的高层往来做好准备，不断拓展和深化经贸、创新、产能、能源、人文等领域合作，加快对接澳“北部大开发”计划与“一带一路”建设，将澳中全面战略伙伴关系提升至新的水平。

同日，王毅在堪培拉会见了澳大利亚总理特恩布尔。

9日，王毅在奥克兰会见新西兰总理英格利希时表示，中新两国都是自由贸易的倡导者和身体力行者，我们应共同维护国际贸易体制，构建开放型经济，并为此采取实际行动，启动双边自贸协定升级谈判。我们还希与新方做好“一带一路”倡议与新西兰基础设施建设计划的对接，加强人文交流和司法执法合作，使两国民众感受到更多实实在在的成果。

英格利希表示，新西兰在发展对华关系方面创造了诸多“第一”，在西方发达国家中率先支持中国加入WTO，支持中国建立亚洲基础设施投资银行和建设“一带一路”倡议。新方高度赞赏习近平主席在达沃斯世界经济论坛演讲发出的重要和积极信息，愿和中方一道坚定支持经济全球化和贸易自由化。

2月8日

［纲　文］　**中共中央办公厅、国务院办公厅印发《领导干部报告个人有关事项规定》《领导干部个人有关事项报告查核结果处理办法》，并发出通知，要求各级党委（党组）认真遵照执行。**

［目　文］　通知指出，修订出台的《规定》和新制定的《办法》，贯彻以习近平同志为核心的党中央坚定推进全面从严治党的部署要求，着眼于建立完善中国特色领导干部个人有关事项报告制度，总结党的十八大以来贯彻执行报告制度的实践经验，坚持突出重点，力求精准科学，强化监督约束，对报告主体、报告内容、抽查核实及结果处理等作出改进完善。《规定》《办法》的印发实施，对于进一步严明党的政治纪律和组织纪律，从严管理监督干部，具有十分重要的意义。各级党委（党组）要把贯彻执行《规定》《办法》作为履行全面从严治党主体责任的一项重要政治任务，列入议事日程，切实加强组织领导，认真抓好学习宣传和贯彻落实。各级领导干部尤其是高级干部要带头执行，切实增强纪律意识、规矩意识和组织观念，切实做到忠诚老实，严格按照《规定》要求如实报告个人有关事项，自觉接受组织监督。各级组织（人事）部门要认真履行职责，持之以恒抓好《规定》《办法》的组织实施，加强抽查核实，敢于较真碰硬，对不如实报告或者存在其他问题的要严肃处理，切实维护报告制度的严肃性和权威性，使其在全面从严治党中发挥更大作用。

2月8日

［纲　文］　**李克强主持召开国务院常务会议。**

［目　文］　会议主要内容是：一、决定进一步清理和规范涉企收费，持续为实体经济减负。国务院部门要带头以更大决心进一步清理和降低涉企收费，尽快推出一批制度性、管长远、见实效的清费举措，加大审计、督查力度，坚决取消事业单位不合理收费，坚决杜绝中介机构利用政府影响违规收费，行业协会商会不得强制企业入会或违规收费。要抓紧建立收费目录清单制度，切实减少涉企收费自由裁量权。让企业和群众切实得到实惠，为市场增添活力。二、部署深化建筑业“放管服”改革，推动产业升级发展。会议认为，深化建筑业“放管服”改革，加快产业升级，有利于扩大就业、带动关联产业发展，也能为新型城镇化提供支撑。三、确定加强高标准农田建设的政策措施，夯实粮食安全和现代农业基础。会议指出，一是健全规划、资金等统筹机制，按照集中连片、整体推进的要求，协调开展土地平整、灌排沟渠、田间道路、生态保护等建设。二是完善建后管护机制，建立全国统一数据库，依托遥感监测等对高标准农田实现全程监控、精准管理。三是加大政府投入，调动社会力量积极性，共同参与高标准农田投资建设和管护。四、通过《农药管理条例（修订草案）》。草案围绕保障农产品质量安全，一是严格全过程管理，二是强化主体责任。

2月8日

［纲　文］ **张德江在北京主持召开座谈会，听取部分在京全国人大代表对《全国人民代表大会常务委员会工作报告（征求意见稿）》的意见建议。**

［目　文］ 杜德印、刘忠军代表建议，完善代表联系原选举单位和人民群众制度，支持代表依法执行代表职务。孙晓梅代表就保持改进会风良好势头、为基层代表履职提供更好保障等谈了意见。孙宪忠、王小珂代表提出，进一步扩大立法公开，凝聚立法共识，增强立法的系统性、科学性和可操作性。于学军等代表建议，加强对地方政府性债务的监督，促进金融服务实体经济发展。冯乐平、张和平、王方代表对完善“三农”法律制度、加快国防军事方面立法、推动文化领域法律实施等提了建议。

全国人大常委会委员长张德江指出，要牢固树立以人民为中心的发展思想，认真履行宪法法律赋予的职责，推动解决人大代表、人民群众普遍关心的突出问题，不断提高人民群众满意度和获得感。人大代表肩负人民重托，依法参加行使国家权力，责任重大、使命光荣。希望代表们再接再厉、奋发有为，充分发挥来自人民、植根人民的特点和优势，接地气、察民情、聚民智，努力做到民有所呼、我有所应。

2月8日

［纲　文］ **张高丽在国家统计局调研并主持召开座谈会。**

［目　文］ 国务院副总理张高丽主持召开贯彻落实《关于深化统计管理体制改革提高统计数据真实性的意见》座谈会。国家统计局主要负责人汇报了深化统计管理体制改革前期工作和下一步安排情况，中央组织部、财政部和吉林、湖南省人民政府负责人作了发言。

张高丽表示，党中央、国务院高度重视统计工作。习近平总书记多次作出重要指示强调，统计是经济社会发展重要的基础性工作，是宏观调控的重要依据，必须防范统计造假、弄虚作假，确保统计资料真实准确、完整及时。李克强总理要求，坚持实事求是，确保统计数据真实可靠，为国家各项决策部署提供科学支撑。各地区、各有关部门要切实增强“四个意识”，坚持稳中求进工作总基调，大力推动改革创新，加快构建与国家治理体系和治理能力现代化要求相适应的统计管理体制机制，着力增强统计工作科学性、权威性，着力提高统计数据真实性、准确性。要加快健全责任制和问责制，明确主体责任、监督责任和相关责任，建立全覆盖、可追溯、严问责的防范和惩治统计造假、弄虚作假责任体系。要切实加强对领导干部统计工作的考核管理，完善政绩考核指标，改进政绩考核方法，对统计造假、弄虚作假的，实行“一票否决制”。各地区、各有关部门要切实加强组织领导，搞好协调配合，强化问责追责，全力推动《关于深化统计管理体制改革提高统计数据真实性的意见》各项任务落到实处，取得明显成效。

2月8日

［纲　文］ **中国科学家主导第三次南海大洋钻探。**

［目　文］ 来自中国、美国、法国、意大利、挪威、日本、印度等国家的33名科

学家在香港的招商局码头登上美国“决心”号大洋钻探船，奔赴南海执行国际大洋发现计划（IODP）第367航次任务，探寻地球海陆变迁之谜。这也标志着中国科学家主导的第三次南海大洋钻探正式拉开序幕。

6月11日，美国“决心”号钻探船停靠上海南港码头，由中国科学家建议、设计并主导的我国第三次南海大洋钻探，完成了2个航次、历时4个月的科学考察任务，这也是国际大洋钻探船首次停靠中国大陆港口。这次钻探，掀开了3800万年前南海一带地球大陆板块分裂奥秘的神秘一角。虽然从南海深处钻取的众多样本还有待深入研究，但第一手资料已经显示，南海大陆岩石圈破裂形式，并不是此前国际学术界普遍认定的大西洋机制。科学家们发现了南海从陆地到深海的沉积证据，也证实在南海演变过程中有过强烈构造运动的深海沉积环境。这些证据，也许将改变南海成因的原有观点，导致对东亚和西太平洋演变历史的重新认识。

2月9日

［纲　文］　**国务院办公厅印发《关于调整全国政务公开领导小组的通知》。**

［目　文］　《通知》说，根据中共中央办公厅、国务院办公厅《关于全面推进政务公开工作的意见》及其实施细则的相关要求，为加强对政务公开工作的组织领导，经国务院同意，决定对全国政务公开领导小组进行调整。《通知》有主要职责、组成人员、工作机构、工作规则、工作要求等内容。

2月9日

［纲　文］　**政协江苏省第十一届委员会第五次会议选举蒋定之为省政协主席。**

2月9日

［纲　文］　**外交部发言人赞赏美国总统特朗普对国家主席习近平和中国人民的节日祝贺。**

［目　文］　特朗普8日致信习近平，祝国家主席习近平和中国人民元宵节快乐，并表示希望与中方发展建设性关系。

发言人说，中方高度重视发展中美关系。正如习近平指出，中美两国在维护世界和平稳定、促进全球发展繁荣等方面肩负着特殊的重要责任，拥有广泛的共同利益。合作是中美两国唯一的正确选择。中方愿与美方一道，秉持不冲突不对抗、相互尊重、合作共赢的原则，拓展合作、管控分歧，推动中美关系在健康稳定基础上取得更大发展。

2月9日

［纲　文］　**原南京军区副司令员董万瑞，在南京逝世，享年76岁。**

2月10日

［纲　文］　**国家主席习近平同美国总统特朗普通电话。**

［目　文］　习近平祝贺特朗普正式就任美国总统，感谢特朗普2月8日来信就元宵

节和中国农历鸡年向中国人民致以节日祝福，对特朗普表示愿意努力拓展中美合作、发展惠及中美两国和国际社会的建设性双边关系表示高度赞赏。习近平说，总统先生就任以来，中美双方就共同关心的问题保持了密切沟通。面对当前纷繁复杂的国际形势和层出不穷的各种挑战，中美加强合作的必要性和紧迫性进一步上升。中美两国发展完全可以相辅相成、相互促进，双方完全能够成为很好的合作伙伴。搞好中美关系，符合两国人民根本利益，也是中美两个大国对世界的应有担当。中方积极致力于同世界各国和谐相处、合作共赢。我们愿意加强同美方在经贸、投资、科技、能源、人文、基础设施等领域互利合作，加强在国际和地区事务中沟通协调，共同维护世界和平稳定。习近平赞赏特朗普强调美国政府坚持一个中国政策，指出一个中国原则是中美关系的政治基础。中方愿意同美方一道努力，加强沟通，拓展合作，推动中美关系健康稳定发展，取得更加丰硕的成果，造福两国人民和各国人民。

特朗普表示，很高兴同习近平主席通话，美中保持高层沟通十分重要。我对上任以来双方保持密切联系感到满意。我钦佩中国发展取得的历史性成就，向中国人民致意。发展美中关系受到美国人民广泛支持。我相信，美中作为合作伙伴，可以通过共同努力，推动我们双边关系达到历史新高度。美方致力于加强两国在经贸、投资等领域和国际事务中的互利合作。我充分理解美国政府奉行一个中国政策的高度重要性。美国政府坚持奉行一个中国政策。

两国元首同意保持密切联系，就共同关心的问题及时交换意见，加强各领域交流合作，并期待着早日会晤。

2月10日

［纲　文］　**国务院办公厅通知江苏省人民政府，同意泰州市城市总体规划**。

［目　文］　通知主要内容有：一、国务院原则同意《泰州市城市总体规划（2011—2020年）》。二、重视城乡区域统筹发展。在《总体规划》确定的639平方公里城市规划区范围内，实行城乡统一规划管理。三、合理控制城市规模。到2020年，中心城区常住人口控制在120万人以内，城市建设用地控制在125平方公里以内。要贯彻落实城乡规划法关于先规划后建设的原则，禁止在《总体规划》确定的建设用地范围之外设立各类开发区和城市新区。四、完善城市基础设施体系。要按照绿色循环低碳的理念规划建设城市基础设施。五、建设资源节约型和环境友好型城市。六、创造优良的人居环境。七、重视历史文化和风貌特色保护。要编制历史文化名城保护专项规划，落实历史文化遗产保护和紫线管理要求，重点保护好渔行水村等历史文化街区和人民海军诞生地等各级文物保护单位及其周围环境。要加强对重要地段建筑高度、体量和样式的规划引导和控制，做好城市整体设计，延续城市文脉，突出滨江水乡古城的城市风貌特色。八、严格实施《总体规划》。

通知要求，泰州市人民政府要根据本通知精神，认真组织实施《总体规划》，任何单位和个人不得随意改变。江苏省和住房城乡建设部要加强对《总体规划》实施工作的指导、监督和检查。

2月10日

［纲　文］　**国务院在北京召开推进“一带一路”建设工作会议。**

［目　文］　国务院副总理张高丽主持会议。汪洋以及推进“一带一路”建设工作领导小组成员和有关部门单位负责人参加了会议。会议学习贯彻中共中央总书记习近平关于“一带一路”建设的重要讲话和指示精神，落实国务院总理李克强指示要求，总结2016年“一带一路”建设工作，研究2017年总体工作思路，部署下一步工作。

张高丽表示，习近平指出，“一带一路”倡议来自中国，但成效惠及世界，中国将在北京主办“一带一路”国际合作高峰论坛，共商合作大计，共建合作平台，共享合作成果，为解决当前世界和区域经济面临的问题寻找方案，为实现联动式发展注入新能量，让“一带一路”建设更好造福各国人民。2017年召开党的十九大，也是实施“十三五”规划的重要一年和推进供给侧结构性改革的深化之年。要切实增强“四个意识”，深入贯彻落实习近平总书记在推进“一带一路”建设工作座谈会上的重要讲话精神，坚持稳中求进工作总基调，力争在一些重点领域取得新的重要突破，推动“一带一路”建设取得更大进展。要认真做好各项筹备工作，高质量办好“一带一路”国际合作高峰论坛。要聚焦重点地区，加强战略对接，建立健全政府间合作机制，巩固和发展良好合作态势。要发挥自身优势，大力推动基础设施互联互通，统筹推进重大关键项目建设。要坚持互利共赢，扎实推进经贸合作，深化投资合作，有序推进产能及制造领域合作。要强化安全风险评估、监测预警、应急处置，有效防范各类风险。要加强人文交流，切实推进民心相通，进一步夯实“一带一路”建设的民意基础。

2月10日

［纲　文］　**中央直属机关党的工作会议在北京召开。**

［目　文］　中央书记处书记、中央直属机关工委书记栗战书出席会议并讲话。中央直属机关工委常务副书记张建平主持会议并作工作报告。会议总结2016年中直机关党建工作，安排部署2017年的工作。栗战书指出，中直机关各级党组织要切实发挥政治优势和组织优势，把党员干部职工组织起来、动员起来，切实增强政治意识、大局意识、核心意识、看齐意识，在全面建成小康社会、实现中华民族伟大复兴中国梦的历史进程中胸怀全局、立足本职、敬业奉献，营造喜庆热烈、政通人和、团结奋进的良好思想舆论氛围和社会文化氛围，以良好精神状态和优异工作成绩迎接党的十九大胜利召开。

2月10日

［纲　文］　**最高人民检察院在北京召开各民主党派中央、全国工商联负责人和无党派人士代表座谈会，征求对最高人民检察院工作报告的意见。**

［目　文］　座谈会由最高人民检察院检察长曹建明主持。民革中央副主席修福金希望检察机关拓展与各民主党派的沟通渠道，围绕检察工作重点难点问题，共同深入基层开展调研，增强双向互动，让党外人士更好地参与司法、监督检察。民盟中央副主席徐辉建议检察机关进一步创新检务公开方式，拓展检务公开平台，提供更加便捷高效检察服务，

建设更高层次的阳光司法。民建中央常务副主席郝明金建议检察机关积极落实党中央关于产权保护要求，在司法办案中坚持人身权和财产权保护并重，完善内部协调和外部沟通机制，推动全社会形成平等保护产权的良好氛围。民进中央副主席朱永新希望检察机关进一步推进未成年人检察工作，不断完善未成年人犯罪记录封存制度，最大程度保障涉罪未成年人合法权益。农工党中央副主席何维建议试点地区检察机关加大在污染多发地区提起公益诉讼力度，更好地发挥公益诉讼的社会效应和示范效应。致公党中央副主席严以新希望检察机关积极推进以审判为中心的刑事诉讼制度改革，建立健全符合裁判要求的证据收集指引，向社会加强释法说理，维护司法公正和法治权威。九三学社中央副主席丛斌建议进一步细化检察官助理和书记员的工作职责，拓宽检察辅助人员职业发展空间，健全办案组织形式和内部监督制度，推进司法责任制改革落实落地。台盟中央常务副主席黄志贤希望检察机关强化法律监督，完善司法解释，加强对服刑人员合法权益特别是财产权的保障。全国工商联副主席谢经荣希望检察机关继续抓好《最高人民检察院关于充分发挥检察职能依法保障和促进非公有制经济健康发展的意见》的落实，注重发挥工商联的桥梁纽带作用，共同推动非公经济健康发展。无党派人士、北京市人民检察院副检察长甄贞希望检察机关积极适应国家监察体制改革要求，立足宪法定位，聚焦监督主业，强化监督刚性，推动立法完善，实现检察机关的转型发展。

曹建明指出，各级检察机关要深刻认识协商民主、民主监督的重大意义，增强主动听取各民主党派、工商联、无党派人士意见建议的自觉性和主动性，邀请民主党派、工商联和无党派人士参加专项检查、执法监督，诚恳接受民主监督。要积极支持各民主党派、工商联、无党派人士履行职能，共同围绕改革发展重大问题和群众普遍关注的突出问题，开展调查研究，共同促进法治工作和检察工作创新发展。

2月10日

［纲　文］ **财政部、民政部印发《中央财政支持居家和社区养老服务改革试点补助资金管理办法》，自2017年3月15日起施行。**

2月10日

［纲　文］ **环境保护部与住房城乡建设部同北京市、天津市、河北省和江苏省人民政府分别签订共同推进京津冀区域和太湖流域水专项合作备忘录。**

2月10日

［纲　文］ **江苏省第十二届人民代表大会第五次会议补选李强为省人大常委会主任。**

2月10日

［纲　文］ **原炮兵学院政治委员廖鼎琳（正兵团职），在北京逝世，享年104岁。**

2月12日

［纲　文］ **国家主席习近平向德国当选总统施泰因迈尔致贺电。**

2月12日

［纲　文］　**保监会在北京召开2017年全国保险监管工作会议。**

［目　文］　会议部署了2017年重点工作任务，指出了未来监管和发展的三大战略：防控风险、服务大局和改革发展。

2月12日

［纲　文］　**环境保护部印发《城市环境空气质量变化程度排名方案》。**

［目　文］　《方案》明确，城市环境空气质量变化程度排名以空气质量综合指数变化率作为指标进行排名。采用的方法是，首先计算空气质量综合指数，然后计算空气质量综合指数同比变化率，最后以空气质量综合指数变化率作为变化程度排名指标进行排序。国家对环境空气质量改善程度相对较大的前10个城市名单和恶化程度相对较大的前10个城市名单，在公布城市名单时同时公布各城市空气质量综合指数及变化率。

2月12日

［纲　文］　**国务院副总理刘延东在北京会见德国科隆市市长何珂。**

［目　文］　刘延东积极评价科隆市在促进中德经贸、人文等领域交流合作中发挥的作用，指出今年是中德建交45周年，中德全方位战略伙伴关系面临新的发展机遇，希望科隆市为促进双边关系发展和两国地方合作作出新贡献。

何珂表示，科隆市高度重视发展对华关系，将以庆祝科隆和北京结好30周年为契机，继续扩大对华交流合作。

2月12日

［纲　文］　**“两弹一星”功勋奖章获得者，中国科学院资深院士，原第七机械工业部副部长任新民，在北京逝世，享年102岁。**

2月13日

［纲　文］　**习近平在北京出席省部级主要领导干部学习贯彻十八届六中全会精神专题研讨班开班式并讲话。**

［目　文］　开班式由中共中央政治局常委李克强主持。中共中央政治局常委张德江、俞正声、刘云山、王岐山、张高丽出席。中共中央政治局委员、中央书记处书记，全国人大常委会党员副委员长，国务委员，最高人民法院院长，最高人民检察院检察长，全国政协党员副主席以及中央军委委员出席。各省区市和新疆生产建设兵团、中央和国家机关有关部门主要负责人，军队各大单位、军委机关各部门主要负责人参加。各民主党派中央、全国工商联以及有关方面负责人列席。

中共中央总书记习近平指出，党中央决定举办这期研讨班，目的是在省部级主要领导干部这个层面把全会精神理解深、理解透，把《准则》《条例》各项规定把握精、把握准，以省部级主要领导干部思想到位、行动对标带动全党贯彻落实，以解决突出问题为突破口和主抓手，推动全会精神落到实处。历史经验表明，我们党作为马克思主义政党，必须旗帜鲜明讲政治，严肃认真开展党内政治生活。讲政治，是我们党补钙壮骨、强身健体的根本保证，是我们党培养自我革命勇气、增强自我净化能力、提高排毒杀菌政治免疫力的根本途径。勇于自我革命，是我们党最鲜明的品格，也是我们党最大的优势。我们党之所以有自我革命的勇气，是因为我们党除了国家、民族、人民的利益，没有任何自己的特殊利益。领导干部特别是高级干部必须加强自律、慎独慎微，经常对照党章检查自己的言行，加强党性修养，陶冶道德情操，永葆共产党人政治本色。领导干部严格自律，要注重自觉同特权思想和特权现象作斗争，从自己做起，从身边人管起，从最近身的地方构筑起预防和抵制特权的防护网。党的十八届六中全会通过的《准则》《条例》，针对党内存在的突出矛盾和问题，既指出了病症，也开出了药方，既有治标举措，也有治本方略。

研讨班期间，全体学员围绕学习贯彻党的十八届六中全会精神，认真学习领会习近平讲话，联系实际深入研讨，从政治上加深了对全面从严治党的认识，加深了对维护党中央权威、贯彻民主集中制的认识，加深了对严肃党内政治生活、勇于自我革命、领导干部严格自律的认识，进一步增强了管党治党的政治责任。

16日，刘云山出席结业式并作总结讲话。结业式上，研讨班10个小组的代表分别发言，汇报交流了学习收获。

2月13日

［纲　文］　**国务院印发《关于香港特别行政区政府萧伟强、马绍祥职务任命的通知》。**

［目　文］　《通知》说，香港特别行政区政府：依照《中华人民共和国香港特别行政区基本法》的有关规定，根据香港特别行政区行政长官梁振英的提名，国务院2017年2月13日决定，任命萧伟强为劳工及福利局局长，马绍祥为发展局局长。

2月13日

［纲　文］　**国家邮政局发布《快递业发展“十三五”规划》。**

［目　文］　《规划》由四个部分组成：一、回顾与展望。二、指导思想、基本原则和发展目标。三、主要任务。四、保障措施。

《规划》提出，到2020年基本建成普惠城乡、技术先进、服务优质、安全高效、绿色节能的快递服务体系，形成覆盖全国、联通国际的服务网络。

2月13日

［纲　文］　**2017世界广播日主题活动在上海举办。**

［目　文］　广播日以“人人皆广播（Radio is you）”为主题。活动包括“2017世界广播日高峰论坛”、《星期广播音乐会》世界广播日新春专场演出等。

2011年联合国教科文组织决定将每年2月13日定为“世界广播日”，创办6年来，首次在亚洲地区举办。

2月13日

［纲　文］　**外交部发言人表示，坚决反对日美有关钓鱼岛和南海言论。**

［目　文］　有记者问，近日，日美领导人发表联合声明称，《美日安保条约》第五条适用于钓鱼岛，双方呼吁避免采取岛礁军事化等加剧南海紧张局势的做法。你对此有何评论？

发言人说，中方对日美有关言论表示严重关切和坚决反对。钓鱼岛及其附属岛屿是中国的固有领土。无论任何人说什么、做什么，都无法改变钓鱼岛属于中国这一事实，不会动摇中方维护国家主权和领土完整的决心和意志。我们坚决反对日本以所谓《美日安保条约》为名拉美国为其非法领土主张背书。日美应谨言慎行，停止发表错误言论，以免使有关问题复杂化，给地区和平稳定带来消极影响。我们在南海问题上的立场是一贯的、明确的。中国对南海诸岛及其附近海域拥有无可争辩的主权。中方坚定维护领土主权和海洋权益，坚定致力于同直接当事国和平解决争议，坚定致力于同东盟国家共同维护南海地区的和平稳定。中方在自己的岛礁上开展有关建设完全是中国主权范围内的事，与军事化无关。有的国家或者派舰机到南海炫耀武力，或者挑拨离间，这才是推动南海军事化的最大因素。

2月13日

［纲　文］　**原第二炮兵副司令员盛治华，在北京逝世，享年101岁。**

2月13—17日

［纲　文］　**应全国人大常委会委员长张德江邀请，莫桑比克议长马卡莫率团访华。**

［目　文］　访问期间，张德江在北京与马卡莫举行了会谈并共同出席了《中华人民共和国全国人民代表大会与莫桑比克共和国议会合作谅解备忘录》签字仪式。全国政协主席俞正声在北京会见了马卡莫。

2月14日

［纲　文］　**国务院印发《“十三五”食品安全规划》。**

［目　文］　《规划》由四个部分组成：一、现状和形势。二、总体要求。三、主要任务。四、保障措施。

《规划》指出，国务院食品安全办牵头对本规划执行情况及时进行中期评估和终期考核，确保各项任务落实到位。

2月14日

［纲　文］　**国务院印发《“十三五”药品安全规划》。**

［目　文］　《规划》由四个部分组成：一、现状和形势。二、总体要求。三、主要任务。四、保障措施。

《规划》要求，各有关部门要按照职责分工，细化目标，分解任务，制订具体实施方案。食品药品监管总局牵头对本规划执行情况进行中期评估和终期考核，确保各项任务落实到位。

2月14日

［纲　文］　**十二届全国人大常委会第八十八次委员长会议在北京举行。**

［目　文］　全国人大常委会委员长张德江主持会议。全国人大常委会副委员长李建国、王胜俊、陈昌智、严隽琪、沈跃跃、吉炳轩、张平、向巴平措、艾力更·依明巴海、万鄂湘、张宝文、陈竺出席会议。会议决定，十二届全国人大常委会第二十六次会议2月22日至24日在北京举行。全国人大常委会副委员长兼秘书长王晨就常委会第二十六次会议议程草案、日程安排意见作了汇报。

2月14日

［纲　文］　**保监会在北京召开2017年全国财产保险监管工作座谈会。**

［目　文］　中国保监会副主席陈文辉出席会议并讲话。保监会相关部门、各保监局、中国保险行业协会、中国保险学会以及中国保险信息技术管理有限责任公司、上海保险交易所股份有限公司等单位相关负责人参加会议。

陈文辉指出，要统一思想，全面落实“保险业姓保、保监会姓监”，引导行业专注主业，坚持风险管理的主攻方向，改变不顾风险、片面追求规模和利润的趋向，不断提高服务经济社会大局的质量和水平。

2月14日

［纲　文］　**外交部发言人表示，中方愿为菲律宾地震救灾提供援助。**

［目　文］　发言人表示，2月10日，菲律宾南部地区遭受地震灾害，造成人员伤亡和财产损失。中国外交部部长王毅已致电菲律宾外长亚赛表示慰问。中国红十字会将提供5万美元人道主义援助。中国政府愿为菲方救灾积极提供援助。相信在菲律宾政府领导下，灾区人民一定能够战胜困难，早日恢复正常生产生活。

2月14日

［纲　文］　**《人民日报》发表题为《必须旗帜鲜明讲政治——一论学习贯彻习近平总书记在省部级专题研讨班上重要讲话》的评论员文章。**

2月14日

［纲　文］　**《人民日报》发表题为《在党的十九大代表选举中提高党内民主质量和实效》的评论员文章。**

2月15日

［纲　文］　**证监会公布修改后的《上市公司非公开发行股票实施细则》，自2017年2月15日起施行。**

2月15日

［纲　文］　**文化部、国家文物局在北京召开学习贯彻公共文化服务保障法视频会议。**

［目　文］　文化部部长雒树刚、国家文物局局长刘玉珠出席会议并讲话，文化部部长助理于群主持会议。浙江省文化厅、陕西省文化厅、江苏省苏州市人民政府和国家图书馆、江苏省南京博物院、重庆市群众艺术馆等单位作了交流发言。

会议要求，全国文化文物系统要迅速组织学习宣传，分级分类开展培训工作。充分发挥各级各类公共文化机构的阵地作用，广泛开展普法宣传。要结合各地实际，推动制定与公共文化服务保障法相衔接、符合地方实际的公共文化服务地方性法规。要把法律的贯彻落实与当前的重点工作紧密结合起来，推进公共文化机构法人治理结构建设、基层综合性文化服务中心建设、公共图书馆文化馆总分馆制等相关改革任务落实，不断提高服务效能。要精心培育一批学法、普法、守法、执法的先进典型，做好交流推广，发挥其示范引导作用。

2月15日

［纲　文］　**国务院副总理张高丽在北京会见俄罗斯天然气工业公司总裁米勒。**

［目　文］　张高丽说，近年来，在习近平主席和普京总统的战略引领下，包括天然气合作在内的两国能源合作不断取得新的合作成果，体现了中俄全面战略协作伙伴关系的高水平。双方要落实好中俄原油贸易及原油增供、东线天然气、亚马尔液化气等重大合作项目，按照利益共享、风险共担原则，进一步研究西线天然气、远东供气等合作项目，拓展双方在天然气发电、地下储气库、发动机燃料以及标准互认和合格评定、油田服务、能源技术装备等领域合作，推动两国能源领域务实合作积极稳步发展。

米勒表示，俄方视中方为重要能源合作伙伴，愿同中方实施好现有合作项目，不断开拓新的合作领域，共同提升双方能源合作伙伴关系水平。

2月15日

［纲　文］　**外交部发言人表示，敦促日本以正确历史观教育年轻一代。**

［目　文］　有记者问：据报道，日本文部科学省14日公布了中小学新版“学习指导要领”草案，首次明确要求在中小学社会课程中提出钓鱼岛是日固有领土。中方对此有何回应？

发言人说，钓鱼岛及其附属岛屿自古以来就是中国的固有领土，中方维护领土主权的决心和意志坚定不移。无论日方说什么，做什么，都改变不了钓鱼岛属于中国的事实。

就台湾三名“立法委员”目前正在访问印度，还向印方提及“升级台驻印机构”问题，发言人表示，我们历来坚决反对与中国建交的国家与台湾方面进行任何形式的官方接触和往来，互设任何具有官方性质的机构。这一立场是明确的、一贯的。印方在涉台问题上是有承诺的。希望印方尊重和理解中方核心关切，坚持一个中国原则，慎重妥善处理涉台问题，维护中印关系健康稳定发展。

2月15日

［纲　文］　**“欢乐春节——第2届中国电影节”在斯里兰卡国家电影公司电影厅开幕。**

［目　文］　本届电影节为期5天，其间播放《大唐玄奘》《不二情书》《大圣归来》《破风》等8部电影，向当地观众展示中国电影和社会发展。

2月15日

［纲　文］　**《人民日报》发表题为《维护党中央权威 向党中央看齐——二论学习贯**

彻习近平总书记在省部级专题研讨班上重要讲话》的评论员文章。

2 月 15—17 日

［纲　文］　**汪洋在黑龙江调研**。

［目　文］　国务院副总理汪洋就 2017 年中央一号文件贯彻落实和玉米收储制度改革情况在绥化肇东市和哈尔滨道里区、南岗区、双城区粮食收储加工企业、蔬菜生产基地、奶牛养殖场、农民合作社和农业科技园区了解有关情况，与企业人员研究促进粮食加工流通的措施，与基层干部和农民群众探讨推进调整农业结构、增加农民收入的途径和办法。

汪洋指出，推进农业供给侧结构性改革，是党中央立足农业农村发展新形势作出的重大战略决策。要认真贯彻落实中央农村工作会议和中央一号文件精神，把推进农业供给侧结构性改革作为当前和今后一个时期“三农”工作的主线，坚持问题导向，勇于攻坚克难，着力构建长效机制，培育农业农村发展新动能，不断提高农业综合效益和竞争力。要紧紧围绕市场需求调整农业结构，增加绿色优质农产品供给，提高农产品质量安全水平。

2 月 15—18 日

［纲　文］　**外交部部长王毅出席二十国集团非正式外长会议和慕尼黑安全会议**。

［目　文］　16—17 日，王毅在波恩出席二十国集团外长会议，围绕落实 2030 年可持续发展议程、对非伙伴关系、在复杂世界中维持和平等议题，阐述中方原则立场和主张。王毅表示，为落实好 2030 年可持续发展议程，中方主张国际社会应打造和平稳定的国际环境，创建创新、联动、开放、包容的世界经济，倡导共享发展的理念，建立新型全球发展伙伴关系，并把可持续发展议程融入本国发展战略。中方认为，应坚持和平与发展并重，并尊重非洲各国的意愿，采取具体举措支持构建对非伙伴关系。中方正在以自己的实际行动践行“真实亲诚”的对非政策理念。

会议期间，王毅与德国副总理兼外长加布里尔举行会谈；会见了美国国务卿蒂勒森。

17 日，王毅在慕尼黑出席第 53 届慕尼黑安全会议，在全体会议上发表题为《坚持合作理念，作出正确抉择》的主旨演讲。

2 月 16 日

［纲　文］　**国务院办公厅通知黑龙江省人民政府，同意鸡西市城市总体规划**。

［目　文］　通知说，一、国务院原则同意《鸡西市城市总体规划（2011—2020 年）》。二、重视城乡区域统筹发展。在《总体规划》确定的 2332.8 平方公里城市规划区范围内，实行城乡统一规划管理。三、合理控制城市规模。到 2020 年，中心城区常住人口控制在 82.1 万人以内，城市建设用地控制在 91.04 平方公里以内。要贯彻落实城乡规划法关于先规划后建设的原则，禁止在《总体规划》确定的建设用地范围之外设立各类开发区和城市新区。四、完善城市基础设施体系。五、建设资源节约型和环境友好型城

市。六、创造优良的人居环境。七、重视历史文化和风貌特色保护。八、严格实施《总体规划》。

通知要求，鸡西市人民政府要根据本通知精神，认真组织实施《总体规划》，任何单位和个人不得随意改变。黑龙江省和住房城乡建设部要加强对《总体规划》实施工作的指导、监督和检查。

2月16日

［纲　文］　**国务院、中央军委批复山东省人民政府，同意新建山东菏泽民用机场。**

［目　文］　批复说，一、同意新建山东菏泽民用机场。机场性质为国内支线机场，场址位于菏泽市定陶区孟海镇黄庄村附近。二、本期工程建设规模为：飞行区等级指标4C，新建一条长2600米的跑道；航站区按满足2030年旅客吞吐量90万人次、货邮吞吐量6500吨的目标设计，新建航站楼1万平方米、站坪机位7个；配套建设通信、导航、气象、供油、消防救援等辅助生产设施。三、项目总投资约18亿元。原则上由国家发展改革委、民航局和山东省共同筹措解决，具体资金安排在可行性研究阶段确定。四、该机场建成后，由地方经营管理，民航局实行行业管理。

2月16日

［纲　文］　**人力资源社会保障部、财政部印发《关于阶段性降低失业保险费率有关问题的通知》。**

［目　文］　《通知》说，一、从2017年1月1日起，失业保险总费率为1.5%的省（区、市），可以将总费率降至1%，降低费率的期限执行至2018年4月30日。在省（区、市）行政区域内，单位及个人的费率应当统一，个人费率不得超过单位费率。具体方案由各省（区、市）研究确定。二、失业保险总费率已降至1%的省份仍按照《人力资源社会保障部财政部关于阶段性降低社会保险费率的通知》（人社部发〔2016〕36号）执行。三、各地降低失业保险费率，要充分考虑失业保险待遇按时足额发放、提高待遇标准、促进失业人员再就业、落实失业保险稳岗补贴政策等因素对基金支付能力的影响，结合实际，认真测算，研究制定具体方案，经省级人民政府批准后执行，并报人力资源社会保障部和财政部备案。

2月16日

［纲　文］　**商务部、工业和信息化部、公安部、农业部、质检总局、安全监管总局、食品药品监管总局印发《关于推进重要产品信息化追溯体系建设的指导意见》。**

［目　文］　《意见》由三个部分组成：一、指导思想、基本原则与建设目标。二、主要任务。三、保障措施。

《意见》指出，重要产品信息化追溯体系建设要坚持兼顾地方需求特色、发挥企业主体作用、注重产品追溯实效、建立科学推进模式等基本原则，从追溯管理体制、信息服务、数据共享交换、互联互通和通查通识等方面提出了建设目标，力争到2020年建成覆盖全国、统一开放、先进适用、协同运作的重要产品信息化追溯体系。

2月16日

［纲　文］　**人力资源社会保障部公布《专业技术人员资格考试违纪违规行为处理规定》。**

［目　文］　《规定》共5章20条。主要有总则、应试人员违纪违规行为处理、考试工作人员违纪违规行为处理、处理程序、附则等内容。自2017年4月1日起施行。人力资源社会保障部2011年3月15日发布的《专业技术人员资格考试违纪违规行为处理规定》（人力资源和社会保障部令第12号）同时废止。

2月16日

［纲　文］　**全国政协在北京召开双周协商座谈会，围绕“办好学前教育”建言献策。**

［目　文］　座谈会由全国政协主席俞正声主持。全国政协副主席罗富和、张庆黎出席座谈会。全国政协副主席王家瑞在座谈会上讲了意见。教育部副部长朱之文介绍了有关情况。中央机构编制委员会办公室副主任李晓全、财政部副部长余蔚平、人力资源和社会保障部副部长邱小平等与委员互动交流。全国政协委员朱永新、李卫红、胡卫、卫小春、钟秉林、罗黎辉、杨建德、汤素兰、刘猋、杨文、陈自力、卢天锡、高美琴、张杰庭、祝连庆，以及专家学者庞丽娟、李丁丁在座谈会上发言。

委员们认为，办好学前教育，关系亿万儿童的健康成长，既涉及国民素质，也涉及经济社会发展。党中央、国务院高度重视学前教育。按照中央决策部署，各地把发展学前教育纳入民生工程予以保障，学前教育取得长足发展，普及程度逐步提高。但也存在公益普惠程度不高、投入不足、师资队伍不健全、体制机制不完善、城乡区域发展不平衡、一些地方“入园难”等问题。

一些委员建议，一是要重视学前教育。各级政府要把发展学前教育纳入重要议事日程，继续加大工作力度。特别是地方政府要认真履行责任，切实抓紧抓好。要把质量问题摆在更加重要的位置，针对面临的困难和问题着力加以解决。二是多措并举扩大普惠性资源供给。加大财政支持力度，支持企事业单位和集体办园，支持民办幼儿园发展，鼓励多种形式办园，不搞“一刀切”。完善和落实城镇小区配套幼儿园的政策。三是注重质量提升。重视幼师教育，加强幼儿教师的培训。改进教育内容，以孩子的快乐为中心，端正教育方向，避免“小学化”倾向。加强幼儿园的管理，根据城市和农村的不同情况，以安全为中心，建立有区别的标准和准入制度，引导社会办园。四是重点支持边疆民族地区和贫困地区的学前教育。中央财政继续给予支持，鼓励和引导地方积极发展学前教育。五是加快学前教育法的立法步伐，对我国学前教育改革发展中的体制机制问题予以明确规定。

2月16日

［纲　文］　**国家副主席李源潮在北京会见英国怡和集团主席亨利·凯瑟克爵士。**

［目　文］　李源潮说，2016年习近平主席和梅首相再次确认了中英关系“黄金时代”的发展方向，2017年是中英建立大使级外交关系45周年，希望双方努力推动两国面向21世纪全球全面战略伙伴关系发展。中英在“一带一路”框架内合作潜力巨大，希望怡和集

团不断拓展对华合作。

凯瑟克表示，怡和集团对中国经济前景充满信心，愿抓住“一带一路”机遇，扩大对华投资合作。

2月16日

［纲　文］　**外交部发言人就中国游客日前被越南口岸工作人员殴伤事件表示，中方要求越方对受害者做出道歉和赔偿。**

［目　文］　有记者问：据报道，越南外交部日前就中国游客被越南口岸工作人员殴伤事作出回应，称中方已提出交涉，越方将加紧查明真相，并依据事实作出处理。中方对此有何评论？你能否介绍中方所做工作情况？

发言人说，中国政府高度重视境外中国公民的安全与合法权益保护工作。中方已多次就此事向越方提出交涉。16日，外交部领事司司长已就此事专门约见越南驻华大使，再次表明中方严正立场。中国驻越南大使也在河内就有关问题约见越南外交部负责人。中方要求越方对受害者做出道歉和赔偿，对涉案人员做出严肃处理，并采取有效措施避免类似情况再次发生。越方已对8名有关涉案人员做出停职处理。我们将继续敦促越方本着严肃认真和实事求是的态度，彻底妥善解决此事。

2月16日

［纲　文］　**《人民日报》发表题为《党必须发扬自我革命精神——三论学习贯彻习近平总书记在省部级专题研讨班上重要讲话》的评论员文章。**

2月17日

［纲　文］　**国家主席习近平、国务院总理李克强就巴基斯坦发生重大恐怖袭击事件分别向巴基斯坦总统侯赛因、巴基斯坦总理谢里夫致慰问电。**

2月17日

［纲　文］　**习近平在北京主持召开国家安全工作座谈会。**

［目　文］　中央国家安全委员会副主席李克强、张德江出席座谈会。王沪宁、刘奇葆、范长龙、孟建柱、胡春华、栗战书、郭金龙、韩正、杨洁篪、周小川和中央军委委员赵克石、张又侠等出席座谈会。公安部部长郭声琨、外交部副部长张业遂、湖北省委书记蒋超良、新疆维吾尔自治区党委书记陈全国分别介绍了本部门、本地区开展国家安全工作的情况，并就更好维护国家主权、安全、发展利益，健全国家安全工作体制机制等谈了意见和建议。

中共中央总书记、中央国家安全委员会主席习近平指出，党的十八大以来，党中央高度重视国家安全工作，成立中央国家安全委员会，提出总体国家安全观，明确国家安全战略方针和总体部署，推动国家安全工作取得显著成效。国家安全工作归根结底是保障人民利益，要坚持国家安全一切为了人民、一切依靠人民，为群众安居乐业提供坚强保障。认清国家安全形势，维护国家安全，要立足国际秩序大变局来把握规律，立足防范风险的大前提来统筹，立足我国发展重要战略机遇期大背景来谋划。世界多极化、经济全球化、国际关系民主化的大方向没有改变，要引导国际社会共同塑造更加公正合理的国际新秩序。要切实加强国家安全工作，为维护重要战略机遇期提供保障。不论国际形势如何变幻，我们要保持战略定力、战略自信、战略耐心，坚持以全球思维谋篇布局，坚持统筹发展和安全，坚持底线思维，坚持原则性和策略性相统一，把维护国家安全的战略主动权牢牢掌握在自己手中。

习近平对当前和今后一个时期国家安全工作提出明确要求，指出要突出抓好政治安全、经济安全、国土安全、社会安全、网络安全等各方面安全工作。要完善立体化社会治安防控体系，提高社会治理整体水平，注意从源头上排查化解矛盾纠纷。要加强交通运输、消防、危险化学品等重点领域安全生产治理，遏制重特大事故的发生。要筑牢网络安全防线，提高网络安全保障水平，强化关键信息基础设施防护，加大核心技术研发力度和市场化引导，加强网络安全预警监测，确保大数据安全，实现全天候全方位感知和有效防护。要积极塑造外部安全环境，加强安全领域合作，引导国际社会共同维护国际安全。要加大对维护国家安全所需的物质、技术、装备、人才、法律、机制等保障方面的能力建设，更好适应国家安全工作需要。坚持党对国家安全工作的领导，是做好国家安全工作的根本原则。

2月17日

［纲　文］　**国务院就业工作部际联席会议在北京召开。**

［目　文］　国务院副总理马凯出席会议时指出，要认真贯彻落实习近平总书记和李克强总理指示批示精神，坚持就业优先战略，实施更加积极的就业政策，确保完成2017年就业目标任务，以优异成绩迎接党的十九大胜利召开。2016年全国城镇新增就业1314万人，四季度末城镇登记失业率4.02%，重点群体就业总体较好。在经济增速放缓、去产能任务加重等多重挑战下，就业任务超额完成，为改革发展稳定作出了积极贡献。2017年就业总量压力不减，结构性矛盾突出，重点群体就业任务艰巨。要进一步加强组织领导，完善政策措施，狠抓工作落实。一是增强经济发展创造就业岗位能力。加强就业政策与宏观政策协调配合，积极发展吸纳就业能力强的产业和企业。二是增强创业创新带动就业的能力。深化“放管服”改革，畅通大众创业创富通道，推动创业创新带动就业。三是增强重点人群就业保障能力。扎实做好高校毕业生、去产能分流职工、就业困难人员等就业工作。四是增强职业培训提升劳动者素质能力。坚持需求导向，建立终身职业技能培训制度，提升劳动者技能水平。五是增强就业公共服务供给能力。推动公共就业服务均等化、信息化、现代化，让群众享受到便捷高效的就业服务。

2月17日

［纲　文］　**发展改革委、商务部发布《中西部地区外商投资优势产业目录（2017年修订）》，自2017年3月20日起施行。**

2月17日

［纲　文］　**司法部、财政部印发《关于律师开展法律援助工作的意见》。**

［目　文］《意见》由五个部分组成：一、充分认识律师开展法律援助工作的重要意义。二、组织律师积极开展法律援助工作。三、切实提高律师法律援助服务质量。四、创新律师开展法律援助工作机制。五、加强律师开展法律援助工作的保障。

2月17日

［纲　文］**中宣部在北京召开2017年新闻战线“新春走基层”活动座谈会。**

［目　文］中宣部部长刘奇葆出席并讲话。会上表彰了中央新闻单位2017年“新春走基层”活动先进集体和先进个人。

刘奇葆指出，新闻战线要深入学习贯彻习近平总书记重要讲话精神和“文风改进永远在路上”的批示精神，坚持不懈、持之以恒地改文风，更加体现群众观点、国情意识和文化自信，真正形成“长话短说、官话民说、粗话雅说、空话不说”的报道风格，推出更多有思想、有温度、有品质的新闻作品。文风不是小事，改文风永远在路上。好文风是在基层走出来的，要在勤走基层中增进群众感情、撷取丰富素材、掌握百姓语言。好文风是用故事讲出来的，要用真挚情感、多种形式、融媒体手段讲好故事，使新闻报道动起来活起来、有血有肉有灵魂。

2月17日

［纲　文］**原国家计划生育委员会主任、党组书记王伟，在北京逝世，享年97岁。**

2月17日

［纲　文］**《人民日报》发表题为《领导干部必须严格自律——四论学习贯彻习近平总书记在省部级专题研讨班上重要讲话》的评论员文章。**

2月17—18日

［纲　文］**国务院在北京召开全国侨务工作会议，习近平作出指示。**

［目　文］中共中央总书记习近平指示指出，实现中华民族伟大复兴，需要海内外中华儿女共同努力。把广大海外侨胞和归侨侨眷紧密团结起来，发挥他们在中华民族伟大复兴中的积极作用，是党和国家的一项重要工作。党的十八大以来，各级党委、政府和侨务部门全面贯彻落实党的侨务政策，依法维护海外侨胞和归侨侨眷权益，在促进国家现代化建设、促进祖国和平统一、促进中外友好合作等方面发挥了重要作用。希望侨务战线的同志们坚持胸怀全局、坚持为侨服务、坚持改革创新，以凝聚侨心侨力同圆共享中国梦为主题，当好海外侨胞和归侨侨眷的贴心人，成为侨务工作的实干家，最大限度把海外侨胞和归侨侨眷中蕴藏的巨大能量凝聚起来、发挥出来，为实现“两个一百年”奋斗目标、实现中华民族伟大复兴的中国梦不断作出新的更大的贡献。

国务院总理李克强作出批示指出，海外侨胞和归侨侨眷是中国联系世界的重要纽带，是促进国家发展的重要依靠力量。党的十八大以来，各地、各涉侨部门认真贯彻党中央、国务院决策部署，着力凝聚侨心、汇集侨智、发挥侨力、维护侨益，团结调动广大海外侨胞和归侨侨眷积极投身国家建设，开创了侨务工作新局面。谨向同志们致以诚挚问候。“十三五”时期，望紧密团结在以习近平同志为核心的党中央周围，全面贯彻中央侨务工作方针政策和战略部署，按照统筹国内国际两个大局等要求，持续推动侨务工作改革创新，扎实做好各项为侨服务，充分发挥侨务资源优势，在推动国家经济社会发展、维护和促进国家统一、增进中外交流合作、提升国家软实力等方面发挥更大作用，为全面建成小康社会、实现中华民族伟大复兴作出新贡献。

国务委员杨洁篪出席会议并讲话。会议宣读了习近平指示和李克强批示，对全国侨办系统先进集体和先进工作者进行了表彰。各省区市和副省级城市、新疆生产建设兵团有关负责人，中央和国家机关有关部门负责人，部分驻外使领馆代表等出席会议。会议对今后一个时期侨务工作作出了部署和要求。

2月18日

［纲　文］ **国家主席习近平特使、全国政协副主席马培华出席在冈比亚首都班珠尔举行的巴罗总统就职仪式。**

2月18日

［纲　文］ **《人民日报》发表题为《为中国梦提供坚实安全保障》的评论员文章。**

2月18日

［纲　文］ **《人民日报》发表题为《书写党的新闻舆论工作新篇章——写在习近平总书记新闻舆论工作座谈会重要讲话一周年》的评论员文章。**

2月19日

［纲　文］ **刘奇葆在中央电视台调研。**

［目　文］ 中共中央政治局委员、中宣部部长刘奇葆考察了中央电视台融媒体分发监控中心、智慧融媒体实验室和央视新闻移动直播机房，观看了融媒体传播和移动直播效果展示，并出席央视新闻移动网上线启动仪式。

刘奇葆指出，媒体融合已进入向纵深推进的关键阶段。中央电视台和各新闻单位认真贯彻落实中央要求，整合媒体资源力量，深化内部机制改革，重构采编发网络，再造采编发流程，努力推进媒体深度融合，全媒体报道出新出彩，呈现出新气象新面貌。

2月19日

［纲　文］ **新华社讯，常万全在云南德宏州调研边防工作。**

［目　文］ 国务委员兼国防部长常万全指出，军地各级在稳边控边的工作指导中，要把治边优先的定位进一步摆到位，充分发挥党的绝对领导、政府的统筹协调、军队的中流砥柱、警方的治理监管、群众的重要依托作用；要把厚重边防的观念进一步树立起来，强化地市州在强边固防中的支撑功能，增强边防地带的厚度和弹性；要把“五位一体”的机制进一步完善起来，认真研究深化国防和军队改革带来的新情况新变化，确保党政军警民职能定位精准，沟通协调顺畅，责任制度落实；要把“五边”建设的思路进一步确立起来，在政治安边、富民兴边、军事强边、外交睦边、科技控边方面取得新的更大成效；要

把各方面的法规制度进一步健全起来，强化依法管边控边意识，不断提高党政军警民合力强边固防的正规化法治化水平。

2月19日

［纲　文］　**外交部部长王毅在北京会见南非国际关系与合作部部长马沙巴内。**

2月19—26日

［纲　文］　**第8届亚洲冬季运动会在日本札幌举行。**

［目　文］　中国队派出157名运动员组成236人的代表团出征，参加全部64个小项的角逐，最终以12枚金牌和35枚奖牌的成绩排在第三位。

2月19—21日

［纲　文］　**应外交部部长王毅邀请，蒙古国对外关系部部长蒙赫奥尔吉勒对中国进行正式访问。**

［目　文］　国家副主席李源潮、外交部部长王毅在北京分别与蒙古国外长蒙赫奥尔吉勒会见、会谈。

2月20日

［纲　文］　**新华社讯，中共中央办公厅、国务院办公厅印发《关于加强乡镇政府服务能力建设的意见》。**

［目　文］　《意见》由五个部分组成：一、总体要求。二、强化乡镇政府服务功能。三、优化乡镇基本公共服务资源配置。四、创新乡镇公共服务供给方式。五、加强组织保障。

《意见》指出，各省（自治区、直辖市）要结合实际，科学谋划乡镇政府服务能力建设的总体安排和推进步骤，及时制定实施方案，抓好贯彻落实。中央和国家机关有关部门要按照职责分工，强化部门协作，加强工作指导、政策支持和督促检查。民政部等相关部门要对本意见贯彻落实情况进行跟踪检查和综合评估，并及时向党中央、国务院报告工作进展情况。

2月20日

［纲　文］　**国家版权局发布，中国著作权登记首破200万件。**

［目　文］　2016年我国著作权登记总量达2007698件，首次突破200万件大关，同比增长22.33%。其中，作品登记1599597件，计算机软件著作权登记407774件，质权登记327件。这是继2013年我国著作权登记总量首次达到100万件后，再创历史新高。

2月20日

［纲　文］　**中国共产党的亲密朋友，中国民主同盟的优秀领导人，中国科学学等领域的奠基人，中国软科学、循环经济学、区域经济学等领域的杰出贡献者，中国民主同盟中央委员会原副主席冯之浚，在北京逝世，享年80岁。**

2月20日

［纲　文］　**《人民日报》发表题为《走好协同发展的新路》的评论员文章。**

2月20—21日

［纲　文］ **全国妇联十一届六次执委会议在北京召开。**

［目　文］ 会议传达学习中共中央书记处对妇联工作的指示精神。国家副主席李源潮出席会议并讲话。会议审议并通过了全国妇联十一届六次执委会议工作报告。

2月21日

［纲　文］ **中共中央政治局召开会议。**

［目　文］ 中共中央总书记习近平主持会议。会议主要内容是：一、讨论国务院拟提请第十二届全国人民代表大会第五次会议审议的《政府工作报告》稿。会议指出，实现2017年经济社会发展目标任务，要稳定和完善宏观经济政策，继续实施积极的财政政策和稳健的货币政策，加强产业、区域、投资、消费、价格、土地、环保等政策协调配合。二、审议《关于巡视中央和国家机关全覆盖情况的专题报告》。会议指出，党的十八大以来，以习近平同志为核心的党中央高度重视巡视工作，对加强和改进巡视工作作出一系列重大决策部署。中央巡视工作已开展十一轮，巡视了247个党组织，完成对省区市和新疆生产建设兵团、中央和国家机关、国有重要骨干企业、中央金融单位的全覆盖。巡视工作聚焦坚持党的领导、全面从严治党，以"四个意识"为政治标杆，以党章党规党纪为尺子，坚定"四个自信"，突出问题导向，查找政治偏差，发挥了政治"显微镜"和政治"探照灯"作用，工作成效明显。三、审议《关于推进"两学一做"学习教育常态化制度化的意见》。会议指出，开展"两学一做"学习教育，是坚持思想建党、组织建党、制度治党紧密结合的有力抓手，是不断加强党的思想政治建设的有效途径，为新形势下落实全面从严治党要求积累了成功经验。

2月21日

［纲　文］ **习近平主持中共中央政治局第39次集体学习。**

［目　文］ 本次学习主题是：我国脱贫攻坚形势和更好实施精准扶贫。播放了有关脱贫攻坚的专题片，刘永富、陈敏尔、陈豪等发言，他们结合本部门本地区实际谈了脱贫攻坚面临的形势、存在的问题和下一步工作打算。中共中央政治局各位委员听取了他们的发言，并就有关问题进行了讨论。

中共中央总书记习近平指出，言必信，行必果。农村贫困人口如期脱贫、贫困县全部摘帽、解决区域性整体贫困，是全面建成小康社会的底线任务，是我们作出的庄严承诺。要强化领导责任、强化资金投入、强化部门协同、强化东西协作、强化社会合力、强化基层活力、强化任务落实，集中力量攻坚克难，更好推进精准扶贫、精准脱贫，确保如期实现脱贫攻坚目标。党的十八大以来，党中央对脱贫攻坚作出新的部署，吹响了打赢脱贫攻坚战的进军号，脱贫攻坚取得显著成绩。2013年至2016年4年间，每年农村贫困人口减少都超过1000万人，累计脱贫5564万人；贫困发生率从2012年底的10.2%下降到2016年底的4.5%，下降5.7个百分点；贫困地区农村居民收入增幅高于全国平均水平，贫困群众生活水平明显提高，贫困地区面貌明显改善。要坚持精准扶贫、精准脱贫。要打牢精准扶贫基础，通过建档立卡，摸清贫困人口底数，做实做细，实现动态调整。要提高扶贫措施有效性，核心是因地制宜、因人因户因村施策，突出产业扶贫，提高组织化程度，培育带动贫困人口脱贫的经济实体。要加强基层基础工作。要加强贫困村两委建设，深入推进抓党建促脱贫攻坚工作，选好配强村两委班子，培养农村致富带头人，促进乡村本土人才回流，打造一支“不走的扶贫工作队”。要把握好脱贫攻坚正确方向。要防止层层加码，要量力而行、真实可靠、保证质量。要防止形式主义，扶真贫、真扶贫，扶贫工作必须务实，脱贫过程必须扎实，脱贫结果必须真实，让脱贫成效真正获得群众认可、经得起实践和历史检验。干部群众是脱贫攻坚的重要力量，贫困群众既是脱贫攻坚的对象，更是脱贫致富的主体。

2月21日

［纲　文］ **国务院办公厅印发《关于促进建筑业持续健康发展的意见》。**

［目　文］ 《意见》由八个部分组成：一、总体要求。二、深化建筑业简政放权改革。三、完善工程建设组织模式。四、加强工程质量安全管理。五、优化建筑市场环境。六、提高从业人员素质。七、推进建筑产业现代化。八、加快建筑业企业“走出去”。

《意见》指出，各地区、各部门要高度重视深化建筑业改革工作，健全工作机制，明确任务分工，及时研究解决建筑业改革发展中的重大问题，完善相关政策，确保按期完成各项改革任务。加快推动修订建筑法、招标投标法等法律，完善相关法律法规。充分发挥协会商会熟悉行业、贴近企业的优势，及时反映企业诉求，反馈政策落实情况，发挥好规范行业秩序、建立从业人员行为准则、促进企业诚信经营等方面的自律作用。

2月21日

［纲　文］ **最高人民法院发布《关于全面推进以审判为中心的刑事诉讼制度改革的实施意见》。**

［目　文］ 《意见》由五个部分组成：一、坚持严格司法原则，树立依法裁判理念。二、规范庭前准备程序，确保法庭集中审理。三、规范普通审理程序，确保依法公正审判。四、完善证据认定规则，切实防范冤假错案。五、完善繁简分流机制，优化司法资源配置。

《意见》要求，人民法院严格实行非法证据排除规则，完善非法证据排除程序，细化有关证据采信规则，严格落实法律规定的证明标准。规定对采取刑讯逼供、暴力、威胁等非法方法收集的证据，应当依法予以排除。侦查机关收集物证、书证不符合法定程序，可能严重影响司法公正，不能补正或者作出合理解释的，应当依法予以排除。

2月21日

［纲　文］ **卫生计生委公布修改后的《医疗机构管理条例实施细则》，自2017年4月1日起施行。**

2月21日

［纲　文］ **文物局印发《国家文物事业发展“十三五”规划》。**

［目　文］《规划》由八个部分组成：一、总体要求。二、切实加大文物保护力度。三、全面提升博物馆发展质量。四、多措并举让文物活起来。五、加强文物科技创新。六、加强文物法治建设。七、完善规划保障措施。八、形成规划实施合力。

《规划》指出，国家文物主管部门要建立规划执行情况的监测、评估和督查机制，开展规划实施的年度监测，组织规划实施的中期评估和期末评估，把监测评估结果作为改进文物工作和加强绩效考核的重要依据。

2月21日

［纲　文］**公安部在北京召开全国公安机关党风廉政建设电视电话会议。**

［目　文］公安部常务副部长傅政华主持。公安部部长郭声琨出席并讲话。各省区市和新疆生产建设兵团公安厅局纪检组长（纪委书记）在主会场出席。会议总结了2016年全国公安机关反腐倡廉工作，就2017年工作进行了部署。

郭声琨要求，要牢固树立“四个意识”，旗帜鲜明讲政治，坚决维护以习近平同志为核心的党中央权威和集中统一领导。要认真贯彻《准则》《条例》，严明党的政治纪律和政治规矩，严肃党内政治生活，严格党内监督，推动管党治党从宽松软走向严紧硬。要准确运用监督执纪“四种形态”，坚决查处整治执法犯法、乱收滥罚等侵害群众利益和有警不接、有案不立、立而不侦、违规立案等问题，着力推动全面从严治警向基层单位、执法一线延伸。要严格落实党委主体责任和纪检监督责任，确保全面从严治党治警的各项措施落地生根。

2月21日

［纲　文］**最高人民法院在北京召开全国法院2017年党风廉政建设和反腐败工作会议。**

［目　文］最高人民法院党组书记、院长周强出席会议并讲话。最高人民法院常务副院长沈德咏主持会议。中央纪委驻最高人民法院纪检组组长刘海泉传达了十八届中央纪委七次全会精神并对人民法院党风廉政建设和反腐败斗争工作提出意见。各高级人民法院分管纪检监察工作的院领导和纪检监察部门负责人出席。

周强指出，全国各级法院要牢固树立“四个意识”，全面落实从严治党责任，深入推进人民法院党风廉政建设和反腐败斗争，促进司法为民公正司法。当前人民法院党风廉政建设和反腐败斗争取得了新的成效，但任务依然十分艰巨。要始终坚持对干警从严教育、从严管理、从严监督，对违纪违法行为从严惩处，将从严治党、从严治院贯穿人民法院队伍建设全过程，确保公正廉洁司法。要坚持标本兼治，深入推进人民法院党风廉政建设和反腐败斗争。

2月21日

［纲　文］**国务委员杨洁篪应约同美国国务卿蒂勒森通电话。**

［目　文］杨洁篪表示，不久前习近平主席同特朗普总统通话，就维护中美关系政治基础、推进两国各领域交往与合作达成重要共识，为下阶段中美关系发展奠定了基础。

希望双方共同努力，按照两国元首通话精神，秉持不冲突不对抗、相互尊重、合作共赢原则，加强高层及各级别交往，拓展各领域务实合作，妥善处理敏感问题，推动中美关系不断向前发展。

蒂勒森表示，美国和中国都是世界上的重要国家，双方合作不仅符合两国利益，也有利于地区和全球的和平稳定和发展繁荣。不久前两国领导人进行了富有成果的重要通话。美方愿同中方一道继续增进两国互信，推进双边关系发展。

2月21日

［纲　文］　**中国科学院外籍院士杨振宁和姚期智转为中国科学院院士。**

［目　文］　2016年年底，已放弃外国国籍成为中国公民的中国科学院外籍院士杨振宁和姚期智两位教授先后提出，希望根据《中国科学院章程》规定转为中国科学院院士。因外籍院士提出转为中国科学院院士在学部历史上是首次，无先例和程序可循，中科院学部主席团高度重视，经审慎深入研究，专门制订了《中国科学院外籍院士转为中国科学院院士暂行办法》。按照新制订的程序和规则，杨振宁院士加入中国科学院数学物理学部，姚期智院士加入中国科学院信息技术科学部。

杨振宁院士20世纪五六十年代先后创立“杨—米尔斯规范场”论和提出“杨—巴克斯特方程”，因与李政道共同提出弱相互作用中宇称不守恒原理而获1957年诺贝尔物理学奖。姚期智院士长期从事计算机科学和量子信息科学研究，创建通讯复杂性和伪随机数生成计算理论，还奠定了现代密码学基础，在基于复杂性的密码学和安全形式化方法方面有根本性贡献，于2000年获得计算机科学领域最高奖图灵奖。

中科院院士目前有754位，外籍院士78位。

2月21日

［纲　文］　**交通运输部发布，2017年春运客运量逾29亿。**

［目　文］　1月13日至2月21日春运结束。全国铁路、公路、水路、民航共发送旅客29.81亿人次，比2016年同期增长2.3%，再创新高。其中铁路3.57亿人次，增长10.1%；道路25.21亿人次，增长1.0%；水路4397.6万人次，增长3.2%；民航5854.8万人次，增长13.7%。

2月21—26日

［纲　文］　**应国家主席习近平邀请，意大利总统马塔雷拉对中国进行国事访问。**

［目　文］　来访期间，习近平在北京同马塔雷拉举行会谈，两国元首一致同意要从战略高度和长远角度看待和发展双边关系，将中意关系推上新的更高水平，更好造福两国人民。两国元首共同见证了文化、科技、教育、卫生、经贸、创新等领域双边合作文件的签署，并集体会见了中意企业家委员会第四次会议和中意文化合作机制大会与会代表。国务院总理李克强、全国人大常委会委员长张德江在北京分别会见了马塔雷拉。

习近平同马塔雷拉举行会谈时指出，双方要保持高层交往势头，密切政府、立法机构、政党等各层级交流合作，共同规划好两国合作蓝图。要加强发展战略对接，创新合作思路和方式，培育新的合作增长点。中方欢迎意方积极参与“一带一路”建设，为深化双方合作搭建更为广阔的平台。双方应着眼全球新一轮科技和产业变革，深化创新合作。要扩大文化遗产领域交流合作，推动文化中心建设以及汉语和意大利语在对方国家教学和推广，加强民间交往。中方愿同意方在联合国、二十国集团等多边框架内就全球经济治理、多边主义、2030年可持续发展议程等重大议题保持密切沟通和配合，共同维护世界和平稳定发展。中国支持欧洲走一体化道路。希望双方积极打造中欧和平、增长、改革、文明四大伙伴关系，共同建设和平、开放、包容、繁荣的世界。

马塔雷拉表示，我此次访华旨在深化意中全面战略伙伴关系。意方愿密切同中方高层交往和经贸、文化等各领域合作，发展更加富有成效的经贸关系，推进“一带一路”框架下人文交流。意大利支持维护开放的多边贸易体系，作为安理会非常任理事国，愿加强同中国在国际地区事务中沟通协调。意方致力于推进欧中关系深入发展。

李克强在会见马塔雷拉时指出，中方愿同意方深入对接发展战略，做好中长期合作发展规划，促进双向贸易投资持续平衡增长，加强创新政策交流与产学研合作，拓展第三方市场合作，扩大留学生和实习生交流规模。希望意方为欧盟全面、彻底履行在《中国加入世贸组织议定书》中所作承诺发挥积极作用，促进中欧关系健康稳定发展。

马塔雷拉表示，意方愿同中方加强高层交往，制定好新的经济合作行动计划，拓展基础设施、科技、环保、创新等领域合作，促进相互贸易投资，推动两国关系与合作在2020年意中建交50周年之际达到新的水平。意方愿为促进欧盟和中国关系的发展发挥积极作用。

2月21—23日

［纲　文］　应国务院总理李克强邀请，法国总理卡泽纳夫对中国进行正式访问。

［目　文］　访问期间，国家主席习近平、全国人大常委会委员长张德江在北京会见了卡泽纳夫。李克强同卡泽纳夫在北京举行了会谈，两国总理共同见证了双方核能、科技、人员交往等领域多份合作文件的签署。

习近平在会见卡泽纳夫时指出，中方欢迎法方参与“一带一路”建设，支持两国企业在“一带一路”框架内开展合作。中方愿同法方深化执法安全领域合作。中法要加强在国际事务中的合作，支持多极化进程，维护以联合国宪章为基础的国际关系基本准则，推动国际和地区热点问题和平解决。要共同旗帜鲜明反对各种形式的保护主义，推动更为开放、包容、普惠、平衡、共赢的经济全球化。要继续推动全球治理变革，捍卫包括气候变化《巴黎协定》在内的全球治理成果，加强在二十国集团框架内合作，积极落实二十国集团领导人杭州峰会共识，推动汉堡峰会取得积极成果。中方支持欧洲走一体化道路，愿同欧方一道，推进中欧和平、增长、改革、文明四大伙伴关系建设，更好实现合作共赢。

卡泽纳夫表示，法方愿加强同中方在经贸、科研、核能、航空航天、汽车制造等领域和“一带一路”框架下基础建设等合作。法中同为联合国安理会常任理事国和国际核不扩散体系的重要成员，应当加强在国际事务中的合作，共同努力促进多边主义，维护世界和平与稳定。法方将继续积极推动基于相互信任的欧中关系取得更大发展。

李克强同卡泽纳夫会谈时表示，中方愿同法方继续立足双边、面向全球，实现深度利益融合。重点深化核能全产业链合作，稳步推进中法英国欣克利角核电项目，探讨共同开发其他第三方核电市场，拓展航空航天合作，深化应对气候变化、绿色产业合作，加快推进武汉生态城项目，探讨开展农业全产业链合作，以及医药卫生、应对老龄化等新兴领域合作。双方可深化科教文卫体等合作，落实好“千人实习生计划”和此访期间签署的《中法驾照互认协议》等，更好便利双方人员往来。希望法方为中国游客提供更多安全保障和便利化服务。

卡泽纳夫表示，法方愿同中方加强政治、经贸、投资、科技、农业、核能、环保、教育等各领域合作，与中方共同维护贸易自由化，化解保护主义。欧中拥有许多共同利益，相信双方能够在履行中国入世议定书第十五条义务方面找到妥善解决方案。法方愿为此作出努力，推动欧中关系发展。

2月22日

［纲　文］　**李克强主持召开国务院常务会议。**

［目　文］　会议主要内容是：一、专题听取一年来脱贫攻坚情况汇报，要求扎实做好今年脱贫重点工作。会议指出，一要加大对集中连片特困地区、革命老区、民族地区、边疆地区基础设施和基本公共服务的倾斜扶持，落实易地扶贫搬迁和交通、教育、健康扶贫等任务，支持重点贫困户危房改造，防止因病致贫返贫。二要增加转移支付等财政投入，把统筹整合使用财政涉农资金试点推至全部贫困县，精准聚焦有效使用资金。三要更有效实施产业扶贫，开展贫困村提升工程，发展特色产业，发挥国家重点工程、农业产业化项目带动作用，支持龙头企业、各方面人才和返乡人员在贫困地区创业，壮大扶贫力量。四要完善督查核查机制，加强建档立卡、项目资金等管理，对弄虚作假、贪占挪用等严肃问责。二、听取H7N9疫情防控情况汇报，切实保障群众健康安全。会议指出，一要公开透明及时发布疫情权威信息，防止引起恐慌，指导家禽从业人员和公众做好防护。二要做好病例救治，最大限度减少重症和死亡病例。充实救治力量，保证药物供应，将相关治疗费用纳入医保。三要强化疫情监测预警，加强活禽调运和养殖场监管，严格执行活禽市场休市、消毒、检疫等制度，发现病例或检出病源的地市县要尽快关闭活禽市场，按规定采取扑杀等措施。四要推行“规模养殖、集中屠宰、冷链运输、冰鲜上市”新模式，促进家禽产业升级。三、部署放宽社会领域投资管理，更好激活力、补短板、惠民生。会议确定，一是进一步放宽准入，制定引导社会力量通过多种方式建设运营医疗、养老、教育、文化、体育设施的方案，对社会需求大、群众呼声高的领域要尽快有突破。二是鼓励设立社会资本为主、市场化运作的投资基金，扩大股权、债券等投融资渠道，支持开展知识产权、收益权等质押融资。三是加大土地、税费等扶持。旧厂房、仓库改造为文化、健身场所的，可在五年内享受按原用途和类型使用土地的政策。四、要求进一步加大网络提

速降费力度，降低创业创新成本促进产业升级。会议要求有关方面进一步顺应社会期盼，继续深挖潜力，抓紧再出台一批提速降费新措施，加大电信基础设施投入，提高网络服务能力和质量。五、通过《中华人民共和国标准化法（修订草案）》，决定将草案提请全国人大常委会审议。

2月22日

［纲　文］　**最高人民法院公布《关于庭审活动录音录像的若干规定》，自2017年3月1日起施行。**

2月22日

［纲　文］　**环境保护部印发《国家环境保护“十三五”环境与健康工作规划》。**

［目　文］　《规划》由四个部分组成：一、面临的形势。二、指导思想、基本原则和规划目标。三、重点任务。四、保障措施。

2月22日

［纲　文］　**教育部办公厅印发《关于做好2017年义务教育招生入学工作的通知》。**

［目　文］　《通知》由七个部分组成：一、巩固三年改革成果。二、有序扩大覆盖范围。三、统筹城乡招生工作。四、规范学校招生行为。五、强化履行各方义务。六、加强学生学籍管理。七、做好宣传引导工作。

2月22日

［纲　文］　**俞正声在北京主持召开民主协商会。**

［目　文］　会议主要议题是：就增选全国政协领导成员的人选，向各民主党派中央、全国工商联领导人和无党派人士通报情况，听取意见，进行协商。中共中央政治局委员孙春兰、赵乐际出席了会议。

全国政协主席俞正声说，在决定推荐全国政协领导成员人选之前，先与各民主党派中央、全国工商联和无党派人士进行民主协商，是中国共产党的一个好传统，也是坚持中国共产党领导的多党合作和政治协商制度的重要体现。希望大家畅所欲言，充分发表意见和建议。

民革中央主席万鄂湘，民盟中央主席张宝文，民建中央主席陈昌智，民进中央主席严隽琪，农工党中央主席陈竺，致公党中央主席万钢，九三学社中央主席韩启德，台盟中央主席林文漪，全国工商联主席王钦敏和无党派人士代表林毅夫等先后发言。他们一致认为，增选全国政协领导成员的人选，考虑周全，适应新形势新任务的要求，表示拥护和赞成。

2月22日

［纲　文］　**十八届中央第十二轮巡视工作动员部署会议在北京召开。**

［目　文］　中共中央政治局常委、中央巡视工作领导小组组长王岐山，中央书记处书记、中央巡视工作领导小组副组长赵乐际、赵洪祝出席会议。会议传达了中共中央总书记习近平关于巡视工作的指示。王岐山指出，巡视要旗帜鲜明讲政治，深入贯彻党的十八

届六中全会精神，善于从政治上发现问题，推动巡视工作向纵深发展。

会议指出，巡视工作要提高政治站位和政治觉悟。坚持党的领导、加强党的建设，维护以习近平同志为核心的党中央权威是最重要的政治原则。巡视要重点检查被巡视党委、党组是否牢固树立“四个意识”，始终想着中央的政治、中央的大局，自觉贯彻落实党的路线方针政策，维护党中央权威和集中统一领导。巡视“回头看”要重点检查贯彻落实习近平总书记对本地区重要指示、统筹推进“五位一体”总体布局和协调推进“四个全面”战略布局的情况。党的领导是中国特色社会主义的核心本质特征，实现“两个一百年”奋斗目标和中华民族伟大复兴是我们党向人民的庄严承诺，反映了人民群众的深切期盼。党的理想信念宗旨、路线方针政策是具体的，在巡视过程中不仅要听其言，更要观其行，以人民高兴不高兴、满意不满意、答应不答应为评判标准，看被巡视地区党委是否密切联系实际，把中央的大政方针落到实处。

经中央批准，十八届中央第十二轮巡视将对北京大学、清华大学、北京师范大学、中国农业大学、北京航空航天大学、北京理工大学、南开大学、天津大学等29所中管高校党委开展专项巡视。同时，对内蒙古、吉林、云南、陕西等4个省区开展“回头看”，对中央网络安全和信息化领导小组办公室、国务院扶贫开发领导小组办公室、中国铁路总公司、中国船舶重工集团公司等4个单位试点开展“机动式”巡视。

2月22日

［纲　文］　**刘延东在协和医院调研。**

［目　文］　国务院副总理刘延东在医院临床科室和病房，了解医护服务、质量管理和费用控制、医院文化建设等情况，肯定了协和坚持以患者为中心、“待病人如亲人”、“待同事如家人”的办院理念和以公立医院章程为核心覆盖医疗服务、质量安全的管理制度以及在医学科研、人才培养、医疗支援、合理用药等方面的经验。她指出，北京协和医院是全国公立医院的优秀代表，要认真总结协和等公立医院的好经验好做法，为建立中国特色现代医院管理制度提供借鉴。公立医院是深化医改的主战场，要坚定不移全面取消公立医院药品加成，全面推开城市公立医院综合改革。坚持三医联动，理顺医疗服务价格，降低虚高药价，坚决破除公立医院逐利机制，控制费用不合理增长，向群众提供公平可及的医疗服务。实行政事分开、管办分开，政府履行好举办监管职责，落实医院运营管理自主权，形成决策高效、管理科学、监督有力的管理体制，构建政府、医院、社会新型关系，提升医院治理水平。

2月22日

［纲　文］　**中印战略对话在北京举行。**

［目　文］　外交部副部长张业遂与印度外秘苏杰生和两国外交部相关司局负责人参加。双方围绕国际形势、各自内外政策、双边关系和共同关心的国际和地区问题全面、深入交换意见，达成广泛共识。

双方一致认为，中印两国国情相似，发展阶段和发展目标相近，拥有广泛共同利益，合作潜力巨大。推动中印关系健康稳定发展符合两国和两国人民的根本利益。双方同意，按照两国领导人达成的共识，保持双边关系发展势头，做好2017年各层级双边交往，推进各领域务实合作，加强在国际地区事务上的协调配合，并妥善处理分歧和敏感问题。

对话前，国务委员杨洁篪、外交部部长王毅分别会见了苏杰生。

2月22—24日

［纲　文］ **十二届全国人大常委会第二十六次会议在北京举行。**

［目　文］ 全国人大常委会委员长张德江，全国人大常委会副委员长李建国、王胜俊、陈昌智、严隽琪、王晨、沈跃跃、吉炳轩、张平、向巴平措、艾力更·依明巴海、万鄂湘、张宝文、陈竺出席会议并参加了分组讨论。会议期间，张德江主持召开了十二届全国人大常委会第九十、九十一次委员长会议对本次常委会的相关议题进行审议。

会议主要内容是：一、会议表决通过了新修订的红十字会法、关于修改企业所得税法的决定，决定免去徐绍史的国家发展和改革委员会主任职务、任命何立峰为国家发展和改革委员会主任，免去吴爱英的司法部部长职务、任命张军为司法部部长，免去高虎城的商务部部长职务、任命钟山为商务部部长，国家主席习近平分别签署第63、64、65号主席令予以公布。二、会议原则通过了全国人大常委会工作报告稿，并委托张德江委员长代表全国人大常委会向十二届全国人大五次会议作工作报告。三、会议表决通过了十二届全国人大五次会议议程草案、十二届全国人大五次会议主席团和秘书长名单草案，决定提请十二届全国人大五次会议预备会议审议；通过了十二届全国人大五次会议列席人员名单。四、会议表决通过了全国人大常委会关于接受徐显明辞去全国人大常委会委员职务的请求的决定。五、会议经表决，任命杜德印为全国人大民族委员会副主任委员，任命黄奇帆、朱小丹、杨雄、刘昆为全国人大财政经济委员会副主任委员，任命黄龙云为全国人大华侨委员会副主任委员。六、会议经表决，任命徐显明为最高人民检察院副检察长、检察委员会委员，免去张常韧、柯汉民的最高人民检察院副检察长、检察委员会委员职务。七、会议表决通过了全国人大常委会代表资格审查委员会关于个别代表的代表资格的报告。

张德江在闭幕会上指出，即将召开的十二届全国人大五次会议，是对全党全国上下团结一心做好全年工作、以优异成绩迎接党的十九大召开的一次总动员。我们要把思想和行动统一到党中央对形势的分析判断和对工作的部署要求上来，同全体代表一道履职尽责，共同完成会议各项任务，把十二届全国人大五次会议开成民主、团结、求实、奋进的大会。

2月23—24日

［纲　文］ **习近平在北京考察城市规划建设和北京冬奥会筹办工作。**

［目　文］ 中共中央总书记习近平在国务院副总理张高丽、北京市委书记郭金龙、市长蔡奇陪同下，考察了北京新机场建设、五棵松体育中心、首都体育馆、北京城市副中心行政办公区和大运河森林公园。习近平指出，北京城市规划建设和北京冬奥会筹办工作是当前和今后一个时期北京市的两项重要任务，要认真贯彻党中央决策部署，坚持首善标准，解放思想、开阔思路，求真务实、攻坚克难，统筹生产、生活、生态，立足提高治理

能力抓好城市规划建设，着眼精彩非凡卓越筹办好北京冬奥会，努力开创首都发展更加美好的明天。

24日下午，习近平在人民大会堂北京厅主持召开北京城市规划建设和北京冬奥会筹办工作座谈会。北京市委书记郭金龙、国家体育总局局长苟仲文汇报了有关工作。

习近平指出，北京城市规划要深入思考“建设一个什么样的首都，怎样建设首都”这个问题，把握好战略定位、空间格局、要素配置，坚持城乡统筹，落实“多规合一”，形成一本规划、一张蓝图，着力提升首都核心功能，做到服务保障能力同城市战略定位相适应，人口资源环境同城市战略定位相协调，城市布局同城市战略定位相一致，不断朝着建设国际一流的和谐宜居之都的目标前进。总体规划经法定程序批准后就具有法定效力，要坚决维护规划的严肃性和权威性。疏解北京非首都功能是北京城市规划建设的“牛鼻子”，在这个问题上要进一步统一思想，围绕迁得出去、落得下来，研究制定配套政策，形成有效的激励引导机制。要放眼长远、从长计议，稳扎稳打推进。城市规划建设做得好不好，最终要用人民群众满意度来衡量。要坚持人民城市为人民，以北京市民最关心的问题为导向，以解决人口过多、交通拥堵、房价高涨、大气污染等问题为突破口，提出解决问题的综合方略。要健全制度、完善政策，不断提高民生保障和公共服务供给水平，增强人民群众获得感。北京冬奥会是我国重要历史节点的重大标志性活动，是展现国家形象、促进国家发展、振奋民族精神的重要契机，对京津冀协同发展有着强有力的牵引作用。要全力做好每项筹办工作。绿色、共享、开放、廉洁的办奥理念，是新发展理念在北京冬奥会筹办工作中的体现，要贯穿筹办工作全过程。绿色办奥，就要坚持生态优先、资源节约、环境友好，为冬奥会打下美丽中国底色。

2月23日

［纲　文］　**俞正声主持召开政协第十二届全国委员会第五十四次主席会议。**

［目　文］　全国政协副主席韩启德、万钢、林文漪、罗富和、李海峰、陈元、卢展工、周小川、王家瑞、王正伟、马飚、齐续春、陈晓光、马培华、刘晓峰、王钦敏出席会议。全国政协副主席杜青林、全国政协副主席兼秘书长张庆黎、全国政协常务副秘书长潘立刚、中共中央统战部常务副部长张裔炯、全国政协副秘书长常荣军分别就有关议题作了传达、说明和汇报。会议传达学习中共中央总书记习近平有关重要讲话精神，听取政协第十二届全国委员会第五次会议筹备工作情况的汇报，原则通过全国政协2017年视察考察调研安排。

俞正声强调，开好全国政协十二届五次会议，对圆满完成本届政协履职任务非常重要。要把思想和行动统一到以习近平同志为核心的中共中央关于人民政协工作的新部署新要求上来，认真做好各项筹备工作，积极营造民主协商、平等议事氛围，搭建沟通交流、建言献策平台，组织委员专心致志开好大会。要认真贯彻落实中央八项规定精神和十八届中央纪委七次全会精神，切实改进会风，坚持简约俭朴，严明会议纪律，确保会议风清气正、圆满成功。

2月23日

［纲　文］　**全国部分地区铁路建设工作会议在沈阳召开。**

［目　文］　国务院副总理马凯出席会议并讲话。会议肯定了全国铁路建设取得的成绩，分析了当前铁路建设面临的主要挑战，并对2017年铁路建设的目标任务进行了部署。

马凯指出，2016年全国铁路完成固定资产投资8015亿元，全国铁路投产新线3281公里，沪昆高铁全线运营，云桂铁路、渝万高铁等重大项目相继投产，“四纵四横”高铁网基本形成，为促进经济社会发展和民生改善作出了重要贡献。做好2017年铁路建设工作，责任重大、任务艰巨、挑战严峻，必须以更坚决的态度、更有效的措施扎实推进。要重点抓好在建项目实施，合理安排建设时序，优化施工组织安排，确保任务完成，同时做好新开工项目的前期工作。要深化铁路投融资体制改革，推进分类分层建设，多渠道筹集建设资金，加快形成铁路总公司、地方政府、社会投资者优势互补、合作共赢、可持续发展的铁路建设新格局。要提升路网整体能力和效率，推进铁路供给侧结构性改革，做好铁路土地综合开发工作，提高铁路投资效益。要牢固树立“百年大计、安全第一、质量至上”的理念，把质量安全放在更加重要的位置，全面强化质量安全管控措施，建设优质安全工程。

2月23日

［纲　文］　**中国少年先锋队全国工作委员会七届三次全会在北京召开。**

［目　文］　全会学习了中共中央总书记习近平关于少年儿童和少先队工作的讲话和指示精神，贯彻中央书记处指示。国家副主席李源潮出席并讲话。团中央书记处第一书记秦宜智介绍了《少先队改革方案》制定出台的情况。全会听取了全国少工委2016年工作报告，审议通过了《关于深入学习贯彻中央精神 扎实推进少先队改革的决议》和《少先队2017年工作要点》。

2月23日

［纲　文］　**国家减灾委员会全体会议在北京召开。**

［目　文］　国务委员、国家减灾委主任王勇出席会议并讲话。他指出，要坚决贯彻党中央、国务院关于防灾减灾救灾工作的决策部署，认真落实防灾减灾规划，扎实做好灾害防御和救灾救助工作，千方百计减少灾害损失。做好2017年防灾减灾救灾工作意义重大、任务繁重，各地区、各部门要立足抗大灾、抢大险，全力做好灾害防范应对准备；强化灾害防范预警，推进重大防灾减灾工程建设，进一步提高城乡基础设施抗灾能力；加快推进灾区受损民房重建，尽最大努力保障好受灾群众基本生活。要认真落实《中共中央国务院关于推进防灾减灾救灾体制机制改革的意见》。

2月23日

［纲　文］　**第9届中国篮球协会全国代表大会在北京召开。**

［目　文］　会议审议通过了《第8届中国篮球协会工作报告》《中国篮球协会章程》。选举产生了以姚明为主席的第9届中国篮球协会领导班子。

2月23日

［纲　文］　**国务委员兼国防部长常万全在北京会见埃塞俄比亚国防部部长西拉杰。**

2月23—24日

［纲　文］　**中央统战部在北京召开全国新的社会阶层人士统战工作会议。**

［目　文］　全国政协主席俞正声出席会议并讲话。中央统战部部长孙春兰主持会议。来自新的社会阶层各个领域的50多位“领军人”热议会议精神，畅谈感受心得。

俞正声指出，要深入贯彻习近平总书记系列重要讲话精神，认真落实中央统战工作会议精神和《中国共产党统一战线工作条例（试行）》，推动新的社会阶层人士统战工作全面深入开展。做好新的社会阶层人士统战工作，关键是牢牢坚持“充分尊重、广泛联系、加强团结、热情帮助、积极引导”的方针，科学把握工作原则，明确目标要求，不断提升工作水平。要坚持党的领导，依靠党的基层组织，通过团结引导、联谊交友等方式，使他们更加拥护中国特色社会主义道路。要坚持信任尊重团结引导，寓思想引导于服务帮助之中，充分调动新的社会阶层人士的积极性，发挥他们的聪明才智。

2月23—24日

［纲　文］　**全国政策咨询工作会议在深圳召开。**

［目　文］　会议由国务院发展研究中心主办。来自各省、自治区、直辖市、计划单列市及省会城市发展研究中心、政策研究室等机构200多位领导和专家出席。会议分析研判当前我国经济社会发展和全面深化改革面临的新形势、新任务、新问题，总结部署政策咨询工作，推动国家高端智库建设发展。

2月23—24日

［纲　文］　**2017年金砖国家协调人第一次会议在南京举行。**

［目　文］　国务委员杨洁篪出席开幕式并讲话。中方金砖国家事务协调人、外交部副部长李保东主持会议。各国金砖国家事务协调人、副协调人、驻华使节和新开发银行代表等百余人与会。

会议围绕“深化金砖伙伴关系，开辟更加光明未来”主题，就世界政治经济形势和2017年金砖国家合作重点、政治安全合作、经济合作、人文交流合作等四项重点议题和全年工作安排展开深入讨论，达成广泛共识。各国代表赞赏中方作为主席国发挥的引领作用，对厦门会晤主题、议题和全年工作安排表示一致认同。

2017年1月1日，中国正式接任金砖国家主席国，2017年9月3日至5日在福建省厦门市主办金砖国家领导人第九次会晤。本次协调人会议是中国担任金砖国家主席国后首场正式活动，主要任务是启动领导人厦门会晤的政治准备。会议确定了金砖国家全年合作的方向和重点，明确了推进的“路线图”，为扎实推进厦门会晤筹备工作奠定了基础。

2月23—24日

［纲　文］　**马凯在辽宁调研。**

［目　文］　国务院副总理马凯在沈阳的智能制造企业和科研院所进行调研，并主持

召开部分省（市）智能制造座谈会，听取意见建议。

马凯指出，加快发展智能制造，是抢占未来发展制高点、推进供给侧结构性改革、加快制造强国建设的重要举措。各地区、各部门和广大企业，要坚持把智能制造作为中国制造转型升级的主攻方向，坚持企业主体、政府推动，加强统筹协调，完善政策措施，推进试点示范，深化开放合作，持续深入推动。一要深化产学研用协同攻关，加快在数控机床与机器人、增材制造、智能传感与控制、智能检测与装配、智能物流与仓储等五大领域，突破一批关键技术和核心装备。二要强化产业基础支撑，加快研发核心支撑软件，推进工业互联网建设，健全智能制造标准体系。三要围绕智能化生产、网络化协同、个性化定制、制造型服务四大重点，加快培育智能制造新模式，重塑制造业产业链、供应链和价值链。四要聚焦重点领域，选择骨干企业，开展关键技术装备和先进制造工艺集成应用。在传统产业和中小企业实施智能化改造。加快培育形成一批高水平系统解决方案供应商。五要坚持人才为本，完善学科建设，健全培养机制，创新培育模式，加快构建一支多层次、高素质的智能制造人才队伍。六要深化改革开放，将技术创新与体制改革更好结合起来，为推进智能制造创造良好的体制机制和发展环境。

2月24日

［纲　文］　**习近平签署中华人民共和国主席令（第63至65号）。**

［目　文］　主席令（第63号）说，《中华人民共和国红十字会法》已由中华人民共和国第十二届全国人民代表大会常务委员会第二十六次会议于2017年2月24日修订通过，现将修订后的《中华人民共和国红十字会法》公布，自2017年5月8日起施行。

主席令（第64号）说，《全国人民代表大会常务委员会关于修改〈中华人民共和国企业所得税法〉的决定》已由中华人民共和国第十二届全国人民代表大会常务委员会第二十六次会议于2017年2月24日通过，现予公布，自公布之日起施行。

主席令（第65号）说，根据中华人民共和国第十二届全国人民代表大会常务委员会第二十六次会议于2017年2月24日的决定：一、免去徐绍史的国家发展和改革委员会主任职务；任命何立峰为国家发展和改革委员会主任。二、免去吴爱英（女）的司法部部长职务；任命张军为司法部部长。三、免去高虎城的商务部部长职务；任命钟山为商务部部长。

2月24日

［纲　文］　**2017“中丹旅游年”开幕式在北京举行，国家主席习近平和丹麦首相拉斯穆森分别向开幕式发来书面贺词。**

［目　文］　习近平在贺词中说，值此2017“中丹旅游年”开幕之际，我谨代表中国政府和中国人民，并以我个人的名义，对“中丹旅游年”启动表示热烈的祝贺！向长期以来致力于中丹关系发展和中丹人民友好的朋友们，表示衷心的感谢！中丹虽然相隔万里，但两国人民友谊源远流长。丹麦童话大师安徒生在多部作品中提及中国，表达了丹麦民众

对中国的向往。中国人民也一直欣赏“童话王国”所展现的独特魅力。我希望双方以互办旅游年为契机，增进中丹两国人民友谊，深化文化交流和人员往来，为中丹全面战略伙伴关系发展注入新的活力。

拉斯穆森在贺词中说，中丹建交 67 年来，两国外交关系保持良好发展态势，2017“中丹旅游年”是这一进程中的点睛之笔，更是创建中丹全面战略伙伴关系的重要组成部分。通过“旅游年”活动，双方可以进一步增强民间友好往来，加深各个层面的互相了解。中丹互访交流频繁，进一步展现了两国稳固紧密的合作关系。欢迎更多中国朋友来丹麦旅游。

国家旅游局局长李金早宣读习近平主席贺词，丹麦王国工商业、旅游和金融事务大臣布莱恩·米克尔森宣读丹麦首相拉斯穆森贺词。李金早和布莱恩·米克尔森签署了《中华人民共和国国家旅游局与丹麦王国工商业和金融事务部关于 2017“中国—丹麦旅游年”相互支持举办活动的合作谅解备忘录》。中国国家旅游局、外交部，丹麦工商业、旅游和金融事务部、丹麦驻华使领馆以及中丹地方旅游部门、相关业界和媒体代表 300 余人出席。

12 月 5 日，2017“中丹旅游年”闭幕式在哥本哈根丹麦皇家剧院举行。丹麦王储腓特烈，国家旅游局局长李金早，丹麦旅游、工商业和金融事务大臣布莱恩·米克尔森，中国驻丹麦大使邓英，欧盟委员会企业与工业总司副总司长佩尔托马奇等出席并致辞。来自中丹两国旅游管理部门、旅游企业、新闻媒体代表等 1200 余人出席闭幕式。

2 月 24 日

［纲　文］　**刘奇葆在北京出席国家高端智库理事会扩大会议。**

［目　文］　中共中央政治局委员刘奇葆指出，高端智库要深入学习贯彻习近平总书记系列重要讲话精神和治国理政新理念新思想新战略，突出“出成果、抓运行”两大任务，着力提高研究质量，着力创新体制机制，提升服务中央决策能力，打造真正意义的“智库国家队”。2016 年高端智库建设试点工作实现良好开局、迈出实质性步伐，高端智库的研究成果日益厚重、国内外影响不断扩大、管理运行逐步规范，带动中国特色新型智库加快发展，整体呈现健康活跃的发展态势。服务中央决策、服务党和国家工作大局，是高端智库的核心使命。要充分发挥智力密集、人才密集优势，深入开展重大理论问题和重大现实问题研究，更好承担咨政建言、理论创新职责。要探索建立智库与决策部门对接机制，把党政部门政策研究同智库对策研究紧密结合起来，实现良性互动、供适所需。要积极开展智库对外交流，在国际舞台亮相发声，讲好中国故事、传播中国声音。要深化体制机制创新，探索形成符合决策咨询规律、体现智库特点的管理运行机制，为建设新型智库发挥先行先试作用。要加强统筹协调和宣传引导，为智库健康发展创造良好社会条件。

2 月 24 日

［纲　文］　**孙春兰在北京会见班禅额尔德尼·确吉杰布。**

［目　文］　中央统战部部长孙春兰首先向班禅祝贺藏历火鸡新年。班禅向孙春兰敬

献了哈达。

孙春兰说，2016年以来班禅在西藏开展了系列佛事活动，成功举行了时轮金刚法会，深入基层访贫问苦和社会调研，在全国政协、中国佛教协会认真履职，爱国爱教的思想基础更加牢固，佛学造诣日益精进，文化素养稳步提高，在藏传佛教界和信教群众中的影响进一步扩大。希望班禅始终坚定政治立场，深刻认识中国共产党才是西藏和全国人民根本利益的代表，自觉维护祖国统一和民族团结，在任何时候都与党和人民站在一起；继续提升文化和宗教素养，潜心学习，勤于思考，在积极引领藏传佛教与社会主义社会相适应中发挥重要作用；继续提高品德修养，心念众生，慈悲为怀，自觉服务社会和造福人民。

班禅表示，坚决拥护以习近平同志为核心的党中央，拥护中国特色社会主义制度，继承和发扬历世班禅爱国爱教的光荣传统，努力为维护祖国统一和民族团结，为促进藏传佛教与社会主义社会相适应贡献力量，不辜负党和国家的殷切期望。

2月24日

［纲　文］ **全国供销合作总社在北京召开全面深化供销合作社综合改革电视电话会议。**

［目　文］ 国务院副总理汪洋出席并讲话。会议主题是深入贯彻落实《中共中央国务院关于深化供销合作社综合改革的决定》和中共中央总书记习近平在农村改革座谈会上的讲话精神，系统总结供销合作社综合改革试点工作成效，交流全面深化供销合作社综合改革工作先进经验，研究部署全面深化供销合作社综合改革工作，推动供销合作社在农业供给侧结构性改革中作出更大贡献。

汪洋指出，供销合作社是中国特色社会主义农业经济体系重要组成部分，是党和政府做好“三农”工作的重要抓手。要认真落实党中央、国务院决策部署，紧紧围绕农业供给侧结构性改革这条主线，全面深化供销合作社改革，在发展农业适度规模经营、培育壮大农村新产业新业态、促进农民持续增收上发挥更大作用，切实把供销合作社打造成为服务农民生产生活的生力军和综合平台。

2月24日

［纲　文］ **人力资源和社会保障部在合肥召开生育保险和基本医疗保险合并实施试点工作会议。**

［目　文］ 会议的主要任务是贯彻落实《生育保险和职工基本医疗保险合并实施试点方案》在12个城市启动试点工作。推进两项保险合并实施将遵循保留险种、保障待遇、统一管理、降低成本的总体思路，通过整合两项保险基金及管理资源，强化基金共济能力，提升管理综合效能，降低管理运行成本。据介绍，合并实施不是简单地将生育保险并入医疗保险，而是在保留各自制度功能的前提下，按照新的发展理念，通过制度政策衔接、整合资源，实现一体化运行管理服务，探索建立更具协调、灵活、高效的运行机制，包括参保扩面机制、待遇保障机制、基金管理机制、医疗服务激励约束机制、统一经办管理机制。着眼于两个险种的一体化运行管理探索，在我国社会保障发展史上是第一次。

人力资源社会保障部副部长游钧介绍，推进两项保险合并实施，是适应经济新常态、应对人口老龄化、建立更加公平更可持续的社会保障制度体系的重要举措。做好两项保险合并实施，可以让更多职业妇女享受到生育保险待遇，进一步解决部分育龄妇女“不敢生”问题，有利于全面实施两孩政策和提升管理服务效能，促进可持续发展。

2月24日

［纲　文］　**武警部队党委二届十次全体（扩大）会议在北京召开。**

［目　文］　公安部部长、武警部队党委第一书记郭声琨，武警部队党委副书记、司令员王宁出席并讲话。武警部队党委书记、政委朱生岭主持会议并作工作报告。

郭声琨指出，要深入学习贯彻中央军委主席习近平系列讲话精神和治国理政新理念新思想新战略，坚定自觉地维护核心、听党指挥，扎实推进政治建军、改革强军、依法治军，全面提升部队现代化建设水平和遂行多样化任务能力，切实履行好维护国家安全和社会稳定的职责使命，努力以优异成绩迎接党的十九大胜利召开。要牢固树立“四个意识”，旗帜鲜明讲政治，坚定自觉地忠诚核心、拥戴核心、维护核心，坚决维护党中央和习主席权威，坚决维护和贯彻军委主席负责制，坚决听从党中央、中央军委和习主席指挥，确保对党绝对忠诚。要严格落实全面从严治党要求，认真贯彻《准则》《条例》，全面彻底肃清郭伯雄、徐才厚的流毒影响，不断推动部队风气建设根本性好转。要着眼为党的十九大胜利召开营造安全稳定环境，坚决完成好以执勤处突为中心、以反恐维稳为重点的各项任务。

2月24日

［纲　文］　**外交部发言人就英国发表《香港问题半年报告》表示，香港是中国的特别行政区，香港事务属于中国内政，任何外国无权干涉。**

［目　文］　有记者问，英国政府刚刚发表最新一份《香港问题半年报告》，中方对此有何评论？

发言人说，香港回归20年来，中国中央政府全面贯彻“一国两制”、“港人治港”、高度自治方针，严格按照宪法和基本法办事，全力支持行政长官和特区政府依法施政。香港继续保持繁荣稳定，香港居民依法享有充分的权利和自由。香港是中国的特别行政区，香港事务属于中国内政，任何外国无权干涉。英国政府在香港回归后定期发表所谓《香港问题半年报告》，我们一贯坚决反对。我们要求英方不要发表有关报告，停止干预香港事务。

2月24—26日

［纲　文］　**李源潮在福建调研群团改革。**

［目　文］　国家副主席李源潮在三明市、平潭综合实验区，与妇联、企业团委负责人交流时指出，要认真落实中共中央总书记习近平要求，针对实际问题抓实改革举措，确保改革落实到基层，在群众中见效。

李源潮在福州召开群团改革调研座谈会，认真听取基层群团干部意见。他说，群团改革要坚持正确方向，保持和增强群团组织和工作的政治性、先进性、群众性。坚持问题导向，眼睛向下，聚焦基层，重在实效。要改进群团工作作风，建立直接联系服务群众制度；加强基层群团力量，在党组织领导下共建共用基层服务群众阵地；创新工作手段，加快建设网上群团。各级党委要对群团改革负起领导责任，健全党领导群团工作制度，落实全面从严治党要求，加强群团干部队伍建设。

2月25日

［纲　文］　**广州恒大队在重庆以1：0战胜江苏苏宁队捧得2017年中国足球协会超级杯。**

2月26日

［纲　文］　**新华社讯，中央军委办公厅发出通知，要求全军和武警部队认真学习贯彻习近平主席在省部级主要领导干部学习贯彻十八届六中全会精神专题研讨班上重要讲话。**

2月26日—3月1日

［纲　文］　**应外交部部长王毅邀请，芬兰外交部部长索伊尼对中国进行正式访问。**

［目　文］　访问期间，国家副主席李源潮在北京会见了索伊尼。王毅在北京与索伊尼举行会谈。王毅祝贺2017年芬兰迎来独立100周年并表示，双方要落实好习近平主席和尼尼斯特总统达成的重要共识，积极构建和推进面向未来的新型合作伙伴关系。索伊尼说，芬政府将发展对华关系列为优先事项，将继续坚定奉行一个中国政策，支持两岸关系和平发展。双方还就欧俄关系、欧美关系、乌克兰、朝核等共同关心的国际和地区问题交换了看法。

2月27日

［纲　文］　**新华社讯，中共中央、国务院印发《关于加强和改进新形势下高校思想政治工作的意见》。**

［目　文］　《意见》主要由七个部分组成：一、重要意义和总体要求。二、强化思想理论教育和价值引领。三、发挥哲学社会科学育人功能。四、加强对课堂教学和各类思想文化阵地的建设管理。五、加强教师队伍和专门力量建设。六、推进高校思想政治工作改革创新。七、加强和改善党对高校的领导。

《意见》指出，要加强和改善党对高校的领导。要完善高校党的领导体制，坚持和完善普通高校党委领导下的校长负责制，高校党委对本校工作实行全面领导，履行管党治党、办学治校的主体责任，切实发挥领导核心作用。按照社会主义政治家、教育家标准，选好配强高校领导班子特别是党委书记和校长。高校党委书记主持党委全面工作，履行高校思想政治工作和党的建设第一责任人的职责。校长是学校的法人代表，在党委领导下组织实施党委有关决议，行使高等教育法等规定的各项职权。其他党委班子成员履行“一岗双责”，结合业务分工抓好思想政治工作和党的建设工作。

2月27日

［纲　文］　**国务院办公厅发出《关于印发国务院2017年立法工作计划的通知》。**

［目　文］　《通知》说，现就做好国务院2017年立法工作提出以下意见：一、坚持党对立法工作的领导。二、坚持稳中求进工作总基调，把全面深化改革急需的项目作为重中之重。三、进一步提高立法质量。四、认真组织实施立法计划。

《通知》指出，国务院法制办要及时跟踪了解各部门落实立法计划、推进相关工作的进展情况，切实加强组织协调和督促指导。有关部门对于没有列入立法计划、正在研究的立法项目，要深入了解掌握实际情况，提出切实解决问题的办法，国务院法制办要积极支持配合。

2月27日

［纲　文］　**质检总局公布《进口旧机电产品检验监督管理办法（2017年修正本）》，自2017年4月1日起施行。**

2月27日

［纲　文］　**知识产权局等九部门印发《关于支持东北老工业基地全面振兴深入实施东北地区知识产权战略的若干意见》。**

［目　文］　《意见》由七个部分组成：一、重要意义。二、指导思想和发展目标。三、提升知识产权创造运用能力，促进知识产权转移转化。四、发挥知识产权支撑引领作用，促进产业结构升级。五、加强知识产权分类指导，促进区域协调发展。六、夯实知识产权工作基础，营造良好发展环境。七、加强组织领导与实施保障。

2月27日

［纲　文］　**国务院副总理张高丽在北京会见新加坡副总理张志贤并共同主持中新四个高层合作机制会议。**

［目　文］　张高丽在会见张志贤时表示，习近平主席2015年11月对新加坡进行国事访问期间，双方确立了与时俱进的全方位合作伙伴关系，将双边关系提升到新的高度。习近平主席在二十国集团领导人杭州峰会期间，李克强总理在东亚合作领导人系列会议期间，分别会见李显龙总理，两国领导人就中新关系下一步发展达成广泛共识。中方高度重视发展中新关系，愿同新方共同努力，积极落实两国领导人达成的重要共识，牢筑政治互信，加强发展战略对接，拉紧利益纽带，夯实民意基础，深化互利合作，推动双边关系实现更大发展。

张志贤表示，新中两国关系密切，合作领域广泛。苏州工业园区、天津生态城及中新互联互通项目体现了两国友好合作的广度、深度和强度。新方愿积极参与“一带一路”建设，着重从基础设施互联互通、金融、为第三国开展培训等领域入手，进一步充实深化和推动双边关系向前发展。

同日，张高丽与张志贤在北京共同主持中新双边合作联委会第13次会议、苏州工业园区联合协调理事会第18次会议、天津生态城联合协调理事会第9次会议和中新（重庆）战略性互联互通示范项目联合协调理事会第1次会议。双方全面梳理了两国各领域合作进展情况，就进一步推进经济转型、金融合作、人文交流、包容和可持续发展等领域合作深入交换意见，达成一系列重要共识。会议充分肯定了苏州工业园区、天津生态城、中新互联互通项目三个政府间合作项目取得的新进展，明确了下阶段合作方向和重点，提出了下一步发展目标和任务。双方一致认为，要加大政策支持，推动苏州工业园区转型升级和创新发展；扎实推进天津生态城国家绿色发展示范区建设，共同筹划好明年生态城开工建设十周年纪念活动；积极推动中新互联互通项目实施，着力打造高起点、高水平、创新型合作平台。张高丽和张志贤共同出席了两国科技、知识产权、信息通信、人文等领域有关合作文件的签字仪式。

2月27日

［纲　文］　**文化部在北京召开文化体制改革工作领导小组会议。**

［目　文］　会议内容是：学习中共中央总书记习近平系列讲话精神，落实中央有关改革决策部署，审议并通过《2017年文化系统体制改革工作要点》，安排2017年改革重点工作。

2月27日

［纲　文］　**环境保护部和中国科学院在北京召开“全国生态状况变化（2010—2015年）调查与评估”启动会。**

［目　文］　启动会上，环境保护部副部长黄润秋和中国科学院副院长张亚平签署《环境保护部 中国科学院生态数据共享协议》并讲话。环境保护部自然生态保护司、中国科学院科技促进发展局负责人，以及环境保护部和中国科学院有关直属单位、科研院所的管理与技术人员约50余人参加了会议。

2月27日

［纲　文］　**外交部人权事务特别代表刘华在联合国人权理事会第34次会议上指出：和平是促进和保障人权的根本前提和基础。**

［目　文］　刘华在会议上作题为“维护和平，促进和保护人权”的共同发言，指出和平是促进和保障人权的根本前提和基础，并就实现持久和平、促进和保护人权提出五点主张。一是建立平等伙伴关系。世界各国一律平等，应相互尊重，平等相待。各国主权、独立和领土完整必须得到尊重，各国自主选择的社会制度和发展道路必须得到尊重。二是以和平方式解决争端。应坚持通过沟通协商化解分歧，通过政治谈判解决冲突。区域组织和地区国家可在解决地区问题中发挥积极作用。三是通过合作维护和平。各国应加强合作，同舟共济，统筹应对传统和非传统安全威胁。应坚持多边主义，充分发挥联合国的核心作用。四是以发展促进和平。应有效落实2030年可持续发展议程，实现全球平衡发展，为维护和平提供坚实基础。五是尊重文明多样性。不同文明应该和谐共处、交流互鉴、取长补短、共同进步，成为维护世界和平的纽带。

联合国人权理事会第34次会议于2月27日至3月24日在日内瓦万国宫召开。2017年人权主流化高级别专题讨论会主题为“通过加强对话与国际合作，促进人权对建设和平的贡献”。

2月27日

［纲　文］　**外交部发言人表示，部署“萨德”产生的一切后果由美韩承担。**

［目　文］　有记者问，据报道，乐天集团于今日召开理事会，批准同韩军方的“萨德”系统部署地土地置换协议。之后，韩军方将加快工作进程，争取在3—4个月内完成部署。中方对此有何评论？

发言人表示，美韩推进在韩国部署“萨德”反导系统，严重破坏地区战略平衡，严重损害包括中国在内的本地区有关国家战略安全利益，不利于维护朝鲜半岛的和平与稳定。中方反复强调，理解有关方维护自身安全的合理关切，但一国安全不应建立在损害别国安全的基础上。遗憾的是，韩方罔顾中方利益关切，执意配合美方加紧推进有关部署进程。中方对此表示坚决反对和强烈不满。中方反对在韩部署“萨德”系统的意志是坚定的，将坚决采取必要措施维护自身安全利益，由此产生的一切后果由美韩承担。我们强烈敦促有关方停止相关部署进程，不要在错误道路上越走越远。

2月27日

［纲　文］　**政协第十一届全国委员会人口资源环境委员会副主任，山西省政协原主席刘泽民，在三亚逝世，享年73岁。**

2月27日

［纲　文］　**《人民日报》发表题为《精准发力打好脱贫攻坚战》的评论员文章。**

2月27日

［纲　文］　**《人民日报》报道，经中共中央批准，中共中央纪委对湖南省委原常委、宣传部原部长张文雄严重违纪问题立案审查。**

［目　文］　张文雄身为党的高级领导干部，理想信念丧失，严重违反党的纪律，性质恶劣、情节严重。依据《中国共产党纪律处分条例》等有关规定，经中央纪委常委会会议研究并报中共中央批准，决定给予张文雄开除党籍、开除公职处分，收缴其违纪所得，将其涉嫌犯罪问题、线索及所涉款物移送司法机关依法处理。

2018年8月16日，广西壮族自治区桂林市中级人民法院公开宣判张文雄受贿、巨额财产来源不明案，对被告人张文雄以受贿罪判处有期徒刑13年，并处没收个人财产人民币200万元，以巨额财产来源不明罪判处有期徒刑5年，决定执行有期徒刑15年，并处没收个人财产人民币200万元；对张文雄受贿所得财物和不能说明来源的财产及其孳息，予以追缴，上缴国库，不足部分继续追缴。

2月27—28日

［纲　文］　**全国政协十二届常委会第十九次会议在北京召开。**

［目　文］　会议的主要议题是为全国政协十二届五次会议作准备。全国政协主席俞

正声，全国政协副主席杜青林、韩启德、帕巴拉·格列朗杰、董建华、万钢、林文漪、罗富和、何厚铧、张庆黎、李海峰、陈元、卢展工、王家瑞、王正伟、马飚、齐续春、陈晓光、马培华、刘晓峰、王钦敏出席会议。

会议通过了政协第十二届全国委员会第五次会议议程（草案）和日程，将提交全国政协十二届五次会议审议的政协全国委员会常务委员会工作报告和全国政协十二届四次会议以来提案工作情况的报告，政协第十二届全国委员会第五次会议秘书长、副秘书长名单。会议决定，增补尚福林、徐绍史、高虎城、梁振英为政协第十二届全国委员会委员；增补尚福林为经济委员会副主任，徐绍史为人口资源环境委员会副主任，张连珍为教科文卫体委员会副主任，徐敬业为社会和法制委员会副主任，高虎城为港澳台侨委员会副主任。会议追认了政协第十二届全国委员会第五十二次、五十四次主席会议分别作出的撤销黄红云、田伟、侯小勤政协第十二届全国委员会委员资格，免去郑立中政协第十二届全国委员会常务委员、港澳台侨委员会副主任职务，撤销其委员资格的决定。会议期间，外交部部长王毅应邀作了《当前国际形势与我国周边外交》的讲座。

2月27—28日

［纲　文］ **中国文联第十届全国委员会第二次会议在北京举行**。

［目　文］ 中国文联主席铁凝主持会议，中宣部副部长景俊海出席会议并讲话，中国文联党组书记、副主席赵实作了题为《以坚定的文化自信筑就伟大复兴时代的文艺高峰》的工作报告。会议系统总结中国文联2016年工作，全面部署2017年工作，旨在进一步推进文联深化改革，团结引领广大文艺工作者坚定文化自信，深入开展主题文艺实践，以此迎接党的十九大胜利召开。

会上，铁凝传达了中央领导人有关批示指示精神并指出，要学习贯彻习近平总书记讲话精神，牢牢把握文联工作的正确政治方向；要着眼解决突出问题，推动文联改革取得实质性进展和成效；要加强联络协调、管理服务，把更多文艺工作者团结凝聚起来跟党走；要聚焦出精品出人才，推动文艺创作更加繁荣；要抓好领导班子建设。

2月27—28日

［纲　文］ **国务委员杨洁篪应邀对美国进行访问**。

［目　文］ 27日，杨洁篪在华盛顿会见美国总统特朗普时表示，不久前，习近平主席同总统先生进行的通话意义重大，为下阶段中美关系发展指明了方向。中方愿同美方按照两国元首通话精神，秉持不冲突不对抗、相互尊重、合作共赢原则，加强高层及各级别交往，拓展广泛双边领域和重大国际地区问题上的协调与合作，尊重彼此核心利益和重大关切，推动中美关系健康稳定向前发展，更好造福两国人民和世界人民。特朗普表示，我很高兴同习近平主席进行了十分重要的通话。美方非常重视同中方的合作关系，双方需要加强高层交往，密切各领域合作，增进国际地区事务中协调和合作。

访问期间，杨洁篪会见美国总统高级顾问库什纳、白宫首席战略师班农、总统国家安全事务助理麦克马斯特等美国高级官员，就进一步发展中美关系和其他共同关心的问题交换了意见。

2月28日

［纲　文］　**习近平主持召开中央财经领导小组第15次会议。**

［目　文］　中央财经领导小组副组长李克强，中央财经领导小组成员刘云山、张高丽，出席会议。中央财经领导小组其他成员出席，中央和国家有关部门负责人列席会议。会议审议了《关于党的十八大以来中央财经领导小组工作和2017年重点工作的报告》。会议认为，党的十八大以来，在以习近平同志为核心的党中央坚强领导下，中央财经领导小组把握经济社会发展大势，加强和改善党对经济工作的领导，召开14次会议，研究22项重大议题，提出400多项任务和措施，作出一系列关系当前和长远的重大决策，推动办成了一些具有深远历史意义的大事，有效引导了经济社会持续健康发展。

会议听取了国家发展改革委、人民银行、住房和城乡建设部、工业和信息化部关于深入推进去产能、防控金融风险、建立促进房地产市场平稳健康发展长效机制、振兴制造业等工作思路的汇报。

中央财经领导小组组长习近平指出，做好经济工作是我们党治国理政的重大任务，要坚持宏观和微观、国内和国外、战略和战术紧密结合，坚持问题导向，及时研究重大战略问题，及早部署关系全局、事关长远的问题，对经济社会发展进行指导，把谋划大事和制定具体政策紧密结合起来，加强责任分工，一锤一锤钉钉子，直到产生实际效果。要做好转岗就业、再就业培训等各项工作，发挥好社会保障和生活救助的托底作用，确保没有能力再就业人员基本生活。建立促进房地产市场平稳健康发展长效机制，要充分考虑到房地产市场特点，紧紧把握“房子是用来住的、不是用来炒的”的定位，深入研究短期和长期相结合的长效机制和基础性制度安排。要树立放水养鱼意识，在降低垄断性行业价格和收费方面下更大功夫，尽一切努力把企业负担降下来。中央财经领导小组会议定下来的事情，要抓好贯彻落实，明确责任、有效督查。历次小组会议确定的事项都要落实，各地区各部门要把自己应负的责任担起来，主动开展工作。要从制度上明确责任，强化监督问责，确保令行禁止。要注意评估反馈，建立有效的反馈和评估机制，及时了解政策实施存在的问题，提出改进建议。

2月28日

［纲　文］　**国务院印发《“十三五”国家老龄事业发展和养老体系建设规划》。**

［目　文］　《规划》共11章。主要有规划背景，指导思想、基本原则和发展目标，健全完善社会保障体系，健全养老服务体系，健全健康支持体系，繁荣老年消费市场，推进老年宜居环境建设，丰富老年人精神文化生活，扩大老年人社会参与，保障老年人合法权益，强化工作基础和规划实施保障等内容。

《规划》要求，全国老龄办、民政部、国家发展改革委会同有关部门，加强对各地的指导、督促，及时检查并向国务院报告工作进展情况。搭建社会监督平台，健全第三方评估机制，适时对规划执行情况进行评估，向社会公布评估结果。县级以上地方政府要结合实际制定本规划实施方案，细化相关指标，确保责任到位、工作到位、投入到位、见到实效。鼓励各地积极探索，勇于创新，创造性地实施规划。

2月28日

［纲　文］ **国务院批复各省、自治区、直辖市人民政府和环境保护部、发展改革委、财政部、能源局、国防科工局，同意《核安全与放射性污染防治“十三五”规划及2025年远景目标》。**

［目　文］ 批复说，一、原则同意《核安全与放射性污染防治“十三五”规划及2025年远景目标》，由环境保护部、国家发展改革委、财政部、国家能源局、国家国防科工局印发并组织实施。二、《规划》实施要全面贯彻党的十八大和十八届三中、四中、五中、六中全会精神，深入贯彻习近平总书记系列重要讲话精神和治国理政新理念新思想新战略，认真落实党中央、国务院决策部署，统筹推进“五位一体”总体布局和协调推进“四个全面”战略布局，牢固树立和贯彻落实创新、协调、绿色、开放、共享的发展理念，坚持理性、协调、并进的核安全观，坚持安全第一、质量第一的根本方针，以风险防控为核心，以依法治核为根本，以核安全文化为引领，以改革创新为驱动，以能力建设为支撑，落实安全主体责任，持续提升安全水平，保障我国核能与核技术利用事业安全高效发展。三、通过《规划》实施，到“十三五”末，我国运行和在建核设施安全水平明显提高，核电安全保持国际先进水平，放射源辐射事故发生率进一步降低，核安保和应急能力得到增强，核安全监管水平大幅提升，核安全、环境安全和公众健康得到有效保障。到2025年，我国核设施安全整体达到国际先进水平，辐射环境质量持续保持良好，核与辐射安全监管体系和监管能力实现现代化。四、各省（区、市）人民政府要加强组织领导，落实责任分工，完善政策措施，根据本地实际组织编制实施方案，全面落实《规划》确定的目标和任务，不断推进核安全与放射性污染防治工作。五、国务院有关部门和单位要根据职责分工，加强协调配合，在政策实施、项目安排、资金保障和体制机制创新等方面给予积极支持。环境保护部要加强综合协调，会同国家发展改革委、财政部、国家能源局、国家国防科工局等部门对《规划》实施进行跟踪分析和督促检查，注意研究新情况、解决新问题、总结新经验，适时组织开展《规划》中期评估和期末评估，重大问题及时向国务院报告。

2月28日

［纲　文］ **《人民日报》报道，2016年1240万人脱贫，超额完成两成多。**

［目　文］ 2016年是全面贯彻落实中央扶贫开发工作会议精神、打赢脱贫攻坚战的首战之年，按照每人每年2300元（2010年不变价）的农村贫困标准计算，2016年农村贫困人口4335万人，比上年减少1240万人，超额完成1000万人的目标任务。2016年，我国扶贫投入力度空前。财力投入上，中央和省级财政专项扶贫资金首次突破1000亿元，其中中央财政667亿元，同比增长43.4%。792个贫困县启动实施涉农资金整合试点，实际整合到位资金约2300亿元，惠及建档立卡贫困人口3000多万人。各类金融机构加大

扶贫支持力度，到2016年底，累计发放扶贫小额贷款2833亿元，全国共有801万贫困户受益。人力投入上，各地共向贫困村选派驻村工作队12.8万个，派出驻村干部54万多人。全国选派18.8万名优秀干部到贫困村和基层党组织薄弱村担任第一书记，提升带动群众脱贫能力。

2016年我国贫困地区人民生活水平不断提高。贫困地区农村居民人均可支配收入8452元，比上年实际增长8.4%，增速比全部农村居民收入快2.2个百分点。

2月28日

［纲　文］　**教育部发布《2016年中国学生资助发展报告》。**

［目　文］　《报告》显示，2016年，我国受助学生超过9000万人次，增幅7.6%；资助金额超过1600亿元，增幅8.24%；财政投入超过1100亿元，增幅5.45%；学校和社会投入近580亿元，增幅13.4%。2017年，“精准资助”和“资助育人”为资助工作重点。

2016年，全国累计资助学前教育（幼儿）、义务教育、中职学校、普通高中和普通高校学生9126.14万人次（不包括义务教育免除学杂费和免费教科书、营养膳食补助），比上年增加692.87万人次；全国累计资助金额1688.76亿元，比上年增加128.51亿元；2016年学生资助资金中，财政投入共计1109.18亿元（不含义务教育免除学杂费和免费教科书、营养膳食补助），比上年增加57.33亿元；2016年，高校国家助学贷款、学校投入、社会投入（包括企事业单位、社会团体和个人捐助等）共579.57亿元，比上年增加71.16亿元。

2016年，普通高中建档立卡家庭经济困难学生免学杂费政策有计划有步骤地平稳推进。2016年秋季学期，全国共有143.77万建档立卡普通高中学生享受免学杂费政策，资助资金共计9.24亿元，其中，中央安排资金4.4亿元，地方落实4.84亿元。对此，教育部财务司副司长赵建军介绍，目前，全国各省份都已制定了具体实施办法。有16个省份还自行制定出台了专门针对建档立卡贫困家庭学生的资助政策文件，为建档立卡贫困家庭学生织密织牢了上学兜底网。

2月28日

［纲　文］　**知识产权局公布修改后的《专利审查指南》《关于规范专利申请行为的若干规定》，自2017年4月1日起施行。**

2月28日

［纲　文］　**卫生计生委公布《医师执业注册管理办法》。**

［目　文］　《办法》共5章26条。主要有总则、注册条件和内容、注册程序、注册变更、附则等内容。自2017年4月1日起施行。1999年7月16日原卫生部公布的《医师执业注册暂行办法》同时废止。

2月28日

［纲　文］　**中央军委纪委扩大会议在北京召开。**

［目　文］　中央军委副主席许其亮出席并讲话。中央军委纪委书记张升民主持会议

并作工作报告。中央军委委员赵克石、张又侠等出席会议。

许其亮指出，要突出维护权威、维护核心、维护和贯彻军委主席负责制，把加强政治监督、严肃政治纪律政治规矩作为首责首要，突出高层班子和高级干部，确保部队高度集中统一和纯洁巩固。要打好捍卫绝对忠诚的主动仗，打好纯洁巩固意识形态的阵地仗，打好服务备战、服务改革的助攻仗，打好全面彻底肃清郭伯雄、徐才厚流毒影响的攻坚仗。要结合党的十九大思想理论准备，增强党内政治生活的政治性时代性原则性战斗性，扭住治权这个关键扎紧制度笼子，抓紧研究制定军队落实《问责条例》的措施，筑牢不敢腐、不能腐、不想腐的坚固防线。

2月28日

［纲　文］　**国家新材料产业发展专家咨询委员会成立大会在北京召开。**

［目　文］　国务院副总理、国家新材料产业发展领导小组组长马凯出席并讲话。会议由工业和信息化部部长苗圩主持。

马凯指出，成立国家新材料产业发展专家咨询委员会，是提高决策科学化、民主化水平的一项重要制度安排。要密切跟踪世界科技前沿，认真研判产业发展趋势，科学制定重点领域技术路线绿皮书，引领行业发展。要做好相关重大工程、重大项目、重大平台的论证评估工作，参与国家新材料创新中心建设，推进新材料产业创新体系建设。有关部门要高度重视决策咨询工作，加快完善决策咨询工作机制，把专家咨询纳入决策程序，为专家开展工作创造良好条件和服务保障。

委员会由48位著名专家组成，其中包括主任委员1人，副主任委员5人。中国工程院院士干勇任专家咨询委员会主任。

2月28日

［纲　文］　**全国人大常委会委员长张德江在北京会见波兰副参议长柴莱伊。**

［目　文］　张德江说，中方愿与波方进一步巩固传统友谊，加强政治互信，深化务实合作，推动“一带一路”建设，促进中波关系深入发展。波兰是欧盟重要成员国，希望波方在推动中欧合作、中国—中东欧合作等方面，继续发挥积极作用。中国全国人大和波兰议会要紧紧围绕落实两国元首重要共识、共建全面战略伙伴关系这一重大任务，增进理解信任，加强合作交流，完善法律保障，夯实民意基础。

柴莱伊表示，“一带一路”建设给波兰发展带来很多机遇，波议会愿助力两国各领域合作深入发展。

2月28日

［纲　文］　**中国自主设计建造的科考船——海洋地质八号和海洋地质九号在上海正式下水，进入海试阶段。**

［目　文］　海洋地质八号是世界第一艘六缆高精度短道距地震电缆三维物探船。该船可满足全海域水合物调查、区域地质调查和重点海域油气资源调查等任务的需要，也代表了我国调查船舶设计和制造最高水平。

海洋地质九号将装备一套水下钻探设备，可以在2500米水深的海洋中钻探160米地层进行地质取样。同时也是无限航区设计标准的调查船只，将进行深海大洋和极地科学考察和专项地质调查工作。

2月28日

［纲　文］　**中国北斗卫星导航进入米级定位时代**。

［目　文］　国家认监委、工信部电子司指导下的汽车联网产品认证联盟，推出中国自主研制的“米级快速定位北斗芯片”，导航精度从原来的10米提升到1—2米，标志着中国自主可控的北斗卫星导航即将进入米级定位时代。以往使用10米精度的导航芯片，很难识别主辅路。此次推出的“米级快速定位北斗芯片”能够实现车道级导航，提高驾车安全性，也便于政府道路服务和交通管理。

3 月

3月1日

［纲　文］　**中共中央印发《中国共产党工作机关条例（试行）》。**

［目　文］　《条例》共6章30条。主要有总则、设立、职责、决策与执行、监督与追责、附则等内容。自2017年3月1日起施行。

3月1日

［纲　文］　**国务院公布《关于修改和废止部分行政法规的决定》。**

［目　文］　《决定》说，为了依法推进简政放权、放管结合、优化服务改革，国务院对取消行政审批项目、中介服务事项、职业资格许可事项和企业投资项目核准前置审批改革涉及的行政法规，以及不利于稳增长、促改革、调结构、惠民生的行政法规，进行了清理。国务院决定：一、对《城市绿化条例》《中华人民共和国海洋倾废管理条例》等36部行政法规的部分条款予以修改。二、《对城乡集市贸易管理办法》（1983年2月5日国务院发布）、《工资基金暂行管理办法》（1985年9月24日国务院发布）、《国家体育锻炼标准施行办法》（1989年12月9日国务院批准，1990年1月6日国家体育运动委员会令第10号发布）等3部行政法规予以废止。三、自2017年3月1日起施行。

3月1日

［纲　文］　**第24届冬奥会工作领导小组第3次全体会议在北京召开。**

［目　文］　国务院副总理、第24届冬奥会工作领导小组组长张高丽，中共中央政治局委员、第24届冬奥会工作领导小组副组长刘延东、郭金龙出席会议并讲话。第24届冬奥会工作领导小组成员和中央有关部门负责人参加会议。会议学习贯彻中共中央总书记习近平2月24日主持召开北京城市规划建设和北京冬奥会筹办工作座谈会时的讲话精神，总结领导小组第2次全体会议以来各项工作落实情况，进一步明确筹办工作要求，研究部署下一步重点工作。

张高丽指出，要科学制定各项赛区规划、专项规划，加强与总体计划衔接，切实发挥规划导向作用，保证各项工作按进度高质量推进；要统筹考虑赛事需求、赛后利用、环境保护、文化特色、文物保护、无障碍等因素，全面科学规划设计场馆和基础设施功能，不贪大求全、不乱铺摊子，坚持勤俭节约廉洁办奥；要认真做好宣传推广和市场开发工作，吸收社会资金和社会力量参与筹办，努力赢得最广泛的社会支持和实现良好经济社会效益；要强化人才支撑和科技支撑，提高赛会运行保障和服务效率；要大力发展群众冰雪运动，加快提升冰雪运动竞技水平，推动冰雪产业发展；要通过筹办北京冬奥会带动各方面建设，实现冬奥会筹办与京津冀协同发展的双赢。有关地区和部门要按照“三严三实”要求，主动担当、协同作战，扎实推进各项筹办工作。领导小组各成员单位要大力支持配合，地方政府要切实履行主办城市责任，冬奥组委要积极发挥组织协调作用，切实把各项筹办工作抓实抓好抓到位。

3月1日

［纲　文］　**中共中央党校举行春季学期开学典礼。**

［目　文］　中央党校校长刘云山出席并讲话。赵乐际、赵洪祝、中央有关部门负责人、中央党校校委成员、全体学员和教职工参加开学典礼。刘云山指出，领导干部要深入学习贯彻习近平总书记系列讲话精神，以高度的政治自觉建设良好的党内政治文化，促进党内政治生活健康发展，涵养风清气正的政治生态。

3月1日

［纲　文］　**刘奇葆在中影股份有限公司调研。**

［目　文］　中宣部部长刘奇葆与公司电影导演、编剧深入交流，并出席电影工作汇报会。刘奇葆指出，要深入学习贯彻习近平总书记系列重要讲话精神和治国理政新理念新思想新战略，准确把握当前我国电影发展的形势，以《电影产业促进法》正式实施为契机，坚定信心、乘势而上，拿出有力有效举措，提升电影创作质量和水平，推动电影事业发展迈上新台阶，加快由电影大国向电影强国迈进。

3月1日

［纲　文］　**外交部、国家互联网信息办公室发布《网络空间国际合作战略》。**

［目　文］　《战略》共四章，主要有机遇与挑战、基本原则、战略目标、行动计划等内容。

《战略》指出，中国在推动建设网络强国战略部署的同时，将秉持以合作共赢为核心的新型国际关系理念，致力于与国际社会携起手来，加强沟通交流，深化互利合作，构建合作新伙伴，同心打造人类命运共同体，为建设一个安全、稳定、繁荣的网络空间作出更大贡献。

3月1日

［纲　文］　**环境保护部发布《国家环境空气质量监测网城市站运行管理实施细则（试行）》，自2017年3月1日起施行。**

3月1日

［纲　文］　**海关总署公布《中华人民共和国海关关于最不发达国家特别优惠关税待遇进口货物原产地管理办法》，自2017年4月1日起施行。**

3月1日

［纲　文］　**中国三峡集团发布，截至12时28分，三峡电累计发电突破1万亿千瓦时，成为中国首座连续14年安全稳定运行、发电量突破1万亿千瓦时的水电站。**

［目　文］　自2003年首批机组投产发电以来，三峡电输送至华中、华东和南方10省市，为长江经济带发展注入强劲动力，为国家和社会发展提供了强大的清洁能源。

三峡电站是当今世界上最大的水电站，装有32台70万千瓦和2台5万千瓦的水轮发电机组，总装机容量为2250万千瓦，单机容量和总装机规模均居世界第一，年设计发电量882亿千瓦时，是中国“西电东送”和“南北互供”的骨干电源点。

3月1日—5月31日

［纲　文］　**“大英博物馆100件文物中的世界史”展览在中国国家博物馆举办。**

［目　文］　展览由中国国家博物馆和大英博物馆共同举办。从大英博物馆800多万件藏品中精选出100件（组）展品。展示人类自直立人到21世纪所经历的200万年的历程。展品包括200万—2万年前的人类石质工具，古典时代有关两河文明、埃及文明和古希腊、古罗马文明的艺术品，中世纪欧洲、东方和美洲文明的文物，以及近代以来各大洲文化的展品。

3月2日

［纲　文］　**国务院办公厅通知湖南省人民政府，同意株洲市城市总体规划。**

［目　文］　通知说，一、国务院原则同意《株洲市城市总体规划（2006—2020年）（2017年修订）》。二、重视城乡区域统筹发展。在《总体规划》确定的2334.1平方公里城市规划区范围内，实行城乡统一规划管理。三、合理控制城市规模。到2020年，中心城区常住人口控制在170万人以内，城市建设用地控制在164平方公里以内。要贯彻城乡规划法关于先规划后建设的原则，禁止在《总体规划》确定的建设用地范围之外设立各类开发区和新城新区。四、完善城市基础设施体系。要按照绿色循环低碳的理念规划建设城市基础设施。五、建设资源节约型和环境友好型城市。六、创造优良的人居环境。七、重视历史文化和风貌特色保护。要落实历史文化遗产保护和紫线管理要求，重点保护好茶陵古城、渌江书院等各级文物保护单位及其周围环境，做好工业遗产保护和再利用。要保护好自然山水格局，加强城市整体设计，做好湘江两岸建筑高度和景观视廊控制，突出历史文化底蕴和现代工业文明相互融合的特色风貌。八、严格实施《总体规划》。

通知要求，株洲市人民政府要根据本通知精神，认真组织实施《总体规划》，任何单位和个人不得随意改变。湖南省和住房城乡建设部要加强对《总体规划》实施工作的指导、监督和检查。

3月2日

［纲　文］　**新华社报道，常万全在广东调研全民国防教育工作。**

［目　文］　国务委员兼国防部长常万全指出，要深刻领悟中央军委主席习近平关于加强全民国防教育的一系列重要指示精神，坚决贯彻党中央、国务院、中央军委决策部署，不断强化政治意识、大局意识、核心意识、看齐意识，以强烈的政治责任感紧迫感开拓创新，狠抓落实，持续推动全民国防教育普及深入。军地各级要充分认清我国安全面临

的严峻复杂形势，强化忧患意识，把国防教育作为提升全民素质、强化国防观念的战略性基础性工作来抓；要深化国防教育改革，着力构建科学完备的组织领导体系、骨干队伍体系、教育内容体系、政策法规体系、宣传平台体系；要突出抓好领导干部和青少年学生这个重点，打牢爱党爱国爱社会主义的思想根基；要增强法规制度约束的刚性，加强检查督导和跟踪问效；要坚持与时俱进，增强开展全民国防教育的综合效益。军地各级、社会各界要紧密团结在以习近平同志为核心的党中央周围，齐心协力、共同发力、形成合力，努力构建党政军群齐抓共管的工作格局，推动新形势下全民国防教育深入发展，为实现中国梦强军梦汇聚磅礴力量，以优异成绩迎接党的十九大胜利召开。

3 月 2 日

［纲　文］　**中国实习潜航员杨一帆在西北印度洋首次主驾驶“蛟龙”号载人潜水器成功下潜。**

［目　文］　本次下潜是我国自主培养的第二批载人潜水器潜航学员首次作为主驾驶独立开展下潜作业，并在第一批潜航员指导下完成作业任务。这表明我国第二批载人潜水器实习潜航员已具备独立驾驶潜水器的能力，在我国载人深潜发展史上具有重要意义。

3 月 2 日

［纲　文］　**《人民日报》发表题为《把“放管服”改革推向纵深》的评论员文章。**

3 月 2—10 日

［纲　文］　**中组部、国资委、国家行政学院在北京举办省部级干部深化国有企业改革与“三去一降一补”专题研讨班。**

［目　文］　本期研讨班的学习研讨主要内容是，学习中央总书记习近平关于深化国有企业改革系列讲话精神，贯彻落实中央经济工作会议精神和深化国企改革的重大决策部署，交流国企改革创新与“三去一降一补”的实践探索，研讨深化国企改革亟待破解的重点难点问题，共同探讨进一步推动中央部署落地的措施与路径。来自部分省（区、市）、新疆生产建设兵团、中央国家机关、中管金融企业和中管企业的 52 名学员参加。

3 月 3 日

［纲　文］　**民政部、公安部、交通运输部、卫生计生委发布《重大突发事件遇难人员遗体处置工作规程》。**

［目　文］　《规程》共 7 章 43 条。主要有总则、遗体处置应急准备、遗体接运与保存、遗体身份确认与告别、遗体火化与安葬、遗物认领与处理、其他规定等内容。自 2017 年 3 月 3 日起实施。

3 月 3 日

［纲　文］　**外交部发言人就韩美启动本年度“秃鹫”联合军演表示，中方已通过外交渠道向有关方面表达了中方对此高度关切。**

［目　文］　据报道，2017 年的联合军演为期两月，规模为历届之最。“卡尔·文森”

号核动力航母、B-52战略轰炸机、B-1B兰斯轰炸机、B-2隐形战斗机以及F-35B战斗机等美军战略武器将参与演习。同时，双方还将在本次军演中首次演练“萨德”作战概念。

发言人说，维护朝鲜半岛和东北亚地区和平稳定符合有关各方共同利益，是各方共同责任。当前朝鲜半岛局势高度敏感复杂，有关方面应多做有利于促进半岛局势缓和、维护东北亚地区和平稳定的事，而不是相反。中方反对在韩部署“萨德”反导系统的立场是一贯、明确的。中方敦促有关方面停止相关部署进程，不要在错误道路上越走越远。

3月3日

［纲　文］　**中国航天科工集团利用开拓运载火箭在酒泉卫星发射中心成功发射新技术试验卫星“天鲲一号”。**

［目　文］　卫星准确进入预定轨道，这标志着中国航天科工集团公司已具备独立自主研制各类典型空间飞行器及平台的能力，为我国推进实施商业航天计划进一步奠定了技术基础。

3月3—13日

［纲　文］　**中国人民政治协商会议第十二届全国委员会第五次会议在北京召开。**

［目　文］　习近平、李克强、张德江、刘云山、王岐山、张高丽等党和国家领导人出席开幕会、闭幕会。全国政协副主席杜青林主持开幕会、全国政协主席俞正声主持闭幕会。

会议主要内容有：一、增选梁振英为政协第十二届全国委员会副主席。二、会议通过了政协第十二届全国委员会第五次会议关于常务委员会工作报告的决议、政协第十二届全国委员会提案委员会关于政协十二届五次会议提案审查情况的报告、政协第十二届全国委员会第五次会议政治决议。会议号召，人民政协各级组织、各参加单位和政协委员，更加紧密地团结在以习近平同志为核心的中共中央周围，高举中国特色社会主义伟大旗帜，不忘合作初心、继续携手前进，开拓创新、奋发有为，以优异成绩迎接中共十九大胜利召开，为实现“两个一百年”宏伟目标、实现中华民族伟大复兴的中国梦而努力奋斗。

会议期间，习近平、李克强、张德江、俞正声、刘云山、王岐山、张高丽等党和国家领导人出席会议并参加分组讨论，与委员们共商国是。俞正声在人民大会堂看望了参加全国政协十二届五次会议新闻报道工作的中央主要新闻媒体负责人和记者代表，向参加大会报道的新闻工作者表示诚挚慰问和衷心感谢。

俞正声在闭幕会上指出，2017年，中国共产党将召开第十九次全国代表大会，这是党和国家政治生活中的一件大事。置身伟大时代，投身伟大事业，人民政协各级组织和广大政协委员责任重大、使命光荣。要提高政治站位，牢固树立政治意识、大局意识、核心意识、看齐意识，增强中国特色社会主义道路自信、理论自信、制度自信、文化自信，更加自觉地坚持中国共产党的领导，更加紧密地团结在以习近平同志为核心的中共中央周围，更加坚定地贯彻落实中共中央的各项决策部署。2017年是十二届全国政协工作的最后一年。一届政协委员，一生政协情缘。我们要倍加珍惜宝贵时间，倍加珍惜委员荣誉，锲而不舍，奋发向上，不忘初心，敬终如始，恪尽职守，不懈怠、不松劲、不停步，在时代发展大潮中和人民政协舞台上，定格人生奋斗坐标，留下生动政协故事，以新的业绩为人民政协事业增光添彩。

3 日，《人民日报》以《为中国特色社会主义伟大事业凝心聚力——热烈祝贺全国政协十二届五次会议开幕》为题发表了社论。

14 日，《人民日报》以《民主激发活力 团结共谱新篇——热烈祝贺全国政协十二届五次会议胜利闭幕》为题发表了社论。

3 月 4 日

［纲　文］　**十二届全国人大五次会议在北京举行预备会议。**

［目　文］　全国人大常委会委员长张德江主持。十二届全国人大现有代表 2924 人。截至 3 月 3 日，已经向大会秘书处报到的代表 2875 人。出席 2757 人，缺席 167 人，出席人数符合法定人数。会议选举产生了十二届全国人大五次会议主席团和秘书长，表决通过了十二届全国人大五次会议议程。张德江宣布：十二届全国人大五次会议于 3 月 5 日召开，大会的各项准备工作已经全部就绪。

3 月 4 日

［纲　文］　**十二届人大五次会议主席团在北京举行第一次会议。**

［目　文］　全国人大常委会委员长张德江主持。主席团会议应到 169 人，出席 164 人，缺席 5 人，出席人数符合法定人数。会议主要内容有：一、会议推选了十二届全国人大五次会议主席团常务主席。主席团常务主席由十二届全国人大常委会委员长、副委员长、秘书长担任。主席团常务主席召集并主持主席团会议。二、会议表决通过了十二届全国人大五次会议日程。根据会议日程，这次大会定于 3 月 5 日上午开幕，3 月 15 日上午闭幕，会期 10 天半。三、根据全国人大议事规则的规定，主席团第一次会议推选主席团成员若干人分别担任每次大会全体会议的执行主席。经过表决，会议推选了大会全体会议执行主席。四、会议经过表决，决定王晨、信春鹰、乔晓阳、傅莹、陈世炬、孟扬为大会副秘书长，傅莹兼任大会发言人。五、会议经表决，决定了十二届全国人大五次会议表决议案办法。六、会议决定，代表提出议案的截止时间为 3 月 11 日 12 时。

3 月 4 日

［纲　文］　**国务院办公厅通知湖北省人民政府，同意黄石市城市总体规划。**

［目　文］　通知说，一、国务院原则同意《黄石市城市总体规划（2001—2020 年）（2017 年修订）》。二、重视城乡区域统筹发展。在《总体规划》确定的 701 平方公里城市规划区范围内，实行城乡统一规划管理。三、合理控制城市规模。到 2020 年，中心城区常住人口控制在 95 万人以内，城市建设用地控制在 94.7 平方公里以内。要贯彻落实城乡规划法关于先规划后建设的原则，禁止在《总体规划》确定的建设用地范围之外设立各类开发区和城市新区。四、完善城市基础设施体系。五、建设资源节约型和环境友好型城

市。六、创造优良的人居环境。七、重视历史文化和风貌特色保护。要落实历史文化遗产保护和紫线管理要求，重点保护好汉冶萍煤铁厂矿旧址、红三军团革命旧址等各级文物保护单位及其周围环境，做好工业遗产保护和再利用。要保护好自然山水格局，做好城市整体设计，加强重要地段的建筑高度和景观视廊控制，突出矿冶文化特色和襟江含山环湖的城市风貌。八、严格实施《总体规划》。

通知要求，黄石市人民政府要根据本通知精神，认真组织实施《总体规划》，任何单位和个人不得随意改变。湖北省和住房城乡建设部要加强对《总体规划》实施工作的指导、监督和检查。

3月4—5日

［纲　文］　**2017年文化部对外文化工作会议在北京召开。**

［目　文］　文化部部长雒树刚出席会议并讲话。派驻80个国家的87个文化处（组）负责人、27个海外中国文化中心主任（含兼任中心主任的参赞）以及驻欧盟使团、驻非盟使团、日中友好会馆代表等共105位驻外代表，全国31个省区市与新疆生产建设兵团，中央政府驻香港联络办、驻澳门联络办代表，及媒体代表参加会议。

雒树刚要求深入学习贯彻习近平总书记关于文化及对外文化工作的重要论述，并对2017年工作进行部署：一要持续围绕中心服务大局，凸显中国特色文化外交独特作用；二要持续深化对外文化工作领域体制机制改革，挖掘发展新动能；三要持续统筹对外和对港澳台文化工作，发挥文化凝心聚力的重要功能。

3月5日

［纲　文］　**中共中央印发《关于加快构建中国特色哲学社会科学的意见》。**

［目　文］　《意见》指出，坚持和发展中国特色社会主义，必须加快构建中国特色哲学社会科学。要高举中国特色社会主义伟大旗帜，深入贯彻习近平总书记系列重要讲话精神和治国理政新理念新思想新战略，坚持为人民服务、为社会主义服务，坚持百花齐放、百家争鸣，立足中国、借鉴国外，挖掘历史、把握当代，关怀人类、面向未来，充分体现继承性、民族性、原创性、时代性、系统性、专业性，创新发展哲学社会科学，为实现“两个一百年”奋斗目标、实现中华民族伟大复兴的中国梦提供强大思想理论支撑。要坚持马克思主义在哲学社会科学领域的指导地位。把马克思主义理论作为必修课，组织广大党员、干部特别是领导干部学习和研读经典著作，推进经典著作编译、导读工作，加强教育教学。要加快构建中国特色哲学社会科学学科体系。巩固马克思主义理论一级学科基础地位，加强哲学社会科学各学科领域马克思主义相关学科建设，实施高校思想政治理论课建设体系创新计划，发展中国特色社会主义政治经济学，丰富发展马克思主义哲学、政治经济学、科学社会主义。要加快构建中国特色哲学社会科学话语体系。深化党的理论创新成果的学理阐释，将党的理论创新成果的核心思想、关键话语体现到各学科领域。要建设种类齐全、梯队衔接的哲学社会科学人才队伍。深化人才发展体制机制改革，规范完善职

称评定制度、岗位聘用制度，以增加知识价值为导向，完善收入分配激励机制。

《意见》要求，要加强和改善党对哲学社会科学工作的领导。各级党委（党组）要把哲学社会科学工作摆在重要位置，加强政治领导和工作指导，及时解决实际问题。统筹推进各类智库协调发展，大力提高智库建设水平。领导干部要以科学的态度对待哲学社会科学，尊重哲学社会科学工作者的辛勤付出和研究成果，主动同专家学者打交道、交朋友，认真贯彻党的知识分子政策，加强哲学社会科学优秀人才使用。加强相关领域立法，加大宣传力度，营造尊重学术、尊重人才、崇尚科学、追求真理的良好氛围。

3月5日

［纲　文］　**中国自主研发的万米海底地震仪、“海翼”号深海滑翔机应用取得成功。**

［目　文］　万米海底地震仪是中国科学院地质与地球物理研究所经过近20年自主研发成功的。该仪器在马里亚纳海沟挑战者深渊获取了两条万米级人工地震剖面，使我国成为世界上首个成功获取万米级海洋人工地震剖面的国家。海底地震仪通过记录海底地震波动信号，对海底地层进行地震波成像。此次获取的数据极为珍贵，为海洋地球科学研究提供了第一手资料。

“海翼”号深海滑翔机由中国科学院沈阳自动化研究所自主研发。它在马里亚纳海沟挑战者深渊的最大下潜深度达6329米，并成功回收。这一成绩刷新了水下滑翔机最大下潜深度的世界纪录。水下滑翔机是一种通过调节自身浮力和姿态以实现在水中滑行并对水体信息进行收集的新型水下机器人，能够有效提高海洋环境的空间和时间测量密度，是现有水下观测手段的有效补充。

3月5—15日

［纲　文］　**中华人民共和国第十二届全国人民代表大会第五次会议在北京召开。**

［目　文］　习近平、李克强、俞正声、刘云山、王岐山、张高丽等党和国家领导人出席开幕会、闭幕会。全国人大常委会委员长张德江主持开、闭幕会。

会议主要内容有：一、会议经表决，通过了关于政府工作报告的决议。决议指出，会议充分肯定国务院过去一年的工作，同意报告提出的2017年工作总体部署、目标任务、重点工作和政策措施，决定批准这个报告。二、会议表决通过了关于2016年国民经济和社会发展计划执行情况与2017年国民经济和社会发展计划的决议，决定批准关于2016年国民经济和社会发展计划执行情况与2017年国民经济和社会发展计划草案的报告，批准2017年国民经济和社会发展计划；表决通过了关于2016年中央和地方预算执行情况与2017年中央和地方预算的决议，决定批准关于2016年中央和地方预算执行情况与2017年中央和地方预算草案的报告，批准2017年中央预算。三、会议经表决，通过了《中华人民共和国民法总则》，自2017年10月1日起施行。四、会议表决通过了关于十三届全国人大代表名额和选举问题的决定，通过了香港特别行政区选举十三届全国人大代表的办法和澳门特别行政区选举十三届全国人大代表的办法。根据关于十三届全国人大代表名额和选举问题的决定，十三届全国人大代表于2018年1月选出。五、会议表决通过了关于全国人大常委会工作报告的决议。决议指出，会议充分肯定全国人大常委会过去一年的工作和作出的决定决议，同意报告提出的今后一年的主要任务和工作安排，决定批准这个报告。六、会议经表决，通过了关于最高人民法院工作报告的决议、关于最高人民检察院工作报告的决议，决定批准这两个报告。七、会议表决通过了关于确认全国人大常委会接受徐显明辞去十二届全国人大常委会委员职务的请求的决定。

会议期间，习近平、李克强、张德江、俞正声、刘云山、王岐山、张高丽等党和国家领导人出席会议并参加有关代表团分组讨论，与人大代表们一起审议和讨论。张德江在人民大会堂看望参加十二届全国人大五次会议新闻报道工作的中央主要媒体负责人和工作人员。

张德江在闭幕会上说，会议高度评价在以习近平为核心的党中央坚强领导下，党和国家各项事业取得的新进展新成就。明确了2017年工作目标任务、部署安排。让我们更加紧密地团结在以习近平同志为核心的党中央周围，高举中国特色社会主义伟大旗帜，不忘初心、继续前进，同心同德、扎实工作，为夺取全面建成小康社会新胜利、实现“两个一百年”奋斗目标、实现中华民族伟大复兴的中国梦而努力奋斗。

十二届全国人大五次会议闭幕会后在人民大会堂举行记者会，国务院总理李克强会见中外记者，并回答记者提问。记者会历时约2小时20分，参加采访的中外记者近1200名。

5日，《人民日报》发表题为《书写社会主义民主政治新篇章——热烈祝贺十二届全国人大五次会议开幕》的社论。

16日，《人民日报》以《以奋斗成就使命 用实干托起梦想——热烈祝贺十二届全国人大五次会议胜利闭幕》为题发表了社论。

3月6日

［纲 文］ **国家主席习近平在北京会见柬埔寨国王西哈莫尼和太后莫尼列。**

［目 文］ 习近平指出，中柬两国人民传统友谊源远流长。中柬友好是由中国老一辈领导人和西哈努克太皇共同缔造和精心培育的，弥足珍贵。进入新的历史时期，中柬关系又增添新的活力，得到长足发展。2016年我同西哈莫尼国王成功互访。当前，两国政治上高度互信，经济上互利合作，在实现国家发展中互帮互助，在国际和地区事务中密切配合。柬埔寨王室长期以来积极致力于中柬友好事业，为两国关系发展作出了重要贡献。我们愿同柬方携手努力，推动中柬全面战略合作不断迈上新台阶，更好造福两国人民。为促进中柬关系继续深入发展，双方要保持高层接触势头，真正像走亲戚一样常来常往，密切沟通交流。双方要深化互利务实合作，加强发展战略对接，大力推进重点项目合作。双方还要加强多边事务协调，继续为维护地区稳定和中国—东盟合作大局作出贡献。

西哈莫尼和莫尼列表示，柬中友谊根深蒂固，历久弥新。习近平主席2016年对柬埔寨的历史性访问有力地巩固了柬中友谊、推进了柬中合作。柬埔寨王室、政府和人民感谢中方长期以来对柬埔寨王室的深情厚谊，对柬埔寨国家经济社会发展的大力支持。柬埔寨王室将继承西哈努克太皇开辟的对华友好政策，积极推进两国关系不断向前发展。

国家主席习近平夫人彭丽媛、国务委员杨洁篪等参加会见。

3月6日

［纲　文］　**国家发展改革委公布《中华人民共和国国家发展和改革委员会令（第1号）》。**

［目　文］　《委令（第1号）》说，根据能源行政处罚和能源争议纠纷调解工作实际情况，并考虑到适用主体、调整对象均发生了变化，现决定废止《电力监管机构行政处罚程序规定》（国家电力监管委员会第16号令）、《电力争议纠纷调解规定》（国家电力监管委员会第30号令）。自2017年3月6日起施行。

3月6日

［纲　文］　**国家安全监管总局公布《关于修改和废止部分规章及规范性文件的决定》。**

［目　文］　《决定》说，为维护安全生产法制统一，推进依法治安，经过清理，现决定：一、对《危险化学品生产企业安全生产许可证实施办法》（2011年8月5日国家安全生产监督管理总局令第41号公布，根据2015年5月27日国家安全生产监督管理总局令第79号修正）、《危险化学品安全使用许可证实施办法》（2012年11月16日国家安全生产监督管理总局令第57号公布，根据2015年5月27日国家安全生产监督管理总局令第79号修正）、《煤矿企业安全生产许可证实施办法》（2016年2月16日国家安全生产监督管理总局令第86号公布）等3部规章的部分条款予以修改。二、对《煤矿矿长保护矿工生命安全七条规定》（国家安全生产监督管理总局令第58号）等13件规范性文件予以废止。三、自2017年3月6日起施行。

3月6日

［纲　文］　**国家质检总局公布《进出口工业品风险管理办法》。**

［目　文］　《办法》共7章32条。主要有总则、风险信息收集、风险信息评估、风险处置、监督管理、法律责任、附则等内容。自2017年4月1日起施行。

3月6日

［纲　文］　**外交部发言人就美国国务院日前发表的"2016年国别人权报告"涉华部分表示，中方坚决反对。**

［目　文］　发言人说，中国政府高度重视保护和促进人权。新中国成立以来，中国人权事业取得了举世瞩目的巨大成就，这是任何不带政治偏见的人都不能否认的事实。中方一贯主张，各国应在平等和相互尊重基础上就人权问题开展对话交流，以达到相互借鉴、共同提高的目的。我们敦促美方客观、公正看待中国人权状况，停止借口人权问题干涉中国内政。香港、澳门回归以来，"一国两制"和基本法得到贯彻落实，港澳居民依法享有充分的权利和自由，这是任何不带偏见的人所公认的客观事实，不容置疑。美方报告罔顾事

实，对特区事务说三道四、妄加指责，是完全错误的，中方对此表示强烈不满和坚决反对。我想再次强调，香港、澳门是中国的特别行政区，港澳事务属于中国内政，美方无权干预。

3月7日

［纲　文］　**国务院办公厅印发《关于进一步激发社会领域投资活力的意见》。**

［目　文］　《意见》由五个部分组成：一、扎实有效放宽行业准入。二、进一步扩大投融资渠道。三、认真落实土地税费政策。四、大力促进融合创新发展。五、加强监管优化服务。

《意见》指出，各地区、各有关部门要充分认识进一步激发社会领域投资活力的重要意义，把思想认识和行动统一到党中央、国务院重要决策部署上来，切实加强组织领导，落实责任分工，强化监管服务，合理引导预期，着力营造良好市场环境。

3月7日

［纲　文］　**国务院办公厅印发《东北地区与东部地区部分省市对口合作工作方案》。**

［目　文］　《方案》由四个部分组成：一、总体要求。二、对口合作关系。三、重点任务。四、保障措施。

《方案》指出，到2020年，东北地区与东部地区部分省市对口合作取得重要实质性成果，建立起横向联动、纵向衔接、定期会商、运转高效的工作机制，构建政府、企业、研究机构和其他社会力量广泛参与的多层次、宽范围、广领域的合作体系，形成常态化干部交流和人才培训机制，在东北地区加快复制推广一批东部地区改革创新举措，共建一批产业合作园区等重大合作平台，实施一批标志性跨区域合作项目，形成一套相对完整的对口合作政策体系和保障措施。

3月7日

［纲　文］　**交通运输部公布修改后的《中华人民共和国国际海运条例实施细则》，自2017年3月7日起施行。**

3月7日

［纲　文］　**交通运输部公布《城市公共汽车和电车客运管理规定》。**

［目　文］　《规定》共8章71条。主要有总则、规划与建设、运营管理、运营服务、运营安全、监督检查、法律责任、附则等内容。自2017年5月1日起施行。

3月7日

［纲　文］　**国家民族事务委员会发布修改后的《国家民委科研项目管理办法》，自2017年3月7日起施行。**

3月7日

［纲　文］　**全国妇联在北京举行纪念“三八”国际妇女节中外妇女招待会。**

［目　文］　全国妇联副主席宋秀岩主持。全国人大常委会副委员长、全国妇联主席沈跃跃在招待会上向各国姐妹致以节日的祝贺。刘延东、孙春兰、李源潮、严隽琪、杨洁

篪、李海峰和彭珮云、何鲁丽、顾秀莲、陈至立、张梅颖、王志珍，中央国家机关女领导，两院女院士，港澳地区人大女代表、政协女委员，在京女将军，全国三八红旗手等中国各界妇女代表以及外国驻华女大使、使节夫人、女外交官，联合国系统驻华机构代表，在华工作的外国女专家及专家夫人等1000多人出席了招待会。

3月8日

［纲　文］　**国家发展改革委发布《企业投资项目核准和备案管理办法》。**

［目　文］　《办法》共8章66条。主要有总则、项目核准的申请文件、项目核准的基本程序、项目核准的审查及效力、项目备案、监督管理、法律责任、附则等内容。自2017年4月8日起施行。《政府核准投资项目管理办法》（国家发展改革委令第11号）同时废止。

3月8日

［纲　文］　**全国妇联在北京召开“三八”国际妇女节纪念暨表彰大会。**

［目　文］　全国妇联主席沈跃跃出席并讲话。全国妇联副主席宋秀岩主持会议。大会表彰了10名全国三八红旗手标兵、300名全国三八红旗手、200个全国三八红旗集体、110个全国妇联系统先进集体、17名全国妇联系统劳动模范和58名全国妇联系统先进工作者。中共中央政治局委员刘延东、李源潮会见受表彰的先进代表。

3月8日

［纲　文］　**《人民日报》发表题为《让“她时代”绽放更多光彩》的评论员文章。**

3月8日

［纲　文］　**《人民日报》报道，经中共中央批准，中共中央纪委对广东省委原常委、珠海市委原书记李嘉严重违纪问题立案审查。**

［目　文］　李嘉身为党的高级领导干部，理想信念丧失，严重违反党的纪律，特别是其政治问题和经济问题相互交织，性质和影响恶劣、情节和后果严重。依据《中国共产党纪律处分条例》等有关规定，经中央纪委常委会会议研究并报中共中央批准，决定给予李嘉开除党籍、开除公职处分；收缴其违纪所得；将其涉嫌犯罪问题、线索及所涉款物移送司法机关依法处理。

2018年1月12日，福建省漳州市中级人民法院公开宣判李嘉受贿案，对被告人李嘉以受贿罪判处有期徒刑13年，并处罚金人民币200万元；对李嘉受贿所得财物及其孳息予以追缴，上缴国库。

3月8—19日

［纲　文］　**“花开敦煌——常沙娜艺术研究与应用展”在中国美术馆举办。**

［目　文］　展览由中国美术馆、清华大学主办。为常沙娜不同时期艺术经历的大型回顾展览，分为“守望”“凝萃”“传承”三部分，通过常沙娜的壁画临摹、花卉写生、应用设计等不同类别的艺术作品来呈现。

常沙娜是著名艺术设计家、教育家，是“敦煌守护神”常书鸿之女，她继承父亲遗志，一生致力于敦煌艺术的保护、研究与教育工作。

3月9日

［纲　文］　**国务院印发《关于新形势下加强打击侵犯知识产权和制售假冒伪劣商品工作的意见》。**

［目　文］　《意见》由七个部分组成：一、总体要求。二、推进跨部门跨区域综合治理。三、提高市场监管和预警防范能力。四、推动完善法规标准和司法保护体系。五、构建多方参与的共治格局。六、提升国际交流合作水平。七、加强组织领导。

《意见》指出，要加强组织领导和统筹落实，切实抓好政策制定、执法协调、宣传教育、涉外交流等工作。落实地方政府责任，将打击侵权假冒工作纳入地方政府绩效考核体系，加强对打击侵权假冒执法经费和涉案物品环境无害化处理经费的财政保障。严格实行行政执法人员资格管理和持证上岗制度，提高执法监管能力。

3月9日

［纲　文］　**国务院办公厅印发《2017年政务公开工作要点》。**

［目　文］　《要点》由六个部分组成：一、以政务公开助力稳增长。二、以政务公开助力促改革。三、以政务公开助力调结构。四、以政务公开助力惠民生。五、以政务公开助力防风险。六、增强政务公开实效。

《要点》指出，各地区各部门要结合实际，制定具体实施方案或工作安排，并在本要点公布后30个工作日内在本地区本部门政府网站公开。加强督查评估，将政务公开纳入绩效考核体系，无绩效考核体系的国务院部门，年内要建立政务公开专项考核机制。国务院办公厅适时对落实情况进行督查，组织开展第三方评估。

3月9日

［纲　文］　**国家保密局公布《保密事项范围制定、修订和使用办法》。**

［目　文］　《办法》共6章33条。主要有总则，保密事项范围的形式、内容，保密事项范围的制定、修订程序，保密事项范围的使用，保密事项范围的解释、清理，附则等内容。自2017年4月1日起施行。

3月9日

［纲　文］　**国家质检总局公布《出入境尸体骸骨卫生检疫管理办法》。**

［目　文］　《办法》共5章24条。主要有总则、申报、现场查验、检疫处置、附则等内容。自2017年5月1日起施行。

3月9日

［纲　文］　**国家安全监管总局公布《建设项目职业病防护设施“三同时”监督管理办法》。**

［目　文］　《办法》共7章46条。主要有总则、职业病危害预评价、职业病防护设

施设计、职业病危害控制效果评价与防护设施验收、监督检查、法律责任、附则等内容。自2017年5月1日起施行。国家安全生产监督管理总局2012年4月27日公布的《建设项目职业卫生“三同时”监督管理暂行办法》同时废止。

3月11—14日

［纲　文］　**应外交部部长王毅邀请，丹麦外交大臣萨穆埃尔森对中国进行正式访问。**

［目　文］　访问期间，国务委员杨洁篪在北京会见了萨穆埃尔森。王毅在北京同萨穆埃尔森举行会谈。王毅表示，丹麦是最早同中国建交的西方国家之一。当前中丹关系正处在历史最好时期。2018年两国将迎来建立全面战略伙伴关系10周年。中方愿同丹方以此为契机，推动中丹全面战略伙伴关系迈上新台阶。

萨穆埃尔森表示，丹麦政府高度重视发展对华关系，坚定奉行一个中国政策，尊重中国主权和领土完整。

3月12日

［纲　文］　**国家主席习近平任免驻外大使。**

［目　文］　习近平根据全国人民代表大会常务委员会的决定任免下列驻外大使：一、免去韦宏添的中华人民共和国驻索马里联邦共和国特命全权大使职务；任命覃俭为中华人民共和国驻索马里联邦共和国特命全权大使。二、免去邓英（女）的中华人民共和国驻克罗地亚共和国特命全权大使职务；任命胡兆明为中华人民共和国驻克罗地亚共和国特命全权大使。三、免去武东的中华人民共和国驻毛里塔尼亚伊斯兰共和国特命全权大使职务；任命张建国为中华人民共和国驻毛里塔尼亚伊斯兰共和国特命全权大使。四、免去罗照辉的中华人民共和国驻加拿大特命全权大使职务；任命卢沙野为中华人民共和国驻加拿大特命全权大使。

3月12日

［纲　文］　**国务院办公厅转发文化部、工业和信息化部、财政部《中国传统工艺振兴计划》。**

［目　文］　《计划》由四个部分组成：一、重要意义。二、总体要求。三、主要任务。四、保障措施。

《计划》要求，各级人民政府加强统筹协调，落实支持政策，加强金融服务，鼓励社会参与，加强传统工艺振兴的多方保障。

3月13日

［纲　文］　**财政部、国务院扶贫办、国家发展改革委、国家民委、农业部、国家林业局印发《中央财政专项扶贫资金管理办法》。**

［目　文］《办法》共5章24条。主要有总则、预算安排与资金分配、资金支出范围与下达、资金管理与监督、附则等内容。自2017年3月31日起施行。

3月13日

［纲　文］**财政部印发《中央国有资本经营预算支出管理暂行办法》**。

［目　文］《办法》共9章44条。主要有总则、支出范围、预算编制和批复、预算执行、转移支付、决算、绩效管理、监督检查、附则等内容。自2017年1月1日起施行。

3月13日

［纲　文］**人力资源社会保障部公布修改后的《外国人在中国就业管理规定》，自2017年3月13日起施行**。

3月13日

［纲　文］**铁路局印发《铁路建设工程监管行政处罚信息公开办法》，自2017年3月16日起施行**。

3月13日

［纲　文］**国务院总理李克强同英国首相特雷莎·梅就庆祝中英建立大使级外交关系45周年互致贺信**。

［目　文］李克强在贺信中表示，45年来，中英利益交融不断深入，互利合作成果丰硕，人文往来日益密切，两国人民都从中切实受益。当前，中英关系站在新的历史起点上，拥有坚实的合作基础和广阔的发展空间。中方愿与英方共同努力，推动双方政治互信更加巩固，互利务实合作取得新的成果，让中英关系在互信互补、互利互惠的轨道上行稳致远，更好造福两国人民。

特雷莎·梅在贺信中向中国政府和人民致以良好祝愿。她表示，英中伙伴关系持续发展，两国高层交往频繁，高级别对话富有成效，贸易投资联系日益紧密，人文交往不断深化，大大增进了两国福祉。展望未来，英中合作必将取得更加丰硕的成果。

3月13—19日

［纲　文］**应外交部部长王毅邀请，布隆迪对外关系与国际合作部部长尼亚米特韦对中国进行正式访问**。

［目　文］15日，王毅在北京与尼亚米特韦举行会谈，双方签署了关于两国外交部建立磋商机制的协议。王毅表示，中方支持布方积极探索符合本国国情的发展道路，愿同布方一道，抓住中非发展战略对接的历史性机遇，以落实中非合作论坛约翰内斯堡峰会成果为抓手，拓展两国农业、基础设施建设、人力资源开发等领域互利合作，扩大人文交流，密切国际和地区事务协调，让中布合作更好造福两国人民。尼亚米特韦重申布政府将同中方在涉及彼此核心利益和重大关切问题上继续相互理解和坚定支持，全面深化两国各领域友好互利合作，欢迎中国企业赴布投资。

16日，国家副主席李源潮在北京会见尼亚米特韦时说，近年来中布政治互信不断提升，各领域合作日益深化，在涉及彼此核心利益和重大关切问题上相互理解、相互支持。

希望双方夯实两国关系政治基础，优先拓展民生领域互利合作，扩大人文交流，推动中布友好关系不断发展。尼亚米特韦表示，布愿与中国相互坚定支持，加强农业、基础设施、能源、文化等领域合作，密切在国际和地区事务中协调配合，深化互利共赢的友好合作关系。

3月14日

［纲　文］　**住房城乡建设部发布《城市设计管理办法》，自2017年6月1日起施行。**

3月15日

［纲　文］　**习近平签署中华人民共和国主席令（第66号）。**

［目　文］　主席令（第66号）说，《中华人民共和国民法总则》已由中华人民共和国第十二届全国人民代表大会第五次会议于2017年3月15日通过，现予公布，自2017年10月1日起施行。

3月15日

［纲　文］　**国务院分别印发中国（辽宁、浙江、河南、湖北、重庆、四川、陕西）自由贸易试验区总体方案。**

［目　文］　总体方案指出，建立辽宁、浙江、河南、湖北、重庆、四川、陕西等自由贸易试验区，是党中央、国务院作出的重大决策，是新形势下全面深化改革和扩大开放的一项战略举措，对加快政府职能转变、积极探索管理模式创新、促进贸易投资便利化、深化金融开放创新，为全面深化改革和扩大开放探索新途径、积累新经验，具有重要意义。

总体方案指出，要坚决贯彻党中央、国务院部署，坚持稳中求进工作总基调，进一步解放思想、改革创新、大胆实践、积极探索、统筹谋划、加强协调，支持自贸试验区先行先试。要提高对办好自贸试验区工作的认识，加强组织领导，明确责任主体，精心组织好总体方案实施工作，抓好改革措施的落实，有效防控各类风险。国务院自由贸易试验区工作部际联席会议办公室、七省市人民政府、有关部门要创新思路、寻找规律、解决问题、积累经验；要充分发挥积极性，因地制宜、突出特色，做好对比试验和互补试验；要及时总结评估试点任务实施效果，加强试点经验系统集成，持续形成可复制可推广的改革经验，充分发挥示范带动、服务全国的积极作用。

4月1日，七省市分别举行了挂牌仪式。

3月15日

［纲　文］　**财政部、国家发展改革委印发《关于清理规范一批行政事业性收费有关政策的通知》。**

［目　文］　《通知》说，经国务院批准，自4月1日起，取消或停征41项中央设立

的行政事业性收费，将商标注册收费标准降低50%。这是继上周财政部公布将取消、调整部分政府性基金之后的又一次降费行动，以切实减轻企业和个人负担，促进实体经济发展。在取消或停征的41项行政事业性收费项目中，涉企行政事业性收费35项，涉及个人等事项的行政事业性收费6项。这些项目包括，非刑事案件财物价格鉴定费、机动车抵押登记费、环境监测服务费、白蚁防治费、出入境检验检疫费、预防性体检费、婚姻登记费等。

《通知》要求，各省、自治区、直辖市财政部门会同有关部门，要对本地区出台的行政事业性收费政策进行全面清理，并于2017年4月30日前，将清理规范情况报送财政部。对确需保留的行政事业性收费项目，要实施目录清单管理，主动接受社会监督。对中央设立的行政事业性收费，要严格按照国家规定执行，不得擅自改变征收范围、征收标准或另行加收任何费用。

3月15日

［纲　文］　**中国人民银行发布的2016年支付业务统计数据显示，全国支付体系运行平稳，社会资金交易规模不断扩大，支付业务量保持稳步增长。**

［目　文］　移动支付业务方面，保持快速增长。2016年，银行业金融机构共处理电子支付业务1395.61亿笔，金额2494.45万亿元。其中，网上支付业务461.78亿笔，金额2084.95万亿元，同比分别增长26.96%和3.31%；移动支付业务257.10亿笔，金额157.55万亿元，同比分别增长85.82%和45.59%。非银行支付机构累计发生网络支付业务1639.02亿笔，金额99.27万亿元，同比分别增长99.53%和100.65%。

3月15日

［纲　文］　**国务委员兼国防部长常万全在北京会见越南海军司令范怀南。**

［目　文］　常万全说，中越两国政治制度相同，理想信念相通，发展道路相近，前途命运相关，是具有战略意义的命运共同体。中国军队愿同越南军队一道，全面落实习近平总书记和阮富仲总书记达成的重要共识，共同维护两国友好关系大局和地区和平稳定。

范怀南说，越南军队特别是越南海军愿与中国军队一起，进一步巩固双方友谊，为两国两军关系全面发展作出贡献。

同日，海军司令员沈金龙在北京与范怀南举行会谈时说，近年来，中越两国海军关系持续向好、务实合作不断深化。希望双方进一步发展务实合作的两国海军关系，用好北部湾联合巡逻机制，加强海军高层沟通，推进海军党政工作交流，加强军舰互访，拓展院校交流。同时，希望双方共同努力，按照顾全大局、谋求共赢的思路有效管控分歧，以长远的眼光和广阔的视角，共同为维护南海地区的和平与稳定发挥积极作用。

范怀南表示，越方高度重视与中方的友好关系，愿意在各层次领域加强双方的务实交流合作，推动两国海军关系不断发展，共同维护地区海上安全与稳定。

3月15—18日

［纲　文］　**应国家主席习近平邀请，沙特阿拉伯王国国王萨勒曼对中国进行国事**

访问。

［目　文］　访问期间，习近平在北京同萨勒曼举行会谈，两国元首一致同意保持双边关系发展势头，促进各领域务实合作，推动中沙全面战略伙伴关系不断取得新成果；见证了经贸、能源、产能、文化、教育、科技等领域双边合作文件的签署，并共同出席了在国家博物馆举行的“阿拉伯之路——沙特出土文物展”闭幕式。国务院总理李克强、全国人大常委会委员长张德江在北京分别会见了萨勒曼。双方发表了《中华人民共和国和沙特阿拉伯王国联合声明》。

习近平同萨勒曼会谈时指出，中方将一如既往支持沙特走符合本国国情的发展道路，支持沙特为维护国家主权、安全、发展利益所作努力，支持沙特在地区和国际事务中发挥更大作用。中方支持沙特实现“2030 愿景”，欢迎沙特成为共建“一带一路”的全球合作伙伴，也愿做沙特经济多元化的全球合作伙伴。中国是沙特可靠稳定的原油出口市场，双方应共同打造能源领域一体化合作格局，深化通信、航天等领域合作，探讨建立金融和投资合作平台。双方还应继续加强在文化、教育、卫生、科技、旅游、新闻和安全等领域的合作。长期以来，中国同广大伊斯兰国家相互尊重、合作共赢，创立了不同文明和谐共处的典范。中方主张，在处理中东事务时，要坚持尊重国家主权和不干涉内政原则，通过政治对话化解分歧，缓解热点问题紧张局势，坚持发挥联合国主渠道作用，更多倾听地区组织和国家声音，充分考虑地区历史、民族、教派的特殊性。中东很多问题，根子在发展，出路最终也要靠发展。中方愿同包括中东国家在内的沿线国家共建“一带一路”，在开放中共享机会，在互联互通中深化合作，促进和平发展。萨勒曼表示，沙特高度赞赏中国在国际事务中坚持不干涉内政、通过对话和平解决冲突的立场，赞赏中国在维护国际和平与安全方面的重要作用。沙方希望中方在中东事务中发挥更大作用，愿同中方共同努力，促进世界和地区的和平、安全与繁荣。

李克强在会见萨勒曼时表示，中方愿同沙特巩固互信，深入对接发展战略，落实好重点领域产能合作，开辟能源和高技术合作新空间，加强国际地区事务协调，推动中沙关系与广泛领域合作取得新进展。发展经济、改善民生需要和平稳定的环境。萨勒曼表示，沙方对两国合作前景充满信心，愿继续发挥高级别联合委员会作用，加强各领域务实合作，共同应对恐怖主义和极端势力威胁，更好维护地区与世界的和平稳定。

3 月 15—21 日

［纲　文］　**文化部第 1 期全国文艺院团长培训班在北京中央文化管理干部学院举办。**

［目　文］　本次培训除设专题讲座、座谈研讨等内容外，安排了“工作坊”教学新模式，旨在引导学员进一步树立问题导向，围绕培训主题有针对性地深入研讨。培训班组织学员到北京地区多家优秀文艺院团现场教学，推动工作交流与经验分享。来自中央与全国各省市县文艺院团的主要负责人 190 余位参加培训。文化部副部长董伟出席开班式并致辞。

全国文艺院团长培训班计划每年举办三期，其中国有院团两期、民营院团一期，每期学员约200名。

3月16日

［纲　文］　**国家主席习近平应约同德国总理默克尔通电话。**

［目　文］　习近平指出，2017年是中德建交45周年。近年来，两国关系全面深入发展。我们愿同德方一道，推动中德全方位战略伙伴关系得到更大发展。作为世界重要经济体和全球化的坚定支持者，中德有责任推动各方共同建设开放型世界经济，维护多边贸易规则和体制的有效性、权威性。双方加强合作符合两国根本利益，也有利于深化中国同欧盟关系。我们愿同德方一道，对外释放开放、合作、共赢的积极信号。经贸合作是中德关系发展重要推动力。中德双方要加强经贸互利合作和沟通协商，统筹规划和落实好中德高级别财金对话、人文交流、安全对话等机制安排。中方支持德方主办二十国集团领导人汉堡峰会，愿同德方共同推动二十国集团发扬同舟共济、合作共赢的伙伴精神，推动汉堡峰会在杭州峰会的基础上，就国际经济合作和全球经济治理发出明确、强劲、积极信号，使全球经济增长更加强劲、治理更加有效、贸易更加开放、发展更加包容。中方支持欧洲一体化进程。中国和欧盟要从战略高度和长远角度积极致力于打造和平、增长、改革、文明四大伙伴关系，共同建设一个和平、开放、包容、繁荣的世界。

默克尔表示，当前德中关系广度、深度和发展势头很好。德方高度评价习近平主席2017年1月在达沃斯世界经济论坛发表的演讲，支持"一带一路"倡议，感谢中方支持德方主办二十国集团领导人汉堡峰会。德方愿同中方密切高层交往，加强经贸、投资、发展领域合作，深化人文交流，将德中全方位战略伙伴关系提高到新的水平。德方愿致力于推动欧中关系不断发展。

3月16日

［纲　文］　**国务院公布修订后的《农药管理条例》，自2017年6月1日起施行。**

3月16日

［纲　文］　**国务院办公厅印发《关于调整中国人民银行货币政策委员会组成人员的通知》。**

［目　文］　《通知》说，中国人民银行《关于任免货币政策委员会委员的请示》（银发〔2017〕60号）收悉。根据《中国人民银行货币政策委员会条例》的有关规定，经国务院领导同意，现就调整货币政策委员会组成人员通知如下：同意丁学东、郭树清担任货币政策委员会委员，肖捷、尚福林不再担任货币政策委员会委员职务。

3月16日

［纲　文］　**国家海洋局发布《2016年中国海洋经济统计公报》。**

［目　文］　《公报》说，据初步核算，2016年全国海洋生产总值70507亿元，比上年增长6.8%，海洋生产总值占国内生产总值的9.5%，我国海洋经济和海洋产业继续保持

平稳增长态势。在海洋生产总值的构成中，海洋产业增加值 43283 亿元，海洋相关产业增加值 27224 亿元。海洋第一产业增加值 3566 亿元，第二产业增加值 28488 亿元，第三产业增加值 38453 亿元，海洋第一、第二、第三产业增加值占海洋生产总值的比重分别为 5.1%、40.4%和 54.5%。据测算，2016 年全国涉海就业人员 3624 万人。在海洋服务业新业态方面，以滨海旅游、海洋交通运输为代表的海洋服务业增加值增速超过 10%，高于同期海洋经济增速超过 3 个百分点。邮轮航线逐步增多，邮轮旅游发展势头渐趋增强，邮轮出境旅客达 212.26 万人次，同比增长 91%。

3 月 16 日

［纲　文］　**公安部发布《注册消防工程师管理规定》。**

［目　文］　《规定》共 7 章 62 条。主要有总则、注册、执业、继续教育、监督管理、法律责任、附则等内容。自 2017 年 10 月 1 日起施行。

3 月 16 日

［纲　文］　**环境保护部、民政部联合印发《关于加强对环保社会组织引导发展和规范管理的指导意见》。**

3 月 16 日

［纲　文］　**国务院副总理张高丽、中央军委副主席范长龙在北京分别会见巴基斯坦陆军参谋长巴杰瓦。**

［目　文］　张高丽在会见巴杰瓦时表示，中巴是全天候战略合作伙伴。近年来，中巴关系保持快速发展势头，两国高层往来频繁，战略互信不断增强，互利共赢合作推进“一带一路”建设，各领域务实合作取得新成果。中巴合作不仅造福两国人民，也为促进地区和平稳定发展作出重要贡献。双方要按照两国领导人达成的共识，保持高层密切交往，科学有序推进中巴经济走廊建设，加强防务安全合作，密切在国际和地区事务上的协调配合，不断将中巴关系推向新高度。巴杰瓦表示，对华关系是巴外交政策的基石，巴军队始终是巴中友好关系的坚定支持者。巴军方高度重视中巴经济走廊建设，将坚决维护走廊安全，确保走廊建设顺利推进。

范长龙同巴杰瓦就两国两军关系和地区安全等共同关心的问题深入交换了意见。范长龙说，中巴两国是全天候战略合作伙伴，两国人民之间有着兄弟般的情谊。中方感谢巴军方在中巴经济走廊安保方面付出的积极努力，愿与巴方进一步加强合作，将两军各个领域的务实合作提升到新的水平。巴杰瓦表示，巴方愿同中方共同努力，加强各领域务实合作，坚决打击恐怖势力，不断造福两国人民。

17 日，外交部部长王毅在北京会见巴杰瓦时表示，双方始终在涉及彼此核心利益问题上相互给予坚定支持。中方赞赏巴方为打击恐怖主义和保障中巴经济走廊安全所作努力，愿与巴方加强全方位合作，促进两国和地区稳定与发展。巴杰瓦表示，中国是巴基斯坦最重要的朋友，对华关系始终是巴外交优先方向。巴政府和军队致力于不断加强同中国的友好合作，将继续坚定打击恐怖主义，采取一切必要措施为中巴经济走廊建设提供安全保障。双方还就阿富汗问题及地区局势等交换了意见。

3月16日

［纲　文］ **“中国—东盟旅游合作年”在菲律宾马尼拉开幕，国务院总理李克强向开幕式致贺词。**

［目　文］ 中国国家旅游局局长李金早主持开幕式，国务院副总理汪洋出席并宣读李克强的贺词。菲律宾总统杜特尔特向开幕式致贺词。中国国家旅游局、中国驻菲使馆、中国驻东盟使团、中国—东盟中心、中国旅游业界代表，东盟国家旅游部门负责人，马尼拉青年学生、市民、在菲华人华侨代表等千余人出席。

李克强在贺词中表示，中国与东盟国家或山水相连或隔海相望，彼此人文相通，血脉相亲，友好交往源远流长。中国将东盟作为周边外交的优先方向，支持东盟在区域合作中的中心地位，愿继续秉持相互尊重、理解、信任和支持，不断深化共识，共享发展机遇，携手构建更为紧密的中国—东盟命运共同体，促进地区乃至世界的和平、稳定与繁荣。旅游合作是中国同东盟国家人文交流与合作的重要内容，增进了双方人民相互了解与友谊，带动了各产业领域的务实合作。中国已成为东盟第一大游客来源国。我们愿同东盟朋友们在东盟成立50周年之际，以共同办好“中国—东盟旅游合作年”为契机，为促进新时期中国—东盟关系继续提质升级注入新的强劲动力。

11月17日，2017中国—东盟旅游合作年闭幕式在昆明举办。国家旅游局副局长魏洪涛，云南省副省长陈舜，东盟国家旅游组织主席、泰国旅游和体育局常务秘书彭帕努出席闭幕式并致辞。东盟各成员国有关负责人、中国各省区市旅游部门相关负责人等参加闭幕仪式。

3月16日

［纲　文］ **中国自主原创的手机（移动终端）动漫标准正式由国际电信联盟发布。**

［目　文］ 国际电信联盟正式发布手机（移动终端）动漫国际标准（标准号T.621）。这一标准由中国自主原创、主导制定，是我国文化领域首个国际技术标准，其正式发布是文化领域中国科技、中国标准走向世界的重要标志，为全球手机动漫产业提供了中国标准。

3月16日

［纲　文］ **国务委员兼国防部长常万全在北京会见吉尔吉斯斯坦军队总参谋长杜伊申比耶夫。**

［目　文］ 常万全说，中国军队重视发展同吉尔吉斯斯坦军队友好务实合作，愿与吉方一道认真落实两国元首达成的共识，不断拓展两军合作的广度和深度，继续加强在上海合作组织防务安全领域的沟通协调，为维护两国和本地区的安全稳定作出新贡献。

杜伊申比耶夫说，吉方对中方提供的各项帮助表示感谢，并愿与中方一道，继续加强各领域务实合作，推动两军友好合作关系向前发展。

3月16—19日

［纲　文］ **国务院副总理汪洋应邀对菲律宾进行正式访问。**

［目　文］　17日，汪洋在达沃市会见菲律宾总统杜特尔特时表示，总统先生2016年10月成功访华，同习近平主席举行了历史性会晤，实现中菲关系破冰之旅，迎来中菲友好合作的春天。中菲两国合作前景广阔、潜力巨大。我此访主要任务就是加快落实两国元首共识，共同做大利益蛋糕，造福两国及两国人民。双方团队已就推进两国各领域务实合作达成了许多积极成果。中方愿同菲方一道进一步聚焦合作内容，筹划好两国高层交往，通过对话协商妥善处理南海问题，保持两国关系的良好势头。杜特尔特表示，菲中关系日益紧密，我对两国关系现状感到满意，对中方给予菲律宾的支持与帮助表示感谢。菲方愿继续同中方拓展务实合作，维护深化这一强有力的双边关系。我深信菲中关系将不断迈向新的高度。菲方不希望在南海问题上同中方对立，而愿同中方相互信任，友好相待。

访问期间，汪洋与菲律宾内阁经济管理团队举行会谈，出席“中国—东盟旅游合作年”开幕式并致辞；出席中菲经贸合作论坛暨中小企业投资与贸易洽谈会并发表主旨演讲。双方签署了《中菲经贸合作六年发展规划》等合作文件。

3月17日

［纲　文］　**国家主席习近平在北京同卢旺达总统卡加梅举行会谈。**

［目　文］　两国元首一致同意以推进落实中非合作论坛约翰内斯堡峰会成果为抓手，积极创新合作模式，全面深化互利合作，提升两国战略合作水平。

习近平指出，中卢建交46年来，始终相互理解、真诚合作，两国政治互信不断增强，经贸互利合作快速发展，人文交流精彩纷呈，双边关系呈现良好发展势头。当前，中卢合作发展面临历史性机遇。双方要深化政治互信，加强各领域人员往来，交流治国理政经验，密切在国际和地区事务中的沟通与协作。中方支持卢旺达人民积极探索符合本国国情的发展道路。要加强工业化和农业现代化合作，中方愿为卢方经济特区建设提供支持，同卢方加强产业对接，促进产能合作，提高卢方粮食安全保障能力。双方还要加强基础设施建设合作，中方鼓励更多中国企业赴卢旺达参与交通、能源等重大基础设施项目建设。要挖掘旅游合作潜力，共同将旅游业打造成为两国互利合作新亮点。要加强和平安全领域合作，中方支持卢旺达在联合国和地区维和行动中发挥更大作用。我2013年访问非洲时提出发展中非关系要始终秉持真实亲诚的政策理念和正确义利观，其核心要义就是要把中国发展同助力非洲发展紧密结合起来，实现合作共赢、共同发展。中国不仅是非洲谋求自主可持续发展的重要推动者和贡献者，也是国际对非合作引领者。无论国际形势如何变化，中国对非政策不会改变，推进中非友好互利合作的步伐不会减慢。中方将同非洲友好国家一道，全面落实中非合作论坛约翰内斯堡峰会成果，把中非合作同非洲实现《2063年议程》紧密结合起来，支持非洲联合自强和实现工业化、农业现代化目标。

卡加梅表示，卢旺达珍惜同中国的友好关系和合作，感谢中国为卢旺达重建和发展作出的宝贵贡献，欢迎中国企业加大对卢旺达农业、矿产、旅游、基础设施建设等领域投资。卢方赞赏中国长期以来奉行友好的对非政策，高度评价中国在发展对非关系时坚持平等和相互尊重、不以意识形态划界，积极致力于在中非合作论坛约翰内斯堡峰会成果框架下深入推进卢中和非中各领域合作。

3月17日

［纲　文］ **国家主席习近平在人民大会堂接受8国新任驻华大使递交国书。**

［目　文］ 习近平欢迎各国使节来华履新，请他们转达对各有关国家领导人和人民的诚挚问候和美好祝愿，指出中国政府将为各国使节履职提供便利和支持，希望各位使节任职期间为增进两国人民友谊、促进双边关系发展作出积极贡献。

使节们表示，各国高度重视发展对华关系，期待积极参与"一带一路"建设。他们对此时出使中国深感荣幸，将致力于推动各自国家同中国友好关系发展。

8位新任驻华大使是：以色列驻华大使何泽伟、伊拉克驻华大使贝尔瓦利、牙买加驻华大使丘伟基、坦桑尼亚驻华大使凯鲁基、斯洛伐克驻华大使贝拉、菲律宾驻华大使罗马纳、泰国驻华大使毕力亚、加拿大驻华大使麦卡勒姆。

3月17日

［纲　文］ **李克强主持召开国务院常务会议。**

［目　文］ 会议确定《政府工作报告》责任分工，部署落实全年工作。会议指出，十二届全国人大五次会议通过的《政府工作报告》，明确了2017年经济社会发展主要目标任务。这是政府向人民承诺的"军令状"。明确了2017年政府工作11个方面56项重点任务，确定了具体分工和责任单位。

会议指出，一要巩固和扩大经济稳中向好势头。在2017年前两个月开局较好的基础上，保持宏观政策连续性和稳定性，密切跟踪国内外形势变化，充分估计可能遇到的困难和挑战，及早谋划，精准把握，创新方式，妥善应对，增强调控政策的针对性、灵活性和有效性，进一步释放国内有效需求潜力，完善促进对外开放的相关政策，防范和化解各类风险隐患，保持经济运行在合理区间，继续实现比较充分的就业。二要全面深化各项重点改革。推动"三去一降一补"取得更大成效。围绕降低制度性交易成本进一步深化简政放权、放管结合、优化服务改革，各部门年内要制定出台权力清单、责任清单，在更大范围推广市场准入负面清单试点。实现"双随机、一公开"监管全覆盖。积极推进国企国资、财政金融等改革。支持教育、医养结合、文体等社会领域向民间投资更大开放的措施要尽快到位。三要加快落实已确定的2017年减税降费政策，同时继续多方面采取措施，进一步加大减轻企业特别是小微企业负担的力度。各部门、各单位要顾全大局，敢于触动利益，克服自身困难，坚决把这项利企利民的硬任务落实到位。四要深入实施创新驱动发展战略，按照加快新旧动能转换和产业迈向中高端的要求，加快打造大众创业、万众创新全程服务体系，对接市场需求和技术进步趋势，进一步壮大战略性新兴产业和分享经济等新动能，重点推动一批带动力强的传统产业加快改造升级，提升中国制造质量水平。五要围绕化解民生"痛点"，抓紧落实已确定的保障和改善民生重大举措，确保完成脱贫攻坚任务。

会议要求，各部门要“对号入座”，细化分解承担的任务，明确每一项工作的时间节点、责任人和配套措施，定期组织督查督办，对抓落实有力、有成效的要给予激励，对工作进展缓慢甚至敷衍塞责、消极怠工的要督促问责。更加注重发挥地方和基层创造性，调动各方面积极性，努力开创今年经济社会发展新局面。

3月17日

［纲　文］　**中央军委办公厅发出通知要求全军和武警部队认真传达学习十二届全国人大五次会议精神。**

［目　文］　通知指出，要按照中央军委统一部署要求，重点传达学习中央军委主席习近平在解放军代表团全体会议上的讲话，传达学习政府工作报告。着重引导官兵充分认清过去一年以习近平同志为核心的党中央领导全国各族人民迎难而上、砥砺前行，推动经济社会持续健康发展，实现“十三五”良好开局，进一步增进对党中央、习主席的信赖拥戴；充分认清党的十八届六中全会正式明确习近平总书记的核心地位，体现了党和人民的根本利益，对保证党和国家兴旺发达、长治久安具有十分重大而深远的意义；充分认清2017年我国发展面临的困难挑战和有利条件；充分认清过去一年国防和军队改革取得重大突破，继续坚持以强军目标为引领，推进政治建军、改革强军、依法治军，强化练兵备战，坚决有效维护国家主权、安全、发展利益。

通知要求，各级党委要高度重视抓好十二届全国人大五次会议精神的传达学习，认真筹划安排、精心组织实施。要依据解放军代表团印发的传达提纲，由军队人大代表或团以上领导干部，尽快把会议精神传达到全体官兵、离退休人员等。团以上党委中心组学习、部队思想政治教育、院校政治理论课教学，要把会议精神作为重要内容，组织官兵搞好学习讨论。传达学习会议精神，要与学习贯彻习主席系列重要讲话精神和治国理政新理念新思想新战略，学习贯彻习主席国防和军队建设重要论述结合起来，与开展维护核心、听从指挥主题教育活动，推进“两学一做”学习教育常态化制度化结合起来，与搞好“宣传强军思想、讲好强军故事、展现强军风貌”重大主题宣传活动等结合起来，深化理解认识，领会精髓要义。全军官兵要更加紧密地团结在以习近平同志为核心的党中央周围，进一步强化“四个意识”、坚定“四个自信”，坚决维护权威、维护核心、维护和贯彻军委主席负责制，坚决同党中央、中央军委和习主席保持高度一致，坚决听从党中央、中央军委和习主席指挥，扎实推进军队建设、改革和军事斗争准备，圆满完成党和人民赋予的各项任务，以优异成绩迎接党的十九大胜利召开。

3月17日

［纲　文］　**食品药品监督管理总局公布《关于调整部分药品行政审批事项审批程序的决定》。**

［目　文］　《决定》说，为贯彻落实《国务院关于改革药品医疗器械审评审批制度的意见》（国发〔2015〕44号）以及国务院有关行政审批制度改革精神，进一步加强药品注册管理，切实提高审评审批效率，经国家食品药品监督管理总局局务会议研究决定，将下

列由国家食品药品监督管理总局作出的药品行政审批决定，调整为由国家食品药品监督管理总局药品审评中心以国家食品药品监督管理总局名义作出：一、药物临床试验审批决定（含国产和进口）；二、药品补充申请审批决定（含国产和进口）；三、进口药品再注册审批决定。

《决定》指出，其他药品注册申请的审批决定，按现程序，由国家食品药品监督管理总局作出。调整后的审批决定由国家食品药品监督管理总局药品审评中心负责人签发。申请人对审批结论不服的，可以向国家食品药品监督管理总局提起行政复议或者依法提起行政诉讼。药品监管相关规章中审批程序与本决定不一致的，按照本决定执行。自2017年5月1日起施行。

3月17日

［纲　文］　**中华优秀传统文化传承发展工作座谈会在北京召开。**

［目　文］　中宣部部长刘奇葆出席并讲话。文化部、住房和城乡建设部、光明日报社、山东省委宣传部、福建省委宣传部、中央文史研究馆、北京市教育委员会、中央电视台等有关人员分别介绍了各自领域传承发展中华优秀传统文化的经验做法，对今后的工作提出了意见和建议。

刘奇葆指出，要深入学习贯彻中共中央总书记习近平关于传承发展优秀传统文化的重要论述精神，贯彻落实《关于实施中华优秀传统文化传承发展工程的意见》，进一步坚定文化自信，坚持创造性转化、创新性发展，在扬弃继承、转化创新中传承发展优秀传统文化，不断推动中华文化现代化。要准确把握优秀传统文化的丰富内涵，深刻认识思想理念是骨骼、传统美德是经络、人文精神是血肉，共同构成优秀传统文化的有机统一体。要坚持以马克思主义为指导，来鉴别、传承、发展传统文化，做到客观、科学、礼敬。要坚持古为今用、守正开新，推动优秀传统文化融入国民教育、道德建设、文化创造和生产生活。要坚持不忘本来、吸收外来、面向未来，在交流互鉴中提升中华文化国际影响力。

3月17日

［纲　文］　**中央统战部在北京召开党外人士座谈会。**

［目　文］　会议主要内容是，学习贯彻中共中央总书记习近平在看望参加全国政协十二届五次会议的民进、农工党、九三学社委员时的讲话。中央统战部部长孙春兰出席并讲话。

陈昌智、万鄂湘、张宝文、陈竺、万钢、林文漪、罗富和、齐续春、陈晓光、马培华、刘晓峰、王钦敏等出席座谈会。各民主党派中央、全国工商联负责人和无党派人士代表参加会议。

孙春兰指出，中共中央总书记习近平充分肯定我国知识分子的特殊作用、责任担当和历史贡献，对广大知识分子更好地报效祖国、服务人民寄予殷切期望，展现了“聚天下英才而用之”的博大胸襟和战略远见，为做好新形势下知识分子工作指明了方向，提供了遵循。要把践行社会主义核心价值观纳入各民主党派、无党派人士坚持和发展中国特色社会主义学习实践活动，树立和宣传优秀党外知识分子典型。要围绕“十三五”规划实施，特别是推进供给侧结构性改革，发挥党外知识分子建言献策小组、留学人员国情考察服务团等载体作用，帮助党外知识分子了解形势、把握政策，参与信息、生物、新材料、新能源等技术创新研发。同时，她希望各民主党派以换届为契机，搞好政治交接，加强自身建设，提高履职能力。

3月17日

［纲　文］　**国务委员兼国防部长常万全在北京会见几内亚比绍人民革命武装部队总参谋长纳恩坦。**

［目　文］　常万全说，中方赞赏几比方对一个中国原则的支持。中方将始终秉持真实亲诚的理念，同几比方进一步增强政治互信，深化传统友谊，加强交流合作。近年来，中几比在多个领域开展了良好合作，中方愿进一步拓展交流合作领域，推动两军关系不断向前发展。

纳恩坦表示，几比坚定奉行一个中国政策，愿进一步深化两军各领域交流合作。

3月18日

［纲　文］　**国务院办公厅转发国家发展改革委、住房城乡建设部《生活垃圾分类制度实施方案》。**

［目　文］　《方案》由五个部分组成：一、总体要求。二、部分范围内先行实施生活垃圾强制分类。三、引导居民自觉开展生活垃圾分类。四、加强生活垃圾分类配套体系建设。五、强化组织领导和工作保障。

《方案》要求，各地要加强组织领导，明确城市人民政府的主体责任，健全法律法规，完善支持政策，创新体制机制，通过开展多种形式的宣传教育，动员全社会参与垃圾分类，确保工作有效推进。

3月18日

［纲　文］　**北京成为全国首个全部实现清洁能源发电的城市。**

［目　文］　北京最后一座大型燃煤电厂——华能北京热电厂燃煤机组按计划停机，实现了北京电厂无煤化的目标。

3月18—19日

［纲　文］　**应外交部部长王毅邀请，美国国务卿蒂勒森访问中国。**

［目　文］　访问期间，国家主席习近平、国务委员杨洁篪在北京分别会见了蒂勒森。王毅在北京同蒂勒森举行会谈。

习近平在会见蒂勒森时指出，我同特朗普总统通过通话和通信保持着良好沟通。我们都认为，中美两国完全可以成为很好的合作伙伴。只要双方坚持这个最大公约数，中美关系发展就有正确方向。希望双方按照我同特朗普总统达成的共识和精神，加强高层及各级别交往，拓展双边、地区、全球层面各领域合作，妥善处理和管控敏感问题，推动中美关系在新起点上健康稳定向前发展。中美关系对两国、对世界都很重要。双方要本着对历史、对子孙负责的精神把握好中美关系的发展方向。要加强战略互信，增进对彼此的认知。中美共同利益远大于分歧，合作是双方唯一正确选择。要从长远和战略角度看待中美关系，拓展合作领域，实现互利共赢。要加强地区热点问题上的沟通和协调。要尊重彼此核心利益和重大关切，维护中美关系大局稳定。要鼓励和扩大两国人民友好往来，不断夯实中美关系的社会基础。蒂勒森表示，特朗普总统高度重视同习主席的通话联系，期待着尽早举行两国元首会晤，并有机会对中国进行访问，为美中关系未来50年的发展确定方向。美方愿本着不冲突不对抗、相互尊重、合作共赢的精神发展对华关系，不断增进美中相互了解，加强美中协调合作，共同应对国际社会面临的挑战。

杨洁篪在会见蒂勒森时表示，双方要加强重要领域沟通对话，拓展外交、经贸、两军、执法、网络、人文、地方等方面交流合作。要妥善处理敏感问题，尊重彼此核心利益和重大关切。要继续加强重大国际地区问题上的沟通协调，为维护地区和世界的和平、稳定与繁荣作出更多贡献。蒂勒森表示，美方愿同中方一道努力，积极准备好下阶段两国元首的交往，加强高层对话沟通，推进富有成效的合作，这符合我们两国和国际社会的利益。

王毅同蒂勒森会谈时阐述了中方在台湾和南海等问题上的原则立场，强调双方要尊重彼此的核心利益和重大关切，妥善处理敏感问题，防止中美关系大局受到不必要影响；重申中方反对美方在韩国部署“萨德”反导系统。蒂勒森表示，美方愿密切同中方高层及各领域的交往，提升在外交安全、宏观经济政策协调、执法、网络、社会人文等领域的对话合作。

3月18—20日

［纲　文］　中国发展高层论坛2017年会在北京举行。

［目　文］　论坛由国务院发展研究中心主办，主题是“中国与世界：经济转型和结构改革”。国务院副总理张高丽出席论坛开幕式并发表《坚决贯彻落实新理念新思想新战略，深化供给侧结构性改革，促进经济平稳健康发展》的主旨讲话。来自国际组织、全球企业界、学术界、中央及地方政府部门共计1000余人出席论坛。年会期间，中国政府高层、部委负责人、权威智库、企业的嘉宾，在不同场次向世界释放了中国经济稳定增长、转型改革、提质增效的决心和信心。

20日，国务院总理李克强在北京会见出席中国发展高层论坛2017年会的境外代表并座谈。来自世界500强企业的负责人、国际知名学术和研究机构的专家学者、主要国际组织和媒体的代表等100多人参加。汇丰控股行政总裁欧智华，哈佛大学前校长、美国前财长萨默斯，苹果公司首席执行官库克，《金融时报》首席经济评论员沃尔夫，诺贝尔经济学奖得主、哥伦比亚大学教授费尔普斯等分别就自由贸易、市场开放、互联网产业、创新发展等提问。

李克强表示，中国经济同世界经济已经深度融合。我们坚定不移推进贸易投资自由化便利化，维护多边贸易主渠道地位，主张建设开放透明的区域自由贸易安排。在全球化进程中，各国应更好发挥比较优势，扩大正面效应，克服存在的问题，通过平等对话协商妥善处理摩擦和分歧。中国对外开放的大门将越开越大，进一步放宽服务业、制造业、采矿业等领域准入限制，支持外商投资企业在国内上市、发债、参与国家科技计划项目和基础设施建设；简化外商投资管理程序，95%以上的新设外资企业实行备案，并大幅缩短办手续时间；营造公平竞争环境，对在中国境内注册的内外资企业一视同仁。欢迎外资企业来华、特别是到中西部投资兴业、并同大中小企业合作，共享、共创发展机遇。

与会外方代表表示，在全球经济复苏艰难、挑战上升的背景下，中国政府稳增长、调结构取得重要进展，在全球化和应对气候变化等领域发挥了重要推动作用。与会各国各界均高度关注中国发展战略，支持中国经济结构转型升级，愿积极参与中国改革和对外开放进程，不断拓展互利伙伴关系。

3月18—24日

［纲　文］　**第11届世界冬季特奥运动会在奥地利举行。**

［目　文］　来自107个国家和地区的2700余名特奥运动员和1100余名教练员参加了9个大项的比赛。本届冬季特奥运动会是中国第7次组团出征，参赛规模达到109人。其中，特奥运动员76人。中国代表团分别参加了花样滑冰、速度滑冰、越野滑雪、雪鞋走、地板曲棍球等5个大项的比赛，共获得24枚金牌，22枚银牌，25枚铜牌。

3月19—22日

［纲　文］　**应国务院总理李克强邀请，以色列国总理内塔尼亚胡对中国进行正式访问。**

［目　文］　访问期间，国家主席习近平在北京会见了内塔尼亚胡，宣布双方建立创新全面伙伴关系。李克强在北京同内塔尼亚胡举行会谈，两国总理共同见证了中以经济、科技、商务、民航等领域多份双边合作文件的签署。全国人大常委会委员长张德江、国务院副总理刘延东在北京分别会见了内塔尼亚胡。刘延东和内塔尼亚胡共同主持中以创新合作联合委员会第三次会议并共同见证了有关领域十个合作协议签署。双方发表了《中华人民共和国和以色列国关于建立创新全面伙伴关系的联合声明》。

习近平在会见内塔尼亚胡时指出，中以建交25年来，双边关系总体保持平稳健康发展。特别是近年来，中以创新合作有力推动了两国关系持续向好发展。双方要加强政治沟通，密切各领域各层级交往，增进相互了解和信任；要加强发展战略对接，在共建“一带一路”框架内，稳步推进重大合作项目，重点加强科技创新、水资源、农业、医疗卫生、清洁能源等领域合作，拓展两国务实合作深度和广度；要巩固两国关系民意基础，加强教育、文化交流合作。中国同中东国家联系越来越紧密。一个和平、稳定、发展的中东符合包括中以在内各方的共同利益。以巴问题始终对中东局势有着长期深远影响，中方赞赏以方将继续以“两国方案”为基础处理以巴问题。内塔尼亚胡表示，以色列十分钦佩中国的历史、发展成就和在当今国际社会的重要作用。以色列将继续坚持一个中国政策，愿以此次建立以中创新全面伙伴关系为契机，充分发挥两国科技创新优势，深化双方在清洁能源、农业、投资、金融、医疗服务等领域密切合作，造福两国人民，并促进世界发展繁荣。以方愿积极参与“一带一路”框架下基础设施等合作。以色列愿看到中国在中东事务中发挥更大作用。

李克强同内塔尼亚胡会谈时指出，我们愿同以方做好发展战略对接，就建立中以自贸区抓紧商谈，争取尽早结束谈判。同时加快中国同海合会自贸谈判，推进中国同地区的经贸合作，向世界发出维护自由贸易的明确信号。重点抓好中以创新领域合作，打造绿色快捷通道。深化基础科学、现代农业、清洁能源、生物医药等领域的合作。稳步推进港口、轻轨等重点基础设施建设项目合作，积极探讨开展第三方市场合作，实现互利共赢、共同发展。内塔尼亚胡表示，以方愿发挥自身科技优势，在智能汽车、现代医疗、清洁能源、通信、海洋渔业、农业、节水等领域拓展对华互利合作。以方希加快以中自贸协定谈判，扩大双向投资，积极开展第三方市场合作，深化教育合作，助推两国创新合作。

3月19—28日

［纲 文］ **中共中央政治局委员、北京市委书记郭金龙率中国共产党代表团对莫桑比克、坦桑尼亚、南非进行友好访问。**

3月20日

［纲 文］ **新华社讯，中共中央办公厅印发《中国文联深化改革方案》。**

［目 文］ 《方案》指出，文联是党领导的文艺界人民团体，是党和政府联系文艺工作者的桥梁纽带，是繁荣发展社会主义文艺事业的重要力量。面对新形势新任务，文联组织必须直面问题，自我革新，顺势而为，勇于担当，通过全面深化改革，加快转型，创新发展。明确了中国文联改革的指导思想、基本原则、总体目标。

《方案》要求，要加强宣传引导，坚持循序渐进，强化督促检查，及时总结推广好的经验和做法，确保改革取得实实在在的效果。地方各级党委要高度重视文联改革，加强领导，做好统筹协调、组织实施和督促检查工作，积极推动文联改革。

3月20日

［纲 文］ **国务院批复广东省人民政府，同意汕头市城市总体规划。**

［目 文］ 批复说，一、原则同意《汕头市城市总体规划（2002—2020年）（2017年修订）》。二、重视城乡区域统筹发展。在《总体规划》确定的2245平方公里城市规划区范围内，实行城乡统一规划管理。三、合理控制城市规模。到2020年，中心城区常住人口控制在222万人以内，城市建设用地控制在205平方公里以内。要贯彻落实城乡规划法关于先规划后建设的原则，禁止在《总体规划》确定的建设用地范围之外设立各类开发区和城市新区。四、完善城市基础设施体系。五、建设资源节约型和环境友好型城市。六、创造优良的人居环境。七、重视历史文化和风貌特色保护。要落实历史文化遗产保护

和紫线管理要求，重点保护好达濠古城、新兴街等历史文化街区和文光塔、崎碌炮台等各级文物保护单位及其周围环境。要加强对重要地段建筑高度、体量和样式的规划引导和控制，做好城市整体设计，延续城市文脉，突出山城相拥、陆海交融的岭南滨海城市风貌特色。八、严格实施《总体规划》。

批复要求，汕头市人民政府要根据本批复精神，认真组织实施《总体规划》，任何单位和个人不得随意改变。广东省和住房城乡建设部要加强对《总体规划》实施工作的指导、监督和检查。

3 月 20 日

［纲　文］　**食品药品监督管理总局公布《关于调整部分医疗器械行政审批事项审批程序的决定》**。

［目　文］　《决定》说，为贯彻落实《国务院关于改革药品医疗器械审评审批制度的意见》(国发〔2015〕44 号)以及国务院有关行政审批制度改革精神，进一步加强医疗器械注册管理，切实提高审评审批效率，经国家食品药品监督管理总局局务会议研究决定，将下列由国家食品药品监督管理总局作出的医疗器械行政审批决定，调整为由国家食品药品监督管理总局医疗器械技术审评中心以国家食品药品监督管理总局名义作出：一、第三类高风险医疗器械临床试验审批决定；二、国产第三类医疗器械和进口医疗器械许可事项变更审批决定；三、国产第三类医疗器械和进口医疗器械延续注册审批决定。

《决定》强调，其他医疗器械注册申请的审批决定，按现程序，由国家食品药品监督管理总局作出。调整后的审批决定由国家食品药品监督管理总局医疗器械技术审评中心负责人签发。申请人对审批结论不服的，可以向国家食品药品监督管理总局提起行政复议或者依法提起行政诉讼。医疗器械监管相关规章中审批程序与本决定不一致的，按照本决定执行。自 2017 年 7 月 1 日起施行。

3 月 20 日

［纲　文］　**教育部、外交部、公安部公布《学校招收和培养国际学生管理办法》**。

［目　文］　《办法》共 8 章 48 条。主要有总则、招生管理、教学管理、校内管理、奖学金、社会管理、监督管理、附则等内容。自 2017 年 7 月 1 日起施行。教育部、外交部、公安部 2000 年 1 月 31 日发布的《高等学校接受外国留学生管理规定》、教育部 1999 年 7 月 21 日发布的《中小学接受外国学生管理暂行办法》同时废止。

3 月 20 日

［纲　文］　**国务院扶贫开发领导小组第 15 次全体会议在北京召开**。

［目　文］　国务院副总理、国务院扶贫开发领导小组组长汪洋主持。会议审议 2017 年度减贫计划，研究部署下一阶段重点工作。

汪洋指出，要认真学习贯彻中共中央总书记习近平在中央政治局第 39 次集体学习时的讲话精神，落实好《政府工作报告》中关于 2017 年再减少农村贫困人口 1000 万以上的总体部署，深化精准扶贫精准脱贫，坚持问题导向，聚焦攻坚重点难点，扎实稳妥推进各项工作，确保如期实现脱贫攻坚目标。做好2017年扶贫开发工作，必须坚持稳中求进工作总基调。要继续坚持现行标准和时限，不随意提高标准，不层层加码赶进度，防止急于求成。继续坚持精准扶贫精准脱贫基本方略，瞄准建档立卡贫困人口，进一步探索精准施策的办法，扎实下真功夫，做细活，增强“绣花”的能力，防止浅尝辄止。继续坚持“中央统筹、省负总责、市县抓落实”的管理体制，充分调动基层的积极性和主动性，防止越俎代庖。当前要着力推进产业扶贫、劳务扶贫、易地扶贫搬迁、健康扶贫、教育扶贫等重点工作，加快建立健全稳定脱贫长效机制，建设坚强、稳定的脱贫攻坚队伍。要切实落实脱贫攻坚责任制，实施最严格的评估考核，加强脱贫攻坚督查巡查，严肃查处不实脱贫现象，推动各地以问题为导向改进工作，确保脱贫得到群众认可、经得起历史检验。

3月20—22日

［纲　文］　**国务委员杨洁篪应邀对埃塞俄比亚、几内亚共和国访问。**

［目　文］　20日，埃塞俄比亚总统穆拉图在亚的斯亚贝巴会见杨洁篪，双方高度赞赏中埃互利合作取得的重要成果，并就非洲形势和中非关系交换看法。双方一致认为，当前非洲形势总体向好，发展前景广阔，中非应深化互利合作，积极落实中非合作论坛约翰内斯堡峰会成果，进一步造福中非人民。当天杨洁篪还会见了埃塞俄比亚总理海尔马里亚姆。

22日，几内亚总统孔戴在科纳克里会见杨洁篪。杨洁篪表示，此访的主要目的是落实两国领导人共识和中非合作论坛约翰内斯堡峰会成果，促进中几合作发展，更好造福两国人民。中方愿全力推进两国在各个领域的友好互利合作，鼓励和支持中国企业与几方深入探讨互利合作方案，努力将两国政治互信和经济互补优势转化为更多具体成果。孔戴表示，几方希望继续与中方深化在能源、资源、农业、基础设施和人力资源开发等领域的互利合作，欢迎中国企业来几投资，协助几内亚提高可持续发展能力，加速经济社会发展。

3月21日

［纲　文］　**国务院召开第5次廉政工作会议。**

［目　文］　国务院总理李克强，国务院副总理张高丽、汪洋、马凯，国务委员郭声琨、王勇出席会议。中央纪委书记王岐山，中共中央书记处书记赵洪祝应邀出席会议。监察部、国家发展改革委和贵州省政府主要负责人在会上发言。

国务院总理李克强讲话指出，各级政府和部门要认真学习贯彻习近平总书记在十八届中央纪委七次全会上的重要讲话精神，按照中央纪委七次全会和《政府工作报告》有关党风廉政建设要求，持续深化改革和转变政风，突出标本兼治，推动党风廉政建设和反腐败工作向纵深发展，以优异成绩迎接党的十九大胜利召开。2016年，各级政府坚持依法行政，加强源头治理，突出限权管钱，狠抓督查问责，严格正风肃纪，党风廉政建设和反腐败工作取得明显成效。但一些地方、部门和单位落实从严治党要求不严格、不到位，一些领域腐败问题时有发生，少数干部存在庸政懒政怠政等现象，必须以更有力举措进一步推进反腐倡廉各项工作。

李克强提出五点要求：一是以深化“放管服”改革进一步铲除滋生腐败的土壤。二是切实管好用好公共资金。三是进一步加强国资国企和金融监管。四是规范公共资源配置交易。五是坚决整治侵害群众利益的不正之风和腐败问题。

3月21日

［纲　文］ **国务院发布《第九批国家级风景名胜区名单的通知》。**

［目　文］《通知》说，风景名胜资源是中华民族珍贵的、不可再生的自然文化遗产。各有关方面要加强组织领导和协调配合，按照科学规划、统一管理、严格保护、永续利用的原则，切实做好风景名胜资源的保护和管理工作，促进风景名胜区可持续发展。

第九批国家级风景名胜区名单（共19处）：额尔古纳风景名胜区（内蒙古自治区）、大沾河风景名胜区（黑龙江省）、大盘山风景名胜区（浙江省）、桃渚风景名胜区（浙江省）、仙华山风景名胜区（浙江省）、龙川风景名胜区（安徽省）、齐山—平天湖风景名胜区（安徽省）、九龙漈风景名胜区（福建省）、瑞金风景名胜区（江西省）、小武当风景名胜区（江西省）、杨岐山风景名胜区（江西省）、汉仙岩风景名胜区（江西省）、千佛山风景名胜区（山东省）、丹江口水库风景名胜区（湖北省）、九嶷山—舜帝陵风景名胜区（湖南省）、里耶—乌龙山风景名胜区（湖南省）、米仓山大峡谷风景名胜区（四川省）、关山莲花台风景名胜区（甘肃省）、托木尔大峡谷风景名胜区（新疆维吾尔自治区）。

3月21日

［纲　文］ **国务院办公厅印发《贯彻实施〈深化标准化工作改革方案〉重点任务分工（2017—2018年）》。**

［目　文］《分工》由12个部分组成：一、基本建立统一的强制性国家标准体系。二、加快构建协调配套的推荐性标准体系。三、发展壮大团体标准。四、进一步放开搞活企业标准。五、增强中国标准国际影响力。六、全面推进军民标准融合。七、提升标准化科学管理水平。八、推动公益类标准向社会公开。九、加快标准化法治建设。十、推动地方标准化工作改革发展。十一、加强标准化人才队伍建设。十二、强化标准化经费保障。

《分工》要求，各地区、各有关部门要按照国务院统一部署，加强对标准化工作的组织领导和统筹协调，落实责任分工，确保各项任务按时保质完成。

3月21日

［纲　文］ **财政部、税务总局印发《关于中小企业融资（信用）担保机构有关准备金企业所得税税前扣除政策的通知》。**

［目　文］《通知》说，符合条件的中小企业融资（信用）担保机构按照不超过当年年末担保责任余额1%的比例计提的担保赔偿准备，允许在企业所得税税前扣除，同时将上年度计提的担保赔偿准备余额转为当期收入；符合条件的中小企业融资（信用）担保机构按照不超过当年担保费收入50%的比例计提的未到期责任准备，允许在企业所得税税前扣除，同时将上年度计提的未到期责任准备余额转为当期收入；中小企业融资（信用）

担保机构实际发生的代偿损失，符合税收法律法规关于资产损失税前扣除政策规定的，应冲减已在税前扣除的担保赔偿准备，不足冲减部分据实在企业所得税税前扣除。享受税前扣除政策的中小企业融资（信用）担保机构，必须以中小企业为主要服务对象，当年中小企业信用担保业务和再担保业务发生额占当年信用担保业务发生总额的70%以上。同时，其中小企业融资担保业务的平均年担保费率不超过银行同期贷款基准利率的50%。自2016年1月1日起至2020年12月31日止执行。《财政部 国家税务总局关于中小企业信用担保机构有关准备金企业所得税税前扣除政策的通知》(财税〔2012〕25号)同时废止。

3月21日

［纲　文］ **民政部印发《关于应用全国养老机构业务管理系统加强养老机构发展监测的通知》。**

［目　文］ 《通知》说，建立全国养老机构业务管理系统是加强养老机构服务质量建设的重要工作。全面应用该系统，对摸清全国养老机构底数和服务质量情况，加快形成全国统一的养老服务质量标准和评价体系，推进养老机构服务质量提升具有基础性作用。全国养老机构业务管理系统包含了机构基本信息、机构内部管理信息、机构服务质量信息、机构安全管理信息、入住对象信息、机构从业人员信息、机构房屋信息、机构设施设备信息等八大类。

3月21日

［纲　文］ **中国石油化工股份有限公司宣布，中国首个大型页岩气田——涪陵页岩气田已经累计供气突破100亿立方米。**

［目　文］ 这标志着中国页岩气已加速迈进大规模商业化发展阶段，对促进能源结构调整，加快节能减排和大气污染防治具有重要意义。目前，涪陵页岩气田日销售页岩气达1600万立方米，相当于3200万户居民每日用气需求。

3月21—22日

［纲　文］ **国务院在石家庄召开全国春季农业生产暨现代农业产业园建设工作会议。**

［目　文］ 国务院总理李克强作出批示指出：当前，全国已进入春耕备耕的大忙时节，也是全年农业生产的关键季节。各地区、各部门要认真贯彻落实中央农村工作会议和政府工作报告的决策部署，以推进农业供给侧结构性改革为主线，完善强农惠农政策，加大农业结构调整力度，切实抓好春管春播，做好农资供应、农田水利建设、防汛抗旱和气象为农服务等各项工作。务实推进现代农业产业园建设。着力在完善农业农村发展体制上下功夫，着力在培育新型农业经营主体、因地制宜发展多种形式的适度规模经营上加强探索，着力在保障农产品质量安全和增强市场竞争力上求实效，进一步提高农业稳定发展能力和农村发展水平，实现农民持续增收，以优异成绩迎接党的十九大胜利召开。

国务院副总理汪洋出席会议并讲话。会议由国务院副秘书长江泽林主持，农业部部长韩长赋代表农业部发言。

汪洋指出，要全面贯彻党中央、国务院决策部署，认真落实李克强总理重要批示精神，扎实抓好春季农业生产，促进农业稳定发展、农民持续增收，为经济社会健康发展提供有力支撑。要坚持稳中求进工作总基调，紧紧围绕推进农业供给侧结构性改革这条主线，全面做好春季农业生产各项工作。加强对农民的技术指导和信息服务，做好农资供应、农产品质量安全监管和动植物疫病防控，保障农业生产和重要农产品供给稳定。加快建设粮食生产功能区、重要农产品生产保护区、特色农产品优势区，稳定粮食产能，推进农业结构调整。积极推进现代农业产业园、科技园、创业园建设，推动农业提质增效，探索农民分享二三产业增值收益的机制。因地制宜发展多种形式适度规模经营，强化规模经营主体、龙头企业与农户的利益联结，带动更多小农户进入现代农业发展轨道。大规模开展农业节水工程建设，深入推进农业水价综合改革，建立合理水价形成机制和节水激励机制。抓好植树造林和森林草原防火，加强气象工作，深化供销合作社综合改革，提高为农服务能力。

3月22日

［纲　文］　**国务院印发《关于落实〈政府工作报告〉重点工作部门分工的意见》。**

［目　文］　《意见》由11个部分组成：一、落实2017年工作总体部署。二、用改革的办法深入推进“三去一降一补”。三、深化重要领域和关键环节改革。四、进一步释放国内需求潜力。五、以创新引领实体经济转型升级。六、促进农业稳定发展和农民持续增收。七、积极主动扩大对外开放。八、加大生态环境保护治理力度。九、推进以保障和改善民生为重点的社会建设。十、全面加强政府自身建设。十一、做好民族、宗教、侨务、国防、港澳台、外交工作。

《意见》指出，一是强化组织领导。各部门、各单位要充分发挥积极性、主动性，按照分工要求，严格执行工作责任制，抓紧制定落实重点工作的实施方案，区分轻重缓急，逐项倒排工作时间表，明确时间节点和具体责任人，并于4月15日前报国务院。二是密切协作配合。各部门、各单位要立足全局，加强协作，密切配合，切实提高工作效率。涉及多部门参与的工作，牵头部门要发挥主导作用，协办部门要积极配合，形成工作合力。三是做好常态化督查。各部门、各单位对各项任务的落实，要有布置、有督促、有检查，做好日常跟踪督办、年中重点抽查、年底总结考核，不断加强对新情况、新问题的研判，推动解决突出问题，确保重点工作按时完成。国务院办公厅要加强对各部门、各单位督查工作的督查，围绕重点工作加强跟踪督办，适时启动专项督查，对积极作为的要强化激励表扬，对消极怠工的要严查问责。

3月22日

［纲　文］　**国家知识产权局发布废止《关于港澳地区专利申请若干问题的规定》和修改《关于受理台胞国际申请的通知的公告》，自2017年3月22日起实施。**

3月22日

［纲　文］　**财政部发布《关于印发〈政府和社会资本合作（PPP）咨询机构库管理**

暂行办法〉的通知》。

［目　文］《通知》说，为规范政府和社会资本合作（PPP）咨询机构库的建立、使用与管理，促进PPP咨询服务信息公开和供需有效对接，推动PPP咨询服务市场规范有序发展，根据《国务院办公厅转发财政部发展改革委人民银行关于在公共服务领域推广政府和社会资本合作模式的指导意见》（国办发〔2015〕42号）、《财政部关于规范政府和社会资本合作（PPP）综合信息平台运行的通知》（财金〔2015〕166号），研究起草了《政府和社会资本合作（PPP）咨询机构库管理暂行办法》，请遵照执行。

3月22日

［纲　文］**国家工商总局发布，2016年中国商标注册申请量369.1万件，比上年增长28.35%，商标注册申请量已经连续15年位居世界第一。**

［目　文］中国企业品牌"国际化"意识不断加强。截至2016年年底，我国商标累计申请量2209.4万件，累计注册量1450.9万件，有效注册量1237.6万件，每万户市场主体商标拥有量达1422件，比2015年年底的1335件增长6.5%。

3月22日

［纲　文］**国家海洋局公布《2016年中国海洋灾害公报》《2016年中国海平面公报》《2016年中国海洋环境状况公报》。**

［目　文］《2016年中国海洋灾害公报》显示，2016年我国各类海洋灾害共造成直接经济损失50亿元，死亡（含失踪）60人。各类海洋灾害中，造成直接经济损失最严重的是风暴潮灾害，造成直接经济损失45.94亿元，占总直接经济损失的92%；海浪灾害造成直接经济损失0.37亿元，人员死亡（含失踪）全部由海浪灾害造成；海冰灾害造成直接经济损失0.2亿元，海岸侵蚀灾害造成直接经济损失3.49亿元。海洋灾害直接经济损失较重的省是福建省、广东省和河北省。

《2016年中国海平面公报》显示，2016年，中国沿海海平面变化总体呈波动上升趋势。1980年至2016年，中国沿海海平面上升速率为3.2毫米/年，高于同期全球平均水平。中国沿海海平面较常年高82毫米，较2015年高38毫米，为1980年以来的最高位。中国沿海近五年的海平面均处于30多年来的高位。中国沿海各海区海平面变化明显，与常年相比，渤海、黄海、东海和南海沿海海平面分别高74毫米、66毫米、115毫米和72毫米。与2015年相比，渤海、黄海、东海和南海沿海海平面分别高24毫米、28毫米、52毫米和48毫米。

《2016年中国海洋环境状况公报》显示，2016年我国海洋生态环境状况基本稳定，海水质量总体较好，符合第一类海水水质标准的海域面积约占我国管辖海域面积的95%；生物多样性保持稳定，海洋浮游生物、底栖生物、海草、红树植物、造礁珊瑚的主要优势类群及自然分布格局未发生明显变化；海洋保护区保护对象和水质基本保持稳定，海洋功能区环境基本满足使用要求，部分区域环境质量稳中趋好。但是，陆源入海污染压力仍然巨大，近岸局部海域污染严重，典型海洋生态系统健康状况不佳，海洋环境风险依然突出。

3月22日

［纲 文］ **刘云山在人民日报社调研。**

［目 文］ 中共中央书记处书记刘云山在人民日报社“中央厨房”，听取融媒体采编发平台建设情况介绍，勉励大家精心做好新闻采集、编辑、发布工作，推出更多有影响的融媒体产品，把党报传播优势向网上拓展；在新媒体中心，了解人民日报客户端和法人微博、微信运营情况，强调新媒体要认真履行社会责任，把社会效益放在首位，更好引领网上舆论，唱响主旋律、传播正能量。在人民网，刘云山与基层群众现场连线交流，希望人民网多搭建联系群众的桥梁，推动解决实际问题，更好服务群众。

刘云山就加快媒体融合发展，与中央新闻单位负责人进行座谈。刘云山说，媒体融合发展是大势所趋，要以更加积极的态度、更加有力的措施推进媒体融合发展，形成融合传播优势，拓展新闻舆论工作的广阔空间。要把正确导向要求贯穿到媒体融合发展各方面，坚持党性原则，坚持马克思主义新闻观，保持主流媒体的品格和风范，讲责任、讲品位、讲格调，营造良好舆论环境。媒体融合发展，重要的是内容建设。要坚持内容为王，传播党的主张、反映人民心声，增强新闻报道的权威性时效性，增强舆论引导的针对性实效性，推出更多接地气、有温度的新闻作品，以内容优势赢得发展优势。做好迎接党的十九大宣传工作是今年新闻宣传战线的头等大事，要增强“四个意识”，以高度的政治责任感做好工作。

3月22日

［纲 文］ **外交部发言人表示，中国在中东事务上从来都不是“看客”。**

［目 文］ 有记者问：日前，沙特国王和以色列总理先后访华。有西方媒体认为，中国传统上在中东问题上发挥作用不大，但现在更加热心参与中东事务。你对此有何评论？

发言人说，中国在中东事务上从来都不是“看客”，我们积极致力于中东的和平稳定。中国始终秉持客观公正的立场，为推动政治解决巴以、伊核、叙利亚等地区热点问题，积极劝和促谈，发挥了建设性作用。

3月22—29日

［纲 文］ **国务院总理李克强应邀对澳大利亚、新西兰进行正式访问。**

［目 文］ 陪同李克强出访的有李克强夫人程虹等。

22—26日，李克强在澳大利亚访问期间，在堪培拉会见了澳大利亚总督科斯格罗夫；同澳大利亚总理特恩布尔举行会谈；会见澳大利亚联邦议会参议长帕里和众议长史密斯、澳大利亚工党领袖肖滕；李克强在堪培拉议会大厦同特恩布尔举行第五轮中澳总理年度会晤，两国总理共同见证中澳经贸、创新、农业、食品、知识产权、执法安全、旅游、教育等多项双边合作文件的签署。

在悉尼，李克强同特恩布尔共同出席第2届中澳省州负责人论坛并致辞、中澳经贸合作论坛并发表《共同谱写自贸繁荣新篇章》的讲演、中澳工商界首席执行官圆桌会。李克强会见澳大利亚新南威尔士州州长贝雷吉克利安。李克强和夫人程虹出席了澳大利亚华侨华人举行的欢迎晚宴并致辞。中澳双方发表了《李克强总理对澳大利亚进行正式访问成果清单》。

26—29日，李克强在新西兰访问期间，在惠灵顿同新西兰总理英格利希举行会谈，两国总理共同见证了双方经贸、文化、教育、科技、海关、旅游等领域多项合作文件的签署；会见新西兰工党领袖利特尔。在奥克兰会见了新西兰总督雷迪；与英格利希共同参观了国际友人路易·艾黎诞辰120周年纪念活动展览、出席新西兰各界欢迎宴会并发表《让中新友谊与合作开创更多新的第一》的演讲。中新双方发表了《李克强总理对新西兰进行正式访问成果清单》。

3月23日

［纲　文］　**国家主席习近平、国务院总理李克强就伦敦恐怖袭击事件分别向英国女王伊丽莎白二世、首相特雷莎·梅致慰问电。**

3月23日

［纲　文］　**中俄执政党对话机制第6次会议和第5届中俄政党论坛在俄罗斯喀山举行，中共中央总书记习近平致贺信。**

［目　文］　习近平在贺信中对会议和论坛召开表示热烈祝贺并指出，坚持战略协作精神和世代友好理念，坚定不移深化中俄全面战略协作伙伴关系，是我和普京总统达成的重要共识。中国共产党和统一俄罗斯党保持密切的机制化交往，对加强两党自身建设、增进双边战略互信、助推两国务实合作、维护世界和平发展发挥了积极作用。经过近十年发展，中俄执政党对话机制会议和中俄政党论坛已成为两党机制化交往的重要平台。这次会议和论坛分别以“执政党加强自身建设的新理念新举措”和“‘一带一路’和欧亚经济联盟建设对接合作下的中俄地方合作”为主题，有助于两党加强理念沟通、推动两国更好开展务实合作。

俄罗斯总统普京致贺信说，俄中关系已达到前所未有的高水平，是当今世界大国之间相互协作的典范。莫斯科和北京在解决地区和全球重大问题上协同努力，成为维护国际稳定和安全的一个关键因素。俄中执政党交往是两国全面战略协作伙伴关系的重要组成部分。双方在对话和论坛框架下，开展立法和党的建设领域富有成效的经验交流，并制定双边各领域互利合作项目。我相信，本次会议和论坛活动将办得内容丰富、成果丰硕，有助于进一步巩固俄中两国人民之间的相互理解和友谊。

中俄执政党对话机制第6次会议以“执政党加强自身建设的新理念新举措”为主题。来自中央纪委、中组部、中央政研室、中央党校和统一俄罗斯党相关领域负责人，分别就组织建设、党内监督、反腐败、干部培训等专题进行了交流。

第5届中俄政党论坛以“‘一带一路’和欧亚经济联盟建设对接合作下的中俄地方合作”为主题，来自北京市、内蒙古自治区等，以及俄罗斯部分联邦主体的地方政府和企业

200多名代表出席。

3月23日

［纲　文］　**中宣部在北京召开治国理政论坛"'四个全面'战略布局系列理论研讨会"首场研讨会**。

［目　文］　中宣部部长刘奇葆出席并讲话。本次会议的主题是"全面建成小康社会"。来自中央有关部门、社科研究单位、部分地方以及理论界的人，围绕协调推进"四个全面"战略布局、全面建成小康社会在会上作了交流发言。120多人参加了研讨会。

刘奇葆指出，"四个全面"战略布局是以习近平同志为核心的党中央治国理政新理念新思想新战略的重要内容，是我们党在新的历史条件下治国理政的总方略，要从推进伟大斗争、伟大工程、伟大事业的高度，深刻认识和把握其重大意义、科学内涵、精神实质、内在联系和实践要求，不断把学习宣传贯彻引向深入。

3月23日

［纲　文］　**国家防汛抗旱总指挥部在北京举行2017年第1次全体会议**。

［目　文］　国务院副总理、国家防汛抗旱总指挥部总指挥汪洋出席会议。国务院副秘书长、国家防总副总指挥江泽林通报国家防总组成单位和人员调整情况。水利部副部长、国家防总秘书长刘宁汇报前阶段防汛抗旱准备工作和2017年工作建议。中国气象局局长刘雅鸣汇报当前天气气候状况及汛期气候趋势预测情况。中央宣传部、发展改革委、民政部、财政部、国土资源部、住房和城乡建设部、交通运输部、农业部、中央军委联合参谋部等国家防总有关成员单位负责人在会上发言，国家防总全体成员参加会议。

汪洋指出，要深入贯彻党中央、国务院的决策部署，牢固树立灾害风险管理和综合减灾理念，以对党和人民高度负责的精神，全面做好防汛抗旱各项工作，确保大江大河、大型和重点中型水库、大中城市防洪安全，保障人民群众生命安全和城乡居民生活用水安全，千方百计满足生产和生态用水需求，为经济平稳健康发展和社会和谐稳定提供有力支撑。各地区、各有关部门要增强担当精神和责任意识，认真落实行政首长负责制，确保防汛抗旱各项措施落实到位。要加强应急度汛工程建设，加快完善各类调度方案和应急预案。要改进监测预报预警，强化汛期值守，细化避险机制，全力避免人员伤亡。要充分发挥水利工程作用，做好抗旱用水管理，着力保障防洪安全和供水安全。要加强防汛抗旱基础设施建设，推进防灾减灾救灾体制机制改革，全面提升防御能力和管理水平。

3月23日

［纲　文］　**刘延东在中国社会科学院调研**。

［目　文］　国务院副总理刘延东参观了社科院智库展和研究生院校史馆，召开座谈会听取意见建议。刘延东指出，习近平总书记在哲学社会科学工作座谈会上的讲话是具有深远意义的纲领性文献，翻开了哲学社会科学事业发展的历史新篇章。当代中国正经历着广泛而深刻的社会变革和实践创造，为学术繁荣与创新提供了强大动力和广阔空间。要坚

持正确的方向导向，把中国特色社会主义理论体系贯穿研究全过程，筑牢马克思主义的坚强阵地。要围绕“立足中国、借鉴国外，挖掘历史、把握当代，关怀人类、面向未来”的要求，发挥好创新工程的平台作用，构建有中国特色、中国风格、中国气派的哲学社会科学学科体系、学术体系、话语体系，造就理论大家，产出精品力作。要坚持高端定位，创新机制，紧密结合我国改革发展实践，总结新经验、凝炼新观点、构建新理论，建设中国特色新型智库，成为党中央国务院重要的思想库和智囊团。

3月23日

［纲　文］ **环境保护部公布《环境保护部2016年度政府信息公开工作报告》。**

3月23日

［纲　文］ **亚洲基础设施投资银行（亚投行）在北京宣布，其理事会已批准13个新意向成员的加入。**

［目　文］ 此次新增成员包括5个域内成员——阿富汗、亚美尼亚、斐济、中国香港和东帝汶；还有8个非域内成员——比利时、加拿大、埃塞俄比亚、匈牙利、爱尔兰、秘鲁、苏丹、委内瑞拉。13个意向成员申请加入获批后，还需走完国内法定程序并将首笔资本金缴存银行后，才能成为正式成员。至此，亚投行成员总数扩至70个，这是亚投行自2016年初正式开张后首次有新的意向成员加入。

3月23日

［纲　文］ **外交部发言人表示，若日本还想在南海兴风作浪，中国不会答应。**

［目　文］ 有记者问，日本海上自卫队最大航母级直升机护卫舰“加贺”号22日正式服役。据媒体报道，日防卫政务官在仪式上称，中国试图通过岛礁建设等行为改变南海地区现状，引发国际社会担忧。“加贺”号增强了日本的海外投射能力，以应对中国在亚洲地区日益增强的影响力，甚至称“这就是日本的实力”。中方对此有何回应？

发言人说，日本代表不了国际社会。在中国和东盟国家共同努力下，南海地区局势趋稳向好，日方如果还想兴风作浪，中国和周边国家都不会答应。近年来，日方不断炮制、渲染所谓“中国威胁”，为其扩充军备寻找、制造借口。由于历史原因，国际社会特别是亚洲邻国一向密切关注日本的军事动向。我们有理由对日方动向及其真实意图保持高度警惕。“加贺”号曾在二战期间被美军击沉。日方应该汲取历史教训。我们希望“加贺”号的重现不是日本军国主义企图死灰复燃的开始。

3月23日

［纲　文］ **万国权逝世。**

［目　文］ 中国人民政治协商会议第八届、九届全国委员会副主席，中国民主建国会第六届中央委员会常务副主席，第七届、八届中央委员会名誉副主席万国权同志，在北京逝世，享年99岁。

28日，万国权的遗体在北京八宝山革命公墓火化。习近平、张德江、俞正声、刘云山、王岐山、张高丽、胡锦涛等送别。

3月23—26日

［纲　文］ **博鳌亚洲论坛2017年年会在海南博鳌举行，习近平向年会开幕式致贺信。**

［目　文］ 国家主席习近平贺信指出，博鳌亚洲论坛成立16年以来，立足亚洲，面向世界，在凝聚亚洲共识、推动亚洲合作、提升亚洲影响力方面发挥了重要作用。作为东道主，中方为论坛取得的成就感到高兴，对论坛历任理事、咨询委员和各界人士所作的贡献表示感谢。2017年，博鳌亚洲论坛年会以“直面全球化与自由贸易的未来”为主题，体现了国际社会特别是亚洲国家对经济全球化问题的关注。希望与会嘉宾集思广益，群策群力，为解决世界和区域经济面临的突出问题贡献智慧，共同推动更有活力、更加包容、更可持续的经济全球化进程。

国务院副总理张高丽出席开幕式并发表《携手推进经济全球化 共同开创亚洲和世界美好未来》主旨演讲。

本届年会以“直面全球化与自由贸易的未来”为主题，共举办了65场正式交流，来自48个国家和地区的1823名代表出席。与会代表加强交流、相互启迪，凝聚和扩大推进经济全球化和自由贸易的共识，为亚洲和世界的稳定、发展与繁荣作出了积极贡献。出席年会的博鳌亚洲论坛会员，向世界各国政府和全球企业界发出《博鳌亚洲论坛关于促进经济全球化的宣言》。

会议期间，张高丽在博鳌分别会见出席博鳌亚洲论坛2017年年会的马达加斯加总统埃里、密克罗尼西亚联邦总统克里斯琴、尼泊尔总理普拉昌达、阿富汗议会长老院主席穆斯利姆亚尔、缅甸副总统吴敏瑞，博鳌亚洲论坛理事长福田康夫、副理事长曾培炎和理事会部分成员，台湾两岸共同市场基金会荣誉董事长萧万长一行。张高丽同出席年会的50多名中外企业家代表座谈，就中国经济形势、供给侧结构性改革、外商对华投资、经济全球化、“一带一路”建设、亚洲区域合作等回答了企业家的提问，详细阐释了中国政府相关政策举措。

3月24日

［纲　文］ **习近平主持召开中央全面深化改革领导小组第33次会议。**

［目　文］ 中共中央总书记、中央全面深化改革领导小组组长习近平指出，各级主要负责同志要自觉从全局高度谋划推进改革，做到实事求是、求真务实，善始善终、善作善成，把准方向、敢于担当，亲力亲为、抓实工作。

马凯就抓好国有企业改革调研、孟建柱就司法体制改革推进落实、韩正就抓好上海自由贸易试验区改革试点、尹蔚民就推进有关制度创新、陈吉宁就扎实推进环保领域改革、韩长赋就推进农村改革工作、赵克志就抓好重点改革任务落实、夏宝龙就抓好全省改革工作、尤权就推进医药卫生体制改革、陈敏尔就抓实扶贫改革、许勤就深化科技创新供给侧结构性改革等方面情况作了汇报。

会议审议通过了《全面深化中国（上海）自由贸易试验区改革开放方案》《关于深化科技奖励制度改革的方案》。会议审议了农业转移人口市民化、改善贫困地区孩子上学条件、建立居民身份证异地受理挂失申报和丢失招领制度、解决无户口人员登记户口问题、推进家庭医生签约服务、全面推行河长制等民生领域改革落实情况的督察报告。

会议指出，主要负责人要抓思路，统筹各项改革任务，带领大家一起定好盘子、理清路子、开对方子，对攻坚难度大、影响面广、同老百姓关系密切的改革任务要亲自上手、负责到底。要抓调研，既搞清楚改革要解决什么问题，又善于从基层和群众中寻找解决问题的办法，拿出来的方案要有底气、接地气，对改革实施过程要注意跟踪、掌握实情；主要负责人要有改革担当，在关键问题上要敢于拍板，只要符合党中央要求、符合基层实际、符合群众需求，就要坚决改、大胆试。改革是奔着问题去的，要解决问题就要针锋相对，提出的措施要有针对性；主要负责人要做好实化细化工作，对症下药，推动改革精准落地。要一竿子抓到底，从抓改革方案制定入手，一直抓到部署实施、政策配套、督察落实；主要负责人要统筹安排改革发展稳定各项工作，学会弹钢琴，以改革的办法解决发展稳定中的问题，用改革带动和推动各项工作。

中央全面深化改革领导小组副组长刘云山出席会议。中央全面深化改革领导小组成员出席，中央和国家机关有关部门以及有关地方负责人列席会议。

3月24日

［纲 文］ **国务院安委会在北京召开危险化学品安全综合治理电视电话专题会议。**

［目 文］ 国务委员、国务院安委会副主任王勇出席会议并讲话。会议主要内容是：一、国家安监总局负责人通报危险化学品安全综合治理有关情况。二、国家发展改革委、工业和信息化部、公安部、住房城乡建设部、交通运输部就《危险化学品安全综合治理方案》贯彻落实情况和下一步重点工作、措施等相关情况进行了通报。

王勇指出，各地区、各部门和相关企事业单位要坚决贯彻党中央、国务院的决策部署，严格落实《危险化学品安全综合治理方案》，加强组织领导，狠抓责任落实，强化督促考核，完善长效机制，坚决打好打赢综合治理攻坚战。今年要全面排查危化品安全风险，加强重大危险源、重点区域、重点环节安全管控，启动城镇人口密集区危化品生产企业搬迁改造；健全监管体制，加大执法力度，提升事故应急救援能力，有效遏制重特大事故，促进危化品安全生产形势持续稳定好转，为党的十九大胜利召开营造良好安全生产环境。

3月24日

［纲 文］ **国家海洋局等10部委印发《近岸海域污染防治方案》。**

［目 文］ 《方案》要求，以改善近岸海域环境质量为核心，加快沿海地区产业转型升级，严格控制各类污染物排放，开展生态保护与修复，加强海洋环境监督管理，今年全面清理非法或设置不合理的入海排污口，到2020年使全国近岸海域水质优良比例达到70%左右，自然岸线保有率不低于35%，为我国经济社会可持续发展提供良好的生态环

境保障。

3月24日

［纲　文］　**国务院副总理刘延东在北京会见国际救助儿童会首席执行官、丹麦前首相赫勒·托宁—施密特。**

［目　文］　刘延东说，关爱儿童的健康成长是全球共同关切的问题，中国对此一直高度重视，希望通过国际合作共同推动全球妇幼健康事业的发展，让所有儿童都能拥有更加美好的未来。托宁—施密特表示，国际救助儿童会将积极发展对华务实合作。托宁—施密特此次是应全国友协邀请访华的。

3月24日

［纲　文］　**中共青海省委原书记、原青海省顾问委员会主任马万里，在西宁逝世，享年98岁。**

3月24日—4月4日

［纲　文］　**中国美术馆“典藏活化”系列展：永恒的温度——中国美术馆藏路德维希夫妇捐赠国际艺术作品选展在中国美术馆举办。**

［目　文］　路德维希教授是德国著名的企业家和社会活动家，他和他的夫人伊蕾娜·路德维希教授都是著名的艺术收藏家。几十年来，他们向世界各地的几十家博物馆捐赠了收藏，为国际文化交流作出了卓越贡献。1996年3月27日，路德维希夫妇在自己丰殷的艺术收藏中精选82位欧美艺术家的89件117幅20世纪70年代以后的艺术作品，捐赠给中国美术馆，这也是我国首次大量收藏西方艺术品。作为捐赠的受益者，中国美术馆多年以来致力于这份文明的传递与沟通，让更多的人享受到这份文明的馈赠。此展将从中遴选出约50件作品，以飨观众。

3月26日

［纲　文］　**新华社讯，刘延东在安徽调研。**

［目　文］　国务院副总理刘延东在天长市县、乡、村三级医疗机构调研并主持召开医联体建设座谈会，了解群众对医改的感受和期盼，听取医务人员的意见建议。刘延东指出，实行分级诊疗，引导医疗卫生工作重心下移、资源下沉、关口前移，是解决群众看病难、看病贵的重要举措，医联体作为分级诊疗的重要载体，应重点加以推进。要探索医保总额打包付费等多种形式的支付方式改革，建立权责一致的引导机制，推动医联体成为服务、责任、利益、管理共同体。要强化考核和制度约束，将基层诊疗量占比、双向转诊比例、居民健康改善等指标纳入考核体系，引导各级各类医疗机构积极参与。发挥好三级公立医院牵头引领作用，通过人才培训、业务指导等方式，帮助基层提升服务能力。大力推广便民惠民服务，从老年人、残疾人、慢性病患者等有医疗需求群体入手，做细做实家庭医生签约服务，提升群众获得感。

刘延东在考察中科院合肥物质科学研究院、中科大先进技术研究院时指出，安徽省要充分发挥国家自主创新示范区、全面创新改革试验和综合性国家科学中心建设的叠加效应，加大协同创新和开放创新力度，加强院地合作，加快科技成果转化，把科技优势转化为产业优势，支撑经济社会发展。

3月26日

［纲　文］ **林郑月娥当选香港特别行政区第五任行政长官人选。**

［目　文］ 行政长官选举委员会近1200名委员在香港会议展览中心主投票站，对3名候选人以无记名方式投票。林郑月娥获得777票，曾俊华获得365票，胡国兴获得21票。林郑月娥成为香港回归后首位女性行政长官人选。第五任行政长官的任期自2017年7月1日至2022年6月30日。

同日，国务院港澳事务办公室发言人就香港特别行政区第五任行政长官选举结果发表谈话表示，香港特别行政区第五届行政长官选举委员会依法选举林郑月娥为香港特区第五任行政长官人选。此次行政长官选举严格按照香港基本法、全国人大常委会有关决定和香港特区有关选举法律进行，选举过程公开、公平、公正，平稳有序。林郑月娥女士符合中央政府关于行政长官必须爱国爱港、中央信任、有管治能力及港人拥护的标准。国务院港澳办已经收到特区政府呈报的选举报告。下一步，中央政府将依法履行有关任命程序。

29日，林郑月娥分别拜访中央政府驻港联络办、外交部驻港特派员公署和解放军驻港部队等中央驻港机构。

3月26—28日

［纲　文］ **李源潮在青海调研群团改革。**

［目　文］ 国家副主席李源潮在海西州德令哈调研。在柴达木青年创业街，考察了青年创业项目，要求团组织多为青年创业提供培训、场地、资金等支持；观看少先队活动时，希望同学们牢记习近平爷爷教导，好好学习、快乐成长，长大后做中国特色社会主义事业建设者和接班人；在柯鲁柯镇党群服务中心，称赞党群共建基层服务阵地是个好办法，党政把群团带起来，打通了联系服务群众“最后一公里”。

李源潮在青海大学，表扬团委通过微信联系了1.6万名团员学生，希望加快建设网上共青团，为共青团插上互联网的翅膀；在青海青年创业园，希望大家乘上时代的快车，成长为新一代企业家；在兴海路街道，看到基层干部用手机APP联系党员，称赞“网上党建”落到了基层，开拓了直接联系服务群众的新渠道。

李源潮在西宁召开群团改革调研座谈会，听取地方党委和基层群团干部意见。他说，群团改革要坚持正确方向，解决突出问题，保持和增强群团组织和工作的政治性、先进性、群众性。加强基层群团力量，在党组织领导下共建共用基层服务群众阵地，解决群团组织基层缺编制、缺经费、缺办公场所、缺工作人员现象。改进群团干部作风，建立直接联系服务群众制度。加快建设网上群团，开展网上联系、网上服务、网上引导、网上动员。

3月27日

［纲　文］　**国家主席习近平在北京同密克罗尼西亚联邦总统克里斯琴举行会谈。**

［目　文］　习近平指出，自2014年中密建立相互尊重、共同发展的战略伙伴关系以来，双方深化政治互信，加强互利合作，两国关系取得新的重要发展。中国一贯主张，国家不分大小、贫富、强弱，都是国际社会平等成员，都应该相互尊重，和平相处，互利合作，共同发展。中方视密克罗尼西亚联邦为太平洋岛国地区的好朋友、好伙伴，愿同密方保持高层及各级别交往，尊重彼此核心利益和重大关切，夯实两国关系的政治基础。双方要深挖潜力，扎实推进旅游、农业、渔业、基础设施等领域合作。我们欢迎密方参与“一带一路”建设，实现共赢共享发展。中方愿同密方拓展文化、教育、青年等领域和地方交流与合作，增进两国人民的相互了解和友谊。当前国际形势复杂多变，发展中国家面临的挑战增多。中密两国在很多国际和地区问题上有相同或相似的看法。中方愿继续就联合国2030年可持续发展议程、气候变化等重大问题同密方加强协调，维护好发展中国家共同利益。中方支持密方继续在地区事务中发挥积极作用，愿就太平洋岛国事务同密方加强对话与沟通。

克里斯琴表示，密中建交28年来，双边关系取得强劲发展，这得益于双方始终尊重彼此独立和主权完整。密克罗尼西亚政府坚定奉行一个中国政策，支持中方在气候变化、全球化等重大问题上立场，愿与中方在应对全球性挑战方面密切沟通协调。密方感谢中国多年来对密克罗尼西亚经济社会发展给予的支持和帮助，高度赞赏中方“一带一路”倡议，愿积极参与这一框架下的务实合作。

两国元首共同见证了两国经济技术合作协定的签署。克里斯琴是应邀来华出席博鳌亚洲论坛2017年年会的。

3月27日

［纲　文］　**国家主席习近平在北京同马达加斯加总统埃里举行会谈。**

［目　文］　习近平指出，中方欢迎马方积极参与“一带一路”建设，愿支持马达加斯加发挥“一带一路”连接非洲的桥梁和纽带作用，同马达加斯加建立全面合作伙伴关系，并在中非“十大合作计划”和“一带一路”倡议框架内，同马方加强对接。我们愿结合马方实际需求和中方比较优势，着力支持马方构筑基础设施建设、人力资源开发、投资贸易便利化三大支撑，重点围绕农业、渔业等产业开展互利合作。双方要密切各界交流，进一步便利双方人员往来。我们愿加强同马方安全、警务、司法、执法合作。中方支持马方在国际和地区事务中发挥更大作用，愿同马方就气候变化、联合国2030年可持续发展议程、非洲和平和安全等重大国际和地区问题加强沟通协调，共同维护两国和发展中国家共同利益。中方坚定致力于同非洲发展全面战略合作伙伴关系，将继续秉持真实亲诚对非政策理念和正确义利观，全面落实中非合作论坛约翰内斯堡峰会成果，把实现自身发展同助力非洲自主可持续发展紧密结合起来，实现合作共赢、共同发展。

埃里表示，中国是马达加斯加和非洲的重要合作伙伴。马达加斯加对伟大中国的发展成就深感钦佩，愿发挥连接非洲和中国的桥梁作用，通过深化马中合作助力马达加斯加经济社会发展，促进包括马达加斯加在内非洲的工业化。马方高度赞赏习近平主席在年初达沃斯世界经济论坛年会上的演讲，支持“一带一路”倡议，希望加强两国在能源、航空、交通运输、港口和机场建设等领域合作。马方愿密切同中方在国际事务中沟通协调。

两国元首见证了《中华人民共和国政府与马达加斯加共和国政府关于共同推进丝绸之路经济带和21世纪海上丝绸之路建设的谅解备忘录》以及经贸、基础设施建设等领域双边合作文件的签署。埃里是应邀来华出席博鳌亚洲论坛2017年年会的。

3月27日

［纲　文］　**国家主席习近平在北京会见尼泊尔总理普拉昌达。**

［目　文］　习近平指出，当前，中尼关系深入发展。两国保持了政府、政党等各层级密切往来，稳步推进互联互通、灾后重建、基础设施、人文交流等领域合作。我对此感到高兴。双方要继续一道努力，维护中尼关系发展积极势头，开创中尼友好合作新局面。中尼要不断增进政治互信，继续加强各层级往来，在涉及彼此核心利益的重大问题上相互支持。要坚定推进互利合作，以共建“一带一路”为契机，扎实推进互联互通、自由贸易安排、农业、产能、能源、灾后重建等各领域合作，扩大双向投资和贸易，促进双边贸易平衡可持续发展。双方要丰富人文交流内涵，深化旅游、文化、青年、媒体等领域合作，将地方合作走深走实。要深化执法安全合作。中方愿同尼方加强在联合国等多边机构内的合作，就气候变化、可持续发展等问题协调立场，维护共同利益。

普拉昌达表示，中国是尼泊尔的友好邻邦，尼方衷心感谢中方长期以来给予的支持、特别是为尼灾后重建提供的宝贵帮助。尼泊尔坚定奉行一个中国政策，决不允许任何势力在尼领土上从事反华活动。尼方支持“一带一路”倡议，愿积极拓展同中方在贸易投资、交通运输、基础设施、旅游、航空等领域合作，密切人文交流，以更好造福两国人民。尼方赞赏中国在国际事务中发挥的重要和积极作用，愿同中方在国际和地区事务中密切协调合作。

26日，国务院副总理汪洋在北京会见普拉昌达时表示，中国高度重视中尼关系，视尼泊尔为共建“一带一路”的重要合作伙伴，愿同尼方一道，认真落实两国领导人达成的共识，加强互联互通、经贸、农业、旅游等领域合作，推动中尼关系进一步发展。

普拉昌达表示，尼方坚定奉行一个中国政策，感谢中方为尼经济社会发展提供帮助，愿积极参与“一带一路”建设，融入区域经济合作。普拉昌达是应邀来华出席博鳌亚洲论坛2017年年会的。

3月27日

［纲　文］　**交通运输部公布《民航企业安全保障财务考核办法》。**

［目　文］　《办法》共6章30条。主要有总则，考核对象、内容、方式与程序，考核结果与整改措施，监督管理，法律责任，附则等内容。自2017年5月1日起施行。

3月27日

［纲　文］　**脱贫攻坚民主监督工作座谈会在北京召开。**

［目　文］　全国政协主席俞正声主持会议并讲话。孙春兰、汪洋出席会议并讲话。杜青林、张庆黎出席会议。严隽琪、万鄂湘、张宝文、陈竺、韩启德、万钢、林文漪、马培华就开展好脱贫攻坚民主监督工作提出意见建议。

俞正声指出，要深入贯彻习近平总书记系列重要讲话精神和治国理政新理念新思想新战略，充分认识开展脱贫攻坚民主监督的重要性，不断增强脱贫攻坚民主监督的针对性和实效性，为打赢脱贫攻坚战作出更大贡献。民主监督是社会主义监督体系的重要组成部分，也是多党合作的重要制度安排，这项工作搞好了，对于彰显我国多党合作和政治协商制度的优势和特色、发展社会主义民主政治，具有重要意义。特别是在脱贫攻坚决战决胜阶段，开展民主监督是推动以习近平同志为核心的中共中央决策部署贯彻落实的重要举措，是人民政协献计出力的生动实践，是各民主党派履行职能的着力重点。脱贫攻坚民主监督的性质是政治监督，本质上是一种协商式监督。要坚持正确政治方向，树立“公、和、诚、实”的理念，通过开展脱贫攻坚民主监督，深切感受中国共产党心系群众、改善民生的决心和努力，进一步增强“四个意识”“四个自信”，更加坚定地走中国特色社会主义政治发展道路。相关地方党委政府要从讲政治的高度，虚心听取人民政协的意见建议，积极对待民主党派的批评监督，认真研究解决工作中存在的问题，推动政策落实。统战部门要搞好协调和服务，会同有关部门做好政策解读、情况介绍、意见反馈、调研保障等工作。全国政协和各民主党派中央要立足自身特点，选取监督的重点内容，加强与有关方面的沟通商量，共同研究解决问题，推动工作高质量高水平开展。

3月27日

［纲　文］　**国务院在北京召开全国国土绿化和森林防火工作电视电话会议。**

［目　文］　国务院总理李克强作出批示指出：国土绿化是生态文明建设的重要内容，是实现可持续发展的重要基石。党的十八大以来，各地区、各相关部门认真落实党中央、国务院决策部署，开拓进取，真抓实干，国土绿化和森林防火工作取得明显成效。要贯彻落实新发展理念，坚持以推进供给侧结构性改革为主线，创新体制机制，着力推进国土绿化扩面提质，深入开展全民义务植树活动，大力实施林业重点生态工程，加快补齐生态环境短板，进一步提升生态产品供给能力。要严格落实责任，加强应急能力建设，切实做好森林防火工作，筑牢国家绿色屏障，积累更多生态财富，为建设美丽中国、促进经济社会持续健康发展作出新贡献。

国务院副总理、全国绿化委员会主任汪洋出席会议并讲话。国务院副秘书长江泽林主持会议，国家林业局局长张建龙通报了党的十八大以来国土绿化和森林防火工作情况及2017年重点工作安排。内蒙古自治区、吉林省、云南省负责人作典型发言。

3月27日

［纲　文］　**“帝国时代：中国古代秦汉文明”特展开幕式在纽约大都会博物馆举行。**

［目　文］　特展由中国国家文物局与美国大都会博物馆联合举办。国务院副总理刘延东为特展开幕式发来贺词。文化部部长雒树刚、中国驻美国大使崔天凯及文化艺术界人士等共500余人出席开幕式并参观展览。展览自4月3日至7月16日正式对公众开放。

“秦汉文明”特展经过近5年时间的策划和筹备，展品涉及来自中国13个省区市32家文博单位的160余件/组珍贵文物，包括陶瓷、青铜、金银、玻璃、漆木及纺织品等，其中不少展品是第一次在国外展出。

3月27日

［纲　文］　**国务委员杨洁篪在北京会见墨西哥州长代表团。**

［目　文］　杨洁篪高度评价中墨关系发展，表示中方愿与墨方扎实落实两国领导人共识，增进各层级各领域交往，扩大经贸、地方、人文等交流合作，加强在国际和地区事务中的协调配合，推动中墨全面战略伙伴关系持续深入发展。

墨方表示，加强对华关系是墨西哥重要外交方向。墨西哥各州愿与中方深化交往与合作，推动墨中关系取得更大进展。

3月27日

［纲　文］　**外交部发言人就日本高中教材称钓鱼岛是日本“固有领土”表示，无论日方说什么，做什么，都改变不了钓鱼岛属于中国的事实。**

［目　文］　据报道，日本文部科学省近日审定的日本高中教科书多次将钓鱼岛称为日本“固有领土”。

发言人表示，钓鱼岛及其附属岛屿是中国的固有领土，中方维护领土主权的决心坚定不移。无论日方说什么，做什么，都改变不了钓鱼岛属于中国的事实。中方要求日方尊重历史和现实，正确教育年轻一代，停止在有关问题上制造事端。

有记者问，据报道，25日，日本总务副大臣赤间二郎访问台北，并出席“日本台湾交流协会”主办的日本文化宣介活动。有报道称，赤间此访系1972年以来日本访台的最高级别官员。中方对此有何评论？日方此举是否将给中日关系造成负面冲击？

发言人说，台湾问题是事关中日关系政治基础的重大原则问题。中方在台湾问题上的立场是一贯而明确的。日方现职副大臣访台明显违反只同台维持民间和地区性往来的承诺，严重背弃中日四个政治文件精神，中方对此坚决反对，已向日方提出严正交涉。年初以来，日方口头上声称遵守在台湾问题上的承诺，而在实际行动上却一再挑衅滋事，已给两国关系改善造成严重干扰。台湾问题涉及中国核心利益，坚决不容挑战。日方应认识到问题的严重性，停止在涉台问题上“两面派”的做法，不要在错误的道路上越走越远。

3月27—31日

［纲　文］　**中央军委副主席许其亮应邀对马来西亚和沙特进行正式访问。**

［目　文］　29日，许其亮在马来西亚吉隆坡会见了马来西亚总理纳吉布；与马来西亚国防部部长希沙姆丁举行会谈。

30日，许其亮在沙特利雅得会见了沙特国王萨勒曼；与沙特王储继承人兼第二副首相、国防大臣穆罕默德举行会谈。

3月28日

［纲　文］　**新华社讯，中共中央办公厅印发《关于推进“两学一做”学习教育常态化制度化的意见》。**

［目　文］　《意见》由八个部分组成：一、从讲政治的高度充分认识推进“两学一做”学习教育常态化制度化的重大意义。二、明确基本目标要求。三、精心安排学习内容。四、引导党员做到“四个合格”。五、联系思想工作实际经常查找解决问题。六、坚持领导机关、领导干部率先垂范。七、把“两学一做”学习教育纳入党支部“三会一课”等基本制度。八、层层推动工作落实。

《意见》指出，把组织开展“两学一做”学习教育情况纳入各级党组织党建工作考核的重要内容，每年结合总结、述职进行检查和评估，作为评判党组织和党组织书记履行管党治党责任情况的重要依据，注重从党支部工作成效和党员作用发挥看效果、让党员群众作评价。要及时总结交流新鲜经验，发现和解决存在问题。对工作落实不力、搞形式走过场的，要严肃批评、追责问责。

3月28日

［纲　文］　**国家邮政局发布《2016年中国快递发展指数报告》。**

［目　文］　《报告》显示，2016年中国快递发展指数（CEDI）为538.5，同比提高40.8%。中国快递业务量规模继续稳居世界首位，在全球占比超过四成，对世界快递业务量增长的贡献率达60%，中国已经成为全球快递市场发展的新引擎。2016年快递支撑网络零售额超过4万亿元，占社会消费品零售总额比重达到12.5%，直接服务农产品外销超过1000亿元，直接服务制造业产值超过1200亿元。

3月28日

［纲　文］　**民政部、财政部印发《关于做好第一批中央财政支持开展居家和社区养老服务改革试点工作的通知》。**

［目　文］　《通知》说，2016年11月11日，民政部、财政部共同确定了北京市丰台区等26个市（区）作为居家和社区养老服务改革试点地区，其他地区也积极推进居家和社区养老服务改革工作。为贯彻落实《民政部财政部关于中央财政支持开展居家和社区养老服务改革试点工作的通知》（民函〔2016〕200号）和《民政部财政部关于开展2016年居家和社区养老服务改革试点申报工作的通知》（民函〔2016〕201号）的要求，更好地推动各试点地区高效务实抓好第一批试点工作，现将有关事项通知如下：一、明确基本试点任务；二、明确特色试点任务；三、其他工作要求。非第一批试点地区的省份可参照通知要求，积极开展相关工作，为今后申报试点打好基础。

3月28日

［纲　文］　**民政部、财政部印发《中央财政支持开展居家和社区养老服务改革试点**

工作绩效考核办法》，自2017年3月28日起实施。

3月28日

［纲　文］　**交通运输部公布修改后的《中华人民共和国海船船员适任考试和发证规则》，自2017年4月15日起施行。**

3月28日

［纲　文］　**国务院在北京召开全国医改工作电视电话会议。**

［目　文］　国务院总理李克强作出批示指出：医药卫生体制改革事关人民健康和经济社会发展。过去一年，各地区、各有关部门积极探索，协力攻坚，推动医改取得新的显著成效。谨向广大医改工作者致以诚挚问候！2017年，要贯彻落实党中央、国务院决策部署，以推进健康中国建设为引领，按照政府工作报告的要求，针对群众反映的痛点、难点问题，进一步深化医疗、医保、医药联动改革，大力推动医疗联合体建设、全部取消药品加成、医保支付改革等取得突破，办好全国医保信息联网、异地就医住院费用直接结算、完善大病保险制度、健康扶贫等惠民实事，切实把改革成果转化为人民群众的健康福祉和获得感，以优异成绩迎接党的十九大胜利召开！

国务院副总理、国务院医改领导小组组长刘延东出席会议并讲话。全国医改办主任、国家卫计委主任李斌通报了2016年医改工作进展情况及2017年全国医改工作安排。福建省、浙江省、四川省、深圳市、福州市负责人做了大会交流发言。

刘延东指出，要以人民健康为中心，全面推进分级诊疗、现代医院管理、全民医保、药品供应保障、综合监管五项制度建设，实施“立柱架梁”各项任务。全面启动医联体建设试点，推动大医院资源下沉基层、贴近群众。从老年人、慢性病患者等做起，以需求为导向做实家庭医生签约服务，打造居民健康“守门人”。深化医保支付方式改革，提高医保精准管理水平和对贫困人口大病保障能力。全面推开公立医院综合改革，强化绩效考核和服务监管，改善就医流程和群众体验，构建体现公益性、调动积极性的高效治理机制。加大薪酬制度改革力度，着力体现医务人员的技术劳动价值。推进药品“两票制”和高值耗材集中采购，整顿流通秩序，理顺药品价格。

3月28日

［纲　文］　**俞正声主持召开政协第十二届全国委员会第五十八次主席会议。**

［目　文］　全国政协副主席杜青林、韩启德、万钢、林文漪、罗富和、张庆黎、李海峰、陈元、周小川、王家瑞、王正伟、马飚、齐续春、陈晓光、刘晓峰、王钦敏出席会议。会议研究并同意全国政协十二届五次会议重点提案题目和督办方式。全国政协副主席将参与重点提案督办工作，带队调研，加大提案督办力度，提高提案督办实效。会议审议通过关于撤销孔庆平政协第十二届全国委员会委员资格的决定，并提请第二十一次常委会议追认。全国政协提案委员会主任孙淦、中共中央统战部常务副部长张裔炯先后就有关议题作了说明。

会议指出，要学习贯彻好两会精神，重点是学习贯彻落实习近平总书记在全国两会上的讲话精神，按照全国政协常委会工作报告及2017年协商计划等有关安排，有力有序推进全年重大协商议政活动。要积极发挥提案在民主监督中的作用，落实中共中央关于加强人民政协民主监督工作的要求，通过提案提出意见、批评、建议开展监督。要通过重点提案的遴选、办理、督办，发挥示范引领作用，做到提得有质量，办得有实效，更好推动中共中央重大决策部署贯彻落实。

3月28日

［纲　文］　**国务院副总理刘延东在北京会见北京大学名誉校董、美国知名侨领方李邦琴一行。**

［目　文］　刘延东指出，中美人文交流高层磋商机制成立7年来进展显著，在教科文卫体等领域开展了高水平合作，取得500余项成果，搭建了人与人面对面交流的桥梁，为中美关系发展厚植了民意基础。刘延东积极评价方李邦琴对中美友好和人文交流的支持与努力，鼓励她发挥影响力，心系祖籍国发展，讲好中国故事，增进两国民众的相互了解，为中美友谊的大厦添砖加瓦。

3月28日

［纲　文］　**中央军委副主席范长龙在北京会见古巴革命武装力量部部长辛特拉。**

［目　文］　范长龙说，习近平主席同劳尔主席共同规划了两国互利友好关系的未来。中方愿同古方一道，认真落实两国元首就深化中古关系达成的重要共识，不断推进中古关系发展。中方高度重视发展与古军的友好合作关系，将一如既往支持古巴军队建设，促进两军交流合作全面深入发展，不断开创两军关系新局面。辛特拉说，古方珍视古中传统友谊，希望双方进一步深化各领域务实合作，推动两军关系不断迈上新台阶。

29日，国务委员兼国防部长常万全在八一大楼与辛特拉举行会谈时指出，近年来，中古关系在高水平上运行并不断取得新进展。两军关系作为两国关系的重要组成部分，有着扎实的基础，有着强大的生命力，有着广阔的发展前景。中方愿与古方一道，全面落实习近平主席与劳尔主席就深化中古关系达成的重要共识，进一步深化两军各领域交流与合作，为两国两军关系发展作出积极贡献。辛特拉感谢中方对古巴国家和军队建设的支持。他说，古中两国传统友谊源远流长，古方重视发展古中两国两军关系，愿按照两国领导人规划的美好愿景，与中方不断加强务实合作，将两国两军关系提升到新的更高水平。

30日，全国人大常委会委员长张德江在北京会见辛特拉时说，中国和古巴建交半个多世纪以来，在两国领导人的亲手缔造和精心培育下，中古关系经受住了考验，保持着良好发展势头。特别是2014年习近平主席访问古巴，同劳尔主席就开创两国互利合作新局面达成重要共识，为两国关系的友好合作发展奠定了坚实基础、指明了前进方向。中古双方要全面落实好两国元首达成的重要共识，加强两国军队交流合作，深化两国全国人大友好往来，不断丰富两国关系内涵，推动中古关系向前发展。辛特拉说，古巴珍视古中友谊，感谢中方长期以来提供的无私帮助和支持，希望不断深化两军各领域务实合作。

3月28日—4月1日

［纲　文］　**应国家主席习近平邀请，塞尔维亚总统尼科利奇对中国进行国事访问。**

［目　文］　访问期间，习近平在北京同尼科利奇举行会谈，两国元首一致同意，推动中塞全面战略伙伴关系不断取得新成果，更好造福两国人民。习近平出席了授予尼科利奇“北京市荣誉市民”称号的仪式。国务院总理李克强、全国人大常委会委员长张德江在北京分别会见尼科利奇。尼科利奇还访问了山东。

习近平在会见尼科利奇时指出，中方愿同塞方一道，巩固两国全天候友谊，全面深化各领域互利合作。我们要保持高层交往势头，加强两国政府、立法机构、政党、地方政府等各方面人员交往，密切在国际事务中协调和配合。要推动“一带一路”倡议同塞尔维亚再工业化国家战略紧密对接，稳步推进匈塞铁路等在建大项目，积极探讨共建工业园区，实现基础设施建设、产能合作、产业发展相互促进，加强农业、生物医药、可再生能源等合作。双方要扩大旅游、文化交流，不断增进两国人民友谊。中国—中东欧国家“16+1合作”全面快速发展。我们期待塞方继续发挥作用，做好中塞双边合作同“16+1合作”对接，共同推动中国同中东欧国家合作在更高水平上平稳运行，更好造福各国人民。

尼科利奇表示，塞方赞赏中方在发展国家间关系时始终坚持相互尊重、平等相待，将永远坚持一个中国政策，愿加强两国在基础设施、产能、矿产、农业等领域务实合作，积极参加“一带一路”建设，深化两国人文交流，并为推进中国同中东欧国家互利合作作出努力。

李克强在会见尼科利奇时表示，希望双方进一步挖掘合作潜力，发挥“16+1合作”等机制作用，按照市场原则和商业框架推进重点项目合作，实现互惠双赢基础上的可持续发展。继续建设好匈塞铁路，打造中塞合作旗舰项目与中国—中东欧国家国际产能合作的样板。加强金融、海关等领域合作，助力扩大双边贸易。拓展文化、旅游、航空等领域合作，增进民间往来和人民友好。进一步密切在“16+1合作”框架内沟通协作。

尼科利奇表示，两国贸易投资合作快速发展，交通、电站、钢厂等重大项目合作取得积极进展，促进了塞经济发展，带动了中东欧国家对华合作。塞方愿在双边和“16+1合作”框架内继续扩大对华合作，欢迎中国企业赴塞投资，希进一步加强基础设施、产能等领域重大项目合作，加快塞匈铁路建设，扩大农产品贸易，共同开拓第三方市场合作机遇。

3月28—31日

［纲　文］　**国务院副总理汪洋在俄罗斯阿尔汉格尔斯克出席第4届“北极—对话区域”国际北极论坛，并同罗戈津副总理举行中俄总理定期会晤委员会双方主席会晤。**

［目　文］　29日，汪洋同罗戈津在俄罗斯阿尔汉格尔斯克共同主持中俄总理定期会晤委员会双方主席会晤。双方就北极、核能、农业、民用航空等领域合作交换了意见。

同日，汪洋出席在俄罗斯阿尔汉格尔斯克市举行的第4届“北极—对话区域”国际北极论坛并在开幕式上致辞表示，中国是北极事务重要利益攸关方，依法参与北极事务由来已久。中国是北极事务的参与者、建设者、贡献者，有意愿、也有能力对北极发展与合作发挥更大作用。中国秉承尊重、合作、可持续三大政策理念参与北极事务。新形势下，我们要加强北极生态环境保护，不断深化对北极的科学探索，依法合理开发利用北极资源，完善北极治理体制机制，共同维护北极和平与稳定。中方愿同各国深入交流，拓展合作，共同开创北极美好新未来。

俄罗斯总统普京、芬兰总统尼尼斯托、冰岛总统约翰内松出席论坛全会并致辞。来自美国、加拿大、芬兰、丹麦、挪威、冰岛等近30个国家的2000多位政、商、学界代表参加论坛。

3月29日

［纲　文］　**习近平等党和国家领导人参加首都义务植树活动。**

［目　文］　习近平、张德江、俞正声、刘云山、王岐山、张高丽等来到位于北京市朝阳区将台乡的植树点，同首都群众一起参加义务植树活动。

习近平指出，植树造林，种下的既是绿色树苗，也是祖国的美好未来。要组织全社会特别是广大青少年通过参加植树活动，亲近自然、了解自然、保护自然，培养热爱自然、珍爱生命的生态意识，学习体验绿色发展理念，造林绿化是功在当代、利在千秋的事业，要一年接着一年干，一代接着一代干，撸起袖子加油干。参加义务植树是每个公民的法定义务。前人种树后人乘凉，我们每个人都是乘凉者，但更要做种树者。各级领导干部要身体力行，同时要创新义务植树尽责形式，让人民群众更好更方便地参与国土绿化，为人民群众提供更多优质生态产品，让人民群众共享生态文明建设成果。

3月29日

［纲　文］　**新华社讯，中央军委办公厅印发《关于开展维护核心、听从指挥主题教育活动和推进“两学一做”学习教育常态化制度化的意见》。**

［目　文］　《意见》指出，确立和维护习近平总书记为党中央的核心、全党的核心，是根本性、方向性、全局性问题，关乎旗帜道路方向，关乎党运国脉军魂。做好迎接党的十九大召开的思想政治准备，应对意识形态领域尖锐复杂斗争，深化国防和军队改革，都需要进一步统一思想、凝聚意志。开展维护核心、听从指挥主题教育活动和推进“两学一做”学习教育常态化制度化，必须牢牢把握维护核心、听从指挥这个根本政治要求，突出维护权威、维护核心、维护和贯彻军委主席负责制，抓好学习教育和实践锤炼，真正使维护核心成为高度的思想自觉、政治自觉和行动自觉。维护核心、听从指挥主题教育活动，要围绕迎接党的十九大胜利召开、学习贯彻党的十九大精神这条主线，突出忠诚核心、拥戴核心、维护核心这个根本，用好赞颂新成就、展示新面貌这个载体，抓住助力改革强军、助推备战打仗这个落点，引导官兵进一步铸牢忠诚品格、聚力强军兴军。要深刻理解确立和维护习近平总书记核心地位的重大而深远意义，广泛赞颂党的十八大以来取得的不平凡成就，大力弘扬光荣传统、传承红色基因，积极投身改革强军伟大实践，进一步凝聚

起强国强军的强大意志力量。推进“两学一做”学习教育常态化制度化，要深入贯彻落实党的十八届六中全会精神，持续推动全面从严治党突出“关键少数”并向基层延伸，为实现强军目标、建设世界一流军队提供坚强组织保证。坚持融入日常、抓在经常，突出问题导向，注重以上率下，强化分类指导，激发基层活力，坚持常抓不懈，讲求实际效果。突出重点内容抓学习，熟知牢记党章党规，学深悟透系列讲话，对应知应会应做内容巩固学习，对新的内容跟进学习，对与本单位、本领域、本职岗位联系紧密的内容精研学习。

《意见》要求，各级要站在政治和全局的高度，切实以维护核心、听从指挥的政治责任感，把主题教育活动和推进“两学一做”学习教育常态化制度化作为重大政治任务抓紧抓好抓出成效。下沉教育重心，改进教育指导，深入研究探索新体制下的组教模式、网络时代的教育方法、动态条件中教育落实等问题，抓住现实问题和活思想精准发力。适应新的领导指挥体制、新的规模结构和力量编成，坚持把信息网络作为创新的重要增长点，着力推进教育思维理念、运行模式、指导方式、方法手段、制度机制等创新。端正学风教风，发挥真理真情真实的力量，大力纠治假大虚空、说做脱节、不接地气等问题，增强教育说服力感召力。

3月29日

［纲　文］　**人力资源社会保障部办公厅发布《关于进一步推进人力资源服务机构诚信服务主题创建活动的通知》。**

［目　文］　《通知》由三个部分组成：一、活动主题。二、活动目的。三、活动内容。四、有关要求。

《通知》要求，各地要高度重视诚信服务主题创建活动，加强组织领导，可根据工作实际，细化实施方案，明确责任要求，落实经费保障，切实把这项工作抓紧抓好。

3月29日

［纲　文］　**孟建柱在北京主持召开中央司法体制改革领导小组会议。**

［目　文］　会议传达学习中共中央总书记习近平在中央全面深化改革领导小组第33次会议上的讲话精神，研究贯彻落实意见。郭声琨、周强、曹建明出席会议。

中央政法委书记孟建柱指出，政法单位主要负责人要坚持问题导向，强化责任担当，狠抓工作落实，确保改革政策措施落地见效，努力实现党的十九大召开前基本完成司法体制改革任务的目标。越到改革关键时刻，领导干部特别是一把手越要担起责任、发挥作用。中央政法单位主要负责人要敢于担当、亲力亲为，对那些牵涉全局、难度高、影响大的改革任务，要亲自上手、一抓到底，务求见到实效。各单位要切实负起主体责任，系统梳理改革中遇到的问题，对照改革任务清单，列出时间表、路线图，尽快逐一解决，决不能拖一拖、放一放再说。要加强督导，确保中央确定的改革政策精准落地。各改革主体单位要深入调查研究，全面掌握实际情况，从基层和群众中寻找解决问题的办法，更好地把中央精神与基层实际结合起来。要加强同相关部门的协调、衔接，提出完善和规范相关改革措施的意见，对政策执行过程中遇到的困难，要出台切合实际、简单易行的实施细则和具体措施，增强可操作性。对一些涉及干警切身利益、基层高度关注的改革政策，要深入调研，科学论证，提出方案。

3月29日

［纲　文］ **《人民日报》报道，中组部在北京召开全国干部监督工作座谈会。**

［目　文］ 会议就学习贯彻党的十八届六中全会精神和中共中央总书记习近平系列讲话精神，做好新形势下组织部门干部监督工作作出部署。会议提出，要认真贯彻党中央决策部署和中共中央总书记习近平系列讲话精神，保持工作定力，总结工作规律，把2017年干部监督工作做得更好。突出抓好地方领导班子换届人选和“两代表一委员”人选产生过程的监督，严把政治关廉洁关，把换届风气监督工作抓得更实更好、更有成效。加大提醒函询诫勉力度，不断完善工作机制，加强跟踪问效，把咬耳扯袖、红脸出汗的要求落到实处。深化选人用人巡视检查，总结实践经验，完善制度机制，不断提高选人用人监督工作质量和水平。切实抓好领导干部报告个人有关事项“两项法规”贯彻落实，坚持“凡提必核”和按比例随机抽查，强化查核结果运用。持之以恒抓好突出问题专项整治，加强监督检查和常态管控，巩固拓展整治成果。积极稳妥做好规范领导干部亲属经商办企业行为工作，确保取得预期成效。

3月29日

［纲　文］ **故宫博物院召开2014—2016年藏品清理工作总结会。**

［目　文］ 故宫博物院院长单霁翔介绍了“三年藏品清理”的工作概况与主要成果，并发布了截至2016年12月31日故宫博物院的藏品总数，即由2010年12月的1807558件上升至1862690件，包括1683336件珍贵文物、163969件一般文物和15385件标本。其中，增加较多的主要是新整理的乾隆御稿与尺牍以及甲骨、陶瓷类文物（标本）等。

3月29日

［纲　文］ **外交部发言人表示，反导问题事关全球战略稳定和大国互信。**

［目　文］ 有记者问：据报道，俄罗斯外长拉夫罗夫28日表示，俄罗斯和中国反对在韩国部署美国反导系统，美国反导系统的能力，包括“萨德”系统，将对地区安全造成负面影响。同日，中俄两军在日内瓦举行了第二次反导问题联合吹风会，也表明了在反导和“萨德”问题上的共同立场。中方是否也认为美国在韩部署“萨德”是为了提升美国的全球反导能力?

发言人表示，中国一贯认为，反导问题事关全球战略稳定和大国互信，应慎重处理。各国既要考虑本国安全利益，也要尊重别国安全关切，遵循维护全球战略稳定和各国安全不受减损的原则，共同营造和平稳定、平等互信、合作共赢的国际安全环境。任何国家如果只顾追求自身绝对安全，单方面强化反导系统全球部署，将严重阻碍核裁军进程，引发对抗甚至军备竞赛，破坏全球和地区战略稳定。中国一向反对美国在本地区构建战区导弹防御体系。美国在韩部署“萨德”反导系统，是美国强化全球反导系统的一部分，也关乎东北亚地区和平稳定。此举将有关国家卷入地区战略平衡被打破的进程，是不幸的。中方再次要求有关方正视包括中国在内地区国家的合理关切，也从自身根本利益考虑，停止相关部署进程。

3月29日

［纲　文］　**中哈原油管道输油量突破1亿吨。**

［目　文］　中国首条陆路跨境原油运输管道——中哈原油管道管输原油已稳定运行3906天，实现向中国管输原油1亿吨。

中哈原油管道是中国石油天然气集团有限公司在中亚及俄罗斯地区投资建设的第一条管线，西起哈萨克斯坦里海之滨的石油重镇阿特劳，途经肯尼亚克、库姆克尔和阿塔苏，终点为中哈边界的阿拉山口—独山子输油管道首站，全长2800多公里，被誉为“丝绸之路第一管道”。

3月29日

［纲　文］　**《人民日报》发表题为《全面从严治党的战略性基础性工程——论推进“两学一做”学习教育常态化制度化》的评论员文章。**

3月29日—4月2日

［纲　文］　**2017年花样滑冰世界锦标赛在芬兰赫尔辛基举行。**

［目　文］　中国队隋文静和韩聪获双人滑比赛金牌，在男单比赛中，金博洋摘得铜牌。

3月30日

［纲　文］　**全国政协在北京召开双周协商座谈会，就“优化电子商务监管”建言献策。**

［目　文］　会议由全国政协主席俞正声主持。全国政协副主席杜青林、张庆黎、陈元、王钦敏出席座谈会。国家工商总局副局长甘霖介绍了有关情况。中央网信办副主任庄荣文、商务部副部长房爱卿、国家税务总局副局长孙瑞标、国家质检总局副局长孙大伟等与委员互动交流。全国政协委员石军、程红、杨志明、徐一帆、陈小平、刘平均、陈健、骆沙鸣、徐向东、梅兴保、谢渡扬、蓝逢辉、徐晓兰、曾蓉，以及专家学者徐显明、刘强东、马云等在座谈会上发言。

委员们认为，近年来，电子商务迅猛发展，已成为国民经济的组成部分和重要经济增长点，极大地促进了经济发展、就业和民生改善。但由于电子商务的跨地域性和开放性等特点，以及有关法律法规和人们诚信意识的缺失，电子商务还存在着售卖假冒伪劣商品、侵犯知识产权、虚假宣传和个人信息安全等问题。要促进电子商务健康发展，必须坚持促进发展、优化监管。发展不能忽视监管，监管也不能妨碍发展，最重要的还是发展。

一些委员建议，一是要健全法律，“依法管网”。加快推动电子商务领域相关法律法规和标准规范的制订，为电子商务的健康发展和监管工作的有效开展提供必要的法律支撑。

二是要转变思维，“以网管网”。要突破地区局限和传统管理方法，继续探索税收监管、质量监管、打假监管与电商平台相结合的方式方法，强化技术手段与监管业务的融合，提升一体化监管技术水平。三是要鼓励探索，慎重建制。要加强对电子商务发展中前瞻性、苗头性、倾向性问题的研究，逐步规范，为电子商务创新发展提供良好环境。四是政府部门和电商平台要合理定责，信息共享。政府部门要支持和帮助电商平台发展，切实承担起监管责任；电商平台要承担起落实用户实名登记、保护消费者个人信息等责任。要充分调动政府、企业、社会各方面力量，构建共治格局，实现共同管网。

3月30日

［纲 文］ **中宣部授予徐立平“时代楷模”荣誉称号。**

［目 文］ 中宣部通过中央电视台“时代楷模发布厅”发布徐立平的先进事迹并宣读《中共中央宣传部关于授予徐立平同志“时代楷模”荣誉称号的决定》。

徐立平是中国航天科技集团公司第四研究院7416厂航天发动机固体燃料药面整形组组长，国家高级技师、航天特级技师。参加工作30年来，他一直从事极其危险的航天动力燃料微整形工作，多次经历血与火的淬炼、生与死的考验。他凭着对事业的忠诚和担当，苦钻善学、精益求精，立足岗位不断创新创造，练就高超的技艺绝活，多次出色完成急难险重任务，用堪称完美的产品为我国的航天事业发展作出自己的贡献。徐立平曾荣获全国五一劳动奖章、中华技能大奖，当选“感动中国2015年度人物”，被誉为“以国为重的大国工匠”。

3月30日

［纲 文］ **国务院印发《全面深化中国（上海）自由贸易试验区改革开放方案》。**

［目 文］ 《方案》由七个部分组成：一、总体要求。二、加强改革系统集成，建设开放和创新融为一体的综合改革试验区。三、加强同国际通行规则相衔接，建立开放型经济体系的风险压力测试区。四、进一步转变政府职能，打造提升政府治理能力的先行区。五、创新合作发展模式，成为服务国家“一带一路”建设、推动市场主体走出去的桥头堡。六、服务全国改革开放大局，形成更多可复制推广的制度创新成果。七、抓好工作落实。

《方案》指出，要坚决贯彻党中央、国务院部署，坚持稳中求进工作总基调，进一步解放思想、勇于突破，统筹谋划、加强协调，大胆实践、积极探索，支持上海自贸试验区先行先试。要加强组织领导，明确责任主体，精心组织实施，抓好改革措施的落实，有效防控各类风险。国务院自由贸易试验区工作部际联席会议办公室、上海市人民政府、有关部门要创新思路、寻找规律、解决问题、积累经验；要充分发挥积极性，及时总结评估试点任务实施效果，加强试点经验系统集成，持续形成可复制可推广的改革试点经验，进一步彰显自贸试验区全面深化改革和扩大开放试验田作用。

3月30日

［纲 文］ **农业部公布《非主要农作物品种登记办法》。**

［目 文］ 《办法》共5章31条。主要有总则，申请、受理与审查，登记与公告，

监督管理，附则等内容。自2017年5月1日起施行。

3月30日

［纲　文］　**中国首个情感交互标准提案获国际立项。**

［目　文］　中科院软件所发布，在近期举办的ISO/IECJTC1/SC35德国柏林会议上，由中国科学院软件研究所、中国电子技术标准化研究院、小i机器人三家中国科研机构和企业共同提出的“信息技术—情感计算用户界面—框架”提案获得正式立项。这是用户界面分委会首个关于情感计算的标准，也是中国在用户界面领域第一个立项的国际标准。

3月30日

［纲　文］　**外交部发言人表示，愿在相互尊重、合作共赢基础上拓展中美经贸务实合作。**

［目　文］　发言人说，建交38年来，中美经贸关系取得了长足发展，为两国工商界和消费者都带来了实实在在的利益。据统计，2016年，中美双边货物贸易达到5196亿美元，比建交时增长了207倍。目前中国是美国除北美地区市场外增长最快的出口市场。即便是美方经常谈到的贸易不平衡问题，实际上，在中国对美贸易顺差中，约40%来源于在华经营的美国公司。根据美中贸委会统计，2015年美中双边贸易和双向投资为美国创造了约260万个就业岗位，两国经贸关系每年可帮助每个美国家庭节省850美元。当然，中方也从两国经贸合作中受益良多。中国改革开放以来发生的巨大变化也得益于中国与包括美国在内的世界各国合作的成果。实践证明，中美经贸关系具有很强的互补性，市场选择已让两国形成了你中有我、我中有你的利益格局。让这一经贸关系更好造福各自国家人民的有效途径，是努力做大共同利益的蛋糕，而不是立足于简单的你多我少的分配格局。我们愿同美方共同努力，在相互尊重、合作共赢的基础上，拓展两国经贸领域的务实合作，通过对话沟通妥善处理经贸摩擦，维护中美经贸关系健康稳定发展。

有记者问，据日本媒体报道，中国2015年击败日本赢得雅万高铁建设订单，该项目虽已动工，但工程进度缓慢，能否按计划在2019年底前竣工遭到质疑，印尼对中方不信任感增强。中方对此有何回应？

发言人说，雅万高铁是首个采用中国技术、中国标准、中国装备的综合系统性境外高铁项目，是“一带一路”建设重大早期收获。建成后，将成为印尼乃至东南亚第一条高铁。在中印尼两国政府和相关企业的共同努力下，雅万高铁全线开工各项准备工作正按计划推进。雅万高铁是一个庞大的系统性工程，从合同谈判、合规调查、线路设计、土地征用、现场勘探、施工准备、设备进口到全线施工、建成运营都需要时间，其间也可能会遇到各种问题。自2016年先导段正式启动建设以来，中印尼双方紧密协作，全力以赴推进各项工作。中方对雅万铁路早日建成通车充满信心。对这个合作项目怎么评价，最好还是听中国和印尼两个合作方自己怎么说。

3 月 31 日

［纲　文］　**习近平主持中共中央政治局会议，听取 2016 年省级党委和政府脱贫攻坚工作成效考核情况汇报。**

［目　文］　会议指出，脱贫攻坚工作在党和国家工作全局中具有重要地位。党的十八大确定了到 2020 年全面建成小康社会的目标，其中最难实现的就是农村贫困人口脱贫、贫困县摘帽、消除区域性整体贫困。实现这个目标是我们党对人民的庄严承诺。必须把从严要求贯穿脱贫攻坚工作全过程、各方面，严格落实脱贫攻坚工作报告制度、责任制度、考核制度、督查巡查制度，确保实现脱贫攻坚工作目标任务。中央扶贫开发工作会议以来，脱贫攻坚顶层设计基本完成，五级书记抓扶贫、全党动员促攻坚的格局基本形成，各项决策部署得到较好贯彻落实，精准扶贫、精准脱贫深入人心，基层干部群众积极性进一步调动，年度减贫目标任务得到较好完成。事实证明，党中央关于脱贫攻坚工作的决策部署是正确的，按照现有政策力度和工作力度，只要实事求是、真抓实干，到 2020 年是可以完成任务的。同时，必须看到，工作中还存在着脱贫质量不高、帮扶工作不实、扶贫措施不够精准、资金监管有待加强等突出问题。

会议强调，推进脱贫攻坚工作，要坚持把人民利益放在首位，各级领导干部要从巩固党执政的阶级基础和群众基础、保持党同人民群众的血肉联系的高度出发，增强推进脱贫攻坚工作的使命感和责任感。要充分发挥政治优势，形成推进脱贫攻坚工作的强大合力。脱贫攻坚工作，是我们党的历史使命，是各级党委、政府和各部门一把手的职责。实施党政一把手脱贫攻坚工作责任制、脱贫攻坚期内保持贫困县党政正职稳定、开展东西部扶贫协作和机关定点扶贫、向贫困村派驻第一书记和驻村工作队这样一些行之有效的措施，必须继续坚持，不断提高水平。

3 月 31 日

［纲　文］　**李克强主持召开国务院第 7 次全体会议。**

［目　文］　会议审议香港特别行政区政府关于选举林郑月娥为香港特别行政区第五任行政长官人选的报告，听取了国务院港澳事务办公室主任王光亚关于香港特别行政区第五任行政长官人选产生过程的汇报。国务院副总理张高丽、刘延东、马凯，国务委员常万全、杨洁篪、郭声琨、王勇等，以及国务院全体会议其他组成人员出席会议。

国务院总理李克强说，香港特别行政区第五任行政长官选举是依法进行的，完全符合香港特别行政区基本法、全国人大常委会有关决定和香港特别行政区有关法律的规定，体现了公开、公平、公正的原则。林郑月娥女士当选行政长官，充分表明香港社会各界的广泛认同、信任和期望。中央政府将继续全面准确贯彻“一国两制”、“港人治港”、高度自治方针，严格按照宪法和基本法办事，确保“一国两制”在香港的实践不动摇、不走样、不变形，全力支持行政长官和特区政府依法施政，发展经济、改善民生、推进民主、促进和谐。采取切实措施，推动内地与香港深化合作，促进粤港澳大湾区城市群发展，发挥香港独特优势，提升香港在国家经济发展和对外开放中的地位与功能。相信林郑月娥女士就任行政长官后，一定能够团结带领香港特别行政区政府和香港各界人士，务实进取，奋发有为，保持香港长期繁荣稳定，开创更加美好的明天。

李克强签署了国务院第678号令。国务院第678号令说，依照《中华人民共和国香港特别行政区基本法》的有关规定，根据香港特别行政区行政长官选举委员会选举产生的人选，任命林郑月娥为中华人民共和国香港特别行政区第五任行政长官，于2017年7月1日就职。

3月31日

［纲　文］　**国务院印发《关于建立粮食生产功能区和重要农产品生产保护区的指导意见》。**

［目　文］　《意见》由六个部分组成：一、总体要求。二、科学合理划定“两区”。三、大力推进“两区”建设。四、切实强化“两区”监管。五、加大对“两区”的政策支持。六、加强组织领导。

《意见》要求，要加大对“两区”的政策支持，增加基础设施建设投入，完善财政支持政策，创新金融支持政策。各省（区、市）人民政府对“两区”划定、建设和管护工作负总责，有关部门要加强指导、协调和监督检查，细化制定具体实施办法、管理细则，出台相关配套政策，抓好工作落实。

3月31日

［纲　文］　**交通运输部公布修改后的《中华人民共和国船员培训管理规则》，自2017年4月15日起施行。**

3月31日

［纲　文］　**纪念刘复之诞辰100周年座谈会在北京举行。**

［目　文］　中共中央书记处书记刘云山出席并在会前会见了刘复之亲属。最高人民检察院检察长曹建明主持座谈会。

中共中央政治局委员、中央政法委书记孟建柱在座谈会上回顾了刘复之同志生平业绩和历史贡献，并强调要学习他笃定理想、坚定信念，永远保持对党忠诚的政治品格；坚持原则、敢于担当，永远践行党的实事求是的思想路线；锐意改革、开拓创新，永远保持与时俱进的精神状态；热爱人民、服务群众，永远坚持以人民为中心的发展思想；克己奉公、修身养德，永远坚守共产党人的精神家园。

刘复之（1917年3月31日—2013年8月25日）是我国政法战线的杰出领导人，曾任中国共产党第十二届中央委员会委员，原中共中央顾问委员会委员，最高人民检察院检察长。

3月31日

［纲　文］　**中央军委副主席范长龙、国务委员兼国防部长常万全在北京分别会见瑞士国防、民防和体育部长帕莫兰。**

［日　文］　范长龙在会见帕莫兰时说，中瑞两军关系近年来发展顺利，高层互访、人员培训、国际维和等领域交流与合作不断深入，取得显著成果。中方愿与瑞方共同努力，落实两国领导人共识，加强战略沟通，增进伙伴情谊，不断丰富两军关系内涵，为中瑞两国创新战略伙伴关系发展作出积极贡献。帕莫兰表示，瑞方坚持一个中国政策，愿与中方加强和拓展各领域务实合作，不断深化两国人民友谊。

常万全在会见帕莫兰时说，近年来中瑞两军关系保持良好发展势头，两军高层交往频繁，国防部工作对话运转良好，国际维和、人员培训等领域合作顺利开展。中方愿与瑞方一道，以两国领导人共识为引领，深化两军友好交流与务实合作，不断丰富两国创新战略伙伴关系内涵。帕莫兰说，瑞方重视发展对华关系，愿与中方共同努力，推动两国两军关系迈上新的台阶。

4 月

4月1日

［纲　文］　**新华社讯，中共中央、国务院决定设立河北雄安新区。**

［目　文］　中共中央、国务院印发通知，设立雄安新区，是以习近平同志为核心的党中央深入推进京津冀协同发展作出的一项重大决策部署，对于集中疏解北京非首都功能，探索人口经济密集地区优化开发新模式，调整优化京津冀城市布局和空间结构，培育创新驱动发展新引擎，具有重大现实意义和深远历史意义。是继深圳经济特区和上海浦东新区之后又一具有全国意义的新区，是千年大计、国家大事。党的十八大以来，中共中央总书记习近平多次深入北京、天津、河北考察调研，多次主持召开中央政治局常委会会议、中央政治局会议，研究决定和部署实施京津冀协同发展战略。习近平明确指示，要重点打造北京非首都功能疏解集中承载地，在河北适合地段规划建设一座以新发展理念引领的现代新型城区。

2017年2月23日，习近平专程到河北省安新县进行实地考察，主持召开河北雄安新区规划建设工作座谈会。习近平强调，规划建设雄安新区，要在党中央领导下，坚持稳中求进工作总基调，牢固树立和贯彻落实新发展理念，适应把握引领经济发展新常态，以推进供给侧结构性改革为主线，坚持世界眼光、国际标准、中国特色、高点定位，坚持生态优先、绿色发展，坚持以人民为中心、注重保障和改善民生，坚持保护弘扬中华优秀传统文化、延续历史文脉，建设绿色生态宜居新城区、创新驱动发展引领区、协调发展示范区、开放发展先行区，努力打造贯彻落实新发展理念的创新发展示范区。

习近平指出，规划建设雄安新区要突出七个方面的重点任务：一是建设绿色智慧新城，建成国际一流、绿色、现代、智慧城市。二是打造优美生态环境，构建蓝绿交织、清新明亮、水城共融的生态城市。三是发展高端高新产业，积极吸纳和集聚创新要素资源，培育新动能。四是提供优质公共服务，建设优质公共设施，创建城市管理新样板。五是构建快捷高效交通网，打造绿色交通体系。六是推进体制机制改革，发挥市场在资源配置中的决定性作用和更好发挥政府作用，激发市场活力。七是扩大全方位对外开放，打造扩大开放新高地和对外合作新平台。

党中央、国务院通知要求，各地区各部门要认真落实习近平指示，按照党中央、国务院决策部署，统一思想、提高认识，切实增强“四个意识”，共同推进雄安新区规划建设发展各项工作。河北省要积极主动作为，加强组织领导，履行主体责任。坚持先谋后动、规划引领，用最先进的理念和国际一流的水准进行城市设计，建设标杆工程，打造城市建设的典范。要保持历史耐心，尊重城市建设规律，合理把握开发节奏。要加强对雄安新区与周边区域的统一规划管控，避免城市规模过度扩张，促进与周边城市融合发展。各有关方面要按照职能分工，密切合作，勇于创新，扎实工作，共同推进雄安新区规划建设，为实现“两个一百年”奋斗目标和中华民族伟大复兴的中国梦作出新的更大贡献。

雄安新区规划范围涉及河北省雄县、容城、安新3县及周边部分区域，地处北京、天津、保定腹地，区位优势明显、交通便捷通畅、生态环境优良、资源环境承载能力较强，现有开发程度较低，发展空间充裕，具备高起点高标准开发建设的基本条件。雄安新区规划建设以特定区域为起步区先行开发，起步区面积约100平方公里，中期发展区面积约200平方公里，远期控制区面积约2000平方公里。

4月1日

［纲　文］　**汪洋在北京主持召开国务院扶贫开发领导小组第16次全体会议。**

［目　文］　国务院副总理、国务院扶贫开发领导小组组长汪洋指出，要认真学习贯彻中共中央总书记习近平在中央政治局听取2016年省级党委和政府脱贫攻坚工作成效考核情况汇报时的指示精神，充分发挥考核指挥棒作用，把从严要求贯穿脱贫攻坚工作全过程、各方面，较真碰硬落实工作责任，推动脱贫攻坚不断提质增效。脱贫攻坚要继续坚持精准扶贫精准脱贫方略，强化问题导向，对考核、评估、监督中发现的问题，要不折不扣进行整改，确保脱贫攻坚工作成效经得起实践和历史检验。要加强理论武装，深入领会习近平总书记新时期扶贫开发重要战略思想，增强精准扶贫“绣花”的本领。地方各级政府和国务院各有关部门要把自己摆进去，多从主观上找差距，全面查找工作中的问题和短板，认真学习总结和推广好的经验和做法，不断提高扶贫工作水平和工作成效。

4月1日

［纲　文］　**交通运输部、商务部、发展改革委公布《〈外商投资民用航空业规定〉的补充规定（六）》。**

［目　文］　《规定（六）》说，一、允许香港、澳门服务提供者独资投资飞机维修、航空食品、航空货运仓储、停车场和地面服务项目（不包括与安保有关的项目）。取消香港、澳门服务提供者设立合资计算机订座系统（CRS）企业的营业许可需进行经济需求测试的要求。本规定中的香港、澳门服务提供者应分别符合《内地与香港〈关于建立更紧密经贸关系的安排〉服务贸易协议》及《内地与澳门〈关于建立更紧密经贸关系的安排〉服务贸易协议》中关于“服务提供者”定义及相关规定的要求。二、在上海等自贸试验区范围内允许外商以独资形式投资设立航空运输销售代理企业；允许外商以独资形式投资设立航空货运仓储、地面服务、航空食品、停车场项目；放宽外商投资通用飞机维修由中方控股的限制，允许外商以合资合作形式投资通用飞机维修项目；取消外商投资飞机维修承揽国际维修市场业务的义务要求。三、自2017年5月1日起施行。

4月1日

［纲　文］　**交通运输部公布修改后的《正常类旋翼航空器适航规定》《运输类旋翼航空器适航规定》《民用机场专用设备管理规定》，自2017年5月1日起施行。**

4月1日

［纲　文］　**《人民日报》报道，黑龙江、山东、海南、甘肃省委主要负责人职务调整。**

［目　文］　中共中央决定：张庆伟任黑龙江省委委员、常委、书记，王宪魁不再担任黑龙江省委书记、常委、委员职务。刘家义任山东省委委员、常委、书记，姜异康不再担任山东省委书记、常委、委员职务。刘赐贵任海南省委书记，罗保铭不再担任海南省委书记、常委、委员职务。林铎任甘肃省委书记，王三运不再担任甘肃省委书记、常委、委员职务。

4月1—3日

［纲　文］　**赵乐际在贵州调研抓党建促脱贫攻坚、党的建设制度改革落实情况。**

［目　文］　中组部部长赵乐际在台江县排扎村、九摆村和阳芳村，随机入户走访群众，了解扶贫政策、项目、资金落实了没有，帮扶干部是不是经常来、帮老百姓办了些什么事，详细询问村民收入有多少，致富有什么路子，看病、出行、孩子上学方便不方便。在与村干部交谈时，询问村里现在有多少贫困户、具体情况是什么、采取了哪些扶贫措施、还有什么困难，鼓励他们苦干实干，带领群众增收致富、精准脱贫。

在与县里有关负责人和干部群众座谈时，赵乐际指出，解决贫困问题、让人民群众过上幸福美好生活，是党的性质和宗旨所在，要在实践中不断深化对脱贫攻坚伟大意义的认识，认真落实习近平总书记指示，坚持抓党建促脱贫攻坚，选好配强村“两委”班子特别是党支部书记，持续整顿后进村，精准选派第一书记和驻村工作队，充实一线扶贫工作队伍。加强农村党员干部培训，抓好青年农民职业技能教育。切实做好义务教育、医疗保障等工作。

赵乐际了解职务与职级并行制度、干部能上能下等党的建设制度改革举措落实情况，指出要把抓改革落实作为重要政治责任，主要负责人要亲力亲为、敢于担当，打通推进改革的“最后一公里”，一个举措一个举措抓实、一个问题一个问题解决。要认真做好改革督察工作，确保改革方向不偏离、改革任务不落空，使人民群众有更多获得感。

4月2日

［纲　文］　**国务委员杨洁篪应约同美国国务卿蒂勒森通电话。**

［目　文］　杨洁篪表示，习近平主席同特朗普总统即将在美国佛罗里达州海湖庄园举行会晤。这是当前两国关系中头等大事，对新时期中美关系发展、对促进亚太地区乃至世界的和平稳定繁荣具有重要意义。希望双方相向而行，继续共同努力，确保两国元首会晤圆满成功。

蒂勒森表示，特朗普总统期待着在海湖庄园迎接习近平主席。两国元首即将举行的会晤对美中关系未来发展十分重要。美方将全力做好各项筹备工作，并愿同中方一道，确保会晤取得重要积极成果。

4 月 2 日

［纲　文］ **《人民日报》发表题为《办好建设雄安新区这件大事》的评论员文章。**

4 月 3 日

［纲　文］ **国务院任免国家工作人员。**

［目　文］ 任命李宝荣为国务院副秘书长。任命彭家瑞为新疆生产建设兵团司令员、中国新建集团公司总经理；免去刘新齐的新疆生产建设兵团司令员、中国新建集团公司总经理职务。

4 月 4 日

［纲　文］ **国家主席习近平、国务院总理李克强就圣彼得堡市地铁发生爆炸造成严重人员伤亡分别向俄罗斯总统普京、俄罗斯总理梅德韦杰夫致慰问电。**

4 月 4—7 日

［纲　文］ **国家主席习近平对芬兰进行国事访问并赴美国佛罗里达州举行中美元首会晤。**

［目　文］ 陪同习近平出访的有：习近平夫人彭丽媛、中央政策研究室主任王沪宁、国务院副总理汪洋、中央办公厅主任栗战书、国务委员杨洁篪等。

4—6 日，习近平应芬兰共和国总统尼尼斯托邀请对芬兰访问。3 日，习近平在芬兰《赫尔辛基时报》发表题为《穿越历史的友谊》的署名文章。

访问期间，习近平在赫尔辛基同尼尼斯托举行会谈。两国元首积极评价中芬建交 67 年来双边关系取得的长足进展，共同宣布建立中芬面向未来的新型合作伙伴关系，表示双方要加强政治互信，深化务实合作，造福两国和两国人民，并共同见证了创新、司法、大熊猫合作研究等领域双边合作文件的签署。习近平和尼尼斯托共同会见参加 2017 年世界花样滑冰锦标赛的中芬两国冰雪运动员代表。双方发表了《中华人民共和国和芬兰共和国关于建立和推进面向未来的新型合作伙伴关系的联合声明》。习近平在赫尔辛基分别会见了芬兰总理西比莱、芬兰议长洛赫拉。彭丽媛参观了西贝柳斯故居博物馆、芬兰设计博物馆。

6—7 日，习近平应美国总统特朗普邀请，在美国佛罗里达州海湖庄园同特朗普举行会晤。

6 日，习近平与特朗普举行中美元首会晤。两国元首进行了深入、友好、长时间的会晤，双方高度评价中美关系取得的历史性进展，同意在新起点上推动中美关系取得更大发展，更好惠及两国人民和各国人民。习近平和夫人彭丽媛出席特朗普和夫人梅拉尼娅在海湖庄园举行的欢迎晚宴。

会晤中，习近平指出，中美两国关系好，不仅对两国和两国人民有利，对世界也有利。我们有一千条理由把中美关系搞好，没有一条理由把中美关系搞坏。中美关系今后45年如何发展？需要我们深思，也需要两国领导人作出政治决断，拿出历史担当。我愿同总统先生一道，在新起点上推动中美关系取得更大发展。合作是中美两国唯一正确的选择，我们两国完全能够成为很好的合作伙伴。下阶段双方要规划安排好两国高层交往。我欢迎总统先生年内对中国进行国事访问。双方可以继续通过各种方式保持密切联系。要充分用好新建立的外交安全对话、全面经济对话、执法及网络安全对话、社会和人文对话4个高级别对话合作机制。要做大合作蛋糕，制定重点合作清单，争取多些早期收获。推进双边投资协定谈判，推动双向贸易和投资健康发展，探讨开展基础设施建设、能源等领域务实合作。要妥善处理敏感问题，建设性管控分歧。

特朗普表示，双方应该就重要问题保持沟通和协调，可以共同办成一些大事。我对此次美中元首会晤充满期待，希望同习近平主席建立良好的工作关系，推动美中关系取得更大发展。特朗普愉快接受了习近平主席发出的访华邀请，并期待尽快成行。

7日，习近平同特朗普举行中美元首第二场正式会晤。两国元首就中美双边重要领域务实合作和共同关心的国际及地区问题广泛深入交换意见。双方认为，这次两国元首会晤是积极和富有成果的。双方同意共同努力，扩大互利合作领域，并在相互尊重的基础上管控分歧。

彭丽媛应梅拉尼娅邀请，参观位于佛罗里达州西棕榈滩市的巴克艺术中学。

两国元首会晤前，国务院副总理汪洋同美国财政部长姆努钦、商务部长罗斯启动中美全面经济对话机制，国务委员杨洁篪同美国国务卿蒂勒森、国防部长马蒂斯启动中美外交安全对话机制，双方就相关问题进行了深入交流，商定了两个机制下一步工作的议程。两国元首对两个机制启动及取得的初步成果感到满意。

习近平回国途中在美国阿拉斯加州安克雷奇作技术经停时会见了阿拉斯加州州长沃克。

4月4日

［纲　文］　丁酉（2017）年清明公祭轩辕黄帝典礼在陕西黄陵举行。

［目　文］　典礼由国务院台湾事务办公室、国务院侨务办公室和陕西省人民政府共同主办。万余名海内外中华儿女齐聚黄帝陵轩辕殿祭祀广场，共同祭奠人文始祖轩辕黄帝。

丁酉清明公祭轩辕黄帝系列活动有14项，包括“黄帝陵·文化自信”学术交流会、“三秦大讲堂”之“中华传统文化专题讲座”、海峡两岸名家书画展、《国风·秦韵——华夏同根主题音乐会》等。公祭活动以溯源、寻根、凝心、铸魂为主旨，通过阐释、挖掘中华优秀传统文化坚定文化自信，强化文化担当，赓续中华文明之“脉”，筑牢文化自信之“基”，构筑中华民族共同的精神家园。

4月4—11日

［纲　文］　**应中国政府邀请，泰国公主诗琳通访华。**

［目　文］　访问期间，国务院副总理张高丽在北京会见诗琳通。张高丽表示，中泰之间有着“一家亲”的特殊友好情谊，两国高层接触频繁，各领域合作成果丰硕，双方关系始终走在中国同东盟国家前列，这离不开泰国王室的关心和推动。相信在哇集拉隆功国王带领下，泰国国家建设将取得更大成就。中方愿同泰方加强发展战略对接，深化务实合作，努力实现互利共赢、共同发展。诗琳通表示，感谢中方一直以来在各领域为泰方提供的支持和帮助，希望双方在科技、教育、农业等领域进一步加强合作。她愿继续为双方互利合作付出努力。访问期间，诗琳通还到四川、贵州参观访问。

4月5日

［纲　文］　**李克强主持召开国务院常务会议。**

［目　文］　会议主要内容是：一、部署落实2017年经济体制改革重点任务，依靠改革破难题促发展惠民生。按照党中央关于2017年深化经济体制改革要点和《政府工作报告》要求，一要更多运用市场化法治化手段，推动“三去一降一补”改革任务取得新的实质性进展，尤其要注重通过完善职工安置、债务处置、资产处理等政策及市场化退出机制促进化解过剩产能，着力提高经济发展质量效益。二要持续深化简政放权、放管结合、优化服务改革，切实加强事中事后监管和优化政府服务，抓紧制定行政审批中介服务、职业资格、政府定价收费等清单，形成全国统一政务服务平台，着力为实体经济升级营造更好环境。三要健全创新驱动发展体制机制，推广一批成熟的大众创业、万众创新模式和经验，推动产权保护举措落地，激发企业家精神、工匠精神，着力增强新动能成长动力。四要进一步推动财税金融、国企国资、对外开放、生态环保等改革和农业供给侧结构性改革措施落地见效，着力促进经济结构优化升级。五要大力推进养老保险、教育、医药卫生等社会领域改革和脱贫攻坚，通过创新机制更多吸引民间资本，增加公共服务有效供给，着力提高群众获得感。二、确定当前和今后一段时期促进就业创业的政策措施，坚决打好稳定和扩大就业的硬仗。会议指出，面对2017年就业压力加大的严峻形势，要按照《政府工作报告》部署，实施就业优先战略和更加积极的就业政策，在落实好已有政策的同时，推出促就业新措施：一是制定财税、金融、产业等重大经济政策时，要综合评价对就业的影响，促进经济增长与扩大就业联动，结构优化与就业转型协同。二是拓展就业新空间。持续推进“双创”，发展创业载体，将符合条件的新业态企业纳入鼓励创业创新优惠政策和吸纳就业扶持政策范围。三是支持重点群体就业。对去过剩产能任务重、待岗职工多的重点困难地区加大就业援助。把贫困残疾人家庭、贫困家庭高校毕业生等纳入求职创业补贴范围。对农民合作社等吸纳贫困家庭劳动力并稳定就业1年以上的可给予奖补。四是强化职业培训和就业服务。依法参加失业保险3年以上，当年取得职业资格或技能等级证书的企业职工可申请技能提升补贴。推进职业培训对新生代农民工全覆盖。五是实施留学人

员回国创业创新启动支持计划，鼓励以知识产权等入股创办企业。

4月5日

［纲　文］　**国务院办公厅批复发展改革委，同意省级空间规划试点工作部际联席会议制度。**

［目　文］　批复说，国务院同意建立由发展改革委牵头的省级空间规划试点工作部际联席会议制度。联席会议不刻制印章，不正式行文，请按照国务院有关文件精神认真组织开展工作。

4月5日

［纲　文］　**国务院办公厅函复海南省人民政府关于南海博物馆冠名问题。**

［目　文］　函复说，海南省《关于使用“国家南海博物馆”机构名称的请示》（琼府〔2017〕12号）收悉。经国务院领导人同意，南海博物馆馆名可定为“中国（海南）南海博物馆”。

4月5日

［纲　文］　**新华社讯，中央精神文明建设指导委员会印发《关于深化群众性精神文明创建活动的指导意见》。**

［目　文］　《意见》由六个部分组成：一、牢固树立物质文明和精神文明协调发展的战略方针。二、坚持用社会主义核心价值观引领群众性精神文明创建活动。三、推动群众性精神文明创建活动向纵深发展。四、提升全民科学教育文化素质和健康素质。五、营造精神文明建设的良好社会环境。六、加强党对群众性精神文明创建活动的领导。

4月5日

［纲　文］　**商务部公布《汽车销售管理办法》。**

［目　文］　《办法》共6章37条。主要有总则、销售行为规范、销售市场秩序、监督管理、法律责任、附则等内容。自2017年7月1日起施行。

4月5日

［纲　文］　**中共新疆生产建设兵团第七届委员会第一次全体会议选举孙金龙为新疆生产建设兵团党委书记。**

4月5日

［纲　文］　**范长龙、许其亮和郭金龙参加首都义务植树活动。**

［目　文］　中央军委副主席范长龙、许其亮和北京市委书记郭金龙到北京市通州区永顺镇刘庄公园植树点参加义务植树活动。中央军委委员赵克石、张又侠、吴胜利、马晓天、魏凤和等参加。这是中央军委领导连续第35年集体参加首都义务植树活动。全民义务植树运动自1981年开展以来，全军和武警部队积极响应党中央、国务院、中央军委号召，成建制、大规模参加义务植树活动和支援地方重点生态工程建设，累计投入兵力4290万余人次，义务植树6.65亿余株，飞播造林1亿余亩。2016年，全军和武警部队共出动兵力60余万人次、动用机械车辆2.5万余台次，造林绿化面积达8万亩。

4月5—8日

[纲 文] **全国政协主席俞正声对巴基斯坦、斯里兰卡进行正式友好访问。**

[目 文] 5—6日，俞正声应巴基斯坦参议院主席拉巴尼邀请对巴基斯坦进行访问。访问期间，俞正声在伊斯兰堡分别会见巴基斯坦总统侯赛因、巴基斯坦总理谢里夫、巴基斯坦国民议会代议长阿巴西，并同拉巴尼举行会谈。俞正声同在巴中资企业负责人代表座谈，要求各企业以高度责任感和使命感做好各项工作，遵守巴基斯坦法律法规，尊重当地风俗习惯，弘扬中巴友谊，实现互利共赢，助力巴基斯坦经济发展。

6—8日，俞正声应斯里兰卡议长卡鲁邀请对斯里兰卡进行访问。访问期间，俞正声在科伦坡分别会见斯里兰卡总统西里塞纳、斯里兰卡总理维克勒马辛哈，并同卡鲁议长举行会谈。俞正声与西里塞纳共同出席中国援建的斯里兰卡国家医院门诊楼奠基仪式；与卡鲁共同出席纪念中斯建交60周年招待会并分别致辞，盛赞两国传统友谊，积极展望双边合作前景。俞正声来到20世纪70年代中国援建的纪念班达拉奈克国际会议大厦，会见了65年前代表斯方同中方签署《米胶协定》的前贸工部部长森纳那亚克的后人。俞正声考察了招商局集团和中国交通建设集团承建的科伦坡港南集装箱码头和科伦坡港口城项目。他要求中国企业把中央方针政策切实落实到实际工作中去，更加积极“走出去”，发扬艰苦奋斗精神，发挥技术优势，高质量、高水平开展项目建设和经营，讲好中国故事，努力实现我国与有关国家的互利共赢和共同发展。

4月5—9日

[纲 文] **交通运输部烟台打捞局完成3000米级水下机器人海试任务。**

[目 文] 交通运输部烟台打捞局发布，该局“德渼”轮已驶入深圳赤湾码头，为期5天的3000米级水下机器人海试任务结束。此次海试，水下机器人最大下潜深度达到2951米，标志着中国救捞系统已具备3000米级深水救捞能力，实现了新的突破。

4月6日

[纲 文] **国务院在北京召开京津冀协同发展工作推进会议。**

[目 文] 国务院副总理张高丽主持会议并讲话。郭金龙、王勇、徐匡迪和京津冀协同发展领导小组成员、领导小组办公室以及有关部门负责人参加了会议。会议学习贯彻中共中央总书记习近平关于京津冀协同发展的讲话和指示精神，落实国务院总理李克强批示要求，传达《中共中央国务院关于设立河北雄安新区的通知》，讨论有关文件，研究部署下一阶段重点工作。

张高丽指出，要严格按照规划方案，扎实推进北京城市副中心建设。要抓紧制定控增量、疏存量政策意见的具体实施方案和配套政策，有序疏解北京非首都功能。继续推进交通、生态、产业三个重点领域率先突破，推动实施一批重大工程项目。着力推进体制机制改革创新，加快建设京津冀全面创新改革试验区和北京全国科技创新中心。大力推进基本公共服务共建共享，更加有力推进脱贫攻坚。科学做好重点区域规划布局，进一步强化土地、房地产、人口等管控举措。规划建设雄安新区，是以习近平同志为核心的党中央为深入推进实施京津冀协同发展战略，积极稳妥有序疏解北京非首都功能，经过认真、谨慎、科学、民主的系统决策，作出的一项重大战略部署，具有重大的现实意义和深远的历史意义。要高标准高质量高水平编制新区规划，强化体制改革创新，加大政策支持力度，切实保护生态环境，将雄安新区建设成为绿色生态宜居新城区、创新驱动引领区、协调发展示范区、开放发展先行区。要合理把握开发节奏，坚决严禁大规模开发房地产，严禁违规建设，严控周边规划，严控入区产业，严控周边人口，严控周边房价，严加防范炒地炒房投机行为，为新区规划建设创造良好环境。要以对人民高度负责的态度，精心策划、科学有序、稳扎稳打，一步一个脚印，一茬接着一茬干，经得起历史检验，向党中央交上一份满意答卷。

4月6日

［纲　文］　**国务院办公厅印发《2017年食品安全重点工作安排》。**

［目　文］　《安排》由12个部分组成：一、加强食品安全法治建设。二、完善食品安全标准。三、净化农业生产环境。四、加强种养环节源头治理。五、严格生产经营过程监管。六、严密防控食品安全风险。七、促进食品产业转型升级。八、严厉打击食品安全违法犯罪。九、建立统一权威的食品安全监管体制。十、加强食品安全基础和能力建设。十一、推动食品安全社会共治。十二、落实食品安全责任制。

《安排》指出，各地要把加强食品安全工作作为重大政治任务来抓，作为公共安全问题来抓，主要负责人亲自抓，保证监管工作有责任、有岗位、有人员、有手段，切实维护人民群众“舌尖上的安全”。加大食品安全投入力度，保障各级食品安全监管所需经费，特别是检验检测经费。

4月6日

［纲　文］　**工业和信息化部、发展改革委、科技部印发《汽车产业中长期发展规划》。**

［目　文］　《规划》由五个部分组成：一、发展现状与面临形势。二、指导思想、基本原则和规划目标。三、重点任务。四、保障措施。五、规划实施。

《规划》指出，各地区要结合当地实际，研究制定具体实施方案，确保各项任务落实到位。工业和信息化部要会同相关部门加强跟踪分析和督促指导，开展年度检查与效果评估，适时对目标任务进行必要调整。研究建立汽车产业发展国家级智库，开展产业发展前瞻性、战略性等重大问题研究，对重大决策提供咨询评估。

4月6日

［纲　文］　**公安部部长郭声琨出席上海合作组织成员国安全会议秘书第12次会议。**

［目　文］　会议在哈萨克斯坦首都阿斯塔纳举行，会议签署纪要并发表了新闻稿。郭声琨说，上合组织是成员国开展全面战略合作的平台，中方愿与各国一道，加大相互政治支持，巩固战略互信；不断完善安全合作法律基础，积极推动签署《上合组织反极端主

义公约》；着力提升安全合作实效，共同坚决打击“三股势力”，深化网络安全和禁毒合作；继续加强地区反恐机构建设，促进成员国之间的沟通协作，切实维护本地区的安全、稳定与繁荣。

会前，哈萨克斯坦总统纳扎尔巴耶夫集体会见各国代表团团长。在会见时，郭声琨向纳扎尔巴耶夫转达了国家主席习近平的问候和良好祝愿，高度评价哈方担任上合组织轮值主席国期间卓有成效的工作，祝愿上合组织阿斯塔纳峰会取得成功。

5—7日，郭声琨在阿斯塔纳分别与哈萨克斯坦总统助理兼安全会议秘书朱马卡诺夫、国家安全委员会主席马西莫夫、内务部第一副部长杰梅乌奥夫举行会谈。在与朱马卡诺夫会谈后，双方签署了有关合作协议。

8日，在明斯克与白俄罗斯内务部部长舒涅维奇举行会谈。

10日，郭声琨在明斯克会见白俄罗斯总统卢卡申科时表示，建立相互信任、合作共赢的全面战略伙伴关系是两国元首作出的战略抉择，开启了中白关系发展新时代。中白工业园项目建设取得积极进展，提升了两国务实合作水平。安全合作是两国关系的重要组成部分，中方愿与白方共同努力，落实两国领导人达成的各项共识，进一步密切在反恐、打击跨国有组织犯罪、加强“一带一路”安全保障等方面的合作，共同维护两国的安全和发展利益。卢卡申科说，愿与中方深化政治、经贸、安全等各领域合作，致力于将白中工业园打造成共建“一带一路”的样板，推动两国全面战略伙伴关系持续深入发展。

同日，郭声琨在明斯克分别与白俄罗斯安全会议国务秘书扎西和国家安全委员会主席瓦库利奇克举行会谈。

4月6日

［纲　文］　**中国驻符拉迪沃斯托克总领事馆举行开馆仪式。**

［目　文］　中国驻俄罗斯大使李辉在出席开馆仪式时说，中俄两国是好邻居、好朋友、好伙伴，总领馆的成立对推动和深化中国东北地区和俄远东地区、西伯利亚地区在经贸、文化、旅游、人文等方面的合作具有重要意义，并将有助于推进中国提出的“一带一路”倡议同俄主导的欧亚经济联盟相对接。

俄滨海边疆区立法会议主席亚历山大·罗利克说，中国驻符拉迪沃斯托克总领事馆的成立证明了俄滨海边疆区在发展俄中两国地方合作的重要地位。总领馆将在推动滨海边疆区同中国在各领域的合作过程中发挥重要作用。

4月6日

［纲　文］　**国务院副总理、孔子学院总部理事会主席刘延东致信祝贺第10届全美中文大会召开。**

［目　文］　刘延东指出，本次大会恰逢中国国家主席习近平访问美国，与特朗普总统举行重要会晤之际。两国元首会晤，将就未来中美关系发展指明方向，开启新的篇章。6年前出席第4届全美中文大会，与美国1500多名各界教育工作者相会相识，当时热烈的场景深受感动，至今历历在目。感谢全美汉语工作者辛勤奉献、努力耕耘，为深化中美

人文交流作出了不可替代的贡献。语言是沟通人们心灵的桥梁。中美人民之间加强彼此语言学习，增进人文交流互鉴，对于推动两国务实合作、实现互利共赢、促进世界和平繁荣与人类幸福有持久和深远的意义。全美中文大会不仅是分享语言教学经验、增进相互学习的重要平台，更是中美民间交往和人文交流的重要品牌。祝愿全美中文大会越办越好，为深化中美人文交流、促进世界和平友谊作出更大的贡献。

由中国孔子学院总部/国家汉办与美国大学理事会、亚洲协会联合主办的第10届全美中文大会在美国得克萨斯州第一大城市休斯敦召开。大会主题为“十载进程，携手同行”，来自美国各州及英国、加拿大等国家的教育官员、大中小学校长、汉语教学专家及教师等1300多名代表参会。

4月6—11日

［纲　文］　**应国家主席习近平邀请，缅甸总统吴廷觉对中国进行国事访问。**

［目　文］　访问期间，习近平在北京同吴廷觉举行会谈。两国元首一致同意，坚持风雨同舟、患难与共的优良传统，坚持相互尊重、互利共赢的合作方针，推动中缅关系持续健康稳定发展，给两国人民带来更多福祉，并共同见证了两国经济技术、医疗、体育、交通、林业、文物等领域双边合作文件的签署。双方发表了《中华人民共和国和缅甸联邦共和国联合新闻公报》。国务院总理李克强、全国人大常委会委员长张德江在北京分别会见吴廷觉。

习近平在同吴廷觉会谈时指出，中缅双方要加强高层交往，深化治国理政经验交流，在涉及彼此核心利益的重大问题上相互支持。双方要深化务实合作。中方赞赏缅方积极支持和参与“一带一路”倡议，愿同缅方加强发展战略对接，统筹推进贸易、投资、基础设施建设、能源、农业、水利、电力、金融、边境经济合作区等领域合作，推动皎漂经济特区等双方重点合作及有关互联互通项目早日实施，推动中缅合作今后多向教育、农村发展等缅民生领域倾斜。双方要丰富两国人文合作内涵，加强文化、教育、青年、卫生、旅游、媒体、宗教等人文领域交流合作，不断夯实两国友好民意基础。双方要在联合国、东亚合作、澜沧江—湄公河合作等多边场合加强协调。中方尊重缅甸走符合自身国情的发展道路，愿继续为缅方推进国内和平进程发挥建设性作用，与缅方共同维护中缅边境地区安全稳定。

吴廷觉表示，缅甸坚持一个中国政策，支持并愿积极参与“一带一路”建设，加强双方在基础设施建设、边境经济合作区等领域的重点项目合作，深化两国人民友谊，密切国际地区事务中协调合作。

李克强会见吴廷觉时指出，中缅经济互补性强，合作前景广阔。中方愿同缅方加强发展战略对接，拓展利益契合点，稳步推进重点项目建设，在中国—东盟、澜沧江—湄公河合作等框架和机制内加强沟通协调，造福两国人民，助力区域合作与发展。缅北地区和平稳定直接关系中国西南方向的安全。中方不希望两国边境和地区和平安宁大局受到干扰，支持缅方实现国内和平与和解的努力，愿继续为缅国内和平进程发挥建设性作用。

吴廷觉表示，缅方愿同中方加强在基础设施建设、农业、民生等领域合作，积极推进皎漂特区等重大项目。缅方将全力维护缅中边境地区稳定，希望中方继续支持缅国内和平进程。

4月6—9日

［纲　文］　**刘奇葆在江苏、安徽调研。**

［目　文］　中宣部部长刘奇葆在江苏苏州和安徽蚌埠、宿州等地，深入宣传文化单位、城镇社区和园区企业，考察精神文明建设、中华优秀传统文化传承发展等工作。

刘奇葆表示，要在全社会大力培养文明意识，规范文明行为，倡导文明风尚。要加强诚信教育、培育诚信精神，建立完善守信激励机制和失信惩戒机制，营造守信光荣、失信可耻的良好风尚。要深入开展学雷锋志愿服务，提倡有时间做志愿者、有困难找志愿者，形成向上向善、诚信互助的社会氛围。要广泛发现和表彰群众身边的好人好事、善行义举，产生良好示范效应。要大力倡导勤俭简朴的生活方式，从节约一滴水、一度电、一粒粮做起，持续开展"光盘行动"，努力形成厉行节约、反对浪费的良好社会风气。

4月6—9日

［纲　文］　**中央统战部部长孙春兰应柬埔寨人民党邀请，率中共代表团访问柬埔寨。**

［目　文］　访问期间，孙春兰在金边会见了柬埔寨人民党主席、政府首相洪森；分别会见了柬政府副首相梅森安和奉辛比克党主席拉那烈。同在柬华侨华人代表座谈交流，并考察在柬中资民营企业。

4月6—13日

［纲　文］　**中共中央政治局委员张春贤率中共代表团访问摩尔多瓦、克罗地亚、塞尔维亚。**

［目　文］　6—8日，张春贤应摩尔多瓦民主党邀请率团访问摩尔多瓦。访问期间，在基希讷乌，张春贤分别会见了摩尔多瓦总统多东和总理菲利普、摩民主党主席普拉霍特纽克、共产党人党主席沃罗宁，就深化党际合作深入交换意见。

8—11日，张春贤应克罗地亚民主共同体邀请率团访问克罗地亚。访问期间，张春贤在萨格勒布会见了克罗地亚民主共同体主席、政府总理普连科维奇；会见了克民共体总书记、议会副议长扬德罗科维奇及杜布罗夫尼克—内雷特瓦省省长多布罗斯拉维奇，就深化政党、议会和地方合作深入交换意见。

11—13日，张春贤应塞尔维亚塞前进党邀请率团访问塞尔维亚。访问期间，张春贤在贝尔格莱德分别会见了塞尔维亚总统尼科利奇和塞前进党主席、政府总理武契奇；会见了塞社会党主席、政府第一副总理兼外长达契奇；赴驻南使馆旧址凭吊烈士、出席孔子雕像的揭幕仪式并主持召开境外中资企业党建工作座谈会。

4月7日

［纲　文］　**国家主席习近平、国务院总理李克强就中约建交40周年分别同约旦国**

王阿卜杜拉二世、约旦首相穆勒吉互致贺电。

［目　文］　习近平在贺电中表示，40年来，两国关系持续发展，政治互信不断增强，高层交往频繁。双方在地区和国际事务中保持良好沟通，在经贸、文化、教育等领域交流合作取得丰硕成果。2015年，我们共同宣布建立中约战略伙伴关系。展望未来，我对中约关系美好前景充满信心。我高度重视中约关系发展，愿同你携手努力，深化两国战略伙伴关系，更好造福两国和两国人民。

阿卜杜拉二世在贺电中表示，约中建交以来，双边关系日益紧密、成果丰硕，我为两国和两国人民间的深厚友谊感到十分自豪。我们于2015年签署了具有里程碑意义的战略伙伴关系协议。经贸合作是发展约中关系的优先方向。约方愿在“一带一路”倡议下继续同中方开展合作，更好造福两国人民。

李克强在贺电中表示，建交40年来，中约友好合作关系稳步发展，高层交往持续不断，政治互信日益深化，务实合作成果显著，在重大国际和地区问题上保持着良好沟通。近年来，两国建立了战略伙伴关系，各领域合作的广度和深度不断拓展。下阶段，中方愿同约方共同努力，不断增进两国传统友谊，深化各领域互利合作，造福两国和两国人民。

穆勒吉在贺电中表示，约中两国历来在国际问题上有众多共识。两国都致力于实现和维护中东地区亟需的和平与安全。约旦将继续加强约中关系并致力于进一步丰富双边关系内涵。

4月7日

［纲　文］　**《习近平谈治国理政》泰文版首发式在泰国曼谷国会大厦举行**。

［目　文］　首发式由中国国务院新闻办公室、中国外文局、中国驻泰王国大使馆共同主办，包括泰国政要、文化界和新闻出版界等约300人出席首发式。《习近平谈治国理政》一书收录了习近平自2012年11月至2014年6月的讲话、谈话、演讲、答问、批示、贺信等79篇，目前已用16种语言面向全球发行620万册。本书泰文版由中国外文出版社与泰国民意出版集团合作翻译出版。

4月7日

［纲　文］　**国务院批复科技部、四川省人民政府，同意绵阳科技城“十三五”发展规划**。

［目　文］　批复说，一、原则同意《绵阳科技城“十三五”发展规划》，请认真组织实施。二、《规划》实施要高举中国特色社会主义伟大旗帜，全面贯彻党的十八大和十八届三中、四中、五中、六中全会以及全国科技创新大会精神，深入贯彻习近平总书记系列重要讲话精神和治国理政新理念新思想新战略，认真落实党中央、国务院决策部署，继续坚持科学发展，全面实施创新驱动发展战略和军民融合发展战略，以推进供给侧结构性改革为主线，以深化科技体制机制改革为动力，以深入推进科技领域军民融合为基础，以创新创业人才队伍建设为保障，大力推进简政放权、放管结合、优化服务改革，积极营造大众创业、万众创新的良好氛围，充分激发各类主体创新潜能，着力增强科技创新能力，加

快建立军民融合创新体系，推动军民科技基础要素融合，有效提升军民融合创新水平，切实抓好全面创新改革试验，健全完善对外开放合作机制，加快推进产业提质增效和转型升级，汇聚起经济社会发展的强大新动能，主动发现、培育、运用可服务于国防和军队建设的前沿尖端技术，最大限度实现民为军用，努力把绵阳科技城打造成为创新驱动发展的试验田、军民融合创新的排头兵和西部地区发展的增长极。三、四川省要切实加强对《规划》实施的组织领导，加大统筹协调力度，整合多方创新资源，深化体制机制改革，分解细化工作职责，明确时间表和路线图，确保《规划》提出的各项目标、任务和政策措施落实到位。四、绵阳科技城建设部际协调小组各成员单位以及国务院其他有关部门要结合各自工作职能，完善和落实相关政策措施，积极支持绵阳科技城开展重要改革试点和承担相关任务并加强指导。科技部要发挥好牵头部门作用，会同有关部门加大统筹力度，做好《规划》实施的组织协调、督促检查和跟踪评估，重大问题及时向国务院报告。五、关于《规划》的主要目标及相关数据，请科技部和四川省负责，根据实际情况作必要测算、修改和审定。

4月7日

［纲　文］　**银监会印发《中国银监会关于银行业风险防控工作的指导意见》。**

［目　文］　《意见》由十个部分组成：一、加强信用风险管控，维护资产质量总体稳定。二、完善流动性风险治理体系，提升流动性风险管控能力。三、加强债券投资业务管理，密切关注债券市场波动。四、整治同业业务，加强交叉金融业务管控。五、规范银行理财和代销业务，加强金融消费者保护。六、坚持分类调控、因城施策，防范房地产领域风险。七、加强地方政府债务风险管控，切实防范地方政府债务风险。八、稳妥推进互联网金融风险治理，促进合规稳健发展。九、加强外部冲击风险监测，防止民间金融风险向银行业传递。十、维护银行业经营稳定，防止出现重大案件和群体事件。

《意见》要求，各法人银行业金融机构应分别于2017年7月20日和2018年1月20日前，向监管机构报告本机构上半年和全年相关工作进展。各银监局应分别于2017年7月31日和2018年1月31日前，向银监会报告上半年和全年辖内银行业风险防控及督查工作情况。

4月7日

［纲　文］　**国务院总理李克强在北京会见世界技能组织主席巴特利。**

［目　文］　李克强积极评价世界技能组织和世界技能大赛为推动全球职业技能培训，促进各国经济社会可持续发展发挥的重要作用并指出，中国经济要保持中高速增长、向中高端水平迈进，人力人才是最大的资源。我们在深入实施创新驱动发展战略、推动大众创业万众创新的过程中，大力提倡“工匠精神”，努力培养数量更多、素质更高、结构更合理、就业创业能力更强的技能人才，助推中国经济新动能蓬勃发展，带动传统动能的改造提升。中国中央政府支持上海申办世界技能大赛，愿以申办工作为契机和起点，同世界技能组织加强合作，推动技能运动理念传播，这有助于提升中国数以亿计劳动者的技能

水平，也为落实联合国2030年可持续发展议程作出贡献。

巴特利表示，中国政府致力于推广技能运动，为提升本国及世界劳动技能水平做了大量工作。中方已充分展示了申办世界技能大赛的积极意愿和有利条件，世界技能组织对此赞赏，愿同中方保持密切沟通和合作，充分发挥技能运动对世界各国经济社会发展的积极效应。

巴特利是来华对上海申办2021年第46届世界技能大赛进行考察评估的。

4月7日

［纲　文］　**国务院第一次全国可移动文物普查领导小组在北京召开第一次全国可移动文物普查总结电视电话会议。**

［目　文］　国务院副总理、国务院全国可移动文物普查领导小组组长刘延东出席并讲话。文化部部长雒树刚宣读普查表彰决定。国家文物局局长刘玉珠作普查工作报告。教育部、财政部、北京市、山东省、西藏自治区、国家博物馆分别汇报总结了“一普”工作。

刘延东指出，要继承和发扬中华优秀传统文化，推动文物工作与经济社会发展、公共服务体系建设有机结合，保护传承好祖先留下的珍贵财富，使之更多惠及人民群众，为提升文化软实力、建设文化强国作出新贡献。我国是世界文物大国。文物承载文明、传承历史、维系民族精神。建国以来第一次可移动文物普查圆满收官，基本摸清了全国文物资源家底，为健全文物保护体系、弘扬传统文化打下了坚实基础。各地方各部门要怀着对民族、对历史和未来高度负责的态度，认真贯彻习近平总书记系列重要讲话精神，贯彻党中央、国务院部署，落实政府责任，统筹文物事业与经济社会发展。加大文物保护力度，规划建设好遗址公园、博物馆等基础设施，健全文物登录制度，实现科学管理。要推进文物合理利用，与相关产业融合发展，扩大开放共享，发挥教化育人作用，让文物活起来。要促进文物精品走出去，深化文明交流互鉴，提升中华文化影响力。

同日上午，国务院第一次全国可移动文物普查领导小组会议通过了《第一次全国可移动文物普查工作报告》《第一次全国可移动文物普查数据公报》。

同日下午，国家文物局在北京举行新闻发布会，国务院第一次全国可移动文物普查领导小组副组长、普查领导小组办公室主任、国家文物局局长刘玉珠向媒体通报第一次全国可移动文物普查成果。

刘玉珠介绍，2012年10月至2016年12月，通过普查掌握了全国国有可移动文物资源总体情况。普查期间，全国3600个普查机构，10.7万名普查员，调查102万家国有单位，普查全国可移动文物共计10815万件/套。其中完成登录备案的国有可移动文物2661万件/套（实际数量6407万件），纳入普查统计的各级档案机构的纸质历史档案8154万卷/件。普查除对文物本体信息进行逐项登记外，还对收藏单位情况、文物保管条件等同时开展了调查，全面摸清我国国有可移动文物家底。普查建立了各省级文物资源目录和文物资源地图。各级地方政府全面掌握本行政区域文物资源状况、收藏单位数量和行业分布，将有效助力各级政府文化建设和区域经济社会发展。

4月7日

［纲　文］　**全国创建文明城市工作经验交流会在江苏张家港召开。**

［目　文］　中宣部部长、中央文明委副主任刘奇葆出席并讲话。中宣部常务副部长、中央文明办主任黄坤明主持会议。张家港市、安徽省、杭州市、厦门市、成都市、包头市、许昌市在会上作了文明城市创建交流发言。

刘奇葆指出，要贯彻以人民为中心的发展思想，打造合理城市空间，提供良好公共服务，创造干净整洁环境，建设和谐宜居的城市。要做好第五届全国文明城市评选表彰，以创建文明城市的优异成绩和丰硕成果，为党的十九大胜利召开营造良好社会环境。

会议期间，与会代表到张家港文化中心、梁丰社区、步行街、暨阳湖生态湿地公园、博物馆、塘市小学、金塘社区、梁丰生态园等地进行了现场考察。

4月7日

［纲　文］　**河北省十二届人大常委会举行的第二十七次会议决定，接受张庆伟辞去河北省省长职务的请求，决定任命许勤为河北省副省长、代理省长。**

4月7日

［纲　文］　**海南省第五届人民代表大会常务委员会第二十八次会议决定，接受罗保铭辞去海南省人大常委会主任职务、刘赐贵辞去海南省省长职务的请求，决定任命沈晓明为海南省副省长、代理省长。**

4月7日

［纲　文］　**外交部发言人就美国以叙政府军发动化武袭击为由对叙利亚实施军事打击表示，当务之急是应防止局势进一步恶化。**

［目　文］　有记者问，据报道，美国向叙利亚境内霍姆斯空军基地等目标发射了59枚战斧巡航导弹，因为美方认定叙政府军此前从该空军基地发动化武袭击。中方对此有何评论？

发言人说，中方在化武问题上的立场是一贯的。中方反对任何国家、任何组织、任何个人在任何情况下、出于任何目的使用化学武器。中方谴责近日在叙利亚发生的化武袭击事件，支持联合国有关机构对所有使用或疑似使用化武事件进行独立、全面的调查，以确凿证据为基础，得出经得起历史和事实检验的结论。我们注意到事态的最新发展，当务之急是防止局势进一步恶化，维护好来之不易的政治解决叙利亚问题的进程。

4月7—11日

［纲　文］　**应国务院总理李克强邀请，挪威王国首相索尔贝格对中国进行正式访问。**

［目　文］　访问期间，国家主席习近平、全国人大常委会委员长张德江在北京分别会见索尔贝格。李克强在北京同索尔贝格举行了会谈并共同见证了双方经贸、科研、文体、卫生等领域多份双边合作文件的签署。

习近平在会见索尔贝格时指出，双方要深化互利合作，利用两国经济互补性强、合作基础深厚的条件，重点推进双方优势领域合作。挪威积极响应中方提出的“一带一路”倡议，是亚洲基础设施投资银行创始成员国。双方可以在“一带一路”框架内开展合作，共同促进欧亚大陆互联互通和共同发展。中方愿同挪方深化在北极科研、资源开发、地区环境保护等领域合作，维护并促进北极地区稳定和可持续发展。希望挪方为推动中国—北欧合作发挥更加积极的作用。双方要丰富人文交流。中国将举办2022年冬奥会，愿同挪方加强在冬季运动领域交流，分享冬季运动赛事举办经验。两国主管部门应为两国民众赴对方国家旅游创造更加便利的条件。

索尔贝格表示，2016年12月挪中双方就两国关系正常化发表的联合声明为我们两国关系恢复和发展提供了重要保障。挪方将恪守这一声明，坚持一个中国政策，高度重视中方的核心利益和重大关切，将以实际行动维护好两国关系发展的政治基础。挪方支持中方提出的“一带一路”倡议，愿拓展两国包括北极事务在内的各领域互利合作，密切国际事务中的沟通协调。

李克强同索尔贝格会谈时表示，中方愿同挪方重启自贸谈判，举行新一轮经贸联委会会议，恢复政治磋商机制，建立政府间能源政策对话机制，密切两国企业界交流，发挥好这些平台和机制的引领作用。在能源、海洋工程等领域加强合作，探讨共同开拓第三方市场。在农渔业、科技创新、社会保障、警务执法、地方人文等广泛领域拓展交流合作。中挪都倡导多边主义，致力于推动开放型世界经济和自由贸易，推进应对气候变化国际合作和可持续发展。我们愿同挪方加强在国际和地区事务中的沟通与协调，推动中挪在北极理事会、中国—北欧合作等框架下的合作取得更多成果。

索尔贝格表示，挪中是天然合作伙伴，挪方希同中方早日重启两国自贸谈判，加强合作机制建设，拓展在农业、渔业、海洋、航运、环保、金融、税收、投资等领域合作。进一步扩大民间交往，加强人文合作，在冬季运动方面开展合作。

10日，国务委员杨洁篪在北京会见陪同索尔贝格访华的挪威外交大臣布伦德时表示，双方要落实好挪威首相索尔贝格访华期间两国领导人达成的重要共识，在相互尊重、平等相待的基础上，不断巩固政治互信，促进经贸往来和人文交流，拓展和深化在双边、区域和国际层面的务实合作，推动中挪关系长期健康稳定发展。布伦德表示，挪方坚持一个中国政策，尊重中方核心利益和重大关切，愿同中方加强各层级交往，增进互信，扩大合作。

4月8日

［纲　文］　**国家主席习近平、国务院总理李克强就斯德哥尔摩暴力袭击事件分别向瑞典国王卡尔十六世·古斯塔夫、瑞典首相勒文致慰问电。**

4月8日

［纲　文］　**国家主席习近平任免驻外大使。**

［目　文］　习近平根据全国人民代表大会常务委员会的决定任免下列驻外大使：一、免去俞建华的中华人民共和国常驻世界贸易组织代表、特命全权大使，常驻联合国日

内瓦办事处和瑞士其他国际组织副代表职务；任命张向晨为中华人民共和国常驻世界贸易组织代表、特命全权大使，兼常驻联合国日内瓦办事处和瑞士其他国际组织副代表。二、免去王华的中华人民共和国驻几内亚比绍共和国特命全权大使职务；任命金红军为中华人民共和国驻几内亚比绍共和国特命全权大使。

4 月 9 日

［纲　文］　**国务院批复辽宁省人民政府，同意大连市城市总体规划。**

［目　文］　批复说，一、原则同意《大连市城市总体规划（2001—2020 年）（2017 年修订）》。二、重视城乡区域统筹发展。在《总体规划》确定的 5558 平方公里城市规划区范围内，实行城乡统一规划管理。加强城中村和城乡结合部地区的规划建设管理，城镇基础设施、公共服务设施的建设应当统筹考虑为周边农村提供服务。三、合理控制城市规模。到 2020 年，中心城区常住人口控制在 500 万人以内，城市建设用地控制在 496 平方公里以内。要贯彻落实城乡规划法关于先规划后建设的原则，禁止在《总体规划》确定的建设用地范围之外设立各类开发区和城市新区。四、做好大连金普新区规划建设。要按照《国务院关于同意设立大连金普新区的批复》（国函〔2014〕76 号）要求，不断提升产业层次，完善服务功能，提高国际竞争力，努力将大连金普新区建设成为我国面向东北亚区域开放合作的战略高地、引领东北地区全面振兴的重要增长极、老工业基地转变发展方式的先导区、体制机制创新与自主创新的示范区、新型城镇化和城乡统筹的先行区。五、完善城市基础设施体系。要按照绿色循环低碳的理念规划建设城市基础设施。进一步完善公路、铁路、机场、港口等交通基础设施，改善城市与周边地区交通运输条件，加强城市内外交通衔接。发展轨道交通，建立以公共交通为主体，各种交通方式相结合的多层次、多类型的城市综合交通体系，方便不同交通方式的换乘。六、建设资源节约型和环境友好型城市。要按照促进生产空间集约高效、生活空间宜居适度、生态空间山清水秀的总体要求，形成合理的城市空间结构，促进经济建设、城乡建设和环境建设同步发展。七、创造优良的人居环境。要坚持以人为本，统筹安排关系人民群众切身利益的教育、医疗、市政等公共服务设施的规划布局和建设。八、重视历史文化和风貌特色保护。要统筹协调发展与保护的关系，按照整体保护的原则，切实保护好城市传统风貌和格局。九、严格实施《总体规划》。城市建设要实现经济社会协调发展，物质文明和精神文明共同进步。城市管理要健全民主法治，坚持依法治市，构建和谐社会。《总体规划》是大连市城市发展、建设和管理的基本依据，城市规划区内的一切建设活动都必须符合《总体规划》的要求。

4 月 9 日

［纲　文］　**中远海运集装箱运输有限公司（中远海运集运）在土耳其伊斯坦布尔举行西北欧—地中海区域航线首航仪式。**

［目　文］　新航线使中远海运集运在西北欧和地中海区域内的自有支线连线成网，其中包括公司投资的伊斯坦布尔昆波特码头、希腊比雷埃夫斯港和比利时安特卫普港。新

航线将全面连通西北欧主要港口与亚德里亚海、黑海、地中海东部各港口，并通过意大利萨莱诺港提供地中海出口至美国的新路径。进一步为开拓“一带一路”沿线国家市场创造更好条件，同时也有利于发挥伊斯坦布尔和土耳其区域辐射的优势。

4月9—16日

［纲　文］　**2017年乒乓球亚锦赛在江苏无锡举办。**

［目　文］　来自29个国家、地区的代表队和运动员参加比赛。中国队夺得男子团体、女子团体、男单、男双、女双、混双六项冠军。

4月10日

［纲　文］　**国家主席习近平、国务院总理李克强就埃及遭遇恐怖爆炸袭击分别向埃及总统塞西、埃及总理伊斯梅尔致慰问电。**

4月10日

［纲　文］　**最高人民法院印发《关于加强各级人民法院院庭长办理案件工作的意见（试行）》。自2017年5月1日起试行。**

4月10日

［纲　文］　**银监会印发《关于切实弥补监管短板 提升监管效能的通知》。**

［目　文］　《通知》由六个部分组成：一、强化监管制度建设。二、强化风险源头遏制。三、强化非现场和现场监管。四、强化信息披露监管。五、强化监管处罚。六、强化责任追究。

《通知》指出，银行业金融机构要细化各业务条线、分支机构、业务岗位的职责，明确尽职要求和失职责任，建立规范化、流程化的责任追究体系，做到尽职免责、失职追责。要指定专门部门对监管部门通报、内部检查发现或其他形式暴露的问题开展调查，依据岗位职责进行责任认定，依据履职尽责情况进行责任追究。

4月10日

［纲　文］　**体育总局印发《室外健身器材配建管理办法》。**

［目　文］　《办法》共6章25条。主要有总则、采购、安装、监管、维修与拆除、附则等内容。自2017年4月10日起实施。

4月10日

［纲　文］　**环境保护部印发《国家环境保护标准“十三五”发展规划》。**

［目　文］　《规划》由五个部分组成：一、“十二五”环境保护标准工作进展。二、指导思想与基本原则。三、规划目标。四、规划任务。五、实施保障措施。

4月10日

［纲　文］　**中宣部在北京召开全国宣传部长座谈会。**

［目　文］　中共中央书记处书记刘云山出席并讲话。中宣部部长刘奇葆主持座谈会，国务院副总理刘延东出席会议。

刘云山指出，要深入学习贯彻习近平总书记系列讲话精神，牢固树立“四个意识”，坚持稳中求进工作总基调，坚持以人民为中心的工作导向，唱响主旋律、汇聚正能量，扎实做好迎接党的十九大宣传工作。壮大主流思想舆论，要把阵地建设和管理摆在重要位置。各级党委要坚持党管宣传、党管意识形态，认真落实意识形态工作责任制，牢牢掌握工作主导权。要坚持主管主办和属地管理原则，深入开展专项治理工作，确保宣传文化领域各方面工作始终坚持正确政治方向、舆论导向、价值取向，确保各类宣传文化阵地更好传播党的主张、反映人民心声。要着力建设健康向上的网络文化，加强网上舆论引导，依法加强网络空间治理，推动网络环境进一步清朗起来。宣传思想战线要带头加强理论武装，增强党的意识，增强担当精神，提升做好宣传思想工作的能力。要注重统筹协调，加强宣传文化部门与各有关部门的协同协作，动员各方面力量共同做好工作。宣传工作做得怎么样，重要的是看实际效果。

4月10日

［纲　文］　**国务院总理李克强、全国人大常委会委员长张德江在北京分别会见美国国会议员代表团。**

［目　文］　李克强在会见时表示，中美建交38年来，双边关系虽历经风雨，但总体不断向前，取得历史性发展。几天前，习近平主席同特朗普总统成功会晤，达成一系列重要共识，明确了继续推动中美关系向前发展的基调。我们愿同美方加强各领域、各层级交往和对话，在相互尊重、互利互惠基础上推动中美关系取得更大发展，更好造福两国人民。欢迎更多美国国会议员来华访问交流。

李克强回答了美方议员提出的问题并指出，中美互为第一大贸易伙伴，经济利益高度融合，完全可以通过深化合作实现互利双赢。中方愿同美方扎实推进双边投资协定谈判取得务实进展，扩大贸易往来、双向投资和地方等领域合作，通过对话协商处理分歧和摩擦，实现两国经贸关系更加平衡发展。中美分别作为世界上最大的发展中国家和最大的发达国家，双边关系保持健康稳定发展，各领域协调合作不断加强，不仅符合两国自身利益，也有利于世界的和平稳定与发展繁荣。

美国国会联邦参议员戴恩斯、巴拉索、波特曼、肯尼迪，联邦众议员斯图尔特、温斯特鲁普表示，对华关系是美国最重要的双边关系。美方乐见中国发展不断取得新的成就，美国国会愿加强对华交往，期待更多美方议员访华，成为促进两国友好交流的大使，为两国互利双赢合作的发展打下坚实基础。

张德江在会见时说，中方愿同美方一道，按照两国元首会晤的精神和共识，在互利互惠基础上拓展合作，在相互尊重基础上处理敏感问题，推动中美关系取得更大发展。中国全国人大愿加强与美国国会的友好交往，加深相互理解，增进政治互信，用实际行动维护中美关系健康稳定发展的大局。

戴恩斯等议员表示，中国的发展令人印象深刻，两国元首刚刚举行了历史性的会晤，我们愿助力两国关系深入发展。

4月10日

［纲　文］ **国务院总理李克强在北京会见日本前众议长、日本国际贸易促进协会会长河野洋平率领的日本经济界大型代表团。**

［目　文］ 李克强表示，2017年是中日邦交正常化45周年。历史和实践证明，只有恪守中日四个政治文件的原则精神，牢牢把握和平、友好、合作的大方向，中日关系才能保持健康稳定发展。中方愿本着以史为鉴、面向未来的精神，推动中日关系朝着正常轨道实现改善和发展。希望日方相向而行，视中国的发展为机遇，奉行积极的对华政策，为两国关系改善不断积累积极因素。40多年前，包括日本国际贸易促进协会在内的日本民间团体和各界友好人士为中日邦交实现正常化作出了积极努力。当前形势下，希望你们继续为推动中日关系改善和发展、促进双方各领域互利合作、增进彼此国民之间的了解和理解多做工作。

河野洋平等表示，日本国际贸易促进协会成立60多年来，始终致力于通过开展经济合作推动日中关系发展。日本经济界高度关注中国发展的目标和举措，愿为促进日中合作交流、改善发展双边关系作出不懈努力。

4月10日

［纲　文］ **外交部发言人表示，中方始终认为政治解决是叙利亚问题唯一现实出路。**

［目　文］ 有记者问，在美国对叙利亚空袭后，美常驻联合国代表黑莉9日在接受CNN采访时称，击败“伊斯兰国”、逐出伊朗在叙影响、罢黜巴沙尔是美优先选项。这与此前美国务卿蒂勒森认为巴沙尔的地位和前途命运应由叙人民决定的表态自相矛盾。中方对此有何评论？

发言人说，中方在国际关系中历来反对使用武力，主张各国的主权和领土完整应得到维护和尊重。中方始终认为，政治解决是叙利亚问题的唯一现实出路。叙利亚国家未来应由叙人民自主决定。国际社会应尊重叙利亚人民选择自己国家的发展道路。中方愿同国际社会有关各方一道，共同推动叙利亚问题早日实现政治解决。

有记者问，据报道，英国国防大臣法伦9日刊文称，叙利亚政府的主要支持者是俄罗斯，作为代理人俄应对化武事件中的死难者负责。俄须履行承诺，永久消除巴沙尔政权的化武储备，完全参与到联合国和平进程中。中方对此有何评论？

发言人表示，中方一贯反对任何国家、任何组织、任何个人在任何情况下、出于任何目的使用化学武器。我们支持联合国有关机构对所有使用或疑似使用化武事件进行独立、全面的调查，有关结论必须以确凿证据为基础，经得起历史和事实的检验。在这方面，伊拉克、利比亚等问题的历史教训和前车之鉴应该汲取。我愿再次重申，中方在国际关系中历来反对使用武力。当务之急是避免局势进一步恶化，维护来之不易的叙利亚问题政治解决进程。希望有关国家作为安理会常任理事国切实负起责任，为维护国际和平与安全发挥建设性作用。

4月10日

［纲　文］　**中共中央政治局委员、中央统战部部长孙春兰在迪拜会见阿联酋副总统兼总理穆罕默德。**

［目　文］　孙春兰表示，阿联酋地处“一带一路”交汇地带，是中国推进“一带一路”倡议的重要合作伙伴。中方愿与阿方加强合作，造福两国人民。孙春兰介绍了中共十八大以来治国理政新理念新思想新战略和经济社会发展新成就，阐释了“四个全面”战略布局及推进供给侧结构性改革的有关情况，强调以习近平同志为核心的中共中央正在领导中国人民努力实现“两个一百年”奋斗目标和中华民族伟大复兴中国梦。

穆罕默德表示，“一带一路”倡议富有远见，前景光明，阿方愿积极参与其中，欢迎更多的中国企业和游客来阿投资兴业、观光游览，推动两国战略伙伴关系不断发展。

4月10—13日

［纲　文］　**应外交部部长王毅邀请，纳米比亚共和国副总理兼国际关系与合作部部长恩代特瓦对中国进行正式访问。**

［目　文］　访问期间，国家副主席李源潮、国务委员杨洁篪在北京分别会见了恩代特瓦。王毅在北京与恩代特瓦举行会谈。

王毅与恩代特瓦举行会谈时表示，中纳传统友谊深厚，两国始终真诚友好、平等互信、合作共赢、共同发展，在涉及彼此核心利益和重大关切的问题上相互理解和支持，维护了两国和发展中国家共同利益。中方愿同纳方抓住落实两国领导人共识和中非合作论坛约翰内斯堡峰会成果这一主线，围绕海洋经济、农牧渔业、矿业、加工制造业以及基础设施、人力资源开发等优先领域深化互利合作，扩大人文交流，密切国际和地区事务协调，推动中纳关系全面发展。恩代特瓦感谢中方自纳争取民族独立斗争以来所提供的大力支持和无私帮助，重申纳方高度重视发展对华关系，愿同中方全面深化各领域友好互利合作，希望从落实中非合作论坛峰会成果中更多受益，欢迎包括私营企业在内的中国企业赴纳投资兴业，参与纳国家建设。

4月10日—5月31日

［纲　文］　**“徽匠神韵——安徽徽州传统工艺故宫特展”在故宫博物院永寿宫举办。**

［目　文］　展览甄选了黄山市国家级非物质文化遗产代表性项目歙砚、徽墨、徽笔、徽州漆器、万安罗盘、徽州竹雕、徽州三雕等20位传承人的85件作品。展览紧扣徽州传统工艺主题，将故宫博物院院藏文物图片和徽州非遗传承人现代作品同时展出，用古今对比的方式来呈现徽州传统工艺的过去与现在。

4月10日—5月5日

［纲　文］　**第35届中国洛阳牡丹文化节在洛阳市体育中心广场举行。**

［目　文］　文化节由文化部与河南省人民政府共同主办，本届牡丹文化节以“相约千年帝都、共享国色天香”为主题，在文化交流、赏花旅游、经贸会展、体育休闲等方面组织了系列活动。

4月11日

［纲　文］　**习近平、李克强在北京分别会见新当选并获中央政府任命的香港特别行政区第五任行政长官林郑月娥。**

［目　文］　国家主席习近平在会见林郑月娥时说，你在政府工作36年，特别是香港回归后在特别行政区政府担任多个重要职务，爱国爱港立场坚定，勤勉务实，敢于担当，行政经验丰富，具有驾驭复杂局面的能力，在香港社会认可度一直很高，对国家和香港有心、有力、有承担，符合中央对行政长官的一贯标准。你成功当选实至名归。2017年是香港回归祖国20周年。20年来，“一国两制”在香港的实践取得巨大成功。宪法和基本法规定的特别行政区制度有效运行，香港保持繁荣稳定，国际社会给予高度评价。与此同时，作为一项开创性事业，“一国两制”在香港的实践也需要不断探索前进。20年来，香港经历了不少风风雨雨，这个阶段有挑战和风险，也充满机遇和希望。作为新一任行政长官，你责任重大、使命光荣。中央坚持“一国两制”、“港人治港”、高度自治的决心坚定不移，不会变、不动摇，将全力支持你和新一届特别行政区政府依法施政。希望你不负重托，带领特别行政区政府和社会各界，紧紧依靠广大香港同胞，全面准确贯彻落实“一国两制”方针和基本法，团结包容，勠力同心，锐意进取，为香港发展进步作出贡献。

国务院总理李克强在会见林郑月娥时颁发任命她为中华人民共和国香港特别行政区第五任行政长官的国务院第678号令。李克强表示，中央政府全力支持你和新一届特区政府的工作，全力支持香港发展经济、改善民生、推进民主、促进和谐，加强与内地交流合作。香港的发展既是自身的需要，也是国家的需要。2017年，中央政府要研究制定粤港澳大湾区发展规划，将推出内地和香港之间的“债券通”，目的就是进一步密切内地与香港的交流合作，继续为香港发展注入新动能。只要有利于香港繁荣稳定、有利于内地和香港互补互利、有利于巩固和提升香港三大中心地位的措施，中央政府都将一如既往予以支持。

李克强希望林郑月娥不负众望，积极作为，团结带领香港特区政府和社会各界，全面准确贯彻“一国两制”方针和基本法，认真谋划香港整体和长远发展，增强香港的竞争力；更加注重改善民生，让香港民众更多受惠；高度关注世界经济金融形势变化，为香港发展迈上新台阶营造稳定环境。

林郑月娥感谢中央政府对她的任命，以及对香港发展的关心和支持，表示将尽职履责，全力做好工作，不辜负中央政府的信任和香港市民的重托。

4月11日

［纲　文］　**《习近平谈治国理政》柬文版首发式在柬埔寨首都金边的首相府和平大厦举行。**

［目　文］　首发式由国务院新闻办公室、中国外文局、中国驻柬埔寨王国大使馆共同主办。柬埔寨首相洪森出席了首发式，来自中柬两国政界、学界、企业界以及大学生代

表约 700 人参加活动。

4 月 11 日

［纲　文］　**十二届全国人大常委会第九十三次委员长会议在北京举行。**

［目　文］　全国人大常委会委员长张德江主持会议。全国人大常委会副委员长李建国、王胜俊、陈昌智、严隽琪、沈跃跃、吉炳轩、张平、向巴平措、艾力更·依明巴海、万鄂湘出席会议。

会议决定，十二届全国人大常委会第二十七次会议 4 月 24 日至 27 日在北京举行。委员长会议上，全国人大常委会副委员长兼秘书长王晨就常委会第二十七次会议议程草案、日程安排意见等作了汇报；全国人大常委会有关副秘书长，全国人大有关专门委员会和全国人大常委会代表资格审查委员会负责人分别就常委会第二十七次会议有关议程作了汇报，审议了全国人大法律委员会关于终止审议特种设备安全法修正案草案的报告。

4 月 11 日

［纲　文］　**文化部发布《关于推动数字文化产业创新发展的指导意见》。**

［目　文］　《意见》由五个部分组成：一、总体要求。二、引导数字文化产业发展方向。三、着力发展数字文化产业重点领域。四、建设数字文化产业创新生态体系。五、加大数字文化产业政策保障力度。

《意见》指出，各级文化部门要充分认识发展数字文化产业的战略意义，争取地方政府重视，把推进数字文化产业创新发展作为推进文化产业和战略性新兴产业发展的重要工作内容。主动加强与发展改革、财政、工业和信息化、科技等相关部门的沟通合作，建立工作协调机制，加强部门协作，为数字文化产业创新发展创造良好条件。结合本地实际，研究制定促进本地区数字文化产业发展的政策措施，落实国家有关产业支持政策，推动数字文化产业创新发展。

4 月 11 日

［纲　文］　**国家海洋局在“雪龙”船召开的中国第 33 次南极考察新闻发布会上发布《中国的第 33 次南极考察》。**

［目　文］　《考察》的主要内容有：一、综述。中国第 33 次南极考察队由 328 名队员组成。以“雪龙”号船自 2016 年 11 月 2 日从上海出发为标志，以 2017 年 4 月 11 日返回上海为截止，历时 161 天。二、重要成果。（一）罗斯海新建站选址工作顺利完成；（二）我国首个南极冰盖机场选址、勘察工作圆满完成；（三）“雪鹰 601”固定翼飞机首次降落南极冰盖最高点，实现了业务化飞行；（四）“海洋六号”科考船首次参加南极科考；（五）“雪龙”号船到达南纬 78°41′ 罗斯海水域，刷新了全球科考船在南极海域到达的最南端记录。三、科学考察。（一）南极大陆考察（陆基）；（二）南大洋考察（海基）；（三）航空考察（空基）。四、后勤保障。五、罗斯海新站选址。六、国际合作。七、南极文化建设。秉承“传递友谊，深化合作”的宗旨，积极推进南极文化建设，中国第 33 次南极考察队在中山站主办南极拉斯曼丘陵第一届国际马拉松邀请赛。在站区注重宣传中国传统文化，

加强与各国考察站间的文化交流，举办“南极大学”系列科学讲座24讲。

4月11日

［纲　文］　**国务院任命许勤为北京2022年冬奥会和冬残奥会组织委员会执行主席；免去张庆伟的北京2022年冬奥会和冬残奥会组织委员会执行主席职务。**

4月11日

［纲　文］　**全国打击侵权假冒工作电视电话会议在北京召开。**

［目　文］　国务院副总理、全国打击侵权假冒工作领导小组组长汪洋，全国打击侵权假冒工作领导小组副组长、商务部部长钟山出席并讲话。会议通报了2016年度绩效考核结果，肯定了2016年全国打击侵权假冒工作所取得的成绩，部署了2017年重点工作任务。

汪洋指出，要坚持稳中求进工作总基调，坚持以新发展理念为指导，坚持依法治理、打建结合、统筹协作、社会共治原则，强化重点领域集中整治，推进法治建设，创新监管制度，开创打击侵权假冒工作新局面，以优异成绩迎接党的十九大胜利召开。过去一年，我国打击侵权假冒取得新的重要成果，共查处各类侵权假冒案件20余万件，抓获犯罪嫌疑人2.2万人，生效判决近1.8万人。重点推进互联网领域治理，处置网站2000多个，处理有害信息350多万条，关闭账号20余万个，震慑了违法犯罪分子，净化了市场环境。

汪洋对2017年重点工作作出部署。一是狠抓互联网领域综合治理。严厉查处曝光一批案件，关闭违法网店，追查生产源头，对违法者依法从重从快处罚。二是深入开展“清风”行动。以“一带一路”沿线国家和地区为重点，加强专业市场治理和进出口环节监管，维护中国制造良好形象。三是加强农村市场整顿。坚持集中整治与日常监管相结合，下移监管重心，依法取缔无证照生产经营的“黑作坊”“黑窝点”。四是巩固和拓展软件正版化成果。五是推动制订修订电子商务法等法律法规，加大处罚力度，完善定罪量刑标准。六是加快诚信体系建设，健全守信联合激励和失信联合惩戒机制，提高违法失信成本。

4月11日

［纲　文］　**马凯在天津调研长征五号运载火箭工程研制工作并出席长征五号运载火箭首次飞行任务突出贡献代表座谈会。**

［目　文］　国务院副总理马凯指出，实施长征五号运载火箭工程，是党中央、国务院、中央军委着眼我国现代化建设全局，把握世界科技发展趋势作出的一项重大战略决策。长征五号成功首飞，标志着我国航天运载能力实现新跨越，科技创新迈上新台阶，工程管理和人才建设取得新成就，在航天强国建设征途上迈出了坚实一步。马凯代表党中央、国务院，向在任务中作出突出贡献的单位和个人致以衷心的感谢！

马凯指出，当前我国航天事业站在新的历史起点上，进入加快建设航天强国的关键时期。要认真贯彻落实党中央、国务院、中央军委决策部署，始终牢记肩负的神圣使命和光荣职责，全力以赴确保探月工程三期任务圆满成功，向党和人民交上一份满意的答卷。一要始终坚持质量至上。坚持一切服从质量、一切服务质量、一切保证质量的原则，将精益求精的“工匠精神”，贯穿到每个系统、每件产品、每项操作。二要始终坚持大力协同。加强组织领导、密切配合，有序推进各项工作，切实做到精心组织、精确部署、精准实施。三要始终坚持改革创新。深入实施创新驱动发展战略，着力突破制约我国运载火箭及其发动机发展的关键技术、基础技术和前沿技术，全面构建优质、高效、绿色、低成本的航天运输系统。四要始终坚持人才为本。加强教育培训和引智引才力度，培养造就一支能够站在世界科技前沿、勇于开拓创新的高素质人才队伍。五要始终坚持航天精神。保持自力更生、艰苦奋斗的优良传统，航天报国、甘于奉献的崇高精神，为国争光、勇攀高峰的雄心壮志，继续谱写中国航天事业发展的辉煌篇章。

4 月 11 日

［纲　文］　**山东省十二届人大常委会第二十八次会议决定，接受姜异康辞去山东省人大常委会主任职务的请求，决定任命龚正为山东省副省长、代理省长。**

4 月 11 日

［纲　文］　**甘肃省第十二届人民代表大会常务委员会第三十一次会议决定，接受林铎辞去甘肃省省长职务的请求，决定任命唐仁健为甘肃省副省长、代理省长。**

4 月 11—19 日

［纲　文］　**国务院副总理张高丽在俄罗斯、哈萨克斯坦出席相关会议并访问爱沙尼亚、斯洛文尼亚、阿尔巴尼亚。**

［目　文］　11—13 日，张高丽在莫斯科与俄罗斯第一副总理舒瓦洛夫举行中俄投资合作委员会第 4 次会议。双方一致强调，要深入推进两国发展战略对接，共同推动“一带一路”建设与欧亚经济联盟对接合作。要积极推动本次会议确定的 73 个合作重点项目，持续发挥重大合作项目对两国投资合作的带动作用。双方将督促两国企业按照商业原则，推动清单项目早日落地，并给予必要指导和服务。要积极推动地区和中小企业合作，双方同意将中俄地区间投资合作纳入委员会工作范畴，研究在委员会框架下设立“中小企业投资合作分委会”。双方签署了会议纪要。与俄罗斯副总理德沃尔科维奇举行中俄能源合作委员会双方主席会晤，就中俄重点能源项目合作交换意见并达成广泛共识。双方一致强调，要继续深化能源合作，积极推进中俄东线天然气管道、亚马尔液化天然气等项目进程，加强油气上游项目合作，开展储气库、天然气发电和天然气发动机燃料等合作，积极推进标准互认和合格评定等领域合作，推动两国能源合作取得更多实际成果。分别会见了俄罗斯总统能源发展战略和生态安全委员会秘书长兼俄罗斯石油公司总裁谢钦、俄罗斯天然气工业公司总裁米勒，就双方进一步合作交换了意见。13 日，张高丽在莫斯科会见了俄罗斯总统普京。

13—14 日，张高丽应邀访问爱沙尼亚，在塔林会见爱沙尼亚总统卡柳莱德，同爱沙尼亚总理拉塔斯举行会谈。

14—17 日，张高丽应邀访问斯洛文尼亚，在卢布尔雅那会见斯洛文尼亚总统帕霍尔，同斯洛文尼亚总理采拉尔举行会谈。

17—18日，张高丽应邀访问阿尔巴尼亚，在地拉那会见阿尔巴尼亚总统尼沙尼，同阿尔巴尼亚总理拉马举行会谈。

18日，张高丽在阿斯塔纳，同哈萨克斯坦第一副总理马明举行中哈合作委员会第8次会议。双方一致认为，要全面深化“一带一路”建设，认真做好《丝绸之路经济带建设和“光明之路”新经济政策对接合作规划》的落实工作，持续推进产能、经贸、能源、金融合作，不断扩大互联互通合作，积极开展跨界水、环保、人文合作，加强两国安全合作，共同推动双方合作向更高水平、更深层次、更广空间迈进。双方共同签署了会议纪要。张高丽和马明通过视频连线共同见证中哈产能合作项目——中国汽车在哈组装下线仪式。

会议期间，张高丽分别会见哈萨克斯坦总统纳扎尔巴耶夫、总理萨金塔耶夫。

4月12日

［纲　文］　**国家主席习近平同美国总统特朗普通电话**。

［目　文］　习近平指出，我同总统先生不久前在海湖庄园举行的会晤取得了重要成果，中国人民和国际社会都予以积极评价。感谢总统先生的热情接待和周到安排。习近平指出，我们在海湖庄园就新时期中美关系及重大国际和地区问题进行了深入沟通，达成重要共识。我同总统先生增进了相互了解，建立了良好工作关系。下一步，双方要通过外交安全对话、全面经济对话、执法及网络安全对话、社会和人文对话4个高级别对话机制，推进经济合作“百日计划”实施，拓展两军、执法、网络、人文等方面交流合作，加强在重大国际和地区问题上的沟通协调，争取尽可能多的早期收获，为两国关系发展注入新的动力，为促进世界和平和发展而共同努力。双方工作团队要密切合作，确保总统先生年内访华取得丰硕成果。

特朗普表示，很高兴在佛罗里达海湖庄园接待习近平主席并举行中美元首会晤，这次会晤很成功。两国元首保持密切联系十分重要。我赞同美中双方应该共同努力，拓展广泛领域务实合作。我期待着对中国进行国事访问。

两国元首就朝鲜半岛局势等共同关心的问题交换了意见。习近平强调，中方坚持实现半岛无核化目标，坚持维护半岛和平稳定，主张通过和平方式解决问题，愿同美方就半岛问题保持沟通协调。关于叙利亚问题，习近平指出，任何使用化学武器的行为都不可接受。叙利亚问题要坚持政治解决的方向。联合国安理会保持团结对解决叙利亚问题非常重要，希望安理会发出一致声音。

4月12日

［纲　文］　**李克强主持召开国务院常务会议**。

［目　文］　会议主要内容有，一、部署推进医疗联合体建设，以深化体制机制改革为群众提供优质便利医疗服务。会议指出，一要破除行政区划、财政投入、医保支付、人事管理等方面存在的壁垒，全面启动多种形式的医联体建设试点，因地制宜探索由三级公

立医院或业务能力较强的医院、县级医院牵头，组建不同级别、不同类别城乡医疗机构或专科之间优势互补、分工协作的医联体，大力发展面向基层和边远贫困地区的远程医疗协作网。二要推动优质医疗资源共享和下沉基层，通过派遣专家、专科共建、业务指导等提升基层医疗水平。三要加快落实分级诊疗机制。以需求为导向做实家庭医生签约服务，年内把所有贫困人口纳入服务范围。四要加大政策支持。探索有利于医疗资源上下贯通的分配激励机制。对纵向合作的医联体实行医保总额付费等多种付费方式。将基层诊疗量占比、双向转诊比例、居民健康改善等指标纳入绩效考核。医务人员在医联体内流动执业一般不需办理相关手续。二、部署加强中小学幼儿园安全风险防控体系建设，打造平安校园。会议指出，一是对校园安全实行校长（园长）负责制。落实学校、教师对学生的教育和管理责任，坚持教书育人，狠抓校纪校风，让每个学生牢固树立尊重生命、保障权利的意识。把安全教育全面纳入国民教育体系，普及基本安全常识，学校要有针对性地组织地震、火灾疏散和防踩踏等专项演练。二是严打涉及校园和学生安全的违法行为特别是暴力犯罪。学校要配备必要的安保力量，有条件的要安装视频系统、报警装置。三是建立防控校园欺凌的有效机制，及早发现、干预和制止欺凌、暴力行为，对情节恶劣、手段残忍、后果严重的必须坚决依法惩处。四是保证学校校舍、场地、教学生活设施等符合安全质量标准，校园工程建设、设计、施工、监理等单位要承担质量终身责任。五是加强社会管理，要按照党委领导、政府负责、社会协同、公众参与、法治保障的原则，在各级教育、公安部门明确负责学校安全风险防控的专门机构，卫生计生、食药监管部门要加强校园卫生防疫和学生集体使用食品药品的监督检查。对校园安全事件要第一时间妥善处置并及时回应社会关切。三、通过《中华人民共和国统计法实施条例（草案）》。草案进一步从源头上规范统计调查活动，明确统计资料公布主体、权限和要求，强化对统计造假、弄虚作假等违法行为的责任追究，确保统计数据真实性、权威性，并要求加快统计调查制度和方法建设，健全新兴产业统计，更好为科学决策提供支撑。

4月12日

［纲　文］　科技部、中央军委科学技术委员会印发《“十三五”科技军民融合发展专项规划》。

［目　文］　《规划》由四个部分组成：一、形势与需求。二、总体思路。三、重点任务。四、保障措施。

《规划》要求，到2020年，基本形成军民科技协同创新体系，推动形成全要素、多领域、高效益的军民科技深度融合发展格局。

4月12日

［纲　文］　中共中央书记处书记刘云山在北京会见越共中央委员、越南人民报总编辑、越南记协主席顺友率领的越南人民报代表团。

［目　文］　刘云山说，中越两国都是共产党领导的社会主义国家，是具有战略意义的命运共同体。中方愿同越方一道深入落实习近平总书记和阮富仲总书记达成的重要共

识，推动中越全面战略合作伙伴关系持续健康稳定发展。人民日报和人民报作为中越两党党中央机关报，一直保持友好往来，成为两党党际交往的重要组成部分。希望两党党报加强交流、深化合作，为增进两国人民了解与互信、维护中越两党两国友好关系大局继续贡献力量。

顺友表示，越南人民报愿学习借鉴人民日报推进媒体融合发展取得的成就和经验，加强与人民日报的交流合作，共同促进越中两党两国人民之间友好关系继续向前发展。

4月12日

［纲　文］　**国家反恐怖工作领导小组会议暨全国反恐怖工作视频会议在北京召开。**

［目　文］　国家反恐怖工作领导小组组长、公安部部长郭声琨出席并讲话。国家反恐怖工作领导小组副组长汪永清主持会议。国家反恐怖工作领导小组成员单位、工作联系单位，中央有关部门负责人出席会议。北京、浙江、福建、新疆等地反恐怖工作领导小组负责人在会上发言。国家反恐办主任、公安部反恐专员刘跃进汇报了2016年反恐工作情况和下步工作建议，有关部委领导介绍了赴各地督导检查反恐工作情况。

郭声琨在会上讲话时指出，要深入学习贯彻习近平总书记系列重要讲话特别是关于反恐怖工作的重要指示精神，针对当前反恐怖工作出现的新形势新特点，把各项措施做实，把防范篱笆扎牢，把各项责任压实，坚决把党中央关于反恐怖工作的决策部署落到实处，为党的十九大胜利召开创造安全稳定社会环境。要毫不动摇地坚持严打方针，坚持出重拳、下重手，强化情报信息引领，深化严打暴恐专项行动，集中开展突出问题专项治理行动，最大限度把暴恐活动消灭在萌芽状态，确保国家安全和社会大局持续稳定。要强化源头防范治理，深入开展“去极端化”工作，坚决遏制暴恐音视频传播，广泛动员人民群众参与反恐怖工作，把反恐怖工作深深扎根于人民群众之中，打好反恐怖人民战争。要加强组织领导，完善工作机制，坚持奖惩并举，压实工作责任，确保各项工作措施落地见效。

4月12日

［纲　文］　**中国在西昌卫星发射中心用长征三号乙运载火箭成功发射实践十三号卫星。**

［目　文］　这是中国首颗高通量通信卫星，也是中国技术试验和示范应用成功结合的典范，对于促进中国通信卫星技术及产业的跨越发展具有重要里程碑意义。

实践十三号卫星是东方红三号B平台全配置首发星，设计寿命15年。卫星突破了电推进、Ka通信载荷、高轨激光通信等制约我国航天技术跨越发展的一系列关键技术，将在轨实现东方红三号B平台功能和性能指标考核，开展我国宽带多媒体卫星通信系统业务试验，探索星地双向高速激光通信技术及应用。首次在高轨卫星工程化应用自主研制的电推进系统，完成南北位保任务，大幅提高有效载荷装载比和卫星在轨寿命；首次在我国卫星上应用Ka频段多波束宽带通信载荷；首次开展我国高轨卫星与地面的双向激光通信技术试验；首次在我国高轨长寿命通信卫星上百分之百工程化应用国产化产品，改变了相关产品长期依赖进口的局面。

4月12日

［纲　文］**《人民日报》发表题为《做“一国两制”的坚定执行者》的评论员文章。**

4月12—18日

［纲　文］**应国务院总理李克强邀请，圣多美和普林西比民主共和国总理特罗瓦达对中国进行正式访问。**

［目　文］访问期间，国家主席习近平在北京会见了特罗瓦达。李克强在北京同特罗瓦达举行会谈，两国总理共同见证了双方经济技术、人员往来、基础设施、旅游等领域多份双边合作文件的签署。

习近平在会见特罗瓦达时指出，双方要深化政治互信，密切两国政府、立法机构、政党等各领域交流与合作，在涉及彼此核心利益和重大关切问题上相互理解和支持。中方愿优先支持圣普完善国家全面发展规划，着力开展旅游业、渔业、农业三大领域互利合作，帮助圣普构筑基础设施建设、人力资源开发和安全能力建设三大支柱保障，实现自主可持续发展。双方要积极开展教育、文化、医疗卫生、智库、媒体、青年、妇女等人文领域交流合作，不断增进两国人民之间相互了解和友谊，巩固两国友好民意和社会基础。中方愿同圣普方在打击海盗和跨国有组织犯罪等安全领域开展交流合作，就联合国2030年可持续发展议程、气候变化、非洲和平与发展等国际和地区问题加强沟通和协调。我提出发展中非关系要秉持真实亲诚的政策理念和正确义利观，其核心要义就是把中国发展同助力非洲发展紧密结合起来，实现互利共赢。

特罗瓦达表示，圣普政府坚定奉行一个中国政策，高度赞赏中国真实亲诚的对非政策，愿本着互尊互信的精神，增进同中方高层交往，加强经贸、基础设施、旅游、安全等领域合作，深化非洲同中国的传统友谊，密切在国际事务中相互支持。

李克强同特罗瓦达会谈时表示，希望圣普坚定恪守一个中国原则。中方愿同圣普充分发挥各自比较优势，对接发展战略，落实好两国五年框架合作协议。希望双方在旅游服务业、农渔业、基础设施建设等领域开展互利合作。中方愿根据圣普的需求提供力所能及的帮助，包括提供更多来华留学培训名额和派遣医疗队。中方将秉持真实亲诚的对非洲政策理念，支持非洲实现持久和平与可持续发展，愿继续同包括圣普在内的广大非洲国家一道，推进非洲“三网一化”建设，在中非合作论坛等框架下加强合作，提高非洲自主发展能力，实现中非互利共赢。

特罗瓦达表示，圣普与中国复交开启了两国关系的新篇章，必将推动两国友好合作关系。圣普对两国关系发展前景充满信心，期待中方分享发展经验，愿发挥自身经济优势，与中方落实好双边合作框架协议，为中方企业投资兴业创造良好条件，加强旅游、渔业、基础设施、人员培训等领域合作，带动圣普发展，造福两国人民。

4月12—15日

［纲　文］**应外交部部长王毅邀请，巴勒斯坦外交部部长马勒基对中国进行正式访问。**

［目　文］　访问期间，国家副主席李源潮在北京会见了马勒基。王毅在北京同马勒基举行了会谈并共同会见了记者，王毅在记者会上说，中国在中东发挥作用没有地缘政治考虑。

李源潮会见马勒基时说，中国愿与巴勒斯坦继续在涉及彼此核心利益和重大关切问题上相互支持，稳步推进务实合作。中国坚定支持中东和平进程，支持巴人民恢复民族合法权利的正义事业，希望巴以相向而行，早日复谈并取得成果。马勒基表示，巴方感谢中方坚定支持巴人民正义事业，愿深化双方政治互信和各领域合作，期待中国在中东问题上发挥更大作用。

4月12—21日

［纲　文］　**全国人大常委会委员长张德江对拉脱维亚、立陶宛、白俄罗斯进行正式友好访问，并赴俄罗斯出席中俄议会合作委员会第3次会议。**

［目　文］　12—14日，张德江应拉脱维亚议长穆尔涅采邀请对拉脱维亚访问，在里加分别会见拉脱维亚总统韦约尼斯、拉脱维亚总理库钦斯基斯；与穆尔涅采举行会谈并共同签署了中国全国人大和拉脱维亚议会合作谅解备忘录。张德江集体会见了拉议会各党派领袖及议会拉中友好小组主席，同他们互动交流，听取他们对发展中拉关系的意见，希望他们继续关心和支持中拉友好事业；张德江还参观了拉脱维亚国家图书馆并出席了中方向图书馆赠书仪式。

14—16日，张德江应立陶宛议长普兰茨凯蒂斯邀请对立陶宛访问，在维尔纽斯分别会见总统格里包斯凯特、总理斯克韦尔内利斯，与普兰茨凯蒂斯举行会谈。张德江参观了维尔纽斯大学，向学校赠送了一批图书，听取了该校孔子学院办学情况介绍，并同孔子学院师生互动交流，勉励大家积极参与中立友好事业。

16—18日，张德江应白俄罗斯国民会议共和国院主席米亚斯尼科维奇和代表院主席安德烈琴科邀请对白俄罗斯访问，在明斯克分别会见总统卢卡申科、总理科比亚科夫；与米亚斯尼科维奇和安德烈琴科举行会谈，双方签署中国全国人大与白俄罗斯国民会议合作的联合声明，并共同会见记者。张德江在米亚斯尼科维奇和安德烈琴科陪同下考察中白工业园，询问园区建设和企业入园情况，强调要优化投资环境和运营管理机制，抓紧抓好招商引资和项目落地，鼓励中国企业与白方一道把中白工业园打造成两国合作的亮点。张德江参观伟大卫国战争历史博物馆，向胜利纪念碑献花圈。

18—20日，张德江应俄罗斯联邦委员会主席马特维延科和国家杜马主席沃洛金的邀请，在莫斯科出席中俄议会合作委员会第3次会议，张德江与马特维延科共同主持会议。张德江在讲话中回顾了合作委员会成立以来取得的积极成果，希望双方保持好的合作传统，相互学习借鉴立法经验，推动经贸、人文和地方合作，加强国际战略协作，不断丰富合作内容和形式，为推动中俄关系健康稳定发展贡献新的智慧和力量。

会议期间，张德江会见俄罗斯总统普京，并与马特维延科和沃洛金分别举行会谈；会见俄中友协积极分子，祝贺俄中友协成立60周年。张德江向无名烈士墓敬献了花圈，拜谒了列宁墓，参观了位于莫斯科郊外的中共六大会址常设展览馆，考察了今日俄罗斯电视台。

4月12—13日

［纲　文］　**李源潮在浙江调研。**

［目　文］　国家副主席李源潮考察新近改造的宁波南塘河历史街区，表示城市建设要注重保护历史文化基因，引导群众在体验中弘扬民族优秀传统；在南部商务区，了解园区党建带群建工作，要求基层党组织领导群团共建共用基层服务群众阵地，形成党群活动相得益彰、相互促进的活跃局面；在鄞州区大学生创业园，称赞共青团整合创业政策和资源服务青年创业的做法，勉励入园青年以眼界广、思路活、创意新的实用技术实现创业梦想。在宁波妇儿服务中心，与志愿者亲切交流，建议她们利用网络手段扩大服务的受众面；在宁波舟山港，听取港口改革发展情况介绍，鼓励企业建设世界一流现代化港口，为我国更高质量的开放发展作贡献；在中科院宁波材料所参观，肯定科研人员用应用研发之所长补了科技成果转化链条之所短，希望他们在建设世界科技强国、实现中国梦的征程上实现自己的人生价值。

李源潮主持召开群团改革调研座谈会，听取地方青妇科侨负责人和基层群团干部意见建议。他指出，要在基层党组织领导下共建阵地、共强组织、共享资源、共办服务，解决基层群团组织缺编制、缺经费、缺办公场所、缺工作人员的问题，打通联系服务群众的“最后一公里”。

4月13日

［纲　文］　**新华社讯，中共中央、国务院印发《中长期青年发展规划（2016—2025年）》。**

［目　文］　《规划》主要由四个部分组成：一、指导思想、根本遵循、总体目标。二、发展领域、发展目标、发展措施。三、重点项目。四、组织实施。

《规划》指出，在党中央统一领导下，设立推动规划落实的部际联席会议机制，共青团中央具体承担协调、督促职责。各地区各部门要高度重视青年工作，关心、支持青年事业的发展，形成工作合力。县级以上党委和政府建立青年工作联席会议机制，负责推动本规划在本地区的落实，协调解决规划落实中的问题，县级以上团委具体承担协调、督促职责。在规划实施中，要积极回应和解决青年关心的问题，多为青年办实事。

4月13日

［纲　文］　**国务院印发《关于做好当前和今后一段时期就业创业工作的意见》。**

［目　文］　《意见》由六个部分组成：一、坚持实施就业优先战略。二、支持新就业形态发展。三、促进以创业带动就业。四、抓好重点群体就业创业。五、强化教育培训和就业创业服务。六、切实加强组织实施。

《意见》要求，各地区、各有关部门要结合实际，进一步细化政策措施，抓好贯彻落实，为保持就业局势稳定、加快推进经济转型升级提供有力保障。

4月13日

［纲　文］　**国务院印发《矿产资源权益金制度改革方案》。**

［目　文］　《方案》由四个部分组成：一、总体要求。二、主要措施。三、配套政策。四、组织实施。

《方案》指出，各地区、各有关部门要进一步加强对改革工作的组织领导，有关部门要建立矿产资源权益金制度改革部际协调机制，强化统筹协调，明确职责分工，制定矿产资源权益金征收使用的具体管理办法，妥善做好新旧政策的过渡衔接。各省级政府要切实承担起组织推进本地区矿产资源权益金制度改革的主体责任，扎实稳妥推进各项改革。

4月13日

［纲　文］　**国务院批转发展改革委《关于2017年深化经济体制改革重点工作的意见》。**

［目　文］　《意见》由13个部分组成：一、总体要求。二、以供给侧结构性改革为主线持续深化经济体制改革。三、深化"放管服"改革。四、深入推进国企国资改革。五、加强产权保护制度建设。六、深化财税体制改革。七、推进金融体制改革。八、完善城乡发展一体化体制机制。九、健全创新驱动发展体制机制。十、加快构建开放型经济新体制。十一、大力推进社会体制改革。十二、深化生态文明体制改革。十三、加强改革任务落实和总结评估。

4月13日

［纲　文］　**国务院办公厅印发《关于加快发展冷链物流保障食品安全促进消费升级的意见》。**

［目　文］　《意见》由十个部分组成：一、总体要求。二、健全冷链物流标准和服务规范体系。三、完善冷链物流基础设施网络。四、鼓励冷链物流企业经营创新。五、提升冷链物流信息化水平。六、加快冷链物流技术装备创新和应用。七、加大行业监管力度。八、创新管理体制机制。九、完善政策支持体系。十、加强组织领导。

《意见》要求，各地区、各有关部门要把推动冷链物流行业发展作为稳增长、调结构、促消费、惠民生的一项重要工作抓紧抓好，确保各项政策措施贯彻落实。

4月13日

［纲　文］　**科技部印发《关于印发〈"十三五"国家科技人才发展规划〉的通知》。**

［目　文］　《通知》说，为贯彻落实《国家创新驱动发展战略纲要》《"十三五"国家科技创新规划》，深入实施人才优先发展战略，坚持把人才资源开发放在科技创新最优先的位置，优化人才结构，构建科学规范、开放包容、运行高效的人才发展治理体系，形成具有国际竞争力的创新型科技人才制度优势，努力培养造就规模宏大、结构合理、素质优良的创新型科技人才队伍，科技部制定了《"十三五"国家科技人才发展规划》，现印发给你们，请结合本部门、本地区的实际贯彻落实。

4月13日

［纲　文］　**人力资源社会保障部、财政部印发《统一和规范职工养老保险个人账户记账利率办法》。**

［目　文］　《办法》由四个部分组成：一、统一和规范记账利率的基本原则。二、统一职工基本养老保险个人账户记账利率。三、确定职业年金个人账户记账利率办法。四、规范职工个人账户记账利率公布时间。

4月13日

［纲　文］　**国家旅游局、公安部、国务院台湾事务办公室公布修改后的《大陆居民赴台湾地区旅游管理办法》，自2017年4月13日起实施。**

4月13日

［纲　文］　**全国政协在北京召开双周协商座谈会，围绕"培养爱国爱教的宗教界中青年代表人士"建言献策。**

［目　文］　全国政协主席俞正声主持。全国政协副主席张庆黎、王家瑞、马飚出席座谈会。全国政协委员学诚、李光富、杨发明、马英林、傅先伟、朱维群、王学仁、杨松、珠康·土登克珠、刘元龙、张风雷、罗一民、雷春美、程振山、贺军科，专家学者董美琴、王驰在座谈会上发言。全国政协副主席帕巴拉·格列朗杰会前专门提交了书面发言。中共中央统战部常务副部长张裔炯介绍了有关情况。教育部副部长李晓红、财政部副部长胡静林、国家宗教事务局局长王作安等与委员互动交流。

委员们认为，人才培养是做好新形势下宗教工作的一个关键问题。中共十八大以来，以习近平同志为核心的中共中央高度重视宗教工作，作出一系列决策部署，宗教界人士的培养得到不断加强，一批爱国爱教、年富力强的中青年代表人士已经成长起来。但总体上看，各宗教高素质有影响的代表人士仍很缺乏。努力培养更多政治上靠得住、宗教上有造诣、品德上能服众、关键时起作用的宗教界代表人士，发挥好他们在引导信教群众、推动宗教与社会主义社会相适应中的积极作用，是宗教界团体加强自身建设的重要基础，也是宗教团体的重要职责。

一些委员建议，一是党政部门要高度重视宗教人士培养工作，要从工作全局的角度认识培养工作的重要性、紧迫性，帮助宗教团体解决发展中遇到的问题，保证党的宗教工作基本方针落到实处。二是要坚持政府引导、宗教团体为主体、社会支持的原则。在资金、用地等方面，政府应积极支持；宗教团体要承担起办好院校的主体责任，完善教材、学制、师资、课程体系等设置；要发挥社会力量的作用，支持宗教院校建设。三是要把传统教育与现代教育结合好，引导和规范宗教传统教育，探索和研究宗教院校教育与宗教传统教育的有机衔接。四是重视中青年代表人士的培养使用和民主监督。要充分发挥宗教院校和宗教团体的作用，对中青年宗教人士的培养使用和日常监督，重视听取宗教团体的意见。五是加强培训，规范国民教育支持体系，借助国民教育资源，加大培养力度，提高宗教人士的综合素质。

4月13日

［纲　文］　**中宣部、中央政法委在北京召开贯彻落实《关于进一步把社会主义核心价值观融入法治建设的指导意见》电视电话会议。**

［目　文］　中宣部部长刘奇葆出席会议并讲话。最高人民法院、公安部、国务院法制办、山东省委、江西省委等负责人发言。

刘奇葆指出，要深入学习贯彻习近平总书记系列重要讲话精神和治国理政新理念新思想新战略，坚持依法治国和以德治国相结合，扎实推进核心价值观融入法治建设，强化道德对法治建设的支撑作用，强化法律对道德建设的促进作用，使法治与德治互为支撑、相向而行，推动核心价值观内化于心、外化于行。把社会主义核心价值观融入法治建设是汲取中华民族传统治国智慧的当代选择，是坚持依法治国和以德治国相结合的必然要求，是推进国家治理体系和治理能力现代化的客观需要。要把核心价值观作为贯穿中国特色社会主义法律体系的主线，体现到宪法法律、法规规章、公共政策和党内法规制度中，鲜明法律制度规范的正确价值导向。

4月13日

［纲　文］　**中央政治局委员、中央统战部部长孙春兰在开罗会见埃及总统塞西。**

［目　文］　孙春兰转达了国家主席习近平对塞西总统的亲切问候和良好祝愿，并对埃方不久前发生的恐袭事件表示谴责，对造成的人员伤亡表示慰问。孙春兰表示，中埃传统友谊深厚，双边关系不断发展。两国元首就发展中埃全面战略伙伴关系达成广泛共识，为双边关系发展指明了方向。中方高度重视发展中埃友好关系，视埃方为“一带一路”建设重要合作伙伴，愿同埃方全面深化两国各领域务实合作，互利共赢，实现共同发展。

塞西请孙春兰转达对习近平主席的诚挚问候并表示，埃及钦佩中国共产党领导中国人民取得的巨大成就，重视埃中全面战略伙伴关系，高度赞赏习近平主席提出的“一带一路”倡议并愿积极参与，欢迎更多中国企业来埃投资兴业。塞西总统简要介绍了埃方处理地区事务和反对恐怖主义的主张，表示愿与中方加强合作，共同打击一切形式的恐怖主义。

4月13—14日

［纲　文］　**中国科协创新驱动助力工程总结交流会在浙江宁波召开。**

［目　文］　中共中央政治局委员、国家副主席李源潮，全国政协副主席、中国科协主席万钢出席会议并讲话。会议由中国科协主办，宁波市人民政府、浙江省科协、中国科协学会服务中心承办，宁波市科协执行承办。会议围绕深入实施创新驱动发展战略，总结中国科协创新驱动助力工程工作新做法，交流新经验，推广新模式，深入谋划创新驱动助力工程的未来发展方向，打造“创新驱动助力工程”升级版。来自各全国学会、地方科协、示范市政府部门和企业界的代表500余人参会。与会代表参观考察了宁波科技大市场、中国林学会宁波服务站、北方材料科学与工程研究院等地，并分组讨论了如何贯彻落实领导讲话精神，进一步推动创新驱动助力工程。

4月13—14日

［纲　文］　**应外交部部长王毅邀请，法国外交和国际发展部部长艾罗对中国进行正式访问。**

［目　文］　访问期间，国务院副总理刘延东、国务委员杨洁篪在北京分别会见艾罗。王毅同艾罗举行了会谈并共同会见了记者。

刘延东在会见艾罗时，双方共同回顾了中法高级别人文交流机制成立近三年来取得的丰富成果，一致肯定了中法人文交流对于推动两国全面战略伙伴关系发展的重要作用，并重点就机制框架下教育、文化、体育、地方合作等领域开展务实合作深入交换了意见。双方表示将共同努力办好2017年中法高级别人文交流机制第四次会议，进一步推动中法人文交流，促进中法关系健康发展并向更高层次迈进。

杨洁篪在会见艾罗时表示，中法同为安理会常任理事国和有国际影响力的重要国家，双方应进一步加强沟通协调，深化务实合作，继续为促进世界和平与发展事业作出贡献。艾罗表示，法国高度重视对华关系，支持“一带一路”倡议，愿继续同中方密切高层交往，深化各领域合作，共同坚持多边主义、应对气候变化、维护贸易自由化。

王毅同艾罗会谈时表示，过去5年，在两国元首关心推动以及双方共同努力下，中法关系达到新的历史高度，中法全面战略伙伴关系已经成为当今国际舞台上最成熟、最稳定的大国关系之一。艾罗表示，法方愿同中方继续推进核能等领域合作，加强文化、旅游、体育等领域人文交流，将采取措施确保赴法旅游和在法中国公民安全。法国也愿支持参与“一带一路”建设。

4月13日—5月7日

［纲　文］　**中国美术馆藏俄罗斯油画精品展在中国美术馆举办。**

［目　文］　精品展由中国美术馆与俄罗斯驻华大使馆共同主办。该展从馆藏俄罗斯油画中精选100件，呈现20世纪以来俄罗斯老、中、青三代艺术家的不同风格面貌和创作特点。

4月14日

［纲　文］　**新华社讯，习近平对廖俊波先进事迹作出指示。**

［目　文］　中共中央总书记习近平指示指出，廖俊波同志任职期间，牢记党的嘱托，尽心尽责，带领当地干部群众扑下身子、苦干实干，以实际行动体现了对党忠诚、心系群众、忘我工作、无私奉献的优秀品质，无愧于“全国优秀县委书记”的称号。广大党员、干部要向廖俊波同志学习，不忘初心、扎实工作、廉洁奉公，身体力行把党的方针政策落实到基层和群众中去，真心实意为人民造福。一段时间以来，一些优秀基层干部因各种原因在基层一线工作中不幸过世。各级党委和政府要关心这些优秀基层干部的家属，满腔热情帮助他们解决困难，特别是要把他们的老人和未成年子女照顾好。这项工作，要有专人负责、专人落实。

廖俊波生前是福建省南平市委常委、副市长，武夷新区党工委书记，曾任政和县县委书记，2015年6月被中央组织部授予“全国优秀县委书记”称号。2017年3月18日，廖俊波在赶往武夷新区主持召开会议途中不幸发生车祸，因公殉职。

15日，中共中央组织部印发《关于认真学习贯彻习近平总书记重要指示精神广泛开展向廖俊波同志学习的通知》。《通知》指出，一、充分认识习近平总书记重要指示的深刻意义；二、广泛学习宣传廖俊波同志先进事迹；三、切实做好关心关爱基层一线干部工作。

6月6日，中共中央印发《关于追授廖俊波同志“全国优秀共产党员”称号的决定》。

6月21日，中组部、中宣部和福建省委在北京联合举办廖俊波同志先进事迹报告会。报告团成员结合亲身经历，讲述了廖俊波的先进事迹和崇高精神。他的先进事迹经媒体报道后，在全社会引起强烈反响。报告会前，中共中央政治局常委、中央书记处书记刘云山会见报告团成员，代表中共中央总书记习近平，代表党中央，向廖俊波家属表示亲切慰问，并颁发党中央追授廖俊波的“全国优秀共产党员”证书、奖章。

4月14日

［纲　文］　**中共中央、国务院批复中共河北省委、河北省人民政府、国家发展改革委，同意河北雄安新区规划纲要。**

［目　文］　批复说，一、同意《河北雄安新区规划纲要》。二、设立河北雄安新区，是以习近平同志为核心的党中央深入推进京津冀协同发展作出的一项重大决策部署，是继深圳经济特区和上海浦东新区之后又一具有全国意义的新区，是千年大计、国家大事。三、科学构建城市空间布局。雄安新区实行组团式发展，选择容城、安新两县交界区域作为起步区先行开发并划出一定范围规划建设启动区，条件成熟后再稳步有序推进中期发展区建设，划定远期控制区为未来发展预留空间。四、合理确定城市规模。坚持以资源环境承载能力为刚性约束条件，科学确定雄安新区开发边界、人口规模、用地规模、开发强度。要坚持生态优先、绿色发展，雄安新区蓝绿空间占比稳定在70%，远景开发强度控制在30%。要合理控制用地规模，启动区面积20至30平方公里，起步区面积约100平方公里，中期发展区面积约200平方公里。五、有序承接北京非首都功能疏解。雄安新区作为北京非首都功能疏解集中承载地，要重点承接北京非首都功能和人口转移。六、实现城市智慧化管理。坚持数字城市与现实城市同步规划、同步建设，适度超前布局智能基础设施，打造全球领先的数字城市。七、营造优质绿色生态环境。要践行绿水青山就是金山银山的理念，大规模开展植树造林和国土绿化，将生态湿地融入城市空间，实现雄安新区森林覆盖率达到40%，起步区绿化覆盖率达到50%。八、实施创新驱动发展。瞄准世界科技前沿，面向国家重大战略需求，积极吸纳和集聚创新要素资源，高起点布局高端高新产业，大力发展高端服务业，构建实体经济、科技创新、现代金融、人力资源协同发展的现代产业体系。九、建设宜居宜业城市。按照雄安新区功能定位和发展需要，沿城市轴线、主要街道、邻里中心，分层次布局不同层级服务设施，落实职住平衡要求，形成多层

级、全覆盖、人性化的基本公共服务网络。构建具有雄安特色、国内领先、世界一流的教育体系。十、打造改革开放新高地。要把改革开放作为雄安新区发展的根本动力，总结吸收我国改革开放40年来的经验成果，进一步解放思想、勇于创新，探索新时代推动高质量发展、建设现代化经济体系的新路径。十一、塑造新时代城市特色风貌。要坚持顺应自然、尊重规律、平原建城，坚持中西合璧、以中为主、古今交融，做到疏密有度、绿色低碳、返璞归真，形成中华风范、淀泊风光、创新风尚的城市风貌。十二、保障城市安全运行。牢固树立和贯彻落实总体国家安全观，以城市安全运行、灾害预防、公共安全、综合应急等体系建设为重点，构建城市安全和应急防灾体系，提升综合防灾水平。十三、统筹区域协调发展。雄安新区要加强同北京、天津、石家庄、保定等城市的融合发展，与北京中心城区、北京城市副中心合理分工，实现错位发展。十四、加强规划组织实施。雄安新区是留给子孙后代的历史遗产，要有功成不必在我的精神境界，保持历史耐心，合理把握开发节奏，稳扎稳打，一茬接着一茬干，一张蓝图干到底，以钉钉子精神抓好各项工作落实。《雄安规划纲要》执行中遇有重大事项，要及时向党中央、国务院请示报告。

4月14日

［纲　文］　**国务院公布修改后的《大中型水利水电工程建设征地补偿和移民安置条例》，自2017年6月1日起施行。**

4月14日

［纲　文］　**新华社讯，张高丽就设立雄安新区接受新华社记者独家专访。**

［目　文］　国务院副总理、京津冀协同发展领导小组组长张高丽就“在筹划设立雄安新区过程中，习近平总书记如何进行指导、决策，有哪些关键指示？”“在疏解北京非首都功能方面，怎么理解雄安新区的定位和功能？”“设立雄安新区对全国改革发展大局有怎样的重大意义？”“京津冀协同发展领导小组是如何推进部署这一新区设立的，下一步如何建设实施？”等问题进行了解答。

4月14日

［纲　文］　**《习近平谈治国理政》乌尔都文版首发式在巴基斯坦首都伊斯兰堡的总理办公大楼举行。**

［目　文］　首发式由国务院新闻办公室、中国外文局、中国驻巴基斯坦大使馆共同主办。巴基斯坦总理谢里夫，中宣部副部长、国务院新闻办公室主任蒋建国等一同为新书揭幕，来自中巴两国政界、文化界、新闻出版界等共300多人参加活动。

4月14日

［纲　文］　**《人民日报》发表题为《党和国家青年工作的行动纲领》的评论员文章。**

4月15日

［纲　文］　**国务院办公厅印发《关于进一步加强“地沟油”治理工作的意见》。**

［目　文］《意见》由七个部分组成：一、高度重视“地沟油”治理工作。二、强化企业主体责任。三、培育无害化处理和资源化利用企业。四、进一步完善配套政策措施。五、落实监督管理责任。六、严厉打击“地沟油”违法犯罪。七、落实地方属地管理责任。《意见》要求，各地区要加强对“地沟油”治理工作的组织领导，进一步健全机制，加大督查力度，落实各方面责任和各项政策措施。

4月15日

［纲　文］**《人民日报》发表题为《共筑国家安全“命运共同体”》的评论员文章。**

4月15—16日

［纲　文］**第15届中国国际人才交流大会在深圳召开。**

［目　文］国务院副总理马凯出席大会开幕式并讲话。大会围绕“融全球智力，促共同发展”主题，广泛开展人才、智力、技术、项目交流。来自72个国家和地区的4600多个专业组织、培训机构、高等院校、科技企业和人力机构参与，外国专家和海外高层次人才代表8500多人，全国各省市人力资源、科技、教育部门和各类引智企业代表9300多人参会，专业代表共计17800多人。大会是由国家外国专家局创办，我国目前唯一专门针对外国专业组织、培训机构、专业人才开放的国家级人才与智力交流盛会。

4月16日

［纲　文］**新华社讯，习近平对推进“两学一做”学习教育常态化制度化作出指示。**

［目　文］中共中央总书记习近平指示指出，在全党开展“两学一做”学习教育，取得了显著成效。实践证明，“两学一做”学习教育是推进思想建党、组织建党、制度治党的有力抓手，是全面从严治党的基础性工程，要坚持不懈抓下去。要把思想政治建设摆在首位，坚持用党章党规规范党员、干部言行，用党的创新理论武装全党，引导全体党员做合格党员。要抓住“关键少数”，抓实基层支部，坚持问题导向，发挥先进典型示范作用。要落实各级党委（党组）主体责任，落实好“两学一做”学习教育常态化制度化各项举措，保证党的组织履行职能、发挥核心作用，保证领导干部忠诚干净担当、发挥表率作用，保证广大党员以身作则、发挥先锋模范作用，为统筹推进“五位一体”总体布局和协调推进“四个全面”战略布局提供坚强组织保证。

同日，推进“两学一做”学习教育常态化制度化工作座谈会在北京召开。中央政治局常委、书记处书记刘云山出席座谈会并讲话。中组部部长赵乐际在会上传达了习近平的指示并作总结讲话。内蒙古自治区、福建省、湖北省和交通运输部、中国商用飞机有限责任公司、中国人民大学党委（党组）负责人在会上交流发言。刘奇葆、张春贤、赵洪祝出席会议。各省区市和副省级城市、新疆生产建设兵团党委组织部部长，中央和国家机关各部门、各人民团体以及中管企业、金融机构和高校党委（党组）主要负责人，中央军委政治工作部、武警部队政治工作部负责人参加会议。

刘云山指出，推进学习教育常态化制度化，要在真学实做上深化拓展，注重融入日常、抓在经常，引导广大党员深入学习党章党规，深入学习习近平总书记系列重要讲话精神和党中央治国理政新理念新思想新战略，增强“四个意识”，在思想上政治上行动上同以习近平同志为核心的党中央保持高度一致，做到政治合格、执行纪律合格、品德合格、发挥作用合格。要更好发挥“关键少数”示范带动作用，用有效制度机制推动领导干部以身作则、当好表率，带头旗帜鲜明讲政治、带头强化党性修养、带头严格自律，切实做到忠诚干净担当。

4月16日

［纲　文］　**国务委员杨洁篪应约同美国国务卿蒂勒森通电话。**

［目　文］　杨洁篪表示，不久前，习近平主席和特朗普总统在海湖庄园举行成功会晤，为中美关系发展奠定了建设性基调，指明了方向，作出了规划。几天前，两国元首还进行了很好的通话。下阶段，双方应共同努力，按照两国元首会晤和通电话的精神和共识，加强高层交往和对话，扩大互利合作领域，在相互尊重的基础上管控分歧，推动中美关系取得更大发展，更好地造福两国人民和世界人民。

蒂勒森表示，美中元首海湖庄园会晤和通电话是积极和富有成果的。美方期待同中方加强沟通，筹备好下阶段高层交往对话，共同推动两国关系不断向前发展。

双方还就当前朝鲜半岛局势交换了看法。

4月16日

［纲　文］　**《人民日报》发表题为《用好安全生产巡查这个抓手》的评论员文章。**

4月16—23日

［纲　文］　**第7届北京国际电影节举办。**

［目　文］　电影节是由国家新闻出版广电总局、北京市人民政府主办，国家新闻出版广电总局电影局、北京国际影视交流促进中心承办。本届电影节设置了主竞赛单元“天坛奖”评奖、开幕式、北京展映、北京策划·主题论坛、电影市场、电影嘉年华、闭幕式暨颁奖典礼七大主体活动，以及“注目未来”单元、纪录单元、“经典京剧电影”单元等300多项相关活动。北京国际电影节创办六年来，吸引了来自100余个国家的1900部名片佳作在京展映、惠民共享。

4月17日

［纲　文］　**《习近平谈治国理政》土耳其文版首发式在土耳其首都安卡拉举行。**

［目　文］　正在对土耳其进行正式访问的国务院副总理刘延东和土耳其副总理希姆谢克共同出席首发式并致辞。

刘延东在致辞中表示，在治国理政的新实践中，习近平主席发表了一系列重要论述，提出了许多新理念、新思想、新战略，深刻回答了新的时代条件下中国共产党和中国国家发展的重大理论和现实问题，集中展示了中国新一届中央领导集体的治国理念、执政方略和内外政策。《习近平谈治国理政》一书已成为国际社会了解当代中国的重要窗口、寻找中国问题答案的一把钥匙。《习近平谈治国理政》土耳其文版的出版，让土耳其读者能够通过自己的语言了解到中国领导人的执政理念、中华民族的梦想追求和中国改革发展的目标任务，有助于加强中土治国理政领域交流，对加深两国人民相互了解、筑牢中土战略合作关系的根基将产生重要而深远的影响。

4月17日

［纲　文］　**食品药品监管总局公布《医疗器械标准管理办法》。**

［目　文］　《办法》共5章36条。主要有总则、标准管理职责、标准制定与修订、标准实施与监督、附则等内容。自2017年7月1日起施行。2002年1月4日发布的《医疗器械标准管理办法（试行）》（原国家药品监督管理局令第31号）同时废止。

4月17日

［纲　文］　**中国—越南双边合作指导委员会第10次会议在北京举行。**

［目　文］　国务委员杨洁篪和越南副总理兼外长范平明共同主持。双方积极评价双边合作指导委员会成立10年来为推动中越关系发展发挥的作用。双方同意，积极落实两党两国领导人共识，以深化高层交往为主线，统筹规划全年工作，着力推进共建“一带一路”和“两廊一圈”、投资、产能、基础设施、跨境经济合作区等领域合作，继续加强人文交流，妥善管控分歧，维护海上和平稳定，推动中越全面战略合作伙伴关系持续健康向前发展。双方共同出席了会议纪要签字仪式。

杨洁篪表示，中越双边合作指导委员会第9次会议以来，两党两国领导人保持频繁接触，各领域交流合作稳步推进，中越关系继续保持良好发展势头。下一步，双方应共同努力，确保年内两党两国领导人互访圆满成功，进一步提升双边务实合作的质量和水平，夯实两国友好的民意基础。范平明赞同杨洁篪对双边关系的评价，表示越南高度重视越中全面战略合作，愿同中方继续加强战略沟通，增进政治互信，深化务实合作。

同日，全国政协主席俞正声在北京会见范平明时说，双方应密切配合，把高层共识落实好，把握好中越关系发展方向，加强在“一带一路”、产能、交通、基础设施等领域的务实合作，扩大投资，增进人文交流，巩固和发展两党交往，妥善管控海上分歧，把中越全面战略合作伙伴关系推向新的更高水平。范平明说，越方愿加强越中两国经贸、投资、人文领域交流合作，推动两国友好合作伙伴关系不断向前发展。

4月17日

［纲　文］　**中国和哈萨克斯坦政府间合作委员会文化和人文合作分委会第12次会议在阿斯塔纳举行。**

［目　文］　会议由文化部副部长丁伟与哈萨克斯坦文化体育部副部长拉依姆库洛娃共同主持召开。双方回顾了中哈文化和人文合作委员会第11次会议以来两国在文化、教育、广电、新闻出版、青年、档案、旅游、文化遗产保护等领域的交流合作情况，充分肯定了分委会机制在推动深化两国文化关系方面发挥的重要作用，并就本次分委会议题充分交换意见并达成一系列重要共识。丁伟和拉依姆库洛娃共同签署了会议纪要。

4月17日

［纲　文］ **外交部部长王毅应约同英国外交大臣约翰逊通电话。**

［目　文］ 双方就叙利亚问题和朝鲜半岛局势交换意见。双方一致认为，2017年是中英建立大使级外交关系45周年，两国应共同努力，推动中英面向21世纪全球全面战略伙伴关系迈上更高水平。

4月17日

［纲　文］ **《人民日报》发表题为《民法总则助力国家治理现代化——开启公民权利保障法治化的新时代①》的评论员文章。**

4月17日

［纲　文］ **《人民日报》发表题为《在真学实做上深化拓展——一论扎实推进"两学一做"学习教育常态化制度化》的评论员文章。**

4月17—19日

［纲　文］ **"一带一路"青年创意与遗产论坛在湖南长沙岳麓书院举办。**

［目　文］ 论坛由联合国教科文组织、联合国教科文组织协会世界联合会、中国联合国教科文组织全国委员会、长沙市政府共同举办，长沙市委宣传部、长沙市广播电视台联合承办。来自"一带一路"沿线65个国家的近100名青年代表与会。举行了开幕式、平行论坛、长沙成果说明会、闭幕式四大主体活动及《夜话湘江》、非遗艺术展《时光之诗》、长沙印象三大配套活动。与会者听取了中外专家报告、开展分组讨论并实地考察湖南长沙和福建泉州丰富的历史文化遗产。正在国外访问的国务院副总理刘延东向中外青年代表发来寄语。刘延东指出，千百年来，海陆"丝绸之路"沿线人民弘扬丝绸之路精神，谱写了友好往来、相知相交的历史篇章。新的历史时期，中国提出建设丝绸之路经济带和21世纪海上丝绸之路倡议，是扩大全方位开放的重要举措，也是致力于使更多国家共享发展机遇和成果。本次论坛以"创意与遗产"为主题，鼓励青年投身遗产保护和创新创业，有助于促进"一带一路"沿线国家人文交流。希望各国青年用欣赏、互鉴、共享的观点看待世界，推动不同文明交流互鉴、和谐共生，为构建人类命运共同体作出贡献。

4月17—27日

［纲　文］ **国务院副总理刘延东应邀对土耳其、约旦、伊朗、南非进行正式访问。**

［目　文］ 刘延东在土耳其访问期间，在安卡拉分别会见土耳其总统埃尔多安、总理耶尔德勒姆；同土耳其副总理蒂尔凯什就人文交流举行会谈，同希姆谢克副总理共同出席《习近平谈治国理政》土耳其文版首发式。在约旦访问期间，在安曼分别会见约旦代国王费萨尔、首相兼国防大臣穆勒吉；出席了中约建交40周年座谈会。在伊朗访问期间，在德黑兰与伊朗副总统萨塔里举行会谈；刘延东与萨塔里共同见证签署两国科技、文化、艺术等领域双边合作文件。在南非访问期间，在比勒陀利亚会见南非总统祖马；与南非艺术和文化部部长姆特特瓦共同主持中国—南非高级别人文交流机制首次会议，并见证双方签署6项合作协议。出席在南非比勒陀利亚召开的中非部长级医药卫生合作会议并致辞。

4月17—25日

［纲　文］　**中国首席大法官、最高人民法院院长周强应邀率中国法院代表团对葡萄牙、瑞士、克罗地亚进行友好访问并访问世界贸易组织总部和世界知识产权组织总部。**

［目　文］　17—19日，周强率中国法院代表团在葡萄牙访问期间，分别会见了葡萄牙最高司法法院院长加斯帕尔、最高行政法院院长戈梅斯、国家司法研究中心主任米格尔、科英布拉大学校长席尔瓦等。周强一行先后参访了葡萄牙最高司法法院、最高行政法院、国家司法研究中心、科英布拉大学等机构。

20—21日，周强率中国法院代表团访问位于瑞士日内瓦的世界贸易组织总部和世界知识产权组织总部，分别会见世贸组织总干事罗伯托·阿泽维多和世界知识产权组织总干事弗朗西斯·高锐并进行工作会谈，表示中国法院将积极加强与世贸组织和世界知识产权组织的交流合作，努力为促进国际贸易提供司法服务，为保护知识产权提供中国智慧。周强与高锐共同签署了中国最高人民法院与世界知识产权组织合作备忘录，双方一致表示，将进一步扩大交流与合作，共同致力于保护知识产权，更好地促进世界经济发展和科技进步。

21—22日，周强率中国法院代表团在瑞士访问期间，会见了瑞士联邦最高法院院长乌尔里希·迈尔并进行工作会谈。双方签署了司法交流合作备忘录，一致表示愿加强司法高层互访，加强信息交流，努力促进两国司法关系发展进步。

23—25日，周强率中国法院代表团在克罗地亚访问期间，在萨格勒布分别会见了克罗地亚政府总理普连科维奇、最高法院院长赫尔瓦廷、宪法法院院长舍帕罗维奇、萨格勒布大学校长博拉斯等。参访了克罗地亚总理府、最高法院、宪法法院、萨格勒布市刑事法院、萨格勒布大学及其法学院等机构。

4月17—22日

［纲　文］　**应外交部部长王毅邀请，厄立特里亚外交部部长奥斯曼对中国进行正式访问。**

［目　文］　访问期间，国家副主席李源潮、国务委员杨洁篪在北京分别会见奥斯曼。王毅在北京与奥斯曼举行会谈。王毅在会谈时表示，中厄两国政治互信水平高，互利合作潜力大，中方愿同厄方一道，以落实中非合作论坛约翰内斯堡峰会成果为抓手，全面深化各领域友好互利合作，推动中厄关系再上新台阶。奥斯曼感谢中方长期以来所给予的支持和帮助，愿继续同中方深化传统友谊，推进全面合作。

4月18日

［纲　文］　**习近平主持召开中央全面深化改革领导小组第34次会议。**

［目　文］　中央全面深化改革领导小组副组长李克强、刘云山出席会议。中央全面深化改革领导小组成员出席，中央和国家机关有关部门负责人列席会议。

中共中央总书记、中央全面深化改革领导小组组长习近平指出，督察是抓落实的重要手段。各地区各部门要把抓改革落实摆到重要位置，投入更多精力抓督察问效，加强和改进督察工作，拓展督察工作广度和深度，点面结合，多管齐下，提高发现问题、解决问题的实效。

会议主要内容：一、会议审议通过了：（一）《关于加快构建政策体系、培育新型农业经营主体的意见》，会议指出，构建培育新型农业经营主体政策体系，目的是通过完善政策体系，促进以农户家庭经营为基础、合作和联合为纽带、社会化服务为支撑的立体式复合型现代农业经营体系加快发展。（二）《关于进一步激发和保护企业家精神的意见》，会议强调，企业家是经济活动的重要主体，要深度挖掘优秀企业家精神特质和典型案例，弘扬企业家精神，发挥企业家示范作用，造就优秀企业家队伍。（三）《关于建立现代医院管理制度的指导意见》，会议指出，建立现代医院管理制度，要着力完善公立医院管理体制和运行机制，促进社会办医健康发展，推动各级各类医院管理规范化、精细化、科学化，建立权责清晰、管理科学、治理完善、运行高效、监督有力的现代医院管理制度。（四）《关于改革完善短缺药品供应保障机制的实施意见》，会议强调，改革完善短缺药品供应保障机制，要强化政府责任，加强相关职能部门衔接配合，完善监测预警和清单管理制度，建立分级联动应对机制，区分不同情况，采取定点生产、协调应急生产和进口、加强协商调剂、完善短缺药品储备等措施，打通短缺药品研发、生产、流通、采购等各个环节，更好满足人民健康和临床合理用药需求。（五）《关于办理刑事案件严格排除非法证据若干问题的规定》，会议指出，严格排除非法证据，事关依法惩罚犯罪、保障人权。（六）《关于完善反洗钱、反恐怖融资、反逃税监管体制机制的意见》，会议强调，完善反洗钱、反恐怖融资、反逃税监管体制机制，是建设中国特色社会主义法治体系和现代金融体系的重要内容。（七）《对省级人民政府履行教育职责的评价办法》，会议强调，对省级人民政府履行教育职责进行评价，要坚持以提高教育教学质量为中心，重点评价政府领导、管理、保障、推进本行政领域区域内教育事业改革发展稳定工作有关情况。（八）《关于禁止洋垃圾入境推进固体废物进口管理制度改革实施方案》，会议指出，要以维护国家生态环境安全和人民群众身体健康为核心，完善固体废物进口管理制度，分行业分种类制定禁止固体废物进口的时间表，分批分类调整进口管理目录，综合运用法律、经济、行政手段，大幅减少进口种类和数量。二、会议审议了《中央全面深化改革领导小组6个专项小组开展改革督察工作情况的报告》。

4月18日

［纲　文］　**习近平在八一大楼接见新调整组建军级单位主官，对各单位发布训令。**

［目　文］　中央军委主席习近平发布训令说，党中央和中央军委决定，全军新调整组建84个军级单位。这是我军在实施改革强军战略、走中国特色强军之路上又迈出的重要一步，对实现党在新形势下的强军目标、建设世界一流军队具有重大而深远的意义。新调整组建的军级单位是新体制的重要组成部分，在维护国家主权、安全、发展利益中使命光荣、责任重大。

习近平对新调整组建的军级单位提出四点要求：一是要坚决听党指挥，坚持党对军队绝对领导，坚决维护党中央权威，坚决听从党中央和中央军委指挥，强化“四个意识”，坚定理想信念，严守政治纪律和政治规矩，始终坚持部队建设正确政治方向。二是要时刻准备打仗，强化战斗队意识，坚持战斗力标准，集中精力研究军事、研究战争、研究打仗，做好军事行动各项准备，保持高度戒备状态，时刻听从党和人民召唤，忠实履行党和人民赋予的神圣使命。三是要抓紧提升作战能力，适应一体化联合作战要求，适应新体制新编成，锐意改革，开拓创新，提高部队科技含量，发展精锐作战力量，加强实战化训练，增强新质作战能力，加快向质量效能型和科技密集型转变，打造坚不可摧的战斗集体。四是要培育过硬战斗作风，发扬人民军队光荣传统和优良作风，发扬革命英雄主义和集体主义精神，培养敢于斗争、敢于胜利的血性胆魄，激发一不怕苦、二不怕死的英雄气概，加强作风建设，纯正部队风气，培育“四有”新一代革命军人，锻造“四铁”过硬部队，努力为人民军队争取更大光荣。

王印芳、袁华智、王成男、李军、贺兴博、陈守民分别代表陆军、海军、空军、火箭军、战略支援部队和省军区系统军级单位表示，坚决听从党中央、中央军委和习主席指挥，时刻牢记习主席训令，聚力备战打赢，坚决完成任务，决不辜负党和人民重托。

中共中央政治局委员、中央军委副主席范长龙主持接见活动，中共中央政治局委员、中央军委副主席许其亮宣读习近平主席签发的中央军委关于调整组建军兵种部队和省军区系统军级单位的命令、决定。中央军委委员常万全、赵克石、张又侠、吴胜利、马晓天、魏凤和等参加活动。

4月18日

［纲　文］　**李克强在北京主持召开“贯彻新发展理念 培育发展新动能”座谈会。**

［目　文］　国务院总理李克强与正在国家行政学院该专题研讨班学习的全体学员，有关部门、部分企业和金融机构负责人座谈。

会上，发展改革委负责人、研讨班学员代表、企业代表先后发言并提出建议。李克强说，近几年，世界经济复苏艰难，不稳定不确定因素明显增多。国内经济发展进入新常态，经济增长动力、资源要素条件等都发生较大变化，长期积累的结构性矛盾凸显，经济下行压力较大。面对错综复杂的形势，再走粗放型发展老路难以为继。在以习近平同志为核心的党中央坚强领导下，全国上下坚持稳中求进工作总基调，深入贯彻创新、协调、绿色、开放、共享的新发展理念，推进供给侧结构性改革，努力在促进经济结构转型升级上迈出更大步伐。在宏观上，我们牢牢把准政策方向，坚持不搞“大水漫灌”式强刺激，改变过度依赖投资和出口拉动增长，不断创新调控方式，统筹精准实施区间调控、定向调控、相机调控，依靠改革创新和结构调整增强发展内生动力。推动经济结构转型升级必须加快新旧动能转换。新动能覆盖一二三产业，重点是以技术创新为引领，以新技术、新产业、新业态、新模式为核心，以知识、技术、信息、数据等新生产要素为支撑，体现了新生产力发展趋势，是实体经济发展升级的强大动力。发展新动能，一是必须坚持“增量崛起”与“存量变革”并举，既要培育发展前景广阔的新兴产业，也要化解淘汰过剩落后产能、运用新技术改造提升传统产业，实现“老树发新枝”，促进社会生产力整体跃升。二是要推动有效投资和消费升级互促共进，把国内巨大市场需求作为“导航灯”，大力补上短板，促进产品和服务创新，实现更高水平上供需结构的匹配和优化。三是不仅立足国内市场，也要主动参与国际竞争，抓住世界新一轮科技革命和产业变革机遇，积极培育对外开放新优势，拓展发展空间。加快新旧动能转换关键要以改革优化环境，进一步转变政府职能，持续深化“放管服”改革，大力推进减税降费。更好适应新动能成长特点，完善新业态、新产业等标准，探索既有必要的“安全阀”和“红线”、又能包容创新发展的审慎监管体制机制，使新动能健康成长。

4月18日

［纲　文］　**国务院总理李克强应约同加拿大总理特鲁多通电话。**

［目　文］　李克强表示，2016年中加两国总理成功互访并举行首次总理年度对话，两国关系迈上新台阶。目前各项成果正在得到积极有效落实，中加经济财金战略对话即将启动，中加自贸区探索性讨论第二次会议也将举行。中加作为亚太地区重要经济体，加强高层沟通，拓展务实合作，不仅有利于两国关系向更高水平发展，也有利于维护和平的国际环境、稳定的地区环境、自由的贸易环境。中方愿与加方共同努力，扩大贸易往来和相互投资。加强在应对气候变化领域的合作，开展清洁能源等新兴领域合作，打造新的合作增长点。希望加方放宽对华高技术产品出口限制，相信这将有利于双边贸易平衡增长、务实合作提质升级。

特鲁多表示，加方高度重视发展对华友好合作，乐见两国总理互访成果的落实取得积极进展。加中经济财金战略对话的启动和自贸区探索性讨论的顺利推进，标志着两国合作正在沿着正确的轨道向前发展。加方愿同中方拓展双边贸易投资往来与各领域务实合作，创造更多发展共赢的机遇，并为国际社会应对全球性挑战、增进和平与发展作出贡献。

4月18日

［纲　文］　**国务院办公厅印发《关于调整国务院安全生产委员会组成人员的通知》。**

4月18日

［纲　文］　**证监会公布《期货公司风险监管指标管理办法》。**

［目　文］　《办法》共5章34条。主要有总则、风险监管指标标准及计算要求、编制和披露、监督管理、附则等内容。自2017年10月1日起施行。《期货公司风险监管指标管理试行办法》（证监发〔2007〕55号公布、证监会公告〔2013〕12号修订）、《关于期货公司风险资本准备计算标准的规定》（证监会公告〔2013〕13号）同时废止。

4月18日

［纲　文］　**教育部印发《幼儿园办园行为督导评估办法》。**

［目　文］　《办法》共5章17条。主要有总则、督导评估内容与方式、督导评估组织实施、督导评估结果运用、附则等内容。自2017年4月18日起实施。

4月18日

［纲　文］ **C919大型客机首飞放飞评审会在中国商用飞机有限责任公司试飞中心召开。**

［目　文］ 来自中国科学院、中国工程院、中国民航局、中航工业、中国商飞等单位的25位专家分为飞机组和空勤组两个专业组，对C919大型客机首飞前飞机准备状态、试飞机组准备状态和首飞保障准备工作等进行了质询、讨论和全面审议。中国工程院院士、国务院大型飞机重大专项专家咨询委员会主任委员张彦仲担任评审委员会主任，中国科学院院士、国务院大型飞机重大专项专家咨询委员会委员李未担任评审委员会副主任。

经过严格评审，评审委员会一致同意，C919大型客机首架机通过首飞放飞评审，待完成全部高速滑行测试后，可择机开展首飞。这标志着C919大型客机首架机的首飞又迈出了重要一步。这也是继3月20日通过了首飞技术评审后，C919大型客机完成的首飞前最后一项评审任务。此外，放飞评审会开始之前，评审委员会专家观摩了C919大型客机第二次高速滑行试验。

4月18日

［纲　文］ **国务委员兼国防部长常万全在北京会见白俄罗斯边防委员会主席拉波。**

［目　文］ 常万全说，2016年，习近平主席与卢卡申科总统共同宣布建立相互信任、合作共赢的全面战略伙伴关系，两国关系进入了发展的新时代。中方愿同白方一道，全面落实两国元首重要共识，抓住共建“一带一路”带来的难得机遇，积极开展边防等各领域务实合作，推动两国关系不断向前发展。

拉波说，白中两国友谊经受住了历史考验，白方高度赞赏中国取得的伟大成就，感谢中方长期以来的支持，希望进一步深化交流合作，丰富两国关系内涵。

4月18日

［纲　文］ **《人民日报》发表题为《恪守以民为本、立法为民理念——开启公民权利保障法治化的新时代②》的评论员文章。**

4月18日

［纲　文］ **《人民日报》发表题为《抓住“关键少数”发挥表率作用——二论扎实推进“两学一做”学习教育常态化制度化》的评论员文章。**

4月19—21日

［纲　文］ **习近平在广西考察。**

［目　文］ 中共中央总书记习近平在合浦县汉代文化博物馆，了解汉代合浦港口情况，在青铜之光、土火之韵、碧海丝路等展厅，察看合浦汉墓出土的我国古代青铜器、陶器和域外陶器、琥珀、琉璃等文物，了解汉代北部湾地区对外通商交往史。他指出要增强文化自信，在传承中华优秀传统文化基础上发展社会主义先进文化，加快建设社会主义文化强国。在铁山港公用码头，察看码头运营，听取北部湾港口规划建设和北部湾经济区发

展建设情况介绍。他强调，一定要把北部湾港口建设好、管理好、运营好，以一流的设施、一流的技术、一流的管理、一流的服务，为广西发展、为“一带一路”建设、为扩大开放合作多作贡献。考察了北海金海湾红树林生态保护区，了解红树林生长习性以及对海洋生态的调节作用。他指出，保护珍稀植物是保护生态环境的重要内容，一定要尊重科学、落实责任，把红树林保护好。

习近平在南宁，考察广西南南铝加工有限公司，对公司勇于创新创造给予肯定；在那考河湿地公园，听取南宁市内河水系分布、“海绵城市”建设等情况介绍，实地察看整治成效；在南宁·中关村创新示范基地，听取基地总体规划和营运介绍，视察基地入驻企业在智能制造、信息技术、生命健康、创新之星、孵化加速、国际合作等方面的成果展示，了解基地推动外地企业同本土企业协同创新发展和“中国—东盟信息港”建设情况。

习近平主持召开基层代表座谈会。与会基层代表联系实际，从不同角度谈变化论发展、讲成绩摆问题。习近平边听边记，不时插话交流，并就改善人才区域布局、促进教育资源均衡化、加快边境地区脱贫攻坚、加快科技成果转化、推广农业先进适用技术、做好民营企业党建工作、加强群众卫生健康工作、做好高校思想政治工作、提高宣传思想工作水平等发表了意见。

考察期间，习近平听取了广西壮族自治区党委和政府工作汇报，对广西经济社会发展取得的成绩和各项工作给予肯定。他希望广西广大干部群众进一步解放思想、改革开放、真抓实干，把富民兴桂各项工作做得更好，不断开创改革发展新局面。并强调广西是革命老区，是贫困地区，也是边境地区、民族地区。脱贫攻坚工作做好了，边疆稳定、民族团结就有了坚实基础；边境建设搞好了，民族事业发展了，对打赢脱贫攻坚战也是极大促进。

21日，习近平视察南部战区陆军机关。听取了南部战区陆军工作情况汇报，习近平指出，2017年在党和国家发展进程中具有特殊重要的意义，要抓紧抓实思想政治建设工作，抓紧抓实练兵备战工作，抓紧抓实部队改革工作。要旗帜鲜明讲政治，坚定不移增强“四个意识”，坚决维护党中央权威，毫不动摇坚持党对军队绝对领导，深入贯彻古田全军政治工作会议精神，全面彻底肃清郭伯雄、徐才厚流毒影响，严肃政治纪律和政治规矩，确保部队在任何时候任何情况下都坚决听从党中央和中央军委指挥。

4月19日

［**纲　文**］　**李克强主持召开国务院常务会议。**

［**目　文**］　会议主要内容是：一、决定推出进一步减税措施，持续推动实体经济降成本增后劲。会议决定，在一季度已出台降费2000亿元措施的基础上，进一步推出以下减税举措：一是继续推进营改增，简化增值税税率结构。从2017年7月1日起，将增值税税率由四档减至17%、11%和6%三档，取消13%这一档税率；将农产品、天然气等增值税税率从13%降至11%。同时，对农产品深加工企业购入农产品维持原扣除力度不变，避免因进项抵扣减少而增加税负。二是扩大享受企业所得税优惠的小型微利企业范

围。自2017年1月1日至2019年12月31日，将小型微利企业年应纳税所得额上限由30万元提高到50万元，符合这一条件的小型微利企业所得减半计算应纳税所得额并按20%优惠税率缴纳企业所得税。三是提高科技型中小企业研发费用税前加计扣除比例。自2017年1月1日到2019年12月31日，将科技型中小企业开发新技术、新产品、新工艺实际发生的研发费用在企业所得税税前加计扣除的比例，由50%提高至75%。四是在京津冀、上海、广东、安徽、四川、武汉、西安、沈阳8个全面创新改革试验地区和苏州工业园区开展试点，从2017年1月1日起，对创投企业投资种子期、初创期科技型企业的，可享受按投资额70%抵扣应纳税所得额的优惠政策；自2017年7月1日起，将享受这一优惠政策的投资主体由公司制和合伙制创投企业的法人合伙人扩大到个人投资者。政策生效前2年内发生的投资也可享受前述优惠。五是从2017年7月1日起，将商业健康保险个人所得税税前扣除试点政策推至全国，对个人购买符合条件的商业健康保险产品的支出，允许按每年最高2400元的限额予以税前扣除。六是将2016年底到期的部分税收优惠政策延长至2019年底，包括：对物流企业自有的大宗商品仓储设施用地减半计征城镇土地使用税；对金融机构农户小额贷款利息收入免征增值税，并将这一优惠政策范围扩大到所有合法合规经营的小额贷款公司；对高校毕业生、就业困难人员、退役士兵等重点群体创业就业，按规定扣减增值税、城市维护建设税、教育费附加和个人（企业）所得税等。上述六方面措施全部到位后，加上全面推开营改增试点2017年前4个月翘尾减收，预计全年将再减轻各类市场主体税负3800多亿元。会议要求，有关方面要尽快把上述减税措施落实到位，需要向全国人大常委会备案的要抓紧备案，并论证推出进一步减费措施。二、通过《中华人民共和国公共图书馆法（草案）》。会议决定将草案提请全国人大常委会审议。

4月19日

［纲　文］　**环境保护部公布《国家环境基准管理办法（试行）》。**

［目　文］　《办法》共5章23条。主要有总则、分类、制定与发布、应用与监督、附则等部分内容。自2017年4月19日起试行。

4月19日

［纲　文］　**教育部印发《县域义务教育优质均衡发展督导评估办法》。**

［目　文］　《办法》共5章18条。主要有总则、评估内容与标准、评估程序、评估结果、附则等内容。自2017年4月19日起施行。

4月19日

［纲　文］　**第7轮中欧高级别战略对话在北京举行。**

［目　文］　国务委员杨洁篪与欧盟外交与安全政策高级代表兼欧盟委员会副主席莫盖里尼共同主持。双方同意在全球性议题上加强沟通协调，继续推动完善全球治理，引导全球化向包容、平衡、可持续方向发展。双方愿共同努力，推动二十国集团领导人汉堡峰会在去年杭州峰会基础上取得新进展。双方同意共同推动落实气候变化《巴黎协定》，推

进落实2030年可持续发展议程，加强安全领域合作。双方就叙利亚、伊朗核、朝鲜半岛局势等国际和地区问题深入交换看法。欧方表示支持并积极参与中方举办的“一带一路”国际合作高峰论坛。双方表示将以建设性态度加紧准备，确保第十九次中国—欧盟领导人会晤取得成功。双方同意深化经贸投资、科技创新、人文等领域合作。关于《中国加入世界贸易组织议定书》第十五条问题，欧方表示重视中方关切，将遵守世贸规则，已启动有关修法程序。中方表示重视欧方表态，希望欧盟尽快履行有关规定，发出维护自由开放的多边贸易体系的积极信号。

18日，国务院总理李克强在北京会见莫盖里尼。李克强积极评价中欧关系发展并表示，当前国际形势复杂多变，“逆全球化”和保护主义等思潮抬头。中欧作为世界两大力量，应遵循联合国宪章宗旨和原则，共同发出维护地区稳定与世界和平、应对全球性挑战、改革完善国际治理体系、推进经济全球化和自由公平贸易的积极信号，以中欧关系与合作的稳定性应对国际形势变化的不确定性。中方高度重视发展同欧盟的关系，坚定支持欧洲一体化，希望欧盟保持团结稳定繁荣。我们重视欧方履行国际义务的承诺，愿同欧方本着相互尊重、平等相待的精神共同努力，推进包括双边投资协定谈判、自贸可行性研究等在内的广泛领域务实合作，通过对话妥善处理分歧，推动中欧关系在以规则为基础的国际秩序框架内实现更好发展，为世界经济增长注入动力。莫盖里尼表示，欧中肩负着维护国际秩序、应对恐怖主义和气候变化等全球性挑战、促进世界和平与发展的重任。欧盟重视维护国际多边体系、履行自身国际义务，愿以建设性态度同中方加强合作、妥处分歧，推动双边投资协定谈判等取得积极进展。

20日，国务委员兼国防部长常万全在北京会见莫盖里尼时说，中方愿与欧方一道，努力夯实合作基础，丰富合作内容，推动中欧关系取得坚实而长远的发展。莫盖里尼说，欧方十分珍视与中方的关系，愿与中方继续开展包括防务与安全方面在内的各项合作。

4月19日

[纲　文]　**中乌农业合作分委会第2次会议在北京举行。**

[目　文]　农业部部长韩长赋与乌兹别克斯坦副总理兼农业水利部部长米尔扎耶夫共同主持。双方就感兴趣的农业合作问题深入交换了意见。双方签署了会议纪要，并草签了《中华人民共和国农业部与乌兹别克斯坦共和国农业水利部2018—2020年农业合作交流计划》。

18日，国务院副总理汪洋在北京会见米尔扎耶夫时说，中乌两国农业互补性强，合作潜力大。中方愿同乌方共同努力，进一步提升双方在农业领域合作的水平和成效，促进中乌农业发展再上新台阶。米尔扎耶夫表示，乌方高度重视发展对华关系，愿与中方进一步深化合作，持续推动两国农业发展。

4月19日

[纲　文]　**外交部发言人表示，中方对朝鲜核导开发有关动向表示严重关切。**

[目　文]　有记者问，近日朝鲜驻联合国副代表召开记者会称，朝鲜正准备进行再

次核试，相关计划已公开宣布，将会付诸实行。朝鲜副外相韩成烈也表示，朝鲜将会在每周、每月、每年进行更多的导弹试射。中方对此有何回应？是否了解有关的最新信息？

发言人表示，中方对近期朝鲜核导开发有关动向表示严重关切。中方坚持实现半岛无核化、维护半岛和平稳定、通过对话协商解决问题的立场坚定不移。我要强调的是，当前半岛形势复杂敏感，中方坚决反对任何加剧对立紧张的言行，有关各方都应为缓和局势作出切实努力。

4月19日

［纲　文］　**中国科学家姚檀栋在瑞典获颁2017年维加奖**。

［目　文］　在瑞典首都斯德哥尔摩王宫，国王卡尔十六世·古斯塔夫向中国科学院院士、青藏高原研究所所长姚檀栋颁发维加奖奖章。以表彰他在青藏高原冰川和环境研究方面作出的贡献，这是中国科学家首次获得该奖。

维加奖分为自然地理和人文地理两个分支，均为每三年评选一次，姚檀栋2017年获得的是自然地理的维加奖章。1878年至1880年间，著名地理学家和北冰洋航道开拓者阿道夫·艾瑞克诺登舍尔德率领“维加”号首次通过大西洋和太平洋东北部，完成环绕欧亚大陆的历史性航行。此后，瑞典人类学和地理学会专门设立维加奖，以表彰对全球地理研究作出突出贡献的科学家。

4月19日

［纲　文］　**《人民日报》发表题为《让互联网更好造福国家和人民——写在习近平总书记网信工作座谈会重要讲话一周年》的评论员文章**。

4月19—21日

［纲　文］　**李克强在山东考察**。

［目　文］　国务院总理李克强在威海港，听取港口发展汇报，了解2017年以来进出口增长情况时说，中国是贸易大国，将坚持对外开放，希望威海港借鉴国际经验，强化内部管理，提升集疏运能力，并带动中西部地区和小微企业拓展国际市场。孙家疃医院是一所乡镇卫生院，与威海市中医院等建立了医疗联合体。了解到过去到市医院看病要到20公里之外，现在家门口就能看到好医生时，李克强勉励市医院专家和远程会诊医生说，医联体是一项重大民生改革举措，要大力发展医养结合产业，让老年人舒适、健康安享晚年，这也是潜力巨大的新动能。在医疗器械企业，勉励他们按照推进供给侧结构性改革的要求，抓住实施中国制造2025的机遇，瞄准国际一流，持续推动大众创业万众创新，弘扬工匠精神，推出更多高科技含量、高工艺水平和高附加值的产品。在服装生产企业，鼓励企业和与之合作的创客团队持续努力创新，真正改变过去只能挣“汗水钱”的状况，推动质量品牌迈上中高端。在威海皇冠市场监管所，了解当地“放管服”改革进展和推进综合执法情况。李克强走进麦田察看长势，详细询问农资和粮食价格及收入情况。在济南钢铁公司，听取山东钢铁去产能汇报时说，济钢为国家建设作出过贡献，化解过剩产能要付出一些代价，中央和地方都要支持，大家一起努力，确保分流职工转岗不下岗，生活有保

障。济南经十一路棚户区即将进行改造，李克强走进几户居民家中详细察看生活状况时说，安居才能安心、乐业，棚改是推进新型城镇化的重要内容，也是保持房地产市场健康发展的重要举措，要抓紧啃下硬骨头，通过棚改让城市和谐发展。在山东大学，李克强听取了学校历史沿革和晶体技术等重点学科建设介绍，观看了师生创新创业成果，并与部分教授学者交流，他还参观了文史哲编辑部，对他们进行全球汉籍文献收集整理表示肯定。他勉励大家继续沉下身子、潜心研究，既在传承好优秀传统文化中担起更大责任，也要努力攀登国际科研高峰。2017 年大学毕业生人数创历史新高。在毕业生招聘现场，与求职大学生交谈时说，学生的主业是学习，同时要积极参加社会实践，提高综合能力，毕业后无论是到经济社会一线就业创业，还是在实验室搞基础研究实现就业，都可以实现人生价值、为国家作贡献。

李克强充分肯定山东经济社会发展取得的成绩，希望在以习近平同志为核心的党中央坚强领导下，山东贯彻落实新发展理念，加快推动新旧动能转换，积极探索解决重点民生问题的改革经验，为巩固全国经济稳中向好势头提供重要支撑。

4 月 19—21 日

［纲　文］　**汪洋在四川藏区调研。**

［目　文］　国务院副总理汪洋在阿坝藏族羌族自治州的若尔盖县、红原县、松潘县，进村入户了解贫困农牧民生产生活状况和帮扶工作进展，与基层干部群众共商脱贫大计。

汪洋充分肯定四川脱贫攻坚工作取得的阶段性成绩并指出，深度贫困地区脱贫攻坚任务重、难度大，尤其要下“绣花”功夫，压实责任、精准施策，做过细工作。要明确“绣花”目的，践行以人民为中心的政绩观，确保贫困群众获得实实在在的好处。要保持“绣花”定力，继续坚持“中央统筹、省负总责、市县抓落实”的管理体制，继续坚持现行标准和时限，凝心聚力，扎实工作，避免急于求成。要因“花”制宜、精准施策，发挥深度贫困地区后发优势，用好自然生态、风土人情等资源，大力发展特色农牧业、旅游业等，加强地方病防治，推进移风易俗，树立健康文明新风尚，建立健全稳定脱贫的长效机制。要提高“绣花”本领，加大对贫困村基层组织、“第一书记”、驻村工作队等帮扶力量的培养和关爱，吸引本土雁归人才回村任职创业，选好用好脱贫致富带头人，造就一批能打硬仗、善于“绣花”的队伍，为打赢脱贫攻坚战奠定坚实的组织基础。

4 月 20 日

［纲　文］　**习近平给中国工合国际委员会、北京培黎职业学院回信。**

［目　文］　中共中央总书记习近平在信中写道，中国工合国际委员会、北京培黎职业学院：中国工合国际委员会历经 77 年风雨洗礼，为促进人类和平与发展事业作出了不懈努力。在此，谨向你们致以衷心的祝贺和诚挚的问候！今年是伟大的国际主义战士、中国人民的老朋友、工合运动重要发起人、培黎学校创始人路易·艾黎诞辰 120 周年。艾黎

与中国人民风雨同舟，在华工作生活 60 年，为中国人民和新西兰人民架起了友谊之桥。他和宋庆龄、斯诺等发起成立的工合国际，为支援中国革命和社会主义建设作出了重要贡献。“十年树木，百年树人。”北京培黎职业学院以“手脑并用，创造分析”为校训，心系国家、艰苦奋斗，传承发扬老校长艾黎和何克倡导的职业教育思想，为中国社会主义现代化建设精心培养了大批人才。希望你们发扬传承艾老“努力干，一起干”的工合精神，积极开展国际文化交流，谱写国际友谊新篇章，为促进世界和平与发展、构建人类命运共同体作出新的贡献。

21 日，中国人民对外友好协会在北京人民大会堂举办座谈会，纪念路易·艾黎诞辰 120 周年。中共中央政治局委员、国家副主席李源潮出席座谈会并讲话。他指出，习近平总书记在回信中充分肯定了艾黎为中国民族独立、国家建设事业作出的重要贡献。当前，中国人民正在以习近平同志为核心的党中央领导下，为实现“两个一百年”目标和中华民族伟大复兴的中国梦而奋斗。中国高举和平、发展、合作、共赢的旗帜，愿与包括新西兰在内的世界各国人民一道，为构建人类命运共同体、促进人类和平与发展的崇高事业共同努力。今天我们发扬艾黎精神，就是要继承他伟大的国际主义精神，谱写人民国际友谊新篇章。座谈会前，李源潮会见了艾黎亲属代表团。

中国工合国际委员会于 1939 年在香港成立，为支援中国抗战和工合运动作出重大贡献。北京培黎职业学院源于抗战时期路易·艾黎创办的培黎学校。近日，中国工合国际委员会、北京培黎职业学院负责人给习近平写信，介绍了他们积极开展国际及境外交流合作、发挥民间外交作用的情况。

4 月 20 日

［纲　文］　**中国共产党贵州省第十二次代表大会举行正式选举。会议选举产生了贵州省出席党的十九大的代表。在贵州参选的中央提名的代表候选人习近平同志，以全票当选党的十九大代表。**

4 月 20 日

［纲　文］　**中国首艘货运飞船天舟一号发射成功。**

［目　文］　搭载天舟一号货运飞船的长征七号遥二运载火箭，在海南文昌航天发射场点火发射，约 596 秒后，飞船与火箭成功分离，进入预定轨道，发射取得圆满成功。这是长征系列运载火箭的第 247 次飞行。

22 日，12 时 23 分，天舟一号货运飞船与天宫二号空间实验室顺利完成自动交会对接。这是天宫二号自 2016 年 9 月 15 日发射入轨以来，首次与货运飞船进行交会对接。

27 日，19 时 07 分，天舟一号货运飞船与天宫二号空间实验室成功完成首次推进剂在轨补加试验，标志天舟一号飞行任务取得圆满成功。突破和掌握推进剂在轨补加技术，填补了中国航天领域的空白，实现了空间推进领域的一次重大技术跨越，为中国空间站组装建造和长期运营扫清了能源供给上的障碍，使我国成为世界上第三个独立掌握这一关键技术的国家。

同日，中共中央、国务院、中央军委发出贺电说，在天舟一号飞行任务获得圆满成功、空间实验室飞行任务实现完美收官之际，中共中央、国务院、中央军委向参加天舟一号飞行任务的全体科技工作者、干部职工、解放军指战员，表示热烈的祝贺和亲切的慰问！天舟一号飞行任务的圆满成功，突破和验证了空间站货物运输、推进剂在轨补加等关键技术，标志着我国载人航天工程第二步胜利完成，对于实现不懈追求的航天梦，具有十分深远的意义。这是工程全线紧密团结在以习近平同志为核心的党中央周围，坚决贯彻创新驱动发展战略和军民融合发展战略，在建设航天强国和世界科技强国的历史征程中取得的新成就，将激励全党全军全国各族人民进一步增强“四个意识”、坚定“四个自信”，以时不我待的紧迫感、舍我其谁的使命感，统筹推进“五位一体”总体布局、协调推进“四个全面”战略布局，不断开创中国特色社会主义事业新局面。你们为党和国家事业发展作出了卓越贡献，祖国和人民感谢你们！星空浩瀚无比，探索永无止境。以这次任务圆满成功为标志，我国载人航天工程进入新的发展阶段，后续任务更加艰巨、使命更加光荣。希望你们更加紧密团结在以习近平同志为核心的党中央周围，高举中国特色社会主义伟大旗帜，全面贯彻党的十八大和十八届三中、四中、五中、六中全会精神，以邓小平理论、“三个代表”重要思想、科学发展观为指导，深入学习贯彻习近平总书记系列重要讲话精神和治国理政新理念新思想新战略，大力弘扬“两弹一星”精神和载人航天精神，撸起袖子加油干，开拓创新攀高峰，以优异成绩迎接党的十九大胜利召开，为实现“两个一百年”宏伟目标、实现中华民族伟大复兴的中国梦而不懈奋斗！

4月20—26日

［纲　文］　**国家知识产权局、中央宣传部等24个部门联合举办全国知识产权宣传周。**

［目　文］　活动主题是“创新创造改变生活 知识产权竞争未来”。20日，国务委员王勇在北京出席宣传周启动仪式并讲话。王勇强调，要认真贯彻落实党中央、国务院决策部署，牢固树立新发展理念，以供给侧结构性改革为主线，深入实施知识产权战略，完善知识产权创造、保护和运用体系，加快建设知识产权强国。要大力推进综合管理改革，完善知识产权体制机制，加快形成便民利民的知识产权公共服务体系。实施专利质量提升工程，培育高价值核心专利，提供更多高端技术供给。加强知识产权保护，坚决向侵权违法行为“亮剑”，营造公平竞争市场环境。实施知识产权教育推广计划，弘扬知识产权文化，厚植创新创造沃土。深化知识产权国际合作，营造更加包容开放的创新环境。

4月20日

［纲　文］　**环境保护部发布《国家环境基准管理办法（试行）》，自2017年4月20日起施行。**

4月20日

［纲　文］　**中共贵州省第十二届委员会第一次全体会议选举陈敏尔为省委书记，孙**

志刚、谌贻琴（女，白族）为省委副书记。

4月20日

［纲　文］　**中央军委副主席许其亮在北京分别会见肯尼亚国防部部长奥马莫、马来西亚国防部部长希沙姆丁。**

［目　文］　许其亮在会见奥马莫时说，肯尼亚是中国在非洲的好朋友、好伙伴、好兄弟。中肯将双边关系提升为平等互信、互利共赢的全面合作伙伴关系后，两国关系进入新的历史时期。中方珍视中肯传统友谊，愿与肯方共同努力，拓展合作领域，提升合作质量，推动两国两军关系不断向前发展。奥马莫说，中国是世界上负责任的大国。肯方十分珍视两国两军友谊，希望进一步深化两军关系，拓展两军合作领域。

许其亮在会见希沙姆丁时说，中方愿与马方一道，不断提升各领域交流合作水平，推动两军关系健康稳定发展。希沙姆丁说，马方高度重视发展马中两国两军关系，愿与中方进一步拓展合作领域，推动两国两军关系建设迈上新台阶。

同日，国务委员兼国防部长常万全在北京与奥马莫会谈时说，近年来在两国元首的关心推动下，中肯关系得到长足发展。中方愿同肯方一道，努力推动两国关系不断迈上新台阶，并继续拓展两军合作领域，保持和推动两军关系良好发展势头。奥马莫说，肯中关系源远流长，肯方希望同中方继续保持这种密切关系，进一步加强在国防和军事领域的合作。

21日，常万全在北京与希沙姆丁举行会谈时说，当前，两军关系呈现出强劲发展势头，中方愿与马方共同努力，加强高层往来，推进机制建设，深化演训合作，进一步巩固和提升两军关系。希沙姆丁说，马中关系正处在一个很高的水平，马方坚定支持中方“一带一路”倡议，希望继续拓展两国两军合作领域，不断深化两国两军关系。

4月20日

［纲　文］　**《人民日报》发表题为《从严管党治吏的重大举措》的评论员文章。**

4月20日

［纲　文］　**《人民日报》发表题为《抓实基层支部 落实基本制度——三论扎实推进“两学一做”学习教育常态化制度化》的评论员文章。**

4月20—28日

［纲　文］　**中共中央书记处书记、中宣部部长刘奇葆率中共代表团访问摩洛哥、匈牙利、希腊。**

［目　文］　20—22日，刘奇葆在拉巴特分别会见摩洛哥首相奥斯曼尼、参议长本希马等；出席了中国影视剧展播签约及开播仪式和“美丽中国 美丽摩洛哥”图片展开幕式。

22—24日，刘奇葆在布达佩斯会见了匈牙利总理、青民盟主席欧尔班；会见了匈牙利副总理、基民党主席谢姆延；与匈国会常务副主席玛特劳伊共同出席《习近平谈治国理政》匈文版首发式，并出席了中国—中东欧研究院成立暨揭牌仪式、匈牙利2017中国电影展开幕式等活动。

25—28日，刘奇葆在雅典会见希腊总理、左联党主席齐普拉斯；会见了新民主党主席米佐塔基斯；与希腊副总理德拉加萨基斯共同参加“中希文化交流与文化产业合作年”启动仪式，并出席了两国电影合作拍摄、图书互译出版协议签署仪式，以及北京冬奥会主题图片展、杭州传统工艺创新展等活动。

4月20—24日

［纲　文］　**外交部部长王毅出席在阿斯塔纳举行的上海合作组织外长会议，访问希腊并出席“文明古国论坛”首次部长会。**

［目　文］　20—21日，上海合作组织外长会议在哈萨克斯坦阿斯塔纳举行，会议由哈萨克斯坦外交部部长阿布德拉赫曼诺夫主持。外交部部长王毅、吉尔吉斯共和国外交部部长阿布德尔达耶夫、俄罗斯联邦外交部部长拉夫罗夫、塔吉克斯坦共和国外交部部长阿斯洛夫、乌兹别克斯坦共和国外交部部长卡米洛夫出席会议。上合组织秘书长阿利莫夫和上合组织地区反恐怖机构执行委员会主任瑟索耶夫出席会议。外长们讨论了2016年6月23日至24日在塔什干举行的上合组织成员国元首理事会会议和2016年11月2日至3日在比什凯克举行的上合组织成员国政府首脑（总理）理事会会议以来上合组织工作现状和发展问题。为筹备于2017年6月8日至9日在阿斯塔纳举行的上合组织成员国元首理事会会议，外长们通过了《上合组织成员国元首阿斯塔纳宣言》及《上合组织成员国元首理事会会议新闻公报》草案，上述文件将体现本组织下一阶段基本主张和任务。会议发表了《上海合作组织成员国外交部长理事会会议新闻公报》。

22—24日，王毅在希腊访问期间，在雅典分别会见了希腊总统帕夫洛普洛斯和总理齐普拉斯，并同希腊外长科齐阿斯举行会谈。

24日，“文明古国论坛”首届部长会在雅典举行，王毅出席开幕式并发表题为《焕发古老文明新活力，共建人类命运共同体》的讲话。

论坛由中国和希腊倡议发起，包括中国、希腊在内，埃及、伊朗、伊拉克、意大利、印度、墨西哥、秘鲁、玻利维亚共10个国家的部长与高级别官员与会。与会各国代表就文明的历史意义和现实价值、文明与软实力的关系及其对当今社会发展的影响等方面阐述立场、发表见解，并一致通过了“文明古国论坛”——雅典宣言。宣言认为，在世界经历剧变并面临诸多挑战的背景下，各国应积极发展友好关系，开展持续对话，通过国际合作与相互理解，应对文化、社会、经济和政治领域的分歧。强调通过持续交流与合作，加强文明间对话，促进不同文化和人民之间相互理解、认同和包容。

4月21日

［纲　文］　**财政部公布《资产评估行业财政监督管理办法》。**

［目　文］　《办法》共8章72条。主要有总则、资产评估专业人员、资产评估机构、资产评估协会、监督检查、调查处理、法律责任、附则等内容。自2017年6月1日起施行。财政部2011年8月11日发布的《资产评估机构审批和监督管理办法》（财政部令第

64号）同时废止。

4月21日

［纲　文］　**保监会印发《关于进一步加强保险业风险防控工作的通知》。**

［目　文］　《通知》明确指出了当前保险业风险较为突出的九个重点领域，并对保险公司提出了39条风险防控措施要求。对流动性风险，要加强管理和监测，完善应急处置机制，强化股东管理责任。对资金运用风险，要建立审慎稳健的投资运作机制，加强信息报送和披露，严禁通过投资多层嵌套金融产品、采用“抽屉协议”“阴阳合同”等形式绕开监管要求变相向股东或关联方输送利益。对战略风险，要完善公司治理架构，加强股东管理和关联交易管理，科学制定战略规划，防范公司战略失偏、失控。对新型保险业务风险，要重点防范信用保证保险、互联网保险等新型业务的风险。此外，《通知》还对保险公司防控外部传递性风险、群体性事件风险等作出了要求。

4月21日

［纲　文］　**外交部发言人就日本首相安倍晋三向靖国神社供奉祭品表示，中方敦促日方正视和深刻反省侵略历史，同军国主义划清界限。**

［目　文］　有记者问，据报道，安倍晋三21日向靖国神社春季例行大祭供奉了“真榊”祭品，日本首相助理、总务大臣以及90多名国会议员集体前往参拜。中方对此有何评论？

发言人说，靖国神社供奉着对侵略战争负有直接责任的二战甲级战犯，我们一贯坚决反对日本政要的错误做法。中方敦促日方恪守中日四个政治文件精神，切实落实中日四点原则共识，正视和深刻反省侵略历史，同军国主义划清界限，以实际行动取信于亚洲邻国和国际社会。

4月21日

［纲　文］　**《人民日报》发表题为《民法典编纂撬动法治未来——开启公民权利保障法治化的新时代③》的评论员文章。**

4月21—22日

［纲　文］　**“群星奖获奖作品全国巡演北京行”活动在北京天桥艺术中心举行。**

［目　文］　活动由文化部主办，北京市文化局承办、北京文化艺术活动中心实施。此次是“群星奖获奖作品全国巡演”首站示范性巡演，来自全国10个省（市）及武警部队的12个群星奖获奖作品为首都公交、环卫、建筑等各行各业职工和院校学生、社区群众等6000余名观众共演出4场。

“群星奖”是文化部为繁荣群众文艺创作，促进社会文化事业的繁荣发展而设立的全国群众文化艺术政府奖。此次“群星奖”活动在重庆、安徽、山西等多地举行。

4月23日

［纲　文］　**新华讯，中央军委印发《关于深入学习贯彻习主席系列重要讲话精神的**

意见》。

［目　文］《意见》指出，中央军委主席习近平系列讲话是中国特色社会主义理论体系最新成果，是当代中国马克思主义最新发展，是我们党推进具有许多新的历史特点的伟大斗争、党的建设新的伟大工程、中国特色社会主义伟大事业的强大思想武器。要从更高站位强化学习贯彻习主席系列讲话精神的政治自觉，紧跟与时俱进的理论创新升华认识，把握维护核心、看齐追随的根本要求升华认识，着眼焕发官兵中蕴藏的巨大政治热情升华认识，紧贴强军兴军、铸魂育人的使命责任升华认识，切实带着信仰学、学出信仰来，带着忠诚学、学出忠诚来，带着感情学、学出感情来，带着使命学、学出使命来。要着力增强学习领会习主席系列讲话精神的整体性系统性，进一步规范基本内容、加强分类指导、改进集中培训，加强对习主席系列重要讲话精神科学思想体系的全面理解、整体把握，系统学习认清理论全貌，深刻领悟吃透内在逻辑，研机析理掌握科学方法，实现融会贯通。要着眼推动习主席系列重要讲话精神入脑入心加强宣传普及，用好主题教育活动和“两学一做”学习教育等重要抓手，改进创新方式方法，发挥典型示范引导作用，建强理论宣传普及队伍，推进习主席系列重要讲话精神通俗化大众化，切实用党的理论创新最新成果掌握官兵，推动强军目标落地生根。

《意见》要求，要扭住改造学风促进学习贯彻习主席系列讲话精神内化转化，大力弘扬习主席力倡力行的学风文风，按照武装头脑、加强修养、指导工作的要求，坚持学思践悟、知行合一，以改造思想、塑造灵魂为根本，以“真学实做、知行合一”学风整顿为抓手，以领导干部知行合一好样子为表率，以忠诚干净担当的行动为检验标准，切实在学习贯彻中端正学风，以端正学风促进学习贯彻。

4 月 23 日

［纲　文］　**国务院办公厅印发《关于推进医疗联合体建设和发展的指导意见》。**

［目　文］《意见》由六个部分组成：一、总体要求。二、逐步形成多种形式的医联体组织模式。三、完善医联体内部分工协作机制。四、促进医联体内部优质医疗资源上下贯通。五、保障政策。六、组织实施。

《意见》要求，要完善医联体内部分工协作机制。建立组织管理和协作制度，落实医疗机构功能定位，以需求为导向做实家庭医生签约服务，完善医联体内双向转诊机制。同时，要促进医联体内部优质医疗资源上下贯通，统筹人员调配、薪酬分配、资源共享等，促进人力资源有序流动，实现诊疗信息互联互通。要完善各项保障政策。进一步落实政府办医主体责任，探索对纵向合作的医联体等分工协作模式实行医保总额付费等多种付费方式，完善人员保障和激励机制，建立与医联体相适应的绩效考核机制。

4 月 23 日

［纲　文］　**国务院办公厅通知浙江省人民政府，同意温州市城市总体规划。**

［目　文］　通知说，一、国务院原则同意《温州市城市总体规划（2003—2020 年）（2017 年修订）》。二、重视城乡区域统筹发展。在《总体规划》确定的 2670 平方公里城

市规划区范围内，实行城乡统一规划管理。三、合理控制城市规模。到2020年，中心城区常住人口控制在350万人以内，城市建设用地控制在300平方公里以内。要贯彻落实城乡规划法关于先规划后建设的原则，禁止在《总体规划》确定的建设用地范围之外设立各类开发区和城市新区。四、完善城市基础设施体系。要按照绿色循环低碳的理念规划建设城市基础设施。进一步完善公路、铁路、机场、港口等交通基础设施，改善城市与周边地区交通运输条件，加强城市内外交通衔接。发展轨道交通，建立以公共交通为主体，各种交通方式相结合的多层次、多类型的城市综合交通体系，方便不同交通方式的换乘。五、建设资源节约型和环境友好型城市。要按照促进生产空间集约高效、生活空间宜居适度、生态空间山清水秀的总体要求，形成合理的城市空间结构，促进经济建设、城乡建设和环境建设同步发展。六、创造优良的人居环境。要坚持以人为本，统筹安排关系人民群众切身利益的教育、医疗、市政等公共服务设施的规划布局和建设。七、重视历史文化和风貌特色保护。要统筹协调发展与保护的关系，按照整体保护的原则，切实保护好城市传统风貌和格局。要编制历史文化名城保护专项规划，落实历史文化遗产保护和紫线管理要求，重点保护好庆年坊等历史文化街区和国安寺塔、文天祥祠等各级文物保护单位及其周围环境。八、严格实施《总体规划》。城市建设要实现经济社会协调发展，物质文明和精神文明共同进步。城市管理要健全民主法治，坚持依法治市，构建和谐社会。

通知要求，温州市人民政府要根据本通知精神，认真组织实施《总体规划》，任何单位和个人不得随意改变。浙江省和住房城乡建设部要加强对《总体规划》实施工作的指导、监督和检查。

4月23日

［纲　文］　**国务院免去项俊波的中国保险监督管理委员会主席职务。**

4月23日

［纲　文］　**在巴拿马首都拿骚举行的2017年国际田联世界接力锦标赛上，中国男子4×100米队夺得铜牌，这是中国队在世界接力锦标赛历史上获得的首枚奖牌。**

4月23日

［纲　文］　**《人民日报》发表题为《网络时代重温读书的价值》的评论员文章。**

4月24日

［纲　文］　**国家主席习近平同美国总统特朗普通电话。**

［目　文］　习近平指出，我同总统先生在海湖庄园会晤，近日又进行了很好的通话，达成重要共识，受到两国民众和国际社会积极评价。当前，国际形势迅速变化，中美双方保持密切联系，及时就重要问题交换意见，十分必要。

习近平指出，中美双方要落实好我们达成的共识，巩固两国关系稳定发展势头。双方工作团队要加强协调，做好总统先生年内访华筹备工作，早日开启中美首轮外交安全对话、全面经济对话、执法及网络安全对话、社会和人文对话相关安排，推进经贸、两军、执法、网络、人文、地方等领域交流合作，加强在国际和地区问题上的沟通，推动中美关系不断取得新发展。

特朗普表示，我同习近平主席在海湖庄园进行了很好的会晤。我对两国关系发展感到满意，对中国人民充满敬意。美中双方就重大问题保持沟通和协调十分重要。我期待尽快同习近平主席再次见面，并期待着对中国的国事访问。

两国元首就朝鲜半岛局势交换了意见。习近平强调，中方坚决反对违反联合国安理会决议的行为，同时希望有关各方保持克制，避免做加剧半岛局势紧张的事。只有有关各方都负起该负的责任、相向而行，才能尽快解决朝鲜半岛核问题，实现半岛无核化。我们愿同包括美方在内有关各方一道，为朝鲜半岛和平、东北亚和平、世界和平共同努力。两国元首同意通过各种方式保持密切联系，及时就共同关心的问题交换意见。

4月24日

［纲　文］　**国家主席习近平向中国—南非高级别人文交流机制首次会议致贺信。**

［目　文］　习近平指出，中国和南非同为发展中大国和金砖国家成员。近年来，两国全面战略伙伴关系保持强劲发展势头，给两国人民带来了实实在在的利益。中南高级别人文交流机制是中国同非洲国家建立的首个高级别人文交流机制，是落实中非合作论坛约翰内斯堡峰会成果的重要行动。机制的启动将夯实中南关系的民意基础，有力推动两国人文交流。这次机制活动期间还将召开中非部长级医药卫生合作会议。中非卫生合作是中非友好合作的重要组成部分。希望有关各方携手同行，深入推进中非卫生合作，造福中非人民。实现中华民族伟大复兴的中国梦和非洲《2063年议程》描绘的非洲梦高度契合。中方愿同包括南非在内的非洲国家一道，携手开创中非合作共赢、共同发展的新时代。

同日，中国—南非高级别人文交流机制首次会议在比勒陀利亚召开。机制中方主席、国务院副总理刘延东和机制南方主席、南非艺术和文化部部长姆特特瓦出席。刘延东宣读习近平向会议发来的贺信并表示，中南建立高级别人文交流机制，是习近平主席和祖马总统着眼中南关系大局作出的战略决策，是落实中非合作论坛约翰内斯堡峰会成果的重要行动，也是中国与非洲国家建立的首个政府间高级别人文交流机制，对加强中南关系、深化中非合作、推动南南合作将产生重要而深远影响。刘延东和姆特特瓦共同见证双方签署6项合作协议。

4月24日

［纲　文］　**国务院批复国家发展改革委，同意设立“中国品牌日”。**

［目　文］　批复说，你委《关于设立“中国品牌日”的请示》（发改产业〔2016〕2484号）收悉。同意自2017年起，将每年5月10日设立为“中国品牌日”。具体工作由你委商有关部门组织实施。

4月24日

［纲　文］　**国务院办公厅印发《关于进一步完善国有企业法人治理结构的指导**

意见》。

［目 文］《意见》由三个部分组成：一、总体要求。二、规范主体权责。三、做好组织实施。

《意见》指出，坚持深化改革、党的领导、依法治企、权责对等的基本原则，2017年底前，国有企业公司制改革基本完成。到2020年，国有独资、全资公司全面建立外部董事占多数的董事会，国有控股企业实行外部董事派出制度，完成外派监事会改革，充分发挥公司章程在企业治理中的基础作用；充分发挥企业家作用，造就一大批政治坚定、善于经营、充满活力的董事长和职业经理人，培育一支德才兼备、业务精通、勇于担当的董事、监事队伍；党组织在治理结构中的法定地位更加牢固，党风廉政建设主体责任和监督责任全面落实，企业民主监督和管理明显改善；遵循市场经济规律和企业发展规律，使国有企业成为依法自主经营、自负盈亏、自担风险、自我约束、自我发展的市场主体。金融、文化等国有企业的改革，中央另有规定的依其规定执行。

4月24日

［纲 文］ **国务院办公厅印发《关于对2016年落实有关重大政策措施真抓实干成效明显地方予以表扬激励的通报》**。

［目 文］《通报》说，为充分发挥中央和地方两个积极性，进一步健全正向激励机制，鼓励地方因地制宜、大胆探索，竞相推动科学发展，根据《国务院办公厅关于对真抓实干成效明显地方加大激励支持力度的通知》（国办发〔2016〕82号），经国务院同意，对2016年落实推进供给侧结构性改革、适度扩大总需求、促进创新驱动发展、保障和改善民生等有关重大政策措施真抓实干、取得明显成效的26个省（区、市）、90个市（地、州、盟）、127个县（市、区）予以通报表扬，并采取相应措施予以激励支持。希望受到表扬激励的地方珍惜荣誉，发扬成绩，再接再厉，作出新的更大贡献。2017年是实施“十三五”规划的重要一年，是供给侧结构性改革的深化之年。各地区、各部门要更加紧密地团结在以习近平同志为核心的党中央周围，认真贯彻落实党中央、国务院决策部署，坚持稳中求进工作总基调，牢固树立和贯彻落实新发展理念，适应把握引领经济发展新常态，敢于担当、主动作为，勇于创新、狠抓落实，扎实做好稳增长、促改革、调结构、惠民生、防风险各项工作，促进经济平稳健康发展和社会和谐稳定，以优异成绩迎接党的十九大胜利召开。

4月24日

［纲 文］ **最高人民法院发布《中国知识产权司法保护纲要（2016—2020）》**。

［目 文］《纲要》由五个部分组成：一、发展状况。二、指导思想。三、基本原则。四、主要目标。五、重点措施。

《纲要》指出，最高人民法院负责本纲要的具体组织实施工作，根据工作需要成立相应的协调指导机构，确定本纲要各项重点措施实施的时间表和路线图。建立情况通报制度，及时总结经验，加强监督指导，推动地方各级人民法院按期完成各项工作任务。各级人民法院要积极做好舆论宣传工作，为知识产权司法保护营造良好的外部环境。

4月24日

［纲　文］　**国家测绘地理信息局、国土资源部、国家统计局、国务院第一次全国地理国情普查领导小组办公室发布《第一次全国地理国情普查公报》。**

［目　文］　《公报》显示，在我国陆地国土各类地形地貌的面积和空间分布方面，低海拔和中海拔区域占国土面积的76.77%，25°坡度以下区域占国土面积的80.22%，平原、台地、丘陵、山地面积分别占国土面积的26.62%、9.34%、20.39%、43.65%。在9类种植土地的面积构成和空间分布方面，总面积为159.91万平方千米，其中，水田30.39万平方千米，旱地109.52万平方千米。在10类林草覆盖的面积构成和空间分布方面，总面积为596.78万平方千米，其中，乔木林183.47万平方千米，灌木林90.54万平方千米，天然草地272.89万平方千米。在我国水域覆盖的构成及空间分布方面，其中，单条长度500米以上的河流总长度为655.16万千米，单个面积5000平方米以上的湖泊总面积9.62万平方千米，单个面积5000平方米以上的水库3.68万平方千米，冰川与常年积雪4.77万平方千米。普查公报以2015年6月30日为标准时点。采用覆盖全国的优于1米分辨率遥感影像，对除港澳台地区外的，我国全部陆地国土范围内的地表自然和人文地理要素进行了全覆盖、无缝隙、高精度的地理国情摸底。这次普查遵循"所见即所得"的原则，如实地反映了我国地表所有要素的客观情况。除山水林田湖等自然要素外，普查也对与人类活动密切相关的交通网络、居民地与设施等人文地理要素空间分布状况进行了全覆盖、无缝隙、高精度的地理国情摸底。

4月24日

［纲　文］　**交通运输部公布修改后的《民用航空人员体检合格证管理规则》，自2017年4月24日起施行。**

4月24日

［纲　文］　**保监会印发《保险公司章程指引》。**

［目　文］　《指引》共14章82条。主要有总则，经营宗旨和范围，注册资本与股份，股东和股东大会，董事会，监事会，总经理及其他高级管理人员，财务会计制度、利润分配和审计，公司基本管理制度，通知和公告，合并、分立、增资、减资、解散和清算，公司治理特殊事项，修改章程，附则等内容。自2017年4月24日起施行。

4月24日

［纲　文］　**新华社讯，中央军委办公厅发出通知要求全军和武警部队认真学习贯彻习主席重要指示精神，扎实推进"两学一做"学习教育常态化制度化。**

［目　文］　通知指出，各级要认真学习领会习主席重要指示精神，党委机关专门安排时间组织学习，迅速传达到基层党员干部。要把学习习主席重要指示，与学习习主席系列重要讲话精神结合起来，与学习中央和军委意见部署结合起来，引导党员干部从讲政治的高度充分认识推进"两学一做"学习教育常态化制度化的重大意义，清醒看待取得成绩

和差距不足，明确基本目标和任务要求。

通知要求，各级要扭住坚决维护核心、听从指挥这个根本，进一步把准目标指向，明确着力重点，推动“两学一做”学习教育常态化制度化落实走深。要聚焦做合格党员真学实做，坚持把思想政治建设摆在首位，增强“四个意识”，做到“四个合格”，坚定维护权威、维护核心、维护和贯彻军委主席负责制，在思想上政治上行动上同以习近平同志为核心的党中央保持高度一致。突出问题导向求实效，全面彻底肃清郭伯雄、徐才厚流毒影响，紧密联系思想工作实际经常进行“党性体检”。抓实基层支部，把党支部建设作为最重要的基本建设，用好“三会一课”这个基本依托，激活制度功效，强化组织功能。注重发挥关键少数带动作用，坚持“学”的高标准、“做”的严要求，引导党员领导干部履行“抓”和“带”的双重职责，以实际行动为基层党组织和广大党员作出榜样。

4月24日

［纲　文］　**《习近平谈治国理政》匈牙利文版首发式在布达佩斯举行。**

［目　文］　中共中央政治局委员刘奇葆和匈牙利国会常务副主席玛特劳伊共同出席首发式并致辞。刘奇葆在致辞中从政党治理、国家治理、全球治理的角度介绍了《习近平谈治国理政》的丰富内涵。他指出，中共十八大以来，以习近平同志为核心的中共中央，立足当代中国国情和发展实践，提出一系列治国理政新理念新思想新战略，深刻回答了新的时代条件下治党治国的重大理论和现实问题。《习近平谈治国理政》一书，是这一系列新理念新思想新战略的集中体现。该书匈牙利文版的出版，将为匈牙利人民观察和感知中国打开一扇新的窗口，增进对中国发展理念、发展道路、内外政策的认识和理解。玛特劳伊在致辞中表示，中国的发展成就有目共睹，中国主张已成为全球关系中不可忽视的声音。《习近平谈治国理政》匈牙利文版的出版发行，有助于匈牙利人民进一步增进对中国和中国人民的了解，更好推动匈中政治、经济与文化关系的发展。

《习近平谈治国理政》匈牙利文版是该书的第19个外文版本，也是在中东欧国家出版的首个版本。

4月24日

［纲　文］　**第十三届全国见义勇为英雄模范表彰大会在人民大会堂举行。**

［目　文］　国务委员、公安部部长郭声琨出席表彰大会并讲话。公安部政治部主任夏崇源宣读《关于表彰第十三届全国见义勇为英雄模范的决定》。荣获第十三届全国见义勇为英雄和英雄群体称号、荣获全国见义勇为模范和模范群体称号的人员，各省、自治区、直辖市见义勇为工作部门和见义勇为基金会负责人，北京市公安民警、各界群众和人民解放军代表共700余人参加会议。

会前，中央政法委书记孟建柱与见义勇为英雄模范及家属代表座谈时指出，要在更高层面弘扬见义勇为精神，培育和践行社会主义核心价值观，努力形成热爱祖国、热爱人民、追求崇高、无私奉献的良好风尚，为实现中华民族伟大复兴的中国梦汇聚强大正能量。

4月24日

［纲　文］　**国务委员、公安部部长郭声琨在北京会见白俄罗斯安全会议国务秘书扎西。**

［目　文］　郭声琨表示，2016年习近平主席同卢卡申科总统共同宣布建立相互信任、合作共赢的全面战略伙伴关系，开启了中白关系发展新时代，也为双方执法安全合作指明了方向。希望双方以两国元首达成的重要共识为指引，全面深化各领域合作，不断完善合作机制，进一步加强在打击恐怖主义、跨国有组织犯罪、网络犯罪和中白工业园等“一带一路”建设项目安保、警用技术等方面的合作，并尽快取得更多务实成果，切实维护两国社会安全稳定、服务两国经济社会发展。扎西表示，愿与中方共同努力，积极落实两国元首共识，不断扩大执法安全务实合作，共同应对各种威胁和挑战。

26日，中央政法委书记孟建柱、国务委员兼国防部长常万全在北京分别会见扎西。

孟建柱会见扎西时说，在两国元首关心和亲自推动下，中白全面战略伙伴关系不断巩固和发展，各领域合作不断深化。中方愿以两国建交25周年为契机，与白方共同努力，推动包括执法安全、反恐、司法在内的各领域合作取得新成果，促进两国关系发展迈上新台阶。扎西表示，白方高度重视发展对华关系，愿同中方加强安全等各领域合作，不断深化白中友好关系。

常万全在会见扎西时说，中白是肝胆相照的好朋友和真诚互助的好伙伴。希望两国以“一带一路”建设为契机，对接发展战略，推动经济建设，实现合作共赢。中方愿与白方一道，以两国元首重要共识为指引，进一步拓展和深化两国防务合作，为推动中白全面战略伙伴关系深入发展、维护地区和平稳定贡献力量。扎西表示，白方愿与中方共同努力，进一步提升两国两军各领域交流合作水平。

4月24—27日

［纲　文］　**十二届全国人大常委会第二十七次会议在北京召开。**

［目　文］　全国人大常委会委员长张德江主持开幕、闭幕会。全国人大常委会副委员长李建国、王胜俊、陈昌智、严隽琪、王晨、沈跃跃、吉炳轩、张平、向巴平措、艾力更·依明巴海、万鄂湘、张宝文、陈竺及常委会组成人员出席会议。

会议主要内容有：一、会议表决通过了新修订的《中华人民共和国测绘法》，决定免去刘家义的审计署审计长职务、任命胡泽君为审计署审计长，国家主席习近平分别签署第67、68号主席令予以公布。二、会议表决通过了十三届全国人大代表名额分配方案、十三届全国人大少数民族代表名额分配方案、台湾省出席十三届全国人大代表协商选举方案。三、会议表决通过了全国人大常委会关于延长人民陪审员制度改革试点期限的决定、关于批准《上海合作组织成员国边防合作协定》的决定、关于批准《中华人民共和国和塔吉克斯坦共和国关于移管被判刑人的条约》的决定。四、会议表决通过了全国人大常委会代表资格审查委员会关于个别代表的代表资格的报告。五、会议经表决，任命沈春耀为全国人大法律委员会副主任委员，任命姜异康为全国人大财政经济委员会副主任委员，任命王三运、王宪魁为全国人大教育科学文化卫生委员会副主任委员，任命罗保铭为全国人大华侨委员会副主任委员，任命夏宝龙为全国人大环境与资源保护委员会副主任委员。六、会议经表决，免去李适时的全国人大常委会法制工作委员会主任职务，任命沈春耀为全国人大常委会法制工作委员会主任、免去其全国人大常委会副秘书长职务。七、会议经表决，免去景汉朝的最高人民法院副院长、审判委员会委员、第四巡回法庭庭长、审判员职务，免去贺荣的最高人民法院副院长、审判委员会委员、审判员职务，任命张雪樵为最高人民检察院副检察长、检察委员会委员，免去胡泽君、姜建初的最高人民检察院副检察长、检察委员会委员职务。

4月24—25日

［纲　文］　**文化部在上海市召开2017年全国艺术创作工作会议。**

［目　文］　文化部党组书记、部长雒树刚出席会议并讲话。文化部副部长董伟主持会议。会议总结2016年艺术创作工作，部署推进2017年及今后一个时期的重点任务。上海、天津、内蒙古、江苏、湖北、广东等省区市及中国国家话剧院、中央民族乐团、上海歌舞团、河南豫剧院三团等单位代表在会上作交流发言，介绍了制定艺术创作规划、推进深入生活、抓好艺术创作、实施“一团一策”等方面的做法和经验。

4月25日

［纲　文］　**习近平主持中共中央政治局第40次集体学习。**

［目　文］　本次学习的主题是：维护国家金融安全。中国人民银行行长周小川就加强宏观调控、保障金融安全，中国银监会主席郭树清就化解银行体系风险、维护金融稳定，中国证监会主席刘士余就资本市场发展与风险管理，中国保监会副主席陈文辉就回归风险保障、强化保险监督、守住维护金融安全底线谈了认识和体会。中央政治局各位委员听取了他们的发言，并就有关问题进行了讨论。

中共中央总书记习近平指出，金融安全是国家安全的重要组成部分，是经济平稳健康发展的重要基础。维护金融安全，是关系我国经济社会发展全局的一件带有战略性、根本性的大事。金融活，经济活；金融稳，经济稳。必须充分认识金融在经济发展和社会生活中的重要地位和作用，切实把维护金融安全作为治国理政的一件大事，扎扎实实把金融工作做好。

4月25日

［纲　文］　**习近平主持召开中共中央政治局会议。**

［目　文］　会议的主要内容是，分析研究当前经济形势和经济工作并审议《关于巡视中央政法单位情况的专题报告》。会议认为，2017年以来，在错综复杂的国内外形势下，各地区各部门按照党中央决策部署，主动适应经济发展新常态，坚持新发展理念，坚持以推进供给侧结构性改革为主线，积极推进结构调整和新旧动能转换，有效防控风险，推动经济社会发展取得了来之不易的成绩。一季度经济运行稳中向好、实现良好开局，增长和

效益回升，市场预期改善，内需对经济增长的贡献加大，新技术新产品新服务不断涌现并快速成长，产业优化升级不断推进，就业继续增加，城乡居民收入增长有所加快。各方面对新发展理念和供给侧结构性改革的认识逐步加深、行动更为自觉，这对转变经济发展方式、保持经济平稳健康发展具有重要意义。

会议要求，各地区各部门要提高执行党中央方针政策的能力和水平。要保持宏观政策连续性和稳定性，继续实施积极的财政政策和稳健的货币政策，深化供给侧结构性改革，坚定不移推进“三去一降一补”，改造提升传统动能，大力培育发展新动能，振兴实体经济，实现转型升级。要创造性开展工作，加强调查研究，充分发挥和调动基层干部群众积极性、主动性、创造性，扩大改革受益面，扎实做好重点民生工作，让人民群众有更多获得感。要营造良好市场环境，加强制度建设，扩大开放领域，改善投资者预期。要加快形成促进房地产市场稳定发展的长效机制。要高度重视防控金融风险，加强监管协调，加强金融服务实体经济，加大惩处违规违法行为工作力度。

会议强调，政法工作是党和国家工作的重要组成部分，政法机关是人民民主专政的重要国家政权机关，政法队伍是法治中国、平安中国建设的重要力量。政法机关和政法队伍要牢固树立“四个意识”，坚决维护以习近平同志为核心的党中央权威和集中统一领导，旗帜鲜明讲政治，永葆忠于党、忠于国家、忠于人民、忠于法律的政治本色。要深入贯彻党中央关于全面依法治国的战略部署，坚定不移走中国特色社会主义法治道路，把坚持党的领导贯彻到依法治国全过程。要加强政法机关党的建设，把思想政治建设摆在首位，严肃党内政治生活，选好配强领导班子，严格队伍管理，打造一支政治过硬、业务过硬、责任过硬、纪律过硬、作风过硬的政法干部队伍。

4 月 25 日

［**纲　文**］　**国务院办公厅印发《深化医药卫生体制改革 2017 年重点工作任务》。**

［**目　文**］　《任务》由两个部分组成：一、研究制定的文件。二、推动落实的重点工作。

《任务》指出，2017 年是全面贯彻落实全国卫生与健康大会精神和实施“十三五”医改规划的重要一年，是形成较为系统的基本医疗卫生制度框架的关键之年。要把 2017 年作为“工作落实年”，抓好已出台的各项重大改革举措的落地实施和督查评估。要着力完善政策体系，创新体制机制，基本建立分级诊疗、现代医院管理、全民医保、药品供应保障、综合监管等五项基本医疗卫生制度框架，不断推动医改向纵深发展，以优异成绩迎接党的十九大胜利召开。要推动各地由党委和政府主要负责人或一位主要负责人担任医改领导小组组长，将医改纳入对地方政府的考核要求，积极总结推广各地医改成功经验，加强正面宣传和解读等。《任务》还明确了各项改革任务的负责部门，对需要制订的政策文件提出了时间和进度要求。

4 月 25 日

［**纲　文**］　**国家知识产权局、工商总局、国家版权局发布，2016 年中国知识产权保**

护状况。

［目　文］　2016年，国内有效发明专利拥有量突破100万件，PCT国际专利申请受理量超过4万件；受理商标注册申请369.1万件，已连续15年居世界第一位；全年著作权登记总量达到200.76万件，同比增长22.33%。2016年，专利、商标行政执法办案量分别达到4.9万件和3.2万件，同比分别增长36.5%和3.4%。

4月25日

［纲　文］　**国务院办公厅印发《关于加强中小学幼儿园安全风险防控体系建设的意见》。**

［目　文］　《意见》由五个部分组成：一、总体要求。二、完善学校安全风险预防体系。三、健全学校安全风险管控机制。四、完善学校安全事故处理和风险化解机制。五、强化领导责任和保障机制。

《意见》明确，各地要建立党委领导、政府主导、相关部门和单位参加的学校安全风险防控体系建设协调机制，对校园安全事件要第一时间妥善处置并及时回应社会关切。教育部门、公安机关以及卫生计生、食品药品监管、交通运输等各相关部门要切实承担起学校安全日常管理的职责，协同推进防控机制建设，形成各司其职、齐抓共管的工作格局，切实把校园建成最阳光、最安全的地方。

4月25日

［纲　文］　**中加经济财金战略对话在北京举行。**

［目　文］　国务院副总理汪洋和加拿大财政部部长莫诺、国际贸易部部长尚帕涅共同启动并举行会谈。

汪洋表示，中加两国是亚太地区重要国家，也是二十国集团重要成员，巩固中加友谊、拓展务实合作，不仅能够造福两国人民，也有利于全球和地区的和平、稳定与繁荣。举办中加经济财金战略对话，是习近平主席与加方领导人会晤的重要共识，李克强总理与特鲁多总理多次提出明确要求。中方愿与加方一道，认真落实两国领导人的共识，发挥好经济财金战略对话的作用，增进双方在事关两国和全球的战略性、长期性、全局性经济议题上的协调，扩大两国贸易、投资、金融、科技、清洁能源、基础设施、旅游等领域的合作，为中加战略伙伴关系发展注入新的动力。

莫诺表示，加中两国在双边和全球事务上拥有广泛的共同利益，加方愿意通过经济财金战略对话，加强与中国的合作，以实现支持增长与繁荣的目标。尚帕涅表示，加中两国经贸合作潜力巨大，加方愿与中方推进加中自贸区建设，扩大各领域务实合作，促进加中关系持续发展。

4月25—27日

［纲　文］　**中共中央书记处书记、中央办公厅主任栗战书访问俄罗斯。**

［目　文］　栗战书是应俄罗斯联邦总统办公厅主任瓦伊诺邀请访问的。访问期间，栗战书在莫斯科会见了俄罗斯总统普京；同俄罗斯总统办公厅主任瓦伊诺举行会谈；会见

俄总统环保、生态和交通事务特别代表伊万诺夫，就加强双方交流合作深入沟通，并就共同关心的国际和地区问题交换看法。

栗战书在会见普京时指出，中共中央办公厅和俄罗斯总统办公厅合作机制在两国各自对外交往中都是独一无二的，体现了中俄关系的高水平和特殊性。我们愿同俄方一道，共同推动两个办公厅交往与合作深入开展，更好服务两国元首外交和中俄关系发展大局。双方要在涉及彼此核心利益和重大关切问题上继续相互支持，在现有基础上进一步深化各领域合作，落实好有关战略性大项目，推动两国务实合作向全方位、宽领域、高层次不断迈进。

普京表示，当前俄中高层交往密切，各领域机制化交流稳步推进，经贸、人文、地方等合作日益深入。双方在重大国际地区事务中沟通协调富有成效。俄方对两国关系发展和双方互信合作达到历史最高水平感到满意。俄方积极响应中方“一带一路”倡议。我期待着5月赴华出席“一带一路”国际合作高峰论坛并同习近平主席会面。

4月25—30日

［纲　文］　**2017年羽毛球亚洲锦标赛在武汉举行。**

［目　文］　中国、日本、韩国、泰国、马来西亚、印尼、印度等亚洲20多个国家和地区的近300人参赛。中国队赢得男单、男双、混双冠军。

4月26日

［纲　文］　**李克强主持召开国务院常务会议。**

［目　文］　会议主要内容有：一、确定进一步推进“多证合一”和削减工商登记前置审批，持续降低制度性交易成本激发市场活力。会议决定，一是在2016年以来已全面实施工商营业执照、组织机构代码证和税务、社会保险、统计登记证“五证合一”改革的基础上，全面推行“多证合一”，将涉及市场主体登记、备案等有关事项和各类证照进一步整合到营业执照上。强化中央和地方联动，加快修法修规、完善配套政策，推动“一照一码”营业执照在各地区、各行业加快互认和应用。二是进一步梳理涉企证照事项。对没有法律法规依据、非按法定程序设定的一律取消；对关系公共安全等需要继续保留的要实行准入清单管理，并完善和加强事中事后监管。三是加大部门间信息共享和业务协同，实现相同信息“一次采集、一档管理”，避免让企业重复登记、重复提交材料。逐步使“一照一码”营业执照成为企业走天下的唯一“身份证”。四是把设立外商独资包装装潢印刷企业等5项前置审批事项改为后置审批。至此，本届政府已将全部226项工商登记前置审批事项中的87%改为后置审批或取消。二、部署对大气重污染成因和治理开展集中攻关，以生态改善提高人民生活质量。会议确定，开展由环境保护部牵头，科技、中科院、农业、工信、气象、卫生、高校等多部门和单位协作的集中攻关，汇聚跨部门科研资源，组织优秀科研团队，聚焦重点、创新机制，形成业务统一平台，由中央财政安排专项资金，确定明确的路线图和推进时间表，进行综合性大规模观察和研究，针对京津冀及周边

地区秋冬季大气重污染成因、重点行业和污染物排放管控技术、居民健康防护等难题开展攻坚，实现重大突破，推动京津冀及周边地区空气质量持续改善，减轻群众呼吸之忧，为全国和其他重点区域大气污染防治提供经验和借鉴。三、决定在粮食主产省开展提高农业大灾保险保障水平试点，助力现代农业发展和农民增收。会议决定，创新农业救灾机制，2017、2018年在河北、黑龙江、安徽、河南等13个粮食主产省选择200个左右县，以水稻、小麦、玉米为标的，在面向全体农户的基本险基础上，推出保障金额覆盖农资、化肥等直接物化成本和地租，面向家庭农场、专业大户、农民合作社等适度规模经营主体的专属农业大灾保险产品，在农户自主自愿和自缴保费比例总体不变的基础上，将中央财政对中西部和东部试点县的保费补贴比例分别提高至47.5%、45%，增强农业抗风险能力。具体实施中允许地方根据当地实际进行探索。

4月26日

[纲　文]　**国务院办公厅通知辽宁省人民政府，同意辽阳市城市总体规划。**

[目　文]　通知说，一、国务院原则同意《辽阳市城市总体规划（2001—2020年）（2017年修订）》。二、重视城乡区域统筹发展。在《总体规划》确定的1080.07平方公里城市规划区范围内，实行城乡统一规划管理。根据市域内不同地区的条件，重点发展县城和基础条件好、发展潜力大的重点镇，优化村镇布局，加强对村镇建设的指导，促进农业产业化和农村现代化，推进城乡一体化和基本公共服务均等化。三、合理控制城市规模。到2020年，中心城区常住人口控制在107万人以内，城市建设用地控制在112平方公里以内。要贯彻城乡规划法关于先规划后建设的原则，禁止在《总体规划》确定的建设用地范围之外设立各类开发区和新城新区。四、完善城市基础设施体系。要按照绿色循环低碳的理念规划建设城市基础设施。进一步完善公路、铁路等交通基础设施，加强城市内外交通衔接，改善与周边地区交通运输条件。建立以公共交通为主体，各种交通方式相结合的多层次、多类型的城市综合交通体系，方便不同交通方式的换乘。五、建设资源节约型和环境友好型城市。要按照促进生产空间集约高效、生活空间宜居适度、生态空间山清水秀的总体要求，形成合理的城市空间结构，促进经济建设、城乡建设和环境建设同步发展。六、创造优良的人居环境。要坚持以人为本，统筹安排关系人民群众切身利益的教育、医疗、市政等公共服务设施的规划布局和建设。将城市保障性住房的建设目标纳入近期建设规划，确保保障性住房用地的分期供给规模、区位布局和资金投入。加快棚户区、城中村、城乡危房改造及配套基础设施建设，根据城市的实际需要与可能，稳步推进城市有机更新。七、重视历史文化和风貌特色保护。要统筹协调发展与保护的关系，按照整体保护的原则，切实保护好城市传统风貌和格局。八、严格实施《总体规划》。

4月26日

[纲　文]　**银监会印发《商业银行押品管理指引》。**

[目　文]　《指引》共7章48条。主要有总则、管理体系、风险管理、押品调查与评估、抵质押设立与存续期管理、押品返还与处置、附则等内容。自2017年4月26日起

施行。

《指引》要求，押品市场价格发生较大波动、发生合同约定的违约事件、押品担保的债权形成不良时，商业银行应按规定频率对押品进行价值重估。抵质押合同明确约定警戒线或平仓线的押品，商业银行应加强押品价格监控，触及警戒线时要及时采取防控措施，触及强制平仓条件时应按合同约定平仓。

4月26日

［纲　文］ **《人民日报》报道，中共中央决定：车俊任浙江省委书记，夏宝龙不再担任浙江省委书记、常委、委员职务。石泰峰任宁夏回族自治区党委委员、常委、书记；李建华不再担任宁夏回族自治区党委书记、常委、委员职务，另有任用。**

4月26日

［纲　文］ **山东省第十二届人民代表大会第七次会议选举刘家义为山东省人大常委会主任，选举龚正为山东省省长。**

4月26日

［纲　文］ **河北省第十二届人民代表大会第六次会议选举许勤为河北省省长。**

4月26日

［纲　文］ **全国人大常委会委员长张德江在北京会见缅甸联邦议会法律与特别事项评估委员会主席吴瑞曼。**

［目　文］ 张德江说，缅甸新一届政府成立以来，习近平主席同吴廷觉总统、昂山素季国务资政就新形势下巩固和发展中缅关系指明了方向，中方愿与缅方一道，落实好两国领导人达成的重要共识，加强发展战略对接，促进"一带一路"建设，推动中缅关系持续健康稳定发展。中国全国人大高度重视发展同缅甸议会的关系，愿加强友好交往，密切交流合作，夯实民意基础，完善法律保障，为提升全面战略合作水平作出积极贡献。

吴瑞曼表示愿为巩固传统友好、促进两国发展继续努力。

4月26日

［纲　文］ **《习近平谈治国理政》阿文版研讨推介会在第27届阿布扎比国际书展中国主宾国活动上举行。**

［目　文］ 研讨推介会由中国国家新闻出版广电总局、中国驻阿联酋大使馆、中国外文局共同主办。国家新闻出版广电总局副局长吴尚之、中国驻阿联酋大使倪坚出席并致辞。中方还向阿布扎比媒体公司、阿布扎比旅游文化局、阿联酋扎耶德大学孔子学院赠送了《习近平谈治国理政》阿文版图书。

《习近平谈治国理政》由中国国务院新闻办公室会同中共中央文献研究室、中国外文局编辑，外文出版社出版。该书自2014年10月出版以来持续热销，目前已翻译出版了20个语种，全球发行625万册。

4月26日

［纲　文］ **中国第二艘航空母舰下水仪式在中国船舶重工集团公司大连造船厂**

举行。

［目　文］　中共中央政治局委员、中央军委副主席范长龙出席仪式并致辞。第二艘航空母舰由我国自行研制，2013年11月开工，2015年3月开始坞内建造。目前，航空母舰主船体完成建造，动力、电力等主要系统设备安装到位。出坞下水是航空母舰建设的重大节点之一，标志着我国自主设计建造航空母舰取得重大阶段性成果。下一步，该航空母舰将按计划进行系统设备调试和舾装施工，并全面开展系泊试验。

4月26日

［纲　文］　**第3轮中德外交与安全战略对话在柏林举行。**

［目　文］　外交部部长王毅与德国副总理兼外长加布里尔就中德关系、中欧关系以及当前国际地区问题深入交换了意见。双方在共同会见记者时对本轮对话进行总结，一致认为对话富有成效，达成广泛共识。双方同意深入推进全方位战略伙伴关系，共同筹备好下阶段高层访问，落实人文、财金、安全三大高级别对话交流机制安排，为两国合作注入更多新动能。双方认为两国经贸合作的本质是互利共赢，互补性远大于竞争性。在当前经济全球化遭遇逆风、保护主义抬头的背景下，作为世界贸易大国，双方应举起维护贸易自由化和投资便利化旗帜，对外释放开放包容、合作共赢的信号。双方均表示愿为对方企业来本国投资创造更加便利的营商环境。

25日，德国总理默克尔在柏林会见王毅时说，我支持习近平主席提出的“一带一路”倡议，因国内日程原因，我将委派经济能源部部长赴华出席“一带一路”国际合作高峰论坛，并祝愿论坛取得圆满成功。德方正在积极筹办二十国集团汉堡峰会，相信在中方支持下一定会取得积极成果。

4月26日

［纲　文］　**外交部发言人表示，中方已就“萨德”部署问题向美韩当局表明严正关切。**

［目　文］　发言人说，美韩在韩部署“萨德”反导系统，将破坏地区战略平衡，进一步刺激半岛局势紧张，无助于实现半岛无核化目标和地区和平稳定，与各方对话协商解决问题的努力背道而驰，并严重损害中方战略安全利益。中方强烈敦促美韩停止加剧地区形势紧张和损害中方战略安全利益的行为，取消部署“萨德”系统，撤出相关设备。中方将坚决采取必要措施，捍卫自身利益。

有记者问，据报道，日本外务省25日向内阁会议提交2017年版《外交蓝皮书》，对中国“缺乏透明度地”增加军费和强化军力表示关注；针对中国在东海、南海的活动，日方反对单方面改变现状，将“毅然”冷静应对中国公务船频繁“侵入”钓鱼岛海域的行为。同时，蓝皮书也表示日中关系是最重要的双边关系之一，日方愿在战略互惠关系框架下巩固两国在地区和国际社会的合作关系。中方对此有何评论？

发言人表示，中方坚持走和平发展道路，同时坚定维护国家的领土主权和海洋权益。中国对钓鱼岛及其附属岛屿、南沙群岛拥有无可争辩的主权。中方在有关海域的公务活动合理合法，将继续坚决应对任何挑衅中国主权和安全的行为。中方的立场是一贯而明确的，愿在四个政治文件和四点原则共识基础上，推动两国关系稳定改善。关键是日方要端正对华认识，客观理性看待中国发展的事实，切实遵照有关文件和精神妥善处理包括涉海问题在内的矛盾分歧，防止给中日关系和地区和平稳定造成新的干扰。

4 月 26—27 日

［纲 文］ **国家发展改革委在北京召开 2017 年全国经济体制改革工作会议。**

［目 文］ 国家发展改革委主任何立峰出席会议并作了题为《深入学习贯彻习近平总书记系列重要讲话精神 扎实做好 2017 年经济体制改革工作》的讲话。中央经济体制和生态文明体制改革专项小组组长、国家发展改革委副主任刘鹤出席会议并就“推动改革需要把握好的几个重大问题”作讲话。国家发展改革委副主任连维良出席会议，并主持召开了地方发展改革委负责人座谈会。

会议传达学习了中共中央、国务院关于经济体制改革的决策部署，要求各地区、各部门认真学习、深刻领会习近平总书记关于改革的一系列创新理论，牢固树立“四个意识”，自觉在思想上政治上行动上同以习近平同志为核心的党中央保持高度一致，把习近平总书记讲话精神和治国理政新理念新思想新战略贯彻落实到具体改革实践，既当改革促进派，又当改革实干家，撸起袖子加油干，齐心协力抓落实，推动改革工作不断取得新进展新突破。会议就全面落实党的十八大以来党中央部署的改革任务，落实中央全面深化改革领导小组、《政府工作报告》关于 2017 年经济体制改革工作的各项部署，落实国务院批转的国家发展改革委《关于 2017 年深化经济体制改革重点工作的意见》（国发〔2017〕27 号）提出了具体要求，安排了 2017 年经济体制改革重点任务。

4 月 26 日—5 月 1 日

［纲 文］ **第 13 届中国国际动漫节在杭州举办。**

［目 文］ 动漫节由国家新闻出版广电总局、浙江省人民政府主办。以“国际动漫，拥抱世界”为主题，共设置了 1 个主会场和 16 个分会场，展会内容分为会展、论坛、商务、赛事、活动五大板块。中国、美国、德国、日本等 82 个国家和地区的文化企业和动漫机构参展，国际化水平再创历史新高。本届动漫节首次尝试将国际动漫游戏商务大会进行市场化运作，在“数字创新、跨界互娱”主题的指引下，围绕节目交易、版权授权、内容合作、创新创业、主题专场、展示交流六大板块，开展商务交流和交易活动。本届动漫节恢复了“金猴奖”评选活动，其中，《西游记之大圣归来》斩获综合奖动画电影类金奖，《海洋之歌》《大鱼海棠》分获综合奖动画电影类银奖与铜奖，《一指城》《甜蜜的茧》等动画作品摘得最具潜力奖。

4 月 27 日

［纲 文］ **习近平签署中华人民共和国主席令（第 67、68 号）。**

［目 文］ 主席令（第 67 号）说，《中华人民共和国测绘法》已由中华人民共和国

第十二届全国人民代表大会常务委员会第二十七次会议于2017年4月27日修订通过，现将修订后的《中华人民共和国测绘法》公布，自2017年7月1日起施行。

主席令（第68号）说，根据中华人民共和国第十二届全国人民代表大会常务委员会第二十七次会议于2017年4月27日的决定：免去刘家义的审计署审计长职务；任命胡泽君（女）为审计署审计长。

4月27日

［纲　文］　**李克强考察中国航天科工集团。**

［目　文］　国务院总理李克强来到雍和航星科技园，在航天科工集团负责人汇报了他们打造航天云网、开展“双创”的情况后说，“双创”既是小企业生存发展之路，也是大企业繁荣昌盛之道。

李克强主持召开中央企业现场会，国资委负责人作了汇报。李克强说，国资系统和国有企业广大员工在以习近平同志为核心的党中央坚强领导下，积极贯彻新发展理念，努力深化改革、攻坚克难，为经济社会发展作出了重要贡献。面对当前国际国内新形势，国企特别是央企要以供给侧结构性改革为主线，坚持以提高发展质量和效益为中心，主动作为，苦练内功，积极深化改革和调整结构，实施创新驱动发展战略，加快建设现代企业制度，着力推进瘦身健体、提质增效、增强核心竞争力，在淘汰落后、挖潜降本、做强主业上下功夫，保持效益回升态势，为巩固和发展经济向好势头提供有力支撑。振兴实体经济必须加快新旧动能转换、走转型升级之路，央企要当好排头兵。一方面，紧扣国家重大战略需求和推进“中国制造2025”，优化资源配置，推动国有资本向产业链价值链中高端和新兴产业集中，发展具有前瞻性、颠覆性的新技术和能够发挥市场空间大这一独特优势的新模式、新业态，抢占未来竞争制高点。另一方面，运用新技术和“互联网+”推进传统产业改造提升，加快生产、管理、营销等模式变革，在转型升级中使传统行业“脱胎换骨”。要按照党要管党、从严治党的要求，切实加强国有企业党的建设。各地区各部门要贯彻党中央、国务院部署，落实好支持国企改革发展的政策措施，深化简政放权、放管结合、优化服务改革，着力破除制约企业发展的羁绊，加大正向激励、减税降费和金融扶持力度，优化国资监管，以更优的环境助力企业发展，汇聚推动中国经济结构战略性调整的强大动力。

4月27日

［纲　文］　**全国政协在北京召开双周协商座谈会，围绕“水污染防治法修订”建言献策。**

［目　文］　全国政协主席俞正声主持会议并讲话。全国政协副主席杜青林、张庆黎、卢展工、陈晓光出席。全国政协委员吕忠梅、郑心穗、李原园、温香彩、杨天怡、王俊峰、朱征夫、周健民、朱专兴、汪利民、沈奎林、施中岩、程萍、陈星莺、高吉喜，专家学者汪劲、郑丙辉在座谈会上发言。国务院法制办副主任刘炤介绍了有关情况。环保部副部长黄润秋、水利部副部长陆桂华、农业部副部长张桃林等与委员互动交流。

委员们认为，水环境保护是事关人民群众切身利益的大事。现行的水污染防治法自1984年颁布实施以来，先后于1996年、2008年两次修订，在防治水污染、改善水环境、保障饮用水安全等方面发挥了积极作用。当前我国水环境质量总体有所好转，形势依然严峻，水污染防治工作任重道远。水污染防治法是水事立法体系中的一部重要法律，必须站在完善水事立法体系的高度看待水污染防治法的修订，明确法律定位，建立科学的水污染防治法律制度。

一些委员建议，一是把水环境承载力和水环境容量作为判断许可排放总量的标准，并把减少排污总量作为考核地方政府履行职责的标准。二是强化流域管理机构的监督职能，明确它和地方政府的关系，建立重要江河、湖泊的流域水环境保护联动协调机制，加强流域水污染联合防治，完善监督管理制度，强化环境监测制度。三是坚持部门共治、信息共享，明确水污染防治的标准和规范。信息要统一发布，标准和规范要进一步完善，建立统一的、综合性的水环境信息管理系统。四是完善水污染环境信息公开，鼓励公众参与，支持水环境公益诉讼，对违法行为要追究法律责任。

4月27日

［纲　文］　**中央党校举行2017年春季学期第一批进修班毕业典礼。**

［目　文］　中共中央政治局常委、中央党校校长刘云山出席并为学员颁发毕业证书。赵乐际、赵洪祝、中央有关部门负责人、中央党校负责人出席。中央党校常务副校长何毅亭主持。

中央党校本期毕业学员共511人。学员普遍反映，通过党校学习培训，深入学习领会了习近平总书记系列重要讲话精神和治国理政新理念新思想新战略，进一步增强了“四个意识”和“四个自信”；接受了触动心灵的党性教育，进一步坚定了理想信念，提高了能力水平。学员们一致表示，要更加紧密地团结在以习近平同志为核心的党中央周围，坚持不懈用习近平总书记系列重要讲话精神武装头脑、指导工作、规范行为，旗帜鲜明讲政治，脚踏实地干实事，以优异的工作成绩迎接党的十九大胜利召开。

4月27日

［纲　文］　**新华社讯，中共中央办公厅印发《中国记协深化改革方案》。**

［目　文］　《方案》指出，中国记协是党和政府联系新闻界的桥梁和纽带，是繁荣发展党的新闻事业的重要力量。党中央高度重视做好新闻舆论工作，高度重视新闻舆论工作队伍建设。党的十八大以来，以习近平同志为核心的党中央对做好新形势下党的新闻舆论工作、推进中国记协改革作出重要部署。

《方案》明确了中国记协改革的指导思想、基本原则、主要目标；主要从七个方面提出了中国记协的改革措施并要求，要加强组织领导，深入细致做好机关干部思想工作，加强跟踪检查，确保各项改革举措落到实处。

4月27日

［纲　文］　**国务院办公厅转发《国务院国资委以管资本为主推进职能转变方案》。**

［目　文］《方案》由四个部分组成：一、总体要求。二、调整优化监管职能。三、改进监管方式手段。四、切实抓好组织实施。

《方案》指出，坚持试点先行，结合企业实际情况，分类放权、分步实施，确保放得下、接得住、管得好。要积极适应职能转变要求，及时清理完善涉及的国有资产监管法规和政策文件。

4月27日

［纲　文］**国务院办公厅通知山东省人民政府，同意威海市城市总体规划。**

［目　文］通知说，一、国务院原则同意《威海市城市总体规划（2011—2020年）》。二、重视城乡区域统筹发展。在《总体规划》确定的777平方公里城市规划区范围内，实行城乡统一规划管理。加强城中村和城乡结合部地区的规划建设管理，城镇基础设施、公共服务设施的建设应当统筹考虑为周边农村提供服务。三、合理控制城市规模。到2020年，中心城区常住人口控制在130万人以内，城市建设用地控制在128平方公里以内。要贯彻落实城乡规划法关于先规划后建设的原则，禁止在《总体规划》确定的建设用地范围之外设立各类开发区和城市新区。四、完善城市基础设施体系。要按照绿色循环低碳的理念规划建设城市基础设施。进一步完善公路、铁路、机场、港口等交通基础设施，改善城市与周边地区交通运输条件，加强城市内外交通衔接。发展轨道交通，建立以公共交通为主体，各种交通方式相结合的多层次、多类型的城市综合交通体系，方便不同交通方式的换乘。五、建设资源节约型和环境友好型城市。要按照促进生产空间集约高效、生活空间宜居适度、生态空间山清水秀的总体要求，形成合理的城市空间结构，促进经济建设、城乡建设和环境建设同步发展。要切实做好节能减排工作，加快淘汰落后产能，严格控制污染物排放总量，积极发展绿色建筑。六、创造优良的人居环境。要坚持以人为本，统筹安排关系人民群众切身利益的教育、医疗、市政等公共服务设施的规划布局和建设。七、重视历史文化和风貌特色保护。要统筹协调发展与保护的关系，按照整体保护的原则，切实保护好城市传统风貌和格局。要落实历史文化遗产保护和紫线管理要求，重点保护好刘公岛甲午战争纪念地等各级文物保护单位及其周围环境。八、严格实施《总体规划》。城市建设要实现经济社会协调发展，物质文明和精神文明共同进步。城市管理要健全民主法治，坚持依法治市，构建和谐社会。

4月27日

［纲　文］**全国总工会在北京举行庆祝“五一”国际劳动节暨全国五一劳动奖和全国工人先锋号表彰大会。**

［目　文］中共中央政治局委员、中华全国总工会主席李建国出席大会并讲话。大会由全国总工会副主席、书记处第一书记李玉赋主持。2017年共有99个先进集体荣获全国五一劳动奖状，694名先进个人荣获全国五一劳动奖章，800个先进集体荣获全国工人先锋号。

4月27日

［纲　文］　**交通运输部印发《交通运输政务信息资源共享管理办法（试行）》。**

［目　文］　《办法（试行）》共6章25条。主要有总则、分类与要求、目录编制与管理、提供与使用、监督与保障、附则等内容。自2017年5月1日起施行，有效期3年。涉及政务内网信息资源共享有关规定另行制定。

4月27日

［纲　文］　**国家海洋局印发《深海海底区域资源勘探开发许可管理办法》。**

［目　文］　《办法》共6章29条。主要有总则、申请与受理、审查与决定、延续与变更、监督检查、附则等内容。自2017年4月27日起实施。

4月27日

［纲　文］　**保监会发出《关于保险业服务"一带一路"建设的指导意见》。**

［目　文］　《意见》由五个部分组成：一、充分认识保险业服务"一带一路"建设的重要意义。二、基本原则。三、构建"一带一路"建设保险支持体系，为"一带一路"建设提供全方位的服务和保障。四、加快保险业国际化步伐，推动保险业"一带一路"互联互通。五、保障措施。

《意见》指出，保险业在服务"一带一路"建设过程中，要加强对国际局势、宏观经济形势的研判，密切关注沿线国家和地区监管规定和法律法规的变化，进一步强化合规意识和风险意识，完善合规管控体系，增强行业的境外风险防控能力，切实守住不发生系统性风险底线。

4月27日

［纲　文］　**司法部在北京召开全国司法行政系统先进集体、先进工作者和劳动模范表彰电视电话会议。**

［目　文］　司法部部长张军出席会议并讲话。人力资源和社会保障部副部长、国家公务员局局长傅兴国出席会议并宣读了表彰决定。司法部副部长王双全主持会议。受表彰的先进集体、先进工作者和劳动模范代表，中央纪委驻司法部纪检组、司法部机关和在部机关办公的直属单位全体干部，其他在京直属单位干部代表在主会场参加会议。

同日，中共中央政治局委员、中央政法委书记孟建柱在北京与受表彰的全国司法行政系统先进集体、先进工作者和劳动模范代表座谈时指出，全国司法行政系统要深入贯彻习近平总书记系列重要讲话精神，广泛开展向先进集体、先进个人和劳动模范学习活动，对党忠诚、敢于担当，一心为民、积极进取，忠实履行好司法行政职责使命，为经济社会发展提供有力法律服务和保障。要进一步做好服刑人员教育改造、社区矫正、人民调解等工作，维护社会和谐稳定。要加强公共法律服务体系建设，更好服务经济社会发展、服务民生。要下大气力抓好十八大以来司法行政各项改革文件的落实，推进司法行政改革创新。要以零容忍态度惩治腐败，加强制度建设，使每一名干警牢记红线不可触碰、底线不可逾越，自觉按规则、按程序、按集体意志办事，营造风清气正的政治生态。

4月27日

［纲　文］　**中央军委政治工作部在北京召开军队推进“两学一做”学习教育常态化制度化工作座谈会。**

［目　文］　中共中央政治局委员、中央军委副主席许其亮出席会议并讲话。会议学习中央军委主席习近平指示，贯彻落实中央和军委部署要求，研究推进学习教育常态化制度化工作。北部战区、海军、空军、武警部队及中部战区陆军、火箭军某基地、战略支援部队某基地等七个单位作了交流发言。

许其亮指出，要围绕“三个保证”深化真学实做，坚持知行合一、学做互进，保证党组织切实履行职能、发挥核心作用，保证领导干部忠诚干净担当、发挥表率作用，保证党员以身作则、发挥先锋模范作用，为强军兴军提供坚强组织保证。各级要发扬钉钉子精神，以坚强的领导和务实的作风，抓好“两学一做”学习教育常态化制度化各项举措要求落实，切实作为党的基础建设，融入日常、抓在经常、一以贯之；着力形成制度，进入机制、养成自觉，持之以恒实现常抓长效。要与强军实践深度融合，把问题导向贯穿始终，以纠建并举塑造生态，推动全面彻底肃清郭伯雄、徐才厚流毒影响工作往深里走，扎实有力推动“两学一做”常态化制度化落地见效。

4月27日

［纲　文］　**中乌政府间合作委员会双方主席会晤在北京举行。**

［目　文］　中央政法委书记孟建柱同乌兹别克斯坦副总理阿齐莫夫出席。孟建柱说，在两国元首亲自推动下，中乌全方位合作不断扩大和加深。中方愿同乌方以共建“一带一路”为主线，推动经贸、金融、安全、科技等各领域合作取得务实成果，开辟两国合作新境界。

阿齐莫夫表示，乌方积极响应并全力支持习近平主席提出的建设“一带一路”倡议，愿与中方加强合作，推动两国关系向前发展。

4月27日

［纲　文］　**中柬政府间协调委员会第四次会议在金边举行。**

［目　文］　国务委员杨洁篪与柬埔寨副首相贺南洪共同主持。双方均强调，中柬关系全面深入，高层接触对双边关系发展具有重要引领作用。中方欢迎洪森首相5月访华并出席“一带一路”国际合作高峰论坛，双方将积极配合做好准备工作。双方一致同意，加快对接发展战略，加强在产能、交通、通信、农业、水利等领域合作；扩大双边贸易，争取如期实现2017年双边贸易额50亿美元的目标；加强防务、执法安全合作；深化教育、文化和旅游等领域合作；加强在联合国、中国—东盟合作等多边框架下的协调配合。杨洁篪与贺南洪共同会见了记者，并出席了会议纪要签字仪式。

28日，杨洁篪在金边分别会见柬埔寨国王西哈莫尼、首相洪森。

4月28日

［纲　文］　**国务院办公厅通知江苏省人民政府，同意镇江市城市总体规划。**

［目　文］　通知说，一、国务院原则同意《镇江市城市总体规划（2002—2020年）（2017年修订）》。二、重视城乡区域统筹发展。在《总体规划》确定的1088平方公里城市规划区范围内，实行城乡统一规划管理。三、合理控制城市规模。到2020年，中心城区常住人口控制在133万人以内，城市建设用地控制在146.5平方公里以内。要贯彻落实城乡规划法关于先规划后建设的原则，禁止在《总体规划》确定的建设用地范围之外设立各类开发区和城市新区。四、完善城市基础设施体系。要按照绿色循环低碳的理念规划建设城市基础设施。进一步完善公路、铁路、机场、港口等交通基础设施，改善城市与周边地区交通运输条件，加强城市内外交通衔接。五、建设资源节约型和环境友好型城市。要按照促进生产空间集约高效、生活空间宜居适度、生态空间山清水秀的总体要求，形成合理的城市空间结构，促进经济建设、城乡建设和环境建设同步发展。要切实做好节能减排工作，加快淘汰落后产能，严格控制污染物排放总量，积极发展绿色建筑。加强城市环境综合治理，提高污水处理率和垃圾无害化处理率，限期达到《总体规划》提出的各类环境保护目标。六、创造优良的人居环境。要坚持以人为本，统筹安排关系人民群众切身利益的教育、医疗、市政等公共服务设施的规划布局和建设。七、重视历史文化和风貌特色保护。要统筹协调发展与保护的关系，按照整体保护的原则，切实保护好城市传统风貌和格局。八、严格实施《总体规划》。

通知要求，城市建设要实现经济社会协调发展，物质文明和精神文明共同进步。城市管理要健全民主法治，坚持依法治市，构建和谐社会。《总体规划》是镇江市城市发展、建设和管理的基本依据，城市规划区内的一切建设活动都必须符合《总体规划》的要求。镇江市人民政府要根据本通知精神，认真组织实施《总体规划》，任何单位和个人不得随意改变。江苏省和住房城乡建设部要加强对《总体规划》实施工作的指导、监督和检查。

4月28日

［纲　文］　**国家统计局公布《2016年农民工监测调查报告》。**

［目　文］　《报告》显示，截至2016年底，农民工总量达到28171万人，比上年增长1.5%，增速比上年加快0.2个百分点。这也是2011年以来农民工数量增幅首次扩大。农民工月均收入达3275元。

《报告》指出，2016年，我国农民工总量继续增加，增量主要来自本地农民工，即在户籍所在乡镇地域以内从业的农民工。在2.8亿多农民工中，本地农民工为11237万人，比上年增长3.4%，增量占新增农民工的88.2%。依流动特点观察，外出农民工增速继续回落，跨省流动农民工继续减少。分区域对比，西部地区农民工人数增长最快，吸纳能力逐步增强。1980年及以后出生的新生代农民工已逐渐成为农民工的主体，占全国农民工总量的49.7%。《报告》还显示，2016年，农民工月均收入3275元，比上年增加203元，增长6.6%；被拖欠工资的农民工比重下降；进城农民工的购房比例提高。

4月28日

［纲　文］　**林业局、财政部印发修订后的《国家级公益林区划界定办法》《国家级公益林管理办法》，自2017年4月28日起实行。**

4月28日

［纲　文］　**财政部、农业部印发《农业生产发展资金管理办法》。**

［目　文］　《办法》共6章35条。主要有总则、资金支出范围、资金分配和下达、资金使用和管理、监督检查和绩效评价、附则等内容。自2017年6月1日起施行。

4月28日

［纲　文］　**财政部、农业部印发《动物防疫等补助经费管理办法》。**

［目　文］　《办法》共有6章26条。主要有总则、资金支出范围、资金分配和下达、资金使用和管理、监督检查和绩效评价、附则等内容。自2017年6月1日起施行。

4月28日

［纲　文］　**汪洋在北京出席农业信贷担保工作座谈会。**

［目　文］　国务院副总理汪洋指出，建立财政支持的农业信贷担保体系，是创新财政支农机制、提高支农政策效能的重大举措。要认真贯彻党中央、国务院决策部署，加快健全农业信贷担保机构，完善运营管理机制，扩大涉农担保贷款业务规模，撬动更多金融资金投向农业农村，为深入推进农业供给侧结构性改革注入强劲动力。要准确把握农业信贷担保体系的政策性定位，坚持以满足农业生产需要和广大农民诉求为出发点，加快创新、推广农业信贷担保产品和业务模式，让农民尽快享受改革红利。政策性农业信贷担保机构，必须专注于支持粮食生产经营和现代农业发展，保持专业性和独立性，真正把工作重点放到为农服务上。要加快建立健全财政支持的全国农业信贷担保体系，完善省级信贷担保机构，支持有条件的市县尽快建立担保机构，实现实质性运营。要积极探索和推广政银担合作模式，建立政府、银行、担保联动运营机制。加强人才培养和队伍建设，强化经营风险管理，促进农业信贷担保事业健康发展。

4月28日

［纲　文］　**中宣部、文化部、财政部印发《关于戏曲进乡村的实施方案》。**

［目　文］　《方案》由四个部分组成：一、总体要求。二、主要内容。三、组织管理。四、保障措施。

《方案》要求，各地将戏曲进乡村作为保障农民基本文化权益的具体举措，摆上重要日程，抓好工作落地；充分发挥政府投入的带动作用，落实社会力量参与公共文化服务的各项优惠政策，引导社会资金支持戏曲进乡村工作开展；加强安全教育，做好安全预案，确保活动顺利实施和观众安全观演；充分利用各种媒介加强宣传，不断扩大戏曲进乡村的社会影响，吸引更多群众参与。

4月28日

［纲　文］　**中共海南省第七届委员会第一次全体会议选举刘赐贵为省委书记，沈晓**

明、李军为省委副书记。

4月28日

［纲　文］　**浙江省十二届人大常委会第四十次会议决定，接受夏宝龙辞去浙江省人大常委会主任职务、车俊辞去浙江省省长职务的请求，决定任命袁家军为浙江省副省长、代理省长。**

4月28日

［纲　文］　**外交部部长王毅在纽约出席联合国安理会朝鲜半岛核问题部长级公开会。**

［目　文］　王毅在发言中表示，朝鲜半岛局势近来持续紧张升级，引发国际社会普遍关注忧虑。希望各方能就更加严格执行安理会涉朝决议，更加加大劝和促谈力度，使半岛核问题重回谈判解决轨道形成共识。不管形势如何变化，中方在半岛核问题上都始终坚持两个基本方向：第一是坚持无核化既定目标。中方坚决反对朝鲜研发和拥有核武器，坚定执行安理会各项涉朝决议。第二是坚持对话谈判的解决道路。对话谈判是唯一出路，也是明智选择。半岛核问题的历程表明，只要对话谈判仍在进行，半岛局势就能保持基本稳定，反之则会走向失控。中国不是半岛问题的直接矛盾方，解决半岛核问题的钥匙也不在中国手中。但作为半岛近邻，中国为推动谈判解决半岛核问题作出了不懈努力。根据半岛形势的发展，在“双轨并行”思路以外，中方最近又提出了“双暂停”倡议。上述方案客观公正，合情合理，务实可行，正在得到越来越多国家的理解和支持。我们呼吁各方，尤其是半岛问题直接当事方，也就是朝鲜和美国展现对话诚意，重启对话进程。当务之急，一是尽快使半岛局势降温，避免采取相互刺激、导致误判的言行。朝鲜应遵守联合国安理会决议，不得继续推进核导开发，同时美韩等方面也应避免继续实施甚至扩大针对朝鲜的军事演习和军力部署。二是全面理解和完整执行安理会涉朝决议，落实制裁是执行决议，推动复谈也是执行决议。针对朝鲜加快推进核导开发，国际社会有必要加大防扩散力度；针对半岛局势轮番升级，各方同时也有必要加大促和谈力度。通过“双加强”，推进半岛核问题和平解决。

4月29日

［纲　文］　**亚洲大学联盟成立大会暨首届峰会在清华大学举行。**

［目　文］　国务院副总理刘延东出席大会并发表主旨演讲。教育部部长陈宝生、国务院副秘书长江小涓、国家外国专家局局长张建国、博鳌亚洲论坛秘书长周文重，以及马来西亚、缅甸、斯里兰卡、沙特驻华大使出席。清华大学副校长施一公主持大会。15所联盟高校的校长或代表围绕“全球化背景下的高等教育发展目标”“大学国际声誉及影响力提升”“如何建设学界、政府和企业之间创新型协作平台”“亚洲智慧如何与西方思想共同推动教育发展”等主题展开了讨论。

亚洲大学联盟是由清华大学倡议发起，15所大学共同创建的高校联盟，成员大学包括清华大学、北京大学、香港科技大学、韩国国立首尔大学、日本东京大学、泰国朱拉隆功大学、缅甸仰光大学、马来西亚马来亚大学、新加坡国立大学、印度尼西亚大学、斯里兰卡科伦坡大学、印度理工学院孟买分校、阿联酋大学、沙特国王大学、哈萨克斯坦纳扎尔巴耶夫大学。

4月29日

［纲　文］ **中国航空工业集团公司自主研制的AG600大型灭火/水上救援水陆两栖飞机在珠海进行首次地面滑行试验获得成功。**

［目　文］ AG600是国务院立项批复的大型民机项目，首次按照中国民航适航规章要求研制的大型特种用途飞机，也是全球在研最大的水陆两栖飞机。在满足森林灭火和水上救援要求的同时，还可改装并应用于海洋环境监测和保护等用途。AG600首飞机组按滑行任务单进行了滑行，并实现了180° 转弯。

4月29日

［纲　文］ **《新疆味道》等纪录片在休斯敦国际电影节获奖。**

［目　文］ 第50届休斯敦国际电影节颁奖典礼上，新疆一心书店、新疆电视台、全国公共文化发展中心联合出品的纪录片《新疆味道》《流动的盛宴》《原色——寻访东方毕加索》摘取了雷米大奖——休斯敦国际电影节文化类纪录片金奖和白金奖。这是新疆纪录片首次获得国际大奖。

5 月

5 月 1 日

［纲　文］　**中国长江三峡集团有限公司发布，三峡船闸连续 14 年实现安全、高效运行，累计货运量突破 10 亿吨，有力支持了长江经济带战略的实施。**

［目　文］　三峡船闸累计运行 12.87 万闸次，通过船舶 73.3 万艘次、旅客 1181.2 万人次，货运量达 10.01 亿吨。三峡船闸自 2003 年投入运行以来，过闸货运量不断增加，2011 年首次突破亿吨，提前 19 年达到设计能力。

5 月 1 日

［纲　文］　**上海建成世博会博物馆。**

［目　文］　历经 3 年多建设由上海市政府与国际展览局合作共建的世博会博物馆对外开放。该博物馆既是中国第一座真正意义上的国际性博物馆，也是全世界独一无二的全面展示世博专题的博物馆，成为上海一座新的地标性文化建筑，成为上海城市文化空间发展新格局的一个亮点。

2010 年，上海世博会以一届成功、精彩、难忘的世博会载入史册，让拥有 160 多年历史的世博会焕发出新的活力。

5 月 1 日

［纲　文］　**联合国亚洲及太平洋经济社会委员会在泰国曼谷发布报告说，中国经济发展的基本面依然稳定，供给侧结构性改革为经济中长期发展创造了机会。**

［目　文］　报告说，中国高附加值产业正逐渐替代过剩产能行业，成为就业和产出的动力。报告预计，亚太地区发展中经济体 2017、2018 年经济增长率分别为 5% 和 5.1%，略高于 2016 年的 4.9%。为保持经济持续稳健发展，各经济体应提高财政管理水平和效率。亚太经社会执行秘书沙姆沙德 · 阿赫塔尔在发布会上表示，更完善的管理和更有效地利用财政资源对推动 2030 可持续发展议程至关重要。

5 月 1 日

［纲　文］　**《人民日报》发表题为《光荣属于每一个劳动者——写在“五一”国际劳动节》的社论。**

5 月 2 日

［纲　文］　**国家互联网信息办公室公布《互联网新闻信息服务管理规定》。**

［目　文］《规定》共6章29条。主要有总则、许可、运行、监督检查、法律责任、附则等内容。自2017年6月1日起施行。本规定施行之前颁布的有关规定与本规定不一致的，按照本规定执行。

5月2日

［纲　文］**国家互联网信息办公室公布《互联网信息内容管理行政执法程序规定》。**

［目　文］《规定》共8章49条。主要有总则，管辖，立案，调查取证，听证、约谈，处罚决定、送达，执行与结案，附则等内容。自2017年6月1日起施行。

5月2日

［纲　文］**财政部印发《城乡居民住宅地震巨灾保险专项准备金管理办法》。**

［目　文］《办法》共5章21条。主要有总则、住宅地震保险准备金的计提、住宅地震保险准备金的使用、住宅地震保险准备金的管理、附则等内容。自2017年6月1日起施行。

5月2日

［纲　文］**气象局印发《〈气象探测资料汇交管理办法〉的通知》。**

［目　文］《通知》说，为适应我国大数据发展战略的迫切需求，推动气象数据资源汇集共享，更加科学地为国家重大经济社会发展战略、国家防灾减灾救灾体系建设和社会民生等做好气象预报服务，按照《中华人民共和国气象法》相关规定，中国气象局研究制定了《气象探测资料汇交管理办法》，自2017年5月2日起实施。请结合实际做好相关工作。执行中如遇到问题，请及时与中国气象局联系沟通。

5月2日

［纲　文］**纪念潘天寿诞辰120周年座谈会在北京举行。**

［目　文］国务院副总理刘延东出席并讲话。文化部、中国文联、浙江省等有关方面负责人，美术界学者、艺术家代表，潘天寿先生亲属等约120人出席座谈会。

刘延东指出，潘天寿先生的一生，是为继承弘扬中华传统文化不懈奋斗的一生。今天我们纪念潘天寿先生，缅怀他为我国美术事业作出的卓越贡献，学习他热爱祖国、奉献人民的高尚情操和与时俱进、推陈出新的艺术追求，追思他甘为人梯、潜心育人的奉献精神和淡泊名利、一身正气的伟大情怀，激励我们为推动文化繁荣兴盛、实现中华民族伟大复兴的中国梦而努力奋斗。中华文化博大精深、源远流长。文艺创作要植根中国大地，不仅有当代生活的底蕴，也有文化传统的血脉。广大文艺工作者要深入贯彻习近平总书记系列重要讲话精神和治国理政新理念新思想新战略，践行党的文艺方针，传承中华文化基因，做到胸怀大义、心系人民、扎根生活、创新创造，推出更多反映时代呼声、振奋民族精神的精品佳作，激发优秀传统文化的生机活力，努力筑就中华民族伟大复兴时代的文艺高峰。

潘天寿（1897—1971）是我国20世纪杰出的国画家、美术教育家、理论家和诗人，是现代中国画教学的奠基人之一。

2—14日，由文化部、中国文学艺术界联合会和浙江省人民政府联合主办的“民族翰骨”潘天寿诞辰120周年纪念大展在中国美术馆举办。共展出潘天寿的120余件书画作品。

5月2日

［纲　文］　**中阿政府间合作委员会首次会议在北京举行。**

［目　文］　外交部部长王毅同阿联酋外交与国际合作部部长阿卜杜拉共同主持并签署了《关于成立中阿两国政府间合作委员会的谅解备忘录》。

同日，国务院副总理张高丽在北京会见阿卜杜拉时表示，中方从战略高度和长远角度看待中阿关系。成立中阿政府间合作委员会，是落实习近平主席与穆罕默德王储关于发展中阿关系共识的重大举措，双方要充分发挥这一机制对双边合作的统筹规划和协调推动作用。中方愿同阿方共同打造面向未来的战略伙伴关系，用共建“一带一路”来统领中阿友好合作的发展，使两国政治互信更加牢靠，战略合作更富活力，人员往来更为便利，贸易往来更加畅通。

阿卜杜拉表示，阿中关系得到两国领导人和人民的支持拥护，对双边各领域合作产生积极推动作用。阿方钦佩中方的巨大发展成就，愿推动两国关系不断向前发展。

5月2日

［纲　文］　**《人民日报》发表题为《把祖国北疆打造得更加亮丽——热烈庆祝内蒙古自治区成立七十周年》的评论员文章。**

5月2日

［纲　文］　**《人民日报》报道，经中共中央批准，中共中央纪委对安徽省原副省长陈树隆严重违纪问题立案审查。**

［目　文］　陈树隆身为党的高级领导干部，政治上攀附、经济上贪婪、道德上败坏，严重违反党的纪律，并涉嫌受贿、滥用职权等犯罪，且在党的十八大后仍不收敛、不收手，性质恶劣、情节严重。依据《中国共产党纪律处分条例》等有关规定，经中央纪委常委会会议研究并报中共中央批准，决定给予陈树隆开除党籍处分；由监察部报国务院批准，给予其开除公职处分；终止其党的十八大代表资格；收缴其违纪所得；将其涉嫌犯罪问题、线索及所涉款物移送司法机关依法处理。

2019年4月3日，福建省厦门市中级人民法院公开宣判陈树隆受贿、滥用职权、内幕交易、泄露内幕信息一案。对被告人陈树隆以受贿罪，判处无期徒刑，剥夺政治权利终身，并处没收个人全部财产；以滥用职权罪，判处有期徒刑8年；以内幕交易、泄露内幕信息罪，判处有期徒刑7年，并处罚金人民币1.7亿元。数罪并罚，决定判处无期徒刑，剥夺政治权利终身，并处没收个人全部财产；对陈树隆受贿所得财物和内幕交易、泄露内幕信息违法所得及其孳息予以追缴，上缴国库。陈树隆当庭表示服从判决，不上诉。

5月2—5日

［纲　文］　**应国务院总理李克强邀请，丹麦首相拉斯穆森对中国进行正式访问。**

［目　文］　访问期间，国家主席习近平、全国人大常委会委员长张德江在北京会见

了拉斯穆森。李克强在北京同拉斯穆森举行会谈并共同见证了中丹人文交流、食品药品、检验检疫、动物保护等领域多份双边合作文件的签署。两国政府发表《中丹联合工作方案（2017—2020）》。

习近平在会见拉斯穆森时指出，双方应该从战略高度和长远角度规划好中丹关系发展方向，尊重彼此核心利益和重大关切，加强两国高层和各层级各领域人员往来，密切两国政府、立法机构、政党、地方、民间交流。要以循环经济、节能环保、食品安全、农业科技、可再生能源利用、城镇化等领域为重点，开展高技术、高附加值的新型合作，积极探讨"一带一路"框架内合作领域和方式。要继续加强追逃追赃等务实合作以及社会领域交流互鉴，深化旅游、大熊猫合作研究和足球等人文领域交流合作。要加强在联合国和北极理事会等多边框架内协调，拓展北极合作。中国一贯支持欧洲一体化进程，愿与欧方共同打造中欧和平、增长、改革、文明四大伙伴关系。我们愿同丹麦等北欧国家加强沟通，推动中国—北欧合作不断取得新成果。

拉斯穆森表示，丹方愿意同中方共同努力，深度挖掘两国在医疗保健、食品、教育、文化、旅游、足球等领域的合作潜力，推动丹中经贸合作和人文交流再上新台阶，为两国全面战略伙伴关系注入新动力。丹方愿意密切同中方在国际事务中沟通协调，加强在可持续发展等领域合作，共同维护全球自由贸易体制，推动欧中关系深入发展。

李克强同拉斯穆森会谈时指出，加强农渔业、食品安全、医药卫生、生物技术等领域的互利合作。在创新驱动发展、绿色协调发展、北极合作、地方合作等领域打造亮点。在社会保障和治理等广泛领域加强交流互鉴。密切人文交往，办好2017"中丹旅游年"。中方重视丹麦在促进中国—欧盟、中国—北欧国家关系与合作发展中的重要作用，愿同丹方就区域、次区域事务以及国际和地区问题等加强沟通协调，推进双方互利务实合作，引导经济全球化朝着更加包容互惠、公平合理的方向发展，促进贸易投资自由化便利化，维护和平稳定，促进发展繁荣。

拉斯穆森表示，丹方愿利用两国建立全面战略伙伴关系10周年的新机遇，执行好《丹中联合工作方案（2017—2020）》，办好丹中旅游年，深化在科技创新、节能环保、信息通信、农渔业、食品安全、医药卫生、旅游、地方等各领域务实合作。

5月3日

［纲　文］ **习近平在中国政法大学考察。**

［目　文］ 中共中央总书记习近平代表党中央，向全国各族青年致以节日的问候，向全国广大教育工作者、青年工作者、法治工作者致以诚挚的问候并指出，全面推进依法治国是一项长期而重大的历史任务，要坚持中国特色社会主义法治道路，坚持以马克思主义法学思想和中国特色社会主义法治理论为指导，立德树人，德法兼修，培养大批高素质法治人才。

习近平同中国政法大学师生和首都法学专家、法治工作者代表、高校负责人座谈时指出，全面依法治国是坚持和发展中国特色社会主义的本质要求和重要保障，事关我们党执政兴国，事关人民幸福安康，事关党和国家事业发展。随着中国特色社会主义事业不断发展，法治建设将承载更多使命、发挥更为重要的作用。推进全面依法治国既要着眼长远、打好基础、建好制度，又要立足当前、突出重点、扎实工作。建设法治国家、法治政府、法治社会，实现科学立法、严格执法、公正司法、全民守法，都离不开一支高素质的法治工作队伍。法治人才培养上不去，法治领域不能人才辈出，全面依法治国就不可能做好。青年处于人生积累阶段，需要像海绵汲水一样汲取知识。广大青年抓学习，既要惜时如金、孜孜不倦，下一番心无旁骛、静谧自怡的功夫，又要突出主干、择其精要，努力做到又博又专、愈博愈专。特别是要克服浮躁之气，静下来多读经典，多知其所以然。青年时期是培养和训练科学思维方法和思维能力的关键时期，无论在学校还是在社会，都要把学习同思考、观察同思考、实践同思考紧密结合起来，保持对新事物的敏锐，学会用正确的立场观点方法分析问题，善于把握历史和时代的发展方向，善于把握社会生活的主流和支流、现象和本质。青年在成长和奋斗中，会收获成功和喜悦，也会面临困难和压力。要正确对待一时的成败得失，处优而不养尊，受挫而不短志，使顺境逆境都成为人生的财富而不是人生的包袱。广大青年人人都是一块玉，要时常用真善美来雕琢自己，不断培养高洁的操行和纯朴的情感，努力使自己成为高尚的人。

习近平强调，全国高校思想政治工作会议以来，各级党委、教育系统和各高校抓紧会议精神贯彻落实，工作成效明显。要强化基础、抓住重点、建立规范、落实责任，真正做到“虚”功“实”做，把“软指标”变为“硬约束”。高校党委要履行好管党治党、办学治校的主体责任，把思想政治工作和党的建设工作结合起来，把立德树人、规范管理的严格要求和春风化雨、润物无声的灵活方式结合起来，把解决师生的思想问题和教学科研、学习就业等实际问题结合起来，使高校始终充满积极向上的正能量、洋溢蓬勃向上的青春活力、展现改革创新的时代风采。

王沪宁、刘延东、孟建柱、栗战书、郭金龙及中央和国家机关有关部门负责人陪同考察。

5 月 3 日

［纲　文］　**国家主席习近平同菲律宾总统杜特尔特通电话。**

［目　文］　习近平指出，2016 年，我同总统先生两次会晤，就改善和发展中菲关系达成重要共识，两国关系实现全面改善。当前，双方政治互信不断加深，各领域合作全面展开，双方关于南海问题的对话协商渠道也已经建立。这完全符合中菲两国和两国人民根本利益，得到亚洲邻国和国际社会充分肯定。中菲要坚持两国睦邻友好合作大方向，全力推进各领域务实合作，更好造福两国和两国人民。中方赞赏菲方作为东盟轮值主席国为推动东亚合作沿着正确方向发展所发挥的重要作用。菲律宾是中国友好近邻，也是“一带一路”建设的重要伙伴。我欢迎总统先生来华出席“一带一路”国际合作高峰论坛，并期待届时同总统先生再次会晤。

杜特尔特表示，当前菲中两国友谊和团结得到加强，双方各领域交流合作迅速恢复和推进，我对此感到高兴。菲方愿意同中方共同努力，维护两国关系改善和发展势头。作为东盟轮值主席国，菲方愿意推动东盟—中国关系更好发展，密切双方在国际和地区事务中的沟通合作。我期待着赴华出席“一带一路”国际合作高峰论坛。

两国元首还就当前朝鲜半岛局势交换了看法。习近平指出，中方坚持实现半岛无核化，坚持维护半岛和平稳定，坚持对话协商解决问题。我们主张有关各方保持克制，尽快重回对话谈判解决问题的正确轨道。中方愿意看到东盟为维护地区和平稳定发挥积极作用。

5月3日

［纲　文］　**李克强主持召开国务院常务会议。**

［目　文］　会议主要内容是：一、决定提高中央财政自然灾害生活补助标准、加快因灾倒损民房恢复重建。会议决定，结合救灾工作实际和近年来物价增长等因素，中央财政对台风和其他各类自然灾害应急救助补助实行统一标准，并大幅提高补助水平，同时大幅提高因重特大自然灾害遇难人员家属抚慰金、过渡期生活救助和倒损民房恢复重建的中央补助标准。上述中央补助资金由地方根据实际制定办法、统筹使用。针对2016年全国因灾倒损需重建的15.7万户和需修缮的48.7万户民房，会议要求，灾区各级政府和有关部门要在已做大量工作、目前大部分倒损民房已重建或修缮的基础上，继续加大力度，用好资金、保证质量，确保年内全部解决去年因灾仍住在临时安置住所的受灾群众住房问题，其中洪涝灾害倒损民房要在9月底前全部完成重建。让受灾群众尽快走出临时安置状态，步入新生活。二、确定支持社会办医和健康旅游发展的措施，满足群众多层次多样化健康需求。会议确定，一要鼓励社会力量举办全科诊所和独立设置的医学检验、康复护理等专业机构，促进有实力的社会办中医诊所、门诊部等跨省市连锁经营。吸引境外投资者合资合作兴办高水平医疗机构。二要对社会办医实行一站受理、并联审批、网上审批。连锁经营医疗机构可由总部统一办理工商注册登记。对符合规划条件和准入资质的社会办医不得以任何理由限制，个体诊所设置不受规划布局限制。实行医师区域注册，促进有序流动和多点执业。三要围绕提高社会办医服务质量，探索包容而有效的审慎监管方式。严厉打击租借执业证照开业、承包科室、虚假广告、非法行医等违法违规行为。三、部署推动大中型商业银行设立普惠金融事业部，聚焦小微企业和“三农”等提升服务能力。会议明确，大型商业银行2017年内要完成普惠金融事业部设立，成为发展普惠金融的骨干力量。按照商业可持续原则，采取专门的信贷评审、风险管理、资源保障、绩效考核等机制，下放信贷审批权限，实行专业化经营管理，严格落实小微企业贷款增速不低于各项贷款平均增速、户数和申贷获得率不低于上年同期水平的要求。国务院相关部门要完善税收优惠、风险补偿、差异化监管等措施，并与促进“双创”等政策相衔接，发挥财政担保体系对发展普惠金融的支持作用，合理提高小微企业、“三农”、扶贫等业务不良贷款容忍度，对普惠金融业务符合条件的金融机构可在货币信贷政策方面给予一定激励，支持商业银行完善

服务网络。

5 月 3 日

［纲　文］　**中共中央办公厅、国务院办公厅印发《关于实行国家机关“谁执法谁普法”普法责任制的意见》**。

［目　文］　《意见》由三个部分组成：一、总体要求。二、职责任务。三、组织领导。

《意见》指出，各级司法行政机关和普法依法治理领导小组办公室要充分发挥职能作用，加强对国家机关普法工作的指导检查，对涉及多部门的法律法规，要加强组织协调，形成工作合力。要定期召开联席会议，研究解决部门普法工作遇到的困难和问题，推动普法责任制的落实。要健全完善普法工作考核激励机制，建立考核评估体系，对照年度普法计划和普法责任清单，加强对国家机关普法责任制落实情况的检查考核，对责任落实到位、普法工作成效显著的部门，按照国家有关规定予以表彰奖励，对责任不落实、普法工作目标未完成的部门，予以通报。要注重总结落实普法责任制好的做法，积极推广普法工作好的经验，加强宣传，不断提高国家机关普法工作水平。各地区各部门要按照本意见精神，研究制定具体措施，认真组织实施。

5 月 3 日

［纲　文］　**国务院办公厅印发《政务信息系统整合共享实施方案》**。

［目　文］　《方案》由三个部分组成：一、总体要求。二、加快推进政务信息系统整合共享的“十件大事”。三、加大机制体制保障和监督落实力度。

《方案》指出，要加快推进政务信息系统整合共享的“十件大事”，加快消除“僵尸”信息系统，促进部门内部信息系统整合共享，提升国家统一电子政务网络支撑能力，推进接入统一数据共享交换平台，加快公共数据开放网站建设，建设完善全国政务信息共享网站，开展政务信息资源目录编制和全国大普查，加快构建政务信息共享标准体系，规范网上政务服务平台体系建设，开展“互联网＋政务服务”试点，促进跨地区、跨部门、跨层级信息系统互认共享，实现政务数据共享和开放在重点领域取得突破性进展。

5 月 3 日

［纲　文］　**证监会公布《区域性股权市场监督管理试行办法》**。

［目　文］　《办法》共 7 章 53 条。主要有总则、证券发行与转让、账户管理与登记结算、中介服务、市场自律、监督管理、附则等内容。自 2017 年 7 月 1 日起施行。《关于规范证券公司参与区域性股权交易市场的指导意见（试行）》（证监会公告〔2012〕20 号）同时废止。

5 月 3 日

［纲　文］　**第 21 届“中国青年五四奖章”评选和 2017 年“全国向上向善好青年”推选结果揭晓**。

［目　文］　共青团中央、全国青联决定，授予大连理工大学物理学院副院长王正汹

等20人第21届“中国青年五四奖章”，授予内蒙古自治区额济纳旗算井子公安边防派出所等8个青年集体“中国青年五四奖章集体”。共青团中央公布了2017年“全国向上向善好青年”推选结果。

5月3日

［纲　文］ **中共黑龙江省第十二届委员会第一次全体会议选举张庆伟为省委书记，陆昊、陈海波为省委副书记。**

5月3日

［纲　文］ **外交部发言人表示，反对任何一方激化朝鲜半岛紧张局势。**

［目　文］ 有记者问，据报道，美国两架B-1B战略轰炸机1日从关岛美军基地起飞，并于当天中午飞抵韩国东部海域上空，与韩空军进行联合演习。朝方称，美轰炸机进行了对朝主要目标投掷核弹的演习，这一不计后果的挑衅行为将把朝鲜半岛进一步推向战争边缘。中方对此有何评论？

发言人说，中方注意到有关方面的军演仍在进行，当前半岛形势高度敏感复杂，中方反对任何一方采取激化紧张局势、危害地区和平稳定的言行。当务之急是推动局势尽早降温，重启对话与协商。中方再次敦促有关各方保持冷静克制，停止相互刺激，努力为各方接触与对话创造氛围，争取尽快重回对话谈判的正确轨道。

5月3日

［纲　文］ **中国科学院在上海发布，世界首台超越早期经典计算机的光量子计算机在中国诞生。**

［目　文］ 中科院院士、中国科学技术大学教授潘建伟及其同事陆朝阳、朱晓波等，联合浙江大学教授王浩华研究组，近期在基于光子和超导体系的量子计算机研究方面取得了系列突破性进展。在光学体系方面，研究团队在2016年首次实现十光子纠缠操纵的基础上，利用高品质量子点单光子源构建了世界首台超越早期经典计算机的单光子量子计算机。在超导体系方面，研究团队打破了之前由谷歌、美国国家航空航天局（NASA）和加州大学圣塔芭芭拉分校（UCSB）公开报道的九个超导量子比特的操纵，实现了目前世界上最大数目的十个超导量子比特的纠缠，并在超导量子处理器上实现了快速求解线性方程组的量子算法。

5月3日

［纲　文］ **《人民日报》发表题为《“青春是用来奋斗的”——五四之际致青年》的评论员文章。**

5月4日

［纲　文］ **国务院批复河北省人民政府，同意开展河北省张家口赛区冬奥会建设项目投资审批改革试点。**

［目　文］ 批复说，一、同意开展河北省张家口赛区冬奥会建设项目投资审批改革

试点。试点期为 3 年，自国务院批复之日起算。请认真组织实施《河北省张家口赛区冬奥会建设项目投资审批改革试点方案》。二、试点工作要全面贯彻党的十八大和十八届三中、四中、五中、六中全会精神，深入贯彻习近平总书记系列重要讲话精神和治国理政新理念新思想新战略，认真落实党中央、国务院决策部署，紧紧围绕简政放权、放管结合、优化服务，坚持改革创新、大胆探索，坚持依法行政、稳妥推进。三、河北省人民政府要加强组织领导，明确责任主体，细化改革措施，通过先行先试，提高投资项目审批服务效率和监管水平，加快张家口赛区冬奥会项目建设。对《试点方案》实施中的具体问题以及改革的新措施，要及时与国务院审改办沟通协商，重大问题和情况及时报告国务院。四、国务院有关部门要按照职能分工，加强指导和服务，积极支持河北省开展改革试点。国务院审改办要加强统筹协调、跟踪分析和督促检查，协调推进改革试点措施落实到位，适时对试点工作进行评估，总结可复制可推广的改革经验。

5 月 4 日

［纲　文］　**国务院公布修改后的《医疗器械监督管理条例》，自 2017 年 5 月 4 日起实施。**

5 月 4 日

［纲　文］　**民政部、中宣部、中组部、外交部、公安部、财政部、人力资源社会保障部、新闻出版广电总局、统计局印发《关于社会智库健康发展的若干意见》。**

［目　文］　《意见》由六个部分组成：一、重要意义。二、指导思想和基本原则。三、强化规范管理。四、优化发展环境。五、加强自身建设。六、完善保障措施。

《意见》指出，社会智库要以服务党和政府决策为宗旨，以政策研究咨询为主攻方向，遵守国家宪法、法律和行政法规，强化政治责任和社会责任，确保社会智库沿着正确方向健康发展，更好地服务党和国家工作大局；要坚持用党的理论和路线方针政策引领社会智库建设，坚持走中国特色新型智库的发展道路；坚持将社会责任放在首位，始终以维护国家利益和人民利益为根本出发点。

5 月 4 日

［纲　文］　**保监会印发《关于保险业支持实体经济发展的指导意见》。**

［目　文］　《意见》由五个部分组成：一、总体要求。二、积极构筑实体经济的风险管理保障体系。三、大力引导保险资金服务国家发展战略。四、不断创新保险业服务实体经济形式。五、持续改进和加强保险监管与政策引导。

5 月 4 日

［纲　文］　**国家发展改革委、国家海洋局印发《全国海洋经济发展“十三五”规划》。**

［目　文］　《规划》提出，到 2020 年，中国海洋经济发展空间不断拓展，综合实力和质量效益进一步提高，海洋产业结构和布局更趋合理，海洋科技支撑和保障能力进一步增强，海洋生态文明建设取得显著成效，海洋经济国际合作取得重大成果，海洋经济调控

与公共服务能力进一步提升，形成陆海统筹、人海和谐的海洋发展新格局。

《规划》提出优化海洋经济发展布局、推进海洋产业结构优化升级、加快海洋经济创新发展、加强海洋生态文明建设、拓展海洋经济合作发展空间和深化海洋经济体制改革等六方面的任务，并就加强海洋经济宏观指导、完善制度体系、强化政策调节、开展监测评估、健全实施机制等提出详细要求，对“十三五”我国海洋经济发展进行了全面部署。

5月4日

［纲　文］　**汪洋在上海出席省部级干部提高自由贸易试验区建设质量专题研讨班并讲课。**

［目　文］　国务院副总理汪洋指出，建设自贸试验区是党中央在新形势下全面深化改革和扩大开放的一项战略举措，是习近平总书记治国理政新理念新思想新战略的生动实践。要深入学习贯彻习近平总书记的重要指示精神和李克强总理的批示要求，坚定践行新发展理念，对标国际先进规则，加强制度创新和改革系统集成，进一步彰显全面深化改革和扩大开放的试验田作用。近四年来，各自贸试验区认真落实党中央、国务院的各项决策部署，抓住制度创新这个核心，主动服务国家战略，大胆探索、攻坚克难，取得多方面重大进展，一大批重要成果复制推广到全国，在改革开放全局中发挥着引领性、标志性作用。当前我国发展进入新常态、改革进入攻坚期、开放面临新形势，对自贸试验区建设提出了更高要求。要进一步转变观念、提高认识，在制度创新方面下更大功夫。要进一步缩短外商投资负面清单，营造法治化、国际化的营商环境。要进一步健全事中事后监管，切实提高防范风险的能力。要坚持立足实际，开展对比试验、互补试验，努力形成各具特色的改革开放高地。要及时总结评估，加快复制推广，注重提高复制推广的质量和实效。要加强组织领导，强化督促检查，确保各地试点任务落地。有关部门要进一步解放思想，支持地方大胆试、大胆闯、自主改。

本次研讨班由商务部、浦东干部学院联合举办，国务院有关部门和各省（区、市）有关负责人参加。

5月4日

［纲　文］　**共青团中央在北京召开“不忘初心跟党走”团员青年座谈会。**

［目　文］　国家副主席李源潮出席并讲话。团中央书记处第一书记秦宜智主持。座谈会上学习了中共中央总书记习近平在5月3日考察中国政法大学的讲话。李源潮指出，要认真学习贯彻习近平总书记重要讲话精神，弘扬共青团光荣传统，带领团员青年不忘初心跟党走，为实现“两个一百年”目标和中华民族伟大复兴的中国梦努力奋斗。

5月4日

［纲　文］　**全国政协主席俞正声在北京会见以高村正彦会长为团长的日本日中友好议员联盟代表团。**

［目　文］　俞正声表示，中日邦交正常化45年来，两国先后达成四个政治文件，

双方各领域交流合作长足发展，这一局面来之不易，值得倍加珍惜。中方一贯主张本着“以史为鉴、面向未来”的精神，牢牢把握两国和平、友好、合作的大方向，推动两国关系改善发展。日方应恪守中日四个政治文件和四点原则共识，妥善处理历史、台湾等重大问题，维护好两国关系政治基础。希望日中友好议员联盟发扬传统，积极投身两国政界交流，为弘扬中日友好、推动两国关系改善继续作出积极贡献。

高村表示，去年两国领导人会晤就改善双边关系达成共识以来，日中关系保持着改善势头。日中议联愿继承优良传统，为促进两国关系改善发展作出贡献。

5 月 4 日

［纲　文］ **外交部发言人表示，中方在半岛无核化和发展中朝关系上一直秉持客观公正立场。**

［目　文］ 有记者问，朝中社发表评论文章批评中国对朝鲜制裁施压，中方对此有何评论？

发言人说，中方在朝鲜半岛无核化问题上的立场是一贯、明确的。中方在发展中朝睦邻友好关系方面的立场也是一贯、明确的。多年来，中方一直秉持客观、公正立场，按照事情是非曲直，判断和处理有关问题。我们坚定不移地致力于实现半岛无核化，维护半岛和平稳定，推动通过对话协商解决问题。我们希望其他有关各方也能切实负起应有的责任，为地区和平稳定，为本地区人民的共同福祉发挥应有作用。

5 月 4 日

［纲　文］ **世界斯诺克年度颁奖典礼在伦敦举行，中国运动员颜丙涛荣获年度最佳新人奖。**

5 月 4 日

［纲　文］ **《人民日报》发表题为《唱响新时代的青春之歌——纪念中国共产主义青年团成立九十五周年》的社论。**

5 月 4—5 日

［纲　文］ **“一带一路”安全合作对话会在北京举行。**

［目　文］ 公安部部长郭声琨出席开幕式并致辞。国家安全部与 20 多个国家安全部门出席对话会。与会各方表示，愿同中方加强安全合作，同心协力为“一带一路”建设提供安全保障。

4 日，中央政法委书记孟建柱在北京会见与会各国代表团团长时说，3 年多前，习近平主席提出“一带一路”倡议，得到国际社会积极响应，100 多个国家和国际组织共同参与，经贸、投资、基建等合作进一步加强。即将在北京举行“一带一路”国际合作高峰论坛，对于推动沿线国家合作具有重要意义。中国期待同各方一道，共商共建“一带一路”，打造沿线国家命运共同体，更好造福各国和各国人民。当今世界，不安全因素增多，恐怖主义严重威胁全人类共同安全。加强国际合作，共同应对风险挑战，维护“一带一路”安全，是各国共同的任务。希望各方采取务实有效措施，发挥安全合作对话会的平台作用，加强信息沟通交流，深化执法安全合作，促进共同发展、共同繁荣。

5月4—13日

［纲　文］　**第9届国际航联世界滑翔伞定点锦标赛在阿尔巴尼亚的发罗拉举行**。

［目　文］　中国滑翔伞队战胜欧锦赛冠军塞尔维亚队获得团体冠军。这是中国队自2009年首次参加世锦赛以来取得的最好团体成绩。来自28个国家和地区的147名运动员参赛，中国派出了5男2女参赛。

5月4—10日

［纲　文］　**"美美与共——拉美当代艺术展"在中华世纪坛举办**。

［目　文］　艺术展由文化部外联局和阿根廷、哥伦比亚、厄瓜多尔、墨西哥、乌拉圭5国驻华使馆联合举办。展览采用联展的方式，集中展示拉美多个国家的绘画、影像、装置作品74件，包括阿根廷艺术家佩德罗·奎瓦斯、哥伦比亚艺术家李戈、厄瓜多尔艺术家巴桑特、墨西哥艺术家伊斯梅尔·罗德里格斯和乌拉圭艺术家瑞塔·费舍尔等人的作品，全方位展现拉丁美洲不同国家的当代艺术和风土人情。

5月5日

［纲　文］　**习近平致信祝贺中华职业教育社成立100周年**。

［目　文］　中共中央总书记习近平在信中写道：值此中华职业教育社成立100周年之际，我代表中共中央，向你们表示热烈的祝贺！中华职业教育社是我国成立最早的职业教育社团。在风雨如晦的旧中国，中华职业教育社本着教育救国的宗旨，致力于改革传统教育、推动职业教育发展，参与爱国民主运动，投身民族救亡，成为接受中国共产党领导、追求民主进步的爱国社团。新中国成立后特别是改革开放以来，中华职业教育社紧紧围绕党和国家工作大局，广泛联系社会各界和海内外关心支持职业教育的人士，为发展职业教育、实施科教兴国和人才强国战略、推进祖国和平统一大业作出了积极贡献。新形势下，中华职业教育社要立足自身特点和优势，广泛联系和团结有志于职业教育的海内外各界人士，加强交流协作，积极建言献策，更好服务社会，不断为促进我国职业教育发展，为实现"两个一百年"奋斗目标、实现中华民族伟大复兴的中国梦作出新的更大的贡献。

同日，中华职业教育社成立100周年庆祝大会在北京举行。全国政协主席俞正声出席并讲话。中共中央统战部部长孙春兰主持会议并在会上宣读了习近平的贺信。全国人大常委会副委员长、中华职业教育社理事长陈昌智，全国人大常委会副委员长、民盟中央主席张宝文分别致辞。国务院副总理刘延东，全国政协副主席、中华职业教育社副理事长马培华出席大会。大会对为中华职业教育社事业作出贡献的73名老同志颁发了荣誉证书，为荣获第五届黄炎培职业教育奖的30个先进集体、106名先进个人颁奖。各民主党派中央、全国工商联负责人，中央和国家机关有关部门负责人，中华职业教育社部分老社员、老校友，各地优秀社员代表等近600人参加了会议。

中华职业教育社成立于1917年，是由教育界、经济界、科技界从事和关心、支持职业教育事业的人士组成的职业教育团体。

5月5日

［纲　文］ **国务院办公厅印发《关于加快推进“多证合一”改革的指导意见》。**

［目　文］《意见》由11个部分组成：一、统一思想，充分认识推行改革的重要意义。二、认真梳理涉企证照事项，全面实行“多证合一”。三、深化信息共享和业务协同，简化企业准入手续。四、完善工作流程，做好改革衔接过渡。五、推进“互联网+政务服务”，不断提高服务效率。六、加强事中事后监管，促进服务效能提升。七、推进“一照一码”营业执照广泛应用，推动改革落地。八、强化中央和地方联动，统筹稳妥推进改革。九、完善配套制度和政策，确保改革于法有据。十、加强窗口建设，做好人员、设施、经费保障。十一、加强督查考核，完善激励机制。

《意见》指出，将信息采集、记载公示、管理备查类的一般经营项目涉企证照事项，以及企业登记信息能够满足政府部门管理需要的证照事项整合到营业执照上，实行“多证合一”，使企业在办理营业执照后即能达到预定可生产经营状态，最大程度便利企业市场准入。

5月5日

［纲　文］ **税务总局发布《关于发布〈涉税专业服务监管办法（试行）〉的公告》。**

［目　文］《公告》说，为深入贯彻落实国务院“放管服”改革部署要求，规范涉税专业服务，维护国家税收利益和纳税人合法权益，依据《中华人民共和国税收征收管理法》及其实施细则和国务院有关决定，国家税务总局制定了《涉税专业服务监管办法（试行）》，现予以发布，自2017年9月1日起施行。

5月5日

［纲　文］ **环境保护部、住房城乡建设部印发《关于推进环保设施和城市污水垃圾处理设施向公众开放的指导意见》。**

5月5日

［纲　文］ **联合国教科文组织正式批准中国内蒙古阿尔山和新疆可可托海国家地质公园加入世界地质公园网络名录，成为中国第34、35个联合国教科文组织世界地质公园。**

5月5日

［纲　文］ **甘肃省第十二届人民代表大会第七次会议选举林铎为甘肃省人大常委会主任，选举唐仁健为甘肃省省长。**

5月5日

［纲　文］ **《人民日报》发表题为《当代青年要与时代主题同心同向——论“在激情奋斗中绽放青春光芒”》的评论员文章。**

5月5日

［纲　文］ **布赫逝世。**

［目　文］ 中国共产党的优秀党员，久经考验的忠诚的共产主义战士，无产阶级革命家，杰出的民族工作领导人，第八届、九届全国人民代表大会常务委员会副委员长布赫

同志，在北京逝世，享年91岁。

11日，布赫同志的遗体在北京八宝山革命公墓火化。习近平、李克强、张德江、俞正声、刘云山、王岐山、张高丽、胡锦涛等送别。

5月6日

［纲　文］ **张高丽在河北雄安新区调研。**

［目　文］ 国务院副总理张高丽在容城县了解铁路、公路、水路等交通情况；到雄县公共资源交易中心和部分住宅小区售楼部，调研土地、房地产、户籍管控工作；到宋辽古战道，调研文化遗产、文物等保护工作；到白洋淀察看生态环境整治工作。

张高丽在安新县主持召开雄安新区规划建设工作会议，听取河北省有关工作情况汇报，研究部署当前和今后一个时期重点工作。王勇、徐匡迪和京津冀三省市、京津冀协同发展领导小组办公室、专家咨询委员会以及有关部门负责人参加了会议。

张高丽表示，要保持清醒头脑、坚持问题导向，精心细心用心、有力有序有效做好管控工作，坚决管住土地、管住房地产、管住周边区域，保护历史文化遗产，保护环境生态，保持社会大局稳定，为雄安新区规划建设开好局、起好步创造有利条件。要先谋后动、规划引领，坚持“世界眼光、国际标准、中国特色、高点定位”，高标准高质量组织编制完善新区总体规划、起步区控制性规划、启动区控制性详细规划、白洋淀生态环境保护和治理规划及各专项规划，推动“多规合一”。要突出生态优先、绿色发展，加强白洋淀生态环境治理和保护，提高产业准入门槛，建设绿色、森林、智慧、水城一体的新区，着力打造生态城市标杆。要用新发展理念引领新区发展，发展高端高新产业和服务业，加快体制机制创新，提高公共服务水平，促进人口资源环境协调发展，努力打造创新驱动引领区和协调发展示范区。做好雄安新区规划建设工作意义重大、影响深远，各有关地方和部门要切实增强“四个意识”，发扬钉钉子精神，强化历史担当，加强协调配合，共同把新区规划建设工作落到实处。

5月6日

［纲　文］ **中国林学会在北京颁发梁希林业科学技术奖。**

［目　文］ “灌木林虫灾发生机制与生态调控技术”等3个项目荣获一等奖，“柽柳耐镉胁迫分子机制解析及耐镉基因鉴定”等42个项目荣获二等奖，“广东省常见食用蛇蛙类曼氏裂头蚴病的流行病学调查与综合防控技术”等31个项目荣获三等奖。

梁希是九三学社德高望重的领导人和中国林学界的一代师表。1985年，梁希的学生泰籍华人周光荣捐款10万元，设立中国林学会梁希奖。其间，梁希奖共评选过4次，在林业科技界产生了良好影响。2005年，中国林学会扩大规模设立梁希科学技术奖。梁希科学技术奖包括梁希林业科学技术奖、梁希青年论文奖、梁希优秀学子奖、梁希科普奖4个奖项。主要奖励优秀林业科技成果、优秀学术论文和科普作品，表彰在林业科研教学中作出突出贡献的科技工作者、表现突出的林业院校学生和先进林业科普工作者和集体。梁希林业科学技术奖从2016年开始，每年评选1次。

同日，国务院副总理汪洋在北京会见中国林学会梁希奖获奖代表时表示，中国林学会成立100年来，始终坚持推动林业科技进步，大力开展学术交流和科技普及，为加快现代林业建设作出了积极贡献。尤其是自2004年以来开展的梁希奖评选活动，调动了广大林业科技工作者的积极性和创造性，有力推动了林业科技创新和成果转化。广大林业科技工作者要继续弘扬优良传统，强化责任担当，树立雄心壮志，勇攀科学高峰，在科技兴林中再立新功，为建设生态文明和美丽中国作出新的更大贡献。

5月6日

［纲　文］　**国台办发言人就台湾有关方面击伤大陆渔民事件敦促台方立即严肃查处击伤大陆渔民事件。**

［目　文］　发言人表示，针对近一段时间以来台湾有关方面抓扣大陆渔船事件频发，我们多次强调，台湾方面应当尊重两岸渔民在传统渔区作业的事实，尊重正常生产作业的大陆渔民权益，停止无端抓扣大陆渔船的做法。但是今晨仍然发生了开枪击伤大陆渔民的事件，令人愤慨。我们要求台湾方面立即严肃查处这一事件，尽快放人放船，杜绝此类事件再次发生。

6日晨，台湾有关方面在澎湖附近海域查扣大陆渔船时发射橡胶子弹，造成两名大陆渔民受伤。两名伤员已被送往澎湖相关医院治疗。

5月6日

［纲　文］　**《人民日报》发表题为《时常用真善美雕琢自己——二论“在激情奋斗中绽放青春光芒”》的评论员文章。**

5月6—12日

［纲　文］　**国家副主席李源潮应邀对塞内加尔共和国、乍得共和国和布隆迪共和国进行正式友好访问。**

［目　文］　李源潮在塞内加尔访问期间，在达喀尔会见了塞内加尔总统萨勒；会见了塞内加尔总理迪奥纳，见证了两国双边合作协议的签署；考察了迪亚姆尼亚久工业园、达喀尔大学孔子学院和有关合作项目。

李源潮在乍得访问期间，在恩贾梅纳会见了乍得总统代比；会见了乍得总理帕达克，见证了两国有关合作协议的签署；考察了中乍合作项目。

李源潮在布隆迪访问期间，在布琼布拉会见了布隆迪总统恩库伦齐扎；与布隆迪第一副总统辛迪姆沃和第二副总统布托雷举行会谈，见证了两国有关合作协议签署；考察了中布合作项目，并走访了当地家庭。

5月6—13日

［纲　文］　**应全国人大常委会委员长张德江的邀请，赞比亚国民议会议长马蒂比尼率团访华。**

［目　文］　11日，张德江在北京与马蒂比尼举行会谈时说，中方愿秉承习近平主席

提出的真实亲诚对非合作理念和正确义利观，以落实两国元首达成的重要共识和中非合作论坛峰会成果为主线，充分发挥两国政治互信、经济互补、人民友好三大优势，加强友好交流，深化务实合作，实现两国合作共赢、共同发展。中国全国人大高度重视发展同赞国民议会的友好关系，愿双方共同努力，把友好合作水平提升到新的高度。一是巩固政治互信。中方赞赏赞方在涉藏、涉疆等涉及中国核心利益问题上给予的有力支持，同时，继续坚定支持赞比亚走符合本国国情的发展道路，并愿提供力所能及的支持和帮助。二是深化交流合作。中方愿同赞方加强各层次人员往来，分享中国发展和国家治理经验，同时继续支持赞国民议会加强能力建设。三是促进务实合作。中赞两国立法机关应进一步加强立法交流、互学互鉴，为两国经贸合作营造良好的政策和法律环境，更好地造福两国和两国人民。

马蒂比尼说，建立在相互尊重、平等互利基础上的赞中友好历久弥坚。赞方感谢中方对赞比亚发展的支持和帮助。赞国民议会真诚希望进一步加强两国立法机关的交流与合作。

12日，最高人民法院院长周强在北京会见了赞比亚国民议会议长马蒂比尼一行。

5月7日

［纲　文］　**国务院印发《关于进一步削减工商登记前置审批事项的决定》。**

［目　文］　《决定》说，经研究论证，国务院决定，进一步削减工商登记前置审批事项，将以下5项工商登记前置审批事项改为后置审批：省级人民政府商务行政主管部门实施的设立典当行及分支机构审批；省级人民政府新闻出版广电行政主管部门实施的设立中外合资、合作印刷企业和外商独资包装装潢印刷企业审批，设立从事出版物印刷经营活动的企业审批；中国民用航空局实施的外航驻华常设机构设立审批、民用航空器（发动机、螺旋桨）生产许可。建议将1项依据有关法律设立的工商登记前置审批事项改为后置审批，国务院将依照法定程序提请全国人民代表大会常务委员会修订相关法律规定。各地区、各相关部门要抓紧做好以上事项改为后置审批的落实和衔接，增强工作紧迫感，加快推进配套改革和相关制度建设，进一步改进事中事后监管措施，确保安全责任落实到位。

5月7日

［纲　文］　**新华社讯，中共中央办公厅、国务院办公厅印发《国家“十三五”时期文化发展改革规划纲要》。**

［目　文］　《纲要》由13个部分组成：一、总体要求。二、加强思想理论建设。三、提高舆论引导水平。四、培育和践行社会主义核心价值观。五、繁荣文化产品创作生产。六、加快现代公共文化服务体系建设。七、完善现代文化市场体系和现代文化产业体系。八、传承弘扬中华优秀传统文化。九、提高文化开放水平。十、推进文化体制改革创新。十一、加强文化人才队伍建设。十二、完善和落实文化经济政策。十三、组织实施。

《纲要》指出，各级党委和政府要从全局和战略高度，充分认识"十三五"时期文化发展改革的重要意义，把本规划纲要提出的目标任务纳入经济社会发展全局，作为评价地区发展水平、衡量发展质量和考核领导干部工作业绩的重要内容，切实加强组织领导，抓好贯彻实施，力戒形式主义。要牢牢把握文化发展改革的正确方向，坚持和完善党委统一领导、党政齐抓共管、宣传部门组织协调、有关部门分工负责、社会力量积极参与的工作体制和工作格局，形成推动文化建设的强大合力。

5月7日

［纲　文］ **全国政协主席俞正声在北京会见比利时联邦参议长德弗莱涅。**

［目　文］ 俞正声说，中比两国长期友好。近年来，中比关系发展进入快车道，两国高层互访频繁，有力推动了双边关系的发展。特别是习近平主席2014年对比利时的访问，确立了中比全方位友好合作伙伴关系的新定位。中方重视比利时在欧盟内的独特影响，愿与比方加强沟通协调，共同促进中欧关系健康深入发展。中方赞赏比方参与"一带一路"建设的积极意愿，愿同比方探讨合作思路和途径，促进发展共赢。

德弗莱涅赞赏中国发展成就，表示比利时参议院愿加强与中国全国政协的对话与合作，共同为增进比中两国友好作出贡献。

8日，全国人大常委会副委员长兼秘书长王晨在北京会见德弗莱涅。双方就进一步加强两国立法机关交流与合作交换了意见。

5月7日

［纲　文］ **首届国家最高科技奖获得者、著名数学家吴文俊院士，在北京逝世，享年98岁。**

5月7日

［纲　文］ **《人民日报》发表题为《始终充满积极向上的正能量——三论"在激情奋斗中绽放青春光芒"》的评论员文章。**

5月8日

［纲　文］ **国家主席习近平向法国新当选总统马克龙致贺电。**

5月8日

［纲　文］ **习近平签署命令发布《军事立法工作条例》。**

［目　文］ 《条例》共12章78条。主要有总则、权限、规划与计划、起草与呈报、审查、决定与发布、备案、修改与废止、清理与汇编、适用与解释、体例规范、附则等内容。自2017年5月8日起施行。2003年4月3日中央军委发布的《军事法规军事规章条例》同时废止。

5月8日

［纲　文］ **人力资源社会保障部公布《劳动人事争议仲裁办案规则》。**

［目　文］ 《规则》共5章81条。主要有总则、一般规定、仲裁程序、调解程序、

附则等内容。自2017年7月1日起施行。2009年1月1日人力资源社会保障部公布的《劳动人事争议仲裁办案规则》（人力资源和社会保障部令第2号）同时废止。

5月8日

［纲　文］ **人力资源社会保障部公布《劳动人事争议仲裁组织规则》。**

［目　文］ 《规则》共6章38条。主要有总则、仲裁委员会及其办事机构、仲裁庭、仲裁员、仲裁监督、附则等内容。自2017年7月1日起施行。2010年1月20日人力资源社会保障部公布的《劳动人事争议仲裁组织规则》（人力资源和社会保障部令第5号）同时废止。

5月8日

［纲　文］ **国土资源部公布《国土资源行政应诉规定》，自2017年5月8日起施行。**

5月8日

［纲　文］ **国土资源部公布《土地利用总体规划管理办法》。**

［目　文］ 《办法》共9章46条。主要有总则、规划编制、规划内容、审查和报批、规划实施、规划修改、监督检查、罚则、附则等内容。自2017年5月8日起施行。2009年2月4日国土资源部发布的《土地利用总体规划编制审查办法》同时废止。

5月8日

［纲　文］ **部分省份易地扶贫搬迁工作推进会在太原召开。**

［目　文］ 国务院副总理汪洋出席会议时指出，易地扶贫搬迁是脱贫攻坚的标志性重大工程。要认真贯彻落实党中央、国务院决策部署，强化问题导向，坚持精准扶贫、精准脱贫基本方略，因地制宜、因人施策，精心组织、规范管理，扎实稳妥推进搬迁项目建设和后续帮扶等各项工作，确保“搬得出、稳得住、逐步能致富”。易地扶贫搬迁工作取得阶段性进展，但从国家发展改革委组织的易地扶贫搬迁专项稽查中，也发现存在一些亟待整改的突出问题，主要包括搬迁对象不精准、住房面积超标、部分搬迁户大额举债、安置区选址不合理、项目资金管理不规范、后续脱贫措施不落实等。各地各有关部门要树立问题意识，坚持问题导向，全面查摆整改。做好易地扶贫搬迁问题整改，要树立正确的政绩观，把贫困群众长远利益放在首位，准确把握政策实质，下足绣花功夫。要始终把脱贫作为搬迁工作目的，纠正重搬迁轻脱贫的倾向，以产业就业为重点做好后续帮扶工作，使搬迁贫困群众逐步走上致富道路。要通过搬迁解决“一方水土养不了一方人”问题，科学规划安置点，细致耐心做好搬迁动员，实质改善贫困群众生产生活条件。要把精准贯穿搬迁全过程，严控住房面积标准，严守搬迁不举债底线，严格规范资金使用和项目管理，做好旧房拆除和宅基地复垦，不断提高易地扶贫搬迁工作质量和成效。

会前，汪洋来到吕梁市交城县的两个搬迁安置点，了解搬迁项目建设进展情况，详细询问贫困群众搬迁前后生产生活状况，并到交城县现代农业园区调研搬迁后续产业就业帮扶工作。

5月8日

［纲　文］　**中央政法委书记孟建柱在北京会见蒙古法律内务部部长宾巴朝格特。**

［目　文］　孟建柱说，中蒙是友好邻邦。近年来，两国经济贸易、执法司法等各领域交流合作深入推进。中方愿同蒙方一道认真落实两国元首达成的重要共识，进一步加强司法交流，深化执法合作，携手防范打击贩卖毒品、电信网络诈骗、金融犯罪等跨国犯罪，提升出入境管理服务水平，共同维护边境地区安全，方便两国人员往来，在执法安全、法律领域充分体现两国全面战略伙伴关系，促进中蒙合作不断提高到新的更高水平。

宾巴朝格特表示，蒙方高度重视蒙中关系和传统友谊，愿继续加强蒙中执法司法合作，为发展蒙中友好作出贡献。

同日，公安部部长郭声琨在北京与宾巴朝格特举行会谈并共同签署了《中华人民共和国公安部和蒙古国法律内务部关于工作合作的行动计划（2017年—2021年）》。

郭声琨表示，希望双方认真落实两国元首达成的重要共识，不断加强在共同打击“三股势力”、跨国有组织犯罪和反恐、禁毒、边防、出入境管理等方面的务实合作，维护双方边境地区安全稳定，推动中蒙关系不断向前发展。宾巴朝格特表示，愿进一步提升双方执法安全合作水平，造福两国人民。

9日，司法部部长张军在司法部会见宾巴朝格特一行。

5月8日

［纲　文］　**外交部部长王毅应约同新西兰外长布朗利通电话。**

［目　文］　王毅祝贺布朗利担任新西兰外长，赞赏新西兰在发达国家中率先同中方签署共建“一带一路”合作协议，欢迎新方高级别官员来华出席“一带一路”国际合作高峰论坛。中方愿与新方推动双边自贸协定升级版谈判，共同维护国际自由贸易体系。

布朗利表示，新方高度重视发展对华关系，期待两国自贸协定升级版谈判早日取得成果。新方愿与中国加强应对各种挑战的协调合作，赞赏中方在朝鲜半岛核问题上所发挥的积极和建设性作用。

5月8日

［纲　文］　**国务院台湾事务办公室发言人表示，台湾地区2017年不能参加世卫大会的责任完全在民进党当局。**

［目　文］　发言人表示，民进党当局拒不承认体现一个中国原则的“九二共识”，为台湾地区参加世卫大会设置了障碍。台湾地区2017年不能参会的责任完全在民进党当局。自2009年以来，台湾地区连续8年以“中华台北”名义、观察员身份参加了世界卫生大会。这是在两岸关系和平发展的大背景下，在两岸双方均坚持体现一个中国原则的“九二共识”政治基础上，通过两岸协商作出的特殊安排。然而，由于民进党当局迄今拒不承认“九二共识”和两岸同属一个中国的核心意涵，破坏了两岸关系的共同政治基础，导致两岸联系沟通机制停摆。台湾地区参会的前提和基础不复存在，延续8年的有关安排难以为继。世界卫生组织是联合国专门机构，必须按照联合国大会第2758号决议和世卫

大会第25.1号决议确认的一个中国原则，处理世界卫生大会涉台问题。大陆方面始终高度重视台湾同胞的健康福祉，我们采取了多项措施促进两岸卫生领域交流合作。在坚持一个中国原则及“九二共识”的基础上，大陆海协会与台湾海基会签署了《海峡两岸医药卫生合作协议》《海峡两岸食品安全协议》《海峡两岸经济合作框架协议》等，搭建了多个交流合作平台。同时，我们在一个中国原则下，对台湾地区参与全球卫生事务也作了妥善安排。台湾地区专家可以参加世卫组织相关技术会议和活动，有需要时世卫组织亦可派专家赴台进行指导。这些安排确保了无论是岛内还是国际上发生突发公共卫生事件，台湾地区均可及时有效应对。

发言人强调，关于台湾地区参与国际组织活动问题，我们的立场是明确的、一贯的，即必须在一个中国原则下，通过两岸协商，作出安排。民进党当局应该认清现实，早日回到“九二共识”的共同政治基础上来。只有这样，两岸制度化交往才能得以延续，两岸也才有可能就台湾地区参与国际组织活动问题进行协商。

5月8日

［纲　文］　**外交部发言人表示，期待美方同朝方加强接触。**

［目　文］　有记者问：近日，美国国务卿蒂勒森表示，美国已与韩国、日本、中国、俄罗斯明确以半岛无核化为共同目标。美国不寻求朝鲜政权更迭、不寻求搞垮朝政权、不寻求加速南北统一、不寻求为跨过“三八线”找借口，而是要让朝方知道只有无核化才能获得安全和繁荣。美愿意也已做好准备在条件成熟时同朝方谈判，但不会为了谈判而谈判。中方对美方上述表态有何回应？

发言人说，我们注意到蒂勒森国务卿有关表态，以及他所介绍的“四不”原则和美方致力于推动半岛无核化的决心。美方在当前形势下释放通过对话协商解决问题的信号具有积极意义，值得有关各方认真对待。美国是半岛核问题主要当事方之一。同国际社会一样，中方一直希望并鼓励美方在和平解决半岛问题方面发挥建设性作用。我们期待美方在上述表态精神的基础上，同朝方加强接触，逐步探求共识，建立初步互信。我们愿与包括美方在内的有关各方一道，为通过对话协商和平解决半岛核问题继续作出努力。

5月8—9日

［纲　文］　**李克强在河南考察。**

［目　文］　国务院总理李克强听取了开封市棚户区和旧城改造情况汇报，到大兴社区居民家中看到房屋破旧，冬天寒冷，夏天漏雨，电线老化时，叮嘱对这类危旧房要加快改造进度并说，古城修复是历史责任，老城区居住环境改善是迫切需要，二者不可偏废。要创新机制，做好统筹，既让更多住房困难群众尽快圆上安居梦，也要切实保护好文物，守住文明积淀的根脉；在新乡市封丘县李庄村，他一连走进几户居民家中，了解他们的生活情况和搬迁意愿。他又来到迁建后的临河小区，与干部群众详细测算搬迁成本，对群众搬迁后生活得到很大改善感到欣慰。随后，李克强主持召开现场会，河南省、山东省和水利部、黄河水利委员会等部门主要负责人汇报了情况、提出了建议，李克强说，黄河滩区

问题是一个近代历史遗留问题，这里的群众不应该被遗忘。党的十八大以来，以习近平同志为核心的党中央高度重视扶贫攻坚工作。近几年按照党中央、国务院部署，各方共同努力，滩区居民迁建取得积极进展。进一步推进这项工作，既是保障黄河长治久安的重大战略需要，也是实现滩区群众脱贫致富的治本之策，事关国家全局，现在我们也有条件加快推进解决这一问题。要充分尊重群众意愿，区分轻重缓急，在落实地方主体责任、鼓励因地制宜的同时，继续延续目前中央预算内投资支持力度，多渠道筹集资金，并在土地增减挂钩、脱贫攻坚、配套基础设施建设、产业发展等方面给予倾斜支持，结合推进新型城镇化建设，力争用三年时间优先解决地势低洼、险情突出滩区群众迁建问题，促进实现保障黄河安全与滩区发展的双赢。

李克强在郑州考察了企业和科技园，勉励企业抓住实施“中国制造2025”的机遇，发扬创新精神和工匠精神，努力突破重大装备核心关键技术，在深化供给侧结构性改革中推动产业迈向中高端；中国仍是外商投资的热土，我们的产业工人具有既勤劳又智慧的强大优势，希望更多外商不仅将生产基地，而且将研发中心等设在这里，抓住中国产业结构升级带来的新机遇，促进产业集群发展并带动更多就业，实现共赢发展。

5月8—10日

［纲　文］　**张德江视察澳门特别行政区。**

［目　文］　全国人大常委会委员长张德江在听取澳门特别行政区政府工作汇报时指出，本届特区政府把握国家“十三五”规划和“一带一路”等战略机遇，着力推进“一个中心”“一个平台”建设，在促进经济适度多元发展、持续改善民生等方面取得积极进展。当前澳门面临一些新情况新问题，经济社会发展对特别行政区政府的管治能力提出了更高要求，希望特别行政区政府坚持依法治澳，巩固和完善行政主导体制，着力推进公共行政改革，完善特别行政区治理体系，不断提高管治能力，不断提高施政效能。在与澳门社会各界人士代表座谈时强调，要珍惜经验，准确贯彻“一国两制”方针和基本法，进一步落实中央全面管治权，依法行使高度自治权，共同促进经济发展、改善百姓生活。要筑牢根基，大力弘扬中华优秀文化和爱国爱澳主流价值，不断壮大爱国爱澳力量，着力培养治澳建澳人才，使“一国两制”事业后继有人。要促进发展，支持行政长官和特别行政区政府依法施政，抢抓国家发展机遇，发挥澳门独特优势，把澳门发展大戏唱好唱响，为推进“一国两制”成功实践行稳致远再立新功。在视察澳门立法会时指出，澳门立法会严格按照基本法履行职责，依法支持、配合、监督特别行政区政府施政，为澳门繁荣稳定作出了重要贡献。希望立法会继续依法履职，加强与行政机关的协调配合，切实推进法制建设，更好地促进澳门经济社会发展和“一国两制”实践。在视察澳门司法机关时，他希望各位法官检察官牢固树立以宪法和基本法为核心的法治意识，践行公正司法理念，用好基本法赋予的司法权和终审权，切实维护社会公平正义。在与教育工作者和学生代表座谈时指出，广大教育工作者要始终坚持正确方向，聚焦于引领学生锤炼品格、学习知识、创新思维、奉献祖国；希望青年学生志存高远，自觉将个人命运与国家和特别行政区的发展结

合起来，怀爱国爱澳之心，立报国兴澳之志。还会见了全国政协副主席何厚铧、澳门特别行政区行政长官崔世安，充分肯定他们为国家、为澳门所作的贡献。

在澳期间，张德江看望了中央驻澳机构、主要中资机构负责人；了解港珠澳大桥工程建设和便利通关安排情况，视察了妇联乐满家庭服务中心。

5月8—10日

［纲　文］　**俞正声在宁夏调研**。

［目　文］　全国政协主席俞正声在固原、银川深入乡村、社区、学校、企业和宗教活动场所就民族宗教工作进行调研。在原州区头营镇泉港村了解移民安置及对口帮扶援建情况时指出，要全力为群众排忧解难；在南关街道宋家巷社区，走进回、汉群众家中问生计、拉家常，勉励各族群众守望相助、和睦相处；在固原民族职业技术学院，了解开展职业教育精准扶贫及民族团结教育情况；在生产企业询问企业科技创新、促进经济社会发展情况。

俞正声在永宁县纳家户清真寺，与宗教界人士及信教群众交谈，了解清真寺日常管理和宗教活动开展情况时强调，要认真贯彻落实全国宗教工作会议精神，坚持党的宗教工作基本方针，积极引导宗教与社会主义社会相适应，加强宗教界人士教育培养，不断提高宗教工作水平。要认真总结我国宗教中国化经验，支持宗教界对教义教规作出符合我国国情和时代进步要求的阐释，在社会发展进步中发挥积极作用。要提高宗教工作法治化水平，引导宗教界人士和信教群众尊法守法，坚决反对和遏制宗教极端主义，促进宗教和顺、社会和谐。

在民族宗教工作座谈会上，俞正声指出，要深刻认识做好网上涉民族宗教问题言论处置引导工作的重要性，加强正面宣传引导，扩大正确民族宗教政策的声音，加强对重点网络平台的管理，及时回应网上热点舆情问题，建立健全网络舆情管控引导工作机制，统筹推进线上处置和线下工作，营造风清气正的网络环境和舆论氛围。

5月8日—6月9日

［纲　文］　**教育部举办第10届全国职业院校技能大赛**。

［目　文］　国务院总理李克强对第10届全国职业院校技能大赛作出批示指出：提升职业教育水平是我国教育事业发展的重要内容。当前，我国经济正处于转型升级的关键时期，迫切需要培养大批技术技能人才。希望技能大赛贯彻新发展理念，充分发挥引领示范作用，推动职业教育进一步坚持面向市场、服务发展、促进就业的办学方向，坚持工学结合、知行合一、德技并修，坚持培育和弘扬工匠精神，努力造就源源不断的高素质产业大军，投身大众创业万众创新，为更好发挥我国人力人才资源优势、推动中国品牌走向世界、促进实体经济迈向中高端作出新的更大贡献！

5月8日，大赛开幕式在天津举行。国务院副总理刘延东出席并讲话。本届大赛由教育部联合天津市人民政府、发展改革委、工业和信息化部、人力资源社会保障部等37个部门（单位）共同举办，共设85个竞赛项目。其中常规赛项81个，行业特色赛项4个。

承办校分布在天津主赛区及江苏、吉林、浙江、安徽、福建、江西、山东、河南、湖北、湖南、广东、广西、重庆、四川、贵州、云南、陕西、甘肃、青岛等19个分赛区。直接参与企业上百家，参赛选手逾万人。

5月9日

[纲　文]　**国家主席习近平同法国当选总统马克龙通电话。**

[目　文]　习近平祝贺马克龙当选法国总统并指出，中法关系具有深厚历史底蕴，在中国外交中占有重要地位。建交53年来，两国关系经受住了国际风云变幻考验，战略性不断增强。推动中法关系在新起点上迈上新台阶，符合两国人民和国际社会共同期待。中方高度重视法国和中法关系，始终视法国为重要优先合作伙伴，始终从战略高度和长远角度看待中法关系发展，愿意同法方弘扬友好传统，增强战略互信，切实理解、照顾彼此核心利益和重大关切，在重大问题上相互支持，深化各领域务实合作。中方欢迎法方参与“一带一路”建设。双方要保持在国际和地区问题上沟通协调，继续推动全球治理变革，维护包括气候变化《巴黎协定》在内的全球治理成果，加强在二十国集团框架内合作，为世界和平、稳定、繁荣共同作出贡献。中方继续支持欧洲一体化进程。

马克龙表示，法中两国传统友好，当前各领域合作良好。我十分重视法中关系。法国新政府将继续奉行积极友好的对华方针，坚持一个中国政策，深化两国在外交、经贸、工业等领域和“一带一路”建设框架内务实合作，就应对气候变化、二十国集团合作等重大国际事务继续密切沟通协调。

5月9日

[纲　文]　**国务院办公厅印发《开展基层政务公开标准化规范化试点工作方案》。**

[目　文]　《方案》由五个部分组成：一、总体要求。二、试点范围。三、重点任务。四、工作进度。五、保障措施。

《方案》要求，试点单位要依据权责清单和公共服务事项全面梳理政务公开事项，逐项确定公开标准，明确公开事项的名称、依据以及应公开的内容、主体、时限、方式等要素，汇总编制政务公开事项标准目录。要优化公开工作流程，推动发布、解读、回应有序衔接，加强政务公开平台建设，方便公众查询或获取。承担试点任务的省份于2017年8月底前制定具体实施方案，细化任务措施，指导试点单位有力有序开展工作，确保2018年8月底前完成试点各项任务。

5月9日

[纲　文]　**新华社讯，中央宣传部、中央编办、财政部、人力资源社会保障部印发《关于深化中央主要新闻单位采编播管岗位人事管理制度改革的试行意见》。**

[目　文]　《意见》要求，既充分发挥事业体制凝聚人才的重要作用，又善于运用灵活用人机制激发新闻舆论工作队伍活力，探索新形势下吸引使用人才、评价激励人才、培养管理人才的有效措施，增强新闻舆论工作队伍事业心、归属感、忠诚度，为新闻事业长

远健康发展提供坚实有力的人才支撑。

《意见》指出，深化改革要坚持统筹推进、坚持问题导向、坚持试点先行，着力推进各方面重点工作。要统筹配置现有编制资源，按规定合理使用编制，将编制资源向采编播管岗位集中，优先保障核心业务岗位用编需求。要选择具有代表性的中央主要新闻单位开展人员编制总量管理试点工作，探索形成新的资源配置方式和管理模式；对试点工作涉及的具体问题，由相关部门制定试点办法，逐步完善配套政策。要建立规范的用工制度，推动新闻单位与采编播管人员建立相对稳定的人事劳动关系，不采用劳务派遣方式使用采编播管人员；完善考核评价和退出机制，对所有人员同等要求、统一管理。要形成推动媒体融合的用人机制，探索建立相对统一、公平合理的用人制度，充分调动新闻从业人员的融合发展积极性。

5月9日

［纲　文］　**全国社会保障基金理事会第6届理事大会第一次会议在北京召开。**

［目　文］　国务院副总理马凯出席并讲话。会议由理事会副理事长王尔乘主持。中央和国家机关有关部门、部分省（区、市）相关负责人列席会议。会议审议并通过了理事会理事长楼继伟代表社保基金会所作的工作报告以及2016年基金财务会计报告、2017年社保基金资产配置计划和养老基金资产配置计划、大会决议。

马凯指出，设立全国社会保障基金、建立全国社会保障基金理事会，是党中央、国务院为完善我国社会保障体系作出的重大战略决策。自成立以来，社保基金会始终牢记党中央、国务院重托，开拓创新，扎实工作，不仅获得了良好的投资业绩，还积累了丰富的投资管理经验，培养造就了一批资产管理专业人才，走出了一条中国特色社会保障基金发展道路。管理运营好社会保障基金是党和国家赋予社保基金会的一项重要使命。面对新形势新任务新要求，社保基金会要牢记神圣使命，强化责任担当，按照党中央、国务院决策部署，坚持稳中求进工作总基调，贯彻落实新发展理念，坚持以体制机制改革为引领，以确保基金安全和保值增值为核心，以做强做大社会保障基金为目标，不断推动改革创新，多渠道扩大基金规模，着力提高运营管理水平，有效防控风险隐患，健全完善法律法规，提高人员队伍素质，努力建设一流社会保障资产管理机构，为有效应对我国人口老龄化挑战、完善社会保障体系、筑牢民生保障底线作出新的更大贡献。

5月9日

［纲　文］　**国务院残疾人工作委员会在北京召开全国残疾人康复工作电视电话会议。**

［目　文］　国务委员、国务院残工委主任王勇出席会议并讲话。会议总结交流残疾预防与残疾人康复工作经验，部署贯彻落实《残疾预防和残疾人康复条例》和“十三五”残疾预防与残疾人康复工作。

王勇指出，《残疾预防和残疾人康复条例》将于7月1日起正式施行，各地区各有关部门要按照党中央、国务院要求，认真贯彻实施《条例》，加强统筹规划，进一步完善相关配套政策和制度体系；落实“预防为主、预防与康复相结合”的方针，扎实做好全人群全生命周期残疾预防工作；扩大康复服务供给，优先满足残疾人基本康复服务需求；加强标准、人才、学科建设和行业管理，全面提高康复服务质量。要加强组织领导，强化政府责任，加大投入力度，加强督查落实，做好宣传引导，努力推动实现残疾人“人人享有康复服务”的目标。

5月9日

［纲　文］　**刘奇葆在商务印书馆调研**。

［目　文］　中宣部部长刘奇葆参观了商务印书馆创立暨中国现代出版120年专题展，考察了商务印书馆近年来发展情况，与专家编辑、老员工等座谈交流。

刘奇葆指出，要传承好、维护好、发展好这个“金字招牌”，始终秉持人民至上的价值取向，自觉担负起以文化人、以文育人的职责使命，通过编辑出版的作品传递向上向善的价值观，建设中华民族美好精神家园。要始终坚持以内容建设为根本，进一步增强辞书出版的丰富性、多样性和竞争力、影响力，进一步挖掘学术出版资源、丰富产品内容、优化产品结构，不断夯实辞书和学术出版重镇的根基。坚持正确出版导向，是出版工作必须遵守的政治底线。要切实增强“四个意识”，认真把好政治导向关、价值取向关、内容题材关、出版质量关。要坚持以社会主义核心价值观为引领，始终把社会效益放在首位，严肃认真地考虑出版物的社会效果，讲品位、讲格调、讲境界，实现社会效益与经济效益相统一。

5月9日

［纲　文］　**钱其琛逝世**。

［目　文］　中国共产党的优秀党员，久经考验的忠诚的共产主义战士，无产阶级革命家，我国外交战线的杰出领导人，中国共产党第十四届、十五届中央政治局委员，原国务委员，国务院原副总理钱其琛同志，在北京逝世，享年90岁。

18日，钱其琛同志遗体在北京八宝山革命公墓火化。习近平、李克强、张德江、俞正声、刘云山、王岐山、张高丽、胡锦涛等送别。

5月9日

［纲　文］　**外交部发言人表示，“一带一路”国际合作高峰论坛旨在规划蓝图，共迎挑战**。

［目　文］　有记者问，我们注意到，中方于日前公布了“一带一路”倡议的早期收获，可以说成绩斐然，超出预期；但我们也注意到一些媒体上出现了一种论调，称“一带一路”倡议的推进也面临一系列困难和挑战，不会一帆风顺。中方对此有何评论？

发言人说，“一带一路”倡议提出的背景就是国际金融危机以来，世界经济复苏乏力，各国发展都面临难题和挑战。“一带一路”倡议应运而生，恰恰就是为了通过加强国际合作、整合各方资源，应对世界发展挑战，帮助各国，特别是亚欧发展中国家，解决面临的发展难题。“一带一路”倡议提出以来，得到国际社会普遍响应，显示出广阔的发展前景。当然，正如人类历史上所有的伟大事业一样，“一带一路”倡议推进的过程中，不可避免地会遇到各种各样的困难和挑战，这很正常，也在意料之中。有挑战，就应对！有困难，就克服！这也是中国改革开放近40年的宝贵经验。本周末，来自全球的有识之士们齐聚北京，参加“一带一路”国际合作高峰论坛。举行这次论坛的目的就是总结经验，规划蓝图，分析问题，共迎挑战，形成合力。

5月9—10日

［纲　文］　**孙春兰在湖南调研。**

［目　文］　中央统战部部长孙春兰在长沙开福区江湾社区、红网、雨花群英会，考察网络统战工作情况；在湖南大学化学生物传感与计量学国家重点实验室、高科技企业了解科技创新和企业发展情况；在麓山寺看望宗教界代表人士。

孙春兰在与民主党派、工商联负责人座谈时充分肯定湖南在推进统一战线和多党合作方面思路新、举措实、效果好，指出2017年各民主党派、工商联将全面完成换届，要始终坚持把规矩和纪律挺在前面，严格执行换届程序和纪律，确保换届风清气正。要以换届为契机，加强各民主党派、工商联自身建设，重视后备干部培养，不断提高履职水平。

孙春兰在网络统战工作座谈会上指出，要密切关注网络舆情动态，搭建团结引导党外人士的网络平台，支持他们发挥专业优势和身份特点，加强正面舆论引导，在净化网络空间、维护意识形态安全中发挥积极作用。要加强统战工作网络阵地和队伍建设，提高开展网络统战工作的能力，充分利用网络宣传和阐释党的统一战线理论方针政策。

5月10日

［纲　文］　**国家主席习近平向韩国当选总统文在寅致贺电。**

5月10日

［纲　文］　**李克强主持召开国务院常务会议。**

［目　文］　会议主要内容有，一、通过《兴边富民行动“十三五”规划》，促进边疆繁荣稳定和各族群众生活改善。会议指出，一要改善边境地区基础设施条件，加强教育、医疗、养老、就业、文化等基本公共服务，到2020年实现边境村庄通路、通电、通信息、通安全饮用水及有合格卫生室和村医、有安全住房等目标。二要发展农牧业、文化旅游、民族手工艺等特色优势产业和商贸物流等产业园区，实施沿边重点城镇、少数民族特色村镇建设工程。加强边境生态安全保障，探索率先建立自然资源资产收益扶持和多元化生态保护补偿机制。三要加大政策扶持和对口支援力度，各部门的惠民政策、项目和工程要向边境地区倾斜，合理提高对边民的基本医保补助标准，促进就业创业。四要深化沿边开放合作，推动相关边境地区融入“一带一路”建设，推进人员往来和通关便利化，完善相关监管，促进边民互市贸易发展。二、听取去产能工作进展和重点行业淘汰落后产能督查情况汇报，推动经济结构优化。会议指出，2017年以来各地区、各部门继续狠抓工作落实，钢铁、煤炭行业淘汰落后产能又取得积极成效，全国共退出钢铁产能3170万吨、煤炭产能6897万吨，分别完成年度任务的63.4%和46%。下一步，一要更多运用市场化法治化

手段，扎实有效化解和淘汰过剩落后产能。坚决查处违法违规生产建设及不符合环保、质量、安全等标准的企业，对工作不力的地方要严肃问责。二要把做好转岗职工分流安置放在突出位置。支持钢城煤城打造“双创”平台，加快培育新动能，强化就业困难职工托底帮扶。三要强化督查督办，各地要及时公布去产能相关信息，健全举报制度，防止淘汰落后产能弄虚作假，同时坚决控制劣质煤进口。三、部署扩大和升级信息消费，释放内需潜力培育发展新动能。按照《政府工作报告》部署，会议确定，一是支持企业研发数字家庭等产品，大力发展智能可穿戴、虚拟现实等高端智能设备。壮大在线教育、医疗和数字影音等新业态、新模式。支持用市场化方式发展知识分享平台。二是加快推进网络提速降费，推动通信、物流、支付、售后等全过程降成本。加快信息终端普及和信息进村入户，扩大信息消费覆盖面。三是完善网络安全和市场监管体系，切实加强个人信息保护，严厉打击信息和网络诈骗。用安全、便捷、丰富的信息消费助力经济升级和民生改善。

5 月 10 日

［纲　文］　**财政部印发《企业会计准则第 16 号——政府补助》。**

［目　文］　《补助》共 5 章 20 条。主要有总则、确认和计量、列报、衔接规定、附则等内容。自 2017 年 6 月 12 日起施行。2006 年 2 月 15 日财政部印发的《财政部关于印发〈企业会计准则第 1 号——存货〉等 38 项具体准则的通知》（财会〔2006〕3 号）中的《企业会计准则第 16 号——政府补助》同时废止。财政部此前发布的有关政府补助会计处理规定与本准则不一致的，以本准则为准。

5 月 10 日

［纲　文］　**全国就业创业工作暨 2017 年普通高等学校毕业生就业创业工作电视电话会议在北京召开。**

［目　文］　会议传达了国务院总理李克强关于促进就业创业的批示。国务院副总理刘延东、马凯出席会议并讲话。会议指出，要深入实施就业优先战略和更加积极的就业政策，狠抓就业创业各项新举措落地，突出重点，精准施策，促进经济发展扩大就业，推动创业创新带动就业，突出抓好高校毕业生等重点群体就业，加强职业培训提升就业能力，强化就业创业公共服务，全面完成今年城镇新增就业 1100 万人以上、城镇登记失业率 4.5% 以内的目标任务，全力确保就业局势稳定，为保持经济平稳健康发展作出更大贡献。做好高校毕业生就业创业工作事关社会和谐稳定大局，各地区各有关部门各高校要主动服务国家战略和经济社会发展需求，提高就业指导和服务能力，加大帮扶力度，引导毕业生到先进制造业、战略性新兴产业、现代服务业、现代农业等领域就业创业，鼓励毕业生到基层工作。要强化理想信念教育，深化创新创业教育改革，以市场需求为先导，完善专业学科布局，加强招生、培养和就业联动，切实增强学生就业竞争力和创业能力。

5 月 10 日

［纲　文］　**教育部批准成立中国社会科学院大学。**

［目　文］　以中国社会科学院研究生院为基础，整合中国青年政治学院本科教育及部分研究生教育资源而组建，以马克思主义为指导，坚持党的领导，坚持正确的办学方向，坚持中国特色社会主义大学的办学方针，致力培养政治可靠、作风过硬、理论深厚、学术精湛的哲学社会科学后备人才，培养又红又专、德才兼备、全面发展的中国特色社会主义事业接班人和建设者，努力建设成为具有中国特色的社会主义一流文科大学。

5月10日

［纲　文］　**刘延东在天津考察全运会筹办工作。**

［目　文］　国务院副总理刘延东考察了全运会开闭幕式主会场、全运村等活动地点，听取了筹办工作汇报。她强调，在党中央、国务院的坚强领导下，天津市委、市政府和体育总局健全组织领导体系，密切协作配合，有力有序推进全运会筹办工作，取得阶段性进展。发展体育运动，增强人民体质，建设健康中国，是我国体育工作的根本方针和任务。要以举办全运会为契机，落实全民健身计划，积极推进全运惠民，改善群众体育场地设施，发展健身组织，促进全民健身和全民健康深度融合，在更高起点上开创全民健身新局面，为提高人民幸福感获得感、建设健康中国作出新贡献。

5月10—11日

［纲　文］　**2017国际创业孵化峰会在成都举行。**

［目　文］　国务院总理李克强向峰会发来贺信表示，创业孵化是培育科技型中小企业、加速科技成果转化、推动协同创新的重要手段。30年来，中国创业孵化从无到有、从小到大，吸纳和服务了40多万家初创企业、带动就业200多万人，实现了创新、创业、就业的有机结合和良性循环，为促进经济社会发展发挥了重要作用。当前中国经济发展正处在新旧动能转换和经济结构升级的关键时期。我们将贯彻落实新发展理念，深入实施创新驱动发展战略，营造更好的创业孵化环境，深入推动大众创业万众创新，构建大中小企业跨界融合发展、资源与收益共享的新型产业生态，打造动力更加强劲的经济发展新引擎。中国愿与世界各国进一步加强合作，形成创新合力，为全球经济注入新动力。

峰会由科技部、四川省人民政府主办，以“全球变革中的创业孵化”为主题，包括中国孵化器30周年创享会，国际创业孵化峰会开幕式、大会演讲以及国际孵化专场、专业孵化专场、众创孵化专场、创投孵化专场等四场分论坛。全球创投机构、具有国际水准的创新创业团队和领军人物等20余个国家近800人参加。

5月10—12日

［纲　文］　**第4届国际道教论坛在湖北武当山举行。**

［目　文］　全国政协主席俞正声向论坛发来贺信，向出席论坛的海内外道教界朋友和嘉宾表示诚挚欢迎和亲切问候。论坛由中国道教协会和中华宗教文化交流协会主办、湖北省组委会承办。来自30个国家和地区的600余名嘉宾参会。论坛期间推出了“道教文化出版成果展”，一系列道教音乐汇演、群众太极拳表演、武当庙会、祈福法会、道医义诊等活动。

5 月 11 日

［纲　文］ **国家主席习近平同韩国总统文在寅通电话。**

［目　文］ 习近平指出，中韩两国是近邻，是本地区重要国家。建交 25 年来，中韩关系发展取得很大成就，值得珍惜。双方应该牢记中韩两国建交的初心，相互尊重彼此重大关切和正当利益，努力求同化异，妥善处理分歧。希望韩国新政府重视中方有关重大关切，采取实际行动推动两国关系健康平稳发展。实现中韩关系更好发展，符合我们两国人民共同利益，也有利于地区和平、稳定、发展。长期以来，中方一直坚持实现朝鲜半岛无核化目标，坚持维护朝鲜半岛和平稳定，坚持通过对话协商解决问题。这符合中韩两国共同利益和地区和平稳定大局。我们愿同包括韩方在内的有关各方一道，继续为半岛及地区和平和繁荣作出努力。

文在寅表示，我赞同习主席对两国关系的评价。同中方一样，韩方高度重视韩中关系，愿同中方共同努力，使双边关系高水平发展，并推进务实的战略合作伙伴关系。我充分理解中方有关重大关切，韩国新政府将就此同中方积极沟通，努力寻求妥善解决办法。韩方愿意同中方一道，通过早日重启六方会谈等，实现朝鲜半岛无核化目标。韩方赞赏中方“一带一路”倡议，期待着“一带一路”建设为包括中国和韩国在内的沿线国家和地区带来发展繁荣。

两国元首同意保持联系并期待着早日会面。通话中，习近平对近日山东威海交通事故中 10 多名遇难中韩儿童表示哀悼，请文在寅向韩国遇难儿童家长转达慰问。文在寅感谢习近平的慰问和中国政府迅速采取措施妥善处理事故及善后事宜。

5 月 11 日

［纲　文］ **全国政协在北京召开双周协商座谈会，围绕“加强垃圾无害化处理”建言献策。**

［目　文］ 全国政协主席俞正声主持会议。全国政协副主席罗富和、张庆黎出席座谈会。全国政协副主席万钢在座谈会上讲了意见。住房和城乡建设部部长陈政高介绍了有关情况。国家发展和改革委员会副主任张勇、环境保护部副部长赵英民、住房和城乡建设部副部长倪虹等与委员互动交流。全国政协委员张基尧、朱奕龙、梁伟华、黄国柱、关凯、张茵、叶惠丽、董配永、陶夏新、王尚旭、梁平、杜时贵、杨兴平、孙朝晖，专家学者刘建国、吕彩霞、沈国军在座谈会上发言。

委员们认为，垃圾处理关系城乡环境，是社会文明程度的重要标志。中央高度重视垃圾无害化处理工作，习近平总书记在中央财经领导小组第十四次会议上作出了普遍推行垃圾分类制度的重要指示。在有关部门和各地的共同努力下，垃圾处理工作有序推进，取得了积极进展。但当前垃圾无害化处理仍存在垃圾数量增加迅速、垃圾分类工作总体上没有取得突破、垃圾焚烧比例偏低、设施建设滞后等问题。要清醒认识垃圾无害化处理的严峻形势和艰巨任务，坚持“政府主导、企业主体、全民参与、依法监管”的原则，努力实现垃圾减量化、资源化、无害化。

围绕生活垃圾无害化处理，一些委员建议：一是普遍推行垃圾分类制度。研究制定生活垃圾强制分类法律，有条件的地区在实践基础上可先行制定地方性法规。加大对垃圾分类的政策支持。加强宣传引导，增强文明素质教育，发挥社区的基础性作用，引导群众积极参与。二是提高垃圾焚烧比例。焚烧是垃圾无害化处理的主要措施和方向。要开展知识普及，消除公众疑虑；加强政策支持，不断增加投入；严格标准规范，实行信息公开。三是重视有害垃圾的收集和处理。要落实责任，开展有害垃圾分类回收，建立有害垃圾收运和处理系统，确保有害垃圾得到安全处置。四是注重科技创新，细化管理。认真总结推广一些地方和群众创造的好经验好办法，因地制宜，探索符合我国国情的垃圾处理技术体系，解决垃圾无害化处理的一些难题，提升我国垃圾无害化处理水平。

委员们还就农用和商用薄膜、过度包装、海洋垃圾、垃圾源头控制、完善垃圾焚烧厂污染排放监管机制等问题提出意见建议。

5月11日

［纲　文］ **新华社讯，中共中央办公厅、国务院办公厅印发《关于加强文化领域行业组织建设的指导意见》。**

［目　文］《意见》由七个部分组成：一、重要性和紧迫性。二、总体要求。三、明确职能定位。四、做好培育发展工作。五、加强自身建设。六、强化规范管理。七、组织实施。

《意见》指出，各级党委和政府要高度重视文化领域行业组织建设工作，切实加强组织领导，抓紧制定具体实施方案，推动行业组织健康有序发展。中央文化体制改革和发展工作领导小组要加强统筹指导，建立部际会商工作机制，对文化领域行业组织建设的重大问题进行研究部署，细化责任分工，明确时间进展，狠抓任务落实。宣传部门、民政部门牵头协调，民政部门加大登记审查、监督检查、执法查处力度，宣传、文化、新闻出版广电、网信等部门加强政策和业务指导并履行相关行业监管责任，发展改革、财政、税务、外事、公安等部门按职能分工做好监管和服务工作，审计机关依法进行审计监督。

5月11日

［纲　文］ **国务院办公厅印发《关于县域创新驱动发展的若干意见》。**

［目　文］《意见》由三个部分组成：一、总体要求。二、重点任务。三、保障措施。

《意见》指出，要强化科技与县域经济社会发展有效对接，打通从科技强、产业强到经济社会发展强的通道。以建设创新型县（市）和创新型乡镇为抓手，深入推动大众创业、万众创新，构建多层次、多元化县域创新创业格局，推动形成县域创新创业新热潮。到2020年，县域创新驱动发展环境显著改善，创新驱动发展能力明显增强，为我国建成创新型国家奠定基础。

5月11日

［纲　文］　**中宣部在深圳召开深化文化体制改革座谈会。**

［目　文］　中共中央书记处书记、中宣部部长刘奇葆出席时指出，要深入学习贯彻习近平总书记关于文化改革发展的重要讲话精神，更加注重方向导向，更加注重精准发力，更加注重统筹协调，更加注重督察落实，推动文化改革发展各项任务落地见效。要坚持把社会效益放在首位、实现社会效益和经济效益相统一，着力推动国有文化企业建立有文化特色的现代企业制度，健全新闻媒体坚持正确舆论导向的体制机制，完善国有文化资产监管体制。要紧紧围绕实现文化小康目标，加快构建现代文化市场体系，大力培育文化产业发展新业态新动能，不断提高公共文化服务效能，努力构建文化事业全面繁荣、文化产业持续健康发展的新格局。深化文化体制改革重在实干、贵在实效。要进一步增强抓落实的责任感使命感，突出一把手抓、抓一把手，加大督察力度，严肃追责问责，确保改革质量和实效。要认真贯彻国家“十三五”时期文化发展改革规划纲要，明确职责分工，细化保障措施，推动各项任务落到实处、见到成效。

5月11日

［纲　文］　**新华社讯，孟建柱在北京主持召开中央政法委员会第30次全体会议。**

［目　文］　郭声琨、周强、曹建明出席会议。中共中央政治局委员、中央政法委书记孟建柱强调，要认真学习贯彻习近平总书记在中央政治局审议《关于巡视中央政法单位情况的专题报告》时的重要讲话精神，以高度的政治责任感扎实抓好巡视整改工作，切实加强政法机关党的建设和队伍建设，为政法事业健康发展提供坚强保证。各单位党组（党委）要切实肩负起政治责任，抓好巡视整改任务落实。对巡视发现和群众反映的问题线索要认真核查、依纪依法处理，坚决清除政法系统的害群之马，维护司法公信力。要以巡视整改为契机，全面深化司法体制改革，着力解决影响执法司法的体制机制性问题，推动政法事业不断发展进步。要坚持把思想政治建设放在首位，深入开展政治纪律和政治规矩教育，用中国特色社会主义理论武装头脑，进一步坚定理想信念，增强走中国特色社会主义法治道路的自觉性坚定性。要大力加强纪律作风建设，针对容易滋生执法司法腐败的重点领域和关键环节，健全完善执法司法权运行制约和监督体系，筑牢权力运行制度“堤坝”，有效防范廉政风险。要坚持正确的选人用人导向，把好政治关、廉洁关，让品行不端、投机钻营、跑官要官者没有市场，确保政法系统政治生态风清气正。

5月11日

［纲　文］　**中共陕西省第十三届委员会第一次全体会议选举娄勤俭为省委书记，胡和平、毛万春为省委副书记。**

5月11日

［纲　文］　**中共中央政治局委员、中央政法委书记孟建柱在北京会见德国联邦司法和消费者保护部部长海科·马斯。**

［目　文］　孟建柱说，中德深化互信、加强合作，符合两国和两国人民根本利益。

近年来，双方在反恐、司法、网络安全等领域达成广泛共识，合作成效明显。中方愿同德方一道，落实两国领导人共识，相互尊重、坦诚相待，探索从制度层面解决彼此关切问题，推动法治、司法领域合作取得新成果。海科·马斯表示，愿与中方深化法治、司法领域交流合作。

5月11日

［纲　文］ **亚洲首个全自动化码头在青岛港投入商业运营。**

［目　文］ 设计作业效率每小时40自然箱，较传统码头作业效率提升30%，操作人员减少85%，是目前全球自动化程度最高、装卸效率最快的集装箱码头。作为亚洲首个全自动化码头，以青岛港自主知识产权实现全智能决策、全系统管理，颠覆了传统集装箱码头作业模式。

5月11日

［纲　文］ **新疆塔什库尔干发生5.5级地震。**

［目　文］ 5时58分，新疆喀什地区塔什库尔干塔吉克自治县发生5.5级地震，震源深度8千米。地震造成8人死亡，29人受伤。

5月11—15日

［纲　文］ **应国家主席习近平邀请，越南国家主席陈大光对中国进行国事访问并出席“一带一路”国际合作高峰论坛。**

［目　文］ 访问期间，习近平在北京同陈大光举行会谈，两国元首一致同意保持双边关系积极发展势头，推进各领域合作，推动中越全面战略合作伙伴关系迈上新台阶，为两国和两国人民带来更多实实在在利益；共同见证了两国外交、经济技术、电子商务、基础设施建设、教育等领域双边合作文件的签署；两国元首夫妇共同观看了《中国摄影家眼中的越南》摄影展。国务院总理李克强、全国人大常委会委员长张德江、全国政协主席俞正声、中共中央书记处书记刘云山在北京分别会见陈大光。国务院副总理汪洋与陈大光在北京共同出席2017中越经贸合作论坛并发表主旨演讲。双方发表了《中越联合公报》。陈大光还到福建省参观访问。中央军委副主席范长龙在北京会见了陪同陈大光来访的越南国防部副部长阮志咏。

习近平同陈大光会谈时指出，要用好中越双边合作指导委员会等机制，加紧双方发展战略对接，推进跨境经济合作区建设，深化产能、基础设施建设、投资、贸易等各领域合作，服务好各自经济社会发展。要扩大人文交流，积极开展教育、医疗、青年和文化产业合作，增进两国人民相互了解和友好感情，为中越友好夯实民意基础。要推进海上合作，逐步积累共识，扩大共同利益，同时通过双边对话，管控好分歧。要加强在联合国、亚太经合组织、中国—东盟、澜沧江—湄公河合作等多边框架内的协调和配合。当前形势下，即将举办的“一带一路”国际合作高峰论坛有利于凝聚各方共识，深化国际合作，推动经济全球化进程向更加开放、包容、普惠、平衡、共赢方向发展。越南是“一带一路”沿线重要国家。希望中越双方以这次高峰论坛为契机，加强发展战略对接，推进各领域务实合作，实现共同发展、共同繁荣。陈大光表示，双方要保持高层互访，发挥两党两国交流合作机制功效；拓展经贸、农业、环境、基础设施、旅游、人文、安全等领域和“一带一路”建设中务实合作，在革新、发展、脱贫事业中互学互鉴；妥善处理分歧，继续推进海上合作。

李克强在会见陈大光时指出，中方愿同越方加强在中国—东盟、澜沧江—湄公河等框架内的合作。推动边境经济合作，共同打击跨国犯罪。促进两国边境乃至本地区的和平、安宁与繁荣，造福两国和地区人民。陈大光表示，越方愿进一步推动双边贸易平衡增长，扩大投资合作，在农业、基础设施、高科技、金融和可再生能源等领域加强合作，密切地方合作与人文交流。

5月11—13日

［纲　文］　**应国家主席习近平邀请，乌兹别克斯坦总统米尔济约耶夫对中国进行国事访问。**

［目　文］　访问期间，习近平在北京同米尔济约耶夫举行会谈，一致同意弘扬中乌世代友好精神，推动中乌关系继往开来，更好造福两国人民。两国元首签署了《中华人民共和国和乌兹别克斯坦共和国联合声明》并共同见证了两国经济技术、交通运输、医疗、农业、水电、中小企业、基础设施、旅游和地方交往等领域双边合作文件的签署。国务院总理李克强、全国人大常委会委员长张德江在北京分别会见了米尔济约耶夫。米尔济约耶夫出席了在北京举行的“一带一路”国际合作高峰论坛；为《习近平谈治国理政》乌兹别克文版撰写了前言。

习近平同米尔济约耶夫会谈时指出，中方致力于同乌方发展全天候友谊。双方要继续在涉及彼此核心利益和重大关切问题上相互支持，不断巩固和深化政治和战略互信，让双边关系更好助力两国共同发展繁荣。中方愿同乌方就国际事务、中亚地区形势、上海合作组织发展等保持密切沟通和协调。中方愿同乌方深挖潜力，推动中乌在“一带一路”建设合作中取得新进展。双方要加强发展战略对接，共同规划好两国合作的重点方向、重点领域、重点项目。要充分挖掘经贸合作潜力，扩大双边贸易规模，优化贸易结构，实现双边贸易长期稳定健康发展。中方愿在平等自愿、互利共赢的基础上，同乌方拓展产能、投资、工业园区和基础设施建设合作。

米尔济约耶夫表示，乌方感谢中方支持乌方走符合本国国情的发展道路，坚定坚持一个中国政策，支持中国维护自身利益和重大关切，支持中方在打击“三股势力”方面的立场。乌方致力于巩固和发展乌中全面战略伙伴关系，密切两国高层交往，以“一带一路”建设为契机，深化经贸、投资、产能、基础设施、水利等领域合作和地方、人文交流，加强在联合国、上海合作组织等多边框架下协调配合。

李克强在会见米尔济约耶夫时指出，欢迎乌方更多引进性价比较高、符合环保要求的中国装备，助力乌工业化进程。中方愿扩大从乌方进口有竞争力的产品。两国还可以增进中小企业间的合作，更好实现互利共赢。

米尔济约耶夫表示，乌方对两国合作前景充满期待，愿借鉴中方发展经验，加强交通基础设施、能源矿产、水利等广泛领域合作，推进装备、产能、工业园区等合作，将乌中友好关系提高到新的水平。

5月11—29日

［纲　文］ **第8届中国京剧艺术节在南京举行。**

［目　文］ 艺术节由文化部、江苏省人民政府和南京市人民政府共同主办，文化部艺术司、江苏省文化厅、南京市文化广电新闻出版局承办。艺术节秉承着“京剧艺术的盛会，人民群众的节日”的宗旨，坚持现代戏、新编历史剧、整理改编传统戏“三并举”，集中展现了近年来我国京剧艺术继承与创新发展的最新成果。来自全国24个省区市、34个京剧表演团体的29台剧目、5台武戏折子戏专场和2台祝贺演出剧目参加了演出。

5月11—15日

［纲　文］ **第13届中国（深圳）国际文化产业博览交易会在深圳举行。**

［目　文］ 交易会由文化部、商务部、国家新闻出版广电总局、广东省人民政府和深圳市人民政府联合主办。全国31个省份及港澳台地区全部参展。主展馆设文化产业综合馆和8个专业馆，包括文化消费时尚文化馆、影视动漫馆、新闻出版媒体融合馆、文化科技馆、艺术品馆、“一带一路”国际馆、非物质文化遗产馆、工艺美术馆。有来自全球五大洲、40个国家和地区的110多家海外机构参展。海外组团面积占总面积比例达到20%，来自美国、英国、法国等全球99个国家和地区的约2万名海外展商参展、参会、采购。

5月12日

［纲　文］ **环境保护部印发《“一带一路”生态环境保护合作规划》。**

［目　文］ 《规划》由十个部分组成：一、重要意义。二、总体要求。三、突出生态文明理念，加强生态环保政策沟通。四、遵守法律法规，促进国际产能合作与基础设施建设的绿色化。五、推动可持续生产与消费，发展绿色贸易。六、加大支撑力度，推动绿色资金融通。七、开展生态环保项目和活动，促进民心相通。八、加强能力建设，发挥地方优势。九、重大项目。十、保障措施。

5月12日

［纲　文］ **新华社讯，刘延东在浙江调研。**

［目　文］ 国务院副总理刘延东在杭州小营巷社区考察并召开座谈会时指出，爱国卫生运动广泛组织动员群众，解决突出卫生问题，为改善城乡面貌、保障群众健康作出了历史贡献。

刘延东在浙江大学调研，祝贺浙江大学建校120周年，并召开高等教育工作座谈会时表示，要坚持社会主义办学方向，创新人才培养模式，抓好学科和教师队伍建设，促进学生德智体美全面发展、成长成才。要加强改进高校党建和思想政治工作，加强理论武装，用好课堂教学主渠道和信息化手段，发挥社会实践育人功能，增强时代感和吸引力。要推进高考综合改革试点政策举措精准落地。坚持以中国特色、世界一流为主线，统筹推进世界一流大学和一流学科建设，激发改革创新内生动力，培养和汇聚一流人才，不断提升高等教育办学质量和发展水平。

5月12日

［纲　文］　**汪洋在北京出席省部级干部推进农业供给侧结构性改革研讨班座谈会。**

［目　文］　国务院副总理汪洋指出，深入推进农业供给侧结构性改革，必须重视处理好政府和市场的关系。要深化改革，完善农产品价格形成机制、农村产权制度等，真正让市场在资源配置中起决定性作用。加快培育市场主体，因地制宜发展多种形式适度规模经营。强化政府对农业的支持保护，加强农业基础设施建设、科技推广、资源环境保护，巩固和优化粮食产能。加强各类兴农平台建设，鼓励基层创新探索，总结推广各地成功经验和做法。改善农产品市场调控，规范市场行为，营造农业发展的良好市场环境。重视保护普通农户的利益，完善社会化服务，逐步将小农户的生产引入到现代农业发展的轨道。

本次研讨班由中央组织部、中央农办、农业部和国家行政学院举办，各省（区、市）党委或政府、中央和国家机关有关部委分管负责人参加。

5月12日

［纲　文］　**王勇在浙江绍兴出席防灾减灾日活动。**

［目　文］　国务委员、国家减灾委主任王勇在绍兴察看了社会力量救灾救援装备，观摩了“协同—2017”社会力量参与救灾实兵演练，在校园和社区调研防灾减灾能力建设情况。

王勇指出，各地区、各有关部门要认真贯彻落实党中央、国务院《关于推进防灾减灾救灾体制机制改革的意见》，坚持以人民为中心的发展思想，坚持以防为主、防抗救相结合，坚持常态减灾和非常态救灾相统一，努力实现从注重灾后救助向注重灾前预防转变，从应对单一灾种向综合减灾转变，从减少灾害损失向减轻灾害风险转变。

5月12日

［纲　文］　**2017年全国非物质文化遗产保护工作会议在北京召开。**

［目　文］　会议由文化部主办。山西、上海、江苏、浙江、湖南、贵州6个省市的文化厅（局）负责人发言，从不同角度分享了非遗保护工作经验。与会代表还就当前非遗保护工作中遇到的重点、难点问题进行了交流探讨。全国各省区市文化厅（局）长、非遗处处长、非遗保护中心主任等100余人出席会议。

5月12日

［纲　文］　**中共上海市第十一届委员会第一次全体会议选举韩正为市委书记，应勇、尹弘为市委副书记。**

5月12—13日

［纲　文］　**应国家主席习近平邀请，智利共和国总统巴切莱特对中国进行国事**

访问。

［目　文］　访问期间，习近平在北京同巴切莱特举行会谈，两国元首一致同意共同努力，深化中智全面战略伙伴关系并共同见证了政治、经贸、投资、金融、农业、旅游、南极科考等领域双边合作文件的签署。国务院总理李克强、全国人大常委会委员长张德江在北京分别会见了巴切莱特。双方发表了《中华人民共和国和智利共和国联合声明》。巴切莱特出席了在北京举行的“一带一路”国际合作高峰论坛。

习近平同巴切莱特会谈时指出，双方要充分发挥两国各领域、各层级对话机制作用，落实好两国政府共同行动计划，为两国关系长远发展筑牢基础。要以双边自贸协定升级为主线，构建多元合作格局，在“一带一路”建设框架内对接发展战略，促进相互投资，推进两国在基础设施建设、地区互联互通、清洁能源、信息通信等领域重大合作项目。要深化在防灾救灾、灾后重建以及南极科考、天文观测、生物科技、空间卫星等科技领域合作，扩大文化、教育和旅游等人文交流，丰富全面战略伙伴关系内涵。拉美是当今世界最具发展潜力的新兴地区之一，是国际格局中一支不断上升的重要力量。中方赞赏智利为推动中拉论坛建设所作的积极贡献，愿与智方共同努力，推动中拉实现更高水平、更宽领域、更深层次互利共赢，共建中拉命运共同体。

巴切莱特表示，智方致力于深化智中合作，愿发挥好两国政府间对话机制功效，加强政治、经济、投资、农业、能矿、金融、环境、文化、旅游、电子商务、信息通信、基础设施、南极科考等领域合作，尽早完成自贸协定升级谈判，便利双方人员往来。智方赞赏中国在国际事务中的重要作用，愿同中方加强协调配合，促进中拉合作。

李克强在会见巴切莱特时表示，中方愿同智方加快发展战略对接，扩大全方位交往，拓展重点领域合作，打造中智自贸区升级版，向国际社会共同发出推进经济全球化、支持贸易投资自由化便利化、反对保护主义的积极信号，促进地区和世界的和平稳定与发展繁荣。我们愿同包括智利在内的拉美国家共同办好中拉论坛第二届部长级会议，继续推动中拉整体关系与合作向前发展。

巴切莱特表示，加强中小企业和电子商务合作，扩大双边贸易。欢迎中方加大对智投资，参与智方新能源、通信、交通、农业、科技创新、金融等领域合作，共同开发第三方市场。智方愿积极推动拉中关系发展。

5月12—16日

［纲　文］　应国务院总理李克强邀请，匈牙利总理欧尔班来华出席“一带一路”国际合作高峰论坛并对中国进行正式访问。

［目　文］　访问期间，国家主席习近平在北京会见欧尔班，宣布两国建立全面战略伙伴关系，双方发表了《中华人民共和国和匈牙利关于建立全面战略伙伴关系的联合声明》。李克强、全国人民代表大会常务委员会委员长张德江在北京同欧尔班会谈、会见。

习近平在会见欧尔班时指出，中匈建交68年来，两国关系始终健康发展。两国建立全面战略伙伴关系反映了双边关系发展现实，为双边合作开辟了广阔空间。双方要以此为契机，推动两国关系不断深入发展。作为全面战略伙伴，双方要坚持相互尊重。要加强“一带一路”倡议同匈方“向东开放”战略深度对接，加强全面合作顶层规划。要继续深挖合作潜力，继续推动匈塞铁路等大项目，拓展金融合作。要加强人文交流，扩大文化、教育、旅游、地方等领域合作。中方坚定支持欧盟发展。中国—中东欧国家合作提升了中国同中东欧国家整体关系水平。中方愿同匈方一道，不断推进中国—中东欧国家合作和中欧全面战略伙伴关系发展。

欧尔班表示，匈牙利高度评价中国经济社会发展特别是脱贫攻坚取得的成就，认为中国市场经济地位不容置疑。匈方致力于深化同中方在基础设施、农业等领域合作，支持中国—中东欧合作和中欧关系发展。“一带一路”建设对各国都是重要机遇，匈方愿积极参与相关合作。

李克强在同欧尔班举行会谈时指出，在国际贸易增长低迷的背景下，中匈双边贸易2016年实现两位数增长，表明中匈合作基础深厚，潜力巨大。希望双方着重抓好“一带一路”建设和“16+1合作”框架下的重点项目，推动匈塞铁路等大项目合作取得新的实质性进展，促进贸易平衡发展，积极开展三方合作，培育新的合作增长点。加强人文交流，进一步夯实双边关系的民意基础。

欧尔班表示，匈方愿同中方加强基础设施、金融、农业食品、航运等领域合作，加快推进匈塞铁路建设，开展第三方市场合作，扩大教育交流，开辟匈中友好合作关系新的未来。匈牙利愿办好2017年中国—中东欧国家领导人会晤，进一步推动“16+1合作”取得新成果。

5月13日

［纲　文］　**国务院任命刘结一为国务院台湾事务办公室副主任。**

5月13日

［纲　文］　**国务委员、公安部部长郭声琨代表中国政府与国际刑警组织在北京签署《中华人民共和国政府和国际刑警组织战略合作的意向宣言》。**

［目　文］　《宣言》指出，中国政府与国际刑警组织在维护边境和贸易安全，打击非法市场、金融犯罪和网络犯罪活动，保护关键基础设施安全等领域开展合作，为参与“一带一路”的国际刑警组织成员国的安全和稳定积极创造机会。

5月13日

［纲　文］　**亚洲基础设施投资银行（亚投行）在北京宣布，其理事会已批准新一批7个意向成员加入，成员总数扩大到77个。**

［目　文］　亚投行行长金立群介绍，此次新增的7个成员包括巴林、塞浦路斯、萨摩亚3个域内成员，和玻利维亚、智利、希腊、罗马尼亚4个非域内成员。

5月13日

［纲　文］　**中欧班列开行突破1000列。**

［目　文］　16时30分，X8024次中欧班列（义乌—马德里）从浙江义乌铁路西站

驶出。这列满载着服装、纺织用品等100个标准集装箱货物的列车成为2017年开行的第1000列中欧班列，较2016年同期增加612列，增长158%。自“一带一路”倡议提出以来，中欧班列开行数量实现迅猛增长，货物品类日益丰富，在促进中欧经贸往来、服务“一带一路”沿线各国企业和民众等方面发挥了作用。

5月13—17日

［纲　文］　**应国务院总理李克强邀请，柬埔寨王国首相洪森来华出席“一带一路”国际合作高峰论坛并对中国进行正式访问。**

［目　文］　访问期间，国家主席习近平、全国人大常委会委员长张德江、全国政协主席俞正声在北京分别会见洪森。李克强在北京同洪森举行会谈，两国总理共同见证了双方发展战略对接、经济技术、基础设施等领域多份双边合作文件的签署。

习近平在会见洪森时指出，中柬2018年将迎来建交60周年。双方要以纪念建交60周年为契机，推动中柬关系行稳致远、更好发展。我们要发挥高层接触对双边关系的引领作用，加强治国理政交流。要深化务实合作，落实好推进“一带一路”建设合作规划纲要，抓好产能和投资合作重点项目。要提升经贸合作规模和水平，实施好有关合作项目建设。要加强执法安全、反恐、打击网络犯罪以及境外追逃等领域合作，扩大旅游、文化、教育、青年等社会人文交流。中方支持柬方在国际和地区事务中发挥更大作用，支持柬方当好澜湄合作主席国。

洪森表示，双方要在各自发展和彼此重大关切问题上始终相互理解和支持，拓展经贸、发展、减贫、卫生、安全、打击跨国犯罪等领域务实合作，密切在国际和地区事务中沟通协调。柬方赞同双方明年共同办好柬中建交60周年纪念活动。

李克强同洪森会谈时指出，中国政府致力于全面提升中柬合作水平，愿同柬方加快发展战略对接，推动双边贸易质与量双提升。抓好产能、投资、农业等重点合作项目，助力柬埔寨经济社会发展和民生改善。双方可深化防务执法合作，加强在教育、旅游、文物保护、医疗卫生等领域交流。2018年是中国同东盟建立战略伙伴关系15周年，柬埔寨将主办澜沧江—湄公河合作第二次领导人会议。中方支持柬方通过有关区域、次区域平台发挥积极作用，愿与柬方和有关各方共同努力，聚焦合作，共谋发展，打造本地区和平稳定、共享繁荣的命运共同体。

洪森表示，柬方珍视两国传统友谊，愿同中方落实好已达成的各项共识，保持高层交往，加强在贸易投资、基础设施、农业水利、科技、旅游、执法安全等广泛领域合作，密切在地区和国际事务中的沟通协调，推动柬中友好关系再上新台阶。

5月13—17日

［纲　文］　**文化部部长雒树刚在北京分别与土耳其、突尼斯、黎巴嫩、肯尼亚、阿根廷等国外交部或文化部签署相关文化协定。**

［目　文］　13日，雒树刚与土耳其外交部部长梅夫吕特·恰武什奥卢签署《中华人民共和国政府和土耳其共和国政府关于互设文化中心的协定》；与突尼斯文化部部长代表、

驻华大使迪亚·哈立德签署了《中华人民共和国政府和突尼斯共和国政府关于互设文化中心的协定》。

14日，雒树刚与黎巴嫩文化部部长加塔斯·扈里以换文方式签署了《中华人民共和国政府和黎巴嫩共和国政府文化协定2017—2020年执行计划》。

15日，雒树刚与肯尼亚外交部部长阿明娜·穆罕默德签署《中华人民共和国政府和肯尼亚共和国政府关于在肯尼亚设立中国文化中心的协定》。

17日，雒树刚与阿根廷外交与宗教事务部部长苏珊娜·马尔科拉签署《中华人民共和国和阿根廷共和国关于在阿根廷设立中国文化中心的协定》。

5月14日

［纲　文］　**新华社讯，常万全在上海、浙江、福建、江西、江苏调研全民国防教育工作。**

［目　文］　中央军委委员、国务委员兼国防部长常万全指出，军地各级要深入学习贯彻中央军委主席习近平系列讲话精神，不断强化政治意识、大局意识、核心意识、看齐意识，拿出务实举措，广泛动员起来，努力开创全民国防教育工作新局面，进一步汇聚起实现中国梦强军梦的磅礴力量。开展国防教育要铭记历史，缅怀先烈，崇尚真理，珍爱和平，开创未来，紧密团结在以习近平同志为核心的党中央周围，牢固树立爱党爱国爱社会主义的坚定信念，凝神聚力，艰苦奋斗，扎实工作，助力各项建设事业深入发展。要深化全民国防教育改革，健全领导体制机制，完善政策法规，创新深入普及的方法手段，充分调动教育机构、社会组织、民间力量的积极性创造性，深入挖掘红色资源的巨大潜力，努力形成党委政府主导、军地密切协作、社会各界支持、全民共同参与、军民深度融合的国防教育生动局面，以优异成绩迎接党的十九大胜利召开。

5月14日

［纲　文］　**《人民日报》发表题为《构建开放共赢的新世界——祝贺“一带一路”国际合作高峰论坛开幕》的评论员文章。**

5月14—15日

［纲　文］　**“一带一路”国际合作高峰论坛在北京举行。**

［目　文］　论坛是中国首倡举办的“一带一路”建设框架内层级最高、规模最大的国际会议，主题是“加强国际合作，共建‘一带一路’，实现共赢发展”。论坛由开幕式、领导人圆桌峰会、高级别会议三个部分组成。包括29位外国元首和政府首脑在内的来自130多个国家和70多个国际组织约1500名代表出席此次高峰论坛。

14日，国家主席习近平出席论坛开幕式，并发表题为《携手推进“一带一路”建设》的主旨演讲，强调坚持以和平合作、开放包容、互学互鉴、互利共赢为核心的丝路精神，携手推动“一带一路”建设行稳致远，将“一带一路”建成和平、繁荣、开放、创新、文明之路，迈向更加美好的明天。国务院副总理张高丽主持开幕式。

同日，张高丽出席论坛高级别全体会议并发表题为《坚持共商共建共享 加强“五通”交流合作》的致辞。

15日，“一带一路”国际合作高峰论坛举行圆桌峰会。习近平主持会议并作主题为《开辟合作新起点 谋求发展新动力》的开幕辞。来自30个国家的领导人和联合国、世界银行、国际货币基金组织负责人出席。围绕论坛主题，就对接发展战略、推动互联互通、促进人文交流等议题交换意见，达成广泛共识。各方通过了《“一带一路”国际合作高峰论坛圆桌峰会联合公报》，并发表《“一带一路”国际合作高峰论坛成果清单》。

会议期间，习近平和夫人彭丽媛在人民大会堂为出席论坛的外方代表团团长及嘉宾举行欢迎宴会并在国家大剧院观看主题为《千年之约》的文艺演出；习近平分别会见捷克总统泽曼、蒙古国总理额尔登巴特、波兰总理希德沃、埃塞俄比亚总理海尔马里亚姆、瑞士联邦主席洛伊特哈德、希腊总理齐普拉斯、巴基斯坦总理谢里夫、马来西亚总理纳吉布、西班牙首相拉霍伊、俄罗斯总统普京、哈萨克斯坦总统纳扎尔巴耶夫、印度尼西亚总统佐科、肯尼亚总统肯雅塔、菲律宾总统杜特尔特、吉尔吉斯斯坦总统阿坦巴耶夫、白俄罗斯总统卢卡申科、塞尔维亚总理、当选总统武契奇、意大利总理真蒂洛尼、缅甸国务资政昂山素季、斯里兰卡总理维克勒马辛哈、斐济总理姆拜尼马拉马、日本自民党干事长二阶俊博；与老挝人民革命党中央总书记、国家主席本扬，土耳其总统埃尔多安举行会谈；国务院总理李克强分别会见蒙古国总理额尔登巴特、波兰总理希德沃、埃塞俄比亚总理海尔马里亚姆、老挝国家主席本扬、巴基斯坦总理谢里夫、马来西亚总理纳吉布、西班牙首相拉霍伊、希腊总理齐普拉斯、哈萨克斯坦总统纳扎尔巴耶夫、俄罗斯总统普京、国际货币基金组织总裁拉加德、世界银行行长金墉、菲律宾总统杜特尔特、肯尼亚总统肯雅塔、英国首相特使哈蒙德、德国总理特别代表齐普里斯、联合国秘书长古特雷斯、意大利总理真蒂洛尼、缅甸国务资政昂山素季、斯里兰卡总理维克勒马辛哈、斐济总理姆拜尼马拉马和塞尔维亚总理、当选总统武契奇；全国人大常委会委员长张德江会见巴勒斯坦总统府秘书长塔伊布；中央书记处书记刘云山集体会见出席“一带一路”国际合作高峰论坛“增进民心相通”平行主题会议外方代表；中央纪委书记王岐山会见老挝人民革命党中央总书记、国家主席本扬；国务院副总理汪洋分别会见尼泊尔副总理兼财长马哈拉，比利时副首相兼就业、经济和外贸大臣皮特斯，世贸组织总干事阿泽维多；国务院副总理刘延东会见联合国教科文组织总干事博科娃、世界卫生组织总干事陈冯富珍、联合国儿童基金会执行主任安东尼·莱克、联合国人口基金执行主任巴巴通德·奥索蒂梅欣；国家副主席李源潮分别会见第71届联合国大会主席汤姆森、红十字国际委员会主席莫雷尔、红十字会与红新月会国际联合会秘书长阿西、科威特宫廷事务大臣纳赛尔；中宣部部长刘奇葆出席“一带一路”国际合作高峰论坛“智库交流”平行主题会议，发表题为《携手打造“智力丝绸之路”》的主旨演讲；国务委员杨洁篪分别会见文莱首相府部长兼外交与贸易部第二部长林玉成、第71届联合国大会主席汤姆森、印尼海洋统筹部长卢胡特、联合国秘书长古特雷斯，韩国政府代表团团长、前国会副议长朴炳锡；外交部部长王毅会见毛里求斯外长卢切米纳赖杜；彭丽媛邀请出席论坛的外方团长配偶参观世界文化遗产——故宫博物院。

17 日，杨洁篪在北京就“一带一路”国际合作高峰论坛接受媒体采访，介绍“一带一路”国际合作高峰论坛成果。

同日，外交部发言人表示，中国主办“一带一路”国际合作高峰论坛是责任和担当精神的体现。

5 月 14—18 日

［纲　文］　**应国家主席习近平邀请，阿根廷总统马克里来华出席“一带一路”国际合作高峰论坛并对中国进行国事访问。**

［目　文］　访问期间，习近平在北京同马克里举行会谈。两国元首一致同意，扩大两国各领域互利友好合作，推动中阿全面战略伙伴关系取得更大发展。双方发表了《中华人民共和国和阿根廷共和国联合声明》。两国元首共同见证了教育、文化、农业、质检、体育、投资、能源、铁路和金融等领域双边合作文件的签署。国务院总理李克强、全国人大常委会委员长张德江在北京分别会见马克里。

习近平同马克里会谈时指出，双方要坚定不移加强政治互信，扩大政府、立法机构、政党、地方等各领域各层级交往，坚持相互尊重、平等相待、合作共赢，在涉及彼此核心利益问题上相互支持。要深化两国利益融合，推动“一带一路”倡议同阿国内发展规划实现对接，扩大基础设施建设、能源、农业、矿业、制造业等领域合作，落实好水电、铁路等现有重大合作项目，扩大市场开放，优化贸易结构。中方赞赏阿方明确承诺将履行《中国加入世界贸易组织议定书》第十五条义务。双方要共同办好庆祝两国建交 45 周年系列文化活动，增进文化、教育、科技、青年、旅游、地方、足球等领域交流合作，加强警务执法和司法、南极事务合作。马克里表示，阿方愿同中方共同努力，推动贸易平衡发展，加强投资、金融、农业、科技、基础设施、旅游、人文、足球合作，深化拉美同中国关系，密切在国际事务中的沟通和协调。

李克强在会见马克里时指出，中方愿同阿方相互扩大市场开放，推动双边贸易均衡发展，共同促进贸易投资自由化、便利化。着力加强基础设施建设和产能合作，深化能源、矿产、农业、金融、中小企业等领域合作，实现互利共赢。中方支持拉美区域经济一体化，愿同包括阿根廷在内的拉美各国共同努力，推动中拉关系不断发展进步，也为地区和世界的和平稳定发展作出贡献。马克里表示，阿方愿同中方加快合作步伐，加强基础设施建设、农产品、核电、金融、旅游等领域合作，推动贸易平衡增长，实现共同发展。阿方欢迎中国企业赴阿投资，愿积极推动南方共同市场与中国开展多种形式经贸合作，促进拉中整体关系的深入发展。

5 月 15 日

［纲　文］　**国家主席习近平任免驻外大使。**

［目　文］　习近平根据全国人民代表大会常务委员会的决定任免下列驻外大使：一、免去李瑞佑的中华人民共和国驻巴布亚新几内亚独立国特命全权大使职务；任命薛冰为中华人民共和国驻巴布亚新几内亚独立国特命全权大使。二、免去黄华光的中华人民共和国驻汤加王国特命全权大使职务；任命王保东为中华人民共和国驻汤加王国特命全权大使。三、免去宋彦斌的中华人民共和国驻哥斯达黎加共和国特命全权大使职务；任命汤恒为中华人民共和国驻哥斯达黎加共和国特命全权大使。

5月15日

［纲　文］　**国务院办公厅印发《政府网站发展指引》。**

［目　文］　《指引》由八个部分组成：一、总体要求。二、职责分工。三、开设与整合。四、网站功能。五、集约共享。六、创新发展。七、安全防护。八、机制保障。

《指引》指出，各地区、各部门可参照本指引制定本地区、本部门政府网站管理办法，规范网站域名，严格开办流程，加强监管考核，推进资源集约，实现政府网站有序健康发展。

5月15日

［纲　文］　**中央网信办发布，勒索软件传播速度明显放缓。**

［目　文］　5月12日起，一款勒索软件病毒在全球较大范围内传播，感染了包括医院、教育、能源、通信、制造业等以及政府部门在内的多个领域，我国一些行业和政府部门的计算机也受到了感染，造成了一定影响。事件发生后，公安、工信、教育、银行、网信等有关部门都立即做了部署，对防范工作提出了要求。各相关媒体做了大量报道，对提高全社会的防范意识、遏制勒索软件发挥了作用。目前，该勒索软件还在传播，但传播速度已经明显放缓。

5月15日

［纲　文］　**文化部发布中华人民共和国文化部2016年文化发展统计公报。**

5月16日

［纲　文］　**国务院办公厅印发《关于支持社会力量提供多层次多样化医疗服务的意见》。**

［目　文］　《意见》由六个部分组成：一、总体要求。二、拓展多层次多样化服务。三、进一步扩大市场开放。四、强化政策支持。五、严格行业监管和行业自律。六、强化组织实施。

《意见》要求，各地区各有关部门要充分认识支持社会力量提供多层次多样化医疗服务的重要意义，加强组织领导、督查调研和探索创新，明确任务分工和时限要求，切实打通政策落实“最后一公里”，不断丰富完善促进社会办医发展的政策措施。

5月16日

［纲　文］　**国务院办公厅印发《2017年全国打击侵犯知识产权和制售假冒伪劣商品**

工作要点》。

［目 文］《要点》由八个部分组成：一、持续推进重点领域治理。二、大力加强商品质量日常监管。三、加大打击侵犯知识产权工作力度。四、加强刑事打击与司法保护。五、全面推进跨区域跨部门协作。六、加强法规制度建设。七、积极推进社会共治。八、提升国际交流合作水平。

《要点》要求，各地区要主动加强与外国驻华机构、跨国公司的沟通交流，营造良好的营商环境，要指导企业加强展会知识产权保护，提升民族品牌意识。要统筹协调，主动加强对外宣传，努力维护我国国际形象。

5月16日

［纲 文］ **国务院办公厅函复发展改革委，同意建立采煤沉陷区综合治理部际联席会议制度。**

［目 文］ 函复说，国务院同意建立由发展改革委牵头的采煤沉陷区综合治理部际联席会议制度。联席会议不刻制印章，不正式行文，请按照国务院有关文件精神认真组织开展工作。

5月16日

［纲 文］ **国家税务总局公布《税收规范性文件制定管理办法》。**

［目 文］《管理办法》共6章50条。主要有总则、制定规则、制定程序、备案审查、文件清理、附则等内容。自2017年7月1日起施行。《税收规范性文件制定管理办法》（国家税务总局令第20号公布）同时废止。

5月16日

［纲 文］ **财政部、国土资源部印发《地方政府土地储备专项债券管理办法（试行）》。**

［目 文］《办法（试行）》共7章44条。主要有总则、额度管理、预算编制、预算执行和决算、监督管理、职责分工、附则等内容。自2017年5月16日起实施。

5月16日

［纲 文］ **中共中央党校举行春季学期第2批入学学员开学典礼。**

［目 文］ 中共中央政治局常委、中央党校校长刘云山出席并讲话。赵洪祝出席开学典礼。中央有关部门负责人，中央党校校委成员、全体学员和教职工参加开学典礼。中国浦东、井冈山、延安干部学院通过视频会议系统同步参加开学典礼。

5月16日

［纲 文］ **中宣部在北京召开迎接十九大宣传暨“砥砺奋进的五年”重大主题宣传动员会。**

［目 文］ 中宣部部长刘奇葆出席会议时指出，要深入学习贯彻习近平总书记系列重要讲话精神和治国理政新理念新思想新战略，全力做好迎接党的十九大宣传各项工作，做好“砥砺奋进的五年”重大主题宣传，用辉煌的成就鼓舞人心，用美好的前景催人奋进，

为党的十九大胜利召开营造良好思想舆论氛围。开展迎接党的十九大宣传，要持续深入宣传阐释习近平总书记系列重要讲话精神，增强宣传阐释的理论深度、理论温度、理论力度，做到全面系统、生动准确。要浓墨重彩开展成就宣传，组织大型主题采访活动，办好大型成就展和系列报告会，制作播出系列电视专题片，充分展示十八大以来党和国家事业发展的非凡历程和辉煌成就。要广泛开展群众性主题宣传教育活动，精心组织重点文艺作品创作和文化活动，积极培育和弘扬社会文明风尚，着力营造全社会团结和谐、昂扬向上的浓厚氛围。要有针对性地开展对外宣传，讲好中国故事、中国共产党故事、中国特色社会主义故事，向世界传递中国发展进步的自信心和正能量。

5月16日

［纲　文］　**汪洋在安徽调研产业扶贫工作。**

［目　文］　国务院副总理汪洋在金寨县梅山镇和白塔畈镇，深入贫困村贫困户，询问村级和分户式光伏扶贫电站的建设运营状况，了解电价补贴等政策落实情况及发电收益分配方式，听取基层干部群众对进一步做好产业扶贫工作的意见和建议。

汪洋肯定安徽省产业扶贫工作取得的积极成效并指出，要总结经验、吸取教训，稳中求进做好产业扶贫工作。要从贫困地区实际出发，统筹规划好产业扶贫项目，坚持市场导向，尊重市场规律，防止一拥而上、盲目跟风。要积极探索光伏扶贫可持续发展模式，完善与贫困户的利益联结机制，提高贫困人口参与度。要强化光伏扶贫项目的脱贫导向，财政资金投入形成的资产要最大程度让贫困村贫困户受益，光伏管护等公益性岗位优先安排给贫困人口，不断提高光伏扶贫的精准度和有效性。

5月16日

［纲　文］　**国务委员兼国防部长常万全在北京与波斯尼亚和黑塞哥维那国防部部长玛丽娜·彭黛什举行会谈。**

［目　文］　常万全说，近年来，中国同波黑政治互信不断加深，两国两军各领域合作取得积极进展。中方愿同波黑一道，认真落实好两国元首的共识，在人员培训、国际维和、军事学术领域推进务实合作，推动两国两军关系持续健康发展。

彭黛什说，波黑愿积极参与“一带一路”建设，期待进一步扩大两军友好交流与合作，推动双边关系不断发展。

5月16日

［纲　文］　**《人民日报》发表题为《让世纪工程造福各国人民——一论习近平主席在“一带一路”国际合作高峰论坛开幕式演讲》的评论员文章。**

5月17日

［纲　文］　**习近平致信祝贺中国社会科学院建院40周年。**

［目　文］　中共中央总书记习近平在信中写道：在中国社会科学院建院40周年之际，我代表党中央，向你们表示热烈的祝贺！向全国广大哲学社会科学工作者致以诚挚的

问候！

40年来，在党的领导下，中国社会科学院与时代同发展、与人民齐奋进，努力建设马克思主义理论阵地，发挥为党和国家决策服务的思想库作用，不断出成果、出人才，为推进马克思主义中国化、繁荣发展我国哲学社会科学作出了重要贡献。坚持和发展中国特色社会主义，是理论和实践的双重探索。希望中国社会科学院的同志们和广大哲学社会科学工作者，紧紧围绕坚持和发展中国特色社会主义，坚持马克思主义指导地位，贯彻“百花齐放、百家争鸣”方针，坚持为人民做学问理念，以研究我国改革发展稳定重大理论和实践问题为主攻方向，立时代潮头，通古今变化，发思想先声，繁荣中国学术，发展中国理论，传播中国思想，努力为发展21世纪马克思主义、当代中国马克思主义，构建中国特色哲学社会科学学科体系、学术体系、话语体系，增强我国哲学社会科学国际影响力作出新的更大的贡献！

同日，中国社会科学院举行40周年建院庆祝大会。中共中央政治局委员、国务院副总理刘延东在大会上宣读了习近平的贺信。中共中央政治局委员、中宣部部长刘奇葆在大会上说，要认真学习贯彻习近平总书记哲学社会科学工作座谈会重要讲话精神和贺信提出的要求，贯彻落实党中央关于加快构建中国特色哲学社会科学的意见，始终坚持以马克思主义为指导，把学习研究阐释当代中国马克思主义最新成果作为重中之重，以重大理论和现实问题为主攻方向，集聚优势、创新发展，更好地出成果出人才，不断繁荣发展哲学社会科学。

5月17日

［纲　文］　**李克强主持召开国务院常务会议。**

［目　文］　会议主要内容有：一、确定进一步减少涉企经营服务性收费和降低物流用能成本，为企业减负助力。会议确定，在落实好前期已出台涉企减负政策的基础上，再推出一批新的降费措施。一是降低企业物流成本。取消电网公司向铁路运输企业收取的电气化铁路还贷电价，等额下浮铁路货物运价。将货运车辆年检和年审依法合并，减轻检验检测费用负担。取消甘肃、青海、内蒙古、宁夏四省（区）政府还贷二级公路收费。加大鲜活农产品绿色通道政策实施力度。二是推进省级电网输配电价改革，合理降低输配电价格。扩大发电企业和用户直接交易规模。调整电价结构，通过取消工业企业结构调整专项资金、降低重大水利工程建设基金和大中型水库移民后期扶持基金征收标准、适当降低脱硫脱硝电价等措施，减轻企业用电负担。采取降低管道运输价格、清理查处乱收费等措施，降低省内天然气管网输配价格。三是减少经营服务性收费。行政审批部门开展技术性服务一律由其自行支付费用。取消行业协会商会不合理收费项目，对保留的项目降低偏高收费标准。规范金融机构收费行为，深化商业车险改革减轻企业保费负担。实施上述措施，一年将减轻企业负担约1200亿元。会议要求，对各类乱收费行为要抓典型，坚决曝光、重拳治理。全面推开涉企收费公示制，各级地方政府要在年内对外公布涉企收费清单。二、部署以试点示范推进《中国制造2025》深入实施，促进制造业转型升级。会议

指出，一要攻关键、强基础。以高端装备、短板装备和智能装备为切入点，狠抓关键核心技术攻关，加快突破传感器、工业软件、工控系统等瓶颈制约，集中支持重点领域创新发展和传统产业改造提升急需装备的工程化、产业化，启动实施新材料等研发和应用重大工程，持续提升基础研究、开发应用和系统集成能力。二要加快建设工业互联网云平台和基于互联网的开放式“双创”平台，积极支持大中小企业融通发展、服务业与制造业有机结合，鼓励制造、电信、软件等企业跨界合作，发展网络化协同研发制造、大规模个性化定制、服务型制造等新模式。三要抓好试点示范。四要提高产品和服务品质。弘扬企业家精神和工匠精神，培育创客品质，推广先进质量管理方法，建立优质制造标准体系。五要优化发展环境。深化简政放权、放管结合、优化服务改革。完善市场监管，强化知识产权保护。健全技术入股、股权激励等收益分配机制，更好调动科技人才积极性。六要扩大开放和国际合作，实现优势互补、共赢发展。

5月17日

［纲　文］　**中宣部在北京召开构建中国特色哲学社会科学工作座谈会暨2017年度国家社科基金项目评审工作会议**。

［目　文］　中共中央政治局常委、中央书记处书记刘云山出席会议并讲话。中宣部部长刘奇葆主持会议，国务院副总理刘延东出席会议。座谈会上，5位同志先后发言，大家认为在习近平总书记讲话精神鼓舞下，哲学社会科学战线牢记责任、积极行动，推动哲学社会科学工作呈现新气象；表示要抓住难得机遇、巩固良好态势，把构建中国特色哲学社会科学作为中心任务，更好担负起为党和人民述学立论、建言献策的光荣使命。

刘云山指出，要深入贯彻习近平总书记讲话精神和对中国社会科学院建院40周年的指示，贯彻党中央关于加快构建中国特色哲学社会科学的决策部署，强化责任担当、坚定文化自信、提升原创能力，努力谱写当代中国哲学社会科学新篇章。各级党委要切实履行对哲学社会科学工作的领导责任，一手抓繁荣发展、一手抓引导管理，加强社科研究单位党的建设和领导班子建设，加强人才队伍建设，加大政策保障和支持力度，为繁荣发展哲学社会科学营造良好环境。哲学社会科学工作者要树立为人民做学问的理想，弘扬良好学术道德，潜心钻研、勇攀高峰，推出更多标注时代的精品力作。

5月17日

［纲　文］　**中阿政府间常设委员会第2次会议在北京举行**。

［目　文］　外交部部长王毅同阿根廷外长马尔科拉共同主持会议。会议决定在两国委员会框架内增设教育、体育、旅游分委会。双方商定中阿政府间常设委员会第3次会议于2019年在阿根廷布宜诺斯艾利斯举行。

王毅祝贺中阿双方就互发10年多次有效旅游、商务签证达成一致，肯定阿方愿在反倾销调查中履行已承诺的国际义务并表示，中方支持阿方主办世贸组织第十一届部长级会议和2018年二十国集团领导人会议。马尔科拉表示，阿申请加入亚洲基础设施投资银行，愿积极参与“一带一路”建设。

5月17日

［纲　文］　**中央军委副主席范长龙、国务委员兼国防部长常万全在北京分别与阿联酋国防国务部部长巴瓦迪会见、会谈。**

［目　文］　范长龙在会见巴瓦迪时说，阿联酋是中国在海湾地区的重要战略合作伙伴。在两国元首的共同推动下，两国两军关系快速稳定发展，各领域交流合作不断深入、成果丰硕。中方一贯从战略高度和长远角度看待中阿关系，愿同阿方共同努力，推动两国两军关系不断向前发展。巴瓦迪说，阿中之间有着传统友谊。阿方愿与中方一道，加强协作与沟通，不断拓展两军合作的广度和深度，促进双边友好关系进一步发展。

常万全与巴瓦迪会谈时说，中方视阿联酋为中国在海湾地区的好朋友好伙伴，中方愿同阿方一道，不断深化各领域交流合作，推动双边关系更上一层楼。巴瓦迪说，阿方愿与中方加强协作、共同努力，进一步促进两国两军积极合作，推动两国战略合作伙伴关系向前发展，造福两国人民。

5月17日

［纲　文］　**《人民日报》发表题为《一条相遇相知共同发展之路——二论习近平主席在“一带一路”国际合作高峰论坛开幕式演讲》的评论员文章。**

5月17—19日

［纲　文］　**第10届中国中部投资贸易博览会在合肥举办。**

［目　文］　博览会由商务部、国家工商总局、国家旅游局、全国工商联、中国贸促会、中国工业经济联合会及山西、江西、河南、湖北、湖南、安徽六省人民政府主办。以“发展新理念　崛起新机遇”为主题，以“一带一路”建设、长江经济带发展等战略机遇，突出供给侧结构性改革、创新驱动发展、法治化营商环境构建等内容，开展政策研讨、产业对接、项目洽谈、展览展示等系列活动，搭建承接产业转移和投资贸易交流平台，促进中部地区高水平参与国际国内合作。中部6省共签订外商直接投资项目123个，投资总额141.4亿美元，引进外资129亿美元。

17日，国务院副总理汪洋出席博览会并发表主旨演讲。他指出，“一带一路”国际合作高峰论坛刚刚圆满闭幕，习近平主席同29位外国元首、政府首脑描绘了共建“一带一路”的宏伟蓝图，为各国扩大贸易投资合作提供了历史性机遇。中部博览会既是展现中部地区崛起成就的重要窗口，也是中部地区扩大开放的有效平台，有利于各国企业参与中部地区崛起进程，抢占“一带一路”国际合作的先机。

同天，汪洋在合肥主持召开外商投资企业座谈会，了解外资企业在华经营状况、投资意愿和政策诉求。他强调，外商投资企业是中国经济不可分割的组成部分。不论国际形势如何变化，中国都将坚定不移地扩大开放，中国积极有效利用外资的方针不会变，对外商投资企业合法权益的保障不会变，为各国企业在华投资兴业提供更好服务的方向不会变。

汪洋还于当日会见了来合肥出席中部博览会的格鲁吉亚第一副总理兼财政部部长库姆西什维利。

5月17—19日

［纲　文］　**王勇在山东调研。**

［目　文］　国务委员王勇在济南、泰安的煤矿、化工、机械、建材等企业和项目建设工地调研考察安全生产工作并主持召开安全生产领域改革发展工作交流会。他指出，要全面贯彻党中央、国务院关于加强安全生产工作的决策部署，以防范遏制重特大事故为重点，切实强化红线意识，坚持标本兼治、综合治理、系统建设，统筹推进改革发展各项工作，加快提升安全生产整体水平。各地区、各部门要认真抓好《中共中央国务院关于推进安全生产领域改革发展的意见》的贯彻落实，建立更加严格的安全生产责任制，狠抓党政领导、监管部门和企业主体责任落实；构建职责明确、全面覆盖、密切协作的监督管理体制，改革完善重点行业领域监管监察和地方监管执法体制；健全法规标准，加强行政执法和刑事司法衔接，大力推进依法治安；强化风险评估预防，建立企业隐患排查治理制度，严格实行重大安全风险“一票否决”；完善投入长效机制，更好发挥科技和市场力量，增强全社会安全防范治理能力。

5月17—18日

［纲　文］　**第25届亚洲及大洋洲地区国家图书馆馆长会议在中国国家图书馆举办。**

［目　文］　本届会议主题为“构建可持续发展的区域性国家图书馆网络”。来自中国、澳大利亚、斐济、印度尼西亚、日本、韩国、越南等20个国家的30余位国家图书馆或承担国家图书馆职能的机构代表参加会议。

亚洲及大洋洲地区国家图书馆馆长会议是亚大地区为加强本地区国家图书馆的联络与合作而举办的区域性国际会议，在推动信息交流、经验借鉴、资源共享、合作办展等方面取得较大成效。会议每年举办一次，由本地区各国家图书馆轮流承办，中国国家图书馆于1989年、2004年分别举办了第4届和第12届会议。

5月18日

［纲　文］　**中共中央办公厅、国务院办公厅印发《关于加快构建政策体系培育新型农业经营主体的意见》。**

［目　文］　《意见》由四个部分组成：一、总体要求。（二）基本原则。三、建立健全支持新型农业经营主体发展政策体系。四、健全政策落实机制。

《意见》要求，地方各级党委和政府要高度重视培育和发展新型农业经营主体，抓紧制定符合当地实际的具体措施和实施意见，加强对扶持政策落实的督促指导。各有关部门要加强协作配合，形成工作合力，结合各自职责抓好贯彻落实。要加强农村经营管理体系建设，鼓励各地采取安排专兼职人员、招收大学生村官等多种途径，充实基层经营管理工作力量，保障必要工作条件，确保支持新型农业经营主体发展的各项工作抓细抓实。

5月18日

［纲　文］　**中共中央、国务院电贺中国首次海域可燃冰试采成功。**

［目　文］　贺电说，国土资源部、中国地质调查局并参加海域天然气水合物试采任务的各参研参试单位和全体同志：在海域天然气水合物试采成功之际，中共中央、国务院向参加这次任务的全体参研参试单位和人员，表示热烈的祝贺！天然气水合物是资源量丰富的高效清洁能源，是未来全球能源发展的战略制高点。经过近20年不懈努力，我国取得了天然气水合物勘查开发理论、技术、工程、装备的自主创新，实现了历史性突破。这是在以习近平同志为核心的党中央领导下，落实新发展理念，实施创新驱动发展战略，发挥我国社会主义制度可以集中力量办大事的政治优势，在掌握深海进入、深海探测、深海开发等关键技术方面取得的重大成果，是中国人民勇攀世界科技高峰的又一标志性成就，对推动能源生产和消费革命具有重要而深远的影响。海域天然气水合物试采成功只是万里长征迈出的关键一步，后续任务依然艰巨繁重。希望你们紧密团结在以习近平同志为核心的党中央周围，深入学习贯彻习近平总书记系列重要讲话精神特别是关于向地球深部进军的重要指示精神，依靠科技进步，保护海洋生态，促进天然气水合物勘查开采产业化进程，为推进绿色发展、保障国家能源安全作出新的更大贡献，为实现“两个一百年”奋斗目标、实现中华民族伟大复兴的中国梦再立新功！

同日，10时许，在距离祖国大陆300多公里的我国南海北部神狐海域“蓝鲸一号”海上钻井平台，国土资源部部长姜大明宣布，我国首次可燃冰试采宣告成功。

这是中国首次、也是世界首次成功实现资源量占全球90%以上、开发难度最大的泥质粉砂型天然气水合物安全可控开采。勘探显示，南海神狐海域有11个矿体，面积128平方公里，资源储存量1500亿立方米，相当于1.5亿吨石油储量。天然气水合物又称可燃冰，是水和天然气在高压低温情况下形成的类冰状结晶物质，1立方米的可燃冰分解后可释放出约0.8立方米的水和164立方米的天然气。可燃冰具有燃烧值高、污染小、储量大等特点，被各国视为未来石油、天然气的战略性替代能源。

7月9日，中国可燃冰试采60天关井，产气时长总量创世界纪录。2017年3月28日第一口试开采井开钻，5月10日下午14时52分点火成功，从水深1266米海底以下203—277米的天然气水合物矿藏开采出天然气。截至7月9日14时52分，我国天然气水合物试开采连续试气点火2个月，累计产气量超过30万立方米，平均日产5000立方米以上，最高产量达3.5万立方米/天，甲烷含量最高达99.5%。获取科学试验数据647万组，为后续的科学研究积累了大量的翔实可靠的数据资料。

7月29日上午10时，南海神狐海域天然气水合物试采工程全面完成了海上作业，首次海域天然气水合物试采圆满结束。下午，执行本次试采技术服务的钻井平台“蓝鲸一号”起航返回位于山东烟台的母港。

5月18日

［纲　文］　**俞正声主持召开政协第十二届全国委员会第五十九次主席会议。**

［目　文］　全国政协副主席杜青林、韩启德、万钢、林文漪、罗富和、李海峰、陈元、卢展工、周小川、王家瑞、王正伟、马飚、齐续春、陈晓光、马培华、刘晓峰、王钦

敏出席会议。

会议主要内容有：一、审议通过了全国政协十二届常委会第二十一次会议议程（草案）和日程、有关人事事项（草案），上述草案将提请第二十一次常委会议审议。全国政协十二届常委会第二十一次会议于6月下旬在北京召开，常委会组成人员将围绕“深化供给侧结构性改革，促进经济平稳健康发展”建言献策。二、会议原则通过了《政协全国委员会双周协商座谈会工作规则》。三、全国政协副主席兼秘书长张庆黎，全国政协常务副秘书长潘立刚，中共中央统战部常务副部长张裔炯，分别就有关议题作了说明。

5月18日

［纲　文］　**纪念新华书店成立80周年座谈会在北京举行。**

［目　文］　中宣部部长刘奇葆出席并讲话。近300名新华人与会，畅谈新华人的光荣与梦想。

5月18日

［纲　文］　**2017年“5·18国际博物馆日”中国主会场活动在首都博物馆举行。**

［目　文］　活动由国家文物局、北京市人民政府共同主办。博物馆日主题是“博物馆与有争议的历史：博物馆讲述难以言说的历史”。文化部部长雒树刚出席活动并见证“丝绸之路国际博物馆联盟”成立，同时宣布“美·好·中华——近二十年考古成果展”开幕。同日，全国各省（市）博物馆举办了宣传、纪念活动。

“5·18国际博物馆日”是国际博物馆协会（ICOM）自1977年推行的活动，旨在号召世界各国关注博物馆及文化事业，促进博物馆的健全发展，目前全球有超过120个国家的博物馆响应。

5月18日

［纲　文］　**国家海洋局印发《南极考察活动环境影响评估管理规定》。**

［目　文］　《规定》要求，公民、法人或其他组织在提交南极考察活动申请时，应当一并提交环境影响评估文件。环境影响评估文件的审查结果作为国家海洋行政主管部门审批该南极考察活动申请的重要依据。国家海洋行政主管部门归口管理南极考察活动的环境影响评估工作。《规定》明确了监督检查制度。依据《规定》，国家海洋行政主管部门依法向南极派遣南极考察活动监督检查人员，对经过批准开展的南极考察活动及其对于南极环境和生态系统造成的影响进行监督检查。未按照环境影响评估文件的内容说明开展活动、认真采取预防和减缓措施消除环境影响的，或是实际开展的活动对南极环境和生态系统的影响严重超出环境影响评估结论的，现场监督检查人员应当责令其立即停止活动，限期离开南极。对于情节严重的，国家海洋行政主管部门可以不予批准其再次开展南极考察活动。

5月18日

［纲　文］　**外交部发言人表示，欢迎拉美国家积极参与“一带一路”国际合作。**

［目　文］　有记者问：据报道，联合国拉美和加勒比经济委员会执行秘书近日呼吁

拉美和加勒比国家参与“一带一路”倡议。她表示，拉美和加勒比国家现在遇到一个加强与中国和亚洲其他经济体联系的历史机遇，“一带一路”国际合作高峰论坛向我们提出一个连接文明、共享繁荣的提议。请问中方对此有何评论？

发言人说，拉美和加勒比是发展中国家和新兴经济体集中地区，是中国重要的合作伙伴。近年来，中拉各领域合作全面快速发展，进入了携手打造命运共同体的发展新阶段。“一带一路”建设是开放包容的发展平台，各国都是平等的参与者、贡献者和受益者。中方欢迎拉美国家积极参与“一带一路”国际合作，加强经济政策协调和发展战略对接，用共建“一带一路”的理念、原则和合作方式推动各领域务实合作，让“一带一路”倡议惠及更多国家和地区，更好地促进世界繁荣稳定。

5月18日

［纲　文］　**《人民日报》发表题为《推动“一带一路”建设行稳致远——三论习近平主席在“一带一路”国际合作高峰论坛开幕式演讲》的评论员文章。**

5月18日

［纲　文］　**《人民日报》发表题为《倾情书写砥砺奋进的这五年》的评论员文章。**

5月18—20日

［纲　文］　**孙春兰在江西调研。**

［目　文］　中共中央政治局委员、中央统战部部长孙春兰在广昌县甘竹镇光荣敬老院、龙溪村小学和海联卫生室，考察中央统战部对口支援项目；在抚州市南城县考察了广明集团麻姑山中药材标准化种植示范园和加工基地，了解光彩事业抚州行项目落地情况；考察了广昌县高虎脑同心振兴小区、南昌工学院综合实验实训中心少数民族学生创业工作室，参观了少数民族学生思想政治教育教学改革成果展。期间同民主党派、工商联就开展脱贫攻坚民主监督等工作进行了座谈。

孙春兰指出，打赢脱贫攻坚战，到2020年全面建成小康社会，是党中央、国务院对全国人民作出的庄严承诺。原中央苏区为中国革命胜利作出了重大牺牲和贡献，现在仍然面临着脱贫攻坚的艰巨任务。党中央高度重视革命老区经济社会发展，专门出台文件，加大扶持力度，让老区人民早日过上幸福生活。

5月18—21日

［纲　文］　**应全国人大常委会委员长张德江的邀请，菲律宾众议院议长阿尔瓦雷兹率团访华。**

［目　文］　访华期间，国务院总理李克强在北京会见了阿尔瓦雷兹。张德江在北京与阿尔瓦雷兹举行会谈。

李克强会见阿尔瓦雷兹时表示，中菲发展睦邻友好关系，符合两国和两国人民的根本利益，有利于地区的和平、稳定与发展。中方愿同菲方深化政治互信，拓展互利合作，密切各层级、各领域交往，不断扩大共同利益，妥善处理分歧，巩固中菲关系重返正常轨道的民意基础，保持中菲关系朝着健康稳定的方向发展。希望两国立法机构加强交流与合作，为促进中菲友好多做工作。阿尔瓦雷兹表示，菲律宾国会两院支持杜特尔特总统改善和发展对华关系的努力。菲中务实合作不断取得新的成果，有利于亚洲国家凝聚共识，开展合作。欢迎李克强总理年内访菲并出席东亚合作领导人系列会议。

张德江与阿尔瓦雷兹会谈时说，中国全国人大重视发展同菲律宾国会的友好关系，愿加强双方交流合作，积极开展治国理政、立法、监督等方面的经验交流，推动两国关系发展。重点做好以下几点：一是密切友好交往，巩固和增进两国政治互信。中国全国人大愿与菲律宾国会参、众两院加强各层次各领域的沟通和交流，深化和扩大共识，增强推动两国关系发展的合力，巩固两国关系的政治基础。二是营造良好环境，支持和促进两国务实合作。在法律和政策层面为两国务实合作提供有力支持，推动落实双方签署的各项合作文件，争取尽快产生合作成效，为两国人民带来更多实惠。三是发挥桥梁作用，推动和扩大两国人文交往。充分发挥立法机关广泛联系人民的独特优势，促进两国人文交流、地方合作、政党及民间友好往来，夯实中菲关系的民意基础。

阿尔瓦雷兹说，菲方支持中国领导人提出的“一带一路”倡议，认为该倡议将促进亚洲国家发展与繁荣。菲国会参、众两院坚定支持杜特尔特总统的对华政策，愿采取积极措施为菲中各领域务实合作提供法律保障。菲众议院希望通过成立议会友好小组等方式加强与中国全国人大的交流与合作。

5月19日

［纲　文］　**全国公安系统英雄模范立功集体表彰大会在北京举行，习近平会见与会代表。**

［目　文］　国务院总理李克强、中共中央书记处书记刘云山参加会见。中共中央总书记习近平指出，全国公安机关和公安队伍要坚持党对公安工作的领导，牢固树立“四个意识”，坚持人民公安为人民，全面加强正规化、专业化、职业化建设，做到对党忠诚、服务人民、执法公正、纪律严明。在你们当中，有的在打击犯罪、保护人民的关键时刻挺身而出、冲锋在前，有的在重大安保任务面前不怕疲劳、连续奋战，有的长期默默无闻、甘当无名英雄，有的在平凡工作岗位上像老黄牛一样辛勤耕耘、当好“螺丝钉”，大家用辛勤的汗水乃至宝贵的鲜血和生命，为国家安全、社会公共安全、人民生命财产安全筑起了一道坚不可摧的铜墙铁壁。正是有了你们的辛勤付出和流血牺牲，才换来了广大人民群众的安宁和幸福。你们不愧为党和人民的忠诚卫士，党和人民感谢你们。全国公安机关和公安队伍要旗帜鲜明讲政治，强化责任担当，忠实履行职责使命，牢固树立以人民为中心的发展思想，贯彻落实总体国家安全观，全力以赴做好维护国家安全和社会稳定各项工作，维护社会公平正义，切实落实全面从严治党、全面从严治警各项部署要求，不断提升人民群众安全感和满意度，为党的十九大胜利召开创造安全稳定的社会环境。各级党委和政府要关心和支持公安工作，关心关爱公安民警，加大综合保障力度，落实从优待警各项措施。对那些因公牺牲的同志的家属特别是其中的老年人和未成年子女，要切实安排好、

照顾好，让他们感受到党和人民的关怀和全社会的温暖。

全国公安系统 615 个先进单位和 1320 名先进个人受到表彰。公安部部长郭声琨主持表彰大会。中央政法委书记孟建柱在表彰大会上指出，全国公安机关要认真学习贯彻习近平总书记重要讲话精神，以为党的十九大胜利召开营造安全稳定的政治、社会环境为主线，深入开展“迎接十九大、忠诚保平安”主题教育实践活动，迅速掀起向英雄模范和立功集体学习的热潮，对党忠诚、敢于担当，以民为本、执法为民，锐意改革、勇于创新，全力维护国家安全和社会稳定，努力服务经济社会发展、服务人民群众，以优异成绩迎接党的十九大胜利召开。

5 月 19 日

［纲　文］　**国家主席习近平在北京会见韩国总统文在寅特使李海瓒。**

［目　文］　习近平指出，中韩两国是近邻。两国建交 25 年来，双边关系实现跨越式发展，为两国和两国人民带来巨大福祉，也为维护地区和平稳定作出了重要贡献。当前，中韩关系处于关键阶段。中方重视中韩关系，愿同韩方一道，维护中韩关系来之不易的成果，在相互理解、相互尊重的基础上，巩固政治互信，妥善处理分歧，推动中韩关系早日回到正常轨道，实现改善发展，更好惠及两国和两国人民。中方坚持实现朝鲜半岛无核化，坚持维护半岛和平稳定，坚持通过对话协商解决问题，这符合中韩两国及本地区的共同利益。中方愿同韩国新政府就此加强沟通，尽快缓和局势，坚定推动半岛无核化，并争取早日重启对话协商。

李海瓒转交了文在寅总统致习近平主席的亲笔信。李海瓒表示，韩中建交 25 年来，两国关系发展迅速，各领域合作取得长足进展。韩中关系潜力巨大，前景广阔。韩方充分理解中方有关重大关切，愿同中方加紧沟通协调，探讨妥善解决阻碍两国关系发展的问题。韩中双方在半岛核问题上有相似看法和主张，韩方愿同中方为实现半岛无核化、维护东北亚地区和平、稳定与安全共同努力。

同日，国务委员杨洁篪在北京会见李海瓒时表示，不久前，习近平主席同文在寅总统通电话，就今后一段时期中韩关系发展方向深入交换看法。文在寅总统此次派特使访华，体现出对中韩关系的高度重视。双方应落实两国元首共识，切实作出努力，推动中韩关系重回健康平稳发展轨道。希望韩方尊重中方重大利益关切，妥善解决“萨德”问题，为中韩双方恢复互信和未来两国关系顺利发展创造条件。双方应加强沟通协调，为推动解决朝鲜半岛核问题共同努力。李海瓒表示，韩方致力于发展对华关系。韩方理解中方关切，愿为妥善解决有关问题同中方密切对话协商，作出努力。

18 日，外交部部长王毅在北京会见李海瓒时表示，文在寅总统上任之初即派政府代表出席“一带一路”国际合作高峰论坛，支持习近平主席提出的“一带一路”倡议。今天又派你作为特使访华，体现了韩国新政府对中韩关系的高度重视和尽快改善双边关系的迫切愿望。我们希望韩国新政府正视并搬开前进道路上的障碍，推动中韩关系早日重回健康发展轨道。

李海瓒表示，韩方意识到部署“萨德”给韩中互信和两国交往带来的损害，充分理解中方的合理关切。韩方愿以诚意寻找妥善处理这一问题的办法。

5 月 19 日

［纲　文］ **国家发展改革委、国家能源局印发《中长期油气管网规划》。**

［目　文］ 《规划》由五个部分组成：一、规划背景。二、指导思想和目标。三、规划布局。四、环境影响及保护对策。五、保障措施。

《规划》要求，各地政府及有关部门、企业，要进一步提高对规划权威性和约束力的认识，明确责任分工，密切协调配合，确保规划有序实施和目标任务完成。

5 月 19 日

［纲　文］ **刘奇葆在中国盲文出版社调研。**

［目　文］ 中宣部部长刘奇葆参观了中国盲文出版社、中国盲文图书馆的展览展示，了解盲文出版情况，与出版社干部职工和盲人朋友进行交流。

刘奇葆指出，以习近平同志为核心的党中央对包括盲人在内的广大残疾人非常关心，先后作出一系列部署，推动我国残疾人事业取得长足进步。我国有 1700 多万盲人，他们有着与正常人一样的读书学习需求。中国盲文出版社作为全国唯一为盲人服务的综合性文化出版机构，要坚持以人为本，强化服务盲人读者意识，更好维护和保障盲人读者基本文化权益，成为广大盲人朋友的良师益友、精神家园。

5 月 19 日

［纲　文］ **海南省第五届人民代表大会第六次会议选举刘赐贵为海南省人大常委会主任，选举沈晓明为海南省省长。**

5 月 19 日

［纲　文］ **中缅原油管道原油进入中国。**

［目　文］ 中缅原油管道原油由云南瑞丽进入中国。随后，这批原油将以每天约 50 公里的速度继续向内地推进，再经过约 650 公里长途旅行，最终抵达位于云南安宁的云南石化。作为“一带一路”倡议在缅甸实施的先导项目——中缅油气管道项目的一部分，中缅原油管道工程 2017 年 4 月投入运行，此次境内外投产管道全长 1420 公里。

5 月 19 日

［纲　文］ **《人民日报》发表题为《为“一带一路”注入中国动力——四论习近平主席在“一带一路”国际合作高峰论坛开幕式演讲》的评论员文章。**

5 月 19—20 日

［纲　文］ **李源潮在安徽调研。**

［目　文］ 国家副主席李源潮在芜湖科普产业园，了解入园企业经营情况，要求科协推动科普企业探索“一企一品”，实现专业化规模化发展；在大圩镇党群活动中心，要求妇联干部直接联系服务最基层的妇女群众，当好党和政府联系广大妇女的桥梁纽带；在青年电子商务产业园，要求基层团干部落实好“1+100”直接联系服务青年制度，帮助青

年实现创业梦。

李源潮在合肥主持召开群团改革调研座谈会，听取地方青妇科侨负责人和基层群团干部意见建议。他指出，青妇科侨要增强“四个意识”，深化群团改革，增强组织和工作的政治性、先进性、群众性，引领广大群众听党话、跟党走，为实现中国梦建功立业。要改进工作作风，直接联系服务群众，帮助解决实际困难。拓展工作思路，在党组织领导下共建共用基层服务群众阵地，实现基层群团有阵地、有制度、有窗口、有活动。创新工作手段，推动群团组织和工作网上改革、创新、转型，使群团在网上有旗帜、有组织、有服务、有活动，为群团工作插上互联网的翅膀。

5 月 19—23 日

［纲　文］　**外交部部长王毅对毛里塔尼亚、佛得角、马里、科特迪瓦进行正式访问。**

［目　文］　王毅在毛里塔尼亚访问期间，在努瓦克肖特会见毛里塔尼亚总统阿齐兹时表示，中国和毛同为发展中国家，要在国际事务中进一步加强协调与合作。中国在联合国的一票永远属于发展中国家，属于非洲国家。阿齐兹表示，毛里塔尼亚支持并愿参与习近平主席倡导的“一带一路”建设，愿在安理会改革等问题上同中方进一步加强协调配合，共同维护发展中国家特别是非洲国家利益。

王毅在佛得角访问期间，在普拉亚分别会见佛得角总统丰塞卡和总理席尔瓦时表示，中方欢迎佛方积极参与“一带一路”，愿通过有关合作进一步深化双边关系，造福两国人民。

丰塞卡和席尔瓦表示，新形势下，佛方愿支持并参与“一带一路”建设，进一步深化双方合作。

王毅在马里访问期间，在巴马科总理府会见马里总理马伊加时表示，中方将继续在联合国安理会等多边机制内维护马里和非洲国家的正当合法权益。下一步，我们愿充分发挥两国传统友好的独特优势，加强基础设施建设、人力资源开发、和平安全三大优先领域合作。马伊加表示，愿同中方一道积极落实中非合作论坛成果，深化双边务实合作，更好地造福马里及两国人民。

王毅在科特迪瓦访问期间，在阿比让总统府会见科特迪瓦总统瓦塔拉和总理库利巴利时表示，中方欢迎科及其他非洲国家参与“一带一路”建设，相信有关建设工作能与落实中非“十大合作计划”相互衔接，为中非合作注入新的动力。瓦塔拉表示科中友谊源远流长，各领域合作日益深化，两国关系堪称非中友谊典范。科高度赞赏习近平主席提出的“一带一路”倡议，认为这是一个能够惠及广大发展中国家和中小国家的倡议，愿意积极参与。

5 月 20 日

［纲　文］　**国家主席习近平向伊朗当选连任总统鲁哈尼致贺电。**

5 月 20 日

［纲　文］　**习近平电贺吴敦义当选中国国民党主席。**

［目　文］　中共中央总书记习近平祝贺吴敦义当选中国国民党主席，希望两党以两岸同胞福祉为念，坚持“九二共识”，坚定反对“台独”，把握两岸关系和平发展正确方向，同为中华民族伟大复兴而奋斗之。

吴敦义复电，对习近平总书记表示感谢，期盼两党持续深化“九二共识”，推动两岸和平制度化，弘扬中华文化，促进两岸永续发展，合作走向康庄大道。

同日，中国国民党举行党主席选举，吴敦义获得144408票，得票率为52.24%，当选新任党主席。

5月20日

［纲　文］　**亚洲宗教和平会议2017年度执委会会议在北京召开。**

［目　文］　来自亚洲宗教和平会议（“亚宗和”）20多个国家组织的执委代表出席。此次会议由中国宗教界和平委员会（“中宗和”）承办。“中宗和”常务副主席、中国佛教协会会长学诚法师作为团长率代表团出席此次会议。

19日，全国政协主席俞正声在北京会见“亚宗和”执行主席山苏汀、世界宗教和平组织秘书长温德利等外方代表时说，“亚宗和”是亚太地区具有广泛影响的跨宗教和平组织，为促进亚洲各宗教间相互尊重、各国人民间友好交流，促进亚洲地区乃至世界的和平与发展作出积极努力，发挥了重要作用。中国政府实行宗教信仰自由政策，高度重视发挥宗教界在促进经济社会发展中的积极作用，将一如既往地支持中国宗教界和平委员会与世界性、区域性以及各国跨宗教和平组织的友好交往。俞正声祝愿与会人员在“亚宗和”这个多宗教、多文化、多民族的平台上，加强沟通与协商，包容互鉴，广泛凝聚宗教界的智慧与力量，共同维护和促进地区和世界的和平与发展。

同日，“中宗和”与“亚宗和”在北京共同举办题为“环境保护与宗教界人士的责任”的研讨会。

5月20日

［纲　文］　**国家主席习近平特使、全国人大常委会副委员长张平在帝力出席东帝汶新总统卢奥洛就职仪式和东帝汶恢复独立15周年庆典。**

5月20日

［纲　文］　**国务委员杨洁篪应约同美国国务卿蒂勒森通电话。**

［目　文］　杨洁篪表示，习近平主席同特朗普总统海湖庄园会晤以来，在两国元首共识引领下，中美关系取得新的重要积极进展。下阶段，双方要继续落实两国元首共识，保持高层及各级别交往势头，推进实施经济合作百日计划，拓展各领域务实合作，在重大国际地区问题上加强沟通协调。中方愿同美方密切沟通，共同做好近期举行首轮中美外交安全对话的筹备工作，确保对话顺利成功。

蒂勒森表示，美方愿同中方加强协商，筹备好首轮美中外交安全对话，期待对话取得积极成果。

双方还就朝鲜半岛局势等共同关心的国际地区问题交换意见。

5 月 20 日

［纲　文］**《人民日报》发表题为《为科技创新的强劲势头点赞》的评论员文章。**

5 月 20—27 日

［纲　文］**科技部、中央宣传部、中国科协举办 2017 年全国科技活动周。**

［目　文］20 日，中共中央政治局委员、国务院副总理刘延东，中共中央政治局委员、中共北京市委书记郭金龙出席 2017 年全国科技活动周暨北京科技周现场活动。刘延东宣布 2017 年全国科技活动周暨北京科技周启动。全国政协副主席、科技部部长万钢出席全国科技活动周上海分会场暨上海科学节启动式。

2017 年全国科技活动周以“科技强国、创新圆梦”为主题，在全国开展 4000 余项科普活动，包括“科学之夜”“科技列车西藏行”“科研机构、大学向社会开放活动”“全国科普讲解大赛”等 10 余项活动。

27 日，2017 年全国科技活动周闭幕式在上海举行。

5 月 20—27 日

［纲　文］**应团中央邀请，越南青年代表团来华参加第 17 届中越青年友好会见活动。**

［目　文］青年代表团由越南胡志明共青团中央书记处第一书记黎国锋率领。活动在北京居庸关长城开启，在广西等地进行参观考察。

22 日，中共中央政治局委员、国家副主席李源潮在北京会见黎国锋率领的越南青年代表团时说，中越都是共产党领导的社会主义国家，秉持“十六字方针”和“四好精神”发展两党两国关系。希望两国青年传承世代友好，积极参与“一带一路”建设，为中越全面战略合作伙伴关系发展贡献青春力量。黎国锋表示，愿与中国共青团共同努力，落实两党两国领导人共识，促进越中友好世代相传，互利合作、共同发展。

5 月 21 日

［纲　文］**经中央军委批准《习近平论强军兴军》印发全军团以上领导干部。**

［目　文］全书采用文献汇编形式，按时间顺序排列，收录中央军委主席习近平 2012 年 11 月至 2017 年 4 月期间的文稿 67 篇，集中体现了习近平强军兴军的一系列战略思想、理论观点、决策部署。

5 月 21 日

［纲　文］**新华社讯，中共中央、国务院印发《关于深化石油天然气体制改革的若干意见》。**

［目　文］《意见》明确了深化石油天然气体制改革的指导思想、基本原则、总体思路和主要任务。部署了八个方面的改革任务：一是完善并有序放开油气勘查开采体制，提升资源接续保障能力。二是完善油气进出口管理体制，提升国际国内资源利用能力和市场风险防范能力。三是改革油气管网运营机制，提升集约输送和公平服务能力。四是深化下

游竞争性环节改革，提升优质油气产品生产供应能力。五是改革油气产品定价机制，有效释放竞争性环节市场活力。六是深化国有油气企业改革，充分释放骨干油气企业活力。七是完善油气储备体系，提升油气战略安全保障供应能力。八是建立健全油气安全环保体系，提升全产业链安全清洁运营能力。

《意见》指出，深化石油天然气体制改革关系国家安全、经济发展、人民福祉和社会稳定，要按照整体设计、重点突破、稳妥推进、务求实效的要求，确保改革规范有序进行。各地区各部门及重点油气企业要切实增强大局意识，坚决贯彻落实党中央决策部署，制定切实可行的专项工作方案及相关配套措施，确保深化石油天然气体制改革的各项工作顺利有序推进。

5月22日

［纲　文］　**张德江主持召开全国人大常委会固体废物污染环境防治法执法检查组第一次全体会议。**

［目　文］　全国人大常委会副委员长陈昌智对执法检查工作作了部署。全国人大常委会副委员长沈跃跃、张平、艾力更·依明巴海出席会议。国务委员王勇出席会议并讲话。国务院有关部门汇报了固体废物污染环境防治法贯彻实施情况。此次执法检查由全国人大常委会委员长张德江任组长。执法检查组组成5个小组分赴10个省（区、市）进行检查，同时委托其他21个省（区、市）人大常委会对本行政区域内法律贯彻实施情况进行检查。

张德江指出，固体废物污染环境防治法是环境保护领域的一部重要法律，对于保障人体健康、维护生态安全、促进经济社会可持续发展具有重要意义。全国人大常委会要坚持正确监督、有效监督，精心组织开展固体废物污染环境防治法执法检查工作，确保取得实实在在的效果。一要重视宣传普及法律，增强全社会节约资源、保护环境的法治意识和道德意识，推动法律贯彻落实，推进固体废物减量化、无害化、资源化。二要督促“一府两院”依法履行环境保护法定职责，加强对固体废物污染防治工作的监督管理，依法严厉打击固体废物污染环境的违法犯罪行为。三要认真总结法律实施经验，注重发现固体废物污染防治工作中不适应、不协调等问题，促进环境保护法律制度更加符合我国经济社会发展需求。全国人大常委会、国务院及有关部门、各省级人大常委会要高度重视、密切配合，树立环保意识，维护法律权威，以此次执法检查为契机，进一步加强和改进固体废物污染防治工作，实现环境效益、社会效益、经济效益相统一，建设天蓝、地绿、水清的美丽中国。

5月22日

［纲　文］　**国家海洋局发布《中国的南极事业》。**

［目　文］　这是我国政府首次发布白皮书性质的南极事业发展报告。该报告全面回顾了我国南极事业30多年以来的发展成就，提出了我国政府在国际南极事务中的基本立

场、我国南极事业的未来发展愿景和行动纲领。

《事业》指出，1984 年中国派出首次南极考察队，开启了中国南极事业发展的光辉历程。经过 30 多年的发展，中国的南极事业从无到有，由小到大，在南极基础建设、文化宣传、科学研究、环境保护、可持续利用、全球治理、国际交流与合作等领域均取得了重要成就，并为南极全球治理作出了应有的贡献。主要包括以下几个方面：初步建成南极考察基础设施体系；大力开展南极文化宣传和科普教育；持续提升南极科学研究水平；有效保护南极环境和生态系统；积极参与南极全球治理；广泛开展国际交流与合作。在其他领域，中国长城站、中山站与周边邻国站点在交通运输、物资支持、医疗援助、人员培训等工作方面保持经常性的互助合作。“雪龙”号考察船和“雪鹰 601”固定翼飞机发扬国际人道主义精神，多次参与南极救助行动。

5 月 22 日

［纲　文］　**国务委员杨洁篪在北京会见英国约克公爵安德鲁王子。**

［目　文］　杨洁篪说，中英关系正处在承前启后、继往开来的重要阶段，中方高度重视中英关系，愿同英方一道密切高层交往，深化互利合作，推动两国关系持续向前发展。

安德鲁积极评价英中关系，表示英方致力于加强两国各领域创新创业合作，并为推动“一带一路”建设作出积极贡献。

5 月 22—23 日

［纲　文］　**中国—阿拉伯国家合作论坛第 14 次高官会在北京举行。**

［目　文］　会议由论坛中方秘书处秘书长、外交部亚非司司长邓励和阿方主席、阿尔及利亚驻阿盟代表阿拉巴维共同主持，来自 21 个阿拉伯国家和阿盟秘书处的高级别官员及阿拉伯国家驻华使节与会。会议回顾总结了论坛第 7 届部长级会议以来各项工作进展情况，评估论坛《2016 年至 2018 年行动执行计划》执行情况，就论坛第 8 届部长级会议筹备工作交换意见，并审议通过会议成果文件。会前，中阿双方还举行了第三次高官级战略政治对话。阿方与会代表高度评价中阿关系和论坛发展成就，积极表达参与“一带一路”建设、对接双方发展战略的意愿，并为中阿共建“一带一路”、深化战略合作建言献策。

22 日，国务委员杨洁篪在北京会见出席中阿合作论坛第 14 次高官会的阿拉伯国家及阿盟代表团团长时表示，不久前在北京召开的“一带一路”国际合作高峰论坛取得圆满成功，阿拉伯国家为此作出了重要贡献，中方愿通过“一带一路”建设促进中阿共同发展。阿方表示，“一带一路”是阿拉伯国家建设和经济发展的重要机遇，所有阿拉伯成员都愿积极参与。

5 月 23 日

［纲　文］　**习近平主持召开中央全面深化改革领导小组第 35 次会议。**

［目　文］　中共中央总书记、中央全面深化改革领导小组组长习近平指出，抓好试点对改革全局意义重大。要认真谋划深入抓好各项改革试点，坚持解放思想、实事求是，鼓励探索、大胆实践，敢想敢干、敢闯敢试，多出可复制可推广的经验做法，带动面上改革。

中共中央政治局常委、中央全面深化改革领导小组副组长李克强、刘云山、张高丽出席会议。中央全面深化改革领导小组成员出席，中央和国家机关有关部门负责人列席会议。

会议审议通过了《关于深化教育体制机制改革的意见》《外商投资产业指导目录（2017年修订）》《关于规范企业海外经营行为的若干意见》《关于建立资源环境承载能力监测预警长效机制的若干意见》《关于深化环境监测改革提高环境监测数据质量的意见》《个人收入和财产信息系统建设总体方案》《跨地区环保机构试点方案》《海域、无居民海岛有偿使用的意见》《关于检察机关提起公益诉讼试点情况和下一步工作建议的报告》。会议审议了《关于各地区各部门贯彻落实习近平总书记在中央全面深化改革领导小组第三十三次会议上重要讲话精神情况的报告》《关于深化教育领域综合改革情况汇报》《关于科技领域重点改革工作情况汇报》《关于深化医药卫生体制改革进展情况汇报》《关于足球领域重点改革工作情况汇报》。

5月23日

［纲　文］　**国家主席习近平、国务院总理李克强就英国曼彻斯特市发生爆炸事件分别向英国女王伊丽莎白二世、英国首相特蕾沙·梅致慰问电。**

5月23日

［纲　文］　**新华社讯，中共中央办公厅印发《关于进一步加强党委联系服务专家工作的意见》。**

［目　文］　《意见》要求，各级党委（党组）要从党和国家事业发展全局出发，根据本地区本行业实际，分层分类确定联系服务专家对象。党委（党组）负责人要带头联系服务专家，领导班子成员要结合工作分工明确联系服务对象。要深入开展调研，密切思想联系，加强感情交流，帮助解决实际问题。要与专家真诚交朋友、结对子，虚心向专家学习。要尊重专家个性特点，多一些包容宽容。要开展专家国情研修，加强中国特色社会主义理论体系、社会主义核心价值观和奉献精神等教育培训。支持专家干事创业，对重点专家重点联系，精准施策、特殊支持。要把专家咨询作为科学决策、民主决策、依法决策的重要方式之一。要支持专家积极参与中国特色新型智库建设。要关心专家身心健康，定期组织专家体检、休假、疗养，为他们提供良好医疗保健服务。对作出突出贡献的专家和团队授予荣誉称号，予以表彰奖励。

《意见》指出，各级党委（党组）要加强统一领导，把联系服务专家工作纳入重要议事日程，纳入党的建设重要内容，纳入人才工作考核内容。

5月23日

［纲　文］　**银监会等11部门印发《大中型商业银行设立普惠金融事业部实施方案》。**

［目　文］《方案》由六个部分组成：一、总体要求。二、组织架构。三、经营机制。四、监督管理。五、配套政策及分工。六、组织实施。

《方案》要求，各大中型商业银行要成立普惠金融事业部工作领导小组，加强统筹协调，推动普惠金融事业部相关工作有序开展。2017年6月底前，大型银行要形成设立普惠金融事业部具体方案，并抓好落实，2017年内完成普惠金融事业部设立，尽快开展工作，成为发展普惠金融的骨干力量。鼓励中型商业银行设立普惠金融事业部，结合各自特色和优势，探索创新更加灵活的普惠金融服务方式，提升普惠金融服务质效。

5月23日

［纲　文］**交通运输部公布《中华人民共和国船舶安全监督规则》。**

［目　文］《规则》共7章57条。主要有总则、船舶进出港报告、船舶综合质量管理、船舶安全监督、船舶安全责任、法律责任、附则等内容。自2017年7月1日起施行。2009年11月30日以交通运输部令2009年第15号公布的《中华人民共和国船舶安全检查规则》同时废止。

5月23日

［纲　文］**交通运输部公布修改后的《中华人民共和国船舶及其有关作业活动污染海洋环境防治管理规定》《老旧运输船舶管理规定》《中华人民共和国高速客船安全管理规则》《海上滚装船舶安全监督管理规定》《中华人民共和国海事行政许可条件规定》《中华人民共和国内河海事行政处罚规定》《中华人民共和国海上海事行政处罚规定》，自2017年5月23日起施行。**

5月23日

［纲　文］**交通运输部公布，废止《交通建设项目环境保护管理办法》《中华人民共和国船舶签证管理规则》，自2017年5月23日起施行。**

5月23日

［纲　文］**教育部、财政部印发《关于全面实施城乡义务教育教科书免费提供和做好部分免费教科书循环使用工作的意见》。**

［目　文］《意见》要求，从2017年春季学期起，中央财政对全国城市和农村地区义务教育阶段学生免费提供国家课程教科书。各地组织编写、选用的地方课程教材一律免费提供给义务教育阶段学生使用，所需资金由地方财政承担；免费教科书的采购工作要按照政府采购有关法律制度执行。《意见》明确，义务教育部分国家课程教科书循环使用制度实施范围包括全国所有农村和城市地区，纳入循环使用的教科书包括小学《科学》、《音乐》、《美术》（或《艺术》）、《信息技术》，初中《音乐》、《美术》（或《艺术》）、《体育与健康》、《信息技术》，循环使用的科目可根据实际需要进行调整，鼓励各地对地方课程免费教材也实行循环使用。

5月23日

［纲　文］**全国政协在北京召开"坚定文化自信，讲好中国故事"专题协商会。**

［目　文］　全国政协副主席杜青林、全国政协主席俞正声分别主持了上、下午的会议。全国政协副主席韩启德、林文漪、罗富和、何厚铧、张庆黎、卢展工、王正伟、马飚、陈晓光、刘晓峰出席会议。中宣部部长刘奇葆出席会议并讲话。30位委员和地方代表、专家学者在会上发言，对坚定文化自信、讲好中国故事提出意见建议。中宣部常务副部长黄坤明介绍有关情况。中央网信办、教育部、文化部、国家新闻出版广电总局等部门负责人与委员互动交流。中共中央、国务院有关部门和单位的负责人到会听取意见建议。

委员们认为，坚定文化自信、讲好中国故事，是以习近平同志为核心的党中央着眼坚持和发展中国特色社会主义、实现"两个一百年"奋斗目标和中华民族伟大复兴中国梦提出的重大时代课题，也是对党和国家工作作出的重大战略部署。坚定文化自信，中国故事是最好的载体。故事是直接经验的文化描述，承载着社会的文化传统和价值观念，要通过讲好中国故事，特别是讲好当代中国故事，帮助公众深刻理解并坚定"四个自信"。一些委员提出，讲好当代中国故事，要深入实际，关心社会的变化、企业的变化、人的变化，站在人民的立场，以人民为中心，深入发掘有泥土气息、有百姓体温的故事，用"四个自信"指导讲好中国故事，靠故事鲜明生动地说明道理，增强民族凝聚力和自信心；要真实、真诚地讲故事，广大文艺工作者要善于用形象的艺术真实地反映客观实际、真诚地阐述思想，坚持正确的价值取向，弘扬主旋律，传播正能量。

5月23日

［纲　文］　**中国"蛟龙"号完成在世界最深处下潜。**

［目　文］　当地时间15时59分，"蛟龙"号载人潜水器成功完成大洋38航次第三航段的首次下潜（总第143潜次）。本次下潜为工程下潜，调查区域为世界最深处的马里亚纳海沟北侧，潜航员在水下停留近9小时，海底作业时间3小时11分钟，最大下潜深度4811米。本潜次沿测线开展了近底观察和取样，完成了环境参数测量，并采集了近底海水、岩石和生物等样品，拍摄了大量海底高清视像资料。据了解，这次下潜获取了玄武岩样品26.3公斤，近底海水16升，海参1只，海绵1只，蛇尾1只，海星2只。

5月23日

［纲　文］　**外交部发言人表示，希望美国新任驻华大使为促进中美关系发展发挥更多积极作用。**

［目　文］　有记者问，中方对美国新任驻华大使布兰斯塔德有何期待？

发言人表示，长期以来，布兰斯塔德先生为促进中美地方交流合作作出了积极贡献。我们希望布兰斯塔德先生就任美国驻华大使后，能为增进中美两国人民之间的交往与了解、促进中美关系健康稳定发展发挥更多积极作用。

5月23—25日

［纲　文］　**首届戛纳电视节中国论坛在杭州举行。**

［目　文］　由戛纳电视节组委——法国瑞得集团主办，CMM—I传媒咨询有限公司、浙江华麦网络技术公司合办。论坛围绕"本土内容，国际化传播""中外合作，助力中国

内容拥抱世界”“国际传媒公司希望寻求怎样的中国合作伙伴”等内容进行探讨。论坛期间，来自美国、英国、德国、俄罗斯、加拿大、日本、新加坡等18个国家和地区的80家中外影视企业进行了一对一商务洽谈，133家影视制作机构的251位中外代表出席了专业论坛，杭州天雷动漫与欧洲三大动画企业之一的法国Millimages公司现场签约。

杭州是中国重要的影视制作中心，不仅汇聚了数量众多的影视公司，也是“中国国际动漫节”的永久举办地。目前在杭州注册的影视企业有356家，8家实现上市。

5月23日—6月1日

［纲　文］　**第40届南极条约协商会议在北京召开。**

［目　文］　23日，中共中央政治局常委、国务院副总理张高丽出席开幕式并致辞。张高丽表示，中国高度重视南极治理和发展。中国国家主席习近平指出，南极科学考察意义重大，是造福人类的崇高事业，中方愿同国际社会一道，更好认识南极、保护南极、利用南极。中国国务院总理李克强提出，要进一步推动极地考察向更深程度、更广范围、更高层次发展。南极地区地理位置和生态环境极为特殊，对全球气候变化和人类生存发展具有重要影响。1959年签署的《南极条约》确立了南极治理的基本法律框架，开启了人类合作协商南极事务的新时代。南极条约协商会议是对南极事务进行议事和决策的主要平台，是南极治理中最重要的多边机制。要继续用好这一平台，把《南极条约》精神发扬光大，探索南极乃至世界发展的美好未来。

本届南极条约协商会议是中国1983年加入《南极条约》、1985年成为南极条约协商国以来，首次担任东道国。会议主要议题是讨论南极条约体系运行、南极视察、南极旅游、南极生态、环境影响评估、气候变化影响、南极特别保护区和管理区以及未来工作等。《南极条约》44个缔约国和10个国际组织约400人参加会议。

5月24日

［纲　文］　**习近平致信祝贺全国台湾同胞投资企业联谊会成立10周年。**

［目　文］　中共中央总书记习近平在贺信中写道：值此全国台企联成立10周年之际，我向全体会员和广大台商朋友表示热烈的祝贺和诚挚的问候！自上世纪80年代海峡两岸封闭的大门被打开后，祖国大陆日益成为台湾同胞投资兴业、安居生活的热土。两岸是割舍不断的命运共同体，两岸经济同属中华民族经济。增进同胞福祉和亲情，把民族命运牢牢掌握在自己手中，是两岸同胞的共同心愿。我们愿意首先同广大台湾同胞分享大陆发展机遇，欢迎台湾同胞来大陆投资兴业。我们将继续研究出台相关政策措施，为台湾同胞在大陆学习、就业、创业、生活提供更多便利。我们也将切实维护台胞合法权益。希望全国台企联再接再厉，坚持一个中国原则，广泛团结台湾同胞，共同开拓进取，为维护两岸关系和平发展、实现中华民族伟大复兴作出新的贡献！

同日，全国台湾同胞投资企业联谊会成立10周年庆祝大会在北京举行。中共中央台办、国务院台办主任张志军在会上宣读了习近平的贺信。海峡两岸关系协会负责人和全国台企联会员以及台商代表、台湾工商团体负责人等400余人参加会见。中共中央政治局常委、全国政协主席俞正声会见了参加庆祝大会的台商代表并讲话。他指出，在全国台企联成立10周年之际，中共中央总书记习近平专门给全国台企联发来贺信，充分体现了对全国台企联和广大台商的高度重视和深情关怀，也为全国台企联发展指明了方向。

全国台湾同胞投资企业联谊会成立于2007年，是由大陆各地约300家台资企业协会和企业组成的非营利性社会团体。

5月24日

［纲　文］　**习近平视察海军机关。**

［目　文］　中央军委主席习近平在海军机关接见海军第12次党代会全体代表和海军机关正师职以上领导干部；在海军作战指挥大厅，了解海军当日海空兵力活动情况，通过视频慰问正在海上执行任务的海军官兵。

习近平听取了海军工作汇报后指出，建设强大的现代化海军是建设世界一流军队的重要标志，是建设海洋强国的战略支撑，是实现中华民族伟大复兴中国梦的重要组成部分。海军全体指战员要站在历史和时代的高度，担起建设强大的现代化海军历史重任。要贯彻国家安全战略和军事战略要求，科学统筹和推进海军转型建设。要强化作战需求牵引，坚持实战实训、联战联训，把战斗力标准贯穿海军转型建设全过程和各方面。要坚持体系建设，统筹机械化和信息化建设，统筹近海和远海力量建设，统筹水面和水下、空中等力量建设，统筹作战力量和保障力量建设，确保形成体系作战能力。要坚持创新驱动，抓住科技创新这个牛鼻子，强化创新意识，提高创新能力，激发创新活力，厚植创新潜力，为海军转型建设注入强大动力。要坚持依法治军，加快实现治军方式“三个根本性转变”，确保海军转型建设在法治轨道上有力有序推进。要坚持从思想上政治上建强海军。要增强“四个意识”，坚决维护党中央权威，毫不动摇坚持党对军队绝对领导，深入贯彻古田全军政治工作会议精神，扎实开展主题教育活动，推进“两学一做”学习教育常态化制度化，切实做好意识形态工作，全面彻底肃清郭伯雄、徐才厚流毒影响，确保人民海军忠于党、舰行万里不迷航。要保持定力、压实责任，强化监督执纪问责，推动正风肃纪反腐向纵深发展。各级党委要加强自身建设和政治历练，着力提高发现和解决自身问题的能力，把班子管好、把队伍带好。要按照军队好干部标准选人用人，培养大批高素质新型军事人才。要把工作重心放在基层，满腔热情关心关爱官兵，激发官兵扎根海疆、建功大洋的积极性、主动性、创造性，共同为建设强大的现代化海军而奋斗。

中央军委副主席范长龙、许其亮，中央军委委员常万全、赵克石、吴胜利、马晓天、魏凤和等参加活动。

5月24日

［纲　文］　**国家主席习近平向中德高级别人文交流对话机制首次会议致贺信。**

［目　文］　贺信指出，中德两国人民有着悠久的交往历史和深厚友谊，两国建交45

年来，务实合作不断加深，双边关系进入成熟的发展阶段。近年来，双方人文交流合作蓬勃发展，拉近了两国民众心与心的距离。希望中德高级别人文交流对话机制为丰富两国交往渠道、拓宽交流领域、深化合作内涵提供有力的支持和保障，为推动中德关系继续前行、推动中欧关系发展作出新的贡献。

中德高级别人文交流对话机制首次会议在北京召开，机制双方主席国务院副总理刘延东与德国副总理兼外交部部长加布里尔共同主持会议。刘延东宣读了习近平的贺信并致辞。加布里尔转达了施泰因迈尔总统对会议的祝贺。刘延东与加布里尔共同签署了《中华人民共和国政府和德意志联邦共和国政府关于建立中德高级别人文交流对话机制的联合声明》。

同日，国务院总理李克强、外交部部长王毅在北京分别与加布里尔会见、会谈。

李克强在会见加布里尔时表示，中方愿同德方秉持相互尊重、平等相待，尊重彼此核心利益与重大关切，妥善处理差异与分歧，推动中德关系与务实合作深入发展，发挥示范作用，更好造福两国人民。加布里尔表示，德中关系牢固稳定，值得倍加珍惜。德中高级别人文交流对话机制首次会议成功举办，开启了两国交流与合作的新篇章。

王毅与加布里尔会谈表示，当前中德关系达到前所未有的高水平，进入全方位战略合作的新时期。中方高度重视发展中德关系，愿与德方共同努力，确保近期重要高访取得成功。中方愿全力配合和支持德方举办好二十国集团（G20）汉堡峰会，推动汉堡峰会在杭州峰会基础上取得新进展。

5月24日

［纲　文］　**李克强主持召开国务院常务会议。**

［目　文］　会议主要内容有：一、决定设立国家职业资格目录，降低就业创业门槛提升职业水平。会议确定，一是公布国家职业资格目录，实行清单式管理，通过取消、合并等再减少一批职业资格，将剩余职业资格列入目录。各地区、各部门要坚决防止已取消的职业资格“死灰复燃”，今后未经批准不得在清单之外自行设置国家职业资格，行业协会、学会等不得变相开展资格资质许可认定，对违法违规的要严肃查处。二是设置准入类职业资格，其所涉职业（工种）必须关系公共安全、人身健康、生命财产安全等，且有法律法规或国务院决定为依据；设置水平评价类职业资格，应是具有较强专业性和社会通用性、技术技能要求较高、行业管理和人才建设确需的职业或工种。三是依法设置的职业资格必须纳入国家目录，并实行动态调整。二、部署深入推进全国通关一体化，打造更加开放便利的营商环境。三、听取棚户区改造工作汇报，确定后三年棚改目标任务。会议确定，实施2018年到2020年三年棚改攻坚计划，再改造各类棚户区1500万套，加大中央财政补助和金融、用地等支持，以改革创新的举措、坚持不懈的韧劲啃下“硬骨头”，兑现改造约1亿人居住的城镇棚户区和城中村的承诺。

5月24日

［纲　文］　**交通运输部公布《民用航空产品和零部件合格审定规定》，自2017年7月1日起施行。**

5月24日

［纲　文］　**全国人大常委会委员长张德江在北京会见智利国会众议长埃斯皮诺萨。**

［目　文］　张德江说，前不久，习近平主席同来华访问的巴切莱特总统举行会谈，就深化中智全面战略伙伴关系达成新的重要共识。中方愿同智方一道，落实好两国元首共识，在“一带一路”框架内加强发展战略对接，推进各领域务实合作。政治对话委员会已经成为中国全国人大与智利国会沟通协调、交流合作的重要平台，双方要充分发挥其作用，加强交流互鉴，巩固政治互信，夯实友好合作基础，为推动中智关系发展作出积极贡献。埃斯皮诺萨说，智众议院各党派议员积极参与智中议会交流，愿为推动两国务实合作作出更大努力。

同日，全国人大常委会副委员长张平在北京会见埃斯皮诺萨一行，并主持中智议会政治对话委员会第11次会议。该团是应全国人大中智议会政治对话委员会邀请访华的。

5月24日

［纲　文］　**张德江在北京会见香港中华总商会访京团。**

［目　文］　中共中央政治局常委、全国人大常委会委员长张德江在听取访京团成员发言后表示，香港回归20年来，在中央的大力支持下，香港特区政府团结带领各界人士，认真贯彻落实“一国两制”方针和基本法，妥善应对各种挑战，保持了繁荣稳定的良好局面。“一国两制”在香港的实践取得了举世瞩目的伟大成就。当前香港社会总体平和有序，求稳定、促团结、谋发展成为主流民意。中央一直十分重视和关心香港的发展。希望香港社会进一步凝聚共识、抢抓机遇，积极对接“一带一路”等国家发展战略，实现自身更好发展，努力再创新的辉煌。香港中华总商会要继续弘扬爱国爱港光荣传统，坚定支持行政长官和特区政府依法施政，不断作出新贡献！

中共中央政治局委员、中央统战部部长孙春兰参加会见。

5月24日

［纲　文］　**全国妇联在北京举行2017年全国“最美家庭”揭晓会。**

［目　文］　国家副主席李源潮出席大会并讲话。全国妇联主席沈跃跃主持会议，全国妇联党组书记、副主席、书记处第一书记宋秀岩作工作部署。中央文明办有关负责人，各省区市妇联、新疆生产建设兵团妇联以及中直机关妇工委、中央国家机关妇工委、中央军委政治工作部组织局有关负责人，全国各地“最美家庭”代表以及首都群众代表参加大会。大会揭晓了991户全国“最美家庭”，并通过歌曲、视频、采访等鲜活的形式，展现了雷昌根家庭、李麦玲家庭、徐占海家庭坚守清廉家风的故事，李云丽家庭、刘忠兰家庭、胡官美家庭倡导绿色生活的故事，王淑香家庭、李瑞红家庭弘扬传统美德、倡导文明新风的故事。

5月24日

［纲　文］　**中央政法委书记孟建柱在俄罗斯扎维多沃出席国际安全事务高级代表会议。**

［目　文］　孟建柱就加强国际执法安全合作、防范打击恐怖主义作主旨发言中说，当前人类迎来信息革命新时代，安全领域面临新的挑战。恐怖主义是人类公敌，特别是网络恐怖主义给世界安全带来严重威胁。经验告诉我们，加强执法安全合作，是国际社会有效应对恐怖主义的必然选择。中国政府坚决反对一切形式的恐怖主义，一贯致力于推动国际执法安全合作。面对日趋复杂严峻的国际反恐形势，中方愿在相互尊重、平等协商基础上，建立防范打击网络恐怖主义合作机制，加强对话磋商、经验交流、信息共享、案件协查，共同维护网络特别是信息基础设施安全，携手为世界增添更多积极的稳定因素，切实维护各国人民安全。

来自95个国家和国际组织的代表参加会议。与会期间，孟建柱出席金砖国家代表团团长、上海合作组织国家代表团团长会晤，会见俄联邦安全会议秘书帕特鲁舍夫及10多个国家的安全事务负责人，就加强反恐和执法安全合作深入交换意见，达成广泛共识。

5月24日

［纲　文］　**国家主席习近平特使、教育部部长陈宝生在基多出席厄瓜多尔总统权力交接仪式，并会见厄瓜多尔新任总统莫雷诺。**

5月24日

［纲　文］　**中央纪委监察部网站发布，经中共中央批准，中共中央纪委对新疆生产建设兵团原党委副书记、司令员刘新齐严重违纪问题立案审查。**

［目　文］　经查，刘新齐身为党的高级领导干部，违反政治纪律，对抗组织审查；违反组织纪律，违规选拔任用干部；违反廉洁纪律，利用职权或职务上的影响为他人谋取利益、其子收受他人财物，默许亲属利用其职务影响经商谋利，收受礼品、礼金；违反工作纪律，干预执纪审查工作。依据《中国共产党纪律处分条例》等有关规定，经中央纪委常委会会议研究并报中共中央批准，决定给予刘新齐开除党籍处分，由监察部报国务院批准给予其行政撤职处分，降为正处级非领导职务；收缴其违纪所得。

5月25日

［纲　文］　**新华社讯，习近平对黄大年先进事迹作出指示。**

［目　文］　中共中央总书记习近平的指示指出，黄大年同志秉持科技报国理想，把为祖国富强、民族振兴、人民幸福贡献力量作为毕生追求，为我国教育科研事业作出了突出贡献，他的先进事迹感人肺腑。我们要以黄大年同志为榜样，学习他心有大我、至诚报国的爱国情怀，学习他教书育人、敢为人先的敬业精神，学习他淡泊名利、甘于奉献的高尚情操，把爱国之情、报国之志融入祖国改革发展的伟大事业之中、融入人民创造历史的伟大奋斗之中，从自己做起，从本职岗位做起，为实现“两个一百年”奋斗目标、实现中华民族伟大复兴的中国梦贡献智慧和力量。

黄大年是著名地球物理学家，生前担任吉林大学地球探测科学与技术学院教授、博士生导师。2009年，黄大年毅然放弃国外优越条件回到祖国，刻苦钻研、勇于创新，取得了一系列重大科技成果，填补了多项国内技术空白，2017 年 1 月 8 日不幸因病去世，年仅 58 岁。

26 日，教育部在北京召开贯彻习近平总书记重要指示学习黄大年同志先进事迹座谈会。会议传达了习近平对黄大年先进事迹作出的指示。与会人员一致认为，习近平的指示，高度评价了黄大年的高尚品格、奉献精神和卓越贡献，充分体现了党中央对教育教师工作的关心和重视，是对全国广大教育工作者的极大激励和鞭策。来自吉林省教育厅、北京大学、清华大学、中国地质大学（北京）、吉林大学、西南石油大学、东北师范大学等单位的 8 名代表先后发言，畅谈学习黄大年先进事迹的心得体会。大家表示，一定要以黄大年为榜样，从本职岗位做起，为实现中华民族伟大复兴的中国梦贡献智慧和力量。

7 月 3 日，中组部、中宣部、教育部、科技部、中国科协和吉林省委在人民大会堂联合主办黄大年同志先进事迹报告会。报告团成员结合亲身经历，讲述了黄大年的先进事迹和崇高精神。会前，中共中央政治局常委、中央书记处书记刘云山会见报告团成员，代表习近平总书记，代表党中央，向黄大年家属表示慰问，并颁发党中央追授黄大年的“全国优秀共产党员”证书、奖章。

7 月 23 日，中共中央印发《中共中央关于追授黄大年同志“全国优秀共产党员”称号的决定》。

5 月 25 日

［纲　文］　**全国政协在北京召开双周协商座谈会，围绕“完善住宅房地产调控，有序推进新型城镇化建设”建言献策。**

［目　文］　全国政协主席俞正声主持会议。全国政协副主席杜青林、张庆黎、马培华出席座谈会。全国政协副主席梁振英发表了意见。住房和城乡建设部部长陈政高介绍了有关情况。财政部部长助理戴柏华、国土资源部副部长赵龙、中国人民银行行长助理张晓慧、住房和城乡建设部副部长陆克华等与委员互动交流。全国政协委员赖明、刘世锦、郭允冲、王文娅、刘红宇、王滨、闫冰竹、许家印、王济光、徐钧健、徐玖平、徐念沙、蔡玲，以及专家学者辜胜阻、企业家代表王石在座谈会上发言。

委员们认为，住房是民生之要，是当前面临的重大社会问题。党中央、国务院始终高度重视房地产市场平稳健康发展，作出一系列重大决策部署，明确要求加强和改进住房及用地供应管理，改善住房供求关系，稳定市场预期，取得了积极成效。但当前住宅房地产市场调控形势依然严峻复杂，热点城市房价上涨压力仍然较大，三四线城市去库存任务依然艰巨。

一些委员建议，完善住宅房地产调控，一要认真贯彻落实中共中央总书记习近平“房子是用来住的、不是用来炒的”的定位，体现以人民为中心的思想。住宅不是一般的商品，带有很强的居住属性。住宅房地产政策要体现以自住为主、以普通商品住房为主、以本地常住居民为主的“三为主”方针。各级政府要端正思想，逐步减少对土地财政的依赖，增加住房供给，遏制投资性需求，把保障中低收入居民住房需求作为一项重大任务。二要研究调整土地供应制度，从机制上减少地方政府对增加土地财政收入的冲动，把自住性和投资性购房区分开来，根据不同对象确定不同的土地供应政策。三要改革税费制度。综合研究现有政策和办法，查漏补缺，形成能够有效调节市场的税费制度，降低自住性需求负担，提高投资性需求成本。四要加强住宅房地产调控和监管，规范租赁市场，加快住房租赁市场立法，构建购租并举的住房制度。五要形成有利于自住性需求和遏制投资性需求的金融信贷政策。六要实行差别化的地区政策，坚持分类调控，因城因地施策。一手抓热点城市稳市场、防风险，一手抓三四线城市去库存，努力促进房地产平稳健康发展。

委员们还对中小城市发展、住房管理信息化、加强顶层设计、保护城市文化遗产、提高建筑质量等问题提出意见建议。

5月25日

［纲　文］　**国家公共文化服务体系建设协调组第5次全体会议在北京召开。**

［目　文］　文化部部长、协调组召集人雒树刚出席会议并讲话。会议由文化部副部长杨志今主持。民政部、财政部、国家税务总局、国家新闻出版广电总局、国家文物局、国务院扶贫办、中华全国总工会、共青团中央、全国妇联、中国科协、国家标准委及其他成员单位的有关负责人出席并交流了本单位有关公共文化服务体系建设的工作。

会议对前一阶段的公共文化服务体系建设工作进行了总结，进一步明确了下一阶段协调组的六项重点工作，并根据工作安排在下半年开展中办、国办《关于加快构建现代公共文化服务体系的意见》贯彻落实情况中期督察，同时开展公共文化服务保障法和其他重要改革任务贯彻落实情况的督察。

国家公共文化服务体系建设协调组于2014年成立。3年来，协调组各成员单位在重大事项、重大政策会商上始终保持密切沟通合作，探索建立了一套行之有效的工作机制，成为整合各部门优势资源、共同推进现代公共文化服务体系建设的良好平台。

5月25日

［纲　文］　**发展改革委、工业和信息化部等18部（局）发布《全国投资项目在线审批监管平台运行管理暂行办法》。**

［目　文］　《办法》共6章25条。主要有总则、体系架构、项目代码、运行流程、运行保障、附则等内容。自2017年6月25日起施行。

5月25日

［纲　文］　**第13次中国、越南两党理论研讨会在郑州举行。**

［目　文］　中共中央政治局委员刘奇葆和越共中央政治局委员武文赏出席开幕式。本次研讨会的主题是：新形势下加强和改进党对新闻舆论工作领导的经验做法。

刘奇葆在主旨报告中指出，中国共产党始终把新闻舆论作为治国理政、定国安邦的大事，党的十八大以来，以习近平同志为核心的中共中央大力加强和改进对新闻舆论工作的领导，不断提高新闻舆论传播力引导力影响力公信力，激发了全党全国人民共同奋斗、砥砺前行的强大正能量。面对新形势新任务给新闻舆论工作提出的新要求，中共坚持党管媒体原则，始终确保正确方向导向；坚持正面宣传为主，巩固壮大主流思想舆论；坚持妥善引导舆论，着力增进共识凝聚力量；坚持媒体融合发展，加快打造新型主流媒体；坚持创新新闻传播，增强工作针对性有效性；坚持科学规范管理，牢牢把握主导权主动权。武文赏作了题为《新形势下越南共产党领导新闻媒体工作的经验和做法》的主旨报告。

24日，刘奇葆同武文赏举行会谈，就巩固和发展两党两国关系、深化两党宣传部门和两国媒体交流合作等交换意见。

5月25日

［纲　文］　**国务院副总理刘延东在北京会见世界反兴奋剂机构副主席、挪威文化大臣海勒兰。**

［目　文］　刘延东表示，中国政府重视发展体育事业。反兴奋剂是体育健康发展的重要保障，中方大力支持反兴奋剂工作，愿进一步加强与世界反兴奋剂机构的交流。挪威是冬季运动强国，中方愿同挪方加强冬季运动合作，学习挪方先进的办赛经验，推动我国冬季运动水平不断提高。

海勒兰表示，世界反兴奋剂机构赞赏中国在反兴奋剂工作领域的巨大努力和非凡成就。挪方愿与中方继续推进包括冬季运动在内的体育交流与合作。

5月25日

［纲　文］　**“华龙一号”全球首堆示范工程完成穹顶吊装。**

［目　文］　17时58分，重约340吨的穹顶精准落在45米高的核反应堆堆顶。“华龙一号”是中国自主创新、拥有完整自主知识产权的三代核电技术。2015年5月7日，“华龙一号”全球首堆示范工程于福建省福清市正式开工建设。

26日，新华社讯，国务院总理李克强对“华龙一号”福清核电5号机组建设工作作出批示。批示指出：我国自主研发的三代核电“华龙一号”是推进实施中国制造2025的标志性工程。福清核电5号机组作为“华龙一号”全球首堆，实现核岛穹顶吊装意义重大。谨向全体设计人员和建设者致以诚挚问候！核电建设和运营管理都要确保绝对安全。希望继续发扬工匠精神，精益求精、严格管理，在确保质量和安全的前提下按期建成投产。依托“互联网+”、众创平台进一步汇聚各方创新资源，不断提升我国核电研发制造水平。同时，积极参与国际市场，努力打造世界一流核电品牌，为实现中国制造迈向中高端作出新贡献！

5月25日

［纲　文］　**国家副主席李源潮在北京会见中央委员陶菲克·提拉维率领的巴勒斯坦民族解放运动（法塔赫）考察团。**

5月25—28日

［纲　文］　**2017中国国际大数据产业博览会在贵阳举办。**

［目　文］　国务院总理李克强致信祝贺数博会开幕。李克强在贺信中表示，当前新一轮科技革命和产业变革席卷全球，大数据、云计算、物联网、人工智能、区块链等新技

术不断涌现，数字经济正深刻地改变着人类的生产和生活方式，作为经济增长新动能的作用日益凸显。贵州省主动顺应这一发展趋势，大胆探索、先行先试，取得了积极成效。中国政府高度重视数字经济发展，坚持深入推进创新驱动发展战略，依靠简政放权、放管结合、优化服务等改革，着力激发社会创造力和市场活力，将大众创业、万众创新同网络强国战略、国家大数据战略、“互联网+”行动计划、“中国制造2025”等相结合，加快新旧动能接续转换，促进经济结构转型升级和社会不断进步。中国愿同世界各国聚焦前沿、聚焦共赢，推动数字经济创新合作，共享发展机遇，开创人类社会更加智慧、美好的未来。

国务院副总理马凯出席开幕式在致辞中指出，大数据促进大融合，大融合促进大发展。中国愿与国际社会一道，深度开发大数据，广泛利用大数据，共同推动大数据资源互联互通，破除数据、技术流动壁垒；共同推动大数据产业国际合作，促进大数据深化应用和产业加快发展；共同加强大数据安全和规范利用，有效保护知识产权，维护大数据安全，加快推动世界制造变革和经济复苏繁荣。

数博会由发展和改革委、工业和信息化部、国家互联网信息办公室、贵州省人民政府共同主办。以“数字经济引领新增长”为主题，由“同期两会、一展、一赛及系列活动”组成，即中国国际大数据产业博览会、中国电子商务创新发展峰会，中国国际大数据产业博览会（专业展），2017中国国际大数据挖掘大赛。活动紧扣国家大数据发展战略，突出“全球视野、国家高度、产业视角、企业立场”，让数博会成为展示国家战略、提升大数据领域国际影响力的国家级博览会。吸引了20余国家的5.1万名官员、专家、业界精英参与。签约项目119个，签约金额167.33亿元，共对接企业1479家，达成签约意向项目235个，意向金额256.1亿元。

5月25—26日

［纲　文］　**外交部部长王毅应邀对俄罗斯进行正式访问。**

［目　文］　访问期间，王毅在莫斯科会见了俄罗斯总统普京；同俄罗斯外长拉夫罗夫举行会谈，两国外长签署了中俄外交部2017年度磋商计划并共同会见记者。

王毅在会见普京时说，中俄发展战略契合，合作前景广阔，应进一步深化贸易、投资等领域合作，探索开发新增长点，深化两国利益融合。普京表示期待习近平主席尽早访问俄罗斯，当前俄罗斯经济形势向好，两国政府部门应加强沟通协商，巩固务实合作发展势头。

王毅同拉夫罗夫会谈时指出，中方愿同俄方一道，切实做好下阶段两国高层交往准备工作。加强“一带一路”倡议同欧亚经济联盟对接，扎实推进两国大项目合作，拓展合作新领域，提升双方务实合作水平。共同推动上合组织在新形势下继续发展壮大，确保即将举行的阿斯塔纳峰会取得成功。在金砖机制内加强沟通协调，促进新兴市场国家及发展中国家的团结协作。拉夫罗夫说，2017年两国高层交往密切，俄方愿同中方密切配合，筹备好年内习近平主席对俄罗斯的访问。双方将深入探讨欧亚经济联盟同“一带一路”倡议对接，推动双边务实合作取得更大发展。在联合国、上合组织、金砖国家等多边机构中加强协调配合，在国际热点问题上共同发挥“稳定器”作用。

5月26日

［纲　文］　**习近平致信祝贺中国农业科学院建院60周年。**

［目　文］　中共中央总书记习近平的贺信写道：值此中国农业科学院建院60周年之际，我代表党中央，向你们致以热烈的祝贺！向全体农业科研人员和广大农业科技工作者致以诚挚的问候！60年来，中国农业科学院牢记使命、勇于担当，以解决我国农业发展重大科技问题为已任，取得一大批具有国际先进水平的重大原创成果，培养造就了一大批农业科技领军人才，为我国“三农”事业发展作出重要贡献。中国是农业大国，有着悠久农耕历史和灿烂农耕文化。农业现代化关键在科技进步和创新。要立足我国国情，遵循农业科技规律，加快创新步伐，努力抢占世界农业科技竞争制高点，牢牢掌握我国农业科技发展主动权，为我国由农业大国走向农业强国提供坚实科技支撑。作为农业科研国家队，中国农业科学院要面向世界农业科技前沿、面向国家重大需求、面向现代农业建设主战场，加快建设世界一流学科和一流科研院所，勇攀高峰，率先跨越，推动我国农业科技整体跃升，为实现“两个一百年”奋斗目标、实现中华民族伟大复兴的中国梦作出新的更大的贡献。

国务院总理李克强作出批示指出，中国农业科学院建院60年来，坚持面向国家重大需求，瞄准农业科技前沿，持续攻坚克难，取得了一系列举世瞩目的科研成果，培养了一大批优秀农业科技人才，为解决“三农”发展重大问题、保障国家粮食安全、促进农业现代化提供了重要科技支撑。谨向同志们致以诚挚问候。希望你们不负重托，再接再厉，认真贯彻新发展理念，围绕推进农业供给侧结构性改革，加快农业转方式、调结构，紧扣我国农业技术“短板”，着力深化农业科技体制机制改革，着力推动农业科技创新，力争取得更多有分量的科研成果、培养更多优秀人才，不断提升我国农业科技水平和国际竞争力，促进培育农业农村发展新动能，为加快现代农业发展、实现农民增收、推进农村经济社会持续健康发展作出新贡献。

同日，中国农业科学院建院60周年成就展暨表彰大会举行。会上宣读了习近平的贺信和李克强的批示，宣布了中国农业科学院建院60年重大科技成就，并对建院60年先进模范人物进行了表彰。

中国农业科学院成立于1957年。建院60年来，共取得各类科技成果6000多项，获奖成果2400多项，国家科技奖励成果320余项。

25日，国务院副总理汪洋在中国农业科学院调研时指出，科技是现代农业发展的决定力量。要深入学习贯彻习近平总书记指示精神和李克强总理的批示要求，贯彻落实全国科技创新大会精神，认真实施创新驱动发展战略，加强农业科技研发，强化农业技术推广，以科技创新引领农业供给侧结构性改革，加快农业现代化。

5月26日

［纲　文］　**中共中央政治局召开会议，审议《关于修改〈中国共产党巡视工作条**

例〉的决定》和《关于巡视中央意识形态单位情况的专题报告》。

［目　文］　中共中央总书记习近平主持会议。会议指出，党的十八大以来，以习近平同志为核心的党中央把巡视作为推进全面从严治党的重大举措，对加强和改进巡视工作作出一系列重大决策部署，坚持党内监督和群众监督相结合，赋予巡视制度新的活力。实践证明，巡视工作是治标之举，也是治本之策，必须在坚持中深化、在深化中坚持，发挥标本兼治作用。加强巡视工作，必须贯彻党的十八大和十八届三中、四中、五中、六中全会精神，贯彻习近平总书记系列重要讲话精神和治国理政新理念新思想新战略，落实全面从严治党要求，深化政治巡视，聚焦坚持党的领导、加强党的建设、全面从严治党，突出严肃党内政治生活，净化党内政治生态，促进管党治党标本兼治。《条例》修改总结吸纳巡视工作实践创新成果，对中央和国家机关巡视工作、市县巡察工作、一届任期内巡视全覆盖等作出明确规定，为依纪依规开展巡视、推动巡视工作向纵深发展提供了制度保障。党的十八大以来，党中央坚持党要管党、全面从严治党，坚持思想建党和制度治党相统一，扎牢制度笼子，强化制度执行。各级党委要加强对《条例》实施的组织领导，学习好、宣传好、贯彻好《条例》。领导干部要发挥“关键少数”作用，深刻理解《条例》精神实质，增强党章党规党纪意识，自觉接受监督，带头按规矩办事、按制度用权，自觉贯彻落实党中央提出的依法治国和依规治党要求。

会议指出，意识形态工作是党的一项极其重要的工作。十八届中央巡视对宣传、文化、新闻等单位进行了全面政治“体检”，加强党对意识形态工作的领导，促进意识形态阵地建设，推动意识形态领域全面从严治党。党管意识形态是坚持党的领导的重要内容，各级党组织和党员领导干部要牢固树立“四个意识”，坚决维护以习近平同志为核心的党中央权威和集中统一领导，强化政治担当，落实意识形态工作责任制，紧密联系实际贯彻“五位一体”总体布局、“四个全面”战略布局，贯彻新发展理念。要坚定“四个自信”，用党的理论创新成果指导意识形态工作，坚持以人民为中心，把握正确政治方向、价值取向、舆论导向。加强党的建设，结合推进“两学一做”学习教育常态化制度化，管好导向、管好阵地、管好队伍，提升主流意识形态领域传播力、引导力、影响力、公信力。以巡视整改为契机，深入推进全面从严治党，坚持问题导向，敢于亮剑、主动作为，补齐短板、堵塞漏洞，深化改革、完善制度，做好稳预期、稳思想、稳人心工作，为党的十九大胜利召开营造良好思想舆论环境。

5月26日

［纲　文］　**习近平主持中共中央政治局第41次集体学习。**

［目　文］　本次学习主题是：推动形成绿色发展方式和生活方式。学习时，播放了有关生态环境保护的专题片。何立峰、姜大明、陈吉宁、陈政高、陈雷发言，他们结合本部门工作实际谈了对推进生态文明建设、推动绿色发展、加强环境保护等方面的体会和意见。中共中央政治局委员们听取了他们的发言，并就有关问题进行了讨论。

中共中央总书记习近平指出，推动形成绿色发展方式和生活方式是贯彻新发展理念的必然要求，必须把生态文明建设摆在全局工作的突出地位，坚持节约资源和保护环境的基本国策，坚持节约优先、保护优先、自然恢复为主的方针，形成节约资源和保护环境的空间格局、产业结构、生产方式、生活方式，努力实现经济社会发展和生态环境保护协同共进，为人民群众创造良好生产生活环境。人类发展活动必须尊重自然、顺应自然、保护自然，否则就会遭到大自然的报复。推动形成绿色发展方式和生活方式，是发展观的一场深刻革命。

习近平就推动形成绿色发展方式和生活方式提出 6 项重点任务。一要加快转变经济发展方式。二要加大环境污染综合治理：要以解决大气、水、土壤污染等突出问题为重点，全面加强环境污染防治，持续实施大气污染防治行动计划，加强水污染防治，开展土壤污染治理和修复，加强农业面源污染治理，加大城乡环境综合整治力度。三要加快推进生态保护修复。四要全面促进资源节约集约利用。五要倡导推广绿色消费。六要完善生态文明制度体系。

习近平强调，生态环境保护能否落到实处，关键在领导干部。要落实领导干部任期生态文明建设责任制，实行自然资源资产离任审计，认真贯彻依法依规、客观公正、科学认定、权责一致、终身追究的原则，明确各级领导干部责任追究情形。对造成生态环境损害负有责任的领导干部，必须严肃追责。各级党委和政府要切实重视、加强领导，纪检监察机关、组织部门和政府有关监管部门要各尽其责、形成合力。

5 月 26 日

［纲　文］　国务院在北京召开全面推进“多证合一”改革电视电话会议。

［目　文］　国务院总理李克强作出批示指出：商事制度改革是简政放权、放管结合、优化服务改革的重要内容，近年来取得显著进展，有效激发了市场活力和社会创造力。今年要按照全面深化改革的部署，以推进供给侧结构性改革为主线，把推动“多证合一”作为商事制度改革的重点工作全力突破。各相关部门和各地方要认真贯彻党中央、国务院决策部署，主动作为，勇于担当，全面整合优化涉企证照事项，妥善做好改革衔接过渡，确保如期实现“多证合一”改革目标，让企业“一照一码”走天下，进一步降低创设企业的制度性交易成本，进一步营造国际化法治化便利化营商环境，进一步推动大众创业万众创新、培育发展新动能，为促进经济社会持续健康发展作出更大贡献！

国务委员王勇出席并讲话。国家工商总局、中央编办、发展和改革委分别对“多证合一”登记制度改革作具体部署。

王勇指出，要全面贯彻党中央、国务院的决策部署，认真落实李克强批示，加强领导，统筹推进，确保 10 月 1 日前全面实行“多证合一”，使审批更简、监管更强、服务更优，营造更加良好的市场营商环境。各地区各有关部门要按照《国务院办公厅关于加快推进“多证合一”改革的指导意见》的要求，全面梳理、分类处理涉企证照，减少不必要的审批事项和环节，加快推动涉企审批减证增效；深化部门信息共享和业务协同，减少企业和群众重复提交材料，推进“一照一码”营业执照广泛互认与应用；坚持放管结合并重，全面加强和完善事中事后监管，确保监管有力、放而不乱；加快登记注册全程电子化，改进企业名称登记管理，健全简易注销程序，推广“互联网+政务服务”，积极服务“双创”和小微企业发展，推动商事制度改革取得更大成效，为党的十九大胜利召开营造良好环境。

5月26日

［纲　文］　**交通运输部公布《定期国际航空运输管理规定》，自2017年7月1日起施行。**

5月26日

［纲　文］　**证监会公布《上市公司股东、董监高减持股份的若干规定》，自2017年5月26日起施行。**

5月26日

［纲　文］　**中共广东省第十二届委员会第一次全体会议选举胡春华为广东省委书记，马兴瑞、任学锋为省委副书记。**

5月26日

［纲　文］　**中共天津市第十一届委员会第一次全体会议选举李鸿忠为市委书记，王东峰、怀进鹏为市委副书记。**

5月26日

［纲　文］　**中共甘肃省第十三届委员会第一次全体会议选举林铎为省委书记，唐仁健、孙伟为省委副书记。**

5月26日

［纲　文］　**中共青海省第十三届委员会第一次全体会议选举王国生为省委书记，王建军、刘宁为省委副书记。**

5月27日

［纲　文］　**国家主席习近平、国务院总理李克强就埃及遭遇恐怖袭击分别向埃及总统塞西、埃及总理伊斯梅尔致慰问电。**

5月27日

［纲　文］　**全国人大常委会办公厅在北京举行纪念香港特别行政区基本法实施20周年座谈会。**

［目　文］　全国人大常委会委员长张德江出席并讲话。全国人大常委会副委员长兼秘书长王晨主持。孙春兰、李建国、李源潮、严隽琪、王晨、杨洁篪、董建华、梁振英等出席座谈会。中央有关部门和广东省负责人，全国人大常委会香港基本法委员会成员，原香港基本法起草委员会部分委员，原香港特别行政区筹备委员会部分委员，部分香港特别行政区全国人大代表和全国政协委员，香港特别行政区部分主要官员和立法机构、司法机构的代表，以及内地和香港的专家学者约150人参加了座谈会。

张德江指出，香港特别行政区基本法是伟大时代的非凡创造，充分凝聚了包括广大香港同胞在内的全体中国人民的共同意志，展现出强大的生命力，是符合国家和香港实际情况、能够为“一国两制”伟大事业提供根本保障、经得起实践检验的一部好法律。20年来，中央和香港特别行政区在基本法实践中取得了许多规律性认识与有益经验。一是继续推进“一国两制”事业，必须牢牢把握维护国家主权、安全和发展利益，保持香港长期繁荣稳定的根本宗旨。二是要坚定维护以宪法和基本法为基础的特别行政区宪制秩序。三是要始终坚持以行政长官为核心的行政主导体制。四是要充分发挥基本法赋予特别行政区的高度自治权的制度优势。

香港特别行政区行政长官梁振英在发言中说，“一国两制”和基本法是对香港和国家最好的宪制安排。香港与内地的协调共同发展，不但能提升两地整体竞争力，更可向世界提供跨制度区域合作的新经验，为“一国两制”的实践赋予新的意义。

5月27日

［纲　文］　**全国年轻一代民营企业家理想信念报告会在北京召开。**

［目　文］　全国政协主席俞正声出席会议并讲话。中央统战部部长孙春兰主持会议。全国政协副主席、全国工商联主席王钦敏出席会议，中央和北京市有关部门负责人、民营企业家代表参会。六位民营企业家作了事迹报告。

俞正声指出，以习近平同志为核心的党中央对年轻一代民营企业家寄予亲切关怀和殷切希望。引导这支队伍成为合格的中国特色社会主义事业建设者，事关增强国民经济发展后劲，事关巩固和扩大党执政的群众基础和社会基础，事关实现“两个一百年”奋斗目标和中华民族伟大复兴的中国梦。我国正处在全面建成小康社会的决胜阶段，经济发展进入新常态，年轻一代民营企业家施展才华面临广阔空间。各级党委和政府要把年轻一代民营企业家教育培养工作摆在重要位置，为他们干事创业搭建更大舞台，努力培养一支有信念、有梦想、有本领、有贡献的年轻一代民营企业家队伍。领导干部要按照“亲”“清”原则，坦荡真诚和民营企业家接触交往，帮助年轻一代化解发展中的困难、成长中的烦恼。

5月27日

［纲　文］　**科技部在北京举行庆祝全国科技工作者日暨创新争先奖励大会。**

［目　文］　中共中央政治局常委刘云山出席会议并讲话。科技部部长万钢主持会议。刘延东、李源潮、沈跃跃、陈竺等出席会议。中央和国家机关有关部门、中央军委科技委负责人，全国创新争先奖获奖者和获奖团队代表、科技界代表等参加会议。会上，颁发了首届全国创新争先奖，大亚湾反应堆中微子实验团队等10个科研团队被授予创新争先奖牌，王过中等28人被授予创新争先奖章，丁列明等254人被授予创新争先奖状。全国创新争先奖由中国科协联合有关部门共同设立，每3年评选表彰一次。

刘云山指出，各级党委和政府要把科技创新摆在突出位置，改革完善体制机制，抓好科技人才队伍建设，大兴识才、爱才、敬才、用才之风。科协组织要牢牢把握工作的正确方向，有力有序推进自身改革，加强对科技界思想政治引领，提高联系服务科技工作者的能力。要广泛宣传党和国家的科技政策和工作部署，宣传我国科技发展取得的辉煌成就，宣传科技战线涌现的先进典型，在全社会营造崇尚科学、尊重创新的良好环境。

2017 年 5 月 30 日是首个全国科技工作者日。

5 月 27 日

［纲　文］　**郭声琨主持召开公安部党委理论中心组学习（扩大）会议和全国公安机关视频会议。**

［目　文］　会议学习贯彻中共中央总书记习近平在会见全国公安系统英雄模范立功集体表彰大会代表时的讲话精神，交流学习体会，研究深入贯彻落实意见。公安部常务副部长傅政华、公安部副部长黄明及江苏、湖南公安厅负责人等在会上发言。

国务委员、公安部部长郭声琨指出，要深入学习贯彻习近平总书记在会见全国公安系统英雄模范立功集体表彰大会代表时的重要讲话精神，迅速掀起学习宣传贯彻的热潮，以习近平总书记讲话精神武装头脑、指导实践、推动工作，切实做到对党忠诚、服务人民、执法公正、纪律严明，以维护安全稳定的新业绩、党和人民满意的新形象迎接党的十九大胜利召开。习近平总书记提出的对党忠诚、服务人民、执法公正、纪律严明的总要求，为公安事业发展进步提供了根本引领、指明了前进方向。各级公安机关要牢牢把握对党忠诚这一政治灵魂，牢固树立“四个意识”，切实筑牢忠诚警魂，更加坚定自觉地维护以习近平同志为核心的党中央权威和集中统一领导，更加坚定自觉地在思想上政治上行动上同以习近平同志为核心的党中央保持高度一致，永葆绝对忠诚、绝对纯洁、绝对可靠的政治本色。

5 月 27 日

［纲　文］　**国家测绘地理信息局发布，全国卫星导航定位基准服务系统建成并启用。**

［目　文］　全国卫星导航定位基准服务系统兼容北斗、GPS、格洛纳斯、伽利略等卫星导航系统信号，具备了覆盖全国的导航定位服务能力。该系统具有速度快、精度高、范围广三大特征，将在地理国情普查、应急测绘保障、国土资源调查、国土空间规划和开发、“一带一路”建设等方面高效完成基础性任务。该系统能够向公众提供实时亚米级的导航定位服务，并向专业用户提供厘米级、毫米级的定位服务，已经在国土资源、交通、水利、农业、气象、地震等多个领域广泛应用，并逐步融入公众生活。

5 月 27 日

［纲　文］　**农业部公布《无规定动物疫病区评估管理办法》。**

［目　文］　《办法》共 6 章 33 条。主要有总则、申请、评估、公布、监督管理、附则等内容。自 2017 年 7 月 1 日起施行。农业部 2007 年 1 月 23 日发布的《无规定动物疫病区评估管理办法》（农业部令第 1 号）同时废止。

5 月 27 日

［纲　文］　**银监会、教育部、人力资源社会保障部印发《关于进一步加强校园贷规**

范管理工作的通知》。

［目　文］《通知》由四个部分组成：一、疏堵结合，维护校园贷正常秩序。二、整治乱象，暂停网贷机构开展校园网贷业务。三、综合施策，切实加强大学生教育管理。四、分工负责，共同促进校园贷健康发展。

《通知》指出，要求未经银行业监督管理部门批准设立的机构不得进入校园为大学生提供信贷服务，监管部门应联合各方力量，加强整治，及时纠偏。对拒不整改或超期未完成整改的，要暂停其开展网贷业务，依法依规予以关闭或取缔，对涉嫌恶意欺诈、暴力催收、制作贩卖传播淫秽物品等严重违法违规行为的，移交公安、司法机关依法追究刑事责任。

5月27日

［纲　文］**中白政府间合作委员会文化合作分委会第2次会议在北京召开。**

［目　文］文化部部长雒树刚和白俄罗斯文化部部长鲍里斯·斯维特洛夫在北京共同主持。中白文化合作分委会各成员单位代表出席会议。双方达成以下共识：中白双方将继续合作举办大型文化活动，进一步促进两国文化艺术机构之间的直接交流，推动两国影视、图书馆、旅游等领域的合作，在上海合作组织和丝绸之路经济带框架下加强交流合作。双方商定，2019年在白俄罗斯举办分委会第3次会议。

5月27日

［纲　文］**中共四川省第十一届委员会第一次全体会议选举王东明为省委书记，尹力、邓小刚为省委副书记。**

5月27日

［纲　文］**北京市第十四届人大常委会第三十九次会议决定，接受蔡奇辞去北京市市长职务的请求，任命陈吉宁为北京市副市长、代理市长。**

5月28日

［纲　文］**国家主席习近平、国务院总理李克强就斯里兰卡洪水和山体滑坡灾害分别向斯里兰卡总统西里塞纳、斯里兰卡总理维克勒马辛哈致慰问电。**

5月28日

［纲　文］**国务院公布《中华人民共和国统计法实施条例》。**

［目　文］《条例》共8章55条。主要有总则、统计调查项目、统计调查的组织实施、统计资料的管理和公布、统计机构和统计人员、监督检查、法律责任、附则等内容。自2017年8月1日起施行。1987年1月19日国务院批准、1987年2月15日国家统计局公布，2000年6月2日国务院批准修订、2000年6月15日国家统计局公布，2005年12月16日国务院修订的《中华人民共和国统计法实施细则》同时废止。

5月28日

［纲　文］**国务院办公厅印发《兴边富民行动“十三五”规划》。**

［目　文］《规划》由五个部分组成：一、规划背景。二、总体要求。三、主要任务

和重点工程。四、政策措施。五、组织实施。

《规划》指出，国家优先支持边境地区改革创新和加快发展，出台差别化政策予以支持，进一步加大相关优惠政策对边境地区的倾斜力度。国家综合配套改革试验区优先支持一部分边境县市。要在边民扶持、财政、金融、土地、社会保障、资源开发与生态保护补偿、对口支援等七个方面强化政策支持。要按照“国家支持、省负总责、市级联动、县级落实”的方针，加强组织领导，落实任务责任，密切协调合作，确保如期完成发展目标、主要任务和重点工程。

5月28日

［纲　文］　**财政部印发《关于坚决制止地方以政府购买服务名义违法违规融资的通知》。**

［目　文］　《通知》由五个部分组成：一、坚持政府购买服务改革正确方向。二、严格按照规定范围实施政府购买服务。三、严格规范政府购买服务预算管理。四、严禁利用或虚构政府购买服务合同违法违规融资。五、切实做好政府购买服务信息公开。

《通知》要求，各省级财政部门要充分认识规范政府购买服务管理、防范财政金融风险的重要性，统一思想，加强领导，周密部署，报经省级政府批准后，会同相关部门组织全面摸底排查本地区政府购买服务情况，发现违法违规问题的，督促相关地区和单位限期依法依规整改到位，并将排查和整改结果于2017年10月底前报送财政部。

5月28日

［纲　文］　**外交部发言人表示，中方对七国集团峰会声明假借国际法名义对东海和南海问题指手画脚表示强烈不满。**

［目　文］　有记者问，近日在意大利举行的七国集团峰会联合公报提及东海、南海问题，请问你有何评价？

发言人表示，中方在东海、南海问题上的立场是明确的、一贯的，中方始终致力于同直接有关当事国通过谈判磋商妥善管控和解决有关争议，推进各领域的合作，共同维护东海和南海的和平稳定，维护航行和飞越自由以及海上航道安全。我们希望七国集团和域外国家认清形势，恪守在有关争议问题上不持立场的承诺，充分尊重本地区国家管控争议的努力，停止发表不负责任的言论，为本地区的和平稳定发挥建设性的作用。

5月28日

［纲　文］　**原中共中央顾问委员会委员，审计署原党组书记、审计长于明涛，在北京逝世，享年100岁。**

5月28日

［纲　文］　**《人民日报》发表《牢牢把握“一国两制”的根本宗旨》的评论员文章。**

5月29日

［纲　文］　**中共吉林省第十一届委员会第一次全体会议选举巴音朝鲁（蒙古族）为**

省委书记，刘国中、高广滨为省委副书记。

5月29—31日

［纲　文］　**国务委员杨洁篪应邀访问日本并举行第4次中日高级别政治对话。**

［目　文］　29日，杨洁篪在东京同日本国家安全保障局长谷内正太郎共同主持中日第4次高级别政治对话。杨洁篪表示，双方应重温两国邦交正常化初衷，在四个政治文件和四点原则共识基础上，本着以史为鉴、面向未来的精神，维护政治基础，妥善管控分歧，推动中日关系持续改善。政治互信是国与国之间发展健康稳定关系的根本保障。

31日，杨洁篪在东京会见日本首相安倍晋三时表示，不久前，习近平主席会见出席“一带一路”国际合作高峰论坛的日本自民党干事长二阶俊博时，就中日关系提出重要指导性意见。中方重视中日关系，愿同日方抓住2017年中日邦交正常化45周年和2018年中日和平友好条约缔结40周年的机遇，在中日四个政治文件和四点原则共识基础上，本着以史为鉴、面向未来的精神发展两国关系。我们也希望日方将有关积极表态和中日“互为合作伙伴，互不构成威胁”的政治共识体现到具体的政策和行动中。

安倍表示，日方期待以2017年日中邦交正常化45周年和2018年日中和平友好条约缔结40周年为契机，进一步改善和发展两国关系。日方希望同中方密切各层级交往，增进民间友好，深化互利合作，妥善管控分歧，加强双方在国际地区事务中的沟通协调。在台湾问题上，日方将继续遵循日中邦交正常化联合声明中确定的原则，这一立场没有变化。

5月30日

［纲　文］　**国务院印发《关于开展第四次大督查的通知》。**

［目　文］　《通知》指出，这次大督查重点督查五个方面内容。一是推进供给侧结构性改革，主要包括钢铁、煤炭、煤电等行业去产能，房地产去库存，清理规范涉企收费，降低企业用能、物流成本，推进农业供给侧结构性改革等情况。二是适度扩大总需求，主要包括加快发展服务消费，开展质量提升行动，中央预算内投资项目建设，铁路、公路、城市地下综合管廊以及“十三五”165项重大工程项目建设，促进民间投资、外商投资，盘活财政沉淀资金等情况。三是推动新旧动能转换，主要包括持续推进大众创业、万众创新，加快培育壮大新兴产业，推动实体经济优化结构，实施《中国制造2025》，网络提速降费，全国“放管服”改革专项督查发现问题整改落实等情况。四是保障和改善民生，主要包括高校毕业生就业创业，推进全国医保信息联网，医疗联合体建设，保障困难群众基本生活，落实减贫和易地扶贫搬迁任务，解决农民工工资拖欠问题，强化环境污染防治特别是雾霾治理等情况。五是防范重点领域风险，主要包括防范化解不良资产风险，推进地方政府存量债务置换，查处违法违规融资担保，防范、处置和打击非法集资，开展互联网金融风险专项整治等情况。同时，对本届政府“约法三章”等公开承诺事项、“十三五”规划纲要重要目标任务落实情况开展督查。

《通知》要求，从5月底至7月初，各地区和各部门对照督查重点内容开展全面自查。7月中旬，国务院将派出督查组进行督查。

5月30日—6月1日

［纲　文］　**中哈环保合作委员会第6次会议在哈萨克斯坦阿斯塔纳举行。**

［目　文］　中哈环委会中方主席、环保部副部长赵英民和哈方主席、哈能源部副部长萨季别科夫分别率团出席会议。会后，赵英民和萨季别科夫共同签署了会议纪要，并向哈方交换《关于推进绿色“一带一路”建设的指导意见》《“一带一路”生态环境保护合作规划》等文件。

5月31日

［纲　文］　**国务院办公厅印发《关于深化科技奖励制度改革的方案》。**

［目　文］　《方案》由三个部分组成：一、指导思想和基本原则。二、重点任务。三、工作实施。

《方案》指出，充分发挥科学技术奖励监督委员会作用，全程监督科技奖励活动。完善异议处理制度，公开异议举报渠道，规范异议处理流程。健全评审行为准则与督查办法，明确提名者、被提名者、评审专家、组织者等各奖励活动主体应遵守的评审纪律。建立评价责任和信誉制度，实行诚信承诺机制，为各奖励活动主体建立科技奖励诚信档案，纳入科研信用体系。

5月31日

［纲　文］　**国务院办公厅印发《关于加快推进畜禽养殖废弃物资源化利用的意见》。**

［目　文］　《意见》由三个部分组成：一、总体要求。二、建立健全畜禽养殖废弃物资源化利用制度。三、保障措施。

《意见》要求，各地区、各部门要按照职责分工，加大工作力度，完善落实好各项保障措施，加强财税政策支持，统筹解决用地用电问题，加快畜牧业转型升级，加强科技装备支撑。

5月31日

［纲　文］　**国务院办公厅印发《对省级人民政府履行教育职责的评价办法》。**

［目　文］　《办法》共5章16条。主要有总则、评价的内容、评价的实施、评价结果的运用、附则等内容。自2017年5月31日起施行。

5月31日

［纲　文］　**财政部、农业部印发《关于深入推进农业领域政府和社会资本合作的实施意见》。**

［目　文］　《意见》由四个部分组成：一、总体要求。二、聚焦重点领域。三、规范项目实施。四、加大政策保障。

《意见》指出，各地农业部门、财政部门要积极协调相关土地部门，在保障耕地占补平衡的基础上，在当地土地使用中长期规划中全面考虑农业PPP项目建设需求，并给予优先倾斜，为项目用地提供有效保障。

5月31日

［纲　文］　**人力资源社会保障部公布《2016年度人力资源和社会保障事业发展统计公报》。**

［目　文］　《公报》显示，2016年全年基本养老保险基金收入37991亿元，比上年增长18%；其中征缴收入27500亿元，比上年增长16%。全年基本养老保险基金支出34004亿元，比上年增长21.8%。年末基本养老保险基金累计结存43965亿元。2016年末全国参加城镇职工基本养老保险人数为37930万人，比上年末增加2569万人。全年城镇职工基本养老保险基金总收入35058亿元，比上年增长19.5%。全年总支出31854亿元，比上年增长23.4%。年末城镇职工基本养老保险基金累计结存38580亿元。2016年末城乡居民基本养老保险参保人数50847万人，比上年末增加375万人。其中实际领取待遇人数15270万人。全年城乡居民基本养老保险基金收入2933亿元，比上年增长2.8%，其中个人缴费732亿元。支出2150亿元，比上年增长1.6%，累计结存5385亿元。2016年末全国有7.63万户企业建立了企业年金，比上年增长1.1%。参加职工人数为2325万人，比上年增长0.4%。年末企业年金基金累计结存11075亿元。

5月31日

［纲　文］　**住房城乡建设部发布，废止《城市公共汽电车客运管理办法》（建设部令第138号），自2017年5月31日起施行。**

5月31日

［纲　文］　**李源潮在北京调研少先队工作。**

［目　文］　国家副主席李源潮来到海淀实验小学，参加“喜迎十九大——我向习爷爷说句心里话”主题队日活动，勉励少先队员热爱祖国、热爱人民、热爱中国共产党，从小立志、好好学习、快乐成长；参观同学们的小创作时，鼓励大家自己动手、认识世界，成为小小创新家；观看《长征组歌》合唱后，向同学们讲述红军战士英勇牺牲的故事，希望他们用先烈的革命精神激励自己，向未来进发；在大队室，与少先队小干部一起讨论“先锋”的含义，希望大家在学习、活动中体现少先队的先进性，增强少先队员的自豪与光荣。

座谈会上，李源潮说，少先队要教育引导少年儿童将来为实现中国梦作贡献。要加快推进少先队改革的进程，增强少先队教育的思想性、少先队组织的先进性、少先队员的自主性和少先队活动的实践性，充分发挥少先队立德树人的先进作用。要提高少先队辅导员的思想政治素质，培养高尚道德情操，加强少先队业务培训，建好少先队工作者队伍。

5月31日

［纲　文］　**江苏省第十二届人民代表大会常务委员会第三十次会议决定，接受石泰峰辞去江苏省省长职务的请求，决定任命吴政隆为江苏省副省长、代理省长。**

5月31日

［纲　文］ **国家主席习近平特使、国务委员王勇在肯尼亚蒙巴萨出席蒙巴萨至内罗毕标准轨铁路通车仪式。**

［目　文］ 王勇在致辞中说，蒙内铁路是落实习近平主席提出的“一带一路”倡议和中非合作论坛约翰内斯堡峰会“十大合作计划”的重要早期收获，是中非“三网一化”和产能合作的标志性工程。蒙内铁路建成通车对促进肯尼亚和地区国家发展、加快非洲工业化进程、推动“一带一路”走进非洲腹地具有重要意义。中方愿同肯方一道，将蒙内铁路打造成为肯尼亚繁荣发展之路和中非合作转型升级新样板。

出席通车仪式前，王勇会见了肯雅塔总统，向其转达了习近平主席的亲切问候，表示中方始终从战略高度和长远角度看待和发展中肯关系，愿认真落实两国领导人达成的重要共识，积极拓展双方在“一带一路”倡议和中非合作论坛框架下的合作。

蒙内铁路由中国公司承建，正线全长约472公里，合同总额38亿美元。是肯尼亚独立以来最大的基础设施建设工程，也是东非铁路网的第一段，开启了东非地区新的标准轨铁路时代。该项目集设计、施工监理、融资、装备采购和运营管理为一体，被誉为“一带一路”建设造福非洲的示范项目。

5月31日

［纲　文］ **中国遥感卫星地面站陆地观测卫星数据全国接收站网建设项目在北京通过国家验收。**

［目　文］ 中国科学院遥感与数字地球研究所承担建设任务。形成了北京密云站、新疆喀什站、海南三亚站和北京本部组成的全国卫星数据接收站网格局，使我国直接接收卫星数据的范围覆盖了我国全部疆土和亚洲70%的区域，填补了我国西部和南海等重要战略区域的空白，显著增强了我国遥感应用的数据服务能力，改变了我国陆地观测卫星数据接收面貌，是我国对地观测卫星地面系统建设的重大里程碑。

站网项目取得了多项国内、国际先进的技术创新和突破，引领了我国地面系统的技术发展方向。目前，具备全天候、全天时、多种分辨率卫星的数据接收能力，支撑了资源卫星系列、环境卫星系列、高分卫星系列、空间先导卫星系列以及国际重要陆地观测卫星等20余颗国内外卫星数据服务，具备与之配套的站网运行管理和数据传输能力，高效提供全国各个领域遥感业务化应用和科学研究，显著提高了我国空间信息数据支撑能力。

5月31日

［纲　文］ **《人民日报》发表题为《当好建设世界科技强国的排头兵》的评论员文章。**

5月31日—6月2日

［纲　文］ **国务院总理李克强应邀正式访问德国并举行中德总理年度会晤，在布鲁塞尔主持第19次中国—欧盟领导人会晤并对比利时进行正式访问。**

［目　文］ 5月31日—6月1日，李克强在德国访问期间，在柏林会见了德国总统施泰因迈尔；同德国总理默克尔举行两次中德总理年度会晤，就共同关心的问题深入交换

意见，达成广泛共识。见证了经贸、新能源汽车、三方合作、金融、人工智能等领域十余项双边合作文件的签署并共同会见记者。双方发表了《李克强总理正式访问德国并举行中德总理年度会晤成果清单》；李克强出席“中德论坛——共塑创新”并发表《做创新合作的“黄金搭档”》演讲。

6月1—2日，李克强在比利时布鲁塞尔期间，在欧洲理事会总部同欧洲理事会主席图斯克、欧盟委员会主席容克共同主持第19次中国—欧盟领导人会晤，就共同关心的国际和地区问题深入交换意见。共同见证投资、知识产权、海关、科技合作等领域十余项合作文件的签署，并为“中欧蓝色年”和“中欧旅游年”标识揭牌。双方发表了《第十九次中国—欧盟领导人会晤成果清单》。李克强出席第十二届中欧工商峰会并发表《共同奏响高水平互利合作新乐章》的演讲，参加中国—欧盟中小企业合作对接会的代表互动交流。

李克强在布鲁塞尔会见比利时国王菲利普；同比利时首相米歇尔举行会谈，共同见证了基础设施、工业、质检、电信、物流、港口等领域多份双边合作文件的签署。李克强与米歇尔共同参观吉利沃尔沃汽车创新成果展。

5月31日—6月3日

［纲　文］　**第27届全国图书交易博览会在河北廊坊举办。**

［目　文］　书博会由国家新闻出版广电总局、河北省人民政府共同主办。以“办好书博会 迎接十九大”为主线，以“承燕赵文脉，启盛世书香”为主题，采取三地联合办展的方式，设有廊坊主会场、唐山会场和西柏坡专题展区。全国共有45个代表团960家出版发行单位参展，展位总数达2700个，展出面积5.2万平方米，参展图书品种25万种。其中，新书15万种，迎接党的十九大主题图书和全国各出版单位新推出的精品图书近万种。

6 月

6月1日

［纲　文］　**国家主席习近平、国务院总理李克强就阿富汗发生汽车炸弹袭击事件分别向阿富汗总统加尼、阿富汗首席执行官阿卜杜拉致慰问电。**

6月1日

［纲　文］　**《习近平关于社会主义经济建设论述摘编》出版发行。**

［目　文］　《摘编》由中共中央文献研究室编辑，中央文献出版社出版。《摘编》共分10个专题：发展是解决我国一切问题的基础和关键；坚持以人民为中心的发展思想，用新发展理念统领发展全局；使市场在资源配置中起决定性作用和更好发挥政府作用；主动适应、把握、引领经济发展新常态，着力推进供给侧结构性改革；实施创新驱动发展战略；推进新型工业化、信息化、城镇化、农业现代化同步发展；实施精准扶贫、精准脱贫，坚决打赢脱贫攻坚战；实施"一带一路"建设、京津冀协同发展、长江经济带发展三大战略；在更大范围、更宽领域、更深层次上提高开放型经济水平；坚持稳中求进工作总基调，全面提高党领导经济工作水平。书中收入494段论述，摘自习近平同志2012年11月15日至2017年3月12日期间的讲话、报告、指示等120多篇重要文献。其中许多论述是第一次公开发表。

6月1日

［纲　文］　**俞正声在北京主持召开深入推进"一带一路"建设调研协商座谈会。**

［目　文］　全国政协主席俞正声邀请民革中央、农工党中央、致公党中央、台盟中央负责人和无党派人士代表，围绕深入推进"一带一路"建设建言献策。中央统战部部长孙春兰出席。外交部、国家发展改革委、交通运输部、商务部、文化部、国家卫生计生委有关负责人与党外人士进行了互动交流。参加座谈会的党外人士还有齐续春、刘晓峰等。

座谈会上，民革中央主席万鄂湘建议，优化西北地区发展环境，建立开放型经济体系，推动西北六省区发挥优势、相互借力、抱团发展；农工党中央主席陈竺建议，抓紧制定国家层面的《健康丝绸之路合作行动计划》，深化与"一带一路"沿线国家的政策衔接，加强医疗设施互联互通，全面提升中国在区域和全球卫生治理领域的软实力和影响力；致公党中央常务副主席蒋作君建议，加强特色文化品牌和海外文化阵地建设，充分发挥民间组织和华侨华人推进文化"走出去"的作用；台盟中央主席林文漪建议，加大政策协调、加强资源整合、完善跨境电商发展环境，构建融合陆上、海上和网上于一体的开放合作体系和平台；无党派人士代表李稻葵建议，通过建立专门执行机构、制定差异化政策、创新融资机制等助力企业“走出去”，带动我国经济转型升级。

俞正声指出，“一带一路”建设，是以习近平同志为核心的中共中央统筹国内国际两个大局，着眼实现“两个一百年”奋斗目标和中华民族伟大复兴中国梦，提出的重大战略。服务“一带一路”建设，是统一战线的重要政治任务，民主党派、无党派人士要加强“一带一路”重点课题调查研究，积极献计出力。要着眼推动经济合作、人文交流，引导有条件的民营企业参与沿线国家和地区基础设施建设、产业投资和国际产能合作，加强人员往来、文化交流、智库合作，讲好“中国故事”、传递“中国声音”，促进民心相通、合作共赢。要做好“一带一路”建设中的民族宗教工作，支持民族地区加强口岸建设和基础设施建设，发挥宗教界在“一带一路”文化交流中的积极作用。

6月1日

［纲　文］　**国务院扶贫开发领导小组在北京召开第17次全体会议。**

［目　文］　国务院副总理、国务院扶贫开发领导小组组长汪洋主持会议时指出，要牢固树立“四个意识”，强化问题导向，加强效果监管，以扶贫考核评估发现问题整改为契机，不断改进工作，提高扶贫成效，做到脱贫工作务实、脱贫过程扎实、脱贫结果真实，确保脱贫攻坚始终沿着正确方向扎实推进。要坚持“中央统筹、省负总责、市县抓落实”的工作体制，适时对各地整改情况开展督查巡查，进一步传导压力、压实责任，督促引导各地提高扶贫工作实效。要善于发现总结推广各地好的经验和做法，树立一批精准扶贫、精准脱贫先进典型，发挥示范引领作用。要完善扶贫考核评估工作机制，创新方式方法，使考核评估工作更加科学有效、符合实际。下决心从上级机关找原因，解决基层写材料、填报表、迎检查等耽于形式的做法，为基层聚精会神搞帮扶创造条件。要及时发现扶贫工作中的苗头性、倾向性问题，有针对性地加以解决。把防止返贫和继续攻坚放在同等重要位置，摸清返贫情况，分析返贫成因，加强返贫防范，完善对策措施，推进稳定脱贫、可持续脱贫。改进完善资产收益扶贫工作，有效增加贫困人口收益。在加大扶贫贷款规模的同时，要重视扶贫贷款重数量、轻质量，重放贷、轻还贷等不良倾向，明晰贷款偿还责任，加强信贷风险管理。

6月1日

［纲　文］　**国新办发表《新疆人权事业的发展进步》白皮书。**

［目　文］　白皮书包括九部分，分别是前言、政治权利、公民权利、经济权利、社会权利、文化权利、环境权利、宗教信仰自由权利和妇女、儿童、老年人、残疾人权利。

白皮书说，实现充分的人权是人类长期追求的理想，也是包括新疆各族人民在内的全中国人民长期为之奋斗的目标。1955年，中国在新疆实行民族区域自治制度，进一步保障了新疆各族人民当家作主的权利。自1978年中国实行改革开放以来，新疆经济社会发展进入了一个新的历史时期，各族人民的人权保障水平不断提升。近年来，中央着眼党和国家事业发展全局，不断丰富和发展治疆方略，把社会稳定和长治久安作为新疆工作总目标，坚持依法治疆、团结稳疆、长期建疆，坚持各民族共同团结奋斗、共同繁荣发展，坚持以保障和改善民生为重点，大力发展新疆各项事业，切实保障各族人民平等参与、平等发展权利，共享发展成果，使新疆的人权事业不断得到新的发展和进步。

6月1日

［纲　文］　**上海美术电影制片厂迎来60华诞，出品600多部动画作品。**

［目　文］　其制作的二维动画、水墨动画、木偶动画、剪纸动画荣获200多项国内外大奖，在国际上获得了“中国学派”的美誉。其中包括中国第一部彩色剪纸片《猪八戒吃瓜》、第一部水墨动画片《小蝌蚪找妈妈》、第一部影院动画长片《大闹天宫》（上下集）、第一部木偶系列片《阿凡提的故事》、第一部获得柏林电影节奖项的中国电影《三个和尚》、第一部科普动画系列片《黑猫警长》、第一部剪纸系列片《葫芦兄弟》、第一部市场化运作影院动画长片《宝莲灯》等。同日，上海美术电影制片厂在沪举办“见证六十年，美影新发布”新片战略发布会庆祝60周年华诞，并发布13部动画新片，包括即将与观众见面的《大耳朵图图之美食狂想曲》《阿凡提》两部动画大电影。

6月1日

［纲　文］　**环境保护部发布《公民环境与健康素养测评技术指南（试行）》。**

6月1日

［纲　文］　**《人民日报》报道，中央军委印发新修订的《军队贯彻执行〈中国共产党纪律处分条例〉的补充规定》。**

［目　文］　《规定》共20条，围绕党纪戒尺要求，结合军队实际，开列违纪行为负面清单，重在立规明矩。坚持把严明政治纪律政治规矩放在首位，对发表错误政治言论、贯彻中央军委命令指示消极懈怠、损害军队形象等行为作出处分规定，确保部队高度集中统一和纯洁巩固。紧贴军队特点，对违反中央八项规定和军委十项规定精神、违背党委统一的集体领导下的首长分工负责制、侵犯官兵合法权益、损害群众利益等行为的处理作出严肃规范，充分体现党纪的刚性、严肃性和约束力。聚焦能打仗、打胜仗，对训风演风考风不端正、战时或执行重大军事行动中违纪行为的处理作出明确规定，为提高部队战斗力提供有力纪律支持。自2017年6月1日起实施。

6月1日

［纲　文］　**外交部发言人就日本首相安倍晋三提出将日本军队“合法化”表示，希望日方遵守和平宪法精神。**

［目　文］　有记者问：日本首相安倍晋三提出修改和平宪法，特别是宪法第九条，以将日本军队“合法化”，并可能明年就此进行公投。中方是否表示关切？中国政府是否认为日本修宪可能导致其军事扩张？本地区是否应感到担忧？

发言人表示，由于历史原因，国际社会特别是亚洲邻国对于日本在军事安全领域的动向一直保持高度关注和警惕。希望日方能够遵守和平宪法的精神，坚持走和平发展道路。

有记者问：据报道，美国总统特朗普于北京时间6月2日宣布对《巴黎协定》的决定，已经有报道称他会宣布美国将退出该协定。中方对美方可能退出《巴黎协定》有何看法？另外有报道称，中国与欧盟将发表联合声明支持《巴黎协定》。你能否证实？

发言人说，气候变化是全球性挑战，没有任何一个国家能够置身事外。《巴黎协定》成果来之不易，凝聚了国际社会最广泛的共识，为全球合作应对气候变化进程明确了进一步努力的方向和目标。《巴黎协定》所倡导的全球绿色、低碳、可持续发展的大趋势与中国生态文明建设理念相符，无论其他国家立场如何变化，中国都将继续贯彻创新、协调、绿色、开放、共享的发展理念，立足自身可持续发展的内在需求，采取切实措施加强国内应对气候变化行动，认真履行《巴黎协定》。中国愿与欧方继续加强在气候变化领域的有效沟通与务实合作，维护和推动气候变化多边治理进程。

6月1—8日

［纲　文］　**应全国人大常委会委员长张德江的邀请，匈牙利国会主席克韦尔率团访问中国。**

［目　文］　访问期间，张德江在北京与克韦尔举行会谈并共同出席中国全国人大与匈牙利国会合作谅解备忘录签字仪式。全国政协主席俞正声在北京会见了克韦尔。克韦尔一行还访问了西安。

张德江与克韦尔会谈时说，双方要落实好“一带一路”国际合作高峰论坛成果，充分发挥中匈“一带一路”工作组会议平台的作用，推动贸易、投资、基础设施建设、能源、金融等领域合作取得更多成果。要用好“16+1合作”平台，使其成为“一带一路”倡议融入欧洲经济圈的重要接口和中欧关系发展的新增长极。克韦尔表示，匈新一届政府成立以来，两国经贸、旅游、教育等领域合作迅速增长。匈方积极响应“一带一路”倡议。匈国会重视发展匈中关系，愿与中国全国人大一道，为推进两国各领域合作深入发展作出更大努力。

俞正声在会见克韦尔时介绍了中国共产党领导的多党合作和政治协商制度，表示中国全国政协愿同匈牙利国会继续开展交往与合作，为两国关系健康平稳发展贡献力量。克韦尔表示，匈方珍视与中国的友谊，愿深化双边各领域合作，推进欧盟及中东欧国家同中国的合作。匈牙利大力支持和积极参与“一带一路”建设。

6月1—9日

［纲　文］　**国务委员王勇访问尼日尔、安哥拉和赞比亚。**

［目　文］　2日，王勇在尼亚美分别会见了尼日尔总统优素福、尼日尔总理拉菲尼、议长蒂尼，并同拉菲尼共同见证了两国经济技术合作协定等文件的签署；考察了中石油在尼日尔项目和中方援建的尼亚美综合医院。

5日，王勇在罗安达分别会见了安哥拉副总统维森特、安哥拉国务部长科佩利帕，并同科佩利帕共同见证了两国合作文件的签署；考察了中信建设凯兰巴社会住房项目，并出席中国银行罗安达分行开业仪式。

6日，王勇在卢萨卡会见了赞比亚总统伦古。访问期间还与伦古总统共同见证了两国政府间合作文件的签署，会见了副总统维纳、赞比亚开国总统卡翁达。出席了姆瓦纳瓦萨综合医院扩建项目开工仪式，考察了部分在赞中资企业。

6月2日

［纲　文］　**深入推进军队和武警部队全面停止有偿服务工作电视电话会议在北京召开。**

［目　文］　中央军委委员、军委后勤保障部部长赵克石主持会议。中共中央政治局常委、国务院副总理张高丽和中共中央政治局委员、中央军委副主席范长龙出席会议并讲话。会议主要内容是，认真学习贯彻习近平总书记关于军队和武警部队全面停止有偿服务的重要指示精神，深入开展动员部署，持续传导责任压力，推动工作落地见效。国家机关有关部门、最高人民法院负责人，军队和武警部队全面停止有偿服务工作领导小组成员，军委机关有关部门负责人，中央有关企业负责人在主会场参加会议。各省（区、市）驻地部队全面停止有偿服务工作军地协调领导小组组长及全体人员，军队各大单位有关负责人在分会场参加会议。天津市、上海市和陆军、浙江省军区等军地四个单位在会上发言。

张高丽指出，军队和武警部队全面停止有偿服务，是党中央、中央军委和习近平总书记着眼强军目标作出的重大战略决策。习近平总书记强调，必须下决心全面停止军队开展对外有偿服务，积极稳妥做好停止有偿服务的善后工作，维护部队和社会两个大局稳定。各级党委、政府和部队要进一步统一思想认识，坚决按照党中央、中央军委的重大战略决策和习近平总书记重要指示要求，共同努力把这项重大政治任务完成好。

范长龙讲话指出，要深入领会习主席的战略意图，深刻认识全面停止有偿服务工作的重要性艰巨性复杂性，站在坚定维护核心、听党指挥，坚决维护和贯彻军委主席负责制的高度，着眼永葆我军性质、宗旨和本色，按照坚决全面、积极稳妥、军民融合的原则要求，统一思想认识，强化政治担当，勇于破解难题，坚决打赢这场攻坚战。

6月2日

［纲　文］　**刘延东在北京主持召开2017年国家科技重大专项组织实施推进会。**

［目　文］　中共中央政治局委员、国务院副总理刘延东指出，要按照党中央、国务院决策部署，贯彻落实全国科技创新大会精神，坚定不移走中国特色自主创新道路，凝心聚力，集中攻关，全力打好重大专项攻坚战，为提升我国自主创新能力、建设创新型国家作出新的更大贡献。重大专项启动实施十年来，聚焦国家战略目标，取得了一大批重大标志性成果，显著提升了我国科技和产业核心竞争力，为推进供给侧结构性改革、增强综合国力提供了重要支撑。实施重大专项是提升我国创新能力和实现跨越发展的必由之路，要准确把握国际国内形势新变化新要求，强化目标和问题导向，聚焦重点、落实责任，及时优化技术路线和组织方式，全力攻关，确保实现预期目标。要面向需求，制定配套政策，攻克更多核心关键技术，加快推进成果转化应用和产业化。要深化改革，不断完善市场经

济条件下新型举国体制，凝聚培养更多科技领军人才和高科技创新企业。要立足长远，做好重大专项梯次接续的战略布局。希望各有关方面以“咬定青山不放松”的信心和决心，高质量、高效率地推进专项组织实施，谱写我国科技事业发展新篇章，以优异成绩向党的十九大献礼。

6月2日

［纲　文］ **全国农业产业扶贫精准脱贫经验交流会在延安洛川召开。**

［目　文］ 会议由农业部部长韩长赋主持，国务院副总理、国务院扶贫开发领导小组组长汪洋出席会议并讲话。湖北等15个省（区）分管省长出席会议；22个产业精准扶贫重点省（区）农业、扶贫部门主要负责人，河南、陕西、甘肃、宁夏4省（区）72个贫困县及农业部4个定点扶贫县主要负责人参加了会议。陕西省延安市、江西省赣州市、甘肃省定西市、广西壮族自治区百色市、河北省平泉市等分别介绍了产业扶贫范例；国务院扶贫办主任刘永富通报了全国产业精准扶贫的有关情况和下一步工作打算；韩长赋总结了农业部门产业精准扶贫的主要做法，指出了各地在农业产业精准扶贫工作中存在的问题。

汪洋指出，产业扶贫是脱贫攻坚的重点和难点所在，要始终把实现稳定脱贫作为工作的核心，切实让产业发展成为农民脱贫致富的依托。要从贫困地区资源条件出发，发挥已经形成的产业优势，因人因户因村实施产业帮扶。要尊重产业发展规律、市场规律，保持定力和耐心，促进可持续发展。要科学规划产业扶贫项目，改变重生产、轻市场，重数量、轻质量，重形式、轻结果的倾向。要积极探索产业扶贫模式，发挥好龙头企业、合作社、大户的带动作用，完善利益联结机制，确保贫困农户获得应有的收益。要多方汇集人才支持产业扶贫，既要重视向贫困地区选派管理、经营、技术人才，也要用好当地企业人才、乡土人才，还要重视引导本地外出人才的回流。要加强对贫困人口的资金扶持、技术指导、信息服务，促进贫困人口在实践中锻炼提高，不断增强自我发展能力。

会前，汪洋来到洛川县苹果产业园区、生产基地、物流交易中心等，了解苹果产业发展状况以及带动贫困人口脱贫的做法和模式。

6月2日

［纲　文］ **财政部发布，中央下拨51.15亿元支持公益性文化设施免费开放。**

［目　文］ 为贯彻落实中央关于公益性文化设施免费开放的决策部署，中央财政下达2017年公益性文化设施免费开放补助资金51.15亿元，支持全国1849个博物馆、纪念馆和全国爱国主义教育基地，1094个市级和5869个县级美术馆、公共图书馆和文化馆，41051个乡镇文化站、城市社区（街道）文化中心。公益性文化设施免费开放是进一步提高基本公共文化服务水平的重要举措，是实现和保障人民群众基本文化权益的有效手段。自2008年中央决定实施博物馆、纪念馆免费开放起，十年来中央财政已累计安排公益性文化设施免费开放补助资金407亿元，同时通过政府购买公共文化服务等方式，推动了民营博物馆等民营文化设施的免费开放。

2016年，全国共有3102家博物馆实行免费开放，占博物馆总数的80%以上，年免费接待6.23亿人次，举办陈列布展1.7万个；全国3139个公共图书馆馆藏8.38亿册，年借阅5.89亿人次，组织讲座5.95万次；全国44291个群众文化机构提供文化服务次数166.39万次，惠及5.48亿人次。

6月2日

［纲　文］　**中马第3次打击跨国犯罪合作联合工作组会议在吉隆坡举行。**

［目　文］　国务委员、公安部部长郭声琨与马来西亚副总理兼内政部长扎希德在吉隆坡共同主持会议并签署了会议纪要。

郭声琨指出，中马打击跨国犯罪合作联合工作组会议机制自2012年建立以来，推动双方执法安全合作取得丰硕成果，有效维护了两国国家安全和社会稳定，为中马全面战略伙伴关系健康发展作出了重要贡献。中马执法安全合作是造福两国人民的崇高事业，双方执法部门要认真落实两国领导人的重要共识，进一步增进政治互信，完善合作机制，深化在反恐、打击电信诈骗、网络赌博以及追逃追赃、禁毒、网络安全等方面的务实合作，全面加强共建“一带一路”重大项目安保合作，切实维护彼此机构、人员在对方国家的安全和合法权益，不断打造务实合作新亮点，为两国人民带来更多实实在在的利益。

扎希德高度评价马中打击跨国犯罪合作联合工作组会议机制的成效，表示愿与中方进一步完善合作机制，深化各领域务实合作，切实造福两国人民。

1日，郭声琨在吉隆坡会见马来西亚总理纳吉布时表示，中方珍视两国长期以来形成的战略互信，希望双方进一步落实两国领导人达成的重要共识，在“一带一路”框架下加强发展战略对接，深化各领域务实合作，推动中马全面战略伙伴关系不断向前发展。近年来，中马执法安全合作势头强劲，取得丰硕成果，已成为两国关系重要组成部分和推动力。中方愿与马方共同努力，进一步加强在反恐、禁毒、打击电信诈骗、网络安全、追逃追赃等领域的合作。

纳吉布表示，近年来，两国包括执法安全在内的各领域合作更加紧密，马方愿与中方进一步加强沟通协调，推动两国关系迈上新台阶。

6月2日

［纲　文］　**中国商用飞机有限责任公司启动《认证认可助力航空产业全面质量管理升级行动计划》，助力国产飞机进入国际航空市场。**

［目　文］　根据这一计划，中国商飞采用国际通行的认证认可手段，依据国际先进标准建立航空产业质量管理体系（AS9100）；对标欧洲EASA、美国FAA等国际适航认证要求，建立健全适应国际航空产业特定要求的质量、安全、环境、能源、职业健康安全等管理规范，加快国际适航认证标准、规范的等效转化，助推国产大飞机进入国际航空市场。2017年5月5日，中国商飞C919大型客机成功首飞，标志着中国大型客机项目取得重大突破；2017年，中国商飞预计有6—8架ARJ21客机交付使用。

6月2日

［纲　文］　**《人民日报》报道，经中共中央批准，中共中央纪委对第十八届中央委**

员，全国政协原常委、港澳台侨委员会原主任孙怀山严重违纪问题立案审查。

［目　文］　孙怀山身为中央委员，政治上对党不忠诚，经济上贪婪，严重违反党的纪律，并涉嫌受贿犯罪，性质恶劣、情节严重。依据《中国共产党纪律处分条例》等有关规定，经中央纪委常委会会议研究并报中央政治局会议审议，决定给予孙怀山开除党籍、开除公职处分，终止其党的十八大代表资格，收缴其违纪所得，将其涉嫌犯罪问题、线索及所涉款物移送司法机关依法处理。

2018年9月17日，内蒙古自治区呼伦贝尔市中级人民法院依法公开宣判第十二届全国政协原常务委员、港澳台侨委员会原主任孙怀山受贿案，认定被告人孙怀山犯受贿罪，判处有期徒刑14年，并处罚金人民币300万元，对孙怀山受贿所得财物及孳息予以追缴，上缴国库。

6月3日

［纲　文］　**郭声琨在福建调研。**

［目　文］　国务委员、公安部部长郭声琨指出，学习宣传贯彻习近平总书记在会见全国公安系统英雄模范立功集体表彰大会代表时的重要讲话精神，是当前和今后一个时期全国公安机关的一项重要政治任务。要深入动员部署，着力抓好落实，持续兴起学习宣传贯彻的热潮，努力以党和人民满意的优异成绩迎接党的十九大胜利召开。要全面准确深刻领会总书记重要讲话的基本要求、核心要义和精神实质，切实用总书记重要讲话精神武装头脑、指导实践、推动工作，真正使总书记“对党忠诚、服务人民、执法公正、纪律严明”的总要求在各级公安机关高高树立起来、坚决落实下去。要从严从实从细做好维护国家安全和社会稳定各项工作，把学习宣传贯彻的成效落实到深入开展反恐怖斗争，坚决打掉暴力恐怖活动的嚣张气焰中去；落实到依法严厉打击整治群众反映强烈的违法犯罪活动、狠抓公共安全管理措施，最大限度保障人民群众生命财产安全中去；落实到推出更多便民利民的公安改革措施，不断提升人民群众的获得感和满意度中去；落实到扎实做好金砖国家领导人厦门会晤各项安保工作，为党的十九大胜利召开创造安全稳定的社会环境中去，努力向党和人民交上一份满意的答卷。

6月3日

［纲　文］　**中国建成世界首座半潜式智能海上渔场。**

［目　文］　由中船重工武昌船舶重工集团总承包的挪威海上渔场养鱼平台，在位于青岛的武船集团北船海工公司顺利交付给挪威企业。这是世界首座半潜式智能海上“渔场”，是世界自动化智能化程度最高、规模最大的海上养殖装备，集先进养殖技术、现代环保养殖理念和世界顶端海洋工程设计于一身。

作为全球首个全自动智能海上养殖装备，挪威海上渔场养鱼平台高69米、直径110米，可抗12级台风。不同于以往的养鱼装备，该养鱼平台智能化十足，配备了全球最先进的三文鱼智能养殖系统、自动化保障系统、高端深海运营管理系统等，且融入了生物学、工学等多种技术，安装各类传感器2万余个、水下水上监控设备100余个、生物光源100余个，使复杂的养殖过程控制变得更简单和准确。只需3到7人即可操控该平台，并一年养鱼可达150万条，且死亡率低于2%。

挪威海上渔场养鱼平台在研发、建造过程中完成了一系列重大技术创新，填补了国内海洋工程行业空白。为我国自主知识产权大型海上养殖装备产业发展打下坚实基础。

6月3—6日

［纲　文］　**2017世界交通运输大会在北京举行。**

［目　文］　大会由中国科学技术协会主办、中国公路学会承办，协同国内外交通运输科技组织共同举办。大会由主题论坛、专题论坛、博览会、竞赛等多项内容组成。大会以“创新引领·绿色融合”为主题，在高铁技术、未来交通、世界长大桥梁发展、智能交通、共享经济与绿色出行等热点问题和前沿技术领域开展了约1300个学术报告，5000多位交通运输领域专家学者出席了大会。包括港珠澳大桥、西藏墨脱公路、共享单车、智能交通、北斗导航在内的300多项交通运输领域的最新技术与工程实例也亮相同期举办的博览会。

6月3—7日

［纲　文］　**2017丝绸之路国际博览会暨第21届中国东西部合作与投资贸易洽谈会在西安举行。**

［目　文］　中共中央政治局委员、国务院副总理汪洋出席博览会开幕式并发表了主旨演讲。博览会由发展改革委、商务部、中国侨联、全国工商联、贸促会、国家工商总局和陕西省人民政府主办。本届丝博会主题是“新平台·新机遇·新发展”，共设置1个主会场、3个分会场，总展示面积30万平方米。期间共举办了丝博会开幕式暨丝绸之路经济带国际合作论坛、中国东中西部投资合作说明会暨重点项目签约仪式、丝绸之路商务合作圆桌会、2017丝绸之路国际博览会秦岭论坛、2017丝绸之路国际商协会（西安）圆桌会、丝绸之路金融发展论坛、西安仿古入城式等16场活动。

期间，汪洋在西安会见了出席丝绸之路国际博览会的塞尔维亚副总理拉西姆·利亚伊奇。

6月4日

［纲　文］　**国务院任免国家工作人员。**

［目　文］　郭金龙不再兼任北京2022年冬奥会和冬残奥会组织委员会主席职务；任命蔡奇为北京2022年冬奥会和冬残奥会组织委员会主席，陈吉宁为北京2022年冬奥会和冬残奥会组织委员会执行主席。

6月4日

［纲　文］　**《人民日报》报道，世界首个特高压柔性直流换流阀在中国问世。**

［目　文］　中国企业特变电工成功研制出了世界首个特高压柔性直流输电换流阀，这标志着特变电工在国际上首次将柔性直流技术从现有的最高等级 ±350 千伏提高到 ±800

千伏特高压等级，送电容量从现有的最高100万千瓦等级提升至500万千瓦，开启了直流输电的新时代，将有效推动新能源电力大规模使用。

6月4日

［纲　文］ **中国实验项目首登国际空间站，开展基因突变规律研究。**

［目　文］ 由北京理工大学邓玉林教授团队研制的“空间环境下在PCR反应中DNA错配规律研究的科学载荷”于美国时间3日下午搭载“龙”货运飞船飞往国际空间站。这是中国空间科学实验项目首次登上国际空间站。该载荷将在空间辐射及微重力环境下，在轨开展抗体编码基因的突变规律研究。

该团队所研制的载荷继2011年“神舟八号”搭载、2016年“长征七号”首飞搭载以及2017年“天舟一号”搭载之后又一次实现“太空之旅”。此次北理工载荷将被带入国际空间站美国实验舱，实验数据将传回给研究人员进行后续科学研究。

6月4日

［纲　文］ **《人民日报》报道，经中共中央批准，中共中央纪委对甘肃省原省委常委、副省长虞海燕严重违纪问题立案审查。**

［目　文］ 虞海燕身为党的高级领导干部，毫无政治信仰和党性观念，严重违反党的纪律，并涉嫌违法犯罪，严重损害甘肃省特别是兰州市的政治生态，性质十分恶劣、情节特别严重、社会影响极坏。依据《中国共产党纪律处分条例》等有关规定，经中央纪委常委会会议研究并报中共中央批准，决定给予虞海燕开除党籍处分；由监察部报国务院批准，给予其开除公职处分；收缴其违纪所得；将其涉嫌犯罪问题、线索及所涉款物移送司法机关依法处理。

2018年7月18日，重庆市第一中级人民法院公开宣判虞海燕受贿案，对被告人虞海燕以受贿罪判处有期徒刑15年，并处罚金人民币600万元；对虞海燕受贿所得财物及其孳息，予以追缴，上缴国库。

6月4日

［纲　文］ **外交部发言人对美国国防部长马蒂斯和日本防卫大臣稻田朋美就南海、涉台等问题发表的言论表示强烈不满和坚决反对。**

［目　文］ 针对美国国防部长马蒂斯和日本防卫大臣稻田朋美3日在香格里拉对话会上就南海、涉台等问题发表的言论，发言人说，中方注意到美国和日本有关人士不负责任的言论，对此表示强烈不满和坚决反对。第一，中国对南沙群岛及其附近海域拥有无可争辩的主权。第二，中国和日本在东海存在钓鱼岛领土争议和海洋划界问题。钓鱼岛及其附属岛屿自古以来就是中国领土。中国政府公务船在有关海域的巡航执法正当合法。中国维护领土主权和海洋权益的决心和意志坚定不移，今后将继续开展有关巡航执法活动。第三，中方在台湾问题上的立场是明确和一贯的。中方一贯坚决反对美国单方面制定的所谓“与台湾关系法”，要求美方恪守一个中国政策和中美三个联合公报原则，停止售台武器，停止任何形式的官方往来和提升美台实质关系，以实际行动维护中美关系大局和台海和平

稳定。第四，中方反对有关国家部署“萨德”系统的立场是明确、一贯的，我们敦促有关国家立即停止有关部署进程。

6月5日

［纲　文］　**新华社讯，中共中央印发《关于加强新形势下党的督促检查工作的意见》。**

［目　文］　《意见》深入贯彻党的十八大以来以习近平同志为核心的党中央对加强督促检查、抓好落实作出的一系列重要指示和部署，从指导思想、主要任务、工作原则、工作制度、效能建设、组织领导等方面，对加强新形势下党的督促检查工作提出明确要求和重要措施。

《意见》指出，强化督促检查工作责任追究。对决策执行不力、工作落实不到位，领导督促检查工作不力，不按要求报告贯彻落实情况，不认真纠正整改存在的问题，妨碍、干扰、阻挠督促检查工作正常开展，打击、报复、陷害反映问题的干部群众，以及督促检查工作人员失职失责的，视情节轻重，依据《中国共产党问责条例》《中国共产党纪律处分条例》等有关规定严肃问责。

6月5日

［纲　文］　**国务院办公厅发布《关于印发〈自由贸易试验区外商投资准入特别管理措施（负面清单）（2017年版）〉的通知》。**

［目　文］　《通知》说，《自由贸易试验区外商投资准入特别管理措施（负面清单）（2017年版）》已经国务院同意，现印发给你们。此次修订进一步放宽外商投资准入，是实施新一轮高水平对外开放的重要举措。各地区、各部门要认真贯彻执行，增强服务意识，提高监管水平，有效防控风险。实施中的重大问题，要及时向国务院请示报告。《自由贸易试验区外商投资准入特别管理措施（负面清单）（2017年版）》自2017年7月10日起实施。2015年4月8日印发的《自由贸易试验区外商投资准入特别管理措施（负面清单）》同时废止。

6月5日

［纲　文］　**《习近平谈治国理政》哈萨克文版首发式在哈萨克斯坦首都阿斯塔纳举行。**

［目　文］　中宣部副部长庹震、中国驻哈萨克斯坦大使张汉晖、哈萨克斯坦总统办公厅副主任铁穆尔布拉特·巴赫提剑、哈萨克斯坦首任总统基金会世界经济与政治研究所所长萨尔特巴耶夫·叶尔剑等在首发式上致辞，中哈各界人士共200余人出席。

6月5日

［纲　文］　**新华社讯，中宣部、中央军委政治工作部、中央军委国防动员部印发《关于加强和改进新形势下征兵宣传工作的意见》。**

［目　文］　《意见》阐明了新形势下加强和改进征兵宣传工作的重要性，在总结近年

来征兵宣传工作经验做法基础上，从弘扬主旋律、教育全覆盖、工作常态化、注重时效性等方面作出规范，为加强和改进征兵宣传工作提供了基本依据和遵循。

《意见》要求，各级要把征兵宣传纳入党的宣传思想工作和全民国防教育规划统筹安排，加强组织领导，整合军地资源，健全制度机制，加强基层征兵宣传队伍建设，建强以院系辅导员为主体的高校征兵宣传工作队伍，做到乡镇（街道）、院校有宣传骨干，村居（社区）、班级有宣传联络员，确保各项工作落地见效。

6月5日

［纲　文］　**北京市委市政府、公安部在北京举行"一带一路"国际合作高峰论坛安保工作表彰大会。**

［目　文］　中共中央政治局委员、中央政法委书记孟建柱，国务委员、公安部部长郭声琨，北京市委书记蔡奇出席大会并讲话。国家有关部门和北京市有关负责人出席会议。邮政行业7个单位和12名个人受到表彰。

6月5日

［纲　文］　**共青团中央、教育部在北京召开全国高校共青团思想政治工作电视电话会议。**

［目　文］　中共中央政治局委员、国家副主席李源潮出席并讲话。团中央书记处第一书记秦宜智主持会议。团中央、教育部相关部门负责人，各省、自治区、直辖市和副省级城市团委主要负责人、各高校党委有关负责人、团委书记等参加会议。共青团中央、教育部就加强和改进高校共青团思想政治工作作了部署，部分省共青团、教育部门及高校党委、团委、学生会作了交流发言。

6月5日

［纲　文］　**财政部发布，中央财政助力哲学社会科学繁荣发展。**

［目　文］　按照党中央、国务院决策部署，中央财政深入贯彻落实哲学社会科学工作座谈会精神，积极支持哲学社会科学研究。一是加大对哲学社会科学研究的投入力度。2017年，安排国家社科基金项目资助经费18.7亿元、国家高端智库经费2.8亿元、中国社科院部门预算21.64亿元，比2016年分别增长10%、12%、4.1%。二是支持哲学社会科学领域人才队伍建设。支持实施马克思主义领军人才计划、文化名家暨"四个一批"人才工程、青年拔尖人才支持计划等。三是完善科研项目资金管理机制。落实中办、国办《关于进一步完善中央财政科研项目资金管理等政策的若干意见》，修订国家社科基金项目资金管理办法，简政放权，加大对科研人员的激励力度，改革和创新科研经费使用管理方式，让经费更好地为人的创造性活动服务。下一步，中央财政将继续贯彻落实习近平总书记在哲学社会科学工作座谈会上的重要讲话精神，积极发挥职能作用，加大投入力度，完善管理机制，推动加快构建中国特色哲学社会科学。

6月5日

［纲　文］　**2017年纪念"世界环境日"中国主会场活动在南京举办。**

［目　文］　中国的宣传主题是“绿水青山就是金山银山”。环保部、江苏省人民政府联合主办的纪念环境日主场活动暨 2017 国际环保新技术大会上，环保部党组书记李干杰介绍了《2016 中国环境状况公报》。《公报》显示，2016 年，全国 338 个地级及以上城市，平均优良天数的比例为 78.8%，比 2015 年上升了 2.1 个百分点。$PM_{2.5}$ 的平均浓度比 2013 年下降了 30.6%。京津冀、长三角、珠三角三个重点区域 $PM_{2.5}$ 的平均浓度与 2013 年相比下降都在 30% 以上。

同日，全国多地开展了形式多样的活动，引导社会各界践行绿色生活。

6 月 6 日

［纲　文］　**国家主席习近平向 2017 年全球航天探索大会致贺信。**

［目　文］　习近平在贺信中指出，人类自古就对浩瀚的宇宙空间充满好奇和向往，中华民族世代传递着飞天的传说和梦想。20 世纪，人类写下了太空探索的辉煌篇章。航天科技对人类社会发展和人民生活产生了重大影响。面向未来，航天科技成果必将更好造福世界各国人民。中国历来高度重视航天探索和航天科技创新，愿加强同国际社会的合作，和平探索开发和利用太空，让航天探索和航天科技成果为创造人类更加美好的未来贡献力量。相信本次大会将有力促进全球航天科技发展和国际交流合作。

6—9 日，2017 年全球航天探索大会在北京召开。大会由中国科学技术协会和中国国家航天局指导，中国宇航学会和国际宇航联合会共同主办，大会主题为“分享・合作”，来自全球 51 个国家和地区的 800 多名代表参加。国家副主席李源潮在开幕式上宣读习近平贺信并致辞。大会组织 4 场全体会议、9 场主旨报告、10 场全球网络论坛、25 场技术分组讨论等，涵盖月球探索、火星探索、小行星探索等 13 个技术领域。

6 月 6 日

［纲　文］　**国家主席习近平和哈萨克斯坦总统纳扎尔巴耶夫分别为中哈合作出版《美丽中国 美丽哈萨克斯坦——丝绸之路经济带与“光明之路”对接的伟大实践》画册致辞。**

［目　文］　习近平在致辞中说，2017 年是中哈两国建交 25 周年，哈萨克斯坦首次举办“中国旅游年”。中哈合作出版《美丽中国 美丽哈萨克斯坦》画册，向世界展示两国引人入胜的自然人文景观，体现中哈两国人民友谊，具有重要意义。中国和哈萨克斯坦作为古丝绸之路上的重要国家，为促进文明交流作出了重要贡献。中哈建交 25 年来，两国关系快速发展，双方高层交往密切，政治互信不断巩固，务实合作全面推进，中哈全面战略伙伴关系正在向更高水平迈进。2016 年，中哈两国政府签署了《关于丝绸之路经济带建设与“光明之路”新经济政策对接合作规划》，围绕“一带一路”建设开展积极合作，这有利于促进古老的丝绸之路焕发出新的生机活力。哈萨克民族说：“25 岁，就像火焰一样，风华正茂。”让我们以中哈建交 25 周年为契机，深化合作、共同努力，弘扬传统友谊，携手共创美好未来。

纳扎尔巴耶夫在致辞中说，在全球化快速发展的今天，古老的丝绸之路重新回到了人们的视线当中。中国提出的共建丝绸之路经济带倡议，与哈萨克斯坦正在推行的“光明之路”新经济计划，必将令欧亚大陆上这条古老而伟大的商贸之路焕发新生。2017年的哈萨克斯坦“中国旅游年”，将进一步增进两国人民的相互了解，加深两国之间的传统友谊。为重振丝绸之路而特别制作的这本画册，将是展示哈萨克斯坦和中国各自成就的绚烂画卷。

画册由中国外文局人民画报社与哈萨克国际通讯社共同出版，6月6日在哈萨克斯坦首都阿斯塔纳举办了首发仪式。画册精选中哈两国摄影师拍摄的200余张图片，展现了中哈两国的自然历史之美、山水相连之情以及丝绸之路经济带与“光明之路”对接下的中哈合作成果。

6月6日

［纲　文］　**国家主席习近平在北京会见美国加利福尼亚州州长布朗。**

［目　文］　习近平指出，中美建交以来，两国关系经历风雨、砥砺前行，给两国人民带来了巨大利益，也有力促进了亚太地区和世界的和平、稳定、繁荣。中国将坚持和平发展、开放发展，坚持走绿色发展道路。新形势下，中美两国开展交流和合作的领域更加广泛。双方要加强沟通、拓展合作，推动中美关系健康稳定向前发展。地方交流合作是中美关系的重要支柱，对推动中美关系发展具有重要作用。近年来，两国地方交流合作蓬勃发展，成果丰硕。中美两国省州要加强发展战略对接，创造更多合作亮点，把地方交流和合作打造成中美关系发展新的增长点，更好造福两国人民。加州在美国具有重要经济社会影响，希望加州能为推动中美地方交流，促进两国在科技、创新、绿色发展等领域合作作出更多贡献。我们欢迎加州积极参加“一带一路”建设。

布朗表示，加州珍惜同中国的传统友谊，加州政府长期致力于同中国地方政府积极对话与合作。我十分赞赏习近平主席今年年初在世界经济论坛年会发表的重要演讲，加州高度赞赏并愿积极参加共建“一带一路”，期待加强同中国地方在经贸投资、清洁技术、低碳环保等领域合作，推进人文交流，为美中关系发展作出更大贡献。

6月6日

［纲　文］　**国务院办公厅印发《关于制定和实施老年人照顾服务项目的意见》。**

［目　文］　《意见》由三个部分组成，主要内容有总体要求、重点任务、组织实施。《意见》提出20项老年人照顾服务的重点任务，包括全面建立针对经济困难高龄和失能老年人的补贴制度，发展居家养老服务，80周岁及以上老年人自愿随子女迁移户口，推进老年宜居社区建设，支持城市公共交通为老年人提供优惠和便利，每年为65周岁及以上老年人免费提供包括体检在内的健康管理服务，鼓励医疗卫生机构与养老服务融合发展，鼓励相关职业院校和培训机构面向老年人开设护理课程或开展专项技能培训，制定家庭养老支持政策，老年教育资源向老年人公平有序开放，支持老年人开展文体娱乐活动等内容，涵盖了老年人医、食、住、用、行、娱等民生的各个方面。

6月6日

［纲　文］　**全国建立粮食生产功能区和重要农产品生产保护区工作电视电话会议在北京召开。**

［目　文］　国务院副总理汪洋出席会议并讲话。浙江、湖北和黑龙江富锦市有关负责人在会上介绍了经验，有关部门对“两区”划定具体工作进行了部署。

汪洋指出，建立粮食生产功能区和重要农产品生产保护区，是保障国家粮食安全和重要农产品有效供给的重要制度性安排，要认真贯彻落实党中央、国务院决策部署，创新体制机制，完善政策措施，扎实推进“两区”的划定和建设，大力实施“藏粮于地、藏粮于技”，为我国农业现代化建设奠定坚实基础。科学合理划定水稻、小麦、玉米生产功能区和大豆、棉花、油菜籽、糖料蔗、天然橡胶生产保护区，是深化农业供给侧结构性改革的重大举措。各地要把国家的战略利益和长远利益放在首位，坚决守住粮食和重要农产品用地底线，力争3年完成“两区”划定。不仅要数量划足、质量划优，而且要建档立册、上图入库，实行精细化管理，做到数据可核实、位置可查证、动态可监测。要力争用5年左右的时间，将“两区”内的耕地全部建成集中连片、旱涝保收、稳产高产、生态友好的高标准农田。要大力推广先进适用技术和绿色生产方式，重视培育新型规模经营主体，全面提升“两区”综合生产能力。积极推进建设、管理和运行机制创新，调动农民和其他方面的社会力量参与“两区”建设。全面落实“两区”建设的主体责任，加强动态监测和评价考核，完善相关法规制度，确保“两区”建得好、管得住，能够长久发挥作用。

6月6日

［纲　文］　**国家发展改革委、财政部、水利部、农业部、国土资源部发布《关于扎实推进农业水价综合改革的通知》。**

［目　文］　《通知》指出，将高效节水灌溉项目区全部纳入农业水价综合改革试点范围，“十三五”期间，每年安排的2000万亩高效节水灌溉项目区要全部纳入试点范围，实施农业水价综合改革，同步开展工程建设与机制建立，率先完成改革任务；试点县实施范围也要进一步扩大，特别是缺水和地下水超采地区要加快推进改革；北京、上海、江苏、浙江等省份要在全省（市）范围率先全面推进改革。以上这些地区都要力争在2020年底前率先完成任务。按照总体上不增加农民负担的原则，改革地区要对定额内用水的提价部分由财政给予补贴，节约部分适当奖励；超定额用水不再予以补贴，并逐步实行累进加价制度。

6月6日

［纲　文］　**财政部、国家税务总局印发《关于扩大小型微利企业所得税优惠政策范围的通知》。**

［目　文］　《通知》指出，为进一步支持小型微利企业发展，将享受所得税优惠政策的小型微利企业年应纳税所得额上限由30万元提高至50万元，自2017年1月1日至2019年12月31日，对年应纳税所得额低于50万元（含50万元）的小型微利企业，其

所得减按50%计入应纳税所得额，按20%的税率缴纳企业所得税。享受优惠政策的小型微利企业：工业企业年度应纳税所得额不超过50万元，从业人数不超过100人，资产总额不超过3000万元；其他企业年度应纳税所得额不超过50万元，从业人数不超过80人，资产总额不超过1000万元。

根据《通知》,《财政部 国家税务总局关于小型微利企业所得税优惠政策的通知》(财税〔2015〕34号)和《财政部 国家税务总局关于进一步扩大小型微利企业所得税优惠政策范围的通知》(财税〔2015〕99号)自2017年1月1日起废止。

6月6日

［纲 文］ **证监委公布《证券公司和证券投资基金管理公司合规管理办法》。**

［目 文］ 《办法》共5章40条。主要有总则、合规管理职责、合规管理保障、监督管理与法律责任、附则等内容。自2017年10月1日起施行。《证券投资基金管理公司督察长管理规定》(证监基金字〔2006〕85号)、《证券公司合规管理试行规定》(证监会公告〔2008〕30号)同时废止。

6月6日

［纲 文］ **中国气象局被世界气象组织正式认定为世界气象中心。**

［目 文］ 中国气象局由此成为唯一一个发展中国家的世界气象中心，这标志着我国气象业务服务的整体水平迈入世界先进行列。世界气象组织此次共认定了5个新的世界气象中心，除中国外，其他4个中心分别设在欧洲中期天气预报中心、英国埃克塞特、加拿大蒙特利尔和日本东京。此前还有3个世界气象中心，分别位于美国华盛顿、俄罗斯莫斯科和澳大利亚墨尔本。

目前全球气象业务预报系统由世界气象中心、区域专业气象中心和国家气象中心三层结构组成。世界气象中心的业务能力要求很高：必须同时具备业务运行全球确定性数值天气预报系统、全球集合数值天气预报系统和全球长期数值预报系统的能力。近年来，中国气象局持续提升数值预报核心技术的自主研发与创新能力，发展和完善了数值预报业务技术体系。

6月6日

［纲 文］ **北京银监局批复同意北京中关村银行开业。**

［目 文］ 中关村银行全称北京中关村银行股份有限公司，是北京市首家民营银行，这也是全国第13家获批开业的民营银行。银行注册资本40亿元，发起股东为用友网络、碧水源、光线传媒、东方园林、东华软件、华胜天成、东方雨虹、梅泰诺、鼎汉技术、旋极信息、恒泰艾普等11家中关村知名上市公司，多为注册于中关村国家自主创新示范区的科技创新企业。该银行提出了“服务科创”的差异化功能定位，并提出了以科技金融为最大特色，努力建设成为各类创新型企业提供全生命周期服务的综合性金融服务平台的目标。

7月16日，全国首家专注服务科技创新的银行——中关村银行举办开业活动。

6月6—9日

［纲　文］　**第8届清洁能源部长级会议和第2届创新使命部长级会议在北京举行，国家主席习近平致贺信。**

［目　文］　习近平在贺信中写道：值此第8届清洁能源部长级会议和第2届创新使命部长级会议召开之际，我谨向会议的召开致以热烈的祝贺！向出席会议的各成员部长、国际组织机构负责人和专家学者、企业家等各方嘉宾，致以诚挚的欢迎！发展清洁能源，是改善能源结构、保障能源安全、推进生态文明建设的重要任务。这次召开的两场重要会议，体现了国际社会对清洁能源技术开发和利用的高度关注，体现了全球对建设清洁高效能源体系的积极向往。中国高度重视清洁能源发展，为此采取了一系列重大政策措施，取得了积极成效。中国将坚持节约资源和保护环境的基本国策，贯彻创新、协调、绿色、开放、共享的发展理念，积极发展清洁能源，提高能源效率，推动形成绿色发展和生活方式，努力建设天蓝、地绿、水清的美丽中国，实现人与自然和谐共处。希望会议分享发展和推广清洁能源的认识和经验，共同推动全球走绿色、低碳、循环、可持续发展之路。祝会议取得圆满成功！

国务院副总理张高丽出席了开幕式并致辞。全国政协副主席、科技部部长万钢主持开幕式。本次会议主题为“创新引领、应对挑战、能源转型、共同行动”，内容包括部长级闭门会议、高层论坛，以及展览、创新剧场、边会、技术参观等配套活动。其中，清洁能源创新技术展示活动主题涵盖可再生能源、高效节能技术及设备、储能技术及设备、数字能源和智能电网、电动汽车及相关技术、金融及商业模式创新等领域，26个成员和1个观察员国家部长代表、相关国际组织负责人、全球知名企业家参会，会议代表近600人。

清洁能源部长级会议（CEM）由美国能源部于2010年倡议成立，旨在通过政策和最佳实践分享、提出倡议和行动等方式来推动全球向清洁能源经济转型，目前主要包括中国、美国、欧盟、英国、日本等25个成员。创新使命（MI）机制是于2015年11月在联合国气候变化巴黎大会开幕式期间，由中国、美国、法国等20国领导人和代表共同启动，旨在寻求5年内清洁能源研发的政府或政府引导的投资翻倍；发挥私营部门和商业部门在清洁能源投资上的引领作用。科技部部长万钢作为国家主席习近平代表出席了启动仪式。

6月6—8日

［纲　文］　**张德江在陕西检查固体废物污染环境防治法实施情况。**

［目　文］　全国人大常委会委员长张德江率全国人大常委会执法检查组在汉中城固小营村了解生活垃圾分类、收集、转运情况；在汉中勉县、咸阳礼泉察看了危险废物集中处置单位；在陕西再生资源产业园区、西安高速公路建设单位、兴汉环保工地，了解废弃电器电子产品和建筑垃圾回收再利用状况；在汉中装备制造、西安高新技术企业询问固体废物规范化管理情况；还考察了渭河、汉江综合治理工程。

检查期间，张德江听取了陕西省贯彻实施固体废物污染环境防治法工作情况汇报。他指出，要全面贯彻落实习近平总书记提出的新发展理念，正确有效实施固体废物污染环境防治法，着力解决生态环境突出问题，切实提高污染治理法治化水平，推动形成绿色发展方式和生活方式。要坚定推进绿色发展，不断加强环境保护工作力度，依法推进固体废物污染防治工作，有效防范环境风险，全面改善环境质量。一要贯彻减量化、资源化、无害化原则，降低资源消耗和各类固体废物产生量，提高固体废物循环综合利用水平，最大限度减少固体废物对人体健康和生态环境的危害。二要坚持污染者依法负责原则，落实企业主体责任，增强企业法治意识、道德意识，严格执行污染环境防治责任制，依法追究企业虚报瞒报、非法转移处置固体废物等相关违法行为责任。三要切实履行政府及其职能部门监管职责，加强统筹领导和政策协同，全面提升固体废物管理和污染防治执法能力。四要统筹推进固体废物污染环境防治法和相关法律贯彻实施工作，增强环境保护工作整体性、协调性，形成依法防治污染合力，促进生态环境全面改善和经济社会可持续发展。希望陕西继续抓实抓好固体废物污染防治这项基础性工作，统筹推进环境污染综合治理，努力实现三秦大地天蓝水清地绿。

6月6—11日

［纲　文］　**中共中央政治局委员、广东省委书记胡春华率广东省代表团访问以色列、爱尔兰。**

［目　文］　6—7日，胡春华率团访问以色列期间，会见以色列总理内塔尼亚胡，出席中国（广东）—以色列经贸合作交流会。有关方面签署了《中华人民共和国广东省与以色列国特拉维夫—雅法市2017—2020年深化科技创新领域务实合作行动计划书》《广东省贸促会与以色列亚洲商会关于互设境外经贸代表处合作协议》等，代表团还到以色列航空工业公司、趋势线集团、以色列理工学院等考察调研。

8—11日，胡春华率团访问爱尔兰期间，会见爱尔兰总理肯尼，并出席中国（广东）—爱尔兰经贸合作圆桌会。有关方面签署了《广东自贸试验区与爱尔兰香农集团促进合作关系的谅解备忘录》。

6月6—7日

［纲　文］　**2017亚洲媒体峰会在青岛举行。**

［目　文］　峰会由亚太广播发展机构主办、中国国家新闻出版广电总局与青岛市政府联合承办。本届峰会主题为“媒体新时代、全球共发展”，共有48个国家和7个国际组织的450多名代表参加。与会代表共同探讨当今时代媒体如何应对挑战，更好地服务于全球发展目标，促进不同文明交流互鉴。就媒体与可持续发展等议题审议通过并发表了《青岛宣言》。峰会期间举办了“2017亚洲媒体峰会”媒体展，推动了中外媒体机构在影视节目制作、技术设备生产等方面的广泛交流与合作。

6月6—8日

［纲　文］　**国务委员兼国防部长常万全出席在哈萨克斯坦举行的上海合作组织成员国第14次国防部长会议。**

［目　文］　哈萨克斯坦、吉尔吉斯斯坦、俄罗斯、塔吉克斯坦、乌兹别克斯坦防务

部门领导人及上合组织秘书处、地区反恐机构领导出席会议。常万全在大会发言中指出，习近平主席在前不久“一带一路”国际合作高峰论坛上，向与会国家和组织发出了共商合作大计、共建合作平台、共享合作成果的伟大倡议。当前，“一带一路”建设稳步推进，为上合组织的下一步发展提供了巨大机遇。当前和今后一个时期，上合组织防务安全合作要为“一带一路”建设与各国发展战略对接营造良好的安全环境。与会的各国防务部门领导人总结了2016年国防部长会议以来合作取得的成果，签署了《上海合作组织成员国国防部长会议联合公报》等文件。

会议期间，常万全分别与哈萨克斯坦、俄罗斯和乌兹别克斯坦等国防务部门领导人举行会晤，就双边军事合作等共同关心的问题交换了意见。

6月6—19日

［纲　文］　**2017“根与魂——忆江南·浙江非物质文化遗产展览”在香港中央图书馆举行。**

［目　文］　展演活动由文化部和香港特区政府民政事务局主办、浙江省文化厅和香港特区政府康乐及文化事务署承办。撷取浙江省具有代表性的非物质文化遗产精品，以器物展示、现场工艺展演、传统戏剧、曲艺和音乐表演以及现场技艺传授等形式，按照“江南人家”厅堂、书斋、厢房、厨房、后花园布局风格为路径，分场景、分版块地为香港观众呈现江南人家的生活片段和生活。

6月7—10日

［纲　文］　**国家主席习近平应邀对哈萨克斯坦进行国事访问并出席上海合作组织成员国元首理事会第17次会议和阿斯塔纳专项世博会开幕式。**

［目　文］　陪同习近平出访的有：中央政策研究室主任王沪宁、中央办公厅主任栗战书、国务委员杨洁篪等。

7日，习近平在《哈萨克斯坦真理报》发表题为《为中哈关系插上梦想的翅膀》的署名文章。

8日，习近平在阿斯塔纳同哈萨克斯坦总统纳扎尔巴耶夫举行会谈。两国元首积极评价中哈建交25年来双边关系发展巨大成就，规划两国下阶段合作的重点方向和领域，决定推动中哈全面战略伙伴关系在更高水平上健康稳定发展，更好造福两国人民。两国元首签署了《中华人民共和国和哈萨克斯坦共和国联合声明》，见证了经贸、金融、基础设施建设、水利、质检、税务、人文等领域多项双边合作文件的签署并会见了记者。习近平在纳扎尔巴耶夫陪同下，参观阿斯塔纳专项世博会中国国家馆，并共同出席中哈亚欧跨境运输视频连线仪式并分别致辞。

9日，上海合作组织成员国元首理事会第17次会议在阿斯塔纳举行。习近平同纳扎尔巴耶夫、吉尔吉斯斯坦总统阿坦巴耶夫、俄罗斯总统普京、塔吉克斯坦总统拉赫蒙、乌兹别克斯坦总统米尔济约耶夫出席会议。习近平在会上发表题为《团结协作、开放包容、建设安全稳定、发展繁荣的共同家园》的讲话。与会领导人分析了上海合作组织发展现状、任务和前景，就重大国际和地区问题交换意见，达成广泛共识。会议正式给予印度、巴基斯坦上海合作组织成员国地位。会议决定，上海合作组织成员国元首理事会下次会议2018年在中国举行。下任主席国由中国担任。成员国元首签署了《上海合作组织成员国元首阿斯塔纳宣言》《上海合作组织反极端主义公约》《关于完成接收印度共和国加入上海合作组织程序并给予其上海合作组织成员国地位的决议》《关于完成接收巴基斯坦伊斯兰共和国加入上海合作组织程序并给予其上海合作组织成员国地位的决议》《关于给予印度共和国和巴基斯坦伊斯兰共和国上海合作组织成员国地位背景下上海合作组织成员国会费比例的决议》《关于〈上海合作组织秘书长关于过去一年上海合作组织工作的报告〉的决议》《关于〈上海合作组织地区反恐怖机构理事会关于地区反恐怖机构2016年工作的报告〉的决议》和《关于〈上海合作组织成员国常驻地区反恐怖机构代表条例〉的决议》等。会议发表了《上海合作组织成员国元首关于共同打击国际恐怖主义的声明》和《上海合作组织成员国元首理事会会议新闻公报》。

会议期间，习近平分别会见俄罗斯总统普京、阿富汗总统加尼、塔吉克斯坦总统拉赫蒙、印度总理莫迪、西班牙国王费利佩六世、土库曼斯坦总统别尔德穆哈梅多夫。

同日晚，习近平等各国领导人共同出席阿斯塔纳专项世博会开幕式。

6月7日

［纲　文］　**李克强主持召开国务院常务会议。**

［目　文］　会议主要内容是：一、决定推出新的降费措施，要求兑现全年为企业减负万亿元的承诺。会议确定，在2017年已出台4批政策减税降费7180亿元的基础上，从2017年7月1日起，一是将建筑领域工程质量保证金预留比例上限由5%降至3%。二是清理能源领域政府非税收入电价附加，取消其中的工业企业结构调整专项资金，将国家重大水利工程建设基金和大中型水库移民后期扶持基金征收标准降低25%。三是降低电信网码号资源占用费、农药实验费、公安部门相关证照费等6项行政事业性收费标准。四是暂免征银行业和保险业监管费。采取上述新措施，预计每年可再减轻企业负担2830亿元，合计全年为企业减负超过1万亿元，其中降费占60%以上。会议要求，要加强督促检查，尽快把减税降费政策不打折扣地落到实处，让广大企业真正受益。二、部署新建一批大众创业万众创新示范基地，推动体制机制创新和经济转型升级。会议确定，2017年在创业创新基础较好、特色明显、具备示范带动作用的地方、高校院所和企业再新建一批“双创”示范基地，形成覆盖全国各省级行政区、一二三产业及新兴和传统产业、各类所有制市场主体，包括农民工返乡创业、海外人才来华创业在内的各有侧重、各具优势的创业创新格局，推动“双创”向更高层次和水平迈进。为此，会议要求，各地区、各部门要聚焦“双创”发展需要，持续深化改革，打破体制机制障碍，营造更好政策环境。三、通过《志愿服务条例（草案）》。草案明确了志愿服务的基本原则和管理体制，确定了志愿者权利义务、服务对象权益保障、鼓励发展专业志愿服务等，并规定了扶持和保障措施，促进志

愿服务在全社会蔚然成风，成为推动文明进步、增进民生福祉的重要力量。

6月7日

［纲　文］　财政部、中国人民银行、中国证监会印发《关于规范开展政府和社会资本合作项目资产证券化有关事宜的通知》。

［目　文］　《通知》由四个部分组成：一、分类稳妥地推动PPP项目资产证券化。二、严格筛选开展资产证券化的PPP项目。三、完善PPP项目资产证券化工作程序。四、着力加强PPP项目资产证券化监督管理。

《通知》要求，加强PPP项目资产证券化监督管理，合理分担资产证券化的成本收益，切实做好风险隔离安排，切实防范刚性兑付风险，充分披露资产证券化相关信息。

6月7日

［纲　文］　国土资源部公布《海洋观测站点管理办法》《海洋观测资料管理办法》《关于委托山西省等6个省级国土资源主管部门实施原由国土资源部实施的部分矿产资源勘查开采审批登记的决定》。自2017年6月7日起施行。

6月7日

［纲　文］　刘延东在山东调研。

［目　文］　中共中央政治局委员、国务院副总理刘延东在科研院所、高等学校、科技创新企业，考察海洋科考、深海探测、人工智能、远程教育和医疗、创新创业教育等情况。与高校师生和科研工作者交谈时希望他们按照中共中央总书记习近平的批示要求，学习黄大年同志的爱国情怀和先进事迹，勇做走在时代前列的奋进者开拓者，为实现中华民族伟大复兴的中国梦贡献智慧力量。高等教育是科技第一生产力和人才第一资源的重要结合点。要坚持社会主义办学方向，全面深化教育综合改革，抓好学科和教师队伍建设，把精力和资源放在练好内功、内涵发展上，提升办学质量。要围绕立德树人根本任务，创新人才培养模式，强化创新创业实践，实现全过程、全方位育人，让学生成为德才兼备、全面发展的人才。要加大高校科研支持，创新组织模式，激发创新活力。要统筹推进世界一流大学和一流学科建设，提升高等教育发展水平，为增强国家核心竞争力作出新贡献。

6月7日

［纲　文］　财政部科技司发布，中央财政累计安排14.5亿元补助资金支持科技馆免费开放。

［目　文］　为贯彻落实党的十八大提出的“普及科学知识，弘扬科学精神，提高全民科学素养”的要求，2015年，财政部、中国科协、中宣部联合印发通知，部署逐步推进各地科协系统所属科技馆实行免费开放，中央财政对科技馆免费开放门票收入减收部分、运行保障、展品更新等予以补助。2015—2016年，中央财政累计安排补助资金8.97亿元，支持123家科技馆实行免费开放，免费开放的科技馆年平均开放时间242天，累计开展教育活动30191场，接待公众3722万人次。2017年，中央财政继续安排补助资金

5.53亿元，支持免费开放科技馆增至138家。

6月7日

［纲　文］　**“全球首席执行官委员会”第5届圆桌峰会在北京举行。**

［目　文］　峰会是由中国人民对外友好协会主办，本届圆桌峰会的主题是“全球化与中国竞争力”。

同日，国务院总理李克强在北京会见与会的跨国企业负责人，并同他们座谈交流。来自陶氏化学、霍尼韦尔、必和必拓、高通等近20家世界500强企业负责人围绕监管改革、贸易便利化、创新能力建设等议题逐一发言，就扩大市场准入、便利营商条件、促进创新发展表达了期待。

李克强表示，经济全球化和贸易投资自由化便利化促进了公平竞争和创新创造，有利于世界和平、稳定与平衡、可持续发展，代表着人类文明发展的方向。中方愿同各国、各界一道正视困难挑战，坚持多边主义原则和全球化方向，完善全球治理体系，推动全球化朝着更加公平、包容、普惠的方向发展。中国坚持深化改革，注重通过简政放权、放管结合、优化服务等改革推动政府职能转变，大幅精简审批事项，降低制度性交易成本，并加强事中事后监管。中国市场容量巨大、人力人才资源丰富、产业水平不断提升，不仅为跨国企业在华投资、拓展业务提供了广阔空间，也为共同开展三方、多方合作创造了有力平台。我们将继续放宽市场准入，推进负面清单管理模式，更好保护知识产权，为在华投资企业提供更加便利、一视同仁的政策环境，打造最具吸引力的投资目的地。欢迎跨国公司抓住机遇，与中国经济共同成长。

与会企业家赞赏中国政府积极致力于推进经济全球化和贸易自由化，扩大市场准入，为外国投资者营造良好的环境。他们表示企业界坚持自由贸易取向，看好中国电信、航空、高端制造、电子商务、物流、旅游、生物医疗、新能源等领域巨大市场潜力，对中国发展前景抱有信心，愿根据中国发展战略和优先方向扩大在华业务，把合作提升至更高水平。

6月7—8日

［纲　文］　**金砖国家媒体高端论坛在北京举行。**

［目　文］　论坛由新华社倡议并联合巴西、俄罗斯、印度、南非主流媒体共同发起，以“深化金砖国家媒体合作，促进国际舆论公平公正”为主题。论坛执行主席、新华社社长蔡名照主持会议，中宣部部长刘奇葆出席开幕式并发表题为《深化媒体交流合作、助力金砖国家发展》的致辞。巴西金融资讯集团、今日俄罗斯国际新闻通讯社、印度教徒报集团、南非独立传媒集团等媒体机构负责人作为共同主席出席，来自金砖五国的27家主流媒体代表围绕共同关心的话题进行交流研讨、共商合作发展。

期间，中共中央政治局常委刘云山会见出席论坛的媒体代表时说，金砖国家合作已走过10年历程，成为促进世界经济增长、完善全球治理、推动国际关系民主化的重要力量。今年9月，中国将主办金砖国家领导人第九次会晤，期待同各成员国一道，进一步凝聚共识，推动金砖国家合作迈上新台阶。媒体合作是金砖国家合作的重要领域，希望五国媒体弘扬金砖精神，深化互利合作，共同讲好金砖故事，为金砖国家伙伴关系发展注入更多正能量。

与会媒体代表表示，将以此次高端论坛为契机，加强交流互鉴和务实合作，为金砖国家深化合作贡献力量。

6月8日

［纲　文］ **《习近平讲故事》出版发行。**

［目　文］ 该书从习近平总书记数百篇讲话和文章中，精选出体现他治国理政新理念新思想新战略的百余则故事，由人民日报社组织编写、人民出版社出版发行。该书共收入109则故事，分为对内篇和对外篇。对内篇包括廉政、品格、励志、治理等；对外篇侧重于人民友好、国家交往、文化融通、历史情感等。每则故事在引用原文之外，还配有“延伸阅读”，用以丰富故事细节，还原故事语境，让读者更好地体悟故事背后的改革发展之道、大国外交之道、修身为人之道。

6月8日

［纲　文］ **国务院办公厅印发《关于督查问责典型案例的通报》。**

［目　文］ 《通报》说，为贯彻落实党中央、国务院关于加强督促检查、严肃责任追究的决策部署，根据李克强总理关于严厉整肃庸政懒政怠政行为的重要指示批示精神，2017年2月至5月，国务院办公厅会同监察部等有关部门，对国务院第三次大督查、审计署跟踪审计及部门专项督查发现的中央预算内投资项目进展迟缓、财政资金闲置沉淀、涉企乱收费、落实“放管服”改革政策不到位、公租房大量空置、医保基金管理使用不到位以及套取挪用侵占保障性住房资金、扶贫资金等方面突出问题，组织开展了核查问责工作。各有关地方和部门经认真核查，依法依规对117个问题涉及的1089人进行了问责和处理。

其中16个典型案例为：一、北京市工程建设质量管理协会涉企乱收费问题。二、河北省唐山市3个中央预算内投资项目严重拖期问题。三、山西省方山县1个中央预算内投资项目严重拖期问题。四、辽宁省开原市财政局挪用保障性安居工程资金问题。五、黑龙江省哈尔滨市有关单位对药店违规利用医保个人账户刷卡销售日用品监管不到位问题。六、安徽省亳州市人民医院违规收取医疗费用问题。七、江西省南昌市发展改革委涉企乱收费问题。八、湖南省耒阳市矿产品税费征收管理局涉企乱收费问题。九、海南省海口市实行“先照后证”改革后有关工商部门履行“双告知”职责不到位问题。十、重庆市美丽阳光家园公租房项目大量已建公租房空置问题。十一、四川省宣汉县部分乡镇套取农村危房改造资金问题。十二、云南省元阳县扶贫资金被套取及大量闲置问题。十三、甘肃省甘肃经济日报社借宣传报道扶贫工作之机收费问题。十四、宁夏回族自治区中宁县部分乡镇套取农村危房改造资金问题。十五、国土资源部所属中国土地勘测规划院资金闲置沉淀问题。十六、中国机械工业质量管理协会“QC 小组活动诊断师”职业资格未实际取消问题。

以上 16 个典型案例说明，一些地方和单位在贯彻落实党中央、国务院决策部署中存在有令不行、有禁不止情况，少数干部漠视群众利益，在工作中虚作为、慢作为、不作为、乱作为。

6 月 8 日

［纲　文］　**全国政协在北京召开双周协商座谈会，围绕“无障碍环境建设”建言献策。**

［目　文］　全国政协主席俞正声主持会议并讲话。全国政协副主席杜青林、林文漪、张庆黎、卢展工、陈晓光出席座谈会。住房和城乡建设部副部长倪虹介绍了有关情况。工业和信息化部副部长陈肇雄、交通运输部副部长刘小明、中国残疾人联合会理事长鲁勇等与委员互动交流。全国政协委员王新宪、姜伟新、张海迪、蔡达峰、王天戈、彭雪峰、彭开宙、邵琪伟、龙墨、江利平、张泽熙、刘雅煌、沈瑾、郑广台、薄绍晔、李书福，以及专家学者庄惟敏、江涛等在座谈会上发言。

委员们认为，加强无障碍环境建设是社会文明进步的重要标志。党中央、国务院高度重视并作出工作部署，“十三五”规划纲要明确提出要全面推进无障碍环境建设。近年来，国家和行业部门相继出台了有关规定，我国无障碍环境建设取得了很大进展。但目前仍存在现有公共设施无障碍改造滞后、无障碍环境建设标准规范不完善、无障碍设施管理维护不到位等问题。

一些委员建议，一要领导重视，增加投入，强化宣传。二要完善法律和标准规范。三要强化目标要求和监督。四要重视老年人在出行、信息服务等生活便利化方面的无障碍环境建设。五要重视农村贫困残疾人家庭的无障碍设施改造，争取把这项工作纳入精准扶贫的范围。六要重视社会参与，完善参与机制，建设参与平台，鼓励和支持社会力量参与无障碍环境建设。此外，委员们还就学习借鉴国外经验、强化科技支撑、制订手语及盲文全国通用标准、规范残疾人就业保障金的使用等问题提出了意见建议。

6 月 8 日—8 月 13 日

［纲　文］　**2017“根与魂——广西非物质文化遗产展演”在澳门举办。**

［目　文］　展演活动由文化部和澳门特区政府社会文化司主办，广西壮族自治区文化厅和澳门特区政府文化局承办。活动包括文艺汇演、专题展览、手工技艺展示及工作坊，向澳门市民展示广西的非物质文化遗产。

6 月 8 日

［纲　文］　**全国军转安置工作电视电话会议在北京举行。**

［目　文］　国务院副总理马凯、中央军委有关负责人出席会议并讲话。会议指出，军转干部是党和国家的宝贵财富。做好军转安置工作，关系国防和军队改革，关系国家改革发展稳定大局。要深入贯彻习近平总书记关于军转安置工作的重要指示精神，认真落实党中央、国务院、中央军委关于军转安置的政策要求，勇于担当，主动作为，全面完成今

年工作任务。要拓宽渠道、深挖潜力，千方百计做好计划分配军转干部安置工作，照顾安排好功臣模范、长期在艰苦边远地区和特殊岗位工作的军转干部。落实自主择业政策和相关待遇，为自主择业军转干部提供优质服务。积极创造条件，妥善安置随调家属和随迁子女。持续开展关爱活动和思想政治工作，做好部分企业军转干部解困稳定工作。深化军转安置制度改革，健全“阳光安置”工作机制，探索“人岗相适”有效办法，完善“专项培训”制度措施，制定“扶持就业创业”措施办法。

6月8日

[纲　文]　**国务院副总理张高丽在北京会见美国能源部长佩里。**

[目　文]　张高丽表示，当前中美关系总体保持稳定发展。习近平主席同特朗普总统在海湖庄园举行了历史性会晤，为新时期中美关系发展指明了方向，双方应继续认真落实两国元首达成的重要共识，在互利互惠的基础上拓展各领域务实合作，推动中美关系不断取得更大发展，更好地造福两国人民。希望双方加强在化石能源、可再生能源等领域的务实合作，共同推进能源的清洁转型，为全球能源可持续发展作出贡献。

佩里表示美方愿与中方深化能源科技合作，携手应对共同的挑战，推动两国关系发展。

6月8日

[纲　文]　**国家税务总局局长王军代表中国政府在巴黎签署《BEPS多边公约》。**

[目　文]　《实施税收协定相关措施以防止税基侵蚀和利润转移（BEPS）的多边公约》首次联合签字仪式在位于巴黎的经济合作与发展组织总部举行，67个国家和地区的政府代表共同签署了该《公约》。王军表示，《公约》实现了税收协定历史上规模最大、范围最广的一次多边合作与协调，标志着二十国集团国际税改取得重大成果，必将成为打开国际税收协调之门的“金钥匙”。中国将努力落实好《公约》，积极推动经济全球化和包容发展。

6月8—10日

[纲　文]　**刘云山在福建调研。**

[目　文]　中共中央政治局常委刘云山在三明、南平、宁德的镇村、企业和园区，就发挥先进典型引领作用、加强基层党建工作进行调研；在廖俊波生前直接抓的项目和联系点武夷新区武夷软件园和政和县石圳村了解廖俊波的事迹，看望廖俊波家属。

刘云山在周宁县上洋村、福安市溪邳村、三明林业金融服务中心、宁德市社会福利中心和宁德市艺术馆调研，并在宁德主持召开基层党建工作座谈会，听取意见建议。他说，基层党组织的凝聚力战斗力很重要体现在促进改革发展、为群众办实事上。要真情关怀、真心爱护基层干部，使他们安心、安身、安业，在基层一线建功立业。在沙县特色产业实训基地、三钢集团、时代新能源科技有限公司和茗匠工艺品公司，听取“两学一做”学习教育情况介绍。

6月8—9日

[纲　文]　**汪洋在广西考察并出席全国重点地区打击走私工作座谈会。**

［目　文］　国务院副总理汪洋在东兴市北仑河中越边境一线调研，了解反走私综合治理进展，实地考察边民互市贸易和跨境经济合作区建设情况。

汪洋在南宁主持召开重点地区打击走私工作座谈会。海关总署署长于广洲在会上汇报打击走私工作情况，国家发展改革委、公安部、食药监总局等部门和广西、广东、云南等省区相关负责人在会上发言。汪洋指出，近年来广西、广东、云南等重点地区牢固树立“四个意识”，始终保持对走私的高压严打态势，有效遏制了大规模走私势头，保障了国家财税收入，规范了进出口贸易秩序。打击走私事关人民群众切身利益，事关市场经济秩序，事关国家安全与社会稳定。要认真贯彻落实党中央、国务院的决策部署，坚持打防结合、标本兼治，围绕重点商品、重点地区、重点渠道开展集中整治，坚决遏制走私多发蔓延势头，着力构建“打、防、管、控”的长效治理体系，全面提升新形势下反走私工作水平。

汪洋在南宁参观打击走私成果展、缉私装备展，考察了中国—东盟商品交易中心。

6月9日

［纲　文］　**国家主席习近平、国务院总理李克强就缅甸军机失事分别向缅甸总统吴廷觉、国务资政昂山素季致慰问电。**

6月9日

［纲　文］　**推动长江经济带发展工作会议在北京召开。**

［目　文］　国务院副总理张高丽主持会议并讲话。马凯、韩正等出席，推动长江经济带发展领导小组成员、领导小组办公室以及有关部门负责人参加了会议。

会议学习贯彻中共中央总书记习近平关于推动长江经济带发展的讲话和指示批示精神、国务院总理李克强批示要求，讨论《长江经济带生态环境保护规划》等有关文件，研究部署下一步工作。

张高丽表示，我们要从经济社会发展全局出发，把保护和修复长江生态环境摆在首要位置，努力把长江经济带建设成为我国生态文明建设的先行示范带、创新驱动带、协调发展带。要加强长江流域生态系统修复和环境综合治理，切实保护和改善水环境，集约高效永续利用好长江水资源，强化饮用水水源地安全保护，使长江经济带发展建立在环境可承载、生态受保护的基础上。要加快构建综合立体交通走廊，充分发挥长江黄金水道的优势和潜力，加快推进干线航道系统治理，改善支流通航条件，统筹铁路、公路、航空、管道建设。要把创新摆在发展全局的核心位置，着力优化沿江产业结构，合理引导产业转移，坚决淘汰落后污染产能。要积极推进新型城镇化，因地制宜优化城市群布局和形态，保护山水特色和历史文脉，做好新型城镇化综合试点工作，全面提高长江经济带城镇化质量。要努力提升开放型经济水平，加强与“一带一路”建设衔接，深化长江大通关体制改革，构建长江经济带对外开放新格局。要突破区域行政区划界限和壁垒，推进一体化市场体系建设，构建生态环境协同保护治理机制，完善区域互动合作机制，让长江经济带的血脉“畅通”起来、要素“流动”起来、市场“活跃”起来。

6 月 9 日

［纲　文］　**全国党外知识分子统战工作座谈会在天津召开。**

［目　文］　中央统战部部长孙春兰出席会议并讲话。教育部、各省区市和新疆生产建设兵团以及副省级城市党委统战部负责人、党外知识分子代表参加会议。会议学习贯彻中共中央总书记习近平关于知识分子工作的重要思想特别是在全国政协十二届五次会议民进、农工党、九三学社联组会上的重要讲话精神。

孙春兰指出，贯彻落实党中央关于知识分子工作的方针政策，全面把握和创新党外知识分子统战工作的方式方法，团结广大党外知识分子共同致力实现中华民族伟大复兴中国梦。各级统战部门要履行好党外知识分子统战工作职责，充分发挥参谋助手、牵头协调、具体实施作用，突出思想引导的政治性时代性实效性，积极为党外知识分子建功立业创造条件，努力培养一支政治坚定、素质优良、作用突出的代表人士队伍，以优异成绩迎接党的十九大胜利召开。

6 月 9 日

［纲　文］　**中央政法委举行百万政法干警学习讲座。**

［目　文］　讲座由中央政法委员会书记孟建柱主持。在中央政法委机关主会场，腾讯公司董事会主席兼首席执行官马化腾就“现代科技发展带来的机遇和挑战”作讲解。全国 150 多万名政法干警在各分会场听取讲座。

孟建柱指出，要深刻把握、主动顺应科技发展新趋势，抢抓战略机遇，更加积极主动拥抱现代科技，促进政法工作与现代科技深度融合，不断推动政法工作实现跨越式发展。伴随着全球数字化，“连接一切”的时代将到来。“天网”产生海量数据，对海量数据具有超级算力的“天算”和具有超级智能控制的“天智”，将使得未来世界更可知、更可测。这为我们提高政法工作前瞻性、预见性，实现更人性化的管理和更精确化的治理，提供了无限可能。在政法领域，无论是运用大数据提升防控风险、打击犯罪能力，还是运用“互联网＋公共服务”提高服务群众能力，或是运用信息系统和智能化服务提高司法办案质量，都将极大突破人的体力和脑力局限，赋予政法工作前所未有的创新力。

6 月 9 日

［纲　文］　**卫生计生委印发《突发事件卫生应急预案管理办法》。**

［目　文］　《办法》共 7 章 42 条，主要有总则，分类和内容，预案编制，审查、备案和公布，培训、演练和宣传，评估和修订，附则等内容。自 2017 年 6 月 9 日起施行。

6 月 9 日

［纲　文］　**《人民日报》发表题为《保质量安全就是保民生》的评论员文章。**

6 月 10 日

［纲　文］　**中国大陆核电的发源地——秦山核电基地安全运行 100 堆年。**

［目　文］　秦山核电站 1991 年 12 月 15 日投入运行开始，已累计安全发电量相当

于少消耗标准煤约1.77亿吨，减排二氧化碳约5.45亿吨、二氧化硫约312.5万吨，氮氧化物约105.09万吨。秦山核电基地目前共有9台运行机组，年发电量约500亿千瓦时，是目前我国核电机组数量最多、堆型品种最丰富、装机容量最大的核电基地。

秦山核电基地建设发展的30多年，是我国核电事业从无到有、从小到大的缩影。30多年来，秦山核电通过不断探索，自主创新和持续改进，逐步掌握了多项核电关键技术，培养了一大批核电专业技术技能人才，积累了丰富的工程建设、电站调试、生产运行、经营管理等经验，实现了“从30万千瓦到100万千瓦”自主发展的历史跨越，为我国核电事业发展，特别是为国家名片的塑造，奠定坚实基础。秦山核电基地在30多年的建设和发展中，各个核电机组没有发生任何核安全事故。历年环境监测结果表明，秦山地区环境辐射剂量率仍处于本底涨落范围内，排放的放射性物质对周围公众造成的最大个人年有效剂量当量仅为国家限值的0.2%，三废排放量远远低于国家标准，核电站运行以来对周围辐射环境未产生可察觉影响。

6月10日

［纲　文］　**中共宁夏回族自治区第十二届委员会第一次全体会议选举石泰峰为宁夏回族自治区党委书记，咸辉（女，回族）、姜志刚为自治区党委副书记。**

6月10日

［纲　文］　**中国首个“文化和自然遗产日”启动活动暨中国世界自然遗产推进会在湖北神农架举行。**

［目　文］　联合国教科文组织等国际组织机构代表、世界遗产相关专家和世界遗产地代表就世界遗产保护与利用展开专题研讨和经验交流。与会代表达成共识，发表了《中国世界遗产神农架宣言》。

经国务院批准，自2017年起，每年6月第二个星期六设立为“文化和自然遗产日”。首个“文化和自然遗产日”活动包括第六届中国成都国际非物质文化遗产节暨2017年“文化和自然遗产日”文化部主场活动、北京恭王府的“非遗服饰秀”、上海的“非遗嘉年华”、中国世界遗产成就展、世界遗产专题展播、走进自然遗产地等，全国各地结合实际组织开展科普讲座、研究论坛、公益展览等1700多项活动。

6月10—12日

［纲　文］　**金砖国家政党、智库和民间社会组织论坛在福州举行。**

［目　文］　论坛由中联部主办，中共福建省委承办。以“共谋合作发展，共创美好未来”为主题。金砖国家的政党领导人、知名智库学者、民间社会组织负责人、发展中国家相关代表共400余人与会。金砖国家政党、智库和民间社会组织“三合一”会议是金砖国家合作机制成立以来首次举行，旨在通过加强沟通交流，凝聚各方共识、汲取各界智慧，推动深化金砖国家合作，为金砖国家领导人厦门会晤建言献策和营造良好氛围。

金砖国家政党对话主题为“发挥政党作用，引领合作方向”；金砖国家学术论坛由各国智库参与，主题为“凝聚思想智慧，创新合作思路”；金砖国家民间社会组织论坛以“增进民心相通，夯实合作根基”为主题。会议通过了《福州倡议》，并就《金砖国家第九次学术论坛对金砖国家领导人厦门会晤的建议》达成一致。

11日，中共中央政治局常委、中央书记处书记刘云山出席金砖国家政党、智库和民间社会组织论坛开幕式并发表题为《共谋合作发展，共创美好未来》的主旨讲话。期间，刘云山集体会见出席论坛的外方代表。

6月11日

［纲　文］　**国务院批复黑龙江省人民政府，同意齐齐哈尔市城市总体规划。**

［目　文］　批复说，一、原则同意《齐齐哈尔市城市总体规划（2011—2020年）》。二、重视城乡区域统筹发展。在《总体规划》确定的4310平方公里城市规划区范围内，实行城乡统一规划管理。三、合理控制城市规模。到2020年，中心城区常住人口控制在115万人以内，城市建设用地控制在116.8平方公里以内。四、完善城市基础设施体系。五、建设资源节约型和环境友好型城市。六、创造优良的人居环境。要坚持以人为本，统筹安排关系人民群众切身利益的教育、医疗、市政等公共服务设施的规划布局和建设。七、重视历史文化和风貌特色保护。重点保护好大乘寺、江桥抗战遗址等各级文物保护单位及其周围环境。八、严格实施《总体规划》。《总体规划》是齐齐哈尔市城市发展、建设和管理的基本依据，城市规划区内的一切建设活动都必须符合《总体规划》的要求。要结合国民经济和社会发展规划，明确实施《总体规划》的重点和建设时序。

批复要求，齐齐哈尔市人民政府要根据本批复精神，认真组织实施《总体规划》，任何单位和个人不得随意改变。黑龙江省和住房城乡建设部要加强对《总体规划》实施工作的指导、监督和检查。

6月11—17日

［纲　文］　**中共中央政治局委员、上海市委书记韩正率领中共中央代表团访问希腊、意大利。**

［目　文］　11—13日，在希腊访问期间，韩正会见了希腊总理齐普拉斯、议长武齐斯等政要，前往上海友城比雷埃夫斯，考察中远海运集团在希腊最大港口比雷埃夫斯港的建设运营情况，推动上海与“一带一路”沿线重要国家希腊之间的务实合作。

13—17日，在访问意大利期间，韩正会见了意大利总理真蒂洛尼、民主党主席伦齐等政要，并在罗马、佛罗伦萨、卢卡、热那亚等地考察上海在当地的合作项目，推动上海与“一带一路”沿线重要国家意大利各地的交流合作。

6月11—14日

［纲　文］　**应国务院总理李克强邀请，卢森堡首相贝泰尔访问中国。**

［目　文］　访问期间，国家主席习近平、全国人大常委会委员长张德江在北京分别会见了贝泰尔。李克强在北京同贝泰尔举行会谈并共同见证了双方社保、金融、航空、影

视等领域多份合作文件的签署。

习近平在会见贝泰尔时指出，双方要发扬优良传统，坚持平等相待、相互尊重，在涉及彼此核心利益和重大关切问题上相互理解、相互支持，把握两国关系正确发展方向。要提高两国务实合作质量，扩大优势，挖掘潜力，把金融等传统领域合作做大做强，加快培育航空运输、高新技术、绿色经济等新的合作增长点，实现更高水平的互利共赢。要深化双方在“一带一路”建设框架内金融和产能等合作，中方支持建设郑州—卢森堡“空中丝绸之路”。要加强文化、教育、体育等人文交流，提高人员往来便利化水平。中方期待卢方在中欧关系中继续发挥积极作用，推动欧盟为中欧合作深入发展提供更多有利条件。

贝泰尔表示，卢方愿同中方在互尊互信基础上，互学互鉴，进一步拓展双方金融、投资、科技、旅游、人文等各领域交流合作，密切“一带一路”框架下合作。卢方主张欧中深化建设性对话交流合作，并愿为此发挥积极作用。

李克强同贝泰尔会谈时表示，中方愿同卢方发挥互补优势，加强两国贸易投资、金融等领域合作，进一步提升金融产业和监管合作水平，落实好扩大航权安排协议，推动钢铁合作优化升级，探讨开展第三方市场合作，搭建更多人文交流平台，进一步便利人员往来，夯实中卢关系长远发展的民意基础。中国重视发展同欧盟的关系，在当前国际政治经济形势下，中欧双方应共同发出促进贸易投资自由化便利化、推动经济全球化向更加包容普惠方向发展、维护包括联合国宪章和世界贸易组织规则在内的国际秩序的积极信号，为中欧关系与合作稳步发展创造有利环境。

贝泰尔表示，愿同中方深化贸易投资、金融、空间技术、钢铁、航空、通信等领域合作，扩大人文交流与人员往来，推动卢中关系不断发展。卢方主张推进自由贸易和多边主义，愿同中方加强沟通协调，共同应对全球性挑战。卢方乐见欧中建立起面向未来、更为密切的关系，并愿为此发挥积极作用。

6 月 11—12 日

［纲　文］　**应外交部部长王毅邀请，新加坡外交部部长维文访问中国。**

［目　文］　12 日，国家副主席李源潮、国务委员杨洁篪在北京分别会见了维文。王毅同维文举行会谈时表示，中方欢迎新方支持和参与“一带一路”建设，愿同新方一道落实好两国签署的共建“一带一路”政府间谅解备忘录。中新可在“一带一路”框架下建立互联互通、金融合作、三方合作等三大平台，开展更多实质性合作。维文表示，新方完全赞同在“一带一路”框架下建立中新合作三大平台的建议，愿发挥自身优势，为推动“一带一路”建议作出独特贡献。

6 月 12 日

［纲　文］　**中共中央、国务院印发《关于加强和完善城乡社区治理的意见》。**

［目　文］　《意见》由五个部分组成：一、总体要求。二、健全完善城乡社区治理体系。三、不断提升城乡社区治理水平。四、着力补齐城乡社区治理短板。五、强化组织

保障。

《意见》指出，各省（自治区、直辖市）要按照本意见精神，结合实际制定加强城乡社区治理工作的具体实施意见。各有关部门要根据本意见要求和职责分工，制定贯彻落实的具体措施。

6月12日

［纲　文］　**经中央军委主席习近平批准，中国人民解放军新设立“八一勋章”并组织首次评选。**

［目　文］　新设立的“八一勋章”，是由中央军委决定、中央军委主席签发证书并颁授的军队最高荣誉，授予在维护国家主权、安全、发展利益，推进国防和军队现代化建设中建立卓越功勋的军队人员。经过解放军、武警部队和公安现役部队提名推荐，近日产生初步候选人，向军内外公示接受评议。

颁授勋章是我军一项重要的荣誉激励制度，1955年国家决定对在土地革命战争时期、抗日战争时期和解放战争时期的人民军队有功人员，分别授予八一勋章和奖章、独立自由勋章和奖章、解放勋章和奖章。1988年军队决定对符合条件的军队离休干部，分别授予红星功勋荣誉章、独立功勋荣誉章、胜利功勋荣誉章。

6月12日

［纲　文］　**国务院办公厅通知广东省人民政府，同意湛江市城市总体规划。**

［目　文］　通知说，一、国务院原则同意《湛江市城市总体规划（2011—2020年）》。二、重视城乡区域统筹发展。在《总体规划》确定的2216.92平方公里城市规划区范围内，实行城乡统一规划管理。三、合理控制城市规模。到2020年，中心城区常住人口控制在125万人以内，城市建设用地控制在111.66平方公里以内。要贯彻落实城乡规划法关于先规划后建设的原则，禁止在《总体规划》确定的建设用地范围之外设立各类开发区和城市新区。四、完善城市基础设施体系。五、建设资源节约型和环境友好型城市。六、创造优良的人居环境。七、重视历史文化和风貌特色保护。八、严格实施《总体规划》。

通知要求，湛江市人民政府要根据本通知精神，认真组织实施《总体规划》，任何单位和个人不得随意改变。广东省和住房城乡建设部要加强对《总体规划》实施工作的指导、监督和检查。

6月12日

［纲　文］　**财政部、税务总局发布《关于继续实施支持和促进重点群体创业就业有关税收政策的通知》，执行期限为2017年1月1日至2019年12月31日。**

6月12日

［纲　文］　**民政部办公厅印发《民政部彩票公益金使用管理信息公开办法（试行）》《民政部彩票公益金项目督查办法（试行）》，自2017年6月12日起施行。**

6月12日

［纲　文］　**交通运输部公布《公路水运工程安全生产监督管理办法》。**

［目　文］《办法》共6章59条。主要有总则、安全生产条件、安全生产责任、监督管理、法律责任、附则等内容。自2017年8月1日起施行。交通部于2007年2月14日以交通部令2007年第1号发布、交通运输部于2016年3月7日以交通运输部令2016年第9号修改的《公路水运工程安全生产监督管理办法》同时废止。

6月12日

［纲　文］**财政部、民政部印发《中央财政困难群众救助补助资金管理办法》。**

［目　文］《办法》共18条，自2017年6月12日起施行，《财政部 民政部关于印发〈中央财政困难群众基本生活救助补助资金管理办法〉的通知》（财社〔2016〕87号）、《财政部 民政部关于印发〈中央财政流浪乞讨人员救助补助资金管理办法〉的通知》（财社〔2014〕71号）、《财政部 民政部关于印发〈孤儿基本生活费专项补助资金管理办法〉的通知》（财社〔2012〕226号）同时废止。

6月12日

［纲　文］**财政部印发《国有企业境外投资财务管理办法》。**

［目　文］《办法》共7章44条。主要有总则、境外投资财务管理职责、境外投资决策财务管理、境外投资运营财务管理、境外投资财务监督、境外投资绩效评价、附则等内容。本办法自2017年8月1日起实施。

6月12日

［纲　文］**环境保护部与中国证监会《关于共同开展上市公司环境信息披露工作的合作协议》签约仪式在北京举行。**

［目　文］《合作协议》旨在共同推动建立和完善上市公司强制性环境信息披露制度，督促上市公司履行环境保护社会责任。

6月12日

［纲　文］**国际清洁技术峰会暨环保技术国际智汇平台第2届年会在北京举办。**

［目　文］会议由环境保护对外合作中心、中国环境科学学会以及全国工商联环境商会联合举办。主题是“以技术创新推动环境质量改善”，聚焦绿色技术创新与转化，大气、水、土壤以及工业园区环境治理前沿经验与技术分享。会议展示了环保技术国际智汇平台成立两年来的工作成果，分享了国际环保技术发展趋势和技术转移经验，举办了国际土壤污染防治、第三方治理及工业园区环境治理、京津冀区域散煤治理、中美水处理环保技术对接等专题活动。来自环境保护部、联合国工业发展组织、联合国环境规划署、世界银行、亚洲开发银行、部分驻华使馆，以及有关科研机构、行业协会、社会团体、中外环保企业的约300位代表参加会议。

6月12日

［纲　文］**国务委员杨洁篪在北京会见禁止化学武器组织总干事尤祖姆居。**

6月12—14日

［纲　文］**孟建柱在河北调研。**

［目　文］　中共中央政治局委员、中央政法委书记孟建柱在张家口、承德公安单位调研社会治安情况；在河北省公安厅观看公安视频实时调度情况，观摩实战化训练科目演练；在法院、检察院了解现代科技成果给司法工作带来的变化。

孟建柱在石家庄主持召开司法体制改革座谈会时指出，要深入学习贯彻习近平总书记系列重要讲话精神特别是“对党忠诚、服务人民、执法公正、纪律严明”总要求，坚持弘扬优良传统与提升理念思路、创新体制机制、深化科技应用相结合，不断提升政法综治工作现代化水平，以优异成绩迎接党的十九大胜利召开。

6月12—18日

［纲　文］　**中央军委副主席范长龙访问西班牙、芬兰、越南。**

［目　文］　范长龙在西班牙访问期间，分别会见了西班牙国防大臣德科斯佩达尔、多位高级防务官员，参访了国防参谋部、海军参谋部和陆军部队等军事单位。范长龙在芬兰访问期间，会见了芬兰总统尼尼斯托；与芬兰国防部部长尼尼斯特举行会谈。参访了芬国防军司令部等军事单位。范长龙越南访问期间，在河内分别会见越共中央总书记阮富仲、国家主席陈大光、政府总理阮春福，与国防部部长吴春历举行会谈。

6月12—13日

［纲　文］　**第2届世界华侨华人工商大会在北京举行。**

［目　文］　大会由国务院侨办和中国海外交流协会主办。来自105个国家和地区的350余名海外华商代表参会。大会举办了海外华商与“一带一路”建设圆桌会、华商与跨境电商发展论坛、“一带一路”与华商组织协作论坛、华侨华人与创新发展论坛等多场活动。在闭幕会上，国务院侨办主任裘援平和侨商代表共同触摸水晶球，正式启动了“华侨华人与‘一带一路’建设信息发布平台”和“‘一带一路’华商组织协作网”网站。

12日，国务院总理李克强在北京会见与会全体代表时表示，中华民族是一个大家庭，对祖国和祖籍国热爱、眷恋的家国情怀融入了每一位炎黄子孙的血脉。一代又一代华侨华人以勤劳、智慧、诚信的优秀品格，赢得住在国人民对中国人和中华文明的尊重，播下了友好的种子。中国改革开放和现代化事业取得的辉煌成就，海外华侨华人功不可没，祖国和人民也不会忘记。一是希望华商充分发挥资金、技术、管理、商业网络和人才优势，积极投身国内创新发展热潮。二是希望华商充分发挥联通中外、汇聚资源的独特优势，积极参与“一带一路”建设和中国同世界各国的经贸合作，拓展三方合作，更好实现互利共赢。三是发扬中华民族传统美德，遵守住在国法律，积极承担社会责任，身体力行传播中华优秀文化价值理念，展示中国人民以和为贵、以和为美的良好形象，为中外各领域交流合作铺路搭桥、加油助力。大陆和台湾同属一个中国，同胞情骨肉相连，血浓于水。大家在海外要多做维护一个中国，促进对“九二共识”认同的事情，为祖国的和平统一贡献力量。

6月12—16日

［纲　文］　**第23届上海电视节在上海举办。**

［目　文］　电视节由国家广播电视总局、中央广播电视总台、上海市人民政府主

办。41部102集中外电视剧、纪录片、动画片在上海的4个电视频道展播。电视节共计举办9场白玉兰电视论坛，主题包括“中国电视剧如何体现文化自信”“中国电视节目自主创新高峰会”“中国网剧‘未来式’”“现实题材的创新和IP改编的出路”等。本届影视节搭建平台，让众多中国影视佳作集中亮相。本届上海电视节白玉兰奖国产剧入围作品大部分是当代题材，包括《欢乐颂》《小别离》《鸡毛飞上天》等。

6月13日

［纲　文］　**中央军委主席习近平签署命令，授予驻香港部队某旅特种作战一连“香港驻军模范特战连”荣誉称号。**

［目　文］　命令指出，该连聚焦实现党在新形势下的强军目标，按照“三个绝对”铸军魂，围绕“四有”要求育新人，瞄准“世界一流”练精兵，恪守“军纪如铁”树形象，全面建设不断取得新成绩、迈上新台阶，出色完成一系列重大任务，在特殊环境下有效履行了驻军职能使命。先后3次被原广州军区、驻香港部队表彰为“基层建设标兵单位”，荣立二等功、三等功各1次，连队党支部被表彰为“全国先进基层党组织”。

命令要求，全军和武警部队要努力向该连学习，像他们那样，坚持不懈地用党的创新理论武装头脑，不断强化官兵政治意识、大局意识、核心意识、看齐意识，坚定维护权威、维护核心、维护和贯彻军委主席负责制，确保部队绝对忠诚、绝对纯洁、绝对可靠，坚决听从党中央和中央军委指挥；像他们那样，牢固确立战斗力这个唯一的根本的标准，紧贴使命任务练兵备战，紧贴实战要求精武强能，努力锻造召之即来、来之能战、战之必胜的精兵劲旅；像他们那样，认真贯彻依法治军、从严治军方针，传承弘扬我军光荣传统和优良作风，严格落实条令条例和规章制度，始终保持我军威武之师文明之师的良好形象；像他们那样，按照“四个坚持扭住”要求扎实抓建基层，建强一线战斗堡垒，培育有灵魂、有本事、有血性、有品德的新一代革命军人，锻造具有铁一般信仰、铁一般信念、铁一般纪律、铁一般担当的过硬部队。全军部队和广大官兵要以该连为榜样，全面贯彻落实党中央和中央军委决策部署，坚持政治建军、改革强军、依法治军，深入推进练兵备战，求真务实，开拓创新，真抓实干，以优异成绩迎接党的十九大胜利召开，为实现中国梦强军梦作出新的更大的贡献。

6月13日

［纲　文］　**国务院召开全国深化简政放权放管结合优化服务改革电视电话会议。**

［目　文］　国务院总理李克强出席会议并发表讲话，国务院副总理张高丽主持会议。国务院副总理刘延东、汪洋、马凯，国务委员常万全、杨洁篪、郭声琨、王勇等出席会议。中央编办、国家发展改革委、质检总局和北京市、安徽省政府主要负责人在会上发言。会议的主要任务是，回顾总结近几年“放管服”改革情况，进一步统一思想、提高认识，部署下一阶段重点工作，把“放管服”改革推向深入，促进经济社会持续健康发展。

李克强说，做好2017年的“放管服”改革，重点是做到五个“为”。一要为促进就业创业降门槛，以进一步减证和推进“证照分离”为重点大幅放宽市场准入，全面推行清单管理制度，把不该有的权力坚决拦在清单之外。二要为各类市场主体减负担，全面落实结构性减税政策，切实减少涉企收费，不折不扣落实今年已出台的使企业减负1万亿元的措施。三要为激发有效投资拓空间，破除制约投资特别是民间投资的各种羁绊，下决心彻底打破各种互为前置的审批怪圈，着力推动压减工业产品生产许可，除涉及安全、环保事项外，凡是技术工艺成熟、通过市场机制和事中事后监管能保证质量安全的产品，一律取消生产许可。落实95%以上外商投资项目实行备案管理的开放、便利措施，吸引更多外资。四要为公平营商创条件，放管结合并重推进，明规矩于前，明确市场主体行为边界特别是不能触碰的红线；寓严管于中，充实一线监管力量；施重惩于后，把严重违法违规的市场主体坚决清除出市场，严厉惩处侵害群众切身利益的违法违规行为。无论是综合部门还是专业部门都要落实监管责任。五要为群众办事生活增便利，大刀阔斧砍掉各种“奇葩”证明、循环证明、重复证明，大力提升与群众生活密切相关的水、电、气、暖等公用事业单位及银行等服务机构的服务质量和效率。打破“信息孤岛”，提高政务服务便利化水平。

6月13日

［纲　文］　**刘延东在北京主持召开促进儿童健康发展座谈会。**

［目　文］　国务院妇儿工委部分成员单位负责人、基层儿童工作者代表和有关专家学者参加会议。

国务院副总理、国务院妇儿工委主任刘延东指出，要深入贯彻习近平总书记关于儿童发展的重要讲话和指示批示精神，落实李克强总理重要批示要求，从战略高度谋划儿童发展事业，为儿童办实事办好事，促进儿童健康快乐成长。儿童发展关系民族未来与亿万家庭幸福。要实施儿童发展纲要，建体系、补短板、抓重点，持续提升儿童发展水平。要着眼全面两孩政策实施后的新需求，扎实推进托育服务和普惠性学前教育发展。要对儿科发展、儿童用药、预防保健给予倾斜扶持，做好农村贫困儿童营养改善工作。要构建儿童安全保障体系，把校园建成阳光安全、家长放心的地方。要对贫困、残疾、孤儿等困境儿童给予更多关爱，对留守儿童精准帮扶，对侵害儿童权益的行为坚决依法打击，通过政府、家庭、学校、社会协同努力，营造关心爱护儿童的环境，让亿万儿童广泛、长期受益。

6月13日

［纲　文］　**中华人民共和国和巴拿马共和国建立外交关系。**

［目　文］　外交部部长王毅同巴拿马共和国副总统兼外长德圣马洛在北京举行会谈并签署《中华人民共和国和巴拿马共和国关于建立外交关系的联合公报》。

同日，国家副主席李源潮、国务委员杨洁篪在北京分别会见德圣马洛。

6月13日

［纲　文］　**香港特区政府公布，香港正式成为亚洲基础设施投资银行（亚投行）新成员。**

6月13日

［纲　文］　**首次中德高级别安全对话在北京举行。**

［目　文］　中共中央政法委秘书长汪永清与德国联邦总理府情报国务秘书弗里彻共同主持对话。外交部、公安部、国家安全部、司法部等部门负责人参加对话。双方共同发表了《首次中德高级别安全对话共识》。双方决定2018年在柏林举行第2次对话。

中德双方一致认为，建立中德高级别安全对话机制并举行首次对话是落实两国发表的《建立中德全方位战略伙伴关系的联合声明》的重要举措，体现了两国在安全领域的互信和共识。双方就反恐怖、打击跨国有组织犯罪等领域合作以及有关国际和地区安全问题深入交换意见，达成了广泛共识，确定了未来合作方向。中德两国作为对世界的安全和利益负有重要责任的大国，在安全领域进行对话具有特殊意义。双方要本着"平等互信、坦诚务实"原则，深化两国安全合作，共同应对地区和全球性安全威胁。双方商定，将采取具体行动，加强打击恐怖主义、非法移民和有组织犯罪等领域的务实合作。

6月13日

［纲　文］　**外交部发言人就两名在巴基斯坦被绑架的中国公民可能已遇害一事表示，将继续协调巴方尽快核实两名被绑架中国公民情况。**

［目　文］　有记者问：有报道称，巴基斯坦内政部已证实两名中国公民遇害，两人实际在巴从事传教活动，巴方表示将加强签证管理，请问发言人能否证实相关消息？

发言人说，中方坚决反对并强烈谴责一切形式的恐怖主义和针对平民的极端暴力行径，支持巴方打击恐怖势力、维护国内安全稳定的努力。中方将同国际社会进一步加强反恐合作，维护世界与地区的和平与安宁。我们对巴方为解救人质所采取的积极行动表示认可，对巴方承诺继续采取有力措施保护在巴中国公民和机构的安全表示赞赏。中方高度重视保护海外中国公民的安全与合法权益，愿就此与有关国家加强交流与合作。同时，我们一贯要求中国公民赴其他国家时要严格遵守当地法律法规，尊重当地风俗习惯，提高风险防范意识。对于有关中国公民涉嫌在巴基斯坦非法传教的报道，我们将配合巴政府依法开展调查。

6月13日

［纲　文］　**《人民日报》发表题为《努力开创城乡社区治理新局面》的评论员文章。**

6月13—15日

［纲　文］　**刘奇葆在湖南调研。**

［目　文］　中共中央政治局委员、中宣部部长刘奇葆在长沙、湘潭、岳阳等地的企业、社区和宣传文化单位，考察新闻宣传、社会主义核心价值观建设、文化改革发展等工作，与基层干部群众座谈交流。刘奇葆指出，要深入学习贯彻习近平总书记系列重要讲话精神和治国理政新理念新思想新战略，扎实做好迎接党的十九大宣传工作，振奋干部群众精气神，凝聚团结奋进正能量。

6月13—16日

［纲　文］　**第15届中国国际环保展览会在北京举办。**

［目　文］　展览会由环境保护部、工业和信息化部和北京市人民政府共同支持，中国环境保护产业协会主办。以“绿色、循环、低碳”为主题，聚焦“十三五”时期绿色发展、供给侧改革、环境治理技术装备和服务的需求，结合当下环境热点问题及环保工作重点。展会共设8个展馆，展出范围除大气污染治理、水污染治理、土壤及地下水修复、生态修复与生态保护、环境监测、室内空气净化、固废处理等重点推广技术和设备以外，还增设了挥发性有机物（VOCs）及机动车污染防治专区。国内25个省、直辖市、自治区500多家企业，来自美国、挪威、俄罗斯、日本、韩国等16个国家和地区的200多家海外企业参展。

展会同期举办了2017环保产业创新发展大会，以“凝聚绿色共识 致力环境改善”为主题，设置20个平行分论坛及40多场技术报告会，主题涵盖挥发性有机物（VOCs）污染防治、机动车污染排放治理、可持续环境修复、城镇水环境综合治理、环境监测与运营服务、环保产业投融资等热点领域，并开展了中美、中意、中加、中挪、中韩、中日等国际交流活动。

6月14日

［纲　文］　**国家主席习近平在北京会见国际足联主席因凡蒂诺。**

［目　文］　习近平指出，建设体育大国和体育强国，是中国人民实现“两个一百年”奋斗目标的重要组成部分。中国政府高度重视发展足球运动，给予有力的、持续性的支持。中国现代足球普及程度和竞技水平与足球强国相比差距还很大。足球运动的真谛不仅在于竞技，更在于增强人民体质，培养人们爱国主义、集体主义、顽强拼搏的精神。近年来，我们集中力量制定足球改革和发展总体方案，坚定推进改革。我们正在培养全社会足球文化，深化足球管理体制改革，建立符合世界足球发展规律和中国国情、专业高效的组织管理体系，大力发展青少年足球，完善足球场地等基础设施，加强国际交流借鉴，通过扎扎实实的努力，久久为功，逐步提高中国足球水平，让积极向上的足球文化成为中国人民实现中国梦的正能量。

同日，国务院副总理刘延东会见因凡蒂诺时介绍了中国足球改革发展的总体情况，以及正在着力开展的各项工作，并表示中国作为国际足球大家庭的成员，愿为世界足球发展作出应有的贡献，努力推动足球运动在中国的普及和发展。

6月14日

［纲　文］　**李克强主持召开国务院常务会议。**

［目　文］　会议主要内容有：一、会议确定取消和下放一批工业产品生产许可、简化审批程序，促进制造业创新和提质。按照2017年政府工作报告部署，一是进一步压减生产许可。二是授权质检总局在部分地区和行业试点简化生产许可证审批程序。三是加强事中事后监管。按照“双随机”方式加大抽查力度，增加抽查频次和品种，扩大覆盖面，尤其对此次取消许可管理的产品要实现抽查全覆盖。二、决定在部分省（区）建设绿色金

融改革创新试验区，推动经济绿色转型升级。会议决定，在浙江、江西、广东、贵州、新疆5省（区）选择部分地方，建设各有侧重、各具特色的绿色金融改革创新试验区，在体制机制上探索可复制可推广的经验。主要任务：一是支持金融机构设立绿色金融事业部或绿色支行，鼓励小额贷款、金融租赁公司等参与绿色金融业务。支持创投、私募基金等境内外资本参与绿色投资。二是鼓励发展绿色信贷，探索特许经营权、项目收益权和排污权等环境权益抵质押融资。三是探索建立排污权、水权、用能权等环境权益交易市场，建立企业污染排放、环境违法违规记录等信息共享平台，建设绿色信用体系。四是强化财税、土地、人才等政策扶持，建立绿色产业、项目优先的政府服务通道。五是建立绿色金融风险防范机制，健全责任追究制度，依法建立绿色项目投融资风险补偿等机制。促进形成绿色金融健康发展模式。

6月14日

［纲　文］　**汪洋在北京主持召开国家防汛抗旱总指挥部全体会议。**

［目　文］　国务院副总理、国家防汛抗旱总指挥部总指挥汪洋指出，根据气象预报，2017年主汛期全国气候状况总体偏差，降雨总体“北少南多”，极端天气气候事件可能多发重发，登陆台风强度可能偏强，各类灾害威胁大。各地区、各有关部门要以对人民高度负责的态度，认真落实以行政首长负责制为核心的防汛抗旱责任制，密切监视天气和汛情变化，及时发布预测预警信息，全面排查大江大河防汛、防台风和山洪地质灾害防御、水库安全度汛、城市防洪等方面的安全隐患，强化应急值守、巡堤查险，做好危险地区群众转移避险准备。要加强旱区抗旱工作，强化节水措施和水源调度，统筹安排好城乡居民生活、工农业生产和生态用水，有力有序有效做好防汛抗旱救灾各项工作。

6月14日

［纲　文］　**保监会印发《关于进一步贯彻落实疏解北京非首都功能有关政策意见的通知》。**

［目　文］　《通知》说，一、引导保险法人机构落户天津、河北。根据京津冀三地产业分工和经济社会发展需求，有针对性地引导保险法人机构落户天津、河北，缓解北京地区法人机构设置压力。二、有序布局保险专业代理机构。三、鼓励保险公司合理布局分支机构。四、引导保险公司疏解转移在京下属服务机构。五、鼓励保险公司在京外地区设立服务机构。六、鼓励保险公司在京外地区布局保险关联产业。

《通知》指出，疏解北京非首都功能是一项长期、系统工程。各单位要结合自身职能，加强组织领导，认真部署实施，稳妥有序推进，确保各项工作落到实处、见到效果。

6月14日

［纲　文］　**财政部发布新修订的《国家科技重大专项（民口）项目（课题）财务验收办法》，自2017年6月14日起施行。**

6月14日

［纲　文］　**教育部印发《普通高等学校健康教育指导纲要》。**

［目　文］《纲要》由四个部分组成：一、总体要求。二、主要内容。三、实施途径。四、保障措施。

《纲要》指出，学校要切实把健康融入高校工作的各个环节，要把维护和促进学生健康放在重要的地位，全力提升学生健康素养和身心健康水平。要加强组织领导和统筹协调，把健康教育作为高校学生素质教育的重要内容，纳入学校教育教学体系。整合健康教育资源，制定符合学校实际的健康教育实施方案。

6 月 14 日

［纲　文］ **中日环保高级别圆桌对话会在北京举行。**

［目　文］ 对话会由环境保护部和日本环境省指导，中日友好环境保护中心和日本国际协力机构（JICA）联合主办。对话会围绕落实中共中央总书记习近平关于推动形成绿色发展方式和生活方式的讲话精神，就日本绿色转型经验借鉴和绿色消费政策创新两大主题开展交流研讨。

6 月 14 日

［纲　文］ **第 12 届中巴防务安全磋商在北京举行。**

［目　文］ 军委联合参谋部负责人与巴基斯坦参联会主席祖拜尔就国际和地区安全形势、两国两军关系等议题深入交换意见，磋商取得成果。

期间，全国政协主席俞正声、中央政法委书记孟建柱、中央军委副主席许其亮、外交部部长王毅在北京分别会见祖拜尔。

6 月 15 日

［纲　文］ **十二届全国人大常委会第九十六次委员长会议在北京举行。**

［目　文］ 全国人大常委会委员长张德江主持。全国人大常委会副委员长李建国、王胜俊、陈昌智、严隽琪、沈跃跃、吉炳轩、张平、向巴平措、艾力更·依明巴海、万鄂湘、张宝文、陈竺出席会议。会议决定，十二届全国人大常委会第二十八次会议 6 月 22 日至 27 日在北京举行。

委员长会议建议，十二届全国人大常委会第二十八次会议继续审议国家情报法草案、水污染防治法修正案草案、中小企业促进法修订草案；审议全国人大常委会委员长会议关于提请审议国歌法草案的议案等；审议全国人大环境与资源保护委员会关于提请审议土壤污染防治法草案的议案，全国人大农业与农村委员会关于提请审议农民专业合作社法修订草案的议案；审议国务院关于提请审议公共图书馆法草案的议案；审议最高人民检察院关于提请审议行政诉讼法修正案草案和民事诉讼法修正案草案的议案；委员长会议建议的议程还有：审议国务院关于提请审议批准《关于成立中亚区域经济合作学院的协定》的议案、关于提请审议批准《中华人民共和国和阿根廷共和国引渡条约》的议案、关于提请审议批准《中华人民共和国和埃塞俄比亚联邦民主共和国引渡条约》的议案；审议国务院关于 2016 年中央决算的报告，审查和批准 2016 年中央决算；审议国务院关于 2016 年度中央预算执行和其他财政收支的审计工作报告；审议国务院关于药品管理工作情况的报告；审议全国人大常委会执法检查组关于检查药品管理法实施情况的报告、关于检查产品质量法实施情况的报告；审议张德江委员长访问拉脱维亚、立陶宛、白俄罗斯并赴俄罗斯出席中俄议会合作委员会第三次会议情况的书面报告；审议全国人大常委会代表资格审查委员会关于个别代表的代表资格的报告；审议有关任免案等；委员长会议听取了常委会办公厅关于指定台湾省出席第十三届全国人民代表大会代表协商选举会议召集人有关情况的汇报，决定指定全国人大常委会委员苏辉负责召集协商选举会议。

6月15日

［纲　文］　**国务院办公厅印发《关于建设第二批大众创业万众创新示范基地的实施意见》。**

［目　文］　《意见》说，根据2017年《政府工作报告》部署要求，为在更大范围、更高层次、更深程度上推进大众创业万众创新，持续打造发展新引擎，突破阻碍创新创业发展的政策障碍，形成可复制可推广的创新创业模式和典型经验，经国务院同意，决定在部分地区、高校和科研院所、企业建设第二批双创示范基地，并提出如下实施意见：一、总体目标；二、政策举措；三、步骤安排。

《意见》要求，各地区、各部门要按照有关要求，认真抓好第二批双创示范基地建设工作。双创示范基地所在地人民政府要高度重视，加强领导，完善组织体系，把双创示范基地建设作为重要抓手和载体，认真抓好落实；要出台有针对性的政策措施，保证政策真正落地生根，进一步释放全社会创新创业活力。国家发展改革委要会同相关部门加强指导，建立地方政府、部门政策协调联动机制，为高校、科研院所、各类企业等提供政策支持、科技支撑、人才引进、公共服务等保障条件，形成强大合力，推动形成大众创业万众创新纵深发展的新局面。

第二批双创示范基地包括北京市顺义区等45个区域示范基地、北京大学等26个高校科研院所示范基地、中国航空工业集团公司等21个企业示范基地。

6月15日

［纲　文］　**全国打黑除恶专项斗争电视电话会议在北京召开。**

［目　文］　中央政法委秘书长、国务院副秘书长汪永清主持会议，国务委员、公安部部长郭声琨出席会议并讲话。中宣部、最高法、最高检、公安部、司法部有关负责人在会上发言。全国打黑除恶专项斗争协调小组成员，全国打黑除恶专项斗争协调小组办公室成员在主会场出席会议。

郭声琨说，要学习贯彻中共中央总书记习近平系列讲话精神和治国理政新理念新思想新战略，以对党和人民事业高度负责的态度，毫不动摇地坚持依法严打方针，始终保持对黑恶势力犯罪的高压震慑态势，集中打击整治农村黑恶势力违法犯罪，坚决铲除黑恶势力的“保护伞”和经济基础。要积极构建打黑除恶工作长效机制，健全重点行业监管防控、重点地区排查整治、重点环节预防监督机制，着力铲除黑恶势力的生存土壤，积极探索从根本上治理黑恶势力犯罪的长久之计。要加强对打黑除恶斗争的组织领导，将打黑除恶工作纳入社会治安综合治理考核体系，强化督导检查，严格责任追究，确保各项工作措施落到实处、取得实效。

6月15日

［纲　文］　**中国首颗X射线天文卫星成功发射。**

［目　文］　酒泉卫星发射中心采用长征四号乙运载火箭，成功发射首颗X射线空间天文卫星“慧眼”。该卫星工程是国防科工局和中国科学院联合组织实施的重大空间科学项目，填补我国空间X射线探测卫星的空白，显著提升我国大型科学卫星研制水平，实现我国在空间高能天体物理领域由地面观测向天地联合观测的跨越。

6月15日

［纲　文］　**2017年全球创新指数发布，中国排名上升至第22位。**

［目　文］　世界知识产权组织（WIPO）发布与康奈尔大学、英士国际商学院合编的2017年全球创新指数报告显示，中国的排名从2016年的第25位上升至第22位，仍是进入第一集团（前25名）的唯一中等收入国家。瑞士、瑞典、荷兰、美国和英国是世界上最具创新力的国家，排名分列第一至第五位。除排名第22位的中国之外，前25名中的24个都是高收入经济体。2016年，中国首次成为进入前25名的中等收入经济体。2017年，中国在研发公司的全球分布、商业企业的研究人才、专利申请量和其他知识产权相关变量等几个指标上表现优异，在商业成熟度和知识与技术产出方面获得高分。

全球创新指数自2007年起每年发布，指数使用从专利申请量到教育支出等数十种指标，对大约130个经济体进行调查，帮助决策者了解创新活动的情况。2017年全球创新指数的主题是“创新养育世界”，重在探讨农业和粮食系统进行的创新。

6月16日

［纲　文］　**国务院批复江苏省人民政府，同意徐州市城市总体规划。**

［目　文］　批复说，一、原则同意《徐州市城市总体规划（2007—2020年）（2017年修订）》。二、重视城乡区域统筹发展。在《总体规划》确定的3126平方公里城市规划区范围内，实行城乡统一规划管理。三、合理控制城市规模。到2020年，中心城区常住人口控制在288万人以内，城市建设用地控制在316.19平方公里以内。要贯彻城乡规划法关于先规划后建设的原则，禁止在《总体规划》确定的建设用地范围之外设立各类开发区和新城新区。四、完善城市基础设施体系。要按照绿色循环低碳的理念规划建设城市基础设施。进一步完善公路、铁路、机场、水运等交通基础设施，加强城市内外交通衔接，发挥综合性交通枢纽作用。五、建设资源节约型和环境友好型城市。要按照促进生产空间集约高效、生活空间宜居适度、生态空间山清水秀的总体要求，形成合理的城市空间结构，促进经济建设、城乡建设和环境建设同步发展。六、创造优良的人居环境。要坚持以人为本，统筹安排关系人民群众切身利益的教育、医疗、市政等公共服务设施的规划布

局和建设。七、重视历史文化和风貌特色保护。要统筹协调发展与保护的关系，按照整体保护的原则，切实保护好城市传统风貌和格局。重点保护好汉楚王墓群、淮海战役纪念建筑群等各级文物保护单位及其周围环境。八、严格实施《总体规划》。《总体规划》是徐州市城市发展、建设和管理的基本依据，城市规划区内的一切建设活动都必须符合《总体规划》的要求。要结合国民经济和社会发展规划，明确实施《总体规划》的重点和建设时序。城市规划行政主管部门要依法对城市规划区范围内（包括各类开发区）的一切建设用地与建设活动实行统一、严格的规划管理，市级城市规划管理权不得下放，切实保障规划的实施。要加强公众和社会监督，提高全社会遵守城市规划的意识。驻徐州市各单位都要遵守有关法规及《总体规划》，支持徐州市人民政府的工作，共同努力，把徐州市规划好、建设好、管理好。

6月16日

［纲　文］　**推进“一带一路”建设工作会议在北京召开。**

［目　文］　国务院副总理张高丽主持会议并讲话。会议学习贯彻中共中央总书记习近平在首届“一带一路”国际合作高峰论坛上的讲话精神，总结推进“一带一路”建设工作情况，讨论有关文件，部署下一步重点工作。王沪宁、汪洋等以及推进“一带一路”建设工作领导小组成员和有关部门负责人参加了会议。

张高丽指出，要加强同沿线国家的发展战略对接，全面提高我国境外安全保障能力，营造共建共享的安全格局，打造和平丝绸之路。要聚焦发展这个根本，继续把互联互通和产业合作作为“一带一路”建设合作的重点领域，打造繁荣丝绸之路。要全力以赴抓好高峰论坛成果的落实，着眼于重点方向、重点国家、重点项目，聚焦“五通”，力争早日收获更多新成果。要认真总结此次论坛成功举办的宝贵经验，建立完善机制，使论坛成为共商合作大计、共建合作平台、共享合作成果的重要载体。要强化对企业“走出去”的指导监管，严格规范企业“走出去”投资经营行为，加强重大投资安全风险防范。要创新国际化的投融资模式，打造多层次金融平台，努力构建服务“一带一路”建设的稳定、可持续、风险可控的金融支持体系。要加强智库建设和重大问题前瞻性研究，为“一带一路”建设提供有价值的咨询服务和决策支持。要强化舆论宣传工作，夯实“一带一路”建设的社会民意基础。

6月16日

［纲　文］　**纪念中国人口福利基金会成立30周年座谈会在北京召开。**

［目　文］　中共中央政治局委员、国务院副总理刘延东会前看望了出席纪念座谈会的“中华人口奖”获奖者代表，并通过各位代表向历届“中华人口奖”获奖者表示敬意，向长期关心、支持人口与卫生计生工作的各位老领导、老同志、相关部门和社会各界表示感谢并指出，要深入学习贯彻习近平总书记系列重要讲话精神，着眼时代发展，顺应群众意愿，优化管理服务，促进人口长期均衡发展，为建设人力资源强国作出贡献。

十一届全国政协副主席、中国人口福利基金会会长李金华、国家卫生计生委主任李斌在座谈会上分别讲话。“中华人口奖”获奖者代表，“幸福工程”和“健康暖心工程”受助人和受助地方代表，人口基金会捐赠人代表在座谈会上分别发言。国家卫生计生委、民政部、国务院扶贫办、中央直属机关人口计生委、中央国家机关人口计生委负责人出席座谈会。“中华人口奖”获奖者代表，人口基金会捐赠人、受助人和受助地方代表，部分社会组织和国际组织代表，国家卫生计生委有关司局和直属联系单位，中国计划生育协会、中国人口福利基金会负责人等300余人参加座谈会。

6月16日

［纲　文］　**孟建柱在北京与2017年以来新任省级政法委书记座谈。**

［目　文］　在听取新任政法委书记发言后，中共中央政治局委员、中央政法委书记孟建柱在座谈时指出，要深入学习贯彻习近平总书记系列讲话精神，以对党和人民、对政法事业高度负责的历史使命感，不断加强学习，坚定政治立场，把握政策方向，善抓工作落实，提高履职能力，为推动政法事业持续健康发展作出更大贡献。要坚持一手抓当前、一手抓长远，一方面要身体力行、善抓落实，及时发现问题、解决问题、推进工作，另一方面要有长远的目光，把深化司法体制改革、社会治安综合治理这样建制度、打基础、管长远的工作抓好。要始终把队伍建设摆在突出位置，按照习近平总书记“对党忠诚、服务人民、执法公正、纪律严明”的总要求，管好、带好政法队伍，为政法事业发展提供坚强保证。

6月16日

［纲　文］　**中共浙江省第十四届委员会第一次全体会议选举车俊为省委书记，袁家军、唐一军为省委副书记。**

6月16日

［纲　文］　**庆祝解放军进驻香港20周年暨中央军委授予“香港驻军模范特战连”荣誉称号命名大会在驻香港部队昂船洲军营礼堂举行。**

［目　文］　全国政协副主席董建华出席大会，全国政协副主席、香港特别行政区行政长官梁振英在大会上致辞。中央军委政治工作部副主任禹光宣读了中央军委主席习近平签署的关于授予驻香港部队某旅特种作战一连“香港驻军模范特战连”荣誉称号的命令。中央军委办公厅主任秦生祥向特种作战一连授予奖旗并代表军委机关讲话。南部战区司令员袁誉柏出席大会，南部战区政治委员魏亮和国务院港澳事务办公室副主任冯巍、中央人民政府驻香港特别行政区联络办公室副主任黄兰发、驻香港部队司令员谭本宏分别致辞。国务院有关部门、南部战区、中央驻港机构负责人，部分港区全国人大代表、政协委员、香港社会知名人士和社团领袖，以及解放军驻澳门部队官兵代表近400人出席大会。

6月16日

［纲　文］　**国务院副总理张高丽在北京会见印尼总统特使、海洋统筹部部长卢胡特。**

［目　文］　张高丽表示，中印尼是友好近邻，近年来两国积极对接发展战略，双边关系全面快速发展，政治互信不断加深，务实合作成果显著。习近平主席同佐科总统在

“一带一路”国际合作高峰论坛期间再次会晤，就双方关系发展达成新的重要共识。双方要认真落实两国元首共识，以“一带一路”建设为主线，持续深化发展战略对接和各领域务实合作，实施好雅万高铁等重点项目，探讨开展更多基础设施和产能合作项目，提升两国合作水平。卢胡特表示，印尼愿积极参与“一带一路”建设，同中方深化战略对接，扩大贸易、投资、基础设施等领域合作，实现互利共赢，造福两国人民。

15日，中央政法委书记孟建柱在北京会见卢胡特时说，中方愿同印尼方落实好两国元首共识，深化各领域合作，推动中印尼关系迈向更高发展水平。

6月16日

［纲　文］　**第7届金砖国家农业部长会议在南京召开。**

［目　文］　来自中国、巴西、俄罗斯、印度、南非等金砖国家农业部和联合国粮农组织、世界粮食计划署、国际农发基金和金砖新开发银行等国际组织的9个代表团，就密切金砖国家农业合作、推动世界农业持续发展达成广泛的共识。会议围绕“创新与共享，共同培育农业发展新动能”的主题进行了深入交流，通过了《第七届金砖国家农业部长会议共同宣言》和《金砖国家农业合作行动计划（2017—2020）》等成果文件。会议确定了今后五年金砖国家将重点在提高粮食安全保障能力、小农生产适应气候变化、科技创新与示范、农产品投资贸易以及农业信息技术应用等五个领域加强合作。

会议期间还举办了金砖国家农业合作论坛，首次发布《金砖国家农业发展报告》，系统分析了金砖国家农业生产、农产品贸易和投资情况，为有意在金砖国家兴农创业的各界人士提供了详实的基础数据。

6月16日

［纲　文］　**中国目前长江江面上最宽桥梁、武汉市第九座长江大桥——沌口长江大桥成功合龙。**

［目　文］　沌口长江公路大桥是武汉四环线首条过江通道，位于白沙洲长江大桥和军山长江大桥之间，起点接武汉市四环线西段，终点接四环线南段，全长约8.6公里，概算总投资52.25亿。大桥桥型为五跨一联双塔双索面钢箱梁斜拉桥，主桥全长1510米，主跨760米，桥面宽46米，按高速公路标准设计为双向8车道，设计时速100公里，货车比重超过40%。沌口长江公路大桥是湖北省境内首次采用BOT+EPC（投资、设计、施工、运营一体化）模式建设的长江大桥。该项目由三家股东单位共同出资成立武汉中交沌口长江大桥投资有限公司，负责大桥的投资、建设、运营管理。大桥由中国交建旗下中交投资公司、中交二航局、中交二公院三家全资子公司共同投资建设。2014年10月8日项目正式开工建设，2017年12月28日建成通车。

6月16日

［纲　文］　**中国长江中上游地区和俄罗斯伏尔加河沿岸联邦区地方合作理事会第2次会议在合肥召开。**

［目　文］　国务委员杨洁篪同俄罗斯总统全权代表巴比奇共同主持会议。杨洁篪和

巴比奇启动“长江—伏尔加河”地方合作理事会网站，签署《会议纪要》和《关于对〈长江—伏尔加河地方合作理事会条例〉进行修订的议定书》，并见证两地区地方政府签署多项合作文件。会后，双方共同出席两地区第4届青年论坛闭幕式。

6月16日

［纲　文］　**国务委员兼国防部长常万全在北京会见首届中东欧国家高级防务官员研讨班代表。**

［目　文］　常万全说，中国与中东欧各国有着深厚传统友谊。近年来，习近平主席围绕发展中国—中东欧国家关系作出一系列重要论述，为深化中欧全面战略伙伴关系打造了新引擎。中东欧16国都是“一带一路”沿线国，希望各方共同努力，充分把握“一带一路”建设的重要机遇，推动双方共同发展和繁荣。中国愿与中东欧各国一道，在已有的良好基础上，把防务军事合作不断提升到更高水平。

研讨班代表、罗马尼亚国防部政策与计划部副部长赫穆茨在发言中说，此次研讨班，经过近半个月的学习研讨参观，近距离感受了中国和中国军队展现出的巨大活力，各国代表对中国的外交和国防政策以及“一带一路”倡议的重大意义等有了更加深入的理解。中东欧各国将和中国携手前行，不断加深军队和防务领域交流合作，为双方关系发展注入新动力。

6月16—18日

［纲　文］　**亚洲基础设施投资银行（亚投行）第2届理事会年会在韩国济州举行。**

［目　文］　亚投行中国理事，中国财政部部长肖捷在年会上发言指出，中国国家主席习近平和中国国务院总理李克强高度重视亚投行的筹建和运营管理，各成员也对亚投行的未来发展寄予厚望。自2016年1月开业以来，亚投行在各成员的鼎力支持下，高效完成了建章立制和组织架构搭建，业务运营取得“开门红”，23个域内外新成员陆续加入，与相关各方的合作伙伴关系不断深化。亚投行已成为多边开发体系的重要一员。

本届年会批准吸收汤加、阿根廷和马达加斯加作为亚投行第三批新成员，至此，亚投行成员总数增至80个。年会选举印度理事为第三届理事会主席，哈萨克斯坦理事和挪威理事为副主席，决定第三届理事会年会将于2018年6月25日至26日在印度孟买举行。

6月16—20日

［纲　文］　**应外交部部长王毅邀请，巴西外交部部长努内斯访问中国并出席金砖国家外长会晤。**

［目　文］　16日，国家副主席李源潮在北京会见努内斯时说，中巴同为发展中大国和重要的新兴市场国家，双方要落实好两国元首共识，加强发展战略对接，提升务实合作水平，加强“一带一路”国际合作，推动中巴全面战略伙伴关系发展。中方愿同巴方一道做好金砖国家领导人厦门会晤筹备工作，期待巴方继续为中拉整体合作发挥积极作用。

努内斯表示，巴方愿同中方加强全方位合作，支持中方办好金砖国家领导人厦门会晤，不断开创两国关系新局面。

6月17日

［纲　文］ **国家主席习近平就德国前总理科尔逝世分别向德国总统施泰因迈尔和总理默克尔致唁电，国务院总理李克强向德国总理默克尔致唁电。**

6月17日

［纲　文］ **2017年金砖国家运动会在广州开幕，习近平致信祝贺。**

［目　文］ 国家主席习近平致贺信，对运动会的召开表示热烈祝贺，向参加运动会的各国嘉宾、运动员、教练员们致以诚挚的欢迎。习近平指出，我们期待着以今年9月举行的金砖国家领导人厦门会议为契机，推动金砖国家人文交流合作取得新成果，为金砖国家合作夯实民意基础。金砖国家体育事业发展各具特色。本届运动会将为提高运动员竞技水平、普及传统体育项目、推动体育事业发展、促进人民友谊发挥积极作用。希望运动员们发扬风格、赛出水平、创造佳绩。

国家体育总局局长苟仲文在开幕式上宣读了习近平主席的贺信，并宣布运动会开幕。

17—21日，2017年金砖国家运动会在广州举行。运动会由国家体育总局主办，广东省体育局和广州市政府承办。来自巴西、俄罗斯、印度、南非和中国的近300名运动员参赛。赛事共设篮球、排球和武术三个大项，10个小项。中国派出了包括32名运动员在内的53人代表团参加所有项目的比赛。在8个武术项目中，中国夺得5枚金牌，印度摘得2枚金牌，俄罗斯获1金。男子篮球和女子排球的冠军均被俄罗斯队收入囊中，中国队获得这两个项目的亚军。

6月17日

［纲　文］ **中共山东省第十一届委员会第一次全体会议选举刘家义为省委书记，龚正、王文涛为省委副书记。**

6月17日

［纲　文］ **政协江西省第五届、六届委员会主席吴平，在南昌逝世，享年96岁。**

6月17—23日

［纲　文］ **第9届海峡论坛在福建厦门举行。**

［目　文］ 中共中央政治局常委、全国政协主席俞正声出席论坛开幕式并致辞；会见出席第9届海峡论坛的部分两岸嘉宾和主办单位代表。本届论坛由大陆和台湾各40家共80家单位共同主办，以“扩大民间交流、深化融合发展”为主题，关注和服务两岸青年和基层群体，安排了论坛大会、青年交流、基层交流、经贸交流等四大板块共21项活动，突出体现海峡论坛的“民间性、草根性、广泛性”。主会场设在厦门，福建各设区市、平潭综合实验区分别举办配套活动。在青年交流板块，本届论坛围绕创意创业、体验式交流等内容，新增举办海峡论坛金点子创意大赛、新青年新世代领袖特训营等活动；在基层交流板块，新增举办闽台书院文化交流论坛、闽台关系档案图片展等活动；而在经贸交流板块，在两岸特色庙会中增设台湾县市经贸旅游推介交流会内容，举办科技、卫生与健

康、职业教育等两岸有关行业交流对接活动。中国国民党主席洪秀柱，亲民党、新党、无党团结联盟等政党代表和台湾有关县市代表、台湾主办单位代表，以及台湾各界人士等8000余人出席本届论坛。

6月17—26日

［纲　文］　**第20届上海国际电影节举办。**

［目　文］　推进“一带一路”人文交流的主题活动，成为本届最大亮点。来自106个国家和地区的电影机构共2528部影片报名第20届上海国际电影节，其中1016部影片来自47个“一带一路”沿线国家。上海全市45家影院的展映影片来自57个国家和地区，共498部，在电影节期间展映1500场。有精彩纷呈的电影展映，金爵奖和亚洲新人奖评选、金爵论坛系列、互联网电影系列、成龙动作电影周等活动。

6月18日

［纲　文］　**国务院批复山西省人民政府，同意太原市城市总体规划。**

［目　文］　批复说，一、原则同意《太原市城市总体规划（2011—2020年）》。二、重视城乡区域统筹发展。在《总体规划》确定的2712平方公里城市规划区范围内，实行城乡统一规划管理。三、合理控制城市规模。到2020年，中心城区常住人口控制在360万人以内，城市建设用地控制在360平方公里以内。要贯彻落实城乡规划法关于先规划后建设的原则，禁止在《总体规划》确定的建设用地范围之外设立各类开发区和城市新区。四、完善城市基础设施体系。要按照绿色循环低碳的理念规划建设城市基础设施。进一步完善公路、铁路、机场等交通基础设施，加强城市内外交通衔接，完善煤炭运输通道建设。五、建设资源节约型和环境友好型城市。要按照促进生产空间集约高效、生活空间宜居适度、生态空间山清水秀的总体要求，形成合理的城市空间结构，促进经济建设、城乡建设和环境建设同步发展。六、创造优良的人居环境。要坚持以人为本，统筹安排关系人民群众切身利益的教育、医疗、市政等公共服务设施的规划布局和建设。七、重视历史文化和风貌特色保护。重点保护好明太原县城、南华门等历史文化街区，晋祠、晋阳古城遗址等各级文物保护单位及其周围环境。要做好城市整体设计，加强汾河两岸等重点地段建筑高度、体量和样式的规划引导和控制，突出“两山对峙、汾水中流”的城市格局和特色风貌。八、严格实施《总体规划》。《总体规划》是太原市城市发展、建设和管理的基本依据，城市规划区内的一切建设活动都必须符合《总体规划》的要求，驻太原市各单位都要遵守有关法规及《总体规划》，支持太原市人民政府的工作，共同努力，把太原市规划好、建设好、管理好。

6月18日

［纲　文］　**首台6.8万吨多功能液压机投产。**

［目　文］　青海省康泰铸锻机械有限公司生产的6.8万吨多功能模锻压机已经完成建设和调试任务，可以正式进入生产阶段。该设备是目前世界上第一台在此吨位下同时具有挤压和模锻功能的重型压机设备，填补了国家对大型模锻件、大口径核电用管的生产

空白。

6.8万吨多功能模锻压机组是继2015年成功调试生产全球直径最大、长度最长的P91厚壁钢管之后的又一次提升建设，可挤压直径最大1500毫米、长度最长达18米的钢管，超过法国6.5万吨模锻压机的能力，目前主要用于核电、石油、铁路、航空等领域。

6月18日—7月5日

［纲　文］ **第15届中国戏剧节在宁夏举办**。

［目　文］ 戏剧节由中国文联、中国戏剧家协会主办。以“艺术的盛会、人民的节日”为宗旨，以“中国梦·宁夏情”为主题。著名京剧表演艺术家尚长荣、吕剧表演艺术家郎咸芬获得“中国文联终生成就戏剧家”荣誉称号。本届中国戏剧节汇聚了来自全国21个省区市的27家艺术院团27台剧目的28场演出，涉及京剧、昆曲、越剧、豫剧、黄梅戏、晋剧、评剧、川剧、秦腔等22个地方剧种或戏剧样式。

戏剧节期间，还举办了国际传统戏剧论坛首届会议，来自近20个国家和地区的30余位中外戏剧专家、学者深入探讨传统文化的传承发展经验。在举办的8场评论会中，专家与参演院团深入交流，对参演的27台剧目逐一点评。

6月18—23日

［纲　文］ **应全国人大常委会委员长张德江的邀请，古巴全国人民政权代表大会主席拉索率团访问中国**。

［目　文］ 20日，张德江在北京与拉索举行会谈时说，2014年习近平主席访问古巴时，提出了发展中古关系的三个“坚定不移”。中方始终把古巴放在外交全局中的特殊重要地位，坚定不移深化肝胆相照的友谊，坚定不移开展互利双赢的合作，坚定不移做改革发展的伙伴，一如既往支持古巴党和政府带领人民走社会主义道路。中国全国人大高度重视发展同古巴全国人大的友好关系，愿加强双方各层次交往，共同落实好两国元首达成的重要共识，促进两党、两国及人民之间的友好交流合作，为中古关系发展作出贡献。

拉索说，古中关系具有重要战略意义。古巴正在进行经济社会模式更新，希望学习借鉴中国在深化改革、发展经济、吸引外资等方面的成功经验。古巴全国人大愿加强与中国全国人大的联系，推动两国各领域合作进一步深化。

同日，全国政协主席俞正声会见拉索时介绍了中国共产党领导的多党合作和政治协商制度，表示中国全国政协愿同古巴全国人大加强交往与合作，为中古关系发展作出更大贡献。

拉索表示，感谢中国对古巴革命事业的支持，古巴愿借鉴中国发展经验，促进经济社会模式的更新发展。

6月18—20日

［纲　文］ **第3届中国—中东欧国家卫生部长论坛在匈牙利首都布达佩斯举行**。

［目　文］ 国务院副总理刘延东和匈牙利副总理谢姆延出席开幕式并致辞，共同见证启动公共卫生合作网络、卫生政策研究网络和卫生人才合作网络以及“16+1”医院合作联盟

官网，见证签署多项卫生合作协议并参观中国—中东欧国家卫生合作成果展和中国卫生成就展。本次论坛以“促进全民健康”为主题，发表了《第三届中国—中东欧国家卫生部长论坛布达佩斯宣言》。本次论坛由国家卫生计生委和匈牙利人力资源部共同主办，主题为“促进全民健康”，来自中国和中东欧16国的500余人参会，其中中国有近180名代表参加。

6月19日

［纲 文］ **国家主席习近平在北京集体会见金砖国家外长会晤外方代表团团长。**

［目 文］ 习近平祝贺金砖国家外长会晤成功举行，感谢金砖各国对中国担任金砖国家主席国的支持并指出，在当前乱变交织的国际形势下，金砖国家面临共同的任务，要维护好各自国家稳定和发展，营造有利国际环境，推动国际秩序朝着更加公正合理的方向发展。金砖合作是一个创新，超越了政治和军事结盟的老套路，建立了结伴不结盟的新关系；超越了以意识形态划线的老思维，走出了相互尊重、共同进步的新道路；超越了你输我赢、赢者通吃的老观念，实践了互惠互利、合作共赢的新理念。金砖合作机制契合五国客观需要，也顺应了历史大势。金砖合作机制已经走过10年，金砖国家紧紧抓住发展这条主线，不仅造福五国人民，也给世界提供了解决温饱、安全等问题的治本药方。金砖国家是利益和命运共同体。2017年开启了金砖合作机制第二个10年，我们要发扬合作共赢的金砖精神，秉持共商、共建、共享理念，继续高举发展大旗，坚定遵循多边主义原则和国际关系基本准则。只要大家心往一处想、劲往一处使，金砖合作一定会更加枝繁叶茂，迎来第二个金色的10年。

俄罗斯外长拉夫罗夫、南非外长马沙巴内、巴西外长努内斯、印度外交国务部部长辛格表示，感谢中方作为金砖轮值主席国为推动金砖合作所做大量工作。金砖国家是新兴和具有广阔前景的机制。在新的形势下，金砖国家需要密切协调和合作，共同应对各种全球性挑战。相信在中方主席国的引领下，金砖合作将进一步增进金砖各国的福祉、加强金砖国家的地位和国际影响。各国愿配合中国主席国深入推进金砖合作，支持中方成功举办金砖国家领导人厦门会晤。

18—19日，金砖国家外长会晤在北京举行。外交部部长王毅主持会晤，南非国际关系与合作部部长马沙巴内、巴西外长努内斯、俄罗斯外长拉夫罗夫、印度外交国务部部长辛格出席。五国外长回顾总结了过去十年五国合作的成果和经验，就金砖合作下一步发展、当前国际形势和热点问题进行深入探讨。各方一致认为，金砖国家应推动新兴市场国家及发展中国家团结合作，维护和增进广大发展中国家整体利益和福祉；继续致力于维护国际公平正义、促进世界和平稳定，维护联合国在国际事务中的核心地位，推动政治解决热点问题，携手应对全球性挑战，努力构建合作共赢的新型国际关系；促进世界多极化和国际关系民主化，推动国际秩序和国际体系朝着更加公平合理方向发展，为人类社会集体繁荣进步贡献更多“金砖智慧”和“金砖方案”，为构建人类命运共同体发挥积极和建设性作用。会晤后，五国外长共同会见记者。会晤发表了《金砖国家外长会晤新闻公报》。

6月19日

［纲　文］ **中共中央、国务院印发《新时期产业工人队伍建设改革方案》。**

［目　文］ 《方案》指出，产业工人是工人阶级中发挥支撑作用的主体力量，是创造社会财富的中坚力量，是创新驱动发展的骨干力量，是实施制造强国战略的有生力量。要按照政治上保证、制度上落实、素质上提高、权益上维护的总体思路，改革不适应产业工人队伍建设要求的体制机制，充分调动广大产业工人的积极性主动性创造性，为实现"两个一百年"奋斗目标、实现中华民族伟大复兴的中国梦更好地发挥产业工人队伍的主力军作用。

《方案》围绕加强和改进产业工人队伍思想政治建设、构建产业工人技能形成体系、运用互联网促进产业工人队伍建设、创新产业工人发展制度、强化产业工人队伍建设支撑保障等5个方面，提出25条改革举措，涉及产业工人思想引领、技能提升、作用发挥、支撑保障等方面的体制机制，为推进产业工人队伍建设提供了重要保障。为确保产业工人队伍建设改革落地见效，就坚持党委统一领导、构建合力推进产业工人队伍建设改革的工作格局，有力有序推进改革，做好改革宣传工作和加强对改革实施的督促检查等，提出了明确要求。

6月19日

［纲　文］ **国务院总理李克强应约同加拿大总理特鲁多通电话。**

［目　文］ 李克强表示，中加关系与各领域交流合作不断取得新进展。两国经济财金战略对话已经启动，第三轮自贸区可行性研究即将举行。我们愿同加方相互尊重，增进互信，加强发展战略对接，深入推进贸易投资、清洁能源、环保、农业等领域合作，积极开展第三方市场合作，共同推动贸易投资自由化便利化，使中加关系取得更大发展。中国作为发展中大国和《巴黎协定》缔约方，努力走绿色、低碳、可持续发展道路，这是中国自身经济结构转型升级的内在需求，也是构建人类命运共同体的责任担当。我们愿同包括加拿大在内的各方一道，秉持共同但有区别的责任原则、公平原则、各自能力原则，携手应对挑战，更好落实联合国2030年可持续发展议程。

特鲁多表示，加中关系发展强劲，各领域合作不断深化。加方愿同中方保持高层交往，推进各领域务实合作，着力推动加中自贸区探索性讨论尽早取得实质性成果，打造旅游等领域合作亮点，在国际和地区事务中密切沟通与协调。赞赏中方在应对气候变化问题上的立场和发挥的作用，表示加方愿同中方进一步加强合作。

6月19日

［纲　文］ **国家发展改革委、国家海洋局发布《"一带一路"建设海上合作设想》。**

［目　文］ 《设想》由五个部分组成：一、时代背景。二、合作原则。三、合作思路。四、合作重点。五、积极行动。

《设想》指出，中国政府愿用信心和诚意与沿线各国共同推进"一带一路"建设海上合作，共享机遇，共迎挑战，共谋发展，共同行动，珍爱共有海洋，守护蓝色家园，共同推动实现21世纪海上丝绸之路的宏伟蓝图。

6月19日

［纲　文］ **贯彻落实党中央关于巡视中央意识形态单位有关精神专题会议在北京举行。**

［目　文］ 中共中央书记处书记、中宣部部长刘奇葆出席会议时指出，要学习贯彻习近平总书记关于意识形态工作的重要指示精神，加强党对意识形态工作的领导，切实用党的理论创新成果指导意识形态工作，落实意识形态工作责任制，抓好巡视整改任务落实，守住守好意识形态阵地，为党的十九大胜利召开营造良好思想舆论环境。中央意识形态单位要牢固树立"四个意识"，旗帜鲜明讲政治，坚决维护以习近平同志为核心的党中央权威和集中统一领导。要强化正面宣传，提升主流意识形态传播力引导力影响力公信力，巩固马克思主义在意识形态领域的指导地位，巩固全党全国人民团结奋斗的共同思想基础。要强化阵地管理，牢牢把握正确政治方向、价值取向、舆论导向，把巡视整改工作作为一项长期任务持续深入推进，对意识形态工作方面存在的问题，做到条条要整改、件件有着落。要把全面从严治党要求落实到意识形态领域，通过加强党的建设巩固意识形态阵地，牢牢掌握意识形态工作的领导权、管理权、话语权。

6月19日

［纲　文］ **第7次中俄财长对话在上海举行。**

［目　文］ 财政部部长肖捷与俄罗斯财政部部长安东·西卢阿诺夫共同主持对话。对话期间，双方就中俄宏观经济形势与政策、结构性改革、多双边财金合作等议题达成多项共识。双方强调要继续加强宏观经济政策协调与改革经验交流，同意以金砖国家领导人厦门会晤为契机，与其他金砖成员国一道，推动全球治理改革，反对各种形式的贸易保护主义，发展开放型世界经济，探讨在"一带一路"倡议下开展融资合作，共同推动建立长期、稳定、可持续、风险可控的多元化融资体系。双方就人民币主权债券合作深入交换了意见，中方欢迎和支持俄方择机发行人民币主权债券。双方将适时签署双边审计监管合作协议，研究适时启动中俄会计准则双边等效的磋商工作，推进国库管理改革交流，加强税制改革措施的沟通与协调，为促进两国经贸投资往来提供良好政策环境。

6月19日

［纲　文］ **"神威·太湖之光"实现全球超算三连冠。**

［目　文］ 在德国法兰克福举行的全球超级计算大会公布了新一期全球超级计算机500强榜单，由国家并行计算机工程技术研究中心使用中国自主芯片研制的"神威·太湖之光"第三次出现在全球超算500强榜单（第49期）榜首的位置，实现"三连冠"。"神威·太湖之光"系统峰值性能为每秒12.5亿亿次，持续性能为每秒9.3亿亿次，性能功耗比为每瓦特60.5亿次，均居世界第一。

6月19—20日

［纲　文］ **推进县乡人大工作和建设经验交流会在北京举行。**

［目　文］　全国人大常委会委员长张德江出席并讲话。交流会由全国人大常委会办公厅举办。全国人大常委会副委员长李建国、全国人大常委会副委员长兼秘书长王晨分别主持会议，全国人大常委会副委员长王胜俊、严隽琪、沈跃跃、吉炳轩、张平、艾力更·依明巴海、万鄂湘、张宝文、陈竺出席会议。部分省级人大常委会及县乡人大负责人在全体会议上作了交流发言。

张德江指出，在新的历史条件下推动人大工作与时俱进，一定要坚持党中央集中统一领导，牢固树立“四个意识”，自觉在思想上政治上行动上同以习近平同志为核心的党中央保持高度一致。一要旗帜鲜明讲政治，牢牢把握正确政治方向；二要切实担负起宪法法律赋予的各项职责，充分发挥人大制度的优势；三要使人大成为同人民群众保持密切联系的代表机关，实现好、维护好、发展好最广大人民的根本利益；四要使人大成为有效担负起各项法定职责的工作机关，不断提高依法履职能力和工作水平；五要使上下级人大工作形成整体合力，增强人大工作的整体实效。

6月19—20日

［纲　文］　**亚欧数字互联互通高级别论坛在青岛举行。**

［目　文］　国务院副总理汪洋出席开幕式并发表主旨演讲。论坛由外交部、工业和信息化部、商务部、中国贸促会共同主办，青岛市人民政府承办。论坛设置了亚欧数字基础设施建设、亚欧互联网产业发展与合作、亚欧跨境电子商务、大数据与工业产业升级四个议题。来自亚欧会议成员和有关国际组织的近600人参会。会议期间，汪洋还会见了出席论坛的柬埔寨副首相因蔡利。

6月20日

［纲　文］　**习近平主持召开中央军民融合发展委员会第一次全体会议。**

［目　文］　中共中央政治局常委、中央军民融合发展委员会副主任李克强、刘云山出席会议，中共中央政治局常委、中央军民融合发展委员会副主任兼办公室主任张高丽就办公室筹建工作情况及会议审议文件作说明。中央军民融合发展委员会委员出席会议，中央和国家机关及军委机关有关部门负责人列席会议。会议审议通过了《中央军民融合发展委员会工作规则》《中央军民融合发展委员会办公室工作规则》《中央军民融合发展委员会近期工作要点》和《省（区、市）军民融合发展领导机构和工作机构设置的意见》。

中共中央总书记、中央军民融合发展委员会主任习近平指出，把军民融合发展上升为国家战略，是我们长期探索经济建设和国防建设协调发展规律的重大成果，是从国家发展和安全全局出发作出的重大决策，是应对复杂安全威胁、赢得国家战略优势的重大举措。要加强集中统一领导，贯彻落实总体国家安全观和新形势下军事战略方针，突出问题导向，强化顶层设计，加强需求统合，统筹增量存量，同步推进体制和机制改革、体系和要素融合、制度和标准建设，加快形成全要素、多领域、高效益的军民融合深度发展格局，逐步构建军民一体化的国家战略体系和能力。

6 月 20 日

［纲　文］　**国务院办公厅印发《关于进一步深化基本医疗保险支付方式改革的指导意见》。**

［目　文］　《意见》由四个部分组成：一、总体要求。二、改革的主要内容。三、配套改革措施。四、组织实施。

《意见》要求，各省（区、市）要高度认识深化医保支付方式改革的重要性，在医改领导小组领导下，协调推进医保支付方式及相关领域改革，妥善做好政策衔接，发挥政策合力。各级人力资源社会保障、卫生计生、财政、发展改革、中医药等部门要根据各自职能，协同推进医保支付方式改革，明确时间表、路线图，做好规划和组织落实工作。

6 月 20 日

［纲　文］　**住房城乡建设部、财政部印发新修订的《建设工程质量保证金管理办法》，自 2017 年 7 月 1 日起施行。**

6 月 20 日

［纲　文］　**公安部在北京召开全国公安科技信息化工作会议。**

［目　文］　公安部常务副部长傅政华主持会议并作工作部署。中央政法委书记孟建柱对公安科技信息化工作提出要求，公安部部长郭声琨出席并讲话。各省、自治区、直辖市公安厅局、新疆生产建设兵团公安局和省会市、计划单列市公安局有关负责人在主会场参加会议。

会议学习中共中央总书记习近平讲话精神，研究部署推进大数据时代公安科技信息化工作。

会议要求，各级公安机关要以大数据建设和应用为重点，紧密结合“四项建设”任务，把大数据理念贯穿于基础信息化建设全过程、各环节，不断推动公安科技信息化建设提档升级。要贯彻落实《“十三五”平安中国建设规划》和公安部《关于推进公安信息化发展若干问题的意见》要求，加强顶层设计、做好统筹规划，加快推进“十三五”公安信息化项目建设，确保公安信息化建设战略布局顺利实施。要加强数据中心建设，积极构建公安大数据体系。要着力实现不同地区、不同部门、不同警种的资源共享与业务协同，最大限度地提升信息应用效能。要大力强化安全技术保障体系建设，全面加强信息安全管理，切实保护公民个人信息安全，为公安信息化发展提供有效的安全支撑。

6 月 20 日

［纲　文］　**中国职工足球联赛在北京诞生。**

［目　文］　联赛由中国企业体育协会主办，是中国首个以企事业单位为参与主体、以广大职工为参与基础的全国性、规范化、高品质的社会足球联赛。本赛季联赛分为预选赛和决赛圈两个阶段，赛事为期近半年。预选赛阶段于 7 月在各行业、各地区陆续拉开帷幕。预选赛阶段决出的优胜球队，于 12 月初齐聚云南昆明，争夺首届联赛冠军。赛事通过全国 21 家行业体育协会，以及北京、上海、辽宁、山东、河南、广西等 12 家省区市职

工足球联赛的渠道，面向各行业、各地区的职工足球队开放。

6月20日

［纲　文］　**第8次中韩外交部门高级别战略对话在北京举行。**

［目　文］　外交部副部长张业遂与韩国外交部第一次官林圣男就中韩关系、朝鲜半岛局势等共同关心的问题交换意见。双方同意进一步加强沟通，拓展合作，妥善处理分歧，推动中韩关系健康稳定发展。

同日，国务委员杨洁篪在北京会见林圣男时表示，中韩两国互为近邻，中方一贯重视发展中韩关系。双方应落实好两国元首共识，牢记中韩建交的初心，坚持友好合作的大方向，相互尊重彼此核心利益和重大关切。希望韩方展现政治意愿和决断，信守承诺，同中方一道，妥善解决有关问题，推动两国关系尽快实现改善发展。

林圣男表示，文在寅总统希望改善和发展韩中关系。今年正值韩中建交25周年，韩方希以此为契机同中方加强沟通协调，推动两国关系取得重要进展。

6月20日

［纲　文］　**《人民日报》发表题为《建设高素质的产业工人队伍》的评论员文章。**

6月20—22日

［纲　文］　**王岐山在贵州检查纪检监察工作。**

［目　文］　中共中央政治局常委、中央纪委书记王岐山在省纪委和修文县委纪委座谈会上指出，换届后的省市县纪委要伴随“两学一做”学习教育常态化制度化，坚定“四个自信”，密切联系实际，用心学习、学以致用，提高政治站位和政治觉悟，深入贯彻“四个全面”战略布局，结合本地区实际把全面从严治党要求具体化，确保管党治党责任落实到位。习近平总书记深刻洞察党内出现种种问题的根本原因在于党内政治生活不严肃不健康，党中央制定了新形势下党内政治生活若干准则。要对照习近平总书记讲的“七个有之”，查找在本地区的突出表现，准确把握政治生态的“树木”与“森林”状况，把党员领导干部这片“森林”维护好。要抓住“关键少数”，把政治纪律突出出来，补齐监督短板，树立正确的选人用人导向，严把政治关廉洁关，营造风清气正的环境。要坚守监督执纪问责的职责定位，紧盯党内政治生活，净化政治生态，坚持惩前毖后、治病救人的一贯方针，在理论和实践上体现出新发展新变化。

王岐山在省纪委、县纪委的党风室、案管室、审理室和纪检监察室等部门，与纪检监察干部交流时说，信任不能代替监督，党把干部放在领导岗位上，首先是信任，也是考验和培养。纪委书记要领好班子、带好队伍，严格执行监督执纪工作规则，真正体现制度的严肃性。他询问机关干部是否轮流接待信访群众，指出我们一党长期执政，实现自我净化、自我革新就要把党内监督和人民群众监督结合起来。信访是反映群众诉求的重要窗口，要组织纪检监察干部到信访室接访，接地气、受锻炼。

6月20—21日

［纲　文］　**中国共产党全国台湾省籍党员代表会议在北京举行。**

［目　文］　会议以差额选举方式，选举产生了台湾省出席中国共产党第十九次全国代表大会的代表。

21日，中共中央政治局常委、全国政协主席俞正声会见全体代表时指出，开好党的十九大，对于全党紧密团结在以习近平同志为核心的党中央周围，团结带领全国各族人民为实现“两个一百年”奋斗目标而不懈努力，具有重大而深远的意义。希望当选的台湾省籍党员代表，不辜负广大台籍党员和群众的重托，以高度的政治责任感和历史使命感，认真履行职责，为开好党的十九大作出积极贡献。

6月20—21日

［纲　文］　**第9轮中美工商领袖和前高官对话在北京举行。**

［目　文］　对话由中国国际经济交流中心和美国全国商会联合举办。中国国际经济交流中心理事长曾培炎以及中美两国工商领袖、政府前高官及专家学者共34名代表参加了对话。中美双方代表围绕中美元首海湖庄园会晤后双边经贸关系发展新路径展开了坦诚对话，内容涉及中美经贸“百日计划”、基础设施、双边投资、产能合作、数字经济等议题。双方发表了联合声明，呼吁两国进一步开放国内经济，特别是为高新技术、互联网经济、制造业、金融服务等领域提供贸易投资便利。在联合声明中，双方建议，应采取有效措施促进贸易投资、共同努力加强多边贸易体系，推进金融市场化改革，促进创新产业、数字经济和网络安全，加强能源环境合作。双方决定开展多方式活动，包括交流金融服务、信息与通信技术安全等领域的成功经验，加强“一带一路”框架内及其他途径的投资合作，促进数字经济和贸易发展，来促进两国经贸关系发展。

20日，国务院总理李克强在北京会见出席对话的美方代表时就中美关系、重点领域合作、营商环境等问题表示，经贸合作是中美关系的重要基石。中国支持自由贸易和公平贸易，鼓励市场双向开放和平等竞争。我们将逐步扩大市场准入，进一步优化营商环境，提高中国经济的竞争力，使消费者拥有更多选择。欢迎包括美国在内的各国企业继续在华投资兴业，特别是抓住中国服务业迅猛发展和制造业转型升级的巨大机遇，促进双边经贸合作动态平衡发展，更好实现互利共赢。

美方代表表示，美中关系平稳、顺利发展，对双方和全球都具有重大意义。美国企业界看好中国市场前景和对华合作机遇，关注中国改革发展议程和扩大对外开放的具体举措，愿致力于增进美中理解、克服分歧，促进双向平等开放，创造更多就业和增长机遇。

6月20—25日

［纲　文］　**外交部部长王毅应邀访问埃塞俄比亚和非盟总部、约旦、黎巴嫩、阿富汗、巴基斯坦。**

6月20—25日

［纲　文］　**应国家副主席李源潮邀请，加纳共和国副总统巴武米亚对中国进行正式访问。**

［目　文］　22日，李源潮在北京与巴武米亚会谈时说，中加传统友谊深厚，各领域

合作成果丰硕。希望双方以落实“一带一路”倡议和中非合作论坛约翰内斯堡峰会成果为契机，增进政治互信，拓展金融和融资、基础设施、产能和装备制造、能矿资源和农渔业等领域互利合作，密切人文交流，推动两国友好关系发展。巴武米亚表示，加纳高度重视对华关系，愿积极参与“一带一路”建设和中非合作论坛框架下合作，造福两国人民。

23日，全国政协主席俞正声在北京会见巴武米亚时说，中方赞赏加方坚定奉行一个中国政策，愿同加方一道，以落实“一带一路”倡议和中非合作论坛约翰内斯堡峰会成果为契机，增进政治互信，深化互利合作，密切人文交流，推动中加友好合作不断取得新成果，更好造福两国人民。巴武米亚说，加方感谢中方长期以来对加纳社会经济发展的支持和帮助，愿借鉴中国发展经验，积极参与“一带一路”建设，同中方深化各领域合作，推动两国关系迈上新台阶。

6月21—23日

［纲　文］　**习近平在山西考察工作。**

［目　文］　中共中央总书记习近平在吕梁、忻州、太原等地，瞻仰革命纪念馆、革命旧址，深入农村、企业，就当前经济社会发展和贯彻落实党的十八届六中全会精神进行考察调研。

考察期间，习近平在太原市主持召开深度贫困地区脱贫攻坚座谈会，山西省委书记骆惠宁、云南省委书记陈豪、西藏自治区党委书记吴英杰、青海省委书记王国生、新疆维吾尔自治区党委书记陈全国参加并提供书面发言，山西吕梁市委书记李正印、江西赣州市委书记李炳军、湖北恩施州委书记李建明、湖南湘西州委书记叶红专、四川凉山州委书记林书成、甘肃定西市委书记唐晓明、河北康保县委书记杜平、内蒙古科尔沁右翼中旗委书记白云海、广西都安县委书记陈继勇、陕西山阳县委书记张国瑜、宁夏同心县委书记马洪海等11位深度贫困地区的市州和县旗党委书记代表发言。他们从不同角度介绍深度贫困情况，交流脱贫攻坚工作体会，提出攻克坚中之坚的意见和建议。

习近平指出，党的十八大以来，党中央把贫困人口脱贫作为全面建成小康社会的底线任务和标志性指标，在全国范围全面打响了脱贫攻坚战。加快推进深度贫困地区脱贫攻坚，要按照党中央统一部署，坚持精准扶贫精准脱贫基本方略，坚持“中央统筹、省负总责、市县抓落实”的管理体制，坚持党政一把手负总责的工作责任制，坚持专项扶贫、行业扶贫、社会扶贫等多方力量、多种举措有机结合和互为支撑的“三位一体”大扶贫格局，以解决突出制约问题为重点，以重大扶贫工程和到村到户帮扶措施为抓手，以补短板为突破口。第一，合理确定脱贫目标。党中央对2020年脱贫攻坚的目标已有明确规定，即到2020年，稳定实现农村贫困人口不愁吃、不愁穿，义务教育、基本医疗和住房安全有保障；实现贫困地区农民人均可支配收入增长幅度高于全国平均水平，基本公共服务主要领域指标接近全国平均水平；确保我国现行标准下农村贫困人口实现脱贫，贫困县全部摘帽，解决区域性整体贫困。深度贫困地区也要实现这个目标，同时要坚持实事求是，不好高骛远，不吊高各方面胃口。第二，加大投入支持力度。第三，集中优势兵力打攻坚战。第四，区域发展必须围绕精准扶贫发力。第五，加大各方帮扶力度。第六，加大内生动力培育力度。第七，加大组织领导力度。第八，加强检查督查。

6月21日

［纲　文］　**李克强主持召开国务院常务会议。**

［目　文］　会议主要内容是：一、会议部署促进分享经济健康发展，推动创业创新便利群众生产生活。会议指出，一要合理界定不同行业领域分享经济业态属性，坚持市场导向，加强分类指导，鼓励有条件的行业、地区和各类市场主体大胆探索，发展分享经济。二要清理和调整不适应分享经济发展的行政许可、商事登记等事项及相关制度，避免用旧办法管制新业态。研究完善适应分享经济特点的税收、社保等支持政策，对依托分享平台灵活就业、自主创业人员按规定落实就业创业扶持政策。三要按照“鼓励创新、包容审慎”原则，审慎出台新的准入和监管政策。破除行业和地域壁垒，强化分享经济领域平台企业垄断行为监管和防范。四要落实各方责任，促进分享经济规范有序、持续健康发展，鼓励公平竞争。通过出台行业服务标准、自律公约等，建立政府、企业、消费者等社会共治机制。探索设立消费者投诉维权第三方平台，依法严厉打击泄露和滥用个人信息等违法违规行为。二、确定加快发展商业养老保险的措施，完善社会保障体系助力老有所养。会议确定，一是支持商业保险机构为个人和家庭提供个性化、差异化养老保障，积极提供企业和职业年金计划产品和服务。大力发展老年人意外伤害、长期护理、住房反向抵押等商业养老保险，逐步建立长期照护、康养结合、医养结合等养老服务保障体系。探索发展针对无子女、“空巢”家庭等特殊群体的综合养老保障计划。二是确保商业养老保险资金安全可靠运营，实现保值和合理回报。鼓励商业养老保险资金以投资新建、参股、托管等方式兴办养老机构，支持发展适应养老机构经营管理风险要求的责任保险。三是加大政策扶持，落实好国家支持保险和养老服务业发展的相关财税政策，加快个人税收递延型商业养老保险试点，支持商业养老保险机构有序参与基本养老保险基金投资管理，为商业养老保险资金参与国家重大项目和民生工程等建设提供绿色通道和优先支持。加大监管力度，督促保险机构提高服务质量，维护消费者合法权益，切实防控风险。三、通过《融资担保公司管理条例（草案）》和《国务院关于修改〈建设项目环境保护管理条例〉的决定（草案）》。

6月21日

［纲　文］　**国务院批复内蒙古自治区人民政府，同意包头市城市总体规划。**

［目　文］　批复说，一、原则同意《包头市城市总体规划（2011—2020年）》。二、重视城乡区域统筹发展。在《总体规划》确定的1901平方公里城市规划区范围内，实行城乡统一规划管理。三、合理控制城市规模。到2020年，中心城区常住人口控制在260万人以内，城市建设用地控制在302平方公里以内。四、完善城市基础设施体系。五、建设资源节约型和环境友好型城市。要加强对九峰山、敕勒川等自然保护区、森林公园、风

景名胜区以及湿地、滩涂、水源地等特殊生态功能区的保护，制定并严格实施有关保护措施。六、创造优良的人居环境。七、重视历史文化和风貌特色保护。重点保护好秦长城、美岱召等各级文物保护单位及其周围环境。八、严格实施《总体规划》。《总体规划》是包头市城市发展、建设和管理的基本依据，城市规划区内的一切建设活动都必须符合《总体规划》的要求。驻包头市各单位都要遵守有关法规及《总体规划》，支持包头市人民政府的工作，共同努力，把包头市规划好、建设好、管理好。

包头市人民政府要根据本批复精神，认真组织实施《总体规划》，任何单位和个人不得随意改变。内蒙古自治区和住房城乡建设部要加强对《总体规划》实施工作的指导、监督和检查。

6月21日

［纲　文］ **国务院办公厅发布《西安地铁“问题电缆”事件调查处理情况及其教训的通报》。**

［目　文］《通报》说，西安地铁“问题电缆”事件曝光后，习近平、李克强作出批示，要求加强全面质量监管，彻查此事，严肃处理。国务院责成质检总局会同有关部门和单位组成西安地铁“问题电缆”部门联合调查组，赴陕西省开展了深入调查，并组织对“问题电缆”进行排查更换。近日，国务院常务会议听取了调查处理情况汇报，决定依法依纪对西安地铁“问题电缆”事件进行严肃问责，严厉打击违法犯罪，进一步落实“放管服”改革要求，加强全面质量监管。现将有关情况通报如下：一、主要问题及原因。通过调查核实，2014年8月至2016年底，陕西省西安市地铁3号线工程采购使用陕西奥凯电缆有限公司（以下简称奥凯公司）生产的不合格线缆，用于照明、空调等电路，埋下安全隐患，造成恶劣影响。这是一起严重的企业制售伪劣产品违法案件，是有关单位和人员与奥凯公司内外勾结，在地铁工程建设中采购和使用伪劣产品的违法案件，也是相关地方政府及其职能部门疏于监管、履职不力，部分党员领导干部违反廉洁纪律、失职渎职的违法违纪案件。二、责任追究情况。（一）严肃追究相关政府和监管部门责任。责成陕西省人民政府向国务院作出深刻书面检查。陕西省人民政府责令西安市人民政府作出深刻书面检查并进行整改，责令杨凌示范区管委会和陕西省质量技术监督局、省住房和城乡建设厅、省工商行政管理局作出深刻书面检查。西安市人民政府责令西安市地铁建设指挥部办公室、市质量技术监督局、市城乡建设委员会作出深刻书面检查。（二）严肃追究相关人员领导责任和监管责任。陕西省按照干部管理权限，对有关政府部门及下属单位问责追责共计122人，涉及厅级16人、处级58人、科级及以下48人，分别给予党纪政纪处分93人、诫勉谈话16人、批评教育9人、解除劳动关系等其他处理4人。对其中17人涉嫌违法犯罪问题移送检察机关立案侦查。三、举一反三，全面加强质量安全工作。西安地铁“问题电缆”造成安全隐患和重大经济损失，严重损害了政府的形象和公信力，性质十分恶劣，教训十分深刻。各地区、各部门要引以为戒、举一反三，以对人民高度负责的态度，深入推进“放管服”改革，进一步加强全面质量监管。

6月21日

［纲　文］　**银监会印发《关于进一步规范银行业金融机构吸收公款存款行为的通知》。**

［目　文］　《通知》由五个部分组成：一、加强业务管理。二、严禁利益输送。三、提升服务水平。四、强化行业自律。五、加强监督检查。

《通知》指出，重大风险隐患或重大风险事件应及时向银监会报告。

6月21日

［纲　文］　**农业部公布《农药登记管理办法》。**

［目　文］　《办法》共8章49条。主要有总则、基本要求、申请与受理、审查与决定、变更与延续、风险监测与评价、监督管理、附则等内容。自2017年8月1日起施行。2017年6月1日之前，已经取得的农药临时登记证到期不予延续；已经受理尚未作出审批决定的农药登记申请，按照《农药管理条例》有关规定办理。

6月21日

［纲　文］　**农业部公布《农药生产许可管理办法》。**

［目　文］　《办法》共5章30条。主要有总则、申请与审查、变更与延续、监督检查、附则等内容。自2017年8月1日起实施。在本办法实施前已取得农药生产批准证书或者农药生产许可证的农药生产企业，可以在有效期内继续生产相应的农药产品。有效期届满，需要继续生产农药的，农药生产企业应当在有效期届满90日前，按照本办法的规定，向省级农业部门申请农药生产许可证。在本办法实施前已取得农药登记证但未取得农药生产批准证书或者农药生产许可证，需要继续生产农药的，应当在本办法实施之日起2年内取得农药生产许可证。

6月21日

［纲　文］　**农业部公布《农药经营许可管理办法》。**

［目　文］　《办法》共6章31条。主要有总则、申请与受理、审查与决定、变更与延续、监督检查、附则等内容。自2017年8月1日起实施。2017年6月1日前已从事农药经营活动的，应当自本办法施行之日起1年内达到本办法规定的条件，并依法申领农药经营许可证。在本办法施行前已按有关规定取得农药经营许可证的，可以在有效期内继续从事农药经营活动，但经营限制使用农药的应当重新申请农药经营许可证；有效期届满，需要继续经营农药的，应当在有效期届满90日前，按本办法的规定，重新申请农药经营许可证。

6月21日

［纲　文］　**农业部公布《农药登记试验管理办法》。**

［目　文］　《办法》共6章35条。主要有总则、试验单位认定、试验备案与审批、登记试验基本要求、监督检查、附则等内容。自2017年8月1日起施行。在本办法施行前农业部公布的农药登记试验单位，在有效期内可继续从事农药登记试验；有效期届满，需要继续从事登记试验的，应当按照本办法的规定申请试验单位认定。

6月21日

［纲 文］ **农业部公布《农药标签和说明书管理办法》。**

［目 文］ 《办法》共4章42条。主要有总则，标注内容，制作、使用和管理，附则等内容。自2017年8月1日起施行。2007年12月8日农业部公布的《农药标签和说明书管理办法》同时废止。现有产品标签或者说明书与本办法不符的，应当自2018年1月1日起使用符合本办法规定的标签和说明书。

6月21日

［纲 文］ **林业局印发《林业科技推广成果库管理办法》。**

［目 文］ 《办法》共5章19条。主要有总则、成果入库条件、成果入库程序、成果库管理、附则等内容。自2017年6月21日起施行，有效期至2022年6月30日。

6月21日

［纲 文］ **中国人民银行发布《内地与香港债券市场互联互通合作管理暂行办法》，自2017年6月21起施行。**

6月21日

［纲 文］ **中共中央政治局常委、中央书记处书记刘云山在北京会见古共中央书记处书记、国际关系部部长巴拉格尔率领的古巴共产党代表团。**

［目 文］ 刘云山说，中国共产党珍视中古传统友谊，习近平总书记和劳尔第一书记多次会晤、达成重要共识，为中古两党两国关系发展指明了方向。中古两党关系是两国关系的重要支柱，中方坚定支持古巴走社会主义道路，愿与古方一道，不断创新交流合作的方式，进一步深化党际交流、加强务实合作，更好地促进各自党的建设和国家发展。

巴拉格尔说，在劳尔第一书记和习近平总书记共同引领下，古中两党加强治党治国经验交流和务实合作，取得丰硕成果。古方钦佩中国共产党的执政能力和中国的发展成就，愿深化两党交流合作，把古中关系提升到更高水平。

6月21日

［纲 文］ **首轮中美外交安全对话在美国华盛顿举行。**

［目 文］ 国务委员杨洁篪同美国国务卿蒂勒森、国防部长马蒂斯共同主持对话。双方就中美关系和共同关心的问题深入交换意见，达成以下共识：双方积极评价中美元首海湖庄园会晤以来两国关系发展，均致力于继续按照两国元首会晤达成的共识，共同努力扩大互利合作领域，愿共同努力推动两国元首7月汉堡会晤和特朗普总统年内对中国国事访问取得积极成果。双方均表示支持维护南海和平稳定；支持根据公认的国际法原则，包括1982年《联合国海洋法公约》，基于友好谈判协商和平解决争议；支持通过对话管控争议。双方重申致力于以全面、可核查、不可逆的方式实现朝鲜半岛无核化的目标，以及维护半岛和平稳定。双方重申联合国安理会有关涉朝决议的目标。双方愿继续为此作出努力，包括全面、严格执行安理会有关决议和推动有关对话谈判。双方决定就半岛核问题继续保持沟通与合作。双方同意认真落实年度交流合作项目，尽早实现两国防长互访、美军

参联会主席访华。双方致力于深化在人道主义救援减灾、反海盗、军事医学等共同领域的合作。双方重申致力于落实建立信任措施的谅解备忘录，包括“重大军事行动相互通报机制”和“海空相遇安全行为准则”。双方决定加强对联合国维和行动的支持，包括快速部署联合国维和部队及保障维和人员的安全。双方愿就外空、网络空间国际规则制定等议题加强沟通，并开展相关对口磋商。双方重申致力于防止大规模杀伤性武器及其运载工具的扩散。双方将继续落实《中美核安全合作联合声明》，开展年度双边对话，深化务实合作，用好中国国家核安全示范中心、海关辐射探测培训中心等平台，为亚太乃至全球提供核安全公共产品。双方将加强在反恐信息交流、打击利用网络从事恐怖主义活动的行为、防范外国恐怖作战分子跨境流窜、反恐怖融资等领域的交流与合作。中美重申加强公共卫生和全球卫生安全具体合作。双方鼓励自愿参与世界卫生组织联合外部评估。双方愿加强抗菌素耐药性和其他关切的合作。两国决定加强非洲国家公共卫生能力。

22 日，美国总统特朗普在白宫会见杨洁篪。

6 月 21 日

［纲　文］　**外交部发言人表示，在中国和东盟国家的共同努力下，南海形势降温趋缓，并呈现积极发展态势。**

［目　文］　有记者问，近日，菲律宾外交部部长助理兼东盟司司长海伦表示，中国与东盟国家之间建立外交高官热线、同意适用《海上意外相遇规则》等涉南海问题的早期收获，有助于改善中国与东盟关系。此外，海伦还表示，“南海行为准则”框架于 2017 年 8 月提交中国—东盟外长会审议。中方对此有何回应？

发言人表示，中方积极评价菲方有关表态。当前，各方以全面、有效落实《南海各方行为宣言》精神为指引，积极推进“南海行为准则”磋商和海上务实合作，成果丰硕。前不久在贵阳举行的第十四次落实《宣言》高官会上，各方已就“准则”框架达成一致。各方还同意建立外交高官热线和在南海适用《海上意外相遇规则》。2017 年上半年各方已就外交高官热线成功举行了试运行。“相信这一系列举措将为各方加强互信，预防意外发挥重要作用”。“中方愿继续与东盟各国一道努力，开好 8 月举行的中国—东盟外长会，共同促进南海地区的和平稳定和繁荣发展”。

6 月 22 日

［纲　文］　**李克强主持国务院党组理论学习中心组学习讲座，就新一轮世界科技革命和产业变革若干前沿领域发展态势进行专题学习。**

［目　文］　白春礼、潘云鹤、潘建伟、周琪院士分别围绕世界新科技革命和产业变革总体态势以及人工智能、量子科学、基因编辑等专题作了讲解，并提出相关政策建议。国务院党组成员听取了讲解，并与专家互动交流。

国务院总理李克强说，要在新一轮全球科技竞争中赢得战略主动，必须加强基础研究这个重要支撑。要紧扣突出短板，加大长期稳定支持力度，促进企业发挥基础研究生力军作用，落实好相关政策，加大对人才资源的投入，充分调动科研人员的积极性，让他们把国家目标与个人兴趣有机结合起来，自由探索未知空间，努力在探索奥秘、发现规律中有更多中国科学家的贡献。同时，把基础研究与应用研究更好结合，推动科技与产业贯通，加速科研成果转化为现实生产力，为创新驱动发展提供更多源头活水。要深化“放管服”改革，更大程度给科研院所和高校松绑减负，充分释放各类创新资源的活力。改进科研项目资助和评价机制，着力完善评审制度，更多发挥市场机制的选择作用，由社会实践成效来衡量，真正把宝贵资源更多投向好项目、好团队。推动更多国家重大科研基础设施和科学数据、仪器设备向各类创新主体开放，在共享中发挥更大效益。要打造汇聚各方力量的创新大军。发挥科研院所的骨干领军作用和企业的主体作用，推动大众创业、万众创新，推动个体与“群智”紧密结合，科研院所、高校、企业、普通创客深度融通，线上线下深入融合，国际国内深化合作，形成中国式创新新模式和创新“加速度”。要以全球视野学世界之长，让创新合作成为国际合作的新亮点。讲座前，李克强等国务院党组成员观看了人工智能等先进科技成果展。

6月22日

［纲　文］　**国务院办公厅发布《关于印发〈全国深化简政放权放管结合优化服务改革电视电话会议重点任务分工方案〉的通知》。**

［目　文］　《通知》说，《全国深化简政放权放管结合优化服务改革电视电话会议重点任务分工方案》已经国务院同意，现印发给你们，请结合实际认真贯彻执行。

6月22日

［纲　文］　**全国政协在北京召开双周协商座谈会，围绕“改进校园餐食管理”建言献策。**

［目　文］　全国政协主席俞正声主持座谈会。全国政协副主席杜青林、张庆黎、陈元、卢展工出席座谈会。全国政协副主席韩启德在会上讲了意见。教育部副部长朱之文介绍了有关情况。财政部副部长余蔚平、国家卫生计生委副主任金小桃、食品药品监管总局副局长焦红等与委员互动交流。全国政协委员李卫红、屈谦、刘长铭、张大方、董小平、胡卫、张雪、戴晓雁、肖新月、周锋、戴德丰、孙惠玲、柯杨、胡万宁、梁伟华、马德秀，专家学者陈伟力在座谈会上发言。

委员们认为，校园餐食管理关系广大学生饮食安全和健康成长，关系国家的人口素质、发展水平和民族未来。党中央、国务院一直高度重视青少年的健康成长，采取了一系列有效措施，着力提高校园餐食管理和中小学生营养水平，特别是对进一步改善农村学生营养状况提出明确要求。各级政府、各相关部门做了大量工作，成效显著，但也还存在一些需要重视和解决的问题。

一些委员建议，改进校园餐食管理，一要领导重视。要开展调查研究，因地制宜制定政策；要加大资金投入，解决食堂建设和从业人员编制待遇等实际问题，坚决禁止挪用学生餐和农村义务教育学生营养改善计划的经费。二要规范管理。以控盐为突破口，建立健全学生营养标准；进一步规范对供应商和食堂的管理；城市新建学校一定要有食堂，原有食堂被取消的应该恢复。三要公开透明。主动公开学生餐和营养改善计划采购、配餐、价格和招投标等信息；建立实名制学生信息管理系统，防止套取和冒领国家补助资金的行为；实施“明厨亮灶”，公开食品加工制作过程。四要加强监督。对营养改善计划的实施情况进行监测评价；建立学生营养健康的科学评价体系；对卫生、廉政、财务、供应商等的监管纳入监督范围。五要加强宣传。向学生和家长宣传介绍营养知识、卫生知识和有关政策，让家长了解校园餐食管理情况，明确营养改善计划是补助性政策而非免费政策，家长应该共同负担。

6月22日

［纲　文］　**人力资源社会保障部、财政部印发《关于工伤保险基金省级统筹的指导意见》。**

［目　文］　《意见》说，实行基金省级统筹是工伤保险制度体系建设的重要举措，是推进工伤保险制度公平可持续发展的必然要求，对提高基金使用效率、增强保障能力具有重要意义。根据社会保险法、《工伤保险条例》等有关法律法规要求，现就工伤保险基金省级统筹工作提出如下意见：一、指导思想和基本原则；二、主要内容；三、保障措施；四、工作要求。

6月22日

［纲　文］　**第3次全国民用核安全设备质量管理现场经验交流活动在上海举办。**

［目　文］　环境保护部副部长、国家核安全局局长刘华出席活动并讲话。近200家民用核安全设备企业参会。活动旨在学习贯彻党中央、国务院关于核安全的一系列新理念新思想新战略，以及关于“核电安全管理提升年”和西安地铁“问题电缆”事件的指示批示精神，落实核安全“十三五”规划，巩固核设备领域“两个零容忍”“两个全覆盖”和核安全文化建设成果，梳理突出问题，提出解决措施，强化核安全管理。

6月22日

［纲　文］　**宁夏回族自治区第十一届人民代表大会第八次会议补选石泰峰为宁夏回族自治区人大常委会主任。**

6月22日

［纲　文］　**第6次中老两党理论研讨会在博鳌举行。**

［目　文］　中共中央政治局委员、中宣部部长刘奇葆和老挝人革党中央政治局委员、中组部部长占西分别发表主旨报告，老挝人革党中央书记处书记、中宣部部长吉乔出席研讨会。

研讨会前，刘奇葆分别同占西和吉乔举行会谈，就巩固和发展中老两党两国关系、深化两党宣传部门和两国媒体交流合作等深入交换意见。

6月22日

［纲　文］　**外交部发言人表示，中国敦促日本以正确历史观教育年轻一代。**

［目　文］　有记者问：据报道，日本政府发布中小学学习指导纲要解说书，要求在中小学社会课程中教授钓鱼岛是日本“固有领土”、不存在领土争议等内容。中方对此有何评论？

发言人表示，钓鱼岛及其附属岛屿自古以来就是中国的固有领土，中方维护领土主权的决心和意志坚定不移。无论日方说什么、做什么，都改变不了钓鱼岛属于中国的事实。我们郑重敦促日方正视历史和现实，停止挑衅，以正确历史观教育年轻一代，避免给中日关系制造新的干扰。

6月22—24日

［纲　文］　**刘云山在辽宁调研**。

［目　文］　中共中央政治局常委、中央书记处书记刘云山在营口、葫芦岛、锦州、朝阳等地的农村、社区、企业和文化单位，就加强基层党建工作进行调研时指出，要深入学习贯彻习近平总书记系列讲话精神，强化大抓基层的工作导向和鲜明的问题导向，扎实推进“两学一做”学习教育常态化制度化，着力加强党的基层组织建设，为改革发展稳定提供坚强有力保证。

刘云山在葫芦岛市碱厂村、朝阳市东官营村和北票精准扶贫信息交流管理中心，了解支部工作和脱贫攻坚情况；在朝阳市，刘云山主持召开农村基层党建工作座谈会，听取情况介绍和意见建议；在中国（辽宁）自贸试验区营口片区、营口市红运社区、锦州市西街社区，与干部群众交流，了解改进作风、为民服务等情况；在忠旺铝业公司、渤海造船厂、锦州石化公司，听取了企业发展和党建工作介绍。

调研期间，刘云山在辽沈战役纪念馆、锦州老兵义务放映队展览馆了解爱国主义教育和文化志愿服务情况时说，我们党的光荣历史和优良传统是宝贵的精神财富，是理想信念教育的生动教材。要深入挖掘和用好红色文化资源，把红色基因传承好，把革命传统弘扬好，引导和激励干部群众立足岗位、扎实工作，以优异成绩迎接党的十九大胜利召开。

6月22—24日

［纲　文］　**赵乐际在山东调研城市基层党建**。

［目　文］　中共中央政治局委员、中组部部长赵乐际在烟台凤凰台街道中台社区、福山区党群服务中心和青岛棘洪滩街道青大工业园、湛山街道“红色驿家”、八大关街道太平角社区调研，与居民群众交谈，询问社区服务做得好不好，群众办事方便不方便，就业、低保等政策落实得怎么样，希望街道社区党组织团结带领群众把社区建设得更美好。在济南与干部群众座谈时指出，城市基层党建必须与时俱进、创新发展。要适应城市经济结构、社会结构新变化，坚持人在哪里、党员在哪里、党的建设就推进到哪里。城市基层党组织是党在城市工作的基础，要把人财物和权责利向基层倾斜，使基层党组织有资源有能力为群众服务，多为群众办实事、解难事。各级党组织要高度重视城市基层党建工作，深入调研指导，总结交流经验，解决实际问题，促进城市基层党建与农村、企业、机关、学校等领域党建同步加强。要扎实推进“两学一做”学习教育常态化制度化，促使党员干

部学做结合，立足本职岗位，忠诚干净担当，积极干事创业，以优异成绩迎接党的十九大胜利召开。

6月22—27日

［纲　文］　**十二届全国人大常委会第二十八次会议在北京举行。**

［目　文］　全国人大常委会委员长张德江主持开、闭幕会。全国人大常委会副委员长李建国、王胜俊、陈昌智、严隽琪、王晨、沈跃跃、吉炳轩、向巴平措、艾力更·依明巴海、万鄂湘、张宝文、陈竺，以及常委会组成人员出席会议。会议期间，张德江主持召开了十二届全国人大常委会第九十七、九十八次委员长会议，对本次常委会会议有关内容进行了审议。

会议主要内容有：一、会议经表决，通过了国家情报法、关于修改水污染防治法的决定、关于修改民事诉讼法和行政诉讼法的决定；决定免去陈吉宁的环境保护部部长职务，任命李干杰为环境保护部部长，免去陈政高的住房和城乡建设部部长职务，任命王蒙徽为住房和城乡建设部部长，国家主席习近平分别签署第69、70、71、72号主席令予以公布。张德江委员长主持会议。二、会议表决通过了关于批准《关于成立中亚区域经济合作学院的协定》的决定、关于批准《中华人民共和国和阿根廷共和国引渡条约》的决定、关于批准《中华人民共和国和埃塞俄比亚联邦民主共和国引渡条约》的决定。三、会议表决通过了全国人大常委会关于批准2016年中央决算的决议，批准了2016年中央决算。四、会议还表决通过了全国人大常委会代表资格审查委员会关于个别代表的代表资格的报告。

6月22—26日

［纲　文］　**第8届中俄文化大集在黑龙江黑河举办。**

［目　文］　文化大集由文化部、黑龙江省政府和俄罗斯文化部、俄阿州政府主办，黑龙江省文化厅、黑河市政府、俄阿州文化档案部、布市行政公署承办，以“文化交流、文化贸易、文化旅游、繁荣发展”为主题，突出展示“中国文化走出去”理念。文化大集设置了7大版块32项活动，涉及文化交流、文化旅游、文化贸易等不同内容。

6月23日

［纲　文］　**国务院批复吉林省人民政府，同意长春市城市总体规划。**

［目　文］　批复说，一、原则同意《长春市城市总体规划（2011—2020年）（2017年修订）》。长春是吉林省省会，东北地区中心城市之一，国家历史文化名城和我国重要的工业基地。二、重视城乡区域统筹发展。在《总体规划》确定的7293平方公里城市规划区范围内，实行城乡统一规划管理。三、合理控制城市规模。到2020年，中心城区常住人口控制在425万人以内，城市建设用地控制在445平方公里以内。要贯彻城乡规划法关于先规划后建设的原则，禁止在《总体规划》确定的建设用地范围之外设立各类开发区和新城新区。四、完善城市基础设施体系。要按照绿色循环低碳的理念规划建设城市基础设施。五、建设资源节约型和环境友好型城市。要按照促进生产空间集约高效、生活空间

宜居适度、生态空间山清水秀的总体要求，形成合理的城市空间结构，促进经济建设、城乡建设和环境建设同步发展。要加强对净月潭等风景名胜区、自然保护区以及湿地、水源地等特殊生态功能区的保护，制定并严格实施有关保护措施。六、创造优良的人居环境。要坚持以人为本，统筹安排关系人民群众切身利益的教育、医疗、市政等公共服务设施的规划布局和建设。将城市保障性住房的建设目标纳入近期建设规划，确保保障性住房用地的分期供给规模、区位布局和相关资金投入。七、重视历史文化和风貌特色保护。重点保护好人民大街等历史文化街区、各级文物保护单位及其周围环境。八、严格实施《总体规划》。《总体规划》是长春市城市发展、建设和管理的基本依据，城市规划区内的一切建设活动都必须符合《总体规划》的要求。要加强公众和社会监督，提高全社会遵守城市规划的意识。驻长春市各单位都要遵守有关法规及《总体规划》，支持长春市人民政府的工作，共同努力，把长春市规划好、建设好、管理好。

长春市人民政府要根据本批复精神，认真组织实施《总体规划》，任何单位和个人不得随意改变。吉林省和住房城乡建设部要加强对《总体规划》实施工作的指导、监督和检查。

6月23日

［纲　文］　**刘奇葆在北京出席中华文化走出去工作会议并讲话。**

［目　文］　中共中央政治局委员、中宣部部长刘奇葆指出，要深入学习贯彻习近平总书记系列重要讲话精神和治国理政新理念新思想新战略，进一步坚定文化自信，统筹文化交流、文化传播、文化贸易，着力弘扬中华优秀传统文化、传播当代中国价值观念、展现当代中国发展成就、体现人类共同价值追求，更好展示中华文化的独特魅力。要加强文化交流，积极参与世界文明对话，扩大文化交流规模，拓展文化交流领域，把中华文化包容多元、海纳百川的优秀品质展现出来，切实发挥文化在促进民心相通、保障合作共赢、提升国家形象等方面的重要作用。要加强文化传播，优化传播布局，拓宽传播渠道，注重传播效果，向世界推介更多具有中国特色、凸显中国精神、蕴含中国智慧的中华文化。要加强文化贸易，优化出口文化产品结构，做大做强外向型文化企业，强化文化品牌运营维护，推动更多优质文化产品和服务走向国际市场。

6月23日

［纲　文］　**中国人民银行等七部门印发《江西省赣江新区建设绿色金融改革创新试验区总体方案》。**

［目　文］　《方案》由三个部分组成：一、总体要求。二、主要任务。三、保障措施。

《方案》要求，江西省要成立绿色金融创新工作领导小组，加强领导、精心组织、统筹规划、协调推进，研究制定赣江新区绿色金融改革创新实施细则。加强宣传引导，形成有利于绿色发展的良好法治环境；建立科学的绩效考核机制，定期跟踪落实情况，适时组织开展第三方绩效评估。国务院有关部门要加强与江西省的沟通，指导赣江新区绿色金融改革创新工作稳妥有序推进。

6月23日

［纲　文］　**中国人民银行等七部门印发《贵州省贵安新区建设绿色金融改革创新试验区总体方案》。**

［目　文］　《方案》由三个部分组成：一、总体要求。二、主要任务。三、保障措施。

《方案》要求，贵州省要成立绿色金融创新工作领导小组，加强领导、精心组织、统筹规划、协调推进，研究制定贵安新区绿色金融改革创新实施细则。建立科学的绩效考核机制，定期跟踪落实情况，适时组织开展第三方绩效评估。国务院有关部门要加强与贵州省的沟通，指导贵安新区绿色金融改革创新工作稳妥有序推进。

6月23日

［纲　文］　**中国人民银行等七部门印发《新疆维吾尔自治区哈密市、昌吉州和克拉玛依市建设绿色金融改革创新试验区总体方案》。**

［目　文］　《方案》由三个部分组成：一、总体要求。二、主要任务。三、保障措施。

《方案》要求，新疆维吾尔自治区要成立绿色金融改革创新工作领导小组，加强领导、精心组织、统筹规划、协调推进，研究制定新疆绿色金融改革创新实施细则，明确分工和责任，加强监督评估，定期跟踪落实情况。试验区各级政府要抓好组织落实，改进绩效考核办法，将试点项目纳入年度重要工作责任目标，定期进行考核评估。国务院相关部门要加强与新疆维吾尔自治区的沟通，指导绿色金融改革创新工作有序推进。

6月23日

［纲　文］　**中国人民银行等七部门印发《广东省广州市建设绿色金融改革创新试验区总体方案》。**

［目　文］　《方案》由三个部分组成：一、总体要求。二、主要任务。三、保障措施。

《方案》要求，广东省要成立绿色金融改革创新工作领导小组，加强领导、精心组织、统筹规划、协调推进，研究制定广州市绿色金融改革创新实施细则，明确分工和责任，强化监督评估，定期跟踪落实情况。加强宣传引导，增强环保法治意识，形成有利于绿色发展的良好法治环境。国务院相关部门要加强与广东省的沟通，指导广州市绿色金融改革创新工作稳妥有序推进。

6月23日

［纲　文］　**中国人民银行等七部门印发《浙江省湖州市、衢州市建设绿色金融改革创新试验区总体方案》。**

［目　文］　《方案》由三个部分组成：一、总体要求。二、主要任务。三、保障措施。

《方案》要求，浙江省要成立绿色金融改革创新工作领导小组，加强领导、精心组织、统筹规划、协调推进，研究制定湖州市、衢州市绿色金融改革创新实施细则。明确分工和责任，加强对试点工作的监督评估，定期跟踪落实情况。加强宣传引导，增强环境保护法治意识，形成有利于绿色发展的良好法治环境。国务院相关部门要加强与浙江省的沟通，指导湖州市、衢州市绿色金融改革创新工作稳妥有序推进。适时组织开展第三方绩效评估。

6月23日

［纲　文］　**中共北京市第十二届委员会第一次全体会议选举蔡奇为市委书记，陈吉宁、景俊海为市委副书记。**

6月23日

［纲　文］　**国家主席习近平特使、全国人大常委会副委员长吉炳轩在贝尔格莱德出席塞尔维亚总统武契奇就职典礼并同其会见。**

6月23日

［纲　文］　**第3次金砖国家环境部长会议在天津举办。**

［目　文］　环境保护部党组书记李干杰出席并主持会议。来自南非、印度、巴西和俄罗斯环境部门的代表出席会议。联合国副秘书长、联合国环境署执行主任埃里克·索尔海姆应邀参加会议。会议代表就全球性环境问题、金砖国家环境合作方向等议题进行了深入讨论。会议发表了《第三次金砖国家环境部长会议天津声明》，通过了《金砖国家环境可持续城市伙伴关系倡议》。

6月23—27日

［纲　文］　**"2017中国成都·金砖国家电影节"在成都举办。**

［目　文］　来自中国、巴西、俄罗斯、印度、南非五个金砖国家的30部影片参赛参展。电影节的开幕影片是由金砖五国知名导演第一次合作拍摄的影片《时间去哪儿了》，闭幕影片是由下届电影节主办国南非推荐的《真命天女》。

6月24日

［纲　文］　**四川阿坝州茂县叠溪镇新磨村发生山体高位垮塌，习近平、李克强作出指示、批示。**

［目　文］　6时许，四川阿坝州茂县叠溪镇新磨村发生山体高位垮塌，造成40余户农房、100余人被掩埋，岷江支流松坪沟河道堵塞2公里。

中共中央总书记习近平指示，要求四川省全力组织搜救被埋人员，尽最大努力减少人员伤亡、防范次生灾害发生，并妥善做好失踪人员亲属和受灾人员的安抚安置工作。国务院要派工作组前往指导抢险救援，慰问受灾群众。目前，已进入主汛期，多地出现较大降雨，各地和有关部门要加强灾害防范，排查各种隐患，确保人民群众生命财产安全。

国务院总理李克强作出批示，要求全力组织搜救，尽力减少人员伤亡，并抓紧排查周边地质灾害隐患，尽快转移受威胁群众，防止发生次生灾害。要查清垮塌原因，妥为善后处置。国家减灾委要督促各地切实加强各类灾害防范和安全生产工作。

同日，受习近平、李克强委派，国务委员王勇率国务院工作组抵达事发现场，了解灾情和应急抢险救援情况。当晚，王勇在救援现场指挥部主持召开会议，传达习近平、李克强等中央领导指示批示精神，听取四川省和有关单位负责人关于灾害发生和应急救援工作情况汇报。期间，王勇在抢险救援现场慰问一线抢险救援人员，到疏散人员安置点和收治伤员的医院，看望被安置人员、失联人员亲属和受伤人员，到地质灾害隐患点察看隐患防范工作、看望村民，转达习近平、李克强的关怀和问候。

6月24日

［纲　文］　**国务院印发《关于调整工业产品生产许可证管理目录和试行简化审批程序的决定》。**

［目　文］　《决定》说，经研究论证，国务院决定，进一步调整实施工业产品生产许可证管理的产品目录，取消19类工业产品生产许可证管理，将3类工业产品由实施生产许可证管理转为实施强制性产品认证管理，将8类工业产品生产许可证管理权限由质检总局下放给省级人民政府质量技术监督部门。调整后，继续实施工业产品生产许可证管理的产品共计38类，其中，由质检总局实施的19类，由省级人民政府质量技术监督部门实施的19类。

对继续实施工业产品生产许可证管理的产品，为提高审批效率、降低企业取证成本，由质检总局按照《中华人民共和国行政许可法》有关规定，组织有关地区和行业试行简化生产许可证审批程序：一是取消发证前产品检验，改由企业提交具有资质的检验检测机构出具的产品检验合格报告。二是后置现场审查，企业提交申请和产品检验合格报告并作出保证产品质量安全的承诺后，经形式审查合格的，可以先领取生产许可证，之后接受现场审查。对通过简化程序取证的企业，在后续的监督检查中，如发现产品检验或生产条件不符合要求的，由发证部门依法撤销生产许可证。各地区、各相关部门要抓紧做好工业产品生产许可证管理目录调整和试行简化审批程序工作的落实和衔接，加快推进配套法规和制度建设，做好经费保障，完善相关技术标准，稳妥实施相关产品由生产许可证管理转为强制性产品认证管理。要坚持放管结合、并重，加强事中事后监管，按照“双随机、一公开”方式加大抽查力度，增加抽查频次和品种，扩大抽查覆盖面，对此次取消生产许可证管理的产品实现抽查全覆盖。要督促企业落实主体责任，确保工业产品质量安全责任落实到位。国务院将根据试行简化审批程序工作情况，适时修订相关行政法规。

6月24日

［纲　文］　**国务院批复中国残疾人联合会，同意设立“残疾预防日”。**

［目　文］　批复说，你会《关于设立“全国残疾预防日”的请示》（残联发〔2016〕75号）收悉。同意自2017年起，将每年8月25日设立为“残疾预防日”。具体工作由你会商有关部门组织实施。

6 月 24—26 日

［纲 文］ **第 19 届中国科协年会在长春举行。**

［目 文］ 本届年会由中国科协和吉林省人民政府共同主办，以“创新驱动·全面振兴”为主题，以“高、精、实”为总体要求，以“会、展、赛、服”为主要形式，设立了 12 个前沿交叉学术交流会议。举办了吉林省党政领导与院士专家座谈会，先进材料创新展览会，海外人才创业项目，科普中国服务吉林行动等活动。共有 120 位院士以及来自 21 个国家和地区的 47 个海外科技团体和 17 位港澳代表，2500 多名人员参会。国家副主席李源潮，全国政协副主席、中国科协主席万钢出席开幕式并致辞。

6 月 25 日

［纲 文］ **新华社讯，中共中央印发《关于加强党内法规制度建设的意见》。**

［目 文］ 《意见》指出，治国必先治党，治党务必从严，从严必依法度。加强党内法规制度建设，是全面从严治党、依规治党的必然要求，是建设中国特色社会主义法治体系的重要内容，是推进国家治理体系和治理能力现代化的重要保障，事关党长期执政和国家长治久安。

《意见》要求，加强党内法规制度建设，必须深入贯彻习近平总书记系列重要讲话精神，紧紧围绕统筹推进“五位一体”总体布局和协调推进“四个全面”战略布局，牢固树立新发展理念，坚持以党章为根本遵循，坚持思想建党和制度治党相结合，坚持从管党治党、治国理政实际出发，坚持制定和实施并重，改革创新、与时俱进，把中央要求、群众期盼、实践需要和新鲜经验结合起来，扎实推进党的工作和党的建设制度化、规范化、程序化，为保持党的先进性和纯洁性，提高党的执政能力和领导水平、增强抵御风险和拒腐防变能力提供坚强法规制度保证，确保党始终成为中国特色社会主义事业坚强领导核心。

《意见》强调，中央各部门和地方各级党委要认真抓好职责范围内的党内法规制度建设工作，与党建其他工作一同部署、抓好落实。加强党内法规工作机构建设，充实配强工作力量。省区市党委根据工作需要设立党内法规工作机构，承担党内法规制度规划计划、起草审核、备案清理、督促指导和服务党委领导立法、法律顾问等职责。制定党内法规人才发展规划，建设党内法规专门工作队伍、理论研究队伍、后备人才队伍。坚持把思想政治建设摆在首位，着力打造一支对党绝对忠诚、综合素质高、专业能力强、勇于担当负责、甘于吃苦奉献的党内法规专门工作队伍。

6 月 25 日

［纲 文］ **国务院批复北京市人民政府、商务部，同意深化改革推进北京市服务业扩大开放综合试点工作方案。**

［目 文］ 批复说，一、同意在北京市服务业扩大开放综合试点期内继续深化改革推进服务业扩大开放综合试点。原则同意《深化改革推进北京市服务业扩大开放综合试点工作方案》，请认真组织实施。二、要深入贯彻习近平总书记系列重要讲话精神和治国理

政新理念新思想新战略，认真落实党中央、国务院决策部署，紧紧围绕首都城市战略定位、京津冀协同发展战略、构建开放型经济新体制，进一步深化北京市服务业扩大开放综合试点，深入探索服务业开放模式，突出服务业体制机制改革，加快构建与国际规则相衔接的服务业扩大开放基本框架，进一步提升北京现代服务业和服务贸易发展水平，使北京市服务业扩大开放综合试点成为推进供给侧结构性改革和国家全方位主动开放的重要实践，为全面深化改革、探索开放型经济新体制作出新贡献。三、北京市人民政府要加强对《深化试点工作方案》实施的组织领导，在风险可控的前提下，精心组织，大胆实践，突出重点，努力在放宽服务业市场准入、加快体制机制改革、推动配套支撑体系建设等方面取得新进展、新突破。四、国务院有关部门要按照职责分工，积极支持北京市深化改革推进服务业扩大开放综合试点，先行试验一些重大的改革开放措施。商务部要会同有关部门加强指导和协调推进，组织开展督查和评估工作，确保《深化试点工作方案》各项改革开放措施落实到位。五、试点期间，暂时调整实施相关行政法规、国务院文件和经国务院批准的部门规章的部分规定，具体由国务院另行印发。国务院有关部门根据《深化试点工作方案》相应调整本部门制定的规章和规范性文件。试点中的重大问题，北京市人民政府、商务部要及时向国务院请示报告。

6月25日

［纲　文］ **具有完全自主知识产权高铁“复兴号”投入运营。**

［目　文］ “复兴号”中国标准动车组由中国铁路总公司牵头组织研制，具有完全知识产权，被称作“最新版中国高铁”。

“复兴号”中国标准动车组有CR400AF和CR400BF两种型号，试验时速可达400公里及以上，持续运行时速为350公里。其设计寿命从20年提高到30年，在车体断面增加、空间增大的情况下，按时速350公里试验运行，列车运行阻力较目前运营车型下降7.5%以上，人均百公里能耗降低17%，司机室与乘客空间噪音均有所下降。

26日11时05分，“复兴号”在京沪高铁两端的北京南站和上海虹桥站首次双向发车成功。党的十八大以来，中国铁路新增营业里程2.63万公里，新开通高铁1.36万公里，铁路营业里程已达12.4万公里，其中高铁2.2万公里以上，稳居世界第一。

6月26日

［纲　文］ **习近平主持召开中央全面深化改革领导小组第36次会议。**

［目　文］ 中共中央总书记、中央全面深化改革领导小组组长习近平指出，注重系统性、整体性、协同性是全面深化改革的内在要求，也是推进改革的重要方法。改革越深入，越要注意协同，既抓改革方案协同，也抓改革落实协同，更抓改革效果协同，促进各项改革举措在政策取向上相互配合、在实施过程中相互促进、在改革成效上相得益彰，朝着全面深化改革总目标聚焦发力。

中共中央政治局常委、中央全面深化改革领导小组副组长刘云山出席会议。中央全面深化改革领导小组成员出席，中央和国家机关有关部门负责人列席会议。会议审议通过了《祁连山国家公园体制试点方案》《中央企业公司制改制工作实施方案》《地区生产总值统一核算改革方案》《统计违纪违法责任人处分处理建议办法》《中国国际进口博览会总体方案》《关于改进境外企业和对外投资安全工作的若干意见》《全国和地方资产负债表编制工作方案》《关于设立杭州互联网法院的方案》《领导干部自然资源资产离任审计暂行规定》《国家生态文明试验区（江西）实施方案》《国家生态文明试验区（贵州）实施方案》。会议审议了《国家生态文明试验区（福建）推进建设情况报告》《中国（广东）、中国（天津）和中国（福建）自由贸易试验区建设两年进展情况总结报告》。

会议指出，要加强对改革方案的整体规划，既统筹考虑战略、战役层面的问题，又统筹考虑战斗、战术层面的问题。已经出台总体方案的，要抓紧推出相关配套文件和实施细则。少数尚未形成总体方案的重点领域改革，要加快顶层设计，尽快拿出总体方案。涉及政策配套的改革方案，相互要留有制度接口，时间节点要能衔接得上。涉及落实标准、责任分工的，能细化的要尽可能细化，能明确下来的要尽量明确下来，能统一标准的要尽可能统一标准，让部门和地方好操作、好落实。抓改革方案落实，要发挥好部门和地方两个积极性，形成上下联动、条块结合的工作推进机制。改革牵头部门要担负起牵头抓总的责任，及时协调相关部门解决意见分歧、相互掣肘等问题。要加强对地方抓落实的督促指导，指导地方细化实施方案。地方对党中央部署的改革任务，要结合实际抓好统筹。改革成效要靠实践检验，既要看单项改革的成效，也要看改革的综合成效。

6月26日

［纲　文］　**习近平在中国国家博物馆参观香港回归祖国20周年成就展**。

［目　文］　中共中央总书记习近平指出，香港回归祖国20年来，在中央政府和祖国内地大力支持下，香港特别行政区实现各项事业全面发展，取得世所公认的成就，彰显出“一国两制”强大的生命力。20年的实践证明，“一国两制”不仅是解决历史遗留的香港问题的最佳方案，也是香港回归后保持长期繁荣稳定的最佳制度安排。我们要继续坚定不移全面准确贯彻“一国两制”方针，严格依照宪法和香港特别行政区基本法办事，更好推动香港各项事业发展。希望广大香港同胞与全国人民一道携手同心、开拓创新，把握国家发展机遇，推进“一国两制”在香港的实践，为保持香港长期繁荣稳定、创造香港更加美好的明天，为实现“两个一百年”奋斗目标和中华民族伟大复兴的中国梦而努力奋斗。

中共中央政治局常委李克强、张德江、俞正声、刘云山、王岐山、张高丽以及在京的中共中央政治局委员、中央书记处书记、全国人大常委会副委员长，国务委员，全国政协副主席等参观了展览。

26日—7月16日，香港回归祖国20周年成就展在中国国家博物馆举行。全国人大常委会委员长张德江出席开幕式。国务委员杨洁篪，全国政协副主席、香港特别行政区行政长官梁振英分别在开幕式上致辞。孙春兰、李源潮等和中央有关部门负责人、香港特区政府有关官员、部分国家驻华使节、各界人士代表共约450人出席了开幕式。展览由香港特别行政区政府主办，以“同心创前路，掌握新机遇”为主题，共分“一国两制”“香港近况一览”“一起紧握机遇”“一起拓展商贸”“一起推陈出新”“一起携手经历”“一起紧扣相连”“一起凝聚力量”“一起保育承传”以及“结语”等10个展区，通过大量图表、模型以及多媒体互动内容，全面展现香港回归祖国20年特别是近5年来各项事业取得的巨大成就。

6月26日

［纲　文］ **国家主席习近平在北京分别会见瑞典首相勒文、芬兰总理西比莱。**

［目　文］ 习近平欢迎勒文来华出席夏季达沃斯论坛并指出，塑造健康、稳定、可持续的中瑞关系，不仅符合我们各自国家利益，而且有利于推动中国—北欧合作和中欧关系全面发展。新形势下，希望双方继续以长远眼光看待中瑞关系，以创新思维开展两国各领域合作，推动中瑞关系不断迈向新台阶。中方赞赏瑞方坚持一个中国政策，希望双方尊重彼此社会制度和发展道路，照顾彼此核心利益和重大关切。要将中国“十三五”规划、创新驱动发展战略、“中国制造2025”同瑞典“智慧工业”战略对接，加强在清洁能源、智慧城市、生命科学、绿色金融、高铁、航天等领域合作。要增进文化交流和旅游、冬季运动等领域合作。中方愿同瑞方加强在联合国和北极理事会框架内的沟通与协调。

勒文表示，瑞中两国长期友好，瑞方重视中国在重大国际地区事务中的影响力，重视同中国在联合国等多边框架内的合作。新形势下，瑞典致力于深化同中国经贸、创新、文化、体育、旅游等各领域及北极事务中的合作。

习近平欢迎西比莱来华出席夏季达沃斯论坛并指出，2017年4月，我对芬兰国事访问期间，两国正式确认建立面向未来的新型合作伙伴关系。当前形势下，中方愿同芬方继续携手努力，落实两国重要共识，不断推动双边关系得到更大发展。双方要重点推进中国“十三五”规划同“芬兰2025发展愿景”对接，在电子通信、智能制造、生物经济、环保技术、节能建筑、清洁能源等领域打造更多示范性合作项目。要推进重点人文合作项目，围绕举办北京冬季奥运会加强中芬冬季运动合作。中方也愿在北极理事会框架内加强两国北极事务合作。不久前，第十九次中国—欧盟领导人会晤成功举行。中方愿同芬兰等北欧国家加强政策沟通，推动中国—北欧合作不断取得新成果，并以此促进中欧关系发展。

西比莱表示，芬中关系发展令人满意。芬方愿同中方拓展投资、环境和清洁技术、智慧城市、教育、旅游、冬季运动、北极事务等领域和“一带一路”框架下合作，并愿积极推动北欧国家对华合作不断取得新进展。

6月26日

［纲　文］ **国家统计局公布新修订的《统计调查证管理办法》，自2017年9月1日起施行。**

6月26日

［纲　文］ **国家统计局公布《统计执法证管理办法》。**

［目　文］ 《办法》共7章36条，主要有总则、证件取得与核发、统计执法培训和考试、证件管理和使用、监督检查、法律责任、附则等内容。自2017年10月1日起施行。

6月26日

［纲　文］　**工业和信息化部、国资委、国家标准委发布《深入推进信息化和工业化融合管理体系的指导意见》。**

［目　文］　《意见》由三部分组成：一、总体要求。二、重点任务。三、保障措施。《意见》指出，加强两化融合管理体系工作领导小组对两化融合管理体系工作的统筹协调和督导，研究重大问题，制定政策措施。工业和信息化部全面统筹两化融合管理体系工作，分别会同国家标准化管理委员会和国务院国有资产监督管理委员会指导两化融合管理体系标准建设和中央企业两化融合管理体系推进工作。

6月26日

［纲　文］　**林业局印发《国家林业局林业资金稽查工作规定》。**

［目　文］　《规定》共8章39条。主要有总则、稽查对象及内容、稽查方式、稽查组织及程序、稽查工作组、稽查结果运用、稽查纪律及要求、附则等内容。自2017年7月1日起实施，有效期至2022年6月30日。其他有关林业资金稽查的规定与本规定不一致的，以本规定为准。

6月26日

［纲　文］　**财政部、林业局印发《国有林场（苗圃）财务制度》。**

［目　文］　《制度》共18章84条。主要有总则、财务管理体制、预算管理、收入管理、支出管理、成本费用管理、结转和结余管理、流动资产管理、固定资产管理、林木资产管理、无形资产管理、对外投资管理、负债管理、专用基金管理、财务清算、财务报告与分析、财务监督、附则等内容。自2018年1月1日起执行。《财政部关于颁发〈国有林场与苗圃财务制度〉（暂行）和〈国有林场与苗圃会计制度〉（暂行）的通知》（财农字〔1994〕371号）中《国有林场与苗圃财务制度》（暂行）同时废止。

6月26日

［纲　文］　**财政部、交通运输部印发《地方政府收费公路专项债券管理办法（试行）》。**

［目　文］　《办法》共7章46条。主要有总则、额度管理、预算编制、预算执行和决算、监督管理、职责分工、附则等内容。自2017年6月26日起实施。

6月26日

［纲　文］　**国家新闻出版广电总局、发展改革委、财政部、商务部、人力资源社会保障部印发《关于支持电视剧繁荣发展若干政策的通知》。**

［目　文］　《通知》主要内容有：加强电视剧创作规划；加强电视剧剧本扶持；建立和完善科学合理的电视剧投入、分配机制；完善电视剧播出结构；规范电视剧收视调查和管理；统筹电视剧、网络剧管理；支持优秀电视剧“走出去”；加强电视剧人才培养；保障电视剧从业人员社会保障权益；明确新的文艺群体职称评审渠道；加强电视剧宣传评介；完善支持电视剧发展的财政投入机制；引导规范社会资本支持电视剧繁荣发展；加强组织领导。

6月26日

［纲　文］　**外交部发言人表示，中国要求印度立即撤回越界的印边防人员。**

［目　文］　发言人说，近日，印度边防人员在中印边界锡金段越过边界线进入中方境内，阻挠中国边防部队在洞朗地区的正常活动。中方已采取相应应对措施。中印边界锡金段已由1890年《中英会议藏印条约》划定。印度独立后，印度政府多次以书面形式对此予以确认，承认双方对锡金段边界走向没有异议。中方要求印方尊重边界条约规定，尊重中国的领土主权，立即撤回越界的印边防人员并彻底调查此事，维护好中印边界锡金段的和平与安宁。与此同时，鉴于上述事件，出于安全考虑，中方不得不暂缓安排印度官方香客团经中印边界锡金段乃堆拉山口入境朝圣，并已通过外交渠道通知印方。

6月26日

［纲　文］　**《人民日报》发表题为《标注中国制造新高度》的评论员文章。**

6月26—28日

［纲　文］　**全国政协十二届常委会第二十一次会议在北京举行。**

［目　文］　全国政协主席俞正声主持开、闭幕会并讲话。全国政协副主席杜青林、韩启德、董建华、万钢、林文漪、罗富和、何厚铧、张庆黎、李海峰、卢展工、王家瑞、王正伟、马飚、齐续春、陈晓光、马培华、刘晓峰、王钦敏出席会议。会议围绕“深化供给侧结构性改革，促进经济平稳健康发展”议政建言。国务院副总理张高丽应邀出席开幕会并作报告。

常委们一致认为，推进供给侧结构性改革，是以习近平同志为核心的党中央作出的切中时弊的重大战略决策。针对实体经济结构性供需失衡、金融和实体经济失衡、房地产和实体经济失衡的问题，必须从供给侧结构性改革上想办法、定政策，去除没有需求的无效供给，创造适应新需求的有效供给，实现供求关系新的动态平衡。常委们围绕深化供给侧结构性改革、促进经济平稳健康发展提出意见建议。一是正确处理政府与市场的关系。二是要更加注重补短板。三是在改革上下功夫。

会议经过表决，增补李建华、杨小波、舒启明为第十二届全国政协委员；任命舒启明为第十二届全国政协副秘书长；增补杨衍银为港澳台侨委员会主任；任命李建华为提案委员会副主任，张秋俭为教科文卫体委员会副主任，杨小波为民族和宗教委员会驻会副主任；因年龄原因，张秋俭、林智敏不再担任第十二届全国政协副秘书长，晓敏不再担任民族和宗教委员会驻会副主任。会议追认全国政协第五十八次主席会议作出的关于撤销孔庆平第十二届全国政协委员资格的决定。

6月27日

［纲　文］　**习近平签署中华人民共和国主席令（第69至72号）。**

［目　文］　主席令（第69号）说，《中华人民共和国国家情报法》已由中华人民共

和国第十二届全国人民代表大会常务委员会第二十八次会议于 2017 年 6 月 27 日通过，现予公布，自 2017 年 6 月 28 日起施行。

主席令（第 70 号）说，《全国人民代表大会常务委员会关于修改〈中华人民共和国水污染防治法〉的决定》已由中华人民共和国第十二届全国人民代表大会常务委员会第二十八次会议于 2017 年 6 月 27 日通过，现予公布，自 2018 年 1 月 1 日起施行。

主席令（第 71 号）说，《全国人民代表大会常务委员会关于修改〈中华人民共和国民事诉讼法〉和〈中华人民共和国行政诉讼法〉的决定》已由中华人民共和国第十二届全国人民代表大会常务委员会第二十八次会议于 2017 年 6 月 27 日通过，现予公布，自 2017 年 7 月 1 日起施行。

主席令（第 72 号）说，根据中华人民共和国第十二届全国人民代表大会常务委员会第二十八次会议于 2017 年 6 月 27 日的决定：一、免去陈吉宁的环境保护部部长职务；任命李干杰为环境保护部部长。二、免去陈政高的住房和城乡建设部部长职务；任命王蒙徽为住房和城乡建设部部长。

6 月 27 日

［纲　文］ **经中央军委批准《习近平论强军兴军》（基层官兵使用）印发全军。**

［目　文］ 该书由军委政治工作部组织编印、解放军出版社出版。全书紧贴基层官兵实际，从习近平 2012 年 11 月至 2017 年 4 月期间的部分重要文稿中选取摘编，集中体现了习近平强军兴军的一系列重大战略思想、重大理论观点、重大决策部署。

军委政治工作部近日发出通知，要求全军认真抓好《习近平论强军兴军》（基层官兵使用）学习使用。要以《习近平论强军兴军》（基层官兵使用）印发为契机，着力推进习主席系列重要讲话精神学习普及，切实用党的理论创新最新成果掌握官兵，推动强军目标在基层落地生根。

6 月 27 日

［纲　文］ **最高人民法院、司法部在北京召开全国人民调解工作会议。**

［目　文］ 会议学习贯彻中共中央总书记习近平系列讲话精神和治国理政新理念新思想新战略，总结交流 2013 年以来人民调解工作取得的成效和经验，表彰全国模范人民调解委员会和全国模范人民调解员，研究部署新形势下人民调解工作的任务和措施。

会议指出，2016 年全国人民调解组织共调解纠纷 901.9 万件，调解成功率达 97.5%，其中医疗纠纷、道路交通、劳动争议等行业性、专业性矛盾纠纷 140.2 万件，比 2013 年增长 17%；接受法院、公安、信访等部门委托或移送调解的案件 51.1 万件，比 2013 年增长 66.8%。

会前，中共中央政治局委员、中央政法委书记孟建柱会见全国人民调解工作会议代表时指出，要深入贯彻习近平总书记系列重要讲话精神，坚持弘扬优良传统与运用现代科技相结合，大力推动人民调解工作创新，努力化解更多的社会矛盾纠纷，更好地服务经济社会发展、服务人民群众，以优异成绩迎接党的十九大胜利召开。

6月27日

［纲　文］　**最高法、最高检、公安部、国家安全部、司法部发布《关于办理刑事案件严格排除非法证据若干问题的规定》。**

［目　文］　《规定》共5部分42条。主要有一般规定，侦查，审查逮捕、审查起诉，辩护，审判等内容。自2017年6月27日起施行。

《规定》提出，办案机关严禁刑讯逼供和以威胁、引诱、欺骗以及其他非法方法收集证据，不得强迫任何人证实自己有罪。对一切案件的判处都要重证据，重调查研究，不轻信口供。采用暴力、威胁以及非法限制人身自由等非法方法收集的犯罪嫌疑人、被告人供述以及证人证言、被害人陈述，均应当予以排除；对于可能判处无期徒刑、死刑的案件或者其他重大犯罪案件，应当对讯问过程进行录音录像。录音录像应当不间断进行，保持完整性，不得选择性地录制，不得剪接、删改。

6月27日

［纲　文］　**国家知识产权局公布《专利优先审查管理办法》。**

［目　文］　《办法》共15条，自2017年8月1日起施行。2012年8月1日起施行的《发明专利申请优先审查管理办法》同时废止。

6月27日

［纲　文］　**财政部、科技部、发改委印发新修订的《国家科技重大专项（民口）资金管理办法》。**

［目　文］　《办法》共8章59条。主要有总则、管理机构与职责、重大专项概算管理、资金核定方式及开支范围、预算编制与审批、预算执行、监督检查、附则等内容。自2017年6月27日起施行。

6月27日

［纲　文］　**全国畜禽养殖废弃物资源化利用会议在长沙召开。**

［目　文］　农业部部长韩长赋主持会议。国务院副总理汪洋出席会议并讲话。湖南省、河南省、浙江省、河北安平县、山东诸城市有关负责人在会上交流了经验。全国部分畜牧主产省和100个畜牧大县有关负责人、有关专家和企业代表等300人参加了会议。

汪洋指出，近年来我国畜牧业持续稳定发展，有力保障了肉蛋奶供给，但畜禽养殖污染问题也越来越突出。必须加强源头减量、过程控制、末端利用，加快全面治理。要根据资源环境承载能力和废弃物处理能力，科学确定养殖品种和规模，优化畜牧业区域布局。积极推广清洁养殖工艺和技术，大力发展标准化、规范化规模养殖。围绕就地就近用于农村能源和农用有机肥，加快发展农村沼气和生物天然气，畅通还田渠道，促进种养结合、农牧循环的绿色发展，多形式推进养殖废弃物资源化利用。

6月27日

［纲　文］　**财政部发布，2017年中央财政水利发展资金651.53亿元全部下达。**

［目　文］　财政部安排拨付中央财政水利发展资金221.53亿元，加上2016年12月

提前下达的430亿元，2017年预算安排补助地方的水利发展资金651.53亿元已全部拨付。

按照国务院关于推进涉农资金整合有关要求，2017年，中央财政将原有3项水利专项资金整合为水利发展资金，探索实行了“大专项+任务清单”管理方式。水利发展资金采取因素法测算分配，切块下达到省（自治区、直辖市、计划单列市），由地方根据任务清单，统筹用于支持高效节水灌溉等农田水利建设、地下水超采区综合治理、灾后水利薄弱环节建设、水土保持、农业水价综合改革等方面。

6月27日

［纲　文］　**民政部、财政部、国务院扶贫办印发《关于支持社会工作专业力量参与脱贫攻坚的指导意见》。**

［目　文］　《意见》由五个部分组成：一、总体要求。二、明确社会工作专业力量参与脱贫攻坚的服务内容。三、扶持壮大贫困地区社会工作专业力量。四、支持实施社会工作专业力量参与脱贫攻坚重点项目。五、加强组织保障。

《意见》指出，各级民政部门要发挥好统筹推进社会工作发展的职能作用，牵头研究制定具体实施意见，进一步加强广大贫困地区社会工作专业人才、组织和平台建设，支持和引导社会工作专业力量参与实施脱贫攻坚项目、开展扶贫济困服务，为到贫困地区开展服务的社会工作专业力量解决实际困难、提供必要保障。

6月27日

［纲　文］　**卫生计生委等九部门印发《关于改革完善短缺药品供应保障机制的实施意见》。**

［目　文］　《意见》由三个部分组成：一、总体要求。二、重点任务措施。三、组织保障。

《意见》指出，充分发挥体制和制度优势，加强药品供应保障政策协调机制建设，构建政府主导、企业参与、社会协同、人人分享的短缺药品治理制度。国家卫生计生委会同相关部门抓好组织实施，加强信息交流和监测预警，强化综合协调和督导评估，及时报告督导评估结果，优先推动基本药物短缺品种清单、标识、价格、采购、配备使用等方面的统一政策，不断完善体制机制。

6月27日

［纲　文］　**李源潮在北京会见香港中华厂商联合会访京团。**

［目　文］　李源潮说，香港回归20年来，“一国两制”实践取得了举世公认的成功。中央政府十分重视香港的发展，希望香港社会各界结合“国家所需”与“香港所长”，积极参与“一带一路”和粤港澳大湾区建设。希望香港中华厂商联合会发扬爱国爱港传统，坚定支持行政长官和特区政府依法施政，为保持香港长期繁荣稳定作出新贡献。

6月27—29日

［纲　文］　**2017年夏季达沃斯论坛在大连举行。**

［目　文］　27日，国务院总理李克强出席开幕式并发表致辞。李克强表示，新一

轮工业革命在经济全球化背景下孕育兴起，为各国经济增长提供了强劲动力，也带来更多平等参与的机会，有利于实现包容性增长，增强社会公平性和发展普惠性。2017年年初，习近平主席在世界经济论坛年会上发表主旨演讲，深刻阐述了中国坚定支持经济全球化、维护自由贸易的主张，赢得国际社会广泛认同。中国是包容性增长的积极实践者。我们坚持把就业置于发展优先位置。过去几年，中国城镇每年新增就业超过1300万人，城镇调查失业率保持在5%左右，在国际权威机构发布的对多项发展指标的综合评估中，将中国的就业表现列为世界第一。中国深入实施创新驱动发展战略，广泛开展大众创业、万众创新。中国的创业创新，是社会成员广泛参与的，是各类主体协同推进的，是人民群众普遍受益的，拓宽了社会纵向流动的通道，有力促进了经济转型升级和竞争力提高。我们不断提升基本民生保障水平，建立起覆盖全民的基本养老、基本医疗、义务教育保障网。瞄准中低收入人群特别是贫困人口，着力实施农村脱贫攻坚、城镇棚户区改造等重大民生工程。中国的包容性增长，使人民群众生活更好、更有尊严，使经济社会发展更有活力，更可持续。李克强还介绍了当前中国的经济形势。

本届论坛的主题是："在第四次工业革命中实现包容性增长"。来自80多个国家和地区的各界代表2000余人围绕以人为本的技术、引领持续再创造、创造可持续系统、应对地缘经济变化等四个议题展开200多场会议，就全球经济复苏、共享经济、人工智能、海洋新技术、未来材料、清洁技术革命、智能交通、"一带一路"等热门话题进行了探讨。

会议期间，李克强在大连同与会的芬兰总理西比莱举行会谈并共同见证了双方能源、体育、可持续发展等领域多份双边合作文件的签署；与瑞典首相勒文举行会谈并共同见证了双方质检、海关领域多份双边合作文件的签署；会见世界经济论坛主席施瓦布等与会嘉宾代表。

28日，李克强在大连国际会议中心同出席2017年夏季达沃斯论坛的国际工商企业界代表对话会。

6月27—28日

［纲　文］　**中共中央直属机关党代表会议在北京召开。**

［目　文］　会议的主要任务是，落实党中央关于党的十九大代表选举工作的部署要求，选举产生中直机关出席党的十九大代表。295名代表通过差额选举，产生了109名中直机关出席党的十九大代表。选举产生的代表中，既有各级党员领导干部，又有工作在第一线的党员，还有一定数量的女党员、少数民族党员和专业技术人员党员，符合中央提出的代表结构比例要求，体现了代表的先进性和广泛代表性。

6月27—30日

［纲　文］　**应全国人大常委会委员长张德江的邀请，澳大利亚联邦议会众议院议长史密斯率团访华。**

［目　文］　28日，张德江在北京同史密斯会谈时说，中方愿同澳方保持高层密切交往，充分发挥外交与战略对话等机制的作用，深化各领域务实合作，推动中澳关系不断取

得新进展，更好造福两国人民。中国全国人大与澳大利亚联邦议会保持着友好往来，双方都成立了友好小组，建立了定期交流机制。当天上午，中澳立法机关定期交流机制第六次会议成功举行，双方就一系列议题进行了广泛深入的交流，达成许多共识。中国全国人大愿在现有的基础上，进一步加强同澳大利亚联邦议会参、众两院的交流与合作，推动中澳关系不断发展。

史密斯说，澳中建交45年来，两国经贸合作不断深化，人文交流日益活跃。澳众议院愿通过高层互访、机制交流等方式，增进与中国全国人大的合作。

6月28日

［纲　文］　**中共中央政治局召开会议审议《关于巡视31所中管高校党委情况的专题报告》。**

［目　文］　中共中央总书记习近平主持会议。会议指出，党的十八大以来，以习近平同志为核心的党中央高度重视巡视工作，全面推进巡视实践、理论、制度创新。巡视利剑经过5年磨砺，威力更加彰显，成为党内监督制度化的重要成果，对推进全面从严治党具有重大意义。要全面总结十八届中央巡视工作，进一步创新组织制度和方式方法，推动巡视工作向纵深发展。我国高校肩负着培养社会主义事业建设者和接班人的重大任务，是巩固和发展马克思主义的重要阵地。巡视对31所中管高校进行了全面政治体检，加强了党对高校的领导，促进了高校管党治党、办学治校各项工作，发挥了标本兼治作用。办好中国特色社会主义高等教育，必须旗帜鲜明坚持党对高校工作的领导。高校党委要增强“四个意识”，落实管党治党、办学治校主体责任，坚定“四个自信”，贯彻党的教育方针政策，坚持社会主义办学方向，把立德树人作为根本任务，以实际行动维护党中央权威和集中统一领导。要深入研究高校党建工作特点和规律，创新体制机制和方式方法，推动形成党委统一领导、各部门各方面齐抓共管的工作格局，提高党建工作针对性和实效性，有效发挥基层党组织战斗堡垒作用和党员先锋模范作用。要以巡视整改为契机，严肃党内政治生活，加强高校领导班子建设，切实防范廉洁风险，营造风清气正的教书育人环境。要坚持问题导向，把深化高校改革和全面从严治党结合起来，明晰责任、完善制度、堵塞漏洞，确保高等教育事业始终沿着正确方向健康发展，为实现“两个一百年”奋斗目标和中华民族伟大复兴的中国梦提供人才保障和智力支持。

6月28日

［纲　文］　**国家主席习近平向亚洲相互协作与信任措施会议非政府论坛第2次会议致贺词。**

［目　文］　习近平指出，今年是亚洲相互协作与信任措施会议成立25周年。25年来，亚信为有关各方增进沟通、深化互信、加强合作提供了有益平台，对推动构建亚洲乃至人类命运共同体发挥着重要作用。实践证明，亚信的成立契合了亚洲国家探索地区安全和发展之路的共同愿望，顺应了和平、发展、合作、共赢的时代潮流。中国自2014年5

月亚信上海峰会担任主席国以来，认真履职尽责，倡导和践行共同、综合、合作、可持续的亚洲安全观，推动探讨建立地区安全和合作新架构，深化各领域信任措施合作，加强亚信法律基础和机制建设，扩大亚信组成和伙伴网络，广泛动员民间力量建言献策。亚信非政府论坛系我在亚信上海峰会上提出的倡议，2015年5月成功举行了首次会议，开辟了传播亚信安全理念、推进地区安全治理的新渠道。今天，论坛第2次会议隆重开幕，将围绕“亚信25年：为了亚洲的安全与发展”的主题展开深入交流，相信将为维护地区和平稳定、促进共同繁荣作出新贡献。

28—29日，亚洲相互协作与信任措施会议非政府论坛第2次会议在北京召开。会议的主题为“亚信25年：为了亚洲的安全与发展”。来自亚信成员国、观察员国（组织）、地区有关国家的前政要、专家学者、媒体和非政府组织代表及驻华使节等约300位中外人士与会。就践行共同、综合、合作、可持续的亚洲观，构建具有亚洲特色的区域安全架构，以及推动“一带一路”共识落地等议题进行探讨。

6月28日

［纲　文］　**李克强在辽宁考察。**

［目　文］　国务院总理李克强在辽宁自贸试验区大连片区，了解自贸区改革进展，与在现场办事的企业人员交流，询问大家对政府简化审批和改进服务的感受，并希望自贸区加快推动实施内外资企业一个窗口登记注册和限时办结。在大连冰山集团，得知这家有着80多年历史的老国企通过混合所有制改革，形成外资、国有、民营多元持股的利益共同体，并搭建多个大众创业、万众创新平台，企业充满活力与动力，盈利、资产大幅增加，85%的产品实现定制化生产，他说，国有企业通过创新体制机制，就能在激烈的市场竞争中浴火重生。要通过“双创”和好的激励机制汇聚各方聪明才智，更好对接市场需求，推动提升核心技术水平。在英特尔大连公司，询问企业生产研发情况和下一步投资打算，鼓励他们继续加大在中国的投资力度，特别是把更多配套业务和高附加值业务向中国转移。在东软信息学院，观看了智能黑板、智能电动椅、校园零食配送等学生实践项目，并与正在这里参与国际交流的外籍学生互动交谈。了解学校2017年毕业生就业情况，他说，广大毕业生有知识有创意有热情，社会各方面要创造宽容便利的就业创业环境，使他们到经济社会最需要的一线大展身手，面向未来，代表未来，掌握未来，在投身国家现代化建设中更好实现自身价值。

6月28日

［纲　文］　**发展改革委、商务部发布《外商投资产业指导目录（2017年修订）》，自2017年7月28日起施行。**

6月28日

［纲　文］　**保监会印发《保险销售行为可回溯管理暂行办法》，自2017年11月1日起实施。**

6月28日

［纲　文］　**经国务院批准，商务部与香港特区政府财政司在香港签署《内地与香港**

关于建立更紧密经贸关系的安排》（简称 CEPA）框架下的《投资协议》及《经济技术合作协议》。

［目　文］《投资协议》将 CEPA 投资承诺扩展至非服务业，并附有“最惠待遇”条款；《经济技术合作协议》将“一带一路”建设在经贸领域的合作纳入 CEPA 的框架下。两个协议自 2017 年 6 月 28 日起生效，其中《投资协议》于 2018 年 1 月 1 日起正式实施。

6 月 28 日

［纲　文］ **海关总署发布《关于推进全国海关通关一体化改革的公告》。**

［目　文］《公告》说，为加快转变政府职能，适应开放型经济新体制要求，深化简政放权放管结合优化服务，海关总署决定推进全国海关通关一体化改革。现将有关事项公告如下：一、启用全国海关风险防控中心和税收征管中心，税收征管方式改革扩大到全国口岸所有运输方式进口的《中华人民共和国进出口税则》全部章节商品。二、各区域通关一体化审单中心不再办理相关业务。三、其他事项按照海关总署公告 2016 年第 62 号执行。自 2017 年 7 月 1 日起施行。

6 月 28 日

［纲　文］ **国务委员兼国防部长常万全在北京会见吉尔吉斯斯坦军队副总参谋长乔莫耶夫。**

［目　文］ 常万全说，近年来中吉战略伙伴关系健康稳定发展，各领域务实合作不断深化。中方愿同吉方共同努力，认真落实两国元首达成的重要共识，不断拓展两军合作的广度和深度，继续加强在上海合作组织防务安全领域的沟通配合，为维护两国乃至地区的和平、安全与稳定作出新贡献。

乔莫耶夫表示，吉方愿同中方在双边和上合组织等多边框架内加强两军各领域务实合作，推动两国两军关系不断向前发展。

6 月 28 日

［纲　文］ **“海洋地质十号”综合地质调查船下水，填补中国相关领域空白。**

［目　文］ “海洋地质十号”综合地质调查船是中国自主设计、建造的，在广东东莞出坞下水，填补了我国小吨位大钻深海洋地质钻探船的空白，丰富了我国海洋地质调查技术体系，提升了海洋地质调查能力。“海洋地质十号”是集海洋地质、地球物理、水文环境等多功能调查手段为一体的综合地质调查船，船身总长 75.8 米，排水量约 3400 吨，续航力 8000 海里，定员 58 人。

6 月 28 日

［纲　文］ **中国最深管廊隧道工程始发掘进。**

［目　文］ 淮南—南京—上海 1000 千伏交流特高压输变电工程苏通气体绝缘刚性输电线路综合管廊工程江底隧道始发掘进。这是目前国内埋深最深、水压最高、超长距离的隧道，也是世界上首个特高压气体绝缘输电线路综合管廊工程建设关键工程。淮上线北环工程是国家大气污染防治行动计划中 12 条重点输电通道之一，也是江苏省首个特高

压交流工程。工程途经安徽、江苏、上海3个省（市），跨越淮河、穿越长江，线路全长759.414公里。

6月28日

［纲　文］　**海军新型驱逐舰首舰下水仪式在上海江南造船（集团）有限责任公司举行。**

［目　文］　该型舰是中国完全自主研制的新型万吨级驱逐舰，先后突破了大型舰艇总体设计、信息集成、总装建造等一系列关键技术，装备有新型防空、反导、反舰、反潜武器，具有较强的信息感知、防空反导和对海打击能力，是海军实现战略转型发展的标志性战舰。该舰下水标志着中国驱逐舰发展迈上了一个新的台阶，对于完善海军装备体系结构、建设强大的现代化海军、实现中国梦强军梦具有重要意义。

中央军委委员、军委装备发展部部长张又侠出席下水仪式并致辞。海军、国防科技工业局、上海市、中船工业集团负责人，以及军地有关部门领导和科研单位人员、干部职工、参建官兵代表等参加仪式。

6月28日—7月1日

［纲　文］　**应外交部部长王毅邀请，菲律宾外交部部长卡耶塔诺对中国进行访问。**

［目　文］　30日，国务院总理李克强在北京会见卡耶塔诺表示，中菲是隔海相望的近邻，两国共同利益远大于分歧，双边关系重回睦邻友好发展轨道，符合双方根本利益，也有利于地区的和平与稳定。中国政府支持菲律宾建设国家、发展经济、维护安定的努力，愿同菲方坚持相互尊重、平等相待，巩固政治互信，深化基础设施建设等重点领域合作，密切人文交流，使中菲关系发展更好造福两国人民。中方支持菲律宾担任2017年东盟轮值主席国各项工作，支持菲方办好2017年的东亚合作领导人系列会议。我们愿同有关各方在全面有效落实《南海各方行为宣言》、达成“南海行为准则”框架基础上，继续推进对话磋商、开展互利合作，共同维护本地区的和平、稳定与繁荣。希望菲方继续为促进中国—东盟关系发展发挥积极作用。

卡耶塔诺表示，菲律宾作为东盟轮值主席国，愿努力推进东盟—中国关系发展，办好2017年的东亚合作领导人系列会议，共同发出维护地区和平稳定的积极信号。

卡耶塔诺在中国访问期间，国务委员杨洁篪、国务委员兼国防部长常万全在北京分别会见了卡耶塔诺。王毅在北京同卡耶塔诺举行了会谈。

6月29日—7月1日

［纲　文］　**习近平出席庆祝香港回归祖国20周年大会暨香港特别行政区第五届政府就职典礼并对香港进行视察。**

［目　文］　陪同人员有习近平夫人彭丽媛、中央政策研究室主任王沪宁、中央军委副主席范长龙、中央办公厅主任栗战书、全国人大常委会副委员长兼秘书长王晨、国务委员杨洁篪、全国政协副主席兼秘书长张庆黎等。

29日中午，中共中央总书记、国家主席、中央军委主席习近平到达香港时，全国政协副主席董建华，香港特别行政区行政长官梁振英、候任行政长官林郑月娥等在机场迎接。习近平向在场记者问好，并通过他们向广大香港市民表示诚挚问候和良好祝愿。他说，时隔9年，再次踏上这片土地，感到很高兴。香港发展一直牵动着我的心。再过两天，香港就将迎来回归祖国20周年，这对国家和香港来说都是一件大事、喜事。习近平表示，此行主要有三个目的：一是表达祝福。热烈祝贺香港特别行政区成立20年来取得的巨大成就，衷心祝愿香港再创辉煌。二是体现支持。20年来，中央始终是香港发展的坚强后盾。中央将一如既往支持香港发展经济、改善民生。三是谋划未来。将与香港各界一道，回顾这20年非凡历程，总结经验，展望未来，确保"一国两制"行稳致远。

7月1日上午，庆祝香港回归祖国20周年大会暨香港特别行政区第五届政府就职典礼在香港会展中心举行。习近平在主席台监誓，香港特别行政区第五任行政长官林郑月娥首先宣誓就职；接着，香港特别行政区第五届政府主要官员在林郑月娥带领下宣誓就职。随后，林郑月娥监誓，香港特别行政区行政会议成员宣誓就职。

习近平发表讲话指出，"一国两制"是中国的一个伟大创举，是中国为国际社会解决类似问题提供的一个新思路新方案，是中华民族为世界和平与发展作出的新贡献，凝结了海纳百川、有容乃大的中国智慧。坚持"一国两制"方针，深入推进"一国两制"实践，符合香港居民利益，符合香港繁荣稳定实际需要，符合国家根本利益，符合全国人民共同意愿。希望特别行政区政府广泛团结社会各界，全面准确贯彻"一国两制"方针，坚守"一国"之本，善用"两制"之利，扎扎实实做好各项工作。习近平对今后更好在香港落实"一国两制"，提出四点意见：第一，始终准确把握"一国"和"两制"的关系。必须牢固树立"一国"意识，坚守"一国"原则，正确处理特别行政区和中央的关系。任何危害国家主权安全、挑战中央权力和香港特别行政区基本法权威、利用香港对内地进行渗透破坏的活动，都是对底线的触碰，都是绝不能允许的。要把坚持"一国"原则和尊重"两制"差异、维护中央权力和保障香港特别行政区高度自治权、发挥祖国内地坚强后盾作用和提高香港自身竞争力有机结合起来，任何时候都不能偏废。第二，始终依照宪法和基本法办事。要把中央依法行使权力和特别行政区履行主体责任有机结合起来；要完善与基本法实施相关的制度和机制；要加强香港社会特别是公职人员和青少年的宪法和基本法宣传教育。第三，始终聚焦发展这个第一要务。发展是解决香港各种问题的金钥匙。香港背靠祖国、面向世界，有着许多有利发展条件和独特竞争优势。特别是这些年国家的持续快速发展为香港发展提供了难得机遇、不竭动力、广阔空间。大家一定要珍惜机遇、抓住机遇，把主要精力集中到搞建设、谋发展上来。第四，始终维护和谐稳定的社会环境。只有凡事都着眼大局，理性沟通，凝聚共识，才能逐步解决问题。从中央来说，只要爱国爱港，诚心诚意拥护"一国两制"方针和香港特别行政区基本法，不论持什么政见或主张，我们都愿意与之沟通。

在香港期间，习近平出席了香港特别行政区政府欢迎晚宴和庆祝香港回归祖国20周年文艺晚会；分别会见了董建华、梁振英、林郑月娥，以及香港特别行政区行政、立法、司法机构负责人和香港社会各界代表人士；会见前来参加庆祝活动的澳门特别行政区行政长官崔世安；看望了中央驻港机构和主要中资机构负责人；检阅了驻香港部队；考察了香港文化建设、青少年教育和重要工程项目，同香港各界进行了广泛接触和交流；在香港西九文化区出席了《兴建香港故宫文化博物馆合作协议》签署仪式；见证了《深化粤港澳合作 推进大湾区建设框架协议》签署。

6月29日

［纲　文］　**国务院办公厅印发《关于加快发展商业养老保险的若干意见》。**

［目　文］　《意见》由六个部分组成：一、总体要求。二、创新商业养老保险产品和服务。三、促进养老服务业健康发展。四、推进商业养老保险资金安全稳健运营。五、提升管理服务水平。六、完善支持政策。

《意见》指出，各地区、各有关部门要将加快发展商业养老保险纳入完善养老保障体系和加快发展养老服务业的总体部署，加强沟通配合，创新体制机制，积极研究解决商业养老保险发展中的重大问题。

6月29日

［纲　文］　**国务院办公厅通知山东省人民政府，同意德州市城市总体规划。**

［目　文］　通知说，一、国务院原则同意《德州市城市总体规划（2011—2020年）》。德州是冀鲁交界地区交通枢纽和经济中心，山东省新能源产业基地。二、重视城乡区域统筹发展。在《总体规划》确定的789平方公里城市规划区范围内，实行城乡统一规划管理。三、合理控制城市规模。到2020年，中心城区常住人口控制在144万人以内，城市建设用地控制在155.29平方公里以内。要贯彻城乡规划法关于先规划后建设的原则，禁止在《总体规划》确定的建设用地范围之外设立各类开发区和新城新区。四、完善城市基础设施体系。要按照绿色循环低碳的理念规划建设城市基础设施。五、建设资源节约型和环境友好型城市。六、创造优良的人居环境。七、重视历史文化和风貌特色保护。要落实历史文化遗产保护和紫线管理要求，重点保护好京杭大运河德州段等各级文物保护单位及其周围环境。八、严格实施《总体规划》。要加强公众和社会监督，提高全社会遵守城市规划的意识。驻德州市各单位都要遵守有关法规及《总体规划》，支持德州市人民政府的工作，共同努力，把德州市规划好、建设好、管理好。

通知指出，德州市人民政府要根据本通知精神，认真组织实施《总体规划》，任何单位和个人不得随意改变。山东省和住房城乡建设部要加强对《总体规划》实施工作的指导、监督和检查。

6月29日

［纲　文］　**国务院办公厅通知浙江省人民政府，同意台州市城市总体规划。**

［目　文］　通知说，一、国务院原则同意《台州市城市总体规划（2004—2020年）

（2017年修订）》。台州是浙江沿海的区域性中心城市和现代化港口城市。二、重视城乡区域统筹发展。在《总体规划》确定的1635平方公里城市规划区范围内，实行城乡统一规划管理。三、合理控制城市规模。到2020年，中心城区常住人口控制在172万人以内，城市建设用地控制在189平方公里以内。要贯彻城乡规划法关于先规划后建设的原则，禁止在《总体规划》确定的建设用地范围之外设立各类开发区和新城新区。四、完善城市基础设施体系。五、建设资源节约型和环境友好型城市。六、创造优良的人居环境。七、重视历史文化和风貌特色保护。要落实历史文化遗产保护和紫线管理要求，重点保护好章安古街等历史文化街区、各级文物保护单位及其周围环境。八、严格实施《总体规划》。《总体规划》是台州市城市发展、建设和管理的基本依据，城市规划区内的一切建设活动都必须符合《总体规划》的要求。要加强公众和社会监督，提高全社会遵守城市规划的意识。驻台州市各单位都要遵守有关法规及《总体规划》，支持台州市人民政府的工作，共同努力，把台州市规划好、建设好、管理好。

通知指出，台州市人民政府要根据本通知精神，认真组织实施《总体规划》，任何单位和个人不得随意改变。浙江省和住房城乡建设部要加强对《总体规划》实施工作的指导、监督和检查。

6月29日

［纲　文］　**赵乐际在北京同中央党校第11期县委书记研修班学员座谈。**

［目　文］　中共中央政治局委员、中组部部长赵乐际指出，要深入学习贯彻习近平总书记系列讲话精神和治国理政新理念新思想新战略，向县委书记的榜样廖俊波同志学习，增强政治意识、大局意识、核心意识、看齐意识，坚守心中有党、心中有民、心中有责、心中有戒，做合格的县委书记。县一级处在承上启下的关键位置，县委书记肩负着重要职责。要做到心中有党，对党忠诚，以身许党，旗帜鲜明讲政治，始终在思想上政治上行动上同以习近平同志为核心的党中央保持高度一致。要做到心中有民，心里装着群众，时刻想着群众，紧紧依靠群众，千方百计为群众谋利益，与群众一块过、一块干，努力创造出经得起实践、人民、历史检验的业绩，让群众的日子越过越好。要做到心中有责，把对党负责、对人民负责、对历史负责统一起来，牢记统筹推进“五位一体”总体布局和协调推进“四个全面”战略布局、贯彻落实新发展理念、如期完成脱贫攻坚任务的责任，牢记推动人的全面发展、提高县域文明程度和群众健康水平的责任，牢记全面从严治党、营造良好政治生态的责任，不忘初心、奋发有为，联系实际创造性做好工作。要做到心中有戒，敬畏规矩、敬畏法律、力戒贪欲，严格遵守党章、党内政治生活准则、廉洁自律准则、中央八项规定精神，检身正己、廉洁自律。

6月29日

［纲　文］　**最高人民检察院检察官遴选委员会在北京成立。**

［目　文］　遴选委员会组成人员中，既有来自中央有关部门的专门委员，也有具有深厚法学专业素养和丰富法律工作经验的全国人大代表、全国政协委员、法学专家、律师

代表，有着广泛代表性、专业权威性和社会中立性。

6月29日

［纲　文］ **财政部印发《小企业内部控制规范（试行）》。自2018年1月1日起施行。**

6月29日

［纲　文］ **环保部公布《建设项目环境影响评价分类管理名录》，自2017年9月1日起施行。**

6月29日

［纲　文］ **人力资源社会保障部、国家卫生计生委和国家中医药管理局在北京举办第三届国医大师、首届全国名中医表彰大会。**

［目　文］ 大会授予王世民等30位同志国医大师荣誉称号，享受省部级先进工作者和劳动模范待遇；授予丁书文等99位同志全国名中医荣誉称号，追授高上林同志全国名中医荣誉称号。

同日，国务院副总理刘延东在北京会见国医大师和全国名中医代表并召开座谈会。刘延东指出，要以人民健康为中心，完善服务网络，发挥中医药在治未病、疾病治疗和康复保健中的重要作用。要加强科技支撑和人才培养，健全符合中医药特点的法规政策、管理体系、评价和标准体系，提升中药制造和健康服务水平。要坚持古为今用，实现中医药健康养生文化创造性转化、创新性发展。要围绕“一带一路”战略，推动中医药走向世界，使民族瑰宝惠及各国民众。她希望国医大师、名中医传承矢志岐黄、大医精诚的风范，带动广大中医医师修医德、行仁术，造福人民群众，服务人类健康。

我国现有中医类别医师48.2万人，2016年中医类医疗机构诊疗人次9.6亿，中药工业主营收入逾8600亿元。

6月29日

［纲　文］ **中共湖北省第十一届委员会第一次全体会议选举蒋超良为省委书记，王晓东、陈一新为省委副书记。**

6月29日

［纲　文］ **黑龙江省第十二届人民代表大会第七次会议选举张庆伟为黑龙江省人大常委会主任。**

6月29日

［纲　文］ **全国政协主席俞正声在北京会见欧盟经济社会委员会主席达西斯。**

［目　文］ 俞正声说，近年来，双方高层交往频繁，政治互信不断巩固，各领域务实合作不断推进，在国际和地区热点问题上保持着密切协调与配合。中国经济社会理事会和欧盟经济社会委员会的圆桌会议机制已成为中欧间具有重要影响的对话合作机制，充实了中欧全面战略伙伴关系内涵，成为中欧民众增进了解和友谊的桥梁。希望双方进一步拓展交流领域，为推动中欧全面战略伙伴关系发展作出新的贡献。达西斯说，欧盟的发展需要中国，欧盟经济社会委员会愿继续为深化欧中关系积极努力。

6月29日

［纲　文］　**国务院副总理张高丽在北京会见新加坡副总理尚达曼。**

［目　文］　张高丽表示，中方愿同新方一道，加强政治互信，共建“一带一路”，提升务实合作，深化金融合作，加强多边配合，进一步发展两国友好合作关系。当前世界经济不稳定不确定因素增多，面临风险和挑战，中新双方应加强合作，共同为贸易自由化和经济全球化作出贡献。尚达曼说，新方热烈祝贺香港回归20周年，愿在“一带一路”框架下与中方推动互联互通、金融支撑、三方合作三个平台建设。

尚达曼是来华出席夏季达沃斯论坛的。

6月29日

［纲　文］　**国务院副总理汪洋在北京与俄罗斯副总理兼总统驻远东联邦区全权代表特鲁特涅夫举行中国东北地区和俄罗斯远东及贝加尔地区政府间合作委员会双方主席会晤。**

［目　文］　汪洋说，加强中国东北地区和俄罗斯远东及贝加尔地区的务实合作是两国元首达成的重要共识，也是两国合作的战略方向之一。在双方的共同努力下，两地区贸易增长势头喜人，投资合作稳步推进，互联互通进展加快。中方愿与俄方一道，充分利用好委员会机制，加强战略对接和政策协调，推动两地区合作不断取得新进展。特鲁特涅夫积极评价双方合作成果，表示中国是俄远东第一大经贸合作伙伴和重要投资来源国，希进一步挖掘远东对华合作潜力，不断提升俄中远东和东北地区务实合作水平。

6月29日

［纲　文］　**国务院原副秘书长，国务院参事室原主任郑思远，在北京逝世，享年103岁。**

6月29—30日

［纲　文］　**中央国家机关工委在北京召开中央国家机关党代表会议。**

［目　文］　与会代表在酝酿讨论基础上，差额选举产生186名中央国家机关出席党的十九大代表，代表结构比例符合中央要求。会议号召，中央国家机关各级党组织和广大党员干部要更加紧密地团结在以习近平同志为核心的党中央周围，落实全面从严治党要求，深入推进“两学一做”学习教育常态化制度化，扎实做好改革发展稳定各项工作，以优异成绩迎接党的十九大胜利召开。

6月29日—7月13日

［纲　文］　**国务院食品安全办等部门举办“2017年全国食品安全宣传周”活动。**

［目　文］　宣传周主办方为国务院食品安全办、中央文明办、教育部、工业和信息化部、公安部、农业部、商务部、国家卫生计生委、工商总局、质检总局、食品药品监管总局、国家网信办、中国保监会、国家粮食局、全国妇联、中国科协等。主题为：“尚德守法　共治共享·食品安全”。全国范围内集中开展形式多样的食品安全主题宣传活动。

29日，2017年全国食品安全宣传周主场活动在北京举行。国务院副总理、国务院食品安全委员会副主任汪洋出席并讲话。他强调，食品安全关系全国13亿多人的身体健康和生命安全，是人民群众普遍关心的大事。要全面落实习近平总书记“四个最严”的要求，坚持德法并举、法治先行，加强食品安全依法治理，加快形成食品安全社会共治格局，共同守护好人民群众“舌尖上的安全”。

6月29日—7月1日

［纲　文］　**世界地理标志大会在扬州召开**。

［目　文］　国务院总理李克强发贺信，国务委员王勇出席开幕式并致辞。大会由国家工商总局与世界知识产权组织联合举办。旨在促进各国对有关地理标志问题的交流，促进国家与国际层面有关地理标志问题的解决，加深各国对地理标志的作用及其对促进经济和贸易发展的重要性的认识，提高利用商标和地理标志促进经济发展的水平。来自近60个国家和地区及国际组织、国家有关部门以及全国各省、自治区、直辖市工商局及部分县市、地理标志企业或协会代表约300人参加大会。与会代表围绕地理标志的经济社会状况、地理标志的管理、地理标志的现在与未来等议题进行探讨。

6月29日—7月1日

［纲　文］　**第21届中国国际软件博览会在北京举行**。

［目　文］　本届软博会是由工业和信息化部、北京市人民政府共同主办。本届软博会突出“软件定义”理念，紧扣国家战略和产业热点，以“软件定义世界，智能引领未来”为主题，千余家品牌厂商参展，举办近百场会议活动，接待超过7万名观众观展。大会在创新办展方式、强化平台功能、提升行业影响等方面作出了新的实践，对软件产业发展成果、趋势和目标进行了全面展示。

6月29—30日

［纲　文］　**中欧圆桌会议第15次会议在北京举行**。

［目　文］　本次圆桌会议以“做增长伙伴，促互利文明”为主题，旨在探讨新形势下中欧如何进一步深化伙伴关系、促进共同发展。全国政协副主席、中国经社理事会主席杜青林发表主旨演讲。中欧双方代表分别从“坚持创新驱动，增强经济活力”“坚持公平包容，增进人民福祉”“坚持务实合作，实现互利共赢”三个议题展开互动讨论。并发表联合声明。

6月30日

［纲　文］　**国务院总理李克强致电祝贺特雷莎·梅连任英国首相**。

6月30日

［纲　文］　**俞正声在北京主持召开调研协商座谈会**。

［目　文］　邀请民盟中央、民建中央、民进中央、九三学社中央和全国工商联负责人，围绕大力振兴和提升实体经济建言献策。中央统战部部长孙春兰出席。国家发展改革委、教育部、科技部、工业和信息化部、农业部、国家能源局有关负责人与党外人士进行了互动交流。参加座谈会的党外人士还有陈晓光、马培华等。

民盟中央主席张宝文建议，提升行业资源配置效益，突出产业结构调整重点，引导企业增强创新能力，促进我国由农机装备制造大国向制造强国转变；民建中央主席陈昌智建议，加快西部地区电力外送通道建设，落实新能源配额制，推动新能源产业和现代高载能产业、先进装备制造业、高端服务业等协同发展；民进中央主席严隽琪建议，从就业导向、职业需求、技能特色出发，加快构建符合中国国情的多层次、多形式，面向全社会开放的“校企合作、产教融合、工学结合、职前职后一体化、公办民办并举”的现代职业教育体系；九三学社中央主席韩启德建议，进一步提升支持科技型中小企业发展的政策精准性，释放创新创业动能；全国工商联主席王钦敏建议，加快建立降低企业综合成本的长效机制，开展金融服务整治行动并深入落实普惠金融措施，引导企业挖潜增效。

全国政协主席俞正声指出，过去几年，我国经济下行压力增大，实体经济发展面临诸多挑战。各民主党派和全国工商联要立足自身优势，主动顺应实践发展要求，为振兴和提升实体经济积极献计出力。要引导民营企业家特别是年轻一代，立足实体经济，坚定发展信心，发扬工匠精神，一步一个脚印地把企业做强做好。要鼓励和帮助民营企业到“一带一路”沿线国家和地区投资兴业，促进经济合作。要做好脱贫攻坚民主监督工作，推动民营企业家积极投身贫困地区建设和发展，帮助贫困地区百姓脱贫致富。

6月30日

［纲　文］　**国务院扶贫开发领导小组第18次全体会议在北京召开。**

［目　文］　国务院副总理、国务院扶贫开发领导小组组长汪洋主持会议并讲话。他说，要认真贯彻落实习近平总书记在深度贫困地区脱贫攻坚座谈会上的重要讲话精神，牢固树立“四个意识”，强化责任担当，聚焦突出短板，加大攻坚力度，确保深度贫困地区如期实现脱贫攻坚目标。打赢深度贫困地区脱贫攻坚这场“硬仗中的硬仗”，必须按照党中央统一部署，进一步分析深度贫困成因，做好贫困人口分类，对症下药，精准施策，给予更加集中的支持，采取更加有效的举措，开展更加有力的工作。要坚持“中央统筹、省负总责、市县抓落实”管理体制，强化支撑保障体系建设，扶贫资金、项目、举措要向深度贫困地区倾斜。要坚持精准扶贫、精准脱贫，真正聚焦深度贫困区域和贫困人口，集中优势兵力，因户因人施策。要加强产业扶贫、劳务输出帮扶。对因病致贫返贫的要加强医疗救助，对无法依靠产业扶持和就业帮助脱贫的家庭实行政策性保障兜底。区域发展也必须围绕精准扶贫发力。要调整充实深度贫困地区一线帮扶力量，激发贫困群众内生动力，积极引导社会力量参与，形成攻坚强大合力。要认真开展今年的脱贫攻坚督查巡查工作，坚持问题导向，重点检查各地考核评估发现问题整改落实情况，注重总结经验，重视解决重复填表报数等形式主义问题。

6月30日

［纲　文］　**2017制造强国建设专家论坛在北京召开。**

［目　文］　论坛由国家制造强国建设战略咨询委员会主办。国务院副总理、国家制造强国建设领导小组组长马凯，全国人大常委会原副委员长、国家制造强国建设战略咨询

委员会主任路甬祥出席开幕式并致辞。论坛以“提高供给质量水平，振兴先进制造业”为主题，围绕完善科技创新体系，夯实质量技术基础，加强全面质量管理，发扬“工匠精神”，强化品牌建设等议题开展深入交流与探讨，引导制造业朝着更高质量、更有效率、更可持续的方向发展，为质量强国建设和振兴先进制造业献计献策。工业和信息化部、发展改革委、财政部、科技部等部分国家制造强国建设领导小组成员单位代表，国家制造强国建设战略咨询委员会委员，部分省区市制造业主管领导和主管部门负责人，有关高校和科研院所专家、学者，部分领域相关行业组织负责人、企业代表等出席。论坛发布了《中国制造2025蓝皮书（2017）》。

6月30日

［纲　文］　**中央组织部发布《2016年中国共产党党内统计公报》。**

［目　文］　《公报》显示，截至2016年底，中国共产党党员总数为8944.7万名，比上年净增68.8万名，增幅为0.8%。党的基层组织451.8万个，比上年增加10.5万个，增幅为2.4%。

6月30日

［纲　文］　**国务院办公厅印发《国民营养计划（2017—2030年）》。**

［目　文］　《计划》由四个部分组成：一、总体要求。二、完善实施策略。三、开展重大行动。四、加强组织实施。

《计划》指出，地方各级政府要结合本地实际，强化组织保障，统筹协调，制定实施方案，细化工作措施，将国民营养计划实施情况纳入政府绩效考评，确保取得实效。各级卫生计生部门要会同有关部门明确职责分工，加强督查评估，将各项工作任务落到实处。

6月30日

［纲　文］　**国务院批复国家发展改革委，同意《十三五”国家政务信息化工程建设规划》。**

［目　文］　批复说，一、原则同意《“十三五”国家政务信息化工程建设规划》，请认真组织实施。二、《规划》实施要全面贯彻党的十八大和十八届三中、四中、五中、六中全会精神，认真落实党中央、国务院决策部署，紧紧围绕“五位一体”总体布局和“四个全面”战略布局，牢固树立创新、协调、绿色、开放、共享的发展理念，面向改革治理需要和社会公众期望，聚焦政府治理和改革发展重点任务，构建大平台、大数据、大系统顶层框架，加强政务信息化建设，大力推进整合共享，增强发展能力，提升服务水平，确保信息安全，建设形成满足国家治理体系和治理能力现代化要求的政务信息化体系。三、通过实施《规划》，推动政务信息化建设迈入“集约整合、全面互联、协同共治、共享开放、安全可信”的新阶段。

批复要求，各地区、各部门及有关单位要进一步凝聚共识、统一步调，强化《规划》实施的组织领导和工作协调。国家发展改革委要加强项目统筹管理，优化项目审批流程，科学组织工程建设，及时协调解决《规划》实施中存在的问题。各项目建设单位要强化政务信息系统互联互通、数据共享开放和业务协同联动，切实提高工程建设的整体效能和投资效益。加强实施效果评价和监督检查，《规划》总体实施情况由国家发展改革委汇总后定期向国务院报告，确保《规划》各项目标任务顺利实现。

6月30日

［纲　文］ **统计局印发《国家统计局统计执法“双随机”抽查办法（试行）》。**

［目　文］ 《办法》共6章26条。主要有总则、随机抽查事项清单、检查对象名录库和执法检查人员名录库、随机抽查工作细则、抽查结果的公开和运用、附则等内容。自2017年9月1日起施行。

6月30日

［纲　文］ **水体污染控制与治理科技重大专项“十三五”实施推进会在北京举行。**

［目　文］ 会议传达国务院重大专项实施推进会精神，总结水专项十年取得的经验和成效，加快推动落实“十三五”工作。水专项第一行政责任人、环境保护部副部长黄润秋出席会议并讲话。京津冀区域、太湖流域相关省（市）水专项协调领导小组办公室负责人，水专项总体专家组、标志性成果责任专家、“十三五”项目牵头单位负责人、项目（课题）负责人以及部分“十二五”课题负责人参加了会议。

6月30日

［纲　文］ **外交部发言人表示，中方强烈敦促美方撤销售台武器计划。**

［目　文］ 发言人说，6月30日，美国政府宣布向台湾出售总值约14亿美元的武器装备。中方指出，台湾是中国领土不可分割的一部分。美方向台湾出售武器严重违反国际法和国际关系基本准则，严重违反中美三个联合公报原则，损害中国主权和安全利益。中方对此坚决反对。任何人都不能动摇中国政府和人民捍卫国家主权和领土完整，反对外来干涉的坚定意志和决心。中方强烈敦促美方恪守在中美三个联合公报中作出的严肃承诺，撤销上述售台武器计划，停止美台军事联系，以免对中美关系和双方重要领域合作造成进一步损害。

就日前印度边防部队在中印边界锡金段越过边界线进入中方一侧。发言人表示，印军越界进入中国领土事实不可否认。中印双方外交沟通的渠道一直是畅通的，造成目前事态的症结是印度边防人员违反印方已经承认的两国划界共识，非法越界进入中国境内。中印边界锡金段具有明确的法律依据。根据1890年《中英会议藏印条约》第一款规定，西藏与锡金以流入锡金梯斯塔河及其支流的水流和流入西藏莫竹河及向北流入其他西藏境内河流的水流间的分水岭为边界。该段边界线起自与不丹交界的吉姆马珍山，并沿上述分水岭行至与尼泊尔边界。根据这一条约规定，洞朗地区属于中国领土，印军越界地区的分水岭情况非常清楚，印军越界进入了中国领土是不可否认的事实。印军此举违背了历史界约，也违反了印度历届政府的承诺。

7 月

7月1日

［纲　文］ **中共中央印发修改后的《中国共产党巡视工作条例》，自2017年7月10日起施行。**

7月1日

［纲　文］ **国家主席习近平特使、全国政协副主席、科技部部长万钢在法国斯特拉斯堡出席欧盟为德国前总理科尔举行的葬礼。**

7月1日

［纲　文］ **《人民日报》发表题为《沿着“一国两制”正确方向行稳致远——祝贺香港回归祖国二十周年》的社论。**

7月1日

［纲　文］ **《人民日报》发表题为《永葆共产党人的奋斗精神——热烈庆祝中国共产党成立九十六周年》的社论。**

7月1日—10月9日

［纲　文］ **“万寿载德——清宫帝后诞辰庆典”展览在香港历史博物馆举办。**

［目　文］ 展览由故宫博物院与香港特区政府康乐及文化事务署合作举办。展品包括长近28米、描绘乾隆为庆祝崇庆皇太后60岁大寿而举行的庆寿活动场景的《崇庆皇太后万寿图》卷第四卷“兰殿延禧”、将康熙亲笔御书刺绣成寿礼的“万寿无疆”大匾、时为皇子的乾隆为雍正帝60岁寿辰所准备的贺寿礼物“弘历楷书《如来陀罗尼经》册”、碧玉交龙钮“古稀天子之宝”、石青色缎绣四团彩云福如东海金龙纹袷衮服，以及紫檀座玉石蓬莱仙境和象牙雕桃蝠纹盖碗。为配合展览，香港历史博物馆举办了研讨会、讲座、工作坊、导览和外展等活动，让观众了解清朝皇帝和皇太后贺寿的场景和礼仪。

7月2日

［纲　文］ **国务委员杨洁篪在北京会见国际奥委会主席巴赫。**

［目　文］ 杨洁篪表示，中国同国际奥委会保持着良好合作。习近平主席今年1月对国际奥委会进行历史性访问，将双方关系提升到新高度。希望双方继续深化合作，共同把2022年北京冬奥会办成一届精彩、非凡、卓越的奥运盛会。

巴赫表示，中国对奥林匹克运动发展作出了巨大贡献。相信在中方和国际奥委会共同努力下，北京冬奥会必将成为一次精彩成功的盛会。

7月2日

［纲　文］　**外交部发言人就美国“斯坦塞姆”号导弹驱逐舰擅自进入中国西沙群岛领海事表示，中方强烈敦促美方立即停止此类严重侵犯中国主权、威胁中国安全的挑衅行动。**

［目　文］　有记者问：据外电报道，7月2日，美国“斯坦塞姆”号导弹驱逐舰进入中国西沙群岛领海。请问中方对此有何评论？

发言人说：7月2日，美国“斯坦塞姆”号导弹驱逐舰擅自进入中国西沙群岛领海。中国随即派出军舰和战斗机对美舰实施警告驱离。西沙群岛是中国固有领土。根据《中华人民共和国领海及毗连区法》，中国政府于1996年公布了西沙群岛的领海基线。中国有关法律对外国军舰进入中国领海有关事宜作出了明确规定。美方打着“航行自由”的旗号，再次派遣军舰擅自进入中国西沙群岛领海，违反中国法律及相关国际法，严重侵犯中国主权，破坏有关海域的和平、安全和良好秩序，危及中方岛上设施及人员安全，是严重的政治和军事挑衅行动。中方对美方有关行径表示强烈不满和坚决反对。当前，在中国和东盟国家的共同努力下，南海局势趋缓降温，并不断呈现积极发展态势。美方刻意在南海挑起事端，与地区国家求稳定、促合作、谋发展的共同愿望背道而驰。

7月2日

［纲　文］　**新加坡平社捐赠京剧名家书画作品展暨墨宝捐赠仪式在北京梅兰芳大剧院举行。**

［目　文］　新加坡平社将珍藏的京剧大师梅兰芳、周信芳、马连良、尚小云、谭富英和文化界知名人士吴祖光等珍贵书法、绘画作品无偿赠予中国国家京剧院永久收藏。文化部部长雒树刚出席捐赠仪式，为捐赠者颁发捐赠证书，会见新加坡平社名誉社长陈木辉、社长杨惠成，并参观京剧名家作品展。

新加坡平社成立于1940年，是海外知名研究传播京剧的艺术团体。

7月2日

［纲　文］　**《人民日报》发表题为《相信自己 相信香港 相信国家》的评论员文章。**

7月2—12日

［纲　文］　**第41届世界遗产大会在波兰克拉科夫举行。**

［目　文］　7日，中国青海可可西里经世界遗产委员会一致同意，获准列入《世界遗产名录》，成为中国第51处世界遗产，也是我国面积最大的世界自然遗产地。

8日，福建省鼓浪屿获准列入《世界文化遗产名录》。至此，中国已拥有52处世界遗产。

7月3日

［纲　文］　**国家主席习近平应约同美国总统特朗普通电话。**

［目 文］ 习近平指出，我和总统先生在海湖庄园会晤以来，中美关系取得重要成果。与此同时，两国关系也受到一些消极因素的影响，中方已向美方表明了立场。我们很重视总统先生重申美国政府坚持奉行一个中国政策，希望美方切实按照一个中国原则和中美三个联合公报妥善处理涉台问题。中美双方应该按照我们在海湖庄园达成的共识，牢牢把握中美关系发展大方向，坚持相互尊重、互惠互利的原则，聚焦合作、管控分歧，推动中美关系取得更多实实在在的进展。当前，全球经济面临挑战。中美有必要同其他成员一道，加强二十国集团作用，形成合力。各成员应该加强沟通、协调、合作，围绕“塑造联动世界”的主题，推动汉堡峰会取得积极成果，促进世界经济增长。

特朗普表示，美中关系前景广阔，我们两国拥有广泛共同利益，可以相得益彰。我愿重申，美国政府继续坚持一个中国政策，这一立场没有变化。即将在德国汉堡举行的二十国集团领导人峰会议题广泛，十分重要。我期待着同习近平主席及其他领导人就共同关心的重大问题深入探讨。

7月3—8日

［纲 文］ **国家主席习近平应邀对俄罗斯、德国进行国事访问并出席二十国集团领导人第12次峰会。**

［目 文］ 陪同习近平出访的有：习近平夫人彭丽媛、中央政策研究室主任王沪宁、国务院副总理汪洋、中央办公厅主任栗战书、国务委员杨洁篪、中国人民银行行长周小川等。

3—4日，习近平应俄罗斯总统普京邀请对俄罗斯访问。期间，习近平与普京举行了会见、会谈。两国元首就共同关心的重大问题深入交换意见，畅叙中俄友谊，共谋两国关系未来发展。双方一致认为，中俄双方要保持战略协作，劝和促谈，妥善应对朝鲜半岛形势，推动各方通过对话谈判妥善解决朝鲜半岛核问题。“萨德”问题关系地区战略平衡，中俄双方反对在韩国部署“萨德”反导系统的立场是一致的。两国元首积极评价中俄传统友谊和双边关系发展成就，决定携手努力，巩固和发展平等信任、相互支持、共同繁荣、世代友好的中俄全面战略协作伙伴关系，更好惠及两国人民和各国人民。两国元首签署了《中华人民共和国和俄罗斯联邦关于进一步深化全面战略协作伙伴关系的联合声明》《中华人民共和国和俄罗斯联邦关于当前世界形势和重大国际问题的联合声明》，批准了《〈中华人民共和国和俄罗斯联邦睦邻友好合作条约〉实施纲要（2017年至2020年）》，并见证了《中华人民共和国外交部和俄罗斯联邦外交部关于朝鲜半岛问题的联合声明》以及经贸、农业、能源、基础设施建设、金融、文化、创新、媒体、信息网络、检验检疫等领域多项双边合作文件的交换。两国元首共同会见了记者。普京向习近平授予俄罗斯国家最高勋章“圣安德烈”勋章。习近平会见了俄罗斯联邦政府总理梅德韦杰夫；与普京共同会见了中俄友好、和平与发展委员会，媒体和企业界代表。

4—6日，习近平应德国总统施泰因迈尔邀请对德国访问。4日，习近平在德国主流媒体发表题为《为了一个更加美好的世界》的署名文章。

访问期间，习近平在柏林会见德国总统施泰因迈尔。两国元首深入交流，就下阶段中德关系发展达成广泛共识；与德国总理默克尔举行会见、会谈。两国领导人介绍了各自国内发展，并就共同关心的问题交换看法。双方高度评价中德传统友好，为中德全方位战略伙伴关系下阶段发展描绘新蓝图、明确新目标、规划新路径，一致同意深化政治互信、加强务实合作、深化人文交流、密切多边配合，推动中德关系百尺竿头更进一步，并共同见证了航天、智能制造、工业互联网、数字化、第三方市场、大熊猫合作研究等领域多项双边合作文件的签署。习近平同默克尔共同出席柏林动物园大熊猫馆开馆仪式并分别致辞，还共同观看了中德青少年足球友谊赛。习近平在柏林分别会见了韩国总统文在寅和德国社会民主党主席舒尔茨。

7—8 日，习近平应德国总理默克尔邀请，出席在德国汉堡举行的二十国集团领导人第 12 次峰会并发表题为《坚持开放包容 推动联动增长》的讲话，强调二十国集团要坚持建设开放型世界经济大方向，为世界经济增长发掘新动力，使世界经济增长更加包容，完善全球经济治理，推动联动增长，促进共同繁荣，向着构建人类命运共同体的目标迈进。

峰会通过了《二十国集团领导人汉堡峰会公报》，强调应对当今时代挑战、塑造联动世界是二十国集团作为国际经济合作主要论坛的共同目标。承诺在杭州峰会成果基础上携手合作，推动贸易投资，发挥数字化潜力，推动可持续发展，与非洲国家建立伙伴关系，实现强劲、可持续、平衡和包容增长，塑造全球化，造福全人类。

会议期间，习近平在汉堡主持金砖国家领导人非正式会晤。南非总统祖马、巴西总统特梅尔、俄罗斯总统普京、印度总理莫迪出席。五国领导人围绕世界政治经济形势和二十国集团重点议题深入交换意见，就金砖国家加强团结协作、合力构建开放型世界经济、完善全球经济治理、促进可持续发展达成重要共识。习近平还分别会见了汉堡市市长肖尔茨、新加坡总理李显龙、美国总统特朗普、法国总统马克龙，应约会见了日本首相安倍晋三。

7 月 3 日

［纲　文］　**国家主席习近平致电祝贺非洲联盟第 29 届首脑会议召开**。

［目　文］　习近平指出，非洲联盟是非洲联合自强的旗帜。非盟积极推进非洲一体化进程，推动非洲国家在重大国际和地区问题上用一个声音说话，取得显著成果。衷心祝愿非盟引领非洲国家在和平与发展的事业中不断取得新的更大成就。中非合作论坛约翰内斯堡峰会成果落实取得重要早期收获，助力非洲经济社会发展。中方将继续秉持真实亲诚对非政策理念和正确义利观，积极推动中非“十大合作计划”和“一带一路”建设同非盟《2063 年议程》对接，推动中非全面战略合作伙伴关系深入发展，更好造福中非人民。

3—4 日，第 29 届非洲联盟首脑会议在非盟总部（埃塞俄比亚首都亚的斯亚贝巴）召开。

7 月 3 日

［纲　文］　**国务院在中南海举行宪法宣誓仪式**。

［目　文］　国务院总理李克强监誓。国务院副总理张高丽、刘延东、汪洋、马凯，

国务委员常万全、王勇，以及国务院有关部门主要负责人等参加仪式。根据《全国人民代表大会常务委员会关于实行宪法宣誓制度的决定》和《国务院及其各部门任命的国家工作人员宪法宣誓组织办法》，2016 年 9 月至 2017 年 5 月国务院任命的 39 个部门的 62 名负责人依法进行宪法宣誓。李克强勉励大家铭记誓言，依宪履职、为民履职、勤政有为、清廉守正，不辜负党和人民的重托。

7 月 3 日

［纲　文］　**扶贫领域监督执纪问责工作电视电话会在北京召开。**

［目　文］　中央纪委书记王岐山出席并讲话，中央纪委副书记赵洪祝主持会议。电视电话会议在全国省市县纪委设 3000 多个分会场，12 万多名纪检监察干部参加。

王岐山指出，人民群众对美好生活的向往就是我们的奋斗目标。脱贫攻坚是一场硬仗，考校着纪检监察干部的思想政治水平。要从中央纪委和省级纪委做起，一级抓一级、层层传导压力，推动管党治党政治责任落实到基层。要以党中央关于脱贫攻坚的要求为尺子，瞪大眼睛、拉长耳朵，重点查处贯彻中央脱贫工作决策部署不坚决不到位，弄虚作假、阳奉阴违的行为，确保中央政令畅通。坚决纠正以形式主义、官僚主义对待扶贫工作、做表面文章的问题，树立起实事求是、求真务实的鲜明导向。严肃查处贪污挪用、截留私分，优亲厚友、虚报冒领，雁过拔毛、强占掠夺问题，对胆敢向扶贫资金财物“动奶酪”的严惩不贷。要定期梳理汇总信访举报问题，建立问题线索移送查处机制，问题突出、反映集中的要督查督办。对搞数字脱贫、虚假脱贫的，对扶贫工作不务实不扎实、脱贫结果不真实、发现问题不整改的要严肃问责，使脱贫成效让群众认可，经得住历史的检验，确保党的好政策落到实处，增强群众的获得感。

7 月 3 日

［纲　文］　**国务院办公厅印发《关于成立国家教材委员会的通知》。**

［目　文］　《通知》说，为贯彻落实《关于加强和改进新形势下大中小学教材建设的意见》，进一步做好教材管理有关工作，国务院决定成立国家教材委员会。国家教材委员会的主要职责为指导和统筹全国教材工作，贯彻党和国家关于教材工作的重大方针政策，研究审议教材建设规划和年度工作计划，研究解决教材建设中的重大问题，指导、组织、协调各地区各部门有关教材工作，审查国家课程设置和课程标准制定，审查意识形态属性较强的国家规划教材。国家教材委员会主任由国务院副总理刘延东担任，副主任分别为教育部部长陈宝生、中央宣传部副部长黄坤明，秘书长由教育部副部长朱之文担任。国家教材委员会办公室设在教育部，由教育部教材局承担办公室工作。专家委员实行 5 年任期制，也可根据需要进行调整，由办公室提出建议，报委员会主任批准。

4 日，刘延东在北京出席国家教材委员会第 1 次全体会议时指出，教材建设是事关未来的战略工程、基础工程，教材体现国家意志。要坚持党的教育方针，把握正确方向和价值导向，加强社会主义核心价值观和优秀传统文化、民族精神教育，帮助学生扣好人生第一粒扣子。要尊重教育规律和学生成长规律，提升教材思想性、科学性、时代性，逐步形成适应中国特色社会主义发展要求、立足国际学术前沿、门类齐全、学段衔接的教材体系。要深化改革创新，加强完善教材各环节管理，使教材建设规范有序。刘延东希望国家教材委履行好管总、把关、协调职能，统筹指导教材建设；希望各位委员坚持立德树人，严谨求实、精编细选，使教材经得起实践、人民和历史检验。

国家教材委是新中国成立以来首次成立，由各领域资深专家和有关部门负责人组成。

7月3日

［纲　文］　**国务院办公厅印发《关于调整国务院三峡工程建设委员会组成人员的通知》。**

［目　文］　《通知》说，根据人员变动情况和工作需要，国务院决定对国务院三峡工程建设委员会组成人员作如下调整：一、发展改革委主任何立峰、湖北省省长王晓东、重庆市市长张国清任国务院三峡工程建设委员会副主任，人力资源社会保障部副部长汤涛、国土资源部副部长凌月明、水利部副部长叶建春、人民银行行长助理刘国强、能源局副局长李凡荣、湖北省副省长黄楚平、国家电网公司总经理寇伟任国务院三峡工程建设委员会委员。二、免去徐绍史、黄奇帆的国务院三峡工程建设委员会副主任职务，免去信长星、汪民、刘宁、潘功胜、李仰哲、任振鹤、舒印彪的国务院三峡工程建设委员会委员职务。

7月3日

［纲　文］　**国务院办公厅印发《关于深化医教协同进一步推进医学教育改革与发展的意见》。**

［目　文］　《意见》由六个部分组成：一、总体要求。二、加快构建标准化、规范化医学人才培养体系，全面提升人才培养质量。三、促进医学人才供给与需求有效衔接，全面优化人才培养结构。四、创新体制机制，加强医教协同管理。五、完善人才使用激励政策。六、完善保障措施。

《意见》指出，各地各有关部门要充分认识医教协同推进医学教育改革发展的重要意义，提高思想认识，加强组织领导，强化部门协同，明确责任分工，狠抓贯彻落实。各省（区、市）要在2017年9月底前出台具体实施方案。

7月3日

［纲　文］　**国务院批复国家统计局，同意《中国国民经济核算体系（2016）》。**

［目　文］　批复说，一、原则同意《中国国民经济核算体系（2016）》，由国家统计局印发实施。二、《核算体系》实施要全面贯彻党的十八大和十八届三中、四中、五中、六中全会精神，深入贯彻习近平总书记系列重要讲话精神和治国理政新理念新思想新战略，认真落实党中央、国务院决策部署，统筹推进“五位一体”总体布局和协调推进“四个全面”战略布局，牢固树立和贯彻落实创新、协调、绿色、开放、共享的发展理念，立足我国经济社会发展实际，充分吸收借鉴国际经验，遵循统计工作客观规律，深化统计管理体制改革，充分发挥国民经济核算体系在推进国家治理体系和治理能力现代化中的重要作用，着力增强统计工作科学性权威性和统计数据真实性准确性，更好服务宏观调控和经

济社会发展。三、国家统计局要牵头做好《核算体系》的组织实施工作，加强跟踪分析，做好综合协调，及时发现和研究解决《核算体系》实施中出现的问题。有关核算方法改革事项要按程序向国务院请示报告。国务院各有关部门要充分认识实施《核算体系》的重要意义，密切协调配合，加强信息共享，及时提供核算所需的财务统计、业务统计和行政记录资料，并按《核算体系》要求改革各自行业统计制度方法。地方各级人民政府要加强组织领导，切实负起责任，结合各自实际，扎实稳妥推进，并给予必要的人力、财力和物力保障。

7月3日

［纲　文］　**国务院在北京召开构建开放型经济新体制综合试点试验中期汇报会议**。

［目　文］　国务院副总理汪洋出席会议并讲话。商务部部长钟山、国家发改委副主任宁吉喆及部分试点地区就试点工作情况进行汇报。

汪洋对一年来综合试点试验取得的阶段性进展给予充分肯定并指出，制度创新是开展构建开放型经济新体制综合试点试验的核心任务。要发挥综合试点试验的优势，在构建开放型经济运行管理新模式、各类开发区协同开放新机制、国际投资合作新方式、质量效益型外贸促进新体系等方面加强探索、努力取得突破，形成与国家新一轮对外开放战略相适应的制度环境。要坚持从实际出发，有步骤、有重点地推进试点任务，围绕制约本地区开放型经济发展的关键问题持续发力，提升外向型经济发展水平。试点地区要加强组织领导，健全工作协调机制，明确改革试点任务清单、进度安排和责任主体，加强督促检查，确保如期高质量完成各项试点任务。有关部门要鼓励地方大胆试、大胆闯、自主改，有针对性地加强政策协调，破解带有普遍性的政策问题和体制机制障碍。做好中期总结评估，查找短板弱项，梳理试点试验成功案例，研究论证后适时向全国复制推广。

7月3日

［纲　文］　**文化部在北京召开2017年全国文化厅局长座谈会**。

［目　文］　文化部部长雒树刚出席会议并讲话。各省区市文化厅（局）、新疆生产建设兵团文化广播电视局和各计划单列市文化局主要负责人、国家文物局负责人参加会议。会议总结了2017年上半年工作，对下一阶段的工作进行部署。

7月3日

［纲　文］　**国家林业局在北京召开全国林业厅局长电视电话会议**。

［目　文］　会议由国家林业局副局长张永利主持，国家林业局局长张建龙做总结讲话。山西、河南、湖北、海南、青海省林业厅，武警内蒙古森林总队、国家公园办分别发言。

会议指出，2017年上半年，全国完成造林6578万亩，占年度计划的66%；完成森林抚育5859万亩，占年度计划的49%。林业产业发展态势稳中有升，林业产业总产值达2.77万亿元，同比增长7.4%；林产品进出口贸易额达709.7亿美元，同比增长10.8%。森林旅游保持强劲发展势头，游客量达7亿人次，同比增长16.7%。多个省份出台了贯彻落实《国务院办公厅关于完善集体林权制度的意见》的具体措施，稳定集体林地承包关系、放活生产经营自主权、推动适度规模经营、完善社会化服务体系等改革进展明显。全国59%的国有林场县级改革方案完成审批，近期将向国务院上报重点国有林区林场债务化解意见。20个省份基本完成《湿地保护修复制度方案》配套文件制定。

7月3日

［纲　文］　**最高人民法院举行首批367名员额法官宣誓仪式。**

［目　文］　最高人民法院机关首批员额法官选任工作完成，标志着法官员额制改革在全国法院已经全面落实。最高法首批入额法官共367名，占编制总数的27.8%。入额法官平均年龄47岁，平均法律工作经历22年，其中，博士学历119人，占32.43%，硕士学历205人，占55.86%。这些法官均承办过疑难复杂案件或曾参与起草重要司法解释，具有较强的审判业务能力和丰富的审判实践经验。

7月3日

［纲　文］　**中央财政拨付暴雨洪涝救灾资金18.8亿元。**

［目　文］　湖南、江西、贵州、浙江等省份发生暴雨洪涝等灾害，给人民群众生产生活造成较大影响。为帮助地方全力做好救灾工作，中央财政紧急下拨湖南、江西、贵州、浙江等20个省份补助资金18.8亿元，其中：自然灾害生活补助资金7亿元，由省级统筹用于灾区受灾群众紧急转移安置、过渡性生活救助、倒损住房恢复重建和向因灾死亡人员家属发放抚慰金等救灾支出；特大防汛抗旱及农业生产救灾补助资金11.8亿元，用于防汛抢险、水毁水利设施修复和农业生产救灾及灾后恢复生产等。

7月3日

［纲　文］　**商务部发布《中国零售行业发展报告（2016/2017年）》。**

［目　文］　《报告》显示，截至2016年底我国零售业经营单位共有1811.91万个，同比增长5.2%。全年商品零售额近29.7万亿元，同比增长10.4%，整体债务水平略有下降，企业利润规模小幅上涨，行业劳动效率小幅提高。便利店、购物中心、超市业态销售额增长较快，增速分别为7.7%、7.4%和6.7%。2016年下半年以来，大型零售企业销售情况明显好转，实体零售出现结构性回暖迹象。

7月3日

［纲　文］　**工业和信息化部公布《无线电频率使用许可管理办法》《工业和信息化部行政复议实施办法》《电信业务经营许可管理办法》，自2017年9月1日起施行。**

7月3日

［纲　文］　**工业和信息化部印发《国家中小企业公共服务示范平台认定管理办法》。**

［目　文］　《办法》共6章28条，主要有总则、主要功能、认定条件、认定程序、认定管理、附则等内容。自2017年7月3日起施行。2012年工业和信息化部印发的《国家中小企业公共服务示范平台认定的管理办法》（工信部企业〔2012〕197号）同时废止，已认定和通过复审示范平台的有效期按新办法执行。

7月3日

［纲 文］ **教育部印发《进一步加强普通高校高水平运动队建设的实施意见》。**

7月3日

［纲 文］ **东方超环首次获得百秒量级稳态高约束模等离子体人造太阳。**

［目 文］ 中国科学院合肥物质科学研究院等离子物理研究所宣布，我国的全超导托卡马克核聚变实验装置（中文名为东方超环，简称EAST）在全球首次实现了稳定的101.2秒稳态长脉冲高约束模等离子体运行，创造了新的世界纪录，为人类开发利用核聚变清洁能源奠定了重要的技术基础。

EAST是高11米、直径4米、重达400吨的大科学装置，是我国第四代核聚变实验装置。EAST的建设目标是对受控核聚变相关的前沿物理问题开展探索性实验研究，为未来稳态、安全、高效的先进商业聚变堆提供物理和工程技术基础。由于核聚变的反应原理跟太阳类似，所以也被称为人造太阳。表明我国磁约束聚变研究在稳态运行的物理和工程方面将继续引领国际前沿，对国际热核聚变试验堆（ITER）和未来中国聚变工程试验堆（CFETR）建设和运行具有重大的科学意义。

7月3日

［纲 文］ **《人民日报》报道，国务院国有资产监督管理委员会原党委副书记、副主任张喜武因严重违纪受到撤销党内职务、行政撤职处分。**

［目 文］ 经查，张喜武身为党的高级领导干部，严重违反政治纪律和政治规矩，在党内选举中搞拉票等非组织活动，打探巡视信息；违反组织纪律，利用职权为亲属在职务晋升等方面谋取利益，且在组织函询时不如实说明问题；违反廉洁纪律，违规从事营利活动；违反工作纪律，履行全面从严治党主体责任不力。依据《中国共产党纪律处分条例》等有关规定，经中央纪委常委会会议研究并报中央政治局会议审议，决定给予张喜武同志撤销党内职务处分，由监察部报请国务院批准给予其行政撤职处分，降为正局级非领导职务；终止其党的十八大代表资格；收缴其违纪所得。

7月3—5日

［纲 文］ **刘云山在河南调研。**

［目 文］ 中共中央政治局常委、中央书记处书记刘云山在济源、三门峡的农村、社区、企业和机关，就抓党建促脱贫攻坚调研时指出，要深入贯彻习近平总书记关于脱贫攻坚一系列重要指示精神，切实担起抓党建促脱贫攻坚的政治责任，充分发挥党的政治优势和组织优势，以苦干实干带领群众致富奔小康。

调研期间，刘云山主持召开座谈会，就党建工作如何为脱贫攻坚提供组织保证，听取基层同志意见时指出，打赢脱贫攻坚战，关键靠党的领导，发挥好党组织的领导核心作用。要把推进“两学一做”学习教育常态化制度化同脱贫攻坚结合起来，坚持问题导向、注重实际效果，把党的一切工作落实到支部，选优配强村党组织带头人，发挥“第一书记”和驻村工作队作用，使基层党组织成为脱贫攻坚的坚强堡垒。认真落实党中央要求，保持贫困县党政正职稳定，不脱贫不调整、不摘帽不换人，真正沉下心来、心无旁骛抓好脱贫攻坚工作。扶贫一线是锻炼干部的主战场，要树立鲜明用人导向，在脱贫攻坚中培养、磨砺和选拔干部，对那些工作有激情有办法、实绩突出的要提拔使用。要坚持求真务实，将扶贫业绩写在大地上，以优异成绩迎接党的十九大胜利召开。

7月3—4日

［纲　文］　**李源潮在山东调研。**

［目　文］　中共中央政治局委员、国家副主席李源潮在枣庄和济南分别召开群团改革调研座谈会，听取基层群团干部意见。他说，青妇科侨要增强“四个意识”，带领所联系群众紧密团结在以习近平同志为核心的党中央周围，为全面建成小康社会、实现中国梦建功立业。要坚持党的领导，保持和增强群团组织和工作的政治性、先进性、群众性，确保在改革中把正方向、解决问题、聚焦基层、重在实效。要加强基层群团力量，在基层党组织领导下共建共用基层服务群众阵地，做到阵地共建、活动共办，共同服务群众。群团干部要树立良好群众工作作风，真正沉到基层一线，直接联系服务群众。要加快建设网上群团，积极推进群团组织和工作的网上改革转型，开展网上联系、网上服务、网上引导、网上动员。要落实党建带群建制度，形成党建带群建、党群共建的有效机制，推动改革从上到下落实到基层。

7月3—6日

［纲　文］　**刘奇葆在甘肃调研。**

［目　文］　中共中央政治局委员、中宣部部长刘奇葆在兰州、酒泉、嘉峪关、敦煌等地的企业、社区、村社和宣传文化单位，考察社会主义核心价值观建设、基层公共文化服务、文化改革发展、文物保护利用等工作，与基层干部群众座谈。

刘奇葆指出，要认真学习贯彻习近平总书记系列重要讲话精神和治国理政新理念新思想新战略，深入挖掘特色文化资源，充分发挥文化对经济发展的促进作用。精心组织“治国理政新思想新实践”和“砥砺奋进的五年”重大主题宣传，激发全社会团结奋进的强大正能量，为党的十九大胜利召开营造良好思想舆论氛围。甘肃历史文化厚重，要充分挖掘好、推介好、弘扬好，把文化充分融入经济、旅游、金融、制造等领域，提高发展的文化内涵，从而提升经济发展质量。

7月4日

［纲　文］　**马凯在北京调研。**

［目　文］　国务院副总理马凯在新能源汽车充换电设施、充电服务平台、分时租赁等单位调研，并主持召开推广应用座谈会时指出，我国新能源汽车取得长足发展，产业体系基本建立，创新能力持续提升，2016年我国新能源汽车产销量、保有量全球占比均超过50%。当前我国新能源汽车发展仍处于爬坡过坎、攻坚克难的关键阶段，要始终坚持发展新能源汽车国家战略不动摇，继续按照“市场主导、创新驱动、重点突破、协调发展”

的要求，在统筹上狠下功夫，在创新上取得更大进展。

7月4日

［纲　文］　**国务院办公厅印发《国务院办公厅关于公布黑龙江盘中等17处新建国家级自然保护区名单的通知》。**

［目　文］　《通知》说，黑龙江盘中等17处新建国家级自然保护区已经国务院审定，现将名单予以公布。新建国家级自然保护区的面积、范围和功能分区等由环境保护部另行公布。有关地区要按照批准的面积和范围组织勘界，落实自然保护区土地权属，并在规定的时限内标明区界，予以公告。自然保护区是推进生态文明、建设美丽中国的重要载体。强化自然保护区建设和管理，是贯彻落实新发展理念的具体行动，是落实生态保护红线、维护国家生态安全的重要保障，是保护生物多样性、确保各类自然生态系统安全稳定、改善生态环境质量的有效举措。有关地区和部门要严格执行自然保护区条例等有关规定，认真贯彻《国务院办公厅关于做好自然保护区管理有关工作的通知》（国办发〔2010〕63号）要求，严格落实生态环境保护责任，加强组织领导和协调配合，加大对涉及自然保护区各类环境违法违规行为的监管执法力度，妥善处理好自然保护区管理与当地经济建设及居民生产生活的关系，确保各项管理措施得到落实，不断提高国家级自然保护区建设和管理水平。

7月4日

［纲　文］　**中国人民银行发布《中国金融稳定报告（2017）》。**

［目　文］　《报告》认为，2016年，我国坚持稳中求进的工作总基调，国民经济运行缓中趋稳、稳中向好，金融业改革不断深化，金融市场平稳运行，金融机构整体稳健，金融基础设施建设取得新的进展，宏观审慎政策框架不断完善，实现了“十三五”良好开局。

《报告》指出，2016年，世界经济缓慢复苏，发达经济体面临一系列政治、经济挑战，新兴市场经济体有所企稳，但仍面临调整与转型压力。面对日趋复杂的国内外经济金融形势，我国继续实施积极的财政政策和稳健的货币政策，经济增速保持平稳，产业结构持续优化，需求结构继续改善，国际收支总体平衡，消费价格温和上涨，工业企业效益有所好转，就业形势保持稳定，银行体系流动性合理充裕，社会融资规模平稳较快增长，货币金融环境基本稳定。

7月4日

［纲　文］　**中央财政187.6亿元支持草原补助奖励政策。**

［目　文］　财政部发布，为推动我国草原生态保护，加强生态文明建设，2017年中央财政安排资金187.6亿元，继续支持实施草原生态保护补助奖励政策（简称“草原补奖政策”）。资金主要用于实施禁牧补助、草畜平衡奖励和绩效评价奖励，其中用于实施绩效评价奖励的资金，以各地2016年度草原补奖政策绩效评价结果为主要依据安排，并向西藏和四个藏区省份倾斜，推动当地畜牧业发展和草原保护建设。

7月4日

［纲　文］ **中国证券监督管理委员会公布《中国证监会关于开展创新创业公司债券试点的指导意见》。**

［目　文］ 《意见》由四个部分组成：一、总体要求。二、试点范围。三、制度安排。四、保障措施。自2017年7月4日起施行。

7月4日

［纲　文］ **中俄友好、和平与发展委员会第11次全体会议在莫斯科举行。**

［目　文］ 委员会中方主席戴秉国和俄方主席季托夫共同主持会议，环境保护部副部长赵英民出席会议并发言。委员会中方主席戴秉国、俄方主席季托夫，双方各理事会主席及代表100余人与会。本次全会恰逢中俄友好、和平与发展委员会成立20周年。参加会议的委员会代表一致表示，将牢记两国领导人的嘱托，为巩固和发展两国友好关系贡献力量。

7月4日

［纲　文］ **国务院副总理刘延东在北京会见英国安妮公主。**

［目　文］ 刘延东高度评价英王室在促进中英各领域交流合作、增进人民了解与友谊方面发挥的特殊作用并说，2017年是中英建交45周年，中方高度重视中英关系发展，愿与英方共同努力，进一步增进政治互信，深化各领域务实合作，推动两国面向21世纪全球全面战略伙伴关系迈上更高水平。

安妮公主积极评价英中关系，表示英国王室愿致力于推动两国在体育和儿童保护等各领域合作与交流，不断增进两国人民间的了解与友谊。

7月4日

［纲　文］ **外交部部长王毅和俄罗斯外交部部长拉夫罗夫在莫斯科签署《中华人民共和国外交部和俄罗斯联邦外交部关于朝鲜半岛问题的联合声明》。**

［目　文］ 《声明》说，朝鲜4日宣称发射弹道导弹，中俄双方认为此举严重违反联合国安理会有关决议，双方对此均不能接受，强烈敦促朝鲜严格遵守安理会决议有关要求。中俄双方对朝鲜半岛及其周边局势发展表示严重关切，双方反对任何导致紧张和加剧矛盾的言行，呼吁有关国家保持克制，避免挑衅行动和好战言论，体现无条件对话意愿，共同为缓和紧张局势作出积极努力。中俄双方建议，朝鲜作出自愿政治决断，宣布暂停核爆试验和弹道导弹试射，美韩相应暂停举行大规模联合军演。中俄双方呼吁各方遵守“9·19共同声明”中阐述的承诺，尽早重启全面解决半岛问题的对话进程。军事手段不应成为解决朝鲜半岛问题的选项。中俄双方重申，在东北亚地区部署“萨德”系统严重损害包括中俄在内的域内国家战略安全利益，无助于实现朝鲜半岛无核化目标和地区和平稳定。双方反对部署上述系统，敦促有关国家立即停止并取消相关部署，商定将采取必要措施，切实维护两国安全利益和地区战略平衡。

同日，朝鲜宣布当天成功试射“火星—14”洲际弹道导弹。导弹按照预定轨道飞行

39分钟，准确命中朝鲜半岛东部海域公海上的预设目标。

外交部发言人表示，中方注意到有关报道，正在收集情况并跟踪形势发展。我们已经多次重申中方在有关问题上的立场。安理会有关决议对朝鲜利用弹道导弹技术进行发射活动有明确规定。中方反对朝方违反安理会决议进行有关发射活动，敦促朝方不要再采取有违联合国安理会决议的行为，为重启对话谈判创造必要条件。我要再次重申，当前朝鲜半岛局势复杂敏感，我们希望所有有关方面保持冷静克制，尽快缓解朝鲜半岛紧张局势，早日把半岛问题重新纳入和平对话的正确轨道。

7月4日

［纲　文］ **中央军委副主席许其亮在北京会见意大利国防秘书长兼装备部部长玛格拉斯**。

［目　文］ 许其亮说，近年来，中意两国高层交往频繁，各领域合作日益拓展，在联合国、二十国集团等多边框架内保持密切沟通和配合。两军关系保持良好发展势头，高层往来不断，专业领域机制化交流与合作开展顺利。中方高度重视两军关系，愿与意方一道，推动两军友好合作关系不断向前发展。

玛格拉斯表示，意方愿与中方加强和拓展各领域务实合作，不断丰富两国两军关系内涵。

7月4日

［纲　文］ **陈学俊逝世**。

［目　文］ 著名能源动力科学家，中国共产党的亲密朋友，九三学社的优秀领导人，九三学社中央委员会原名誉副主席，陕西省人大常委会原副主任，西安交通大学原副校长，中国科学院院士陈学俊，在西安逝世，享年99岁。

中共中央总书记习近平对陈学俊逝世表示沉痛哀悼并向家属表示诚挚慰问；李克强、张德江、俞正声、刘云山、张高丽、胡锦涛等领导同志以不同方式对陈学俊去世表示沉痛哀悼，对家属表示诚挚慰问。

7月4日

［纲　文］ **《人民日报》报道，经中共中央批准，中共中央纪委对第十八届中央委员，福建省原省委副书记、省长，中石化集团原党组书记、总经理苏树林严重违纪问题立案审查**。

［目　文］ 苏树林身为中央委员，完全丧失理想信念，毫无党性原则和宗旨意识，私欲膨胀，胆大妄为，严重违反党的纪律，并涉嫌违法犯罪，性质和情节极其恶劣，严重损害国家利益，破坏了相关地方和单位的政治生态，社会影响极坏，应予严肃处理。依据《中国共产党纪律处分条例》等有关规定，经中央纪委常委会会议研究并报中央政治局会议审议，决定给予苏树林开除党籍处分；由监察部报国务院批准，给予其开除公职处分；终止其党的十八大代表资格；收缴其违纪所得；将其涉嫌犯罪问题、线索及所涉款物移送司法机关依法处理。

2018年7月26日上午，上海市第二中级人民法院一审公开宣判苏树林受贿、国有企业人员滥用职权案，对被告人苏树林以受贿罪判处有期徒刑13年，并处罚金人民币300万元；以国有企业人员滥用职权罪判处有期徒刑7年，决定执行有期徒刑16年，并处罚金人民币300万元。对苏树林受贿所得财物及其孳息予以追缴，上缴国库。

7月4日

［纲　文］ **《人民日报》报道，经中共中央批准，中共中央纪委对第十八届中央候补委员，河北省人大常委会原党组书记、副主任杨崇勇严重违纪问题立案审查。**

［目　文］ 杨崇勇身为中央候补委员，忘记入党初心，丧失理想信念，毫无宗旨意识，私欲极度膨胀，严重违反党的纪律，并涉嫌违法犯罪，性质十分恶劣、情节特别严重，损害党的事业，污染河北省的政治生态，应予严肃处理。依据《中国共产党纪律处分条例》等有关规定，经中央纪委常委会会议研究并报中央政治局会议审议，决定给予杨崇勇开除党籍、开除公职处分；免去其河北省委委员职务，终止其党的十八大代表、河北省第九次党代会代表资格；收缴其违纪所得；将其涉嫌犯罪问题、线索及所涉款物移送司法机关依法处理。

2018年9月27日，天津市第二中级人民法院公开宣判河北省人大常委会原副主任杨崇勇受贿案，对被告人杨崇勇以受贿罪判处无期徒刑，剥夺政治权利终身，并处没收个人全部财产；对杨崇勇受贿所得财物及其孳息予以追缴，上缴国库，不足部分，继续追缴。

7月4—13日

［纲　文］ **省部级、厅局级加强文化自信和文化管理创新研讨班在北京举办。**

［目　文］ 研讨班由中央组织部、文化部、国家行政学院联合主办。来自各省区市党委或政府、新疆生产建设兵团分管负责人，中央和国家机关有关部委分管负责人，部分中管金融企业和中央企业负责人共35人，及各省区市政府、新疆生产建设兵团有关部门主要负责人，中央和国家机关有关部委的有关业务司局负责人共65人参加了研讨班。研讨内容有专题讲授、经验交流、案例教学、小组讨论及结构化研讨、现场教学、党性教育、座谈会等。

13日，国务院副总理刘延东出席研讨班座谈会时指出，要深入学习贯彻习近平总书记系列重要讲话精神，落实党中央、国务院决策部署，以文化自信支撑道路自信、理论自信、制度自信，开创文化繁荣发展新局面，为建设社会主义文化强国作出新贡献。

7月5日

［纲　文］ **李克强主持召开国务院常务会议。**

［目　文］ 会议主要内容是：一、部署整改审计查出的预算执行等问题，推动国家重大政策措施落地见效。会议指出，日前，2016年度中央预算执行和其他财政收支审计结果已向社会公布。下一步，要针对审计查出的政策不落实、资金使用不规范等问题，限时按项逐条推进整改。一要以整改为契机加快推进简政放权、放管结合、优化服务和营改

增等改革措施落地，抓紧落实化解过剩产能、脱贫攻坚、生态环保等方面的政策和项目。二要强化"三公"经费和扶贫、医保等民生领域资金管理，加强重点领域监管和风险防控，严防公共资金"跑偏"或沉淀。三要构建长效机制，有效遏制屡审屡犯现象，坚决杜绝整改造假。四要加大督查力度，对整改不力和不作为、乱作为的要严肃问责。有关部门、单位和地方的整改结果要于10月底前报告国务院，并在向全国人大常委会报告后向社会公开。二、听取投融资体制改革进展汇报，要求发挥社会资本作用促进有效投资。会议要求，要进一步聚焦对投资主体的不合理束缚加大改革力度。一要继续推进简政放权、放管结合、优化服务改革，在"多证合一"、放宽社会领域投资等方面加快取得新突破。二要优化事中事后监管和全过程服务，以"企业网上告知+政府在线监测"取代准入审查。三要拿出更多优质资产，通过政府与社会资本合作模式引入各类投资，回收资金继续用于新的基础设施和公用事业建设，实现良性循环。四要出台进一步激发市场活力的法规政策，营造公平法治环境，对在国内注册的内外资企业一视同仁，促进民间投资健康发展，增强对外资的吸引力。三、确定进一步降低物流成本的措施，持续为企业减负助力经济升级。会议确定，一是年内实现跨省大件运输许可全国联网，一地办证、全线通行。推动货运车辆和营运证的年检年审异地办理。开展快递工商登记"一照多址"改革，简化分支机构备案手续。年内实现全国通关一体化，将货物通关时间压缩三分之一。二是进一步减税清费。年底前实现统一开具高速公路通行费增值税电子发票。选择部分高速公路开展分时段差异化收费试点。三是规范公路货运执法，推动依托公路超限检测站，将由交通部门负责监督消除违法行为、公安交警单独实施处罚记分的治超联合执法模式常态化制度化，避免重复罚款。四是加强国家级物流枢纽和重要节点集疏运设施建设，大力发展多式联运和公路甩挂运输。五是支持发展第三方物流，推进物流车辆、设施器具等标准化、信息化、智能化，积极发展"互联网+"车货匹配等新业态。

7月5日

［纲　文］　**银监会公布修改后的《中国银监会中资商业银行行政许可事项实施办法》，自2017年7月5日起施行。**

7月5日

［纲　文］　**国家统计局公布《统计执法监督检查办法》。**

［目　文］　《办法》共6章50条，主要有总则、统计执法监督检查机构和执法检查人员、统计执法监督检查、统计违法行为的处罚、法律责任、附则等内容。自2017年9月1日起施行。《统计执法检查规定》同时废止。

7月5日

［纲　文］　**国土资源部印发《自然保护区内矿业权清理工作方案》。**

［目　文］　《方案》由五个部分组成：一、工作目标。二、基本原则。三、主要任务。四、进度安排。五、措施及要求。

《方案》指出，各级国土资源主管部门要牢固树立生态保护优先的理念，协调处理矿产资源开发利用与生态建设、环境保护之间的关系，将保护区内矿业权清理工作作为贯彻落实党中央、国务院关于生态文明建设战略要求、进一步提升矿政管理水平的一项重要任务，立即组织开展全面调查摸底和清理，制定工作方案，积极稳妥、扎实有效地完成保护区内矿业权清理工作各项任务。

7月5日

［纲 文］ **第5届金砖国家教育部长会议在北京举行。**

［目 文］ 中国教育部部长陈宝生、印度人力资源发展部部长雅瓦德卡尔、俄罗斯教育科学部副部长阿加洛德娃、巴西驻华大使马尚、南非高等教育与培训部高等教育司副总司长黛安·帕克等出席。本次会议以“金砖国家教育合作：促进卓越和公平”为主题，会议通过了《第五届金砖国家教育部长会议北京教育宣言》等成果文件，就金砖国家教育未来合作达成了一系列共识。

金砖国家教育部长会议是金砖国家推动教育发展的重要合作机制，前四届会议分别在巴黎、巴西利亚、莫斯科和新德里举行，第6届会议将在南非举行。

同日，国务院副总理刘延东在北京会见第5届金砖国家教育部长会议外方代表团团长时说，加强金砖人文交流，对于推动各国交流互鉴，提升金砖合作机制的凝聚力和吸引力具有重要意义。教育合作是金砖人文交流的重要内容，近年来在高校联合科研、人才共同培养等方面取得丰硕成果。希望各国教育部门以此次部长会议为契机，继续推动教育务实合作，为巩固金砖伙伴关系、夯实社会民意基础发挥积极作用。

7月5日

［纲 文］ **世界卫生组织向中国政府颁发“社会健康治理杰出典范奖”，以纪念中国爱国卫生运动开展65周年，表彰爱国卫生运动取得的辉煌成就。**

7月5日

［纲 文］ **国家副主席李源潮在北京会见法国宪法委员会主席法比尤斯。**

［目 文］ 李源潮说，当前中法关系达到新的历史高度，各领域合作不断取得新成果。中方高度重视中法关系，希望双方把握中法关系发展的正确方向，加快发展战略对接和“一带一路”框架下合作，加强应对气候变化等重大国际事务沟通协调，推动中法全面战略伙伴关系发展。

法比尤斯表示，法方高度重视“一带一路”倡议，愿同中方一道推动落实气候变化《巴黎协定》，共同应对各种全球性挑战。

7月5日

［纲 文］ **中国经济日报社与俄罗斯消息报社合作创办的《新对话·中国经济特刊》首发式活动在莫斯科举行。**

［目 文］ 国务院新闻办副主任郭卫民、俄罗斯联邦总统办公厅公共关系和传媒局局长斯米尔诺夫、俄罗斯联邦委员会国际事务委员会主席莫罗佐夫、俄罗斯消息报总编辑阿格尼项及多位中俄新闻界、经济界嘉宾出席。

《新对话·中国经济特刊》从经贸、时政、文化、时尚等角度，讲述中俄交流中的故事，为中俄人民交流搭建新桥梁。

7月5日

［纲　文］《人民日报》报道，经中共中央批准，中共中央纪委对安徽省政府原党组成员、副省长周春雨严重违纪问题立案审查。

［目　文］周春雨身为党的高级领导干部，丧失理想信念，毫无党性观念和纪律意识，既想当官、又想发财，对党不忠诚、不老实，严重违反党的纪律，并涉嫌违法犯罪，且在党的十八大后仍不收敛、不收手，性质恶劣、情节严重。依据《中国共产党纪律处分条例》等有关规定，经中央纪委常委会会议研究并报中共中央批准，决定给予周春雨开除党籍处分；由监察部报国务院批准，给予其开除公职处分；收缴其违纪所得；将其涉嫌犯罪问题、线索及所涉款物移送司法机关依法处理。

7月5日

［纲　文］《人民日报》报道，经中共中央批准，中共中央纪委对中国人民保险集团股份有限公司原党委副书记、副董事长、总裁王银成严重违纪问题立案审查。

［目　文］王银成身为党的高级领导干部，理想信念丧失，毫无宗旨意识，贪图奢靡享乐，特别是在党的十八大后，无视中央八项规定精神，我行我素，顶风违纪，严重违反党的纪律，并涉嫌违法犯罪，性质恶劣、情节严重。依据《中国共产党纪律处分条例》等有关规定，经中央纪委常委会会议研究并报中共中央批准，决定给予王银成开除党籍处分；由监察部报国务院批准，给予其开除公职处分；收缴其违纪所得；将其涉嫌犯罪问题、线索及所涉款物移送司法机关依法处理。

2018年5月24日，福建省福州市中级人民法院公开宣判王银成受贿案，对被告人王银成以受贿罪判处有期徒刑11年，并处罚金人民币100万元；对王银成受贿所得财物及其孳息予以追缴，上缴国库。

7月6日

［纲　文］国家主席习近平致信祝贺金砖国家卫生部长会暨传统医药高级别会议召开。

［目　文］习近平指出，疾病无国界。为应对共有的公共卫生挑战，金砖国家已经建立高级别对话机制，推进金砖国家卫生合作。我相信，本届会议将促进金砖国家和各有关国家交流经验、凝聚共识，携手应对全球卫生挑战。传统医药是优秀传统文化的重要载体，在促进文明互鉴、维护人民健康等方面发挥着重要作用。中医药是其中的杰出代表，以其在疾病预防、治疗、康复等方面的独特优势受到许多国家民众广泛认可。实现人人享有健康是我们共同的美好愿景。我希望各方充分利用金砖国家卫生部长会暨传统医药高级别会议机制，深化卫生健康领域交流合作，推进各方传统医药互学互鉴，携手应对公共卫生挑战，为保障人民健康作出贡献。

同日，金砖国家卫生部长会暨传统医药高级别会议在天津召开。国务院副总理刘延东在开幕式上宣读了国家主席习近平的贺信并发表主旨演讲。中国、巴西、俄罗斯、印度和南非卫生部长和代表团团长参加了会议。金砖国家卫生部长会主题为“加强卫生体系建设，促进实现健康相关的可持续发展目标”，会议通过金砖国家卫生部长会议《天津公报》；传统医药高级别会议主题为“开放包容，互学互鉴，让传统医学造福人类”，会议通过《金砖国家加强传统医药合作联合宣言》。

7月6日

［纲　文］　**李克强在北京主持召开经济形势专家和企业家座谈会。**

［目　文］　会议主要内容是，分析研究当前经济运行情况，听取对下一步经济工作的意见建议。国务院副总理张高丽出席，马凯、王勇参加座谈会。

会上，经济专家和企业负责人围绕国内国际经济金融形势、大众创业万众创新与新动能成长、企业改革、营商环境等谈了看法和建议。大家认为，2017年以来，面对国际不确定因素明显增多、竞争博弈加剧的外部环境，我国经济运行实现了持续向好，经济结构、企业效益、市场信心都在改善，新增就业超出预期，新动能蓬勃发展形成了更强的经济和就业支撑力，经济“稳”的格局在巩固，“进”的态势更明显。

国务院总理李克强说，要加快推进新旧动能转换，做到“激活”“育新”“改旧”有机结合。要以深化改革开放为动力，深入推进“三去一降一补”，持续加大简政放权、放管结合、优化服务力度，降低制度性交易成本，努力打造内外资企业一视同仁、具有国际竞争力的营商环境，着力激发市场主体活力和社会创造力。要大力实施创新驱动发展战略，完善创业创新生态，持续推动大众创业、万众创新，深入实施“互联网+”“中国制造2025”等，在推动大中小企业融通发展中做强新制造、发展新服务，在创造新供给上结出更多硕果。要以新技术、新业态、新模式成长为传统产业改造创造条件，在技术进步、产品升级、提质增效上取得更大进展。各地区各部门要在以习近平同志为核心的党中央领导下，尽职尽责，奋发有为，创造性地抓好稳增长、促改革、调结构、惠民生、防风险各项工作。希望专家和企业家们多提真知灼见，多谋发展良策，大家共同努力，以经济社会发展的新成绩迎接党的十九大胜利召开。

7月6日

［纲　文］　**全国政协在北京召开双周协商座谈会，围绕“重视去产能过程中职工就业再就业问题”建言献策。**

［目　文］　全国政协主席俞正声主持会议。全国政协副主席张庆黎、卢展工、马飚、王钦敏出席座谈会。全国政协委员徐振寰、付志方、张复明、徐念沙、迟福林、张文学、白鹤祥、傅军、王美华、管飞、李建明、王玉锁、颜辉、施杰，企业家代表程维、杨槐在座谈会上发言。人力资源和社会保障部副部长吴道槐介绍了有关情况。国家发展和改革委员会副主任王晓涛、工业和信息化部副部长辛国斌、财政部副部长史耀斌、国务院国有资产监督管理委员会副主任孟建民等与委员互动交流。

委员们认为，职工安置是去产能工作的重中之重。在党中央、国务院高度重视和各方面共同努力下，去产能过程中职工安置工作进展平稳有序，但也还存在部分地区岗位创造难、部分劳动者就业难、部分企业关系处置难、工作深入推进难等困难和问题。

一些委员建议，做好去产能过程中职工就业再就业工作，一要坚持企业主体、地方组织、依法依规。通过去产能增加企业活力、提高企业利润，为安置职工提供资金基础。各级政府特别是地方政府要高度重视去产能过程中职工安置问题，明确地方政府责任，一个一个企业研究，依法依规解决实际问题。二要广辟就业再就业渠道。积极搭建政府、企业、个人再就业平台，建立长效机制。引导企业职工转变观念、灵活就业。加大对再就业培训的支持力度，把中小企业、新型服务业、公益性岗位作为再就业重要渠道。针对资源枯竭型城市、独立工矿区等重点地区出台特殊政策。三要用好职工安置资金。资金应优先满足职工安置需求，免于司法冻结。适当考虑对去产能民营企业的帮扶。四要改进社保政策。重视病残、伤残职工安置工作，完善相关社保政策。做好再就业特别是异地再就业后的参保缴费、社保关系转移接续等工作。五要保障职工的民主权益。督促企业在去产能过程中严格依法履行民主程序，通过职工代表大会讨论通过职工安置方案，切实维护职工的知情权、参与权、表达权、监督权。

7 月 6 日

［**纲　文**］　**国务院批复辽宁省政府，同意沈阳市城市总体规划。**

［**目　文**］　批复说，一、原则同意《沈阳市城市总体规划（2011—2020 年）》。二、重视城乡区域统筹发展。在《总体规划》确定的 3471 平方公里城市规划区范围内，实行城乡统一规划管理。加强城中村和城乡结合部整治与改造，城镇基础设施、公共服务设施的建设应当统筹考虑为周边农村提供服务。三、合理控制城市规模。到 2020 年，中心城区常住人口控制在 725 万人以内，城市建设用地控制在 720 平方公里以内。四、完善城市基础设施体系。要按照绿色循环低碳的理念规划建设城市基础设施。进一步完善公路、铁路、机场等交通基础设施，加强城市内外交通衔接。发展轨道交通，建立以公共交通为主体，各种交通方式相结合的多层次、多类型的城市综合交通体系，方便不同交通方式的换乘。五、建设资源节约型和环境友好型城市。要按照促进生产空间集约高效、生活空间宜居适度、生态空间山清水秀的总体要求，形成合理的城市空间结构，促进经济建设、城乡建设和环境建设同步发展。要切实做好节能减排工作，加快化解过剩产能，明确责任主体，落实工作措施，严格控制污染物排放总量，支持发展绿色建筑。六、创造优良的人居环境。要坚持以人为本，统筹安排关系人民群众切身利益的教育、医疗、市政等公共服务设施的规划布局和建设。七、重视历史文化和风貌特色保护。要统筹协调发展与保护的关系，按照整体保护的原则，切实保护好城市传统风貌和格局。八、严格实施《总体规划》。城市建设要实现经济社会协调发展，物质文明和精神文明共同进步。城市管理要健全民主法治，坚持依法治市，构建和谐社会。

批复要求，沈阳市人民政府要根据本批复精神，认真组织实施《总体规划》，任何单位和个人不得随意改变。辽宁省和住房城乡建设部要加强对《总体规划》实施工作的指导、监督和检查。

7月6日

［纲　文］　**文化部印发《关于规范营业性演出票务市场经营秩序的通知》。**

［目　文］　《通知》由四个部分组成：一、严格资质管理，强化演出经营单位主体责任。二、规范经营活动，保障消费者合法权益。三、加强重点演出监管，维护市场正常经营秩序。四、加大执法处罚，严厉打击违法违规经营活动。

《通知》指出，地方文化行政部门可以根据本通知精神，结合地方实际制定营业性演出票务市场管理的具体办法。

7月6日

［纲　文］　**证监会公布修改后的《证券公司分类监管规定》，自2017年7月6日起施行。**

7月6日

［纲　文］　**全国政协主席俞正声致信祝贺"2017感知中国——中国西部文化埃及行·新疆篇"在埃及举行。**

［目　文］　俞正声在贺信中说，中国和埃及同为世界文明古国，勤劳智慧的两国人民创造了光辉灿烂的文化，为人类发展进步作出了重要贡献。中埃两国友好交往源远流长，早在2000多年前，丝绸之路就把两国联通起来。埃及是第一个与新中国建交的非洲国家，也是首个与新中国建交的阿拉伯国家。中埃建交60多年来，双边关系历经国际和地区风云变幻考验，始终保持健康稳定发展。2013年，中国国家主席习近平提出共建"一带一路"倡议，得到国际社会的高度关注和埃及等丝路沿线国家的积极响应。2016年初，习近平主席对埃及进行了历史性访问，双方达成了一系列重要合作协议。今年5月，中国政府在北京成功举办了"一带一路"国际合作高峰论坛。共建"一带一路"不仅为世界迈向更好的未来提供了新的模式，也为中埃关系的发展提供了新的机遇。新疆历史上是古丝绸之路的重要通道，也是东西方文明的交汇地，今天已成为中国向西开放的重要窗口。作为丝绸之路经济带核心区的新疆，将建设成为连接亚欧大陆的重要交通枢纽、商贸物流和文化科教中心。举办此次活动，将向埃及社会各界形象生动地展现中国新疆独特的自然风光和人文景观、快速发展的经济社会和丰富多彩的文化样态，让埃及人民走近新疆、感受新疆、了解新疆，增进中埃两国人民之间的相互了解和友谊，推动两国交流合作取得更加丰硕的成果。俞正声预祝活动取得圆满成功，并祝愿中埃两国人民的友谊地久天长！

同日，"2017感知中国——中国西部文化埃及行·新疆篇"在埃及首都开罗哈耐基尔艺术中心开幕。"埃及行·新疆篇"由中国国务院新闻办公室、中国新疆维吾尔自治区人民政府、中国驻埃及大使馆联合举办。中宣部副部长、国务院新闻办公室副主任崔玉英宣读了俞正声主席致的贺信并致辞，埃及议会第一副议长谢里夫，埃及前总理沙拉夫，中国新疆维吾尔自治区党委常委、自治区人民政府副主席艾尔肯·吐尼亚孜，中国驻埃及大使宋爱国在开幕式上致辞。开幕式后，在哈耐基尔艺术中心展厅举办了“多彩新疆”摄影图片展、“霓裳之魅”民族服饰展、“天山琴韵”民族乐器展。新疆维吾尔自治区艺术剧院的艺术家们在开罗歌剧院为1000余名埃及观众奉献了一台具有浓郁新疆多民族风情的歌舞表演。本次综合文化交流活动期间，还为埃及观众举办电影展映活动，我有关专家学者围绕新疆的社会进步、经济发展、传统文化、宗教信仰等主题，与埃及各方人士进行深入交流。

7 月 6 日

［纲　文］　**第 2 届金砖国家文化部长会议在天津举行。**

［目　文］　文化部部长雒树刚、俄罗斯文化部部长弗拉基米尔·梅津斯基、印度文化部部长马赫希·夏尔马，南非艺术和文化部部长代表、代理总司长加拉德·武西特巴·恩迪玛，巴西文化部部长代表、国际推广司司长阿当·穆尼兹出席会议。会议发表了《落实〈金砖国家政府间文化合作协定〉行动计划（2017—2021 年）》，见证了金砖国家图书馆联盟、博物馆联盟、美术馆联盟和青少年儿童戏剧联盟签署成果文件。

金砖国家文化部长会议是金砖国家合作框架下的部长级会议。2015 年 6 月，首届金砖国家文化部长会议在俄罗斯莫斯科举行，同年 7 月《金砖国家政府间文化合作协定》在金砖国家领导人第七次会晤期间签署，为金砖国家开展文化领域合作奠定了基础。

同日，国务院副总理刘延东在北京会见第二届金砖国家文化部长会议外方代表团团长时指出，金砖国家文化底蕴深厚、特色鲜明，是人类多元文明重要代表。中国愿与金砖各国一道，深入推进文化领域务实合作，加强文明交流互鉴，增进人民友谊，促进民心相通，共同开辟更加美好的未来。

7 月 6 日

［纲　文］　**《人民日报》报道，经中共中央批准，中共中央纪委对中国中化集团公司原党组成员、总经理，中石化集团原党组成员、中石化股份公司原高级副总裁蔡希有严重违纪问题立案审查。**

［目　文］　蔡希有身为党的高级领导干部，理想信念丧失、宗旨意识淡薄，对党不忠诚、不老实，道德沦丧，生活腐化堕落，严重违反党的纪律，并涉嫌违法犯罪，且在党的十八大后仍不收敛、不收手，性质十分恶劣、情节特别严重。依据《中国共产党纪律处分条例》等有关规定，经中央纪委常委会会议研究并报中共中央批准，决定给予蔡希有开除党籍处分；由监察部报国务院批准，给予其开除公职处分；收缴其违纪所得；将其涉嫌犯罪问题、线索及所涉款物移送司法机关依法处理。

2018 年 12 月 26 日，山东省泰安市中级人民法院公开宣判中国中化集团公司原党组成员、总经理蔡希有受贿案，对被告人蔡希有以受贿罪判处有期徒刑 12 年，并处罚金人民币 300 万元。蔡希有当庭表示服从判决，不上诉。

7 月 6—9 日

［纲　文］　**全国打赢教育脱贫攻坚战现场会在甘肃召开。**

[目　文]　国务院副总理刘延东出席会议并讲话，教育部部长陈宝生主持会议。教育部、国家发展改革委、民政部、财政部、人力资源社会保障部、国务院扶贫办等部门和甘肃、山东、贵州等省区市负责人，全国各地教委、教育厅主要负责人参加会议。会议从省、市、县、高校、基金会等5个层面选取了7个单位作典型发言。刘延东指出，要贯彻习近平总书记关于脱贫攻坚一系列重要指示精神，齐心协力、攻坚克难，推动教育扶贫政策措施落地见效，让贫困地区学生接受良好教育，为确保如期实现脱贫攻坚目标作出贡献。

会议期间，甘肃省教育厅、国家开发银行甘肃省分行、中国教学仪器设备有限公司现场签订了助力教育脱贫协议，将通过工作创新加大对甘肃贫困地区教育发展薄弱环节的支持力度，把中央关于“加大金融扶贫力度”的要求落实到教育扶贫工作中。北京、天津等8个东部省市教育厅（教委）与内蒙古、甘肃等8个西部省份教育厅（教委）“一对一”签订了职业教育东西协作行动计划落实协议，共同组织实施好东西职业院校协作全覆盖行动、东西协作中职招生兜底行动、职业院校参与东西扶贫协作等工作任务，更好地发挥职业教育助力脱贫攻坚的重要作用。

7月6—15日

[纲　文]　**国务委员兼国防部长常万全访问肯尼亚、莫桑比克、安哥拉。**

[目　文]　常万全在肯尼亚访问期间，在内罗毕会见了肯尼亚总统肯雅塔；与肯尼亚国防部长奥马莫举行会谈。

常万全在莫桑比克访问期间，在马普托会见了莫桑比克总统纽西；与莫桑比克国防部部长姆图穆克举行会谈。

常万全在安哥拉访问期间，在罗安达会见了安哥拉副总统维森特；与安哥拉国防部部长劳伦索举行会谈。

7月6—10日

[纲　文]　**第13届中国国际动漫游戏博览会在上海世博展览馆举办。**

[目　文]　博览会由文化部与上海市政府联合主办。迪士尼、腾讯动漫、优酷动漫在内的300余家展商，以及来自匈牙利、以色列、泰国等20个国家的动漫游戏企业参展。

7月7日

[纲　文]　**纪念全民族抗战爆发80周年仪式在中国人民抗日战争纪念馆举行。**

[目　文]　中共中央政治局常委、中央书记处书记刘云山出席仪式并讲话。中宣部部长刘奇葆主持仪式。刘延东、许其亮、陈昌智、张庆黎出席仪式。在京参加过抗日战争的老战士和老同志代表、在京抗战烈士遗属代表，中央党政军群有关部门和北京市有关负责人，各民主党派中央、全国工商联负责人和无党派人士代表，首都各界群众代表等约1000人参加仪式。

刘云山指出，1937年7月7日，日本侵略者继1931年制造侵略我国东北的“九一八”

事变之后，又蓄意制造震惊中外的卢沟桥事变，悍然发动全面侵华战争，妄图吞并全中国。在中华民族面临生死存亡的危急关头，中国共产党秉持民族大义，毅然担负起民族救亡的历史重任，发挥着中流砥柱作用。在中国共产党倡导建立的抗日民族统一战线的旗帜下，我国亿万军民同仇敌忾、共赴国难，用血肉之躯筑起钢铁长城，谱写了反抗外来侵略的壮丽史诗。以卢沟桥抗战为标志，中国开始了全民族抗战，由此开辟了世界第一个大规模反法西斯侵略的战场。长达14年艰苦卓绝的中国人民抗日战争，是一场促进民族觉醒、民族团结的战争，是一场改变国家地位、民族命运的战争，是一场维护人类正义、世界和平的战争。伟大抗战精神是中华民族的宝贵财富，是激励中华民族自强不息、奋勇前行的不竭动力。历史和事实证明，好战者必亡，一切企图否认甚至美化侵略历史、挑战人类良知、破坏国际互信的行径，都与历史进步潮流背道而驰。我们纪念全民族抗战爆发80周年，目的就是铭记历史、缅怀先烈、珍爱和平、开创未来，维护历史事实，维护公平正义，维护世界和平，推动构建人类命运共同体。我们要紧密团结在以习近平同志为核心的党中央周围，坚定不移走中国特色社会主义道路，大力弘扬伟大抗战精神，万众一心，众志成城，不忘初心，继续前进，以优异成绩迎接党的十九大胜利召开，为实现“两个一百年”奋斗目标、实现中华民族伟大复兴的中国梦，为推进人类和平与发展事业而努力奋斗。

刘云山等和各界群众代表向抗战英烈献花，并参观《全民抗战 伟大壮举——纪念全民族抗战爆发80周年专题展览》。

7月7日

［纲　文］　**中央党校举行2017年春季学期毕业典礼。**

［目　文］　中央党校本期毕业学员1097人。中共中央政治局常委、中央党校校长刘云山出席典礼，并为学员颁发毕业证书。赵乐际、赵洪祝出席毕业典礼。中央党校常务副校长何毅亭主持毕业典礼。中央有关部门负责人、中央党校负责人出席毕业典礼。

7月7日

［纲　文］　**全国户籍制度改革推进电视电话会议召开。**

［目　文］　会议总结了户籍制度改革以来取得的成就，深入分析了存在的问题，对加快推进户籍制度改革、加快提高户籍人口城镇化率进行了安排部署。国务院副总理张高丽出席并讲话。国务委员、公安部部长郭声琨主持会议。公安部、国家发展改革委、财政部、国土资源部和四川省的负责人在会上发言。

张高丽表示，党中央、国务院高度重视户籍制度改革。习近平总书记强调，要坚持以创新、协调、绿色、开放、共享的发展理念为引领，以人的城镇化为核心，更加注重提高户籍人口城镇化率。李克强总理也多次作出指示，提出明确要求。我们要认真学习领会，坚定信心，攻坚克难，扎实做好户籍制度改革工作，确保按期完成到2020年我国户籍人口城镇化率提高到45%左右、实现1亿左右农业转移人口和其他常住人口在城镇落户的目标任务。

7月7日

［纲　文］　**辽宁舰航母编队抵达香港参加香港回归祖国暨中国人民解放军进驻香港20周年庆祝活动**。

［目　文］　中国人民解放军海军航母编队参加香港回归祖国暨中国人民解放军进驻香港20周年庆祝活动，香港特区政府在昂船洲军营举行欢迎仪式，行政长官林郑月娥率特别行政区政府主要官员，全国政协副主席董建华出席仪式。中央人民政府驻香港特别行政区联络办公室主任张晓明与1600多名各界人士在场迎接。舰队停靠香港5天，8日及9日开放给香港市民参观。

同日晚，辽宁舰航母编队在辽宁舰举行甲板招待会。全国政协副主席董建华、何厚铧、梁振英，香港特别行政区行政长官林郑月娥，中央人民政府驻香港特别行政区联络办公室主任张晓明，外交部驻香港特别行政区特派员公署特派员谢锋，驻香港部队司令员谭本宏、政治委员岳世鑫出席。

7月7日

［纲　文］　**证监会公布修改后的《中国证券监督管理委员会发行审核委员会办法》，自2017年7月7日起实施**。

7月7日

［纲　文］　**科技部印发《关于进一步鼓励和规范社会力量设立科学技术奖的指导意见》**。

［目　文］　《意见》由四个部分组成：一、指导思想和总体目标。二、设立和运行。三、监督和管理。四、服务和扶持。

《意见》要求，各级科学技术行政管理部门要结合实际，因地制宜制订相关规定。新设立的奖励要严格按照本意见执行。已经设立的奖励，要抓紧对照检查，对不符合本意见要求的要及时整改。

7月7日

［纲　文］　**住房城乡建设部印发《关于促进工程监理行业转型升级创新发展的意见》**。

［目　文］　《意见》由三个部分组成：一、主要目标。二、主要任务。三、组织实施。

《意见》指出，各级住房城乡建设主管部门要充分认识工程监理行业改革发展的重要性，按照改革的总体部署，因地制宜制定本地区改革实施方案，细化政策措施，推进工程监理行业改革不断深化。

7月7日

［纲　文］　**银监会、民政部印发《慈善信托管理办法》**。

［目　文］　《办法》共9章65条。主要有总则、慈善信托的设立、慈善信托的备案、慈善信托财产的管理和处分、慈善信托的变更和终止、促进措施、监督管理和信息公开、

法律责任、附则等内容。自2017年7月10日起实施。

7月7日

［纲　文］ **港珠澳大桥主体工程全线贯通。**

［目　文］ 2009年12月15日，港珠澳大桥正式开工建设，总长55公里，是连接香港、珠海和澳门的超大型跨海通道，其中主体工程由6.7公里的海底沉管隧道和长达22.9公里的桥梁工程组成，隧道两端建有东、西两个人工岛。作为世界级的超级工程，港珠澳大桥实现了“六个最”：世界总体跨度最长、钢结构桥体最长、海底沉管隧道最长的跨海大桥，也是世界公路建设史上技术最复杂、施工难度最高、工程规模最庞大的桥梁。

7月7日

［纲　文］ **浙江省第十二届人民代表大会第六次会议选举车俊为浙江省人大常委会主任，选举袁家军为浙江省省长，选举刘建超为浙江省监察委员会主任。**

7月7日—8月20日

［纲　文］ **中国儿童艺术剧院主办第7届中国儿童戏剧节。**

［目　文］ 戏剧节以“点亮童心 塑造未来——共筑中国梦”为主题，涵盖优秀剧目展演、国际儿童戏剧交流以及戏剧嘉年华活动，汇聚中国、罗马尼亚、以色列、黎巴嫩、捷克、俄罗斯、荷兰、西班牙和中国台湾地区等9个国家和地区的27家儿童戏剧团体，共48部优秀剧目，演出206场，惠及16万观众，并在济南、成都设立分会场。本届戏剧节首次推出“打开戏剧之门”主题活动，让观剧与戏剧体验合二为一；首次设立“国际儿童戏剧合作与发展论坛”，就世界儿童戏剧界共同关注的问题展开研讨；首次举办“儿童戏剧教育大师班”，分享国际戏剧教育经验；首次联手故宫博物院推出“逛故宫看儿童剧”文化艺术主题夏令营。

7月8日

［纲　文］ **国务院印发《新一代人工智能发展规划》。**

［目　文］ 《规划》由六个部分组成：一、战略态势。二、总体要求。三、重点任务。四、资源配置。五、保障措施。六、组织实施。

《规划》指出，按照党中央、国务院统一部署，由国家科技体制改革和创新体系建设领导小组牵头统筹协调，审议重大任务、重大政策、重大问题和重点工作安排，推动人工智能相关法律法规建设，指导、协调和督促有关部门做好规划任务的部署实施。

7月8日

［纲　文］ **中国工程院院士郑守仁荣获国际大坝委员会终身成就奖。**

［目　文］ 在捷克布拉格召开的国际大坝委员会第85届执行会议上，中国工程院院士郑守仁荣获国际大坝委员会终身成就奖。郑守仁于1994年以来担任长江水利委员会总工程师，并长期负责三峡工程的设计工作。

在授奖仪式上，国际大坝委员会主席安东·斯莱斯高度赞扬了郑守仁院士对中国和世界大坝发展所作出的卓越贡献，赞扬了他从事水利水电工作 50 多年来潜心坝工技术、孜孜不倦追求的工匠精神，高度评价了他在推动中国水库大坝建设技术进步方面所取得的成就及在水库大坝公众认知、知识传承等方面作出的贡献。

7 月 8 日

［纲　文］ **中国在湖北宜昌进行的页岩气调查工作取得重大突破，获得高产页岩气流和迄今为止全球最古老页岩气藏。**

［目　文］ 此次获得重大突破的页岩气井——鄂宜页 1 井位于湖北省宜昌市，是我国在长江中游部署实施的第一口页岩气压裂试气井。鄂宜页 1 井纵向分为五个含油气地层，科研人员在其中分别发现了高产页岩气流，和迄今为止全球最古老的页岩气藏。

7 月 8—14 日

［纲　文］ **国务院侨办、中国海外交流协会举办第 11 届世界华裔杰出青年华夏行。**

［目　文］ 以“青春筑梦”为主题，来自世界 79 个国家和地区的 360 余位华裔青年分别在北京、江苏、山东、河南考察，与国内青年互动交流，感知博大精深的中华文化、把握中国发展的历史机遇，凝心聚力同圆共享中国梦。

7 月 9 日

［纲　文］ **宝鸡至兰州高速铁路开通运营。**

［目　文］ 宝兰高铁于 2012 年年底开工建设，2017 年 3 月开始分段联调联试。自陕西省宝鸡市引出，经甘肃省天水市、秦安县、通渭县、定西市至兰州市。全长 401 公里，设宝鸡南、天水南、秦安、通渭、定西北、兰州西等 8 个车站，运营时速为 250 公里。

7 月 9 日

［纲　文］ **2017 文化部戏曲艺术人才培养“千人计划”高级研修班在中国戏曲学院开班。**

［目　文］ 研修班由文化部主办，文化部艺术司、中国戏曲学院承办，215 名学员参加为期 29 天的集中培训。在 2016 年高研班基础上，2017 年增设戏曲评论班，共有编剧、导演、作曲、舞美、评论 5 个专业，学员来自 29 个省区市和部分高校，专业方向涵盖 30 多个剧种。高研班聘请国内外近百名知名专家授课，采取理论讲授、辅导创作、作品点评、观摩研讨、参观学习等多种形式进行教学。培训还安排了多场全国基层院团戏曲会演剧目观摩内容。

7 月 9 日

［纲　文］ **ARJ21-700 飞机获得中国喷气客机首张生产许可证。**

［目　文］ 中国民航局在北京向中国商用飞机有限责任公司颁发 ARJ21-700 飞机生产许可证。此举标志着中国商飞公司的生产质量保证体系满足了局方适航规章要求，ARJ21-700 飞机项目正式进入批生产阶段，同时为未来其他机型的批量生产奠定了基础。

中国商飞公司计划年内向客户交付5架ARJ21-700飞机，不断满足客户和市场需求，加快推进国产喷气客机的市场化发展。

7月9—11日

［纲　文］　**第6次全国对口支援新疆工作会议在新疆喀什召开。**

［目　文］　中共中央政治局常委、全国政协主席俞正声出席会议并讲话。中共中央政治局委员孙春兰出席并主持会议。中央有关部门和单位、19个援疆省市和新疆维吾尔自治区、新疆生产建设兵团等有关方面负责人出席会议。会议全面总结20年来对口援疆工作，表彰了全国对口支援新疆先进个人。国家发展改革委、新疆维吾尔自治区、新疆生产建设兵团、北京市、上海市、江苏省、浙江省负责人在会上发言，与会代表进行了分组讨论。对贯彻落实会议精神提出具体要求。

俞正声讲话要求，当前和今后一个时期对口援疆工作要认真贯彻落实党中央的治疆方略和援疆工作决策部署，在事关新疆改革发展稳定的根本性、基础性、长远性问题上精准发力，在对口援疆广度拓展、深度挖掘、力度强化上狠下功夫，不断提高对口援疆综合效益，为建设团结和谐、繁荣富裕、文明进步、安居乐业的中国特色社会主义新疆贡献力量。一是坚定不移聚焦实现全面小康推进脱贫攻坚，助推受援地如期实现脱贫目标。二是坚定不移聚焦扩大就业推进产业援疆，促进更多困难群众就近就地就业。三是坚定不移聚焦提高人口素质推进教育援疆，着力提升教育质量。四是坚定不移聚焦增强实效推进干部人才援疆，切实关心好、使用好、管理好援疆干部人才。五是坚定不移聚焦民族团结推进交往交流交融，搭建多层次交往交流交融平台。六是坚定不移聚焦夯实基础推进基层建设，增强基层组织凝聚力战斗力。

俞正声在喀什期间，考察了新疆即发华和服装有限公司、喀什中兴手套有限公司、新疆东纯兴纺织有限公司等企业，并深入便民警务站、幼儿园、民族团结小区进行调研。

7月10日

［纲　文］　**全国司法体制改革推进会在贵州召开，习近平对司法体制改革作出指示。**

［目　文］　中共中央总书记习近平指出，司法体制改革在全面深化改革、全面依法治国中居于重要地位，对推进国家治理体系和治理能力现代化意义重大。全国政法机关要按照党中央要求，坚定不移推进司法体制改革，坚定不移走中国特色社会主义法治道路。党的十八大以来，政法战线坚持正确改革方向，敢于啃硬骨头、涉险滩、闯难关，做成了想了很多年、讲了很多年但没有做成的改革，司法公信力不断提升，对维护社会公平正义发挥了重要作用。

要遵循司法规律，把深化司法体制改革和现代科技应用结合起来，不断完善和发展中国特色社会主义司法制度。要全面落实司法责任制，深入推进以审判为中心的刑事诉讼制度改革，开展综合配套改革试点，提升改革整体效能。要统筹推进公安改革、国家安全机关改革、司法行政改革，提高维护社会大局稳定、促进社会公平正义、保障人民安居乐业的能力。各级党委要加强领导，研究解决重大问题，为推进司法体制改革提供有力保障。

中共中央政治局委员、中央政法委书记孟建柱在会上传达习近平指示并讲话。国务委员、公安部部长郭声琨，最高人民法院院长周强，最高人民检察院检察长曹建明，中央政法委委员、中央司法体制改革领导小组成员单位负责人，各省区市和新疆生产建设兵团党委政法委书记、法院院长、检察院检察长、公安厅局长出席会议。部分法学专家学者、律师代表出席会议。会上，贵州、上海介绍了本地运用大数据推进以审判为中心的刑事诉讼制度改革的做法和初步成效。播放了各地探索创新提高办案质量效率、公安机关运用现代科技加强经济犯罪侦查工作的视频经验片。

7月10日

［纲　文］　**全国医学教育改革发展工作会议在北京召开。**

［目　文］　国务院总理李克强作出批示指出：人才是卫生与健康事业的第一资源，医教协同推进医学教育改革发展，对于加强医学人才队伍建设、更好保障人民群众健康具有重要意义。希望教育部、卫生计生委、中医药局会同相关方面，按照党中央、国务院部署，围绕办好人民满意的医学教育和发展卫生健康事业，加大改革创新力度，进一步健全医教协同机制，立足我国国情，借鉴国际经验，坚持中西医并重，以需求为导向，以基层为重点，以质量为核心，完善医学人才培养体系和人才使用激励机制，加快培养大批合格的医学人才特别是紧缺人才，为人民群众提供更优质的医疗服务，奋力推动建设健康中国。中共中央政治局委员、国务院副总理刘延东出席会议并讲话。她强调，要深入贯彻习近平总书记系列重要讲话精神，落实李克强总理重要批示要求，落实全国卫生与健康大会和全国高校思想政治工作会议精神，遵循规律，服务需求，优化结构，提升质量，做好医学教育工作，为健康中国建设提供人才保障。

刘延东出席会议并讲话指出，要贯彻党的教育方针和卫生与健康工作方针，坚持育人为本、立德树人，强化临床实践能力培养，培育医术精湛医德高尚的高水平医学人才。要把质量作为医学教育的生命线，突出医教协同，办好医学院和综合性大学医学院（部），实现临床、预防、药学、护理等学科有机融合，理论教学与临床实践有机融合，构建成熟完整的教学体系。要围绕生命全周期、健康全过程，加快培养实用型人才和全科、儿科等紧缺人才，深入实施住院医师规范化培训，健全传承与创新并举的中医药人才培养体系。要健全适应行业特点的人事薪酬制度和科学的人才评价体系，吸引更多优秀人才投身卫生健康事业。

7月10日

［纲　文］　**全国国有企业改革经验交流会在北京召开。**

［目　文］　国务院副总理、国务院国有企业改革领导小组组长马凯出席会议并讲话，国务委员、国务院国有企业改革领导小组副组长王勇主持会议。会议交流了推进国企

国资改革的经验。北京等10个省市地方政府，中国航天科工等8家中央企业和4家地方国企作了大会发言，26家单位进行了书面交流。会议要求，要巩固和发展国有企业改革取得的积极进展，持续加大改革力度，在重点难点上取得新突破。完善公司法人治理，建设中国特色现代国有企业制度；发挥在供给侧结构性改革中的带动作用，持续深入开展“双创”，打好瘦身健体提质增效攻坚战；深化三项制度改革，推行市场化选聘、契约化管理、差异化薪酬；完善国资监管体制，转职能、强监管、防流失；全面从严加强党的建设，建设高素质企业领导人员队伍，以优异成绩迎接党的十九大胜利召开。

7月10日

［纲　文］　**中国科协印发《科技工作者道德行为自律规范》。**

［目　文］　《规范》说，2015年以来，我国科技界接连遭遇国外出版集团较大规模的集中撤稿，造成极为恶劣的社会影响，我国科学家的国际声誉受到直接冲击。论文撤稿事件反映出我国少数科技工作者自律意识缺乏，底线意识不强，在名利诱惑面前心态失衡。

《规范》要求，广大科技工作者要严于自律，自觉遵守科学道德规范的高线，坚守“反对科研数据成果造假、反对抄袭剽窃科研成果、反对委托代写代发论文、反对庸俗化学术评价”的底线。中国科协要求各全国学会、地方科协和高校科协、企业科协组织科技工作者深入学习《规范》，并结合实际制定和完善相关规定，进一步改革完善科技评价体系。同时，要积极指导推动高校、科研院所、医院等建立学术道德委员会等内设机构，健全科研诚信制度规范，加大学术不端行为调查处理力度。

7月10日

［纲　文］　**海洋局发布《海洋标准化管理办法实施细则》。**

［目　文］　《细则》共9章52条。主要有总则、海洋标准的立项、海洋标准的编制、海洋标准的审批发布、海洋标准的复审、海洋标准项目的管理、海洋标准的实施与监督检查、海洋标准化指导性技术文件、附则等内容。自2017年7月10日起实施。

7月10日

［纲　文］　**外交部发言人表示，中方希望韩朝相互释放善意。**

［目　文］　有记者问：据报道，韩国总统文在寅6日在德国发表演讲时提出“半岛和平构想”，提议韩朝7月下旬起全面停止在军分线的敌对行为、今年中秋节重启离散家属会面等，称如条件成熟且具备扭转半岛紧张对峙局面的契机，愿与金正恩会面，愿同朝方讨论核问题及和平协议等双方共同关心的所有问题。中方对此有何评论？

发言人说，我们注意到有关报道。韩方就改善南北关系、缓和半岛局势、推动解决半岛问题提出明确政策构想并释放积极信息，中方对此表示欢迎。中方坚定支持半岛南北双方通过对话改善相互关系。希望韩朝双方相互释放善意，推动和解合作，为缓和半岛紧张局势、维护半岛和平稳定发挥积极作用。我们也希望国际社会对韩方的建设性努力给予理解和支持。

7月10日

［纲　文］　**《人民日报》报道，经中共中央批准，中共中央纪委对天津市委原常委、统战部部长王宏江严重违纪问题立案审查。**

［目　文］　经查，王宏江同志身为党的高级领导干部，纪律意识淡薄，严重违反组织纪律、工作纪律和廉洁纪律，在组织进行谈话函询时不如实向组织说明问题，违规决策使用财政资金，送给他人礼品。依据《中国共产党纪律处分条例》等有关规定，经中央纪委常委会会议研究并报中共中央批准，决定给予王宏江同志留党察看一年、行政撤职处分，降为正厅级非领导职务。

7月10日

［纲　文］　**《人民日报》发表题为《以改革助力绿色发展》的评论员文章。**

7月10—11日

［纲　文］　**李克强在陕西杨凌、宝鸡考察。**

［目　文］　国务院总理李克强在陕西自贸试验区杨凌片区，杨凌众创田园、杨凌职业农民创业创新园，宝鸡秦岭深处的大湾河村，秦川机床集团，宝鸡宏文路棚户区等考察。

李克强对自贸区"微信办执照""建设项目一窗受理"等利企便民改革举措予以肯定；勉励税务窗口的工作人员要更有效地为企业服务；希望杨凌众创田园几位创客研发的土壤修复和改良技术与国家正在实施的土壤深松结合起来，让更多中低产田变良田；赞许杨凌农业云公司打造的"三农"大数据云平台，深度服务农民发展种养业；对杨凌职业农民创业创新园，通过创新机制、推动土地流转、与专家团队形成利益共同体，拓展了农民增收渠道，实现了农产品技术提升、流通顺畅给予称赞。李克强鼓励到这里就业学技术后将返乡联合创业，开办新型农业企业的大学生，他说，大众创业、万众创新在农村空间广阔，政府要提供好的环境，形成制度红利，促进农民增收致富；叮嘱宝鸡秦岭深处的大湾河村的干部，要按照习近平总书记在深度贫困地区脱贫攻坚座谈会上的讲话精神和党中央、国务院部署，统筹谋划、周密做好脱贫攻坚工作。

李克强在秦川机床集团了解到企业98%的产品按客户要求定制，内部建立了大批"双创"平台，有七八百员工成为创客，依靠众智有效满足了市场需求，竞争力不断提升。李克强说，现在市场与过去大不一样，个性化需求越来越成为主流，国有企业特别是大企业要推进供给侧结构性改革，在竞争中把握主动，"双创"是大平台。要以更完善的激励机制激发内部创造活力，汇聚各方创新智慧，更好适应市场变化新趋势，深入实施"中国制造2025"，努力攻克关键核心技术，推动中国经济在转型升级中迈向中高端。

李克强要求宝鸡宏文路棚户区要加快棚改进度，尽快满足居民出棚进楼的期盼。李克强说，做好基本民生的兜底保障，是各级党委和政府的职责所系。经过几年推进棚户区改造，全国已有8000万群众搬入新居，但现在仍然还有几千万人住在棚户区，要适应新型城镇化进程，把改善他们的基本居住条件作为民生工作重点，总结各地好的经验，把这项直接增加群众福祉的补短板工作做得更加细致扎实。

7 月 10—19 日

［纲　文］　**全国人大常委会委员长张德江应邀对葡萄牙、波兰、塞尔维亚进行正式友好访问。**

［目　文］　10—12 日，张德江访问葡萄牙期间，在里斯本分别会见葡萄牙总统德索萨、总理科斯塔；与议长罗德里格斯举行会谈并共同签署了《中国全国人民代表大会与葡萄牙议会合作谅解备忘录》。张德江出席了中葡直航通航仪式、中葡有关企业合作成果展。张德江夫人辛树森、全国人大常委会副委员长兼秘书长王晨分别参加相关活动。

12—16 日，张德江访问波兰期间，在华沙分别会见波兰总统杜达、总理希德沃；与波兰众议长库赫钦斯基举行会谈并签署中国全国人大与波兰众议院合作谅解备忘录；与参议长卡切夫斯基举行会谈；出席中国—波兰“一带一路”暨物流基础设施投资论坛开幕式并致辞；在小波兰省访问期间，会见了波兰众议院副议长泰尔莱茨基和小波兰省省督齐维克。张德江夫人辛树森、全国人大常委会副委员长兼秘书长王晨分别参加相关活动。

16—19 日，张德江在塞尔维亚访问期间，在贝尔格莱德会见塞尔维亚总统武契奇；与议长戈伊科维奇举行会谈并签署中国全国人大与塞尔维亚国民议会合作谅解备忘录，共同会见了记者；会见总理布尔纳比奇；在塞尔维亚国民议会举行的特别会议上，发表题为《跨越时空的深厚友谊，面向未来的战略伙伴》的演讲；前往中国驻南联盟被炸使馆旧址，凭吊在使馆被炸事件中英勇牺牲的烈士；考察了河钢斯梅代雷沃钢厂、科斯托拉茨电站等中塞企业合作项目，与塞议会塞中友好小组议员进行了座谈。张德江夫人辛树森、全国人大常委会副委员长兼秘书长王晨参加相关活动。

7 月 10—14 日

［纲　文］　**经中加双方商定，加拿大总督约翰斯顿应邀对中国进行访问。**

［目　文］　13 日，国家主席习近平在北京会见约翰斯顿，并共同见证了两国文化体育等领域合作文件的签署。

习近平指出，近年来，中加关系总体保持良好发展势头，为两国人民带来实实在在的利益，也促进了亚太地区乃至世界和平、稳定、繁荣。中方愿同加方保持高层交往，用好各层级对话机制，扩大政府部门、立法机构、政党之间和各界的交流。双方要始终从战略高度和长远角度出发，尊重彼此核心利益和重大关切，一道努力，推动中加战略伙伴关系不断向前发展。中加双方应挖掘潜力，深化经贸、执法、科技、人文等领域交流合作，扩大优势互补，促进互利共赢。双方要尽早启动自由贸易协定谈判，提升两国贸易水平，扎实推进能源资源、现代农业、清洁技术等领域务实合作。中方愿同加方扩大教育、文化、青年、旅游、冰雪运动等领域交流合作，夯实中加关系社会和民意基础。双方要加强在多边事务中的协调和配合，共同维护联合国权威，积极应对气候变化等全球性问题。

约翰斯顿表示，加方愿同中方密切高层交往，加强经贸、科技、体育等领域交流合作，密切国际和地区事务中的沟通协调。

同日，李克强在会见约翰斯顿时表示，中方愿同加方密切高层交往，增进政治互信，深挖能源矿产、基础设施建设、科技创新、中小企业等领域合作互补潜力，积极推进自贸商谈，共同发出支持自由贸易、促进世界经济复苏的积极信号。扩大教育、旅游、体育特别是冬季运动方面的交流与合作，推动中加关系全面向前发展，更好实现互利共赢。我们愿同加方在清洁能源等领域深化合作。

约翰斯顿表示，加方愿同中方共同努力，传承好加中友谊，在科技创新、教育、应对气候变化等领域加强合作，共同办好2018年加中旅游年。加拿大愿为中国成功举办2022年冬季奥运会提供支持。

7月10—15日

［纲　文］　**应国家副主席李源潮邀请，赤道几内亚副总统曼格对中国进行正式访问。**

［目　文］　访问期间，全国政协主席俞正声、中央军委副主席许其亮在北京分别会见曼格。李源潮在北京与曼格举行会谈。

俞正声在会见曼格时说，中方愿同赤几方一道，乘着“一带一路”建设推进的东风，以落实中非合作论坛约翰内斯堡峰会成果为抓手，充分发挥政治互信、经济互补、人民友好三大优势，推动中赤几平等互信、合作共赢的全面合作伙伴关系更快更好发展。曼格说，赤道几内亚高度重视对华关系，衷心感谢中方长期以来给予的支持和帮助，愿同中方进一步加强在政治、经济、人文、政党等各领域合作，造福两国人民。

许其亮在会见曼格时说，近年来，在习近平主席与奥比昂总统亲自关心和推动下，中赤几双边关系取得长足发展，成为平等互信、真诚友好、相互尊重、相互支持、互利互惠的南南合作典范。中方高度重视两军关系，愿与赤几军队加强中青年军官和人员培训、院校教育、部队训练、海上安全等领域的交流合作，发展与两国全面合作伙伴关系相适应的军事合作关系。曼格表示，赤几愿与中方共同努力，推动两国两军关系不断向前发展。

李源潮与曼格在会谈时说，希望双方深化政治互信，扩大在石油、信贷、工程和人力资源培训等领域务实合作，把中赤几传统友好合作关系提升到新水平。曼格表示，赤几和中国是真正的朋友，愿加强双方在基础设施、石油、卫生等领域互利合作，造福两国人民。

7月11日

［纲　文］　**水利部发布《2016年中国水资源公报》。**

［目　文］　《公报》显示，2016年，全国生活用水821.6亿立方米，占用水总量的13.6%；工业用水1308.0亿立方米，占用水总量的21.6%；农业用水3768.0亿立方米，占用水总量的62.4%；人工生态环境补水142.6亿立方米，占用水总量的2.4%。与2015年相比，农业用水量减少84.2亿立方米，工业用水量减少26.8亿立方米，生活用水量及人工生态环境补水量分别增加28.1亿立方米和19.9亿立方米。

7月11日

［纲　文］　**国家主席习近平任免驻外大使。**

［目　文］　习近平根据全国人民代表大会常务委员会的决定任免下列驻外大使：一、免去欧渤芊（女）的中华人民共和国驻格林纳达特命全权大使职务；任命赵永琛为中华人民共和国驻格林纳达特命全权大使。二、任命王卫为中华人民共和国驻圣多美和普林西比民主共和国特命全权大使。三、免去刘碧伟的中华人民共和国驻丹麦王国特命全权大使职务；任命邓英（女）为中华人民共和国驻丹麦王国特命全权大使。

7月11日

［纲　文］　**财政部公布修订后的《政府采购货物和服务招标投标管理办法》，自2017年10月1日起施行。**

7月11日

［纲　文］　**环境保护部等七部门印发《关于联合开展"绿盾2017"国家级自然保护区监督检查专项行动的通知》。**

［目　文］　《通知》说，为认真贯彻落实《中共中央办公厅 国务院办公厅关于甘肃祁连山国家级自然保护区生态环境问题督查处理情况及其教训的通报》（中办发电〔2017〕13号）精神，严格执行《中华人民共和国环境保护法》《中华人民共和国野生动物保护法》《中华人民共和国水法》和《中华人民共和国自然保护区条例》等法律法规要求，严肃查处自然保护区各类违法违规活动，切实加强自然保护区监督管理，环境保护部、国土资源部、水利部、农业部、国家林业局、中国科学院、国家海洋局决定联合开展"绿盾2017"国家级自然保护区监督检查专项行动。现将《"绿盾2017"国家级自然保护区监督检查专项行动方案》印发给你们，请结合本地实际，认真贯彻落实。对专项行动中发现的问题要扭住不放、一抓到底，始终保持高压态势，充分发挥专项行动震慑、警示和教育作用。

7月11日

［纲　文］　**中国人民解放军驻吉布提保障基地成立暨部队出征仪式在广东湛江某军港码头举行。**

［目　文］　中国人民解放军在吉布提建设保障基地并派驻必要的军事人员，是中吉两国政府经过友好协商作出的决定，符合两国人民共同利益。该基地位于吉布提共和国首都吉布提市，主要为我在非洲和西亚方向参与护航、维和、人道主义救援等任务提供有效保障，也有利于我更好执行军事合作、联演联训、撤侨护侨、应急救援等海外任务，与有关方面共同维护国际战略通道安全。

12日，在外交部例行记者会上，有记者提问，我们注意到国防部网站上发布消息称，中国人民解放军驻吉布提的保障基地成立了。能否介绍中方成立该基地是出于什么考虑？

外交部发言人介绍，根据联合国安理会有关决议，中国自2008年起派护航编队赴亚丁湾、索马里海域开展护航行动，护航编队在执行任务过程中，官兵休整和食品、油料补给面临许多实际困难，吉布提多次为中国护航编队提供后勤保障。

7月12日

［纲　文］　**国家主席习近平在北京接受八国新任驻华大使递交国书。**

［目　文］　习近平欢迎各国使节来华履新，请他们转达对各有关国家领导人和人民的诚挚问候和美好祝愿，指出中国政府将为各国使节履职提供便利和支持，希望使节们发挥桥梁和纽带作用，为推动双边关系发展作出积极贡献。习近平积极评价中国同各国良好关系和传统友谊，指出中国愿同各国增强政治互信，推进务实合作，深化人文交流，推动双边关系不断取得新进展。各国使节转达了各自国家领导人对习近平的亲切问候，表示各国高度重视发展对华关系，珍视人民间友谊，希望通过共建“一带一路”等深化互利合作。使节们表示，对出使中国深感荣幸，愿致力于增进两国人民相互了解和信任、促进两国各领域交流合作。

八位新任驻华大使是：阿尔巴尼亚驻华大使贝洛尔塔亚、墨西哥驻华大使贝尔纳尔、吉尔吉斯斯坦驻华大使乌谢诺夫、博茨瓦纳驻华大使帕莱、加纳驻华大使博阿滕、美国驻华大使布兰斯塔德、法国驻华大使黎想、哥斯达黎加驻华大使罗德里格斯。

7月12日

［纲　文］　**李克强主持召开国务院常务会议。**

［目　文］　会议主要内容是：一、讨论通过《关于强化实施创新驱动发展战略进一步推进大众创业万众创新深入发展的意见》。会议确定，一是创新政府管理。加快推动涉企证照登记和备案的各类信息整合至营业执照，建设全国统一的电子营业执照管理系统，对内外资企业推动实施一个窗口登记注册和限时办结。二是优化“双创”服务。探索在战略性新兴产业相关领域率先建立财政资金支持形成的科技成果限时转化制度，对在合理期限内未能转化的，可由国家依法强制许可实施。三是拓展融资渠道。四是促进产业升级。五是强化人才支撑。适应新型和灵活就业形态，完善社保、税收等相关政策。落实和扩大高校、科研院所各类创新主体对人才激励的自主权。简化事业单位引进高层次和急需紧缺人才招录程序，没有岗位空缺的可申请特设岗位。简化外国高层次人才办理在华工作许可和居留证件程序，开展安居保障、子女入学和医疗保健等服务“一卡通”试点。二、决定将《快递条例（草案）》向社会公开征求意见。草案突出以规范促行业发展，规定了简化快递布局设点手续、提供车辆通行停靠便利以降低物流成本等措施，明确了快递服务规则和寄递安全责任，并强调保护消费者和快递从业者合法权益，对加盟经营、损失赔偿、用户信息安全保障等作了规范。

7月12日

［纲　文］　**交通运输部、发展改革委印发修订后的《港口收费计费办法》，自2017年9月15日起执行，有效期为5年。**

7月12日

［纲　文］　**国务院副总理刘延东在北京会见日本自民党前总务会长野田圣子为首的**

日本执政党女国会议员代表团一行。

［目　文］　刘延东表示，2017年是中日邦交正常化45周年，2018年是中日和平友好条约缔结40周年，中日关系正站在承前启后的重要历史节点。双方应认真落实两国领导人在二十国集团领导人汉堡峰会期间达成的重要共识，维护好两国关系政治基础，妥善处理有关敏感问题，稳步推进各领域交流合作，推动两国关系早日重回正常发展轨道。

野田表示，日方愿努力增进双方的相互了解和互信，共同致力于构建稳定的日中关系。

7月12日

［纲　文］　**“向阳红03”科学考察船厦门起航展开中国大洋45航次科考。**

［目　文］　11月18日，“向阳红03”科学考察船完成中国大洋第45航次科考任务，返回厦门。本航次科考创下我国多个“首次”：首次在中东太平洋开展多要素大尺度海洋生物多样性和环境调查；首次在西太平洋中部和中东太平洋区域开展海洋放射性调查；首次在西太平洋海山布放了综合生态深水锚系潜标；首次在东太平洋大洋协会多金属结核勘探合同区开展具有自主知识产权的水下滑翔机的测试和海上试验，实现对深海大洋海洋生态环境的组网观测，为立体海洋生态环境监测网络建设提供硬件保障。

此次是国家海洋局组织的首个海洋环境全要素综合考察航次，也是国家海洋局第三海洋研究所首次组织实施的大洋科学考察任务，历时130天，航程1.5万余海里。执行本航次任务的“向阳红03”船，2013年开始建造，2016年3月正式交付国家海洋局第三海洋研究所管理使用，是中国目前最先进的4500吨级海洋综合科考船之一。

7月12—13日

［纲　文］　**全国出版工作会议在北京召开。**

［目　文］　中共中央政治局委员、中宣部部长刘奇葆出席会议并讲话。会议为当前和今后一个时期的出版工作前进的方向提供了基本遵循，明确了重点任务，明确了出版的功能和定位。刘奇葆指出，出版承担着传播真理、传承文明、教育人民、服务社会的重要责任，要坚持内容第一，彰显主流思想价值，突出抓好原创出版，切实提高出版质量，推出更多优秀出版物。要坚持深化改革，完善体现文化特点的现代出版企业制度，建立健全突出出版主业的发展模式和出版单位社会效益考核办法，保证出版发展的正确方向。要坚持融合发展，推动出版内容数字化升级，打造融合出版“龙头”企业，创造有利于融合发展的良好条件，形成出版发展新格局。要加快出版走出去，突出走出去重点，完善走出去方式，强化走出去效果，增强出版国际传播能力，不断扩大中华文化影响力。

7月12—19日

［纲　文］　**中共中央政治局常委、中央书记处书记刘云山对罗马尼亚、捷克进行正式友好访问。**

［目　文］　12—15日，刘云山应罗马尼亚社会民主党主席、众议长德拉格内亚邀请对罗马尼亚访问。刘云山在布加勒斯特分别会见德拉格内亚和罗马尼亚总理图多塞；出席

“2017 中国—中东欧政党对话会”并发表题为《弘扬“丝路精神”，携手共创中国和中东欧各国人民美好未来》的主旨讲话。刘云山考察了有关中资企业，并赴康斯坦察访问，会见了罗社民党地方组织负责人。

16—19 日，刘云山应捷克社会民主党副主席、众议长哈马切克邀请对捷克访问。刘云山在布拉格分别会见捷克总统泽曼、总理索博特卡、众议长哈马切克；出席“2017 中国投资论坛”并发表题为《把握“一带一路”历史机遇　推动“16+1 合作”行稳致远》的主旨讲话；会见了捷摩共主席、众议院副议长菲利普，考察了卡罗维发利州、博莱斯拉夫市并会见当地领导人。

7 月 13 日

［纲　文］　**国务院办公厅印发《关于调整国务院关税税则委员会组成人员的通知》。**

［目　文］　《通知》说，根据工作需要和人员变动情况，国务院对国务院关税税则委员会的组成人员作了调整。调整后的名单如下。主任：肖捷；副主任：丁学东；委员：朱光耀、王晓涛、李成钢、刘利华、张德霖、屈冬玉、邹志武、汪康、李元平、刘炤。

7 月 13 日

［纲　文］　**海关总署新闻发言人表示，中国 2017 年上半年进出口总值增近两成，外贸延续回稳向好走势。**

［目　文］　发言人介绍，2017 年上半年，我国货物贸易进出口总值 13.14 万亿元人民币，比 2016 年同期增长 19.6%。其中，出口 7.21 万亿元，增长 15%；进口 5.93 万亿元，增长 25.7%；贸易顺差 1.28 万亿元，收窄 17.7%。2017 年上半年，我国外贸进出口延续了去年下半年以来的回稳向好走势，创 2011 年下半年以来半年度同比最高增速，外贸增长的协调性继续提升。其中，一季度进出口增长 21.6%，二季度增长 17.9%。当前，我国贸易结构正不断优化，质量效益持续改善，新动能不断积聚。海关将扎实推进稳定外贸增长的政策措施的贯彻落实，促进外贸持续回稳向好。我国外贸进出口在规模扩大的同时，在结构优化、质量效益提升方面也表现出一系列新亮点：贸易方式更趋合理。一般贸易进出口增长 20.5%，占我国外贸总值的 56.7%；内生动力更加强劲。民营企业进出口增长 20.6%，占我国外贸总值的 38.2%；市场多元潜力较大。上半年我国与“一带一路”沿线国家进出口增长 23.4%。

7 月 13 日

［纲　文］　**外交部发言人表示，中方愿继续同菲方通过对话协商妥善处理有关涉海问题。**

［目　文］　有记者问：菲律宾外交部 12 日就南海仲裁案裁决出台一周年发表声明。有评论指出，该声明的有关内容对中方释放了善意，有助于中菲关系的进一步发展，也有助于地区局势的和平稳定。请问中方对此有何评论？

发言人说，中方对菲方声明强调有关领土争端应本着睦邻友好精神来解决表示赞同，同时也赞赏和支持菲方奉行独立自主的外交政策。一年多来，中菲关系实现转圜，双方重回对话磋商谈判解决正轨，建立了中菲南海问题双边磋商机制，并于今年5月成功举行机制第一次会议。在中国和包括菲律宾在内的东盟国家共同努力下，南海形势趋稳向好，“南海行为准则”框架也已达成。这些积极正面的发展符合两国和两国人民的共同利益，也符合地区国家的共同期待，是大势所趋，不可阻挡。中国坚定维护在南海的领土主权和海洋权益的同时，始终致力于同包括菲律宾在内的直接有关的当事国通过谈判磋商和平解决有关争议，致力于同东盟国家共同维护南海和平稳定。中方愿继续同菲方通过对话协商妥善处理有关涉海问题，为中菲关系的发展和有关合作的推进进一步营造良好氛围。

7月13—14日

［纲　文］　**应外交部部长王毅邀请，第72届联合国大会主席莱恰克访华。**

［目　文］　13日，杨洁篪在北京会见莱恰克时说，中国高度重视联合国在国际事务中的地位和作用，将积极支持联大推进落实2030年可持续发展议程，为联合国和平与发展事业作出新贡献。莱恰克高度评价中方在联合国事务中发挥的重要作用，表示愿与中方密切合作，推动第72届联大工作取得积极成果。

14日，李源潮在北京会见莱恰克时说，中国支持联合国在全球治理中发挥引领作用，希望联合国将落实2030年可持续发展议程作为核心任务并早日取得具体成果。中国正全面推进落实可持续发展议程，推动“一带一路”沿线国家共同发展，愿同联合国加强合作，为促进全球和平与发展作出更大贡献。莱恰克说，联合国将把落实2030年可持续发展议程作为工作重点，赞赏“一带一路”倡议，期待中国继续发挥重要作用支持联大工作。

同日，王毅在北京与莱恰克举行会谈。

7月14日

［纲　文］　**国务院办公厅印发《关于建立现代医院管理制度的指导意见》。**

［目　文］　《意见》就全面深化公立医院综合改革，建立现代医院管理制度作出部署。主要内容有：一、总体要求。二、完善医院管理制度。三、建立健全医院治理体系。四、加强医院党的建设。五、组织实施。

《意见》指出，各地要将建立现代医院管理制度作为深化医改的重要内容，制定实施方案，明确目标任务和责任分工，完善落实督办制度。各级卫生计生等相关部门要适应建立现代医院管理制度的新要求、新情况，按照职能分工及时下放相关权限，调整相关政策，加强事中事后监管，优化政务服务流程，形成工作推进合力。

7月14日

［纲　文］　**国家统计局公布《部门统计调查项目管理办法》。**

［目　文］　《办法》共8章47条。主要有总则、部门统计调查项目的制定、部门统计调查项目审批和备案、部门统计调查的组织实施、国家统计局提供的服务、监督检查、法律责任、附则等内容。自2017年10月1日起施行。国家统计局1999年公布的《部门

统计调查项目管理暂行办法》同时废止。

7 月 14 日

［纲　文］ **工业和信息化部印发《无线电干扰投诉和查处工作暂行办法》，自 2017 年 9 月 1 日起施行。**

7 月 14 日

［纲　文］ **全国老龄办、民政部、教育部、住房城乡建设部、国家卫生计生委发布《关于制定和实施老年人照顾服务项目的意见》。**

［目　文］ 《意见》明确 20 项老年人照顾服务重点任务，涵盖了老年人医、食、住、用、行、娱等各方面。提出鼓励通过基本公共卫生服务项目，为老年人免费建立电子健康档案，每年为 65 周岁及以上老年人免费提供包括体检在内的健康管理服务；鼓励相关职业院校和培训机构面向老年人开设护理课程或开展专项技能培训；加快推进基本医疗保险异地就医结算工作等。

7 月 14 日

［纲　文］ **2017 年半年注册报关单位增 7.1 万家。**

［目　文］ 截至今年 6 月底，中国海关注册报关单位累计达 102.76 万家，同比增长 15.92%。其中今年上半年，全国海关新增注册报关单位 7.1 万家。自 2013 年实施简政放权以来，海关注册企业数量增长近一倍。

7 月 14 日

［纲　文］ **香港高等法院裁定 4 人议员资格被取消。**

［目　文］ 香港高等法院就香港特区行政长官和特区政府提出的对罗冠聪、梁国雄、刘小丽及姚松炎四人的司法复核案作出判决。根据法院发布的判词，法庭分别裁定罗冠聪、梁国雄、刘小丽及姚松炎在宣誓时作出的誓言是不合法和无效的，并自 2016 年 10 月 12 日起丧失出任或就任立法会议员的资格。

7 月 14—15 日

［纲　文］ **全国金融工作会议在北京召开。**

［目　文］ 中共中央总书记习近平、国务院总理李克强出席会议并讲话。中共中央政治局常委俞正声、王岐山、张高丽出席会议。国务院副总理马凯作总结讲话。北京市、福建省、中国人民银行、中国银监会、中国证监会、中国保监会、中国工商银行主要负责人作大会发言。中共中央政治局委员、中央书记处书记，全国人大常委会有关领导，国务委员，最高人民法院院长，最高人民检察院检察长，全国政协有关领导出席会议。各省、自治区、直辖市和计划单列市、新疆生产建设兵团，中央和国家机关有关部门、有关人民团体，金融系统有关单位，中央军委机关有关部门、武警部队负责人参加会议。

习近平指出，金融是国家重要的核心竞争力，金融安全是国家安全的重要组成部分，金融制度是经济社会发展中重要的基础性制度。必须加强党对金融工作的领导，坚持稳中求进工作总基调，遵循金融发展规律，紧紧围绕服务实体经济、防控金融风险、深化金融改革三项任务，创新和完善金融调控，健全现代金融企业制度，完善金融市场体系，推进构建现代金融监管框架，加快转变金融发展方式，健全金融法治，保障国家金融安全，促进经济和金融良性循环、健康发展。习近平指出做好金融工作要把握好以下重要原则：第一，回归本源，服从服务于经济社会发展。第二，优化结构，完善金融市场、金融机构、金融产品体系。第三，强化监管，提高防范化解金融风险能力。

习近平强调，做好新形势下金融工作，要坚持党中央对金融工作集中统一领导，确保金融改革发展正确方向，确保国家金融安全。要落实全面从严治党要求，建好金融系统领导班子，强化对关键岗位、重要人员特别是一把手的监督。要扎扎实实抓好企业党的建设，加强理想信念教育，加强党性教育，加强纪律教育，加强党风廉政建设。要大力培养、选拔、使用政治过硬、作风优良、业务精通的金融人才，特别是要注意培养金融高端人才，努力建设一支宏大的德才兼备的高素质金融人才队伍。

李克强在讲话中指出，要认真学习领会和贯彻落实习近平总书记在这次会上的重要讲话精神。金融是国之重器，是国民经济的血脉。要把服务实体经济作为根本目的，把防范化解系统性风险作为核心目标，把深化金融改革作为根本动力，促进经济与金融良性循环。

7月14—30日

［纲　文］　**2017年第17届世界游泳锦标赛在匈牙利布达佩斯举行。**

［目　文］　来自世界各地的近3000名运动员，在17天的比赛中展开激烈角逐，最终产生了75枚金牌、228枚奖牌。中国代表团在本次世锦赛上共获得12枚金牌、12枚银牌、6枚铜牌，共30枚奖牌，位列奖牌榜第二位。美国代表团以21金12银13铜，共46枚奖牌，位列奖牌榜第一位。俄罗斯代表团、法国代表团分列奖牌榜第三、第四位。

7月14—23日

［纲　文］　**第8届世界残疾人田径锦标赛在英国伦敦举办。**

［目　文］　中国体育代表团由74人组成，其中运动员49人。中国运动员在本届比赛中参加了118个项目的比赛，参赛运动员包括肢体残疾和视力残疾两类。中国体育代表团以奖牌总数65枚的优异成绩，蝉联世界残疾人田径锦标赛奖牌榜首位。

7月15日

［纲　文］　**国务院办公厅通知河南省人民政府，同意焦作市城市总体规划。**

［目　文］　通知说，一、国务院原则同意《焦作市城市总体规划（2011—2020年）》。二、重视城乡区域统筹发展。在《总体规划》确定的750平方公里城市规划区范围内，实行城乡统一规划管理。三、合理控制城市规模。到2020年，中心城区常住人口控制在140万人以内，城市建设用地控制在140平方公里以内。四、完善城市基础设施体系。五、建设资源节约型和环境友好型城市。六、创造优良的人居环境。七、重视历史文化和风貌特色保护。八、严格实施《总体规划》。

通知要求，焦作市人民政府要根据本通知精神，认真组织实施《总体规划》，任何单位和个人不得随意改变。河南省和住房城乡建设部要加强对《总体规划》实施工作的指导、监督和检查。

7月15日

［纲　文］　**北京至新疆实现高速公路全线贯通。**

［目　文］　京新高速公路连接北京、河北、山西、内蒙古、甘肃、新疆六个省（区、市），总里程约2768公里。其中，临白段（临河至白疙瘩）全长930公里，是我国里程最长的高速公路项目，位于内蒙古西部巴彦淖尔市和阿拉善盟境内；白明段（白疙瘩至明水）全长134公里，位于甘肃省酒泉市肃北县境内；明哈段（明水至哈密）全长178公里，位于新疆哈密市境内。京新高速在内蒙古境内穿过乌兰布和、腾格里、巴丹吉林三大沙漠，也是目前世界上穿越沙漠、戈壁里程最长的高速公路。

截至2016年底，全国高速公路通车里程达13.1万公里，位居世界第一。预计到“十三五”末，国家高速公路主线基本贯通。

7月15—16日

［纲　文］　**刘奇葆在河北塞罕坝机械林场调研。**

［目　文］　中共中央政治局委员、中宣部部长刘奇葆指出，要深入学习贯彻习近平总书记系列重要讲话精神特别是关于生态文明建设的重要论述，大力宣传塞罕坝林场植树造林的重大成就和感人故事，大力弘扬塞罕坝精神，推进生态文明建设，引导激励全国人民保护生态环境、建设美丽中国。

调研期间，刘奇葆在塞罕坝机械林场的基层营林区，调研植树造林、湿地保护、森林防火等工作，了解50多年来林场大力造林、严格护林、科学利用等情况，看望林场老职工、老模范，与干部职工交流。

7月16日

［纲　文］　**中央军委主席习近平签署命令，发布新修订的《军队机关公文处理工作条例》。**

［目　文］　《条例》共设8章40条。主要有总则、公文种类、公文格式、行文规则、公文拟制、公文办理、公文管理、附则等内容。自2017年10月1日起施行。2005年10月2日中央军委发布的《中国人民解放军机关公文处理条例》同时废止。

7月16日

［纲　文］　**国务院公布修改后的《建设项目环境保护管理条例》，自2017年10月1日起施行。**

7月16日

［纲　文］　**国务院批复浙江省人民政府，同意浙江省龙泉市列为国家历史文化名城。**

［目　文］　批复说，一、同意将龙泉市列为国家历史文化名城。龙泉市历史悠久，古城传统格局和风貌保存较好，非物质文化遗产丰富，具有重要的历史文化价值。二、浙江省及龙泉市人民政府要根据本批复精神，按照《历史文化名城名镇名村保护条例》的要求，正确处理城市建设与保护历史文化遗产的关系，深入研究发掘历史文化遗产的内涵与价值，明确保护的原则和重点。编制好历史文化名城保护规划，并将其纳入城市总体规划，划定历史文化街区、文物保护单位、历史建筑的保护范围及建设控制地带，制定并严格实施相关保护措施。在历史文化名城保护规划的指导下，编制好重要保护地段的详细规划。在规划和建设中，要重视保护城市格局，注重城区环境整治和历史建筑修缮，不得进行任何与名城环境和风貌不相协调的建设活动。三、浙江省和住房城乡建设部、国家文物局要加强对龙泉市国家历史文化名城规划、保护工作的指导、监督和检查。

7月16日

［纲　文］　《人民日报》发表题为《更好服务实体经济——一论做好当前金融工作》的评论员文章。

7月16—17日

［纲　文］　国家民委在青海海西蒙古族藏族自治州召开第3届全国民族自治州全面建成小康社会经验交流现场会。

［目　文］　国家民委主任巴特尔出席会议并讲话。国家民委副主任陈改户主持会议并作总结讲话。国家民委委员单位部分联络员，国家民委有关部门负责人，辖有自治州的省区民族工作部门主要负责人，以及全国30个自治州的主要负责人等120余人参加了会议。海西、湘西、甘孜、黔东南、楚雄、巴音郭楞等6个自治州作了大会交流发言，与会代表实地考察调研，并就深入学习习近平总书记关于民族工作重要思想，推动自治州实现同步小康，进行了分组讨论。

会议指出，近年来，全国30个民族自治州保持快速发展态势，在产业基础、交通设施、公共服务、城乡面貌等各方面都有了巨大变化，后发赶超迹象明显。据统计，2016年，全国30个自治州地区生产总值达1.72万亿元，与2010年相比翻了一番。

我国30个民族自治州总面积占全国的1/4，但经济总量较小，城乡居民收入偏低。2016年，我国没有一个自治州的城镇居民人均可支配收入超过全国平均水平。

7月17日

［纲　文］　习近平主持召开中央财经领导小组第16次会议。

［目　文］　会议主要内容是研究改善投资和市场环境、扩大对外开放问题。中共中央总书记、中央财经领导小组组长习近平发表重要讲话强调，要改善投资和市场环境，加快对外开放步伐，降低市场运行成本，营造稳定公平透明、可预期的营商环境，加快建设开放型经济新体制，推动我国经济持续健康发展。

国务院总理、中央财经领导小组副组长李克强，国务院副总理、中央财经领导小组成员张高丽出席会议。中央财经领导小组成员出席，中央和国家有关部门负责人列席会议。会议分别听取了国家发展改革委关于对外商投资实行准入前国民待遇加负面清单管理模式、商务部关于推动贸易平衡和中美双边投资有关问题、人民银行关于完善人民币汇率形成机制和扩大金融业对外开放的汇报。领导小组成员进行了讨论。

7月17日

［纲　文］　**国家统计局发布，2017年上半年国民经济稳中向好态势更趋明显。**

［目　文］　初步核算，上半年国内生产总值381490亿元，按可比价格计算，同比增长6.9%。分季度看，一季度同比增长6.9%，二季度增长6.9%。分产业看，第一产业增加值21987亿元，同比增长3.5%；第二产业增加值152987亿元，增长6.4%；第三产业增加值206516亿元，增长7.7%。从环比看，二季度国内生产总值增长1.7%。

7月17日

［纲　文］　**环境保护部、国家发展改革委、水利部印发《长江经济带生态环境保护规划》。**

［目　文］　《规划》由九个部分组成：一、基础和形势。二、指导思想、原则和目标。三、确立水资源利用上线，妥善处理江河湖库关系。四、划定生态保护红线，实施生态保护与修复。五、坚守环境质量底线，推进流域水污染统防统治。六、全面推进环境污染治理，建设宜居城乡环境。七、强化突发环境事件预防应对，严格管控环境风险。八、创新大保护的生态环保机制政策，推动区域协同联动。九、强化保障措施。

《规划》指出，长江经济带11省市人民政府是规划实施主体。要根据任务分工，将目标、措施和工程纳入本地区国民经济和社会发展规划以及相关领域、行业规划中，编制具体实施方案，加大规划实施力度，严格落实党政领导干部生态损害责任追究制度，确保规划目标按期实现。

7月17日

［纲　文］　**中国道教协会成立60周年纪念会在人民大会堂举行。**

［目　文］　中共中央统战部常务副部长张裔炯，国家宗教事务局局长王作安等出席。中国道教协会会长李光富作了题为《行道立德，正己化人——中国道教协会60年历程的回顾与展望》的报告。

同日，全国政协主席俞正声会见中国道教协会领导班子成员。国务院副总理刘延东、中央统战部部长孙春兰，中国佛教协会、中国伊斯兰教协会、中国天主教“一会一团”、基督教全国“两会”的代表，以及有关方面负责人参加了会见。俞正声希望道教界继续服务国家大局，发挥好桥梁纽带作用，全面贯彻落实党的宗教工作基本方针，对教义教理作出符合时代进步的阐释，促进宗教活动规范有序，更好地坚持和深化道教中国化。要加强宗教团体自身建设，加强对宫观和教职人员的指导，把人才培养放到重要位置，努力提升文化水平、宗教造诣和综合素质，真正培养出一批能够引领道教发展方向的高素质人才。要坚定文化自信，继承和发扬道教优良传统，不断提高社会服务水平，更好地融入现代社会，塑造和宣传道教形象，为促进世界和平、增进人类福祉发挥更大作用。

7 月 17 日

［纲　文］　**外交部发言人表示，中方愿同国际社会一道共同推动叙利亚问题早日实现全面政治解决**。

［目　文］　有记者问，中国政府叙利亚问题特使解晓岩出席了近日举行的第七轮叙利亚问题日内瓦和谈。中方对本轮和谈成果以及当前叙利亚问题政治解决进程进展有何评价？中方发挥了什么作用？

发言人表示，叙利亚问题日内瓦和谈是根据联合国安理会第 2254 号决议，启动“叙人主导、叙人所有”政治进程的关键步骤，今年以来已经举行四轮，总体保持了稳步推进势头，并逐步取得一些成果。和谈进程维护了叙人民自主自决的大原则，巩固了政治解决叙问题的大方向。中国始终支持联合国发挥斡旋主渠道作用。中国政府叙问题特使解晓岩上周访问日内瓦，同参加和谈的叙政府及各反对派代表接触，并会见了联合国秘书长叙问题特使德米斯图拉及叙问题主要参与方，大力劝和促谈，推动各方共同朝着形成符合叙人民长远利益的政治解决方案努力。当前，叙地面局势和反恐形势正逐步向好。中方愿同国际社会一道，加强协调，为政治进程加油，为停火止暴出力，共同推动叙利亚问题早日实现全面政治解决。

7 月 17 日

［纲　文］　**《人民日报》发表王岐山题为《巡视是党内监督战略性制度安排 彰显中国特色社会主义民主监督优势》的文章**。

7 月 17 日

［纲　文］　**《人民日报》发表题为《有效防范金融风险——二论做好当前金融工作》的评论员文章**。

7 月 17—18 日

［纲　文］　**司法部在哈尔滨召开全国公证工作会议**。

［目　文］　司法部部长张军出席会议并讲话，司法部副部长熊选国作工作报告。司法部副部长赵大程主持会议。中央政法委、全国人大常委会法工委、最高人民法院、财政部、人力资源和社会保障部等中央国家机关有关部门负责人出席会议。各省（区、市）和新疆生产建设兵团司法厅（局）长、分管公证工作副厅（局）长，中国公证协会会长、副会长，各省（区、市）公证协会会长，司法部机关有关司局、直属单位负责人参加会议。会议总结近年来全国公证工作，分析当前公证工作面临的形势和任务，部署当前和今后一段时期公证改革、发展、建设各项工作。会议提出，要加快推进行政体制公证机构转为事业体制公证机构，2017 年年底前，行政体制公证处都要改革到位，同时进一步扩大合作制公证机构试点。

7 月 17—20 日

［纲　文］　**应国家主席习近平邀请，巴勒斯坦国总统阿巴斯对中国进行国事访问**。

［目　文］　访问期间，习近平在北京同阿巴斯举行会谈，两国元首共同见证了外交、经济、人员培训和文化等领域双边合作文件的签署。阿巴斯授予习近平“巴勒斯坦国最高勋章”，以表达对中方支持巴正义事业的深切感谢和对习近平本人的崇高敬意。国务院总理李克强、全国人大常委会委员长张德江在北京分别会见了阿巴斯。

习近平同阿巴斯会谈时指出，中方赞赏巴方始终奉行一个中国政策，将一如既往支持巴勒斯坦人民恢复民族合法权利的正义事业。中方愿与巴方共建“一带一路”，支持有实力、有条件的企业到巴勒斯坦开展投资合作，实现互利共赢。我们愿同巴方在工业区建设、人才培训和太阳能电站项目等方面合作，帮助巴方提升自主发展能力。双方要继续加强在文化、教育、科研、党际、地方、民间、青年等各领域各层次交流合作，不断增进两国人民友谊。

习近平就推动解决巴勒斯坦问题提出四点主张：第一，坚定推进以“两国方案”为基础的政治解决；第二，坚持共同、综合、合作、可持续的安全观；第三，进一步协调国际社会的努力，壮大促和合力；第四，综合施策，以发展促进和平。

阿巴斯表示，愿密切同中方高层和各领域交往，积极参与共建“一带一路”，拓展巴中经济、科技、基础设施、工业园区、旅游等合作。巴勒斯坦高度评价并支持中国就推动政治解决巴勒斯坦问题提出的建设性倡议，希望看到中国在中东和平进程中发挥更大作用。

李克强在会见阿巴斯时表示，中方愿同巴方深化务实合作，实现互利双赢。双方可从落实好现有重点领域合作入手，通过双边、多方对话协商加以推进。加强经贸、基础设施、人力资源和能力建设等合作，促进巴经济发展和民生改善。阿巴斯表示，巴方赞赏中方在巴勒斯坦问题上的立场主张，感谢中方长期以来对巴的重要支持，愿同中方保持高层交往，加强在工业园区、清洁能源、人力培训等领域合作，推动巴中友好合作关系健康发展。

张德江说，中方愿同巴方共同努力，切实落实两国元首达成的共识，进一步丰富中巴友好合作关系内涵，不断推进双边关系持续深入发展。中国全国人大愿继续加强同巴方的友好交往，不断增进两国人民相互了解和友谊。阿巴斯说，感谢中方的宝贵支持，巴方愿加强同中方友好交往与合作。

7月17—21日

［纲　文］　应外交部部长王毅邀请，突尼斯外交部部长杰希纳维对中国进行正式访问。

［目　文］　19日，王毅在北京与杰希纳维举行会谈，两国外长共同签署了《中突外交部关于建立磋商机制的协议》。

20日，国家副主席李源潮在北京会见杰希纳维时说，中突传统友好，在涉及彼此核心利益和重大关切问题上一贯相互支持，在国际和地区事务中相互协调，各领域互利合作成果显著。中国欢迎突尼斯参与“一带一路”建设，希望双方在“一带一路”、中阿合作论坛、中非合作论坛等框架下加强务实合作，推动中突关系发展迈上新台阶。杰希纳维说，突方愿同中方加强政治互信和各领域合作，积极参与“一带一路”建设，推动两国关系不断发展。

7月18日

［纲　文］　**全国政协在北京召开“构建‘亲’‘清’新型政商关系，促进民营经济健康发展”专题协商会。**

［目　文］　全国政协副主席杜青林、全国政协主席俞正声分别主持上、下午的会议。全国政协副主席王钦敏出席并讲话。全国政协副主席韩启德、董建华、张庆黎、李海峰、陈元、王家瑞、齐续春、马培华、梁振英出席会议。国务委员王勇出席会议并讲话。31位委员和专家学者、企业家代表、地方代表在会上发言。国家发改委副主任张勇、工业和信息化部总工程师张峰分别介绍有关情况。最高人民检察院、国家税务总局、国家工商总局、银监会等部门负责人与委员互动交流。中共中央、国务院有关部门和单位的负责人到会听取意见建议。

委员们表示，全国政协十二届四次会议期间，习近平总书记在民建、工商联界委员联组会上发表重要讲话，用“亲”“清”二字概括了新型政商关系的内涵，意义十分重大。委员们认为，政商关系和政企关系是相互联系的，政企关系顺了，政商关系容易处理好。当前强调“亲”“清”政商关系对民营经济健康发展具有特殊意义。委员们认为，“亲”“清”关系中，“清”是基础和前提，领导干部、公务员要坦荡真诚地同民营企业家接触交往，不收礼、不吃请，积极作为、靠前服务。在“清”的基础上做到“亲”，才能促进民营经济健康发展。地方领导要有联系点，形成联系企业制度、座谈会制度和发挥工商联作用的制度，真心实意支持民营经济发展。委员们表示，反腐败斗争有利于净化政治生态，有利于净化经济生态，有利于理顺市场秩序，促进民营企业健康发展。

委员们建议，要解决好民营企业平等准入问题，加强产权保护，减少行政审批，减轻企业负担，特别要解决乱收费问题。要坚持公开透明，继续反腐倡廉，营造良好的舆论环境。民营企业要守法经营，民营企业家要加强自我学习、自我教育、自我提升，做合格的中国特色社会主义事业建设者。

7月18日

［纲　文］　**国务院办公厅印发《中央企业公司制改制工作实施方案》。**

［目　文］　《方案》由四个部分组成：一、目标任务。二、规范操作。三、政策支持。四、统筹推进。

《方案》指出，中央党政机关和事业单位所办企业的清理整顿和公司制改制工作，按照国家集中统一监管的要求，另行规定执行。各省级人民政府参照本实施方案，指导地方国有企业公司制改制工作。

7月18日

［纲　文］　**国务院办公厅印发《关于禁止洋垃圾入境推进固体废物进口管理制度改**

革实施方案》。

［目　文］《方案》由五个部分组成：一、总体要求。二、完善堵住洋垃圾进口的监管制度。三、强化洋垃圾非法入境管控。四、建立堵住洋垃圾入境长效机制。五、提升国内固体废物回收利用水平。

《方案》指出，加大对固体废物进口管理和打击洋垃圾走私成效的宣传力度，及时公开违法犯罪典型案例，彰显我国保护生态环境安全和人民群众身体健康的坚定决心。积极引导公众参与垃圾分类，倡导绿色消费，抵制过度包装。大力推进“互联网+”订货、设计、生产、销售、物流模式，倡导节约使用纸张、塑料等，努力营造全社会共同支持、积极践行保护环境和节约资源的良好氛围。

7月18日

［纲　文］**全国集中开展易制爆危险化学品和寄递物流专项整治行动动员部署电视电话会议在北京召开。**

［目　文］会议由公安部和中央综治办、国家安全部、交通运输部、海关总署、安全监管总局、国家铁路局、中国民航局、国家邮政局等九部门联合召开。会议部署从现在起至2017年底在全国范围内集中开展易制爆危险化学品和寄递物流专项整治行动。

7月18日

［纲　文］**环境保护部、国家发展改革委在北京联合召开视频会议。**

［目　文］会议传达学习副总理张高丽批示精神，就贯彻落实中共中央办公厅、国务院办公厅印发的《关于划定并严守生态保护红线的若干意见》进行动员部署。环境保护部部长李干杰、国家发展改革委副主任胡祖才出席会议并讲话。环境保护部副部长黄润秋主持会议，各省（区、市）及新疆生产建设兵团相关部门负责人在分会场参加会议。

7月18日

［纲　文］**外交部发言人对南京和日本广岛有关地方团体共同举办南京大屠杀相关展览表示，中方给予积极评价。**

［目　文］有记者问，据报道，名为“被封存的记忆不再让南京悲剧重演”的展览15日在日本广岛开幕，该展览由南京民间抗日战争博物馆与广岛南京大屠杀展主办委员会联合举办。中方对中日地方团体共同举办此活动有何看法？

发言人说，2017年是南京大屠杀80周年。南京大屠杀是日本军国主义在第二次世界大战期间犯下的严重罪行，是一段不容抹杀的惨痛历史。只有深刻汲取历史教训，以史为鉴，才能避免战争悲剧重演，才能真正维护和平，开创未来。

有记者问，针对韩国政府提出与朝鲜共同举行军事会谈等倡议，中方给予了鼓励。但美国白宫发言人斯派塞17日称，当前形势远未满足与朝鲜对话所需的任何条件。英国外交大臣约翰逊、日本外务省报道官等也都表示，当前不是与朝鲜对话时机，应加大对朝施压。中方是否有进一步评论？

发言人说，昨天我已经阐述了中方支持半岛北南双方通过对话改善相互关系、推动和解合作的立场。希望国际社会所有有关各方对半岛北南双方开展对话、改善关系的努力给予理解和支持，为半岛核问题妥善解决发挥建设性作用。中方多次强调，维护半岛和东北亚和平稳定，符合国际社会，特别是本地区国家的根本和长远利益。为实现这一目标，国际社会在对朝鲜违反安理会决议行为表明坚决反对态度的同时，也需要加大劝和促谈的力度，二者缺一不可。半岛核问题发展至今，曾经取得的积极成果无一不是通过对话而来；实践也多次证明，一味对抗和施压只会导致紧张局势进一步升级。近期有关方面就改善朝韩关系、缓和半岛局势释放了积极信息，国际社会特别是半岛问题有关当事方应抓住契机，多给予理解和支持，要“加把劲”而不是“扯后腿”。

7月18日

［纲　文］《人民日报》发表题为《坚定深化金融改革——三论做好当前金融工作》的评论员文章。

7月18—19日

［纲　文］　王岐山在张家口检查扶贫领域监督执纪问责工作。

［目　文］　中共中央纪委书记王岐山指出，要牢固树立“四个意识”，贯彻推进“四个全面”战略布局的要求和党中央脱贫攻坚决策部署，到基层去、落实在行动上，强化监督执纪问责，不断增强人民群众的获得感，以扎扎实实的工作成效迎接党的十九大胜利召开。打赢脱贫攻坚战，是习近平总书记代表党和国家向人民和世界作出的承诺。2020年贫困群众要同全国人民一道进入全面小康社会，2022年要举办北京冬奥会，张家口也将聚焦世界的目光，展现迈入全面小康的崭新形象。脱贫攻坚体现党的宗旨和人民立场，体现党中央的政治和大局，关乎实现党的历史使命。一个行动胜过一打纲领。落实中央纪委扶贫会议工作要求，市县党委纪委是关键。要切实担负起主体责任和监督责任，坚决防止层层发文件、填表格，以会议贯彻会议、以文件落实文件，而要走出办公室，深入县乡检查抽查，到贫困户家中了解，核查信访问题线索，掌握真实情况，发扬钉钉子精神，一个节点一个节点地抓，层层传导压力，真正狠抓落实。纪委要拉长耳朵、瞪大眼睛，紧盯形式主义、官僚主义、搞数字脱贫问题，及时向党委报告；严肃查处基层干部优亲厚友、雁过拔毛、强占掠夺等行为，既通报曝光典型案例，又对扶贫工作失职失责的党委纪委“双问责”，确保中央的扶贫政策和资金项目惠及贫困群众，经得住历史的检验。基层党组织要以优良的党风带动民风转变，教育引导贫困群众立志，靠自己的双手勤劳致富。

王岐山在张家口市纪委信访室查看扶贫领域信访登记处置情况，在党风政风监督室、纪检监察室，与纪检监察干部交流，并与纪委领导班子成员座谈。王岐山要求，省区市党委纪委要密切关注监察体制改革试点工作情况，统一思想、提前谋划，做好制定工作方案和组织实施的各项准备工作。

7月18—19日

［纲　文］　李源潮在河南调研群团改革。

［目　文］　国家副主席李源潮在河南大学与参加青年马克思主义者培养工程培训的

大学生讨论交流；在集英社区科普站，勉励小朋友们培养科学兴趣，长大后更好地认识自然、保护环境；在八里湾镇磨角楼村巾帼创业基地，询问妇女返乡创业情况，表扬女企业家带领乡亲致富、带动家乡发展；在开封众创空间和祥符电商产业园，希望团员青年抓住创业创新时代机遇，在服务群众中实现创业梦想；在郑州普惠路社区服务中心与团干部、青年社工一道通过“青年之声”在线回答青年提出的问题；在圆方家政公司，希望妇联组织发挥作用，打造好“巧媳妇”工作品牌，带动妇女创业就业；考察了开封启源研究院和郑东新区，提出要以科技创新带动产业转型升级，为经济发展增添新动能；在开封和郑州分别召开群团改革调研座谈会，听取基层群团干部意见。

7月18—19日

［纲　文］　**全国城市基层党建工作经验交流座谈会在上海召开。**

［目　文］　中共中央政治局委员、中组部部长赵乐际出席会议并讲话。与会者实地参观学习了上海市街道社区党建工作。赵乐际指出，城市基层党建工作要与时俱进、改革创新，更加注重全面统筹，更加注重系统推进，更加注重开放融合，更加注重整体效应。要引导街道社区党组织聚焦教育管理监督党员和组织宣传凝聚服务群众的职责任务，充分发挥领导核心作用。要把加强基层党的建设、巩固党的执政基础作为贯穿社会治理和基层建设的一条红线，积极探索党建引领基层治理的有效路径。要强化街道党组织统筹协调功能，推进街道社区党建、单位党建、行业党建互联互动，扩大商务楼宇、各类园区、商圈市场、互联网业等新兴领域党建覆盖，健全市、区、街道、社区党组织四级联动体系。坚持实践、认识，再实践、再认识，不断总结经验、把握规律，把城市基层党建一步步推向深入，把各项工作做得更好，以优异成绩迎接党的十九大胜利召开。

7月18—19日

［纲　文］　**第8次全国信访工作会议在北京召开，习近平作出指示。**

［目　文］　国家主席习近平，向全国信访系统广大干部职工致以诚挚的问候，向受到表彰的先进集体和先进工作者表示热烈的祝贺。习近平指出，近年来，全国信访系统扎实工作，广大信访干部付出大量艰辛努力，推动解决了一大批事关群众切身利益的问题，在维护改革发展稳定大局中发挥了重要作用。各级党委、政府和领导干部要坚持把信访工作作为了解民情、集中民智、维护民利、凝聚民心的一项重要工作，千方百计为群众排忧解难。要切实依法及时就地解决群众合理诉求，注重源头预防，夯实基层基础，加强法治建设，健全化解机制，不断增强工作的前瞻性、系统性、针对性，真正把解决信访问题的过程作为践行党的群众路线、做好群众工作的过程。各级党委要加强对信访工作的领导，关心、支持、爱护信访干部，建设一支对党忠诚可靠、恪守为民之责、善做群众工作的高素质信访工作队伍，不断开创信访工作新局面。

中共中央政治局委员、中央政法委书记孟建柱在会上传达了习近平指示并讲话，国务委员、公安部部长郭声琨出席会议。会议表彰了全国信访系统先进集体和先进工作者，并向从事信访工作25年以上的信访工作者颁发荣誉证书。会议指出，各地区各部门要认真学习贯彻习近平总书记重要指示精神，全面贯彻党的十八大和十八届三中、四中、五中、六中全会精神，牢固树立“四个意识”，紧紧围绕推进国家治理体系和治理能力现代化的目标，推动依法及时就地解决群众合理诉求，把理念提升、机制创新、制度完善和科技应用结合起来，坚持一手抓信访事项解决，一手抓源头性、基础性工作，不断提高信访工作专业化、法治化、信息化水平，更好维护群众合法权益、维护社会公平正义、维护社会和谐稳定，以更加优异的成绩迎接党的十九大胜利召开。

7 月 18—30 日

［纲 文］ **第 23 届夏季听障奥林匹克运动会在土耳其萨姆松举办。**

［目 文］ 来自 97 个国家和地区的 3100 余名听障运动员在 21 个运动大项展开角逐。中国代表团的 107 名运动员参加了田径、游泳、乒乓球、羽毛球、网球、篮球、足球、跆拳道、公路自行车共 9 个大项的比赛，以 14 金 9 银 11 铜的成绩名列奖牌榜第五位。

听障奥运会是世界三大类别残疾人综合性体育赛事之一，自 1924 年国际聋人体育联合会首次组织世界聋人运动会（听障奥运会前身）至今，已有 90 多年历史。

7 月 19 日

［纲 文］ **习近平主持召开中央全面深化改革领导小组第 37 次会议。**

［目 文］ 中共中央政治局常委、中央全面深化改革领导小组组长习近平指出，各地区要切实把思想和行动统一到党中央改革决策部署上来，从服务党和国家工作大局出发推动改革，敢于担当、善谋实干、实事求是、锐意进取，扎实推进各项改革落到实处、见到实效。

中共中央政治局常委、中央全面深化改革领导小组副组长李克强、刘云山、张高丽出席会议。中央全面深化改革领导小组成员出席，中央和国家机关有关部门负责人列席会议。

会议审议通过了《关于创新体制机制推进农业绿色发展的意见》《国家技术转移体系建设方案》《关于深入推进公共文化机构法人治理结构改革的实施方案》《关于加强和改进中外人文交流工作的若干意见》《聘任制公务员管理规定（试行）》《关于完善进出口商品质量安全风险预警和快速反应监管体系切实保护消费者权益的意见》《关于深化审评审批制度改革鼓励药品医疗器械创新的意见》《建立国家公园体制总体方案》《关于健全统一司法鉴定管理体制的实施意见》。会议审议了《党的十八届三中全会以来改革试点工作进展情况报告》《关于社会保障制度改革督察情况报告》。

7 月 19 日

［纲 文］ **习近平向军事科学院、国防大学、国防科技大学授军旗致训词。**

［目 文］ 中共中央总书记、国家主席、中央军委主席习近平将军旗授予军事科学院院长杨学军、政治委员方向，国防大学校长郑和、政治委员吴杰明，国防科技大学校长

邓小刚、政治委员刘念光。

习近平致训词。他指出，调整组建新的军事科学院、国防大学、国防科技大学，是党中央和中央军委着眼实现中国梦强军梦作出的重大决策，是推进改革强军、构建我军新型军事人才培养体系和军事科研体系的战略举措，必将对加快推进国防和军队现代化、把我军建设成为世界一流军队产生重大而深远的影响。军事科学院是全军军事科学研究的拳头力量。要适应军事科研工作新体制新要求，坚持军事理论和军事科技紧密结合，创新军事科研工作组织模式，推动开展协同创新，发展现代军事科学，努力建设世界一流军事科研机构。国防大学是培养联合作战人才和高中级领导干部的重要基地。要把握高级任职教育院校建设特点和规律，推动教学科研管理创新，突出高素质联合作战指挥和参谋人才培养，加强军事理论研究，努力建设世界一流综合性联合指挥大学。国防科技大学是高素质新型军事人才培养和国防科技自主创新高地。要紧跟世界军事科技发展潮流，适应打赢信息化局部战争要求，抓好通用专业人才和联合作战保障人才培养，加强核心关键技术攻关，努力建设世界一流高等教育院校。

方向、吴杰明、刘念光分别代表军事科学院、国防大学、国防科技大学表示，坚决贯彻习主席训词，坚决听从党中央、中央军委和习主席指挥，坚决完成党和人民赋予的任务。

成立大会结束后，习近平出席军队院校、科研机构、训练机构主要领导座谈会并发表讲话。他指出，把我军建设成为世界一流军队必须有一流军事人才、一流军事理论、一流军事科技。科技是现代战争的核心战斗力。我们要赢得军事竞争主动，必须下更大气力推进科技兴军，坚持向科技创新要战斗力，依靠科技进步和创新把我军建设模式和战斗力生成模式转到创新驱动发展的轨道上来。我军院校、科研机构、训练机构是推进科技兴军的骨干力量，地位重要、使命光荣，必须勇担重任、走在前列。

会议期间，习近平分别接见了军事科学院、国防大学、国防科技大学领导班子成员，正师级以上军队院校、科研机构、训练机构主要领导并合影留念。

7月19日

［纲　文］　李克强主持召开国务院常务会议。

［目　文］　会议的主要内容是，一、部署创建“中国制造2025”国家级示范区，加快制造业转型升级。会议指出，创建“中国制造2025”国家级示范区，探索实体经济尤其是制造业转型升级新突破，对于推进供给侧结构性改革，建设制造强国，保持经济中高速增长、迈向中高端水平，具有重要意义。会议强调，在东中西部选择部分城市或城市群建设国家级示范区，要聚焦创新体制机制、深化开放合作、破解制造业发展瓶颈，与“互联网+”“双创”结合，打造先进制造工业云平台，在创新体系建设、智能和绿色制造等方面先行先试。同时，将目前已在国家自主创新示范区等实施的简政放权、财税金融、土地供应、人才培养等有关政策扩展到示范区，并对内外资企业一视同仁。二、确定防控义务教育学生失学辍学的措施，确保实现“十三五”义务教育巩固率目标；为进一步防控

义务教育学生失学辍学，确保实现到 2020 年全国九年义务教育巩固率达 95% 的目标，会议要求优化教育支出结构，强化对义务教育的投入保障，提高教育质量，加快改变农村教育不均衡状况。加强分类指导，因地因人施策，做到“三避免、一落实”：一是避免因贫失学辍学。二是避免因上学远上学难而辍学。三是避免因学习困难或厌学辍学。四是落实政府及社会各方控辍保学责任。三、部署深入实施临时救助制度，以更有效的救急救难保障困难群众基本生活。会议指出，近年来各地和有关部门按照党中央、国务院部署，大力推进全面建立实施临时救助制度，兜住民生底线救急难，取得积极成效。下一步，一是增强救助可及性和时效性，完善部门协调、信息共享等机制，简化救助审核，落实“先行救助”，确保应救尽救。二是政府对临时救助的投入只增不减，鼓励地方多方筹集救助资金，通过上级财政预拨资金支持等方式，推动在乡镇（街道）建立临时救助备用金制度，提高救助水平。三是实施政府购买救助服务，调动社会力量参与救助积极性，支持和引导公益慈善组织、企业等参与救助。地方和有关部门要负起责任，坚决防止冲击社会道德底线的事件屡屡发生。

7 月 19 日

［纲　文］　**最高法等 15 部门印发《关于建立家事审判方式和工作机制改革联席会议制度的意见》**。

［目　文］　《意见》由四个部分组成：一、主要职能。二、成员单位。三、工作规则。四、工作要求。

《意见》要求，各成员单位要按照职责分工，主动研究家事审判方式和工作机制改革工作及婚姻家庭纠纷化解工作的有关问题，及时向牵头单位提出需联席会议讨论的议题；积极参加联席会议，认真落实联席会议确定的工作任务和议定事项，及时处理需要跨部门协调解决的问题。各成员单位要互通信息，相互配合，相互支持，形成合力，充分发挥联席会议的作用，共同做好家事审判方式和工作机制改革有关工作。

7 月 19 日

［纲　文］　**财政部、农业部、水利部、国土资源部印发《中央财政农业生产救灾及特大防汛抗旱补助资金管理办法》**。

［目　文］　《办法》共 5 章 20 条。主要有总则、分配和下达、使用范围、监督管理、附则等内容。自 2017 年 7 月 19 日起施行。《财政部 水利部关于印发〈特大防汛抗旱补助费管理办法〉的通知》（财农〔2011〕328 号）、《中央财政农业生产防灾救灾资金管理办法》（财农〔2013〕3 号）、《财政部 国土资源部关于印发〈特大地质灾害防治专项资金管理办法〉的通知》（财建〔2014〕886 号）、《财政部 水利部关于修改〈特大防汛抗旱补助费管理办法〉有关条文的通知》（财农〔2016〕178 号）、《财政部 农业部关于修订相关资金管理办法的通知》（财农〔2016〕238 号）相关条款同时废止。

7 月 19 日

［纲　文］　**国家海洋局发布《2016 年全国海水利用报告》**。

［目 文］《报告》显示，截至2016年底，全国已建成海水淡化工程131个，产水规模118.80吨/日；年利用海水作为冷却水量为1201.36亿吨，新增海水冷却用海水量75.70亿吨/年。

7月19日

［纲 文］**中国天主教爱国会成立60周年纪念会在人民大会堂举行。**

［目 文］中共中央统战部常务副部长张裔炯出席。国家宗教事务局局长王作安代表中央统战部、国家宗教事务局讲话。中国天主教爱国会主席、中国天主教主教团副主席房兴耀主教作了题为《弦歌不辍一甲子，不忘初心再出发》的报告。为纪念中国天主教爱国会成立60周年，中国天主教爱国会举办了中国天主教爱国会成立60周年回顾展和中国天主教爱国会成立60周年音乐会等系列活动。

同日，全国政协主席俞正声会见了中国天主教爱国会、中国天主教主教团负责人。国务院副总理刘延东、中央统战部部长孙春兰，中国佛教协会、中国道教协会、中国伊斯兰教协会、基督教全国“两会”的代表，以及有关方面负责人参加了会见。

7月19日

［纲 文］**首轮中美全面经济对话在华盛顿举行。**

［目 文］对话由国务院副总理汪洋与美国财政部长、商务部长罗斯共同主持。双方就中美贸易投资、经济合作百日计划和一年计划、全球经济和治理、宏观经济政策和金融业、农业等议题进行了深入讨论，达成广泛共识。双方就开展经济合作一年计划进行了讨论，同意围绕宏观经济和金融、贸易合作、投资合作、全球经济治理等方面开展合作，努力争取实现早期收获。双方同意本着务实、互利原则，在实施合作的过程中，进一步充实和完善一年计划，为两国经济提供一个稳定、可预期的合作框架。双方同意为缩小贸易逆差进行建设性合作。拓展服务业合作领域，共同做大服务贸易蛋糕；扩大双方相互投资，创造更加开放、公平、透明、便利的投资环境；在促进高技术产品贸易方面作出更大努力；提升产业合作水平，推动制造业互利合作；加强宏观经济政策沟通与协调，深化金融监管和金融市场发展领域的务实合作；加强在二十国集团等全球经济治理平台的合作，推动国际经济金融体系改革，促进世界经济强劲、可持续、平衡、包容发展。双方认为，这是一次创新、务实、建设性的对话，既探讨了事关两国经济合作全局性、长期性、战略性的议题，又聚焦于业界关注的具体问题，达到加深理解、增进互信、扩大共识的目的，为双方进一步开展长期稳定的合作奠定了坚实基础。

7月19日

［纲 文］**外交部部长王毅应约会见来访的阿联酋国务部部长苏尔坦，就当前海湾危机阐述了中方立场。**

［目 文］王毅表示，海湾保持稳定，海合会维护团结，海湾各国一致反恐，符合地区国家和国际社会的共同利益。中国作为海湾各国的好朋友、好伙伴，希望并相信海湾危机能得到妥善解决。中方的立场概括起来有三点：一是支持政治和外交解决大方向，各

方应依据国际关系准则行事，切实履行各自承担的国际义务。二是支持在海合会框架内，运用阿拉伯方式化解目前的分歧。坚持互相尊重和不干涉内政的原则。域外国家应为实现和解发挥建设性作用。三是支持各方尽快坐下来对话，相互显示灵活，首先在反对一切形式恐怖主义这个大目标上形成一致，在此基础上，从易到难逐步解决其他分歧。中方相信包括阿联酋在内的有关各方有能力管控好当前局势，有智慧解决好分歧矛盾。中方愿在各方需要时，为缓和海湾局势，促进海湾和平稳定发挥建设性作用。

苏尔坦表示，阿方坚持通过政治和外交途径解决分歧，无意干涉卡塔尔及他国内政，不希望紧张局势进一步升级。阿方希望各方就反恐等重大问题达成共识，遵守迄今签署的协议，恪守曾经作出的承诺，翻开海合会国家间关系新的一页。中国是有重要影响力的负责任大国，阿方赞赏中方在处理海湾事务时秉持的客观公正立场，赞同王毅外长提出的三点主张，愿继续同中方保持沟通协调。

双方还就双边关系交换了意见，一致同意在共建“一带一路”框架下加强能源、工业园、港口等领域务实合作，并探讨对非三方合作，实现双赢和共赢的目标。

7 月 19—21 日

［纲　文］ **中国曲艺家协会第 8 次全国代表大会在北京召开。**

［目　文］ 来自全国各地区各民族各行业的 283 名曲艺工作者代表参加了会议。与会代表审议并通过了工作报告，修订了《中国曲艺家协会章程》，选举产生了中国曲协新一届领导机构。大会选举姜昆为中国曲艺家协会第 8 届主席。

7 月 20 日

［纲　文］ **国务院总理李克强在中南海紫光阁会见新西兰前总理约翰·基。**

［目　文］ 李克强积极评价中新关系，赞赏约翰·基担任新西兰总理期间为促进中新关系发展作出的贡献，表示中方愿同新方各界共同努力，保持两国关系与合作发展的积极势头，为两国和亚太地区稳定与发展注入新动力。2017 年上半年，中国经济增速超出预期，经济结构不断优化，服务业和消费对经济增长的拉动作用更加突出。对外开放是中国的基本国策，中国开放的大门会越开越大。我们将采取措施扩大包括服务业在内的开放，为中国消费者提供更多选择。欢迎外国企业来华投资。我们将为中外企业营造公平便利、一视同仁的营商环境，继续打造最具吸引力的投资热土。

约翰·基表示，2017 年上半年，李克强总理成功访新，推动两国关系与合作取得新进展。新中是好朋友、好伙伴，新各界看好中国发展前景，致力于加强对华友好与合作。相信新中关系将取得更大发展。

7 月 20 日

［纲　文］ **全国政协双周协商座谈会在北京召开，围绕“改进和加强我国卫生援非工作”建言献策。**

［目　文］ 全国政协主席俞正声主持会议并讲话。全国政协副主席杜青林、韩启

德、张庆黎、刘晓峰出席座谈会。全国政协副主席王家瑞在会上讲了意见。全国政协委员何维、陈健、凌锋、于文明、刘晓榕、焦红、王启仪、郑小燕、花亚伟、艾平、任国胜、蔡建国、王宇，以及专家学者鲁新、吴晓东、刘培龙等在座谈会上发言。国家卫生计生委副主任崔丽介绍了有关情况。外交部副部长张明、财政部副部长胡静林、商务部副部长钱克明等与委员互动交流。

委员们认为，卫生援非工作是一项艰巨而又光荣的任务。50多年来，在党中央、国务院的高度重视和亲切关怀下，我国医疗队不畏艰苦、甘于奉献、救死扶伤、大爱无疆，作出了突出成绩，加深了中国人民同非洲人民的友谊，赢得广泛赞誉。当前，随着国内外形势变化，我国卫生援非工作面临着一些新情况新问题。委员们表示，要深入学习贯彻习近平总书记关于做好卫生援外、卫生援非工作的指示精神，切实解决实际困难和问题，不断开创卫生援非工作新局面。

一些委员建议，一是要加强规划，包括总体规划、区域规划。要根据不同国别需求，采用不同卫生援非方式，明确牵头单位，把规划做好。二是注重友好医院建设和医疗队派出相结合，加强巡回医疗、完善人员待遇。加大对非洲公共卫生能力建设的支持力度。三是探索卫生援非模式的改革。四是加强领导，建立援外卫生服务协调机制，在各部门分工负责的基础上，承担起协调和组织工作。驻外使领馆要加强统一领导，对卫生援非工作给予具体指导。地方政府要加强对援非医疗队的领导和支持，落实各项待遇和政策措施。

7月20日

［纲　文］　**中共中央办公厅、国务院办公厅就甘肃祁连山国家级自然保护区生态环境问题发出通报。**

［目　文］　通报说，长期以来，祁连山局部生态破坏问题十分突出。对此习近平总书记多次作出批示，要求抓紧整改，在中央有关部门督促下，甘肃省虽然做了一些工作，但情况没有明显改善。2017年2月12日至3月3日，由党中央、国务院有关部门组成中央督查组就此开展专项督查。近日，中央政治局常委会会议听取督查情况汇报，对甘肃祁连山国家级自然保护区生态环境破坏典型案例进行了深刻剖析，并对有关责任人作出严肃处理。通过调查核实，甘肃祁连山国家级自然保护区生态环境破坏问题突出。主要有：一是违法违规开发矿产资源问题严重。二是部分水电设施违法建设、违规运行。三是周边企业偷排偷放问题突出。四是生态环境突出问题整改不力。上述问题的产生，虽然有体制、机制、政策等方面的原因，但根子上还是甘肃省及有关市县思想认识有偏差，不作为、不担当、不碰硬，对党中央决策部署没有真正抓好落实。为严肃法纪，根据《中国共产党问责条例》《中国共产党纪律处分条例》《党政领导干部生态环境损害责任追究办法（试行）》等有关规定，按照党政同责、一岗双责、终身追责、权责一致的原则，经党中央批准，决定对相关责任单位和责任人进行严肃问责。

通报指出，甘肃祁连山国家级自然保护区生态环境问题具有典型性，教训十分深刻。通报要求，各地区各部门要进一步转变作风，勇于担当、真抓实干，紧盯生态环境重点领域、关键问题和薄弱环节，以钉钉子精神一项一项抓落实、一件一件抓整改，不彻底解决决不松手，务求取得实实在在的效果。要强化生态环境保护主体责任，抓紧建立生态环境保护责任清单，落实生态安全责任制，一级抓一级，层层传导压力。要组织开展经常性的环境污染问题排查、检查、督察，加大中央环境保护督察力度，形成强大震慑，倒逼责任落实。要加强生态环境执法，严格事前事中事后监管，严厉打击各类环境违法犯罪行为，特别是要抓住破坏生态环境的典型案例不放，严肃查处、公开曝光，让破坏生态环境者付出代价。

7月20日

［纲　文］　**国务院办公厅通知安徽省人民政府，同意马鞍山市城市总体规划。**

［目　文］　通知说，一、国务院原则同意《马鞍山市城市总体规划（2002—2020年）（2017年修订）》。二、重视城乡区域统筹发展。在《总体规划》确定的353平方公里城市规划区范围内，实行城乡统一规划管理。三、合理控制城市规模。到2020年，中心城区常住人口控制在106万人以内，城市建设用地控制在110平方公里以内。四、完善城市基础设施体系。要按照绿色循环低碳的理念规划建设城市基础设施。进一步完善公路、铁路、港口等交通基础设施，加强城市内外交通衔接。建立以公共交通为主体，各种交通方式相结合的多层次、多类型的城市综合交通体系，方便不同交通方式的换乘。五、建设资源节约型和环境友好型城市。要按照促进生产空间集约高效、生活空间宜居适度、生态空间山清水秀的总体要求，形成合理的城市空间结构，促进经济建设、城乡建设和环境建设同步发展。六、创造优良的人居环境。要坚持以人为本，统筹安排关系人民群众切身利益的教育、医疗、市政等公共服务设施的规划布局和建设。七、重视历史文化和风貌特色保护。要统筹协调发展与保护的关系，按照整体保护的原则，切实保护好城市传统风貌和格局。要落实历史文化遗产保护和紫线管理要求，重点保护好太白楼等各级文物保护单位及其周围环境。八、严格实施《总体规划》。城市建设要实现经济社会协调发展，物质文明和精神文明共同进步。城市管理要健全民主法治，坚持依法治市，构建和谐社会。

通知要求，马鞍山市人民政府要根据本通知精神，认真组织实施《总体规划》，任何单位和个人不得随意改变。安徽省和住房城乡建设部要加强对《总体规划》实施工作的指导、监督和检查。

7月20日

［纲　文］　**孙春兰向党外人士通报全国金融工作会议精神。**

［目　文］　陈昌智、严隽琪、万鄂湘、张宝文、陈竺、韩启德、罗富和、齐续春、陈晓光、马培华、刘晓峰、王钦敏等出席通报会。各民主党派中央、全国工商联有关负责人，无党派人士代表，中央统战部部领导班子成员参加会议。

受中共中央委托，中共中央政治局委员、中央统战部部长孙春兰向党外人士通报全国金融工作会议精神时指出，全国金融工作会议是在中共十九大之前召开的一次十分重要的会议。习近平总书记的讲话系统回顾了我国金融改革发展取得的重大成就，深刻分析了我国金融工作面临的形势，提出了金融工作的大政方针和主要任务，鲜明回答了当前我国金融领域一系列带有全局性的重大问题，充分体现了以习近平同志为核心的中共中央把握金融发展规律、驾驭金融领域风险挑战的卓越能力和丰富经验，为做好新形势下金融工作指明了前进方向、提供了根本遵循。希望各民主党派、工商联、无党派人士等统一战线成员把贯彻落实全国金融工作会议精神作为服务大局的重要内容。要围绕金融监管协调、补齐监管短板等事关金融改革发展稳定的重大问题，深入考察调研，提出高质量的意见建议。引导党外专家学者发挥专业特长，加强政策解读和思想引导，进一步增进拥护改革、支持改革、参与改革的广泛共识。围绕推动金融更好地服务民营实体经济，及时了解和反映民营企业融资难融资贵等问题，通过搭建有效平台载体，加强与有关部门、金融机构的沟通协调，推动制定完善和落实相关法规政策，帮助民营实体经济获得更多金融支持。围绕维护国家金融安全，引导民营金融机构完善法人治理结构，健全风险内控机制，自觉依法依规经营，反对盲目逐利套利和资金外逃等扰乱金融秩序的行为，把更多金融资源配置到服务“一带一路”建设、精准扶贫和创新创业等方面，承担社会责任，树立诚信守法良好形象。引导会计师、资产评估师等新的社会阶层人士提高行业自律性、公正性和专业化水平，及时反映金融领域的风险隐患和违法违规问题，共同维护健康稳定的金融市场秩序。

7月20日

［纲　文］　**国务院安委会召开全国安全生产电视电话会议。**

［目　文］　国务院副总理、国务院安委会主任马凯，国务委员、国务院安委会副主任郭声琨出席会议并讲话，国务委员、国务院安委会副主任王勇主持会议。

会议要求认真贯彻落实中共中央总书记习近平和国务院总理李克强关于安全生产工作的指示批示精神，明确工作目标，压实措施任务，深入开展安全生产大检查，扎实做好汛期和下半年安全生产工作，坚决防范遏制重特大事故，为党的十九大胜利召开营造稳定的安全生产环境。要以贯彻落实《中共中央 国务院关于推进安全生产领域改革发展的意见》为抓手，着力做好以下工作：一是在抓督查上下功夫，深入开展安全生产大检查，加大对安全生产任务重、事故多发、灾害威胁严重地区和企业单位检查力度，狠抓整改，强化问责。二是在抓专项上下功夫，打好专项整治“组合拳”，重点是抓好煤矿、危化品、道路安全、消防安全和无人机等领域专项整治。各地区、各有关部门和单位要结合实际，明确重点，组织开展高层建筑、城市燃气、城市轨道交通等领域以及人员密集场所的安全整治。三是在抓基础上下功夫，着力提高本质安全水平，不断抓好安全生产责任体系、法治体系、防控体系、保障能力体系建设。

7月20日

［纲　文］　**国家知识产权局发布，2017年上半年主要工作统计数据。**

［目　文］　截至6月底，我国国内发明专利拥有量共122.7万件，每万人口发明专利拥有量达8.9件，较“十二五”期末提高2.6件，正在向国家“十三五”规划纲要中每

万人口发明专利拥有量12件的指标目标稳步前进。

2017年上半年，我国发明专利申请量共56.5万件，同比增长6.1%。共授权发明专利20.9万件，其中，国内发明专利授权16.0万件。京津冀地区发明专利拥有量达23.0万件，同比增长23.6%。长江经济带覆盖省市发明专利拥有量达55.1万件，同比增长22.0%。国家知识产权局共受理《专利合作条约》（PCT）国际专利申请2.16万件。我国申请人向外专利申请增势稳定。我国申请人通过国家知识产权局提交的PCT国际专利申请为2.0万件，同比增速达15.3%。

7月20日

［纲　文］　**国务委员兼国防部长常万全在北京会见英国首相国家安全顾问塞德维尔。**

［目　文］　常万全说，习近平主席与特雷莎·梅首相确认了中英关系“黄金时代”的大方向，为两国关系发展注入了新的动力。中方愿与英防务部门和军队一道，为两国面向21世纪全球全面战略伙伴关系不断发展作出贡献。

塞德维尔说，英方愿与中方共同努力，不断拓展英中关系“黄金时代”的宽度，进一步加强防务和维和领域的合作，携手推动国际社会共同应对挑战。

7月20日

［纲　文］　**《人民日报》报道，经中共中央批准，中共中央纪委对中国证券监督管理委员会原党委委员、副主席姚刚严重违纪问题立案审查。**

［目　文］　姚刚身为党的高级领导干部，理想信念丧失，毫无宗旨意识，政治规矩意识淡漠，破坏资本市场秩序和证券监管部门政治生态，严重违反党的纪律，并涉嫌违法犯罪，性质恶劣、情节严重。依据《中国共产党纪律处分条例》等有关规定，经中央纪委常委会会议研究并报中共中央批准，决定给予姚刚开除党籍处分；由监察部报国务院批准，给予其开除公职处分；收缴其违纪所得；将其涉嫌犯罪问题、线索及所涉款物移送司法机关依法处理。

2018年9月28日，河北省邯郸市中级人民法院公开宣判中国证券监督管理委员会原党委委员、副主席姚刚受贿、内幕交易案，对被告人姚刚以受贿罪判处有期徒刑15年，并处罚金人民币700万元，以内幕交易罪判处有期徒刑6年，并处罚金人民币400万元，决定执行有期徒刑18年，并处罚金人民币1100万元；对姚刚受贿、内幕交易所得财物及其孳息予以追缴，上缴国库。

7月21日

［纲　文］　**“铭记光辉历史 开创强军伟业——庆祝中国人民解放军建军九十周年主题展览”开幕式在中国人民革命军事博物馆举行，习近平等参观展览。**

［目　文］　中共中央政治局常委、中央书记处书记刘云山出席开幕式并宣布展览开幕。刘延东、刘奇葆、许其亮、王晨、张庆黎等出席开幕式。老战士、老同志代表，中央

党政军有关部门和北京市负责人，驻京部队官兵和首都各界群众代表等约800人参加开幕式。展览持续到10月底结束。展览有“在土地革命战争中诞生成长”“抗日战争的中流砥柱”“夺取全国解放战争胜利”“保卫人民民主政权和建设合成军队”“开创军队建设新局面”“加快推进中国特色军事变革”“全面履行新世纪新阶段历史使命”“在强军兴军新征程上阔步前行”8个部分，展出照片1000多张、文物1300余件。

同日，习近平、李克强、张德江、俞正声、刘云山、王岐山、张高丽等党和国家领导人参观展览。习近平指出，90年来，人民军队在党的领导下不断从胜利走向胜利，为民族独立和人民解放，为国家富强和人民幸福建立了彪炳史册的卓著功勋。人民军队砥砺奋进的90年，凝结着坚定理想信念、优良革命传统、顽强战斗作风，是我们宝贵的精神财富。我们要铭记光辉历史、传承红色基因，在新的起点上把革命先辈开创的伟大事业不断推向前进，鼓舞激励广大干部群众和全军广大指战员坚定中国特色社会主义道路自信、理论自信、制度自信、文化自信，努力为实现中华民族伟大复兴的中国梦、为把人民军队建设成为世界一流军队而不懈奋斗。

7月21日

［纲　文］　**中共中央在北京召开党外人士座谈会。**

［目　文］　中共中央总书记习近平主持并讲话。中共中央政治局常委李克强、俞正声、刘云山、张高丽出席会议。马凯、王沪宁、刘延东、孙春兰、栗战书、王勇、周小川，中共中央、国务院有关部门负责人，党外人士罗富和、齐续春、马培华和郝明金、蔡达峰、蒋作君、邵鸿、黄志贤、修福金、徐辉、辜胜阻、朱永新、何维、曹鸿鸣、赖明、杨健、黄荣、包信和等出席。李克强通报了上半年经济工作有关情况，介绍了中共中央关于做好下半年经济工作的考虑。会议就当前经济形势和下半年经济工作听取各民主党派中央、全国工商联负责人和无党派人士代表的意见和建议。

会上，民革中央主席万鄂湘、民盟中央常务副主席陈晓光、民建中央主席陈昌智、民进中央主席严隽琪、农工党中央常务副主席刘晓峰、致公党中央主席万钢、九三学社中央主席韩启德、台盟中央主席林文漪、全国工商联主席王钦敏、无党派人士代表林毅夫先后发言。他们赞同中共中央对当前我国经济形势的分析和下半年经济工作的考虑，并就助力“一带一路”建设、防范和化解地方政府债务风险、防范财政金融风险、加大市场开放力度优化营商环境、发挥营改增改革政策效应、提高物流业运行效能、提高人力资源有效供给、完善医保管理体系、构建科技创新先发优势、推进新能源可持续发展等内容提出意见和建议。

习近平表示，2017年是全面落实“十三五”规划的重要一年，是供给侧结构性改革的关键一年。中共中央审时度势、科学决策、狠抓落实，推动实施“十三五”规划各项任务。大家在发言中充分肯定了上半年经济工作取得的成绩，并就正确认识当前经济形势、做好下半年经济工作提出了很多有针对性和建设性的意见，听了很受启发，我们将认真研究、积极吸纳。习近平提出三点希望。一是希望同志们增强维护中国共产党领导、坚持走中国特色社会主义道路的政治共识，充分认识我国发展取得的重大成就，不断增强道路自信、理论自信、制度自信、文化自信，团结引导各自成员和所联系群众客观认识发展中出现的困难和问题，凝聚政治共识，汇聚各方力量。二是希望同志们发挥各自优势，准确把握经济发展规律，围绕国家重大战略部署，深入实践，深入调研，提出真知灼见。三是希望同志们准确把握中共中央关于当前经济形势的分析判断，把一切可以团结的力量广泛团结起来，把一切可以调动的积极因素充分调动起来，整合各方面资源，共同为全面建成小康社会贡献智慧和力量。

7月21日

［纲　文］　**国务院印发《关于强化实施创新驱动发展战略进一步推进大众创业万众创新深入发展的意见》。**

［目　文］　《意见》由六个部分组成：一、大众创业、万众创新深入发展是实施创新驱动发展战略的重要载体。二、加快科技成果转化。三、拓展企业融资渠道。四、促进实体经济转型升级。五、完善人才流动激励机制。六、创新政府管理方式。

《意见》要求，各地区、各部门要认真落实本意见的各项要求，进一步细化政策措施，切实履职尽责，密切配合，勇于探索，主动作为，及时总结经验，加强监督检查，确保各项政策落到实处，推进大众创业、万众创新深入发展，为全面实施创新驱动发展战略、培育壮大新动能、改造提升传统动能和促进我国经济保持中高速增长、迈向中高端水平提供强劲支撑。

7月21日

［纲　文］　**财政部公布《中央财政县级基本财力保障机制奖补资金管理办法》。**

［目　文］　《办法》共6章21条。主要有总则，管理职责，补助对象、范围和标准，资金分配和下达，运行监控，附则等内容。自2017年7月21日起施行。2013年9月21日财政部公布的《中央财政县级基本财力保障机制奖补资金管理办法》（财预〔2013〕330号）同时废止。

7月21日

［纲　文］　**卫生计生委印发《关于加强母婴安全保障工作的通知》。**

［目　文］　《通知》由四个部分组成：一、从源头严防风险，全面开展妊娠风险筛查与评估。二、紧盯重点人群，严格进行高危专案管理。三、严守安全底线，着力加强危急重症救治。四、建立督查机制，强化母婴安全责任落实。

《通知》指出，各地要依托产科儿科实力和综合救治能力较强的医疗机构，加快辖区危重孕产妇和新生儿救治中心建设。到2017年年底前，省级要有若干个危重孕产妇和新生儿救治中心，地市、县两级均有至少1个危重孕产妇救治中心和1个危重新生儿救治中心。

7月21日

［纲　文］　**《人民日报》报道，103家中央部门公开2016年度决算。**

［目　文］　这是中央本级连续第七年向社会“晒账本”。2016年，中央本级“三公”经费支出48.25亿元，比预算数减少14.85亿元，下降23.5%；比2015年减少5.48亿元，下降10.2%。其中，因公出国（境）费用18.19亿元，比预算数减少10.3%；公务用车购置及运行维护费25.87亿元，比预算数减少24.8%；公务接待费4.19亿元，比预算数减少50.2%。

7月21日

［纲　文］　**《人民日报》报道，2017年上半年各省实施中央农机补贴41.5亿元。**

7月21日

［纲　文］　**第46届南丁格尔奖章颁奖大会在人民大会堂举行。**

［目　文］　本届获奖的我国6名护理工作者分别是：中日友好医院护理部名誉主任李秀华，山西医科大学第一医院副院长、护理部主任杨辉，西安交通大学第二附属医院护理部主任杨惠云，解放军总医院南楼临床部护理部副主任杨丽，吉林大学第二医院副院长兼护理部主任殷艳玲，中国人民解放军陆军军医大学第一附属医院传染科护士长游建平。

国家副主席、中国红十字会名誉会长李源潮为6名中国获奖者颁发奖章。全国人大常委会副委员长、中国红十字会会长陈竺在大会上讲话，国务委员杨洁篪向获奖者颁发证书。出席大会的红十字国际委员会代表宣读了红十字国际委员会主席彼得·莫雷尔的致辞。颁奖仪式结束后，举行了获奖者事迹报告会。

7月21日

［纲　文］　**2017年全国征兵工作电视电话会议在北京召开。**

［目　文］　会议总结2016年征兵工作，安排部署2017年征兵任务。2017年征兵工作将进一步提高大学生征集比例，完善大学生征兵政策规定，首次统一使用网络版征兵体检信息化管理系统，建立廉洁征兵“零报告”制度和廉洁征兵监督员制度。

7月21日

［纲　文］　**中国男子接力队在国际田联钻石联赛摩纳哥站4×100米接力决赛中跑出38秒19的本队赛季最好成绩夺冠。**

7月21日

［纲　文］　**《人民日报》发表题为《扛起生态文明建设的政治责任》的评论员文章。**

7月21日

［纲　文］　**《人民日报》报道，经中共中央批准，中共中央纪委对中国证券监督管理委员会原党委委员、主席助理张育军严重违纪问题立案审查。**

［目　文］　张育军身为党的高级领导干部，理想信念丧失，党性观念和纪律意识淡漠，“靠山吃山”，扰乱资本市场秩序，损害证券监管部门形象，严重违反党的纪律，性质恶劣、情节严重。依据《中国共产党纪律处分条例》等有关规定，经中央纪委常委会会议研究并报中共中央批准，决定给予张育军开除党籍处分；由监察部报国务院批准，给予其开除公职处分；收缴其违纪所得；将其涉嫌犯罪线索及所涉款物移送司法机关依法处理。

7月24日

［纲　文］　**中共中央政治局召开会议分析研究当前经济形势和经济工作。**

［目　文］　中共中央总书记习近平主持会议。会议分析研究当前经济形势，部署下半年经济工作。

会议认为，2017年以来，面对复杂多变的国内外形势，各地区各部门按照中央经济工作会议部署，坚持稳中求进工作总基调，贯彻落实新发展理念，以推进供给侧结构性改革为主线，有效推进各项工作，保持了经济发展稳中向好态势。上半年经济运行在合理区间，主要指标好于预期，城镇就业平稳增加，财政收入、企业利润和居民收入较快增长，质量效益回升。物价总体稳定。经济结构调整不断深化，消费需求对经济增长的拉动作用保持强劲，产业结构调整加快，过剩产能继续化解，适应消费升级的行业和战略性新兴产业快速发展，各产业内部组织结构改善。区域协同联动效应初步显现，“一带一路”建设、京津冀协同发展、长江经济带发展三大战略深入实施，脱贫攻坚战成效明显，生态保护、环境治理取得新进展。新发展理念和供给侧结构性改革决策部署日益深入人心，政府和企业行为正在发生积极变化，促进供求关系发生变化，推动了市场信心逐步好转。

会议指出，要在充分肯定成绩的同时清醒看到经济运行中还存在不少矛盾和问题，要站在经济长周期和结构优化升级的角度，把握经济发展阶段性特征，保持头脑清醒和战略定力，坚定不移抓好供给侧结构性改革，妥善化解重大风险隐患，促进经济社会持续健康发展。做好下半年经济工作，要坚持稳中求进工作总基调，更好把握稳和进的关系，把握好平衡，把握好时机，把握好度。要保持政策连续性和稳定性，实施好积极的财政政策和稳健的货币政策，坚持以供给侧结构性改革为主线，适度扩大总需求，加强预期引导，深化创新驱动，确保经济平稳健康发展，提高经济运行质量和效益；确保供给侧结构性改革得到深化，推动经济结构调整取得实质性进展；确保守住不发生系统性金融风险的底线。各方面要努力工作，保持社会大局稳定，尽职尽责为党的十九大召开创造良好环境。

7月24日

［纲　文］　**习近平主持中共中央政治局第42次集体学习。**

［目　文］　本次学习的主题是：推进军队规模结构和力量编成改革，重塑中国特色现代军事力量体系。中央军委深化国防和军队改革领导小组专家咨询组副组长蔡红硕进行讲解并谈了意见和建议。中共中央政治局各位委员就有关问题进行了讨论。

中共中央总书记习近平指出，深化国防和军队改革是一场攻坚战役，军队要全力以赴，全党全国要大力支持，坚持军地一盘棋，齐心协力完成跨军地改革任务，以实际行动支持国防和军队改革，把军政军民团结的政治优势转化为助推改革强军的巨大力量。2016年7月，我们围绕军队领导指挥体制改革，了解“脖子以上”改革情况。这次集体学习安排军队规模结构和力量编成改革的内容，目的是了解“脖子以下”改革情况，了解改革后我军力量体系新面貌，研究进一步把国防和军队改革向纵深推进。强军是强国的一个重要战略支撑，也是我们党的一项重要战略任务。深化国防和军队改革是一次整体性、革命性变革，力度、深度、广度是新中国成立以来没有过的。国防和军队改革取得了一批重大理论成果、实践成果、制度成果，要及时巩固拓展。上个月，我在中央军民融合发展委员会第一次全体会议上，就推进军民融合发展方面工作讲了意见。中央和国家机关、军委机关有关部门和相关工作机构，要做好调查研究、谋划设计、改革试点等工作，推进重要领域和关键环节改革取得实质性进展。政策制度调整改革关系广大官兵切身利益、部队军心士气、军队发展活力，关系改革总体效果。要加快研究论证步伐，搞好系统性、前瞻性设计，让官兵有更多获得感。

7月24日

［纲　文］　**国务院办公厅印发《关于调整国务院推进职能转变协调小组组成人员的通知》。**

［目　文］　《通知》说，根据工作需要和人员变动情况，国务院决定对国务院推进职能转变协调小组（以下简称协调小组）组成人员及各专题组、功能组组长、副组长进行调整。

现将调整后的名单通知如下。一、协调小组组长：张高丽。副组长：杨晶、王勇。成员：丁学东、江小涓、丁向阳、孟扬、高雨、张纪南、袁曙宏。二、协调小组专题组组长、副组长。（一）行政审批改革组组长：张纪南。副组长：吴知论。（二）投资审批改革组组长：张勇。副组长：赵龙、黄润秋、黄艳。（三）职业资格改革组组长：尹蔚民。副组长：汤涛。（四）收费清理改革组组长：肖捷。副组长：胡祖才、辛国斌、顾朝曦。（五）商事制度改革组组长：张茅。副组长：连维良、马正其。（六）教科文卫体改革组组长：江小涓。副组长：田学军、李萌、项兆伦、曾益新、周慧琳、赵勇。三、协调小组功能组组长、副组长。（一）综合组（协调小组办公室）组长（主任）：孟扬。副组长（副主任）：吴知论。（二）督查组组长：高雨。（三）法制组组长：袁曙宏。副组长：甘藏春。

7月24日

［纲　文］　**中国自主研发的自治式水下机器人“探索”号在南海北部开展首次试验性应用。**

［目　文］　“探索”号在水下工作20小时，前10小时对地形进行声学扫描，范围大概是4000米×2000米，后10小时进行光学拍照，范围大概是600米×300米。此次“探索”号对南海一冷泉区进行较大范围调查，科考队员确定有精细研究价值的点，再用“发现”号遥控无人潜水器开展精细调查和作业。自治式水下机器人和遥控无人潜水器的区别是：自治式水下机器人无缆，调查范围较大；遥控无人潜水器则和母船之间有缆绳相连，可搭载作业设备较多，擅长开展精细调查和作业。

7月24日

［纲　文］　**亚洲金融合作协会成立仪式在北京举行。**

［目　文］　国务院总理李克强致贺信祝贺。贺信指出，建立稳健、高效的金融体

系，是世界经济可持续发展的重要基础。中国积极倡议支持筹建亚洲金融合作协会，以“联通合作、共治共享”为宗旨，优化区域金融资源配置，支持各国特别是新兴经济体发展。中方愿与相关各方共商推动“一带一路”建设，亚金协可以提供有力支撑。希望亚洲金融合作协会秉承绿色金融、普惠金融等理念，积极探索，团结协作，逐步发展成为区域金融交流与合作的促进者、标准制定的引领者、安全与稳定的维护者和全球金融治理的共建者，为亚洲乃至全球经济金融的稳健发展作出积极贡献。

国务院副总理马凯出席成立仪式并致辞，全国政协副主席陈元、亚洲基础设施投资银行行长金立群、香港金融管理局总裁陈德霖、泰国央行行长维拉泰在嘉宾致辞环节发表主旨演讲。亚金协理事长、中国银行董事长田国立主持成立仪式。韩国银行业联合会主席河永求代表亚金协理事会宣读了倡议书。会议举行了以“联通合作，共治共享，搭建区域金融合作平台”为主题的专题研讨。来自亚金协会员机构的180名代表出席了成立仪式。国际金融组织代表、境内外相关政府部门与金融监管机构负责人以及驻华使节莅临祝贺。

亚金协主要由亚洲国家和地区的金融机构、金融行业组织、相关专业服务机构以及金融领域的有关专家学者组成，是区域性国际非政府、非营利性社会组织。其宗旨为“联通合作、共治共享”，即一方面致力于搭建亚洲金融机构交流合作平台，加强区域金融机构交流和金融资源整合，共同维护区域金融稳定，为区域实体经济发展提供更有力的支撑；另一方面通过治理结构制度安排，便利全体会员共同治理协会，共享协会服务及成果。2017年5月11日，亚金协在北京正式成立。截至目前，来自亚洲、美洲、欧洲、非洲、大洋洲27个国家和地区的107家机构加入了亚金协，涵盖银行、证券、保险、基金、资产管理、金融教育及金融服务等领域。

7月24日

［纲 文］ **甘肃省人民代表大会常务委员会原主任、党组书记刘冰在北京逝世，享年96岁。**

7月24日

［纲 文］ **《人民日报》发表题为《激发实现中国梦的强大正能量》的评论员文章。**

7月24日

［纲 文］ **新华社讯，鉴于孙政才涉嫌严重违纪，中共中央决定，由中共中央纪律检查委员会对其立案审查。**

［目 文］ 9月29日，中央政治局会议审议并通过中央纪委《关于孙政才严重违纪案的审查报告》，根据《中国共产党纪律处分条例》，参照《行政机关公务员处分条例》的有关规定，决定给予孙政才开除党籍、开除公职处分，将孙政才涉嫌犯罪问题及线索移送司法机关依法处理。

2018年5月8日，天津市第一中级人民法院对第十八届中央政治局原委员、重庆市委原书记孙政才受贿案一审公开宣判，对被告人孙政才以受贿罪判处无期徒刑，剥夺政治权利终身，并处没收个人全部财产；对孙政才受贿所得财物及孳息予以追缴。孙政才在宣判后当庭表示，自己真诚地认罪、悔罪，接受法院的判决，不上诉，将认真接受改造。

7月24日

［纲 文］ **《人民日报》报道，经中共中央批准，中共中央纪委对江苏省高级人民法院原党组书记、院长许前飞严重违纪问题立案审查。**

［目 文］ 经查，许前飞同志身为高级人民法院党组书记、院长，违反政治纪律和政治规矩，应与其关系密切的律师和私营企业主请托，干预和插手具体案件审判工作，以案谋私，严重损害司法公信力和人民法院形象；严重违反中央八项规定精神，违规出入私人会所和打高尔夫球，接受公款宴请；违反组织纪律，违规选拔任用干部，不按规定报告个人有关事项；违反廉洁纪律，收受礼品、礼金。依据《中国共产党纪律处分条例》等有关规定，经中央纪委常委会会议研究并报中共中央批准，决定给予许前飞同志撤销党内职务处分，由最高人民法院给予其撤职处分，降为正局级非领导职务；收缴其违纪所得。

7月24—29日

［纲 文］ **第19届国际植物学大会在深圳召开，国家主席习近平致贺信。**

［目 文］ 习近平向大会的召开表示热烈的祝贺，向出席大会的各国专家学者致以诚挚的欢迎。习近平指出，国际植物学大会在推动全球植物科学发展方面发挥着重要作用。希望出席本届大会的各国专家学者加强交流和对话，为倡导人类关心植物、关注未来，为加强生物多样性保护、推动绿色发展作出积极贡献。

国务院总理李克强作出批示表示祝贺，希望大会围绕“绿色创造未来”主题，深入交流、相互启发、凝聚共识，为推进植物科学发展和生物多样性保护、建设绿色文明的地球作出新的贡献。

会议由中国植物学会和深圳市人民政府共同举办，来自中国、美国、俄罗斯、英国、德国、法国等近百个国家和地区的专家学者与代表6850多人117家参展商参会。大会以“绿色创造未来”为主题。经全球遴选出91名科学委员会和顾问委员会成员，包括中国科学院、中国工程院院士38人，美国科学院院士、英国皇家学会会员等国外院士18人。大会推选了5个公众报告、12个全会报告和34个主旨报告，并设有6个学科共219个专题讨论会、49个卫星会议。大会确定，由国际植物分类学会和中国植物学会共同建立国际植物学分类学会中国办公室。颁发两个奖项：第19届国际植物学大会名誉主席、中科院院士洪德元获得恩格勒金奖；大会名誉主席、世界著名植物学家彼得·雷文获得首届深圳国际植物科学奖。会议发布了《植物科学深圳宣言》。

7月24—25日

［纲 文］ **2017“汉学与当代中国”座谈会在北京召开。**

［目 文］ 会议由文化部和中国社会科学院主办。来自全球22个国家的26位汉学家、中国问题研究专家和智库学者以及国内的19位著名学者对话。座谈会设“传统文化与当代中国”“中国方案与全球治理”“共同发展与共同价值”三大议题。会后中外学者赴青海省进行考察，体验青海西宁这座丝绸南路要道及当地历史文化遗产。与会专家学者的

书面演讲稿汇编成2017“汉学与当代中国”座谈会文集出版。

25日，中共中央政治局委员、中宣部部长刘奇葆与各国汉学家座谈，希望各国汉学家深入研究历史中国，持续关注当代中国，深刻观察全球化中的中国，更好发挥友谊桥梁、文化使者作用。

7月24—25日

［纲 文］ **第六届金砖国家工会论坛在北京召开。**

［目 文］ 论坛以“可持续发展与工会作用”为主题，来自中国、巴西、俄罗斯、印度、南非金砖国家的14个全国工会组织的领导人与会。与会人员围绕“可持续发展：劳动世界面临的机遇和挑战”“推进2030议程：工会的历史任务”及“开启新的金色十年：加强金砖国家劳动世界的交流合作”等议题，进行交流研讨，并形成《金砖国家工会论坛宣言》《金砖国家工会致金砖国家劳工就业部长会议联合声明》等文件，从工会界角度呼应和丰富2017年金砖国家领导人会晤成果。

金砖国家工会论坛于2012年由巴西、俄罗斯、印度、中国、南非五国工会组织共同倡议并发起，旨在加强金砖国家工会间的交流与合作，丰富金砖国家合作机制内容，反映新兴经济体国家劳动者的声音。本次工会论坛是第九次金砖国家领导人会晤的配套活动之一，已正式列入2017年金砖国家合作全年会议安排。

7月25日

［纲 文］ **银监会、财政部、人民银行、保监会、国务院扶贫办印发《关于促进扶贫小额信贷健康发展的通知》。**

［目 文］《通知》由六个部分组成：一、坚持精准扶贫，坚持依法合规。二、坚持发展生产，推动长期受益。三、完善补偿机制，加强风险管理。四、完善组织服务，落实工作责任。五、做好信息共享，加强监测考核。六、做好政策宣传，总结先进经验。

《通知》要求，各银监局、各地扶贫部门和各人民银行分支机构要组织银行业金融机构加强政策宣传，自上而下层层明确责任，加大政策宣传培训力度，规范工作称谓，统一使用“扶贫小额信贷”名称，提高政策认知度。

7月25日

［纲 文］ **中共教育部党组印发《关于加快直属高校高层次人才发展的指导意见》。**

［目 文］《意见》由七个部分组成：一、指导思想、基本原则和主要目标。二、强化高层次人才培育支持。三、加强海外高层次人才引进。四、优化高层次人才考核评价。五、创新高层次人才激励保障机制。六、促进高层次人才顺畅有序流动。七、加强人才工作组织领导。

7月25日

［纲 文］ **国家统计局发布2017年上半年国民经济运行数据。**

［目　文］　数据显示，上半年，全国规模以上工业增加值同比实际增长6.9%，增速比一季度加快0.1个百分点，比上年同期加快0.9个百分点。

7月25日

［纲　文］　**全国文物安全电视电话会议在北京召开。**

［目　文］　中共中央政治局委员、国务院副总理刘延东，国务委员、公安部部长郭声琨出席会议并讲话。

会议要求深入贯彻中共中央总书记习近平指示批示精神，严格文物保护责任，严密安保措施，严防监管漏洞，严打文物犯罪，切实把老祖宗留下的宝贵遗产管理好、守护好。会议要求，要扎实开展全国文物安保状况大排查、打击文物犯罪、流通市场治理、法人违法整治等专项行动。明确地方政府、部门、文物单位管理使用者等各类主体责任，建立追责问责制度。实施文物平安工程，发挥科技引领作用，形成人防、物防、技防相结合的安全防护体系。畅通社会监督渠道，增强国家、省两级督察力量，充实基层管理力量。增强全社会文物保护意识，发挥文物社会教育功能，加强展示传播，促进保护与利用良性互动，更好地发挥文物传承文明、提升国民素养、增强民族凝聚力的作用。

7月25日

［纲　文］　**国家防汛抗旱总指挥部专题会议在北京召开。**

［目　文］　会议由国务院副总理、国家防汛抗旱总指挥部总指挥汪洋主持。会议学习贯彻中共中央总书记习近平关于做好防汛抗洪抢险救灾工作的指示精神和国务院总理李克强批示要求，研究部署主汛期的防汛工作。

汪洋肯定前期防汛抗洪抢险救灾工作取得的阶段性成效并指出，目前已进入“七下八上”的防汛最关键时期，降雨和台风活动集中，各地区、各有关部门要深刻认识防汛抗洪面临的严峻形势，进一步强化以行政首长负责制为核心的防汛抗旱责任制，继续保持高度警觉，坚决克服松懈麻痹思想，全面做好防汛工作。要加强天气和汛情预测预报，及时发布预测预警信息，进一步完善和落实防汛应急预案，做好受威胁群众避险转移安排。紧盯重要设施和薄弱环节，加强风险隐患巡查和险情抢护处置，确保重要堤防和重点设施安全度汛，切实减少中小河流洪涝、山洪、城市内涝危害。密切监测台风发展变化，落实安全防范和应对措施，严防滑坡、泥石流等次生灾害。

7月25日

［纲　文］　**民政部在北京举行第三季度例行新闻发布会。**

［目　文］　2017年1月1日至7月24日，全国各种自然灾害共造成全国31个省（自治区、直辖市）和新疆生产建设兵团8330万人次受灾，402人因灾遇难，129人失踪，直接经济损失1704.6亿元。

7月25日

［纲　文］　**联合国安理会举行公开会，中国常驻联合国代表刘结一宣介国家主席习近平关于解决巴勒斯坦问题“四点主张”。**

［目　文］　会议由安理会本月轮值主席、中国常驻联合国代表刘结一主持。安理会成员及巴勒斯坦、以色列等在内近 50 个国家和组织代表出席了会议。

刘结一全面介绍了习近平主席近期提出的解决巴勒斯坦问题的“四点主张”，呼吁有关各方积极响应和支持。第一，坚定推进以“两国方案”为基础的政治解决。中方坚定支持“两国方案”，支持建立以 1967 年边界为基础、以东耶路撒冷为首都、拥有完全主权的、独立的巴勒斯坦国，将一如既往地为解决巴勒斯坦问题发挥建设性作用。第二，坚持共同、综合、合作、可持续的安全观。中方呼吁切实落实联合国安理会第 2334 号决议，立即停止在被占领土上一切定居点活动，立即采取措施，防止针对平民的暴力行为。尽快复谈，加快政治解决巴勒斯坦问题，从根本上实现共同持久的安全。第三，进一步协调国际社会的努力，壮大促和合力。国际社会应进一步协调，尽快推出共同参与的促和举措。中方愿参与和支持一切有利于巴勒斯坦问题政治解决的努力，拟于年内召开巴以和平人士研讨会，为解决巴勒斯坦问题启智献策。第四，综合施策，以发展促进和平。在推进政治谈判的同时，应高度重视发展问题，推进巴以合作。中国视巴以双方为“一带一路”沿线上的重要伙伴，愿本着发展促和平的理念，开展互利合作，继续支持巴加快发展。中方倡议启动中巴以三方对话机制，协调推进援助巴方的重点项目。

刘结一说，习近平提出的“四点主张”是中方基于当前形势和国际大环境，为解决巴勒斯坦问题作出的新努力，也是中方下阶段推动巴勒斯坦问题政治解决的总遵循，希望得到有关各方的积极响应和支持，共同推动巴勒斯坦问题解决取得突破。当务之急是缓解围绕阿克萨清真寺出现的紧张对峙，尽快达成可使事态降温的解决方案，避免冲突升级。中方愿继续同各方一道努力，推动巴以尽快解决当前问题并重启和谈，早日实现巴以问题全面、公正、持久解决和中东地区的和平稳定。

联合国中东和平进程特别协调员姆拉德诺夫介绍了近期巴勒斯坦、特别是耶路撒冷局势。与会各方就此阐述了各自立场。巴勒斯坦等有关各方赞赏中国作为安理会轮值主席国召开此次会议，并为推动解决巴勒斯坦问题发挥的建设性作用。

7 月 25 日

［纲　文］　**《人民日报》发表题为《用铁的纪律从严治党》的评论员文章。**

7 月 26 日

［纲　文］　**习近平出席省部级主要领导干部“学习习近平总书记重要讲话精神，迎接党的十九大”专题研讨班开班式并讲话。**

［目　文］　开班式由国务院总理李克强主持。中共中央政治局常委张德江、俞正声、刘云山、王岐山、张高丽出席。中共中央政治局委员、中央书记处书记，全国人大常委会党员副委员长，国务委员，最高人民法院院长，最高人民检察院检察长，全国政协党员副主席以及中央军委委员出席开班式。各民主党派中央、全国工商联以及有关方面负责人列席开班式。

中共中央总书记习近平在开班式上发表讲话指出，中国特色社会主义是改革开放以来党的全部理论和实践的主题，全党必须高举中国特色社会主义伟大旗帜，牢固树立中国特色社会主义道路自信、理论自信、制度自信、文化自信，确保党和国家事业始终沿着正确方向胜利前进。我们要牢牢把握我国发展的阶段性特征，牢牢把握人民群众对美好生活的向往，提出新的思路、新的战略、新的举措，继续统筹推进"五位一体"总体布局、协调推进"四个全面"战略布局，决胜全面建成小康社会，夺取中国特色社会主义伟大胜利，为实现中华民族伟大复兴的中国梦不懈奋斗。

26—27日，省部级主要领导干部"学习习近平总书记重要讲话精神，迎接党的十九大"专题研讨班在北京举行。各省区市和新疆生产建设兵团、中央和国家机关有关部门主要负责人，军队各大单位、军委机关各部门主要负责人参加研讨班。

8月4日，中央军委办公厅发出通知要求全军和武警部队认真学习贯彻习近平总书记在省部级主要领导干部专题研讨班上重要讲话精神。

7月26日

［纲　文］　**国务院总理李克强在北京会见希腊前总理萨马拉斯。**

［目　文］　李克强表示，2017年适逢中希建交45周年，两国关系发展势头良好。你担任希腊总理期间，重视发展对华关系，大力推动中希务实合作，促成中希比雷埃夫斯港这一双边合作龙头项目，这也成为"一带一路"建设的重点项目。我们愿同希腊深化政治互信，拓展重点领域合作，增进民间了解和友谊，让中希合作共赢之路越走越宽。面对当前复杂多变的国际政治经济形势，中方愿同包括希腊在内的欧盟国家加强合作，以稳定性应对不确定性，共同支持贸易投资自由化便利化，推动经济全球化朝着更加均衡、普惠、共赢的方向发展。

萨马拉斯表示，发展对华友好合作是希腊各界共识。期待双方不断拓展深化各领域务实合作，取得更多互利互惠的成果。

7月26日

［纲　文］　**中俄第13轮战略安全磋商在北京举行。**

［目　文］　磋商由国务委员杨洁篪同俄罗斯联邦安全会议秘书帕特鲁舍夫共同主持。双方就中俄关系、在国际事务和多边框架内合作以及一系列国际和地区热点问题深入交换意见，达成广泛共识。双方同意加强沟通协调，推动即将举行的第7次金砖国家安全事务高级代表会议取得积极成果。

7月26日

［纲　文］　**外交部发言人表示，中方要求有关国家就第十四世达赖窜访问题作出正确政治决定。**

［目　文］　就有关博茨瓦纳政府已证实第十四世达赖于下月访博的提问发言人说，中方要求有关国家切实尊重中方核心利益，就相关问题作出正确政治决定。中方已就第十四世达赖拟赴有关国家窜访问题清楚地阐明了立场。我必须强调，涉藏问题事关中国主

权和领土完整，我们要求有关国家切实尊重中方的核心利益，就相关问题作出正确的政治决定。中国不干涉别国内政，但不会容忍其他国家做损害中国核心利益的事情。

7月26日

［纲　文］　**中国和葡萄牙首条直航航线杭州—北京—里斯本航线首航成功。**

7月27日

［纲　文］　**新华社讯，中共中央批准实施党内、国家、军队功勋荣誉表彰条例。**

［目　文］　由中共中央和国家功勋荣誉表彰工作委员会制定的《中国共产党党内功勋荣誉表彰条例》《国家功勋荣誉表彰条例》《军队功勋荣誉表彰条例》《“共和国勋章”和国家荣誉称号授予办法》《“七一勋章”授予办法》《“八一勋章”授予办法》《“友谊勋章”授予办法》，已经中共中央批准实施。我国建立党、国家、军队功勋簿，确立以“五章一簿”为主干的统一、规范、权威的功勋荣誉表彰制度体系。

2015年12月25日，中共中央印发了《关于建立健全党和国家功勋荣誉表彰制度的意见》。2015年12月27日，十二届全国人大常委会第十八次会议表决通过了《中华人民共和国国家勋章和国家荣誉称号法》。2016年4月，党中央决定成立党和国家功勋荣誉表彰工作委员会，负责统筹协调党和国家功勋荣誉表彰工作。委员会成立后，起草制定了党内、国家、军队三个功勋荣誉表彰条例。“共和国勋章”授予为党、国家和人民的事业作出巨大贡献、功勋卓著的杰出人士，这是根据宪法法律规定，由全国人大常委会决定、国家主席签发证书并颁授的国家勋章，是国家最高荣誉；“七一勋章”授予在中国特色社会主义伟大事业和党的建设新的伟大工程中作出杰出贡献的党员，这是由中共中央决定、中共中央总书记签发证书并颁授的党内最高荣誉；“八一勋章”授予在维护国家主权、安全、发展利益，推进国防和军队现代化建设中建立卓越功勋的军队人员，这是由中央军委决定、中央军委主席签发证书并颁授的军队最高荣誉；“友谊勋章”授予在我国社会主义现代化建设和促进中外交流合作、维护世界和平中作出杰出贡献的外国人，这也是根据宪法法律规定，由全国人大常委会决定、国家主席签发证书并颁授的国家勋章；国家荣誉称号授予在经济、社会、国防、外交、教育、科技、文化、卫生、体育等各领域各行业作出重大贡献、享有崇高声誉的杰出人士。为记载上述功勋荣誉获得者及其功绩，还专门设立了党、国家、军队功勋簿。

7月27日

［纲　文］　**国务院总理李克强在北京会见世界卫生组织前任总干事陈冯富珍。**

［目　文］　李克强表示，陈冯富珍担任世卫组织总干事期间，致力维护全球卫生安全，推动卫生事业发展，及时有效应对埃博拉出血热疫情等重大突发公共卫生事件，积极推动成员国、特别是发展中国家加强卫生体系建设，也为中国医疗卫生体制改革提供了咨询和支持。我们对此高度赞赏。中国下大力气破解医改这个世界性难题，提出把基本医疗卫生制度作为公共产品向全民提供，经过不懈努力，建立起世界上规模最大、覆盖率达到

98%、惠及13亿多人的基本医疗保障网，同时不断总结和推广成功的经验和模式。我们将继续推进“健康中国”建设，愿同包括世卫组织在内的国际伙伴加强交流，分享经验，更好落实联合国2030年可持续发展议程。

陈冯富珍表示，中国医疗卫生体制改革成就有目共睹，为世界很多国家医疗卫生体系建设提供了有益借鉴。我愿运用专业所长，继续为中国深化医改、加强国际交流合作贡献力量。

7月27日

［纲　文］　**俞正声主持召开全国政协第六十二次主席会议。**

［目　文］　全国政协副主席韩启德、万钢、林文漪、罗富和、何厚铧、李海峰、陈元、卢展工、周小川、王家瑞、王正伟、马飚、齐续春、陈晓光、马培华、刘晓峰、王钦敏出席会议。会议审议通过了政协第十二届全国委员会常务委员会第二十二次会议议程（草案）和日程、政协全国委员会各专门委员会工作指南，听取了关于全国政协2017年上半年工作情况的汇报。第二十二次常委会议议程（草案）提请第二十二次常委会议审议。政协第十二届全国委员会常务委员会第二十二次会议于8月底召开，议题是“实施精准扶贫中存在的问题和建议”。会议指出，本届政协在历届政协奠定的良好基础上，通过继承发展创新，逐步发展形成了以全体会议为龙头，以专题议政性常委会议和专题协商会为重点，以双周协商座谈会、对口协商会、提案办理协商会等为常态的协商议政格局，并在视察考察调研、提案、反映社情民意信息、对外交流交往、新闻宣传等方面积累了一些成功的经验，有些已经形成制度规范，要认真梳理总结，及时将成熟的做法固定下来，传承下去；在换届工作中，要严肃纪律，始终把规矩和纪律挺在前面；要加强政协自身建设，努力建设干干净净的政协机关、干干净净的干部队伍。

7月27日

［纲　文］　**全国深化集体林权制度改革经验交流会在福建武平召开。**

［目　文］　国务院副总理汪洋出席会议并讲话。国家发展改革委、中央农办、中央财办、国家林业局、财政部、国家工商总局、国务院法制办、国务院研究室、中国人民银行等中央有关部门负责人和13个集体林权制度改革省（区、市）政府有关负责人参加了会议。

汪洋指出，集体林权制度改革是继家庭联产承包责任制后农村生产关系的又一次深刻调整，对推动绿色发展、建设生态文明具有重大意义。要深入学习贯彻习近平总书记关于深化集体林权制度改革的重要指示精神，按照党中央、国务院的决策部署，紧紧围绕增绿、增质、增效，着力构建现代林业产权制度，创新国土绿化机制，开发利用集体林业多种功能，广泛调动农民和社会力量发展林业，更好实现生态美百姓富的有机统一。

会前，汪洋到武平县万安镇捷文村和县林权服务中心，实地了解集体林权改革进展和林权登记、流转、抵押等工作情况。

武平县是全国集体林权制度改革的发源地，经过15年的接力奋斗，实现了生态环境改善和农民脱贫致富协调发展，为全国探索了路子、树立了标杆，被誉为“全国林改第一县”。

7 月 27 日

［纲　文］　**食品药品监管总局公布《药物非临床研究质量管理规范》。**

［目　文］　《规范》共 12 章 50 条。主要有总则、术语及其定义、组织机构和人员、设施、仪器设备和实验材料、实验系统、标准操作规程、研究工作的实施、质量保证、资料档案、委托方、附则等内容。自 2017 年 9 月 1 日起施行，2003 年 8 月 6 日发布的《药物非临床研究质量管理规范》（原国家食品药品监督管理局令第 2 号）同时废止。

7 月 27 日

［纲　文］　**外交部评美国官员“中国是最大威胁”时表示，应更多从建设人类命运共同体的角度看各国间相互关系，而不应依然抱着冷战时期的零和思维不放。**

［目　文］　有记者问：据报道，美国中央情报局局长蓬佩奥接受媒体采访称，中国、俄罗斯和伊朗都将在未来对美国构成重大挑战，但中国是最大威胁，因为中国有良好的经济和不断增强的军事实力，正在全球范围削弱美国实力。他还提到中国大量收购美国科技企业、中国通过网络窃取美商业和军事机密等问题。中方对此有何回应？

发言人说，如果按照这个逻辑，是不是当今世界谁的经济、军事实力最强，谁就是对国际社会的最大威胁？发言人表示，中国奉行的是独立自主的和平外交政策，中国的发展是和平的发展、合作的发展，不对别国构成威胁。我们也不做损害他国利益的事情。当然，中方也不会容忍他国威胁中国或做损害中国利益的事情。所以看这个问题的角度，关键要更多从建设人类命运共同体的角度看各国间的相互关系，而不应依然抱着冷战时期的零和思维不放。

7 月 27 日

［纲　文］　**金砖国家税务局长会议在杭州举行。**

［目　文］　金砖五国税务部门负责人围绕落实二十国集团税制改革成果、深化金砖国家多边税收合作等议题深入讨论并达成共识，并联合签署金砖国家税务合作的第一份机制性文件——《金砖国家税务合作备忘录》。

7 月 28 日

［纲　文］　**中央军委在八一大楼举行颁授“八一勋章”和授予荣誉称号仪式。**

［目　文］　中共中央总书记、国家主席、中央军委主席习近平向“八一勋章”获得者颁授勋章和证书，向获得荣誉称号的单位颁授奖旗。中共中央政治局委员、中央军委副主席范长龙宣读了习近平签署的中央军委关于颁授“八一勋章”和授予荣誉称号的命令，中共中央政治局委员、中央军委副主席许其亮主持仪式。麦贤得、马伟明、李中华、王忠心、景海鹏、程开甲、韦昌进、王刚、冷鹏飞、印春荣等获得“八一勋章”。陆军某部装甲步兵 3 连获得“学习践行党的创新理论模范连”荣誉称号。中央军委委员常万全、赵克

石、张又侠、吴胜利、马晓天、魏凤和等，以及各战区、各军兵种、军委机关各部门、军事科学院、国防大学、国防科技大学、武警部队领导等参加仪式。

7月28日

［纲　文］ **中央军委在八一大楼举行晋升上将军衔仪式。**

［目　文］ 中共中央总书记、国家主席、中央军委主席习近平向晋升上将军衔的军官颁发命令状。中央军委副主席范长龙宣读了习近平签署的晋升上将军衔命令。中央军委副主席许其亮主持晋衔仪式。这次晋升上将军衔的军官是：中部战区司令员韩卫国、陆军政治委员刘雷、空军政治委员于忠福、火箭军政治委员王家胜、战略支援部队司令员高津。中央军委委员常万全、赵克石、张又侠、吴胜利、马晓天、魏凤和等，以及各战区、各军兵种、军委机关各部门、军事科学院、国防大学、国防科技大学、武警部队领导等出席晋衔仪式。

7月28日

［纲　文］ **国家主席习近平在北京集体会见出席第7次金砖国家安全事务高级代表会议外方代表团团长。**

［目　文］ 习近平指出，金砖国家合作走过了10年历程，跨越了世界上最遥远的地理距离，超越了不同发展道路和社会制度，凝聚了五国求稳定、谋发展、促民生的决心和行动。加强金砖国家合作，不仅维护和拓展了我们五国的利益，也为建立新型国际关系进行了有意义探索。面对错综复杂的国际政治、经济、安全形势，考虑到金砖国家人民交流合作的普遍要求，经济金融合作、人文交流互鉴、安全沟通协调三者都要往前推进，金砖前进道路才能越走越宽，才能行稳致远。中国主张国际社会共同努力，推动世界经济走上可持续增长道路，推动经济全球化向公正、包容、可持续方向发展，并通过发展从根本上解决恐怖主义等全球性问题。金砖国家是为了共同的利益和目标走到一起的。只要我们秉持开放、包容、合作、共赢的金砖精神，携手建设更紧密的金砖伙伴关系，就一定会迎来金砖合作第二个金色10年。

俄罗斯联邦安全会议秘书帕特鲁舍夫、南非国家安全部长马洛博、印度国家安全顾问多瓦尔、巴西总统府机构安全办公室主任埃切戈延表示，当前形势下，金砖国家需要加强团结合作，共同应对逆全球化、恐怖主义等经济、安全领域挑战，提升金砖国家在世界事务中的影响力。各国对第7次金砖国家安全事务高级代表会议取得成功感到满意，强调支持中国作为金砖轮值主席国为加强五国合作在广泛领域提出的倡议，愿同中方密切配合，确保2017年金砖国家领导人厦门会晤取得积极成果。

同日，第7次金砖国家安全事务高级代表会议在北京举行。国务委员杨洁篪主持会议，南非国家安全部长马洛博、巴西总统府机构安全办公室主任埃切戈延、俄罗斯联邦安全会议秘书帕特鲁舍夫、印度国家安全顾问多瓦尔出席。各方围绕全球治理，反恐、网络安全和能源安全，国际和地区热点问题、国家安全和发展等议题深入交换意见，达成广泛共识。各方同意，不断加强金砖安代会机制作用，推动金砖政治安全合作深入发展；致力于完善全球治理，有效应对全球性威胁和挑战，推动国际秩序向更加公正、合理的方向发展，推动经济全球化更加公平、普惠和包容；加强反恐、网络安全和能源安全等领域沟通与合作；发挥各层级会晤磋商机制作用，就国际和地区热点问题加强沟通协调，发出金砖国家声音；加强彼此交流合作，促进金砖国家安全与发展。

7月28日

［纲　文］　**习近平签署通令，给2个单位、10名个人记功。**

［目　文］　给在完成任务中作出突出贡献的中国人民解放军航天员大队记一等功，给在战斗力建设中取得突出成绩的96743部队记二等功。给海军试飞大队大队长程海林，解放军总医院内科临床部肾脏病科主任医师陈香美，解放军总医院外科临床部骨科主任唐佩福，63839部队研究员叶友达记一等功。给解放军总医院医学保障部基础医学所所长、研究员付小兵，原军事医学科学院研究员李松记二等功。给原理工大学国防工程学院教授王明洋，原第二军医大学心理与预防医学系某教研室教授戚中田，原装备学院航天指挥系教授贾鑫，原工程兵防护工程研究所研究员任辉启记三等功。

7月28日

［纲　文］　**李克强主持召开国务院常务会议。**

［目　文］　会议主要内容是：一、部署加大引进外资力度，营造更高水平对外开放的环境。会议指出，一要在全国推行已在自贸试验区试行的准入前国民待遇加负面清单管理制度。加快推动对外资企业商务备案与工商登记实行“单一窗口、单一表格”受理。完善外资法律体系。二要对境外投资者从中国境内居民企业分配的利润直接投资于鼓励类投资项目的，实行递延纳税，暂不征收预提所得税。三要研究出台措施，取消或放开制造业和服务业一些领域外商投资股比限制。四要扩大国家级开发区投资管理权限，对符合规划的利用外资项目要优先保障建设用地。五要在全国采取“告知+承诺”等方式，简化外国人才来华工作许可。年内出台措施，扩大外国人才签证发放范围，延长有效期。上述措施原则上要在9月底前落实。二、确定进一步激发民间有效投资活力措施，促进经济持续健康发展。会议确定，一是深化简政放权、放管结合、优化服务改革，抓紧精简合并投资项目报建审批，各地各部门要逐项梳理核查已报审的民间投资项目，限时办结。二是鼓励民营企业参与“中国制造2025”、现代农业、企业技改等重点项目。三是完善民营企业信用评级制度，优化授信管理，丰富循环贷款等金融产品，严禁金融机构贷款附加条件。四是开展政务失信专项治理，各地要严格兑现合法合规的政策承诺，对拒不履行承诺、严重损害企业合法权益的要依法依规追责。三、部署积极稳妥化解累积的地方政府债务风险，坚决遏制隐性债务增量。会议强调，按照党中央、国务院要求，严格规范地方政府举债行为，积极稳妥化解累积的债务风险，是促进经济财政健康可持续、保障国家金融稳定安全的重要举措。各地要落实属地责任，堵住“后门”，坚决遏制违法违规举债。四、听取建立实施行政事业性收费和政府性基金目录清单工作汇报，推动从源头上清费减负。会议指出，按照国务院部署，财政部已于6月底按时公布运行行政事业性收费和政府性基金目录

清单，实现对全国所有合法合规收费“一张网”全覆盖。

7月28日

［纲　文］　**国务院批复辽宁省人民政府，同意鞍山市城市总体规划。**

［目　文］　批复说，一、原则同意《鞍山市城市总体规划（2011—2020年）》。二、重视城乡区域统筹发展。在《总体规划》确定的792平方公里城市规划区范围内，实行城乡统一规划管理。三、合理控制城市规模。到2020年，中心城区常住人口控制在185万人以内，城市建设用地控制在192.64平方公里以内。四、完善城市基础设施体系。五、建设资源节约型和环境友好型城市。六、创造优良的人居环境。七、重视历史文化和风貌特色保护。八、严格实施《总体规划》。

批复要求，鞍山市人民政府要根据本批复精神，认真组织实施《总体规划》，任何单位和个人不得随意改变。辽宁省和住房城乡建设部要加强对《总体规划》实施工作的指导、监督和检查。

7月28日

［纲　文］　**国务院办公厅印发《关于进一步加强控辍保学提高义务教育巩固水平的通知》。**

［目　文］　《通知》由五个部分组成：一、坚持依法控辍，建立健全控辍保学工作机制。二、提高质量控辍，避免因学习困难或厌学而辍学。三、落实扶贫控辍，避免因贫失学辍学。四、强化保障控辍，避免因上学远上学难而辍学。五、加强组织领导，狠抓工作落实。

《通知》要求，进一步防控义务教育学生失学辍学，确保实现到2020年全国九年义务教育巩固率达到95%的目标，切实保障适龄儿童少年依法接受义务教育。

7月28日

［纲　文］　**财政部印发《政府会计准则第6号——政府储备物资》，自2018年1月1日起施行。**

7月28日

［纲　文］　**国资委、中央编办、教育部、财政部、人力资源社会保障部、卫生计生委印发《关于国有企业办教育医疗机构深化改革的指导意见》。**

［目　文］　《意见》由四个部分组成：一、总体要求。二、主要任务。三、政策保障。四、组织领导。

《意见》指出，各级地方人民政府要高度重视，结合当地教育、医疗资源状况和发展规划，精心组织，统筹推进本地区国有企业办教育机构、医疗机构深化改革工作。要认真贯彻落实党中央、国务院推进健康中国建设的战略部署和深化医药卫生体制改革的要求，将国有企业办医疗机构纳入公立医院改革统一部署，协调推进。

7月28日

［纲　文］　**环境保护部发布《固定污染源排污许可分类管理名录（2017年版）》，**

自2017年7月28日起施行。

7月28日

［纲　文］　**中宣部在北京召开全国宣传部长专题工作会议。**

［目　文］　中共中央政治局委员、中宣部部长刘奇葆出席会议并讲话。会议学习中共中央总书记习近平在省部级主要领导干部专题研讨班上的重要讲话精神。各省区市和新疆生产建设兵团党委宣传部、中央宣传文化单位主要负责人等出席会议。

刘奇葆指出，要以习近平总书记重要讲话精神为指导，迅速兴起迎接党的十九大宣传热潮。要深化习近平总书记系列重要讲话精神和治国理政新理念新思想新战略的学习宣传，浓墨重彩展示十八大以来党和国家事业发生的历史性变革，精心组织主题宣传教育和文化活动，推动形成团结奋进的舆论氛围。

7月28日

［纲　文］　**庆祝中国人民解放军建军90周年文艺晚会《在党的旗帜下》在北京举行。**

［目　文］　习近平、李克强、张德江、俞正声、刘云山、王岐山、张高丽党和国家领导人与首都3000多名各界群众一起观看演出。

7月28日

［纲　文］　**第10届中国—东盟教育交流周在贵安新区开幕。**

［目　文］　交流周由外交部、教育部、贵州省人民政府共同举办。以“十年教育同携手，一带一路谱新篇”为主题，旨在推动高等教育、职业教育、民办教育、合作办学、青少年交流、文化交流等方面深化与东盟各国的交流，促进形成更多合作。包括开幕期活动和全年活动，共计49项，涵盖研讨会、论坛、竞赛、展览、夏令营、洽谈会、培训班等，分别由国内25所高等学校、5家国家部委直属单位及国际组织共同承办。全年活动在北京、马来西亚、印度尼西亚、柬埔寨等地不同时段推出21项系列活动。国务院副总理刘延东出席开幕式并发表主旨演讲。

同日，刘延东在贵阳会见来华出席第10届中国—东盟教育交流周的老挝副总理宋赛。

7月28日

［纲　文］　**《人民日报》发表题为《为实现中国梦提供精神引领》的评论员文章。**

7月29日

［纲　文］　**国家主席、中央军委主席习近平向“国际军事比赛—2017”总开幕式发表视频表示祝贺。**

［目　文］　习近平在祝贺视频中表示，值此“国际军事比赛—2017”开幕之际，谨代表中国政府和中国中央军事委员会，向比赛的举办表示热烈的祝贺，向各国参赛队员致以诚挚的问候。习近平指出，2014年以来，国际军事比赛成功举办了三届，已经成为本地区军事交流合作的重要品牌，成为各国军队增进友谊、互学互鉴的重要平台。今年，中

国军队连续第四次参赛，并首次承办部分比赛项目。中国军队愿与各国军队在赛场上切磋技艺、共同进步。习近平表示，开展国际军事合作，对于加强战略互信、维护世界和地区和平稳定具有重要意义。希望中国军队同有关国家军队加强交流合作，不断取得国际军事合作新成果，为维护世界和平作出新贡献。预祝各国代表队取得优异成绩、结下深厚友谊。

总开幕式在莫斯科举行，开幕式上，还播放了俄罗斯总统普京等本届比赛办赛国元首的祝贺视频。

7 月 29 日至 8 月 12 日，“国际军事比赛—2017”在俄罗斯、中国、阿塞拜疆、白俄罗斯、哈萨克斯坦境内举行，共设 28 个比赛项目。其中，“苏沃洛夫突击”“晴空”“安全环境”“军械能手”“航空飞镖”“空降排”等 6 个比赛项目在中国新疆、吉林、湖北举行，分别由中国陆军和空军承办。中国陆军、海军、空军组队分赴俄罗斯、哈萨克斯坦，参加“坦克两项”“厄尔布鲁士之环”“侦察尖兵”“修理营”“狙击边界”“海洋之杯”“海上登陆”和“天空之钥”等比赛项目。本届国际军事比赛共设置 2445 枚奖牌、28 个奖杯，来自亚洲、欧洲、非洲和拉丁美洲的共 4000 多名各国军人参加各项赛事。中国参赛队包揽“苏沃洛夫突击”步战车车组、“晴空”防空导弹兵、“安全环境”核生化侦察组、“军械能手”武器维修 4 个项目赛事团体冠军、11 个单项赛冠军，斩获 14 项个人奖。

7 月 29 日

［纲　文］　**习近平向第 6 届库布其国际沙漠论坛致贺信。**

［目　文］　国家主席习近平指出，荒漠化是全球共同面临的严峻挑战。荒漠化防治是人类功在当代、利在千秋的伟大事业。中国历来高度重视荒漠化防治工作，取得了显著成就，为推进美丽中国建设作出了积极贡献，为国际社会治理生态环境提供了中国经验。库布其治沙就是其中的成功实践。库布其论坛成立十年来，成为各国交流防沙治沙经验、推动实现联合国 2030 年可持续发展目标的重要平台。本届论坛以“绿色‘一带一路’，共享沙漠经济”为主题，探讨加强“一带一路”沿线国家和地区防沙治沙合作，很有意义。希望各位代表集思广益，为绿色“一带一路”建设和全球生态环境改善作出积极贡献。

28—30 日，第 6 届库布其国际沙漠论坛在内蒙古库布其沙漠举行。国务院副总理马凯出席论坛开幕式，宣读中国国家主席习近平致论坛的贺信并致辞。论坛由中国科技部、国家林业局、内蒙古自治区人民政府、联合国环境署、联合国防治荒漠化公约秘书处共同主办，中国人民外交学会协办，鄂尔多斯市人民政府和中国亿利公益基金会承办。主题为“绿色‘一带一路’，共享沙漠经济”。参会代表们在“一带一路”生态文明建设、生态修复和“绿色贯通”，推广库布其模式，携手推进生态修复、生态技术集成应用、生态产业化技术体系建设，金融创新推动沙漠绿色经济等方面共达成 16 项共识。

7 月 29 日

［纲　文］　**李克强针对国务院第四次大督查实地督查发现个别地方仍有企业顶风违规生产“地条钢”问题作出批示。**

［目　文］　国务院总理李克强批示指出，督查工作就是要盯住重点问题持续不懈抓。取缔“地条钢”、化解过剩产能要坚定不移推进，防止死灰复燃。对顶风作案的要坚决依法严惩，对监管不力的要严肃问责，务必做到令行禁止。

“地条钢”生产销售存在严重的环境污染和质量安全隐患，党中央、国务院三令五申坚决打击“地条钢”非法生产，并要求于2017年6月30日前彻底取缔。然而，在第四次大督查期间，国务院第一督查组在天津根据群众举报线索突击暗访，发现2家企业仍在违规生产“地条钢”；国务院第十二督查组在湖南对已拆除“地条钢”设备的企业实地核查时，发现1家企业将3台“地条钢”生产设备移回原位，试图恢复生产。

在督查组通报当地政府之后，天津市、湖南省高度重视，立即整改。天津市按“四个彻底”要求随即开展专项集中整治工作；湖南省启动省、市、县三级联合调查，立即将“地条钢”生产设备拆除切割，并在全省开展全面排查。同时，两地启动问责机制，对有关区县、部门和仍在顶风违规生产“地条钢”的企业，依法依规严肃查处问责。

7月29日

［纲　文］　**江苏省第十二届人民代表大会第六次会议选举吴政隆为江苏省省长。**

7月29日

［纲　文］　**外交部发言人就朝鲜宣布再次成功发射洲际弹道导弹一事表示，中方敦促朝方遵守安理会相关决议，停止采取可能导致半岛形势进一步紧张升级的行动。**

7月29日

［纲　文］　**《人民日报》发表题为《致敬！功勋荣誉获得者》的评论员文章。**

7月30日

［纲　文］　**庆祝中国人民解放军建军90周年阅兵在朱日和联合训练基地举行，习近平检阅部队并发表讲话。**

［目　文］　中共中央总书记、国家主席、中央军委主席习近平检阅部队并发表讲话指出，90年前，南昌城头一声枪响，宣告中国诞生了中国共产党领导的新型人民军队。90年来，人民军队高举着党的旗帜，脚踏着祖国的大地，背负着民族的希望，浴血奋战，勇往直前，战胜一切敌人，征服一切困难，为中国人民站起来、富起来、强起来建立了不朽的功勋！我们的人民军队不愧是听党指挥的英雄军队，不愧是忠心报国的英雄军队，不愧是为中华民族伟大复兴英勇奋斗的英雄军队。安享和平是人民之福，保卫和平是人民军队之责。天下并不太平，和平需要保卫。今天，我们比历史上任何时期都更接近中华民族伟大复兴的目标，比历史上任何时期都更需要建设一支强大的人民军队。我们要深入贯彻党的强军思想，坚定不移走中国特色强军之路，努力实现党在新形势下的强军目标，把我们这支英雄的人民军队建设成为世界一流军队。

习近平要求全军将士们，坚定不移坚持党对军队绝对领导的根本原则和制度，永远听党的话、跟党走，党指向哪里、就打到哪里；坚定不移坚持全心全意为人民服务的根本宗旨，始终同人民站在一起，时刻把人民放在心头，永远做人民子弟兵；坚定不移坚持战斗力这个唯一的根本的标准，聚焦备战打仗，锻造召之即来、来之能战、战之必胜的精兵劲旅；坚定不移坚持政治建军、改革强军、科技兴军、依法治军，全面提高国防和军队现代化建设水平。

我坚信，我们的英雄军队有信心、有能力打败一切来犯之敌！我们的英雄军队有信心、有能力维护国家主权、安全、发展利益！我们的英雄军队有信心、有能力谱写强军事业新篇章，为实现“两个一百年”奋斗目标、为实现中华民族伟大复兴的中国梦、为维护世界和平作出新的更大的贡献！

中共中央政治局委员、中央军委副主席范长龙主持阅兵，中共中央政治局委员、中央军委副主席许其亮，中央军委委员常万全、赵克石、张又侠、吴胜利、马晓天、魏凤和等，各战区、各军兵种、军委机关各部门、军事科学院、国防大学、国防科技大学、武警部队领导等约240人参加活动。

7月30日

［纲　文］　**国务院批复西藏自治区人民政府，同意拉萨市城市总体规划。**

［目　文］　批复说，一、原则同意《拉萨市城市总体规划（2009—2020年）（2017年修订）》。二、重视城乡区域统筹发展。在《总体规划》确定的4326平方公里城市规划区范围内，实行城乡统一规划管理。三、合理控制城市规模。到2020年，中心城区常住人口控制在50万人以内，城市建设用地控制在77.88平方公里以内。四、完善城市基础设施体系。进一步完善公路、铁路、机场等交通基础设施，加强城市内外交通衔接，发挥综合性交通枢纽作用。发展轨道交通，建立以公共交通为主体，各种交通方式相结合的多层次、多类型的城市综合交通体系，方便不同交通方式的换乘。五、建设资源节约型和环境友好型城市。要按照促进生产空间集约高效、生活空间宜居适度、生态空间山清水秀的总体要求，形成合理的城市空间结构，促进经济建设、城乡建设和环境建设同步发展。六、创造优良的人居环境。要坚持以人为本，统筹安排关系人民群众切身利益的教育、医疗、市政等公共服务设施的规划布局和建设。七、重视历史文化和风貌特色保护。要统筹协调发展与保护的关系，按照整体保护的原则，切实保护好城市特别是历史城区传统风貌和格局。八、严格实施《总体规划》。城市建设要实现经济社会协调发展，物质文明和精神文明共同进步。城市管理要健全民主法治，坚持依法治市，构建和谐社会。

批复要求，拉萨市人民政府要根据本批复精神，认真组织实施《总体规划》，任何单位和个人不得随意改变。西藏自治区和住房城乡建设部要加强对《总体规划》实施工作的指导、监督和检查。

7月30日

［纲　文］　**商务部公布修订后的《外商投资企业设立及变更备案管理暂行办法》，自2017年7月30日起施行。**

7月30日

［纲　文］　**全军学习贯彻习主席在省部级主要领导干部专题研讨班上重要讲话专题会议在朱日和训练基地召开。**

［目　文］　中央军委副主席范长龙、许其亮出席并讲话。中央军委委员常万全、赵克石、张又侠、魏凤和等出席会议。全军各大单位和军委机关各部门主要领导参加会议。会议学习习近平讲话精神，研究部署军队学习贯彻工作，动员全军迅速行动起来，高举党的旗帜，坚定维护核心，以优异成绩迎接党的十九大胜利召开。

7月31日

［纲　文］　**国防部在人民大会堂举行盛大招待会，热烈庆祝中国人民解放军建军90周年。**

［目　文］　中共中央总书记、国家主席、中央军委主席习近平和李克强、张德江、俞正声、刘云山、王岐山、张高丽等党和国家领导人出席招待会。

中央军委委员、国务委员兼国防部长常万全致祝酒辞。受习近平总书记委托，他首先代表党中央、国务院、中央军委，向中国人民解放军指战员、武装警察部队官兵、预备役军人和广大民兵致以节日祝贺，向辛勤工作在国防科技工业战线的同志们致以诚挚问候，向为中国人民解放军建设作出重要贡献的离退休老同志、老战士、转业退伍军人、革命伤残军人和烈军属表示亲切慰问，向获得“八一勋章”的同志，向部队英模代表、全国双拥模范代表、全国模范军队转业干部代表致以崇高敬意，向长期关心支持国防和军队建设的各级党委和政府、人民团体，向全国各族人民表示衷心感谢，向出席招待会的各国驻华使节、武官和夫人及各位来宾表示热烈欢迎。

7月31日

［纲　文］　**李克强在中国电信、中国移动、中国联通公司考察并主持召开座谈会。**

［目　文］　国务院总理李克强了解企业加强信息基础设施建设、开展技术创新与应用、实施提速降费措施服务企业和消费者、搭建双创平台和发展“互联网+”带动相关产业升级等方面情况。鼓励企业瞄准科技革命和产业变革趋势，着力突破更多核心技术，抢占国际竞争制高点，促进向更大范围、更深层次融合应用；通过视频连线与不同行业的创业者和用户交流，听取他们依托互联网平台开展创业、推动脱贫、拓展残疾人就业等方面的成功实践，勉励他们跑在创业创新前列，创造更好的业绩；看到企业通过集众智研发新技术，以解决共享单车停放管理的难题时说，任何新生事物都会存在这样那样的问题，要注重用新技术、新模式加以解决，本着审慎包容的监管理念，促进其既蓬勃又有序地发展。

李克强主持召开座谈会，工业和信息化部负责人作了汇报。李克强说，近年来，工业和信息化系统以及电信行业广大员工按照党中央、国务院部署，贯彻落实新发展理念，坚持以推进供给侧结构性改革为主线，实施创新驱动发展战略，开拓进取，真抓实干，为推动经济结构调整、促进经济社会发展发挥了重要支撑作用。要继续推动网络提速降费，更好适应市场需求和群众愿望。信息通信业是国民经济中最具成长性的关键性、基础性产业。要在新一轮科技革命和产业变革中塑造大中小企业融通发展新优势。

7月31日

［纲　文］　**汪洋主持召开国务院扶贫开发领导小组第19次全体会议。**

［目　文］　国务院副总理、国务院扶贫开发领导小组组长汪洋指出，要认真贯彻落实习近平总书记脱贫攻坚重要战略思想，坚持稳中求进工作总基调，充分用好脱贫攻坚督查巡查成果，以问题为导向，以深度贫困地区为重点，改进帮扶工作，完善政策举措，不断提高扶贫精准度和实效性，更加扎实有力地推进脱贫攻坚要以督查巡查为契机，认真总结推广各地先进典型和成熟经验，完善政策支撑保障体系，加强和改进扶贫工作。要高度重视并认真解决督查巡查发现的具有普遍性的突出问题，保持定力和信心，勇于承认问题，正确看待问题，认真解决问题，推进扶贫工作不断深入。要坚持“中央统筹、省负总责、市县抓落实”的管理体制，坚持精准扶贫精准脱贫基本方略，狠下绣花功夫，对症下药，因地制宜探索创新，着力补齐贫困地区尤其是深度贫困地区的脱贫短板。

7月31日

［纲　文］　**京津冀及周边地区大气污染防治协作机制第10次会议在北京召开。**

［目　文］　国务院副总理张高丽出席并讲话。北京、天津、河北、山西、内蒙古、山东、河南等七省区市、56个市区县和有关部门单位负责人参加会议。张高丽指出，要突出重点难点，深入开展秋冬季大气污染综合治理攻坚行动。要坚持源头入手，全面完成农村散煤清洁化替代年度任务，深入推进燃煤锅炉治理，严格控制燃煤量。坚持分类指导，按照“先停后治”原则妥善处置“散乱污”企业，坚决杜绝“散乱污”企业异地转移和死灰复燃。坚持严管严控，推进工业企业综合整治，加快完成提标改造、无组织排放和挥发性有机物综合治理。坚持科学调度，制定错峰停产限产方案和“一厂一策”错峰运输方案，列入错峰生产的企业要落实停产限产要求。坚持优化货运结构，提高铁路货运比例。坚持开展综合执法检查，加强超标排放车辆监管，对违法车辆实施联合处罚，对油品销售进行专项清理整顿。坚持从严管理，严控秸秆焚烧和扬尘污染，着力防范面源污染。坚持区域联动，完善重污染天气应急预案，加快科技攻关，最大程度减轻重污染天气带来的不利影响。

7月31日

［纲　文］　**《人民日报》发表题为《在新的历史起点上不忘初心继往开来——一论学习贯彻习近平总书记“7·26”重要讲话精神》的评论员文章。**

7月31日

［纲　文］　**《人民日报》报道，经中共中央批准，中共中央纪委对第十八届中央委员，国家安全生产监督管理总局原党组书记、局长杨焕宁严重违纪问题立案审查。**

［目　文］　经查，杨焕宁同志身为中央委员，严重违反政治纪律和政治规矩，在大

是大非问题上背离党性原则；违反廉洁纪律，利用职权谋取私利。依据《中国共产党纪律处分条例》等有关规定，经中央纪委常委会会议研究并报中央政治局会议审议，决定给予杨焕宁同志留党察看两年处分，由监察部报国务院批准给予其行政撤职处分，降为副局级非领导职务；终止其党的十八大代表资格；收缴其违纪所得。

7月31日—8月6日

［纲　文］　**应外交部部长王毅邀请，冈比亚共和国外交、国际合作和侨民事务部部长达博对中国进行正式访问**。

［目　文］　8月1日，国务委员杨洁篪在北京会见达博时表示，2016年3月中冈复交以来，双方各领域合作全面恢复和推进。中方愿同冈方一道，筑牢政治互信，扩大务实合作，加强人文联系，推动两国关系不断迈上新台阶。达博表示，中国是真正支持和帮助非洲发展的重要伙伴，是冈比亚的亲密朋友，冈方感谢中方长期以来在各领域给予的无私帮助。冈新政府坚定奉行一个中国政策不会改变。

同日，王毅在北京与达博会谈并共同签署了中冈两国外交部建立磋商机制的协议。

8 月

8月1日

［纲　文］ **庆祝中国人民解放军建军90周年大会在北京举行。**

［目　文］ 中共中央总书记、国家主席、中央军委主席习近平出席并讲话。中共中央政治局常委、国务院总理李克强主持大会。中共中央政治局常委张德江、俞正声、刘云山、王岐山、张高丽出席。在京中共中央政治局委员、中央书记处书记，全国人大常委会副委员长，国务委员，最高人民法院院长，最高人民检察院检察长，全国政协副主席，以及中央军委委员出席大会。老战士、烈士家属、老同志、移交政府安置军队离退休干部、老民兵和军队英雄模范、全国双拥模范、全国模范军队转业干部代表，中央党政军群各部门和北京市主要负责人，各民主党派中央、全国工商联负责人和无党派人士代表，首都各界群众代表，解放军、武警部队官兵代表等约3000人参加大会。

习近平指出，人民军队的历史辉煌，是鲜血生命铸就的，永远值得我们铭记。人民军队的历史经验，是艰辛探索得来的，永远需要我们弘扬。人民军队的历史发展，是忠诚担当推动的，永远激励我们向前。中华民族实现伟大复兴，中国人民实现更加美好生活，必须加快把人民军队建设成为世界一流军队。我们要不忘初心、继续前进，坚定不移走中国特色强军之路，把强军事业不断推向前进，努力实现党在新形势下的强军目标。

李克强说，让我们更加紧密地团结在以习近平同志为核心的党中央周围，不忘初心、继续前进，坚定不移走中国特色强军之路，扎扎实实把强军事业不断推向前进，为实现党在新形势下的强军目标、为实现中华民族伟大复兴的中国梦而不懈奋斗。

8月1日

［纲　文］ **国务院总理李克强在北京会见美国密歇根州州长斯奈德。**

［目　文］ 李克强表示，2017年以来，中美元首两次成功会晤，两国开展各层级对话交流，双边关系保持稳定发展势头。中方愿同美方在相互尊重、互惠互利基础上，不断增进理解和互信，推进重点领域务实合作，推动中美关系健康稳定向前发展。中美地方合作交流蓬勃发展，态势喜人。两国地方交往越多、合作成果越丰富、人文交流越密切，就越有利于扩大彼此共同利益，促进中美关系整体发展。欢迎包括密歇根州在内的美国各州同中国地方省市加强交往，拓展双向贸易投资往来，重点挖掘制造业和创新等领域合作潜力，巩固扩大合作共识，为两国民众创造更多发展机遇和就业机会。我们将继续为双方合

作的发展营造更加开放、便利的环境。

斯奈德表示，密歇根州经济的转型和增长从对华合作中受益良多，期待进一步拓展对华贸易、投资和旅游等合作，顺应全球化和新一轮科技、产业革命潮流，加强制造业转型升级和创新合作，创造更多高质量、高层次的就业岗位。相信这也有利于增进美中彼此了解，推动两国关系发展。

斯奈德应全国友协邀请来华访问。

8月1日

［纲　文］ **交通运输部公布《民用航空适航委任代表和委任单位代表管理规定》。**

［目　文］《规定》共6章。主要有总则、委任代表的管理、委任代表的类别和权限、委任单位代表、监督管理、附则等内容。自2018年3月1日起施行。1992年12月11日民航总局公布、1997年1月6日修订的《民用航空器适航委任代表及委任单位代表的规定》(民航总局令第28号)同时废止。

8月1日

［纲　文］ **交通运输部等10部门印发《关于鼓励和规范互联网租赁自行车发展的指导意见》。**

［目　文］《意见》由五个部分组成：一、总体要求。二、实施鼓励发展政策。三、规范运营服务行为。四、保障用户资金和网络信息安全。五、营造良好发展环境。

《意见》指出，各地区、各有关部门要加强指导和监督管理，创新监管方式，建立完善"双随机"抽查制度，畅通投诉渠道，维护各方合法权益。充分发挥舆论监督和社会监督作用，加大对违法违规行为的曝光，营造良好发展环境。

8月1日

［纲　文］ **青海共和至玉树高速公路正式通车运营。**

［目　文］ 共玉高速由中交第一公路勘察设计研究院有限公司负责项目总体设计，经过近7年建成，是世界目前首条高海拔高寒多年冻土区高速公路，为国家高速G0613西宁至丽江公路在青海境内的重要路段，成为青、藏、川、滇藏区黄金旅游线的重要路段。从西宁至玉树只需8个小时。

8月1日

［纲　文］ **中国人民解放军驻吉布提保障基地部队进驻营区仪式在基地营区举行。**

［目　文］ 这标志着我国首个海外保障基地建成和投入使用，履行起在亚丁湾、索马里海域护航以及开展人道主义救援等国际义务。

中国人民解放军驻吉布提保障基地于2017年7月11日成立，海军在广东湛江某军港码头举行了基地成立暨部队出征仪式，基地官兵乘海军井冈山舰、东海岛船航渡至吉布提。海军副司令员田中、我驻吉布提大使符华强、吉布提国防部部长巴赫敦、总参谋长扎卡里亚，有关国家驻吉使节、驻吉部队代表，以及海军第二十六批护航编队官兵代表等300余人参加了仪式。

8月1日

［纲　文］《人民日报》发表题为《铸就新的钢铁长城——庆祝中国人民解放军建军九十周年》的社论。

8月1日

［纲　文］《人民日报》发表题为《牢牢把握中国特色社会主义这个主题——二论学习贯彻习近平总书记“7·26”重要讲话精神》的评论员文章。

8月1日

［纲　文］新华社讯，经中共中央批准，中共中央纪委对中国银行业监督管理委员会原党委委员、主席助理杨家才严重违纪问题立案审查。

［目　文］经查，杨家才严重违反政治纪律和政治规矩，打探巡视和纪律审查信息，为个人职务提拔搞非组织活动；违反中央八项规定精神，违规出入私人会所接受宴请；违反组织纪律，利用职权干预干部选拔任用工作，未按规定报告个人有关事项；违反廉洁纪律，利用职权为其子经营活动提供帮助；违反生活纪律。利用职务上的便利为他人谋取利益并收受巨额财物，涉嫌受贿犯罪。

杨家才身为党的高级领导干部，理想信念丧失，毫无党性原则和组织观念，严重违反党的纪律，并涉嫌违法犯罪，破坏金融系统政治生态和市场秩序，损害银行业监管机构形象，性质恶劣、情节严重。依据《中国共产党纪律处分条例》等有关规定，经中央纪委常委会会议研究并报中共中央批准，决定给予杨家才开除党籍处分；由监察部报国务院批准，给予其开除公职处分；收缴其违纪所得；将其涉嫌犯罪问题、线索及所涉款物移送司法机关依法处理。

2018年7月19日，濮阳市人民检察院提起公诉的中国银监会原党委委员、主席助理兼办公厅主任杨家才受贿、巨额财产来源不明案一审宣判，濮阳市中级人民法院全部采纳起诉指控，依法判决杨家才犯受贿罪，判处有期徒刑14年，并处罚金200万元；犯巨额财产来源不明罪，判处有期徒刑5年，合并执行有期徒刑16年，并处罚金200万元。

8月1—2日

［纲　文］金砖国家第7次经贸部长会议在上海举行。

［目　文］本次会议主席是中国商务部部长钟山，俄罗斯经济发展部部长奥列什金、印度商工部部长希塔拉曼、南非贸工部部长戴维斯和巴西工业、外贸和服务部副部长马亚出席。会议聚焦投资便利化、促进贸易发展、加强经济技术合作和能力建设、支持多边贸易体制等议题。联合国贸发会议秘书长、联合国工发组织总干事、国际贸易中心执行主任，以及金砖国家工商理事会代表等参会。会议通过了《金砖国家第七次经贸部长会议声明》，就促进贸易发展、加强投资便利化合作、深化经济技术合作及支持多边贸易体制等达成了一系列共识，取得了多项经贸合作成果。

2日，国务院副总理汪洋在上海集体会见出席金砖国家第7次经贸部长会议的外方代表团团长和相关国际组织主要负责人时指出，经贸合作是金砖国家合作的压舱石和推进器。我们要共同努力，抓住全球经贸回暖向好机遇，充分发挥各自产业和资源禀赋优势，做大贸易规模；增强政策透明度，提高投资便利化水平，扩大相互投资；共同维护多边贸易体制权威，推动2017年底世贸组织第十一届部长级会议取得积极成果。合作机会是在坚持合作的过程中发现和产生的。只要各方坚持合作，合作过程中将催生更多合作机会。中方愿与金砖国家其他成员一道，推动本次经贸部长会议取得更多合作成果，为9月份领导人厦门会晤做好铺垫。

外方代表一致认为，在中方精心组织下，本次经贸部长会议达成广泛共识，取得积极务实成果，不仅有助于深化金砖国家合作，也向世界发出了反对贸易保护主义、支持多边贸易体制的声音，将有效促进全球包容共赢发展。

8月2日

［纲　文］　**国务院公布《融资担保公司监督管理条例》。**

［目　文］　《条例》共6章49条。主要有总则，设立、变更和终止，经营规则，监督管理，法律责任，附则等内容。自2017年10月1日起施行。

《条例》明确了融资担保公司的监督管理体制，规定由省级人民政府确定的部门负责对本地区融资担保公司的监督管理；省级人民政府负责制定促进本地区融资担保行业发展的政策措施、处置融资担保公司风险、督促监督管理部门严格履行职责；国务院建立融资性担保业务监管部际联席会议。

8月2日

［纲　文］　**财政部印发《关于印发〈中央对地方重点生态功能区转移支付办法〉的通知》。**

［目　文］　《通知》说，为规范转移支付分配、使用和管理，发挥财政资金在维护国家生态安全、推进生态文明建设中的重要作用，经国务院批准，我们制定了《中央对地方重点生态功能区转移支付办法》，现予印发。

8月2日

［纲　文］　**中共江苏省委原书记，江苏省第八届人民代表大会常务委员会主任、党组书记沈达人，在南京逝世，享年90岁。**

8月2日

［纲　文］　**《人民日报》发表题为《砥砺奋进的五年 历史性成就和变革——三论学习贯彻习近平总书记“7·26”重要讲话精神》的评论员文章。**

8月2日

［纲　文］　**《人民日报》发表题为《热血铸就的历史功勋——一论习近平主席在庆祝建军90周年大会上重要讲话》的评论员文章。**

8月2日

［纲　文］　**《人民日报》北京电 经中共中央批准，中共中央纪委对中央巡视组原副**

部级巡视专员张化为严重违纪问题立案审查。

［目　文］　经查，张化为严重违反政治纪律和政治规矩、组织纪律，长期利用巡视权违规干预插手被巡视单位相关工作，对抗组织审查；违反中央八项规定精神和廉洁纪律，违规接受可能影响公正执行公务的宴请，收受他人出资购买的汽车。利用职务上的便利为他人谋取利益并收受财物，涉嫌受贿犯罪。依据《中国共产党纪律处分条例》等有关规定，经中央纪委常委会会议研究并报中共中央批准，决定给予张化为开除党籍处分，取消其退休待遇；收缴其违纪所得；将其涉嫌犯罪问题、线索及所涉款物移送司法机关依法处理。

8月2—3日

［纲　文］　**应外交部部长王毅邀请，土耳其外交部部长恰武什奥卢对中国进行正式访问。**

［目　文］　3日，王毅在北京同恰武什奥卢举行中土外长磋商机制第2次会议。王毅表示，习近平主席同埃尔多安总统两年来四度会晤，从最高层面和战略高度为中土关系作出规划，指明方向。双方应全面认真落实两国元首共识，推动中土战略合作关系取得更大发展。恰武什奥卢表示，土方将加强对华合作作为优先目标，将继续坚定恪守一个中国原则，重视与中方共建"一带一路"。

8月3日

［纲　文］　**财政部、民政部向陕西省安排中央财政自然灾害生活补助资金1亿元。**

［目　文］　中央财政自然灾害生活补助资金用于近期严重暴雨洪涝灾害受灾群众紧急转移安置、过渡期生活救助、倒损民房恢复重建和向因灾遇难人员家属发放抚慰金，支持地方做好抗灾救灾各项工作。

8月3日

［纲　文］　**民政部发布《2016年社会服务发展统计公报》。**

［目　文］　《公报》显示，截至2016年年底，全国共有社会服务机构和设施174.5万个，职工总数1239.3万人；全国持证社会工作者共计28.8万人，其中社会工作师6.9万人，助理工作师21.9万人；全国社会服务事业费支出5440.2亿元，比上年增长10.4%；全国办理了注册登记手续的提供住宿的各类社会服务机构3.2万个，全国各类养老服务机构和设施14.0万个，各类养老床位合计730.2万张；全国民政部门管理的智障与精神疾病服务机构共有244个，床位8.4万张；全国共有儿童收养救助服务机构705个，年末收留抚养各类人员5.4万人；全国有城市低保对象855.3万户、1480.2万人。2016年全国城市低保平均标准494.6元/人·月，比上年增长9.6%。全国有农村低保对象2635.3万户、4586.5万人。2016年全国农村低保平均标准3744.0元/人·年，比上年增长17.8%。《公报》显示，2016年资助参加基本医疗保险5560.4万人，支出资助参加基本医疗保险资金63.4亿元，资助参加基本医疗保险人均补助水平113.9元。2016年全年累计资助优抚对象409.2万人次，优抚医疗补助资金36.2亿元，人均补助水平885.5

元；全国共建立经常性社会捐助工作站、点和慈善超市 2.9 万个（其中，慈善超市 8966 个）。全年共接收社会捐赠款 827.0 亿元。全年各地民政部门直接接收捐赠物资价值折合人民币 7.4 亿元，捐赠衣被 6638.3 万件。

8月3日

［纲　文］　**外交部发言人表示，中国—东盟关系面临更大发展的新契机。**

［目　文］　有记者问，在王毅外长即将出席东亚合作系列外长会和东盟成立 50 周年活动之际，中方如何评价当前中国—东盟关系？对未来中国—东盟关系有何期待？

发言人表示，中方高度重视与东盟的友好合作，视东盟为周边外交优先方向和推进“一带一路”合作的重点地区。1991 年中国—东盟建立对话关系以来，在双方共同努力下，政治互信不断增强，务实合作成果丰硕，双方关系已成为东盟同对话伙伴关系中最具活力、最富内涵的一组关系。中国和东盟国家在《南海各方行为宣言》框架下的海上合作不断取得新的进展，而且各方不久前达成“南海行为准则”框架，充分展现了我们维护南海和平稳定的共同愿望，为中国—东盟合作营造了良好氛围。2017 年是东盟成立 50 周年和中国—东盟旅游合作年，2018 年是中国—东盟建立战略伙伴关系 15 周年，双方关系处在承前启后、提质升级的关键节点，面临更大发展的新契机。中国愿与东盟国家立足当前，着眼未来，加强“一带一路”倡议和东盟发展规划对接，深化务实合作，打造更高水平的中国—东盟战略伙伴关系，构建更为紧密的中国—东盟命运共同体。

8月3日

［纲　文］　**白鹤滩水电站主体工程全面开工。**

［目　文］　白鹤滩水电站坝址位于四川省凉山彝族自治州宁南县和云南省昭通市巧家县交界处的金沙江干流下游河段上，是全球目前在建装机规模最大的水电站。总装机规模达 1600 万千瓦，是仅次于三峡工程的世界第二大水电站。水电站采用混凝土双曲拱坝坝型，属 300 米级的高拱坝；正常蓄水位 825 米，防洪限制水位 785 米。据规划，水电站大坝将于 2021 年 5 月下闸蓄水，同年首批机组投产发电，全部机组将于 2022 年底建成投产。白鹤滩水电站是西部大开发的基础性工程，可在发电、防洪、航运、促进长江经济带建设和区域经济协调发展上发挥作用。建成后多年平均发电量将达 624.43 亿千瓦时。此外，白鹤滩水库控制流域面积 43.03 万平方公里，防洪库容为 75 亿立方米，仅次于三峡工程和丹江口工程，具有超强的防洪能力。

8月3日

［纲　文］　**张家口至呼和浩特高速铁路乌兰察布至呼和浩特东路段开通运营。**

［目　文］　内蒙古迈入高铁时代。张呼高铁东起河北省张家口南站，向西引入内蒙古自治区呼和浩特东站，全长 286.8 公里，是国家中长期铁路网规划中“八纵八横”之一京兰通道的重要组成部分，是连接西北、华北、东北“三北”地区的重要通道。呼和浩特东至乌兰察布段全长 126 公里，开通初期，开行列车 5 对，运营时速 250 公里，旅途时间由过去最快的 1 个小时，缩短至 40 分钟左右。未来张呼高铁与在建的京张高铁连通，形

成呼和浩特至北京3小时内到达的快速客运通道。

8月3日

［纲　文］ **《人民日报》发表题为《人民对美好生活的向往就是党的奋斗目标——四论学习贯彻习近平总书记“7·26”重要讲话精神》的评论员文章。**

8月3日

［纲　文］ **《人民日报》发表题为《走向胜利的伟大力量——二论习近平主席在庆祝建军九十周年大会上重要讲话》的评论员文章。**

8月3日

［纲　文］ **新华社讯，经中共中央批准，中共中央纪委对陕西省人大常委会原党组副书记、副主任魏民洲严重违纪问题立案审查。**

［目　文］ 经查，魏民洲严重违反政治纪律和政治规矩，搞政治投机和政治攀附，政治品行败坏，长期搞迷信活动，对抗组织审查；违反中央八项规定精神，违规出入私人会所和接受公款宴请，接受私营企业主安排的旅游活动；违反组织纪律，不按规定报告个人有关事项；违反廉洁纪律，违规从事营利活动，收受礼品、礼金；违反生活纪律。利用职务上的便利为他人谋取利益并收受巨额财物，涉嫌受贿犯罪。魏民洲身为党的高级领导干部，理想信念丧失，毫无党性原则和组织观念，严重违反党的纪律，并涉嫌违法犯罪，且政治问题与经济问题交织，在党的十八大后仍不收敛、不收手，性质十分恶劣、情节特别严重、社会影响极坏。依据《中国共产党纪律处分条例》等有关规定，经中央纪委常委会会议研究并报中共中央批准，决定给予魏民洲开除党籍、开除公职处分；收缴其违纪所得；将其涉嫌犯罪问题、线索及所涉款物移送司法机关依法处理。

2018年11月20日，湖南省郴州市中级人民法院公开宣判陕西省第十二届人大常委会原党组副书记、副主任魏民洲受贿案，认定被告人魏民洲犯受贿罪，判处无期徒刑，剥夺政治权利终身，并处没收个人全部财产。魏民洲当庭表示认罪悔罪，不上诉。

8月4日

［纲　文］ **国务院总理李克强致电祝贺奥尼尔连任巴布亚新几内亚总理。**

8月4日

［纲　文］ **国务院办公厅转发国家发展改革委、商务部、人民银行、外交部《关于进一步引导和规范境外投资方向的指导意见》。**

［目　文］ 《意见》由六个部分组成：一、指导思想。二、基本原则。三、鼓励开展的境外投资。四、限制开展的境外投资。五、禁止开展的境外投资。六、保障措施。

《意见》指出，各地区、各部门要按照本意见要求，合理把握境外投资的方向和重点，切实加强组织领导和统筹协调，落实工作责任，抓紧制定出台配套政策措施，扎实推进相关工作，确保取得实效。

8月4日

[纲 文] **交通运输部发布《关于推进长江经济带绿色航运发展的指导意见》。**

[目 文] 《意见》由三个部分组成：一、总体要求。二、主要任务。三、保障措施。

《意见》要求，各级交通运输主管部门要充分利用好中央和地方已有的相关资金支持政策，并积极协商有关部门加大政策与资金支持力度。对集约高效的运输组织方式加大市场准入支持力度，培育绿色发展、生态友好型港航企业，建立绿色发展的激励机制。探索形成公众参与绿色航运发展与监督制度。充分利用市场机制，引导社会资本进入绿色航运发展领域。加快推进内河船舶污染责任险，鼓励航运企业探索长江绿色航运相互保险。

8月4日

[纲 文] **国家税务总局发布《税务师事务所行政登记规程（试行）》，自2017年9月1日起施行。**

8月4日

[纲 文] **《人民日报》发表题为《不断开辟中国特色社会主义发展新境界——五论学习贯彻习近平总书记"7·26"重要讲话精神》的评论员文章。**

8月4日

[纲 文] **《人民日报》发表题为《续写塞罕坝的绿色传奇》的评论员文章。**

8月4日

[纲 文] **《人民日报》发表题为《不忘初心的强军征程——三论习近平主席在庆祝建军九十周年大会上重要讲话》的评论员文章。**

8月4—13日

[纲 文] **2017年伦敦田径世锦赛在伦敦举行。**

[目 文] 来自200多个国家和地区的3000多名田径运动员在48个项目中角逐。中国代表队共派出48名运动员参加19个项目的比赛。中国队以2金3银2铜列奖牌榜第五。

8月5日

[纲 文] **国务院办公厅函复教育部，同意建立民办教育工作部际联席会议制度。**

[目 文] 函复说，国务院同意建立由教育部牵头的民办教育工作部际联席会议制度。联席会议不刻制印章，不正式行文，请按照国务院有关文件精神认真组织开展工作。

8月5日

[纲 文] **国家主席习近平特使、国家发展改革委主任何立峰在德黑兰出席伊朗总统鲁哈尼就职仪式。**

8月5日

[纲 文] **商务部服贸司发布，2017年上半年，中国服务贸易总额达22871.4亿元，同比增长12.9%。**

［目　文］　数据显示，2017年上半年，我国服务出口6950.9亿元，同比增长5.6%，进口15920.5亿元，同比增长16.5%；逆差8969.6亿元，同比增长26.6%。其中，6月当月服务贸易增速达29.7%，同比增幅创18个月新高。对于服务贸易逆差的扩大，逆差主要集中于旅行、运输和知识产权三大领域。其中，旅行逆差高达7666.2亿元，占总逆差比重为85.5%，成为拉动服务贸易总逆差增长额的最重要因素。

8月5日

［纲　文］　《人民日报》发表题为《勇于推进实践基础上的理论创新——六论学习贯彻习近平总书记"7·26"重要讲话精神》的评论员文章。

8月6日

［纲　文］　国务院公布《无证无照经营查处办法》，自2017年10月1日起施行。

8月6日

［纲　文］　财政部公布《关于废止部分规章和规范性文件的决定》。

［目　文］　《决定》说，一、废止《中央水利建设基金财务管理暂行办法》（财农字〔1997〕158号）、《粮食政策性财务挂帐利息补贴专户管理办法》（财商字〔1996〕140号）。二、废止《关于印发〈优抚安置事业单位专项补助资金使用管理办法〉的通知》（财社〔2016〕132号）、《关于印发〈城镇保障性安居工程财政资金绩效评价暂行办法〉的通知》（财综〔2015〕6号）等24件规范性文件。

8月6日

［纲　文］　甘肃省陇南市文县、武都区、西和县等县区发生暴洪泥石流灾害。

［目　文］　灾害共导致8人死亡，1人失联，70632户298241人受灾，直接经济损失28.4亿元。当地立刻启动防汛抗洪应急响应。国家减灾委、民政部启动国家Ⅳ级救灾应急响应，派出工作组赶赴灾区指导开展救灾工作。

11日，财政部、民政部向甘肃省安排中央财政自然灾害生活补助资金7000万元。主要用于陇南暴雨洪涝灾区受灾群众紧急转移安置、过渡期生活救助、倒损民房恢复重建和向因灾遇难人员家属发放抚慰金，支持地方做好受灾群众基本生活保障工作。

8月6日

［纲　文］　《人民日报》发表题为《为决胜全面小康实现中国梦而奋斗——七论学习贯彻习近平总书记"7·26"重要讲话精神》的评论员文章。

8月7日

［纲　文］　国家主席习近平任免驻外大使。

［目　文］　习近平根据全国人民代表大会常务委员会的决定任免下列驻外大使：一、免去关华兵的中华人民共和国驻老挝人民民主共和国特命全权大使职务；任命王文天为中华人民共和国驻老挝人民民主共和国特命全权大使。二、免去李立的中华人民共和国

驻毛里求斯共和国特命全权大使职务；任命孙功谊为中华人民共和国驻毛里求斯共和国特命全权大使。三、免去孙树忠的中华人民共和国驻摩洛哥王国特命全权大使职务；任命李立为中华人民共和国驻摩洛哥王国特命全权大使。四、免去邱学军的中华人民共和国驻纳米比亚共和国特命全权大使职务；任命张益明为中华人民共和国驻纳米比亚共和国特命全权大使。五、免去田学军的中华人民共和国驻南非共和国特命全权大使职务；任命林松添为中华人民共和国驻南非共和国特命全权大使。六、免去陈育明的中华人民共和国驻瑞典王国特命全权大使职务；任命桂从友为中华人民共和国驻瑞典王国特命全权大使。七、免去吴元山的中华人民共和国驻多民族玻利维亚国特命全权大使职务；任命梁宇为中华人民共和国驻多民族玻利维亚国特命全权大使。

8月7日

［纲　文］　**国务院办公厅印发《关于进一步推进物流降本增效促进实体经济发展的意见》**。

［目　文］　《意见》由七个部分组成：一、深化“放管服”改革，激发物流运营主体活力。二、加大降税清费力度，切实减轻企业负担。三、加强重点领域和薄弱环节建设，提升物流综合服务能力。四、加快推进物流仓储信息化标准化智能化，提高运行效率。五、深化联动融合，促进产业协同发展。六、打通信息互联渠道，发挥信息共享效用。七、推进体制机制改革，营造优良营商环境。

《意见》要求，各地区、各有关部门要结合本地区、本部门实际，深入落实各项政策措施，完善相关实施细则，扎实推进工作。

8月7日

［纲　文］　**中央军委办公厅发出通知，要求全军和武警部队认真学习贯彻习主席在庆祝建军九十周年大会上重要讲话和阅兵时重要讲话**。

［目　文］　通知指出，学习贯彻习主席两个重要讲话，要深刻理解人民军队“三个伟大”的历史功勋，充分认清我军在党领导的武装革命斗争、社会主义革命和建设、改革开放新的伟大革命中，一路披荆斩棘，付出巨大牺牲，取得一个又一个辉煌胜利，增强革命军人的神圣感荣誉感；深刻理解人民军队的历史经验，充分认清我军90年来从胜利走向胜利，彰显了中国共产党领导、理想信念、改革创新、战斗精神、革命纪律、军民团结的伟大力量，强化传承红色血脉、当好红色传人的历史责任；深刻理解党的十八大以来人民军队取得的非凡成就，充分认清经过5年的努力，我军重整行装再出发，实现了政治生态重塑、组织形态重塑、力量体系重塑、作风形象重塑，更加坚定对习主席的信赖拥戴和强军兴军的信心决心；深刻理解党在新时期的强军思想，充分认清军队之所以不断发展壮大，关键在于先进军事理论的指导，必须更加牢固确立党在新时期的强军思想指导地位，用以武装头脑、指导实践、推动工作；深刻理解推进强军事业必须牢牢把握的根本要求，充分认清中华民族实现伟大复兴、中国人民实现更加美好生活，比历史上任何时期都更需要建设一支强大的人民军队，必须坚决贯彻“四个坚定不移”和“六个必须”，加快把人

民军队建设成为世界一流军队；深刻理解我军肩负的使命任务，充分认清人民军队永远是战斗队，人民军队的生命力在于战斗力，认真贯彻新形势下军事战略方针，牢固树立战斗力标准，全面提高军事训练实战化水平，绝不允许任何人、任何组织、任何政党、在任何时候、以任何形式、把任何一块中国领土从中国分裂出去，坚决维护国家主权、安全、发展利益。

8月7日

［纲 文］ **文化部印发《“十三五”时期全国古籍保护工作规划》。**

［目 文］《规划》由三个部分组成：一、总体要求。二、重点任务。三、保障措施。

《规划》指出，各级文化行政部门要发挥牵头作用，会同古籍保护工作相关部门，加强对古籍保护工作的组织领导，推动古籍保护工作纳入本地经济社会发展总体规划，纳入公共文化服务体系建设整体安排，结合实际制定具体的工作计划和落实方案，明确责任，统筹实施。各级古籍收藏机构也要根据规划，细化目标任务，采取有力措施，抓好工作落实。

8月7日

［纲 文］ **国家外汇管理局公布，2017年二季度及上半年中国国际收支平衡表初步数据。**

［目 文］ 数据显示，经常账户和非储备性质的金融账户（含二季度净误差与遗漏）呈现双顺差，储备资产有所增加。具体来看，一是经常账户保持合理顺差，货物进出口呈现同比增长。2017年上半年，经常账户顺差712亿美元，占同期国内生产总值（GDP）的比例为1.3%。其中，国际收支口径的货物贸易顺差2154亿美元，同比减少7%，但货物出口和进口同比分别增长12%和18%，显示内外需持续改善带来外贸回稳向好的趋势；服务贸易逆差1351亿美元，同比增长24%，主要是受进口增长带动运输项下逆差增长26%，同时旅行逆差增长19%。二是非储备性质的金融账户呈现顺差。2017年上半年，非储备性质的金融账户顺差156亿美元，可比口径上年同期为逆差2259亿美元。三是储备资产增加。2017年上半年，我国储备资产因国际收支交易（不含汇率、价格等非交易因素影响）增加290亿美元，上年同期为减少1578亿美元。

8月7日

［纲 文］ **深圳大亚湾核电站开工建设30周年。**

［目 文］ 位于深圳大亚湾核电基地的岭澳核电站1号机组自2005年3月26日以来，连续12年以上无非计划停机停堆，截至2017年8月7日，已连续安全运行达4146天，连续安全运行天数位居国际同类型机组世界第一。

8月7日

［纲 文］ **《人民日报》发表题为《坚定不移推动全面从严治党向纵深发展——八论学习贯彻习近平总书记“7·26”重要讲话精神》的评论员文章。**

8月7日

［纲　文］ **《人民日报》发表题为《讲好生态文明的中国故事》的评论员文章。**

8月7—11日

［纲　文］ **俞正声率中央代表团出席内蒙古自治区成立70周年庆祝活动。**

［目　文］ 中央代表团团长：中共中央政治局常委、全国政协主席俞正声。中央代表团副团长：中共中央政治局委员、国务院副总理刘延东（兼秘书长），中共中央政治局委员、中央统战部部长孙春兰，全国人大常委会副委员长张平，全国政协副主席王正伟等。代表团由63人组成，包括中央和国家机关有关部门以及人民团体，解放军、武警部队，新疆、广西、宁夏、西藏四个自治区和对口支援内蒙古的北京市负责人等。

7日，俞正声率中央代表团出席向内蒙古自治区赠送纪念品仪式，中央代表团向内蒙古赠送了中共中央总书记习近平“建设亮丽内蒙古 共圆伟大中国梦”题词贺匾、题词座屏等纪念品；参观《守望相助 团结奋斗——庆祝内蒙古自治区成立70周年展览》；出席庆祝内蒙古自治区成立70周年文艺晚会《赞歌》。俞正声率代表团部分成员分别到内蒙古军区、武警内蒙古总队、武警内蒙古森林总队慰问，并会见自治区政法干警代表，代表党中央、国务院、中央军委，代表习近平主席向大家致以崇高的敬意和亲切的问候。

8日下午，内蒙古自治区成立70周年庆祝大会在内蒙古少数民族群众文化体育运动中心隆重举行。中共中央、全国人大常委会、国务院、全国政协、中央军委发来贺电。俞正声出席庆祝大会并讲话。刘延东宣读了中共中央、全国人大常委会、国务院、全国政协、中央军委关于庆祝内蒙古自治区成立70周年的贺电。

同日，俞正声在听取内蒙古自治区党委、政府工作汇报时强调，要全面贯彻落实党的十八大和十八届三中、四中、五中、六中全会精神，深入贯彻习近平总书记系列重要讲话精神和治国理政新理念新思想新战略，学习贯彻习近平总书记“7·26”重要讲话精神，统筹推进“五位一体”总体布局和协调推进“四个全面”战略布局，牢固树立“四个意识”，不忘初心、守望相助、团结奋斗，把祖国北疆亮丽风景线打造得更加美好，为“建设亮丽内蒙古，共圆伟大中国梦”作出新的更大贡献。

中央代表团在内蒙古期间，俞正声率中央代表团一分团到呼和浩特、包头、兴安盟，刘延东率中央代表团二分团到赤峰、呼伦贝尔、乌兰察布，孙春兰率中央代表团三分团到乌海市、阿拉善盟、锡林郭勒盟，张平率中央代表团四分团到鄂尔多斯、通辽，把以习近平为核心的党中央的亲切关怀和全国各族人民的真诚祝福带给当地各族干部群众。

8月8日

［纲　文］ **四川省九寨沟发生7.0级地震，习近平作出指示。**

［目　文］ 21时19分，四川省阿坝州九寨沟县（北纬33.2°，东经103.82°）发生7.0级地震，震源深度20公里。地震造成25人死亡、525人受伤。

中共中央总书记习近平作出指示，要求抓紧了解核实九寨沟7.0级地震灾情，迅速组织力量救灾，全力以赴抢救伤员，疏散安置好游客和受灾群众，最大限度减少人员伤亡。目前正值主汛期，又处旅游旺季，要进一步加强气象预警和地质监测，密切防范各类灾害，切实做好抗灾救灾工作，尽最大努力保障人民群众生命财产安全。

国务院总理李克强作出批示，要求抓紧核实灾情，全力组织抢险救援，最大程度减少人员伤亡，妥善转移安置受灾群众。加强震情监测，防范次生灾害。

根据习近平指示和李克强要求，国务院派出由国家减灾委、国务院抗震救灾指挥部组成的工作组赶赴现场指导抗震救灾工作。四川省委、省政府主要负责人赶赴现场开展救援工作。

8月8日

［纲　文］　**国家主席习近平就东盟成立50周年向东盟轮值主席国菲律宾总统杜特尔特致贺电。**

8月8日

［纲　文］　**国务院印发《关于促进外资增长若干措施的通知》。**

［目　文］　《通知》由五个部分组成：一、进一步减少外资准入限制。二、制定财税支持政策。三、完善国家级开发区综合投资环境。四、便利人才出入境。五、优化营商环境。

《通知》要求，各地区、各部门要高度重视新形势下利用外资工作，按照职责分工，主动作为，密切配合。商务部要会同有关部门加强督促检查，确保各项措施落到实处，不断提升我国引资新优势，促进利用外资实现稳定增长。

8月8日

［纲　文］　**海关总署公布《中华人民共和国海关监管区管理暂行办法》。**

［目　文］　《办法》共4章30条。主要有总则、海关监管区的管理、海关监管作业场所的管理、附则等内容。2017年11月1日起施行。2008年1月30日海关总署令第171号发布的《中华人民共和国海关监管场所管理办法》、2015年4月27日海关总署令第227号公布的《海关总署关于修改部分规章的决定》第六条同时废止。

8月8日

［纲　文］　**新华社讯，中宣部、教育部、财政部、文化部发布《关于戏曲进校园的实施意见》。**

［目　文］　《意见》明确，2017年，在试点基础上，有条件的省区市大中小学以及中央部委所属高校争取实现所有学生免费欣赏1场优秀戏曲演出。2018年，戏曲进校园活动蓬勃开展，戏曲教育丰富多样，争取实现全国所有大中小学每个学生每年免费欣赏1场优秀戏曲演出。2020年，戏曲进校园实现常态化、机制化、普及化，基本实现全覆盖。中宣部、教育部、财政部、文化部指导和支持各地开展戏曲进校园工作。各省（区、市）建立宣传部门牵头，教育、财政、文化等部门参与的戏曲进校园工作组织和协调机制，参与部门各负其责，协调推进工作的具体落实。各地宣传部门会同教育、文化等部门每三年

认定一次戏曲进校园的剧（节）目目录。戏曲艺术表演团体和相关社会团体等的资格由各地文化部门依据相关办法每三年审定一次。

8月8日

［纲 文］ 《人民日报》发表题为《守望相助建设美好内蒙古——热烈庆祝内蒙古自治区成立70周年》的社论。

8月9日

［纲 文］ 刘云山在北戴河看望慰问暑期休假专家。

［目 文］ 受中共中央总书记习近平委托，中共中央政治局常委、中央书记处书记刘云山代表党中央、国务院向广大专家人才致以诚挚问候。中共中央政治局委员、国务院副总理马凯，中共中央政治局委员、中央组织部部长赵乐际参加看望活动。

刘云山指出，党的十八大以来，以习近平同志为核心的党中央高度重视科技创新，摆在国家发展全局的突出位置，开启了推动我国科技跨越发展、向世界科技强国进军的新征程。科技战线胸怀报国理想，勇于担当作为，奋力攀登世界科技高峰，推出一批标志性的重大成果，有力提升了我国科技实力和综合国力，提振了民族自信心和自豪感。我国科技事业取得的新的重大成就，进一步彰显了中国特色社会主义的制度优势，彰显了中国共产党的领导优势。科技兴则民族兴，科技强则国家强。广大专家是党和国家的宝贵财富，历来有爱国奉献的光荣传统和家国情怀，有信念、有梦想，重道义、勇担当。随着党和国家人才政策的贯彻落实，我国人才发展环境会越来越好，各类人才施展才华的舞台会越来越宽广。希望大家深入学习贯彻习近平总书记系列重要讲话精神特别是关于科技创新的重要论述，积极投身建设世界科技强国的伟大实践，更好用科技梦助推实现中国梦。坚定创新自信，在独创独有上下功夫，在国际科技舞台上发出更加响亮的中国声音。弘扬老一辈科学家的优良传统，学习黄大年等先进典型，以服务人民、报效国家为己任，把科研成果写在中华大地上，以优异成绩迎接党的十九大胜利召开。

每年暑期邀请优秀专家人才到北戴河休假，是党和国家人才工作的一项制度安排。参加2017年休假活动的57位专家，主要是国家科技重大专项、国家重点工程建设项目和重大基础研究项目等的总指挥、总设计师、首席科学家和项目负责人。

8月9日

［纲 文］ 工业和信息化部印发《公共互联网网络安全威胁监测与处置办法》。

［目 文］ 《办法》共15条。自2018年1月1日起实施。2009年4月13日印发的《木马和僵尸网络监测与处置机制》和2011年12月9日印发的《移动互联网恶意程序监测与处置机制》同时废止。

8月9日

［纲 文］ 食药监总局、财政部发布《食品药品违法行为举报奖励办法》。

［目 文］ 《办法》共6章28条。主要有总则、奖励条件、奖励标准、奖励程序、

监督管理、附则等内容。自2017年8月9日起施行。2013年1月8日原国家食品药品监督管理局和财政部联合发布的《食品药品违法行为举报奖励办法》同时废止。

8月9日

［纲　文］　**原北京军区司令员周衣冰，在北京逝世，享年95岁。**

8月10日

［纲　文］　**外交部发言人批评美国军舰打着“航行自由”旗号寻衅滋事。**

［目　文］　有记者问：据美国官员透露，美军“麦凯恩”号导弹驱逐舰在南沙群岛美济礁邻近海域进行了“航行自由行动”。请中方证实，并请问中方对此有何评论？

发言人说，8月10日，美军“麦凯恩”号导弹驱逐舰未经中国政府允许，擅自进入中国南沙群岛有关岛礁邻近海域，进行所谓“航行自由行动”。中国军队随即派出军舰依法对美舰实施查证识别，并予以警告驱离。中国对南沙群岛及其附近海域拥有无可争辩的主权。美舰有关行为违反中国法律和国际法，严重损害中国主权和安全，严重危及双方一线人员生命安全。中方对此强烈不满，并将向美方提出严正交涉。一段时间以来，在中国和东盟国家的共同努力下，南海形势降温趋缓，并不断呈现积极发展态势，特别是日前在菲律宾举行的中国—东盟外长会一致通过“南海行为准则”框架。在此背景下，一些域外势力逆流而动，持续打着“航行自由”的旗号寻衅滋事，妄图搅乱当前来之不易的良好形势。这清楚表明，到底是谁不愿看到南海保持稳定，谁才是推动南海“军事化”的最大因素。

8月10日

［纲　文］　**陕西安康境内京昆高速公路秦岭1号隧道，发生大客车碰撞隧道口交通事故。**

［目　文］　事故造成36人死亡、13人受伤，直接经济损失3533余万元。

2018年1月29日，国务院陕西安康京昆高速“8·10”特别重大道路交通事故调查组发布《陕西安康京昆高速“8·10”特别重大道路交通事故调查报告》，认定该事故是一起生产安全责任事故。公安、检察机关对肇事客车主要承包人聂电周等28人立案侦查；洛阳市副市长张世敏、陕西省高速公路建设集团原总经理王登科等32名地方政府、有关行业部门和单位相关人员给予党纪、政纪处分。

8月11日

［纲　文］　**国务院办公厅通知山东省人民政府，同意泰安市城市总体规划。**

［目　文］　通知说，一、国务院原则同意《泰安市城市总体规划（2011—2020年）（2017年修订）》。二、重视城乡区域统筹发展。在《总体规划》确定的2087平方公里城市规划区范围内，实行城乡统一规划管理。加强城中村和城乡结合部地区的规划建设管理，城镇基础设施、公共服务设施的建设应当统筹考虑为周边农村提供服务。

三、合理控制城市规模。到2020年，中心城区常住人口控制在135万人以内，城市建设用地控制在150平方公里以内。四、完善城市基础设施体系。要按照绿色循环低碳的理念规划建设城市基础设施。进一步完善公路、铁路等交通基础设施，做好支线机场规划，加强城市内外交通衔接。五、建设资源节约型和环境友好型城市。要按照促进生产空间集约高效、生活空间宜居适度、生态空间山清水秀的总体要求，形成合理的城市空间结构，促进经济建设、城乡建设和环境建设同步发展。六、创造优良的人居环境。要坚持以人为本，统筹安排关系人民群众切身利益的教育、医疗、市政等公共服务设施的规划布局和建设，进一步完善旅游服务设施。七、重视历史文化和风貌特色保护。要统筹协调发展与保护的关系，按照整体保护的原则，切实保护好城市传统风貌和格局。八、严格实施《总体规划》。城市建设要实现经济社会协调发展，物质文明和精神文明共同进步。城市管理要健全民主法治，坚持依法治市，构建和谐社会。《总体规划》是泰安市城市发展、建设和管理的基本依据，城市规划区内的一切建设活动都必须符合《总体规划》的要求。

泰安市人民政府要根据本通知精神，认真组织实施《总体规划》，任何单位和个人不得随意改变。山东省和住房城乡建设部要加强对《总体规划》实施工作的指导、监督和检查。

8月11日

［纲 文］ **外交部发言人就近期朝美之间言论升级表示，希望有关各方不要走彼此轮番示强、局势不断升级的老路。**

［目 文］ 有记者问，朝鲜军方日前称将于8月中旬完成打击关岛海域计划。此后，美方表示，如朝对美及盟友采取任何举动或攻击，朝会面临想象不到的回应。中方对近期朝美间不断升级的言论有何评论？

发言人说，当前朝鲜半岛局势复杂敏感。中方希望有关各方谨言慎行，多做有助于缓解紧张局势、增进各方互信的事，而不要走彼此轮番示强，局势不断升级的老路。

8月11—23日

［纲 文］ **中国残联、教育部、民政部、文化部、新闻出版广电总局主办第9届全国残疾人艺术汇演。**

［目 文］ 此次艺术汇演自下而上，分为初选报送、片区展演、全国汇报演出三部分进行。片区展演分别在济南市和重庆市举行。全国各省（区、市）和新疆生产建设兵团共有32支代表队、近3000名残疾人演职人员参加声乐、器乐、舞蹈、戏曲四大类型211个节目的展示。

8月12日

［纲 文］ **国家主席习近平应约同美国总统特朗普通电话。**

［目 文］ 习近平指出，我同总统先生上个月在德国汉堡举行了很好的会晤。我们

作为中美两国的领导人，就共同关心的问题保持密切沟通，对中美关系发展十分重要。双方应该继续按照我和总统先生达成的共识，加强对话与沟通，推进各领域交流合作，妥善处理彼此关心的问题，推动中美关系健康稳定向前发展。中方重视总统先生年内将对中国进行的国事访问，两国工作团队要共同努力做好准备工作。

特朗普表示，很高兴汉堡会晤后再次同习近平主席通话。我同习主席就重大问题保持沟通和协调、两国加强各层级和各领域交往十分重要。当前，美中关系发展态势良好，我相信可以发展得更好。我期待着对中国进行国事访问。

两国元首就当前朝鲜半岛局势交换了意见。习近平指出，中美在实现朝鲜半岛无核化、维护朝鲜半岛和平稳定方面拥有共同利益。当前，有关方面要保持克制，避免加剧朝鲜半岛局势紧张的言行。解决朝鲜半岛核问题，归根结底还是要坚持对话谈判、政治解决的大方向。中方愿在相互尊重的基础上同美方保持沟通，共同推动朝鲜半岛核问题妥善解决。特朗普表示，充分理解中方在朝鲜半岛核问题上发挥的作用，美方愿同中方继续就共同关心的重大国际和地区问题保持密切沟通。

8月13日

［纲　文］　**国务院印发《关于进一步扩大和升级信息消费持续释放内需潜力的指导意见》。**

［目　文］　《意见》由四个部分组成：一、总体要求。二、提高信息消费供给水平。三、扩大信息消费覆盖面。四、优化信息消费发展环境。

《意见》指出，各地区、各部门要进一步统一思想，充分认识新形势下扩大和升级信息消费对释放内需潜力、促进经济升级、支持民生改善的重要作用，按照本意见要求，根据职责分工，加强组织实施，抓紧制定出台配套政策措施，强化协调联动，形成工作合力。各地方要因地制宜制定具体实施方案，明确任务、落实责任，扎实做好相关工作，确保各项任务措施落实到位。

8月13—17日

［纲　文］　**国务院副总理汪洋应邀出席巴基斯坦独立70周年纪念活动并访问尼泊尔。**

［目　文］　汪洋在巴基斯坦期间，出席了巴基斯坦独立70周年纪念大会并致辞；会见了巴基斯坦总统侯赛因；会见了巴总理阿巴西，双方就深化并拓展两国务实合作、加快推进中巴经济走廊建设等深入交换意见，达成广泛共识。双方共同出席中巴重要合作项目竣工和开工揭牌仪式及合作文件签字仪式。

8月14日

［纲　文］　**财政部农业司发布，2017年中央财政共安排资金230亿元支持农业适度规模经营。**

［目　文］　鼓励各地创新支持方式，采取贷款贴息、重大技术推广与服务等方式发展多种形式的适度规模经营。同时，继续重点支持建立完善全国农业信贷担保体系，并大力推进农业生产托管、机械化烘干等农业生产社会化服务。2017年国家继续安排资金30亿元用于国家农业信贷担保联盟有限公司注资，安排部分资金对相关省份向国家农业信贷担保联盟注资予以补助。截至2017年4月，全国共有33个省、自治区、直辖市、计划单列市完成组建省级农业信贷担保公司，全国农业信贷担保体系已完成注资446.88亿元，进入向下延伸分支机构并进行实质性运营的阶段，一个多层次、广覆盖的全国农业信贷担保体系初见雏形。此外，国家还通过引导规范流转土地、健全管理制度、应用先进技术、加强农田基础设施建设、开展标准化生产等，支持典型家庭农场发展。

8月14日

［纲　文］　**财政部、民政部、人力资源社会保障部印发《关于运用政府和社会资本合作模式支持养老服务业发展的实施意见》。**

［目　文］　《意见》由四个部分组成：一、总体要求。二、优先支持的重点养老服务领域。三、规范推进项目实施。四、积极提供政策保障。

《意见》指出，各级财政、民政、社会保障部门要因地制宜细化落实各项扶持政策，切实为社会资本进入养老领域，创造公平有序的市场环境和保障有力的政策支持体系。进一步加大对养老投入力度，加快养老资金整合，优化社会资本参与环境，提高社会资本进入养老领域的积极性。

8月14日

［纲　文］　**中央军委副主席范长龙在北京会见新西兰国防军司令基廷。**

［目　文］　范长龙说，中新建交45年来，两国关系始终保持着良好的发展势头。特别是2014年习近平主席对新西兰进行国事访问，双方决定将中新关系提升为全面战略伙伴关系，推动两国关系发展驶入快车道。近年来，两军关系稳步发展，在高层互访、战略对话和联演联训等领域取得积极进展。中方愿与新方共同努力，积极开拓两军交流合作新领域，推动两国两军关系取得更大发展。

基廷说，新方期待中方在国际事务中发挥更大作用，共同努力维护世界与地区和平稳定。

8月14日

［纲　文］　**原中顾委委员、原国家经济体制改革委员会党组书记安志文，在北京逝世，享年98岁。**

8月14—16日

［纲　文］　**张德江在湖南检查固体废物污染环境防治法实施情况。**

［目　文］　全国人大常委会委员长张德江率全国人大常委会执法检查组在郴州、益阳、长沙等地执法检查。考察了郴州市永兴县城乡智能环卫垃圾处理中心、益阳市高新区生活垃圾焚烧发电厂、资阳区长春镇紫薇村和长沙县农牧企业，了解垃圾和畜禽养殖废弃

物处置情况。张德江强调，要加快推行垃圾分类制度，加强生活垃圾处理设施建设，积极探索城乡生活垃圾一体化处理，大力推进畜禽养殖废弃物资源化利用，为人民群众创造良好生产生活环境。张德江在郴州有色金属矿山和冶炼废渣处理企业，详细考察尾矿库综合治理和危险废物处置情况；在长沙装备制造和科技企业，询问工业固体废物处理、建筑垃圾处置、废旧电池利用、家电回收拆解等资源化项目情况时说，要结合本地产业发展实际，打造资源综合利用基地，形成工业固体废物综合利用产业链，着力提高绿色工业和循环经济水平。

检查期间，张德江听取了湖南省贯彻实施固体废物污染环境防治法工作情况汇报。他强调，要坚持从生态文明建设和经济社会可持续发展全局出发，切实加强固体废物污染防治工作，提高污染治理法治化水平。一要夯实工作基础，完善固体废物监管工作机制，提高环保监察执法能力，强化污染主体责任，落实污染者依法负责的原则，增强贯彻固废法的自觉性，切实提高全社会的环境意识。二要坚持问题导向，着力解决固体废物治理突出问题，科学规划和配置危险废物处置设施建设，从源头上减少工业固体废物产生量和危害性，深入开展农业面源污染治理，全面加强城乡环境综合整治。三要统筹协调推进，加强政府企业公众环保共治的协同，加强政府各部门防污治污政策的协同，加强固体废物减量化、资源化、无害化治理的协同，加强固体废物和大气、水、土壤污染防治的协同，切实有效遏止环境污染，促进生态环境整体改善。

8月14—19日

［纲　文］ **第32届全国青少年科技创新大赛在杭州举办。**

［目　文］ 大赛是由中国科协、教育部、科技部、环境保护部、体育总局、自然科学基金会、共青团中央、全国妇联、知识产权局共同主办，是一项面向全国中小学生和科技辅导员开展的综合性科技创新成果、展示与交流的活动。本届大赛共收到经过全国各省级创新大赛选拔推荐上来3000多项创新项目和作品，其中包括477项青少年科技创新项目、512项科技辅导员科技教育创新项目、332项青少年科技实践活动项目、873项青少年科技创意作品、975项少年儿童科幻画作品。

中共中央政治局委员、国家副主席李源潮，全国政协副主席、中国科协主席万钢观看参赛项目展示并出席闭幕式。李源潮指出，希望广大青少年牢记习近平总书记嘱托，从小立志向、有梦想，长大后为建设世界科技强国、实现中华民族伟大复兴的中国梦作出应有的贡献。

8月15日

［纲　文］ **习近平回信勉励参加第三届中国“互联网+”大学生创新创业大赛的学生。**

［目　文］ 中共中央总书记习近平在回信中写道，第三届中国“互联网+”大学生创新创业大赛“青年红色筑梦之旅”的同学们：来信收悉。得知全国150万大学生参加本

届大赛，其中上百支大学生创新创业团队参加了走进延安、服务革命老区的“青年红色筑梦之旅”活动，帮助老区人民脱贫致富奔小康，既取得了积极成效，又受到了思想洗礼，我感到十分高兴。延安是革命圣地，你们奔赴延安，追寻革命前辈伟大而艰辛的历史足迹，学习延安精神，坚定理想信念，锤炼意志品质，把激昂的青春梦融入伟大的中国梦，体现了当代中国青年奋发有为的精神风貌。实现全面建成小康社会奋斗目标，实现社会主义现代化，实现中华民族伟大复兴，需要一批又一批德才兼备的有为人才为之奋斗。艰难困苦，玉汝于成。今天，我们比历史上任何时期都更接近实现中华民族伟大复兴的光辉目标。祖国的青年一代有理想、有追求、有担当，实现中华民族伟大复兴就有源源不断的青春力量。希望你们扎根中国大地了解国情民情，在创新创业中增长智慧才干，在艰苦奋斗中锤炼意志品质，在亿万人民为实现中国梦而进行的伟大奋斗中实现人生价值，用青春书写无愧于时代、无愧于历史的华彩篇章。

2017 年 4 月和 7 月，教育部依托中国“互联网 +”大学生创新创业大赛平台，组织开展了“青年红色筑梦之旅”实践活动，两批参赛团队分赴延安，通过大学生创新创业项目对接革命老区经济社会发展需求，助力精准扶贫脱贫。实践活动结束后，全体队员给中共中央总书记习近平写信汇报了他们的收获和体会，表示要像习近平青年时代那样，立下为祖国、为人民奉献自己的信念和志向，把自己创新创业梦融入伟大中国梦，以青春和理想谱写信仰和奋斗之歌。

8 月 15 日

［纲　文］　**商务部发言人表示，希望美国不要成为多边规则的破坏者。**

［目　文］　美国总统特朗普 14 日签署总统备忘录，指令美贸易代表决定是否就中国有关法律、政策、实践或做法可能不合理或歧视性地损害美国知识产权、创新或技术发展展开调查。同日，美贸易代表发表声明，表示将进行全面调查，并根据需要采取措施以保护美国产业的未来。

发言人就此指出，301 制度自面世以来，就具有浓厚的单边主义色彩，一直为其他国家所反对。美方已经向国际社会作过承诺，以符合世贸规则的方式执行该制度。我们认为，美方应该严守承诺，不要成为多边规则的破坏者。自习近平主席与特朗普总统在海湖庄园举行历史性会晤以来，双方建立了中美全面经济对话等四个高级别对话机制，实施了中美合作百日计划，明确了未来一年经济合作的方向。美方应珍惜当前中美经贸关系良好的局面和合作态势，美方的任何贸易保护主义做法必将损害双边经贸关系及双方企业利益。近年来，中方积极扩大开放，努力改善外商投资营商环境。中方多次主动修订《外商投资产业指导目录》，目前限制性措施仅剩 63 条，比 2011 年版缩减 117 条，降幅高达 65%。中方一直高度重视知识产权保护，持续完善立法，不断加强知识产权行政和司法保护力度，积极开展知识产权国际合作和交流，取得的进步和成效有目共睹，也得到了国内外各方的高度认可。希望美贸易代表要尊重客观事实，慎重行事。如果美方不顾事实、不尊重多边贸易规则而采取损害双方经贸关系的举动，中方绝不会坐视，必将采取所有适当措施，坚决捍卫中方合法权益。

8 月 15 日

［纲　文］　**外交部发言人表示，赞赏日本国内有识之士揭露历史真相的勇气。**

［目　文］　有记者问：8 月 13 日，日本 NHK 电视台在日本侵华战争战败 72 年前夕播放了一期特别节目《731 部队的真相》，发掘了日本 731 部队超过 20 个小时的认罪录音，完整还原了这支部队在侵华战争中犯下的滔天罪行。中方对此有何评论？

发言人说，第二次世界大战期间，侵华日军对中国人民发动了令人发指的细菌战，进行了惨无人道的人体活体试验，犯下了反人类的滔天罪行。有关史实铁证如山，不容否认。只有正确对待历史，日本才有可能卸下历史包袱。我们赞赏日本国内有识之士揭露历史真相的勇气，希望日方认真倾听国内外的正义呼声，正确认识和深刻反省日本军国主义侵略历史，切实尊重中国等亚洲受害国人民的感情。

日本首相安倍晋三 15 日以自民党总裁的名义，向靖国神社献上被称为“玉串料”的祭祀费。

发言人就此表示，靖国神社供奉着对侵略战争负有直接责任的二战甲级战犯，我们坚决反对日方的错误做法。2017 年是卢沟桥事变和南京大屠杀发生 80 周年，中方敦促日方切实正视和深刻反省侵略历史，同军国主义划清界限，以实际行动取信于亚洲邻国和国际社会。

8 月 15—17 日

［纲　文］　**统战部、全国工商联在中央社会主义学院举办新一届省级工商联主席党组书记培训班。**

［目　文］　培训班旨在深入学习贯彻中共中央总书记习近平系列讲话特别是“7·26”讲话精神，以工商联换届为契机，研究分析当前工商联工作面临的新形势新任务，提升领导班子履职能力，谋划推进自身改革，推动工商联工作开创新局面。全国工商联领导班子成员和来自全国 31 个省市自治区和新疆生产建设兵团的工商联主席、党组书记等近 80 名学员参加了培训。

17 日，中央政治局委员、中央统战部部长孙春兰与学员进行座谈。上海、江西、浙江、天津、黑龙江工商联负责人作了发言。孙春兰指出，工商联始终坚持党的领导，坚持服务中心，坚持凝聚共识，坚持服务企业，在党和国家事业发展中发挥了重要作用。在中国特色社会主义新的发展阶段，工商联要继承发扬优良传统，引导非公有制经济人士增强“四个自信”，抓住推进供给侧结构性改革等机遇，投身实体经济、产业创新、社会民生等，积极参与“万企帮万村”、脱贫攻坚，在发展企业的同时报效国家、回馈社会。各级工商联要深入落实中央党的群团工作会议精神，加强自身建设，克服和防止机关化、行政化、贵族化、娱乐化倾向，推进机制创新，扩大组织覆盖，提高工作水平。

8 月 16 日

［纲　文］　**国务院办公厅通知湖南省人民政府，同意湘潭市城市总体规划。**

［目　文］　通知说，一、国务院原则同意《湘潭市城市总体规划（2010—2020年）（2017年修订）》。二、重视城乡区域统筹发展。在《总体规划》确定的1069平方公里城市规划区范围内，实行城乡统一规划管理。加强城中村和城乡结合部地区的规划建设管理，城镇基础设施、公共服务设施的建设应当统筹考虑为周边农村提供服务。三、合理控制城市规模。到2020年，中心城区常住人口控制在110万人以内，城市建设用地控制在110平方公里以内。四、完善城市基础设施体系。要按照绿色循环低碳的理念规划建设城市基础设施。进一步完善公路、铁路、港口等交通基础设施，加强城市内外交通衔接。五、建设资源节约型和环境友好型城市。要按照促进生产空间集约高效、生活空间宜居适度、生态空间山清水秀的总体要求，形成合理的城市空间结构，促进经济建设、城乡建设和环境建设同步发展。六、创造优良的人居环境。要坚持以人为本，统筹安排关系人民群众切身利益的教育、医疗、市政等公共服务设施的规划布局和建设。七、重视历史文化和风貌特色保护。要统筹协调发展与保护的关系，按照整体保护的原则，切实保护好城市传统风貌和格局。八、严格实施《总体规划》。城市建设要实现经济社会协调发展，物质文明和精神文明共同进步。城市管理要健全民主法治，坚持依法治市，构建和谐社会。

湘潭市人民政府要根据本通知精神，认真组织实施《总体规划》，任何单位和个人不得随意改变。湖南省和住房城乡建设部要加强对《总体规划》实施工作的指导、监督和检查。

8月16日

［纲　文］　**人力资源社会保障部办公厅印发《关于进一步加强招聘信息管理的通知》。**

［目　文］　《通知》由五个部分组成：一、完善招聘信息管理制度。二、强化招聘各方责任。三、严厉打击信息发布违法违规行为。四、加强对求职者的教育引导。五、鼓励社会参与监督。

《通知》要求，各地要高度重视招聘信息管理工作，加强组织领导，可根据工作实际，细化实施方案，明确责任要求，切实把这项工作抓好。

8月16日

［纲　文］　**农业部、国家发展改革委、财政部印发《关于加快发展农业生产性服务业的指导意见》。**

［目　文］　《意见》由六个部分组成：一、重要意义。二、总体要求。三、积极拓展服务领域。四、大力培育服务组织。五、不断创新服务方式。六、加强指导服务。

《意见》指出，要以服务农业农民为根本，以推进农业供给侧结构性改革为主线，带动更多农户进入现代农业发展轨道，全面推进现代农业建设。坚持以市场为导向、服务农业农民、创新发展方式、注重服务质量的原则，力争通过五年的发展，基本形成服务结构合理、专业水平较高、服务能力较强、服务行为规范、覆盖全产业链的农业生产性服务业。

8月17日

［纲　文］　**国家主席、中央军委主席习近平在北京会见美国参谋长联席会议主席邓福德一行。**

［目　文］　习近平指出，中美作为在地区和世界具有重要影响的大国、世界前两大经济体，在维护世界和平稳定、促进全球发展繁荣方面肩负着重要责任。把握好中美关系发展大方向，不仅关系到两国和两国人民根本利益，也深刻影响着国际战略全局。我和特朗普总统都高度重视中美关系，都愿积极推动中美关系不断向前发展。美国发展好了，对中国有利；中国发展好了，对美国也有利。尽管两国关系发展的道路上有时有一些坎坷与风雨，但风雨过后会见彩虹，希望双方以诚意与善意相待，密切沟通，妥处分歧，共同构建一个更加美好的明天。中美两军关系是两国关系重要组成部分，应该成为两国关系的重要稳定因素。近年来，两军在加强各级别交往对话、推动军事互信机制建设、深化务实合作等方面不断取得新进展。这次还签署了《中美两军联合参谋部对话机制框架文件》。这些将为促进两国关系发展发挥积极作用，希望双方相向而行，用好现有合作机制和平台，为两军关系积累正能量。我们愿同美方一道努力，相互尊重，聚焦合作，积累更多成果，造福于两国人民和各国人民。

邓福德感谢习近平的会见，转达了特朗普总统对习近平主席的问候并表示，特朗普总统期待年内对中国进行访问。他说，在特朗普总统和习近平主席的有力引领下，两军关系取得了许多积极进展。可以说，美中两军关系已是一种成熟的关系。美方致力于在军事领域与中方进行坦诚和专业的对话，不断扩大交流合作的领域，切实管控风险，努力增进互信，共同推动美中两军关系稳定发展。

同日，中央军委副主席范长龙在北京会见邓福德时说，近年来，中美两军关系持续健康发展，各层级对话平台运行顺畅，军事互信机制建设不断完善，但也存在一些有重要负面影响的消极因素。我们愿与美方共同努力，认真落实好两国元首共识，使两军合作为两国整体关系的发展注入正能量。

邓福德说，美方愿与中方加强各领域务实交流合作，减少误判与摩擦，管控风险，推动美中两军关系稳定发展。

8月17日

［纲　文］　**卫生计生委在北京召开全国卫生计生系统表彰大会，习近平对卫生计生工作作出指示。**

［目　文］　中共中央总书记习近平作出指示指出，党和国家始终高度重视发展卫生和健康事业、增进人民健康福祉。全国卫生计生系统认真贯彻党中央关于卫生和健康工作的决策部署，积极推进公共卫生和基本医疗服务各项工作，为保障人民健康作出了重要贡献。广大卫生计生工作者恪守宗旨、辛勤工作，以实际行动培育了“敬佑生命，救死扶伤，甘于奉献，大爱无疆”的崇高精神。希望同志们继续满腔热情为人民服务，钻研医术，

弘扬医德，为人民群众提供更高水平、更加满意的卫生和健康服务。各级党委和政府要关心关怀广大卫生计生工作者，采取切实措施帮助他们改善工作生活条件，推动全社会形成尊医重卫的良好氛围，加快建立中国特色基本医疗卫生制度，努力开创我国卫生和健康事业新局面。

国务院总理李克强作出批示指出，推进卫生计生事业改革发展，关系人民群众身心健康，关系全面建成小康社会。近年来，卫生计生系统着力深化医药卫生体制改革，扎实推进健康中国建设，各方面工作取得显著成效。谨向受到表彰的先进集体和先进工作者表示热烈祝贺！卫生计生系统要在以习近平同志为核心的党中央坚强领导下，认真落实以人民为中心的发展思想，按照全国卫生与健康大会精神，持续打好医改攻坚战，加快基本医疗卫生制度建设，不断提高基本医疗卫生服务水平。希望广大卫生计生工作者秉承医者仁心传统，爱岗敬业，精钻技术，围绕人民群众的所需所急提供更好的医疗健康服务，为把我国早日建成健康强国作出新贡献。

会上，国务院副总理刘延东传达了习近平的指示和李克强的批示并表示，卫生计生系统干部职工要紧密团结在以习近平同志为核心的党中央周围，深入贯彻习近平总书记重要指示精神，不忘初心，不负重托，敬业奉献，守护健康，努力打造健康中国需要、人民群众满意的高素质卫生计生队伍，推进卫生健康事业实现新跨越，为全面建成小康社会作出新贡献。

19名“白求恩奖章”获得者，251个全国卫生计生系统先进集体，698名全国卫生计生系统先进工作者和58名全国卫生计生系统劳动模范受到表彰。受表彰的先进集体和个人代表发言。卫生计生系统有关人员700余人参加大会。

8月17日

［纲　文］　**教育部印发《中小学德育工作指南》。**

［目　文］《指南》由六个部分组成：一、指导思想。二、基本原则。三、德育目标。四、德育内容。五、实施途径和要求。六、组织实施。

《指南》指出，各级教育行政部门要把中小学德育工作作为教育系统党的建设的重要内容，摆上重要议事日程，加强指导和管理。学校要建立党组织主导、校长负责、群团组织参与、家庭社会联动的德育工作机制。学校党组织要充分发挥政治核心作用，切实加强对学校德育工作的领导，把握正确方向，推动解决重要问题。校长要亲自抓德育工作，规划、部署、推动学校德育工作落到实处。学校要完善党建带团建机制，加强共青团、少先队建设，在学校德育工作中发挥共青团、少先队的思想性、先进性、自主性、实践性优势。

8月18日

［纲　文］　**国家主席习近平、国务院总理李克强就西班牙巴塞罗那市中心发生货车冲撞人群恐怖袭击事件分别向西班牙国王费利佩六世、西班牙首相拉霍伊致慰问电。**

8月18日

［纲　文］　**李克强主持召开国务院常务会议。**

［目　文］　会议主要内容是：一、听取全面推开营改增试点一年多来情况汇报，要求巩固扩大改革成果促进经济结构优化升级。会议指出，要针对税率结构不合理、税收政策和征管措施不完善、少数纳税人因抵扣不充分导致税负增加等问题对症下药，推动改革不断深化。一要进一步落实营改增改革措施，帮助纳税人熟悉和用好用足政策，实现进项税应抵尽抵。简化办税流程，加大电子发票推广力度，提高税收信息化水平，为纳税人提供更加高效、便捷的纳税服务。对违法征收“过头税”发现一起查处一起。二要继续完善制造业、金融业、建筑业等行业增值税政策，健全抵扣链条，妥善处理小规模纳税人和简易计税等政策安排，逐步扩大一般计税方法适用范围。深入推进增值税改革，进一步优化税率结构，合理设置税率水平。三要根据营业税实际不再征收的情况，加快推动相关法律法规立改废进程，把营改增试点成果用法律规范确定下来，使改革红利惠及更多企业和群众。二、审议通过《机关团体建设楼堂馆所管理条例（草案）》，使公共资金资源更多用于发展经济改善民生。草案对机关、人民团体、财政给予经费保障的其他团体和事业单位等新建、扩建、改建、购置办公用房等作出严格限制，明确规定不得建设培训中心等各类具有接待功能的场所和设施、禁止以技术业务用房名义建设办公用房，对财政给予经费补助的团体和事业单位、国有企业等建设、维修楼堂馆所也要按照确有必要、严格控制的原则制定管理办法。草案严格机关团体办公用房项目审批和建设资金管理，要求对属于禁止建设或建设必要性不充分、建设资金来源不符合规定等情形的不得批准；办公用房项目的建设资金由预算资金安排，不得挪用各类专项资金、向单位或个人摊派、向银行等金融机构借款及接受赞助或捐赠等。草案还对建设楼堂馆所的信息公开、监督检查等作了规定，对违法行为明确了责令停止相关建设活动或改正、对所涉楼堂馆所予以收缴拍卖或责令限期腾退、对相关领导人员和直接责任人依法给予处分等措施。

8月18日

［纲　文］　**十二届全国人大常委会第九十九次委员长会议在北京举行。**

［目　文］　全国人大常委会委员长张德江主持会议，全国人大常委会副委员长李建国、王胜俊、陈昌智、严隽琪、沈跃跃、吉炳轩、张平、向巴平措、艾力更·依明巴海、万鄂湘、张宝文、陈竺出席。会议决定，十二届全国人大常委会第二十九次会议8月28日至9月1日在北京举行。全国人大常委会副委员长兼秘书长王晨就常委会第二十九次会议议程草案、日程安排意见等作了汇报；全国人大常委会有关副秘书长，全国人大有关专门委员会、常委会有关工作委员会和代表资格审查委员会负责人就常委会第二十九次会议有关议题作了汇报。

8月18日

［纲　文］　**全国首家互联网法院——杭州互联网法院正式揭牌成立。**

［目　文］　该法院定位于用互联网方式审理互联网案件，集中管辖杭州市辖区内基

层人民法院有管辖权的涉互联网案件，当事人通过互联网，完成诉讼，实现“网上纠纷网上了”。

8 月 18 日

［纲　文］ **国务院副总理张高丽在北京会见沙特王储穆罕默德特使，能源、工业和矿产大臣法利赫。**

［目　文］ 张高丽说，中沙是全面战略伙伴关系，2016 年以来，习近平主席同萨勒曼国王实现互访，中沙高级别联合委员会首次会议成功举行，中沙关系进入全面发展的“快车道”。中方支持沙特维护稳定和安全的努力，愿在共建“一带一路”倡议框架下落实好两国产能与投资合作重点项目清单，支持沙特经济多元化进程。我期待着下周访问沙特，同穆罕默德王储共同主持召开中沙高委会第二次会议，加强双方政策沟通和发展战略对接，推动中沙关系迈上新台阶。

法利赫表示，沙方珍视对华传统友好，愿进一步发挥沙中高委会统筹协调作用，促进“一带一路”倡议同沙特“2030 愿景”规划对接，更好造福两国人民。

8 月 18 日

［纲　文］ **中央军委副主席范长龙在北京会见埃塞俄比亚国防军总参谋长萨莫拉·尤内斯。**

［目　文］ 范长龙说，埃塞俄比亚是非洲有重要影响力的国家。近年来，中埃政治互信不断增强，务实合作卓有成效。中国军队愿与埃方一道，坚决落实两国领导人达成的重要共识，进一步深化两军各领域务实合作，为两国全面战略合作伙伴关系积极贡献力量。

萨莫拉说，埃方愿同中方共同努力，推动两国两军关系不断向前发展。

8 月 18 日

［纲　文］ **外交部发言人敦促美日在钓鱼岛及南海问题上采取负责任态度，停止发表错误言论，多做有利于地区和平稳定的事。**

［目　文］ 有记者问：近日，美日外长防长“2+2”会谈后发表美日安全磋商委员会联合声明，重申《美日安保条约》第五条适用于钓鱼岛，并对南海局势表示所谓“严重关切”，中方对此有何评论？

发言人表示，中方对美日上述言论表示严重关切。中国在钓鱼岛及南海问题上的立场是一贯、明确的。中国政府和人民捍卫自身领土主权的决心和意志坚定不移。所谓《美日安保条约》是冷战时期的产物，不应用来为日本的非法主张背书，不得损害中国领土主权和相关权益。当前南海形势稳定向好，中国与东盟国家有关对话协商不断取得积极进展。美日不是南海问题当事方，理应谨言慎行，尊重地区国家通过协商谈判和平解决有关争议的努力，而不是相反。

8 月 18—19 日

［纲　文］ **李源潮在杭州调研群团改革工作。**

［目　文］ 中共中央政治局委员、国家副主席李源潮先来到上城区馒头山社区邻里

中心，与妇联志愿者亲切交流，鼓励她们更好为居民服务、为妇女服务，共建共享和谐邻里；在杭州低碳科技馆，观看碳排放虚拟现实展示，叮嘱当地科协负责人利用最新技术向公众普及节能环保知识；在高新区海创基地，了解留学新归侨科技创业情况，要求基层侨联组织提供更好服务，吸引集聚更多海归科技人才；在西湖区社会组织服务中心，了解这里兼职群团干部的工作情况，指出兼职干部要有实际责任，能实际负责、实际干事；在未来科技城，听取建设发展情况介绍，建议园区帮助科技创业者把更多创新要素集合起来，引领他们更好融入本土发展。

李源潮在杭州主持召开群团改革调研座谈会，认真听取地方青妇科侨和基层党委负责人意见建议。他指出，青妇科侨要在改革实践中深入领会习近平总书记关于群团改革的重要指示精神，实化改革举措，解决实际问题，推动群团改革向基层深入。群团改革要坚持增强政治性、先进性、群众性的正确方向，团结引领群众听党话、跟党走，为决胜全面小康、实现中国梦建功立业。

8月18—19日

［纲　文］ **"一带一路"暨"健康丝绸之路"高级别研讨会在北京举行。**

［目　文］ 研讨会由国家卫生计生委主办，主题为"共筑健康丝路 共享健康发展"。来自30多个国家，世界卫生组织和联合国艾滋病规划署等国际组织的20多位部长级官员，与相关政府部门、科研机构、非政府组织、智库和企业的代表共商"一带一路"卫生合作大计，共建"健康丝绸之路"合作平台，共享全民健康福祉成果。国务院副总理刘延东出席开幕式并指出，要深化卫生务实合作，增进沿线各国民众健康福祉，为构建人类命运共同体作出更大贡献。

会议期间，刘延东会见了出席会议的新任世界卫生组织总干事谭德塞和联合国艾滋病规划署执行主任米歇尔·西迪贝。

18日，国务院总理李克强在北京会见谭德塞时表示，中国政府重视世卫组织在协调全球卫生事务、促进全球健康事业中发挥的重要作用，将继续积极支持世卫组织工作，愿在"一带一路"等方面同世卫组织加强合作。中国持续推进"健康中国"建设，坚持深化医药卫生体制改革，提出把基本医疗卫生服务作为公共产品向全民提供。我们将加快建立覆盖全体城乡居民的中国特色基本医疗卫生制度和较为完善的国民基本卫生保健制度，希望世卫组织继续为中国医疗卫生事业发展提供支持。

谭德塞表示，中国医疗卫生体制改革规模之大、速度之快、质量之高令人赞叹，对世界很多国家都有积极借鉴意义。世卫组织赞赏中国政府为促进全球健康卫生事业发展，应对埃博拉出血热、甲型H1N1流感等公共卫生突发事件所作的重要贡献，愿共同努力将双方战略性合作提升至更高水平，实现全球健康卫生事业更好发展。

8月19日

［纲　文］ **第二次青藏高原综合科学考察研究启动出发仪式在拉萨举行，习近平发**

来贺信。

［目　文］　中共中央总书记习近平在贺信中写道，中国科学院青藏高原综合科学考察研究队：值此第二次青藏高原综合科学考察研究启动之际，我向参加科学考察的全体科研人员、青年学生和保障人员，表示热烈的祝贺和诚挚的问候！青藏高原是世界屋脊、亚洲水塔，是地球第三极，是我国重要的生态安全屏障、战略资源储备基地，是中华民族特色文化的重要保护地。开展这次科学考察研究，揭示青藏高原环境变化机理，优化生态安全屏障体系，对推动青藏高原可持续发展、推进国家生态文明建设、促进全球生态环境保护将产生十分重要的影响。希望你们发扬老一辈科学家艰苦奋斗、团结奋进、勇攀高峰的精神，聚焦水、生态、人类活动，着力解决青藏高原资源环境承载力、灾害风险、绿色发展途径等方面的问题，为守护好世界上最后一方净土、建设美丽的青藏高原作出新贡献，让青藏高原各族群众生活更加幸福安康。

中共中央政治局委员、国务院副总理刘延东在启动仪式上宣读了习近平的贺信，宣布第二次青藏高原综合科学考察研究启动并指出，参加科考的单位和队员要深刻学习贯彻习近平总书记重要指示精神，弘扬优良传统，服务国家战略，系统开展科学考察，注重综合交叉研究，加强协同创新和国际科技合作，努力取得重大科研突破，为青藏高原经济社会发展和生态环境保护作出新贡献。

第二次青藏高原综合科学考察研究由中科院青藏高原研究所牵头，对青藏高原的水、生态、人类活动等环境问题进行考察研究，分析青藏高原环境变化对人类社会发展的影响，提出青藏高原生态安全屏障功能保护和第三极国家公园建设方案。20世纪70年代起，我国开展了首次青藏高原综合科学考察研究，前后历经20余年，积累了大量科学资料，为青藏高原生态保护和社会经济发展提供了坚实的科学依据。

8月19日

［纲　文］　**财政部、中央直属机关工委、中央国家机关工委印发《中央和国家机关基层党组织党建活动经费管理办法》。**

［目　文］　《办法》共7章27条。主要有总则、计划管理、开支范围和标准、活动组织、报销结算、监督检查、附则等内容。自2017年10月1日起施行。

8月19日

［纲　文］　**东北虎豹国家公园国有自然资源资产管理局、东北虎豹国家公园管理局在长春成立。**

［目　文］　中国第一个由中央直接管理的国家自然资源资产和国家公园管理机构正式建立，中国东北虎豹保护工作迈出实质性一步。2020年正式设立东北虎豹国家公园，全面完成东北虎豹国家公园体制试点任务，实现东北虎豹在区域内稳定繁衍生息、种群不断壮大，国家公园管理体制和国家自然资源资产管理体制顺畅高效，人与自然和谐共生。东北虎豹国家公园选址于吉林、黑龙江两省交界的老爷岭南部区域，总面积146.12万公顷。

8月20日

［纲　文］ **财政部公布《会计师事务所审批和监督暂行办法》。**

［目　文］《办法》共7章81条。主要有总则、会计师事务所执业许可的取得、会计师事务所分所执业许可的取得、会计师事务所及其分所的变更备案和执业许可的注销、监督检查、法律责任、附则等内容。自2017年10月1日起施行。财政部2005年1月18日发布的《会计师事务所审批和监督暂行办法》（财政部令第24号）同时废止。

8月20日

［纲　文］ **国家主席习近平特使、全国政协副主席刘晓峰在卢旺达首都基加利出席卡加梅总统就职仪式。**

8月20日

［纲　文］ **中国一重大连核电石化公司承制的全球首台“华龙一号”——福清5号核反应堆压力容器正式交付给中国核工业集团公司。**

［目　文］ 这组具有完整自主知识产权的百万千瓦级压水堆核电装备，其安全和性能指标均达到国际三代核电技术的先进水平，为中国核电进入国际市场提供了有力的装备制造保障。

2014年，中国一重与中广核签署“华龙一号”压力容器锻件研发协议和“华龙一号”主设备战略研发协议，标志着“华龙一号”堆型的设备制造与国产化推进工作全面启动。2017年4月8日，“华龙一号”——福清5号核反应堆水压试验一次成功。

8月21日

［纲　文］ **中国国际发展知识中心启动仪式暨《中国落实2030年可持续发展议程进展报告》发布会在北京举行，习近平致贺信。**

［目　文］ 国家主席习近平在贺信中指出，落实可持续发展议程是当前国际发展合作的共同任务，也是国际社会的共同责任。中国政府高度重视落实这一议程，出台《中国落实2030年可持续发展议程国别方案》，在经济、社会、环境三大领域平衡推进落实工作，取得诸多早期收获。中国将坚持不懈落实可持续发展议程，推动国家发展不断朝着更高质量、更有效率、更加公平、更可持续的方向前进。设立中国国际发展知识中心，是我在2015年9月联合国发展峰会上宣布的一项重要举措。我很高兴看到知识中心正式成立，希望中心为研究交流发展理念、促进国际发展合作、推动全球落实可持续发展议程作出积极贡献。

活动由外交部、国务院发展研究中心联合举办。联合国秘书长古特雷斯向此次活动致贺信。国务院发展研究中心党组书记王安顺主持启动仪式和发布会，国务院发展研究中心和中国国际发展知识中心主任李伟、外交部副部长李保东、商务部副部长王受文、联合国秘书长南南合作特使兼联合国南南合作办公室主任切迪克、联合国驻华系统协调员罗世礼等出席并致辞。来自国务院有关部门、联合国、有关国家和国际组织驻华机构，以及国内外研究机构、企业等各界人士共300余人参加了启动仪式和发布会。各方高度评价中国落实2030年可持续发展议程取得的成就及在国际发展合作中的引领作用，期待中国为国际发展事业作出更大贡献。

《中国落实2030年可持续发展议程进展报告》通过丰富的实例和数据，全面回顾了2015年9月以来中国全面落实可持续发展议程取得的进展和重要早期收获，并对下步工作提出明确规划和目标。发布《进展报告》是2016年国务院总理李克强在联合国总部宣布发布《中国落实2030年可持续发展议程国别方案》的后续行动，将为各国落实可持续发展议程提供有益借鉴，为国际发展合作注入动力。

8月21日

［纲　文］　**经国务院批准，中国轻工集团公司、中国工艺（集团）公司整体并入中国保利集团公司，成为其全资子企业。**

［目　文］　中国轻工集团公司与中国工艺（集团）公司不再作为国资委直接监管企业。至此，中央企业户数缩减至百户以内，目前共99户。

8月21日

［纲　文］　**司法部印发《关于推进公共法律服务平台建设的意见》。**

［目　文］　《意见》由七个部分组成：一、充分认识推进公共法律服务平台建设的重要性。二、公共法律服务平台建设总体目标。三、加强公共法律服务实体平台建设。四、加强公共法律服务热线平台建设。五、加强公共法律服务网络平台建设。六、推进公共法律服务平台规范化运行。七、加强公共法律服务平台建设工作的组织领导。

《意见》要求，各级司法行政机关要着眼于维护人民群众合法权益，紧紧围绕经济社会发展和人民群众实际需要，立足“法律事务咨询、矛盾纠纷化解、困难群众维权、法律服务指引和提供”的平台建设功能定位，打造公共法律服务实体、热线和网络三大平台，到2018年底前在全国范围内基本实现村（居）法律顾问全覆盖，到2020年总体形成覆盖城乡、功能完备、便捷高效的公共法律服务网络体系。

8月21日

［纲　文］　**国家安监总局印发《非煤矿山安全生产“十三五”规划》。**

［目　文］　《规划》由四个部分组成：一、现状与形势。二、指导思想、基本原则和规划目标。三、主要任务。四、保障措施。

《规划》指出，各级政府有关部门要将本地非煤矿山安全生产规划纳入“十三五”经济社会发展总体规划及行业发展总体布局和规划之中，同步部署、同步推进、同步考核，建立严密有效的制度保障。建立和完善安全投入保障机制，强化政府投资的引导和带动作用，及时启动规划重点工程。

8月21日

［纲　文］　**国家卫生计生委发布《2016年中国卫生和计划生育事业发展统计公报》。**

［目　文］《公报》显示，全面两孩政策效应逐步显现，2016年全国新出生婴儿数为1846万人，总和生育率提升至1.7以上。二孩及以上占出生人口比重超过45%，达到2000年以来的最高水平。全面两孩政策实施情况符合预判，出生人口数量平稳增加，政策实施满足了绝大多数群众的生育意愿。

《公报》指出，2016年，中国5岁以下儿童死亡率由2015年的10.7‰下降到10.2‰，婴儿死亡率由2015年的8.1‰下降到7.5‰，孕产妇死亡率由2015年的20.1/10万下降到19.9/10万。2016年，中国居民健康水平不断提高，居民主要健康指标总体上优于中高收入国家平均水平。2016年城市公立医院改革试点扩大到200个，90.9%的试点公立医院取消了全部药品加成，大医院药费的下降，带动了医疗费用整体涨幅的下降。其中，医院人均住院药费占34.6%，比上年下降2.2个百分点，五年来首次出现负增长。中国卫生资源配置得到进一步优化。具体体现为：卫生筹资结构逐步趋向合理，居民医疗卫生费用的个人负担相对减轻；卫生人力结构优化，卫生技术人员学历水平进一步提高；新增资源向非公医疗机构倾斜，民营医院床位增速（19.3%）快于公立医院（3.7%）。

8月21日

［纲　文］ **新华社讯，刘延东在西藏调研。**

［目　文］ 国务院副总理刘延东在海拔5100米中科院国家天文台阿里基地，考察海拔5250米原初引力波探测实验平台建设现场，肯定科学家战胜高寒高海拔挑战取得的地星量子隐形传态实验等重大原创成果；在中科院青藏高原研究所指出，要注重综合交叉研究，加强青藏高原科学考察，为保护国家生态安全屏障提供科技支撑；在自治区人民医院，了解远程会诊、包虫病等防治情况，看望援藏医护人员，并主持召开卫生援藏工作座谈会。她肯定西藏卫生与健康事业发展成绩，指出要深入推进医疗人才“组团式”援藏，大力发展远程医疗，提升藏区健康保障能力，为广大农牧民群众提供优质诊疗。要加强健康教育，倡导健康生活方式，发挥藏医药特色优势，有效预防控制心脑血管疾病、包虫病等高原多发疾病，减少因病致贫返贫。要关心援藏人员生活与健康，解决好他们的后顾之忧。她叮嘱大家发扬大爱无疆优良传统，为维护民族团结、增强各族群众健康福祉贡献力量。

刘延东在拉萨第二职业中学，到藏药、唐卡、民族服装车间，了解职教人才培养情况。她指出，西藏繁荣发展，教育是基础、人才是关键，要坚持不懈开展爱国主义和民族团结教育，努力提升各级各类教育发展水平，为建设美丽西藏培养更多合格建设者、接班人。

8月21日

［纲　文］ **中欧航天员在烟台市附近海域完成海上救生训练任务。**

［目　文］ 16名中国航天员和2名欧洲航天员完成为期17天的海上救生训练任务。这是中国航天员首次在真实海域开展救生训练，也是首次有外国航天员参与我国组织的大型训练任务。此次海上救生训练主要针对空间站载人飞行任务飞船应急返回溅落海上开展

专项训练，旨在提高航天员海上自主出舱、生存和救援技能，磨练航天员意志品质。为载人航天领域开展国际合作探索出了行之有效的组织实施模式，为开展国际合作积累了经验。

8月21日

［纲　文］　**商务部新闻发言人就美国对华启动301调查表示，中方对美方这种单边主义、保护主义的做法强烈不满。**

［目　文］　就8月18日（美国时间），美国贸易代表依据《1974年贸易法》宣布对华启动301调查，发言人表示，中美两国元首海湖庄园和汉堡成功会晤以来，中美双方本着互利共赢的原则，在全面经济对话框架下就双边经贸议题正进行顺畅、建设性的沟通和磋商，已经取得实实在在的进步和成果。美方在此时对华发起301调查，对外发出错误信号，必将遭到包括美国产业界在内的国际社会的坚决反对。中方认为，美方应与中方一起共同努力，扎实推进经济合作一年计划，争取早日取得更大成果，使中美经贸关系在健康稳定的轨道上继续前行。美方无视世贸组织规则，依据国内法对华发起贸易调查，是不负责任的，对中方的指责是不客观的。我们敦促美方尊重事实，尊重双方业界希望加强合作的强烈愿望，尊重多边贸易规则，审慎行事。中方将密切关注调查的进展，并将采取所有适当措施，坚决捍卫中方合法权益。

8月21日

［纲　文］　**中央军委副主席许其亮在北京会见柬埔寨空军司令邢桑南。**

［目　文］　许其亮说，中柬友谊源远流长，历经国际风云变幻考验，是两国人民的宝贵财富。中方感谢柬方在涉及中方核心利益问题上给予的坚定支持。当前，中柬两国两军关系持续深入发展，两军合作富有成果，希望两国空军继续保持良好交流合作势头，为两国两军关系发展作贡献。

邢桑南说，柬方感谢中方长期以来给予的无私援助和大力支持，柬空军希望与中方加强合作，推动两军关系不断向前发展。

8月21日

［纲　文］　**国务委员兼国防部长常万全在北京会见泰国武装部队最高司令素拉蓬。**

［目　文］　常万全说，中泰一家亲是两国人民的共同心声。近年来，中泰两军保持着多层次、宽领域的合作。中方愿与泰方一道，在巩固现有成果的基础上，不断加强战略协作，深化务实合作，推动两军关系持续向前发展，共同维护地区和平与稳定。

素拉蓬说，泰方愿与中方共同努力，继续深化两军在联演联训、装备技术、人员培训、多边安全等领域的合作，不断提升双方军事合作水平。

8月21日

［纲　文］　**国务委员杨洁篪在北京会见巴基斯坦外交国务秘书塔米娜。**

［目　文］　杨洁篪说，在当前国际地区形势下，中巴增进战略沟通尤为重要。双方应保持高层密切交往，在“一带一路”框架下推进中巴经济走廊建设，深化各领域合作，

在联合国、上海合作组织等多边机构中加强协调，共同促进地区和平与发展。

塔米娜说，巴方将在涉及中国核心利益问题上坚定支持中方，致力于推动中巴经济走廊建设，愿就国际地区重大问题同中方密切协调。

8月21日

［纲　文］**中国和印度尼西亚副总理级对话机制第六次会议在北京举行。**

［目　文］国务委员杨洁篪和印尼政治法律安全统筹部部长维兰托共同主持。双方表示要按照习近平主席和佐科总统达成的重要共识，推动两国全面战略伙伴关系向更深层次、更广领域发展。双方同意，继续保持高层交往，就两国关系重大问题保持密切沟通，加强发展战略对接和“一带一路”合作，深化防务、执法、反恐、禁毒、网络、海上、航天等领域合作。共同维护南海和地区和平稳定，推动中国—东盟关系和东亚合作持续深入发展，在国际和地区多边机制中加强沟通协调。

杨洁篪表示，近年中印尼关系快速发展，两国保持密切高层交往，积极对接“21世纪海上丝绸之路”倡议和“全球海洋支点”构想，各领域合作成果丰硕。维兰托表示，印尼视中国为印尼在亚太地区的战略合作伙伴，愿同中方继续共同努力，深化各领域合作，推动两国关系深入发展。

8月21—22日

［纲　文］**国家信访局在北京召开全国来访接待工作会议。**

［目　文］国务院副秘书长、国家信访局局长舒晓琴在会上指出，要落实初访首接首办责任，加大重复访治理力度，加强对重点领域、重点问题的综合治理，进一步提高来访接待水平。国家信访局副局长张恩玺总结党的十八大以来来访接待工作并对下步工作作出安排，部分地方和部门介绍了经验做法。各省（区、市）和新疆生产建设兵团信访部门有关负责人，部分中央和国家机关办公厅及信访工作机构负责人参加会议。

目前全国31个省（区、市）和新疆生产建设兵团，以及2700多个市、县实现了律师参与信访工作。党的十八大以来，全国信访系统按照中央部署要求推进信访工作制度改革，来访接待工作取得明显成效，2016年全国来访总量比2013年下降25.3%。

8月21—29日

［纲　文］**国务院副总理张高丽应邀访问科威特、沙特、苏丹、纳米比亚，并在沙特主持召开中沙政府间高级别联合委员会第2次会议。**

［目　文］张高丽在科威特访问期间，在科威特城分别会见科威特埃米尔萨巴赫、首相贾比尔；与第一副首相兼外交大臣萨巴赫举行了会谈，双方共同见证了有关“一带一路”建设、住房、文化等领域合作文件的签署。

张高丽在沙特访问期间，在吉达会见沙特国王萨勒曼；与沙特王储穆罕默德举行会见，就中沙能源、金融、产能等领域合作交换意见并达成广泛共识。双方一致强调，要建立能源领域一揽子合作机制，积极推进高温气冷堆海水淡化项目、吉赞中国产业集聚区等项目进程，开展石化项目合作，支持拉比格电厂项目建设。要推进安全合作，深化国际协作，进一步提升两国全面战略伙伴关系水平；会见了沙特工商理事会成员，并考察了阿卜杜拉国王科技大学，参观了该校中国学生科研成果展示。

24日，张高丽与沙特王储穆罕默德共同主持召开中沙高级别联合委员会第2次会议。双方一致认为，两国高层交往密切，萨勒曼国王对中国进行国事访问，中方多位领导人访问沙特；重点项目推进顺利，双方签署产能与投资合作重点项目清单，确定了30个项目；双边贸易发展良好，沙特连续15年成为中国在西亚非洲地区第一大贸易伙伴；文化交流深入人心，相关合作深受两国人民喜爱。双方一致强调，要加强重大问题协调，在联合国、二十国集团等多边场合就国际体系和秩序、发展中国家权益等重大议题保持沟通协调，巩固战略互信。要强化发展战略对接，推进务实合作，密切人文交流，促进互利共赢。双方表示将致力于加强文化、教育、卫生、科技、旅游、新闻等领域交流与合作。会议结束后，双方签署了会议纪要，并共同见证了有关投资、贸易、能源、邮政、通信、媒体等领域合作文件的签署。

张高丽在苏丹访问期间，在喀土穆分别会见苏丹总统巴希尔和第一副总统兼总理巴克里并共同见证了共建“一带一路”、经济技术合作等文件的签署。

张高丽在纳米比亚访问期间，在温得和克会见纳米比亚总统根哥布，双方共同见证了有关经济技术合作、人力资源开发等文件的签署；实地考察了湖山铀矿和沃尔维斯湾集装箱码头项目并看望了中方员工。他指出两个项目是代表中纳友好的标志性项目，勉励大家落实好真实亲诚的对非政策，加强合作互利共赢，为中纳友好关系作出应有贡献。

8月21—26日

［纲　文］　**应全国人大常委会委员长张德江的邀请，乌干达议长卡达加率团访华。**

［目　文］　访问期间，张德江在北京与卡达加举行会谈时说，中乌传统友谊深厚，特别是近年来，在习近平主席和穆塞韦尼总统的共同引领下，中乌关系有了新的发展，给两国人民带来实实在在的利益。张德江就新形势下加强中国全国人大与乌干达议会合作提出三点建议。一是要多往来。双方要按照2013年签署的合作谅解备忘录，加强各层次友好往来，增进相互了解，在涉及彼此核心利益和重大关切问题上坚定相互支持。要进一步发挥自身优势，广泛宣传中乌友好，巩固两国关系的政治基础和社会基础。二是要多合作。作为立法机关，双方要为扩大两国企业合作、投资合作营造更好的法律环境。中方鼓励和支持中国企业赴乌投资，也希望乌方重视解决中资企业在合作中遇到的困难。要积极推动两国在旅游、教育、文化等领域的合作，丰富中乌合作的内涵。三是要多交流。中方愿与乌方进一步加强治国理政、立法等方面的交流，分享在促进中小企业发展、吸引外资等方面的立法与实践经验，促进共同发展与进步。

卡达加表示，乌议会高度重视乌中友好关系。此访内容丰富，加深了对中国的了解，愿深化与中国全国人大的交流与合作，积极推动两国在农业、水利、教育、环保等领域的合作，欢迎更多中国企业到乌干达投资兴业。

8月21—27日

［纲　文］**2017年世界羽毛球锦标赛在苏格兰格拉斯哥举行。**

［目　文］中国队男双（刘成/张楠）和女双（陈清晨/贾一凡）收获两金。中国队以2金2银3铜的战绩名列各队之首。

8月22日

［纲　文］**李克强在科技部考察并主持召开座谈会。**

［目　文］国务院总理李克强在火炬高技术产业开发中心，听取国家高新区和自主创新示范区建设、科技成果转化、“双创”发展以及支持企业研发的政策落实等情况后说，要让创新火炬向全社会传递，让创新发展成果普惠大众；了解开展创业孵化工作30年来科技型中小企业孵化的成效时说，从孵化器到众创空间，再到创新生态营造，体现了我们的创新服务在不断深化，要总结经验、持续探索；在科技部政策法规与监督司，听取科技体制改革任务落实和国家科技报告服务系统、科技管理信息系统建设等情况汇报时，勉励他们勇于改革攻坚，加快科技信息开放共享，更好服务广大科研人员和企业发展。

李克强主持召开座谈会，科技部负责人作了汇报。李克强说，新形势下，要贯彻落实新发展理念，深入推进供给侧结构性改革，把创新作为引领发展的强大动力，充分发挥我国人才资源丰富的独特优势，持续提升整体创新能力，加快建设创新型国家和世界科技强国。当前要把握科技革命带动产业变革加速等新特点，依托互联网、大数据等平台，在科技创新中推动融通发展。要促进科技与经济深度融通，构建良好创新生态，打造开放创新平台，提升创新效率，与市场需求紧密结合，实施“中国制造2025”，努力攻克关键技术，推动定制化、智能化供给创新，进一步提升科技对经济的贡献率。要促进基础研究、应用研究与产业化对接融通，鼓励更多企业进入基础研究，发展科技中介等服务，加快创新成果有效转化。要促进科研院所、高校、企业、创客等各类创新主体协作融通，坚决打破单位、部门、地域界限，推动人才、资本、信息、技术等创新要素自由流动和优化配置，促进大众创业、万众创新更加蓬勃发展，形成科技创新的倍增效应。

8月22日

［纲　文］**国务院公布《志愿服务条例》。**

［目　文］《条例》共6章44条。主要有总则、志愿者和志愿服务组织、志愿服务活动、促进措施、法律责任、附则等内容。自2017年12月1日起施行。

8月22日

［纲　文］**财政部发布，中央财政大力支持区域生态循环农业发展。**

［目　文］2017年，中央财政安排农业综合开发资金6.05亿元，在河北、山西和内蒙古等23个省份建设61个农业综合开发区域生态循环项目。项目主要通过支持农业龙头企业、农民合作社等新型农业经营主体，在一定区域内利用现有的农业生产条件和产业基础，开展畜禽养殖废弃物资源化利用、农副资源综合开发、标准化清洁化生产等方面的

建设，促进项目区农牧结合、种养循环，改善农业生态环境，推进农业可持续发展。项目建成后，预计区域生态循环农业示范面积可达67万亩，区域内农业废弃物资源化利用率达到92%，化肥农药减施率达到32%。

8月22日

［纲　文］　**国土资源部发布全国矿产资源查明资源储量数据。**

［目　文］　数据显示，全国矿产查明资源储量总体小幅增长，煤炭、石油、天然气、钨矿、金矿等部分重要矿产勘查取得进展。油气矿产新增资源储量主要分布在鄂尔多斯盆地、渤海海域、四川盆地和塔里木盆地。非油气矿产新增资源储量主要分布在新疆、内蒙古、贵州、山东、湖北等地区。截至2016年底，我国主要矿产查明资源储量总体持续增长，但增长幅度放缓。全国已发现172种矿产，具有查明资源储量的162个矿种细分为230个亚矿种，除铀、钍、地热、地下水、矿泉水、稀土矿（10种）以外，其余215个亚矿种与上年度相比，总体持续增长，增幅有所下降；查明资源储量增加的106种，减少的59种，没有变化的50种。2016年我国主要能源矿产煤炭、石油和天然气查明资源储量普遍增长，其中煤炭查明资源储量增长2.0%，石油剩余技术可采储量增长0.1%，天然气增长4.7%。

2016年，我国矿业固定资产投资1万亿元，同比下降20.4%，已是连续三年下降，我国矿产资源地质勘查投入774.79亿元，同比下降16.6%，已经连续第四年下降，显示我国矿业发展仍处于低迷状态，社会投资下降幅度较大。部分主要矿产查明资源储量增长速度有所放缓，找矿难度加大。2016年原油新增探明地质储量9.14亿吨，在连续9年超过10亿吨后首次降至10亿吨以下；铁矿、铝土矿、金矿、镍矿等勘查新增查明资源储量比上年下降幅度较大，钾盐则没有勘查新增。

8月22日

［纲　文］　**交通运输部印发《关于加快发展冷链物流保障食品安全促进消费升级的实施意见》。**

［目　文］　《意见》由七个部分组成：一、总体要求。二、加快完善冷链物流设施设备。三、鼓励冷链物流企业创新发展。四、提升冷链物流信息化水平。五、提高行业监管水平。六、健全完善相关政策。七、保障措施。

《意见》指出，健全完善部门协同机制，利用信息技术手段建立行业监管的联动机制，规范冷链物流企业经营行为。在冷链物流用地、融资、税收、保险、通行等问题加强协调配合，不断优化政策环境，形成推进冷链物流发展的合力。

8月22日

［纲　文］　**国家海洋局启动首次国家海洋督察。**

［目　文］　按照国务院批准的《海洋督察方案》，国家海洋局组建了第一批国家海洋督察组，进驻辽宁、海南，开展以围填海专项督察为重点的海洋督察，重点查摆、解决围填海管理方面存在的“失序、失度、失衡”等问题。督察组指出，建立实施海洋督察制

度是党中央、国务院推进生态文明建设和海洋强国建设的一项重大制度安排，是推进海洋领域深化改革的重要举措。本次围填海专项督察坚持问题导向，针对当前围填海存在的“失序、失度、失衡”等突出问题，重点督察党的十八大以来地方政府贯彻落实国家海洋资源开发利用生态环境保护决策部署、解决突出资源环境问题、落实主体责任情况。

第一批国家海洋督察组共分6个督察组，进驻辽宁、海南、河北、江苏、福建、广西，对这6省（自治区）开展以围填海专项督察为重点的海洋督察，其间，同步对河北、福建、广东三省开展海域海岛资源开发利用、海洋生态环境保护、海洋防灾减灾等方面海洋管理工作情况进行例行督察。根据工作安排，海洋督察组进驻时间为1个月左右。进驻期间，各督察组分别设立专门值班电话和邮政信箱，受理被督察省（自治区）海洋资源环境保护方面的来信来电。

8月22日

［**纲　文**］　**第11届“中华图书特殊贡献奖”新闻发布会在北京举行。**

［**目　文**］　本届共评出20位获奖者，包括16位中华图书特殊贡献奖获得者和4位青年成就奖获得者。阿尔巴尼亚、奥地利、黎巴嫩、乌克兰等4国首次有获奖人。

获得中华图书特殊贡献奖的16位获奖者是：阿尔巴尼亚翻译家伊里亚兹·斯巴修、澳大利亚出版家魏华德、奥地利作家卡明斯基、保加利亚出版家柳本·科扎雷夫、捷克翻译家王和达、法国翻译家黑米·马修、德国翻译家文树德、匈牙利作家拉斯洛·巴尔迪、印度作家邵葆丽（女）、日本出版家三好敏、新西兰出版家费·罗德·哈罗德、罗马尼亚作家萨安娜（女）、西班牙翻译家雷林科（女）、英国出版家理查德·察金、英国翻译家保罗·怀特、美国作家史景迁。获得青年成就奖的专家共4位，他们是：保加利亚青年翻译家韩裴、黎巴嫩青年出版家穆罕默德·哈提卜、波兰青年出版家约安娜·马尔沙维克·卡瓦（女）、乌克兰青年作家维克多·基克坚科。获奖者中，英国翻译家保罗·怀特担任中国外文局外国专家，在中国已工作31年，出色地完成了《习近平谈治国理政》《中国道路与中国梦》《一国两制在香港的成功实践》等主题图书英文版的翻译改稿润色工作，累计达2400万字；来自捷克的翻译家王和达翻译了《家》《儒林外史》《孙子兵法》等作品，曾凭借译作《庄子》获得捷克最佳图书奖。

中华图书特殊贡献奖是国家新闻出版总署设立的一个政府奖项，旨在表彰在介绍中国、翻译和出版中国图书、促进中外文化交流等方面作出重大贡献的外国翻译家、作家和出版家。

同日，国务院副总理刘延东在人民大会堂会见获得第11届中华图书特殊贡献奖的20位外国专家并颁奖。刘延东说，各位获奖者致力传播中华文化，为增进各国人民对中国历史、文化和制度、道路的理解作出了贡献。中国秉持和而不同、兼收并蓄的理念，积极推动中华文化与世界各国文化相互交流、共同发展。希望外国专家撰写、翻译和出版更多展示中华文化、反映当代中国的优秀作品，讲好“一带一路”故事，让各国人民更好触摸中华文化脉搏，感知中国发展活力，增进理解和友谊，为文明互鉴、民心相通作出更大贡献。

8月22日

［纲　文］　**中国—印尼高层经济对话第三次会议在北京举行。**

［目　文］　国务委员杨洁篪与印度尼西亚经济统筹部部长（副总理级）达尔敏共同主持会议。会议旨在落实两国元首达成的重要共识，深化两国全面战略伙伴关系，深入推进“一带一路”建设，推动各领域务实经济合作向前发展。双方积极评价对话第二次会议以来双边互利经济合作取得的积极进展，一致认为，要继续深入对接中方“21世纪海上丝绸之路”倡议和印尼“全球海洋支点”构想，共同推动中印尼经贸合作不断深入发展。杨洁篪和达尔敏共同见证了会议纪要和双方关于基础设施融资合作谅解备忘录的签署。

22日，全国人大常委会委员长张德江在北京会见来华出席中印尼副总理级对话机制第六次会议的印尼政治法律安全统筹部部长维兰托和中印尼高层经济对话第三次会议的经济统筹部部长达尔敏时说，当前中印尼关系发展势头良好。近年来，习近平主席同佐科总统多次举行会晤并达成一系列重要共识，为两国关系长远发展指明了方向。中方愿同印尼方落实好两国元首共识，密切高层往来，加强发展战略对接，深化各领域务实合作，巩固社会友好基础，推动两国全面战略伙伴关系持续深入发展。中国全国人大愿同印尼立法机关加强交往与合作，营造务实合作的良好法律和制度环境，不断巩固两国友好的民意基础。

维兰托和达尔敏说，印尼高度重视对华关系，重视中国对国际和地区事务的重要影响力，愿同中方持续深化政治安全和经济领域合作，推动两国关系不断向前发展。

8月22—28日

［纲　文］　**国务院侨办专家咨询委员会大会总结会在北京举行。**

［目　文］　大会由国务院侨办主任裘援平主持。国务院侨办党组书记许又声宣读了《国务院侨办关于成立国务院侨办专家咨询委员会的决定》。根据决定内容，专委会下设政策法规、经济科技、华文教育、文化传媒四个分委员会，旨在紧密联系华侨华人高层次专业人士和涉侨相关领域专家学者，为促进国家创新发展和侨务工作科学发展提供智力支撑；280位在经济、科技、教育、文化、法律、移民等领域有建树、有贡献的海内外华侨华人杰出专家和知名涉侨研究学者受聘为专委会首届委员，任期4年。举行了海外专家院士北京工作站揭牌仪式，并就围绕更好发挥专家咨询委员会作用进行了分组讨论，各分委员会举行了专题活动。

22日，全国政协主席俞正声在北京会见出席国务院侨办专家咨询委员会大会的全体代表时表示，国务院侨办整合组建“专家咨询委员会”很有意义，为海内外的专家学者参与中国经济社会发展、贡献智慧和力量提供了一个很好的平台。他对海内外的专家学者提出三点希望：一是充分发挥智囊作用，围绕中国改革开放和现代化建设面临的重大问题，围绕决胜全面建成小康社会、深入推进社会主义现代化建设的重大任务，开展前瞻性、战略性、针对性研究，提出专业化、建设性的政策建议，为科学决策提供有力支持。二是坚持求真务实的科学精神，找准世界先进知识技术和中国实际的结合点，找准专业优势和社会发展的结合点，投身创新创造实践，在各自专业领域勇于探索、勇于创新、勇于实践，用己所长造福社会、造福人民。三是发挥学贯中西、融通中外的优势，内引外联、牵线搭桥，在促进中外科技交流合作、吸引更多优秀人才到中国创新创业的同时，传承和弘扬中华优秀文化，传播好中国声音，为中国人民与世界各国人民的友好交往贡献力量。

8月23日

［纲　文］　**李克强主持召开国务院常务会议**。

［目　文］　会议主要内容是：一、部署推进央企深化改革降低杠杆工作，促进企业提质增效。会议指出，2017年前7个月央企利润总额由2016年同期的同比下降3.7%转为同比增长16.4%，资产负债率比年初下降0.2个百分点，当前要抓住央企效益转降回升的有利时机，把国企降杠杆作为“去杠杆”的重中之重，做好降低央企负债率工作。一要建立严格的分行业负债率警戒线管控制度。对高于警戒线的企业在年度经营业绩考核中增加资产负债率的权重，并严格把关主业投资、严控非主业投资、禁止安排推高负债率的投资项目。二要建立多渠道降低企业债务的机制。对效益增长较快的企业要督促其在确保正常生产经营前提下利用部分利润降低债务。对负债率低于警戒线或盈利能力较强的企业，鼓励其主动化解历史遗留问题，并在当期损益中消化去产能等改革成本。三要积极稳妥推进市场化法治化债转股，督促已签订的框架协议抓紧落实。四要强化问责，对负债率持续攀升的企业要约谈提醒，对造成重大损失或不良影响的严肃追责。与地方合作的项目要严防增加地方政府隐性债务。五要在推动新旧动能接续转换中实现产业转型升级和降杠杆。采取有效措施确保完成2017年化解钢铁煤炭过剩产能、处置“僵尸企业”和治理特困企业等工作任务。推动火电、电解铝、建材等行业开展减量减产，严控新增产能。二、听取股权期权和分红等激励政策落实与科研项目及经费管理制度改革进展情况汇报，推动增强创新发展动力。会议指出，一要研究扩大国有科技型企业股权期权和分红等激励政策实施范围、放宽实施条件，修订以职务科技成果作价投资形成的股权奖励科研人员所涉及的国有资产评估备案相关规定，完善股权激励和技术入股相关所得税政策，以改革新突破进一步激发科技人员积极性和创造性。二要聚焦经济社会发展重大需求，优化国家科技重大任务布局，健全公正科学的评审规则，完善科研项目决策、资源分配等机制。促进科技与经济、各类创新主体融通发展。三要进一步落实好研发费用加计扣除、高新技术企业税收优惠等普惠性政策，推动内外资企业等市场主体深度参与创业创新。

8月23日

［纲　文］　**国家发展改革委印发《关于进一步加强垄断行业价格监管的意见》**。

［目　文］　《意见》由五个部分组成：一、重要意义。二、总体要求。三、重点任务。四、近期重点工作。五、保障措施。

《意见》指出，加大对垄断行业价格监管的宣传力度，准确解读价格监管政策，回应社会关切，及时曝光价格违法典型案件，保障公众知情权。充分发挥 12358 价格监管平台作用，鼓励公众及时反映垄断行业价格违法行为，强化社会监督。研究制定垄断行业价格监管制度、价格调整政策，凡是能够公开的，一律公开征求意见，集思广益，凝聚共识，营造良好舆论氛围。

8 月 23 日

［纲 文］ **财政部印发《资产评估基本准则》。**

［目 文］ 《准则》共 6 章 35 条。主要有总则、基本遵循、资产评估程序、资产评估报告、资产评估档案、附则等内容。自 2017 年 10 月 1 日起施行。2004 年 2 月 25 日财政部发布的《关于印发〈资产评估准则——基本准则〉和〈资产评估职业道德准则——基本准则〉的通知》（财企〔2004〕20 号）同时废止。

8 月 23 日

［纲 文］ **国务院副总理刘延东在北京会见来华例行查体休养的柬埔寨国王西哈莫尼和太后莫尼列。**

［目 文］ 刘延东表示，中方高度重视中柬关系，高度评价柬埔寨王室长期以来为两国关系发展作出的重要贡献，愿以明年中柬建交 60 周年为契机，同柬方共同推动中柬全面战略合作伙伴关系迈上新台阶，更好地造福两国人民。

西哈莫尼和莫尼列表示，感谢中方为柬埔寨发展进步提供的无私帮助和有力支持，柬方愿同中方密切合作，推动两国关系全面深入发展。

8 月 23 日

［纲 文］ **国务委员杨洁篪应约同美国国务卿蒂勒森通电话。**

［目 文］ 杨洁篪表示，当前，中美双方在广泛领域保持着沟通与合作，这符合两国和世界的利益。双方应该按照两国元首达成的重要共识，加强高层及各级别交往，办好机制性对话，做好特朗普总统年内应习近平主席邀请访华准备。希望双方相向而行，相互尊重、互利互惠，拓展合作、妥处分歧，共同维护中美关系良好发展势头。

蒂勒森表示，美方愿同中方一道落实好两国元首达成的重要共识，加强沟通与合作，办好首轮美中社会和人文对话、执法及网络安全对话，推动两国关系不断向前发展。特朗普总统期待着年内对中国的重要访问，希望双方共同努力，确保此访取得成功。

双方就当前阿富汗局势交换了意见。杨洁篪指出，中方积极致力于推进阿富汗和平和解进程。我们一贯认为，政治对话是解决阿富汗问题的唯一出路。国际社会要支持“阿人主导、阿人所有”的和解进程，支持阿富汗实现广泛和包容性的政治和解，支持阿富汗人民探索一条符合自身国情的发展道路，支持阿富汗政府加强安全反恐能力建设，打击极端恐怖势力。我们要重视巴基斯坦在阿富汗问题上的重要作用，尊重巴基斯坦的主权和合理安全关切。中方愿与美方继续就阿富汗问题保持沟通与协调，共同为实现阿富汗及本地区的和平稳定作出努力。

8月23日

［纲　文］ **国务委员杨洁篪在北京会见国际移民组织总干事斯温。**

［目　文］ 杨洁篪表示，移民问题已成为全球性问题，需各方共同妥善处理。既要充分肯定移民的积极作用，也要不断改善全球移民治理。应标本兼治，着力解决地区冲突、发展失衡等有关深层次问题。中国将继续积极参与和支持移民组织工作。

斯温表示，移民组织高度重视中国的作用和影响，愿进一步加强双方合作，促进全球人口安全正常有序流动。

8月23日

［纲　文］ **安徽省人大常委会原主任、党组书记王光宇，在合肥逝世，享年99岁。**

8月23—27日

［纲　文］ **第24届北京国际图书博览会在北京举办。**

［目　文］ 本届图博会由国家新闻出版广电总局、国务院新闻办公室、教育部、科技部、文化部、北京市人民政府、中国出版协会、中国作家协会等8个部委共同主办，中国图书进出口（集团）总公司承办。吸引了来自89个国家和地区的2500多家展商参展，其中海外展商占全部参展商的58%。在美、英、法、日等国家和地区持续参展的基础上，"一带一路"沿线国家的参展规模不断扩大，波兰、印尼、匈牙利、捷克、克罗地亚等28个国家参展，伊朗担任主宾国。本届图博会展出30多万种全球最新出版的图书，举办近千场的出版文化活动。

23日，由外文出版社翻译出版的《摆脱贫困》英文版、法文版在第24届北京国际图书博览会上举行国内首发。《摆脱贫困》是中共中央总书记习近平的个人著作，收录了他1988年至1990年任中共宁德地委书记期间的重要讲话和调研文章，共29篇。还收录有10张彩色照片，其中包括他在宁德工作期间的6张工作照片。全书紧紧围绕闽东地区如何脱贫致富、加快发展这一主题，提出了一系列的制度、理念、观点和方法，深刻回答了推进闽东地区经济社会发展的重大理论和实践问题，涉及经济建设、政治建设、文化建设、社会建设、生态文明建设和党的建设等重要内容，思想丰富深刻，文风生动亲切，具有很高的理论价值，同党的十八大以来习近平总书记系列重要讲话精神一脉相承、相互呼应。同时，该书也是习近平同志在宁德两年艰苦工作的全面写照，体现了他扎根艰苦地区带领群众摆脱贫困的坚定理想信念和深挚为民情怀。该书中文版由福建人民出版社于1992年7月第一版印制出版，并于2014年8月重印，深受国内广大读者特别是各级领导干部的欢迎。

同日，《习近平谈治国理政》国际出版成果展示会在第24届北京国际图书博览会上举行。《习近平谈治国理政》2014年9月出版发行，在国内外引起热烈反响，到当时已出版21个语种，累计发行642万册，发行到世界160多个国家和地区。

24日，中共中央政治局常委、中央书记处书记刘云山在参观第24届北京国际图书博览会时强调，要深入学习贯彻习近平总书记系列重要讲话精神和治国理政新理念新思想新战略，树立高度的文化自信，保持强烈的文化担当，坚持导向为魂、质量为先、创新为要，推动我国加快实现从出版大国向出版强国迈进。

8月23—27日

［纲　文］　**孟建柱在新疆调研。**

［目　文］　中共中央政治局委员、中央政法委书记孟建柱慰问奋战在反恐维稳一线的党员干部、政法干警和各族群众时说，今天新疆社会稳定、民族团结的好局面来之不易，要倍加珍惜。要坚持把开展反分裂斗争作为头等大事、把严厉打击暴力恐怖活动作为当前斗争的重点不动摇，进一步深化严打暴恐专项斗争，始终保持对暴恐分子高压态势，不断提高反恐维稳工作法治化水平，坚决打赢反恐维稳这场硬仗。安定有序、繁荣和谐是各族群众的共同愿望。要坚持和完善新疆各族干部群众在维护稳定、改善民生、促进民族团结发展实践中探索形成的一些有效做法，使之更好发挥作用。政法机关在维护新疆稳定和国家安全中肩负着重要职责。要把现代信息技术与反恐维稳工作有机融合起来，推进大数据、人工智能等新技术的深度应用，不断提高反恐维稳工作信息化、智能化水平。要切实做好服刑在押人员教育改造工作，帮助他们成为守法公民。要加强基层政法组织建设，发挥好应急处突、服务群众的作用。广大政法干警要不断提高政治素质和业务能力，锤炼意志品质，更好地履行打击犯罪、保护人民的职责使命。

8月23—27日

［纲　文］　**2017世界机器人大会在北京举行。**

［目　文］　大会由北京市政府、工业和信息化部、中国科协主办，中国电子学会、北京市经信委、北京经济技术开发区管委会承办。以“创新创业制造，迎接智能社会”为主题，由“2017世界机器人大会论坛”“2017世界机器人博览会”“2017世界机器人大赛”三大活动构成，围绕机器人发展战略布局与政策导向、“一带一路”与机器人发展机遇、基础研究与前沿探索、人工智能与机器人创新趋势、产业动态与应用实践、市场风向与机器人投资热点等多个业内热点话题，开展交流和探讨。140余家全球知名机器人企业和研究机构参会。国务院副总理刘延东出席开幕式并讲话。

本次大会发布机器人团体标准《空间机器人通用技术要求》《空间机器人地面试验要求》《空间机器人可见光视觉测量系统通用技术要求》《空间机器人可见光位姿测量精度地面试验要求》《光纤芯交换机器人设计通则》《光纤芯交换机器人通信协议格式规范》《光纤芯交换机器人技术要求和测试方法》，以及《全球智能机器人合作发展倡议书》《机器人领域十大最具成长性技术展望（2017—2018年）》。

8月24日

［纲　文］　**新华社讯，推进工业产品生产许可证制度改革现场交流会在江苏宿迁召开。**

［目　文］　国务院总理李克强作出批示指出：制造业是实体经济的重要基础。近年

来随着中国制造发展和消费升级，工业产品种类更新加快，但企业市场准入制度性交易成本较高的问题凸显，与此同时，打击假冒伪劣产品、规范市场秩序的任务也十分迫切。要认真贯彻党中央、国务院决策部署，深入推进供给侧结构性改革，持续推动政府职能转变，把改革工业产品生产许可证制度作为深化简政放权、放管结合、优化服务改革的重要内容，适应市场需求，简化工业产品市场准入前置审批，促进新技术、新工艺发展，使产品更为丰富、品质不断提升、市场更加繁荣。同时，坚持放管结合，将许可管理更多聚焦在安全风险高的产品上，政府集中更大力量加强事中事后监管，让假冒伪劣产品无藏身之地，进一步营造公平公正的市场环境，为促进中国制造品质升级、迈向中高端作出更大贡献。

国务委员王勇出席会议时指出，要贯彻中共中央总书记习近平系列讲话精神和治国理政新理念新思想新战略，认真落实国务院总理李克强批示要求，坚持放管结合、并重，持续深化工业产品生产许可证制度改革，保障产品质量安全，降低制度性交易成本，释放社会创业创新活力，为推进供给侧结构性改革、促进工业转型升级作出更大贡献。各地区、各有关部门要按照《国务院关于调整工业产品生产许可证管理目录和试行简化审批程序的决定》要求，加强组织领导，做好政策保障，确保改革取得实效。推动压减工业产品生产许可，加快清理合并管理目的相同或类似的许可事项，积极推进向认证管理转变。强化事中事后监管，对取消生产许可证管理的产品实现抽查全覆盖，督促企业严格落实质量安全主体责任。优化审批服务流程，实行申报材料“一单一书一照”，全面实施生产许可电子化和无纸化申报。认真组织开展简化程序试点，完善相关制度，尽快在全国推广实施。

8月24日

［纲　文］　**全国政协在北京召开双周协商座谈会，就“营改增执行情况和改进的建议”建言献策。**

［目　文］　全国政协主席俞正声主持座谈会。全国政协副主席杜青林、韩启德、张庆黎、王钦敏出席。全国政协副主席陈元在会上讲了意见。财政部副部长史耀斌介绍了有关情况。国家税务总局局长王军、国家发展和改革委员会副主任连维良等与委员互动交流。全国政协委员尚福林、宋兰、杨凯生、曹德旺、傅成玉、王志雄、庄聪生、王小兰、朱成钢、苏华、蓝逢辉、周桐宇、赵海英，以及专家学者许善达、张和平、刘桓在座谈会上发言。

委员们认为，实施营改增是推进供给侧结构性改革的重大举措，是推进财税体制改革的重头戏。党中央、国务院高度重视营改增试点工作，作出了一系列重大决策部署。全面推开营改增试点以来，通过周密设计和积极稳妥推进，取得了显著成效，既为当前发展提供了有力支撑，也为经济保持中高速增长、迈向中高端水平增添了强劲动力。针对税率结构不合理、税收政策和征管措施不完善、少数纳税人因抵扣不充分导致税负增加等问题，要对症下药，推动改革不断深化，增强经济发展动力。

一些委员建议，一要研究进一步减少税率档次的措施，适时稳妥推进。二要进一步研究扩大进项税额抵扣范围的措施，实现进项税应抵尽抵。三要完善金融业营改增政策，在总结现有工作的基础上，优化金融业增值税设计，降低社会融资成本。四要健全抵扣链条，解决链条不完整、税率不统一的问题。五要研究留抵税款过大、增长过快的问题。六要简化手续，规范程序，加强执法检查，打击违法行为。七要进一步落实降低宏观税负的措施。此外，委员们还就税收与税源不一致，降低一般纳税人的标准，加强对纳税人的辅导、帮助纳税人熟悉和用好用足政策，解决历史遗留问题，准确宣传营改增改革等问题提出意见建议。

8 月 24 日

［纲　文］　**工业和信息化部公布《互联网域名管理办法》。**

［目　文］　《办法》共 6 章 58 条。主要有总则、域名管理、域名服务、监督检查、罚则、附则等内容。自 2017 年 11 月 1 日起施行。2004 年 11 月 5 日公布的《中国互联网络域名管理办法》（原信息产业部令第 30 号）同时废止。本办法施行前公布的有关规定与本办法不一致的，按照本办法执行。

8 月 24 日

［纲　文］　**国家体育总局印发《关于印发〈关于进一步加强武术赛事活动监督管理的意见〉的通知》。**

［目　文］　《通知》说，为贯彻落实党中央、国务院简政放权放管结合优化服务的总体部署，规范武术赛事活动，整治武术乱象，推进武术运动持续健康发展，根据《中华人民共和国体育法》《中华人民共和国境外非政府组织境内活动管理法》等法律，结合武术运动发展实际，总局制定了《关于进一步加强武术赛事活动监督管理的意见》，现印发实施，请遵照执行。贯彻实施中出现的问题，请及时向国家体育总局报告。

8 月 24 日

［纲　文］　**汪洋在北京主持召开首届中国国际进口博览会筹备委员会第一次会议。**

［目　文］　国务院副总理汪洋指出，举办中国国际进口博览会，是以习近平同志为核心的党中央着眼推进新一轮高水平对外开放作出的一项重大决策，是我们主动向世界开放市场的重大举措，有利于扩大进口、促进对外贸易平衡发展，有利于改善供给结构、引导国内企业走创新驱动发展之路，有利于帮助发展中国家参与经济全球化、推动开放型世界经济发展。要从全局和战略高度认识举办中国国际进口博览会的重大意义，全力以赴做好各项筹备工作，确保首届博览会圆满成功。中国国际进口博览会不仅是产品和服务的交易平台，更是多功能、综合性的国际合作平台。要坚持高标准，把博览会打造成世界各国展示国家形象、开展国际贸易的开放型合作平台，打造成推进“一带一路”建设、推动经济全球化的国际公共产品，打造成践行新发展理念、推动新一轮高水平对外开放的标志性工程。举办中国国际进口博览会是一项系统工程，要统筹利用国内国际两个市场、两种资源，坚持政府引导、市场运作、企业化经营的原则，充分发挥集中力量办大事的制度优势，加强同世界各国和国际组织的合作，汇聚各方力量，不断提升博览会的吸引力和影响

力。各成员单位要各负其责、通力协作，制定好博览会总体方案和实施方案，扎扎实实地做好招展招商、新闻宣传、政策支撑、安全保障等各项筹备工作。

中国国际进口博览会2018年11月5—10日在上海举办。

8月25日

［纲 文］ **李克强在北京主持召开推动制造强国建设、持续推进经济结构转型升级座谈会。**

［目 文］ 马凯、王勇等出席座谈会。国家制造强国建设领导小组成员单位、有关部门以及部分国有企业、民营企业和金融机构负责人参加会议。工业和信息化部、质检总局负责人分别汇报了制造业升级和工业产品许可证取消下放等情况，柳工集团、TCL集团、工商银行、海尔集团负责人围绕提升制造业竞争力、发展普惠金融服务实体经济等发言。大家认为，2017年我国经济稳中向好，营商环境不断改善，实施“营改增”等减税降费措施又降低了企业成本，带动了企业生产经营和效益明显回升，制造业升级步伐加快。

国务院总理李克强与企业家们交流，询问企业发展面临的困难和对国家的建议，并要求有关部门根据发言中谈到的问题，就进一步降低市场准入门槛、强化工业产品质量管理等问题深入研究措施。李克强说，制造业是经济发展的基础。中国经济要转型升级，要实现新型工业化，还是要靠做强中国制造。必须认真贯彻以习近平同志为核心的党中央加快建设制造强国的战略部署，落实新发展理念，实施创新驱动发展战略。以“中国制造2025”为抓手推动制造业提质升级，坚决淘汰落后产能和工艺，加快新旧动能转换，促进中国经济迈向中高端，促进制造业提质升级要依靠创新发展，促进制造业提质升级要充分发挥我国人力人才资源丰富这个最大优势和潜力。根据国民经济发展和产业竞争需要，大力弘扬企业家精神和精益求精的工匠精神，加快培养各类专业技术人才、经营管理人才，改革完善职业教育育人方式，建立有利于吸引人才、激励人才的分配方式，为各类人才施展才干创造环境，造就高素质的产业工人大军和不断追求卓越的企业家队伍；要着力营造有利于制造业提质升级的环境。持续深化简政放权、放管结合、优化服务改革，进一步削减不合理的前置审批和许可，降低制度性交易成本，完善市场监管，严厉打击生产销售假冒伪劣商品，加大知识产权保护，加快社会信用体系建设，形成鼓励创业创新的生态。

8月25日

［纲 文］ **银监会印发《信托登记管理办法》。**

［目 文］ 《办法》共7章47条。主要有总则、信托登记申请、信托登记办理、信托受益权账户管理、信托登记信息管理和使用、监督管理、附则等内容。自2017年9月1日起施行。

8月25日

［纲 文］ **《人民日报》报道，刘延东在福建调研。**

［目 文］ 国务院副总理刘延东在尤溪县总医院和西城镇七尺村卫生所、三明市医

保管理中心尤溪管理部、福建省医保办考察，向基层医务人员、患者和管理人员了解医改工作时指出，福建省抓住医保制度改革这个牛鼻子，坚持问题导向，理顺管理体制，同步推进药品招标和公立医院等相关改革，闯出了“三医”联动改革的新路子，各地区要结合实际加以借鉴。

刘延东在福州主持召开了综合医改试点省负责人和各省医改办主任等参加的医改推进会。她指出，要积极推进分级诊疗，加强医联体建设，推动优质医疗资源下沉，完善家庭医生签约，保障老年人、残疾人、妇女儿童等重点人群得到更多优质服务。全面取消药品加成，推行药品流通“两票制”和高值医用耗材阳光采购，切实降低虚高价格，完善短缺药品供应保障，使群众用上质优价廉的药品。加快建立现代医院管理制度，大力推开便民惠民措施，优化诊疗流程和就医环境，促进医患和谐。要整合医保制度与职能，改革医保支付方式，加快实现跨省异地就医即时结算，为人民群众提供更高水平、更加满意的卫生健康服务。

8 月 25 日

［纲　文］　**财政部公布 2016 年政府采购规模基本情况。**

［目　文］　2016 年全国政府采购规模为 31089.8 亿元，继续保持快速增长，剔除一些地方以政府购买服务方式实施的棚户区改造和轨道交通等工程建设项目相关支出 5358.5 亿元，全国政府采购同口径规模为 25731.4 亿元，较上年增长 22.1%，占全国财政支出和 GDP 的比重分别为 11% 和 3.5%。从政府采购结构来看，货物类采购规模为 7240 亿元，较上年增长 10.2%。工程类采购规模为 13630.4 亿元，较上年增长 22.2%。服务类采购同口径规模为 4860.8 亿元，较上年增长 45.4%。从政府采购组织形式和采购方式来看，分散采购比重较上年上升 6.7 个百分点，主要是一些地方落实简政放权要求，调整政府集中采购目录，集中采购项目相应减少。公开招标规模为 19935.3 亿元，占全国政府采购规模的 64.1%，公开招标仍占主导地位，但所占比重较上年下降 13.6 个百分点，主要是不少地方提高公开招标数额标准，相应减少了公开招标项目数量。同时，各级预算单位根据采购项目不同特点，选择非招标采购方式的项目逐步增加。

8 月 25 日

［纲　文］　**外交部发言人就日本政府通过新的对朝鲜单边制裁措施，对象包括中国企业和个人表示，日方这一做法严重损害中方利益和司法主权。**

［目　文］　发言人表示，如果日方一意孤行，必须承担由此造成的后果。中方一直全面完整执行安理会决议，同时我们坚决反对任何国家在安理会框架外实施单边制裁，尤其是针对中方实体或个人实施制裁。日方不顾中方严正立场，执意追随某些国家，对中国企业和个人实施单边制裁，中方对此表示强烈不满和坚决反对。制裁给中日关系改善进程制造了新的政治障碍。

8 月 26 日

［纲　文］　**国务院公布修订后的《宗教事务条例》。**

［目　文］《条例》共9章77条。主要有总则、宗教团体、宗教院校、宗教活动场所、宗教教职人员、宗教活动、宗教财产、法律责任、附则等内容。自2018年2月1日起施行。

8月26日

［纲　文］**刘云山在北京主持召开群团改革工作座谈会，习近平作出指示。**

［目　文］中共中央总书记习近平作出指示指出，党的群团工作是党的一项十分重要的工作，群团改革是全面深化改革的重要任务。2015年，党中央召开群团工作会议，对党的群团工作和群团改革作出全面部署。两年来，群团改革取得积极成效，成绩值得肯定。要认真总结经验，继续统一思想、抓好落实，切实把党中央对群团工作和群团改革的各项要求落到实处。要推动各群团组织结合自身实际，紧紧围绕增强“政治性、先进性、群众性”，直面突出问题，采取有力措施，敢于攻坚克难，注重夯实群团工作基层基础。中央书记处要加强对群团改革的指导，中央改革办要加强对群团改革方案落实的督察，各级党委要负起组织推进群团改革的责任，正确把握方向，及时了解情况，认真解决难题，以改革推动群团组织提高工作和服务水平，努力开创党的群团工作新局面。

中共中央政治局常委、中央书记处书记刘云山在座谈会上传达了习近平的指示并指出，要学习贯彻中共中央总书记习近平指示，坚定改革信心，强化责任担当，以更大力度、更实举措推进群团改革，不断开创党的群团工作新局面。要牢牢把握群团改革正确方向，始终坚持党对群团工作的领导，加强群团组织自身党的建设，不断增强“四个意识”，在思想上政治上行动上同以习近平同志为核心的党中央保持高度一致，把保持和增强政治性、先进性、群众性贯穿改革全过程。要自觉服从服务党和国家工作大局，找准工作结合点和着力点，落实以人民为中心的工作导向，切实解决好代表谁、联系谁、服务谁的问题，增强群团组织的吸引力影响力。

座谈会上，全国总工会、共青团中央、全国妇联、中国科协、中国侨联、上海市委、山东省滕州市委、浙江省宁波市北仑区总工会、福建省泉州市丰泽区团委、山西省临汾市妇联和中央改革办负责人作了汇报发言。

8月26—28日

［纲　文］**张春贤在安徽合肥、六安调研。**

［目　文］中共中央政治局委员、中央党的建设工作领导小组副组长、中央新疆工作协调小组副组长张春贤在中科院合肥物质科学研究院、中国科大先进技术研究院以及企业单位，听取了“两学一做”学习教育开展情况介绍，与党务工作者、科研人员、企业职工交流，肯定了他们通过抓党建促创新的有关做法并指出，我国科技创新最大的优势是党的领导和中国特色社会主义制度，很重要的依托是中国巨大的市场需求，这些都为创新人才提供了广阔的事业平台和良好的环境。要树立创新自信，把党的建设融贯到创新活动中去，在关键领域核心技术上不断实现新突破。抓党建工作本身也要创新。要创新党建工作理念、机制、手段，防止形式化和“两张皮”，通过更生动鲜活、更接地气、更有实效的

工作，真正使基层党组织成为创新攻坚的战斗堡垒，使每一位党员成为科技攻关的先锋模范。

调研期间，张春贤还考察了金寨县红军广场、革命博物馆和红25军军政旧址。

8月27日

［纲　文］ **新华社讯，由中共中央文献研究室编辑的《习近平关于社会主义政治建设论述摘编》由中央文献出版社出版。**

［目　文］ 《论述摘编》共分九个专题：坚定不移走中国特色社会主义政治发展道路；坚持党的领导，发挥党总揽全局、协调各方的领导核心作用；与时俱进完善人民代表大会制度；推进协商民主广泛多层制度化发展；全面推进依法治国，加快建设社会主义法治国家；深化行政体制改革，推动政府职能转变；巩固和发展最广泛的爱国统一战线；全面贯彻党的民族政策和宗教政策；加强和改进新形势下党的群团工作。书中收入330段论述，摘自习近平同志2012年11月15日至2017年5月3日期间的讲话、报告、谈话、指示等70多篇重要文献。其中许多论述是第一次公开发表。

8月27日

［纲　文］ **国务院办公厅印发《关于推进城镇人口密集区危险化学品生产企业搬迁改造的指导意见》。**

［目　文］ 《意见》由四个部分组成：一、总体要求。二、重点任务。三、政策措施。四、工作要求。

《意见》指出，各地区、各有关部门要高度重视城镇人口密集区危险化学品生产企业搬迁改造工作，切实加强组织领导，精心组织，密切协作，形成合力，确保工作顺利开展。各省级人民政府对危险化学品生产企业搬迁改造工作负总责，要完善工作机制，落实工作责任，明确任务分工和时限要求，于2017年底前制定本地区搬迁改造实施方案，并抄送工业和信息化部、安全监管总局。

8月27日

［纲　文］ **《人民日报》发表题为《开体坛新局 谱全运新篇——热烈祝贺第十三届全国运动会开幕》的社论。**

8月27日—9月8日

［纲　文］ **第13届全国运动会在天津举行。**

［目　文］ 中共中央总书记习近平出席开幕式并宣布运动会开幕。国务院总理李克强出席闭幕式。本届全运会上，超过2万名运动员角逐33个竞技体育项目和19个群众体育项目的543个奖项。有3人1队4次超4项世界纪录，有2人3次超3项亚洲纪录，有9人1队11次创11项全国纪录。

27日，习近平在天津会见全国群众体育先进单位、先进个人代表和全国体育系统先进集体、先进工作者代表以及在本届全运会群众比赛项目中获奖的运动员代表，并发表讲话。习近平指出，体育承载着国家强盛、民族振兴的梦想。体育强则中国强，国运兴则体育兴。要把发展体育工作摆上重要日程，精心谋划，狠抓落实，不断开创我国体育事业发展新局面，加快把我国建设成为体育强国。加快建设体育强国，就要坚持以人民为中心的思想，把人民作为发展体育事业的主体，把满足人民健身需求、促进人的全面发展作为体育工作的出发点和落脚点，落实全民健身国家战略，不断提高人民健康水平。把群众性体育纳入全运会，组织人民群众广泛参与，就更好起到了举办全运会的作用。加快建设体育强国，就要高质量筹办2022年北京冬奥会，全力做好各项筹办工作，特别是要做好备战工作，加快冰雪运动普及和提高，努力举办一届精彩、非凡、卓越的奥运盛会。

全国群众体育先进表彰活动自1993年第七届全国运动会开始，每4年表彰一次，已连续在6届全运会期间进行表彰。第13届全国运动会期间，共表彰2013—2016年度全国群众体育先进单位3259个、全国群众体育先进个人2465名、全国体育系统先进集体70个、全国体育系统先进工作者44人。

同日，习近平在天津分别会见来华出席中国第13届全国运动会开幕式的国际奥林匹克委员会主席巴赫、亚洲奥林匹克理事会主席艾哈迈德亲王。

8月28日

［纲　文］　**中宣部在北京召开学习宣传河北塞罕坝林场生态文明建设范例座谈会，习近平作出指示。**

［目　文］　中共中央总书记习近平对河北塞罕坝林场建设者感人事迹作出指示指出，55年来，河北塞罕坝林场的建设者们听从党的召唤，在“黄沙遮天日，飞鸟无栖树”的荒漠沙地上艰苦奋斗、甘于奉献，创造了荒原变林海的人间奇迹，用实际行动诠释了绿水青山就是金山银山的理念，铸就了牢记使命、艰苦创业、绿色发展的塞罕坝精神。他们的事迹感人至深，是推进生态文明建设的一个生动范例。全党全社会要坚持绿色发展理念，弘扬塞罕坝精神，持之以恒推进生态文明建设，一代接着一代干，驰而不息，久久为功，努力形成人与自然和谐发展新格局，把我们伟大的祖国建设得更加美丽，为子孙后代留下天更蓝、山更绿、水更清的优美环境。

会议主要内容是，学习贯彻中共中央总书记习近平系列讲话精神特别是关于生态文明建设的一系列论述，传达学习习近平关于塞罕坝林场建设和塞罕坝精神的指示，以塞罕坝林场生态文明建设重大典型为范例，梳理总结塞罕坝林场建设成就和成功经验的典型价值、示范意义，大力弘扬塞罕坝精神，坚定不移推进生态文明建设，引导激励全社会共建生态文明、建设美丽中国。中共中央政治局委员、中宣部部长刘奇葆在会上传达了习近平的指示并表示，总结推广塞罕坝林场建设的成功经验，大力弘扬塞罕坝精神，加强生态文明建设宣传，推动绿色发展理念深入人心，推动全社会形成绿色发展方式和生活方式，推动美丽中国建设，以生态文明建设的优异成绩迎接党的十九大胜利召开。国家发展改革委、中央财经领导小组、福建、河北塞罕坝机械林场、河北、国家林业局等负责人作了发言。

塞罕坝位于河北省北部，曾经是茫茫荒原。半个多世纪以来，三代塞罕坝林场人以坚韧不拔的斗志和永不言败的担当，坚持植树造林，建设了百万亩人工林海。如今，塞罕坝每年为京津地区输送净水 1.37 亿立方米、释放氧气 55 万吨，成为守卫京津的重要生态屏障。

30 日，由中宣部、国家发展改革委、国家林业局和河北省委在人民大会堂联合举办塞罕坝林场先进事迹报告会，中央和国家机关干部、北京市基层党员干部、林业系统干部职工和有关高校师生代表 800 余人参加。

同日，中共中央政治局常委、中央书记处书记刘云山会见了塞罕坝林场先进事迹报告团成员，代表中共中央总书记习近平，代表党中央，向报告团成员和塞罕坝林场干部职工表示亲切问候，对学习宣传塞罕坝林场先进事迹提出要求。

8 月 28 日

［纲　文］　**国家发展改革委、财政部公布《中央储备粮代储资格管理办法》。**

［目　文］　《办法》共 6 章 27 条。主要有总则、资格条件、资格申请和认定、监督检查与管理、法律责任、附则等内容。自 2017 年 9 月 29 日起施行。原《中央储备粮代储资格认定办法》（国家发展和改革委员会财政部令第 20 号）同时废止。

8 月 28 日

［纲　文］　**应中国国家原子能机构邀请，国际原子能机构对我国开展的首次国际核安保专项评估在北京启动。**

［目　文］　此次评估对我国核安保体系、核设施安保能力进行同行评议，提出完善改进建议，推动我国核安保工作与国际接轨。国际专家组比照《核材料实物保护公约》及其 2005 年修订案、国际原子能机构《核材料和核设施实物保护的核安保建议》等核安保相关法律文书和技术导则，通过与我国核安保有关政府监管部门的交流与访谈，系统了解我国的核安保制度、法规体系以及政府监管实践。其间，国际专家组对秦山核电基地方家山核电项目进行实地考察。

9 月 8 日，国际原子能机构对我国开展的首次国际核安保专项评估结束。此次评估活动应用国际核安保新理念，以最高标准，结合各国的成功实践，分析、评估我国的核安保管理与实践情况，形成了《国际核安保专项评估报告（中国）》。

《报告》指出，中国国家原子能机构在核安保监管队伍建设、核安保人才培养等方面采取了有力的举措，值得称赞。国家核安保技术中心及其负责运行的核安保示范中心，在加强国家核安保能力、支持地区及国际核安保合作等方面发挥了积极作用。国际社会及国际原子能机构广泛认同核安保示范中心取得的成功。当时，中国发布了核能和核工业发展规划，核能及配套的核燃料循环体系将获得快速发展，这对中国的核安保制度、管理等都提出了挑战。建议中国尽快完善核安保法规体系，加快有关立法进程，夯实核安保工作法律法规基础。

国际原子能机构核材料与核设施安保项目官员穆罕默德·哈利克表示，任何一个正在利用核能发电或计划发展核电的国家，都应对核安保作出坚定承诺。中国广泛采用国际原子能机构核安保相关技术导则，并积极接受国际核安保专项评估，充分展示了中国对加强本国乃至全球核安保的庄严承诺。

为应对核恐怖主义威胁，帮助成员国提升核安保能力和水平，1996年，国际原子能机构特别推出了“国际核安保专项评估”服务。评估内容涉及国家核安保体系、核设施实物保护、运输安保、放射性物质及相关设施的安保、计算机安保、核材料衡算与控制等内容。

8月28日

［纲　文］ **国务委员杨洁篪在北京会见《联合国气候变化框架公约》秘书处执行秘书埃斯皮诺萨。**

［目　文］ 杨洁篪表示，气候变化关乎全人类福祉，需要各国合作应对。中国政府高度重视气候变化问题，把积极应对气候变化作为促进经济社会发展的重大战略。同时，中方坚定支持气候多边进程，愿为应对全球气候变化作出贡献，希望各方坚持公平、“共同但有区别的责任”和各自能力原则，考虑不同国情，并加速落实2020年前承诺和行动。

埃斯皮诺萨表示，秘书处高度重视中国的作用和影响，期待与中方进一步加强合作，推动全球气候治理进程。

8月28日

［纲　文］ **中国目前最先进的科考船——“向阳红01”科考船从青岛起航，执行中国首次环球海洋综合科学考察。**

［目　文］ 这是我国首次将大洋科考与极地科考整合在一起的环球海洋综合科考，也是“向阳红01”船首次执行大洋和极地科考任务。

2018年5月18日，“向阳红01”科考船返回青岛。本次环球海洋综合科考由大洋46航次（第一、二、三、五、六航段）和南极34航次（第四航段）两个部分组成，历时263天，行程38600海里，参航船队员共183人，对海底资源、海洋环境、海洋与气候、国际合作、海洋科普等方面具有重要意义。实现了中国首次全海洋资源、环境、气候三位一体综合科考的高度融合，获取了一系列丰硕的调查成果。

8月28日

［纲　文］ **贵州省毕节市纳雍县张家湾镇普洒社区大树脚组发生山体滑坡。**

［目　文］ 滑坡灾害造成500余人受灾，27人死亡，8人失踪，8人受伤。

国家减灾委、民政部紧急启动国家Ⅳ级救灾应急响应，派出工作组赶赴灾区，查看灾情，指导地方开展救灾工作。国土资源部启动地质灾害Ⅲ级应急响应。财政部、民政部向贵州省安排中央财政自然灾害生活补助资金1600万元，主要用于毕节市纳雍县山体滑坡灾害和黔东南州等暴雨洪涝灾害受灾群众紧急转移安置、过渡期生活救助、倒损民房恢复重建和向因灾遇难人员家属发放抚慰金，支持做好受灾群众基本生活救助工作。

8月28日—9月1日

［纲　文］　**十二届全国人大常委会第二十九次会议在北京召开。**

［目　文］　全国人大常委会委员长张德江主持开、闭幕会。常委会组成人员出席会议。

会议主要内容有：一、会议经表决，通过了核安全法、新修订的中小企业促进法、国歌法、关于修改法官法等八部法律的决定，国家主席习近平分别签署第73、74、75、76号主席令予以公布。二、会议表决通过了全国人大常委会代表资格审查委员会关于个别代表的代表资格的报告。三、会议分别表决通过了香港特别行政区第十三届全国人民代表大会代表选举会议成员名单、澳门特别行政区第十三届全国人民代表大会代表选举会议成员名单。根据香港、澳门特别行政区选举第十三届全国人大代表的办法规定，香港、澳门特别行政区选举第十三届全国人大代表由全国人大常委会主持。委员长会议建议，委托全国人大常委会副委员长兼秘书长王晨负责主持这两项工作。四、会议经表决，任命郭振华为全国人大常委会副秘书长。

常委会举行联组会议，结合审议国务院关于脱贫攻坚工作情况的报告进行专题询问。国务院副总理汪洋和国务院有关部门负责人到会应询。专题询问中，常委会委员、农业与农村委员会副主任委员陈光国就当前脱贫攻坚面临的困难和问题中哪些最难解决、怎样才能有效解决；农业与农村委员会副主任委员郭庚茂就在贫困地区培育主导产业、提高组织化程度和壮大集体经济方面有哪些具体措施；常委会委员、农业与农村委员会副主任委员刘振伟就如何以金融精准扶贫为突破口，解决农村金融服务的体制机制问题；民族委员会副主任委员杜德印就在贫困地区特别是民族贫困地区发展民族教育、提高办学质量方面采取了哪些措施；民族委员会副主任委员吴仕民就国家如何让贫困地区农牧民在生态保护中得到更多的实惠；常委会委员唐世礼就政府将采取哪些办法推动少数民族贫困地区脱贫、贫困群众看病就医各项优惠政策的有效衔接等问题提出询问。常委会委员王明雯，常委会委员、财政经济委员会副主任委员辜胜阻也提出了询问。汪洋在回答有关询问时表示，下一步将强化问题导向，坚持精准方略，健全体制机制，加强帮扶干部队伍建设，加大对深度贫困地区的攻坚力度。注重扶贫先扶志、治穷先治愚，因地制宜、因户因人施策，激发贫困群众内生动力。坚持稳中求进工作总基调，坚持现行标准和时限，更加努力工作，坚决打赢脱贫攻坚战。

常委会会议听取了，受国务院委托，国家发展改革委主任何立峰报告的2017年以来国民经济和社会发展计划执行情况、财政部部长肖捷报告的2017年以来预算执行情况、国务院扶贫开发领导小组办公室主任刘永富报告的脱贫攻坚工作情况；听取了最高人民法院院长周强作的关于知识产权法院工作情况的报告。

8月28—30日

［纲　文］　**政协第十二届全国委员会常务委员会第二十二次会议在北京召开。**

［目　文］　全国政协副主席杜青林、全国政协主席俞正声分别主持开幕会、闭幕

会。会议围绕“实施精准扶贫中存在的问题和建议”议政建言。国务院副总理汪洋应邀出席开幕会并作报告。常委会组成人员讨论、提出意见建议。常委们表示，中共十八大以来，以习近平同志为核心的中共中央，把脱贫攻坚摆到治国理政的重要位置，确定精准扶贫、精准脱贫基本方略，全面打响了脱贫攻坚战。在中共中央坚强领导下，各地和中央各部门认真落实脱贫攻坚决策部署，脱贫攻坚顶层设计的四梁八柱基本形成，各项工作正在扎实有力向前推进，贫困地区面貌明显改善。常委们认为，扶贫攻坚是坚持党的宗旨、体现社会主义本质特征的重大举措，要通过先富带后富达到共同富裕的目标；坚持实事求是是做好脱贫攻坚工作的关键，要在扶贫标准、扶贫措施上实事求是，在长远利益和眼前利益处理上实事求是，保证脱贫质量；坚持群众路线是脱贫攻坚工作的根本方法，要密切联系贫困群众，尊重群众意愿，充分发动社会各界群众广泛参与。要坚持突出重点，切实聚焦深度贫困，重视抓好产业扶贫，高度关注因病致贫返贫问题。要坚持统筹协调，加强扶贫资金整合使用。要坚持夯实基础，创新和完善制度机制。要大力宣传扶贫攻坚工作中的先进典型，形成良好的舆论氛围。常委们表示，各级政协组织和广大政协委员要响应中共中央号召，继续围绕脱贫攻坚中的重大问题，深入调研，建言献策；继续聚焦中央精准扶贫政策部署的贯彻落实，积极开展民主监督，勇于提出批评意见；继续身体力行参与到产业扶贫、教育扶贫、健康扶贫、生态扶贫等行动中来，为打赢脱贫攻坚战贡献力量。

会议对全国政协下半年工作作出部署，要求广大政协委员再接再厉完成好2017年各项履职工作，以良好的精神状态和优异成绩迎接中共十九大胜利召开。会议经过表决，通过关于接受李军请辞第十二届全国政协委员的决定。会议追认全国政协第六十三次主席会议作出的关于撤销阿布里米提·艾合买托合提第十二届全国政协委员资格的决定。

8月29日

［纲　文］　**习近平在北京主持召开中央全面深化改革领导小组第38次会议。**

［目　文］　中共中央总书记、中央全面深化改革领导小组组长习近平指出，改革是我们进行具有新的历史特点的伟大斗争的重要方面。全面深化改革，必须加强党对改革的领导，必须坚持问题导向，必须狠抓改革落实，必须深化对改革规律的认识和运用。要继续高举改革旗帜，站在更高起点谋划和推进改革，坚定改革定力，增强改革勇气，总结运用好党的十八大以来形成的改革新经验，再接再厉，久久为功，坚定不移将改革进行到底。

中共中央政治局常委、中央全面深化改革领导小组副组长李克强、刘云山，中央全面深化改革领导小组成员出席会议。中央和国家机关有关部门负责人列席会议。

会议主要内容有：一、会议审议通过了《关于完善主体功能区战略和制度的若干意见》《关于探索建立涉农资金统筹整合长效机制的意见》《生态环境损害赔偿制度改革方案》《关于建立健全村务监督委员会的指导意见》《关于加强法官检察官正规化专业化职业化建设全面落实司法责任制的意见》《关于上海市开展司法体制综合配套改革试点的框架意见》。二、会议审议了《关于脱贫攻坚责任制实施办法落实情况的督察报告》《宁夏回族自治区关于空间规划（多规合一）试点工作情况的报告》。

会议强调，党的十八大以来的5年，是全面深化改革夯基垒台、积厚成势、攻坚克难、砥砺奋进的5年，也是改革集中推进、全面深入、成果显著、积累经验的5年。在党中央正确领导下，广大干部群众积极投身改革，汇聚起推进全面深化改革的磅礴伟力，迎风破浪、大刀阔斧、上下联动、蹄疾步稳，谱写了改革新篇章，改革成为中国共产党的鲜明旗帜和当代中国的时代特征。5年来，面对艰巨复杂的改革任务，党中央举旗定向、谋篇布局，以前所未有的决心和力度推进全面深化改革，对全面深化改革作出一系列重大战略部署。我们坚持从体制机制层面入手，统筹谋划改革任务，改革涉及范围之广、出台方案之多、触及利益之深、推进力度之大前所未有。我们坚持一分部署、九分落实，抓铁有痕、踏石留印，各项改革相继落地、渐次开花。我们坚持凝聚各方智慧，创造和积累了改革的新鲜经验。改革只有进行时、没有完成时。要坚持一张蓝图绘到底。党的十八届三中、四中、五中、六中全会提出的改革任务，进展总的符合预期。对已经出台的改革举措，要对落实情况进行总体评估，尚未落地或落实效果未达到预期的改革任务，党的十九大之后要继续做实。

8月29日

［纲　文］　**国务院在北京召开东西部扶贫协作经验交流会。**

［目　文］　国务院总理李克强作出批示指出：一年来，各有关地区和各部门按照党中央、国务院决策部署，团结进取，扎实开展东西部扶贫协作，在项目资金支持、人才技术支撑、产业发展合作等方面不断加大工作力度，取得了积极成效，应予充分肯定。当前，推进脱贫攻坚正处于关键时期，帮扶双方要认真贯彻习近平总书记关于切实做好新形势下东西部扶贫协作工作的重要讲话精神，总结经验，再接再厉，继续以深度贫困地区为重点，进一步创新完善协作模式，加强精准帮扶，切实提高脱贫工作实效，努力在培育贫困地区内生发展动力上取得更大进展，动员和凝聚全社会力量共同参与，持续不懈打好脱贫攻坚战，带动更多贫困群众实现稳定脱贫、走上致富路，为全面建成小康社会作出新贡献。

国务院副总理、国务院扶贫开发领导小组组长汪洋出席会议并讲话。国务院扶贫开发领导小组副组长、国务院扶贫办主任刘永富主持会议。北京、上海、广东、浙江等八省市进行了结对帮扶经验介绍。汪洋指出，要深入贯彻习近平总书记在东西部扶贫协作座谈会上的重要讲话精神，认真落实李克强总理的重要批示要求，切实增强责任感和紧迫感，紧紧围绕精准脱贫，发挥制度优势，坚持互利共赢，创新帮扶举措，不断提高东西部扶贫协作水平。新时期东西部扶贫协作参与主体多、帮扶链条长、协作范围广、目标要求高，协作双方要加强组织领导，加大协作力度，切实提高帮扶质量，把带动了多少贫困人口脱贫作为检验协作成效的重要标准。要坚持扶贫初心，紧紧围绕脱贫目标谋划安排扶贫协作，进一步增强帮扶工作对贫困群众脱贫的促进作用。坚持精准扶贫精准脱贫方略，解决好“五个一批”的短板领域和薄弱环节，协作资源和力量进一步向贫困乡村基层倾斜。

8月29日

［纲　文］　**国务院办公厅印发《关于完善反洗钱、反恐怖融资、反逃税监管体制机制的意见》。**

［目　文］　《意见》由七个部分组成：一、总体要求。二、健全工作机制。三、完善法律制度。四、健全预防措施。五、严惩违法犯罪活动。六、深化国际合作。七、创造良好社会氛围。

《意见》指出，各主管部门要指导相关行业协会积极参与“三反”工作，制定反洗钱自律规则和工作指引，加强自律管理，强化反洗钱义务机构守法、诚信、自律意识，推动反洗钱义务机构积极参与和配合“三反”工作，促进反洗钱义务机构之间交流信息和经验，营造积极健康的反洗钱合规环境。

8月29日

［纲　文］　**国家工商总局印发《关于做好“多证合一”改革工作的指导意见》。**

［目　文］　《意见》由六个部分组成：一、把握“多证合一”改革内涵，进一步明确证照整合范围。二、处理好“多证合一”改革与“并联审批”“证照联办”关系，用“减证”促“简政”。三、推进部门间信息共享，实现“数据多跑路、群众少跑腿”。四、推进“多证合一”营业执照跨区域互认，实现“一照一码走天下”。五、正确理解“多证合一”改革与“证照分离”改革关系，确保统筹协同推进。六、加强窗口建设，做好宣传解读，营造良好改革氛围。

《意见》指出，各级工商和市场监管部门要以“多证合一”改革为契机，全面强化企业登记窗口建设，提升企业登记窗口服务水平，做好宣传和引导工作，确保改革取得实效。

8月29日

［纲　文］　**施普林格·自然集团、国家纳米科学中心和中国科学院文献情报中心发布《国之大器始于毫末——中国纳米科学与技术发展状况概览》（中英文）白皮书。**

［目　文］　白皮书数据显示，过去20年，中国纳米专利的申请量累计达20.9万余件，占全球总量的45%，是美国同期累计申请总量的两倍以上。同时，中国纳米专利申请所涉领域广泛，其中最多的是高分子合成和超分子化合物的专利。

白皮书认为，中国已经成为当今世界纳米科学与技术进步重要的贡献者，部分基础研究居国际领先水平，纳米科技应用研究与成果转化的成效也已初具规模。中国纳米科技研究正在向原创性突破转变，并更加关注纳米科技的产业化应用。

8月29日

［纲　文］　**纪念中日邦交正常化45周年——中日大学生千人交流大会在北京大学举行。**

［目 文］ 国务院副总理刘延东出席大会并发表主旨讲话。交流大会由中华人民共和国驻日本国大使馆主办，北京大学承办。中日两国1000余名大学生参加此次大会，并共同发表《中日大学生和平友好宣言》。

刘延东指出，中日友好的根基在民间、未来在青年。中日大学生千人交流大会是两国青年共同改善发展中日关系的实际行动，也是两国人文交流的一件盛事。希望两国青年珍惜机会，交流思想，涵养友谊，相互学习，搭建友谊、理解与互信的桥梁；希望两国青年登高望远，感知时代发展的脉搏，分享各自见闻，促进两国民心相通，培育中日友好的社会民意基础；希望两国青年不忘前辈初心，秉持以史为鉴、面向未来的精神，坚定和平共处、世代友好的信念，为两国关系发展注入正能量，用青春谱写中日和平友好新篇章。

8月29日

［纲 文］ **《人民日报》发表题为《把伟大祖国建设得更加美丽》的评论员文章。**

8月30日

［纲 文］ **中共中央在北京召开党外人士座谈会，就中共十九大报告征求意见稿听取各民主党派中央、全国工商联领导人和无党派人士意见和建议。**

［目 文］ 中共中央总书记习近平主持座谈会并讲话。俞正声、刘云山、王岐山、王沪宁、刘奇葆、许其亮、孙春兰、汪洋、赵乐际、栗战书、杨洁篪、周小川和中央有关部门负责人出席座谈会。民革中央主席万鄂湘、民盟中央主席张宝文、民建中央主席陈昌智、民进中央主席严隽琪、农工党中央主席陈竺、致公党中央常务副主席蒋作君、九三学社中央主席韩启德、台盟中央主席林文漪、全国工商联主席王钦敏、无党派人士代表郭雷先后发言。他们认为，中共十九大报告稿站在历史和时代的高度，深刻阐述中共十八大以来中国共产党和国家事业发生的历史性变革，深刻阐述新的历史条件下坚持和发展中国特色社会主义的一系列重大理论和实践问题，提出一系列重要思想、重要观点、重大判断、重大举措。

习近平指出，民主党派是中国共产党的亲密友党，就中国共产党和国家重大方针政策和决策部署听取各民主党派中央、全国工商联负责人和无党派人士的意见，是长期以来形成的惯例，也是社会主义协商民主的重要体现。中共十九大报告起草工作是中共十九大筹备工作的重要组成部分。中共中央对这项工作高度重视。起草工作一开始，我们就提出，要努力起草出一个凝聚全党智慧、顺应人民期待、对我国发展具有重大指导作用、在国际社会产生积极影响的报告。中国共产党领导的多党合作和政治协商制度，是我国的一项基本政治制度。坚持和完善中国特色社会主义制度，很重要的一个方面就是坚持和完善中国共产党领导的多党合作和政治协商制度，发展社会主义协商民主，更好发挥各民主党派和无党派人士积极作用。希望各民主党派中央、全国工商联和无党派人士自觉增强维护中国共产党领导、坚持走中国特色社会主义道路的政治共识，团结引领各自成员和所联系群众，充分认识我国发展取得的辉煌成就，牢固树立中国特色社会主义道路自信、理论自信、制度自信、文化自信，正确分析国际国内形势，凝聚政治共识，汇聚各方力量。

8月30日

［纲　文］　**李克强主持召开国务院常务会议。**

［目　文］　会议主要内容有：一、决定推广一批具备复制条件的支持创新改革举措，为创新发展营造更好环境。会议决定，将目前比较成熟、已具备复制推广条件的若干项改革举措在更大范围内实施，绝大部分推向全国。主要包括：一是更有针对性加大对中小微企业创新的支持。二是更大力度加强知识产权保护。依托知识产权快速维权中心，开展集专利快速审查、确权、维权于一体的综合服务。三是允许高校和科研院所采取年薪制、协议工资制、项目工资等灵活多样的形式引进高层次或紧缺人才，建立事业单位编制省内统筹使用制度。四是拓宽外籍人才工作居留向永久居留转换渠道，简化办理手续和流程，对外国专家来华工作和入境许可实行一口受理、一窗发放。鼓励引导优秀外国留学生在华就业创业，符合条件的可直接申请工作和居留许可。五是实行国税地税联合办税。会议要求，对其他尚未推广的改革举措，先行先试地区要加快推进落实，强化督查考核，尽快取得实质性突破。要及时总结成功做法，并加以复制推广。二、确定促进健康服务业发展的措施，满足群众需求、提高健康水平。会议要求，要增强发展健康服务业的紧迫感，一是研究制定健康产业发展行动纲要，科学界定内涵，建立长效支持机制，推进医疗健康与养老、旅游、体育、互联网等有效融合，形成功能齐全、结构合理的产业支撑体系。二是进一步深化简政放权、放管结合、优化服务改革。发展改革委要抓紧出台社会办医疗机构、养老机构设置的跨部门全流程综合审批办法，破除制约发展的各种障碍。加快推动二级及以下医疗机构设置审批与执业登记两证合一。对养老机构内设诊所实行备案制。三是卫生计生委要牵头尽快建立综合监管制度，运用“双随机、一公开”方式，加强事中事后监管。四是加大医疗、护理、康复等短缺人才培养力度，支持发展重大创新药物、短缺药物、康复辅助器具等健康产品，满足市场和群众需求。五是注重利用社会力量补齐健康服务短板。六是财税部门要抓紧研究调整社会办医疗、养老企业所得税政策，加大支持力度。加快建立适应医师多点执业的人员聘用退出、教育培训、评价激励、职务晋升等机制。鼓励发展保障型商业健康保险。多措并举推动健康服务业规范有序加快发展。

8月30日

［纲　文］　**《人民日报》报道，中央组织部会同人力资源社会保障部、国家统计局组织开展2015年度全国人才资源统计工作。**

［目　文］　这是继2010年后开展的第二次全口径统计。统计数据显示：人才资源总量稳步增长。全国人才资源总量达1.75亿人，人才资源总量占人力资源总量的比例达15.5%，基本实现2020年1.8亿人、16%的规划目标。党政人才、企业经营管理人才、专业技术人才、高技能人才、农村实用人才、社会工作专业人才资源总量分别为729.0万人、4334.1万人、7328.1万人、4501.0万人、1692.3万人、75.9万人，较2010年分别增长4.0%、45.5%、32.0%、57.2%、61.4%、272.1%，其中企业经营管理人才和

高技能人才资源总量分别比 2020 年规划目标超出 3.2% 和 15.4%。人才队伍素质明显增强。每万劳动力中研发人员达 48.5 人年，比 2010 年增长 14.9 人年，超出 2020 年规划目标 5.5 人年；主要劳动年龄人口受过高等教育的比例达 16.9%，高技能人才占技能劳动者的比例达 27.3%，农村实用人才占农村劳动力的比例达 3.3%，分别比 2010 年上升 4.4、1.7、1.1 个百分点；党政人才、企业经营管理人才和专业技术人才中大学本科及以上学历所占比例达 42.4%，比 2010 年上升 8.2 个百分点。人才投入和效能显著提高。人力资本投资占国内生产总值比例达到 15.8%，比 2010 年上升 3.8 个百分点；人才贡献率达到 33.5%，比 2010 年上升 6.9 个百分点，人才对我国经济增长的促进作用日益凸显。

截至 2016 年底，国家“千人计划”共引进海外人才 6089 人，留学回国人才总数达 265.1 万人，其中 70% 均为党的十八大之后回国的，形成了新中国成立以来最大规模留学人才“归国潮”。

8 月 30 日

［纲　文］　**卫生计生委、中医药局发布《医疗机构临床路径管理指导原则》。**

［目　文］　《原则》共 7 章 34 条。主要有总则、组织机构和职责、临床路径的选择与制定、临床路径的实施、临床路径的信息化、临床路径的监督与评价、附则等内容。自 2017 年 8 月 30 日起施行。原《临床路径管理指导原则（试行）》（卫医管发〔2009〕99 号）同时废止。

8 月 31 日

［纲　文］　**中共中央政治局召开会议，研究中国共产党第十八届中央委员会第七次全体会议和中国共产党第十九次全国代表大会筹备工作。**

［目　文］　中共中央总书记习近平主持会议。会议决定，中国共产党第十八届中央委员会第七次全体会议于 2017 年 10 月 11 日在北京召开。中共中央政治局向党的十八届七中全会建议，中国共产党第十九次全国代表大会于 2017 年 10 月 18 日在北京召开。

会议指出，中国共产党第十九次全国代表大会，是在全面建成小康社会决胜阶段、中国特色社会主义发展关键时期召开的一次十分重要的大会。大会将高举中国特色社会主义伟大旗帜，以马克思列宁主义、毛泽东思想、邓小平理论、“三个代表”重要思想、科学发展观为指导，贯彻习近平总书记系列重要讲话精神和党中央治国理政新理念新思想新战略，认真总结过去 5 年工作，回顾总结党的十八大以来以习近平同志为核心的党中央团结带领全党全国各族人民坚持和发展中国特色社会主义的历史进程和宝贵经验，深入分析当前国际国内形势，全面把握党和国家事业发展新要求和人民群众新期待，制定适应时代要求的行动纲领和大政方针，动员全党全国各族人民坚定中国特色社会主义道路自信、理论自信、制度自信、文化自信，继续统筹推进“五位一体”总体布局、协调推进“四个全面”战略布局，继续推进党的建设新的伟大工程，为决胜全面建成小康社会、努力开创中国特色社会主义新局面而团结奋斗。

大会将选举产生新一届中央委员会和中央纪律检查委员会。会议指出，目前大会各项筹备工作进展顺利，要继续扎实做好大会筹备工作，确保大会胜利召开。

8月31日

［纲　文］ **财政部、人民银行、证监会印发《国债承销团组建工作管理办法》。**

［目　文］ 《办法》共6章24条。主要有总则、前期准备、选择方式、公示与签约、退出与增补、附则等内容。自2017年8月31日起施行。2014年11月17日发布的《财政部中国人民银行证监会关于印发〈国债承销团组建工作管理暂行办法〉的通知》（财库〔2014〕186号）同时废止。

8月31日

［纲　文］ **教育部印发《关于进一步推进职业教育信息化发展的指导意见》。**

［目　文］ 《意见》由三个部分组成：一、准确把握进一步推进职业教育信息化发展的重要机遇与基本要求。二、全面落实推进职业教育信息化发展的重点任务。三、着力完善推进职业教育信息化发展的各项保障措施。

《意见》指出，各地要把发展职业教育信息化纳入职业教育和教育信息化的总体规划，各地教育行政部门要加强区域统筹，组织、推动、落实、监管职业教育信息化各项工作。职业院校要深化信息技术在人才培养、技术技能传承和促进创新创业中的应用，加强优质数字教育资源的开发和使用。

8月31日

［纲　文］ **中国伊斯兰教协会在北京举行招待会，庆祝伊斯兰教的传统节日古尔邦节。**

［目　文］ 中共中央政治局委员、国务院副总理刘延东，中共中央政治局委员、中央统战部部长孙春兰，全国人大常委会副委员长艾力更·依明巴海，全国政协副主席王正伟、马飚等到会祝贺。40多位伊斯兰国家驻华使节，在京外国穆斯林专家代表，中央和北京市有关部门负责人，首都各界穆斯林代表共300余人出席了招待会。

中国伊斯兰教协会会长杨发明在招待会上致辞，他代表中国伊协向全国和世界各国穆斯林兄弟姐妹致以节日的问候，祝愿伟大祖国繁荣昌盛、世界安宁和平。他说，一年来各伊协组织和广大伊斯兰教界人士认真学习贯彻习近平总书记系列重要讲话精神和治国理政新理念新思想新战略，深入贯彻落实全国宗教工作会议精神，大力开展爱国主义和中国特色社会主义教育，坚持伊斯兰教中国化方向，积极引导伊斯兰教与社会主义社会相适应，为巩固发展中华民族大团结、维护我国改革发展稳定大局贡献了积极力量。

8月31日

［纲　文］ **国务委员兼国防部长常万全在北京会见柬埔寨海军司令迪文。**

［目　文］ 常万全说，中柬是肝胆相照的好邻居、真朋友，两国传统友谊久经考验、根深叶茂。中方愿与柬方一道，全面落实习近平主席与洪森首相达成的一系列重要共识，推动中柬全面战略合作伙伴关系不断迈上新台阶。希望中柬两军包括两国海军进一步

加强友好往来与务实合作，为巩固发展中柬友好事业作出新贡献。

迪文说，柬方感谢中方长期以来给予的无私援助。柬海军愿与中方加强交流合作，为推动两国两军关系不断向前发展而努力。

8月31日

［纲　文］　**外交部部长王毅应约同法国外长勒德里昂通电话，就当前朝鲜半岛局势交换意见。**

［目　文］　王毅重申了中方致力于实现半岛无核化目标，反对朝鲜发射弹道导弹的原则立场。王毅说，中国一贯全面、严格执行联合国安理会各项涉朝决议，为半岛核问题和平解决发挥着积极作用。同时，其他各方也应切实承担起应尽责任，共同努力把局势缓下来，尽快扭转当前的恶性循环。

勒德里昂表示，法方严重关切朝鲜近期的导弹试射活动，支持国际社会加大努力，推进半岛无核化进程。法方支持中方继续为解决半岛核问题发挥重要作用，完全不赞同所谓中国没有尽到责任的论调。法方愿同中方一道，努力推动朝核问题得到和平解决。

8月31日—9月5日

［纲　文］　**应国家主席习近平邀请，塔吉克斯坦共和国总统拉赫蒙对中国进行国事访问并出席在厦门举行的新兴市场国家与发展中国家对话会。**

［目　文］　访问期间，习近平在北京同拉赫蒙举行会谈，一致决定建立中塔全面战略伙伴关系，推动中塔关系在新的历史起点上实现更大发展。两国元首共同签署并发表了《中塔关于建立全面战略伙伴关系的联合声明》，见证了《中塔合作规划纲要》及科技、农业、能源、基础设施、人力资源、地方、媒体等领域10多项合作文件的签署。国务院总理李克强、全国人大常委会委员长张德江在北京分别会见了拉赫蒙。

习近平同拉赫蒙会谈时指出，中方高度赞赏塔吉克斯坦从一开始就积极支持“一带一路”倡议。双方要推进“一带一路”建设同塔2030年前国家发展战略深度对接，落实好中塔合作规划纲要，加强交通、能源、口岸、网络基础设施建设合作，构建全方位互联互通格局。双方要打造新的合作增长点，做大做强农业合作，深化产能合作，支持科技创新和交流。双方要加强经贸合作，中方支持塔方同中国金融机构、丝路基金、亚洲基础设施投资银行建立合作联系，愿与塔方共同促进贸易和投资便利化。中塔同为丝绸之路文明古国，应加强文化、教育、青年等领域交流合作，筑牢两国友好民意基础。上海合作组织成立16年来，为维护地区稳定和繁荣发挥了重要作用。作为上合组织轮值主席国，中方愿同塔方密切协作，共同推动本组织政治、安全、经济、人文、对外交往、机制建设等合作迈上新台阶。拉赫蒙表示，两国本着平等互利原则，开展了卓有成效的经贸投资合作。塔方积极支持丝绸之路经济带建设合作，愿同中方一道，深挖两国合作潜力，扩大金融、农业、水利、产能、能源、矿业、科技园区、交通运输互联互通等领域合作。

李克强在会见拉赫蒙时表示，中方愿同塔方深化政治互信，拓展互利合作，扩大人文交流，密切在上海合作组织等机制内的沟通协调，更好造福两国和本地区人民。中方坚定支持塔吉克斯坦人民走符合本国国情的发展道路，愿将“一带一路”倡议同塔方发展战略相衔接，深化能源、基础设施建设、加工制造等重点领域产能合作，提升交通、通信等领域互联互通水平。希望塔方继续为双方合作顺利开展提供便利。拉赫蒙表示，塔方愿同中方更好对接发展战略，加强电力、农业、交通基础设施、金融、旅游等领域合作，推进地区互联互通，推动两国关系与合作取得更大发展。

8 月 31 日— 9 月 5 日

［纲 文］ **应国家主席习近平邀请，巴西总统特梅尔对中国进行国事访问并出席金砖国家领导人厦门会晤和新兴市场国家与发展中国家对话会。**

［目 文］ 访问期间，习近平在北京同特梅尔举行会谈。两国元首一致同意深化中巴传统友谊，推动中巴全面战略伙伴关系取得新的更大发展并共同见证了产能、电子商务、质检、电力、旅游、卫生、融资、文化体育等领域共 10 多项双边合作文件的签署。国务院总理李克强、全国政协主席俞正声在北京分别会见了特梅尔。国务院副总理汪洋和特梅尔在北京共同出席巴西投资机会研讨会闭幕式并发表主旨演讲。

习近平同特梅尔会谈时指出，双方要发挥中国—巴西高层协调与合作委员会等机制作用，统筹推进各领域交流合作，积极探讨“一带一路”倡议同巴西“投资伙伴计划”“前进计划”对接，促进地区互联互通和联动发展。双方要促进贸易畅通，推动双边贸易持续稳定增长。要深化中巴基础设施建设、制造业、农业、矿业、能源、产能和科技创新合作。要扩大文化、新闻、旅游、体育等领域交流合作。双方要密切在联合国、二十国集团、基础四国、世界贸易组织等多边框架内合作，就全球经济治理、可持续发展等重大国际问题协调配合。中方坚定支持拉美联合自强、发展振兴，致力于构建携手发展的中拉命运共同体。中方对同南方共同市场合作持积极和开放态度，愿提升中国与南方共同市场合作水平。

特梅尔表示，巴方愿在国家改革发展进程中加强同中方贸易、投资、金融、农业等全方位互利合作，扩大人文、旅游、体育交流，增进两国人民相互了解和友谊。巴中双方在联合国、二十国集团、世界贸易组织等多边框架内立场相近，就气候变化、发展等全球性问题保持密切沟通协调。

李克强在会见特梅尔时指出，希望双方共同努力，优化贸易结构，以双向开放促进双边贸易平衡发展。欢迎巴西进口更多有竞争力的中国产品。中国政府支持有实力的中国企业赴巴西投资，愿同巴方继续落实和推进好两国重点领域产能合作，在基础设施建设、电力、装备制造、农业、能源资源、旅游、体育等领域开展全方位合作，更好实现互利共赢。特梅尔表示，巴方愿同中方进一步深化农业、航空、能源资源等领域合作，扩大投资合作，加强旅游、体育等人文交流，增进两国人民友谊。欢迎中国企业赴巴投资兴业。

俞正声在会见特梅尔时说，中国全国政协长期以来同巴西国会保持着良好关系，新形势下，我们愿同巴西国会进一步加强交往与合作，为推动落实两国元首重要共识，深化双方政治互信，提升务实合作，推进双边关系发展作出更大贡献。特梅尔说，巴西欢迎中国加大对巴投资，愿意进一步深化同中方在经贸、人文等各领域的务实合作。

9 月

9月1日

［纲 文］ **习近平签署中华人民共和国主席令（第73至76号）。**

［目 文］ 主席令（第73号）说，《中华人民共和国核安全法》已由中华人民共和国第十二届全国人民代表大会常务委员会第二十九次会议于2017年9月1日通过，现予公布，自2018年1月1日起施行。

主席令（第74号）说，《中华人民共和国中小企业促进法》已由中华人民共和国第十二届全国人民代表大会常务委员会第二十九次会议于2017年9月1日修订通过，现将修订后的《中华人民共和国中小企业促进法》公布，自2018年1月1日起施行。

主席令（第75号）说，《中华人民共和国国歌法》已由中华人民共和国第十二届全国人民代表大会常务委员会第二十九次会议于2017年9月1日通过，现予公布，自2017年10月1日起施行。

主席令（第76号）说，《全国人民代表大会常务委员会关于修改〈中华人民共和国法官法〉等八部法律的决定》已由中华人民共和国第十二届全国人民代表大会常务委员会第二十九次会议于2017年9月1日通过，现予公布，自2018年1月1日起施行。

9月1日

［纲 文］ **国务院印发《关于支持山西省进一步深化改革促进资源型经济转型发展的意见》。**

［目 文］ 《意见》由八个部分组成：一、总体要求。二、健全产业转型升级促进机制，打造能源革命排头兵。三、深入实施创新驱动发展战略，促进新旧动能接续转换。四、全面深化国有企业改革，激发市场主体活力。五、加快推进重点领域改革，增强内生发展动力。六、深度融入国家重大战略，拓展转型升级新空间。七、深化生态文明体制改革，建设美丽山西。八、加强组织领导，完善工作保障措施。

《意见》要求，山西省要切实承担主体责任，加强组织领导，制定实施方案。国务院有关部门要结合自身职能，对本意见涉及的重大事项抓紧制定细化方案和具体措施。国家发展改革委要加强对山西省资源型经济转型发展的宏观指导、综合协调、督促推进和检查评估。

9月1日

［纲 文］ **国务院办公厅印发《关于加快推进农业供给侧结构性改革大力发展粮食**

产业经济的意见》。

［目　文］《意见》由七个部分组成：一、总体要求。二、培育壮大粮食产业主体。三、创新粮食产业发展方式。四、加快粮食产业转型升级。五、强化粮食科技创新和人才支撑。六、夯实粮食产业发展基础。七、完善保障措施。

《意见》要求，地方各级人民政府要高度重视粮食产业经济发展，因地制宜制定推进本地区粮食产业经济发展的实施意见、规划或方案，加强统筹协调，明确职责分工。加大粮食产业经济发展实绩在粮食安全省长责任制考核中的权重。要结合精准扶贫、精准脱贫要求，大力开展粮食产业扶贫。粮食部门负责协调推进粮食产业发展有关工作，推动产业园区建设，加强粮食产业经济运行监测。

9月1日

［纲　文］　**国务院办公厅印发《关于进一步激发民间有效投资活力促进经济持续健康发展的指导意见》。**

［目　文］《意见》由十个部分组成：一、深入推进“放管服”改革，不断优化营商环境。二、开展民间投资项目报建审批情况清理核查，提高审批服务水平。三、推动产业转型升级，支持民间投资创新发展。四、鼓励民间资本参与政府和社会资本合作（PPP）项目，促进基础设施和公用事业建设。五、降低企业经营成本，增强民间投资动力。六、努力破解融资难题，为民间资本提供多样化融资服务。七、加强政务诚信建设，确保政府诚信履约。八、加强政策统筹协调，稳定市场预期和投资信心。九、构建“亲”“清”新型政商关系，增强政府服务意识和能力。十、狠抓各项政策措施落地见效，增强民营企业获得感。

《意见》指出，各省（区、市）人民政府、各有关部门要按照本意见要求，切实抓好贯彻落实，进一步做好民间投资各项工作。国家发展改革委要加强统筹协调，会同有关部门对本意见落实情况进行督促检查和跟踪分析，重大事项及时向国务院报告。

9月1日

［纲　文］　**《人民日报》报道，中央办公厅、中央巡视工作领导小组及其办公室分别制定印发“一规定三规则”。**

［目　文］　中央办公厅印发《被巡视党组织配合中央巡视工作规定》，中央巡视工作领导小组及其办公室分别印发了《中央巡视工作领导小组工作规则》《中央巡视组工作规则》和《中央巡视工作领导小组办公室工作规则》，作为新修改的《中国共产党巡视工作条例》的配套制度。

制定印发“一规定三规则”，是以习近平同志为核心的党中央站在全面从严治党、依规管党治党的战略高度，加强党内监督制度建设、推进巡视制度创新的重大举措，体现了党中央对巡视工作的高度重视，彰显了信任不能代替监督、把权力关进制度笼子的理念，对进一步提高巡视工作制度化规范化水平、充分发挥中国特色社会主义民主监督制度优势具有重要意义。

"一规定三规则"深入贯彻习近平总书记系列重要讲话精神和党中央治国理政新理念新思想新战略，落实中央巡视工作方针和政治巡视要求，全面总结归纳十八届中央巡视工作实践创新成果和成功经验，根据《中国共产党巡视工作条例》，对巡视工作各相关主体的职责任务、工作方式、工作权限和纪律要求等作出细化规定，是全面从严治党的制度利器，为依纪依规开展巡视、推动巡视工作向纵深发展提供了重要保障。

9月1日

［纲　文］　**国土资源部印发《关于加强城市地质工作的指导意见》。**

［目　文］　《意见》由六个部分组成：一、总体要求。二、全面加强城市地质基础工作。三、主动服务城市开发建设。四、积极推动地质资源绿色开发利用。五、健全完善城市地质安全监测预警体系。六、加强城市地质调查工作的组织协调。

《意见》要求，各地要根据本意见，报请地方政府建立协调机制，制定专门工作方案，研究出台配套政策，保障基础性公益性地质调查工作投入，推进城市地质工作任务落实。做好城市地质调查工作与国土资源日常管理工作的有机衔接，将城市地质工作的有关要求，依法纳入土地出让合同、划拨决定书和矿业权出让合同，落实相关建设开发主体的责任和义务。

9月1日

［纲　文］　**国家铁路局发布《关于原铁道部规范性文件第一批清理结果的通知》。**

［目　文］　《通知》说，按照《国务院办公厅关于做好行政法规部门规章和文件清理工作有关事项的通知》（国办函〔2016〕12号）和《国务院办公厅关于进一步做好"放管服"改革涉及的规章、规范性文件清理工作的通知》（国办发〔2017〕40号）的要求，国家铁路局与中国铁路总公司充分协商，对原铁道部规范性文件进行全面清理。按照"先易后难、有序推进，边清理、边出成果、边向社会公开"的原则，现将第一批清理结果通知如下：一、落实中央关于实行铁路政企分开改革和进一步做好"放管服"改革的精神，将《关于客运专线公司筹备组管理的若干规定》等74件文件交由中国铁路总公司管理。中国铁路总公司可继续执行，亦可修改或停止执行。修改或停止执行之日，原文件废止。二、根据铁路改革发展实际，决定《关于印发〈铁道部工作规则〉的通知》等11件文件予以废止。

9月1日

［纲　文］　**中共中央党校举行2017年秋季学期开学典礼。**

［目　文］　中共中央政治局常委、中央党校校长刘云山出席并讲话，强调领导干部要带头深入学习贯彻习近平总书记"7·26"重要讲话精神，学习贯彻习总书记关于提高政治能力的重要思想，努力使政治能力有一个大的提升，更好适应新形势新任务的要求，促进党和国家事业发展。政治标准是衡量领导干部的首要标准，提高领导能力第一位的是提高政治能力。党组织选拔任用干部，首先看干部政治上清醒不清醒、坚定不坚定，说到底就是看政治能力强不强。作为领导干部，必须提高政治站位、政治觉悟，增强政治定力、政治担当，做政治上的明白人。

9月1日

［纲　文］　**外交部部长王毅应约同英国外交大臣约翰逊、日本外相河野太郎就当前朝鲜半岛局势通电话。**

［目　文］　王毅表示，中方从维护地区和平稳定、维护国际核不扩散体系出发，反对朝鲜违反安理会决议试射弹道导弹。安理会已就此再次发出一致声音。美韩联合军演已经结束，半岛局势进入间歇期，和平仍不能放弃。各方应慎重行事，不再采取加剧紧张的言行，共同努力为重启对话创造条件。中方将继续为通过政治对话和平解决半岛核问题作出不懈努力，希望其他当事方也能负起自身责任，发挥积极作用。约翰逊表示，英方对朝鲜罔顾安理会决议再次射导表示严重关切。英方赞同应通过和平方式解决半岛核问题，充分认识到中方为此所作的积极努力，愿继续同中方就妥善解决半岛核问题保持密切沟通。

王毅表示，半岛核问题的本质是安全问题。中方提出的"双轨并行"思路和"双暂停"倡议，就是为了平衡解决各方的合理安全关切，把核问题重新纳入对话谈判的解决轨道。这一努力完全符合安理会涉朝决议的要求，也符合包括日本在内各方的共同利益。王毅强调，单边制裁不符合安理会决议精神，没有国际法依据，日本不要对此作出误判。河野太郎表示，日本强烈反对朝鲜再次试射导弹这一挑衅行为，主张国际社会严肃应对。日方重视中方在这一问题上的作用，希望同中方加强沟通协调。

9月1—3日

［纲　文］　**中国摄影家协会第九次全国代表大会在北京召开。**

［目　文］　中共中央政治局委员、中宣部部长刘奇葆出席开幕式并讲话。会议审议通过了《中国摄影家协会第九次全国代表大会工作报告》，修订了《中国摄影家协会章程》，选举产生了由147人组成的中国摄影家协会第九届理事会和12人组成的第九届主席团，李舸当选主席。

9月1—5日

［纲　文］　**第11届中国—东北亚博览会在长春举行。**

［目　文］　博览会由商务部、国家发展改革委、国际贸易促进委员会、吉林省人民政府主办，是由东北亚六国共同参与并面向全球开放的国际性综合博览会。坚持"稳定规模，提升规格"的原则。博览会期间，举办了第九届东北亚合作高层论坛、中国制造2025吉林论坛、世界产业领袖大会、中日韩地方政府合作会议、首届东北亚跨境电子商务峰会等多项国际性活动。博览会设置智能制造主题馆、移动互联支付生活馆、香港商品馆、台湾商品馆、国际商品馆等9个展馆，35类万余种展品参展。来自东北亚、东南亚、欧美、大洋洲、非洲等116个国家和地区的近10万名客商参会。国务院副总理汪洋出席博览会开幕式暨第九届东北亚合作高层论坛并发表主旨演讲。

9月2日

［纲　文］　**原南京军区司令员向守志，在南京逝世，享年100岁。**

9月3日

［纲　文］ **国家主席习近平在厦门出席金砖国家工商论坛开幕式并发表演讲。**

［目　文］ 习近平在题为《共同开创金砖合作第二个“金色十年”》的主旨演讲中指出，金砖国家要共同开创金砖合作第二个“金色十年”，让合作成果惠及五国人民，让世界和平与发展的福祉惠及各国民众。金砖合作正处在承前启后的关键节点上。在过去10年中，金砖国家携手同行，成长为世界经济的新亮点。10年中，金砖国家探索进取，谋求共同发展；务实为先，推进互利合作；敢于担当，力求在国际舞台上有所作为。平等相待、求同存异，务实创新、合作共赢，胸怀天下、立己达人，是金砖精神的具体体现，是金砖五国历经10年合作凝聚的共同价值追求。现在，金砖国家不断向前发展的潜力和趋势没有改变。我们对此充满信心。

巴西总统特梅尔、南非总统祖马，以及有关国际组织负责人出席开幕式。王沪宁、栗战书、杨洁篪等参加。来自金砖国家和其他新兴经济体的商会、研究机构、知名企业和有代表性中小企业约1000名工商界人士及相关国际组织和机构代表出席开幕式。

3—4日，2017年金砖国家工商论坛在厦门举行，是金砖国家领导人会晤的配套活动。与会各方围绕“贸易与投资、金融合作与发展、互联互通、蓝色经济”4个议题进行讨论。与会人数达到1200人，共来自25个国家和5个国际组织。其中，工商界人士1069人，除来自金砖国家之外，还来自新兴市场国家和发展中国家对话会的5个受邀国以及其他15个国家，参会人员代表性广泛，体现出金砖合作的强大生命力和吸引力，充分反映出各国工商界对参与金砖国家经济合作的巨大热情，对“金砖+”合作模式理念的浓厚兴趣，对携手推动开放型世界经济发展的坚定承诺。

9月3日

［纲　文］ **农业部公布《农药生产许可审查细则》。**

［目　文］ 《细则》共6章35条。主要有总则、申请材料要求、审查流程、审查内容、审查结论、附则等内容。自2017年10月10日起施行。

9月3日

［纲　文］ **农业部公布《农药登记试验单位评审规则》，自2017年10月10日起施行。**

9月3日

［纲　文］ **农业部公布《农药登记试验质量管理规范》。**

［目　文］ 《规范》共12章44条。主要有总则，组织和人员，质量保证，试验设施，仪器、材料和试剂，试验体系，被试物、对照物和样本，标准操作规程，试验项目实施，试验报告，归档和保存，附则等内容。自2017年10月10日起施行。

9月3日

［纲　文］ **外交部就朝鲜再次进行核试验发表声明。**

［目　文］　声明全文如下：今天，朝鲜民主主义人民共和国不顾国际社会普遍反对，再次进行核试验，中国政府对此表示坚决反对并予强烈谴责。实现朝鲜半岛无核化、维护核不扩散体系、维护东北亚和平稳定，是中方坚定立场，也是国际社会普遍意愿。我们强烈敦促朝方正视国际社会在半岛无核化问题上的坚定意志，切实遵守安理会相关决议，停止采取恶化局势、同时也不符合自身利益的错误行动，切实回到对话解决问题的轨道。中方将同国际社会一道，全面、完整执行安理会有关涉朝决议，坚定不移地推进半岛无核化目标，坚定不移地维护半岛和平稳定。

9月3日

［纲　文］　**纪念中国人民抗日战争暨世界反法西斯战争胜利72周年座谈会在北京举行**。

［目　文］　中共中央政治局委员、中央统战部部长孙春兰出席。座谈会由中央宣传部、中央统战部、中央党史研究室、中央军委政治工作部联合举办。参加过抗日战争的老战士和老同志代表、抗战烈士遗属代表，中央党政军群有关部门负责人，各民主党派中央、全国工商联负责人和无党派人士代表，为中国人民抗日战争胜利作出贡献的国际友人或其遗属代表，首都各界群众代表等约200人参加座谈会。

座谈会上，来自中央统战部、中央党史研究室、中央军委政治工作部的有关负责人和抗战老战士、青年学生代表先后发言，从不同角度深刻阐释了中国人民抗日战争暨世界反法西斯战争胜利的伟大意义。大家表示，要紧密团结在以习近平同志为核心的党中央周围，大力弘扬伟大抗战精神，不忘初心，继续前进，以优异成绩迎接党的十九大胜利召开，为决胜全面建成小康社会、夺取中国特色社会主义伟大胜利、实现中华民族伟大复兴的中国梦，为推进人类和平与发展事业而努力奋斗。

9月3日

［纲　文］　**刘延东在杭州出席全国学校体育工作座谈会并讲话**。

［目　文］　中共中央政治局委员、国务院副总理刘延东指出，要认真贯彻习近平总书记关于建设体育强国、教育强国重要论述，大力推进学校体育改革发展，强化体育课和课外锻炼，促进青少年身心健康、体魄强健、全面发展，培养堪当重任的中国特色社会主义事业建设者和接班人。青少年的理想信念和综合素质是国家发展活力的重要体现，学校体育对青少年身心健康和国家民族长远发展具有战略意义，要充分发挥学校体育育人功能，培养学生健康体魄，塑造健全人格，促进全面发展。要开足上好体育课，强化“天天锻炼、人人健康”理念，培养体育兴趣，形成终身锻炼习惯和健康生活方式。要深化教学改革，注重因材施教，丰富特色体育项目，弘扬体育道德风尚，促进体育与德育、智育、美育协调发展。要推动体教深度融合，畅通校园体育与专业体育、职业体育通道，推动学校和社会体育场馆资源共享。各地各有关部门要把促进青少年健康成长作为自觉行动，强化基本条件保障，加强体育教师队伍建设，鼓励社会力量支持学校体育发展。

9月3—4日

［纲　文］　**刘云山在河北调研。**

［目　文］　中共中央政治局常委、中央书记处书记刘云山在塞罕坝机械林场、承德市农村，就学习塞罕坝先进事迹、加强基层党建工作进行调研。刘云山参观了塞罕坝机械林场展览馆，了解半个多世纪以来林场艰苦创业历程，到白桦坪了解生态保护和发展生态经济情况。他说，塞罕坝先进事迹感人至深，几代建设者不仅创造了“荒原变林海”的人间奇迹，更创造了十分宝贵的精神财富，值得我们大力学习弘扬。在阴河林场，看望了驻守望海楼的护林员夫妇，关切询问他们工作和生活情况，称赞他们十年如一日坚持坚守、敬业奉献。在千层板林场，与干部职工深入交流基层党建工作，强调要发挥好党的政治优势，做好抓基层打基础工作，把群众紧紧团结凝聚在党的周围。在滦平县古城川村，了解党员干部作用发挥情况，并走进村民家中就脱贫致富奔小康进行交流时说，党员干部应当牢记党的根本宗旨，时时处处走在前面，真心实意为群众办实事解难事，把先锋模范作用发挥好；要抓好党建促脱贫攻坚，选优配强基层党组织带头人，因地制宜探索精准扶贫的有效路子，带领群众早日摆脱贫困、过上幸福生活。

调研期间，刘云山主持召开基层党建工作座谈会，听取有关情况介绍和意见建议。他说，要强化抓好党建是最大政绩的意识，认真落实抓基层党建的主体责任，加大抓乡促村力度，推动全面从严治党向基层延伸。要把“两学一做”学习教育作为党支部建设的重要抓手，持之以恒抓好基本建设，推动基层党组织在思想上、组织上、作风上强起来，增强凝聚力战斗力。要充分发挥塞罕坝等先进典型的示范作用，积极推进基层党建工作的理念思路、内容方式和制度机制创新，不断提高工作实效。要把加强基层党建工作同群众生产生活结合起来，同改革发展稳定结合起来，引导党员干部提振精气神、展示新作为，以优异成绩迎接党的十九大胜利召开。

9月3—5日

［纲　文］　**王岐山在湖南调研并主持召开巡察工作座谈会。**

［目　文］　中央纪委书记、中央巡视工作领导小组组长王岐山在株洲市委巡察办看望巡察干部；在中国中车株洲电力机车有限公司考察；在浏阳市官桥镇石灰嘴村和党员群众交谈。

4日，王岐山在长沙主持召开巡察工作座谈会上指出，要学习领会习近平总书记“7·26”讲话精神，深入贯彻六中全会精神，牢固树立“四个意识”，推动全面从严治党向基层延伸拓展，以优异成绩迎接党的十九大胜利召开。民心向背是党执政最根本的政治基础，人民群众对美好生活的向往就是党的奋斗目标。承诺高，期盼更高。新一届省市县党委要伴随“两学一做”学习教育常态化制度化，对照党章党规和系列重要讲话精神，切实担负起主体责任，把巡视巡察的利剑牢牢抓在手里、直插到基层，靠求真务实的工作作风，靠强烈的担当精神和辛劳智慧，推动巡视巡察在坚持中深化，不断与时俱进。巡察作为党内监督的重要制度安排，已经写入新修改的巡视工作条例。全面从严治党、净化政治生态，在基层都要体现在具体工作上。上面千条线，下面一根针。巡察要聚焦再聚焦，突出扶贫攻坚这个重点，发现和惩治群众身边的“微腐败”，不断增强群众的获得感。要提高政治站位，检查基层党组织党的领导是否坚强、政治生活是否健康、党的组织是否健全、党员干部是否切实发挥先锋模范作用。

9月3—4日

［纲　文］　**李源潮在内蒙古调研群团改革**。

［目　文］　中共中央政治局委员、国家副主席李源潮在包头期间，在女性社会组织服务中心，鼓励大学生学习掌握艺术，使生活更加充满情趣，为社会文化发展作贡献；在青少年发展中心，观看了小朋友的科普游戏，希望孩子们快乐生活、全面发展，长大后做祖国需要的人才；在心愿公益协会，鼓励志愿者用爱心服务青少年、服务社会；在一机集团，询问团支部书记用手机APP开展“1+100”情况，勉励团干部改进作风，更好直接联系服务青年。

李源潮在呼和浩特期间，在五里营社区，他要求团干部认真学习习近平总书记重要讲话，抓好改革举措在基层落地见效；在金桥社区，他肯定党群共建共用基层活动阵地，实现了共青团、妇联、科协服务群众有人、有经费、有地方、有活动。

4日，李源潮在呼和浩特召开群团改革调研座谈会，听取基层群团干部意见。他说，要改革群团干部制度，把群众活动骨干纳入群团组织和干部队伍；建立群团机关干部常态化下基层制度，面对面做群众工作；建立群团干部直接联系服务群众制度，经常性联系和服务群众；建好用好网上群团，推动群团组织、工作、服务和活动上网；加强基层组织和阵地建设，党群共建共用基层活动和服务阵地。

9月3—10日

［纲　文］　**应全国政协主席俞正声的邀请，布隆迪参议长恩迪库里约率团访华**。

［目　文］　4日，全国人大常委会委员长张德江在北京会见恩迪库里约时说，中布友谊源远流长，两国已成为彼此信赖的好朋友、互利共赢的好伙伴、风雨同行的好兄弟。2014年，习近平主席与来华的恩库伦齐扎总统会晤，对中布关系发展进行了全面规划，两国关系进入新阶段。中方愿同布方紧紧围绕两国元首达成的重要共识，以落实中非合作论坛约翰内斯堡峰会成果为契机，深化各领域合作。中国全国人大愿与布隆迪参议院密切友好往来，增进政治互信，促进务实合作，深化人文交往，开展经验交流，推动两国关系不断取得新成果。

恩迪库里约说，布方坚持一个中国原则，感谢中方对布隆迪的支持，愿进一步深化合作。

5日，俞正声在北京会见恩迪库里约时说，近年来，中布政治互信显著增强，经贸合作成果丰硕。中方将秉承习近平主席提出的“真、实、亲、诚”对非政策理念和正确义利观，与布方一道，落实两国领导人对双边关系达成的重要共识，强化政治引领，增进政治互信；深化互利合作，促进共同发展；加强人文交流，增进人民友谊，扎实推进中非合作论坛约翰内斯堡峰会成果落实。中国全国政协愿积极发展同布隆迪参议院、政党和社会各界的友好交往，加强交流互鉴，促进各领域合作。恩迪库里约说，布方高度重视发展对华关系，布参议院愿与中国全国政协加强交流与合作，推动布中关系再上新台阶。

9 月 3—16 日

［纲　文］ **第 13 届全国学生运动会在杭州举行**。

［目　文］ 本届全国学生运动会是将大学生运动会和中学生运动会合并后举办的第一届全国学生运动会，以“团结、奋进、文明、育人”为宗旨，以“励志奋进、奔竞不息”为主题。来自全国各省、自治区、直辖市、新疆生产建设兵团和香港、澳门特别行政区的 34 个代表团参赛，竞逐 10 个竞技体育项目的 326 个小项，共产生奖牌 987 枚，其中金牌 333 枚，银牌 322 枚，铜牌 332 枚，有 30 人 49 次破 35 项赛会纪录，全面展示了我国学校体育工作和素质教育取得的新成绩，集中展现了当代青少年学生的精神风貌和时代风采。

9 月 4 日

［纲　文］ **国家主席习近平在厦门主持金砖国家领导人第九次会晤**。

［目　文］ 南非总统祖马、巴西总统特梅尔、俄罗斯总统普京、印度总理莫迪出席。五国领导人围绕“深化金砖伙伴关系，开辟更加光明未来”的主题，就当前国际形势、全球经济治理、金砖合作、国际和地区热点问题等深入交换看法，回顾金砖合作 10 年历程，重申开放包容、合作共赢的金砖精神，达成一系列共识，为金砖合作未来发展规划了蓝图、指明了方向。在小范围会议上，五国领导人听取了关于 2017 年金砖国家安全事务高级代表会议讨论成果的汇报。

在大范围会议上，习近平发表题为《深化金砖伙伴关系 开辟更加光明未来》的讲话，积极评价金砖合作走过的 10 年光辉历程，强调要开启金砖合作第二个“金色十年”，使金砖合作造福五国人民，惠及各国人民。金砖合作之所以得到快速发展，关键在于互尊互助，携手走适合本国国情的发展道路；秉持开放包容、合作共赢的精神，持之以恒推进经济、政治、人文合作；倡导国际公平正义，同其他新兴市场国家和发展中国家和衷共济，共同营造良好外部环境。世界格局深刻复杂变化的背景下，金砖合作显得更加重要。我们应该再接再厉，全面深化金砖伙伴关系，开启金砖合作第二个“金色十年”。

各国领导人积极评价厦门会晤，一致同意落实好会晤达成的各项成果，推动金砖合作不断向前发展。与会领导人表示，将支持南非做好 2018 年金砖国家主席国工作。会晤发表了《金砖国家领导人厦门宣言》。

同日，习近平、特梅尔、普京、莫迪、祖马共同出席金砖国家领导人同工商理事会对话会，听取工商理事会、新开发银行代表汇报两个机构工作情况。金砖国家领导人见证了《金砖国家经贸合作行动纲领》《金砖国家创新合作行动计划》《金砖国家海关合作战略框架》《金砖国家工商理事会与新开发银行关于开展战略合作的谅解备忘录》四个合作文件的签署。金砖国家工商理事会理事及工商界代表、新开发银行行长等约300人出席对话会；金砖国家领导人共同出席金砖国家文化节启动仪式暨文化图片展。

同日晚，习近平和夫人彭丽媛在厦门国际会议中心举行宴会，欢迎金砖国家和新兴市场国家与发展中国家对话会受邀国领导人及配偶、嘉宾。宴会后，习近平和彭丽媛同贵宾们前往闽南大戏院，观看以“扬帆未来”为主题的文艺晚会。

会议期间，习近平在厦门会见来华出席金砖国家领导人第九次会晤和新兴市场国家与发展中国家对话会的俄罗斯总统普京、南非总统祖马、印度总理莫迪。

9月4日

［纲　文］　**财政部印发《中央财政科研项目专家咨询费管理办法》，自2017年9月4日起施行。**

9月4日

［纲　文］　**交通运输部公布《港口危险货物安全管理规定》。**

［目　文］　《规定》共8章88条。主要有总则、建设项目安全审查、经营人资质、作业管理、应急管理、安全监督与管理、法律责任、附则等内容。自2017年10月15日起施行。2012年12月11日交通运输部发布的《港口危险货物安全管理规定》（交通运输部令2012年第9号）同时废止。

9月4日

［纲　文］　**交通运输部公布《公路水运工程质量监督管理规定》。**

［目　文］　《规定》共5章49条。主要有总则、质量管理责任和义务、监督管理、法律责任、附则等内容。自2017年12月1日起施行。交通部于1999年2月24日发布的《公路工程质量管理办法》（交公路发〔1999〕90号）、2000年6月7日发布的《水运工程质量监督规定》（交通部令2000年第3号）和2005年5月8日发布的《公路工程质量监督规定》（交通部令2005年第4号）同时废止。

9月4日

［纲　文］　**交通运输部公布《大型飞机公共航空运输承运人运行合格审定规则》，自2017年10月10日起施行。**

9月4日

［纲　文］　**反映全国模范法官邹碧华生前先进事迹的电影《邹碧华》在北京举行首映式。**

［目　文］　中共中央政治局委员、中央政法委书记孟建柱在首映式前会见电影主创人员及邹碧华同志亲属。他指出，政法工作是蕴含丰富创作素材的艺术富矿，政法战线有许多感人肺腑的英雄事迹。希望广大文艺工作者深入学习贯彻习近平总书记系列重要讲话精神，努力创作更多文艺精品，大力弘扬政法先进典型，为建设法治中国凝聚强大精神力量。邹碧华同志是在全面依法治国、深化司法体制改革进程中涌现出来的先进典型，是人民的好法官，是全国政法战线的优秀代表，也是全国党员干部学习的楷模。电影《邹碧

华》艺术再现了邹碧华同志为司法事业鞠躬尽瘁、死而后已的一生，集中诠释了邹碧华精神的丰富内涵和时代价值，成功塑造了法治建设“燃灯者”形象，展现了中国特色社会主义法治道路的光明前景，是一部弘扬主旋律、传播正能量的好作品。

9月4日

［纲　文］　《人民日报》报道，国家量子保密通信“京沪干线”技术验证及应用示范项目技术验收评审会在中国科技大学举行。

［目　文］　评审专家组听取项目建设情况和分系统验收情况，经质询和讨论认为项目已完成了预期的技术验证和应用示范任务，同意通过总技术验收。这意味着世界首条量子保密通信骨干网已经具备开通条件，我国在量子技术的实用化和产业化方面继续走在世界前列。

“京沪干线”项目2013年7月由国家发改委批复立项，由中国科学技术大学作为项目建设主体，由安徽省、山东省投资建设并得到上海市、北京市的大力支持，经过42个月的艰苦努力，突破了高速量子密钥分发、高速高效率单光子探测、可信中继传输和大规模量子网络管控等关键技术难关，于去年底全线贯通，搭建了连接北京、济南、合肥、上海的全长2000余公里的量子保密通信骨干线路。

29日，“京沪干线”正式开通。实现了连接北京、上海，贯穿济南和合肥全长2000余公里的量子通信骨干网络，通过“墨子号”量子科学实验卫星兴隆地面站与“京沪干线”北京上地中继接入点的连接，真正打通了天地一体化广域量子通信的链路，并通过“墨子号”量子卫星与奥地利地面站的卫星量子通信，在世界上首次实现了洲际量子通信。量子通信是迄今唯一被证明无条件的安全通信方式，可以有效解决信息安全问题。

9月4日

［纲　文］　《人民日报》发表题为《携手打造世界经济新亮点——一论习近平主席金砖国家工商论坛开幕式主旨演讲》的评论员文章。

9月4—5日

［纲　文］　李克强在长治、临汾考察。

［目　文］　国务院总理李克强在潞安集团石圪节煤矿察看矿井关闭情况并听取了山西煤炭行业去产能和发展新兴产业进展汇报后说，对煤质差等落后产能必须坚决淘汰，这样可以为优质先进产能腾出更大发展空间。只有落后产能，没有落后劳力，人是最宝贵的财富。矿工常年在井下工作，为国家作出了贡献，党和政府一定会保证大家转岗不下岗。李克强在太行山深处的五龙山乡程庄村，入户看望贫困群众，登上土坡察看庄稼长势，与村民拉起家常，了解口粮饮水情况、看病报销比例多少、打工收入如何等。他说，要贯彻习近平总书记在山西主持召开的深度贫困地区脱贫攻坚座谈会上的讲话要求，把工作做实做细，解决深度贫困问题，坚决打赢脱贫攻坚战。在唯美诺创业创新基地，李克强对这里聚焦为制造业小微企业提供厂房、融资、销售等全方位服务，实现研发生产一体化的模式表示赞许。

李克强来到太钢集团临汾钢铁公司，听取了集团淘汰落后产能和山西省推进国有企业改革的汇报。听到临钢落后产能已全部淘汰，1万多职工平稳转岗重新就业，其中超过1/4的职工自主创业时，李克强说，化解淘汰过剩落后产能是供给侧结构性改革的重要内容，要坚定不移地持续推进，在促进企业兼并重组中注重向社会资本开放，引导企业着力发展高端精品，减少人员冗余，提高劳动生产率。落后产能中的员工，在原来的企业中可能会是“包袱”，腾挪到新的企业就可能变成人才，激发更大潜能，创造更多财富。

在民营企业华翔集团，负责人介绍企业突出为国内外客户提供专门零部件的主业，实行全员“双创”，人人都是创客，个个都入团队，与市场紧密对接，全部实现定制化、个性化生产。李克强与正在进行技术研讨的技工交流，听说企业对技能突出的工匠人才给予高薪重奖，有些年薪达到企业总经理的4倍，李克强赞赏说，实施创新驱动发展战略，人才是第一要素，转变体制机制是关键。不光是中小企业，大企业通过搞“双创”同样能更好调动人的积极性和创造力，提高核心竞争力。他勉励大工匠要以师带徒、薪火相传，弘扬精益求精的工匠精神，使中国制造不仅有价格竞争力，更有质量竞争力。

9月4—7日

［纲　文］　**全国人大常委会办公厅在北京举办十二届全国人大第18期代表学习班。**

［目　文］　4日，中共中央政治局常委、全国人大常委会委员长张德江出席学习班开班式并讲话指出，要深入学习贯彻习近平总书记系列重要讲话精神和治国理政新理念新思想新战略，坚定不移走中国特色社会主义政治发展道路，尊重代表主体地位，充分发挥代表作用，保证党领导人民有效治理国家，扎实做好人大各项工作，迎接党的十九大胜利召开。各级人大及其常委会要坚定坚持党的领导、人民当家作主、依法治国有机统一，把充分发挥代表作用作为做好人大工作的重要基础，支持和保障代表依法履职，使人大工作更加富有生机、充满活力。人大代表依法参加行使国家权力，要牢固树立“四个自信”，切实增强“四个意识”；密切联系人民群众，模范遵守宪法法律，自觉接受人民监督。

来自35个选举单位的330名全国人大代表参加学习。本期学习班除组织代表分组对张德江在开班式上的讲话进行讨论外，还安排了五个方面的学习内容，分别由国防大学经济研究中心教授姜鲁鸣主讲推进军民融合深度发展；由文化部党组成员、故宫博物院院长单霁翔主讲增强文化自信，提升国家软实力；由中国社会科学院经济研究所所长高培勇主讲我国财税体制改革；由国家卫生和计划生育委员会副主任马晓伟主讲落实全国卫生与健康大会精神，奋力推进健康中国建设；由全国人大常委会副秘书长、机关党组副书记信春鹰主讲加强人大立法与监督，不断推进国家治理体系和治理能力现代化。

9月4—5日

［纲　文］　**中俄总理定期会晤委员会双方主席会晤在俄罗斯伏尔加格勒举行。**

［目　文］　国务院副总理、中俄总理定期会晤委员会中方主席汪洋与俄罗斯副总理、委员会俄方主席罗戈津共同主持。双方就核能、航天、农业、北极、民用航空、数字经济等领域合作深入交换意见。

6 日，汪洋在符拉迪沃斯托克会见俄罗斯总统普京时说，当前中俄各领域合作日益密切。此次来俄举行两场机制性会晤、会议并出席东方经济论坛，旨在有效落实两国元首达成的重要共识，筹备即将举行的中俄总理第二十二次定期会晤，推动中俄务实合作迈上新台阶。

普京祝贺中国成功举办金砖国家领导人厦门会晤并说，我和习近平主席在厦门举行了内容丰富翔实的会谈。俄中双方正在积极落实两国元首达成的系列共识，双边各领域务实合作不断取得实实在在的成果。

7 日，汪洋在符拉迪沃斯托克出席第三届东方经济论坛全会，与俄罗斯副总理特鲁特涅夫共同出席“俄罗斯—中国”商务对话会并致辞。

8 日，汪洋在哈巴罗夫斯克与俄罗斯副总理特鲁特涅夫举行中国东北地区和俄罗斯远东及贝加尔地区政府间合作委员会第一次会议。双方就双边合作的问题交换了意见，一致认为要充分利用政府间合作委员会机制平台，进一步加强战略对接和政策协调，推动在经贸、投资、旅游、人文等领域的全方位合作。共同启动编制《中俄远东地区开发合作规划》，为两国企业开展合作提供服务和指导。推进互联互通和基础设施建设，打造一批具有产业集聚能力和示范效应的大项目。不断改善营商环境，完善金融服务，提升贸易投资便利化水平，推动中俄远东开发合作取得更多成果。

9 月 4—9 日

［纲　文］　**应全国人大常委会委员长张德江的邀请，缅甸联邦议会人民院议长吴温敏率团访华。**

［目　文］　7 日，张德江在北京与吴温敏举行会谈时说，立法机关关系是中缅全面战略合作伙伴关系的重要组成部分。近年来，中国全国人大与缅甸议会交往密切，为增进两国人民友谊、促进双边合作发挥了积极作用。双方应进一步加强友好往来与务实合作，共建“一带一路”，为中缅关系发展作出更大贡献。吴温敏表示，中国是缅甸的胞波兄弟，每当缅甸遇到困难时，中国总是及时给予有力支持。缅甸议会愿与中国全国人大密切交往，分享中国法治建设、治国理政经验，全力以赴推动两国各领域合作进一步深化。

8 日，全国政协主席俞正声在会见吴温敏时说，中方愿同缅方一道，继续保持高层交往的良好势头，加强对双边关系的战略引领，科学规划、扎实推进全方位交往与合作，不断丰富中缅全面战略合作伙伴关系内涵。中国全国政协重视同缅甸议会的友好合作关系，愿同缅方继续保持各层次交往，深化参政议政经验交流，为实现两国各自稳定和发展作出更大贡献。吴温敏表示，缅中胞波友谊源远流长。缅议会愿为提升缅中友好继续作出努力。

9月5日

［纲　文］　**国家主席习近平在厦门主持新兴市场国家与发展中国家对话会并发表讲话。**

［目　文］　习近平在题为《深化互利合作 促进共同发展》的讲话中指出，金砖国家在领导人会晤期间，邀请其他新兴市场国家和发展中国家进行沟通交流，这种对话有利于新兴市场国家和发展中国家加强团结合作，有利于金砖机制自身发展。进入新世纪以来，新兴市场国家和发展中国家群体性崛起，成为不可逆转的时代潮流。面对新的形势，我们需要同舟共济，坚定信心，联手营造有利发展环境，努力实现更大发展，为世界经济增长作出更大贡献。各方要加强团结协作，共同构建开放型世界经济，共同落实2030年可持续发展议程，共同把握世界经济结构调整的历史机遇，共同建设广泛的发展伙伴关系，携手开辟公平、开放、全面、创新的发展之路，为世界经济增长作出更大贡献。

金砖国家领导人巴西总统特梅尔、俄罗斯总统普京、印度总理莫迪、南非总统祖马和对话会受邀国领导人埃及总统塞西、几内亚总统孔戴、墨西哥总统培尼亚、塔吉克斯坦总统拉赫蒙、泰国总理巴育出席对话会。各国领导人围绕“深化互利合作，促进共同发展”的主题，以落实2030年可持续发展议程为主线，就“落实可持续发展议程”“建设广泛的发展伙伴关系”深入交流，共商国际发展合作和南南合作大计。对话会发表了《新兴市场国家与发展中国家对话会主席声明》。

4日，习近平在厦门分别会见与会的墨西哥总统培尼亚、泰国总理巴育并见证了战略性合作共同行动计划及“一带一路”建设、铁路等领域双边合作文件的签署。

5日，习近平在厦门会见几内亚总统孔戴并见证了经济技术、气候变化、医疗等领域多项双边合作文件的签署；同日，在厦门还会见了埃及总统塞西并见证了经济技术、交通、执法安全等领域双边合作文件的签署。

同日，国家主席习近平夫人彭丽媛邀请出席金砖国家领导人第九次会晤和新兴市场国家与发展中国家对话会外方代表团团长夫人共同出席“‘美好青春我做主’艾滋病防治宣传校园行——走进厦门大学”活动；同金砖国家领导人第九次会晤和新兴市场国家与发展中国家对话会外方团长夫人共同出席在厦门大学举行的第二届联合国教科文组织女童和妇女教育奖颁奖仪式。

9月5日

［纲　文］　**国家主席习近平在厦门国际会议中心会见中外记者，介绍金砖国家领导人第九次会晤和新兴市场国家与发展中国家对话会情况。**

［目　文］　习近平指出，昨天，金砖国家领导人厦门会晤圆满闭幕。会晤通过了《金砖国家领导人厦门宣言》，重申开放包容、合作共赢的金砖精神，全面总结了金砖合作10年来的成功经验，为加强金砖伙伴关系、深化各领域务实合作规划了新蓝图。五国领导人认为，金砖国家应该深化在重大问题上的沟通和协调，捍卫国际关系基本准则，合作

应对各种全球性挑战，加快全球经济治理改革；加强宏观政策协调，对接发展战略；深化政治安全合作，增进战略互信；将人文交流活动经常化、机制化，加深五国人民相互了解和友谊；与时俱进加强金砖机制建设，为各领域合作走深走实提供坚实保障。各国领导人决心以厦门会晤为新起点，共同打造更紧密、更广泛、更全面的战略伙伴关系，开创金砖合作第二个“金色十年”。

习近平指出，会晤期间，中方举行了新兴市场国家与发展中国家对话会，金砖国家和埃及、墨西哥、泰国、塔吉克斯坦、几内亚领导人共商国际发展合作大计，一致同意建立广泛的发展伙伴关系，加快落实2030年可持续发展议程，发出了深化南南合作和全球发展合作的强烈信号。各国领导人一致认为应该打造“金砖+”合作模式，携手走出一条创新、协调、绿色、开放、共享的可持续发展之路，为促进世界经济增长、实现各国共同发展注入更多正能量。2018年，南非将担任金砖国家主席国，并将在约翰内斯堡举办领导人第十次会晤。中方愿同各方一道，全力支持南方办会，携手推动金砖合作继续向前发展。相信通过各国各界共同努力，金砖合作前景一定会更加光明，金砖国家未来一定会更加美好。

6日，国务委员杨洁篪在北京接受媒体采访，介绍金砖国家领导人第九次会晤和新兴市场国家与发展中国家对话会成果。

9月5日

［纲　文］　**中共中央、国务院印发《关于开展质量提升行动的指导意见》。**

［目　文］　《意见》由六个部分组成：一、总体要求。二、全面提升产品、工程和服务质量。三、破除质量提升瓶颈。四、夯实国家质量基础设施。五、改革完善质量发展政策和制度。六、切实加强组织领导。

《意见》要求，各地区各部门要认真落实本意见精神，结合实际研究制定实施方案，抓紧出台推动质量提升的具体政策措施，明确责任分工和时间进度要求，确保各项工作举措和要求落实到位。要组织相关行业和领域，持续深入开展质量提升行动，切实提升质量总体水平。

9月5日

［纲　文］　**农业部印发《农业部重点实验室管理办法》。**

［目　文］　《办法》共6章39条。主要有总则、职责、建设、管理、考评、附则等内容。自2017年9月5日起施行。原《农业部重点实验室管理办法》同时废止。

9月5日

［纲　文］　**中华全国总工会第十六届执行委员会第六次全体会议在北京召开。**

［目　文］　中共中央政治局委员、中华全国总工会主席李建国主持会议并讲话。全国总工会副主席、书记处第一书记李玉赋在会上作工作报告。

李建国指出，各级工会干部要加强理论武装，用十八大以来党的理论创新成果武装头脑，深入学习贯彻习近平总书记系列重要讲话精神和治国理政新理念新思想新战略，学习贯彻习近平总书记在省部级主要领导干部专题研讨班上的重要讲话和关于党的群团工作和群团改革重要指示精神，不断增强“四个意识”，牢固树立“四个自信”。各级工会必须加倍努力，以做好各项工作的实际行动迎接党的十九大。要团结动员广大职工为经济社会发展建功立业，有力推进产业工人队伍建设改革，深入实施职工素质建设工程，弘扬劳模精神、劳动精神、工匠精神。要切实做好维护职工合法权益和服务职工工作，把“职工之家”做实，把“娘家人”做真，不断增强广大职工群众的获得感。要推动工会改革创新向纵深发展，继续在建机制、强功能、增实效上下功夫，持之以恒加强基层工会建设，努力开创工会系统工作和改革新局面。

9月5日

［纲　文］**《人民日报》发表题为《让世界因金砖合作有所不同——二论习近平主席金砖国家工商论坛开幕式主旨演讲》的评论员文章。**

9月5—6日

［纲　文］**张德江在广西调研并出席第23次全国地方立法工作座谈会。**

［目　文］全国人大常委会委员长张德江到广西壮族自治区、南宁市人大常委会，同机关干部和人大代表座谈，深入了解地方立法和人大工作情况。他指出，加强地方人大工作和建设，是巩固党的执政基础、加强国家政权建设的内在要求。地方各级人大要坚定坚持党的领导、人民当家作主、依法治国有机统一，坚定人民代表大会制度自信，勇于担当、履职尽责，充分发挥国家权力机关作用。地方立法和基层人大工作要识民情、接“地气”，努力做到民有所呼、我有所应，使各级人大始终成为同人民群众保持密切联系的代表机关。

6—7日，第23次全国地方立法工作座谈会在南宁召开，张德江出席会议并讲话。本次会议的主题是：在以习近平同志为核心的党中央领导下，全面贯彻落实党的十八大和十八届三中、四中、五中、六中全会精神，深入学习贯彻习近平总书记系列重要讲话精神和治国理政新理念新思想新战略，牢固树立“四个意识”，围绕统筹推进“五位一体”总体布局、协调推进“四个全面”战略布局，注重将社会主义核心价值观融入立法工作，总结交流地方立法工作经验和做法，深入推进设区的市行使好立法权，着力提高地方立法的针对性和可操作性，不断提高立法质量，提升社会治理能力。

参会人员包括全国人大法律委、全国人大常委会法工委负责人和有关人员；各省、自治区、直辖市人大常委会分管立法工作的副主任，法工委（法制委）负责人；立法法修改前已享有地方立法权的较大的市的人大常委会法工委（法制委）负责人；部分新赋予地方立法权的设区的市的人大常委会负责人；部分民族自治州的人大常委会负责人。中国人大制度理论研究会和全国人大常委会法工委的基层立法联系点的负责人应邀参加会议。参会人员共计260余人。

9月6日

［纲　文］**2017中国—阿拉伯国家博览会在银川开幕，国家主席习近平致贺信。**

［目　文］　习近平对会议的召开表示热烈祝贺并指出，中国同阿拉伯国家是好朋友、好伙伴。历史上，中阿因丝绸之路相知相交。在经济全球化深入发展的今天，中阿成为“一带一路”建设的重要合作伙伴，双方互利合作领域越来越广，成果越来越实。在今年5月举行的“一带一路”国际合作高峰论坛上，我提出要将“一带一路”建成和平之路、繁荣之路、开放之路、创新之路、文明之路，得到阿拉伯世界积极响应和广泛支持。本届博览会突出“务实、创新、联动、共赢”主题，契合“一带一路”国际合作理念，为中阿拓展合作搭建了重要平台。中国愿同包括阿拉伯国家在内的各国一道，推动“一带一路”建设，共享机遇，共促和平。

6—9日，2017中国—阿拉伯国家博览会在银川举办。博览会是由商务部、贸促会、宁夏回族自治区人民政府共同主办的国家级、国际性大型经贸活动。以“务实、创新、联动、共赢”为主题，以经贸合作为核心，以科技和农业合作为支撑，围绕商品贸易、服务贸易、技术合作、投资合作、旅游合作等领域组织会议30多场、相关展览和活动10多场，持续致力于为政府、企业和民间三个层面合作搭建平台，为“一带一路”沿线国家和相关国家提供广阔的经贸合作机遇。

9月6日

［纲　文］　**国家主席习近平应约同美国总统特朗普通电话。**

［目　文］　习近平指出，当前，中美各领域交往与合作继续推进。两国外交安全团队和经济团队保持密切沟通，双方正在筹备首轮中美社会和人文对话、执法及网络安全对话。中方重视总统先生年内对中国的国事访问，希望双方团队共同努力，确保访问取得成功。

特朗普表示，我同习近平主席保持密切沟通、就重大国际和地区问题加强协调十分重要。我期待着年内对中国进行国事访问并同习主席再次会晤。

两国元首重点就当前朝鲜半岛局势交换了看法。习近平强调，中方坚定不移致力于实现朝鲜半岛无核化，维护国际核不扩散体系。同时，我们始终坚持维护朝鲜半岛和平稳定，坚持通过对话协商解决问题。要坚持和平解决的大方向，解决朝鲜半岛核问题，归根结底要靠对话谈判、综合施策，积极探寻长久解决之道。特朗普表示，美方对当前朝鲜半岛形势的发展深感关切，重视中方在解决朝核问题上的重要作用，愿加强同中方的沟通，尽早找到解决朝鲜半岛核问题的办法。

9月6日

［纲　文］　**习近平《在深度贫困地区脱贫攻坚座谈会上的讲话》单行本出版发行。**

9月6日

［纲　文］　**李克强主持召开国务院常务会议。**

［目　文］　会议主要内容是：一、部署在更大范围推进“证照分离”改革试点并再取消一批行政许可事项，使营商环境更加公平公正。会议指出，扩大实施“证照分离”改革，是深化简政放权、放管结合、优化服务改革的重要内容，是提高营商环境竞争力、释

放全社会创业创新活力的重要举措。为进一步降低企业制度性交易成本，以利供给侧结构性改革，会议决定，将2015年上海浦东新区率先开展“证照分离”改革试点、清理116项行政许可事项的做法推广到天津、辽宁、浙江、福建、河南、湖北、广东、重庆、四川、陕西10个自贸试验区，继续探索破解企业面临的“办照容易办证难”“准入不准营”等突出问题，打通“最后一公里”。一是除涉及国家安全、公共安全、生态安全和公众健康等重大公共利益外，把营业执照与能分离的许可类证相分离，并根据地方实际采取其他管理办法，实现持照即可经营。二是对市场机制能够有效调节、企业能够自主管理以及通过事中事后监管可以达到原来设定证照目的的事项，要逐步取消或改为备案管理。三是创新事中事后监管。会议同时决定，再取消物业服务企业一级资质核定、对外承包工程项目投标核准等52项国务院部门行政许可事项，以及生产建设项目水土保持设施验收审批、在林区经营（含加工）木材审批等22项中央指定地方实施的许可事项，其中23项将提请全国人大常委会修法取消。至此本届政府以来累计削减审批事项697项，约占总数的41%。二、确定推进质量认证体系建设的措施，加强事中事后监管提升中国制造品质。会议确定，一要大力推广质量管理先进标准和方法，以航空、铁路、汽车、信息等产业为重点，利用信息化、智能化手段，加快完善和提升适合行业特点的质量管理体系。二要引导和强制相结合。对涉及安全、健康、环保等产品实施强制性认证。采取激励措施，鼓励企业参与自愿性认证，推进企业承诺制，以接受社会监督。三要探索创新质量标准管理方式，对新技术、新产品、新业态实施审慎监管。四要强化监管，严格资质认定标准，加快推动检验检测认证机构与政府部门脱钩，培育发展检验检测认证服务业。五要深化质量认证国际合作互认，加快建设质量强国。

9月6日

［纲　文］　**国土资源部发布《矿业权交易规则》。**

［目　文］　《规则》共8章46条。主要有总则，公告，交易形式及流程，确认及中止、终止，公示公开，交易监管，违约责任及争议处理，附则等内容。自2017年9月6日起实行，有效期5年，由国土资源部负责解释。

9月6日

［纲　文］　**国家铁路局发布《关于原铁道部规范性文件第二批清理结果的通知》。**

［目　文］　《通知》说，按照《国务院办公厅关于做好行政法规部门规章和文件清理工作有关事项的通知》（国办函〔2016〕12号）和《国务院办公厅关于进一步做好“放管服”改革涉及的规章、规范性文件清理工作的通知》（国办发〔2017〕40号）的要求，国家铁路局与中国铁路总公司充分协商，对原铁道部规范性文件进行全面清理。按照“先易后难、有序推进，边清理、边出成果、边向社会公开”的原则，现将第二批清理结果通知如下：落实中央关于实行铁路政企分开改革和进一步做好“放管服”改革的精神，将《关于印发〈铁路基本建设资金管理办法〉的通知》等138件文件交由中国铁路总公司管理，中国铁路总公司可继续执行，亦可修改或停止执行，修改或停止执行之日，原文件

废止。

9月6日

［纲　文］　**国家铁路局印发《铁路专用设备产品质量安全投诉举报处理办法》。**

［目　文］　《办法》共5章23条。主要有总则、受理、调查、处理、附则等内容。自2017年10月1日起实施。

9月6日

［纲　文］　**纪念姚依林诞辰100周年座谈会在北京人民大会堂举行。**

［目　文］　中共中央政治局常委、国务院总理李克强出席并讲话。中共中央政治局常委、中央书记处书记刘云山，中共中央政治局常委、中央纪委书记王岐山，中共中央政治局常委、国务院副总理张高丽，中共中央政治局委员、中央组织部部长赵乐际等出席座谈会。中共中央政治局委员、中央办公厅主任栗战书主持座谈会。会前，李克强等领导人会见了姚依林家属。

李克强说，姚依林同志是党和国家的优秀领导人、杰出的无产阶级革命家、我国经济工作的卓越领导人。他从一个爱国学生走上革命道路，在60年革命生涯中，把毕生精力贡献给了党和人民，为中华民族独立和解放、为社会主义革命和建设、为改革开放和社会主义现代化建设事业建立了不朽功勋。特别是新中国成立后，参与了国家若干重大经济政策的研究、制定和具体组织实施；党的十一届三中全会后，坚定不移地贯彻党的基本路线，为加强和改善党的领导，为维护国家的社会政治稳定，为深化改革、扩大开放、促进国民经济发展作出了重大贡献。

座谈会上，中央党史研究室主任曲青山、国务院副秘书长丁学东、发展改革委主任何立峰、商务部部长钟山、安徽省委书记李锦斌先后发言。中央和国家机关有关方面负责人，姚依林同志亲属和生前友好等参加座谈会。

姚依林（1917年9月6日—1994年12月11日）曾任中国共产党第十一届中央书记处书记，第十二届中央书记处书记、中央政治局候补委员、委员，第十三届中央政治局委员、常委，国务院副总理。

9月6日

［纲　文］　**政协第十二届全国委员会优秀提案和先进承办单位表彰会在北京召开。**

［目　文］　中共中央书记处书记、全国政协副主席杜青林出席并讲话，全国政协副主席兼秘书长张庆黎主持会议。全国政协副主席李海峰、卢展工、陈晓光，中央和国家机关，各民主党派中央和全国工商联，各省、自治区、直辖市政协负责人，优秀提案者和先进承办单位代表出席会议。会议表彰了240件优秀提案和45个先进承办单位。

表彰优秀提案和先进承办单位是自七届全国政协以来的传统做法，每届政协表彰一次。十二届全国政协近5年的提案，内容覆盖“五位一体”总体布局和“四个全面”战略布局的各个方面。

同日，全国政协主席俞正声在北京会见政协第十二届全国委员会优秀提案和先进承办单位获奖代表并讲话。俞正声指出，提案工作的关键不在数量在质量。提案要紧紧围绕党和国家中心工作、符合国家大政方针，既要反映群众需求，又要针对某些领域和工作中的薄弱环节提出具有可操作性的建议。提案承办单位要尊重委员权利，认真细致办理提案。凡属合情合理的建议都要重视采纳，发挥好提案服务大局、改进工作的作用。要深入学习贯彻习近平总书记“7·26”重要讲话精神，认真贯彻落实党中央关于人民政协工作的决策部署，团结一致，共同努力，把提案工作提高到一个新的水平，以良好的精神状态和优异成绩迎接党的十九大胜利召开。

9月6日

［纲　文］ **贵州省第十二届人民代表大会常务委员会第三十次会议决定，接受孙志刚辞去贵州省省长职务的请求，任命谌贻琴为贵州省副省长、代理省长。**

9月6日

［纲　文］ **《人民日报》发表题为《为世界和平发展贡献“中国力量”——三论习近平主席金砖国家工商论坛开幕式主旨演讲》的评论员文章。**

9月6—11日

［纲　文］ **应外交部部长王毅邀请，尼泊尔副总理兼外长马哈拉对中国进行正式访问。**

［目　文］ 7日，国务院总理李克强在北京会见马哈拉时表示，中方希望尼各派继续加强团结，顺利推进政治议程，早日开启尼泊尔持久稳定与繁荣发展的新阶段。中方愿同尼方保持高层交往势头，推动两国友好与合作继续在有利于双方自主与共同发展，有利于造福两国人民，有利于地区稳定与繁荣的道路上前进。中方愿以共建“一带一路”为契机，同尼方加强互联互通，扩大贸易投资，推进中尼自贸协定联合可行性研究和跨境经济合作区建设，开展能源、基础设施等领域产能合作，加强灾后重建、旅游等领域合作。中方愿为尼经济社会发展提供力所能及的支持。马哈拉表示，尼中关系是遵循和平共处五项原则的典范。尼方将继续坚定奉行一个中国原则，愿同中方保持高层交往，深化务实合作，实现互利共赢，携手将尼中友好合作关系不断推向前进。

同日，国务委员杨洁篪、外交部部长王毅在北京分别同马哈拉会见、会谈。

杨洁篪会见马哈拉时说，双方应从战略高度和长远角度把握中尼关系大局，相互支持彼此核心利益，以共建“一带一路”为契机，推进互联互通等各领域合作，推动中尼关系取得新进展。马哈拉说，尼中关系建立在和平共处五项原则基础上。尼政府坚定奉行一个中国政策，期待在“一带一路”框架下同中方加强各领域互利合作。

王毅同马哈拉会谈时表示，平等相待、相互支持、共同发展是中尼关系历经考验的根本原因，也是双方关系发展的核心原则和宝贵经验，未来也应继续坚持。中方愿与尼方加强高层交往，深化在互联互通、灾后重建、贸易投资、能源和旅游等重点领域合作。相信双方合作共建“一带一路”将加快尼自身国家发展，并为中尼关系发展提供更加强劲的动力。马哈拉表示，尼中关系建立在相互尊重、平等相待的坚实基础之上。尼内部各派在发展对华关系方面有高度共识。尼方将坚定奉行一个中国原则，绝不允许任何人利用尼领土从事损害中国主权和利益的活动。

9 月 7 日

［纲　文］　**国家主席习近平应约同德国总理默克尔通电话。**

［目　文］　习近平指出，当前中德关系保持高水平发展势头。不久前，我在对德国进行国事访问并出席二十国集团领导人汉堡峰会期间同总理女士就推进中德全方位战略合作、加强在国际事务中的沟通协调达成了新共识。中德合作的意义早已超越双边范畴，为维护世界和平稳定、促进共同发展发挥着越来越重要的作用，中方愿同德方继续在多边框架内携手合作。

默克尔表示，习主席今年 7 月的国事访问非常成功，对德中关系发展具有重要意义。两国政治、经贸、人文等各领域交往日益密切。德方希望同中方就重大国际和地区热点问题保持沟通协调。

两国领导人就朝鲜半岛局势交换了看法。习近平强调，中方坚持朝鲜半岛无核化目标，坚定维护国际核不扩散体系，坚定维护东北亚和平稳定。事实一再证明，朝鲜半岛问题最终只能通过包括对话协商在内的和平方式解决。这需要国际社会共同努力。默克尔表示，德方支持通过政治方式和平解决朝鲜半岛核问题，赞同推动有关各方重回对话谈判的轨道。德方愿同中方加强沟通协调，争取尽早找到和平解决朝核问题的办法。

9 月 7 日

［纲　文］　**国务院办公厅印发《关于推广支持创新相关改革举措的通知》。**

［目　文］　《通知》主要由三个部分组成：一、推广改革举措的主要内容。二、高度重视推广工作。三、切实做好组织实施。

《通知》指出，各省（区、市）人民政府要将支持创新相关改革举措推广工作列为本地区重点工作，结合实际情况，积极创造条件、扎实推进，确保改革举措落地生根、产生实效。

9 月 7 日

［纲　文］　**证券监督管理委员会公布修改后的《证券发行与承销管理办法》，自 2017 年 9 月 7 日起施行。**

9 月 7 日

［纲　文］　**国家铁路局发布《关于原铁道部规范性文件第三批清理结果的通知》。**

［目　文］　《通知》说，按照《国务院办公厅关于做好行政法规部门规章和文件清理工作有关事项的通知》（国办函〔2016〕12 号）和《国务院办公厅关于进一步做好“放管服”改革涉及的规章、规范性文件清理工作的通知》（国办发〔2017〕40 号）的要求，国家铁路局与中国铁路总公司充分协商，对原铁道部规范性文件进行全面清理。按照“先易后难、有序推进，边清理、边出成果、边向社会公开”的原则，现将第三批清理结果通知

如下：落实中央关于实行铁路政企分开改革和进一步做好“放管服”改革的精神，将《铁路运输管理信息系统运行管理规则》等51件文件交由中国铁路总公司管理，中国铁路总公司可继续执行，亦可修改或停止执行，修改或停止执行之日，原文件废止。

9月7日

［纲　文］　**全国政协在北京召开双周协商座谈会，就“优化创新环境，改革科技评价体系”建言献策。**

［目　文］　全国政协主席俞正声主持会议并讲话。全国政协副主席杜青林、张庆黎、陈晓光出席座谈会。全国政协副主席万钢在会上讲了意见。科技部副部长王志刚介绍了有关情况。中组部副部长周祖翼、教育部副部长杜占元、国家自然科学基金委员会主任杨卫等与委员互动交流。全国政协委员程津培、郑兰荪、朱星、王光谦、干勇、田刚、杨玉成、陈群、刘永、沈保根、罗永章、高文、唐明、胡刚、顾行发、蒋华良，专家学者郭雷、梅永红在座谈会上发言。

委员们认为，科技评价是推动国家科技事业持续健康发展，促进科技资源优化配置，提高科技管理水平的重要手段和保障。党中央、国务院高度重视科技评价工作。习近平总书记强调，要改革科技评价制度，建立以科技创新质量、贡献、绩效为导向的分类评价体系。近年来，我国在科技评价方面进行了积极探索，开展了大量卓有成效的工作，积累了许多宝贵经验，但也存在一些突出问题。例如，数论文、比影响因子，过分重视论文数量和期刊级别，忽视工作的实际价值和创新贡献。重“帽子”、重经费，过分追求人才称号，科技评价与岗位薪酬等物质化待遇直接挂钩过多，扩大了不合理的收入差距。政府介入多，学术组织和社会团体作用小，评价的公正性需要进一步提升等，这些问题亟待通过深化改革加以解决。

一些委员建议，一是科技评价要重视质量、贡献、绩效，淡化论文数量的影响，充分发挥学术共同体的作用。二是要规范和减少名目繁多的人才工程。以创新和应用为导向，进一步减少论文、“帽子”对科技评价的影响，更加重视原始创新。三是实行分类评价，建立适合应用研究的评价标准。扩大高校和科研院所在科技评价中的自主权，鼓励支持其大胆创新。四是中央有关部门要抓紧制定与科学技术进步法配套的科技评价实施细则。五是更加重视建立以企业为主体的科技评价体系，增强企业的自主创新能力。

委员们还对明确工科人才培养模式、解决工科院校理科化，重视大数据的应用，深化科技奖励制度改革，促进重大原始创新等问题提出意见建议。

9月7日

［纲　文］　**刘延东出席全国教书育人楷模及优秀教师代表座谈会。**

［目　文］　中共中央政治局委员、国务院副总理刘延东向全国广大教师和教育工作者致以节日祝贺。她强调，要学习贯彻习近平总书记关于教育事业和教师队伍建设的重要思想和重要论述，提升教师队伍整体素质，办好中国特色、世界水平的现代化教育，为实现中华民族伟大复兴中国梦提供人才支撑。党的十八大以来，党和国家把教师队伍建设作

为强基固本的系统工程来抓，广大教师忠诚于党和人民的教育事业，培养造就了大批合格人才，教育事业成就卓著。教育兴则国兴，教师强则教育强，教师是立教之本。要把教师作为教育事业的第一资源，弘扬尊师重教优秀传统，建设一支业务精湛、结构合理的高素质专业化教师队伍，全面落实立德树人根本任务。要深化教师教育综合改革，支持师范院校在师资培养、教育科学研究等方面的能力建设，深入实施乡村教师支持计划，不断提升教师职业素养和教育教学水平。要完善教师待遇保障、评价激励机制，大力表彰宣传优秀教师，为教师精心从教创造条件。她希望广大教师不忘初心、为人师表，以文化人、以德育人，做学生健康成长、奉献祖国的“四有”好老师，做党和人民满意的好老师。

会前，刘延东考察了首都师范大学。

9月7日

［纲　文］　**中宣部在北京召开全国电视剧工作座谈会。**

［目　文］　中宣部部长刘奇葆出席并讲话。座谈会由中宣部副部长孙志军主持。中央宣传文化单位负责人，各省区市和新疆生产建设兵团党委宣传部、新闻出版广电局、电视台负责人，全国电视剧制作机构代表、电视剧主创代表等参加会议。

刘奇葆指出，要深入学习贯彻习近平总书记系列重要讲话精神和治国理政新理念新思想新战略，坚定文化自信，坚持以人民为中心的创作导向，不断丰富思想内涵、增强艺术品质、提升制作水准，推动电视剧事业持续繁荣发展。当前我国电视剧事业正处于由大做强的关键时期。要把握正确导向，突出主流价值引领，聚焦现实题材创作，正确把握历史题材创作，不断提高电视剧的思想高度和精神境界。要聚力打造精品佳作，提高原创能力，抓好剧本创作等基础环节，培育更多高水平电视剧创作生产核心团队。要重视艺德培养，倡导“戏比天大”，引导广大电视剧工作者依靠优秀作品扎根立足。要建立健全科学合理、权威公正的电视剧评价体系，明确社会效益要求，发挥专业评论的引导作用。要规范引导播出平台，切实把好上线关口，实现电视剧和网络剧统一导向要求、统一行业标准，更好地弘扬主旋律、传播正能量。

9月7日

［纲　文］　**陆军第74集团军某旅班长王锐先进事迹报告会在人民大会堂举行。**

［目　文］　报告会由中宣部、中央军委政治工作部和共青团中央举办。中共中央政治局委员、中央军委副主席许其亮在报告会前会见报告团成员，代表习近平主席和军委其他领导，向王锐和报告团全体成员致以诚挚问候。中央宣传部、中央军委政治工作部、共青团中央、陆军等相关领导，以及驻京部队大单位、武警部队官兵代表，首都高校师生代表约800人参加了报告会。

报告会上，王锐饱含深情地讲述了自己的人生追求和心路历程。陆军第74集团军某旅政治工作部主任霍锐、陆军某综合训练基地周成云、陆军第74集团军某旅班长徐斌旭、人民日报社人民网记者黄子娟，用朴实的语言，从不同角度介绍了王锐铁心向党、聚焦打赢、保持本色、砥砺前行的崇高精神和良好风范。

王锐是陆军第 74 集团军某旅班长。入伍以来，他始终胸怀强军梦想，以极大的政治热情学习贯彻习主席系列重要讲话精神，坚持用党的创新理论武装头脑，赓续传承红色基因，瞄准实战勤学苦练，在平凡岗位干出一流业绩，立起了践行强军目标的时代标杆，先后被评为全军优秀共产党员、获全军士官优秀人才奖，荣立二等功 1 次，所带 809 车组 2 次荣立集体二等功，当选为党的十九大代表。

9 月 7 日

［纲　文］　**国家副主席李源潮在北京会见应全国对外友协邀请访华的奥中友协主席、奥地利前总统菲舍尔。**

［目　文］　李源潮说，中奥建交 46 年以来，双边关系发展良好，经贸、人文等各领域合作成效显著。中方赞赏奥方积极支持“一带一路”建设和中欧合作，希望双方本着相互尊重、平等相待、合作共赢精神，拓展务实合作，深化人民友谊，推进中奥关系发展。

菲舍尔表示，奥高度重视对华关系，乐见中国发展繁荣，愿加强两国在政治、经贸、文化及冬季运动等方面合作。

9 月 7 日

［纲　文］　**外交部发言人表示，中方已就美韩“临时”部署“萨德”向韩方提出严正交涉。**

［目　文］　发言人说，中方坚决反对美国在韩国部署“萨德”反导系统的立场是明确、一贯和坚定的。中方愿再次敦促美韩重视中国等地区国家的安全利益和关切，立即停止有关部署进程，撤除相关设备。

9 月 7—9 日

［纲　文］　**郭金龙在山东调研。**

［目　文］　中共中央政治局委员、中央精神文明建设指导委员会副主任郭金龙在济南、济宁、曲阜等地，到街道、社区、农贸市场和公共文化设施，了解思想道德建设和群众性精神文明创建工作情况，与基层干部群众进行亲切交谈。郭金龙强调，要始终注重创建为民、创建惠民，在开展文明城市、文明村镇、文明单位、文明家庭、文明校园创建活动中，认真落实好以人民为中心的发展思想，做到创建依靠群众，创建为了群众，创建成果由群众共享，有力推动社会文明进步，提升城乡居民的获得感和幸福感，不断推动群众性精神文明创建活动向纵深发展。

9 月 7—9 日

［纲　文］　**第 5 届中国（绵阳）科技城国际科技博览会在四川绵阳科技城举行。**

［目　文］　国务院总理李克强和以色列总理内塔尼亚胡分别向第五届中国（绵阳）科技城国际科技博览会及以色列主宾国活动发去贺信。

李克强在贺信中表示，当今世界新一轮科技革命和产业变革孕育兴起。中国高度重视科技创新，坚持以新发展理念为引领，以供给侧结构性改革为主线，深入实施创新驱动发展战略，推动大众创业、万众创新，加快培育壮大新动能、改造提升传统动能，推动经济保持中高速增长、迈向中高端水平。中国的创新发展是开放的。我们愿大力开展国际合作，加强全球创新网络对接，以科技创新更好促进世界经济的复苏和增长。今年适逢中以建交25周年，也是中以创新全面伙伴关系元年。我们愿同以方加强创新合作，打造新的亮点和增长点。希望双方深化创新战略对接，增进创新思想交流，探讨创新合作模式，推动两国更好实现优势互补、互利共赢，也为全球创新合作与科技进步作出更大贡献。

内塔尼亚胡在贺信中表示，以中两国均拥有古老灿烂的文明，都为过去的辉煌感到自豪，都渴望通过进步和创造把握未来，在科技、创新、研发等领域深化合作。相信本届博览会将有力推动以中经贸与科技合作取得更大发展。

博览会由科技部、四川省人民政府共同主办。以“军民融合·科技创新·开放合作”为主题。科博会设军民融合馆、高新技术产业馆、区域合作及科技人才馆等4个室内展馆和1个室外展区，吸引了境内外700余家单位参展，展示电子信息、新材料、节能环保、高端装备制造、生物医药、航空装备、智能制造等领域的高端技术和产品。科技部组织了国家科学技术奖获奖项目暨新技术展，展区达800平方米、涵盖279项国家科学技术奖获奖项目。

四川作为国家全面创新改革试验区之一，绵阳作为全国唯一的国家科技城，肩负着为建设创新型国家探索经验、作出贡献的历史使命。

9月8日

［纲 文］ **国家主席习近平任免驻外大使。**

［目 文］ 习近平根据全国人民代表大会常务委员会的决定任免下列驻外大使：一、免去王福康的中华人民共和国驻马尔代夫共和国特命全权大使职务；任命张利忠为中华人民共和国驻马尔代夫共和国特命全权大使。二、免去宁赋魁的中华人民共和国驻泰王国特命全权大使职务；任命吕健为中华人民共和国驻泰王国特命全权大使。三、免去卓瑞生的中华人民共和国驻布隆迪共和国特命全权大使职务；任命李昌林为中华人民共和国驻布隆迪共和国特命全权大使。

9月8日

［纲 文］ **国家主席习近平应约同法国总统马克龙通电话。**

［目 文］ 习近平指出，中方高度重视中法传统友谊。我同总统先生在汉堡首次会晤时，就发展强劲有力的中法全面战略伙伴关系达成重要共识。双方应当在相互尊重彼此核心利益和重大关切基础上，继续开展更加紧密的合作，实现高水平互利共赢，推动中法关系持久健康稳定发展。中国视法国和欧洲为维护世界稳定繁荣的重要力量，我赞同两国就全球和地区重大问题保持密切沟通协调。

马克龙祝贺中国成功举办金砖国家领导人厦门会晤，表示法中是全面战略伙伴，当前国际形势下，法中合作应对全球性挑战比以往更重要。法方致力于深化法中关系，开展好机制性对话，加强经济、核能、环境等领域合作。

两国元首就朝鲜半岛局势交换了看法。习近平强调，中方坚持朝鲜半岛无核化目标，坚定维护国际核不扩散体系，坚定维护东北亚和平稳定。朝鲜半岛问题最终只能通过包括对话协商在内的和平方式解决。希望法方作为联合国安理会常任理事国，为缓和局势、重启对话发挥建设性作用。马克龙表示，法方致力于维护朝鲜半岛和平稳定，重视中方在解决朝鲜半岛核问题上的立场和重要作用，愿同中方加强合作，推动妥善解决朝鲜半岛核问题。

9月8日

［纲 文］ **中共中央、国务院印发《关于营造企业家健康成长环境弘扬优秀企业家精神更好发挥企业家作用的意见》。**

［目 文］ 《意见》由十个部分组成：一、总体要求。二、营造依法保护企业家合法权益的法治环境。三、营造促进企业家公平竞争诚信经营的市场环境。四、营造尊重和激励企业家干事创业的社会氛围。五、弘扬企业家爱国敬业遵纪守法艰苦奋斗的精神。六、弘扬企业家创新发展专注品质追求卓越的精神。七、弘扬企业家履行责任敢于担当服务社会的精神。八、加强对企业家优质高效务实服务。九、加强优秀企业家培育。十、加强党对企业家队伍建设的领导。

《意见》要求，各地区各部门要充分认识营造企业家健康成长环境、弘扬优秀企业家精神、更好发挥企业家作用的重要性，统一思想，形成共识和合力，制定和细化具体政策措施，加大面向企业家的政策宣传和培训力度，狠抓贯彻落实。国家发展改革委要会同有关方面分解工作任务，对落实情况定期督察和总结评估，确保各项举措落到实处、见到实效。

9月8日

［纲 文］ **财政部、扶贫办发布《关于印发〈财政专项扶贫资金绩效评价办法〉的通知》。**

［目 文］ 《通知》说，为贯彻落实《中共中央 国务院关于打赢脱贫攻坚战的决定》精神，进一步发挥绩效评价对财政专项扶贫资金使用管理的导向和激励作用，对2008年印发的《财政专项扶贫资金绩效考评试行办法》（财农〔2008〕91号）进行修订，制定了《财政专项扶贫资金绩效评价办法》，现印发，请遵照执行。2017年度财政专项扶贫资金绩效评价工作，依据本办法执行。从2018年起，辽宁、江苏、浙江、福建、山东、广东省要按本办法有关要求开展财政专项扶贫资金绩效目标管理工作，率先探索积累经验，中西部省份也要选择未纳入贫困县涉农资金整合试点的若干县开展试点，并结合实际逐步推进。

9月8日

［纲 文］ **李克强在天津职业技术师范大学考察现代职业教育发展情况。**

［目 文］ 在第33个教师节前夕，国务院总理李克强代表党中央、国务院向全国

广大教师和教育工作者致以节日问候。

李克强在工程实训中心，听取了天津市职业教育发展和学校办学模式、专业设置等情况介绍，了解学校是否与企业合作实行订单式培养，对西部和偏远省份学生是否减免学费，学校负责人给予肯定回答，并告诉总理学校连续十年毕业生初次就业率超过90%。李克强勉励他们要当好职业教育的孵化器，为办好更高水平教育、培养更多优秀人才作出积极贡献。在国家级技能大师工作室，了解他们的创新成果，并亲自按下操作键检测产品表面光洁度，对所达到的高精密度表示赞许。李克强说，实施创新驱动发展战略，既要鼓励创造，又要能把好的创意变成高质量的产品。现在在一些方面技术上可以做到精细，但在大批量生产产品时往往就有明显差距，影响了消费者对中国制造的感受和信心。希望通过发展现代职业教育和高水平的技能大师带动，培养出更多高素质的专业人才，让精益求精的工匠精神遍布中国各类型、各领域的企业，深入每一个制造环节和每一道工序，使大中小企业都能生产出精细化产品，成为带动中国制造跃升的重要支撑力量。一名在校创业学生送给总理一张激光雕刻的卡片，上面刻着今年政府工作报告提出的“质量之魂，存于匠心”，李克强肯定道，有匠心才有品质，做得好那才是中国制造。

9月8日

［纲　文］　**王岐山在北京出席全国纪检监察系统表彰大会并讲话。**

［目　文］　中共中央书记处书记、中央纪委副书记赵洪祝主持表彰大会。中共中央政治局常委、中央纪委书记王岐山指出，要深刻学习领会习近平总书记“7·26”重要讲话精神，伴随“两学一做”学习教育常态化制度化，学出一份忠诚，学出一份担当，学出中国特色社会主义道路自信、理论自信、制度自信、文化自信。党的十八大以来，以习近平同志为核心的党中央把全面从严治党摆上战略布局，使党的面貌焕然一新，党和国家事业发生历史性变革。实践充分证明，全面从严治党的战略抉择英明、正确、及时。中央纪委牢固树立“四个意识”，自觉同党中央保持高度一致，各级纪检监察机关忠诚履行党章赋予的职责，在波澜壮阔的全面从严治党和反腐败斗争实践中，经受了严峻考验和深刻洗礼，涌现出一大批先进典型，受到表彰的只是其中的代表。党中央对纪检监察工作给予充分肯定。肯定就是鞭策，体现着党中央的期许。要始终保持一份冷静清醒，对照习近平总书记系列重要讲话精神，总结反思过去五年的工作，查找差距、发现问题和缺憾。增强“四个意识”是一个无尽的动态过程，时时处处从政治和大局上向核心看齐是很高的要求，要不断提高政治站位和政治觉悟，谦虚谨慎、再接再厉，用扎扎实实的工作向党和人民交上优异答卷。

9月8日

［纲　文］　**张高丽在北京与省部级干部推进生态文明建设与低碳发展专题研讨班学员进行座谈。**

［目　文］　中共中央政治局常委、国务院副总理张高丽表示，党的十八大以来，以习近平同志为核心的党中央，始终把生态文明建设放在治国理政的重要战略位置。习近平

总书记多次强调，绿水青山就是金山银山，保护环境就是保护生产力，改善环境就是发展生产力。李克强总理对加快推进生态文明建设提出具体要求。我们要认真贯彻党中央、国务院决策部署，牢固树立“四个意识”，充分认识加强生态文明建设的重要性、紧迫性和艰巨性，深入持久推进生态文明建设。要合理确定城镇开发强度，加快美丽乡村建设，有效治理“垃圾围城”“垃圾围村”，加强海洋资源科学开发和生态环境保护。要着力解决突出的生态环境问题，持续实施大气污染防治行动计划，加强水污染防治，开展土壤污染治理和修复，强化生态环境保护修复。要推动绿色低碳发展，推进能源革命，主动控制碳排放，积极参与应对气候变化国际合作。各地区各部门要按照“三严三实”要求，主动作为，攻坚克难，切实加强组织领导和统筹协调，强化责任落实和督促检查，把生态文明建设各项工作抓实抓好抓出成效。

研讨班由中央组织部、环境保护部、国家行政学院和中国气象局共同举办，有关部门负责人和全体学员参加座谈。

9月8日

［纲　文］　**中国人民对外友好协会在北京举办中日邦交正常化45周年纪念招待会。**

［目　文］　全国人大常委会副委员长兼秘书长王晨出席，并在招待会前会见日方主要代表。中日友协会长唐家璇、全国对外友协会长李小林以及日本前众议长河野洋平在招待会上分别致辞。中方有关部门、人民团体负责人以及包括日中友好七团体在内的日有关团体负责人、各界友好人士、复交时日领导人亲属和日相关驻京机构代表等300余人出席招待会。

同日，全国政协主席俞正声在人民大会堂会见日本前众议长、国际贸易促进协会会长河野洋平等来华出席中日邦交正常化45周年纪念招待会的日方代表团主要成员时说，邦交正常化45年来，中日关系取得长足发展。双方应重温邦交正常化初心，本着以史为鉴、面向未来精神，珍视两国交往深厚基础，为两国关系持续改善发展提供动力。当前中日关系改善进程仍存在不少复杂因素。希望日本政府恪守中日四个政治文件和四点原则共识，奉行更加积极友善的对华政策，妥善处理重大敏感问题，以负责任态度和行动推动中日关系稳定改善。

河野表示，45年前，日中两国领导人以非凡政治智慧和勇气实现日中邦交正常化，双方应继承前辈精神，积极落实两国领导人达成的共识，为日中关系改善发展积累更多积极因素。

9月8日

［纲　文］　**中国首台直径2.8米的“神盾”KSZ-2800型矿用全断面硬岩快速掘进机在辽宁成功下线。**

［目　文］　KSZ-2800型矿用全断面硬岩快速掘进机由辽宁铁法能源通用重机公司制造。可实现圆形巷道一次成巷、掘锚同步作业和巷道快速掘进，具有数据无线传输、远程自动控制、故障自我诊断、状态自动调整等多项智能化特性，可大大改善作业环境、降

低施工成本和劳动强度、提高作业安全性。已取得3项国家专利，全断面刀盘、撑靴系统、千米远程控制等关键技术填补了行业空白。该设备将广泛应用于煤矿、水利、电力、公路、铁路、军工、地下管廊、燃气输送和非煤矿山等领域。

9月8日

［纲　文］　**《人民日报》发表题为《宗教工作法治化迈上新台阶》的评论员文章。**

9月9日

［纲　文］　**国务院办公厅印发《关于进一步加强文物安全工作的实施意见》。**

［目　文］　《意见》由五个部分组成：一、健全落实文物安全责任制。二、加强日常检查巡查，严厉打击违法犯罪。三、健全监管执法体系，畅通社会监督渠道。四、强化科技支撑，提高防护能力。五、加大督察力度，严肃责任追究。

《意见》要求，各地区、各有关部门和单位要根据本实施意见要求，结合工作实际，认真抓好贯彻落实。

9月9日

［纲　文］　**国务院总理李克强向第82届萨洛尼卡国际博览会及中国主宾国活动致贺信。**

［目　文］　李克强在贺信中表示，1998年，中国作为萨洛尼卡国际博览会历史上首个主宾国参展，为中欧开展经贸往来搭建了新的桥梁。这不仅对博览会自身发展具有历史意义，也开启了中欧交往和中国同希腊关系大发展的新阶段。19年来，中希两国携手合作，政治互信不断深化，各领域交流合作取得长足进展，比雷埃夫斯港项目已结出丰硕成果。中国担任第82届萨洛尼卡国际博览会主宾国，标志着两国关系站在更高水平的新起点上，发展前景十分广阔。中国政府愿同希腊以及各国一道，将“一带一路”倡议同各国发展战略更好对接，创造更加广泛的共同利益，开展更深层次的互利合作，在更好造福各自人民的同时，推动世界经济进一步复苏向好，实现强劲、可持续、平衡、包容增长。

希腊总理齐普拉斯出席博览会开幕式并参观中国馆。齐普拉斯在致辞中表示，中国具有悠久灿烂文明，在当今世界发挥着引领作用，习近平主席提出的“一带一路”倡议对全球发展具有重要意义。近年来，中希关系在政治、经济、文化等各方面发展迅速，中国担任本届萨洛尼卡国际博览会主宾国表明两国关系达到前所未有的高度，必将有力地促进双方互利合作结出更加丰硕的成果。

萨洛尼卡国际博览会是巴尔干和东南欧地区最有影响力的展览会之一。此次中国贸促会组织100多家中国品牌企业参展，展区面积近6000平方米，集中展示了中国在交通、电信、能源、智能制造、绿色环保等领域的发展成就。

9月9日

［纲　文］　**2017未来科学大奖在北京揭晓。**

［目　文］　中国科学技术大学潘建伟、清华大学施一公、北京大学许晨阳分获“物质科学奖”“生命科学奖”和“数学与计算机科学奖”，每人奖金为680万元人民币（约合100万美元）。施一公因其“在解析真核信使RNA剪接体这一关键复合物的结构，揭示活性部位及分子层面机理的重大贡献”而获奖。潘建伟凭借其“在量子光学技术方面的创造性贡献，使基于量子密钥分发的安全通信成为现实可能”而获奖。许晨阳的获奖依据是“在双有理代数几何学上作出的极其深刻的贡献”。

未来科学大奖是由企业家和科学家联合发起创办的民间科学奖项，每年评选一次，旨在奖励在大中华地区做出的原创性科学成果，从而激发社会对科学的热爱、对科学家的尊重，提升公民科学素养。大奖科学家委员会由15位知名华裔科学家组成。

9月9日

［纲　文］　**中乌政府间合作委员会第四次会议在塔什干举行。**

［目　文］　会议由中共中央政治局委员、中央政法委书记、中国和乌兹别克斯坦政府间合作委员会中方主席孟建柱和乌总理、中乌政府间合作委员会乌方主席阿里波夫共同主持。

双方积极评价第三次会议以来中乌务实合作取得的丰硕成果，一致认为，两国保持密切高层交往对深化全面战略伙伴关系起到重要引导作用，巩固了双边政治互信和互利合作。双方将全面认真落实两国元首达成的重要共识，继续深化经贸、能源、交通、农业、科技、人文、安全等领域合作，为两国全面战略伙伴关系发展不断注入新动力。

同日，孟建柱在塔什干会见乌总统米尔济约耶夫时说，两国元首2017年5月举行会晤并一致决定深化真诚互信、合作共赢的全面战略伙伴关系，掀开双边关系崭新一页。希望双方以政府间合作委员会为统筹协调的重要平台，以共建“一带一路”为引领合作的主线，加强发展战略对接，全面深化各领域合作，推动两国关系不断向前发展。

米尔济约耶夫祝贺两国政府间合作委员会第四次会议成功举行，高度赞赏中方为落实两国元首会晤成果所作的积极努力，表示乌方高度重视乌中全面战略伙伴关系，愿以共建“一带一路”为契机，推动双方合作取得更多实实在在的成果，造福两国和两国人民。

9月9日

［纲　文］　**国务院参事室原副主任、党组成员，外交部原副部长王海容，在北京逝世，享年78岁。**

9月10日

［纲　文］　**国务院批复辽宁省人民政府，同意抚顺市城市总体规划。**

［目　文］　批复说，一、原则同意《抚顺市城市总体规划（2011—2020年）》。二、重视城乡区域统筹发展。在《总体规划》确定的1857平方公里城市规划区范围内，实行城乡统一规划管理。加强城中村和城乡结合部地区的规划建设管理，城镇基础设施、公共服务设施的建设应当统筹考虑为周边农村提供服务。三、合理控制城市规模。到2020

年，中心城区常住人口控制在150万人以内，城市建设用地控制在172.5平方公里以内。要贯彻落实城乡规划法关于先规划后建设的原则，禁止在《总体规划》确定的建设用地范围之外设立各类开发区和城市新区。四、完善城市基础设施体系。要按照绿色循环低碳的理念规划建设城市基础设施。进一步完善公路、铁路等交通基础设施，加强城市内外交通衔接。建立以公共交通为主体，各种交通方式相结合的多层次、多类型的城市综合交通体系，方便不同交通方式的换乘。五、建设资源节约型和环境友好型城市。要按照促进生产空间集约高效、生活空间宜居适度、生态空间山清水秀的总体要求，形成合理的城市空间结构，促进经济建设、城乡建设和环境建设同步发展。六、创造优良的人居环境。要坚持以人为本，统筹安排关系人民群众切身利益的教育、医疗、市政等公共服务设施的规划布局和建设。将城市保障性住房的建设目标纳入近期建设规划，确保保障性住房用地的分期供给规模、区位布局和相关资金投入。七、重视历史文化和风貌特色保护。要统筹协调发展与保护的关系，按照整体保护的原则，切实保护好城市传统风貌和格局。八、严格实施《总体规划》。城市建设要实现经济社会协调发展，物质文明和精神文明共同进步。城市管理要健全民主法治，坚持依法治市，构建和谐社会。

抚顺市人民政府要根据本批复精神，认真组织实施《总体规划》，任何单位和个人不得随意改变。辽宁省和住房城乡建设部要加强对《总体规划》实施工作的指导、监督和检查。

9月10日

［纲　文］　**国务院办公厅通知黑龙江省人民政府，同意牡丹江市城市总体规划。**

［目　文］　通知说，一、国务院原则同意《牡丹江市城市总体规划（2006—2020年）（2017年修订）》。二、重视城乡区域统筹发展。在《总体规划》确定的2360平方公里城市规划区范围内，实行城乡统一规划管理。加强林区和城乡结合部地区的规划建设管理，城镇基础设施、公共服务设施的建设应当统筹考虑为周边农村提供服务。三、合理控制城市规模。到2020年，中心城区常住人口控制在90万人以内，城市建设用地控制在90平方公里以内。要贯彻落实城乡规划法关于先规划后建设的原则，禁止在《总体规划》确定的建设用地范围之外设立各类开发区和城市新区。四、完善城市基础设施体系。要按照绿色循环低碳的理念规划建设城市基础设施。进一步完善公路、铁路、机场等交通基础设施，加强城市内外交通衔接。建立以公共交通为主体，各种交通方式相结合的多层次、多类型的城市综合交通体系，方便不同交通方式的换乘。做好停车场规划布局，推动城市停车场建设。五、建设资源节约型和环境友好型城市。要按照促进生产空间集约高效、生活空间宜居适度、生态空间山清水秀的总体要求，形成合理的城市空间结构，促进经济建设、城乡建设和环境建设同步发展。要切实做好节能减排工作，加快淘汰落后产能，严格控制污染物排放总量。六、创造优良的人居环境。要坚持以人为本，统筹安排关系人民群众切身利益的教育、医疗、市政等公共服务设施的规划布局和建设。将城市保障性住房的建设目标纳入近期建设规划，确保保障性住房用地的分期供给规模、区位布局和相关资金

投入。七、重视历史文化和风貌特色保护。要统筹协调发展与保护的关系，按照整体保护的原则，切实保护好城市传统风貌和山、水、林和谐共生的空间格局。八、严格实施《总体规划》。城市建设要实现经济社会协调发展，物质文明和精神文明共同进步。城市管理要健全民主法治，坚持依法治市，构建和谐社会。

牡丹江市人民政府要根据本通知精神，认真组织实施《总体规划》，任何单位和个人不得随意改变。黑龙江省和住房城乡建设部要加强对《总体规划》实施工作的指导、监督和检查。

9月10日

［纲　文］　**国务院办公厅印发《第二次全国污染源普查方案》。**

［目　文］　《方案》由六个部分组成：一、普查工作目标。二、普查时点、对象、范围和内容。三、普查技术路线。四、普查组织及实施。五、普查经费。六、普查质量管理。

《方案》指出，按照依法普查原则，任何地方、部门、单位和个人均不得虚报、瞒报、拒报、迟报，不得伪造、篡改普查资料。各级普查机构及其工作人员，对普查对象的技术和商业秘密，必须履行保密义务。

9月10日

［纲　文］　**中共中央文献研究室编辑的《习近平关于青少年和共青团工作论述摘编》由中央文献出版社出版，在全国发行。**

［目　文］　《论述摘编》共分8个专题：青少年是国家的未来和民族的希望；为实现中华民族伟大复兴的中国梦而奋斗是中国青年运动的时代主题；引导青少年树立和践行社会主义核心价值观；勇做走在时代前列的奋进者、开拓者、奉献者；共青团要紧紧围绕党和国家工作大局找准工作切入点、结合点、着力点；团的干部必须心系青年、心向青年；今天做祖国的好儿童，明天做祖国的建设者；加强党对青少年和共青团工作的领导。书中收入189段论述，摘自习近平2012年11月29日至2017年5月3日期间的讲话、演讲、批示、贺信、回信等40多篇重要文献。其中部分论述是第一次公开发表。

9月10日

［纲　文］　**中国企业联合会、中国企业家协会发布“2017中国企业500强”排行榜。**

［目　文］　国家电网公司、中国石油化工集团、中国石油天然气集团位列前三名。2017中国企业500强的营业收入总额首次突破60万亿元，达64万亿元，再上新台阶。

9月10日

［纲　文］　**中国女子排球队获得2017年国际排联女排大冠军杯。**

［目　文］　在日本名古屋举行的2017年国际排联女排大冠军杯最后一轮比赛中，中国队以3∶1战胜日本队，从而以五连胜的佳绩获该项赛事冠军。这是中国队时隔16年再度夺得女排大冠军杯。

9月10日

［纲　文］　**原南京军区顾问张玉华，在南京逝世，享年101岁。**

9月10—12日

［纲　文］　**“全球音乐院校校长交流季”在北京举办。**

［目　文］　“交流季”由中国音乐学院主办。美国茱莉亚音乐学院院长、德国华沙肖邦音乐大学校长、英国约克大学音乐学院院长等来自全球10多个国家的30余位世界一流音乐院校校长参加。“交流季”以搭建国际音乐教育资源共享平台、引领全球音乐发展潮流、举办院校间高端友谊竞赛为主旨。与会代表纵论“音乐学派对人类文明的贡献”“音乐教育全球化发展趋势”“音乐文化是世界和平的使者”等共同关心的话题。

11日，国务院副总理刘延东在北京会见出席“全球音乐院校校长交流季”的中外校长时指出，音乐是人类文明的载体。促进各国音乐领域的交流互鉴是深化各国人文交流的重要组成部分。希望中外音乐院校、教育机构进一步加强交流合作，探索音乐人才培养、音乐研究以及传播普及的新模式，共同推动全球音乐教育迈上新台阶，为人类文明和谐共生与世界和平发展作出更大贡献。

9月10—15日

［纲　文］　**国务委员杨洁篪访问牙买加、西班牙。**

［目　文］　10—11日，杨洁篪在牙买加访问期间，在金斯敦分别会见牙买加总督艾伦和总理霍尔尼斯、牙买加人民民族党领袖菲利普斯。

12—13日，杨洁篪访问牙买加后过境美国华盛顿，分别会见美国国务卿蒂勒森、美国总统国家安全事务助理麦克马斯特、总统高级顾问库什纳。双方就中美关系以及共同关心的国际和地区问题交换意见。双方同意，将加强高层及各级别沟通，拓展合作，共同做好特朗普总统应习近平主席邀请年内对中国国事访问的准备工作，推动中美关系健康稳定向前发展。

14—15日，杨洁篪在西班牙访问期间，在马德里分别会见了西班牙国王费利佩六世、首相拉霍伊、西班牙外交大臣达斯蒂斯。

杨洁篪表示，中方愿同西方秉持共商、共建、共享原则，拓展“一带一路”框架下的务实合作，打造双边关系新亮点，扩大两国人文交流和地方交往，并加强在重大国际与地区问题上的协作。中国支持欧洲一体化进程，希望西班牙继续为中欧关系发展发挥积极作用。

费利佩六世和拉霍伊表示，西方愿以明年庆祝建交45周年为契机，深化同中方在贸易、投资、农业、旅游、文化、教育等领域互利合作，积极参与共建“一带一路”倡议，并在多边事务中与中方加强协调，推动两国关系迈上新的台阶。

9月11日

［纲　文］　**《习近平在出席金砖国家领导人厦门会晤时的讲话》单行本出版。**

9月11日

［纲　文］　第22届国际检察官联合会年会暨会员代表大会在北京开幕，国家主席习近平致贺信。

［目　文］　习近平在贺信中指出，检察官作为公共利益的代表，肩负着重要责任。本届国际检察官联合会年会以“为公益服务的检察”为主题，围绕建设平安、公正、和谐的法治社会，深入探讨检察官保护公益问题，对推动各国法治建设具有重要意义。中国政府高度重视全面依法治国，持续推进科学立法、严格执法、公正司法、全民守法，坚持依法治国、依法执政、依法行政共同推进，坚持法治国家、法治政府、法治社会一体建设，努力建设中国特色社会主义法治体系、建设社会主义法治国家。中国检察机关是国家的法律监督机关，承担惩治和预防犯罪、对诉讼活动进行监督等职责，是保护国家利益和社会公共利益的一支重要力量。中国在发挥检察官公益保护作用、推进法治建设中积累了不少经验，也愿积极借鉴世界有关法治文明成果。希望各国检察官以本届会议为契机，分享保护公益、推动法治建设的经验，深化司法合作交流，共同为促进人类和平与发展的崇高事业作出新的贡献。

全国人大常委会委员长张德江出席开幕式并致辞。张德江说，当今世界正处于大发展大变革大调整之中，检察机关在推动经济社会发展过程中发挥着重要作用，肩负着重要使命。中国高度重视发挥检察官在公益保护中的职能作用。中国全国人大常委会修改了民事诉讼法、行政诉讼法，赋予检察机关提起公益诉讼的权力，为检察机关更好发挥公益保护作用提供了法律保障。

11—14日，第22届国际检察官联合会年会暨会员代表大会在北京召开。会议以“为公益服务的检察——变化社会中面临的机遇和挑战”为主题举行四次全体会及多场专题会议。围绕检察与公益、网络犯罪、反腐败检察工作、军事检察工作和环境犯罪的检察工作等内容分别进行交流。包括多国总检察长、司法部长，以及联合国毒品和犯罪办公室官员、欧盟司法协助组织主席、反伪造药品调查机构主任等有关国际组织负责人等500人与会。

9月11日

［纲　文］　《联合国防治荒漠化公约》第13次缔约方大会高级别会议在内蒙古鄂尔多斯开幕，国家主席习近平致贺信。

［目　文］　习近平在贺信中写道：值此《联合国防治荒漠化公约》第十三次缔约方大会高级别会议开幕之际，我谨代表中国政府和中国人民，向会议的召开致以热烈的祝贺！向出席会议的各国代表、国际机构负责人和各界人士致以诚挚的欢迎！土地荒漠化是影响人类生存和发展的全球重大生态问题。公约生效21年来，在各方共同努力下，全球荒漠化防治取得明显成效，但形势依然严峻，世界上仍有许多地方的人民饱受荒漠化之苦。这次大会以“携手防治荒漠，共谋人类福祉”为主题，共议公约新战略框架，必将对维护全球生态安全产生重大而积极的影响。防治荒漠化是人类面临的共同挑战，需要国际社会携手应对。我们要弘扬尊重自然、保护自然的理念，坚持生态优先、预防为主，坚定

信心，面向未来，制定广泛合作、目标明确的公约新战略框架，共同推进全球荒漠生态系统治理，让荒漠造福人类。中国将坚定不移履行公约义务，按照本次缔约方大会确定的目标，一如既往加强同各成员国和国际组织的交流合作，共同为建设一个更加美好的世界而努力！预祝大会圆满成功！

国务院副总理汪洋在开幕式上宣读了习近平的贺信并发表主旨演讲。他指出，中国认真履行习近平主席在 2015 年联合国发展峰会上的郑重承诺，以落实 2030 年可持续发展议程为己任，以新发展理念为引领，把防治荒漠化作为生态文明建设的重要内容，全面加强国际交流合作，努力走出一条中国特色荒漠生态系统治理和民生改善相结合的道路。

6—15 日，《联合国防治荒漠化公约》第 13 次缔约方大会在内蒙古鄂尔多斯举行。大会由联合国防治荒漠化公约秘书处主办，国家林业局、外交部、内蒙古自治区人民政府联合承办。大会以“携手防治荒漠，共谋人类福祉”为主题，主要任务是落实 2030 年可持续发展议程，制定《公约》新战略框架，确认实现土地退化零增长目标，并筹集资金支持。《公约》196 个缔约方政府、20 多个国际组织的 2000 多人参加会议。会议取得五项成果：一、通过了公约 2018—2030 年战略框架，明确了实现 2030 年全球土地退化零增长目标的战略途径、步骤和监测指标。二、112 个国家承诺加入了“土地退化零增长”自愿目标设定进程，将确定目标并开展行动。三、通过了《鄂尔多斯宣言》。四、发布了《全球防治荒漠化青年倡议》，发布了可持续土地管理商业论坛宣言，通过了民间组织和私营部门参与的决议，引导鼓励私营部门建立公私伙伴关系。五、通过了与荒漠化和土地退化防治密切相关的干旱政策倡议、沙尘暴政策框架倡议，荒漠化与移民、能力建设、性别平等和赋权等决议，更加关注各区域热点问题和需求，加强与其他公约和国际组织协调合作。

会议期间，联合国环境署在大会上发布《中国库布其生态财富评估报告》。这也是全球首部由联合国官方发布的生态财富报告。报告首次用科学量化的评价结果肯定中国的生态文明建设成就。库布其成为全球首个被联合国和国际社会认可的沙漠治理中国方案和中国生态文明建设案例。

9 月 11 日

［纲　文］　**保监会印发《中国保监会关于加强保险消费风险提示工作的意见》。**

［目　文］　《意见》由五个部分组成：一、总体要求。二、建立完善工作机制。三、稳步推进统一平台建设。四、规范运作流程。五、完善保障措施。

9 月 11 日

［纲　文］　**贯彻落实中央关于宗教工作重大决策部署经验交流会在北京召开。**

［目　文］　中共中央政治局常委、全国政协主席俞正声出席会议并讲话。中共中央政治局委员、国务院副总理刘延东主持会议，中共中央政治局委员、中央统战部部长孙春兰出席会议。会议由中央统战部、国家宗教局主办。中央和国家机关有关部门，全国各省区市和新疆生产建设兵团、副省级城市有关负责人约 190 人参加会议。有关地方和部门的 9 位同志在会上作交流发言。

俞正声指出，要深入学习贯彻习近平总书记关于宗教工作的重要论述精神，把贯彻落实中央关于宗教工作重大决策部署特别是全国宗教工作会议精神持续引向深入，进一步推动宗教工作向前发展。要全面贯彻党的宗教信仰自由政策，始终坚持政治上团结合作、信仰上互相尊重，把信教群众紧紧团结在党和政府周围。要充分发挥宗教界人士积极作用，鼓励和支持他们在开展公益慈善、弘扬传统文化、促进民族团结等方面多作贡献。要始终坚持我国宗教中国化方向，用社会主义核心价值观来引领和教育宗教界人士和信教群众，用中华优秀文化浸润各宗教。要不断提高宗教工作法治化水平，用法律规范政府管理宗教事务的行为、规范宗教团体的行为和宗教活动，用法律调节涉及宗教的各种社会关系。各地要紧密结合实际，推动中央关于宗教工作重大决策部署的贯彻落实，扎实推进重点难点问题的解决。要遏制宗教极端化倾向，坚持依法治理，对涉及民族宗教因素的矛盾纠纷，违反什么法律就按什么法律处理，维护社会和谐稳定。要坚决抵御境外利用宗教进行渗透，防范校园传教活动。要重视培养爱国爱教的宗教界人士，增强他们抵御极端思想和境外渗透的能力。

9月11日

［纲　文］　**中国首条民营资本控股高铁——杭绍台高铁PPP项目在浙江杭州签约。**

［目　文］　该项目预计总投资超过400亿元，其中由复星集团牵头组建的民营联合体占股51%。杭绍台高铁全长269公里，设计时速350公里，预计于2021年建成投运。作为国家首批引入社会资本的8个铁路示范项目之一，杭绍台高铁的建设，有利于实现浙江省会杭州与台州市高铁1小时交通圈，实现温台城市群融入长江经济带，促进长三角城市群联动发展。该项目采用BOOT（建设—拥有—运营—移交）模式，由政府方授权项目公司负责运作，运营期满后将全部项目资产无偿移交给政府方。本项目合作期限共34年，其中建设期4年、运营期30年。

9月11日

［纲　文］　**《人民日报》发表题为《在改革中做强做优做大国企》的评论员文章。**

9月11—15日

［纲　文］　**中宣部在北京举办省区市及副省级城市新任党委宣传部部长研讨班。**

［目　文］　本期研讨班学员共25人。主要内容是：学习贯彻中共中央总书记习近平系列讲话精神和治国理政新理念新思想新战略，着重学习习近平“7·26”讲话精神，系统学习掌握党中央关于宣传思想工作的重大方针原则、重大决策部署，紧紧围绕迎接、宣传、贯彻党的十九大，深入研讨做好工作的新思路新途径新方法。

15日，中宣部部长刘奇葆与研讨班学员座谈时指出，宣传部长岗位重要、责任重大。要讲政治、敢担当，按照政治家的标准严格要求自己；要明大局、识大势，从党和国家事业全局的高度来谋划宣传思想工作；要把导向、管阵地，不给错误思想提供传播渠道；要抓重点、善统筹，在重点突破中实现工作整体推进；要重实干、谋创新，使宣传思想工作始终充满生机活力。

9月12日

［纲　文］　**第2次“1+6”圆桌对话会在北京举行。**

［目　文］　国务院总理李克强同世界银行行长金墉、国际货币基金组织总裁拉加德、世界贸易组织总干事阿泽维多、国际劳工组织总干事赖德、经济合作与发展组织秘书长古里亚、金融稳定理事会主席卡尼与会。会议围绕“全球经济形势与经济全球化的未来”主题，主要就全球经济增长、可持续发展、维护多边贸易体制、经济全球化、劳动力市场政策、国际金融监管改革等问题深入交流。

李克强表示，当前世界经济出现回暖向好的一面，但也表现出脆弱的一面，不稳定不确定因素仍然较多。2017年初，习近平主席在达沃斯世界经济论坛年会上阐述了中方坚持多边主义和贸易自由化，建设人类命运共同体的立场和主张。我们愿同国际社会加强坦诚交流，共同把握形势、沟通政策、引导预期，努力促进世界经济持续复苏。李克强提出五点建议：一是当前世界经济正处于关键时刻。各国应坚持和衷共济，顺应多边主义和全球化大趋势，遵守和协商完善国际规则，加强宏观经济政策沟通协调，共同为世界经济增长注入正能量。二是更大力度推进结构性改革。抓住新一轮科技革命和产业变革机遇，加大制度创新，降低制度性交易成本，激发创业创新活力，发展新兴产业，提高劳动生产率，更好保护知识产权，加大基础设施建设投入，为促进经济发展和结构调整创造更好条件。三是维护以自由贸易为基石的多边贸易体制。发挥各国比较优势，共享发展成果。解决贸易不平衡问题不能相互关门，而是要更大力度开门，扩大相互开放，实现互利共赢。四是增强世界经济增长的包容性。努力创造更多高质量就业机会，使社会保障更加公平、更可持续，提升发展的公平性和普惠性。中国愿将“一带一路”倡议同联合国2030年可持续发展议程和各国发展战略更好对接，推动实现共同增长、共同繁荣。五是继续推进金融监管改革。着眼促进实体经济发展和防范金融风险，加强宏观审慎管理和系统性风险防范。中国愿同有关国际金融机构保持良好的合作关系，积极参与国际金融治理。

与会国际经济金融机构负责人高度评价中国经济发展成就，赞赏中国为建设开放型世界经济所作努力。他们表示，世界经济恢复增长势头，但脆弱性和潜在风险仍存，一些国家保护主义倾向上升、社会分化加剧。国际社会应凝聚政治共识，坚持多边主义原则和贸易投资自由化便利化政策取向，推进全球金融安全网建设，使全球化更加包容普惠。

会议发表了《第2次“1+6”圆桌对话会联合新闻稿》。会后，李克强同金墉、拉加德、阿泽维多、赖德、古里亚、卡尼共同会见记者。

9月12日

［纲　文］　**人力资源社会保障部发布《国家职业资格目录》。**

［目　文］　《目录》共计140项职业资格。其中，专业技术人员职业资格59项，含准入类36项，水平评价类23项；技能人员职业资格81项，含准入类5项，水平评价类

76 项。《目录》明确了国家职业资格范围、实施机构和设定依据。

9月12日

［纲　文］ **世界旅游联盟成立仪式在成都举行。**

［目　文］ 国务院总理李克强向世界旅游联盟成立仪式发去贺信。李克强在贺信中表示，旅游业是当今世界规模最大、发展最快、关联最广的综合性产业，是促进经济发展、推动国家交往的重要途径，有助于加强人与人之间沟通，构建人类命运共同体。近年来，世界旅游业发展举世瞩目，全球国际旅游人数连续 7 年增长，拉动消费，促进就业，对引领全球经济复苏、促进社会和谐发挥了重要作用。旅游业大发展是历史的契机，也面临时代的挑战。实现旅游业的地区均衡和包容发展，需要各方广泛交流，深化合作，形成合力。既要发挥政府作用推进合作，也要发挥民间力量，用好全球旅游业界的智慧与资源禀赋，各国旅游协会、旅游企业、专家智库积极参与，更好促进旅游业可持续发展。相信世界旅游联盟将为此搭建新平台，提供新契机。中国政府愿积极关注和支持联盟建设，创造更广阔的发展空间，也欢迎各国旅游业界广泛参与，为不断完善全球旅游治理体系发挥建设性作用。

世界旅游联盟由中国旅游协会申请发起，是旅游业第一个全球性、综合性、非政府、非营利国际旅游组织，创始会员 89 家，来自五大洲 29 个国家和地区。在成都出席联合国世界旅游组织第 22 届全体大会的 125 个国家 1000 多名代表参加成立仪式。

9月12日

［纲　文］ **《关于消耗臭氧层物质的蒙特利尔议定书》缔结 30 周年纪念大会在北京举行。**

［目　文］ 国务院总理李克强向大会致贺信。李克强在贺信中说，保护臭氧层、应对气候变化，是全球面临的共同挑战。三十年来，蒙特利尔议定书履约工作取得巨大成就，有效遏制了人类活动对臭氧层的破坏，彰显了国际社会保护地球家园的决心，也为其他全球性环境问题的解决树立了榜样。中国作为负责任的发展中大国，一直积极参与全球环境治理，倡导绿色、低碳、循环、可持续的生产生活方式，平衡推进 2030 年可持续发展议程。在蒙特利尔议定书框架下，中国累计淘汰消耗臭氧层物质占发展中国家淘汰量的一半以上。中国将继续承担应尽的国际义务，深入开展环境保护领域国际交流合作，为全球生态安全作出新贡献。

环境保护部部长李干杰宣读了李克强的贺信并讲话。联合国环境规划署执行主任埃里克·索尔海姆、臭氧秘书处执行秘书蒂娜·玻比利，蒙特利尔议定书多边基金执委会主席保罗·克拉伊尼克、多边基金秘书处秘书长爱德华多·加南出席大会并致辞。联合国开发计划署、联合国环境规划署、联合国工业发展组织、世界银行、德国国际合作机构等国际和双边组织，外交部、国家发改委、科技部、财政部、农业部、商务部、海关总署等有关部委，地方环保厅（局）、行业协会、科研机构、中外企业及媒体的 140 多名代表参加大会。

9月12日

［纲　文］　**汪洋在北京主持召开国务院扶贫开发领导小组第20次全体会议。**

［目　文］　国务院副总理、国务院扶贫开发领导小组组长汪洋指出，要深入贯彻习近平总书记扶贫开发重要战略思想，认真落实全国人大常委会第二十九次会议和全国政协常委会第二十二次会议关于脱贫攻坚工作的意见建议，坚持实事求是，坚持群众路线，以问题为导向健全机制、完善政策、改进工作，进一步提升帮扶精准度和实效性，充分调动基层扶贫干部积极性，增强贫困群众获得感，扎实有力推进脱贫攻坚。要逐条研究吸纳借鉴人大和政协监督意见建议，分门别类，追根溯源，把握关键，推进整改，全面提升脱贫攻坚工作水平。要抓紧制定问题整改具体方案，明确部门分工，设定时间表，上下联动，落实整改责任，把监督的丰富成果转化为推进脱贫攻坚的强大动力。贫困县摘帽退出，政策性强、必须严之又严。要按照贫困退出机制要求，规范执行贫困县退出的标准和程序，从严从实开展贫困县退出评估检查，确保脱贫成效真正获得群众认可，经得起实践和历史检验。对摘帽退出县在攻坚期内要继续提供扶持，巩固脱贫成果。

9月12日

［纲　文］　**中俄人文合作委员会第18次会议在广州举行。**

［目　文］　国务院副总理、中俄人文合作委员会中方主席刘延东与俄罗斯副总理、委员会俄方主席戈洛杰茨共同主持。刘延东指出，面向未来，双方应以“一带一路”发展战略和欧亚经济联盟对接合作为契机，创新方式、丰富载体，积极打造新支柱、新亮点。要面向民众，扩大交往，夯实人文交流根基，不断增进合作热度和力度，为巩固和发展平等信任、相互支持、共同繁荣、世代友好的中俄全面战略协作伙伴关系作出新贡献。

戈洛杰茨说，俄中关系处在历史最好时期，两国各领域相互协作日益密切，人文合作不断取得新成就。双方要进一步加强教育、文化、卫生、体育、旅游、媒体、电影、档案、青年等领域合作，为两国关系发展奠定更加坚实的社会和民意基础。

会议期间，刘延东和戈洛杰茨共同出席了深圳北理莫斯科大学开学典礼、中俄大学校长论坛、“俄罗斯文化节”开幕式、中俄合拍影片发布式等配套活动，并见证了有关领域8个合作协议的签署。

9月12日

［纲　文］　**外交部发言人就联合国安理会通过第2375号决议答记者问。**

［目　文］　有记者问：美国东部时间9月11日，联合国安理会就朝鲜核试问题一致通过第2375号决议。中方对此有何评论？

发言人说，朝鲜不顾国际社会普遍反对，再次进行核试验，严重违反联合国安理会决议。中方赞同安理会就此采取必要措施。中方希望第2375号决议的内容得到全面、完整执行。

中方提出的“双暂停”倡议和“双轨并行”思路是解决半岛问题的现实可行出路，我们呼吁有关各方给予积极考虑，同中方一道坚持推动对话协商，为推动半岛无核化进程，实现半岛和平稳定作出努力。中方坚决反对美国在韩国部署“萨德”反导系统。这一举措严重损害中国和本地区其他国家的战略安全，同时也冲击了各方在半岛问题上的信任与合作。既无助于推进半岛无核化，也不利于维护半岛长远稳定。

9月12—13日

［纲　文］　**新疆若干历史问题研究座谈会在北京召开。**

［目　文］　中共中央政治局常委、全国政协主席俞正声出席会议并讲话。张春贤、栗战书、杜青林、郭声琨等出席会议。中央宣传部、教育部、新疆维吾尔自治区负责人和有关专家学者在会上发言。中央有关部门和单位负责人，各省区市和新疆生产建设兵团有关方面负责人出席会议。会议学习贯彻习近平总书记系列重要讲话精神和党中央治国理政新理念新思想新战略，认真贯彻落实第二次中央新疆工作座谈会精神和中央关于新疆工作决策部署，认真学习领会有关新疆若干历史问题研究座谈纪要精神，进一步统一思想、深化认识、凝聚共识，扎实推进依法治疆、团结稳疆、长期建疆的各项工作。

俞正声指出，纪要运用马克思主义国家观、历史观、民族观、文化观、宗教观，坚持中华民族共同体意识和视野，从我国历史发展全局界定和研究新疆区域历史发展，着眼于中华民族与新疆各民族、中华文化与新疆各民族文化的相互联系，认真回答了新疆若干历史问题，明确阐明：新疆是我国领土不可分割的一部分，多民族大一统格局是我国自秦汉以来就基本形成的历史传统和独特优势；新疆各民族是中华民族血脉相连的家庭成员，实现中华民族伟大复兴的中国梦是各族人民的共同利益；新疆各民族文化扎根于中华文明沃土，是中华文化不可分割的一部分；新疆是多种宗教并存地区，促进宗教关系和谐是新疆稳定繁荣的历史经验等等。这些基本观点，为解决新疆意识形态领域特别是历史领域的现实问题提供了重要遵循，为统一新疆各族干部群众对若干历史问题的认识提供了重要共识，为掌握新疆意识形态工作的主导权、主动权、话语权提供了重要思路。

中共中央政治局委员、中央统战部部长孙春兰在总结讲话中指出，这次会议紧紧围绕维护新疆社会稳定和实现长治久安的总目标，着眼解决新疆意识形态领域深层次矛盾和问题，进一步明确了新疆若干历史问题的一系列基本观点，为做好新疆意识形态领域工作提供了重要依据。要认真总结这次会议取得的重要成果，进一步提高认识、明确方向、坚定信心，确保中央的决策部署落地生根、见到实效，以优异成绩迎接党的十九大胜利召开。

9月12—14日

［纲　文］　**应国家主席习近平邀请，文莱苏丹哈桑纳尔对中国进行国事访问。**

［目　文］　访问期间，习近平在北京同哈桑纳尔举行会谈。两国元首一致同意，共同规划好两国未来合作，推动中文关系在新时期得到更大发展，更好造福两国人民，并共同见证了两国“一带一路”建设、基础设施建设、卫生等领域双边合作文件的签署。国务院总理李克强、全国人大常委会委员长张德江在北京分别会见了哈桑纳尔。哈桑纳尔在广西南宁出席了第14届中国—东盟博览会开幕式。

习近平同哈桑纳尔会谈时指出，双方要保持高层交往，持续深化政治互信，继续在涉及彼此核心利益和重大关切问题上相互理解和支持。中方赞赏文方积极响应“一带一路”倡议，愿同文方一道，以共建“一带一路”为契机，本着共商共建共享原则，加强基础设施建设、能源、清真食品、农渔业、数字经济等领域合作。双方要加强防务和执法合作，把两军互信和合作提升到新高度。要加强文化、教育、体育、卫生、旅游、媒体、地方交往等领域交流合作，巩固两国友好的民意基础。双方要加强地区和国际事务合作，在联合国、亚太经合组织等框架内加强沟通和协调。当前，南海局势趋稳降温，呈现积极发展态势。中方愿同文方及有关各方一道，将南海建设成和平之海、友谊之海、合作之海。哈桑纳尔表示，文方愿同中方继续保持高层交往，进一步扩大人文交流，共同维护南海和平稳定，推动东盟同中国关系不断向前发展。

李克强在会见哈桑纳尔时表示，东盟是中国周边外交优先方向，2018年适逢双方建立战略伙伴关系15周年。中方将继续坚定支持东盟共同体建设，支持东盟在区域合作中的中心地位，愿将“一带一路”倡议同东盟发展战略更好对接。共同推动将于年内举行的新一次东亚合作领导人系列会议取得更多有利于地区稳定、合作、繁荣的成果。哈桑纳尔表示，文方赞赏中方支持东盟发展、加强同东盟关系与合作的立场。相信新一次东盟—中国领导人会议将巩固并助推东盟—中国关系与合作取得更大发展。

张德江会见哈桑纳尔时说，中国全国人大愿与文莱立法会加强交流合作，共同落实好两国元首达成的重要共识，为两国战略合作关系发展作出积极贡献。哈桑纳尔说，中国是文莱重要合作伙伴，文方珍惜两国间的深厚友谊，希望通过此访进一步深化双边友好合作关系。

9月12—15日

［纲　文］　**国家主席习近平特使、中共中央政治局委员、中央政法委书记孟建柱应邀访问塞尔维亚、克罗地亚、斯洛文尼亚。**

［目　文］　孟建柱在塞尔维亚访问期间，在贝尔格莱德会见塞尔维亚总统武契奇时说，执法安全合作是两国全面战略伙伴关系的重要组成部分，中方愿为塞相关领域能力建设提供支持，希望双方在互惠互利、合作共赢原则基础上，加强在反恐、网络安全、打击跨国犯罪等重点领域合作，将执法安全合作打造成两国关系的新亮点。武契奇表示，塞尔维亚始终是中国可信赖的朋友和伙伴，感谢中方长期以来的帮助和支持。孟建柱还会见了塞前总统尼科利奇，并与塞执法安全部门负责人举行会谈会见。

孟建柱在克罗地亚访问期间，在萨格勒布分别会见了克罗地亚总统基塔罗维奇、总理普连科维奇；与克执法安全部门负责人举行会谈会见。孟建柱表示，中方高度重视发展同克罗地亚的关系，愿继续密切高层交往，对接发展战略，共建“一带一路”，推进经贸等领域务实合作，并在反恐、打击跨国犯罪等方面深化执法安全合作，为双方共同发展提供安全保障，造福两国和两国人民。基塔罗维奇说，两国安全合作空间广阔，双方应携手应对地区热点问题和恐怖主义、跨国犯罪等非传统安全威胁。普连科维奇说，克中在交通基础设施建设、经贸等领域合作潜力很大，两国执法安全部门签署的联合警务巡逻谅解备忘录有助于吸引更多中国游客。

孟建柱在斯洛文尼亚访问期间，在卢布尔雅那会见了斯洛文尼亚总理采拉尔时表示，双方应加强互访交流，畅通联络渠道，加强反恐怖、打击跨国有组织犯罪等重点领域合作。近年来，涉中国公民电信诈骗犯罪活动猖獗，希望双方执法安全部门合作打击这类违法活动。采拉尔表示，斯方高度重视涉中国公民电信诈骗犯罪问题，绝不允许任何人在斯境内从事违法犯罪活动，将在司法、执法层面积极研究应对措施，并与中国加大合作打击力度。孟建柱还与斯执法安全部门负责人举行会谈会见。

9月12—15日

［纲　文］　**第14届中国—东盟博览会和中国—东盟商务与投资峰会在广西南宁举行。**

［目　文］　12日，中共中央政治局常委、国务院副总理张高丽出席开幕式并发表《坚持共商共建共享 传承弘扬丝路精神 打造更高水平的中国—东盟战略伙伴关系》主旨演讲。

本届以“共建21世纪海上丝绸之路，旅游助推区域经济一体化”为主题，首次设立“一带一路”展区和邀请丝绸之路经济带沿线国家出任特邀合作伙伴。本届东博会展览总面积12.4万平方米，总展位数6600个，参展企业2709家，8个东盟国家包馆，展览规模、参展企业数量均创新高。共吸引了68个国家和地区采购商参会，国际买家达到4000人，主要来自东盟国家、欧美等国家和地区。会期举办了80场经贸投资促进活动，同时举办了东盟各国和特邀合作伙伴国家推介会等，达成许多投资合作项目。

11日，张高丽在广西南宁分别会见前来出席第十四届中国—东盟博览会和中国—东盟商务与投资峰会的文莱苏丹哈桑纳尔、柬埔寨首相洪森、越南常务副总理张和平和老挝副总理宋赛、哈萨克斯坦第一副总理马明。

9月13日

［纲　文］　**国家主席习近平在人民大会堂接受14国新任驻华大使递交国书。**

［目　文］　习近平欢迎各国使节来华履新，请他们转达对各有关国家领导人和人民的诚挚问候和美好祝愿，指出中国政府将为各国使节履职提供便利和支持，希望使节们为增进各国同中国友谊、推动双边关系发展作出积极贡献。习近平积极评价中国同各国友好关系，指出中国愿同各国增强政治互信，推进务实合作，扩大友好交往，推动双边关系不断迈上新台阶，更好造福中国和各国人民。

14位新任驻华大使是：奥地利驻华大使石迪福、乌兹别克斯坦驻华大使赛义多夫、塞内加尔驻华大使恩迪亚耶、阿塞拜疆驻华大使泽伊纳利、布隆迪驻华大使姆巴祖穆蒂马、尼日利亚驻华大使吉达、乌干达驻华大使基永加、加蓬驻华大使恩东、芬兰驻华大使肃海岚、荷兰驻华大使高文博、爱尔兰驻华大使李修文、巴拿马驻华大使施可方、比利时驻华大使马文克、卢森堡驻华大使俞博生。

9月13日

［纲　文］　**国家主席习近平向深圳北理莫斯科大学开学典礼致贺辞。**

［目　文］　习近平在贺辞中指出，教育是国家发展进步的重要推动力，也是促进各国人民交流合作的重要纽带。近年来，中俄教育合作深入发展，两国高等院校交流更加密切，为增进两国和两国人民相互了解和友谊、推动中俄全面战略协作伙伴关系高水平发展发挥了积极作用。中俄联合创办深圳北理莫斯科大学是我和普京总统达成的重要共识，也是两国人文合作深入发展的重要成果，具有重要示范意义。希望中俄两国教育主管部门和教育工作者发挥各自优势，深挖合作潜力，加快完善深圳北理莫斯科大学各项建设，努力建设高水平大学、培养高素质人才，为深化中俄教育合作、增进两国人民友谊作出贡献。

俄罗斯总统普京也发贺辞表示，教育合作一直是俄中战略伙伴关系的重要组成部分。两国高校直接交流逐年扩大，互换留学生交流实践日趋完善，两国中学生在对方国家疗养营地度假已成为常态。我相信，在两所知名大学基础上创办的俄中大学将进一步增进两国人民的友谊和相互理解。该校毕业生不仅在俄中两国、也将在世界受到欢迎。

中共中央政治局委员、国务院副总理刘延东，俄罗斯副总理戈洛杰茨，中共中央政治局委员、广东省委书记胡春华，俄罗斯驻华特命全权大使杰尼索夫等，与深圳北理莫斯科大学2017级新生、家长代表以及来自中俄两国的教职员工、部分高校代表共同出席了典礼。

中俄联合创办深圳北理莫斯科大学，是国家主席习近平和俄罗斯总统普京达成的共识。2014年5月，中俄两国教育部签署《合作举办“中俄大学”的谅解备忘录》。学校由深圳市人民政府、莫斯科大学和北京理工大学三方合作举办，仅用3年时间便实现首批招生。学校面向全球招收本科生和硕士研究生，博士的招生工作于2018年启动，远期办学规模为5000人。

9月13日

［纲　文］　**联合国世界旅游组织第22届全体大会在成都开幕，国家主席习近平向大会致贺词。**

［目　文］　习近平指出，旅游是不同国家、不同文化交流互鉴的重要渠道，是发展经济、增加就业的有效手段，也是提高人民生活水平的重要产业。中国高度重视发展旅游业，旅游业对中国经济和就业的综合贡献率已超过10%。未来5年，中国将有7亿人次出境旅游。中国拥有悠久历史、灿烂文化、壮美山川、多样风情，我们热情欢迎各国旅游者来华观光度假。联合国世界旅游组织为推动全球旅游业发展、加强国际旅游交流合作发挥着积极作用。希望各国以这次会议为契机，共同推动全球旅游事业取得更大发展。

国务院副总理汪洋出席开幕式，宣读习近平致大会的贺词并致辞。联合国世界旅游组织秘书长瑞法依，四川省委书记王东明，大会上届主席、哥伦比亚旅游部部长霍华德泰勒分别致辞。国家旅游局局长李金早主持开幕式。

11—16日，联合国世界旅游组织第22届全体大会在成都召开。来自全球137个国家和地区、41个国际组织的1000多名代表与会。本届大会围绕可持续旅游发展的现状与前景展开讨论，共同规划设计可持续发展的旅游方案；举办了“一带一路”旅游部长会议，发布了《“一带一路”旅游合作成都倡议》；产生了下一届联合国世界旅游组织秘书长；通过了《旅游道德框架公约（草案）》；决定下一届大会于2019年在俄罗斯圣彼得堡举办。

9月13日

［纲　文］　**中共中央、国务院批复中共北京市委、北京市人民政府，同意北京城市总体规划（2016年—2035年）。**

［目　文］　批复说，一、同意《北京城市总体规划（2016年—2035年）》。二、北京是中华人民共和国的首都，是全国政治中心、文化中心、国际交往中心、科技创新中心。北京城市的规划发展建设，要深刻把握好“都”与“城”、“舍”与“得”、疏解与提升、“一核”与“两翼”的关系，履行为中央党政军领导机关工作服务，为国家国际交往服务，为科技和教育发展服务，为改善人民群众生活服务的基本职责。三、加强“四个中心”功能建设。坚持把政治中心安全保障放在突出位置，严格中心城区建筑高度管控，治理安全隐患，确保中央政务环境安全优良。抓实抓好文化中心建设，做好首都文化这篇大文章，精心保护好历史文化金名片，构建现代公共文化服务体系，推进首都精神文明建设，提升文化软实力和国际影响力。四、优化城市功能和空间布局。坚定不移疏解非首都功能，为提升首都功能、提升发展水平腾出空间。突出把握首都发展、减量集约、创新驱动、改善民生的要求，根据市域内不同地区功能定位和资源环境条件，形成“一核一主一副、两轴多点一区”的城市空间布局，促进主副结合发展、内外联动发展、南北均衡发展、山区和平原地区互补发展。五、严格控制城市规模。以资源环境承载能力为硬约束，切实减重、减负、减量发展，实施人口规模、建设规模双控，倒逼发展方式转变、产业结构转型升级、城市功能优化调整。到2020年，常住人口规模控制在2300万人以内，2020年以后长期稳定在这一水平；城乡建设用地规模减少到2860平方公里左右，2035年减少到2760平方公里左右。要严守人口总量上限、生态控制线、城市开发边界三条红线，划定并严守永久基本农田和生态保护红线，切实保护好生态涵养区。加强首都水资源保障，落实最严格水资源管理制度，强化节水和水资源保护，确保首都水安全。六、科学配置资源要素，统筹生产、生活、生态空间。压缩生产空间规模，提高产业用地利用效率，适度提高居住用地及其配套用地比重，形成城乡职住用地合理比例，促进职住均衡发展。七、做好历史文化名城保护和城市特色风貌塑造。构建涵盖老城、中心城区、市域和京津冀的历史文化名城保护体系。八、着力治理“大城市病”，增强人民群众获得感。坚持公共交通优先战略，提升城市公共交通供给能力和服务水平，加强交通需求管理，鼓励绿色出行，标本兼治缓解交通拥堵，促进交通与城

市协调发展。九、高水平规划建设北京城市副中心。坚持世界眼光、国际标准、中国特色、高点定位，以创造历史、追求艺术的精神，以最先进的理念、最高的标准、最好的质量推进城市副中心规划建设，着力打造国际一流的和谐宜居之都示范区、新型城镇化示范区和京津冀区域协同发展示范区。十、深入推进京津冀协同发展。发挥北京的辐射带动作用，打造以首都为核心的世界级城市群。十一、加强首都安全保障。切实加强对军事设施和要害机关的保护工作，推动军民融合发展。十二、健全城市管理体制。创新城市治理方式，加强精细化管理，在精治、共治、法治上下功夫。十三、坚决维护规划的严肃性和权威性。《总体规划》是北京市城市发展、建设、管理的基本依据，必须严格执行，任何部门和个人不得随意修改、违规变更。《总体规划》执行中遇有重大事项，要及时向党中央、国务院请示报告。

9月13日

［纲　文］　**李克强主持召开国务院常务会议。**

［目　文］　会议主要内容：听取国务院第四次大督查情况和重点政策措施落实第三方评估汇报，持续狠抓重大决策部署落实促进经济发展和民生改善取得更大成效。

会议指出，督查是政府完善事中事后监管、提高政策执行力的重要举措。在连续三年开展全国大督查的基础上，近期国务院再次对18个省（区、市）开展实地督查，并组织有关部门自查。总的看，各地区各部门积极落实中央经济工作会议和政府工作报告确定的重大政策措施、重点任务等，取得明显成效，巩固和发展了经济稳中向好态势、推进了供给侧结构性改革、促进了民生改善。督查也发现一些地方去产能工作不扎实不到位、投资项目报建和银行开户等审批用时长、涉企不合理收费屡禁不止、科技成果转化障碍多等问题。会议要求，一要对发现的问题抓紧整改。二要推广督查中发现的各地在深化“放管服”改革、降低企业成本、促进创业创新、推动传统产业升级等方面的典型经验做法。三要对督查中各地提出的意见建议认真研究采纳。开展第三方评估对提高公共政策绩效具有把脉会诊和促进完善的积极作用，是督查工作的重要补充。受国务院委托，全国工商联、国家行政学院采取实地走访、座谈等方式，对推动大众创业万众创新、促进民间投资等重点政策措施落实情况进行了第三方评估。评估表明，实施上述政策，对推动经济发展和结构转型升级、增强内生动力、扩大就业发挥了重要作用。评估报告还对完善政策、优化环境、加强统筹等方面提出了意见建议。会议要求，要运用好评估成果。发展改革委要会同有关部门，认真梳理研究提出的问题和建议。一要以市场主体感受和诉求为导向，围绕适应新产业新业态快速发展填补政策盲区、完善创业投融资体系、提升“双创”服务体系水平、破解民间投资隐形障碍等，进一步推动政策完善和创新，不断优化营商环境，增强民间投资、外商投资信心和创业创新活力。二要加强政策配套。制定政策实施细则要紧扣政策设定的目标，避免市场主体被不合理的门槛挡住或绊倒。三要加强政策协调，减少政策模糊地带，提高可操作性。要用好新媒体等各种手段，使政策广而告之，便利市场主体知晓、受益。

9月13日

［纲　文］ **国家发展改革委、水利部、质检总局发布《水效标识管理办法》。**

［目　文］ 《办法》共5章33条。主要有总则、水效标识的实施、监督管理、罚则、附则等内容。自2018年3月1日起施行。

9月13日

［纲　文］ **经国务院扶贫开发领导小组第20次全体会议审定，2017年全国脱贫攻坚奖40名获奖者产生。**

［目　文］ 本年的全国脱贫攻坚奖评选坚持聚焦精准、注重实绩、面向主战场、面向基层一线等原则，40名获奖者中，来自脱贫攻坚主战场的有29人，来自县以下基层一线的干部群众共23人，其中村一级19人。向长江等10人获得“2017年全国脱贫攻坚奖奋进奖”，马锁安等10人获得“2017年全国脱贫攻坚奖贡献奖”，王绍据等10人获得“2017年全国脱贫攻坚奖奉献奖”，左文学等10人获得“2017年全国脱贫攻坚奖创新奖”。

9月13日

［纲　文］ **军委机关服务保障改革推进会在北京举行。**

［目　文］ 中共中央政治局委员、中央军委副主席范长龙出席会议并讲话。中央军委委员赵克石主持会议。军委后勤保障部部长宋普选，军委国防动员部部长盛斌，以及军委机关有关部门领导出席会议。会议学习习近平主席和中央军委关于推进军委机关服务保障体制改革的决策指示，梳理总结改革成果，分析形势任务，研究对策措施，着力提升新体制下服务保障质量效益，以优异成绩迎接党的十九大胜利召开。

9月13日

［纲　文］ **“盲人数字阅读推广工程”在国家图书馆启动。**

［目　文］ “盲人数字阅读推广工程”由中宣部、财政部、文化部、国家新闻出版广电总局、中国残联组织实施。中共中央政治局委员、中央书记处书记、中宣部部长刘奇葆出席启动仪式，并向图书馆和盲人教育机构代表发放智能听书机、盲用电脑等盲用阅读设备。

目前，我国有1700多万盲人，他们有着与正常人一样的读书学习需求。为提升盲人阅读服务水平，中宣部等五部门组织实施“盲人数字阅读推广工程”，利用数字出版传播平台和盲用阅读设备，向盲人提供数字有声读物、电子盲文和定制化、持续性知识文化服务。工程包括“一个平台、两个盲文数字阅读推广渠道”。“一个平台”，即盲人读物融合出版与传播平台；“两个盲文数字阅读推广渠道”，即首期为全国400家设有盲人阅览室的公共图书馆配置20万台基于互联网的智能听书机、免费向盲人读者出借，为全国100所盲人教育机构配置1000台盲文电脑和盲文电子显示器、免费向盲生出借。工程还将广泛动员社会力量参与盲人阅读推广工作，共同解决盲人阅读难题。

9月13日

［纲　文］ **国家粮食局发布，2016年我国粮食产业工业总产值2.8万亿元。**

［目　文］　2016 年，我国纳入统计的粮食产业企业已达 1.8 万家，实现工业总产值 2.8 万亿元，同比增长 13.3%；销售收入 2.8 万亿元，同比增长 14.6%；利润总额 1321 亿元。各类企业年处理粮食能力 10.4 亿吨，实际加工转化粮食 4.8 亿吨。

目前，全国粮食产业化龙头企业已建立原粮基地 6546 万亩，涉及 1385 万农户，成为工业反哺农业的有效载体之一。粮食企业要突出产品提档这个前提，大力发展全谷物等新型营养健康食品，增加多元化、定制化、个性化产品供给。开展"互联网＋粮食"行动，推广网上粮店、农商直供等零售业态，培育粮食产业经济新增长点。

9 月 13 日

［纲　文］　**云南省迪庆藏族自治州成立 60 周年庆祝大会在香格里拉市举行。**

［目　文］　全国人大常委会、国务院发来贺电。贺电说，60 年来，迪庆藏族自治州经济发展，民族团结，社会稳定，人民生活不断改善，各项事业全面推进，取得了巨大成就。希望你们更加紧密地团结在以习近平同志为核心的党中央周围，高举中国特色社会主义伟大旗帜，全面贯彻党的十八大和十八届三中、四中、五中、六中全会以及中央民族工作会议精神，以邓小平理论、"三个代表"重要思想、科学发展观为指导，深入学习贯彻习近平总书记系列重要讲话精神和治国理政新理念新思想新战略，按照统筹推进"五位一体"总体布局和协调推进"四个全面"战略布局要求，牢固树立创新、协调、绿色、开放、共享发展理念，进一步贯彻落实党中央、国务院支持云南经济社会发展的一系列政策措施，坚持各民族共同团结奋斗、共同繁荣发展，以自治州成立 60 周年为新的起点，解放思想，改革开放，凝聚力量，攻坚克难，为全面建成小康社会、实现中华民族伟大复兴中国梦，作出新的更大贡献！

1957 年 9 月 13 日，迪庆藏族自治州宣告成立。60 年来，迪庆藏族自治州经济发展迅速，居民生活不断改善，社会保障全面覆盖。地区生产总值从 1957 年的 1272 万元提高到 2016 年的 180.6 亿元。

9 月 13 日

［纲　文］　**2017 年"中国图书对外推广计划"工作会议在上海召开。**

［目　文］　会议由国务院新闻办公室和国家新闻出版广电总局共同主办。中宣部对外推广局、国家新闻出版广电总局进口管理司、上海市委宣传部、上海市新闻出版局主要负责人和 38 家成员单位代表参会。大会主办方向中国出版集团公司、时代出版传媒股份有限公司、中国人民大学出版社、北京大学出版社、上海世纪出版集团、北京语言大学出版社、中南出版传媒集团股份有限公司、外语教学与研究出版社等 8 家成员单位颁发了优秀奖、进步奖和特别贡献奖。

会议指出，各出版机构要抓住中华文化热持续升温的良好机遇，主动服务"一带一路"建设，加强选题策划和图书遴选，运用多种方式有计划、分步骤地在国际市场上推出中国精品图书，展示中华文化独特魅力，增强中华文化国际影响力。要着力突出讲好中国故事、塑造良好国家形象，坚定文化自信、强化责任担当，坚持导向为魂、质量为先、创新为要，强化战略思维、讲求工作方法，用足政府渠道、用活市场机制、用好社会力量，稳步推动中国出版走向世界。

9 月 13 日

［纲　文］ **外交部发言人就联合国大会通过决议，把中方提出的“共商、共建、共享”原则纳入决议表示，中方愿与国际社会一道积极推动全球治理体系改革。**

［目　文］ 发言人介绍，9 月 11 日，第 71 届联合国大会在“联合国系统在全球治理中的核心作用”议题下通过关于“联合国与全球经济治理”决议，要求各方本着“共商、共建、共享”原则改善全球经济治理，加强联合国作用，同时重申联合国应本着合作共赢精神，继续发挥核心作用，寻求应对全球性挑战的共同之策，构建人类命运共同体。

发言人说，“共商、共建、共享”是中方提出的“一带一路”倡议的合作指导原则，是各方在推动“一带一路”建设过程中形成的重要共识，得到了国际社会的广泛赞同和积极响应。这一原则强调各方要一起协商、一起做事、一起受益，其背后彰显的是平等、合作、共赢的理念。在当前各国利益相互交融、各种全球性挑战不断显现的背景下，“共商、共建、共享”原则具有重要的现实意义。此前，联合国有关机构通过的决议也曾纳入中方提出的“一带一路”建设、人类命运共同体理念等内容。这表明中国声音、中国方案和中国智慧正得到越来越多国家的理解、支持和响应，正在成为国际社会共识。

9 月 13—15 日

［纲　文］ **2017 中国国际福祉博览会暨中国国际康复博览会在北京举行。**

［目　文］ 博览会是由中国残疾人联合会主办，中国残疾人辅助器具中心、北京市残疾人联合会承办。来自 22 个国家和地区的 300 余家展商参展。本届博览会设立了辅具器具、智慧科技、养老健康三大专业展区，各领域的国际知名品牌及国内龙头企业展示辅助器具、康复、养老、人工智能的新技术、新应用。同时设立了国家辅助器具成果展示区、中国听力语言康复技术及产品展示区、机器人专区等三个特色展区，全方位地展示辅助器具领域的成就。

13 日，国务委员、国务院残工委主任王勇参观博览会时指出，要深入学习贯彻习近平总书记系列重要讲话精神和治国理政新理念新思想新战略，认真落实《残疾预防和残疾人康复条例》《关于加快发展康复辅助器具产业的若干意见》等法规政策，加快推动我国辅助器具产业发展，为广大群众提供方便、可及、优质的辅助器具服务。

9 月 13—16 日

［纲　文］ **第 26 届中国金鸡百花电影节在内蒙古呼和浩特举办。**

［目　文］ 本届中国电影金鸡奖共有 264 部影片参评，84 部参加初评，共 19 个奖项。以“塞外草原美，金鸡百花艳”为主题，进行了国产电影新片展、少数民族影展等活动。

9 月 14 日

［纲　文］ **国务院印发《关于完善进出口商品质量安全风险预警和快速反应监管体**

系切实保护消费者权益的意见》。

［目　文］《意见》由三个部分组成：一、总体要求。二、工作任务。三、保障措施。

《意见》明确，要坚持“安全为本，严守底线；预防为主，防控结合；创新引领，科学决策；开放共享，共治联动”的基本原则，进一步建立健全进出口商品质量安全监管制度，切实维护消费者权益和国门安全，预防和保护社会公众免受质量安全风险伤害，为民生保障与经济发展提供高质量供给。

9月14日

［纲　文］**中央组织部、教育部在北京召开中管高校党的建设工作推进会。**

［目　文］中央组织部常务副部长陈希出席会议并讲话，教育部部长陈宝生主持会议。31所中管高校党委书记、校长参加会议，北京大学、复旦大学、西安交通大学、哈尔滨工业大学、武汉大学5所高校党委作交流发言。中央组织部、教育部、工业和信息化部、中国科学院有关司局单位负责人参加会议。会议主要内容是：学习贯彻中共中央总书记习近平关于抓好中管高校巡视整改、加强高校党的建设、推动高等教育事业发展等讲话、指示精神，贯彻落实全国高校思想政治工作会议各项部署要求，聚焦巡视发现的党的建设突出问题，分析原因，研究具体措施，推动中管高校党建工作上新水平，为建设世界一流大学、一流学科提供坚强政治思想保证和组织保证。

会议要求，中管高校党委要切实履行主体责任，以强烈的政治担当，加力推进整改，把管党治校、加强党建的责任和措施落到底。有关部门要认真担起分内之责，加强指导推动。地方党委要担负属地管理责任，及时研究解决重要问题。继续开展好基层党建述职评议考核工作，把整改责任落到抓常抓长上，健全长效机制，从根本上解决问题。

9月14日

［纲　文］**住房城乡建设部印发《关于支持北京市、上海市开展共有产权住房试点的意见》。**

［目　文］《意见》由八个部分组成：一、总体要求。二、基本原则。三、供应对象。四、管理制度。五、运营管理主体。六、政策支持。七、规划建设。八、组织实施。

《意见》指出，发展共有产权住房，是加快推进住房保障和供应体系建设的重要内容，要制定具体管理办法，明确供应对象范围，建立健全共有产权住房配售定价、产权划分、使用管理、产权转让等规则，明确相关主体在房屋使用、维护等方面的权利和义务，确保共有产权住房是用来住的，不是用来炒的。

9月14日

［纲　文］**商务部公布《商务部关于废止和修改部分规章的决定》。**

［目　文］《决定》说，一、对《关于审批和管理外国企业在华常驻代表机构的实施细则》（外经贸部令1995年第3号）、《钨品、锑品出口供货企业资格认证暂行办法》（国家经贸委、外经贸部令2001年第21号）、《对外承包工程资格管理办法》（商务部、住房

城乡建设部令2009年第9号）等3部规章予以废止。二、对《二手车流通管理办法》（商务部、公安部、工商总局、税务总局令〔2005〕第2号）、《对外劳务合作风险处置备用金管理办法（试行）》（商务部、财政部令2014年第2号）、《对外承包工程项目投标（议标）管理办法》（商务部、银监会、保监会令2011年第3号）等3部规章的部分条款予以修改。三、自2017年9月14日起施行。

9月14日

［纲　文］　**国家铁路局发布《关于原铁道部规范性文件第四批清理结果的通知》。**

［目　文］　《通知》说，按照《国务院办公厅关于做好行政法规部门规章和文件清理工作有关事项的通知》（国办函〔2016〕12号）和《国务院办公厅关于进一步做好“放管服”改革涉及的规章、规范性文件清理工作的通知》（国办发〔2017〕40号）的要求，国家铁路局与中国铁路总公司充分协商，对原铁道部规范性文件进行全面清理。按照“先易后难、有序推进，边清理、边出成果、边向社会公开”的原则，现将第四批清理结果通知如下：落实中央关于实行铁路政企分开改革和进一步做好“放管服”改革的精神，将《关于重新制定〈铁路列车间隔时间查定办法〉的通知》等222件文件交由中国铁路总公司管理，中国铁路总公司可继续执行，亦可修改或停止执行，修改或停止执行之日，原文件废止。

9月14日

［纲　文］　**国家铁路局发布《关于原铁道部规范性文件第五批清理结果的通知》。**

［目　文］　《通知》说，按照《国务院办公厅关于做好行政法规部门规章和文件清理工作有关事项的通知》（国办函〔2016〕12号）和《国务院办公厅关于进一步做好“放管服”改革涉及的规章、规范性文件清理工作的通知》（国办发〔2017〕40号）的要求，国家铁路局与中国铁路总公司充分协商，对原铁道部规范性文件进行全面清理。按照“先易后难、有序推进，边清理、边出成果、边向社会公开”的原则，现将第五批清理结果通知如下：落实中央关于实行铁路政企分开改革和进一步做好“放管服”改革的精神，将《铁路施工现场治安管理规定（试行）》等13件文件交由中国铁路总公司管理，中国铁路总公司可继续执行，亦可修改或停止执行，修改或停止执行之日，原文件废止。

9月14—22日

［纲　文］　**外交部部长王毅对哥斯达黎加、巴拿马进行正式访问并出席第72届联合国大会举行一般性辩论。**

［目　文］　14—15日，王毅在哥斯达黎加访问期间，在圣何塞会见了哥斯达黎加总统索利斯；与哥斯达黎加外长冈萨雷斯举行会谈，共同签署了两国经济技术合作协定并共同会见了记者。

16—17日，王毅在巴拿马访问期间，在巴拿马城会见巴拿马总统巴雷拉；与巴拿马副总统兼外长德圣马洛举行两国外交部间首次政治磋商并签署建立两国外交部间政治磋商机制的谅解备忘录和中巴互免持外交、公务护照人员签证的协议并共同会见了记者。

19日，王毅在纽约联合国总部出席《世界环境公约》主题峰会。王毅在发言中表示，中方愿积极参与全球环境治理进程，坚定支持和落实《巴黎协定》，推动形成公平合理、合作共赢的国际环境治理多边体系。

21日，王毅在纽约联合国总部出席第72届联合国大会一般性辩论并发表演讲。王毅表示，联合国为人类和平与发展事业作出卓越贡献，但人人得享和平、发展和尊严的理想尚未实现。

会议期间，王毅会见了联合国秘书长古特雷斯并共同出席在纽约联合国总部举行的《中华人民共和国外交部和联合国经济和社会事务部关于"一带一路"倡议的谅解备忘录》签署仪式；会见第72届联大主席莱恰克；出席金砖国家外长会晤；出席伊朗核问题六国（美国、英国、法国、俄罗斯、中国和德国）与伊朗外长会议；分别会见叙利亚副总理兼外长穆阿利姆和古巴外长罗德里格斯；出席文明古国论坛外长非正式会晤等。

9月15日

［纲　文］　**第2届中国质量（上海）大会在上海开幕，习近平致贺信。**

［目　文］　国家主席习近平指出，中国质量大会旨在推进国际质量合作。质量体现着人类的劳动创造和智慧结晶，体现着人们对美好生活的向往。中华民族历来重视质量。千百年前，精美的丝绸、精制的瓷器等中国优质产品就走向世界，促进了文明交流互鉴。今天，中国高度重视质量建设，不断提高产品和服务质量，努力为世界提供更加优良的中国产品、中国服务。习近平希望各国与会代表共同分析国际质量发展趋势，交流全面质量管理经验，推动质量基础设施互联互通，通过提高质量不断促进经济发展、民生改善，为各国人民实现对美好生活的向往作出贡献。

国务委员王勇出席大会，宣读习近平致大会的贺信并致辞。质检总局局长支树平主持大会开幕式并作主旨演讲。

15—16日，第2届中国质量（上海）大会在上海召开。大会由质检总局和上海市人民政府主办，主题是"质量：改善供给 引领未来"。举办了以"质量推动城市可持续发展""全球质量挑战的答案：国家质量基础设施"等5个分会场会议，发布《上海质量宣言》。

来自俄罗斯、美国、德国、荷兰、澳大利亚，国际标准化组织（ISO）、国际电工委员会（IEC）、联合国工业发展组织（UNIDO）、欧洲认可合作组织（EA）等有关国家质量主管部门的政府官员、国际质量相关组织负责人、知名质量专家和跨国企业家等，全国质量工作部际联席会议成员单位、部分地方政府、全国质量强市示范城市负责人，国内质检部门、质量专家、有关行业协会、科研机构、高等院校和企业负责人等共680多人参加大会。

9月15日

［纲　文］　**国务院印发《国家技术转移体系建设方案》。**

［目　文］《方案》由五个部分组成：一、总体要求。二、优化国家技术转移体系基础架构。三、拓宽技术转移通道。四、完善政策环境和支撑保障。五、强化组织实施。

《方案》指出，要深入贯彻习近平总书记系列重要讲话精神和治国理政新理念新思想新战略，深入实施创新驱动发展战略，激发创新主体活力，加强技术供需对接，优化要素配置，完善政策环境，发挥技术转移对提升科技创新能力、促进经济社会发展的重要作用，为加快建设创新型国家和世界科技强国提供有力支撑。各有关部门要研究落实促进技术转移的相关政策措施，地方各级政府要建立协调推进机制，加强组织领导，加大资金投入，开展监督评估，抓好政策落实。

9月15日

［纲　文］ **第3次全国改善农村人居环境工作会议在贵州遵义召开。**

［目　文］ 国务院副总理汪洋出席并讲话，中央农办主任韩俊主持会议。住房城乡建设部汇报了全国改善农村人居环境工作情况。发展改革委、财政部、环境保护部、农业部有关负责人分别发言。汪洋强调，要深入贯彻习近平总书记关于改善农村人居环境的重要指示精神，坚持以人民为中心的发展思想，切实回应农民群众对良好生活条件的诉求和期盼，明确重点方向，聚焦突出问题，深入开展整治行动，不断提高农村人居环境建设水平。

会前，汪洋在遵义市湄潭县调研了农村人居环境建设情况。

9月15日

［纲　文］ **马凯在山东调研。**

［目　文］ 国务院副总理马凯在人力资源市场政务服务大厅、创业广场和企业了解就业创业情况，出席首届全国创业就业服务展示交流活动启动仪式，并主持召开就业创业工作座谈会。马凯强调，各地区、各部门要站在政治、战略和全局的高度，充分认识就业工作的极端重要性，持续打好创业就业这场硬仗。要深入实施就业优先战略，稳定经济增长，调整经济结构，加快发展现代服务业，大力发展小微企业，形成经济发展和扩大就业良性互动。要完善积极的就业政策，抓紧制定落实国发〔2017〕28号文件的实施意见和配套政策，并做好与财政、金融、产业等政策的衔接协调。要推动以创业带动就业，深入推进“放管服”、商事制度改革，大力发展创业创新基地、创业孵化基地、创业园区和众创空间，实施好促进创业就业的优惠政策。要统筹抓好重点群体就业，继续把高校毕业生就业摆在首位，妥善安置好去产能职工，做好就业困难人员帮扶工作。

9月15日

［纲　文］ **马朝旭在日内瓦出席联合国人权理事会第36次会议上，代表140个国家作“加强人权对话与合作，构建人类命运共同体”共同发言。**

［目　文］ 中国常驻联合国日内瓦办事处和瑞士其他国际组织代表马朝旭发表题为“加强人权对话与合作，构建人类命运共同体”的联合声明，呼吁国际社会在人权领域开展建设性对话与合作，加强全球人权治理，推动国际人权事业健康可持续发展。

联合国人权理事会第36次会议于9月11日在日内瓦万国宫开幕。这是中国第三次代表广大发展中国家，呼吁加强人权对话与合作，更好促进和保护人权，共同构建人类命运共同体，得到各方积极响应。

9月15—16日

［纲　文］　**全国农村电商精准扶贫经验交流会在贵阳召开。**

［目　文］　国务院副总理汪洋出席会议并讲话。商务部副部长王炳南主持会议并作农村电商精准扶贫工作情况报告。贵州省、四川省、安徽砀山县、中国邮政集团等进行了经验交流。国务院有关部门代表，各地商务、财政、扶贫主管部门负责人，企业代表，在贵阳参加电子商务进农村培训的国家级贫困县负责人等也参加了会议。

汪洋指出，电商扶贫是精准扶贫的有效抓手，也是利用新技术新模式助推脱贫攻坚的创新举措。要认真落实党中央、国务院关于电商扶贫的决策部署，坚持精准方略，把握市场导向，创新发展模式，完善利益联结机制，不断提高电商扶贫精准度和实效性，让电商扶贫惠及更多贫困群众。

9月15—21日

［纲　文］　**2017年全国大众创业万众创新活动周举办。**

［目　文］　活动周组长单位：国家发展改革委。副组长单位：科技部、人力资源社会保障部、财政部、工业和信息化部、教育部、国资委、中央宣传部、中国科协、共青团中央、上海市人民政府、北京市人民政府。承办单位：上海主会场和北京会场活动，由中国科协和上海市、北京市人民政府承办，部委活动由组委会成员承办，地方活动由各级政府承办。重点活动：上海市主会场举办启动仪式、主题展示、创新创业七日谈、创新创业嘉年华等重点活动。北京会场举办双创白皮书发布会、央企双创展等活动。

15日，国务院总理李克强作出批示指出：全国大众创业万众创新活动周是创新创业者碰撞思想、交流成果、展示风采的重要平台。当前，双创与各行各业深度融合发展，精准对接市场需求与社会海量创新资源，有效激发了市场活力和社会创造力，加快推动了新旧动能转换，促进了机会公平和就业扩大。要继续认真贯彻党中央、国务院决策部署，落实新发展理念，以推进供给侧结构性改革为主线，深入实施创新驱动发展战略，进一步培育融合、协同、共享的双创生态环境，着力营造公平竞争市场秩序，着力完善包容审慎监管制度，着力构建大中小企业融通发展的新格局，推动数字经济、平台经济发展，努力取得更多高水平的双创成果，以新产业蓬勃发展、新动能持续壮大、新人才不断涌现为经济转型升级提供有力支撑。

同日，国务院副总理张高丽在上海出席活动周启动仪式并讲话。有关部委和地方政府负责人、中外企业及创客代表等约300人参加了启动仪式。启动仪式结束后，张高丽、韩正、万钢等参观了创新创业主题展览。

9月15—16日

［纲　文］　**中老两军举行首次边境高层会晤。**

［目　文］　国务委员兼国防部长常万全与老挝国防部部长占沙蒙分别率团，在老挝琅南塔省、乌多姆赛省、磨丁口岸和云南西双版纳州勐腊县、磨憨口岸举行会晤。会晤期间双方共同祭扫了位于老挝纳莫县的中国援老烈士陵园，参观了双方边防连队和边境小学，观察了两军边防部队联合巡逻，并发表了联合新闻公报。

14日，老挝人民革命党总书记、国家主席本扬在万象会见常万全时说，在国际地区形势复杂多变的情况下，老中两党、两国、两军加强交流与合作非常重要。中国军队是老军的学习榜样，希望中方一如既往地为老军的现代化发展提供支持。

常万全说，中国军队将按照两党两国领导人共识，同老挝军队一道，按照“长期稳定、睦邻友好、彼此信赖、全面合作”的方针和“好邻居、好朋友、好同志、好伙伴”的精神，加强交往，深化合作，为打造中老命运共同体，作出积极贡献。常万全还介绍了“一带一路”建设和迎接中共十九大等情况。本扬表示，老挝将积极支持并参加“一带一路”建设，并预祝中共十九大圆满顺利召开。

9月16日

［纲　文］　**国务院办公厅通知辽宁省人民政府，同意阜新市城市总体规划。**

［目　文］　通知说，一、国务院原则同意《阜新市城市总体规划（2001—2020年）（2017年修订）》。二、重视城乡区域统筹发展。在《总体规划》确定的1955.24平方公里城市规划区范围内，实行城乡统一规划管理。三、合理控制城市规模。到2020年，中心城区常住人口控制在73万人以内，城市建设用地控制在83.35平方公里以内。要贯彻落实城乡规划法关于先规划后建设的原则，禁止在《总体规划》确定的建设用地范围之外设立各类开发区和城市新区。四、完善城市基础设施体系。要按照绿色循环低碳的理念规划建设城市基础设施。五、建设资源节约型和环境友好型城市。要按照促进生产空间集约高效、生活空间宜居适度、生态空间山清水秀的总体要求，形成合理的城市空间结构，促进经济建设、城乡建设和环境建设同步发展。要切实做好节能减排工作，加快淘汰落后产能，严格控制污染物排放总量。六、创造优良的人居环境。要坚持以人为本，统筹安排关系人民群众切身利益的教育、医疗、市政等公共服务设施的规划布局和建设。七、重视历史文化和风貌特色保护。要统筹协调发展与保护的关系，按照整体保护的原则，切实保护好城市传统风貌和格局。八、严格实施《总体规划》。城市建设要实现经济社会协调发展，物质文明和精神文明共同进步。城市管理要健全民主法治，坚持依法治市，构建和谐社会。《总体规划》是阜新市城市发展、建设和管理的基本依据，城市规划区内的一切建设活动都必须符合《总体规划》的要求。

阜新市人民政府要根据本通知精神，认真组织实施《总体规划》，任何单位和个人不得随意改变。辽宁省和住房城乡建设部要加强对《总体规划》实施工作的指导、监督和检查。

9月16日

［纲　文］　**全国政协主席俞正声向第14届世界华商大会致贺信。**

［目　文］　俞正声指出，分布在世界各地的华商是推动各国经济发展的重要力量，也是推动住在国与中国经贸合作的桥梁和纽带。华商和气生财、和衷共济、和谐共赢的理念，根植于中华文化的深厚土壤，展现在全球合作共赢的舞台，为世界各国人民了解中华民族提供了重要视角。世界华商大会自1991年举办以来，始终秉承“在商言商，弘扬中华民族文化”的宗旨，在各国商会和企业家的支持下，已成为凝聚全球华商力量、展示各国华商形象、促进各方交流合作的重要平台。缅甸地处海上丝绸之路沿线，在主办方缅甸中华总商会和全体与会代表的共同努力下，本届大会必将推动世界华商与缅甸工商界的深入交流和互利合作。

当前，我们正处在一个大发展大变革大调整的时代。“一带一路”建设为全球经济发展注入新的活力，也为全球华侨华人的事业发展提供了新的机遇。俞正声希望广大华商把握机遇、发挥优势，在互惠合作中实现自身事业更大发展，为共圆中华民族伟大复兴的中国梦，为增进中国人民和世界各国人民的了解与友谊作出新贡献。

同日，第14届世界华商大会在缅甸仰光举行开幕式，全国政协副主席、全国工商联主席王钦敏出席并发表讲话。国务院侨办副主任、中国海外交流协会副会长许又声在开幕式上宣读了俞正声主席的贺信。

15—17日，第14届世界华商大会在缅甸仰光举行。本届大会由缅甸中华总商会主办，世界各地2000多名嘉宾参加。大会主题为“缅甸经济大开放，开创历史新纪元”，旨在通过大会建立起缅甸与世界华商之间的经贸联系网。借助东盟及“一带一路”的经济新格局，集思广益，共同探讨全球华商、世界与缅甸经济的未来发展方向和发展空间。

9月16日

［纲　文］　**中组部在北京召开深化人才发展体制机制改革经验交流会。**

［目　文］　中共中央政治局委员、中组部部长赵乐际出席并讲话。人力资源社会保障部、科技部、上海、江西、四川、陕西等有关负责人作大会交流发言。赵乐际指出，推进人才发展体制机制改革、加快建设人才强国，根本的是要深入学习习近平总书记人才工作重要思想，贯彻落实到人才工作各方面全过程。要树立战略思维、全球视野，增强大局意识、服务意识，更好服务统筹推进“五位一体”总体布局、协调推进“四个全面”战略布局、贯彻落实新发展理念，促进人才发展与经济社会发展深度融合。要坚持党管人才原则，加快构建具有国际竞争力的人才制度体系，实施更加积极、更加开放的人才政策，完善柔性引才用才政策，做好团结、引领、服务工作，大力营造人才发展良好环境，使各类人才创业有机会、干事有平台、发展有空间。要总结推广各类用人主体引才用才经验，健全灵活的用人方式、用人机制、激励模式，充分激发人才创新创业创造活力。

9月16日

［纲　文］　**绵阳科技城建设部际协调小组第13次会议在绵阳举行。**

［目　文］　中共中央政治局委员、国务院副总理刘延东出席并讲话。全国政协副主席、科技部部长万钢主持会议。四川省委副书记、省长、省建设绵阳科技城领导小组组长

尹力作工作汇报。国务院副秘书长江小涓出席会议。

刘延东指出，要深入学习贯彻习近平总书记系列重要讲话精神特别是关于科技创新的理念要求，贯彻落实党中央、国务院决策部署，牢记国家使命，拓展全球视野，探索军民融合创新驱动发展的新路径，推动绵阳科技城建设不断取得新突破，为建设创新型国家和世界科技强国作出更大贡献。

9月16日

［纲　文］　**中国首艘载人潜水器支持母船在中船重工集团武昌船舶重工集团有限公司开工建造。**

［目　文］　隶属于中国大洋协会的我国首艘载人潜水器支持母船，全长90.2米，宽16.8米，续航力超过14000海里，具有全球无限航区航行能力，采用了先进的全电力吊舱式推进系统，配备了满足科学调查及数据处理所需要的多种类型实验室和专用无人缆控潜水器作业系统。该船可以为“蛟龙”号深潜作业提供水下、水面支持及维护保养，同时具备数据、样品的现场处理和分析能力。

“蛟龙”号载人潜水器支持母船预计2019年3月交付使用。新建支持母船是“蛟龙”号载人潜水器的专用母船，建成后可以充分发挥“蛟龙”号的技术性能，大大提高我国深海精细调查能力，对于提升我国深海大洋科学考察水平，促进我国海洋科技创新发展，提高我国国际海底区域竞争力具有积极推动作用。

9月16—24日

［纲　文］　**中宣部等九部门举办2017年国家网络安全宣传周。**

［目　文］　宣传周由中宣部、中央网信办、教育部、工信部、公安部、中国人民银行、新闻出版广电总局、中华全国总工会、共青团中央等九部门共同举办，主题是“网络安全为人民，网络安全靠人民”。宣传周的开幕式、网络安全博览会暨网络安全成就展、网络安全技术高峰论坛、一流网络安全学院示范高校授牌、先进典型表彰等重要活动在上海市举办。教育部、工业和信息化部、公安部、人民银行、共青团中央、全国总工会分别组织开展校园日、电信日、法治日、金融日、青少年日、个人信息保护日等主题日活动。各省（区、市）结合各地实际，举办网络安全宣传周宣传活动。

16日，宣传周开幕式在上海举行。中共中央政治局常委、中央书记处书记、中央网络安全和信息化领导小组副组长刘云山在开幕式上发表讲话，并参观网络安全博览会暨网络安全成就展，强调要深入贯彻习近平总书记网络强国战略思想，坚持网络安全和网络发展同步推进，把保障人民群众的安全和利益作为网络安全工作的根本出发点，为党的十九大胜利召开营造良好网络环境。

9月16—17日

［纲　文］　**2017年国家司法考试在全国统一举行。**

［目　文］　这是国家统一法律职业资格考试正式实施前的最后一次司法考试。全国共有64.9万余人报名考试，此次考试在31个省（区、市）和香港、澳门特别行政区共设

249个考区，全国共537个考点。黑龙江省大庆市等5个考区实行机考试点。

为了完善法律职业资格制度，我国将“国家统一司法考试”修改为“国家统一法律职业资格考试”。须参加考试人员从法官、检察官、律师、公证员扩大到从事行政处罚决定审核、行政复议、行政裁决的工作人员，以及法律顾问、仲裁员（法律类）。下一步，司法行政部门依据修改后法律和改革相关意见的规定，与最高检和国务院有关部门协商，共同研究制定国家统一法律职业资格考试实施办法，对报名的学历条件、考试的方式、考试的内容等进行细化规定。

9月16—17日

［纲　文］　**全国易地扶贫搬迁现场会在四川达州召开。**

［目　文］　国务院总理李克强作出批示指出：易地扶贫搬迁是推进供给侧结构性改革、补齐贫困地区发展短板、打赢脱贫攻坚战的重要抓手。各地区各相关部门按照党中央、国务院决策部署，在规划建设、搬迁安置、就业安排、后续发展等方面做了大量工作，已完成一半以上搬迁建设任务，成绩应予肯定。要深入贯彻习近平总书记系列重要讲话精神和治国理政新理念新思想新战略，进一步增强使命感、责任感和紧迫感，充分发挥基层干部群众的积极性、主动性和创造性，合理安排搬迁规模和进度，严格抓好工程质量，规范资金项目管理，实现精准搬迁、安全搬迁、阳光搬迁；聚焦培育内生动力，结合各地实际下大力气解决搬迁群众后续产业发展和就业增收问题，确保搬迁一户、稳定脱贫一户，为打赢脱贫攻坚战、全面建成小康社会作出更大贡献。国务院副总理、国务院扶贫开发领导小组组长汪洋出席会议并讲话。他强调，要深入贯彻习近平总书记扶贫开发重要战略思想，落实李克强总理重要批示要求，坚持稳中求进工作总基调，严格执行搬迁政策，强化后续帮扶举措，着力防控风险隐患，切实提高易地扶贫搬迁工作质量。

会上，国务院副秘书长江泽林宣读了李克强的批示。会议由国家发展改革委副主任林念修主持。国务院副总理汪洋出席并讲话。与会代表观看了四川省推进易地扶贫搬迁工作纪实专题片，四川、河南、湖北、陕西、甘肃5省负责人作交流发言。中央农办、财政部、国土资源部、住房城乡建设部、交通运输部、农业部等16个省（区、市）政府负责人，22个有易地扶贫搬迁任务的省（区、市）发展改革、扶贫（移民）部门主要负责人参加了会议。

会议期间，与会代表分组赴四川省广元市、巴中市和达州市的11个易地扶贫搬迁安置点开展实地调研，现场考察了安置点建设和搬迁群众后续脱贫发展情况，并与当地干部群众进行了交流。

汪洋指出，易地扶贫搬迁进入啃硬骨头的关键期，必须认真解决好倾向性问题，防止出现后遗症。要将有搬迁意愿、符合条件的贫困户全部纳入搬迁范围，因人因户落实产业、就业、社会保障等后续帮扶措施，确保精准搬迁、稳定脱贫。要严格控制住房面积和建设标准，合理确定建档立卡贫困户和同步搬迁户补助标准，努力化解政策的“悬崖效应”。

9月16—22日

［纲　文］　**中国科协、教育部、科技部、环境保护部、农业部、国家能源局举办2017年全国科普日。**

［目　文］　科普日活动主题是“创新驱动发展，科学破除愚昧”。全国各地围绕这一主题组织开展1.1万多场科普活动。

17日，中共中央政治局常委、中央书记处书记刘云山和刘延东、刘奇葆、李源潮、万钢等领导来到中国科技馆，参加全国科普日北京主场活动。刘云山指出，要深入贯彻习近平总书记关于建设世界科技强国的重要思想，扎实推进科普工作常态化长效化，提高全民科学素质、激发创新创造活力，更好促进创新驱动发展、服务世界科技强国建设。

9月16—18日

［纲　文］　**第3届中国“互联网+”大学生创新创业大赛总决赛在西安电子科技大学举行。**

［目　文］　大赛由教育部、中央网络安全和信息化领导小组办公室、国家发展和改革委员会、工业和信息化部、陕西省人民政府等共同主办，西安电子科技大学承办，以“搏击互联网+新时代，壮大创新创业生力军”为主题，旨在深化高等教育综合改革，激发大学生的创造力，培养造就“双创”的生力军，促进“互联网+”新业态形成，推动高校毕业生更高质量创业就业。

浙江大学“杭州光珀智能科技有限公司”项目以全场最高分740分摘得桂冠。北京航空航天大学“ULBrain机器人视觉解决方案”项目获得亚军。南京大学“分子精准调控的吸波导磁材料及工业解决方案”项目和东南大学“全息3D智能炫屏—南京万事屋科技有限公司”项目分获季军。本届大赛参与高校达2241所，参与学生150万人，经过校级初赛、省级复赛、网络评审和会议评审等多个环节的角逐，从全国37万个团队报名项目中脱颖而出的119支内地高校队、8支港澳台高校队、17支国际赛道参赛队进入金奖争夺赛。

9月17日

［纲　文］　**国务委员杨洁篪在北京会见德国副总理兼外长加布里尔。**

［目　文］　杨洁篪表示，2017年7月习近平主席对德国成功进行国事访问并出席二十国集团领导人汉堡峰会，有力推进了中德全方位合作，深化了两国在全球经济治理等国际事务上的协作。希望双方以建交45周年为契机，坚持平等相待、相互尊重、合作共赢的精神，不断夯实两国关系发展的民意基础。中方愿同德方一道，推进中欧投资协定谈判等重大事项，推动中欧伙伴关系向前发展。加布里尔表示，德中关系发展良好，德方愿深化同中方在各领域合作，加强在国际地区事务中的沟通协调，共同推动欧中关系向前发展。

双方还就一些国际和地区问题、中欧关系等交换了意见。

9月18日

［纲　文］　**中共中央政治局召开会议。**

［目　文］　中共中央总书记习近平主持会议。研究拟提请党的十八届七中全会讨论的十八届中央委员会向中国共产党第十九次全国代表大会的报告稿、《中国共产党章程（修正案）》稿、十八届中央纪律检查委员会向中国共产党第十九次全国代表大会的工作报告稿，审议《关于五年来中央政治局贯彻执行中央八项规定并以此带动全党加强作风建设情况的报告》。会议听取了十八届中央委员会向中国共产党第十九次全国代表大会的报告稿在党内外一定范围征求意见的情况报告，听取了《中国共产党章程（修正案）》在党内一定范围征求意见的情况报告，听取了十八届中央纪律检查委员会向中国共产党第十九次全国代表大会的工作报告稿征求意见的情况报告，决定根据这次会议讨论的意见进行修改后将这3份文件稿提请党的十八届七中全会讨论。

会议指出，全面从严治党永远在路上，作风建设永远在路上。贯彻落实中央八项规定精神、转作风改作风只能加强不能削弱。要保持战略定力，坚持问题导向，锲而不舍、持之以恒，强化责任、强化督查、强化查处，不断把作风建设引向深入，努力使党的作风全面好起来，确保党同人民群众始终同呼吸、共命运、心连心。

9月18日

［纲　文］　**国家主席习近平同美国总统特朗普通电话。**

［目　文］　习近平指出，很高兴同总统先生就共同关心的问题保持经常性沟通。中美两国拥有广泛的共同利益，当前各领域交往与合作势头良好。双方要加强高层及各级别交往，办好首轮中美社会和人文对话、执法及网络安全对话，拓展两国各领域合作。中方重视总统先生年内对中国的国事访问，双方要密切合作，确保此次访问富有成果，为中美关系发展注入新动力。特朗普首先表示，美中两国元首保持密切接触和良好工作关系令人满意。今年美中都有重要国内议程，希望这些议程都能顺利进行。我十分期待即将对中国进行的国事访问，相信此次访问将有力推动美中关系向前发展。

习近平就美国近日连续遭受飓风袭击向特朗普并通过特朗普向美国人民表示慰问。特朗普对此表示感谢。两国元首并就当前朝鲜半岛局势交换了看法。

9月18日

［纲　文］　**国家发展和改革委员会发布《政府制定价格行为规则》。**

［目　文］　《规则》共5章36条。主要有总则、制定价格的程序、公众参与和信息公开、监督机制与法律责任、附则等内容。自2018年1月1日起施行。2006年3月17日国家发展和改革委员会发布的《政府制定价格行为规则》同时废止。

9月18日

［纲　文］　**《人民日报》报道，经中共中央批准，中共中央纪委对湖北省政协原党组成员、副主席刘善桥严重违纪问题立案审查。**

［目　文］　经查，刘善桥违反政治纪律，对抗组织审查；违反组织纪律，在干部选拔任用中为他人提供帮助并收受财物，不按规定报告个人有关事项，在组织函询时不如实说明问题；违反廉洁纪律，利用职权为他人谋取利益，亲属收受财物，搞权色、钱色交易；违反生活纪律。利用职务上的便利为他人谋取利益并收受巨额财物，涉嫌受贿犯罪。

刘善桥身为党的高级领导干部，理想信念丧失，宗旨意识淡漠，对党不忠诚、不老实，严重违反党的纪律，并涉嫌违法犯罪，且在党的十八大后仍不收敛、不收手，性质恶劣、情节严重。依据《中国共产党纪律处分条例》等有关规定，经中央纪委常委会会议研究并报中共中央批准，决定给予刘善桥开除党籍、开除公职处分；终止其党的十八大代表资格；收缴其违纪所得；将其涉嫌犯罪问题、线索及所涉款物移送司法机关依法处理。

2018 年 9 月 4 日，河南省南阳市中级人民法院公开宣判湖北省政协原副主席刘善桥受贿案，对被告人刘善桥以受贿罪判处有期徒刑 12 年，并处罚金人民币 200 万元；对刘善桥受贿所得财物及其孳息予以追缴，上缴国库。刘善桥当庭表示服从判决，不上诉。

9 月 18 日

［纲　文］　**外交部发言人表示，"慰安妇"资料申遗有利于让世界人民铭记历史，共同捍卫人类尊严。**

［目　文］　针对有报道称若"慰安妇"问题资料入选世界记忆遗产，日本或将停止负担联合国教科文组织经费。

发言人表示，强征"慰安妇"是日本军国主义在二战期间犯下的严重罪行，铁证如山，不容否认。中国和韩国等国家和地区十多个民间团体共同将《"慰安妇"的声音》联合申报世界记忆名录，有利于让世界人民充分认识侵略战争的残酷，铭记历史，珍惜和平，共同捍卫人类尊严，完全符合教科文组织的宗旨。按时足额缴纳会费是国际组织会员国的应尽义务。中方敦促日方切实履行正视反省历史的承诺，正确对待《"慰安妇"的声音》申报，不要抹黑干涉，以负责任的态度妥善处理"慰安妇"问题，以实际行动取信于国际社会和亚洲邻国。

9 月 18—21 日

［纲　文］　**中共中央政治局常委、中央书记处书记刘云山应邀对越南、柬埔寨进行正式访问。**

［目　文］　18—19 日，刘云山在越南访问期间，在河内分别会见越共中央总书记阮富仲、总理阮春福、国会主席阮氏金银，与越共中央政治局委员陈国旺举行会谈；在越共中央政治局委员范明政陪同下考察了胡志明国家政治学院，并与曾赴华考察交流的越方学员代表进行座谈。

19—21 日，刘云山在柬埔寨访问期间，在金边会见人民党主席、政府首相洪森并共同出席了双方多个合作文件的签字仪式；还会见了柬埔寨代理国家元首、人民党副主席、参议院主席赛冲；访问了西哈努克省；出席了中国和平发展基金会在当地援建的中柬友好"丝路之友"5 所学校项目的启动仪式，并实地考察了中柬企业共同开发建设的西哈努克港经济特区。

9月18—23日

［纲　文］　**应全国人大常委会委员长张德江的邀请，冈比亚国民议会议长登顿率团访华。**

［目　文］　18日，张德江在北京与登顿举行会谈时说，立法机关交往是两国关系的重要组成部分，中国全国人大愿同冈比亚国民议会共同努力，为深化两国友好合作关系作出积极贡献。一是巩固政治互信。政治互信是两国关系健康稳定发展的基础。双方应在涉及彼此核心利益问题上给予坚定支持，维护两国合作大局。二是支持务实合作。中国和冈比亚在农渔业、基础设施建设、旅游等领域合作潜力很大，两国立法机关应共同努力，为双方务实合作提供可靠的法律保障和有力的政策支持。三是加强经验交流。冈比亚面临国家重建和经济社会发展的艰巨任务。中国全国人大愿同冈比亚国民议会分享中国发展理念，交流治国理政、立法监督等方面的经验，相互学习借鉴，促进共同发展。四是促进人文交流。两国立法机关应充分发挥各自优势，积极推动两国在政党、地方、青年等领域的交流与合作，夯实中冈友好的社会和民意基础。

登顿表示，冈比亚十分珍视与中国兄弟般的友好关系，坚定奉行一个中国原则。冈比亚国民议会期待加强与中国全国人大的交流，推动两国各领域合作进一步加深、拓展。

9月19日

［纲　文］　**习近平在北京会见全国社会治安综合治理表彰大会与会代表。**

［目　文］　中共中央总书记、国家主席、中央军委主席习近平指出，发展是硬道理，稳定也是硬道理，抓发展、抓稳定两手都要硬。要坚定不移走中国特色社会主义社会治理之路，善于把党的领导和我国社会主义制度优势转化为社会治理优势，着力推进社会治理系统化、科学化、智能化、法治化，不断完善中国特色社会主义社会治理体系，确保人民安居乐业、社会安定有序、国家长治久安。各级党委和政府要把加强和创新社会治理摆到更加突出的位置，健全落实责任制，及时研究解决体制机制性问题，关心爱护综治战线广大干部职工，让他们组织上有归属感、工作上有荣誉感、生活上有幸福感，满怀信心创造无愧于党和人民的新业绩。

中共中央政治局常委、国务院总理李克强，中共中央政治局常委、国务院副总理张高丽参加会见。

19—20日，全国社会治安综合治理表彰大会在北京召开。中共中央政治局委员、中央政法委书记孟建柱出席并讲话。郭声琨、周强、曹建明出席会议。会上宣读了表彰决定，并为获奖的先进单位和先进个人颁奖。会议以电视电话会议形式开至全国县以上政法综治单位。中央和地方政法综治及有关部门负责人、受表彰的先进单位和先进个人代表在北京主会场参加会议。

孟建柱指出，要深入学习贯彻习近平总书记系列重要讲话精神和治国理政新理念新思想新战略，牢牢把握推进国家治理体系和治理能力现代化的总要求，以提高预测预警预防各类风险能力为核心，坚持一手抓保安全、护稳定，一手抓打基础、谋长远，不断提高社会治理系统化、科学化、智能化、法治化水平，努力建设更高水平的平安中国，以优异成绩迎接党的十九大胜利召开。

9月19日

［纲　文］　**国务院任免国家工作人员。**

［目　文］　一、任命王玉普为国家安全生产监督管理总局局长。二、任命张晓明为国务院港澳事务办公室主任；免去王光亚的国务院港澳事务办公室主任职务。三、任命王志民为中央人民政府驻香港特别行政区联络办公室主任；免去张晓明的中央人民政府驻香港特别行政区联络办公室主任职务。四、任命郑晓松为中央人民政府驻澳门特别行政区联络办公室主任；免去王志民的中央人民政府驻澳门特别行政区联络办公室主任职务。

9月19日

［纲　文］　**张德江在北京主持召开全国人大常委会固体废物污染环境防治法执法检查组第二次全体会议，研究修改执法检查报告。**

［目　文］　全国人大常委会副委员长陈昌智、沈跃跃、艾力更·依明巴海出席会议，国务委员王勇出席会议并讲话。会议听取执法检查组成员和国务院有关部门负责人对执法检查报告稿的意见和建议。

全国人大常委会委员长张德江指出，要深入贯彻习近平总书记系列重要讲话精神和治国理政新理念新思想新战略，认真实施固体废物污染环境防治法，持之以恒、扎实推进固体废物污染防治工作，为全面加强生态文明建设、实现中华民族永续发展作出积极贡献。检查固体废物污染环境防治法实施情况，是2017年全国人大常委会监督工作的重点。要认真修改好执法检查报告，做好人大常委会审议和专题询问等工作，强化跟踪监督整改落实情况，确保固体废物污染环境防治法得到有效实施，确保党中央关于加强生态文明建设的决策部署得到贯彻落实。

9月19日

［纲　文］　**国务院办公厅印发《关于进一步加强农药兽药管理保障食品安全的通知》。**

［目　文］　《通知》由七个部分组成：一、加强农药兽药生产经营管理。二、加强农药兽药使用管理和指导。三、加强农药兽药残留抽检监测。四、加强食用农产品产地准出和市场准入管理。五、加强食品安全风险源头治理。六、严厉打击食品安全违法犯罪。七、严格落实地方属地管理责任。

9月19日

［纲　文］　**国务院办公厅通知黑龙江省人民政府，同意伊春市城市总体规划。**

［目　文］　通知说，一、国务院原则同意《伊春市城市总体规划（2011—2020年）

（2017年修订）》。二、重视城乡区域统筹发展。在《总体规划》确定的5239平方公里城市规划区范围内，实行城乡统一规划管理。加强林区和城乡结合部地区的规划建设管理，促进城乡基础设施互联互通、共建共享。根据市域内不同地区的条件，重点发展县城和基础条件好、发展潜力大的重点镇和中心林场，优化村镇、林场布局，引导林区人口向城镇、中心林场集中，促进城乡基本公共服务均等化。三、合理控制城市规模。到2020年，中心城区常住人口控制在50万人以内，城市建设用地控制在64.2平方公里以内。要贯彻落实城乡规划法关于先规划后建设的原则，禁止在《总体规划》确定的建设用地范围之外设立各类开发区和城市新区。四、完善城市基础设施体系。要按照绿色循环低碳的理念规划建设城市基础设施。进一步完善公路、铁路、机场等交通基础设施，加强城市内外交通衔接。建立以公共交通为主体，各种交通方式相结合的多层次、多类型的城市综合交通体系，方便不同交通方式的换乘。五、建设资源节约型和环境友好型城市。要按照促进生产空间集约高效、生活空间宜居适度、生态空间山清水秀的总体要求，形成合理的城市空间结构，促进经济建设、城乡建设和环境建设同步发展。要切实做好节能减排工作，加快淘汰落后产能，严格控制污染物排放总量。六、创造优良的人居环境。要坚持以人为本，统筹安排关系人民群众切身利益的教育、医疗、市政等公共服务设施的规划布局和建设。七、重视历史文化和风貌特色保护。要统筹协调发展与保护的关系，按照整体保护的原则，切实保护好城市传统风貌和山、水、林和谐共生的空间格局。八、严格实施《总体规划》。城市建设要实现经济社会协调发展，物质文明和精神文明共同进步。城市管理要健全民主法治，坚持依法治市，构建和谐社会。伊春市人民政府要根据本通知精神，认真组织实施《总体规划》，任何单位和个人不得随意改变。

9月19日

［纲　文］　**国务院办公厅函复司法部，同意建立落实普法责任制部际联席会议制度。**

［目　文］　函复说，国务院同意建立由司法部牵头的落实普法责任制部际联席会议制度。联席会议不刻制印章，不正式行文，请按照有关文件精神认真组织开展工作。

9月19日

［纲　文］　**刘延东考察杨凌农业高新技术产业示范区。**

［目　文］　国务院副总理刘延东，全国政协副主席、科技部部长、杨凌示范区建设领导小组组长万钢出席杨凌示范区成立20周年总结会议和示范区建设领导小组第九次会议。

刘延东指出，20年来，杨凌示范区在改革中创新，在创新中发展，探索了一条以科技创新推动农业现代化发展的先行之路，为我国干旱半干旱地区现代农业发展发挥了示范带动作用。要牢记嘱托，勇担使命，围绕农业现代化战略需求，找准科技创新方向，加强协同攻关，加快杨凌自贸片区建设，抢占农业科技制高点，为从农业大国走向农业强国作出贡献。要推动农科教紧密结合，创新农技推广服务方式，培育新型职业农民，发展智慧农业，激发创新创造活力。要加大科技扶贫、产业惠民力度，推动城乡一体化发展，增进民生福祉，形成村美人富发展新气象。要主动融入“一带一路”战略，深化农业对外合作，为世界现代农业发展贡献中国力量。

9月19日

［纲　文］ **2017“一带一路”媒体合作论坛在甘肃敦煌举行。**

［目　文］ 论坛由人民日报社和甘肃省委省政府联合主办，以“命运共同体，合作新格局”为主题。全国人大常委会副委员长张平、人民日报社社长杨振武、甘肃省委书记林铎等出席开幕式并致辞。126个国家和国际组织、265家媒体的代表出席论坛。

21日，中共中央政治局常委、国务院副总理张高丽在北京会见出席论坛的外方代表时说，习近平主席提出的共建“一带一路”倡议，是构建人类命运共同体的重要探索与实践。4年来，我们与沿线国家共商合作大计、共建合作项目、共享合作成果，“一带一路”建设取得丰硕成果，已经进入从理念到行动、从规划到实施的新阶段。我们要广泛凝聚合作共识、全面提升合作水平，将“一带一路”建成和平、繁荣、开放、创新、文明之路，更好造福沿线国家和人民。

外方代表一致认为，共建“一带一路”倡议符合各方利益，具有广阔发展前景，愿意加强交流合作，推动形成有利于“一带一路”建设的良好环境。

9月19—21日

［纲　文］ **应国务院总理李克强邀请，新加坡总理李显龙对中国进行正式访问。**

［目　文］ 19日，李克强在北京同李显龙举行会谈时指出，中国是新加坡最大贸易伙伴，新加坡是中国最大外资来源国。我们愿将“一带一路”倡议同新方发展战略更好对接，进一步提升中新贸易投资合作。共同推进区域全面经济伙伴关系协定商谈和中新自贸协定升级谈判。拓展金融、科技、创新等领域合作。欢迎更多新加坡企业来华投资兴业，不仅同中国沿海地区，也同中西部地区加强合作。中国高铁技术先进、安全可靠、性价比高，希望新方支持中国企业参与新马高铁项目。李显龙表示，新方愿同中方开展“南向通道”建设，促进地区互联互通；加快新中自贸协定升级谈判，推进区域全面经济伙伴关系协定商谈；加强金融、投资、航空、信息技术领域合作。欢迎中国企业参与新马铁路项目。

20日，国家主席习近平、全国人大常委会委员长张德江、中央纪委书记王岐山在北京分别会见李显龙。

习近平指出，加强两国的政治互信，不断巩固和发展中新关系，符合两国和两国人民利益，也有利于地区和世界的和平、稳定与繁荣。双方要坚持相互理解和尊重，在涉及彼此核心利益和重大关切问题上相互支持。中新两国在经济全球化、贸易自由化、投资便利化方面立场相近，观点相似，有着广泛共同利益。双方要加强发展战略对接，发挥好中新双边合作联合委员会等机制作用，不断开拓创新，丰富合作内涵，深化全方位合作。要继续加强人文交流，多做促进民心相通的事情，使中新友好传统得到更好继承和发扬。“一带一路”建设是当前两国合作重点，希望双方建设好中新（重庆）战略性互联互通示范项目，并在地区层面带动其他国家共同参与国际陆海贸易新通道建设。李显龙表示，我完全同意习近平主席对新中关系的评价。新方坚持一个中国政策，反对台湾“独立”，希望看到中国稳定、繁荣，在国际事务中发挥更大作用。

张德江在会见时说，中国全国人大愿加强与新加坡立法机关友好交往，继续为两国合作营造良好法律和制度环境，不断增进两国人民的友好感情，为深化两国关系发展作出积极贡献。李显龙说，新方愿与中方加强互学互鉴，推进“一带一路”框架下的务实合作，实现互利共赢。

王岐山在会见时说，在以习近平同志为核心的党中央坚强领导下，我们坚持党要管党、全面从严治党，严肃党内政治生活、强化党内监督，取得重大成效。自己给自己治病动手术是世界性难题。全面从严治党，最终目的是要探索长期执政条件下自我监督的有效路径，始终保持党的先进性和纯洁性。李显龙赞赏中国共产党全面从严治党取得的显著成效，并介绍了新方反腐败工作情况。

9月19—23日

［纲　文］　**中共中央统战部和各民主党派中央在北京举办民主党派省级组织新任主委多党合作专题研究班。**

［目　文］　中共中央政治局委员、中央统战部部长孙春兰出席开班式并讲话。全国人大常委会副委员长、中央社会主义学院院长严隽琪作开班动员。

专题研究班共安排辅导讲座9次，其中包括中央社会主义学院4门精品新课。作为“五史合一”和“10个讲清楚”的核心课，这4门课程以大统战、大文化为立足点，既有中华优秀传统文化，又有西方民主的历史与现实，既讲授中国共产党与中华民族伟大复兴，又讲授各民主党派与中共紧密团结共同奋斗，涵盖面广，内容丰富，完善了政治共识教育课程体系，在最短时间内呈现了古今中外政治思想的特点和差异。

9月20日

［纲　文］　**《习近平谈治国理政》意大利文版首发式在罗马举行。**

［目　文］　意大利参议院议长格拉索在致辞中说，习近平主席在这本书中深刻阐述了中国的前进道路和发展模式，针对深化改革、可持续发展、惩治腐败和外交政策等领域提出了一系列充满智慧的“中国方案”，值得包括意大利在内的各国认真学习。当前，意中全面战略伙伴关系快速发展，意积极参与“一带一路”建设，致力于深化对华合作。相信意中两国将继续拓展合作领域，实现互利共赢。

中国驻意大利大使李瑞宇致辞表示，当前中意关系正处在历史最好时期。《习近平谈治国理政》意大利文版的发布可谓恰逢其时。通过这本书，意大利朋友可以更好地读懂中国。

9月20日

［纲　文］　**李克强主持召开国务院常务会议。**

［目　文］　会议主要内容是：一、部署进一步促进扩大就业，更好满足人民群众劳动有岗位收入有来源的需求。会议指出，党中央、国务院始终把促进就业摆在突出位置，近几年面对经济下行压力和巨大就业压力“碰头”的挑战，通过深入实施就业优先战略和更加积极的就业政策、持续深化改革、推动新旧动能转换，城镇新增就业每年保持在1300万人以上，今年前8个月又新增近千万人就业，成为突出亮点。当前我国仍处在就业需求高峰期和供需结构性矛盾凸显期，必须贯彻以人民为中心的发展思想，持续加大促进就业工作力度。二、确定深入推进跨境电子商务综合试验区建设的措施，加快业态创新提高外贸便利度和竞争力。会议指出，以跨境电商发展为突破口，推动国际贸易自由化、便利化和业态创新，对加快转变外贸发展方式、增强综合竞争力具有重要意义。国务院批准设立跨境电子商务综合试验区两年多来，相关地区在技术标准、业务流程、监管模式等方面先行先试，形成了一系列好经验、好做法，综合试验区进出口规模快速增长。

9月20日

［纲　文］　**中共中央办公厅、国务院办公厅印发《关于建立资源环境承载能力监测预警长效机制的若干意见》。**

［目　文］　《意见》由四个部分组成：一、总体要求。二、管控机制。三、管理机制。四、保障措施。

9月20日

［纲　文］　**科技部、国家发展改革委、财政部公布《国家重大科研基础设施和大型科研仪器开放共享管理办法》。**

［目　文］　《办法》共5章26条。主要有总则、管理职责、开放共享、考核和奖惩、附则等部分内容。自2017年9月20日起施行。

9月20日

［纲　文］　**中俄能源合作委员会第十四次会议在北京举行。**

［目　文］　中共中央政治局常委、国务院副总理、中俄能源合作委员会中方主席张高丽与俄罗斯副总理、委员会俄方主席德沃尔科维奇出席会议。双方就天然气、石油、电力、煤炭、核能、新能源、标准互认等领域合作交换意见，一致认为要切实落实两国元首达成的能源领域合作共识，充分发挥好中俄能源合作委员会机制作用，实施好能源领域战略性大项目，加强标准对接、能源技术装备、工程建设等非传统领域合作，不断提高两国能源合作水平。张高丽与德沃尔科维奇共同签署了《中俄能源合作委员会第十四次会议纪要》。

9月20日

［纲　文］　**庆祝中华海外联谊会成立20周年大会暨四届二次理事大会在北京举行。**

［目　文］　中共中央政治局委员、中华海外联谊会会长孙春兰出席并讲话。有关部门负责人及中华海外联谊会理事约500人出席会议。

同日，中共中央政治局常委、全国政协主席俞正声在人民大会堂会见全体与会代表时指出，1997年，为了加强与港澳台同胞和海外侨胞的联谊，促进海内外同胞大团结，中华海外联谊会应运而生。20年来，中华海外联谊会高举爱国主义伟大旗帜，认真贯彻中央一系列重大决策部署，在服务国家改革发展，加强海内外同胞联谊，维护国家主权、安全和发展利益等方面作出了重要贡献，已经成为凝聚港澳台海外爱国人士的重要平台、联系海内外中华儿女的重要桥梁、致力国家统一和民族复兴的重要力量。

9月20日

［纲　文］　**国家质检总局首次派员赴安哥拉传染病监测哨点工作。**

［目　文］　随着国家"走出去"战略和"一带一路"建设的不断推进，出境旅游和劳务人员增多，由此带来传染病跨境传播的风险日益增加。为认真贯彻中共中央总书记习近平"筑牢口岸检疫防线"的指示精神，有效降低国际传染病传入风险，保障人民健康安全，质检总局积极探索和推动口岸传染病防控"关口前移"。2016年，通过与驻外中资机构合作，在中铁四局驻安哥拉医院建立了首个境外传染病监测哨点，迈出了口岸传染病防控"关口前移"第一步。此次工作组赴安工作，标志着境外传染病监测哨点开始常态化运作。

9月20日

［纲　文］　**国家副主席李源潮在北京会见由党的最高顾问、前众议长横路孝弘率领的日本民进党政治家代表团。**

［目　文］　李源潮说，习近平主席在出席二十国集团汉堡峰会期间会见安倍首相，强调了中日关系改善应遵循的原则和精神，为两国关系发展指明了方向。希望日方同中方相向而行，为两国关系沿着正确方向发展凝聚更多正能量。

横路孝弘表示，通过参观南京大屠杀纪念馆，深感和平至关重要。日方应铭记历史、承担责任，面向未来积极改善发展日中关系。

9月20日

［纲　文］　**《人民日报》发表题为《努力建设更高水平的平安中国》的评论员文章。**

9月20日

［纲　文］　**《人民日报》发表题为《坚实脚步引领复兴之路》的评论员文章。**

9月20—22日

［纲　文］　**郭金龙在河南调研。**

［目　文］　中共中央政治局委员、中央精神文明建设指导委员会副主任郭金龙在郑州、开封、安阳等地，到社区、企业、市民之家、窗口服务单位、公共文化设施和爱国主义教育基地，就思想道德建设、文化建设、志愿服务和群众性精神文明创建活动等进行考察，与基层干部群众交流。郭金龙指出，要把社会主义核心价值观的要求融入各种精神文明创建活动之中，深入开展理想信念教育，加强爱国主义教育，加强公民道德建设，开展时代楷模、道德模范、最美人物、身边好人学习宣传，推进文明社会风尚行动，加强网络文明建设，弘扬真善美、传递正能量。

9月20—22日

［纲　文］　**中国电视艺术家协会第六次全国代表大会在北京召开。**

［目　文］　中共中央政治局委员、中宣部部长刘奇葆出席开幕式并讲话。会议审议通过了《中国电视艺术家协会第六次全国代表大会工作报告》，修订了《中国电视艺术家协会章程》，选举产生了由146人组成的中国电视艺术家协会第六届理事会和15人组成的第六届主席团。

9月21日

［纲　文］　**中共中央办公厅、国务院办公厅印发《关于深化环境监测改革提高环境监测数据质量的意见》。**

［目　文］　《意见》由七个部分组成：一、总体要求。二、坚决防范地方和部门不当干预。三、大力推进部门环境监测协作。四、严格规范排污单位监测行为。五、准确界定环境监测机构数据质量责任。六、严厉惩处环境监测数据弄虚作假行为。七、加快提高环境监测质量监管能力。

《意见》指出，各地区各有关部门要按照党中央、国务院统一部署和要求，结合实际制定具体实施方案，明确任务分工、时间节点，扎实推进各项任务落实。地方各级党委和政府要结合环保机构监测监察执法垂直管理制度改革，加强对环境监测工作的组织领导，及时研究解决环境监测发展改革、机构队伍建设等问题，保障监测业务用房、业务用车和工作经费。环境保护部要把各地落实本意见情况作为中央环境保护督察的重要内容。中央组织部、国家发展改革委、财政部、监察部等有关部门要统筹落实责任追究、项目建设、经费保障、执纪问责等方面的事项。

9月21日

［纲　文］　**国务院办公厅通知山西省人民政府，同意大同市城市总体规划。**

［目　文］　通知说，一、国务院原则同意《大同市城市总体规划（2006—2020年）（2017年修订）》。二、重视城乡区域统筹发展。在《总体规划》确定的2370平方公里城市规划区范围内，实行城乡统一规划管理。加强城中村和城乡结合部地区的规划建设管理，城镇基础设施、公共服务设施的建设应当统筹考虑为周边农村提供服务。三、合理控制城市规模。到2020年，中心城区常住人口控制在162万人以内，城市建设用地控制在154平方公里以内。四、完善城市基础设施体系。要按照绿色循环低碳的理念规划建设城市基础设施。进一步完善公路、铁路、机场等交通基础设施，加强城市内外交通衔接，完善货运交通通道和枢纽设施。五、建设资源节约型和环境友好型城市。要按照促进生产空间集约高效、生活空间宜居适度、生态空间山清水秀的总体要求，形成合理的城市空间结构，促进经济建设、城乡建设和环境建设同步发展。六、创造优良的人居环境。要坚持以人为本，统筹安排关系人民群众切身利益的教育、医疗、市政等公共服务设施的规划布局和建设。七、重视历史文化和风貌特色保护。要统筹协调发展与保护的关系，按照整体保护的原则，切实保护好城市传统风貌和格局。八、严格实施《总体规划》。城市建设要实现经济社会协调发展，物质文明和精神文明共同进步。城市管理要健全民主法治，坚持依

法治市，构建和谐社会。《总体规划》是大同市城市发展、建设和管理的基本依据，城市规划区内的一切建设活动都必须符合《总体规划》的要求。

大同市人民政府要根据本通知精神，认真组织实施《总体规划》，任何单位和个人不得随意改变。山西省和住房城乡建设部要加强对《总体规划》实施工作的指导、监督和检查。

9月21日

［纲　文］　**全国政协在北京召开双周协商座谈会，就“营造风清气正的网络空间”建言献策。**

［目　文］　全国政协主席俞正声主持会议并讲话。全国政协副主席张庆黎、李海峰、卢展工、陈晓光出席座谈会。全国政协委员陈冀平、朱永新、高美琴、马利、王长江、龙宇翔、刘春、王继亮、白岩松、严望佳、李忠杰、郝振省、潘晓燕、张灼华、贺强，以及专家学者马化腾、曹诗权等在座谈会上发言。中央网信办副主任任贤良介绍了有关情况。工业和信息化部副部长陈肇雄、文化部副部长项兆伦、国家新闻出版广电总局副局长田进、公安部部长助理王俭等与委员互动交流。

委员们认为，党的十八大以来，以习近平同志为核心的党中央高度重视网络安全和信息化工作，作出一系列重大决策部署，指导我国网络安全和信息化工作取得重大成绩。现在，互联网已成为群众生产生活密不可分的组成部分，成为经济社会发展的重要推动力量、党和政府联系群众的重要桥梁、弘扬正能量凝聚人心的重要载体。要本着对社会负责、对人民负责的态度，依法加强网络空间治理，用社会主义核心价值观和人类优秀文明成果滋养人心、滋养社会，做到正能量充沛、主旋律高昂，为广大网民特别是青少年营造一个风清气正的网络空间。

一些委员建议，一要切实加强党的领导。建立领导责任制，领导要敢抓敢管、善抓善管，敢于发声。完善组织体系，加强各部门联动，发挥社会组织作用。夯实基层基础，加强人才队伍、基础设施和技术能力建设。二要切实提高网上正能量。利用互联网做好服务群众和企业的工作，包括信息开放和信息的共同利用，使互联网成为加强社会管理的重要手段。要重视网络舆情，主动发声，丰富手段，改进方法，用群众语言实话实说。要妥善应对重大突发事件，快报事实、慎报原因，坚持原则、实事求是。三是主流媒体要适应网络时代发展，加强传统媒体与新媒体融合，建立互动机制，针对网上热点舆情，适当给予回应。四要加强网络法律法规规章建设，努力推进网络空间法治化。发挥社会各方面的作用，落实主体责任，依法打击犯罪。五要加强关键技术的投入和改进，尽快在核心技术上取得突破。

此外，委员们还就加强未成年人安全上网教育、加强网络国际传播能力建设、强化互联网金融管理等问题提出了意见建议。

9月21日

［纲　文］　**国务院在北京召开学习贯彻新修订《宗教事务条例》电视电话会议。**

［目　文］ 中共中央政治局委员、国务院副总理刘延东出席会议时指出，修订并公布实施《条例》，是贯彻落实中央关于宗教工作重大决策部署的重要举措，是全面推进依法治国的必然要求，有利于提高依法管理宗教事务的能力和水平，更好地保护合法、制止非法，有利于团结引导宗教界人士和广大信教群众投身全面建成小康社会建设。要坚持党的宗教工作基本方针，贯彻落实“导”的重要思想，始终坚持宗教中国化方向，全面依法保障公民宗教信仰自由，依法规范宗教事务管理，构建更加积极健康的宗教关系，维护宗教和睦与社会和谐，以宗教工作新成绩迎接党的十九大胜利召开。

9月21日

［纲　文］ **交通运输部发布《公路工程建设项目评标工作细则》。**

［目　文］ 《细则》共6章45条。主要有总则、职责分工、评标工作的组织与准备、评标工作的实施、纪律、附则等内容。自2017年10月1日起施行，有效期5年。《公路工程施工招标评标委员会评标工作细则》（交公路发〔2003〕70号）同时废止。

9月21日

［纲　文］ **司法部发布《关于修改〈取得国家法律职业资格的台湾居民在大陆从事律师职业管理办法〉的决定》。**

［目　文］ 《决定》说，为了推进大陆与台湾交流合作、密切两岸人员往来、深化两岸经济社会融合发展和维护两岸同胞合法权益，决定对《取得国家法律职业资格的台湾居民在大陆从事律师职业管理办法》作如下修改：一、将第三条第一款修改为：“台湾居民获准在大陆律师事务所执业，可以担任法律顾问、代理、咨询、代书等方式从事大陆非诉讼法律事务，也可以担任诉讼代理人的方式代理涉台民事案件，代理涉台民事案件的范围由司法部以公告方式作出规定。”二、将第四条第二款修改为：“台湾居民在大陆律师事务所实习，应当按照规定参加集中培训和实务训练，实务训练以办理非诉讼法律事务及代理有关涉台民事案件的训练为主，并遵守有关实习规定和纪律。”三、自2017年11月1日起施行。《取得国家法律职业资格的台湾居民在大陆从事律师职业管理办法》（司法部令第115号发布）根据本决定作相应修正，重新发布。

9月21日

［纲　文］ **教育部公布修订后的《普通高等学校辅导员队伍建设规定》，自2017年10月1日起施行。**

9月21日

［纲　文］ **国务委员杨洁篪在北京会见来华出席文化交流活动的日本茶道里千家千玄室大宗匠。**

9月21日

［纲　文］ **国务委员兼国防部长常万全在八一大楼会见新加坡国防部部长黄永宏。**

［目　文］ 常万全说，中新两国领导人高度重视发展两国关系，双方要全面落实两国领导人达成的重要共识，在涉及彼此核心利益和重大关切问题上相互支持，在“一带一

路”框架下加强全方位务实合作，为两国和地区发展增添新动力。两军关系是两国关系的重要组成部分，中方对发展两军关系一直持积极态度，愿同新方一道，进一步拓展合作领域，为发展更加成熟的两军关系创造有利条件。

黄永宏对中国人民解放军建军90周年表示祝贺，希望进一步加强两国防务领域间的关系。

9月21日

［纲　文］　**“复兴号”动车组在京沪高铁实现350公里时速运营。**

［目　文］　7对“复兴号”动车组在京沪高铁按时速350公里运行，京沪之间全程运行时间在4个半小时左右。“复兴号”动车组在京沪高铁实现350公里时速运营，标志着中国为世界高速铁路商业运营树立了新的标杆。截至2016年底，中国已经建成世界现代化的高速铁路网，高速铁路营业里程已突破2.2万公里，居世界第一位。

9月21—23日

［纲　文］　**2017欧亚经济论坛在西安举办。**

［目　文］　国务院副总理汪洋出席开幕式并发表主旨演讲。本届论坛由商务部、文化部等22个国家部委、国际组织和陕西省政府主办，西安市政府承办。论坛以“共建‘一带一路’：发展战略的对接”为主题，设金融、文化、科技、生态、旅游、农业、人才、教育、地学、气象、上合组织地方领导人圆桌会议等11个平行分会以及系列配套专题会议，举办西安国际投资贸易洽谈会等活动。论坛期间共举办会议活动35项，全体大会参会者约1000人，参加分会及配套活动嘉宾约3000人。

9月21—22日

［纲　文］　**第2届金砖国家国有企业改革治理论坛在北京举行。**

［目　文］　国务院国有资产监督管理委员会主任肖亚庆作为中方代表团团长主持论坛，并与来自巴西、俄罗斯、印度、南非的代表团团长发表了《金砖国家国企治理共识》。与会代表就国有企业公司治理实践与原则、国有企业独立市场地位与公平竞争、国有企业创新与结构调整、国有企业与非国有企业的合作发展等方面展开研讨。本次论坛还举办金砖国家能源、交通领域国有企业务实合作两个平行分论坛，金砖国家数十户国企将携相关项目，具体研讨加深合作的方式与途径。国务委员王勇出席论坛开幕式并在致辞中强调，要开启金砖合作第二个“金色十年”，使金砖合作造福五国人民，惠及各国人民。以“国有企业治理与发展”为主题举办的这次论坛，将会进一步促进金砖国家国有企业更加紧密携手同行，把国有企业发展更好融入金砖合作，谱写更多互利共赢、利国利民的美好篇章。

9月22日

［纲　文］　**习近平主持召开中央军民融合发展委员会第2次全体会议并讲话。**

［目　文］　中共中央总书记、国家主席、中央军委主席、中央军民融合发展委员会主任习近平指出，推动军民融合发展是一个系统工程，要善于运用系统科学、系统思维、

系统方法研究解决问题，既要加强顶层设计又要坚持重点突破，既要抓好当前又要谋好长远，强化需求对接，强化改革创新，强化资源整合，向重点领域聚焦用力，以点带面推动整体水平提升，加快形成全要素、多领域、高效益的军民融合深度发展格局。

中共中央政治局常委、中央军民融合发展委员会副主任李克强、刘云山、张高丽出席会议。中央军民融合发展委员会副主任、委员出席会议，中央和国家机关及军委机关有关部门负责人列席会议。会议审议通过了《“十三五”国防科技工业发展规划》《关于推动国防科技工业军民融合深度发展的意见》《“十三五”期间推进军事后勤军民融合深度发展的实施意见》《经济建设与国防建设密切相关的建设项目贯彻国防要求管理办法（试行）》，部署了当前和今后一个时期工作。

9月22日

[纲　文]　《习近平谈治国理政》阿尔巴尼亚文版首发式在地拉那举行。

[目　文]　阿尔巴尼亚总统伊利尔·梅塔在首发式上致辞并为新书揭幕。梅塔在致辞时说，《习近平谈治国理政》阿尔巴尼亚文版的出版，有助于阿尔巴尼亚学者、外交官等专业人士以及广大普通读者更好地认识并深入了解当今中国，包括中国领导人治国理政的哲学思想、改革举措和中国坚持对外开放、发展经济的雄心壮志及其在国际舞台上发挥的重要作用等。目前阿中关系日益密切，各领域互利合作全面展开。双方高度重视在“一带一路”倡议、“16+1合作”框架下发展经贸关系，因为这为双方拓展经贸合作开创了新的前景。

中国驻阿尔巴尼亚大使姜瑜表示，《习近平谈治国理政》阿尔巴尼亚文版的出版将增进阿尔巴尼亚人民对中国的了解和认识，推动“一带一路”框架下的民心相通，进一步促进中阿友好与合作。

《习近平谈治国理政》一书收录了习近平自2012年11月至2014年6月的讲话、谈话、演讲、答问、批示、贺信等79篇。截至目前，该书已出版23个语种，在全球160多个国家和地区发行了650万册。

9月22日

[纲　文]　国务院印发《关于在更大范围推进“证照分离”改革试点工作的意见》。

[目　文]　《意见》由四个部分组成：一、试点范围和内容。二、改革重点。三、组织实施。四、工作要求。

《意见》要求，改革试点工作由所在地省级人民政府牵头负责，加强组织领导、鼓励探索创新、加大督查力度、坚持依法推进。要周密制定、统筹实施试点方案和复制推广上海具体做法的工作方案，细化分解任务，明确时间节点，层层压实责任，确保改革措施落地见效。

9月22日

[纲　文]　国务院发布《关于取消一批行政许可事项的决定》。

[目　文]　《决定》说，经研究论证，国务院决定取消40项国务院部门实施的行政

许可事项和12项中央指定地方实施的行政许可事项。另有23项依据有关法律设定的行政许可事项，国务院将依照法定程序提请全国人民代表大会常务委员会修订相关法律规定。以上公布取消的行政许可事项，其中市场已具备自我调节能力的事项改革后，相关部门的管理职能要重点转向制定行业标准规范，加强事中事后监管，惩处违法违规行为，维护市场秩序；由同一部门对相同内容进行重复审批的事项改革后，相关部门在削减重复审批、合并办事环节的同时，要进一步强化保留审批事项的准入把关作用，发挥认证管理的积极作用，落实监管责任，防止出现监管盲区；由不同部门多道审批改为负主要责任的部门一道审批的事项改革后，不再实施审批的部门负责制定有关行业标准规范，负责审批的部门按标准规范审核把关，遇到特殊疑难问题通过内部征求意见解决，部门间要优化工作流程，压缩审批时限，便利企业办事。改革涉及的部门要制定完善事中事后监管细则，自本决定发布之日起20个工作日内将适宜公开的向社会公布并加强宣传、确保落实。各地区、各部门要抓紧做好衔接工作，认真落实事中事后监管责任，坚决维护公平公正的市场秩序。

《国务院决定取消的国务院部门行政许可事项目录》包括《工程咨询单位资格认定》等40项。《国务院决定取消的中央指定地方实施的行政许可事项目录》包括《地质勘查资质审批》等12项。

9月22日

［纲　文］　**卫生计生委公布《中医诊所备案管理暂行办法》。**

［目　文］　《办法》共5章29条。主要有总则、备案、监督管理、法律责任、附则等内容。自2017年12月1日起施行。

9月22日

［纲　文］　**第3届中国—中东欧国家文化合作部长论坛在杭州举行。**

［目　文］　国务院总理李克强向论坛发去贺信。李克强在贺信中表示，中国—中东欧国家合作开展5年来取得丰硕成果，切实惠及各国人民。这得益于各国传统友好基础深厚，都以开放包容的心态促进文化、文明之间相互借鉴、兼容并蓄，都本着互利共赢的精神推进务实合作，实现共同发展繁荣。“16+1合作”不断深化，也促进了中欧关系更加全面、深入发展。李克强希望论坛围绕“文化·交流·合作·共享”主题深入探讨，集思广益，相互启发，凝聚共识，探索和完善文化交流的新方法、新模式、新平台，提升交流水平，丰富合作内涵，并以此为新的起点，广结纽带，厚植友谊，持续为“16+1合作”和中欧关系发展注入生机与活力。

论坛由文化部和浙江省人民政府联合主办。以“文化·交流·合作·共享”为主题。中国与阿尔巴尼亚、波黑、保加利亚、克罗地亚、捷克、爱沙尼亚、匈牙利、拉脱维亚、立陶宛、马其顿、黑山、波兰、罗马尼亚、塞尔维亚、斯洛伐克、斯洛文尼亚等17国的政府文化代表团出席论坛，并一致通过《中国—中东欧国家文化合作杭州宣言》《中国—中东欧国家2018—2019年文化合作计划》，并共同签署《中华人民共和国文化部和中东欧国家文化主管部门关于在马其顿共和国设立中国—中东欧国家文化合作协调中心的谅解备忘录》。论坛期间，各国代表团还出席了第11届杭州文化创意产业博览会开幕式，参观杭州市图书馆、浙江音乐学院、中国丝绸博物馆等，并见证“中国—中东欧国家艺术创作与研究中心”揭牌仪式和“中国—中东欧国家音乐院校联盟”成立签字仪式。

9月22日

［纲　文］　**刘奇葆在北京调研京剧像音像工程情况。**

［目　文］　中共中央政治局委员、中宣部部长刘奇葆在北京人民剧场考察像音像工程拍摄录制固定场地，听取像音像工程总体情况和北京、天津、上海基地建设情况报告，并与有关方面负责人座谈。

京剧像音像工程由中宣部、文化部2016年组织实施，旨在通过先录像再录音再录像的方式，反复加工打磨，为当代戏曲名家留下最精彩的艺术记录。工程最初从京剧剧目开始录制，逐步向其他剧种延伸，目前已录制89部优秀京剧和评剧剧目，在中央电视台播出53部，在戏曲界和社会上产生良好反响。

9月22日

［纲　文］　**“热血铸剑·丹心卫民”全国公安百佳刑警推选活动揭晓仪式在北京举行。**

［目　文］　北京市公安局朝阳分局刑侦支队副支队长秦文志等100位刑警当选全国公安百佳刑警，北京市公安局怀柔分局刑侦支队王起和等刑警当选全国公安优秀刑警。中共中央政治局委员、中央政法委书记孟建柱，国务委员、公安部部长郭声琨会见当选民警并观看揭晓仪式。

9月22日

［纲　文］　**中国在南海海域首次发现裸露在海底的“可燃冰”。**

［目　文］　中国科学院海洋研究所发布消息：中国新一代远洋综合科考船“科学”号在执行中科院海洋先导科技专项中，船上搭载的“发现”号遥控无人潜水器携带我国自主研发的拉曼光谱探针，在我国南海海域首次发现了裸露在海底的“可燃冰”，并证实其为天然气水合物。

“科学”号共在我国南海海域发现两个存在裸露天然气水合物的站点，水深约1100米。一个站点分布在冷泉化能极端生物群落中；另一个站点位于一个活动冷泉喷口内壁，这也是在我国南海海域首次发现正在喷发的深海冷泉喷口。天然气水合物俗称“可燃冰”，一般分布在深海沉积物或者大陆永久冻土中，而裸露在海底表面的天然气水合物则需要大量的深海冷泉流体作为气源，因此极难存在，在全球也鲜有报道，是研究天然气水合物形成、分解、成藏以及和海洋环境相互作用机制的极佳天然实验场。

9月22日

［纲　文］　**《人民日报》报道，经中共中央批准，中共中央纪委对第十八届中央委员，全国人大教育科学文化卫生委员会原副主任委员、甘肃省委原书记王三运严重违纪问**

题立案审查。

［目　文］　经查，王三运严重违反政治纪律和政治规矩，“四个意识”淡漠，对党中央重大决策部署消极应付、严重失职失责，丧失政治立场，妄议党中央大政方针，长期搞迷信活动；违反中央八项规定精神，违规出入私人会所；违反组织纪律，罔顾党的选人用人制度和组织原则，让存在违纪问题的干部挑选领导岗位，在干部选拔任用中为他人提供帮助并收受财物；违反廉洁纪律，收受礼品礼金。利用职务上的便利或影响为他人谋取利益并收受巨额财物，涉嫌受贿犯罪。王三运身为中央委员，理想信念丧失，严重违反党的纪律，并涉嫌违法犯罪，且在党的十八大后仍不收敛、不收手，性质恶劣、情节严重，严重污染甘肃省政治生态，严重损害党的事业和形象，应予严肃处理。依据《中国共产党问责条例》《中国共产党纪律处分条例》等有关规定，经中央纪委常委会会议研究并报中央政治局会议审议，决定给予王三运开除党籍、开除公职处分；终止其党的十八大代表资格；收缴其违纪所得；将其涉嫌犯罪问题、线索及所涉款物移送司法机关依法处理。给予其开除党籍的处分，待召开中央委员会全体会议时予以追认。

2019年4月11日上午，河南省郑州市中级人民法院公开宣判王三运受贿案。对被告人王三运以受贿罪判处有期徒刑12年，并处罚金人民币400万元；对王三运受贿所得财物及其孳息予以追缴，上缴国库。

9月22—23日

［纲　文］　**国家发展改革委联合内蒙古自治区人民政府在巴彦淖尔召开全国农村产业融合发展现场会**。

［目　文］　国务院副总理汪洋出席并讲话，国家发展改革委副主任张勇主持会议。参会代表观摩了巴彦淖尔市农村产业融合发展典型项目，内蒙古、浙江、江西3个省(区)，山东省诸城市、湖北省钟祥市2个县市，以及河南中鹤集团作了经验交流发言，国家发展改革委、财政部、农业部介绍了推进农村产业融合发展工作情况及下一步打算，有关专家学者、企业负责人围绕加快农村产业融合发展推进农业供给侧结构性改革进行了研讨。

汪洋指出，推进农村一、二、三产业融合发展，是加快转变农业发展方式、推进农业供给侧结构性改革的重要举措，是促进城乡发展一体化、全面推进现代化建设的重要途径。要认真贯彻党中央、国务院决策部署，以新发展理念为引领，以市场需求为导向，以完善利益联结机制为核心，以制度、技术和商业模式创新为动力，着力构建农业与二、三产业交叉融合的现代产业体系，为国民经济持续健康发展和全面建成小康社会提供重要支撑。

会议期间，汪洋还到巴彦淖尔市五原县农村产业融合发展示范园和河套电子商务产业园，了解融合方式创新和利益联结机制建立情况。

9月22—23日

［纲　文］　**首届中国—欧盟工商领袖和前高官对话在北京举行**。

［目　文］　对话由中国国际经济交流中心和欧洲企业协会共同举办。中国国际经济交流中心理事长曾培炎、法国前总理德维尔潘、欧洲企业协会首席执行官布莱耶在开幕式上致辞。双方围绕中欧经济形势及中欧经贸关系现状，“一带一路”与中欧经贸、投资、金融合作，创新发展与产业合作等议题，进行了对话。与会代表认为，世界经济出现回暖迹象，但尚存不确定因素，逆全球化思潮和贸易保护主义抬头，非传统安全问题持续蔓延，这给世界各国的发展与合作带来了挑战。另外，中欧经贸合作仍存在某些障碍，双方应积极寻求扩大共同利益，实现优势互补、合作共赢。中欧工商领袖、政府前高官及专家学者共40名代表参加了对话。

22日，国务院副总理马凯在中南海紫光阁会见法国前总理德维尔潘等与会欧方代表。

9月23日

［纲　文］　**习近平给南开大学八名新入伍大学生回信。**

［目　文］　中共中央总书记、国家主席、中央军委主席习近平的回信写道，阿斯哈尔·努尔太等同学：你们好！我看了来信，得知你们怀揣着从军报国的理想，暂别校园、投身军营，你们的这种志向和激情，让我感到很欣慰。自古以来，我国文人志士多有投笔从戎的家国情怀。抗战时期，许多南开学子就主动奔赴沙场，用鲜血和生命诠释了爱国、奉献的精神内涵。如今，你们响应祖国召唤参军入伍，把爱国之心化为报国之行，为广大有志青年树立了新的榜样。希望你们珍惜身穿戎装的机会，把热血挥洒在实现强军梦的伟大实践之中，在军队这个大舞台上施展才华，在军营这个大熔炉里淬炼成钢，书写绚烂、无悔的青春篇章。

2017年，南开大学有八名大学生应征入伍。他们中，有的是新疆反恐烈士的儿女，有的是抗美援朝老兵的后人，既有城市青年，也有农家子弟。在即将奔赴军营前夕，这八名大学生给习近平总书记写信，表达了献身国防和军队建设，为实现强军目标、建设世界一流军队作贡献的坚定决心。

9月23日

［纲　文］　**《人民日报》报道，经中共中央批准，中共中央纪委对第十八届中央委员，中国保险监督管理委员会原党委书记、主席项俊波严重违纪问题立案审查。**

［目　文］　经查，项俊波严重违反政治纪律和政治规矩、工作纪律，为谋取个人政治利益，滥用审批权和监管权，对抗组织审查，搞迷信活动；违反中央八项规定精神，违规接受宴请；违反组织纪律，不按规定报告个人有关事项，在员工录用、干部职务晋升等方面为他人提供帮助并收受财物；违反廉洁纪律和生活纪律，搞权钱交易、权色交易。利用职务上的便利为他人谋取利益并收受巨额财物，涉嫌受贿犯罪。

项俊波身为中央委员，理想信念丧失，毫无宗旨意识，政绩观扭曲，严重违反党的纪律，并涉嫌违法犯罪，性质十分恶劣，情节特别严重，应予严肃处理。依据《中国共产党纪律处分条例》等有关规定，经中央纪委常委会会议研究并报中央政治局会议审议，决定给予项俊波开除党籍处分，由监察部报请国务院批准给予其开除公职处分；终止其党的十八大代表资格；收缴其违纪所得；将其涉嫌犯罪问题、线索及所涉款物移送司法机关依法处理。给予其开除党籍的处分，待召开中央委员会全体会议时予以追认。

9月23日

［纲　文］ **《人民日报》报道，经中共中央批准，中共中央纪委对第十八届中央候补委员，中央纪委驻财政部纪检组原组长、财政部原党组成员莫建成严重违纪问题立案审查**。

［目　文］ 经查，莫建成严重违反政治纪律和中央八项规定精神，在参加全国人大会议和中央“两委”人选考察期间，多次外出接受宴请；违反组织纪律，在干部选拔任用中为他人提供帮助并收受财物；违反廉洁纪律，利用职务上的便利和影响，为其子经营活动谋取利益；违反工作纪律，干预和插手财政部有关业务部门工作；利用职务上的便利为他人谋取利益并收受巨额财物，涉嫌受贿犯罪。

莫建成身为中央候补委员，理想信念丧失、宗旨意识淡漠，严重违反党的纪律，并涉嫌违法犯罪，且在党的十八大后仍不收敛、不收手，性质恶劣、情节严重，应予严肃处理。依据《中国共产党纪律处分条例》等有关规定，经中央纪委常委会会议研究并报中央政治局会议审议，决定给予莫建成开除党籍、开除公职处分；终止其党的十八大代表资格；收缴其违纪所得；将其涉嫌犯罪问题、线索及所涉款物移送司法机关依法处理。给予其开除党籍的处分，待召开中央委员会全体会议时予以追认。

9月24日

［纲　文］ **新华社讯，中共中央办公厅、国务院办公厅印发《关于深化教育体制机制改革的意见》并发出通知，要求各地区各部门结合实际认真贯彻落实**。

［目　文］ 《意见》指出，当前我国教育改革发展已进入一个新的阶段；深化教育体制机制改革的基本原则；深化教育体制机制改革的主要目标；要健全立德树人系统化落实机制；强调要构建以社会主义核心价值观为引领的大中小幼一体化德育体系；要创新学前教育普惠健康发展的体制机制；要完善义务教育均衡优质发展的体制机制；要完善提高职业教育质量的体制机制；要健全促进高等教育内涵发展的体制机制；要推进普通高中育人方式改革，深化普通高中教育教学改革，稳妥推进高考改革；要创新教师管理制度；要健全教育投入机制；要健全教育宏观管理体制。

《意见》强调，要做好深化教育体制机制改革的组织实施。要全面加强党对教育工作的领导，坚持党管办学方向、党管改革，充分发挥党委总揽全局、协调各方的领导核心作用，健全党委统一领导、党政齐抓共管、部门各负其责的教育领导体制。要完善推动教育改革的工作机制，建立健全教育改革统筹决策、研究咨询、分工落实、督查督办、总结推广的改革工作链条，充分发挥国家教育体制改革领导小组统筹谋划职能，充分发挥国家教育咨询委员会的作用，完善省级教育改革领导体制。健全教育改革的试点、容错、督查、推广机制。加强教育改革干部队伍建设，配齐配强教育改革力量，确保各项改革举措有谋划、有部署、有落实、有成效。

9月24—30日

［纲　文］ **应中国人民外交学会邀请，葡萄牙总统外事顾问塞奎拉来华访问。**

［目　文］ 国务委员杨洁篪、外交部副部长王超、外交学会副会长梁建全在北京分别会见塞奎拉，就进一步发展两国关系和各领域合作交换意见。塞奎拉还访问了西安和上海。

9月25日

［纲　文］ **国家主席习近平应约同英国首相特雷莎·梅通电话。**

［目　文］ 习近平指出，我同首相女士在二十国集团领导人汉堡峰会期间会晤时，一致同意深化中英面向21世纪全球全面战略伙伴关系，继续打造两国关系“黄金时代”。今年是中英建立大使级外交关系45周年，双方应当保持高层交往，推进各领域机制性对话；保持中英经贸和人文交流合作的强劲势头，深化两国在“一带一路”框架内发展战略对接；加强在维护世界和平与发展方面的协调。繁荣、稳定、开放的英国和欧盟符合各方利益，中方愿推动中英、中欧关系继续发展。

特雷莎·梅表示，英方高度重视发展对华关系，坚持两国关系“黄金时代”的大方向，愿同中方一道，密切两国高层交往，用好战略对话，深化经贸、安全、人文领域伙伴合作，推进欧中关系发展。

两国领导人就朝鲜半岛局势交换了看法。习近平强调，中方坚持朝鲜半岛无核化目标，坚定维护国际核不扩散体系，坚定维护东北亚和平稳定。朝鲜半岛问题应该通过包括对话协商在内的和平方式解决，需要国际社会共同努力。中英同为联合国安理会常任理事国，有责任，也有义务从维护地区和世界和平的角度处理有关问题，希望英方积极致力于劝和促谈，为缓和局势、重启对话发挥建设性作用。

特雷莎·梅表示，英方致力于维护国际和地区和平稳定，致力于和平解决朝鲜半岛核问题。英方重视中方在解决朝鲜半岛问题上的重要影响，赞赏中方所作努力，愿同中方加强沟通协调。

9月25日

［纲　文］ **习近平等在北京参观“砥砺奋进的五年”大型成就展。**

［目　文］ 习近平、李克强、张德江、俞正声、刘云山、王岐山、张高丽等党和国家领导人参观展览。习近平指出，党的十八大以来的五年，是党和国家发展进程中很不平凡的五年。五年来，党中央团结带领全党全国各族人民，统筹推进“五位一体”总体布局、协调推进“四个全面”战略布局，团结一心，与时俱进，顽强拼搏，攻坚克难，推动中国特色社会主义事业取得长足发展、人民生活得到显著改善，党和国家事业取得历史性成

就、发生历史性变革。要广泛宣传党的十八大以来党和国家事业发展的生动实践、重大成就、宝贵经验，唱响主旋律，弘扬正能量，激励全党全国各族人民坚定中国特色社会主义道路自信、理论自信、制度自信、文化自信，振奋精神、砥砺奋进、再接再厉，深入推进伟大斗争、伟大工程、伟大事业，为实现“两个一百年”奋斗目标、实现中华民族伟大复兴的中国梦继续奋斗，迎接党的十九大胜利召开。

25日上午，举行“砥砺奋进的五年”大型成就展开幕式，中共中央政治局常委、中央书记处书记刘云山发表讲话并宣布展览开幕。中央政治局委员、中宣部部长刘奇葆主持开幕式。王晨、张庆黎出席开幕式。中央党政军有关部门和北京市负责人、驻京部队官兵和首都各界群众代表等约900人参加开幕式。

9月25日—12月31日，“砥砺奋进的五年”大型成就展在北京展览馆举行。成就展由中共中央宣传部、国家发展和改革委员会、中央军委政治工作部、中共北京市委共同主办，以中共中央总书记习近平系列讲话精神和党中央治国理政新理念新思想新战略为主线。成就展有“序篇”“践行新发展理念 引领经济发展新常态”“坚持中国特色社会主义政治发展道路 推进国家治理体系和治理能力现代化”“坚定文化自信 创造中华文化新辉煌”“以人民为中心 增进群众获得感”“绿水青山就是金山银山 迈入社会主义生态文明新阶段”“实现强军目标 建设世界一流军队”“丰富‘一国两制’实践 推进祖国统一”“推动构建人类命运共同体 谱写中国特色大国外交新篇章”“全面从严治党 确保党始终成为伟大事业的坚强领导核心”等10个主题内容展区和1个特色体验展区，全面宣传展示党的十八大以来党和国家事业发生的历史性变革。

9月25日

［纲　文］　**国务院总理李克强在北京会见美国商务部部长罗斯。**

［目　文］　李克强指出，中美互为最大贸易伙伴，两国经贸关系的主流是合作，共同利益远大于分歧。我们愿同美方本着相互尊重、合作共赢的精神，扩大货物、服务贸易规模，通过对话协商妥善处理摩擦与分歧。中国对外开放的大门会越来越大，营商环境会越来越好。欢迎更多美国企业来华投资兴业。同时希望美方对中国企业赴美投资给予公平待遇，放宽高科技产品对华出口，使中美经贸合作在动态平衡中取得更大发展，更好造福两国人民。

罗斯表示，美方欢迎中方稳步加快对外开放步伐，愿以务实态度同中方加强对话沟通，不断拓展贸易投资合作，扩大人文交流与人员往来，力争尽快促成更多合作成果，推动美中关系取得更大发展。

24日，商务部部长钟山在北京与应商务部邀请来访的罗斯举行工作会谈。双方就中美经贸关系、特朗普总统访华经贸成果准备等议题交换意见。

9月25日

［纲　文］　**环境保护部、农业部发布《农用地土壤环境管理办法》。**

［目　文］　《办法》共6章30条。主要有总则、土壤污染预防、调查与监测、分类

管理、监督管理、附则等内容。自2017年11月1日起施行。

9月25日

［纲　文］ **国务院副总理张高丽在北京会见俄罗斯天然气工业公司总裁米勒。**

［目　文］ 张高丽和米勒就中俄天然气领域合作交换意见。张高丽说，近年来，在习近平主席和普京总统的高度关注和亲自推动下，中俄能源合作大项目多、合作主体和方式日益多元化，合作成果显著。双方要落实好两国元首共识，实施好中俄东线天然气等战略性大项目，加强油气上游项目、油气标准、天然气发电等领域合作，坚持市场规则、企业行为、互利共赢，进一步创新合作思路，拓展合作领域，推动中俄能源合作取得更多成果。

米勒表示，俄中天然气合作已形成涵盖各方向的全方位合作模式，达到前所未有的高度。俄方将积极推进东线天然气等战略性项目建设，为俄中能源合作增添新内涵。

9月25日

［纲　文］ **中国新一代静止轨道气象卫星风云四号交付用户投入使用。**

［目　文］ 截至目前，中国8颗风云气象卫星在轨运行，其中用于业务运行的有6颗。风云系列气象卫星为81个国家和地区的用户提供高时效的气象卫星数据，并覆盖“一带一路”沿线的37个国家和地区，被广泛应用于气象预报、防灾减灾、科学研究等领域。中国已经成为世界上少数几个同时拥有极轨和静止轨道气象卫星的国家之一。我国卫星资料应用正逐渐从单纯“看图”走向定量应用。风云三号的微波湿度计、微波成像仪和全球掩星大气探测仪资料成功进入中国气象局数值预报业务系统同化系统，改进了对台风、暴雨等灾害性天气系统的预报效果。气象卫星服务经济社会发展的效益正加速显现。2016年，风云卫星遥感数据服务网注册用户增长30%，涵盖气象、电力、生态保护和环境治理、农业、水利管理、航空运输等98个行业。

9月26日

［纲　文］ **国家主席习近平在北京出席国际刑警组织第86届全体大会开幕式并发表主旨演讲。**

［目　文］ 习近平在题为《坚持合作创新法治共赢 携手开展全球安全治理》的演讲中指出，中国愿同各国政府及其执法机构、各国际组织一道，高举合作、创新、法治、共赢的旗帜，共同构建普遍安全的人类命运共同体。当今世界，安全问题的联动性、跨国性、多样性更加突出。安全问题是事关人类前途命运的重大问题。促进和平与发展，首先要维护安全稳定；没有安全稳定，就谈不上和平与发展。中国愿同各国政府及其执法机构、各国际组织一道，高举合作、创新、法治、共赢的旗帜，加强警务和安全方面合作，共同构建普遍安全的人类命运共同体。习近平就加强国际执法安全合作提出四点主张。第一，坚持合作共建，实现持久安全。第二，坚持改革创新，实现共同治理。第三，坚持法治精神，实现公平正义。第四，坚持互利共赢，实现平衡普惠。中国高度赞扬国际刑警组

织为维护世界安全稳定作出的努力，将继续支持国际刑警组织在全球安全治理中发挥更大作用。在未来五年内，中国政府将加大对国际刑警组织全球行动支持力度，加大对国际刑警组织执法能力建设支持力度，支持国际刑警组织提升全球影响力和领导力。

中共中央政治局委员、中央政策研究室主任王沪宁，中共中央政治局委员、中央政法委书记孟建柱，中共中央政治局委员、中央书记处书记、中央办公厅主任栗战书，国务委员杨洁篪，国务委员兼公安部部长郭声琨等参加开幕式。

26—29 日，国际刑警组织第 86 届全体大会在北京举行，来自 158 个国家和地区的执法人士、国际刑警组织负责人、相关国际机构代表出席会议。与会各国代表对习近平的主旨演讲进行了讨论，一致认为主旨演讲为推动全球安全治理、维护世界安全稳定指明了方向，并对进一步提升国际刑警组织的影响力和领导力起到了推动作用。会议充分发扬国际刑警组织中立性、专业性的核心精神，深入讨论了当前面临的全球安全威胁和打击恐怖主义、有组织与新型犯罪、网络犯罪的方式和策略。会议通过了国际刑警组织的全球安全立场文件，修改了国际刑警组织组织章程并限定了秘书长任期，选举产生了新一届执委会，通过了国际刑警组织成员国资格标准，吸收了巴勒斯坦和所罗门群岛两个新成员。大会还通过了设立国际刑警组织战略研究中心的可行性报告以及设立殉职警察家属援助基金的决议，讨论和修订了国际刑警组织的部分规则。

会议期间，孟建柱分别会见了与会的比利时副首相兼内政大臣让邦、白俄罗斯内务部部长舒涅维奇、巴基斯坦内政部部长伊克巴尔、美国司法部常务副部长罗森斯坦、俄罗斯内务部部长科洛科利采夫和俄联邦调查委员会主席巴斯特雷金、塔吉克斯坦内务部部长拉希姆佐达、哈萨克斯坦内务部部长卡西莫夫、马来西亚副总理兼内政部部长扎希德；集体会见了与会的国际刑警组织主席、秘书长、执委及有关国家代表团团长。

郭声琨会见了与会的伊朗治安部队司令阿什塔里、哈萨克斯坦内务部部长卡西莫夫、塔吉克斯坦内务部部长拉希姆佐达、印度尼西亚国家警察总长蒂托、卡塔尔内政部公安总局局长胡莱菲。

9 月 26 日

［纲　文］　**新华社讯，中共中央办公厅、国务院办公厅印发《建立国家公园体制总体方案》。**

［目　文］　《方案》由七个部分组成：一、总体要求。二、科学界定国家公园内涵。三、建立统一事权、分级管理体制。四、建立资金保障制度。五、完善自然生态系统保护制度。六、构建社区协调发展制度。七、实施保障。

《方案》指出，各地区各部门不得自行设立或批复设立国家公园。适时对自行设立的各类国家公园进行清理。各有关部门要对本方案落实情况进行跟踪分析和督促检查，及时解决实施中遇到的问题，重大问题要及时向党中央、国务院请示报告。

9 月 26 日

［纲　文］　**全国政协第六十四次主席会议在北京召开。**

［目　文］　全国政协主席俞正声主持会议。全国政协副主席杜青林、韩启德、林文漪、罗富和、张庆黎、李海峰、卢展工、王家瑞、王正伟、马飚、齐续春、陈晓光、王钦敏出席会议。会议主要内容是：一、会议决定10月30日至11月1日召开全国政协十二届常委会第二十三次会议，议题是学习贯彻中国共产党第十九次全国代表大会精神。二、会议审议通过了全国政协十二届常委会第二十三次会议议程（草案）和日程，议程（草案）将提请第二十三次常委会议审议。三、会议原则通过了《中国人民政治协商会议全国委员会提案审查工作细则》。四、会议对全国政协下一阶段工作作出部署：一要认真学习贯彻十九大精神。全国政协党组和机关党组、各专门委员会分党组要及时认真组织传达学习贯彻，引导和组织广大政协委员学习贯彻好十九大精神，把思想统一到中央的决策部署上来，把大会精神落实到工作中去。二要继续做好本届政协工作总结，形成一些规律性认识，为今后政协工作提供参考。三要认真做好全国政协十三届一次会议的各项筹备工作。

9月26日

［纲　文］　**张高丽在河北雄安新区调研规划建设有关工作。**

［目　文］　中共中央政治局常委、国务院副总理张高丽在京雄高铁雄安站规划点，了解雄安新区交通枢纽规划情况；前往容城县植树造林规划点，考察新区森林城市专项规划情况；在雄安新区文物保护展示馆，了解文物普查保护情况；在光启军民融合创新中心，考察高端高新产业发展情况。

张高丽在安新县主持召开河北雄安新区规划建设工作座谈会。王勇和京津冀三省市、京津冀协同发展领导小组办公室、专家咨询委员会以及有关部门负责人参加调研和会议。张高丽表示，党中央、国务院高度重视河北雄安新区规划建设。习近平总书记多次作出重要指示批示，要求坚持世界眼光、国际标准、中国特色、高点定位，高标准高质量组织规划编制，有计划分步骤推动新区建设。要牢牢把握河北雄安新区功能定位，按照顺应自然、尊重规律、平原建城的要求，体现中西合璧、以中为主、古今交融城市风貌特色，努力编制出经得起历史检验、国际一流的新区规划。要牢固树立“四个意识”，发扬钉钉子精神，加强协调配合，狠抓工作落实，全力做好河北雄安新区规划建设各项工作，以优异成绩迎接党的十九大胜利召开。

9月26日

［纲　文］　**商务部在北京举办“2017商务战略研讨会”。**

［目　文］　研讨会的主题是“新时期如何更好地开展引进外商投资工作”。国务院副总理汪洋出席并讲话。商务部、中央外办、中央财办、国务院研究室、国家发改委、教育部、财政部、中国人民银行、海关总署、质检总局等单位相关负责人以及相关领域的专家、学者出席研讨会。

汪洋指出，近年来，全球跨国投资呈现新趋势，中国经济发展进入新常态，我国利用外资面临新情况新挑战，但利用外资稳中向好的基本面没有变、吸引外资综合竞争优势没有变、跨国公司投资中国的意愿没有变。要坚定信心、奋发有为，创新利用外资工作思路，从制造业开放单兵突进向制造业服务业开放协同并进转变，从东部地区为主逐步向中西部地区拓展，从价值链低端向价值链中高端延伸，从要素成本优势向制度成本优势转变，从注重降低准入前门槛向注重保障准入后公平转变，从绿地投资为主向并购投资拓展，全面提高利用外资的质量和水平。

9月26日

［纲　文］　**全国政协主席俞正声在北京会见越南祖国阵线中央委员会副主席张氏玉映。**

［目　文］　俞正声说，2017年以来，两国领导人多次会晤，双方就把握中越友好大局、深化全面合作达成重要共识，为今后一个时期双边关系发展指明了方向。中方愿同越方共同努力，加强战略沟通，深化互利合作，妥善处理分歧，推动双边关系健康稳定发展。中国全国政协愿与越南祖国阵线加强交往，深化参政议政经验交流，为促进两国友好合作和民间交流发挥积极作用。

张氏玉映说，越南祖国阵线愿加强与中国全国政协的友好合作，推动两国全面战略合作伙伴关系不断向前发展。

同日，全国政协副主席马飚在北京与张氏玉映举行会谈。双方就落实好两国领导人共识，推动新时期两国关系持续健康稳定发展进行了交流。

9月26日

［纲　文］　**中共中央政治局常委、中央纪委书记王岐山在北京会见柬埔寨人民党中央常委、副首相兼议会联络与监察部大臣梅森安。**

［目　文］　王岐山说，十八大以来的五年，是以习近平同志为核心的党中央带领全国人民砥砺奋进的五年，党和国家各项事业发生历史性变革、取得辉煌成就，中国人民更加坚信必须坚持中国共产党的领导，坚定不移走中国特色社会主义道路。进行伟大斗争、推进伟大事业、实现伟大梦想，必须毫不动摇推进党的建设新的伟大工程，使全党不断坚定“四个自信”，使党员领导干部牢固树立“四个意识”，始终做到在政治和大局上向核心看齐。

梅森安高度赞赏中国社会主义事业发展和党的建设取得的巨大成就，希望加强纪检监察领域交流合作，传承和发展柬中传统友谊。

9月26日

［纲　文］　**“十月革命与中国特色社会主义”理论研讨会在北京举行。**

［目　文］　中宣部部长刘奇葆出席并讲话。中国社科院院长王伟光主持会议。中央党校常务副校长何毅亭、中央文献研究室主任冷溶、中央党史研究室主任曲青山、中国社会科学院副院长王京清、中央编译局局长贾高建、求是杂志社社长李捷、北京大学马克思主义学院教授闫志民、中国社科院俄罗斯东欧中亚研究所研究员吴恩远等作了主题发言。中央和国家机关有关部门负责人，各省区市党委宣传部、社科院负责人，以及有关专家学者参加会议。

9 月 26 日

［纲　文］ **国家主席习近平特使、全国政协副主席陈元在罗安达出席安哥拉总统洛伦索就职仪式。**

9 月 26—28 日

［纲　文］ **应外交部部长王毅邀请，约旦哈希姆王国外交与侨务大臣萨法迪对中国进行正式访问。**

［目　文］ 27 日，王毅在北京同萨法迪举行会谈时说，中方愿在“一带一路”框架内推进两国各领域合作。中方支持约方在地区事务中发挥更大作用。日前约方根据一个中国原则，勒令台湾地区驻约机构更名，中方对此表示赞赏。萨法迪说，约方希望中方能为解决中东地区危机、促进地区发展发挥更大作用。

9 月 27 日

［纲　文］ **李克强主持召开国务院常务会议。**

［目　文］ 会议主要内容是：一、听取推进中央企业重组整合工作汇报，以改革促进结构优化效益提升；会议指出，2013 年以来，有关部门和央企按照党中央、国务院部署，着力深化国企改革，推动央企重组整合，完成中国北车与中国南车、宝钢与武钢等 32 家企业重组的艰巨任务，取得显著成效，平稳有序实现内部机构和人员大幅精简，重组整合后的企业管理成本、经营成本不断下降，经营效益稳步上升，2016 年重组企业利润总额比 2012 年增加 40% 以上。下一步，一要在企业自愿、协商一致的基础上，按照“成熟一户、推进一户”的原则，稳妥推进装备制造、煤炭、电力、通信、化工等领域央企重组整合，提高资源配置效率，增强竞争力。二要运用“互联网 +”、建设“双创”平台等，打造大中小企业协同创新、融通发展格局，发展平台经济。三要严格落实化解过剩产能任务，继续压减管理层级和法人户数推动瘦身健体、提质增效，提高主业核心竞争力。四要依法保护职工合法权益，保障职工转岗不下岗。五要推动重点领域国企混合所有制改革，积极稳妥引入社会资本参与央企重组，以重组整合为契机深化内部改革和机制创新。二、部署强化对小微企业的政策支持和金融服务，进一步增强经济活力巩固发展基础。会议指出，一是从 2017 年 12 月 1 日到 2019 年 12 月 31 日，将金融机构利息收入免征增值税政策范围由农户扩大到小微企业、个体工商户，享受免税的贷款额度上限从单户授信 10 万元扩大到 100 万元。二是将小微企业借款合同免征印花税、月销售额不超过 3 万元的小微企业免征增值税两项政策优惠期限延长至 2020 年。三是推动国有大型银行普惠金融事业部在基层落地，对单户授信 500 万元以下的小微企业贷款、个体工商户和小微企业主经营性贷款及农户生产经营、创业担保等贷款增量或余额达到一定比例的商业银行实施定向降准，并适当给予再贷款支持。四是大力支持发展政策性融资担保和再担保机构，尽快设立国家融资担保基金。五是适度放宽对创业担保贷款贴息申请人有关商业贷款记录的限制条件，简化抵押权续期登记、不良资产处置等流程。加快金融大数据、云计算

等技术应用，帮助小微企业及时便捷获得金融服务。

9月27日

［纲　文］　**李克强在北京主持召开座谈会，研究进一步深化营改增试点、完善相关财税政策等工作。**

［目　文］　国务院副总理张高丽出席。上海、河南、四川等省市政府负责人先后汇报了全面实施营改增试点改革进展和成效，中国建设银行、三一集团、中国交通建设集团负责人分别作为金融、制造、建筑行业代表，谈了营改增给企业减税降负等情况，北京大学刘怡和中国人民大学朱青教授围绕完善营改增政策和增值税制度提出了建议。大家认为，营改增作为本届政府最重头的财税改革举措和减税政策，发挥了多重积极效应，不仅通过统一税制，截至目前累计减轻企业税负1.7万亿元、带动税基扩大和就业增加，并促进行业管理更加规范，更突出的是有力推动了经济结构调整和大众创业、万众创新，催生了新产业新业态等新动能加快成长。地方反映今年增值税呈现增长态势。这也在一定意义上引领了当前世界性减税趋势。

国务院总理李克强指出，巩固和扩大营改增成果，要坚持问题导向，继续完善政策。一是确保税负全面减轻，适当整合试点期间临时出台的过渡性优惠政策，进一步健全增值税抵扣链条，完善小规模纳税人和简易计税等政策，逐步扩大一般计税方法适用范围，更好解决金融、建筑等行业和小微企业税收抵扣不足的问题。二是提高征管服务水平。帮助纳税人用好政策，实现进项税应取尽取、应抵尽抵，更充分享受减税红利。整合好国地税力量，简化办税流程，提高信息管税水平，打通政策落实“最后一公里”。严厉打击虚开增值税发票等偷骗税行为。三是全面实施营改增试点实质上已取消了营业税，要尽快启动有关法规改废工作，以巩固营改增试点成果。四是抓紧推进增值税制度后续改革。研究完善增值税标准税率，优化税率结构，适时将目前的税率进一步简并，抓紧研究制定进一步降低制造业增值税税负的办法，更好发挥税收促发展、调结构作用。

9月27日

［纲　文］　**第14届精神文明建设“五个一工程”表彰座谈会在北京召开，习近平作出指示。**

［目　文］　中共中央总书记习近平作出指示指出，精神文明建设“五个一工程”实施20多年来，以弘扬先进文化、多出优秀作品为目标，推出一大批思想精深、艺术精湛、制作精良的作品，成为精神文化产品创作生产的示范工程、响亮品牌，丰富了人民精神文化生活，发挥了以优秀的作品鼓舞人的重要作用。文艺是时代前进的号角。希望广大文艺工作者坚持以人民为中心的创作导向，坚持“二为”方向、“双百”方针，坚持创造性转化、创新性发展，精益求精、潜心磨砺，以传世之心打造传世之作，不断创作生产优秀作品，书写和记录人民的伟大实践、时代的进步要求，唱响主旋律、传递正能量，塑造中国形象、弘扬中国精神，坚定人民信心、振奋人民精神，为实现“两个一百年”奋斗目标、实现中华民族伟大复兴的中国梦提供强大精神力量。

中共中央政治局常委、中央书记处书记刘云山出席并讲话。中共中央政治局委员、中宣部部长刘奇葆在会上传达了习近平的指示并主持会议。会上，16家组织工作先进单位和67部获奖作品受到表彰，部分获奖代表发言。各省区市和新疆生产建设兵团、有关参评单位、部分中央宣传文化单位负责人，评委代表，获奖作品创作生产单位、艺术家代表等约300人参加座谈会。

9月27日

［纲　文］　**国务院、中央军委公布新修订的《中国人民解放军文职人员条例》。**

［目　文］　《条例》共11章62条。主要有总则，基本条件、义务和权利，岗位设置，招录聘用，培训和考核，职务任免，岗位等级调整，教育和管理，待遇保障，人员退出，附则等内容。自2017年9月27日起施行。

9月27日

［纲　文］　**俞正声在北京会见全国少数民族参观团全体成员。**

［目　文］　中共中央政治局常委、全国政协主席俞正声强调，组织少数民族参观团到祖国内地参观学习，是我国民族工作的一项光荣传统，已成为我们党密切联系群众、促进各民族交往交流交融的制度性安排。通过这种形式，各族干部群众进一步加深了对我国统一多民族基本国情的了解和理解，增进了对改革开放取得成就和展现出的勃勃生机的自豪，增强了对伟大祖国、中华民族、中华文化、中国共产党、中国特色社会主义的认同，也增强了各民族大团结、同心实现中国梦的强大动力，实践证明行之有效、深受欢迎，必须继承好、发扬好。俞正声对参观团成员提出了殷切希望。他勉励大家当好学习贯彻习近平总书记系列重要讲话精神和党中央治国理政新理念新思想新战略的示范者，团结引导各族干部群众牢固树立“四个意识”，不断增强“四个自信”和“五个认同”；当好民族地区脱贫奔小康的带头人，确保民族地区同全国一道全面建成小康社会；当好各民族交往交流交融的促进者，让全国各族人民像石榴籽一样紧紧抱在一起；当好祖国统一、社会稳定的捍卫者，促进边疆繁荣稳定、人民安居乐业。

全国少数民族参观团由国家民委组织，成员来自全国31个省、自治区、直辖市和新疆生产建设兵团，共225人，由全国各地各行业涌现出的优秀民族团结代表组成，是近年来人数最多的一次，也是基层比例最高的一次。在北京参观前，参观团已对上海、浙江考察。

9月27日

［纲　文］　**工业和信息化部、财政部、商务部、海关总署、质检总局公布《乘用车企业平均燃料消耗量与新能源汽车积分并行管理办法》。**

［目　文］　《办法》共8章40条。主要有总则、乘用车企业平均燃料消耗量积分核算、乘用车企业新能源汽车积分核算、积分报告和公示、积分并行管理、监督管理、法律责任、附则等内容。自2018年4月1日起施行。2013年3月14日公布的《乘用车企业平均燃料消耗量核算办法》（工业和信息化部2013年15号公告）、2014年10月14日公布的《关于加强乘用车企业平均燃料消耗量管理的通知》（工信部联装〔2014〕432号）

同时废止。本办法施行前制定的规定与本办法不一致的，按照本办法执行。

9月27日

［纲　文］　**农业部发布《远洋渔业船舶检验管理办法》。**

［目　文］　《办法》共5章29条。主要有总则、机构人员职责、组织实施检验、检验监督管理、附则等内容。自2017年9月27日起施行。

9月27日

［纲　文］　**国家林业局印发《国家沙漠公园管理办法》，自2017年10月1日起实施，有效期至2022年12月31日。**

9月27日

［纲　文］　**中共中央办公厅机关建立法律顾问和公职律师制度。**

［目　文］　中共中央办公厅机关召开会议，宣布正式建立法律顾问和公职律师制度。中央办公厅有关负责人为首批法律顾问和公职律师颁发聘书和证书。会议指出，中办机关设立法律顾问和公职律师是贯彻落实以习近平同志为核心的党中央全面依法治国战略部署的重要举措，是提升中办“三服务”工作科学化法治化水平的有效手段，是落实全面从严治厅、依规治厅要求的有力保障。要牢固树立“四个意识”，深刻认识设立法律顾问和公职律师的重要性，切实把思想和行动统一到党中央决策部署上来。要深入学习习近平总书记系列重要讲话精神特别是关于法治建设的重要思想，认真贯彻中央办公厅、国务院办公厅印发的《关于推行法律顾问制度和公职律师公司律师制度的意见》，明确职责任务，完善管理办法和运行机制，创造良好条件，切实发挥法律顾问和公职律师在“三服务”事业中的重要作用。

中央办公厅机关首批受聘的法律顾问为法学等领域的国内知名专家，聘期为2年。

9月28日

［纲　文］　**全国政协办公厅、中央统战部、国务院侨办、国务院港澳办、国务院台办在人民大会堂举行国庆招待会。**

［目　文］　中共中央政治局常委、全国政协主席俞正声与2800多名港澳台侨各界代表欢聚一堂，庆祝中华人民共和国成立68周年。招待会由国务委员杨洁篪主持。部分在京中共中央政治局委员、书记处书记，全国人大、国务院、全国政协领导人出席招待会。

9月28日

［纲　文］　**国务院办公厅通知辽宁省人民政府，同意盘锦市城市总体规划。**

［目　文］　通知说，一、国务院原则同意《盘锦市城市总体规划（2011—2020年）》。二、重视城乡区域统筹发展。在《总体规划》确定的4071平方公里城市规划区范围内，实行城乡统一规划管理。加强城中村和城乡结合部地区的规划建设管理，城镇基础设施、公共服务设施的建设应当统筹考虑为周边农村提供服务。三、合理控制城市规模。

到2020年，中心城区常住人口控制在100万人以内，城市建设用地控制在111平方公里以内。四、完善城市基础设施体系。要按照绿色循环低碳的理念规划建设城市基础设施。五、建设资源节约型和环境友好型城市。要按照促进生产空间集约高效、生活空间宜居适度、生态空间山清水秀的总体要求，形成合理的城市空间结构，促进经济建设、城乡建设和环境建设同步发展。六、创造优良的人居环境。要坚持以人为本，统筹安排关系人民群众切身利益的教育、医疗、市政等公共服务设施的规划布局和建设。七、重视历史文化和风貌特色保护。要统筹协调发展与保护的关系，按照整体保护的原则，切实保护好城市传统风貌和格局。八、严格实施《总体规划》。城市建设要实现经济社会协调发展，物质文明和精神文明共同进步。城市管理要健全民主法治，坚持依法治市，构建和谐社会。

盘锦市人民政府要根据本通知精神，认真组织实施《总体规划》，任何单位和个人不得随意改变。辽宁省和住房城乡建设部要加强对《总体规划》实施工作的指导、监督和检查。

9月28日

［纲　文］　**深度贫困地区脱贫攻坚电视电话会议在北京召开。**

［目　文］　国务院副总理汪洋出席会议并讲话。汪洋指出，深度贫困地区脱贫攻坚是“硬仗中的硬仗”，要加强中央统筹，国家重点支持西藏、四省藏区、南疆四地州和四川凉山、云南怒江、甘肃临夏等“三区三州”。中央和国家机关有关部门要在基础设施建设、易地扶贫搬迁、危房改造、教育扶贫、健康扶贫、就业扶贫、生态扶贫、兜底保障、土地政策、干部人才等方面，对深度贫困地区实施倾斜政策。尤其要重视解决好贫困老年人、残疾人、重病患者等群体的脱贫问题。各地要担负起本区域深度贫困攻坚的总体责任，盯住最困难的地方，瞄准最困难的群体，扭住最急需解决的问题，逐一研究本区域深度贫困县、乡、村的攻坚方案，因地制宜细化政策举措，让深度贫困地区发生实实在在的变化。要强化深度贫困地区的工作力量，调整充实第一书记和驻村工作队，把有理想、能干事的优秀干部派到攻坚第一线。要关心关爱基层帮扶干部，解决好他们工作生活中的困难。要强化扶贫资金监管，提高资金使用效益和透明度。要加强考核监督，确保脱贫成果经得起实践和历史检验。

9月28日

［纲　文］　**教育部发布，中国高等教育在学总规模达到3699万人，占世界高等教育总规模的20%，规模位居世界第一。**

［目　文］　2012—2016年，国家财政性教育经费5年累计投入13.5万亿元，超过1952—2011年60年累计投入之和。2016年，高等教育共为社会输送1193万毕业生，另有中等职业教育533.6万人，已经成为新增劳动力的主力军。中国新增劳动力平均受教育年限已超过13.3年，相当于大学一年级水平。中国已建成世界上规模最大的职业教育体系。

9月28日

［纲　文］　**国防部举行记者会。**

［目　文］　国防部发言人发布，经中央军委批准，根据新的联合国维和能力待命机制要求，经与联合国有关方面充分协调沟通，中国军队已于9月22日完成8000人规模维和待命部队在联合国的注册工作。

有记者提问，党的十九大召开在即，深化国防和军队改革取得了哪些成果？发言人表示，改革进入实施阶段以来，军队领导管理体制实现历史性变革，联合作战指挥体制改革取得实质性突破，规模结构和力量编成改革迈出坚实步伐，联勤保障改革完成关键跨越，军队院校、科研机构、训练机构完成体系性重塑，配套政策制度和军民融合发展等改革取得重要进展，人民军队体制一新、结构一新、格局一新、面貌一新。

就第四代隐形战机歼—20自珠海航展亮相以来频频曝光，有记者询问歼—20何时能够正式列装？发言人介绍，目前歼—20飞机已经列装部队，试验试飞工作正在按计划顺利推进。

有记者提问，据报道，去年“5·20”以来，解放军战机绕台飞行次数不断增加。有台媒分析认为，这是在敲打台湾当局。发言人强调，第一，台湾是中国的一部分，这是我回答这个问题的前提和基础；第二，空军的训练是我们年度计划内的安排，类似的训练我们今后还要继续做；第三，我想对那些担忧人士说，只要不搞“台独”，何必胆战心惊。

就中国与巴基斯坦两国空军于9月7日至27日，在新疆库尔勒地区举行了代号为“雄鹰—Ⅵ”的第六次联合训练。发言人表示，这是首次在中国国内与巴方进行夜间联合对抗训练，首次进行近距支援作战，首次在联训期间组织实战打靶，首次安排海军航空兵、空降兵军特战队等要素参训，首次中巴空军飞行员“同乘对抗”。

9月28日

［纲　文］　**中国海外交流协会第6次会员大会在北京召开。**

［目　文］　来自五大洲83个国家和地区的537位侨界代表人士以及国内相关部门负责人出席大会。全国政协副主席韩启德当选中国海外交流协会第六届理事会会长，国务院侨务办公室主任裘援平当选常务副会长。大会审议通过了裘援平代表中国海外交流协会第五届理事会所作的工作报告，决定增聘海外团体会员、增设青年委员会，审议通过了青年委员会工作办法，协商产生了第六届理事会顾问、常务理事、理事、海外团体会员，协商选举了第六届理事会领导成员。

同日，中共中央政治局常委、全国政协主席俞正声在北京会见与会的全体代表时向广大海外侨胞提出四点希望：一是讲好中国故事，促进中外友好合作。要更好地融入和回馈当地社会，充分发挥融通中外的桥梁作用，客观真实地向各国民众介绍中国国情和发展进步，为中国改革发展营造良好外部环境。二是加强互助协作，共谋侨社侨胞福祉。要继承和发扬中华民族优良传统，以维护和促进侨社和谐为己任，在涉及中华民族根本利益、海外侨胞生存发展等重大问题上团结一心、加强协作，不断增强凝聚力和影响力。三是把握历史机遇，参与民族复兴大业。要充分发挥自身优势，在更大范围、更高层次、更深程度上参与中国经济社会发展，成为民族复兴大业的参与者、贡献者和受益者。四是坚守民族大义，维护促进祖国统一。

9月28日

［纲　文］　**首轮中美社会和人文对话在华盛顿举行。**

［目　文］　国务院副总理刘延东和美国国务卿蒂勒森共同主持。对话发表了《联合声明》，并通过《首轮中美社会和人文对话行动计划》，落实130多项具体成果。

同日，刘延东在华盛顿会见美国总统特朗普时表示，中方欢迎特朗普总统应习近平主席邀请于年内对中国进行国事访问，愿与美方一道，精心做好访问筹备工作，推动访问成为一次成功的历史性访问。在双方共同努力下，首轮中美社会和人文对话取得了积极成果。希望双方认真落实两国元首重要共识，推进教育、科技、文化、卫生、体育、环保、地方等领域合作，充分发挥人文交流的独特作用，不断夯实中美关系发展的社会和民意基础。特朗普表示，我非常期待不久将对中国进行国事访问，同习主席再度举行会晤。我相信访问将会非常成功。美中加强人文交流极其重要，希望双方进一步扩大各领域的交往与合作。

9月29日

［纲　文］　**习近平主持中共中央政治局第43次集体学习。**

［目　文］　本次学习的主题是“当代世界马克思主义思潮及其影响”。中国社会科学院信息情报研究院姜辉研究员就这个问题作了讲解，并谈了意见和建议。中共中央政治局各位委员听取了讲解。

中共中央总书记习近平在主持学习时指出，我们党是用马克思主义武装起来的政党，马克思主义是我们共产党人理想信念的灵魂。发展21世纪马克思主义、当代中国马克思主义，必须立足中国、放眼世界，保持与时俱进的理论品格，深刻认识马克思主义的时代意义和现实意义，锲而不舍推进马克思主义中国化、时代化、大众化，使马克思主义放射出更加灿烂的真理光芒。

9月29日

［纲　文］　**《习近平关于社会主义生态文明建设论述摘编》出版发行。**

［目　文］　《摘编》由中共中央文献研究室编辑，中央文献出版社出版。《摘编》共分7个专题：建设生态文明，关系人民福祉，关乎民族未来；贯彻新发展理念，推动形成绿色发展方式和生活方式；按照系统工程的思路，全方位、全地域、全过程开展生态环境保护建设；环境保护和治理要以解决损害群众健康突出环境问题为重点；完善生态文明制度体系，用最严格的制度、最严密的法治保护生态环境；强化公民环境意识，把建设美丽中国化为人民自觉行动；积极参与国际合作，携手共建生态良好的地球美好家园。书中收

入259段论述，摘自习近平2012年11月15日至2017年9月11日期间的讲话、报告、谈话、指示、批示、贺信等80多篇文献。其中许多论述是第一次公开发表。

9月29日

［纲　文］　**出席中国共产党第十九次全国代表大会代表全部选出。**

［目　文］　按照党中央的统一部署，党的十九大代表选举工作已经顺利完成。全国各选举单位分别召开党代表大会或党代表会议，选举产生了2287名出席党的十九大代表。党的十九大代表是严格按照党章和中央关于做好代表选举工作的要求，坚持党的领导与发扬民主有机统一，采取自下而上、上下结合、反复酝酿、逐级遴选的办法产生的。当选代表总体上符合中央规定的条件，具有较高的思想政治素质、良好的作风品行和较强的议事能力，在各自岗位上做出了显著成绩，是共产党员中的优秀分子；代表结构与分布比较合理，各项构成比例均符合中央要求，具有广泛代表性。他们中，既有党员领导干部，又有生产和工作第一线的党员，有一定数量的女党员、少数民族党员，有经济、科技、国防、政法、教育、宣传、文化、卫生、体育和社会管理等各方面的代表。

出席党的十九大代表资格，届时还需经党的十九大代表资格审查委员会确认。

9月29日

［纲　文］　**新华社讯，中共中央办公厅、国务院办公厅印发《聘任制公务员管理规定（试行）》。**

［目　文］　《规定》共6章42条。主要有总则、职位设置与招聘、聘任合同、日常管理、纪律监督、附则等内容。自2017年9月19日起施行。2011年1月28日中共中央组织部、人力资源社会保障部印发的《聘任制公务员管理试点办法》同时废止。

9月29日

［纲　文］　**国务院办公厅印发《关于对国务院第四次大督查发现的典型经验做法给予表扬的通报》。**

［目　文］　《通报》说，在对18个省（区、市）开展实地督查中，发现有关地方在着力推进“三去一降一补”，深入实施创新驱动发展战略，深化“放管服”改革，促进创业创新，更好激发市场活力、增强企业竞争力、调动社会创造力，培育新动能、改造提升传统动能，防范化解风险和努力改善民生等方面，出新招、出实招、出硬招，创造和形成了一些好的经验做法，具有较强的学习借鉴意义。为表扬先进，宣传典型，进一步调动和激发各方面真抓实干、改革创新的积极性、主动性和创造性，推动形成谋事创业、竞相发展的良好局面，经国务院同意，对天津市实施百万技能人才培训福利计划为产业转型升级提供人才支撑等22项地方典型经验做法予以通报表扬。希望受到表扬的地区珍惜荣誉，发扬成绩，再接再厉，作出新的更大贡献。

各地区、各部门要坚决贯彻落实党中央、国务院决策部署，坚持稳中求进工作总基调，坚持以新发展理念引领经济发展新常态，坚持以提高发展质量和效益为中心，坚持以推进供给侧结构性改革为主线，认真学习借鉴典型经验做法，结合实际创造性开展工作，发扬钉钉子精神，狠抓落实，开拓奋进，扎实推动稳增长、促改革、调结构、惠民生、防风险政策措施落地生效，保持经济平稳健康发展和社会和谐稳定，以优异成绩迎接党的十九大胜利召开。

9月29日

［纲 文］ **国务院办公厅通知浙江省人民政府，同意嘉兴市城市总体规划。**

［目 文］ 通知说，一、国务院原则同意《嘉兴市城市总体规划（2003—2020年）（2017年修订）》。二、重视城乡区域统筹发展。在《总体规划》确定的986.7平方公里城市规划区范围内，实行城乡统一规划管理。加强城中村和城乡结合部地区的规划建设管理，城镇基础设施、公共服务设施的建设应当统筹考虑为周边农村提供服务。三、合理控制城市规模。到2020年，中心城区常住人口控制在130万人以内，城市建设用地控制在154.27平方公里以内。要贯彻落实城乡规划法关于先规划后建设的原则，禁止在《总体规划》确定的建设用地范围之外设立各类开发区和城市新区。四、完善城市基础设施体系。要按照绿色循环低碳的理念规划建设城市基础设施。进一步完善公路、铁路、港口、机场等交通基础设施，加强城市内外交通衔接。发展轨道交通，建立以公共交通为主体，各种交通方式相结合的多层次、多类型的城市综合交通体系，方便不同交通方式的换乘。五、建设资源节约型和环境友好型城市。要按照促进生产空间集约高效、生活空间宜居适度、生态空间山清水秀的总体要求，形成合理的城市空间结构，促进经济建设、城乡建设和环境建设同步发展。要切实做好节能减排工作，加快淘汰落后产能，严格控制污染物排放总量。六、创造优良的人居环境。要坚持以人为本，统筹安排关系人民群众切身利益的教育、医疗、市政等公共服务设施的规划布局和建设。将城市保障性住房的建设目标纳入近期建设规划，确保保障性住房用地的分期供给规模、区位布局和相关资金投入。加快棚户区、城中村、城乡危房改造及配套基础设施建设，根据城市的实际需要与可能，稳步推进城市有机更新。七、重视历史文化和风貌特色保护。要统筹协调发展与保护的关系，按照整体保护的原则，切实保护好城市传统风貌和格局。八、严格实施《总体规划》。城市建设要实现经济社会协调发展，物质文明和精神文明共同进步。城市管理要健全民主法治，坚持依法治市，构建和谐社会。《总体规划》是嘉兴市城市发展、建设和管理的基本依据，城市规划区内的一切建设活动都必须符合《总体规划》的要求。

嘉兴市人民政府要根据本通知精神，认真组织实施《总体规划》，任何单位和个人不得随意改变。浙江省和住房城乡建设部要加强对《总体规划》实施工作的指导、监督和检查。

9月29日

［纲 文］ **交通运输部公布《民用航空空中交通管理规则》，自2018年5月1日起施行。**

9月29日

［纲　文］　**交通运输部公布修改后的《铁路运输企业准入许可办法》，自2017年9月29日起施行。**

9月29日

［纲　文］　**测绘地信局印发《国家测绘地理信息局非涉密测绘地理信息成果提供使用管理办法》。**

［目　文］　《办法》共6章25条。主要有总则、目录、保管、提供、使用、附则等内容。自2018年1月1日起施行。

9月29日

［纲　文］　**国务院新闻办发表《中国健康事业的发展与人权进步》白皮书。**

［目　文］　白皮书全文约17000字，除前言、结束语外，共包括七个部分，分别是符合国情的健康权保障模式、健康环境与条件持续改善、公共卫生服务能力稳步提升、医疗卫生服务质量大幅提高、全民医疗保障体系逐步健全、特定群体的健康水平显著进步、积极参与全球健康治理和国际医疗援助。

白皮书指出，经过长期不懈奋斗，中国显著提高了人民健康水平，公共卫生整体实力、医疗服务和保障能力不断提升，被世界卫生组织誉为“发展中国家的典范”。党的十八大以来，在以习近平同志为核心的党中央坚强领导下，中国把人民健康放在优先发展的战略地位，把创新、协调、绿色、开放、共享的发展理念贯穿于健康权的促进与保护中，加快推进健康中国建设，努力为人民群众提供全生命周期的卫生与健康服务。

9月29日

［纲　文］　**2017年度中国政府友谊奖颁奖仪式在人民大会堂举行。**

［目　文］　国家外国专家局局长张建国宣读了授奖决定。国务院副总理马凯向获奖外国专家颁奖并强调，要认真贯彻落实党中央、国务院决策部署，践行“聚天下英才而用之”的战略思想，实施更积极、更开放、更有效的人才引进政策，营造公正、法治、宽松、宽容的引才用才环境，搭建引才聚才国际合作平台，促进人才与资本、项目有效对接，支持外国人才参与国家科研任务，健全利益回报机制，完善表彰奖励制度、工作管理制度和永久居留制度，切实保障外国人才合法权益，更大力度引进急需紧缺人才，为实现“两个一百年”奋斗目标和中华民族伟大复兴的中国梦提供更加广泛有力的人才支持。

中国政府友谊奖是为表彰在中国现代化建设中作出突出贡献的外国专家而设立的最高荣誉奖项。本年度共有来自21个国家的50名外国专家获此殊荣。

30日，国务院总理李克强在人民大会堂会见荣获2017年度中国政府友谊奖的外国专家和他们的亲属。李克强指出，我们不仅要用好十三亿多中国人的智力资源和市场空间，还要把引才用智的大门开得更大，为外国人才在华工作、签证、居留等出台更多便利化措施；把知识产权保护得更好，使智力成果更好实现自身价值；通过简政放权、放管结合、优化服务等改革，把创业创新的生态环境打造得更优，让中国成为创新最活跃、吸引力最强的国度之一。欢迎外国专家和优秀人才在中国现代化建设中发挥所长，持续推动技术升级、消费扩大，促进中国经济转型升级，为世界经济复苏和增长作出贡献。

9月29日

［纲　文］　**中国在西昌卫星发射中心用长征二号丙运载火箭，成功将遥感30号01组卫星发射升空，卫星顺利进入预定轨道，任务获得成功。**

9月29日

［纲　文］　**澳门中华总商会在澳门举行庆祝中华人民共和国成立68周年酒会。**

［目　文］　全国政协副主席何厚铧、澳门特区行政长官崔世安、中央人民政府驻澳门特区联络办公室副主任姚坚、外交部驻澳门特区特派员公署署理特派员王冬等出席酒会。

澳门中华总商会会长马有礼在致辞中表示，日前第六届立法会选举已顺利完成，澳门居民行使澳门基本法赋予的民主权利，依法选举产生立法会的26位直选和间选议员，彰显了“一国两制”“澳人治澳”和高度自治方针与澳门基本法得到进一步贯彻落实。此外，“一带一路”倡议、粤港澳大湾区发展规划，以及港珠澳大桥即将落成通车，都为澳门带来前所未有的机遇。澳门应不失时机、果断进取，加快建设成为“一中心、一平台”。

9月29日

［纲　文］　**《人民日报》发表题为《全面从严治党的亮丽名片 再塑自身形象的“第一行动”》的评论员文章。**

9月30日

［纲　文］　**烈士纪念日向人民英雄敬献花篮仪式在北京天安门广场举行。**

［目　文］　党和国家领导人习近平、李克强、张德江、俞正声、刘云山、王岐山、张高丽等，同首都各界代表一起出席仪式。敬献花篮仪式由北京市委书记蔡奇主持。在京中共中央政治局委员、中央书记处书记，部分全国人大常委会副委员长，国务委员，最高人民法院院长，最高人民检察院检察长，部分全国政协副主席和中央军委委员出席仪式。中央党政军群有关部门和北京市主要负责人，各民主党派中央、全国工商联负责人和无党派人士代表，在京老战士、老同志和烈士亲属代表，在京“八一勋章”获得者，全国少数民族参观团成员，中央党校第12期县委书记研修班学员，首都各界群众代表等参加了敬献花篮仪式。

9月30日

［纲　文］　**国务院在人民大会堂举行国庆招待会，热烈庆祝中华人民共和国成立68周年。**

［目　文］　习近平、李克强、张德江、俞正声、刘云山、王岐山、张高丽等党和国家领导人与1200多位中外人士欢聚一堂，共庆佳节。国务院副总理张高丽主持招待会。

国务院总理李克强致辞。他首先代表党中央、国务院，向全国各族人民致以节日祝贺；向港澳同胞、台湾同胞、海外侨胞致以亲切问候；向所有关心和支持中国现代化建设的国际友人表示衷心感谢。68 年来，在中国共产党坚强领导下，全国各族人民团结奋斗，谱写了波澜壮阔的社会主义革命、建设、改革的壮丽诗篇。党的十八大以来，以习近平同志为核心的党中央科学把握当今世界和当代中国的发展大势，顺应实践要求和人民愿望，推出一系列重大战略举措和重大方针政策，推动中国特色社会主义宏伟事业取得历史性的新成就。

9 月 30 日

［纲　文］　**国务院总理李克强在北京会见过去一年中到任的 40 位外国驻华使节。**

［目　文］　李克强指出，中国改革开放近 40 年来，经济社会发展取得举世瞩目的成就，不仅造福本国人民，也为世界的和平与发展作出重要贡献。我们愿将“一带一路”倡议同各国发展战略更好对接，共创、共享发展机遇。希望各国驻华使节为深化本国同中国的合作与友谊多做工作，使我们彼此之间的政治互信更加牢固，务实合作更加深入，人文纽带更加紧密。中国政府愿为各国驻华使节履职提供协助和支持。

与会外国驻华使节转达了本国领导人和人民对中国国庆的祝贺。使节们表示，中国发展成就举世瞩目，为维护国际、地区和平稳定，促进发展繁荣发挥了重要作用。各国都把对华关系作为外交政策的优先方向。

随后，各国驻华使节应李克强邀请出席了庆祝中华人民共和国成立 68 周年招待会。

9 月 30 日

［纲　文］　**新华社讯，中共中央办公厅、国务院办公厅印发《关于创新体制机制推进农业绿色发展的意见》。**

［目　文］　《意见》由七个部分组成：一、总体要求。二、优化农业主体功能与空间布局。三、强化资源保护与节约利用。四、加强产地环境保护与治理。五、养护修复农业生态系统。六、健全创新驱动与约束激励机制。七、保障措施。

《意见》要求，地方各级党委和政府要加强组织领导，把农业绿色发展纳入领导干部任期生态文明建设责任制内容。农业部要发挥好牵头协调作用，会同有关部门按照本意见的要求，抓紧研究制定具体实施方案，明确目标任务、职责分工和具体要求，建立农业绿色发展推进机制，确保各项政策措施落到实处。重要情况要及时向党中央、国务院报告。

9 月 30 日

［纲　文］　**工商总局公布修订后的《拍卖监督管理办法》，自 2017 年 11 月 1 日起施行。**

9 月 30 日

［纲　文］　**工商总局发布《关于落实“证照分离”改革举措促进企业登记监管统一规范的指导意见》。**

［目　文］　《意见》由六个部分组成：一、认真落实“证照分离”改革的各项举措。二、依法理清证照关系，加强对营业执照的统一规范管理。三、积极探索统一规范的业务

操作系统。四、加强事中事后监管。五、统筹推进各项改革。六、做好“证照分离”改革的组织保障。

《意见》指出，各地要建立严格考核问责机制和激励机制，对于在督查和检查工作中发现的，因工作落实不到位而影响商事制度改革工作成效的情况，要严肃追究主要负责人和相关人员的责任。对于先进工作典型，要以适当形式进行激励表扬。要建立健全行政效率和服务质量考核评价体系，增强公开透明的监督约束力度，树立良好的廉政形象。

9月30日

［纲　文］ **中国福利会第七届执委会第一次会议在北京举行。**

［目　文］ 中共中央政治局常委、全国政协主席俞正声发来贺信指出，中国福利会自宋庆龄先生于1938年创建以来，始终秉持“永远和党在一起”的坚定信念，继承和发扬全心全意为妇女儿童服务的思想，在妇幼保健卫生、儿童文化教育和社会福利等领域做了大量卓有成效的工作，发挥了独特作用，在国内外产生了积极影响。中国福利会要始终坚持党的领导，更加紧密地团结在以习近平同志为核心的党中央周围，牢固树立“四个意识”，紧紧围绕党中央重大决策部署，坚持立足上海、服务全国、走向世界，奋发有为、扎实工作，努力成为党和国家发展妇女儿童事业、促进祖国统一大业、推动世界和平发展的重要力量，为实现“两个一百年”奋斗目标和中华民族伟大复兴的中国梦作出新的更大贡献。

大会宣布全国政协副主席、中国宋庆龄基金会主席王家瑞为中国福利会第七届执行委员会主席。

中国福利会由国家名誉主席宋庆龄于1938年在香港创建，事业涵盖妇幼保健、学校教育、校外教育、儿童戏剧、少儿出版、老年福利以及公募基金等七个领域。宋庆龄奖学金、宋庆龄樟树奖、上海国际少年儿童文化艺术节、上海国际少儿生活方式展以及“春晓计划”“雪莲计划”“春兰计划”“点燃计划”等服务国家战略项目，获得社会各界广泛认可和一致好评。

9月30日

［纲　文］ **应外交部部长王毅邀请，美国国务卿蒂勒森访华。**

［目　文］ 国家主席习近平在北京会见蒂勒森时指出，中美作为最大的发展中国家、最大的发达国家和世界前两大经济体，两国和平相处、合作共赢是两国人民之福，也是世界各国人民之幸。发展中美关系要坚持正确方向，两国共同利益远大于分歧，合作是双方唯一正确的选择。中美在双边、地区、全球层面需要合作并能够合作的事情很多。双方要深挖潜力，拓展各领域互利合作，不断培育新的合作增长点，加强在重大国际和地区问题上的沟通与协调。要在尊重彼此核心利益和重大关切的基础上，通过对话协商妥善处理两国之间的分歧和敏感问题，维护中美合作大局的稳定。要厚植人民友谊，继续鼓励和扩大两国人民友好交往，不断夯实中美关系的社会和民意基础。

蒂勒森表示特朗普总统非常期待即将对中国进行的国事访问。美方重视发展对华关系，愿与中方相向而行，不断增进互信、加强沟通，深化各领域务实合作，并协力应对国际和地区面临的挑战。

同日，国务委员杨洁篪、外交部部长王毅在北京分别与蒂勒森会见、会谈。

杨洁篪指出，应习近平主席邀请，特朗普总统将于年内对中国进行国事访问，这是今后一个时期中美关系的头等大事。希望双方加强沟通与协调，做好各项准备工作，确保访问成为一次富有成果的历史性访问。蒂勒森表示，特朗普总统同习近平主席海湖庄园会晤以来，美中关系取得积极进展。有关高层机制性对话取得良好成果。特朗普总统非常期待年内对中国的国事访问。双方还就朝鲜半岛形势及其他共同关心的问题交换了看法。

王毅阐述了中方在台湾等问题上的原则立场，要求美方切实尊重中方关切，妥善处理有关问题，避免给中美关系发展带来干扰。蒂勒森表示，美方的一个中国政策没有改变。特朗普总统期待着对中国的国事访问，并同习近平主席一道规划未来数十年美中关系的发展。美方愿同中方共同努力，确保访问成功。双方还就当前朝鲜半岛局势以及阿富汗问题等深入交换了意见。

9 月 30 日

［纲　文］《人民日报》发表题为《牢记全党嘱托 切实履行职责》的评论员文章。

9 月 30 日

［纲　文］《人民日报》发表题为《从严治党 有腐必反》的评论员文章。

9 月 30 日

［纲　文］《人民日报》发表题为《健康中国见证人权进步》的评论员文章。

10 月

10月1日

［纲 文］ 香港特别行政区政府、澳门特别行政区政府分别举行庆祝中华人民共和国成立68周年酒会。

10月1日

［纲 文］《人民日报》发表题为《祝福祖国更加繁荣富强——热烈庆祝中华人民共和国成立六十八周年》的社论。

10月2日

［纲 文］ 国家主席习近平就美国拉斯维加斯市发生枪击事件向美国总统特朗普致慰问电。

10月2日

［纲 文］ 中共中央办公厅、国务院办公厅印发《国家生态文明试验区（江西）实施方案》。

［目 文］《方案》提出，要努力打造美丽中国“江西样板”，建成山水林田湖草综合治理样板区、中部地区绿色崛起先行区、生态环境保护管理制度创新区、生态扶贫共享发展示范区。通过改革创新和制度探索，到2018年，试验区建设取得重要进展；到2020年，建成具有江西特色、系统完整的生态文明制度体系，为全国生态文明体制改革创造一批典型经验和成熟模式，在推进生态文明领域治理体系和治理能力现代化方面走在全国前列。

10月2日

［纲 文］ 中共中央办公厅、国务院办公厅印发《国家生态文明试验区（贵州）实施方案》。

［目 文］《方案》提出，要以建设“多彩贵州公园省”为总体目标，建成长江珠江上游绿色屏障建设示范区、西部地区绿色发展示范区、生态脱贫攻坚示范区、生态文明法治建设示范区、生态文明国际交流合作示范区。到2018年，贵州省生态文明体制改革取得重要进展；到2020年，全面建立产权清晰、多元参与、激励约束并重、系统完整的生态文明制度体系，建成以绿色为底色、生产生活生态空间和谐为基本内涵、全域为覆盖范围、以人为本为根本目的的“多彩贵州公园省”。

10 月 2 日

［纲　文］　**《人民日报》发表张高丽题为《深入学习贯彻 强化改革创新 加快形成军民融合深度发展新格局》的文章。**

10 月 2—8 日

［纲　文］　**2017 年体操世锦赛在加拿大蒙特利尔举行。**

［目　文］　72 个国家和地区的 450 多名运动员参赛。中国队凭借肖若腾、范忆琳、邹敬园分别在男子全能、女子高低杠、男子双杠的三金，以及一银二铜的成绩，位居奖牌榜首位。

10 月 3 日

［纲　文］　**习近平致信祝贺中国人民大学建校 80 周年。**

［目　文］　中共中央总书记习近平在贺信中写道，中国人民大学：值此中国人民大学建校 80 周年之际，我向全体师生员工和广大校友致以热烈的祝贺！中国人民大学是我们党创办的第一所新型正规大学。建校以来，中国人民大学始终坚持党的领导，坚持马克思主义指导地位，坚持为党和人民事业服务，形成了鲜明办学特色，在我国人文社会科学领域独树一帜，为我国革命、建设、改革事业培养输送了一批又一批优秀人才。当前，党和国家事业正处在一个关键时期，我们对高等教育的需要比以往任何时候都更加迫切，对科学知识和卓越人才的渴求比以往任何时候都更加强烈。希望中国人民大学以建校 80 周年为新的起点，围绕解决好为谁培养人、培养什么样的人、怎样培养人这个根本问题，坚持立德树人，遵循教育规律，弘扬优良传统，扎根中国大地办大学，努力建设世界一流大学和一流学科，为我国高等教育事业繁荣发展，为实现“两个一百年”奋斗目标、实现中华民族伟大复兴的中国梦作出新的更大贡献。

同日，中国人民大学举行建校 80 周年庆祝大会。中共中央政治局委员、国务院副总理刘延东出席大会宣读了习近平的贺信并表示，要深入落实中共中央总书记习近平指示精神，贯彻党的教育方针，围绕立德树人根本任务，弘扬立学为民、治学报国传统，深化教育综合改革，不断提高办学水平，在建设世界一流大学和一流学科征程上迈出坚实步伐，为国家发展和民族复兴培养更多优秀人才。

中国人民大学的前身是 1937 年诞生的陕北公学，以及后来的华北联合大学和华北大学，1950 年 10 月 3 日以华北大学为基础合并组建，在长期的办学实践中，注重人文社会科学高等教育和马克思主义教学与研究，被誉为“我国人文社会科学高等教育领域的一面旗帜”。

10 月 3 日

［纲　文］　**中国成功完成“深海勇士”号载人深潜试验。**

［目　文］　“深海勇士”号载人潜水器是“十二五”863 计划的重大研制任务，由中国船舶重工集团 702 所牵头、国内 94 家单位共同参与，研发团队历经 8 年持续艰苦攻关，先后突破总体设计与优化、大厚度钛合金载人舱设计制造、大深度浮力材料、低噪声深海

推力器等一系列关键技术，在“蛟龙”号研制与应用的基础上，成功实现了潜水器核心关键部件的全部国产化，降低了运维成本，有力推动深海装备功能化、谱系化建设。

历经 50 多天海试，进一步全面检验和验证了 4500 米载人潜水器的各项功能和性能，海试的成功标志着研制工作取得圆满成功。“深海勇士”号载人潜水器性能优良，可列入国际最先进载人潜水器序列，这是我国在大深度载人潜水器研制征途的又一次重大跨越，也标志着我国已经全面具备大深度载人潜水器研制和试验的能力。

“深海勇士”号是继“蛟龙”号后，我国深海装备的又一里程碑，为我国海洋事业的发展增添新的利器，实现了我国深海装备由集成创新向自主创新的历史性跨越，也为正在研制的全海深载人作业潜水器奠定坚实基础。

10 月 4 日

［纲　文］ **首轮中美执法及网络安全对话在美国华盛顿举行。**

［目　文］ 国务委员、公安部部长郭声琨与美国司法部部长塞申斯、国土安全部代理部长杜克共同主持对话。中方中央政法委和公安部、网信办、外交部、工业和信息化部、司法部等部门负责人，美国务院常务副国务卿以及来自美司法部、国土安全部的其他官员参加了对话。双方回顾总结了近年来中美两国在执法及网络安全领域合作取得的成效，并就反恐、禁毒、打击网络犯罪、追逃追赃、遣返非法移民等议题进行深入交流，达成了广泛共识。双方同意根据习近平主席和特朗普总统海湖庄园会晤达成的重要共识，坚持相互尊重、依法对等、坦诚务实，充分发挥中美执法及网络安全对话的作用，进一步加强两国在执法及网络安全领域的对话与合作，为特朗普总统应习近平主席邀请于 11 月对中国进行国事访问积累更多成果。双方发表了《首轮中美执法及网络安全对话成果清单》。

10 月 4 日

［纲　文］ **新华社讯，中国成功研制出基于量子通信的云安全一体机。**

［目　文］ 为解决数据通信安全问题，中科曙光与国科量子通信网络有限公司联合研发出我国基于量子通信的云安全一体机。量子通信云安全一体机重点提供与量子保密通信深度融合的云计算操作系统、云存储服务平台，并针对量子保密通信的应用场景提供基于自主知识产权的、从底层硬件到上层应用服务的云服务解决方案。

10 月 5 日

［纲　文］ **国务院公布《机关团体建设楼堂馆所管理条例》。**

［目　文］《条例》对机关、人民团体新建、扩建、改建、购置楼堂馆所作出严格限制，明确规定不得建设培训中心等各类具有住宿、会议、餐饮等接待功能的场所和设施，禁止以技术业务用房等名义建设办公用房或者违反规定在技术业务用房中设置办公用房。

《条例》共 6 章 31 条，自 2017 年 12 月 1 日起施行，国务院 1988 年 9 月 22 日发布施行的《楼堂馆所建设管理暂行条例》同时废止。

10月5日

［纲　文］　**国务院办公厅印发《关于积极推进供应链创新与应用的指导意见》。**

［目　文］《意见》由四个部分组成：一、重要意义。二、总体要求。三、重点任务。四、保障措施。

《意见》指出，供应链是以客户需求为导向，以提高质量和效率为目标，以整合资源为手段，实现产品设计、采购、生产、销售、服务等全过程高效协同的组织形态。随着信息技术的发展，供应链已发展到与互联网、物联网深度融合的智慧供应链新阶段。

10月6日

［纲　文］　**国务院办公厅印发《关于全国互联网政务服务平台检查情况的通报》。**

［目　文］《通报》由三个部分组成：一、基本情况。二、主要问题。三、下一步工作要求。

《通报》指出，各地区、各有关部门要于2017年12月31日前完成信息填报和检查整改工作，并将整改情况报送国务院办公厅政府信息与政务公开办公室。国务院办公厅将对各地区、各部门的检查整改情况开展抽查核查，并向社会公开核查结果。

10月6日

［纲　文］　**中国代表在第72届联大负责裁军和国际安全事务的第一委员会阐述加强全球安全治理四点主张。**

［目　文］　中国代表团团长、外交部军控司司长王群发言说，当前世界正处于大发展、大变革、大调整时期，同时，全球安全也面临着新挑战。新的安全挑战和形势呼唤新的安全治理。中国国家主席习近平倡议，各国应秉承共同、综合、合作、可持续的安全观，树立人类命运共同体意识，共同构建合作共赢的新型国际关系，这些重要理念为加强全球安全治理指明了方向，为维护世界和平与安全提供了现实可行的路径，是全方位增进世界和平与安全的解决方案，是可复制、可推广的国际安全方略。目标上，打造人类命运共同体，就是要建设持久和平、普遍安全和共同繁荣的世界，营造公道正义、共建共享的安全格局。理念上，要秉持共同、综合、合作和可持续的安全观。原则上，要讲规则，讲规矩，各国应切实维护以《不扩散核武器条约》为基石的现行军控和防扩散体系的权威性和有效性，不能采取双重标准和选择性做法。机制上，要秉持多边主义，完善多层次的全球安全治理机制。要稳定大国合作框架，在“不冲突、不对抗、相互尊重、合作共赢”的基础上建立新型大国关系，维护战略稳定，加强沟通协作，主动管控分歧，实现共同安全。要支持联合国发挥核心作用。要加强区域安全合作。中国始终致力于维护世界和平与安全，积极推动军控与防扩散进程，为加强全球安全治理作出了重要贡献。

10月7日

［纲　文］　**国务院公布《关于修改部分行政法规的决定》。**

［目　文］《决定》说，为了依法推进简政放权、放管结合、优化服务改革，国务院对取消行政审批项目涉及的行政法规进行了清理。对《植物检疫条例》《中华人民共和国河道管理条例》《中华人民共和国渔港水域交通安全管理条例》《中华人民共和国自然保护区条例》《中华人民共和国野生植物保护条例》《导游人员管理条例》《建设工程质量管理条例》《建设工程勘察设计管理条例》《农业转基因生物安全管理条例》《棉花质量监督管理条例》《中华人民共和国文物保护法实施条例》《中华人民共和国道路交通安全法实施条例》《重大动物疫情应急条例》《历史文化名城名镇名村保护条例》《气象灾害防御条例》等15部行政法规的部分条款予以修改。自2017年10月7日起施行。

10月8日

［纲　文］**新华社讯，《习近平关于社会主义社会建设论述摘编》出版发行。**

［目　文］《摘编》由中共中央文献研究室编辑，由中央文献出版社出版。《摘编》共分9个专题：人民对美好生活的向往，就是我们的奋斗目标；促进社会公平正义，让广大人民群众共享改革发展成果；不断促进教育发展成果更多更公平惠及全体人民；把做好就业工作摆到突出位置，多渠道创造就业岗位；建设更加公平可持续的社会保障制度；加快推进健康中国建设；加强和创新社会治理，完善中国特色社会主义社会治理体系；切实维护公共安全和社会稳定，着力建设平安中国；坚持总体国家安全观，走出一条中国特色国家安全道路。书中收入326段论述，摘自习近平同志2012年11月15日至2017年9月19日期间的讲话、报告、演讲、指示、批示、贺信等140篇重要文献。其中许多论述是第一次公开发表。

10月8日

［纲　文］**国务院印发《关于开展第三次全国土地调查的通知》。**

［目　文］《通知》由六个部分组成：一、调查目的和意义。二、调查对象和内容。三、调查时间安排。四、调查组织实施。五、调查经费保障。六、调查工作要求。

《通知》指出，调查以形成2019年12月31日为标准时点的全国土地利用现状数据为目标。具体安排是：2017年第四季度开展准备工作；2018年1月至2019年6月，组织开展实地调查和数据库建设；2019年下半年，完成调查成果整理、数据更新、成果汇交，汇总形成调查基本数据；2020年，汇总调查数据，完成调查工作验收、成果发布等工作。

10月8日

［纲　文］**新华社讯，中共中央办公厅、国务院办公厅印发《关于深化审评审批制度改革鼓励药品医疗器械创新的意见》。**

［目　文］《意见》由六个部分组成：一、改革临床试验管理。二、加快上市审评审批。三、促进药品创新和仿制药发展。四、加强药品医疗器械全生命周期管理。五、提升技术支撑能力。六、加强组织实施。

《意见》指出，充分发挥药品医疗器械审评审批制度改革部际联席会议制度的作用，及时研究解决改革中遇到的矛盾和问题。国家食品药品监管部门要发挥好牵头作用，抓好改革具体实施，协调推进任务落实。各相关部门要依法履职，分工协作，形成改革合力。发展改革部门要支持医药高科技产品的发展，将临床试验机构建设纳入医疗机构建设发展的重要内容。

10月8日

［纲　文］　**教育部印发《学校体育美育兼职教师管理办法》。**

［目　文］　《办法》共6章21条。主要有总则、选聘条件、聘任程序、组织管理、保障措施、附则等内容。自2017年10月8日起施行。

10月9日

［纲　文］　**脱贫攻坚先进事迹报告会在北京举行，习近平对脱贫攻坚工作作出指示。**

［目　文］　中共中央总书记习近平指示指出，社会主义是干出来的。脱贫攻坚是硬仗中的硬仗，必须付出百倍努力。全党全社会要再接再厉、扎实工作，坚决打赢脱贫攻坚战，在全面建成小康社会的征程上不断创造新的业绩。摆脱贫困，为广大人民群众谋幸福，是我们党和国家推动发展的根本目的。党的十八大以来，党中央作出到2020年现行标准下农村贫困人口实现脱贫的庄严承诺。各地区各部门认真贯彻党中央决策部署，贫困地区广大干部群众自强自立、苦干实干，全党全社会用心用力帮扶，深入推进精准扶贫、精准脱贫，创新体制机制，推动脱贫攻坚取得显著进展，成绩值得充分肯定。在脱贫攻坚的火热实践中，涌现出一大批先进典型，全国脱贫攻坚奖获得者就是其中的优秀代表。要发扬他们扎根基层、敢挑重担、无私奉献、勇于创新的精神，激励各方面坚定信心、积极行动，进一步增强脱贫攻坚合力。基层一线扶贫工作者是脱贫攻坚的生力军，对他们要在政治上关心、工作上支持、生活上保障，支持他们在脱贫攻坚战场上奋发有为、大显身手。

国务院总理李克强批示指出，打赢脱贫攻坚战，是保障全体人民共享改革发展成果、实现共同富裕的重大举措。这次评选表彰的获奖者常年奋斗在脱贫攻坚主战场和基层一线，他们在各自岗位上积极发挥模范带头作用，做出了不平凡的感人业绩，谨向受到表彰的同志表示热烈祝贺！当前，脱贫攻坚已经到了决战决胜阶段。各地区各部门要深入学习贯彻习近平总书记系列重要讲话精神和治国理政新理念新思想新战略，坚持精准扶贫精准脱贫基本方略，坚持以深度贫困地区为重点，以先进典型为榜样，以更强的责任感、更硬的举措、更大的气力，着力破解制约脱贫的关键瓶颈和突出困难，着力提高脱贫攻坚实效，着力增强贫困地区自我发展能力。支持关心基层扶贫工作者工作生活，进一步凝聚全社会力量，奋发进取，实干苦干，确保贫困群众如期实现脱贫，为实现全面建成小康社会奋斗目标作出更大贡献。

中共中央政治局委员、国务院扶贫开发领导小组组长汪洋出席报告会并讲话。会议传达了习近平的指示和李克强的批示，对全国脱贫攻坚奖获奖者进行了表彰。获奖者代表邓迎香、李朝阳、陈开枝、李君、刘锦秀作先进事迹报告。2017年全国脱贫攻坚奖获奖者和2016年全国脱贫攻坚奖获奖者代表、国务院扶贫开发领导小组成员、承担定点扶贫任务的在京中央单位有关负责人、全国脱贫攻坚奖评选委员会代表、新闻媒体代表等参加会议。

10月9日

［纲　文］　**俄中友协成立60周年纪念大会在俄罗斯国家大剧院举行，国家主席习近平致贺信。**

［目　文］　习近平在贺信中指出，俄中友协成立60周年来，始终秉持友好理念，为两国关系发展奠定了深厚的民意和社会基础。普京总统在贺信中指出，两国友协为双方人文交流和地方合作作出了杰出的贡献。“国之交在于民相亲。”当前，中俄关系正站在新的历史起点上。希望俄中友协以成立60周年为契机，开创两国民间交往新局面，为促进两国民心相通、民意相融作出更大贡献，助力中俄全面战略协作伙伴关系高水平发展。

全国政协副主席、中俄友协会长陈元率团出席纪念大会。中国驻俄罗斯大使李辉和俄罗斯联邦委员会主席马特维延科在会上分别宣读了两国元首贺信。陈元、马特维延科、俄中友协主席梅津采夫分别致辞。

10月9日

［纲　文］　**李克强主持召开国务院常务会议。**

［目　文］　会议主要内容是：一、会议听取公立医院综合改革和医疗联合体建设进展情况汇报，要求通过深化医改优化资源配置保障人民健康。会议指出，到2017年9月全国所有公立医院已全部开展综合改革，逐步建立了维护公益性、调动积极性、保障可持续的运行新机制。着力破除以药补医、理顺医疗服务价格，取消了实行60多年的药品加成政策，医院收入的药占比从2010年新一轮医改之初的46.3%降至2016年的38.1%，居民个人卫生支出占卫生总费用比重从2008年的40.4%降至2016年的30%以下，65%的二级以上公立医院开展了按病种付费的医保支付方式改革，患者就医负担持续下降。医联体建设取得积极进展，近90%的三级医院参与医联体试点、实现同级医院检查检验结果互认，80%以上的居民15分钟内可以就近就医，群众享受优质医疗服务更加便利。下一步，一是要完善公立医院运行新机制。二是用体制机制改革推进医联体建设。三是有关部门要集中力量开展疑难高发癌症治疗专项重点攻关，采取措施支持发展先进医疗设备和医药产业，突破提纯、质量控制等关键技术。结合现代科技，大力发展和应用中医药。四是以“互联网+医疗”破解难题，加快推广远程医疗、预约诊疗、日间手术等医疗服务模式，推动在医疗机构之间实现就诊卡和诊疗信息共享，深入推进家庭医生签约服务，全面推进医疗便民惠民服务。二、部署进一步做好基本医保全国联网和异地就医直接结算工作，减少群众后顾之忧、更多惠及人民。会议指出，下一步，一要继续扩大联网定点医疗机构范围，逐步将更多基层医疗机构纳入异地就医直接结算。有关部门要加快研究解决1

亿多外出农民工和广大“双创”人员跨省异地住院费用结算问题。二要加快相关医疗保险信息系统对接共享和整合，大力推行医保智能审核和实时监控。严格异地就医费用监管。积极引入商业健康保险，提高异地就医集中地区医保经办服务能力。三要运用互联网、移动终端等，加大力度解读异地结算政策规定和办理流程，让群众听明白、会使用，切实把好事办好。

10月9日

［纲　文］　**中国共产党第十八届中央纪律检查委员会第八次全体会议在北京举行。**

［目　文］　全会由中央纪律检查委员会常务委员会主持。中共中央政治局常委、中央纪委书记王岐山出席并讲话。出席全会的有，中央纪委委员119人；列席12人。全会审议并通过了十八届中央纪律检查委员会向中国共产党第十九次全国代表大会的工作报告，同意将报告提请中国共产党第十八届中央委员会第七次全体会议审议。全会审议并通过中央纪律检查委员会常务委员会关于李刚、曲淑辉同志严重违纪问题的审查报告和撤销刘生杰同志中央纪委委员职务的报告，确认中央纪律检查委员会常务委员会之前作出的给予李刚同志留党察看一年处分、给予曲淑辉同志留党察看二年处分和撤销刘生杰同志中央纪委委员职务的决定。

10月9日

［纲　文］　**新华社讯，中央办公厅编辑出版《中央党内法规和规范性文件汇编（1949年10月—2016年12月）》。**

［目　文］　《汇编》共收录中央党内法规和规范性文件260件：包括1949年10月至2012年6月期间出台，经过集中清理后继续有效且向社会公开的中央党内法规和规范性文件，以及2012年7月至2016年12月期间出台，现行有效且向社会公开的中央党内法规和规范性文件。《汇编》由法律出版社出版。

这是我们党历史上首次对新中国成立以来现行有效且向社会公开的中央党内法规和规范性文件进行全面系统汇编。《汇编》集中反映了60多年来我们党加强党内法规制度建设所取得的历史性成就，对于党员干部群众深入学习贯彻习近平总书记系列重要讲话精神和治国理政新理念新思想新战略，深刻领会以习近平同志为核心的党中央全面从严治党、依规治党的坚强决心，进一步坚定道路自信、理论自信、制度自信、文化自信，具有重要意义。《汇编》的公开出版，对于加大中央党内法规和规范性文件公开力度，夯实“两学一做”学习教育常态化制度化基础，促进各级党组织和全体党员尊规学规守规用规，具有重要推动作用。

10月9日

［纲　文］　**人力资源社会保障部公布《事业单位公开招聘违纪违规行为处理规定》。**

［目　文］　《规定》共5章22条。主要有总则、应聘人员违纪违规行为处理、招聘单位和招聘工作人员违纪违规行为处理、处理程序、附则等内容。自2018年1月1日起施行。

10月9日

［纲　文］　**教育部、科技部发布《中国普通高校创新能力监测报告2016》。**

［目　文］　《报告》以2005—2014年全国普通高校统计数据为基础，结合2015年全国普通高校创新调查数据，从高校创新情况、创新人才培养、研发活动、科技成果转化和产学研合作5个方面，选取78个指标，对全国普通高校创新能力总体状况和基本特征进行监测。通过监测发现，在国家政策的引领和推动下，我国普通高校由规模扩张转向内涵发展，科技创新综合实力快速提高，特别是在创新能力建设、创新人才培养、科技成果产出和转化方面的变化尤为明显。

10月9日

［纲　文］　**国家教育体制改革领导小组在北京召开贯彻落实《关于深化教育体制机制改革的意见》电视电话会议。**

［目　文］　中共中央政治局委员、国家教育体制改革领导小组组长刘延东出席会议并就贯彻落实好《意见》进行了安排部署。教育部、发展改革委、财政部、人力资源社会保障部以及上海、江西、甘肃代表分别作了发言。

刘延东指出，要深入贯彻习近平总书记系列重要讲话精神，落实党中央、国务院部署，深化教育改革，推进教育现代化和教育强国建设，为决胜全面小康社会、实现中国梦奠定坚实基础。刘延东指出，党的十八大以来，教育改革发展取得历史性成就，总体发展水平进入世界中上行列，为亿万人民提供了更好更公平教育，为经济社会发展提供了强有力支撑。改革是教育发展的根本动力。要扎根中国大地，围绕为谁培养人、培养什么样的人、如何培养人根本问题，持续深化综合改革，发展中国特色、世界水平的现代教育，培养社会主义事业建设者和接班人。要坚持方向引领、立德树人，构建大中小幼一体化德育体系，促进学生全面发展。要紧扣公平和质量，深化管理体制、办学机制、教育教学方法改革，促进学前教育普惠发展、义务教育均衡优质发展、普通高中多样化有特色发展，打好教育扶贫攻坚战，提升民族教育、特殊教育、继续教育水平，为每个学生成长成才创造条件。要提高职业教育质量，推进高考改革，促进高等教育内涵发展，为建设科教强国、制造强国打牢人才根基。要加强教师队伍建设，健全投入机制，鼓励社会参与，办好人民满意的教育。

10月9日

［纲　文］　**2017减贫与发展高层论坛在北京召开。**

［目　文］　论坛由国务院扶贫办主办，以“精准扶贫与2030年可持续发展议程”为主题。国务院副总理汪洋出席论坛并致辞。联合国秘书长古特雷斯向论坛致贺信。来自13个国家的政要、16个国际机构的代表以及专家学者共200余人参加了论坛。

汪洋指出，消除贫困是全人类的共同理想，也是当今时代的重要主题。中国始终是国际减贫事业的积极倡导者和有力推动者，愿与各国一道，持续开展减贫经验交流，深入推进国际减贫与发展合作，为实现2030年可持续发展议程目标注入强劲动力。中国共产党和中国政府始终把消除贫困、改善民生、实现共同富裕作为执政宗旨，中国的政治优势和制度优势是我们取得了举世瞩目减贫成就的根本保证。党的十八大以来，中国能够在脱贫难度不断加大情况下，仍然每年减贫 1000 万人以上，展现出新的重要的时代特征。习近平总书记作为党的领导核心，对贫困有着刻骨铭心的经历，他以强烈的使命情怀和政治担当，亲力亲为抓扶贫，展现了卓越的领导力。党的作风转变为各项政策措施的落实提供了有力的保障，各级党组织和各级政府在扶贫领域较真碰硬、苦干实干蔚然成风。各地深入实施精准帮扶，基层群众因地制宜探索创新，全党全社会合力攻坚，推动扶贫开发不断取得新进展。下一步，中国将坚持新发展理念，坚持精准扶贫方略，聚焦深度贫困地区和重点贫困群体，进一步动员社会各方面参与，坚决打赢脱贫攻坚战，为国际减贫事业作出新贡献。

同日，由国务院扶贫开发领导小组主办，教育部承办的 2017 减贫与发展高层论坛教育扶贫论坛在北京举办。围绕“发展职业教育助力脱贫攻坚”论坛主题，旨在交流研讨职教扶贫的工作成效、成功经验和典型模式，更好发挥职业教育在脱贫攻坚中的作用。

10 月 9 日

［纲　文］　**中共中央政治局委员、中央政法委书记孟建柱，国务委员杨洁篪在北京分别会见英国首相国家安全顾问塞德威尔。**

［目　文］　孟建柱在会见时说，习近平主席和特雷莎·梅首相多次成功会晤，为中英面向 21 世纪全球全面战略伙伴关系发展指明了方向。执法安全合作是两国关系发展的基石。希望双方深化在反恐、打击网络犯罪和经济犯罪、打击人口贩卖、反腐败和追逃追赃等领域务实合作，推动中英关系“黄金时代”迈向更高水平。塞德威尔表示，愿推动英中反恐、网络安全等合作取得更多实质性成果。

杨洁篪在会见时表示，中国共产党第十九次全国代表大会即将召开，这是在全面建成小康社会关键阶段、中国特色社会主义发展关键时期召开的一次重要会议，具有重大和深远意义。相信十九大将为中国对外关系包括中英关系的发展提供新动力。中方愿与英方继续共同打造中英关系“黄金时代”。塞德威尔表示，国际社会高度关注中共十九大，会议成果不仅对中国，而且对世界都将产生重要影响。英方预祝十九大圆满成功，并愿以此为契机进一步推进两国关系深入发展。

双方还就朝鲜半岛局势等问题交换了意见。

10 月 9 日

［纲　文］　**中国快递业务量已连续三年稳居世界第一。**

［目　文］　10 月 9 日是第 48 届世界邮政日。党的十八大以来，我国邮政业创新驱动跨越发展，业务总量、业务收入规模分别增长 3.6 倍和 2.7 倍，快递业务量已连续三年稳居世界第一，对全球快递业增长的贡献率达到 40%。

10 月 9 日

［纲　文］　**中国在酒泉卫星发射中心用长征二号丁运载火箭，将委内瑞拉遥感卫星**

二号送入预定轨道，发射任务获得成功。

10月9日

［纲　文］《人民日报》发表题为《党的领导更加坚强有力——五年变革标注历史新起点①》的评论员文章。

10月9日

［纲　文］《人民日报》报道，夏崇源、何挺、沐华平严重违纪被处分。

［目　文］　一、经中共中央批准，中共中央纪委对公安部原党委委员、政治部主任夏崇源严重违纪问题立案审查。经查，夏崇源同志严重违反政治纪律和政治规矩，参与非组织活动，对抗组织审查；违反中央八项规定精神，安排其家属公款旅游；违反组织纪律，违规为他人职务调整、提拔提供帮助；违反廉洁纪律，利用职务影响谋取私利。依据《中国共产党纪律处分条例》等有关规定，经中央纪委常委会会议研究并报中共中央批准，决定给予夏崇源同志留党察看二年处分，由监察部报国务院批准给予其行政撤职处分，降为副局级非领导职务；收缴其违纪所得。二、经中共中央批准，中共中央纪委对重庆市政府原党组成员、副市长，市公安局原党组书记、局长何挺严重违纪问题立案审查。经查，何挺严重违反政治纪律和政治规矩，为谋求职务晋升搞攀附，长期搞迷信活动，对抗组织审查；严重违反中央八项规定精神，违规公务接待，挥霍浪费公共财产，违规出入私人会所，频繁接受私营企业主宴请，办公用房和公务用车严重超标；违反组织纪律，破坏党的选人用人制度，违规选拔任用干部，在组织函询时不如实说明问题；违反廉洁纪律，利用职权和职务影响为亲属的经营活动谋取利益；违反工作纪律，违规干预和插手司法活动。依据《中国共产党纪律处分条例》等有关规定，经中央纪委常委会会议研究并报中共中央批准，决定给予何挺开除党籍处分，由监察部报国务院批准给予其行政撤职处分，降为副处级非领导职务，办理提前退休手续；收缴其违纪所得。三、经中共中央批准，中共中央纪委对重庆市政府原党组成员、副市长沐华平严重违纪问题立案审查。经查，沐华平同志严重违反政治纪律和政治规矩，为谋求职务晋升搞攀附，大搞利益交换；违反工作纪律，为追求所谓的“政绩”，在重大项目决策中严重失职失责；违反组织纪律，不按规定报告个人有关事项。依据《中国共产党纪律处分条例》等有关规定，经中央纪委常委会会议研究并报中共中央批准，决定给予沐华平同志留党察看二年处分，由监察部报国务院批准给予其行政撤职处分，降为副厅级非领导职务，终止其党的十八大代表资格；按程序免去其重庆市第四届人大代表职务。

10月10日

［纲　文］国家食品药品监督管理总局发布《关于调整进口药品注册管理有关事项的决定》，自2017年10月10日起实施。

10月10日

［纲　文］第24届冬奥会工作领导小组第4次全体会议在北京召开。

［目　文］　会议学习贯彻中共中央总书记习近平关于北京冬奥会筹办工作的讲话和指示精神，总结筹办工作进展情况，研究部署下一阶段重点任务。审议通过北京延庆赛区核心区规划和河北张家口赛区规划。中共中央政治局常委、国务院副总理、第24届冬奥会工作领导小组组长张高丽出席会议并讲话。国务院副总理刘延东出席会议并讲话。第24届冬奥会工作领导小组成员和中央有关部门负责人参加会议。

张高丽表示，党中央、国务院高度重视北京冬奥会筹办工作。习近平总书记强调，要高质量筹办2022年北京冬奥会，全力做好各项筹办工作，特别是要做好备战工作，加快冰雪运动普及和提高，努力举办一届精彩、非凡、卓越的奥运盛会。在党中央、国务院坚强领导下，有关地方、部门和单位紧密配合、真抓实干，扎实有序推进各项筹办工作，取得了积极进展。科学制定实施筹办工作总体计划，明确了102项重点任务，确定了51个业务领域，梳理了3090项具体任务。新建竞赛场馆如期开工，京张高铁、延崇高速等基础设施项目进展顺利。确定冬奥会筹办愿景，认真开展会徽和“北京交接”方案设计工作，大力推动冰雪运动普及发展，社会各界参与支持北京冬奥会的热情高涨。市场开发开局良好，服务保障准备工作有序开展，场馆运行、交通、住宿等工作全面启动。北京冬奥组委自身建设不断加强，与国际体育组织保持紧密合作关系，保证了筹办工作有序顺畅高效运转。

10月10日

［纲　文］　**国务院新闻办公室在北京就中共十八大以来经济领域、脱贫攻坚进展成就举行发布会。**

［目　文］　国家发展改革委副主任、国家统计局局长宁吉喆介绍，党的十八大以来经济社会发展取得新的成就。2013年至2016年，我国GDP年均增长7.2%，高于同期世界2.6%和发展中经济体4%的平均增长水平。综合国力不断增强——2016年，国内生产总值达到74万亿元；2017年8月末国家外汇储备达3.09万亿美元，继续保持世界首位，一批具有标志性意义的科技成果举世瞩目。

国务院扶贫办主任刘永富表示，党的十八大以来国家以前所未有的力度推进脱贫攻坚，成效显著。前四年累计减少贫困人口5564万人，今年至少减少1000万人，五年平均每年减贫人数在1300万人以上。今年井冈山、兰考县率先脱贫，还将有一批贫困县要宣布脱贫，贫困县实现了历史上第一次数量上的减少。

10月10日

［纲　文］　**国家统计局、科学技术部、财政部发布《2016年全国科技经费投入统计公报》。**

［目　文］　《公报》显示，一、研究与试验发展经费情况：2016年，全国共投入研究与试验发展（R&D）经费15676.7亿元，比上年增加1506.9亿元，增长10.6%，增速较上年提高1.7个百分点；研究与试验发展（R&D）经费投入强度（与国内生产总值之比）为2.11%，比上年提高0.05个百分点。按研究与试验发展（R&D）人员（全时工作量）

计算的人均经费为 40.4 万元，比上年增加 2.7 万元。二、财政科学技术支出情况：2016 年，国家财政科学技术支出 7760.7 亿元，比上年增加 754.9 亿元，增长 10.8%，增速较上年提高 2.3 个百分点；财政科学技术支出占当年国家财政支出的比重为 4.13%，比上年提高 0.15 个百分点。其中，中央财政科学技术支出 3269.3 亿元，增长 8.5%，占财政科学技术支出的比重为 42.1%；地方财政科学技术支出 4491.4 亿元，增长 12.5%，占比为 57.9%。

10 月 10 日

［纲　文］　**国家海洋局发布《中国第 8 次北极科学考察》。**

［目　文］《考察》的内容有：一、综述。中国第 8 次北极科学考察队由 96 名队员组成，于 2017 年 7 月 20 日乘“雪龙”号船自上海出发，10 月 10 日返回上海，历时 83 天，总航程逾 2 万海里，首次穿越北极中央航道和西北航道，实现了我国首次环北冰洋科学考察，开展了海洋基础环境、海冰、生物多样性、海洋脱氧酸化、人工核素和海洋塑料垃圾等要素调查，极大地拓展了我国北极海洋环境业务化调查的区域范围和内容，对我国北极业务化考察体系建设、北极环境评价和资源利用、北极前沿科学研究作出了积极贡献。二、重要成果 。（一）首次开展环北冰洋考察；（二）首次穿越北极中央航道，并在北冰洋公海区开展科学调查；（三）首航北极西北航道，加强国际合作，开展海洋环境和海底地形调查；（四）首次在北极和亚北极地区开展海洋塑料垃圾、微塑料和人工核素监测。三、科学考察和业务化调查。（一）北极航道环境综合调查 ；（二）北极生态环境综合调查 ；（三）北极环境污染状况综合调查；（四）冰区航行和航道调查。四、航行保障。五、国际合作。试航西北航道期间，共有 3 名加拿大科学家参加海底地形地貌合作调查，按照双方达成的调查细化方案实施，促进了双方的相互了解，增进了友谊并建立了沟通渠道，为后续开展合作奠定了基础。六、样品与数据共享。中国第 8 次北极科学考察共采集了 10 个站位的沉积岩心，共计 34.6 米长，用于共享服务；获取海洋基础环境、海冰、生物多样性、海洋脱氧酸化、人工核素和海洋塑料垃圾等各类观测和分析数据 2.08TB，另有部分数据将通过样品后续分析获得。将根据《中国极地科学考察样品和数据管理办法（试行）》（国海极字〔2010〕681 号）提供后续样品和数据共享服务。

10 月 10 日

［纲　文］　**第 10 届中华环境奖启动仪式在北京举行。**

［目　文］　本届主题为“生态兴则文明兴”，本日起至 2018 年 1 月 10 日，中华环境奖组委会秘书处接受社会各界申报。中华环境奖组委会主任曲格平、全国人大环境与资源委员会委员蒲长城、环境保护部副部长赵英民等出席启动仪式。曲格平说，最近五年，从中央到地方，大力治理污染、频繁出台制度、严格监管执法，这一系列重大部署和举措都证明了我国的环保工作不再是“纸上谈兵”，更不再是环保部门的“单兵作战”，而是真正凝聚力量、落实责任，形成全民参与、全民共治的大格局。中华环境奖作为我国第一个环境大奖，也是我国环境保护领域最高的社会性奖励，其宗旨就是表彰和宣扬保护环境的

先进事迹，并在其过程中引导和激励公众共同参与。

中华环境奖是我国环境保护领域最高的社会性奖励，每两年评选一届，围绕城镇环境、环境管理、企业环保、生态保护、环保宣教五个方面设立五类奖项，每类奖项评选不超过五位获奖者。其中，中华环境奖不超过一个，奖金50万元人民币，其余为中华环境优秀奖，每个奖金10万元。

10月10日

［纲　文］　“中国天眼”FAST首次新发现脉冲星。

［目　文］　中国科学院国家天文台召开新闻发布会宣布，被誉为“中国天眼”的500米口径球面射电望远镜（FAST）经过一年紧张调试，已实现指向、跟踪、漂移扫描等多种观测模式的顺利运行，并确认了多颗新发现的脉冲星。这是我国天文望远镜首次发现脉冲星。

“中国天眼”团组利用位于贵州师范大学的早期科学中心进行数据处理，探测到数十个优质脉冲星候选体，经国际合作，并进行后随观测认证，目前已通过系统认证6颗脉冲星。其中2颗新发现的脉冲星，距离地球分别约4100光年和约1.6万光年，另外4颗还有待测量。搜寻和发现射电脉冲星是“中国天眼”核心科学目标，新发现脉冲星，开启了中国射电波段大科学装置系统产生原创发现的激越时代。

10月10日

［纲　文］　《人民日报》发表题为《新理念引领中国新发展——五年变革标注历史新起点②》的评论员文章。

10月10—29日

［纲　文］　“最美中国人——庆祝中国共产党第十九次全国代表大会胜利召开大型主题美术作品展”在中国国家博物馆举办。

［目　文］　作品展由中国文学艺术界联合会、中国美术家协会、中国国家博物馆共同主办，邀请全国42位美术名家，以党的十八大以来中宣部发布的“时代楷模”“重大典型”等为蓝本，最新创作了21幅油画和中国画。这21幅作品分别表现的人物和事迹，涵盖了社会各行各业涌现的先进典型，包括领导干部代表罗阳、高德荣、苏和、尕布龙和廖俊波，基层党员代表龚全珍、菊美多吉、高思杰、王家元和魏德友，文化科技教育工作者代表李保国、赵亚夫、阎肃、徐立平和黄大年，政法工作者代表邹碧华、孙波、汪勇、李培斌和陈清洲，卫生与健康工作者代表黎介寿、徐克成、贾立群和万少华，部队和官兵代表陆军某部“大功三连”、海军372潜艇、火箭军某导弹旅、张超、刘珪、郭毅力等。作品或截取他们在各自工作岗位上的瞬间，或聚合他们在各自专业领域中的贡献，描绘先进典型的敬业奉献、实干担当，热情讴歌他们对中国精神的践行。

10日，中共中央政治局委员、中宣部部长刘奇葆参观展览时指出，广大美术工作者要深入学习贯彻习近平总书记文艺思想，坚定文化自信，坚持以人民为中心的创作导向，坚持以社会主义核心价值观为引领，浓墨重彩刻画时代典型人物、描绘中华民族卓越风华，激励全国人民朝气蓬勃迈向未来。

10月10—13日

［纲　文］ **中央国家机关定点扶贫工作成果展在北京举办。**

［目　文］ 成果展由中央国家机关工委主办，中国农业发展银行协办。以“坚决打赢脱贫攻坚战，迎接党的十九大胜利召开”为主题，在第4个“国家扶贫日”到来之际，通过大量的图片、表格、数据，集中展示了中央国家机关各部门各单位自开展定点扶贫工作以来的扶贫历史、工作做法、典型人物风采等，全面系统总结了30多年来，特别是党的十八大以来中央国家机关各部门各单位定点扶贫的亮点工作和突出成效。

10月10—14日

［纲　文］ **中国自主研发的北斗卫星导航系统首次在我国完全自主设计并制造的支线客机ARJ21-700飞机103架机上进行了测试试飞取得成功。**

［目　文］ 本次在山东东营机场飞行试验，正式拉开了国产卫星导航系统在国产民用客机应用的序幕。本次试验依托ARJ21-700平台，按照相关国际民航标准及中国民航有关技术标准要求，成功完成了机载北斗卫星导航接收机功能和性能试飞验证，基于北斗的地基增强系统实现I类精密进近的性能试飞验证，以及北斗短报文功能试飞验证。测试结果表明：国产相关系统的性能达到国外同类系统水平，其中瞬态和快速定位指标居国际领先地位。

10月11日

［纲　文］ **国家主席习近平给南南合作与发展学院首届硕士毕业生回信。**

［目　文］ 习近平在信中写道，南南合作与发展学院首届硕士毕业生：你们好！来信收悉。得知你们圆满完成学业、成为南南合作与发展学院的首届毕业生，而且学有所思、学有所获，我感到十分高兴。你们在信中表示，促进公平、包容、可持续发展是大家的共同心愿。这正是中国倡导建立南南学院的初衷。南南合作是发展中国家联合自强、应对挑战的伟大事业。中国将发挥好南南学院的平台作用，推动开展南南合作，促进广大发展中国家共同走上发展繁荣之路。作为首届毕业生，你们满载荣耀，使命光荣。希望你们坚持学习、学以致用，行远升高、积厚成器，努力探索符合本国国情的可持续发展道路，成为各自国家改革发展的领导者。希望你们珍惜同各位老师、同学、朋友在中国结下的情谊，书写你们国家同中国友好合作新篇章，成为全球南南合作的践行者。请代我向你们的家人问好，欢迎有机会再回中国来！

2015年9月，习近平在出席联合国成立70周年系列峰会时宣布，中国将设立南南合作与发展学院。2016年4月，南南学院在北京大学正式成立。学院旨在为广大发展中国家培养高端人才，搭建发展中国家沟通交流平台，推动南南合作为世界共同发展贡献更大力量。

南南学院首期项目2016年9月开学，共录取来自27个亚非拉欧发展中国家的48名政府官员、议员、金融从业者和学者作为硕士、博士学员。2017 年 7 月 6 日，南南学院首届 26 名硕士毕业生在毕业典礼现场朗读致习近平感谢信，感谢中国政府给予他们提升知识水平、学习中国改革开放成功经验机会，表示他们在南南学院学习到了清晰理念和丰富管理知识。相信南南学院将助力学员们成为各自国家改革发展的成功领导者。

10 月 11 日

［纲　文］　**质检总局公布《国家质量监督检验检疫总局规章制定程序规定》。**

［目　文］　《规定》共 7 章 45 条。主要有总则、立项、起草、审查、决定与公布、解释与备案、附则等内容。自 2017 年 12 月 1 日起施行。质检总局于 2001 年 12 月 29 日发布的《国家质量监督检验检疫总局规章制定程序规定》（质检总局令第 15 号）同时废止。

10 月 11 日

［纲　文］　**最高人民法院、司法部发布《关于开展刑事案件律师辩护全覆盖试点工作的办法》。**

［目　文］　《办法》所指刑事案件律师辩护全覆盖，主要是刑事案件审判阶段的律师辩护全覆盖，具体而言包括以下内容：被告人具有刑事诉讼法第三十四条、第二百六十七条规定应当通知辩护情形，没有委托辩护人的，人民法院应当通知法律援助机构指派律师为其提供辩护；除此之外，其他适用普通程序审理的一审案件、二审案件、按照审判监督程序审理的案件，被告人没有委托辩护人的，人民法院也应当通知法律援助机构指派律师为其提供辩护。为确保刑事案件律师辩护全覆盖落到实处，《办法》明确规定二审人民法院发现一审人民法院未履行通知辩护职责，导致被告人在审判期间未获得律师辩护的，应当裁定撤销原判，发回原审人民法院重新审判。

律师刑事辩护全覆盖工作在北京、上海、浙江、安徽、河南、广东、四川、陕西 8 个省（直辖市）试点，试点省（直辖市）可在全省（直辖市）或选择部分地区开展试点工作。试点期限为一年。

10 月 11 日

［纲　文］　**《人民日报》报道，在墨西哥城召开的国际灌溉排水委员会执行大会上，宁夏引黄古灌区正式列入世界灌溉工程遗产名录。**

［目　文］　世界灌溉工程遗产与世界文化遗产、世界自然遗产等并称世界遗产。目前，我国已有陕西郑国渠、四川乐山东风堰等 13 处灌溉工程入选。

10 月 11 日

［纲　文］　**《人民日报》发表题为《全面深化改革打开新局面——五年变革标注历史新起点③》的评论员文章。**

10 月 11—14 日

［纲　文］　**中国共产党第十八届中央委员会第七次全体会议在北京举行。**

［目　文］　全会由中央政治局主持。中央委员会总书记习近平出席并讲话。出席全会的有中央委员 191 人，候补中央委员 141 人。中央纪律检查委员会委员和有关负责同

志列席会议。全会决定，中国共产党第十九次全国代表大会于2017年10月18日在北京召开。

全会听取和讨论了习近平受中央政治局委托作的工作报告。会议讨论并通过了党的十八届中央委员会向中国共产党第十九次全国代表大会的报告，讨论并通过了党的十八届中央纪律检查委员会向中国共产党第十九次全国代表大会的工作报告，讨论并通过了《中国共产党章程（修正案）》，决定将这3份文件提请中国共产党第十九次全国代表大会审查和审议。习近平就党的十八届中央委员会向中国共产党第十九次全国代表大会的报告讨论稿向全会作了说明，刘云山就《中国共产党章程（修正案）》讨论稿向全会作了说明。全会充分肯定党的十八届六中全会以来中央政治局的工作。总结了党的十八大以来5年的工作。总结了党的十八届中央纪律检查委员会的工作。全会按照党章规定，决定递补中央委员会候补委员崔波、舒晓琴、马顺清、王建军、李强、陈武、陈鸣明、赵立雄、赵树丛、段春华、洛桑江村为中央委员会委员。

全会审议并通过了中共中央纪律检查委员会关于孙政才、黄兴国、李立国、孙怀山、吴爱英、苏树林、杨焕宁、王三运、项俊波、李云峰、杨崇勇、张喜武、莫建成严重违纪问题的审查报告，审议并通过了中共中央军事委员会关于王建平、田修思严重违纪问题的审查报告，确认中央政治局之前作出的给予孙政才、黄兴国、孙怀山、吴爱英、苏树林、王三运、项俊波、王建平、田修思、李云峰、杨崇勇、莫建成开除党籍处分，给予李立国、杨焕宁留党察看二年处分，给予张喜武撤销党内职务处分。

全会全面分析了当前形势和任务，深入讨论了新形势下进行具有许多新的历史特点的伟大斗争、建设党的建设新的伟大工程、推进中国特色社会主义伟大事业、实现民族复兴伟大梦想的若干重大问题，为召开党的第十九次全国代表大会作了充分准备。

10月12日

［纲　文］《人民日报》报道，中央军委办公厅印发《中国人民解放军军营开放办法》。

［目　文］《办法》规定，驻大中城市市区或者郊区的师、旅、团级单位，以及具有独立营区的建制营、连级单位，经批准可以组织军营向社会开放；军营开放活动主要面向中国公民，一般在国庆节、建军节、国际劳动节、全民国防教育日、全民国家安全教育日、抗日战争胜利纪念日、烈士纪念日和军兵种成立纪念日等时机组织进行。《办法》明确，军营开放的内容包括：军史馆、荣誉室等场所，部队可以公开的军事训练课目和武器装备，基层官兵学习、生活、文化活动等设施。

10月12日

［纲　文］　第2届中国农村电子商务主题会议在浙江丽水召开。

［目　文］　会议由中国国际电子商务中心、浙江省商务厅、丽水市人民政府共同主办，浙江省电子商务促进中心、丽水市商务局等单位联合承办。本次会议围绕“共享互联

网、走好‘两山’路——电子商务让乡村更美好”主题召开，来自农村电商领域专家、成熟农村电商平台代表、政府官员等研讨中国农村电子商务市场环境和发展动态，解析电子商务与“美丽乡村”建设的融合之道，从不同视角探究中国农村电子商务如何让亿万农民共享“互联网+”成果。大会期间举行了一场主论坛、两场分论坛、一场生态农产品对接会和一场生态农产品创新网销案例大赛等活动，发布了《中国农村电子商务发展报告（2016—2017）》，报告显示，2016年中国农村网络零售额达8945.4亿元，农村网店带动就业人数逾2000万，农村电商在社会经济中正发挥着日益重要的作用。

10月12日

［纲　文］《人民日报》发表题为《全面依法治国步入新境界——五年变革标注历史新起点之④》的评论员文章。

10月12—22日

［纲　文］“2017北京国际摄影周”在北京中华世纪坛举行。

［目　文］摄影周由文化部、北京市政府主办，以“摄影：本来与未来”为主题，分开幕活动、系列展览、摄影讲堂、摄影市场、特约活动五大板块。同期，由湖南省文化厅主办，湖南省文化馆、湖南省艺术摄影学会承办的“大美潇湘 梦圆中华”湖南喜迎党的十九大摄影展作为摄影市场板块专题展览之一，在中华世纪坛影像艺术空间展出。

10月13日

［纲　文］中央军委给航天员大队记一等功庆功大会在北京举行。

［目　文］庆功大会上，宣读了中央军委主席习近平签署的通令，并向航天员大队颁发了奖状。

航天员大队是我国载人航天飞行的中坚力量，1998年1月成立，累计选拔航天员21名，2003年圆满完成我国首次载人航天飞行任务，被中央军委授予“英雄航天员大队”荣誉称号。此后，又圆满完成5次载人航天飞行任务，实现多人多天、太空出舱、交会对接、航天员中期在轨驻留等一系列重大突破，先后有11名航天员被中共中央、国务院、中央军委授予“航天英雄”“英雄航天员”荣誉称号。

10月13日

［纲　文］财政部、人力资源社会保障部印发《就业补助资金管理办法》。

［目　文］《办法》明确贫困家庭子女等五类人可享受职业培训补贴。享受职业培训补贴的人员范围包括：贫困家庭子女、毕业年度高校毕业生、城乡未继续升学的应届初高中毕业生、农村转移就业劳动者、城镇登记失业人员以及符合条件的企业职工。

10月13日

［纲　文］财政部印发《大中型水库移民后期扶持基金项目资金管理办法》。

［目　文］《办法》共18条，自2017年10月13起施行。《财政部关于印发〈大中型水库移民后期扶持结余资金使用管理暂行办法〉的通知》（财企〔2012〕315号）和《财

政部关于印发〈大中型水库移民后期扶持政策实施工作专项补助经费使用管理暂行办法〉的通知》（财企〔2011〕303号）同时废止。

10月13日

［纲　文］　**财政部、人力资源社会保障部发布《就业补助资金管理办法》。**

［目　文］　《办法》共6章40条。主要有总则、资金支出范围、资金分配与下达、资金申请与使用、资金管理与监督、附则等内容。自2017年10月13起施行。《财政部人力资源社会保障部关于印发〈就业补助资金管理暂行办法〉的通知》（财社〔2015〕290号）同时废止。

10月13日

［纲　文］　**农业部、发展改革委、财政部、国土资源部、人民银行、税务总局印发《关于促进农业产业化联合体发展的指导意见》。**

［目　文］　《意见》由八个部分组成：一、充分认识发展农业产业化联合体的重要意义。二、准确把握农业产业化联合体的基本特征。三、培育和发展农业产业化联合体的总体要求。四、建立分工协作机制，引导多元新型农业经营主体组建农业产业化联合体。五、健全资源要素共享机制，推动农业产业化联合体融通发展。六、完善利益共享机制，促进农业产业化联合体与农户共同发展。七、完善支持政策。八、强化保障措施。

10月13日

［纲　文］　**中国人民银行、中国银行业监督管理委员会发布修订后的《汽车贷款管理办法》，自2018年1月1日起施行。**

10月13日

［纲　文］　**在阿联酋阿布扎比举行的世界技能组织全体成员大会一致决定，2021年第46届世界技能大赛在中国上海举办。**

［目　文］　在申办陈述阶段，国家主席习近平通过视频向大会致辞，代表中国政府和中国人民表达对上海市举办第46届世界技能大赛的坚定支持，承诺上海一定能为世界奉献一届富有新意、影响深远的世界技能大赛。习近平指出，世界技能大赛在中国举办，将有利于推动中国同各国在技能领域的交流互鉴，带动中国全国民众尤其是近2亿青少年关注、热爱、投身技能活动，让中国人民有机会为世界技能运动发展作出贡献。中国政府高度赞赏世界技能组织的发展宗旨，愿意积极参与各项活动，继续为全球减贫和可持续发展作出更大贡献。中国政府将全面兑现每一项承诺，全方位践行世界技能组织2025战略。

人力资源社会保障部部长尹蔚民，上海市市长应勇，第46届世界技能大赛形象大使、第43届世界技能大赛印刷媒体技术项目银牌获得者张淑萍，上海出版印刷高等专科学校学生萧达飞分别在大会上作了陈述。现场还播放了上海市申办第46届世界技能大赛宣传片。

世界技能大赛被誉为“世界技能奥林匹克”，其竞技水平代表了当今职业技能发展的世界先进水平。迄今为止，世界技能组织已成功举办了43届世界技能大赛。

10月13日

［纲 文］ “湖泊水污染治理与生态修复技术国家工程实验室”建设启动会暨第一届理事会会议在北京召开。

［目 文］ 环境保护部副部长黄润秋提出了工作要求，并为实验室和各研发中心揭牌。会上宣布了第一届理事会及技术委员会、实验室主任、副主任名单。中国科学院水生生物研究所所长、中科院院士赵进东担任工程实验室副理事长，研究员吴振斌担任理事及实验室副主任。

湖泊水污染治理与生态修复技术国家工程实验室由中国环科院、中科院水生所、中交疏浚（集团）股份有限公司、中国水利水电科学研究院、中国农科院农业环境与可持续发展研究所、同济大学和北京东方园林生态股份有限公司等单位共同建设，另有武汉大学、中国市政工程中南设计研究总院有限公司等多家合作单位参与，2016年10月获国家发改委批准建设。水生所为第二单位并负责湿地与水体生态修复技术研发中心的建设。

10月13日

［纲 文］ 《人民日报》发表题为《凝聚团结向上的人心力量——五年变革标注历史新起点⑤》的评论员文章。

10月14日

［纲 文］ 《人民日报》发表题为《美丽中国建设迈出新步伐——五年变革标注历史新起点⑥》的评论员文章。

10月14—19日

［纲 文］ 第44届世界技能大赛在阿联酋阿布扎比举办，中国代表团位列金牌榜榜首。

［目 文］ 来自世界技能组织68个成员国家和地区的1200余名选手围绕52个项目展开竞技。本届大赛中国代表团平均年龄不到21岁的52名“年轻工匠”在运输与物流、结构与建筑技术、制造与工程技术等6大类47项比赛中，获得了15枚金牌、7枚银牌、8枚铜牌和12个优胜奖，中国队位列金牌榜首位，取得历史最好成绩。参加工业机械装调项目的江苏选手宋彪在1260余名参赛选手中以最高分获得本届大赛唯一的阿尔伯特大奖，参加数控铣项目的广东选手杨登辉获得中国代表团最佳选手奖。

世界技能大赛由世界技能组织每两年举办一届，是当今世界地位最高、规模最大、影响力最大的职业技能赛事，被誉为“世界技能奥林匹克”，代表了职业技能发展的世界先进水平，是世界技能组织成员展示和交流职业技能的重要平台。

11月21日，国务院总理李克强在北京会见世界技能大赛上取得优异成绩的中国选手并主持召开座谈会。李克强说，推动中国制造和服务迈上中高端、实现经济高质量发展，新一代青年技能人才肩负不可替代的使命。要全面深入贯彻落实党的十九大精神和部署，实施创新驱动发展战略，激发“双创”澎湃活力，弘扬工匠精神，这是推动中国经济转型升级的强大动能。在全面建成小康社会和全面建设社会主义现代化国家进程中，技能人才可以大有作为，也必将大有作为。中国经济要迈上中高端，劳动者的职业技能首先要迈上中高端，希望全国技能人才钻研技术，精益求精，在平凡的岗位做出不平凡的业绩，用勤劳和智慧创造更多社会财富和美好人生。质量之魂，存于匠心。中国青年有匠心，能始终不渝追求卓越，中国品牌走向世界就有大希望。李克强说，我们要让工匠精神渗入每件产品、每道工序，“差不多就行”的心态要不得，以工匠精神支撑企业家精神，支撑制造强国建设。目前，我国技能人才已达1.65亿人，但技能人才的素质、规模、结构仍难以满足经济社会向更高水平发展的需要。要深化改革，完善政策，加大培养投入，加快培养能力建设，努力造就技能型劳动者大军，实现从“向人口要红利”到“向人才要红利”的转变。要大力解决技能人才发展渠道窄、待遇偏低等问题，让广大技能人才有实实在在的成就感、获得感。

同日，人力资源和社会保障部在北京召开第44届世界技能大赛参赛总结大会上，对第44届世界技能大赛金、银、铜牌和优胜奖的中国选手获得者予以通报表扬，分别各奖励人民币30万元、18万元、12万元、5万元（均免税）。获奖者中未获得过“全国技术能手”荣誉称号的，将根据有关规定，授予“全国技术能手”荣誉称号，其表彰纳入第14届全国高技能人才表彰活动中。

10月15日

［纲　文］ **《习近平关于社会主义文化建设论述摘编》出版发行。**

［目　文］ 《论述摘编》共分8个专题：坚定文化自信，建设社会主义文化强国；坚持以马克思主义为指导，牢牢掌握意识形态工作领导权、管理权、话语权；高度重视理论建设，加快构建中国特色哲学社会科学；培育和践行社会主义核心价值观；提高全民族思想道德水平；坚持以人民为中心的创作导向；推动文化事业全面繁荣和文化产业快速发展；提高国家文化软实力，讲好中国故事。书中收入361段论述，摘自习近平同志2012年11月15日至2017年7月26日期间的讲话、报告、演讲、指示、批示、贺信等70多篇重要文献。其中许多论述是第一次公开发表。本书由中共中央文献研究室编辑，中共中央文献出版社出版发行。

10月15日

［纲　文］ **国务院批复吉林省人民政府，同意吉林省长春市列为国家历史文化名城。**

［目　文］ 批复说，一、同意将长春市列为国家历史文化名城。二、吉林省及长春市人民政府要根据本批复精神，按照《历史文化名城名镇名村保护条例》的要求，正确处理城市建设与保护历史文化遗产的关系，深入研究发掘历史文化遗产的内涵与价值，明确保护的原则和重点。编制好历史文化名城保护规划，并将其纳入城市总体规划，划定历史文化街区、文物保护单位、历史建筑的保护范围及建设控制地带，制定并严格实施相关保

护措施。在历史文化名城保护规划的指导下，编制好重要保护地段的详细规划。在规划和建设中，要重视保护城市格局，注重城区环境整治和历史建筑修缮，不得进行任何与名城环境和风貌不相协调的建设活动。三、吉林省和住房城乡建设部、国家文物局要加强对长春市国家历史文化名城规划、保护工作的指导、监督和检查。

10月15日

［纲　文］ **袁隆平培育的超级杂交水稻再创单季亩产新高。**

［目　文］ 由中国工程院院士袁隆平培育的超级杂交水稻与河北硅谷农科院研发的有机硅水溶缓释肥配套高产攻关项目，在河北邯郸进行现场测产。经过实打实收，水稻平均亩产达到1149.02公斤，即每公顷为17.23吨，再创单季亩产新高。

10月15日

［纲　文］ **中国福建晋江获得2020年第18届世界中学生运动会举办权。**

［目　文］ 在意大利撒丁岛奥尔比亚举行的国际中体联执委会会议上，经执委投票表决，中国福建的晋江获得2020年第18届世界中学生运动会举办权。这是继1998年在上海举办第11届世界中学生运动会后，中国第二次承办世界中学生运动会。世界中学生运动会是国际中学生体育联合会主办的最高水平赛事。该赛事创办于1974年。2020年世界中学生运动会拟设乒乓球、游泳、田径、足球、体操、篮球、网球及国际象棋等8个项目。

10月15日

［纲　文］ **《人民日报》发表题为《军队实现整体性革命性重塑——五年变革标注历史新起点⑦》的评论员文章。**

10月16日

［纲　文］ **国家主席习近平任免驻外大使。**

［目　文］ 习近平根据全国人民代表大会常务委员会的决定任免下列驻外大使：一、免去杨燕怡（女）的中华人民共和国驻欧盟使团团长、特命全权大使职务；任命张明为中华人民共和国驻欧盟使团团长、特命全权大使。二、免去肖明的中华人民共和国驻科摩罗联盟特命全权大使职务；任命何彦军为中华人民共和国驻科摩罗联盟特命全权大使。

10月16日

［纲　文］ **李克强主持召开国务院党组会议。**

［目　文］ 会议主要内容是深入学习贯彻党的十八届七中全会精神，部署进一步做好政府各项工作，迎接党的十九大胜利召开。

会议指出，党的十八届七中全会为党的十九大召开作了充分准备。习近平总书记在会上作了重要讲话。国务院各部门、各单位要深入学习贯彻全会精神和习近平总书记重要讲话，统一思想，提高政治站位，深刻认识在以习近平同志为核心的党中央坚强领导下，党的十八届六中全会以来各项工作取得的显著成绩，特别是过去5年改革开放和社会主义现代化建设取得的历史性成就、党和国家事业发生的历史性变革；深刻认识我国发展站到新的历史起点上对党和国家事业发展具有的重大而深远意义；深刻认识担负的历史重任。牢固树立政治意识、大局意识、核心意识、看齐意识，坚决维护党中央权威、坚决服从党中央集中统一领导，切实增强政治定力、纪律定力、道德定力、抵腐定力。

会议强调，各级政府要更加紧密团结在以习近平同志为核心的党中央周围，牢牢把握社会主义初级阶段这个最大国情，更准确地把握我国社会主义初级阶段不断变化的特点，统筹推进“五位一体”总体布局和协调推进“四个全面”战略布局，贯彻新发展理念，坚定不移深化供给侧结构性改革，紧扣人民群众对美好生活的向往，“干”字当头、锐意进取，以更加奋发有为的精神状态，扎实做好经济社会发展各项工作。持续推进政府职能转变，着力抓重点、补短板、强弱项，促进新旧动能加快接续转换；着力提高发展质量效益，有效防控风险；着力改善民生，增强群众获得感。当前尤其要进一步落实好已确定的部署，毫不松懈做好今年后几个月各项工作，确保完成全年经济社会发展主要目标任务，实现圆满收官。以经济平稳健康发展、稳中向好态势不断巩固和扩大，迎接党的十九大胜利召开。

10月16日

［纲　文］　**中共十二届全国人大常委会党组召开会议。**

［目　文］　会议传达学习贯彻党的十八届七中全会精神。全国人大常委会委员长、中共十二届全国人大常委会党组书记张德江主持会议并讲话。会议强调，党的十八届七中全会是在党的十九大即将召开之际举行的一次十分重要的会议。全会既全面回顾了十八届六中全会以来中央政治局的工作，又深刻总结了党的十八大以来五年的工作，全面分析当前形势和任务，深入讨论新形势下进行伟大斗争、建设伟大工程、推进伟大事业、实现伟大梦想的若干重大问题，为召开党的十九大作了充分准备。我们要深入学习贯彻全会精神和习近平总书记重要讲话精神，进一步把思想和行动统一到以习近平同志为核心的党中央决策部署上来，进一步增强政治责任感和历史使命感，以新的精神状态和奋斗姿态迎接党的十九大胜利召开。

党的十八大以来，党和国家事业取得历史性成就，发生历史性变革，最根本的是有习近平总书记这个党中央的核心、全党的核心，有以习近平同志为核心的党中央的坚强领导，有习近平总书记系列重要讲话精神和治国理政新理念新思想新战略的科学指引。我们要牢固树立政治意识、大局意识、核心意识、看齐意识，坚定坚持以习近平同志为核心的党中央集中统一领导，始终在思想上政治上行动上同以习近平同志为核心的党中央保持高度一致，切实把维护党中央权威、维护习近平总书记的核心地位，贯彻到实际行动和实际工作中。人民代表大会制度是党领导人民探索建立的新型政治制度，是体现党的领导地位和执政地位的根本政治制度。必须按照全会提出的“确保党对一切工作的领导，确保党总揽全局、协调各方”的要求，坚定不移坚持党的领导、人民当家作主和依法治国有机统一，牢牢把握人大工作正确政治方向，推动人民代表大会制度与时俱进。必须始终把坚持党的领导首先是坚持党中央集中统一领导贯穿于人大工作的各方面和全过程，确保以习近平同志为核心的党中央的重大决策部署在国家政权机关工作中得到切实有效贯彻执行。要坚决落实推动全面从严治党向纵深发展新要求，不断加强常委会党组自身建设，全面推进全国人大党的建设。要严明党的政治纪律和政治规矩，始终牢记“五个必须”，坚决防止“七个有之”，以实际行动诠释对党绝对忠诚。要严肃党内政治生活，自觉坚持民主集中制，严格贯彻中央八项规定精神，践行“三严三实”要求，增强政治定力、纪律定力、道德定力、抵腐定力，持之以恒加强党风廉政建设和反腐败斗争，打造忠诚干净担当的人大干部队伍。

10月16日

［纲　文］　**十二届全国人大常委会第一百零二次委员长会议在人民大会堂举行。**

［目　文］　全国人大常委会委员长张德江主持会议。全国人大常委会副委员长李建国、王胜俊、陈昌智、严隽琪、沈跃跃、吉炳轩、张平、向巴平措、艾力更·依明巴海、万鄂湘、张宝文、陈竺出席会议。会议决定，十二届全国人大常委会第三十次会议10月30日至11月4日在北京举行。

委员长会议听取了关于调整台湾省出席第十三届全国人民代表大会代表协商选举会议召集人有关情况的汇报，关于香港特别行政区、澳门特别行政区第十三届全国人大代表选举会议主席团人选名单草案有关情况的汇报。委员长会议上，全国人大常委会副委员长兼秘书长王晨就常委会第三十次会议议程草案、日程安排意见等作了汇报。全国人大常委会有关副秘书长，全国人大有关专门委员会、常委会有关工作委员会和代表资格审查委员会负责人就常委会第三十次会议有关议题作了汇报。

10月16日

［纲　文］　**中共全国政协党组召开会议认真学习贯彻党的十八届七中全会精神。**

［目　文］　全国政协主席、党组书记俞正声强调，党组成员要带头学习、深刻领会，把思想和行动统一到公报精神上来，以良好的精神状态和优异的工作成绩迎接党的十九大胜利召开。

党组成员一致认为，党的十八届七中全会，是党的十九大召开前夕一次十分重要的会议。全会既全面回顾了十八届六中全会以来中央政治局的工作，又深刻总结了党的十八大以来五年的工作，科学分析了当前形势和任务，深入讨论了新形势下进行伟大斗争、建设伟大工程、推进伟大事业、实现伟大梦想的若干重大问题，为召开党的十九大作了充分的准备。

大家一致认为，党的十八大以来的五年，是党和国家发展进程中极不平凡的五年。以习近平同志为核心的党中央团结带领全党全军全国各族人民，高举中国特色社会主义伟大旗帜，统筹推进“五位一体”总体布局，协调推进“四个全面”战略布局，提出一系列新理念新思想新战略，出台一系列重大方针政策，推出一系列重大举措，推进一系列重大工作，解决了许多长期想解决而没有解决的难题，办成了许多过去想办而没有办成的大事，推动党和国家事业发生历史性变革，中国特色社会主义进入新的发展阶段。人民政协作为一个政治组织，要深刻认识维护党中央权威和集中统一领导、严格政治纪律和政治规矩以及风清气正的良好政治生态的极端重要性。必须牢固树立政治意识、大局意识、核心意识、看齐意识，坚决维护党中央权威，坚决服从党中央集中统一领导，在思想上政治上行动上同以习近平同志为核心的党中央保持高度一致。必须坚持党的领导，坚持和完善民主集中制，坚持党领导各项工作的体制机制，确保党对一切工作的领导，确保党总揽全局、协调各方。必须坚持党的理论和路线方针政策不动摇，不折不扣执行党中央决策部署。政协委员中的党员领导干部，必须对党忠诚，做到心中有党、心中有民、心中有责、心中有戒，增强政治定力、纪律定力、道德定力、抵腐定力，自觉维护党中央权威和党的团结统一。

10月16日

［纲　文］　**财政部印发《中央预算单位资金存放管理实施办法》。**

［目　文］　《办法》共7章33条。主要有总则、资金存放银行选择方式、评选开户银行、资金转出开户银行定期存款、资金存放银行管理与约束、管理职责、附则等内容。自2017年11月1日起施行。

10月16日

［纲　文］　**中央组织部在北京举行全国党员管理信息系统开通仪式。**

［目　文］　中共中央政治局委员、中央组织部部长赵乐际出席开通仪式。部分省区市、中央和国家机关、中央企业组织人事部门负责人参加开通仪式。

按照党中央作出的建设全国党员信息库的决策部署，贯彻落实习近平总书记关于充分运用信息技术改进党员教育管理的重要指示精神，中央组织部立项开展了全国党员管理信息化工程建设，旨在运用信息化手段，为广大党员提供开放式信息窗口，为各级党组织和组织部门搭建一体化工作平台，努力实现精准、科学、高效管理的目标。党员管理信息系统是全国党员管理信息化工程的主干和核心，具有党员电子身份认证、组织关系网上转接、党员教育网上开展、党组织活动网上管理、党员和党组织数据网上统计分析等功能。这一系统的开通，是以改革创新精神加强党的建设的重要举措，是落实全面从严治党要求的重要支撑和基础保障，将有力促进党员教育管理服务迈向信息化、智能化、精准化、高效化，提高党建工作科学化水平。

10月16日

［纲　文］　**中国西北地区首条高速公路螺旋隧道——卧龙沟一号隧道全线贯通。**

［目　文］　标志着高速公路螺旋隧道施工技术首次在我国高寒、高海拔地区运用成功。

卧龙沟一号隧道地处青海、甘肃两省交界的大力加山脉的卧龙沟段，全长2620米，施工海拔在3100米左右，是大循高速公路全线重难点控制性工程之一，于2014年8月开工建设。

10月16日

［纲　文］ **中国研制的首批美国波士顿橙线地铁车在长春下线。**

［目　文］ 地铁车由中车长春轨道客车股份有限公司研制，2017年12月运抵美国。这是中国首批具有完全自主知识产权的美国标准地铁车。地铁车采用不锈钢车体，运营时速63英里，车辆服务年限达30年。

10月16日

［纲　文］ **人类首次“看见”引力波事件，中国慧眼望远镜卫星、南极巡天望远镜作出贡献。**

［目　文］ 美国国家科学基金会召开新闻发布会，宣布激光干涉引力波天文台（LIGO）和室女座引力波天文台（Virgo）于8月17日首次发现双中子星并合引力波事件，国际引力波电磁对应体观测联盟发现该引力波事件的电磁对应体。

引力波是1916年爱因斯坦建立广义相对论后的预言。极端天体物理过程中引力场急剧变化，产生时空扰动并向外传播。此前，引力波的直接探测刚刚获得了2017年度诺贝尔物理学奖。探测引力波电磁对应体对研究引力波事件、宇宙学以及基础物理具有不可替代的决定性作用，因此，人们普遍认为引力波研究的下一个里程碑是发现引力波事件产生的电磁辐射。

中国第一颗空间X射线天文卫星——慧眼HXMT望远镜对此次引力波事件发生进行了成功监测，不仅以合作组形式加入了报告本次历史性发现的论文，而且在论文的正文部分报告了观测结果，为全面理解该引力波事件和引力波闪的物理机制作出了贡献。

南极巡天望远镜AST3-2于2017年8月追踪到一次重要引力波事件GW170817光学信号。GW170817是科学界首次发现的由两颗中子星并合所产生的引力波。它发生在星系NGC4993，距地球约1.3亿光年。自北京时间2017年8月18日21时10分起，中国南极巡天望远镜AST3合作团队利用正在中国南极昆仑站运行的第二台望远镜AST3-2对此次引力波事件开展了有效的观测，此次观测持续到8月28日，期间获得了大量的重要数据，并探测到此次引力波事件的光学信号。

10月16日

［纲　文］ **《人民日报》发表题为《砥砺奋进 铸就辉煌——写在〈党的十八大以来大事记〉发表之际》的评论员文章。**

10月16—30日

［纲　文］ **“民族脊梁——迎庆党的十九大胜利召开全国书法大展”在中国国家博物馆举办。**

［目　文］ 书法大展由中国文联、中国书法家协会、中国文学艺术基金会、中国国家博物馆共同主办，以“民族脊梁”为主题。中国书法家协会多次邀请中国史学方面的知名学者和研究党史的权威专家，研讨论证，遴选比较，本着代表性与广泛性相统一、杰出人物与英雄群体相兼顾，历史价值与时代意义相结合的原则，在群星闪烁的民族脊梁中，

最终产生100余名代表人物和群体，基本展示出中华民族五千年的发展历程。

19日，中共中央政治局委员、中宣部部长刘奇葆参观了展览。

10月17日

［纲　文］ **中国共产党第十九次全国代表大会在北京举行预备会议。**

［目　文］ 习近平主持会议。党的十九大应到代表、特邀代表2354人。出席预备会议的代表、特邀代表2307名。会议以举手表决方式，通过由22人组成的代表资格审查委员会名单，通过由243人组成的大会主席团名单，通过刘云山为大会秘书长。会议并通过了大会秘书处机构设置和工作任务。会议还通过了十九大的议程。

10月17日

［纲　文］ **中国共产党第十九次全国代表大会主席团在人民大会堂举行第一次会议。**

［目　文］ 习近平出席会议并讲话。会议首先在大会秘书长刘云山主持下，以举手表决方式通过了由习近平同志等42人组成的主席团常务委员会名单。随后，会议在习近平主持下进行了各项议程。会议以举手表决方式通过了刘奇葆、孟建柱、赵乐际、栗战书为大会副秘书长。

会议通过了中国共产党第十九次全国代表大会代表资格审查委员会关于代表资格的审查报告。会议通过了中国共产党第十九次全国代表大会选举办法（草案），提交各代表团酝酿。会议还通过了列席和来宾事项。中央决定，邀请党内有关负责人和部分党外人士列席大会。列席大会的有：不是十九大代表的十八届中央委员会委员、候补委员和中央纪律检查委员会委员，不是十九大代表、特邀代表的原中央顾问委员会委员，以及其他有关人员，共405人。作为来宾列席大会开幕会和闭幕会的有：现任和曾任全国人大常委会副委员长、全国政协副主席的党外人士，在京各民主党派中央、全国工商联副主席，无党派代表人士，宗教界代表人士，在京全国人大、全国政协常委中的民主党派、无党派和民族宗教界人士，共149人。主席团会议还通过了十九大的日程。根据这个日程，十九大于10月18日上午开幕，10月24日上午闭幕。

10月17日

［纲　文］ **国家卫生计生委等11部门联合印发《中国病毒性肝炎防治规划（2017—2020年）》。**

［目　文］《规划》由五个部分组成：一、防治现状。二、总体要求。三、防控措施。四、保障措施。五、督导与评估。

《规划》指出，充分发挥国务院防治重大疾病部际联席会议制度在病毒性肝炎防治工作的领导和协调作用，强化部门合作，有关部门切实落实工作职责，形成齐抓共管的工作局面。

10月17日

［纲　文］ **“绿盾2017”国家级自然保护区监督检查专项行动巡查工作部署视频会**

议在北京召开。

［目　文］　会议由环境保护部、国土资源部、水利部、农业部、国家林业局、中国科学院、国家海洋局等7部门联合召开。环境保护部副部长黄润秋出席会议并讲话。安徽、河南、广西、四川、陕西、新疆6省区代表汇报了专项行动工作进展情况。会议部署了专项行动巡查工作。7部门成立10个联合巡查组，在全国31个省（区、市）开展历时1个月的巡查。

10月17日

［纲　文］　《人民日报》发表题为《全面从严治党提供坚强政治保证——五年变革标注历史新起点⑨》的评论员文章。

10月18—24日

［纲　文］　中国共产党第十九次全国代表大会在北京召开。

［目　文］　本次大会的主题是：不忘初心，牢记使命，高举中国特色社会主义伟大旗帜，决胜全面建成小康社会，夺取新时代中国特色社会主义伟大胜利，为实现中华民族伟大复兴的中国梦不懈奋斗。党的十九大应出席代表2280人，特邀代表74人。

在开幕会上，习近平代表第十八届中央委员会向大会作了题为《决胜全面建成小康社会 夺取新时代中国特色社会主义伟大胜利》的报告。习近平指出，中国共产党第十九次全国代表大会，是在全面建成小康社会决胜阶段、中国特色社会主义进入新时代的关键时期召开的一次十分重要的大会。报告共分13个部分：一、过去五年的工作和历史性变革；二、新时代中国共产党的历史使命；三、新时代中国特色社会主义思想和基本方略；四、决胜全面建成小康社会，开启全面建设社会主义现代化国家新征程；五、贯彻新发展理念，建设现代化经济体系；六、健全人民当家作主制度体系，发展社会主义民主政治；七、坚定文化自信，推动社会主义文化繁荣兴盛；八、提高保障和改善民生水平，加强和创新社会治理；九、加快生态文明体制改革，建设美丽中国；十、坚持走中国特色强军之路，全面推进国防和军队现代化；十一、坚持“一国两制”，推进祖国统一；十二、坚持和平发展道路，推动构建人类命运共同体；十三、坚定不移全面从严治党，不断提高党的执政能力和领导水平。

会议期间，习近平、李克强、张德江、俞正声、刘云山、王岐山、张高丽等分别参加十九大地方代表团讨论。

会议主要内容有：一、选举出由204名委员、172名候补委员组成的十九届中央委员会，选举出十九届中央纪律检查委员会委员133名。二、大会通过了关于十八届中央委员会报告的决议。大会批准习近平同志代表十八届中央委员会所作的报告。三、大会通过了关于十八届中央纪律检查委员会工作报告的决议。大会充分肯定了十八届中央纪律检查委员会的工作。四、大会通过了关于《中国共产党章程（修正案）》的决议，决定这一修正案自通过之日起生效。大会一致同意，在党章中把习近平新时代中国特色社会主义思想同马克思列宁主义、毛泽东思想、邓小平理论、“三个代表”重要思想、科学发展观一道确立为党的行动指南。

大会号召，全党全国各族人民要紧密团结在以习近平同志为核心的党中央周围，高举中国特色社会主义伟大旗帜，认真学习贯彻习近平新时代中国特色社会主义思想，锐意进取，埋头苦干，为实现推进现代化建设、完成祖国统一、维护世界和平与促进共同发展三大历史任务，为决胜全面建成小康社会、夺取新时代中国特色社会主义伟大胜利、实现中华民族伟大复兴的中国梦、实现人民对美好生活的向往继续奋斗。

10月18日

［纲　文］ **《人民日报》发表题为《开辟中国特色社会主义新境界——热烈祝贺中国共产党第十九次全国代表大会开幕》的社论。**

10月19日

［纲　文］ **国家食品药品监管总局批准“重组埃博拉病毒病疫苗（腺病毒载体）”的新药注册申请。**

［目　文］ 该疫苗是由中国独立研发、具有完全自主知识产权的创新性重组疫苗产品，由军事医学科学院生物工程研究所和康希诺生物股份公司联合研发。

10月19日

［纲　文］ **环境保护部、发展改革委、水利部印发《重点流域水污染防治规划（2016—2020年）》。**

［目　文］ 《规划》提出了工业污染防治、城镇生活污染防治、农业农村污染防治、流域水生态保护、饮用水水源环境安全保障等五项重点任务，确定饮用水水源地污染防治、工业污染防治、城镇污水处理及配套设施建设、农业农村污染防治、水环境综合治理等五大类项目，采用中央和省级项目储备库相互衔接、动态管理的方式推进实施。《规划》要求从加强组织领导、完善政策法规、健全市场机制、强化科技支撑、加强监督管理、弘扬生态文化等方面做好实施保障。

10月20日

［纲　文］ **国务院总理李克强致电杰辛达·阿德恩，祝贺她当选新西兰政府总理。**

10月20日

［纲　文］ **工业和信息化部公布《关于废止和修改部分规章、规范性文件的决定》。**

［目　文］ 《决定》说，一、废止《互联网新闻信息服务管理规定》（2005年9月25日国务院新闻办公室、原信息产业部令第37号公布）。二、废止《无线电设备发射特性核准检测机构认定办法》（2006年10月16日原信息产业部令第41号公布）。三、删除《工业和信息化部行政许可实施办法》（2009年3月1日工业和信息化部令第2号公布，根据2014年9月23日工业和信息化部令第28号公布的《工业和信息化部关于废止和修改部

分规章的决定》修正)附件“行政许可项目的条件和程序规定(第一批)”第5项和第6项，对其他项目的编号顺序作相应调整。四、废止原邮电部《关于加强移动电话机管理和调整移动电话资费标准的通知》(邮部〔1994〕281号，1994年5月3日公布)等11个规范性文件。五、自2017年10月20日起施行。

10月20日

［纲　文］　**教育部、人力资源社会保障部发出《关于印发〈高校教师职称评审监管暂行办法〉的通知》。**

［目　文］　《通知》说，为深入贯彻落实《中共中央办公厅 国务院办公厅关于深化职称制度改革的意见》和《教育部 中央编办 发展改革委 财政部 人力资源社会保障部关于深化高等教育领域简政放权放管结合优化服务改革的若干意见》等文件精神，教育部、人力资源社会保障部研究制定了《高校教师职称评审监管暂行办法》。现印发给你们，请结合实际，认真贯彻执行。

10月20日

［纲　文］　**中国环境科学学会2017年科学与技术年会在厦门召开。**

［目　文］　本次年会的主题为“创新驱动助推绿色发展”。国家环保部副部长、中国环境科学学会理事长黄润秋，福建省副省长杨贤金等领导和嘉宾出席开幕式，中外专家学者、企业家与环保人士等约2000人参加了此次大会。

10月20日—11月19日

［纲　文］　**第19届中国上海国际艺术节举办。**

［目　文］　艺术节由文化部主办、上海市政府承办。以“艺术的盛会，人民大众的节日”为宗旨。上海及长三角地区举行400余项中外艺术交流展演活动。本届艺术节着力推出45台优秀剧目、10个重要艺术展览。其中，艺术节“艺术天空”板块将在上海全市各区中心广场、文化活动中心等举行94场演出。“艺术教育”板块举办艺术进校园、学生进剧场等百余场活动。艺术节“扶持青年艺术家计划”暨青年艺术创想周共委约9部作品、31项邀约展演活动，分别在上海戏剧学院等亮相。为庆祝党的十九大胜利召开，艺术节精心策划了大型交响合唱《启航》、“从石库门到天安门”上海美术作品展及诗歌朗诵会等重点文艺创作活动。

艺术节开幕式当天，“丝绸之路国际艺术节联盟”宣告成立。来自“一带一路”沿线32个国家和地区的124个艺术节和机构携手加入联盟。联盟将全面推进“一带一路”沿线及全球艺术节、艺术机构的机制化合作进程。

10月21日

［纲　文］　**《人民日报》发表题为《文化新高度 启航新征程——写在第十九届中国上海国际艺术节开幕之际》的评论员文章。**

10月23日

［纲　文］　**体育总局发布《体育标准化管理办法》。**

［目　文］　《办法》共8章30条。主要有总则、标准化工作的管理、标准的范围与类型、标准的制定、标准的宣传贯彻、标准的实施与监督、保障机制、附则等内容。自2017年10月23日起施行。

10月23—30日

［纲　文］　**“2017内地与港澳文化青年四川文艺采风行”活动在四川举行。**

［目　文］　本次活动由文化部、香港特区政府民政事务局、澳门特区政府社会文化司主办，四川省文化厅承办。活动以“文艺服务社会”为主题。近60位来自内地及港澳的青年艺术家参加，行程涉及成都、雅安、凉山彝族自治州等地，内地与港澳青年艺术家感受巴蜀文化，了解国家文化精准扶贫工作，共同开展文化参访、非遗体验、主题论坛、参与基层文化服务工作等活动，赴凉山彝族自治州各乡镇、四川艺术职业学院、四川人民艺术剧院等考察交流。

内地与港澳文化青年内地采风活动于2016年首次举办，旨在加强内地与港澳青年艺术家对祖国历史文化的认知，了解国家公共文化服务体系建设，参与基层公共文化服务，进一步加强内地与港澳青年文化艺术人才交流。

10月23—25日

［纲　文］　**国务委员兼国防部长常万全出席第7次中国—东盟防长非正式会晤、第4届东盟防长扩大会并对菲律宾进行正式友好访问。**

［目　文］　23日，第7次中国—东盟防长非正式会晤在菲律宾克拉克举行。常万全与东盟10国防务部门领导人出席。东盟防务领导人祝贺中共十九大胜利召开，赞赏中方在理念上、行动上为维护本地区和平稳定所作贡献，表示愿与中方继续加强战略沟通，深化防务安全领域务实合作，增进理解与互信，共同应对困难与挑战，共同维护地区发展与繁荣。

24日，第4届东盟防长扩大会在菲律宾克拉克举行。常万全与东盟10国、其他7个东盟对话伙伴国防务部门领导人共同出席。各国防务部门领导人在会上就地区安全形势和共同关心的问题分别作了发言。常万全说，中方主张，各国应走共建、共享、共赢的安全合作之路，超越“零和思维”，通过对话协商、规避和管控风险，妥善处理争议和热点敏感问题。中国军队将继续深化包括同亚太国家在内的世界各国军队的友好交流和务实合作，增进相互了解和信任，推动地区多边安全对话合作机制深入发展，共同维护地区乃至世界的和平与稳定，实现共同繁荣。

大会期间，常万全与俄罗斯、新加坡、马来西亚和韩国等国国防部部长分别进行了双边会谈。

25日，常万全在马尼拉会见菲律宾总统杜特尔特时说，中菲两国是近邻，中方愿同菲方一道，以习主席与总统阁下达成的重要共识为指引，增强战略互信，妥善处理分歧，不断拓展和深化务实合作，推动中菲关系持续健康发展。

杜特尔特表示，菲方高度重视菲中关系，感谢中方向菲建设发展特别是反恐维稳提供的宝贵支持，愿与中方进一步深化友谊与合作，通过对话协商和友好合作妥善处理南海问题，造福两国人民。

同日，常万全与菲律宾国防部部长洛伦萨纳举行了正式会谈。

10月25日

［纲　文］　**中国共产党第十九届中央委员会第一次全体会议在北京举行。**

［目　文］　习近平主持会议并在当选中共中央委员会总书记后作了讲话。出席全会的有中央委员204人，候补中央委员172人。中央纪律检查委员会委员列席会议。

全会选举了中央政治局委员、中央政治局常务委员会委员、中央委员会总书记；根据中央政治局常务委员会的提名，通过了中央书记处成员，决定了中央军事委员会组成人员；批准了十九届中央纪律检查委员会第一次全体会议选举产生的书记、副书记和常务委员会委员人选。名单如下：一、中央政治局委员（按姓氏笔画为序）：丁薛祥、习近平、王晨、王沪宁、刘鹤、许其亮、孙春兰（女）、李希、李强、李克强、李鸿忠、杨洁篪、杨晓渡、汪洋、张又侠、陈希、陈全国、陈敏尔、赵乐际、胡春华、栗战书、郭声琨、黄坤明、韩正、蔡奇。二、中央政治局常务委员会委员：习近平、李克强、栗战书、汪洋、王沪宁、赵乐际、韩正。三、中央委员会总书记：习近平。四、中央书记处书记：王沪宁、丁薛祥、杨晓渡、陈希、郭声琨、黄坤明、尤权。五、中央军事委员会主席、副主席、委员。主席：习近平。副主席：许其亮、张又侠。委员：魏凤和、李作成、苗华、张升民。六、中央纪律检查委员会书记、副书记、常务委员会委员。书记：赵乐际。副书记：杨晓渡、张升民、刘金国、杨晓超、李书磊、徐令义、肖培、陈小江。常务委员会委员（按姓氏笔画为序）：王鸿津、白少康、刘金国、李书磊、杨晓超、杨晓渡、肖培、邹加怡（女）、张升民、张春生、陈小江、陈超英、赵乐际、侯凯、姜信治、骆源、徐令义、凌激、崔鹏。

10月25日

［纲　文］　**国家主席习近平应约同美国总统特朗普通电话。**

［目　文］　特朗普祝贺中共十九大胜利闭幕，祝贺习近平再次当选中共中央总书记。特朗普表示，中共十九大举世瞩目，我也密切关注习主席在会上发出的重要政策信息。美国人民都在热议我即将对中国进行的国事访问，我期待着同习主席在北京会面，就加强美中合作及共同关心的国际和地区问题充分交换看法。

习近平感谢特朗普来电祝贺并指出，刚刚闭幕的中共十九大绘制了中国未来发展的宏伟蓝图，是一次十分重要的大会。我在十九大所作报告中明确指出，中国将始终不渝走和平发展道路、奉行互利共赢的开放战略，扩大同各国利益的交汇点，推进大国协调和合作。中方高度重视发展中美关系，愿同美方在相互尊重、互利互惠的基础上推动两国关系长期健康稳定发展。总统先生不久将对中国进行国事访问，我期待着在北京同你共同规划中美关系未来发展，推动中美开展更多互利合作，给两国人民带来更多实实在在的利益，为地区及世界和平、稳定、繁荣作出更大贡献。

10月25日

［纲　文］　**中国国民党主席吴敦义致电祝贺习近平连任中共中央总书记。**

［目　文］　吴敦义表示国共两党在“九二共识”的基础上，努力推动两岸关系从紧张对立到和平发展，实现两岸领导人会面，成效有目共睹。未来盼望两党持续深化“九二共识”，强化互信、真诚合作，再创两岸和平发展新局。

习近平复电吴敦义表示感谢。复电指出，2005年以来，国共两党秉持“九二共识”、反对“台独”之共同政治基础，携手努力，推动两岸关系走上和平发展道路，成果惠及两岸同胞。诚期两党以两岸同胞福祉和中华民族利益为念，巩固既有政治基础，不断增进互信，加强交流合作，同为维护两岸关系和平发展、实现中华民族伟大复兴作出贡献。

亲民党主席宋楚瑜、新党主席郁慕明等也致电祝贺习近平连任中共中央总书记。

10月25日

［纲　文］　**国家林业局公布《国家林业局委托实施林业行政许可事项管理办法》。**

［目　文］　《办法》共15条，自2017年12月1日起施行。2013年1月22日发布的《国家林业局委托实施野生动植物行政许可事项管理办法》（国家林业局令第30号）同时废止。

10月25日

［纲　文］　**国家林业局公布《主要林木品种审定办法》。**

［目　文］　《办法》共8章46条。主要有总则、林木品种审定委员会、申请和受理、审定和公告、林木良种的编号和名称、引种备案、撤销审定、附则等内容。自2017年12月1日起施行。

10月25日

［纲　文］　**体育总局印发《关于印发〈关于进一步加强马拉松赛事监督管理的意见〉的通知》。**

［目　文］　《通知》说，为贯彻落实党中央、国务院简政放权放管结合优化服务的总体部署，加强对马拉松赛事的监督管理，规范马拉松运动持续健康发展，根据《中华人民共和国体育法》等法律法规，结合马拉松发展实际，总局制定了《关于进一步加强马拉松赛事监督管理的意见》，现印发实施，请遵照执行。贯彻实施中出现的问题，请及时反馈国家体育总局。

10月25日

［纲　文］　**中国人民银行发布《应收账款质押登记办法》。**

［目　文］　《办法》共4章34条。主要有总则、登记与查询、征信中心的职责、附

则等内容。自2017年12月1日起施行。

10月25日

［纲　文］ **《人民日报》发表题为《夺取新时代中国特色社会主义伟大胜利——热烈祝贺中国共产党第十九次全国代表大会胜利闭幕》的社论。**

10月26日

［纲　文］ **习近平在北京出席军队领导干部会议并发表讲话。**

［目　文］ 中共中央总书记、国家主席、中央军委主席习近平总结了上一届中央军委的主要工作并说，5年来，中央军委直面问题、勇于变革、攻坚克难，坚持党对军队的绝对领导，创新军事战略指导，深化国防和军队改革，加强军事斗争准备，狠抓练兵备战实战化，扎实推进军队现代化建设，坚持向科技创新要战斗力，提高依法治军水平，推进军民融合深度发展，坚定不移正风肃纪反腐，恢复了一些带根本性的东西，破解了一些深层次矛盾，取得了一些开创性成果，推动国防和军队建设上了一个大台阶。

习近平指出，中国特色社会主义进入了新时代，国防和军队建设也进入了新时代。人民军队要不忘初心、牢记使命，认真学习贯彻党的十九大精神，深入学习贯彻新时代党的强军思想，坚定不移走中国特色强军之路，全面推进国防和军队现代化，为实现党在新时代的强军目标、到本世纪中叶把人民军队全面建成世界一流军队、实现中华民族伟大复兴的中国梦而努力奋斗。全军要认真落实党中央和中央军委部署要求，迅速兴起学习贯彻党的十九大精神的热潮，努力走在前列。学习贯彻党的十九大精神，关键要实。要坚持理论联系实际，坚持学用一致，坚持领导带头，在武装头脑、指导实践、推动工作上下功夫，务求取得实实在在的效果。要在统一思想、凝聚力量上取得实效。要按照军委部署要求，继续做好年底前军队各方面工作，确保高标准完成年度各项任务。要加强思想政治建设，围绕学习贯彻党的十九大精神，深入贯彻古田全军政治工作会议精神，从严从紧加强军队党的建设，保持政治整训劲头和力度。要毫不松懈做好练兵备战工作，把各项工作抓得很深入、很细致，坚定维护国家战略全局稳定。要加快推进我军建设发展“十三五”规划任务落实，确保各项建设任务顺利完成。要继续推进国防和军队改革，按计划落实好各项改革任务。要狠抓全面从严治军，坚持严字当头、一严到底，把全面从严治军贯穿我军建设各领域全过程。要根据党的十九大精神筹划好明年和今后一个时期的工作，深入思考我军建设发展重大战略问题，为明年工作开局做好准备。

中共中央政治局委员、中央军委副主席许其亮，中共中央政治局委员、中央军委副主席张又侠，范长龙出席会议并讲话。国务委员兼国防部长常万全和中央军委委员魏凤和、李作成、苗华、张升民，以及赵克石、吴胜利、马晓天出席会议。解放军各战区、各军兵种、军委机关各部门、军事科学院、国防大学、国防科技大学和武警部队主要领导参加会议。会前，习近平会见出席党的十九大的解放军和武警部队全体代表、特邀代表、列席人员，并同大家合影留念。

10月26日

［纲　文］　**国家主席习近平应约同俄罗斯总统普京通电话。**

［目　文］　普京对中共十九大胜利闭幕和习近平再次当选中共中央总书记表示热烈祝贺。普京表示，中共十九大确立习近平新时代中国特色社会主义思想十分重要。大会成果充分体现了广大中国人民对您领导的中国共产党的信任和支持。您在中国党和人民中享有崇高的威望。我衷心祝愿习主席带领中共这一世界最大政党持续取得新的成就。俄中关系是当代世界大国和睦共处的典范。我愿同习主席保持紧密联系，推进两国各领域合作，并就重大国际和地区问题密切沟通协调。

习近平感谢普京来电祝贺。习近平指出，刚刚闭幕的中共十九大制定了中国党和国家未来发展的总体方针和行动纲领，反映着全党8900万党员的高度共识，具有特殊重要的意义。我们有信心、有能力带领中国人民朝着实现中华民族伟大复兴的奋斗目标迈进。这是中国共产党的历史责任和使命。中国的发展离不开世界。俄罗斯是中国的全面战略协作伙伴，无论国际风云如何变幻，中方深化中俄关系的决心不会改变。中方愿同俄方一道努力，把两国关系发展得更好，取得更多实实在在的成果，造福中俄两国人民和各国人民。

10月26日

［纲　文］　**中国共产党中央委员会发出致各民主党派中央、全国工商联的感谢信。**

［目　文］　感谢信说，在中国共产党第十九次全国代表大会隆重召开之际，大会收到你们热情洋溢的贺信。中国共产党中央委员会谨向你们表示衷心的感谢和诚挚的问候！

中国共产党第十九次全国代表大会，是在全面建成小康社会决胜阶段、中国特色社会主义进入新时代的关键时期召开的一次十分重要的大会。大会高举中国特色社会主义伟大旗帜，以马克思列宁主义、毛泽东思想、邓小平理论、“三个代表”重要思想、科学发展观、习近平新时代中国特色社会主义思想为指导，全面总结了党的十八大以来以习近平同志为核心的党中央团结带领全党全军全国各族人民推动党和国家事业取得的历史性成就和发生的历史性变革，深刻审视当今世界和当代中国发展大势，准确把握我国发展新要求和人民群众新期待，把习近平新时代中国特色社会主义思想和马克思列宁主义、毛泽东思想、邓小平理论、“三个代表”重要思想、科学发展观一道确立为我们党必须长期坚持的指导思想，制定了适应时代要求的行动纲领和大政方针，对决胜全面建成小康社会、夺取新时代中国特色社会主义伟大胜利作出战略部署，进一步动员全党全国各族人民牢固树立政治意识、大局意识、核心意识、看齐意识，坚定中国特色社会主义道路自信、理论自信、制度自信、文化自信，继续统筹推进“五位一体”总体布局、协调推进“四个全面”战略布局，为实现“两个一百年”奋斗目标、实现中华民族伟大复兴的中国梦而团结奋斗。在新时代，我们将更加重视发挥统一战线的重要法宝作用，坚定不移坚持和完善中国共产党领导的多党合作和政治协商制度，坚定不移贯彻长期共存、互相监督、肝胆相照、荣辱与共的方针，坚定不移支持各民主党派履行职能发挥作用，把多党合作事业继续推向前进，进一步发挥好工商联的职能作用，找到最大公约数，画出最大同心圆，为实现中国共产党第十九次全国代表大会确定的宏伟目标最广泛地凝聚共识、凝聚人心、凝聚智慧、凝聚力量。让我们紧密团结在以习近平同志为核心的中共中央周围，高举中国特色社会主义伟大旗帜，不忘初心、牢记使命，同心奋斗、砥砺前进，共同谱写统一战线和多党合作事业发展新篇章，为实现“两个一百年”奋斗目标、实现中华民族伟大复兴的中国梦而努力奋斗！

10月26日

［纲　文］　**李克强主持召开国务院党组会议。**

［目　文］　会议的主要内容是学习全面领会切实贯彻党的十九大精神，进一步做好政府各项工作。

会议指出，刚刚胜利闭幕的党的十九大深刻阐述了新时代中国共产党的历史使命，确立了习近平新时代中国特色社会主义思想的历史地位。大会通过的十八届中央委员会报告，描绘了决胜全面建成小康社会、夺取新时代中国特色社会主义伟大胜利的宏伟蓝图，进一步指明了党和国家事业的前进方向，是马克思主义的纲领性文献。习近平新时代中国特色社会主义思想是中国特色社会主义理论体系的重要组成部分，同马克思列宁主义、毛泽东思想、邓小平理论、“三个代表”重要思想、科学发展观一道，是我们党必须长期坚持的指导思想。这是党的指导思想又一次与时俱进。国务院党组和政府系统要把认真学习和全面贯彻党的十九大精神作为首要政治任务，深入学习贯彻习近平新时代中国特色社会主义思想，把思想和行动统一到党的十九大精神和部署上来。深刻认识过去5年改革开放和社会主义现代化建设取得的历史性成就、党和国家事业发生的历史性变革，深刻领会中国特色社会主义进入新时代的新论断、我国社会主要矛盾发生变化的新特点、“分两步走”全面建设社会主义现代化国家的新目标、党的建设的新要求等，紧密联系政府工作实际，学以致用，指导推动破解改革发展难题，实现经济社会持续健康发展和人民生活不断改善。走好决胜全面建成小康社会、开启全面建设社会主义现代化国家的新征程，要坚持解放和发展生产力，把发展作为解决一切问题的基础和关键，贯彻以人民为中心的发展思想，紧扣人民对美好生活的需要，着力解决发展不平衡不充分问题，按照党的十九大作出的总体战略安排，扎实做好政府各项工作。

会议强调，国务院党组和政府系统要按照党的十九大部署，坚定不移推进全面从严治党，更加自觉学习党章、遵守党章、贯彻党章、维护党章，坚定理想信念，增强政治意识、大局意识、核心意识、看齐意识，强化政治责任，自觉维护以习近平同志为核心的党中央权威和集中统一领导，维护习近平总书记的核心地位，紧抓正风肃纪、反腐倡廉不松劲。加强学习、加强实践，全面增强施政履职本领。不忘初心，牢记使命，奋发有为，真抓实干，为把我国建设成为富强民主文明和谐美丽的社会主义现代化强国作出新贡献。

10月26日

［纲　文］　**张德江主持召开中共十二届全国人大常委会党组会议并讲话。**

［目　文］　会议的主要内容是学习贯彻党的十九大精神。会议强调，要深入学习领会、全面贯彻落实党的十九大精神特别是习近平新时代中国特色社会主义思想，不断增强

"四个意识"，牢固树立"四个自信"，坚定坚持党的领导、人民当家作主、依法治国有机统一，为决胜全面建成小康社会、夺取新时代中国特色社会主义伟大胜利、实现中华民族伟大复兴的中国梦不懈奋斗。

会议一致认为，党的十九大开得非常成功，是一次不忘初心、牢记使命、高举旗帜、团结奋进的大会，在中国特色社会主义事业发展进程中具有划时代的里程碑意义。全国人大常委会党组坚决拥护习近平同志代表十八届中央委员会所作的报告，坚决拥护以习近平同志为核心的新一届中央领导集体，坚决拥护大会通过的党章修正案和十八届中央纪委的工作报告。过去5年来，党和国家事业取得了历史性成就、发生了历史性变革，最重要、最关键的是我们党有了习近平总书记这个核心，有了以习近平同志为核心的党中央的坚强领导。党的十九大作出了中国特色社会主义进入了新时代、我国社会主要矛盾已经转化等重大政治论断，把习近平新时代中国特色社会主义思想确立为我们党的指导思想并写入党章，提出了新时代坚持和发展中国特色社会主义的基本方略，确定了分两步走全面建设社会主义现代化国家的宏伟目标，对新时代推进中国特色社会主义伟大事业和党的建设新的伟大工程作出全面部署。党的十九大报告进一步指明了党和国家事业的前进方向，是我们党团结带领人民进入新时代、开启新征程、书写新篇章的政治宣言和行动纲领，是马克思主义的纲领性文献。

会议指出，全国人大常委会党组和机关各级党组织要把学习贯彻党的十九大精神作为首要政治任务，深入学习、深刻领会习近平新时代中国特色社会主义思想的时代背景、历史地位、科学体系、精神实质、基本方略、实践要求，用以武装头脑、引领方向、指导实践。要把不断增强"四个意识"落实在岗位上、体现到行动中，坚决维护习近平总书记的核心地位和权威，坚决维护党中央的权威和集中统一领导，始终在思想上政治上行动上同以习近平同志为核心的党中央保持高度一致。要坚持全面从严治党永远在路上，深入贯彻新时代党的建设总要求，更加自觉地学习党章、遵守党章，持之以恒加强全国人大党的建设，把政治建设摆在首位，始终做到忠诚干净担当。

10月26日

［纲　文］　**俞正声主持中共政协第十二届全国委员会党组会议并讲话。**

［目　文］　会议传达学习贯彻中国共产党第十九次全国代表大会和十九届一中全会精神。全国政协副主席、党组成员张庆黎传达了党的十九大精神和习近平总书记在十九届一中全会上的讲话精神。全国政协副主席、党组成员杜青林、张庆黎、李海峰、陈元、卢展工、王家瑞、王正伟、马飚出席会议并发言。会议表示，完全拥护习近平同志代表十八届中央委员会所作的报告和大会通过的各项决议，衷心拥护党的十九大和十九届一中全会选举产生的以习近平同志为核心的新一届中央领导集体。

会议认为，党的十九大是在全面建成小康社会决胜阶段、中国特色社会主义进入新时代的关键时期召开的一次十分重要的大会，在党和国家发展进程中具有重大的历史意义。大会高举中国特色社会主义伟大旗帜，作出中国特色社会主义进入了新时代、我国社会主要矛盾已经转化为人民日益增长的美好生活需要和不平衡不充分的发展之间的矛盾等重大政治论断，把习近平新时代中国特色社会主义思想确立为党必须长期坚持的指导思想，深刻回答了新时代坚持和发展中国特色社会主义的一系列重大理论和实践问题，对决胜全面建成小康社会、开启全面建设社会主义现代化国家新征程作出全面部署。党的十九大报告是一个举旗帜、指方向、明方略、绘蓝图的报告，是一篇光辉的马克思主义纲领性文献，是党进入新时代、踏上新征程、书写新篇章的政治宣言和行动纲领。党的十九大和十九届一中全会为党和人民事业发展进步指明了前进方向，为党继续带领全国各族人民团结奋斗奠定了重要的思想政治基础，为全面贯彻落实党的十九大精神，全面贯彻党的基本理论、基本路线、基本方略提供了坚强的政治保证和组织保证。要深刻认识其重大意义、精神实质和丰富内涵，牢牢把握党在新时代的历史使命，坚决维护以习近平同志为核心的党中央权威和集中统一领导，坚决维护习近平总书记党中央的核心、全党的核心地位，凝聚起同心共筑中国梦的磅礴力量。

10 月 26 日

［纲　文］　**中央军委在北京召开学习贯彻党的十九大精神工作部署会。**

［目　文］　中共中央政治局委员、中央军委副主席许其亮出席会议并讲话，中共中央政治局委员、中央军委副主席张又侠主持会议。中央军委委员魏凤和、李作成、苗华、张升民出席会议。各大单位和军委机关各部门主要领导，军队新当选的中央委员、中央候补委员、中央纪委委员，军委机关各部门党委班子成员和驻京大单位党委常委参加会议。

会议指出，党的十九大和十九届一中全会，在我们党、国家和军队历史上具有重大里程碑意义，认真学习贯彻党的十九大精神是人民军队坚决听党指挥、维护核心最实际的体现，是用党的意志主张贯注部队、凝聚焕发强国强军磅礴力量的时代要求。全军和武警部队要按照党中央、习主席的部署要求，迅速兴起学习贯彻党的十九大精神热潮，努力走在前列，在统一思想、凝聚力量上取得实效，在认清使命、强化担当上取得实效，在推动工作、见诸行动上取得实效。

10 月 26 日

［纲　文］　**受中共中央委托，孙春兰向各民主党派中央、全国工商联负责人和无党派人士代表通报中共十九大精神。**

［目　文］　中共中央政治局委员、中央统战部部长孙春兰指出，在全面建成小康社会决胜阶段、中国特色社会主义进入新时代的关键时期召开的中共十九大，是一次举旗定向、引领复兴，开辟时代、开启征程，凝聚意志、催人奋进，继往开来、薪火相传的大会，在党和国家发展进程中具有划时代的里程碑意义。

万鄂湘、张宝文、陈昌智、严隽琪、陈竺、万钢、韩启德、林文漪、王钦敏、孙其信先后作了发言，齐续春、陈晓光、马培华、刘晓峰等出席通报会。各民主党派中央、全国工商联负责人和无党派人士代表，中央国家机关有关部门、全国性人民团体领导班子中的非中共干部，在京民族、宗教界代表人士，中央统战部及统战系统单位负责人参加会议。

各民主党派中央、全国工商联负责人和无党派人士代表一致认为，中共十九大顺应时代大势，引领未来发展，向世界宣示了中国的新时代、新思想、新目标、新征程。习近平总书记所作报告举旗帜、指方向、明方略、绘蓝图，特别是习近平新时代中国特色社会主义思想，既是党和国家事业取得历史性成就的根本原因，也是继续开创美好未来的根本保证，展现出科学思想的伟力。一致表示要传承初心之志，筑牢同心之基，恪尽兴国之责，不断增强“四个自信”，充分展示多党合作制度的独特优势和强大生命力。

10 月 26 日

［纲　文］ **中国人民银行、中国证券监督管理委员会发布《绿色债券评估认证行为指引（暂行）》。**

［目　文］ 《指引》共 7 章 46 条。主要有总则、机构资质、业务承接、业务实施、报告出具、监督管理、附则等内容。自 2017 年 10 月 26 日起施行。

10 月 26 日

［纲　文］ **环境保护部、工业和信息化部与中国电信集团公司、中国移动通信集团公司、中国联合网络通信集团有限公司、中国铁塔股份有限公司签署《通信基站环境保护工作备忘录》。**

［目　文］ 《备忘录》指出，各运营商和铁塔公司应牢固树立生态文明理念，将环境保护管理纳入企业经营管理全过程，遵守各项环境保护法律法规，制定完善环境保护规章制度，依法履行环境影响登记表备案手续，积极开展环境监测、信息公开和科普宣传，妥善处理环境信访投诉，切实做好各项环境保护工作。对以任一天线地面投影点为圆心、半径 50 米范围内有公众居住、工作或学习的建筑物的通信基站，各运营商和铁塔公司应对周围电磁环境敏感目标进行电磁辐射环境监测，确保环境质量达标，并按站址在网站上公开电磁辐射环境监测信息。《备忘录》对各运营商和铁塔公司在环境监测、信息公开、信访投诉处理等工作中的职责分工予以明确。

《备忘录》是各签署方为贯彻落实《环境保护法》、保护环境、保障公众健康而达成的重要共识，是各签署方积极落实国务院“放管服”改革精神和国家“宽带中国”战略的具体举措，也是各运营商和铁塔公司自觉履行社会责任的庄重承诺，对于保护公众环境权益、促进通信行业健康发展具有重要意义。

10 月 26 日

［纲　文］ **国家文物局发出《关于印发〈文物建筑开放导则（试行）〉的通知》。**

［目　文］ 《通知》说，为进一步促进文物合理利用，推动文物建筑开放工作，明确开放使用的条件、要求和操作规范，提高开放的主动性、公益性，我局组织编制《文物建筑开放导则（试行）》，并经 2017 年 10 月 26 日第 17 次局党组会议审议通过，现予印发，试行期 2 年。请结合本地实际贯彻执行，并及时将在执行过程中出现的新情况新问题反馈我局。

10月26日

［纲　文］ **国家主席习近平特使、国务院副总理张高丽在曼谷出席泰国国王普密蓬葬礼仪式。**

［目　文］ 张高丽和出席葬礼仪式的其他国家王室和政府代表出席仪式，并向普密蓬国王灵柩献檀香木花束。

27日，张高丽在会见泰国副总理颂吉时说，普密蓬国王勤政爱民，深受泰国民众爱戴，一生为泰国家发展和人民生活幸福作出了杰出贡献。普密蓬国王是中国人民的伟大朋友，在普密蓬国王的关心下，“中泰一家亲”传统友谊不断发扬光大，双方各领域合作持续推进，为两国和两国人民带来了实实在在的利益。中方高度重视发展对泰关系，视泰为周边外交优先方向，愿同泰方携手努力，进一步加强高层交往，增进政治互信，推动中泰全面战略合作伙伴关系不断取得新发展。中国共产党第十九次全国代表大会胜利闭幕，大会审议通过了党的十九大报告、中纪委工作报告和党章修正案，把习近平新时代中国特色社会主义思想写进党章。习近平总书记所作的十九大报告描绘了决胜全面建成小康社会、夺取新时代中国特色社会主义伟大胜利的宏伟蓝图，是我们党迈进新时代、开启新征程、续写新篇章的政治宣言和行动纲领。我们将紧密团结在以习近平同志为核心的党中央周围，锐意进取，埋头苦干，不断朝着中华民族伟大复兴的目标前进。相信十九大后中国的发展将为泰国发展和中泰关系带来新机遇。

颂吉说，此次你作为习近平主席特使专程出席普密蓬国王陛下葬礼仪式，充分体现了中方对泰中关系的高度重视，是两国亲密友好的真实写照。泰方热烈祝贺中共十九大胜利召开，高度重视发展对华关系，将坚定不移同中方深化战略合作，加强“东部经济走廊”与“一带一路”建设对接，推动两国关系不断深入发展。

10月26日

［纲　文］ **国防部新闻发言人就解放军军营开放、未来中美两军关系等问题答记者问。**

［目　文］ 有记者询问解放军军营开放的具体安排问题。发言人介绍，前不久，中央军委批准印发的《中国人民解放军军营开放办法》，对军营向社会开放的组织领导、审批程序和权限、开放时机、开放内容等作了明确规范。依照规定，在重大节假日可以向社会大众开放军队相关单位军营，这有利于加强全民国防教育、巩固军政军民团结，有利于人民群众零距离感受人民子弟兵的优良传统和作风，感受国防和军队现代化建设的巨大成就，增进对人民子弟兵的感情，也有利于增强部队官兵的荣誉感使命感责任感，催生投身强军兴军伟大实践的强大精神动力。

就未来的中美两军关系，发言人表示，一段时间以来，在两国元首的重视和亲自推动下，中美两军在高层互访、机制性磋商对话和军事互信机制建设、专业交流、联演联训等方面，取得了积极进展。年内，双方还将开展多领域、多层次的对话交流。展望未来，我们愿与美方一道，相互尊重、深化互信，聚焦务实性交流与合作、妥善管控分歧，不断为两国关系的发展注入正能量，增添新动能。

就 2017 年中俄两军务实合作问题，发言人介绍，2017 年以来，中俄两军关系持续高位运行。双方举行了两军战略磋商、三次反导问题联合吹风会、两个阶段的海上联演，中方赴俄参加了国际军事比赛并首次在中国境内承办了部分比赛项目。年内，两军还将举行反导计算机联合演习等活动。中俄双方将共同努力，推动两军关系深入持续发展。

就中国军队是否会继续在南海扩大军事部署的提问，发言人指出，首先要澄清一下，我们在南海的岛礁建设以及必要的防御设施建设，谈不上什么扩大军事部署。中国对南海诸岛及其附近海域拥有无可争辩的主权，这一点是明确的。我们在自己的主权范围内加强在南海必要的防御设施建设，这完全是合法合理的。当前，南海局势总体趋稳向好。有关各方应该共同努力，维护地区和平稳定。

10 月 26 日

［纲　文］　**中国大型货运无人机 AT200 完成首飞。**

［目　文］　大型货运无人机 AT200 是由中科院工程热物理研究所和朗星无人机公司作为总体单位，联合中航工业西安飞行自动控制研究所、中国电子科技集团公司第 54 所、中国航天电子技术研究所北京航天微机电技术研究所、西工大等单位研发的，本次完成首飞，标志着全球首款吨位级货运无人机的诞生。整个飞行过程持续 26 分钟，全程飞机状态稳定，航迹跟踪精确，达到设计要求。

10 月 26 日

［纲　文］　**中国首条第六代柔性 AMOLED 高分辨率显示屏生产线——BOE（京东方）成都第六代柔性 AMOLED 生产线量产。**

［目　文］　该生产线的成功量产预示着中国企业开始在新型显示时代引领全球柔性显示屏产业发展。

BOE（京东方）成都第六代柔性 AMOLED 生产线是中国首条全柔性 AMOLED 生产线，也是全球第二条已量产的同类生产线。该生产线应用全球最先进的蒸镀工艺，并采用柔性封装技术，可实现显示屏幕弯曲和折叠。与现有显示屏相比，柔性 AMOLED 高分辨率显示屏的分辨率更高、色彩更饱满、能耗更低，是引领未来潮流的新型显示屏。相关产品主要应用于移动终端及新型可穿戴智能设备等领域。

10 月 26 日

［纲　文］　**《人民日报》报道，上海超强超短激光实验装置（SULF）成功实现 10 拍瓦激光放大输出。**

［目　文］　这是继 2016 年 8 月实现 5 拍瓦国际领先成果之后，中国超强超短激光实验装置研究再次取得重大进展。

超强超短激光能在实验室内创造出前所未有的超强电磁场、超高能量密度和超快时间尺度综合性极端物理条件。这一成果可用于研制台式化电子加速器和超快 X 射线源，对蛋白质中原子运动进行成像探测，揭示生命的奥秘；可用于研制小型激光质子刀，进行癌症的治疗；可产生阿秒脉冲探测原子内电子的运动，推动材料科学和信息技术的进步；可用于产生反物质和探测暗物质，研究天体物理和宇宙起源等。国际上多个国家投入巨资开展10拍瓦级大型超强超短激光装置的研制，展开激烈的科研竞争。例如，欧盟支持的极端光设施（ELI）项目正在同时建设多套10拍瓦激光用户装置，法国和英国也正在研制各自的10拍瓦激光装置，美、俄、日等国则提出了百拍瓦级超强超短激光装置的研究设想。

在国家发展改革委和上海市政府的重视支持下，以10拍瓦激光装置为核心的上海超强超短激光实验装置（SULF）的研制被纳入上海建设具有全球影响力的科创中心、打造世界级重大科技基础设施集群的首批重大项目，该装置计划于2018年底全面建成并对用户开放。

1拍瓦=1千万亿瓦。1拍瓦激光聚焦到10微米大小所对应的光强，大约相当于在地球与太阳之间放置一个放大镜，将太阳辐射向地球的所有阳光都聚焦到一根头发丝粗细的尺度上。只有恒星内部或是黑洞边缘才有类似的极端物理条件。

10 月 26 日

［纲　文］　**《人民日报》发表题为《引领新时代的坚强领导核心》的社论。**

10 月 27 日

［纲　文］　**习近平主持召开十九届中共中央政治局会议。**

［目　文］　会议研究部署学习宣传贯彻党的十九大精神，审议《中共中央政治局关于加强和维护党中央集中统一领导的若干规定》和《中共中央政治局贯彻落实中央八项规定的实施细则》。

会议强调，党中央集中统一领导是党的领导的最高原则，从根本上关乎党和国家前途命运、关乎人民根本利益。加强和维护党中央集中统一领导是全党共同的政治责任，首先是中央领导层的政治责任。中央政治局要带头树立政治意识、大局意识、核心意识、看齐意识，严格遵守党章和党内政治生活准则，全面落实党的十九大关于加强和维护党中央集中统一领导的各项要求，自觉在以习近平同志为核心的党中央集中统一领导下履行职责、开展工作，坚决维护习近平总书记作为党中央的核心、全党的核心的地位，凝聚全党意志，激发全国各族人民充满信心朝着实现“两个一百年”奋斗目标、建设社会主义现代化强国、实现中华民族伟大复兴中国梦的宏伟目标奋勇前进。

会议一致同意中央政治局关于加强和维护党中央集中统一领导的若干规定。中央政治局全体同志要牢固树立“四个意识”，坚定“四个自信”，主动将重大问题报请党中央研究，认真落实党中央决策部署并及时报告落实的重要进展；要带头执行党的干部政策，结合分管工作负责任地向党中央推荐干部；要对党忠诚老实，自觉同违反党章、破坏党的纪律、危害党中央集中领导和团结统一的言行作斗争，认真履行所分管部门、领域或所在地区的全面从严治党责任；要坚持每年向党中央和总书记书面述职；要严格遵守有关宣传报道的规定。中央书记处和中央纪律检查委员会、全国人大常委会党组、国务院党组、全国政协党组、最高人民法院党组、最高人民检察院党组每年向中央政治局常委会、中央政治局报告工作。

10月27日

［纲　文］　**十九届中共中央政治局就深入学习贯彻党的十九大精神进行第一次集体学习。**

［目　文］　中共中央总书记习近平在主持学习时指出，党的十九大在政治上、理论上、实践上取得了一系列重大成果，就新时代坚持和发展中国特色社会主义的一系列重大理论和实践问题阐明了大政方针，就推进党和国家各方面工作制定了战略部署，是我们党在新时代开启新征程、续写新篇章的政治宣言和行动纲领。贯彻落实党的十九大精神，在新时代坚持和发展中国特色社会主义，要求全党来一个大学习。学习宣传贯彻党的十九大精神是全党全国当前和今后一个时期的首要政治任务。中央政治局要先学一步，为全党作出示范。在座不少同志是新进中央政治局的同志，位子更高了，担子更重了，站位就要更高，眼界就要更宽。大家要把学习贯彻党的十九大精神作为第一堂党课、第一堂政治必修课，努力提高自己的政治素养和思想理论水平，以更好担负起党和人民赋予的重要职责。新征程上，不可能都是平坦的大道，我们将会面对许多重大挑战、重大风险、重大阻力、重大矛盾，领导干部必须有强烈的担当精神。领导干部不仅要有担当的宽肩膀，还得有成事的真本领。既要大胆讲政治，又要善于讲政治；既要矢志抓发展，又要善于抓发展；既要勇于抓改革，又要善于抓改革；既要敢于直面矛盾和问题，又要善于化解矛盾和问题；既要有想干事、真干事的自觉，又要有会干事、干成事的本领。各级党委要突出抓好县处级以上领导干部的学习，党委（党组）中心组要把学习党的十九大精神作为重中之重。各级党校、行政学院要把学习贯彻党的十九大精神作为干部培训的主要内容。各地区各部门要抓紧组织对干部进行集中轮训。

李克强、栗战书、汪洋、王沪宁、赵乐际、韩正就深刻领会和贯彻落实党的十九大精神谈了体会。他们表示，党的十九大高举中国特色社会主义伟大旗帜，以马克思列宁主义、毛泽东思想、邓小平理论、“三个代表”重要思想、科学发展观、习近平新时代中国特色社会主义思想为指导，作出了中国特色社会主义进入了新时代等重大政治论断，深刻阐述了新时代中国共产党的历史使命，确定了决胜全面建成小康社会、开启全面建设社会主义现代化国家新征程的目标，对新时代推进中国特色社会主义伟大事业和党的建设新的伟大工程作出了全面部署。中共中央政治局各位同志听取了他们的意见。

10月27日

［纲　文］　**工业和信息化部等16部门印发《关于印发发挥民间投资作用推进实施制造强国战略的指导意见的通知》。**

［目　文］　《通知》说，《中国制造2025》发布实施以来，制造强国建设取得显著成效。民营企业是制造业发展的主力军，但近年来受多重因素影响，制造业民间投资增速放缓。为促进民营企业转型升级、激发民间投资活力，加快制造强国建设，制定《关于发挥

民间投资作用推进实施制造强国战略的指导意见》。现印发给你们，请做好贯彻实施。

10月27日

［纲　文］　**国家工商总局公布《关于废止和修改部分规章的决定》。**

［目　文］　《决定》说，为深入推进“放管服”改革，确保各项改革措施有效落实，国家工商行政管理总局对现行有效的工商行政管理规章进行了清理。经过清理，国家工商行政管理总局决定：对《化妆品广告管理办法》（1993年7月13日国家工商行政管理局令第12号公布，2005年9月28日国家工商行政管理总局令第21号修订）、《兽药广告审查办法》（1995年4月7日国家工商行政管理局、农业部令第29号公布，1998年12月22日国家工商行政管理局、农业部令第88号修订）、《农药广告审查办法》（1995年4月7日国家工商行政管理局、农业部令第30号公布，1998年12月22日国家工商行政管理局、农业部令第88号修订）、《酒类广告管理办法》（1995年11月17日国家工商行政管理局令第39号公布，2005年9月28日国家工商行政管理总局令第21号修订）、《合同争议行政调解办法》（1997年11月3日国家工商行政管理局令第79号公布）、《农业生产资料市场监督管理办法》（2009年9月14日国家工商行政管理总局令第45号公布）等6部规章予以废止。对《中华人民共和国企业法人登记管理条例施行细则》《外国（地区）企业在中国境内从事生产经营活动登记管理办法》等2部规章的部分条款予以修改。自2017年10月27日起施行。

10月28日

［纲　文］　**习近平给西藏隆子县玉麦乡牧民卓嘎、央宗姐妹回信。**

［目　文］　中共中央总书记习近平在回信中说，卓嘎、央宗同志：你们好！看了来信，我很感动。在海拔3600多米、每年大雪封山半年多的边境高原上，你们父女两代人几十年如一日，默默守护着祖国的领土，这种精神令人钦佩。我向你们、向所有长期为守边固边忠诚奉献的同志，表示崇高的敬意和衷心的感谢。家是玉麦，国是中国，放牧守边是职责，你们这些话说得真好。有国才能有家，没有国境的安宁，就没有万家的平安。祖国疆域上的一草一木，我们都要看好守好。希望你们继续传承爱国守边的精神，带动更多牧民群众像格桑花一样扎根在雪域边陲，做神圣国土的守护者、幸福家园的建设者。十九大刚刚召开，党将带领各族群众创造更加美好的生活。我相信，在大家的共同努力下，玉麦这个曾经的“三人乡”，一定能建成幸福、美丽的小康乡，乡亲们的日子也一定会越过越红火！

西藏隆子县玉麦乡地处喜马拉雅山脉南麓，山陡路险，交通闭塞，现有9户、32位乡民，是我国人口最少、人均面积最大的乡。20世纪很长一段时间内，玉麦乡仅有桑杰曲巴一户人家，被外界称作“三人乡”。几十年来，桑杰曲巴和他的女儿卓嘎、央宗在玉麦接力坚守，谱写了爱国守边的动人故事。在党的十九大召开之际，卓嘎、央宗姐妹给习近平总书记写信，汇报为国守边的经历体会和家乡的发展变化，表达同乡亲们一起继续坚持放牧守边、报答党恩的决心。

10月28日

［纲　文］　**新华社讯，中共中央决定，胡春华不再兼任广东省委书记、常委、委员职务；李希兼任广东省委委员、常委、书记，不再兼任辽宁省委书记、常委、委员职务。**

10月28日

［纲　文］　**新华社讯，尤权不再兼任福建省委书记、常委、委员职务，于伟国任福建省委书记。**

10月28日

［纲　文］　**新华社讯，赵克志不再担任河北省委书记、常委、委员职务，另有任用；王东峰任河北省委委员、常委、书记。**

10月28日

［纲　文］　**新华社讯，陈求发任辽宁省委书记。**

10月28日

［纲　文］　**国务院任命肖捷为国务院副秘书长。**

10月29日

［纲　文］　**新华社讯，中央办公厅印发《关于在全国各地推开国家监察体制改革试点方案》。**

［目　文］　《方案》指出，党的十九大对深化国家监察体制改革作出重大决策部署。在总结北京市、山西省、浙江省改革试点工作经验基础上，在全国各地推开改革试点，是贯彻落实党的十九大精神，推动全面从严治党向纵深发展的重大战略举措，对于健全中国特色国家监察体制，强化党和国家自我监督具有重要意义。在今年底明年初召开的省、市、县人民代表大会上产生三级监察委员会，使改革与地方人大换届工作紧密衔接，有利于加快改革步伐，确保改革有序深入推进。党中央决定，北京市、山西省、浙江省继续深化改革试点，其他28个省（自治区、直辖市）设立省、市、县三级监察委员会，整合反腐败资源力量，完成相关机构、职能、人员转隶，明确监察委员会职能职责，赋予惩治腐败、调查职务违法犯罪行为的权限手段，建立与执法机关、司法机关的协调衔接机制。

《方案》要求，要加强党对试点工作的集中统一领导。试点地区各级党组织要担负起主体责任。试点省（自治区、直辖市）党委对试点工作负总责，成立深化监察体制改革试点工作小组，由党委书记担任组长。试点地区纪委要细致谋划、扎实推进，做好试点方案的组织实施和具体落实。各有关单位要各司其职、协调配合，确保如期完成试点任务。

10月29日

［纲　文］　**新华社讯，中共中央决定，韩正不再兼任上海市委书记、常委、委员职务；李强兼任上海市委委员、常委、书记，不再兼任江苏省委书记、常委、委员职务。**

10月29日

［纲 文］ **新华社讯，中共中央决定，娄勤俭任江苏省委委员、常委、书记，不再担任陕西省委书记、常委、委员职务。**

10月29日

［纲 文］ **新华社讯，中共中央决定，胡和平任陕西省委书记。**

10月29日

［纲 文］ **《人民日报》发表题为《让中国特色社会主义展现更强大的生命力——论学习贯彻党的十九大精神》的评论员文章。**

10月29日

［纲 文］ **十九届中央纪委常委会召开第一次会议。**

［目 文］ 中共中央政治局常委、中央纪委书记赵乐际主持会议并讲话。中共中央政治局委员、中央纪委副书记杨晓渡出席会议。

赵乐际指出，要深入学习贯彻党的十九大精神，坚持以习近平新时代中国特色社会主义思想为指导，不忘初心、牢记使命，履职尽责、勇于担当，把中央纪委常委会建设成忠诚于党的坚强战斗集体，更好担负起坚决维护以习近平同志为核心的党中央权威和集中统一领导的重大政治责任。学习贯彻党的十九大精神，是当前和今后一段时期全党的首要政治任务。中央纪委常委会要带头学习、带头思考、带头贯彻，把自己摆进去、把职责摆进去，学懂、弄通、做实，更加自觉地坚决维护习近平总书记在党中央和全党的核心地位，坚决维护党中央权威和集中统一领导，切实增强政治意识、大局意识、核心意识、看齐意识，在思想上政治上行动上同以习近平同志为核心的党中央保持高度一致；更加自觉地用习近平新时代中国特色社会主义思想武装头脑、指导实践、推动工作，不断提高马克思主义理论水平，不断增强道路自信、理论自信、制度自信、文化自信；更加自觉地坚持和加强党的全面领导，一刻不停歇地推动全面从严治党向纵深发展，把党建设得更加坚强有力；更加自觉地坚持和发扬十八届中央纪委的好做法好经验，不松劲、不停步、再出发，按照十九大新部署新要求，忠诚履行党章赋予的监督执纪问责职责，把党的政治建设摆在首位，持之以恒正风肃纪，夺取反腐败斗争压倒性胜利，着力健全党和国家监督体系，强化不敢腐的震慑、扎牢不能腐的笼子、增强不想腐的自觉，以新的作风开创新的局面。中央纪委常委同志要忠诚于党、忠诚于人民、忠诚于共产党人的理想信念，做党和人民的忠诚卫士。要提高政治站位，自觉在大局下工作，带头维护党中央权威和集中统一领导，带头贯彻执行党的路线方针政策，带头执行党中央作出的重大决策部署。要勇于担当作为，实事求是，履职尽责，增强本领，创造性地做好各项工作。对分管部门和单位，既要从严要求工作，又要从严管好班子、带好队伍。要保持干净廉洁，模范遵守党章党规党纪，认真践行“三严三实”，严格遵守中央八项规定、廉洁自律准则、有关工作和生活待遇规定，以自身实际行动为广大纪检干部带好头、做标杆。

10月29日

［纲　文］　**国务院办公厅印发《消防安全责任制实施办法》。**

［目　文］　《办法》共6章31条，主要内容有总则、地方各级人民政府消防工作职责、县级以上人民政府工作部门消防安全职责、单位消防安全职责、责任落实、附则，自2017年10月29日起施行。地方各级人民政府、国务院有关部门等可结合实际制定具体实施办法。

10月29—30日

［纲　文］　**环境保护部在北京举办全国环保系统专题研讨班。**

［目　文］　研讨的主要内容是，学习贯彻党的十九大精神，研究部署打好生态环境保护攻坚战。环境保护部部长李干杰出席全体会议并讲话。各省（区、市）环境保护厅（局），计划单列市环境保护局，军委后勤保障部军事设施建设局，新疆生产建设兵团环境保护局负责人，环境保护部机关各部门正处级以上干部，各派出机构、直属单位主要负责人参加会议。

10月月29日—11月4日

［纲　文］　**应外交部部长王毅邀请，斯里兰卡外长马拉帕纳对中国进行正式访问。**

［目　文］　30日，王毅在北京同马拉帕纳举行了会谈。会谈后，两国外长互换中斯刑事司法协助条约批准书。

11月1日，中共中央政治局常委、国务院副总理汪洋在北京会见马拉帕纳时表示，中方高度重视发展同斯里兰卡的关系，视斯里兰卡为建设“一带一路”的重要合作伙伴。2017年是中斯建交60周年和《米胶协定》签署65周年。中方将认真落实中共十九大确定的亲诚惠容理念和与邻为善、以邻为伴周边外交方针，加强同斯里兰卡等发展中国家的团结合作。

马拉帕纳表示，斯里兰卡视中国为亲密朋友和发展伙伴。斯方愿充分发挥地缘优势，积极参与21世纪海上丝绸之路建设，不断推进港口、基础设施等领域互利合作，提升斯中关系水平。

10月30日

［纲　文］　**中共中央总书记、国家主席习近平在北京会见越共中央总书记阮富仲特使、中央对外部部长黄平君。**

［目　文］　黄平君转交了阮富仲致习近平的贺信并转达口信。阮富仲在口信中表示，在中共十九大取得圆满成功之际，我本着对越中两党两国关系的高度重视派特使访华，当面祝贺习近平总书记同志再次当选并被全党拥戴为领导核心，我们高度评价中共十九大取得伟大成就，确立习近平新时代中国特色社会主义思想为党的指导思想。相信兄弟的中国人民在以习近平总书记为核心的党中央领导下，一定能完成中共十九大提出的宏伟目标，把中国建设成为富强民主文明和谐美丽的社会主义强国，为地区和世界的和平发

展作出更大贡献。越方高度评价习近平总书记对越中关系的高度重视和亲自推动，我期待着与您一道努力，促进越中关系取得新的更大发展。

习近平表示，越共中央和阮富仲总书记分别就中共十九大召开和我再次当选中共中央总书记发来热情洋溢的贺函，又在大会刚刚闭幕不久派特使专程来华致贺，这体现了中越两党的友好情谊，也表明越方对中越关系的高度重视。

习近平指出，当前，中国特色社会主义进入了新时代，越南社会主义建设和革新事业也步入关键期。在中共十九大上，我提出要不忘初心、牢记使命。发展中越关系同样要不忘初心、牢记使命。这个初心，就是两党两国老一辈领导人亲手缔造和精心培育的中越传统友谊；这个使命，就是我们两党共同拥有的理想信念和肩负的历史担当。中越两党同为社会主义国家执政党，应该从更高角度和更深层次审视中越关系，坚定不移推动构建具有战略意义的命运共同体。新一届中共中央领导集体将一如既往奉行对越友好方针，同以阮富仲总书记为首的越共中央领导集体一道，加强对双边关系的政治引领，深化战略沟通，增进政治互信，落实重要共识，妥善处理有关问题，推动中越关系持续健康稳定发展。

黄平君代表越共中央和阮富仲表示，中共十九大是中国党的喜事，也是越南党的喜事，越方热切期待深入了解十九大精神和习近平新时代中国特色社会主义思想。越共中央愿同以习近平总书记为核心的新一届中共中央领导集体一道努力，把新时代越中关系提升到新高度。

10月30日

［纲　文］　国家主席习近平在人民大会堂会见清华大学经济管理学院顾问委员会海外委员和中方企业家委员。

［目　文］　习近平说，刚刚闭幕的中共十九大具有重要的意义，更加坚定了我们继续走中国特色社会主义道路的信心。中国特色社会主义进入新时代。中国经济已经由高速增长阶段转向高质量发展阶段。人才是创新的根基，是创新的核心要素。培养人才，根本要依靠教育。中国正在以前所未有的决心和力度推进全面深化改革，将继续以开放促改革、促发展。中国将在坚定维护自身主权、安全和发展利益的同时，坚持对外开放基本国策，坚定不移奉行互利共赢的开放战略，不断提高对外开放的质量和水平。中国是经济全球化的受益者，更是贡献者，中国的发展是世界的机遇。中国的开放不是你输我赢，而是合作共赢。中国有句俗话，买卖不成仁义在。中国不搞霸王条款，不图占别人便宜。中国已经并将继续出台一系列进一步扩大开放的举措。中华民族五千年传承的是和平的基因，中国将坚持走和平发展道路，奉行正确义利观，秉持共商共建共享的全球治理观，积极参与全球治理体系改革和建设，推动构建人类命运共同体。

习近平赞赏委员们为促进中国经济和管理教育事业发展、推动中外交流合作作出的积极贡献。希望委员们发挥自身优势，多为中国发展建言献策，多同中方开展互利合作，多向世界客观全面介绍中国，增进中国人民同各国人民相互了解和友谊。

清华大学经济管理学院顾问委员会主席布雷耶、保尔森基金会主席保尔森、黑石集团董事长苏世民、苹果公司首席执行官库克、脸书公司创始人兼首席执行官扎克伯格等代表委员们先后发言。他们表示，习主席在十九大上所作报告令人印象深刻，中国成功地引领了经济社会的强劲发展，中国减贫事业的成就、推动创新发展的努力值得称赞。我们对中国的未来充满信心。国际社会期待着在中国改革开放进程中同中方深化互利合作，期待着中国在国际事务中发挥更大的积极作用。美国各界也期待着特朗普总统访华和美中元首北京会晤取得积极成果，祝愿美中关系不断向前发展。

10月30日

［纲　文］ **中共中央总书记、国家主席习近平在北京会见老挝人民革命党中央总书记本扬特使、中联部部长顺通。**

［目　文］ 顺通转交了本扬致习近平的贺信并转达口信。本扬在口信中表示，我代表老挝党对中共十九大取得辉煌成就，习近平总书记同志再次当选中共中央总书记表示热烈祝贺。习近平总书记以丰富的政治阅历和高超的领导艺术，带领中国党、政府和兄弟的中国人民在各项事业发展中取得了历史性成就，得到了全党的高度信任和拥戴。我们坚信，在中共十九大正确路线指引下，以习近平同志为核心的新一届中共中央领导集体，将继续带领兄弟的中国人民在中国特色社会主义现代化征程中夺取新的全面巨大胜利，实现中国共产党的宏伟蓝图和历史使命。老方高度评价习近平总书记对老中关系的高度重视和亲自指导，我愿与您一道努力，把老中关系不断推进到新高度。

习近平表示，老挝党中央委员会和本扬总书记分别就中共十九大召开和我再次当选中共中央总书记发来热情洋溢的贺函，又在大会刚刚闭幕不久派顺通同志专程来华致贺，这体现了我们两党的友好关系，也体现了以本扬总书记为首的老挝党中央对发展中老两党两国关系的高度重视。中国特色社会主义进入了新时代，这个重要判断不仅在中国国家和民族发展史上具有重大意义，在世界社会主义乃至人类社会发展史上也具有重大意义。长期以来，包括中国、老挝在内的社会主义国家一直在不懈探索符合自身国情、独立自主的发展道路，也都取得了显著成就。中老两党应该从更高角度和更深层次看待和把握中老关系的特殊战略意义，为我们各自国家建设和世界社会主义发展作出符合时代要求的新努力和新贡献。新一届中共中央领导集体将继续同以本扬总书记为首的老挝党中央领导集体一道，加强对双边关系的政治引领，秉承“长期稳定、睦邻友好、彼此信赖、全面合作”十六字方针和“好邻居、好朋友、好同志、好伙伴”精神，推动中老全面战略合作伙伴关系不断向前发展。

10月30日

［纲　文］ **李克强主持召开国务院常务会议。**

［目　文］ 会议的主要内容是，审议通过《深化“互联网+先进制造业”发展工业互联网的指导意见》，促进实体经济振兴、加快转型升级；审议通过《国务院关于废止〈中华人民共和国营业税暂行条例〉和修改〈中华人民共和国增值税暂行条例〉的决定（草案）》，推动营改增改革成果法治化。

会议指出，贯彻党的十九大精神，建设现代化经济体系，要以推进供给侧结构性改革为主线，结合实施“中国制造2025”和“互联网+”，加快建设和发展工业互联网，促进新一代信息技术与制造业深度融合，这对推动实体经济转型升级，大力发展数字经济，打造制造强国、网络强国，具有重要意义。经法律程序批准全面推开营改增试点后，原来实行营业税的服务业领域已统一征收增值税，实质上全面取消了实施60多年的营业税，营业税暂行条例实际已停止执行。为巩固和扩大营改增大幅减税成果，必须修改相应法规，并重新以法规形式确定下来，会议通过《国务院关于废止〈中华人民共和国营业税暂行条例〉和修改〈中华人民共和国增值税暂行条例〉的决定（草案）》。全面取消营业税，调整完善增值税征税范围，将销售服务、无形资产、不动产的单位和个人规定为增值税纳税人，并明确相应税率。根据13%这一档增值税率已取消的情况，将销售或进口粮食、图书、饲料等货物的税率由13%降至11%。同时，目前对部分行业实施的过渡性政策保持不变。考虑到下一步深化改革的实际需要，草案明确，对纳税人缴纳增值税的有关事项，国务院或经国务院同意由财政、税务主管部门另作规定的，依照其规定执行。

10月30日

［纲　文］　**中俄总理定期会晤委员会第21次会议在重庆召开。**

［目　文］　中共中央政治局常委、国务院副总理、中俄总理定期会晤委员会中方主席汪洋与俄罗斯副总理、委员会俄方主席罗戈津共同主持，为举行的中俄总理第22次定期会晤作准备。双方系统梳理了委员会过去一年来的工作进展，就下一步的各领域合作深入交换意见，签署了《中俄总理定期会晤委员会第21次会议纪要》。

汪洋说，过去五年，在习近平主席和普京总统的战略引领下，中俄全面战略协作伙伴关系达到历史最好时期，为两国务实合作提供了强有力的政治保障。在两国总理的部署推动下，委员会机制建设日臻完善，始终保持高效运转，双边合作取得丰硕成果。今年以来中俄贸易持续回暖向好，核能、民用航空、航天、跨境基础设施建设等领域战略性大项目合作稳步推进，双方还积极探讨远东开发、北极开发、数字经济等新议题，开辟了务实合作新空间。中方愿同俄方进一步继承好传统，探索新做法，推动两国务实合作取得新成效。

罗戈津对中共十九大的胜利召开表示祝贺并表示，俄方始终将发展对华关系视为本国外交优先战略方向。当前俄中关系处于历史最好时期。俄方愿在互利共赢基础上进一步深化对华合作，充分发挥两国总理定期会晤委员会在落实两国元首共识和协调具体合作方面的重要作用，推动双方务实合作取得更多成果。

10月30日

［纲　文］　**中央纪委监察部召开传达学习党的十九大精神大会。**

［目　文］　中共中央政治局委员、中央纪委副书记杨晓渡主持会议。中共中央政治局常委、中央纪委书记赵乐际出席会议并讲话。他强调，中央纪委监察部在维护以习近平同志为核心的党中央权威和集中统一领导上担负着特殊使命和重大责任，必须忠诚履职、

勇于担当，带头维护习近平总书记在党中央和全党的核心地位，带头贯彻习近平新时代中国特色社会主义思想，带头落实党的十九大确定的各项任务，不松劲、不停步、再出发，推动全面从严治党向纵深发展。党的十九大是在全面建成小康社会决胜阶段、中国特色社会主义进入新时代的关键时期召开的一次十分重要的大会。学习贯彻党的十九大精神，是当前和今后一段时期全党全国的首要政治任务。各级纪检监察机关特别是中央纪委监察部机关党员干部要认真学习贯彻，发挥表率作用。要认真研读党的十九大报告、党章、中央纪委工作报告和习近平总书记在十九届一中全会上的重要讲话，深入领会习近平新时代中国特色社会主义思想，准确把握党的十九大提出的重大理论观点和重大战略部署，切实把思想和行动统一到十九大精神上来。要保持担当精神、斗争精神，不忘初心、牢记使命、继续前进，忠诚履行党章赋予的监督执纪问责职责。要把政治建设摆在首位，牢固树立"四个意识"，加强对党的十九大精神贯彻落实和党章党规执行情况的监督检查。要把坚定理想信念作为党的思想建设的首要任务，深入开展"不忘初心、牢记使命"主题教育，不断提高纪检监察干部的政治能力和理论水平。要坚持、巩固、深化，全面加强作风建设和纪律建设，驰而不息落实中央八项规定精神，加大整治群众身边腐败问题力度，增强人民群众获得感。要坚持无禁区、全覆盖、零容忍，坚持重遏制、强高压、长震慑，强化不敢腐的震慑，扎牢不能腐的笼子，增强不想腐的自觉。要精心谋划2017年底和2018年各项工作，切实担负起党中央赋予的职责，推动党的纪律检查事业不断开创新局面，不负党和人民的信任与重托。

10月30日

［纲　文］　**中宣部在北京召开学习宣传贯彻党的十九大精神电视电话会议**。

［目　文］　中共中央政治局委员、中宣部部长黄坤明出席会议并讲话，强调宣传思想文化战线要把学习宣传贯彻党的十九大精神作为首要政治任务，以学习好、宣传好、贯彻好习近平新时代中国特色社会主义思想为主线，在全党全国全社会迅速兴起热潮。

黄坤明指出，党的十九大是在全面建成小康社会决胜阶段、中国特色社会主义进入新时代的关键时期召开的一次十分重要的大会。大会在政治上、理论上、实践上取得了一系列重大成果，对于动员全党全国各族人民坚定道路自信、理论自信、制度自信、文化自信，万众一心、开拓进取，把新时代中国特色社会主义推向前进，开创更加美好的未来，具有十分重大的意义。做好党的十九大精神学习宣传工作，要着力在学懂、弄通、做实上下功夫，坚持全面准确深入、既严谨又生动，突出昂扬向上、平实务实的鲜明基调，把各方面力量调动起来，把各种资源集中起来，引导广大干部群众准确领会把握党的十九大精神的思想精髓、核心要义。要广泛开展新闻宣传、社会宣传，精心组织集中宣讲、学习研究，坚持网上网下宣传一起抓，用好用活新媒体，推动党的十九大精神深入人心、落地生根。

10月30日

［纲　文］　**十九届中央军委召开第一次集体学习会议**。

［目　文］　会议围绕全面学习贯彻党的十九大精神，交流学习体会，研究贯彻落实的意见。中共中央政治局委员、中央军委副主席许其亮主持集体学习并讲话，中共中央政治局委员、中央军委副主席张又侠，中央军委委员魏凤和、李作成、苗华、张升民参加学习讨论，军委机关各部门主要领导列席会议。

会议指出，要坚决贯彻习主席重要指示精神，把学习宣传贯彻党的十九大精神作为首要政治任务，按照走在前列的要求，精心筹划组织，迅速兴起热潮，切实把军心凝聚在中国特色社会主义伟大旗帜下，凝聚到习近平新时代中国特色社会主义思想上，凝聚到习近平强军思想上，强化“四个意识”、增强“四个自信”，坚定不移走中国特色强军之路，全面推进国防和军队现代化，为实现党在新时代的强军目标、把人民军队全面建成世界一流军队努力奋斗。军委必须带头学、带头讲、带头干，切实在学懂、弄通、做实上下功夫见成效。领导干部要率先垂范、以上率下，一级带着一级学、一级带着一级干，给部队做出榜样、立起标杆。学习贯彻党的十九大精神关键要实，要坚持理论联系实际，坚持学用一致，紧密结合新时代军队使命任务，把贯彻落实工作抓紧抓实。要坚持不懈用习近平新时代中国特色社会主义思想武装全军，牢固确立习近平强军思想在国防和军队建设中的指导地位，坚决维护权威、维护核心，坚决维护和贯彻军委主席负责制，确保绝对忠诚、绝对纯洁、绝对可靠，任何时候任何情况下坚决听从党中央、中央军委和习主席指挥。要聚焦备战打仗这个主责主业，立起战斗力这个唯一的根本的标准，坚持一切工作向能打仗、打胜仗聚焦，不当“和平兵”、治好“和平病”，推动备战工作严起来实起来。要把国防和军队现代化的战略安排转化为工作思路、工作举措和具体行动，转变成推进政治建军、改革强军、科技兴军、依法治军的路线图施工图，围绕强军蓝图加强战略规划，接续加力把国防和军队改革往纵深推进，下大气力把创新驱动的引擎全速发动起来，坚定向着全面建成世界一流军队迈进。要坚定不移推动全面从严治党、全面从严治军落到实处，按照作风建设永远在路上的要求，坚持严字当头、一严到底，严明政治纪律和政治规矩，保持正风反腐肃纪高压严治态势，全面彻底肃清郭伯雄徐才厚流毒影响，坚决清除一切侵蚀军队健康肌体的病毒，努力营造风清气正的良好政治生态。

10 月 30 日

［纲　文］　**国家发展和改革委发布《政府制定价格成本监审办法》。**

［目　文］　《办法》共 5 章 46 条。主要有总则、成本监审程序、定价成本核定、法律责任、附则等内容。自 2018 年 1 月 1 日起施行。国家发展改革委 2006 年 3 月 1 日发布的《政府制定价格成本监审办法》和 2007 年 6 月 5 日发布的《定价成本监审一般技术规范（试行）》同时废止。

10 月 30 日

［纲　文］　**质检总局公布《全国专业标准化技术委员会管理办法》。**

［目　文］　《办法》共 5 章 56 条。主要有总则，组织机构，组建、换届、调整，监督管理，附则等内容。自 2018 年 1 月 1 日起施行。本办法施行后，国家质检总局、国家

标准委以前发布的规章、规范性文件与本办法规定不一致的，适用本办法。

10 月 30 日

［纲 文］ **国务委员兼国防部长常万全在北京与白俄罗斯国防部部长拉夫科夫举行会谈。**

［目 文］ 常万全说，近年来，中白两军务实交往不断取得新成绩，各领域合作卓有成效。中方愿与白方一道，全面落实两国元首达成的重要共识，以“一带一路”建设为契机，不断提升各领域合作水平，为发展两国全面战略伙伴关系作出新贡献。拉夫科夫表示，白方珍视白中传统友谊，愿与中方携手努力，加强“一带一路”建设合作，不断丰富两国两军关系内涵。

10 月 30 日

［纲 文］ **辽宁省第十二届人民代表大会常务委员会第三十七次会议决定，接受陈求发辞去辽宁省省长职务的请求，任命唐一军为辽宁省副省长、代理省长。**

10 月 30 日

［纲 文］ **联合国教科文组织网站发布，中国申报的甲骨文通过联合国教科文组织世界记忆工程国际咨询委员会的评审，成功入选《世界记忆名录》。**

［目 文］ 甲骨文是我国发现最早的文献记录，出土于河南安阳殷墟遗址，是距今三千多年的商代后期用于占卜祈祷的文字。甲骨文是汉字的源头，从甲骨文一脉相承发展到现代汉字，才使中华文明发展至今没有中断，这为研究中国源远流长的灿烂文明史和早期国家与社会形态提供了独特而真实的第一手资料。甲骨文既是中华民族珍贵的文化遗产，也是人类共同的精神财富。甲骨文成功入选《世界记忆名录》，标志着世界对甲骨文的重要文化价值及其历史意义的高度认可，对于国际社会了解和认识甲骨文及博大精深的中华优秀传统文化具有重要推动作用；对于增强中华民族自豪感，提升文化自信具有重要促进作用。

《世界记忆名录》是联合国教科文组织的旗舰项目，创建于 1997 年，目的是对世界范围内正在逐渐老化、损毁、消失的文献记录进行抢救，并加强保护和利用，提高全世界对文献遗产及其重要性的认识。该项目每两年评审一次，我国上一次申报的《南京大屠杀档案》于 2015 年入选。

10 月 30 日

［纲 文］ **《人民日报》发表题为《阔步走进中国特色社会主义新时代——二论学习贯彻党的十九大精神》的评论员文章。**

10 月 30 日—11 月 4 日

［纲 文］ **十二届全国人大常委会第三十次会议在北京召开。**

［目 文］ 全国人大常委会委员长张德江主持开幕会、闭幕会。全国人大常委会副委员长李建国、王胜俊、陈昌智、严隽琪、王晨、沈跃跃、吉炳轩、张平、向巴平措、艾力更·依明巴海、万鄂湘、张宝文、陈竺，常委会组成人员出席会议。在开幕会上，中共

中央政治局委员、中宣部部长黄坤明作学习贯彻党的十九大精神辅导报告。

会议主要内容是：一、会议经表决，通过了新修订的反不正当竞争法、新修订的标准化法、公共图书馆法、刑法修正案（十）、关于修改会计法等十一部法律的决定；决定免去郭声琨兼任的公安部部长职务，任命赵克志为公安部部长，国家主席习近平分别签署第77、78、79、80、81、82号主席令予以公布。二、会议表决通过了关于增加香港特别行政区基本法附件三所列全国性法律的决定，关于增加澳门特别行政区基本法附件三所列全国性法律的决定，关于在全国各地推开国家监察体制改革试点工作的决定，关于中国人民武装警察部队改革期间暂时调整适用相关法律规定的决定，关于延长授权国务院在北京市大兴区等三十三个试点县（市、区）行政区域暂时调整实施有关法律规定期限的决定。三、会议表决通过了关于批准《中华人民共和国和亚美尼亚共和国关于刑事司法协助的条约》的决定、关于批准《中华人民共和国和埃塞俄比亚联邦民主共和国关于民事和商事司法协助的条约》的决定。四、会议表决通过了全国人大内务司法委员会、财政经济委员会、外事委员会、农业与农村委员会分别提出的关于第十二届全国人大五次会议主席团交付审议的代表提出的议案审议结果的报告。五、会议表决通过了全国人大常委会代表资格审查委员会关于个别代表的代表资格的报告。

张德江在闭幕会上说，本次常委会会议，是在中国共产党第十九次全国代表大会刚刚胜利闭幕、全党全国认真学习宣传贯彻党的十九大精神的背景下召开的。我们将学习贯彻党的十九大精神作为本次会议的第一项议程，听取了黄坤明作的辅导报告，并举行分组会议深入学习讨论。会议共审议13件法律草案和有关法律问题的决定草案，通过了其中的10件；听取审议3个工作报告和1个执法检查报告；通过4个专门委员会关于代表议案审议结果的报告；批准2件国际条约；还决定了人事任免等事项。在大家的共同努力下，会议开得很成功。

10月30日—11月1日

［纲　文］　**政协第十二届全国委员会常务委员会第二十三次会议在北京召开。**

［目　文］　会议议题是学习贯彻中共十九大精神。全国政协主席俞正声主持开幕会和闭幕会。全国政协副主席杜青林、韩启德、董建华、万钢、林文漪、罗富和、何厚铧、张庆黎、李海峰、卢展工、周小川、王家瑞、王正伟、马飚、齐续春、陈晓光、马培华、王钦敏、梁振英出席会议。中共中央政治局常委、中央书记处书记王沪宁到会就十九大会议情况和会议精神作报告。与会人员认真学习领会十九大精神，进一步统一了思想、坚定了信心、振奋了精神。

与会人员一致表示，完全拥护习近平同志代表中共十八届中央委员会所作的报告，完全拥护十九大各项决议，衷心拥护十九大和十九届一中全会选举产生的以习近平同志为核心的新一届中共中央领导集体。大家坚信，新一届中共中央领导集体一定能够不辱使命、不负重托，引领承载中国人民伟大梦想的航船驶向更加辉煌的未来。全面深入学习宣传贯彻中共十九大精神，是当前和今后一个时期人民政协的首要政治任务。一要深刻领会习近平新时代中国特色社会主义思想，不断巩固团结奋斗的共同思想政治基础。二要坚持中国共产党对人民政协的领导，坚决维护以习近平同志为核心的中共中央权威，坚持和完善中国共产党领导的多党合作和政治协商制度，团结带领政协委员坚定贯彻执行党的基本理论、基本路线、基本方略。三要聚焦党和国家中心任务履职尽责，为决胜全面建成小康社会、建设社会主义现代化国家献计出力。四要充分发挥政协作为协商民主重要渠道和专门协商机构作用，把协商民主落实到履职全过程和各方面。五要更好发挥政协作为统一战线组织功能作用，动员全体中华儿女共圆中国梦。六要以增强履职本领为重点加强政协自身建设，完善履职制度，提高履职实效。

与会人员一致认为，中共十九大是在全面建成小康社会决胜阶段、中国特色社会主义进入新时代的关键时期召开的一次十分重要的大会，最重要的历史贡献是把习近平新时代中国特色社会主义思想确立为中国共产党必须长期坚持的指导思想。习近平总书记所作的报告提出一系列新的重要思想、重要观点、重大判断、重大举措，是一篇闪耀着马克思主义光辉的纲领性文献。

会议通过了《关于学习贯彻中国共产党第十九次全国代表大会精神的决议》和《关于部分修改〈中国人民政治协商会议章程〉的决定》。会议要求以中共十九大精神为指导，总结好本届政协工作，做好全国政协十三届一次会议筹备工作。

10月31日

［纲　文］　**习近平等瞻仰中共一大会址。**

［目　文］　中共中央总书记、国家主席、中央军委主席习近平带领中共中央政治局常委李克强、栗战书、汪洋、王沪宁、赵乐际、韩正，在上海和浙江嘉兴，瞻仰上海中共一大会址和浙江嘉兴南湖红船，回顾建党历史，重温入党誓词，宣示新一届党中央领导集体的坚定政治信念。

习近平发表讲话指出，只有不忘初心、牢记使命、永远奋斗，才能让中国共产党永远年轻。只要全党全国各族人民团结一心、苦干实干，中华民族伟大复兴的巨轮就一定能够乘风破浪、胜利驶向光辉的彼岸。我们全体中央政治局常委同志这次集体出行，目的是回顾我们党的光辉历程特别是建党时的历史，进行革命传统教育，学习革命先辈的崇高精神，明确肩负的重大责任，增强为实现党的十九大提出的目标任务而奋斗的责任感和使命感。党的十九大擘画了党和国家事业发展的目标和任务，全党同志必须坚持全心全意为人民服务的根本宗旨，不断带领人民创造更加幸福美好的生活；牢记共产主义远大理想，坚定中国特色社会主义共同理想，一步一个脚印向着美好未来和最高理想前进；始终保持谦虚谨慎、不骄不躁的作风，不畏艰难、不怕牺牲，为实现“两个一百年”奋斗目标、实现中华民族伟大复兴的中国梦而不懈奋斗。

10月31日—11月2日

［纲　文］　**应国务院总理李克强邀请，俄罗斯联邦政府总理梅德韦杰夫对中国进行**

正式访问。

［目　文］　访问期间，国家主席习近平、全国人大常委会委员长张德江在北京分别会见了梅德韦杰夫。李克强在北京与梅德韦杰夫共同主持中俄总理第22次定期会晤。国务院副总理张高丽，中共中央政治局常委、国务院副总理汪洋，国务院副总理刘延东在北京人民大会堂接受俄罗斯总理梅德韦杰夫代表俄罗斯政府授予的“友谊”勋章。

习近平在会见梅德韦杰夫时指出，中俄要充分发挥总理定期会晤机制的统筹协调作用，加强在能源、装备制造、农业、航天等领域合作，继续提升双方合作中的科技创新含量，将大数据、物联网、智慧城市等数字经济领域作为新的合作增长点。要做好“一带一路”建设同欧亚经济联盟对接，努力推动滨海国际运输走廊等项目落地，共同开展北极航道开发和利用合作，打造“冰上丝绸之路”。

梅德韦杰夫表示，习主席今年7月对俄罗斯成功访问后，俄中双方在经济、能源、投资、创新、人文、欧亚经济联盟同“一带一路”建设对接等领域合作取得更多积极进展。俄方对此十分满意，愿进一步密切同中方各领域交流合作，加强在国际和地区事务中沟通协调。

在中俄总理第22次会议上，李克强和梅德韦杰夫听取了国务院副总理、中俄投资合作委员会、能源合作委员会中方主席张高丽，国务院副总理、中俄总理定期会晤委员会、中国东北地区和俄罗斯远东及贝加尔地区政府间合作委员会中方主席汪洋和国务院副总理、中俄人文合作委员会中方主席刘延东，以及有关机制俄方主席、俄第一副总理舒瓦洛夫，副总理戈洛杰茨，德沃尔科维奇，特鲁特涅夫等的工作汇报。会晤后，李克强与梅德韦杰夫签署了《中俄总理第二十二次定期会晤联合公报》，并共同见证投资、能源、地方合作、人文、农业、海关、质检、航天、金融等领域近20项双边合作文件的签署；共同会见记者并回答提问；共同出席中俄媒体交流年闭幕式并致辞。

10月31日—11月3日

［纲　文］　**中共中央总书记习近平特使、中联部部长宋涛赴越南、老挝通报中共十九大情况**。

［目　文］　11月1日，宋涛在河内会见越共中央总书记阮富仲时转达了中共中央总书记习近平的口信。习近平在口信中感谢越方对中共十九大的祝贺，表示中方愿同越方一道，从更高角度和更深层次看待和把握中越关系的特殊意义，不忘初心、携手前进，推动中越全面战略合作伙伴关系不断迈上新台阶，推动社会主义事业开辟新境界。宋涛还介绍了中共十九大的主要精神和历史贡献。

阮富仲感谢习近平的口信，表示越方高度关注和评价中共十九大的重大意义和成就，对大会取得圆满成功、习近平再次当选中共中央总书记、习近平新时代中国特色社会主义思想被确立为全党的指导思想表示热烈祝贺。越中两党都在推进符合本国特色的社会主义事业，越方愿同中方共同努力，推动越中两党两国关系朝着符合时代要求的正确方向不断向好发展。

2日，宋涛在万象会见老挝人革党中央总书记、国家主席本扬时转达了中共中央总书记习近平的口信。习近平在口信中指出，在中共十九大精神指引下，中国党和人民将为推动建设新型国际关系、构建人类命运共同体作出新的更大贡献。中老同为共产党领导的社会主义国家。中方愿同老方一道，继续秉承“十六字”方针和“四好”精神，构建牢不可破的中老命运共同体，推动社会主义事业开辟新境界。宋涛还通报了中共十九大主要精神。

本扬表示，老方高度评价中共十九大取得伟大成就，高度评价习近平新时代中国特色社会主义思想对世界社会主义事业的理论贡献，愿学习借鉴中共十九大的理论和实践创新成果，不断加强两党交流合作，共同筑牢老中命运共同体。

11 月

11月1日

［纲　文］ **中共中央印发《关于认真学习宣传贯彻党的十九大精神的决定》。**

［目　文］ 《决定》由五个部分组成：一、充分认识学习宣传贯彻党的十九大精神的重大意义。二、全面准确学习领会党的十九大精神。三、认真做好党的十九大精神的学习宣传。四、弘扬理论联系实际的学风，切实提高解决问题、推动发展的能力。五、切实加强组织领导。

《决定》指出，学习宣传贯彻党的十九大精神，是全党全国当前和今后一个时期的首要政治任务。各级党委（党组）要把学习宣传贯彻党的十九大精神摆上重要议事日程，切实加强组织领导。各级党委（党组）要按照党中央的部署，结合本地区本部门实际，作出专题部署，提出具体要求，着力抓好落实，迅速兴起学习宣传贯彻党的十九大精神热潮。各级组织、宣传部门和其他有关部门，要在党委（党组）统一领导下，密切配合。各地区各部门要及时将学习宣传贯彻党的十九大精神的情况报告党中央。

11月1日

［纲　文］ **国务院扶贫办召开新闻发布会，公布2016年贫困县退出专项评估检查有关情况。**

［目　文］ 2016年，全国共有28个贫困县提出退出申请，其中江西省井冈山市、河南省兰考县率先通过国家专项评估检查，分别于今年2月25日、27日由省级政府批准退出。近期，全国9个省区市的26个贫困县也顺利通过国家专项评估检查，由省级政府正式批准退出。

2016年退出的贫困县，主要评估检查4项指标，分别为贫困发生率必须低于2%（西部地区低于3%）、脱贫人口错退率必须低于2%、贫困人口漏评率必须低于2%和群众认可度必须高于90%，任何一项指标不符合条件的，不予退出。近期通过国家专项评估检查的26个县，均符合这4项退出条件。

11月1日

［纲　文］ **学习贯彻党的十九大精神中央宣讲团动员会在北京召开。**

［目　文］ 中共中央政治局常委、中央书记处书记王沪宁出席会议并讲话。中共中央政治局委员、中宣部部长黄坤明主持会议。中央宣传思想工作领导小组成员、中央宣讲团成员、中央宣传文化单位主要负责人参加会议。中宣部举办的省区市党委宣传部、讲师

团学习贯彻党的十九大精神研讨班成员列席会议。

王沪宁表示，结合党中央的重要会议、重大工作部署组织开展宣讲活动，受到广大干部群众欢迎。习近平总书记对做好党中央精神宣讲工作一贯高度重视，提出了明确要求。我们要切实做好这次集中宣讲工作，更好把广大干部群众的思想和行动统一到党的十九大精神上来。要牢牢把握在学懂弄通做实上下功夫的要求，精心做好党的十九大精神集中宣讲，推动学习宣传贯彻工作往实里走、往深里走，引导全党自觉维护习近平总书记党中央的核心、全党的核心地位，维护党中央权威和集中统一领导。党的十八大以来党和国家事业之所以全面开创新局面，根本在于以习近平同志为核心的党中央举旗定向、运筹帷幄，在于习近平新时代中国特色社会主义思想的科学指引。要紧紧围绕习近平新时代中国特色社会主义思想这个主线，讲清楚党的十九大的鲜明主题，讲清楚习近平新时代中国特色社会主义思想的丰富内涵，讲清楚党的十八大以来党和国家事业发生的历史性变革，讲清楚中国特色社会主义进入新时代的重大意义，讲清楚我国社会主要矛盾变化的深远影响，讲清楚“两个一百年”奋斗目标，讲清楚坚定不移全面从严治党的重大部署，把广大干部群众的思想和行动统一到党的十九大精神上来。参加宣讲的同志要全力以赴做好宣讲工作，认真学习备课，既全面系统又突出重点，全面准确宣讲，创新宣讲方式，回应干部群众关切，增强宣讲的针对性和实效性。要到企业、农村、机关、校园、社区，同干部群众开展面对面、互动式的宣讲，推动党的十九大精神走进基层、走进群众。

11月1日

［纲　文］　**人力资源社会保障部办公厅发布《关于在部分系列设置正高级职称有关问题的通知》。**

［目　文］　《通知》由四个部分组成：一、系列和名称。二、基本标准条件。三、评审组织。四、监督管理。

《通知》指出，增设正高级职称是深化职称制度改革的重要举措，涉及面广，政策性强，各省、中央有关部门和单位要高度重视，加强领导，精心组织。坚持分类推进、试点先行、稳步实施，抓紧制定各系列实施方案，科学制定评价标准，做好衔接过渡，妥善处理改革过程中遇到的矛盾和问题。要加强舆论引导，搞好政策解读，引导广大专业技术人才正确对待和积极参与改革工作。执行中遇到的重大问题和意见建议，要及时报告人力资源社会保障部。自2017年11月1日起施行。

11月1日

［纲　文］　**食品药品监管总局办公厅发布《关于加强互联网药品医疗器械交易监管工作的通知》。**

［目　文］　《通知》明确建立完善互联网药品、医疗器械交易服务企业（第三方）监管制度，按照“线上线下一致”原则，规范互联网药品、医疗器械交易行为。自《国务院关于取消一批行政许可事项的决定》发布之日起，食药监总局不再受理互联网药品交易服务企业（第三方）审批的申请；发布之日前食药监总局已受理的，将终止审批，

并将申请材料退还申请人。省级食品药品监管部门应抓紧做好取消行政许可事项的衔接工作。

《通知》要求各地应按属地原则将平台网站纳入省级食品药品监管部门日常监督检查范围，监督平台企业落实入驻审查、产品检查、交易数据保存、配合检查等义务和责任，及时处理违法违规行为。

11月1日

［纲　文］ **国家林业局公布《野生动物及其制品价值评估方法》，自2017年12月15日起施行。**

11月1日

［纲　文］ **国家旅游局公布《导游管理办法》。**

［目　文］ 《办法》共6章40条。主要有总则、导游执业许可、导游执业管理、导游执业保障与激励、罚则、附则等内容。自2018年1月1日起施行。

11月1日

［纲　文］ **续航超2小时中国产电动双座飞机首飞成功。**

［目　文］ 由沈阳航空航天大学自主设计研发的增程电动双座RX1E-A型飞机在沈阳财湖机场成功实现首飞。这一机型较上一代将续航时间从45分钟左右增加到2小时的同时，还增加了整体式降落伞，是我国在电动通用航空领域取得的又一突破性进展。

11月1日

［纲　文］ **中国南极巡天望远镜首次实现无人值守越冬观测。**

［目　文］ 南极巡天望远镜AST3-2在2017观测年度即3—9月期间，成功克服零下40摄氏度到零下80摄氏度的极寒、暴风雪等恶劣条件，在南极首次实现了无人值守条件下的越冬观测。

AST3-2工作在南极最高点冰穹A，需要通过铱星的卫星网络远程控制实现整年无人值守持续工作，对极寒条件下的可靠性提出了极高的要求，这是对我国天文望远镜研制的一大挑战。AST3-2是3台大视场巡天望远镜AST3项目中的第二台，2015年1月放置在南极的冰穹A，也是目前运行的南极独一无二的全自动巡天观测望远镜。紫金山天文台和中科院南极天文中心牵头的中国南极天文合作团队，自主研发了能够在极寒条件下持续工作的AST3-2望远镜的硬件系统以及全套软件系统，实现了AST3-2望远镜的高可靠性的远程全自动巡天观测。

11月1日

［纲　文］ **联合国教科文组织在法国巴黎宣布，长沙正式加入联合国教科文组织“创意城市网络”，成为中国首座获评世界“媒体艺术之都”称号的城市。**

11月1日

［纲　文］ **国际乒联公布，连夺亚洲杯和世界杯冠军的中国选手朱雨玲首次排名女子世界第一，中国选手马龙继续位居男子世界第一。**

11月1日

［纲　文］ **《人民日报》发表题为《共产党人的初心永远不变》的评论员文章。**

11月1日

［纲　文］ **《人民日报》发表题为《深入领会习近平新时代中国特色社会主义思想——四论学习贯彻党的十九大精神》的评论员文章。**

11月2日

［纲　文］ **中央军委晋升上将军衔仪式在北京举行。**

［目　文］ 中央军委主席习近平向晋升上将军衔的中央军委委员、中央军委纪律检查委员会书记张升民颁发命令状。中央军委副主席许其亮宣读了中央军委主席习近平签署的晋升上将军衔命令。中央军委副主席张又侠主持晋衔仪式。中央军委委员魏凤和、李作成、苗华，以及军委机关各部门领导和驻京大单位副战区职以上领导等出席晋衔仪式。

11月2日

［纲　文］ **国务院南水北调工程建设委员会第8次全体会议在北京召开。**

［目　文］ 国务院副总理、国务院南水北调工程建设委员会主任张高丽主持会议并讲话。中共中央政治局常委、国务院副总理、国务院南水北调工程建设委员会副主任汪洋出席会议。国务院南水北调办负责人在会上汇报了南水北调工程建设和运行管理工作有关情况。国务院南水北调工程建设委员会各成员单位负责人参加了会议。

张高丽指出，要突出关键环节和重点任务，继续扎实做好南水北调工程各项工作。要加强安全管理，深入推进规范化管理和运行监管，保证工程平稳运行。要强化监测保护，把“三先三后”原则落实到位，确保调水水质稳定达标。要做好移民帮扶，把该给的政策给足、该办的事情办好，促进移民和当地群众同步实现小康。要建立良好的节水、调水和用水机制，优化水量省际配置和调度，服务京津冀协同发展、长江经济带发展等重大战略，保障好雄安新区建设发展用水需求，推动工程充分发挥效益。要深入研究论证，有序推进后续工程建设准备工作。各地区各部门各单位要牢固树立“四个意识”，按照“三严三实”要求，强化协调配合，完善管理体制，落实支持政策，把南水北调工作抓实抓细抓到位。

汪洋指出，南水北调工程建成运营并取得巨大成效，再次验证了我国的政治优势和制度优势。要认真总结工程建设和运营积累的好经验、好做法，加快建立适应新时代要求的管理体制和运行机制，把南水北调工程打造成“清水走廊”“绿色走廊”，让工程长期造福人民、造福社会。要加大对库区移民的帮扶力度，确保他们在全面建成小康社会中不掉队。

11月2日

［纲　文］ **新华社讯，中央军委政治工作部印发通知，要求各级认真学习习近平主席瞻仰中共一大会址时重要讲话。**

［目　文］　通知指出，2017年10月31日，习主席带领新一届中央政治局常委专程从北京前往上海和浙江嘉兴，瞻仰上海中共一大会址和浙江嘉兴南湖红船，回顾建党历史，重温入党誓词，并发表重要讲话，郑重宣示了新一届中央领导集体的坚定政治信念。习主席带领新一届中央政治局常委重回党的精神家园，追溯党的根脉，解读党的初心，对全党全军是一次新时代新征程上的生动党课教育和深刻灵魂洗礼。习主席带领新一届中央政治局常委面对党旗、铿锵宣誓，真挚的情感、如磐的信念，让每名党员深受感染、鼓舞和激励，极大坚定了牢记入党誓词、终身为党奋斗的信念决心。习主席的重要讲话，强调只有不忘初心、牢记使命、永远奋斗，才能让中国共产党永远年轻。

通知强调，各级要把学习习主席重要讲话，作为深入学习贯彻党的十九大精神的重要内容，进一步统一思想、凝聚力量，为实现新时代党的历史使命努力奋斗。要着重引导官兵特别是广大党员深刻认识我们党的奋斗历程，学习革命先辈的崇高精神，大力弘扬“红船精神”，从党的光辉历史中汲取奋进的力量；深刻认识入党誓词记住并不难、难的是终身坚守，自觉经常加以对照，做到坚定不移、终生不渝；深刻认识惟有不忘初心，方可告慰历史、告慰先辈，方可赢得民心、赢得时代，方可善作善成、一往无前，始终保持共产党人的初心不改；深刻认识党的十九大的目标任务对全党的要求，牢记根本宗旨，坚定理想信念，保持优良作风，切实肩负起党和人民赋予的新时代使命任务。各级要把学习习主席重要讲话，纳入正在开展的党的十九大精神的宣讲辅导、办班轮训和各项学习教育活动，用好驻地红色资源，搞好集中学习讨论，加深对习主席重要讲话精神的理解。

11月2日

［纲　文］　**中国科学院科技战略咨询研究院、中国科学院文献情报中心与科睿唯安公司发布《2017研究前沿》《2017研究前沿热度指数》。**

［目　文］　《2017研究前沿》显示10个高度聚合的大学科领域中的100个热点前沿和43个新兴前沿。在143个前沿中，“冷冻电镜技术在生物大分子三维结构解析中的应用”是2017年诺贝尔化学奖的主题，“双黑洞等双致密天体的形成及并合”与2017年诺贝尔物理学奖主题引力波研究密切相关。

《2017研究前沿热度指数》评估了世界主要国家在上述前沿领域中的研究活跃程度。美国、中国、英国在这些前沿领域研究最为活跃。在10个领域中，美国在8个领域得分排名第一。中国在化学与材料科学领域和数学、计算机科学与工程学领域得分排名第一，显示出中国学者在这两个领域的研究前沿最为活跃。但中国在临床医学领域、天文学与天体物理领域和经济学、心理学及其他社会科学领域等3个领域得分较为靠后。

11月2日

［纲　文］　**国务委员杨洁篪应约同美国国务卿蒂勒森通电话。**

［目　文］　双方重点就下周美国总统特朗普应国家主席习近平邀请对中国进行国事访问各项准备工作深入交换意见，一致同意加强沟通，密切配合，相向而行，使这次访问取得重要成果。双方并就共同关心的国际和地区问题交换了意见。

11月2日

［纲　文］ **第4届国家（地区）奥委会协会颁奖大会在布拉格举行，中国柔道运动员于颂获得“2017年亚洲最佳女运动员奖”。**

11月2日

［纲　文］ **《人民日报》发表题为《开启全面建设社会主义现代化国家新征程——五论学习贯彻党的十九大精神》的评论员文章。**

11月2—3日

［纲　文］ **外交部部长王毅应邀对越南进行正式访问。**

［目　文］ 2日，王毅在河内与越南副总理兼外长范平明举行会谈时表示，中共中央总书记、国家主席习近平即将赴越南出席亚太经合组织领导人非正式会议并应邀对越南进行国事访问。这是中共十九大后中国最高领导人首次出访，是2017年中越关系最重要的政治议程。此次访越就是为两党两国领导人的这次重要战略沟通作进一步的政治准备。希望此访确立下一阶段两党两国关系的发展方向，对两国全面战略合作伙伴关系作出顶层设计，为两国各部门各领域务实合作提供行动指南。范平明表示，中共十九大后中国最高领导人首次出访就来到越南，充分体现了中方对中越关系的高度重视。越方珍视越中友好关系，将以最高规格接待习近平总书记、国家主席，愿与中方一道确保访问圆满成功，对下一阶段越中关系发展作出战略规划和通盘部署，使此次访问成为两党两国交往史上新的里程碑。

3日，王毅在河内分别会见越南共产党中央总书记阮富仲和越南政府总理阮春福。阮富仲和阮春福热烈祝贺中共十九大取得圆满成功，祝贺习近平新时代中国特色社会主义思想被确立为中国共产党的指导思想，表示越方将学习了解十九大精神，借鉴有益成功经验，推动自身社会主义事业发展。

王毅感谢越方对十九大的高度关注和诚挚祝贺，介绍了十九大主要精神，表示习近平十九大后首次出访就来到越南，充分体现了中方对中越关系的高度重视。希望通过此访进行战略沟通，增强政治互信，对中越全面战略合作伙伴关系作出整体设计和通盘部署，推动两党两国关系迈上新的台阶。

11月2—7日

［纲　文］ **国家主席习近平特使、教育部部长陈宝生在埃及出席世界青年论坛活动。**

［目　文］ 5日，陈宝生出席了在沙姆沙伊赫举行的世界青年论坛开幕式并致辞。

6日，陈宝生在埃及红海海滨城市沙姆沙伊赫会见埃及总统塞西时转交了习近平就世界青年论坛致塞西的亲署信函，介绍了不久前召开的中共十九大有关情况，表示中方始终从战略高度和长远角度看待和推进中埃关系，愿同埃方共同努力，切实落实两国元首达成的重要共识，进一步深化两国各领域务实合作，推动中埃全面战略伙伴关系不断取得新进展。塞西感谢习主席派特使出席世界青年论坛，热烈祝贺中共十九大取得圆满成功，请陈宝生转达他对习主席的诚挚问候和良好祝愿。塞西表示，埃方钦佩中国的全方面发展成就，希望学习借鉴中国的改革发展经验。埃方愿积极响应习近平主席提出的共建“一带一路”倡议，与中方一道努力推进双方产能合作及有关项目。

在埃期间，陈宝生访问开罗大学并考察孔子学院。

11月2—4日

［纲 文］ **第54届亚洲—太平洋广播联盟大会暨2017四川电视节在成都举办。**

［目 文］ 本届大会以“变革时代的媒体”为主题，60多个国家和地区、9个国际组织的600余名代表参加，共同探讨当下媒体发展的实际情况以及未来发展方向。

3日，国务院副总理刘延东出席开幕式并致辞，指出各国媒体要勇担社会责任，加强民心沟通理解，系牢新型国家关系和人民友谊的纽带，为构建人类命运共同体、推动全球共同治理和世界和平繁荣发展作出新贡献。

同日，刘延东会见亚洲—太平洋广播联盟、阿拉伯国家广播联盟、非洲广播联盟、欧洲广播联盟等国际组织负责人。

亚广联成立于1964年，作为广播电视领域最重要的专业性国际多边组织之一，亚广联主要通过举办各类研讨会、提供技术服务、开展新闻和节目交流等方式，加强不同地区媒体之间的沟通协作，旨在促进亚太地区广播电视行业的共同发展。

11月3日

［纲 文］ **习近平视察军委联合作战指挥中心。**

［目 文］ 中共中央总书记、国家主席、中央军委主席、军委联指总指挥习近平指出，军队是要准备打仗的，军委必须懂打仗、善谋略、会指挥，军委工作一开始就要把备战打仗的指挥棒立起来。今天到军委联指中心来，就是要亮明态度，从我做起，从军委做起，强化备战打仗导向，提高打赢本领，抓实备战工作，带领我军真正做到能打仗、打胜仗，担当起党和人民赋予的新时代使命任务。

习近平在军委联指中心内逐一察看各个部位，询问有关情况，同值班人员深入交流；听取了全军练兵备战工作汇报，习近平充分肯定了党的十八大以来全军练兵备战取得的成绩并指出，我国正处在由大向强发展的关键阶段，前景十分光明，挑战也十分严峻，中华民族伟大复兴绝不是轻轻松松、敲锣打鼓就能实现的。军事斗争是进行伟大斗争的重要方面，打赢能力是维护国家安全的战略能力。全军要强化忧患意识、危机意识、打仗意识，全部心思向打仗聚焦，各项工作向打仗用劲，尽快把备战打仗能力搞上去。要密切关注国家安全形势变化，扎实做好各方向各领域军事斗争准备，做到一旦有事能快速应对，坚决维护国家主权、安全、发展利益。要着力强化战斗队思想，落实战斗力标准。要着力创新战争和作战筹划，紧跟战争形态和作战方式演变，紧贴作战任务、作战对手、作战环境，大兴作战问题研究之风。全军各级领导干部特别是高级干部要做备战打仗带头人。要树立正确的事业观、权力观、地位观，树牢备战打仗意识。要坚持刀口向内，自觉来一场大学习，集中精力研究军事、研究战争、研究打仗，提高战略素养、联合素养、指挥素养、科技素养，带头在重大军事斗争实践和军事演训活动中磨砺自己，把打仗本领搞过硬。要坚持问题导向，一抓到底，在解决一个一个实际问题中推动备战工作落实。要建立严格的责任制，强化督导问责，一级抓一级，一级带一级，把备战打仗工作严起来。

11月3日

［纲　文］　**国务院批复国家卫生计生委，同意设立“中国医师节”**。

［目　文］　批复说：你委《关于申请设立“中国医师节”的请示》（国卫办报〔2017〕138号）收悉。同意自2018年起，将每年8月19日设立为“中国医师节”。具体工作由你委商有关部门组织实施。

11月3日

［纲　文］　**中共中央办公厅、中共中央对外联络部发表公告**。

［目　文］　公告说，在中国共产党召开第十九次全国代表大会期间和习近平同志当选为中共中央总书记后，许多国家政党、政府、国际组织、民间团体及其领导人，驻华使节、友好人士以及旅居国外的华侨华人，香港特别行政区同胞、澳门特别行政区同胞和台湾同胞等，向大会、向中共中央、向新当选领导人发来贺电贺函，表示热烈祝贺和良好祝愿。中共中央办公厅、中共中央对外联络部受中共中央和习近平总书记的委托，谨表示衷心的感谢。

11月3日

［纲　文］　**国务院在北京召开全国冬春农田水利基本建设电视电话会议**。

［目　文］　中共中央政治局常委、国务院总理李克强作出批示指出：加强农田水利基本建设，是深化农业供给侧结构性改革、实现强农惠农富农的迫切要求和基础保障。党的十八大以来，各地区、各有关部门认真贯彻党中央、国务院决策部署，扎实推进农田水利基本建设并取得显著成效，为实现农业连年丰收、农民持续增收、农村经济社会健康发展提供了强有力的基础支撑。望深入学习贯彻党的十九大精神，以习近平新时代中国特色社会主义思想为指导，认真落实新发展理念，围绕实施乡村振兴战略和推进脱贫攻坚，强化政府主导，创新体制机制，推进以农村水价综合改革为重点的相关改革，广泛动员社会各方面力量尤其是广大农民开展冬春水利兴修和日常管护，加快完善水利基础设施网络和水治理制度体系，着力补上水利建设短板，进一步提高农业综合生产能力、防灾减灾能力和节约利用水资源的能力，为促进现代农业发展、决胜全面建成小康社会作出新贡献。

中共中央政治局常委、国务院副总理汪洋出席会议并讲话。国务院副秘书长江泽林主持会议，水利部部长陈雷、发展改革委副主任张勇、财政部副部长胡静林在主会场发言。中央有关部门负责人在主会场出席会议。黑龙江省、江苏省、四川省人民政府负责人在分会场发言。

汪洋指出，全国冬春农田水利基本建设电视电话会议是党的十九大以后国务院召开的第一个全国性会议，体现了习近平总书记在十九大报告中把“三农”工作放到重中之重、坚持农业农村优先发展的有关要求，是落实党的十九大精神的实际举措。各地区各部门要加大工作力度，完善体制机制，着力解决水利发展不平衡不充分的突出问题，确保党中央提出的战略部署落到实处。

11 月 3 日

［纲　文］　**国务院总理李克强在北京会见美国泰拉能源公司董事长、微软公司创始人比尔·盖茨**。

［目　文］　李克强表示，中美双方在新一代核电技术研发领域开展了良好合作，两国企业成立合资公司，双方各持股一半，约定共享知识产权。这是中美在高技术领域合作的一个创举，是双方在自愿基础上的合作，表明彼此都持开放态度。美方拥有当前领先技术，中方则有众智成突破的潜力，相信通过合作将会互利共赢。当今世界，新产业革命向纵深发展。中国愿将自身人才资源优势同国外先进技术领先优势相结合，用好互联网平台，集聚众力，推动技术实现共享，促进技术颠覆性发展，更好造福人类。

比尔·盖茨表示，新一代核能对人类未来能源技术发展至关重要，要确保能源供给清洁安全可靠。我们非常珍视同中国企业在相关领域开展的合作，重视并希望充分用好中国人才资源丰富的优势，愿继续抱着开放的态度，把共同的合作愿景变成美好的现实。

11 月 3 日

［纲　文］　**中共中央党校举行 2017 年秋季学期第一批进修班毕业典礼**。

［目　文］　中央党校常务副校长何毅亭主持毕业典礼。中共中央政治局委员、中央党校校长陈希出席毕业典礼，并为学员颁发毕业证书。中央党校本期毕业学员 453 人。毕业典礼上，3 位学员代表作了发言。学员一致认为，在中央党校学习期间正值党的十九大胜利召开，见证了我们党发展史上具有里程碑意义的时刻，终生难忘。通过党校培训，集中学习了党的十九大精神，接受了系统的党的理论教育和党性教育，进一步增强了学习贯彻习近平新时代中国特色社会主义思想的自觉性和坚定性，进一步树牢了“四个意识”、坚定了“四个自信”，学出更坚定的信仰、更强烈的担当、更纯粹的忠诚和觉悟。

11 月 3 日

［纲　文］　**第 17 届中韩知名人士论坛在北京举行**。

［目　文］　论坛由中国人民外交协会、21 世纪韩中交流协会主办。中韩代表围绕“维护东北亚和平稳定”和“面向未来的中韩关系方案”进行交流。

2 日，中共中央政治局委员、国务委员杨洁篪在北京会见出席第 17 届中韩知名人士论坛的韩国前总理李寿成一行。杨洁篪介绍了中共十九大的成果，表示中方重视中韩关系，希望韩方切实妥善处理“萨德”问题，同中方一道推动两国关系重回稳定发展轨道，共同促进朝鲜半岛和地区和平稳定。希望韩国各界人士为此发挥积极作用。

李寿成祝贺中共十九大胜利闭幕，表示韩国各界重视韩中关系，愿为两国交流合作发展作出努力。

11月3日

［纲　文］ **中国自主设计制造的新一代绞吸船——5000千瓦绞刀功率重型自航绞吸船“天鲲”号在江苏南通下水。**

［目　文］ “天鲲号”成为目前亚洲最大、最先进的绞吸挖泥船。它的成功研制，实现了我国重型自航绞吸船关键技术的突破，标志着我国疏浚装备研发建造能力进一步升级，疏浚产业走上了世界先进水平。

“天鲲”号船长140米，宽27.8米，最大挖深35米，设计每小时挖泥6000立方米。根据地质条件，配置通用、黏土、挖岩及重型挖岩4种不同类型的绞刀，可以开挖单侧抗压强度50兆帕以内的岩石。它由中交集团天津航道局公司投资并联合设计，上海振华启东造船厂建造。“天鲲”号为全电力驱动、双定位系统、全球无限航区的重型自航绞吸挖泥船。装备了目前亚洲最强大的挖掘系统、最大功率的输送系统和当前国际最先进的自动控制系统，泥泵输送功率达到17000千瓦，为世界最高功率配置，且其远程输送能力15000米，为世界之最。此外，它还能实现自动挖泥、监控及无人操控，将极大提高作业效率，适用于沿海及深远海港口航道疏浚及围海造地。

11月3日

［纲　文］ **中国首单扶贫专项债券成功发行。**

［目　文］ 湖北五峰成功发行全国首单专项扶贫债券，总规模5亿元，惠及该县3.6万多贫困人口。

该笔扶贫公司债券由东方花旗证券承销，期限7年期，发行金额为5亿元，首期发行3亿元，发行利率较市场平均水平低，降低了企业融资成本。募集资金将全部用于宜昌市五峰土家族自治县的精准扶贫项目，直接惠及该县4125户、12132名建档立卡贫困人口，用于改善他们的住房、饮水安全、出行、用电等基本生活条件。同时，债券还注重特色产业扶贫，募投项目依据不同的搬迁安置模式，通过支持特色农业、劳务经济、工业园区和乡村旅游等具体产业项目发展，确保实现“既要搬得出，还要住得稳”的扶贫目标。

11月3日

［纲　文］ **《人民日报》发表题为《统筹推进新时代“五位一体”总体布局——六论学习贯彻党的十九大精神》的评论员文章。**

11月3—5日

［纲　文］ **黄坤明在陕西调研。**

［目　文］ 中共中央政治局委员、中宣部部长黄坤明瞻仰了党的七大会址等延安革命纪念地；在延安、铜川、西安等地的农村、学校、社区和宣传文化单位，了解发扬宣传党的七大精神的优良传统、做好党的十九大精神学习宣传工作的情况，并召开宣讲座谈会，与基层干部群众面对面互动交流。

黄坤明指出，把习近平新时代中国特色社会主义思想确立为我们党必须长期坚持的指导思想，是党的十九大的历史性贡献，对于在新的历史起点上进行伟大斗争、建设伟大工程、推进伟大事业、实现伟大梦想，具有重大现实意义和深远历史意义。要按照党中央的统一部署，精心组织、扎实推进，迅速兴起学习宣传贯彻党的十九大精神的热潮。要推动全党来一个大学习，原原本本、原汁原味地学，努力做到学深悟透、融会贯通。

11月3—5日

［纲　文］　**第14届北京论坛（2017）举行。**

［目　文］　论坛由北京大学、北京市教育委员会和韩国高等教育财团联合主办。论坛的主题为“文明的和谐与共同繁荣——变化中的价值与秩序”，设8个分论坛就“历史和全球视野中的社会转型”“文明传承与互动视角下的‘一带一路’”“变化格局中的经济发展新动力”等话题展开研讨。来自中国、俄罗斯、日本、埃及、巴基斯坦等50多个国家和地区的300多位官员、政要及专家学者与会。

11月4日

［纲　文］　**习近平签署中华人民共和国主席令（第77至82号）。**

［目　文］　主席令（第77号）说，《中华人民共和国反不正当竞争法》已由中华人民共和国第十二届全国人民代表大会常务委员会第三十次会议于2017年11月4日修订通过，现将修订后的《中华人民共和国反不正当竞争法》公布，自2018年1月1日起施行。

主席令（第78号）说，《中华人民共和国标准化法》已由中华人民共和国第十二届全国人民代表大会常务委员会第三十次会议于2017年11月4日修订通过，现将修订后的《中华人民共和国标准化法》公布，自2018年1月1日起施行。

主席令（第79号）说，《中华人民共和国公共图书馆法》已由中华人民共和国第十二届全国人民代表大会常务委员会第三十次会议于2017年11月4日通过，现予公布，自2018年1月1日起施行。

主席令（第80号）说，《中华人民共和国刑法修正案（十）》已由中华人民共和国第十二届全国人民代表大会常务委员会第三十次会议于2017年11月4日通过，现予公布，自公布之日起施行。

主席令（第81号）说，《全国人民代表大会常务委员会关于修改〈中华人民共和国会计法〉等十一部法律的决定》已由中华人民共和国第十二届全国人民代表大会常务委员会第三十次会议于2017年11月4日通过，现予公布，自2017年11月5日起施行。

主席令（第82号）说，根据中华人民共和国第十二届全国人民代表大会常务委员会第三十次会议于2017年11月4日的决定：免去郭声琨兼任的公安部部长职务；任命赵克志为公安部部长。

11月4日

［纲　文］　**《决胜全面建成小康社会　夺取新时代中国特色社会主义伟大胜利》少数民族文字单行本出版。**

［目　文］　习近平2017年10月18日在中国共产党第十九次全国代表大会上所作

的报告《决胜全面建成小康社会 夺取新时代中国特色社会主义伟大胜利》的蒙古、藏、维吾尔、哈萨克、朝鲜、彝、壮等7种少数民族文字单行本已由中国民族语文翻译局翻译，民族出版社出版，即日起向全国公开发行。《党的十九大报告辅导读本》《党的十九大报告学习辅导百问》的少数民族文字版同期出版发行。

11月4日

［纲 文］ **《中国共产党章程》少数民族文字单行本出版。**

［目 文］ 中国共产党第十九次全国代表大会审议通过的《中国共产党章程》的蒙古、藏、维吾尔、哈萨克、朝鲜、彝、壮等7种少数民族文字单行本已由中国民族语文翻译局翻译，民族出版社出版，本日起向全国公开发行。《十九大党章修正案学习问答》的少数民族文字版同期出版发行。

11月4日

［纲 文］ **交通运输部公布《长江干线水上交通安全管理特别规定》。**

［目 文］ 《规定》共7章41条。主要有总则、船舶航行、水上交通管制、锚地安全管理、船舶试航管理、法律责任、附则等内容。自2018年1月1日起施行，《长江干线水上交通安全管理若干办法（暂行）》（交安监字〔1991〕781号）同时废止。

11月4日

［纲 文］ **新华社讯，刘延东在四川调研。**

［目 文］ 国务院副总理刘延东在四川大学调研时指出，要坚持社会主义办学方向，落实立德树人根本任务，创新人才培养模式，强化创新创业实践，努力培养德智体美全面发展的新时代社会主义事业建设者和接班人；在考察成都科学城、科技企业时指出，创新是引领发展的第一动力。要统筹用好各类科技创新资源，走中国特色自主创新道路，高水平、高起点谋划和推进科学城建设。超前部署基础研究、应用研究和前沿技术研究，强化政产学研用协同创新，勇攀科学高峰。实施更加开放包容的人才政策，积极融入全球科技创新进程，为建设创新型国家和世界科技强国作贡献；在考察公立医院、医疗设备企业时强调，要围绕实施健康中国战略，持续深化公立医院综合改革，坚持公益性原则，健全现代医院管理制度，巩固取消以药补医成果，扩大医务人员薪酬制度改革试点，创新推广便民惠民举措。

刘延东在考察了四川省电视台、图书馆及新闻出版广电产业时强调，要把握正确导向，创新传播手段，促进传统媒体与新兴媒体融通，推动新闻出版广电产业跨越式发展，提高传播力、引导力、影响力、公信力，发挥好党和政府与人民群众沟通的桥梁和纽带作用。完善公共文化服务体系，深入开展全民阅读，加强文献信息资源建设，做好古籍保护修复工作，推动公共图书馆建设新发展，传承弘扬中华优秀传统文化，丰富群众精神文化需求。

11月4日

［纲 文］ **《人民日报》发表题为《坚持走中国特色强军之路——七论学习贯彻党的**

十九大精神》的评论员文章。

11 月 4—6 日

［纲　文］　**2017 中国（武汉）国际桥梁科技论坛暨国际桥梁博览会在武汉举办。**

［目　文］　桥博会由武汉市政府、湖北交通运输厅主办。桥梁科技论坛以“落实十九大精神，开启建设交通强国新时代；响应‘一带一路’倡议，打造中国桥梁建设新名片”为主题，旨在抢抓长江经济带、中部崛起、湖北自贸区等国家战略带来的发展机遇，促进国际桥梁科技交流与合作，助推中国桥梁企业集群式“走出去”，加快中国桥梁由“制造”向“智造”转变。来自中国、美国、德国、法国、日本等多国的桥梁专家共计 400 余人参会。

同期举办的中国（武汉）国际桥梁产业博览会上，中铁大桥局、中铁大桥院等数百家知名桥梁产业相关企业，集中展现了国内外桥梁上下游全产业链发展成就。本次博览会上，梁底检测机器人首次向大众亮相，观众可以通过 VR 设备体验桥梁安全施工，也可以近距离了解“探索者”号缆索检测机器人、智慧桥梁巡检养护系统、新型超高性能混凝土以及多项获得国际发明专利的桥梁伸缩装置。博览会还展出了南京大胜关长江大桥、五峰山长江公铁大桥、香溪长江公路大桥等著名桥梁和“华尔辰号”双体海上风电工程专用船等施工设备的模型。

11 月 5 日

［纲　文］　**新华社讯，中央军委印发《关于全面深入贯彻军委主席负责制的意见》。**

［目　文］　《意见》指出，中央军委实行主席负责制，是党和国家军事领导制度长期发展的重大成果，凝结着我们党建军治军的宝贵经验和优良传统。全面深入贯彻军委主席负责制，关系人民军队建设根本方向，关系新时代强国强军事业发展，关系党和国家长治久安，关系中国特色社会主义前途命运。要以习近平新时代中国特色社会主义思想为指导，全面贯彻习近平强军思想，全面贯彻党对军队绝对领导的根本原则和制度，从政治上、思想上、组织上、制度上、作风上为贯彻军委主席负责制提供坚强保证，确保全军绝对忠诚、绝对纯洁、绝对可靠，坚决听习主席指挥、对习主席负责、让习主席放心。

《意见》对全军各级全面深入贯彻军委主席负责制提出了要求。

11 月 5 日

［纲　文］　**中国在西昌卫星发射中心用长征三号乙运载火箭，以“一箭双星”方式成功发射第 24、25 颗北斗导航卫星。**

［目　文］　这两颗卫星属于中圆地球轨道卫星，是我国北斗三号第 1、2 颗组网卫星，开启了北斗卫星导航系统全球组网的新时代。卫星入轨后，经测试及入网验证，可对外提供服务。此次北斗三号全球组网卫星首次发射，将稳步推动北斗三号系统建设，加快北斗系统尽早服务全球，造福全人类。北斗三号卫星将增加性能更优的互操作信号，在进一步提高基本导航服务能力基础上，按照国际标准提供星基增强服务及搜索救援服务。同

时，还将采用更高性能的铷原子钟和氢原子钟。北斗三号在北斗二号性能的基础上，将进一步提升1至2倍的定位精度，达到2.5—5米的水平。

2009年北斗三号工程正式启动建设。在各大系统和众多参研参试单位共同努力下，我国全面突破系统核心关键技术，完成地面验证，卫星状态基本固化。从此次任务起，我国迎来新一轮北斗组网卫星高密度发射，到2018年底前后，将发射18颗北斗三号组网卫星，覆盖“一带一路”沿线国家；到2020年左右，完成30多颗组网卫星发射，实现全球服务能力。

11月5日

［纲　文］　**《人民日报》发表题为《努力为人类作出新的更大贡献——八论学习贯彻党的十九大精神》的评论员文章。**

11月5—10日

［纲　文］　**应全国人大常委会委员长张德江的邀请，芬兰议长洛赫拉率团访华。**

［目　文］　6日，国务院总理李克强在北京会见洛赫拉指出，中国在对外交往中一贯坚持相互尊重、平等相待，这也是维护世界和平以及多元化文明的重要原则。中方愿在创新、清洁能源、环保、职业教育等芬方具有优势的领域加强合作，共同开创中芬关系更加美好的明天。过去30多年，中国通过改革开放，经济社会发展取得巨大成就。未来我们还要依靠深化改革，进一步激发市场活力和社会创造力，通过扩大开放同各国密切交流合作，促进贸易自由化和投资便利化，更好实现互利共赢。洛赫拉表示，芬中始终相互尊重，双边关系发展取得积极成果。芬方愿同中方继续着眼长远、面向未来，使两国关系发展更好造福双方人民。

同日，张德江在北京与洛赫拉举行会谈时就进一步加强两国立法机关合作提出三点看法。一是加强友好交往。中国全国人大与芬兰议会应保持友好往来，加强专门委员会、友好小组等各层级的交流，增进相互了解，增进政治互信，特别是在涉及对方核心利益和重大关切问题上相互理解和尊重，使两国关系始终沿着正确方向前进。二是推动务实合作。创新驱动发展、绿色发展、协调发展等领域合作是两国未来拓展的重点。两国立法机关要加强相关立法经验交流，努力为务实合作营造更加稳定良好的政策和法律环境。三是促进人文交流。中芬地方、文化、教育、旅游等领域交流进展顺利。两国立法机关要加大推动人文交流力度，加强地方合作，增进人民友好。

洛赫拉说，习近平主席今年对芬兰进行国事访问，巩固和提升了两国关系。芬兰议会愿意在新的起点上与中国全国人大一道为芬中两国在经贸、文化、旅游、中小企业投资等领域合作创造良好政策和法治环境。

11月6日

［纲　文］　**国家主席习近平就美国得克萨斯州教堂枪击事件向美国总统特朗普致慰问电。**

11 月 6 日

［纲　文］　**国务院办公厅函复工商总局，同意建立市场监管部际联席会议制度。**

［目　文］　函复说，国务院同意建立由工商总局牵头的市场监管部际联席会议制度。联席会议不刻制印章，不正式行文，请按照国务院有关文件精神认真组织开展工作。

11 月 6 日

［纲　文］　**国务院办公厅函复公安部等部门，同意将 N- 苯乙基 -4- 哌啶酮等列入易制毒化学品品种目录。**

［目　文］　函复说，公安部、商务部、卫生计生委、海关总署、安全监管总局、食品药品监管总局：根据《易制毒化学品管理条例》第二条的规定，国务院同意在《易制毒化学品管理条例》附表《易制毒化学品的分类和品种目录》中增列 N- 苯乙基 -4- 哌啶酮、4- 苯胺基 -N- 苯乙基哌啶、N- 甲基 -1- 苯基 -1- 氯 -2- 丙胺为第一类易制毒化学品，增列溴素、1- 苯基 -1- 丙酮为第二类易制毒化学品。

11 月 6 日

［纲　文］　**国家发展和改革委发布《工程咨询行业管理办法》。**

［目　文］　《办法》共 6 章 36 条。主要有总则、工程咨询单位管理、从业人员管理、行业自律和监督检查、法律责任、附则等内容。自 2017 年 12 月 6 日起施行。《工程咨询单位资格认定办法》（国家发展改革委 2005 年第 29 号令）、《国家发展改革委关于适用〈工程咨询单位资格认定办法〉有关条款的通知》（发改投资〔2009〕620 号）、《咨询工程师（投资）管理办法》（国家发展改革委 2013 年第 2 号令）同时废止。

11 月 6 日

［纲　文］　**食品药品监管总局公布《网络餐饮服务食品安全监督管理办法》，自 2018 年 1 月 1 日起施行。**

11 月 6 日

［纲　文］　**国家旅游局发布《2017 年国家旅游局规范性文件清理结果》。**

［目　文］　《结果》说，一、对《外国政府旅游部门在中国设立常驻代表机构管理暂行办法》（旅办发〔1998〕27 号）等 47 件规范性文件继续保留。二、对《国家旅游局 外交部 公安部 海关总署关于发布施行〈中俄边境旅游暂行管理实施细则〉的通知》（旅办发〔1998〕105 号）等 17 件规范性文件保留并拟修改。三、对《关于试行新版导游证的通知》（旅管理发〔2002〕13 号）等 11 件规范性文件废止。

11 月 6 日

［纲　文］　**汪洋在北京主持召开全国打击侵权假冒工作领导小组第 12 次全体会议。**

［目　文］　中共中央政治局常委、国务院副总理汪洋强调，打击侵权假冒是满足人民日益增长的美好生活需要的必然要求，是建设现代化经济体系和建设创新型国家的重要支撑。要深入学习领会党的十九大精神，以习近平新时代中国特色社会主义思想为指导，坚持依法治理、标本兼治、群策群力，推动打击侵权假冒工作不断取得新成效。2017 年

以来，各地区、各部门认真贯彻落实党中央、国务院的决策部署，对侵权假冒违法犯罪活动保持高压态势，重点领域专项整治取得新进展，净化了市场环境，维护了广大企业和人民群众的切身利益。侵权假冒的土壤仍未铲除，治理工作要常抓不懈、久久为功。要持续推进互联网专项整治，创新执法监管方式，加强重点网站监管，构建线上线下一体化监管体系。全面开展跨区域协作，完善线索通报、案件流转、信息共享等机制，形成全链条打击格局。以出口“一带一路”沿线国家的商品为重点，实施第二阶段“清风”行动，维护中国制造海外声誉。

11月6日

［纲　文］　**全军学习贯彻党的十九大精神宣讲团在八一大楼举行首场报告会。**

［目　文］　中央军委委员魏凤和、李作成、苗华、张升民参加报告会。军委机关各部门和驻京直属单位军以上领导参加报告会。报告会上，宣讲团成员、陆军指挥学院政委肖冬松着重从党的十九大的主题，习近平新时代中国特色社会主义思想，中国特色社会主义进入新时代，坚持走中国特色强军之路、全面推进国防和军队现代化等9个方面，对党的十九大提出的新的重大判断、新的理论概括、新的战略安排作了深入解读。

经中央军委主席习近平和中央军委批准，军委政治工作部从全军抽调12名理论功底厚实、熟悉了解部队、宣讲经验丰富的知名专家组成全军学习贯彻党的十九大精神宣讲团。首场报告会后，宣讲团将分6个组赴全军各大单位和军委机关各部门巡回宣讲。各大单位自行组织的宣讲活动也将陆续展开。

同日，中共中央政治局委员、中央军委副主席许其亮，中共中央政治局委员、中央军委副主席张又侠在会见宣讲团成员时指出，习近平主席对学习宣传贯彻党的十九大精神高度重视，作出一系列重要指示，要求军队努力走在前列。要坚决落实党中央、习主席决策部署，把开展集中宣讲活动，作为用党的十九大精神统一全军思想和行动、奋力推进新时代强军事业的重要举措，加强示范引领，推动全军部队迅速兴起学习宣传贯彻热潮。

11月6日

［纲　文］　**国际竹藤组织成立20周年志庆暨竹藤绿色发展与南南合作部长级高峰论坛在北京举行，国家主席习近平向国际竹藤组织致贺信。**

［目　文］　习近平指出，国际竹藤组织成立20年来，为加快全球竹藤资源开发、促进竹藤产区脱贫减困、繁荣竹藤产品贸易、推动可持续发展发挥了积极作用。中国共产党第十九次全国代表大会提出，中国坚持人与自然和谐共生，致力于建设社会主义生态文明，走绿色发展之路，建设美丽中国。中国将继续支持国际竹藤组织工作，愿同国际社会一道，积极落实2030年可持续发展议程，推动全球生态文明建设，推动构建人类命运共同体，共同建设更加美丽的世界。

本次高峰论坛通过推动竹藤南南合作，包括中国在内的国际竹藤组织广大发展中成员国之间通力协作、政策沟通、信息共享、技术与知识推广，共同促进竹藤产区的绿色可持续发展。来自30多个国家的部长、驻华大使和外交使节，以及来自国家林业局及相关部委领导和业内外人士共 350 多位嘉宾出席高峰论坛。论坛期间发布了《竹藤南南合作报告》《世界竹藤名录》《100 个中国竹业人物故事》和《大会宣言》。

国际竹藤组织（INBAR）于 1997 年 11 月 6 日在北京成立，是第一个总部设在中国的独立的全球性政府间国际组织，也是世界上唯一一个专门致力于竹藤资源可持续发展的多边发展机构。INBAR 现已由竹藤技术服务国际专业机构，发展成为在世界各地广泛推进扶贫、环保与绿色增长的国际发展机构。

11 月 6 日

［纲　文］ **中国东方电气集团东方电机有限公司召开“华龙一号”首台发电机型式试验结果新闻发布会。**

［目　文］ 由东方电机为中核集团福清核电站 5、6 号机组研制的首台具有完全自主知识产权的“华龙一号”半转速汽轮发电机成功通过厂内型式试验，各项技术性能满足合同和相关技术标准，综合技术指标全面达到当前国际先进水平。这标志着我国三代核电自主品牌“华龙一号”半转速汽轮发电机研制成功，我国三代核电设备完全自主设计制造能力的再次跨越。该发电机的成功研制，为打造“中国核电”品牌、铸就国之重器迈出了坚实的一步。

“华龙一号”作为“中国核电”国家品牌，被赋予了“中华复兴、巨龙腾飞”的寓意，寄托着对中国自主核电技术的殷切厚望，是推行我国核电“走出去”的主打项目。在设计创新方面，“华龙一号”提出“能动和非能动相结合”的安全设计理念，设置了完善的事故预防和缓解措施，其安全指标和技术性能达到了国际三代核电技术的先进水平，是安全性最高的压水堆核电机型，具有完整自主知识产权。

11 月 6 日

［纲　文］ **2017 博鳌亚洲论坛发展峰会在澳门举行。**

［目　文］ 峰会由博鳌亚洲论坛（BFA）、澳门青年联合会（MYF）和澳门科技大学（MUST）联合主办。设置了“智慧城市建设与亚洲地区发展”“青年人才与亚洲未来”“‘一带一路’与特色金融”三场分论坛，以智慧城市建设为题，从创业创新、经济发展和人才培养等方面进行探讨和交流，超过 1600 人次参与。

11 月 6 日

［纲　文］ **陈竺当选红十字会与红新月会国际联合会副主席。**

［目　文］ 红十字会与红新月会国际联合会在土耳其安塔利亚举行全体大会并选举领导机构，中国全国人大常委会副委员长、中国红十字会会长陈竺当选新一届联合会副主席。

11 月 6 日

［纲　文］ **《人民日报》发表题为《毫不动摇把党建设得更加坚强有力——九论学习贯彻党的十九大精神》的评论员文章。**

11 月 6 日

［纲　文］ **《人民日报》发表刘云山题为《深入学习贯彻习近平新时代中国特色社会**

主义思想》的文章。

11 月 6—7 日

［纲　文］ **2017 两岸企业家紫金山峰会在南京举行。**

［目　文］ 全国政协主席俞正声出席开幕式并致辞。会议期间，俞正声会见了萧万长等两岸参会主要代表。与会 700 多名两岸企业家及工商团体负责人，根据俞正声在开幕式讲话精神，围绕“两岸产业融合发展：新形势 新商机 新思路”主题，以各产业合作推进小组为单位举办专题论坛，达成了多项合作共识，签署了 29 项合作协议。发表了《2017 两岸企业家紫金山峰会共同倡议》。

11 月 7 日

［纲　文］ **《习近平谈治国理政》第二卷出版发行。**

［目　文］ 《习近平谈治国理政》第二卷由中央宣传部（国务院新闻办公室）会同中央文献研究室、中国外文局编辑，外文出版社以中英文版出版。收入了习近平在 2014 年 8 月 18 日至 2017 年 9 月 29 日期间的讲话、谈话、演讲、批示、贺电等 99 篇，分为 17 个专题。为便于读者阅读，本书作了必要注释。本书还收入习近平这段时间内的图片 29 幅。

2014 年 9 月出版发行的《习近平谈治国理政》，收入了习近平在党的十八大闭幕后至 2014 年 6 月 13 日期间的重要著作，受到国内外读者的广泛关注和好评。此后 3 年多来，习近平又发表一系列重要讲话，提出一系列具有开创性意义的新理念新思想新战略，使党的创新理论更加丰富、更加系统。

11 月 7 日

［纲　文］ **国家主席习近平任免驻外大使。**

［目　文］ 习近平根据全国人民代表大会常务委员会的决定任免下列驻外大使：一、免去吕友清的中华人民共和国驻坦桑尼亚联合共和国特命全权大使职务；任命王克（女）为中华人民共和国驻坦桑尼亚联合共和国特命全权大使。二、任命魏强为中华人民共和国驻巴拿马共和国特命全权大使。

11 月 7 日

［纲　文］ **国务院总理李克强应约同德国总理默克尔通电话。**

［目　文］ 两国总理高度评价过去一年中德关系与合作取得的新进展。李克强表示，2017 年适逢中德建交 45 周年，习近平主席成功访德并出席二十国集团汉堡峰会，中德总理年度会晤也富有成果，两国就重大国际地区问题保持良好沟通协调。中方愿同德方密切高层交往，办好新一轮中德政府磋商，加强务实规划，推动中德合作向更深层次、更广领域、更高水平迈进。中方欢迎包括德国在内的各国企业扩大对华投资，开展技术与知识合作。我们愿为中外企业提供一视同仁、公平竞争的营商环境，为他们按照市场化原则拓展业务、开展互利共赢合作创造有利条件。

默克尔表示，德中都致力于推动双边关系发展。德方愿同中方保持高层往来，加强沟通协调，尽早启动新一轮德中政府磋商筹备工作，深化经贸合作，更好实现互利共赢。

11月7日

［纲　文］ **李克强在北京主持召开经济形势专家和企业家座谈会，就贯彻落实党的十九大精神、做好下一步经济工作听取意见建议。**

［目　文］ 国务院副总理张高丽，中共中央政治局常委、国务院副总理汪洋出席。刘延东、马凯、王勇等参加了座谈会。会上，白重恩、谢丹阳、哈继铭、余斌等专家分别围绕经济运行、调整结构、促进“双创”、防控国际经济风险等发了言。哈尔滨电气集团、好孩子集团、重庆猪八戒网络公司负责人就打造产业集群、以创新创优拓展市场、发展分享经济等提了建议。大家认为，2017年中国经济保持稳中向好态势，经济结构、增长动力、质量效益等发生积极变化，“放管服”等改革举措促进创新活力迸发成为一大亮点，全年预期目标将顺利实现。

国务院总理李克强说，在以习近平同志为核心的党中央坚强领导下，经过全国上下共同努力，2017年我国经济发展好于预期，有力回应了一段时间国际上有关“中国经济要硬着陆”的论调，成绩应充分肯定，但也要充分认识外部环境仍然存在许多不稳定、不确定因素，国内经济深层次结构性矛盾仍然比较突出，各类风险隐患仍然不可忽视。要巩固和扩大经济稳中向好态势，必须深入贯彻党的十九大精神，以习近平新时代中国特色社会主义思想为指导，继续坚持稳中求进工作总基调，贯彻落实新发展理念，着眼建设现代化经济体系，大力实施党的十九大提出的各项战略，坚持质量第一、效益优先，深化供给侧结构性改革，把提高供给体系质量作为主攻方向，依托推进“互联网+”和实施“中国制造2025”等，加快培育新动能、改造传统动能，运用技术、环保、质量标准等法治化、市场化手段，淘汰落后产能，增强经济创新力和竞争力。明年经济工作怎么安排，要全面落实党的十九大部署，与全面建成小康社会目标对接。要保持宏观政策连续性稳定性，继续深化改革、扩大开放，进一步推进减税降费，降低制度性交易成本，让市场在资源配置中发挥决定性作用和更好发挥政府作用，鼓励更多社会主体投身创新创业，推动创新创业向更高层次升级，促进中国经济深度融入世界经济，并做好防范潜在经济风险工作。

11月7日

［纲　文］ **俞正声在北京会见饶颖奇率领的台湾民意代表交流参访团。**

［目　文］ 全国政协主席俞正声说，中共中央总书记习近平在十九大报告中，提出了对包括台湾同胞在内全体中华儿女的殷切期望和伟大号召，必将极大地鼓舞和激励两岸同胞共同参与到维护和推动两岸关系和平发展、实现中华民族伟大复兴进程中来。必须坚持一个中国原则和“九二共识”，共同反对一切分裂国家的活动；不断深化两岸经济文化交流，推动两岸关系和平发展；共同完善民意代表交流平台，厚植两岸关系和平发展民意基础。八年来，政协委员与台湾民意代表进行了十四次互访交流，交流机制不断深化、交流平台不断完善。希望大家共同努力，吸纳和动员更多来自基层一线和青年一代的新生力

量参与到两岸交流合作中来，为推动两岸关系和平发展作出应有的贡献。

11月7日

［纲　文］　**全国小微企业金融服务电视电话会议在北京召开。**

［目　文］　国务院总理李克强对会议作出批示指出：小微活，就业旺，经济兴。金融支持是激发小微企业活力、助推小微企业成长壮大的重要力量。党的十八大以来，根据党中央、国务院部署，金融系统和各地区各部门多方联动、协力推进，对小微企业的金融服务不断改善、支持力度持续加大，成绩应予肯定。希望全面深入贯彻党的十九大精神，把思想统一到十九大精神上来，把力量凝聚到实现十九大确定的任务上来，认真落实全国金融工作会议部署，切实增强金融服务实体经济能力，将小微企业金融服务放在更加重要的位置。要进一步深化金融体制改革，健全多层次市场体系尤其是普惠金融体系，加快建立稳定紧密、良性互动的银企关系，更好发挥市场在小微金融资源配置中的决定性作用。要创新机制与模式，重抓政策落实，着力打通金融活水流向小微企业的“最后一公里”，在缓解小微企业融资难融资贵问题上取得更大成效，有力促进大众创业万众创新、新动能发展壮大，为实现经济社会持续健康发展、决胜全面建成小康社会作出更大贡献！

国务院副总理马凯出席会议时指出，要深入贯彻党的十九大精神，以习近平新时代中国特色社会主义思想为指导，认真落实李克强批示要求，按照全国金融工作会议和国务院部署，切实落实金融服务小微企业的各项政策和改革举措，全面提升金融服务能力和可得性，努力在缓解小微企业融资难融资贵问题上取得更大成效。各地、各部门和金融机构要把思想认识行动统一到党中央、国务院的决策部署上来，切实落实货币、财政政策对小微企业的支持措施，完善适应小微企业金融服务需要的金融组织体系，不断创新支持小微企业的金融产品和服务，大力拓展小微企业直接融资，健全小微企业融资担保和保险机制，持续推进小微企业信用信息体系建设，继续清理整顿小微企业金融服务不合理收费，改进和加强对小微企业金融服务的监督考核，切实提升金融服务小微企业的能力和效果。

11月7日

［纲　文］　**中国首个高寒高海拔清洁取暖项目投运。**

［目　文］　青海玛多县民族寄宿中学12台新型节能电锅炉通电供暖，标志着我国首个高寒、高海拔地区清洁取暖项目正式投运。

玛多县平均海拔高、供暖期长，当地居民过冬只能依赖牛粪和煤，供暖成本高且环境污染大。2017年，国家电网使用定点扶贫资金，在玛多县建设清洁能源取暖项目，将燃煤锅炉集中供暖区域、散烧煤区域改为清洁供暖，并对牧民定居点普及电热炕，逐年提升牧民家庭电气化水平，最终实现全县范围内清洁供暖。

11月7日

［纲　文］　**《人民日报》发表王岐山题为《开启新时代 踏上新征程》的文章。**

11月7日

［纲　文］ **《人民日报》发表题为《共创中华民族伟大复兴的美好未来——十论学习贯彻党的十九大精神》的评论员文章。**

11月8日

［纲　文］ **习近平致信祝贺中华全国新闻工作者协会成立80周年。**

［目　文］ 中共中央总书记习近平的贺信写道：值此中国记协成立80周年之际，我代表党中央，向你们表示热烈的祝贺！向全国广大新闻舆论工作者致以诚挚的问候！长期以来，中国记协加强新闻队伍建设，拓展对外新闻交流，引领广大新闻工作者积极宣传党的主张，深入反映群众呼声，唱响主旋律，传播正能量，为我们党团结带领人民不断取得革命、建设、改革伟大胜利凝聚了强大舆论力量、营造了良好舆论氛围。在新时代，希望中国记协深入学习贯彻党的十九大精神，牢记党的新闻舆论工作职责使命，深化改革，开拓创新，保持和增强政治性、先进性、群众性，更好把广大新闻工作者凝聚起来，真正建设成为“记者之家”。希望广大新闻工作者坚定“四个自信”，保持人民情怀，记录伟大时代，讲好中国故事，传播中国声音，唱响奋进凯歌，凝聚民族力量，为实现“两个一百年”奋斗目标、实现中华民族伟大复兴的中国梦不断作出新的更大的贡献！

同日，庆祝中国记协成立80周年大会暨第27届中国新闻奖颁奖报告会在人民大会堂举行。国务院副总理刘延东在会上宣读了习近平的贺信。中共中央政治局委员、中宣部部长黄坤明出席大会并讲话。会议为获奖者代表颁奖。中国记协主席张研农致辞。人民日报社、新华社、中央电视台、河北广播电视台、重庆日报社等单位的获奖代表在会上发言。全国人大常委会副委员长艾力更·依明巴海，全国政协副主席卢展工出席上述活动。中央有关部门、中央新闻单位负责人，中国记协常务理事和新闻工作者代表约300人参加会议。

会议期间，中共中央政治局常委、中央书记处书记王沪宁会见出席庆祝中国记协成立80周年大会暨第27届中国新闻奖颁奖报告会的新闻工作者代表并讲话。他表示，习近平总书记对新闻舆论工作和记协工作高度重视，专门发来贺信。我们要认真学习领会，把习近平总书记的亲切关怀转化为进一步做好新闻舆论工作、开创记协工作新局面的强大动力。新闻舆论战线要牢固树立“四个意识”，深入学习领会习近平新时代中国特色社会主义思想，努力做到学深悟透、融会贯通，在学懂弄通上下功夫，在做实宣传上下功夫，在凝心聚力上下功夫，采取群众喜闻乐见的方式把党的十九大精神讲清楚、讲明白、讲到位。中国记协要认真落实习近平总书记一系列重要指示精神，深化改革，增强活力，组织广大新闻工作者坚定不移跟党走，为学习宣传贯彻党的十九大精神作出贡献。

11月8日

［纲　文］ **新华社讯，经党中央、国务院批准，国务院金融稳定发展委员会成立，并召开了第一次全体会议，学习贯彻党的十九大精神，研究部署相关工作。**

［目　文］ 国务院金融稳定发展委员会，作为国务院统筹协调金融稳定和改革发展

重大问题的议事协调机构。其主要职责是：落实党中央、国务院关于金融工作的决策部署；审议金融业改革发展重大规划；统筹金融改革发展与监管，协调货币政策与金融监管相关事项，统筹协调金融监管重大事项，协调金融政策与相关财政政策、产业政策等；分析研判国际国内金融形势，做好国际金融风险应对，研究系统性金融风险防范处置和维护金融稳定重大政策；指导地方金融改革发展与监管，对金融管理部门和地方政府进行业务监督和履职问责等。

国务院金融稳定发展委员会主任马凯在第一次会议上指出，金融系统要把认真学习和全面贯彻党的十九大精神作为当前和今后一个时期的首要政治任务，有力推动党的路线方针政策在金融领域得到不折不扣贯彻落实，全面落实党中央、国务院的决策部署。会议讨论通过了国务院金融稳定发展委员会近期工作要点，强调要继续坚持稳中求进的工作总基调，坚持稳健货币政策，强化金融监管协调，提高统筹防范风险能力，更好地促进金融服务实体经济，更好地保障国家金融安全，更好地维护金融消费者合法权益。

11月8日

［纲　文］　**工商总局发布《关于公布规范性文件清理结果的公告》。**

［目　文］　《公告》说，为深入推进“放管服”改革，确保各项改革措施有效落实，根据《国务院办公厅关于进一步做好“放管服”涉及规章和规范性文件清理工作的通知》（国办发〔2017〕40号）的要求，工商总局对截至2016年底印发的规范性文件再次进行认真清理，对照国务院改革决策和根据国务院改革决策已修改的法律、法规，决定废止26件与“放管服”改革政策不一致的规范性文件。现将工商总局决定保留继续有效的306件和决定废止失效的26件规范性文件目录予以公布。

11月8日

［纲　文］　**全国人大常委会办公厅举办的2017年第三期县级人大常委会负责人学习班在北京开班。**

［目　文］　中共中央政治局委员、全国人大常委会副委员长王晨出席并讲话。来自福建、山东、甘肃的300多名县级人大常委会负责人参加学习。王晨说，县级人大是地方国家政权的重要组成部分，要深入学习习近平新时代中国特色社会主义思想，深刻领会“8个明确”主要内容和“14个坚持”基本方略，坚持党的领导、人民当家作主和依法治国有机统一，忠诚履职尽责，推动人大制度和人大工作完善发展。

11月8日

［纲　文］　**国家减灾委全体会议在北京召开。**

［目　文］　国务委员、国家减灾委主任王勇主持会议时指出，要深入学习贯彻党的十九大精神，以习近平新时代中国特色社会主义思想为指导，牢固树立安全发展理念，坚持以防为主、防抗救相结合，以更加有力有效措施，推动防灾减灾救灾工作再上新水平。党的十八大以来，我国防灾减灾救灾工作取得显著成效，但形势任务仍然严峻复杂艰巨。各地方各有关部门要把思想和行动统一到党的十九大精神上来，认真落实习近平总书记关

于防灾减灾救灾工作重要指示精神，深入推进防灾减灾救灾体制机制改革，加强灾害风险管理，强化灾害综合防范应对，着力加强防灾减灾工程建设，全面提升全社会抵御自然灾害的综合防范能力。当前正值冬季、临近年底，各地方各有关部门要深入落实主体责任，加强统筹协调，强化担当意识，更加扎实做好各类安全事故灾害防范、灾后恢复重建和受灾群众生活救助等工作，确保受灾群众安全温暖过冬。

11月8日

［纲　文］　**新华社讯，太湖流域水科学研究院成立。**

［目　文］　由水利部太湖流域管理局、南京水利科学研究院、河海大学、上海勘测设计研究院有限公司共同发起的太湖流域水科学研究院在上海正式成立。这是我国流域层面水利科技领域高层次协作平台，也是流域水利科研机制的创新实践成果。

太湖流域水科学研究院将遵循“密切合作、平等互利、问题导向、注重实效”原则，围绕太湖流域防洪、水资源、水生态环境、综合管理、水利信息化、工程技术等领域的科技问题，以及重大前瞻性、基础性科学问题，编制流域水利科技问题报告，开展科研攻关和技术咨询活动，解答流域热点、难点问题，促进科研成果在流域综合治理与管理中的应用，培养从事流域水科学研究的高层次人才。

11月8日

［纲　文］　**《人民日报》发表张高丽题为《开启全面建设社会主义现代化国家新征程》的文章。**

11月8日

［纲　文］　**《人民日报》发表题为《重要时间节点是我们工作的坐标——习近平总书记中外记者见面会讲话启示①》的评论员文章。**

11月8—10日

［纲　文］　**应国家主席习近平邀请，美国总统特朗普对中国进行国事访问。**

［目　文］　9日，习近平在北京同特朗普举行会谈。两国元首就中美关系及共同关心的重要国际和地区问题广泛、深入交换意见。习近平指出，中美关系正处在新的历史起点上。中方愿同美方一道，相互尊重、互利互惠，聚焦合作、管控分歧，给两国人民带来更多获得感，给地区及世界人民带来更多获得感。特朗普表示，我愿继续同习近平主席保持密切沟通，推动美中关系深入发展，促进两国在国际事务中更加密切合作。

双方认为，2017年以来中美关系取得重要进展。中美关系事关两国人民福祉，也关乎世界的和平、稳定、繁荣。合作是中美两国唯一正确选择，共赢才能通向更好未来。双方同意继续发挥元首外交对两国关系的战略引领作用，加强两国高层及各级别交往，充分发挥4个高级别对话机制作用，拓展经贸、两军、执法、人文等领域交流合作，加强在重大国际和地区问题上的沟通和协调，推动中美关系得到更大发展。两国元首听取了中美外交安全对话、全面经济对话、社会和人文对话、执法及网络安全对话4个高级别对话机制双方牵头人的汇报，并就深化中美各领域交流合作提出指导性意见。两国元首就加强中美双边、地区和全球层面合作达成多项重要成果和共识。双方同意，扩大经贸、投资、能源等领域合作，通过做大中美经济合作蛋糕解决两国经济关系快速发展过程中出现的问题和矛盾。继续加强网络安全、追逃追赃、遣返非法移民、禁毒等领域合作。共同努力促进中美双向留学，推动教育、科技、文化、卫生等领域合作。双方重申致力于促进亚太地区和平、稳定与繁荣。致力于维护国际核不扩散体系，致力于实现朝鲜半岛无核化目标，强调两国在通过对话谈判最终解决朝鲜半岛核问题方面拥有共同目标，双方致力于维护半岛和平稳定。

两国元首共同见证了能源、制造业、农业、航空、电气、汽车等领域商业合同和双向投资协议的签署。两国签署的商业合同和双向投资协议总金额超过2500亿美元。习近平同特朗普共同会见记者，出席中美企业家对话会闭幕式并致辞。

同日，国务院总理李克强在会见特朗普时指出，中国从来不追求对任何国家的贸易顺差，中美建交几十年来经贸关系快速发展的事实也充分表明，两国合作具有高度互补性和相对平衡性。中美要进一步相互扩大开放，为两国企业创造公平竞争的良好营商环境。欢迎美方拓展对华服务贸易，扩大高技术产品出口，通过更高层次的经贸合作、更充分地释放互补优势，更好实现互利共赢。特朗普积极评价此次访华成果，希望两国进一步加强合作，共同应对挑战，促进公平、平衡的经贸关系，推动美中关系与合作发展得更加强劲。

访问期间，习近平和夫人彭丽媛陪同特朗普和夫人梅拉尼娅参观故宫博物院，两国元首夫妇在故宫宝蕴楼茶叙，共同参观故宫前三殿，观看文物修复技艺展示和珍品文物展，并欣赏京剧表演；习近平和夫人彭丽媛在人民大会堂举行宴会，欢迎特朗普和夫人梅拉尼娅。李克强、张德江、俞正声、张高丽、栗战书、汪洋、王沪宁、赵乐际、韩正、刘云山、王岐山等出席；彭丽媛与梅拉尼娅共同参观了北京市板厂小学。

11月9日

［纲　文］　**《习近平谈治国理政》老挝文版首发式在老挝万象举行。**

［目　文］　首发式由国务院新闻办公室、中国外文局、中国驻老挝大使馆主办。国务院新闻办公室副主任郭卫民、中国驻老挝大使王文天出席并致辞。老挝人民革命党中央书记处书记、中宣部部长吉乔代表老党中央对翻译出版《习近平谈治国理政》老挝文版表示祝贺。老挝人革党中联部部长顺通、老挝国家社会科学院院长苏贡显、老挝妇联主席因拉万等中老两国各界代表150多人出席了首发式。

《习近平谈治国理政》一书收录了习近平主席在2012年11月15日至2014年6月13日这段时间内的讲话、谈话、演讲、答问、批示、贺信等79篇。2014年9月出版发行以来，该书已先后推出24个语种、27个版本，全球发行660多万册。《习近平谈治国理政》老挝文版由中国外文出版社与老挝国家图书出版发行社合作翻译出版。

11月9日

［纲　文］　**国务院印发《划转部分国有资本充实社保基金实施方案》。**

［目　文］《方案》由八个部分组成：一、指导思想。二、基本原则。三、划转范围、对象、比例和承接主体。四、划转程序。五、承接主体对国有资本的管理。六、划转步骤。七、配套措施。八、组织实施。

《方案》指出，国务院国有企业改革领导小组要加强统筹协调、督促落实。财政部、人力资源社会保障部、国务院国资委、证监会、社保基金会等部门要各司其职，密切配合，出台配套制度办法，加强对本方案执行的支持和指导，做好方案实施的监督评估工作。各有关部门和机构要高度重视划转工作，统筹规划，周密安排，落实责任，有序实施。各省（区、市）人民政府对本地区划转工作负总责，要结合实际抓紧制订具体落实方案，确保按要求完成划转目标任务。

11月9日

［纲　文］**新华社讯，中央军委印发《关于认真学习宣传贯彻党的十九大精神的意见》。**

［目　文］《意见》由四个部分组成：一、把学习宣传贯彻党的十九大精神作为首要政治任务抓紧抓好。二、全面准确学习领会党的十九大精神。三、认真做好党的十九大精神的学习宣传教育。四、贯彻“关键要实”的要求推动党的十九大精神落地落实。

《意见》指出，学习贯彻党的十九大精神，关键要实。要大力改造学风，坚持理论联系实际，坚持学用一致，坚持领导带头，着力在统一思想、凝聚力量上取得实效，在认清使命、强化担当上取得实效，在推动工作、见诸行动上取得实效。各单位学习宣传贯彻情况要及时报告。

11月9日

［纲　文］**交通运输部、公安部发布《关于治理车辆超限超载联合执法常态化制度化工作的实施意见（试行）》。**

［目　文］《意见》由五个部分组成：一、指导思想。二、工作原则。三、联合执法工作机制。四、联合执法纪律要求。五、保障措施。

《意见》指出，交通运输部、公安部视情对重点地区进行督导，对工作不力、问题突出的，将督促地方按照有关规定严肃处理，并在全国范围内通报。

11月9日

［纲　文］**新华社讯，常万全在云南调研边防工作。**

［目　文］国务委员兼国防部长常万全指出，要深入学习贯彻党的十九大精神，自觉用习近平新时代中国特色社会主义思想武装头脑、指导实践，不忘初心、牢记使命，高举旗帜、团结奋进，以永不懈怠的精神状态和一往无前的奋斗姿态，奋力建设强大稳固的现代边海空防。新时代边防的内涵在丰富，职能在拓展，要求在提高，必须认真贯彻党的十九大关于“建设强大稳固的现代边海空防”重大决策部署，创新工作思路，强化责任担当，不断开创边防工作新局面。要妥善应对新挑战，努力把我们的制度优势、经济优势、军事优势充分发挥出来，体现到强边固防的实际成效上。要积极适应新体制，尽快找准定

位、进入角色、实现转变。要勇于担当新使命，走好戍边新征程，展现边防新气象，努力为实现中华民族伟大复兴的中国梦作出新的更大贡献！

11月9日

［纲　文］　**《人民日报》发表栗战书题为《全面把握中国特色社会主义进入新时代》的文章**。

11月9日

［纲　文］　**《人民日报》发表题为《民族复兴必将在改革开放进程中实现——习近平总书记中外记者见面会讲话启示②》的评论员文章**。

11月9—12日

［纲　文］　**首届全国新农民新技术创业创新博览会在苏州举办**。

［目　文］　博览会由农业部与江苏省人民政府主办，展示了信息化时代背景下农村创业创新的实践成果。博览会各类参展企业达到1038个，参展省份31个，共吸引5.6万人次参观，汇聚了政府部门、科研院所、企业、新农民等各方面代表人士，签约和意向合同金额超过350亿元。

10日，首届新农民新技术创业创新大会在苏州召开。中共中央政治局常委、国务院副总理汪洋出席并讲话。会前，汪洋参观了首届新农民新技术创业创新博览会，了解农业物联网、休闲农业、电子商务等新技术新业态发展情况，并与创业新农民进行了交流。

博览会期间还举办了全国信息进村入户工程交流会、全国农民手机达人大赛、全国农村创业创新项目创意大赛（总决赛）等活动，5场企业论坛和36场推介活动，5省（区）特色农产品推介和产销对接活动。

11月10—14日

［纲　文］　**中共中央总书记、国家主席习近平出席亚太经合组织第25次领导人非正式会议，并对越南、老挝进行国事访问**。

［目　文］　陪同习近平出访的有：中共中央政治局委员、中央办公厅主任丁薛祥，中共中央政治局委员、中央财经领导小组办公室主任刘鹤，中共中央政治局委员、国务委员杨洁篪等。

10—11日，国家主席习近平应越南国家主席陈大光邀请，出席在越南岘港举行的亚太经合组织第25次领导人非正式会议。

10日，习近平出席亚太经合组织工商领导人峰会并发表题为《抓住世界经济转型机遇 谋求亚太更大发展》的主旨演讲；出席亚太经合组织领导人同工商咨询理事会代表对话会，同代表们就中共十九大给亚太经济体带来的新机遇、“一带一路”建设等议题交换看法；出席亚太经合组织领导人与东盟领导人对话会。与会领导人围绕“合作挖掘新动力，构建全面联通和一体化亚太”议题进行讨论，共商亚太经合组织同东盟合作。

11日，习近平出席亚太经合组织第25次领导人非正式会议并发表题为《携手谱写亚太合作共赢新篇章》的讲话。本次会议的主题是“打造全新动力，开创共享未来”。与会各经济体领导人围绕“数字时代的创新增长、包容和可持续就业”“开创共享未来”等议题交换看法。会议发表了《亚太经合组织第二十五次领导人非正式会议宣言》。

会议期间，习近平同亚太经合组织经济体领导人出席全球经济形势非正式对话会，听取国际货币基金组织总裁拉加德通报世界经济形势、前景及对亚太地区影响；会见了越南总理阮春福、菲律宾总统杜特尔特、韩国总统文在寅、日本首相安倍晋三；同智利总统巴切莱特一道出席中智自由贸易协定升级议定书签字仪式。

12—13日，中共中央总书记、国家主席习近平应越共中央总书记阮富仲、越南国家主席陈大光邀请对越南进行国事访问。9日，习近平在越南《人民报》发表题为《开创中越友好新局面》的署名文章。

12日，习近平在河内同阮富仲举行会谈，双方积极评价彼此发展成就，一致同意继承、维护、发扬好中越传统友谊，相互坚定奉行友好政策，把两国全面战略合作发展得越来越好，给两国和两国人民带来更多切实利益。习近平和阮富仲分别介绍了中共十九大、越南党和国家事业有关情况，共同见证了共建“一带一路”和“两廊一圈”合作备忘录以及产能、能源、跨境经济合作区、电子商务、人力资源、经贸、金融、文化、卫生、新闻、社会科学、边防等领域合作文件的签署并共同参观“越南摄影家眼中的中国”摄影展；会见越南国会主席阮氏金银并共同出席越中友谊宫落成移交仪式暨河内中国文化中心揭牌仪式。

13日，习近平在河内再次会见阮富仲，双方本着同志加兄弟的精神，继续就两党两国关系交换意见；瞻仰胡志明主席陵并敬献花圈；同陈大光举行了会谈。中越双方发表了《中越联合声明》。

13—14日，中共中央总书记、国家主席习近平应老挝人民革命党中央委员会总书记、老挝人民民主共和国主席本扬邀请，对老挝进行国事访问。访问之际，习近平在老挝《人民报》《巴特寮报》《万象时报》发表题为《携手打造中老具有战略意义的命运共同体》的署名文章。

13日，习近平在万象同本扬举行会谈，双方高度评价对方发展成就，同意加强交流互鉴，推动中国改革开放和老挝革新事业不断向前发展，继续秉持好邻居、好朋友、好同志、好伙伴精神，巩固中老传统友好，推动长期稳定的中老全面战略合作伙伴关系迈上新台阶。

相互介绍了中共十九大和老挝党和国家事业有关情况。共同见证了中老经济走廊建设、基础设施建设、数字丝绸之路、科技、农业、电力、人力资源、金融、水利等领域合作文件的签署；会见老挝人民革命党中央委员会前总书记、前国家主席朱马里。

14日，习近平在万象再次会见本扬并见证《中华人民共和国外交部和老挝人民民主共和国外交部关于加强新形势下合作的协议》的签署及出席玛霍索综合医院奠基仪式；分别会见了老挝政府总理通伦和国会主席巴妮；会见老挝奔舍那家族友人。中老双方发表了

《中老联合声明》。

11月10日

［纲　文］　**国家卫生计生委发布《中国流动人口发展报告2017》。**

［目　文］　《报告》指出，我国流动人口总量在2011—2014年间持续增长，由2011年的2.30亿人增长至2014年的2.53亿人。自2015年流动人口总量开始下降，2015年、2016年我国流动人口总量为2.47亿人和2.45亿人，分别较上一年减少568万人和171万人。人口城镇化水平持续提高，人口继续向城市群聚集。流动人口平均居留时间（年）持续上升，由2011年的4.8年升至2016年的5.7年，人口流动的稳定性增强。流动人口平均年龄持续上升，“80后”“90后”新生代流动人口比例稳步增长，2016年已达64.7%，已成为流动人口中的主力军。家庭化流动趋势明显，家庭户平均规模保持在2.5人以上，2人及以上的流动人口家庭户占81.8%以上，在流入地生育、就医、养老的比例不断上升，对相关公共服务和社会保障的需求持续增长。

2016年人口流动迁移出现的特点，是政策环境、户籍转移、青年劳动力供给减少、临时性返乡等诸多因素共同作用的结果。其中流动人口总量在减少，主要受国家最近几年一系列重要政策措施的影响。比如进一步推进户籍改革，推动1亿非户籍人口在城市落户，出台鼓励支持农民工返乡创业等相关政策，还有一些城市提出了人口调控的目标等。另一个重要原因是受经济周期波动的临时性影响，返乡农民工增加。尽管6年来流动人口在总人口中的占比有升有降，但仍保持较大比重。可以预见，在今后较长一段时期，大规模的人口流动迁移仍将是我国人口发展及经济社会发展中的重要现象。

《报告》指出，我国持续推进基本公共卫生计生服务均等化。2016年，91.1%的流动人口至少参加过一种医疗保险。流动人口中有0—6岁子女的育龄妇女孕期建档率达到90%，产后42天内接受健康检查的比例达到83.8%。流动人口子女免费疫苗接种比例为97.9%。在流入地居住半年及以上的流动人口中，35.4%在所在社区建立了健康档案。曾接受过健康教育的流动人口中，63.5%接受过“生殖与避孕”相关教育，47.3%接受过“性病或艾滋病防治”相关教育。

11月10日

［纲　文］　**卫生计生委公布《中医医术确有专长人员医师资格考核注册管理暂行办法》。**

［目　文］　《办法》共8章41条。主要有总则、考核申请、考核发证、考核组织、执业注册、监督管理、法律责任、附则等内容。自2017年12月20日起施行。

11月10日

［纲　文］　**工业和信息化部印发《建材行业规范公告管理办法》。**

［目　文］　《办法》共4章21条。主要有总则、申请与核查、监督管理、附则等内容。自2018年1月1日起施行。

11 月 10 日

［纲　文］ **刘延东在北京看望援外医疗队员代表。**

［目　文］ 国务院副总理刘延东指出，卫生援外工作要落实党的十九大部署要求，高举和平、发展、合作、共赢的旗帜，服务外交大局，落实庄严承诺，在人类健康领域发挥负责任大国作用，贡献中国力量。要整合援外资源，打造精品项目，以中非友好医院为纽带，提供更加系统精准持久的帮助，带动中国健康服务走出去，增进人类健康福祉。有关方面要完善医疗队派遣和待遇保障机制，关心医疗队员工作生活。

1963 年以来，中国已累计派出援外医疗队员约 2.5 万人次，诊治患者近 2.8 亿人次。

11 月 10 日

［纲　文］ **国务委员兼国防部长常万全在北京会见津巴布韦国防军司令奇温加。**

［目　文］ 常万全介绍了中共十九大有关情况并说，近年来，在习近平主席和穆加贝总统的引领下，中津两国关系健康稳定发展，两军保持友好交往，各领域务实交流合作富有成效。中方愿与津方一道，全面落实两国元首达成的重要共识，不断提升两军合作水平，为实现中津关系更大发展作出新贡献。

奇温加表示，津方珍视两国两军友谊，愿与中方共同努力，推动两国两军关系不断迈上新台阶。

11 月 10 日

［纲　文］ **中国自主设计研制的国产大型客机 C919 飞机 10101 架机（即首架机）完成首次城际飞行，从上海浦东成功转场至西安阎良。**

［目　文］ 飞行过程中，飞机飞行高度达 7800 米，巡航速度最高达 0.74 马赫数，航程超过 1300 公里。飞机在空中各系统功能正常，飞机状态良好。这标志着 C919 飞机具备了城际航线飞行能力，也意味着大型客机项目取得阶段性成果，实现了从初始检查试飞转入包线扩展试飞。

11 月 10 日

［纲　文］ **《人民日报》发表汪洋题为《推动形成全面开放新格局》的文章。**

11 月 10 日

［纲　文］ **《人民日报》发表题为《把人民共和国建设得更加繁荣富强——习近平总书记中外记者见面会讲话启示③》的评论员文章。**

11 月 11 日

［纲　文］ **经党中央批准，全国推开国家监察体制改革试点工作动员部署电视电话会议在太原召开。**

［目　文］ 中共中央政治局常委、中央纪委书记赵乐际出席会议并讲话。中共中央政治局委员、中央纪委副书记杨晓渡主持会议。北京、浙江、山西纪委监委有关负责人介绍了做法经验，最高人民检察院有关负责人对检察机关做好监察体制改革试点工作提出明

确要求。

赵乐际指出，要深入学习领会、贯彻落实党的十九大精神，深入学习贯彻习近平新时代中国特色社会主义思想，牢固树立“四个意识”，以强烈政治责任感和历史使命感，扎实有序做好全面推开国家监察体制改革试点工作，努力走出一条符合历史传统和现实国情的中国特色社会主义监督道路。深化国家监察体制改革，将试点工作在全国推开，是党的十九大作出的重大战略部署。全面推开改革试点工作，要按照中央办公厅印发的试点方案和全国人大常委会通过的决定要求，充分总结运用先行试点的3省市经验，密切联系本地区实际，不折不扣狠抓任务落实。要牢牢把握总体目标，完成省、市、县三级监委组建工作，建立党统一领导的反腐败工作机构，实现对所有行使公权力的公职人员监察全覆盖；牢牢把握关键环节，集中力量抓好转隶，完成监委组建挂牌，确保过渡期各项工作有机衔接；牢牢把握监委职能职责，认真履行监督调查处置责任；牢牢把握权限手段，全面试用全国人大常委会授权赋予监委的12项调查措施；牢牢把握形成高效顺畅体制机制的任务，加强监察机关与执法司法机关的统筹协作。要切实强化对监察委员会的监督制约，建设让党放心、人民信赖的纪检监察队伍。中央深化国家监察体制改革试点工作领导小组要加强指导、协调和服务；试点地区党委要切实担当起主体责任，党委书记要当好“施工队长”；纪委和有关单位要抓好组织实施，有力有序推进试点工作，把改革蓝图转化为生动实践，圆满完成党中央交给的光荣任务。

在山西期间，赵乐际深入到晋中市和祁县纪委、监委以及祁县东观镇纪委进行调研，与纪检监察干部亲切交流，深入了解改革试点工作情况。

11月11日

［纲　文］　**中国选手冯珊珊获得2017年蓝湾大师赛冠军。**

［目　文］　2017年蓝湾大师赛在位于海南陵水的蓝湾高尔夫球会落下帷幕，冯珊珊凭借决胜轮打出的70杆成绩，以279杆，低于标准杆9杆的成绩夺冠，在赢得个人第九座LPGA（女子高尔夫职业巡回赛）冠军奖杯的同时，还顺势登上世界第一的宝座，成为首个高尔夫排名世界第一的中国内地选手。2016年里约奥运会冯珊珊获得女子高尔夫铜牌。

11月11日

［纲　文］　**《人民日报》发表赵乐际题为《全面理解和准确把握新时代党的建设总要求》的文章。**

11月11日

［纲　文］　**《人民日报》发表题为《开启全面深化改革新征程——一论习近平主席亚太工商峰会主旨演讲》的评论员文章。**

11月11日

［纲　文］　**《人民日报》发表题为《中国人民生活一定会一年更比一年好——习近平总书记中外记者见面会讲话启示④》的评论员文章。**

11月12日

［纲　文］　**第11届中国产学研合作创新大会暨第26届山东省产学研展洽会在济南举行。**

［目　文］　中共中央政治局常委、国务院总理李克强作出批示指出：加强产学研合作是打通创新链条、促进创新发展的重要支撑。望全面深入贯彻党的十九大精神，围绕实施创新驱动发展战略，依托“互联网+”和大众创业、万众创新等着力打造协同创新平台，汇聚众智众力，加快推动建立以企业为主体、市场为导向、产学研深度融合的技术创新体系，有力促进科技难题攻坚和成果转化，在培育壮大新动能方面取得更大进展，为增强我国经济的创新力和竞争力作出新贡献！

大会由中国产学研合作促进会与山东省人民政府共同主办。大会以党的十九大精神为指导，以“产学研协同创新 迈向新时代新征程”为主题，围绕产学研助推新旧动能转换、军民融合、“一带一路”建设、创新设计、智能制造、校企合作、健康中国等专题，分别举办了高峰论坛。表彰了2017年中国产学研合作创新与促进先进集体和个人。来自全国产学研、政金介、商媒用各界一线的1000余名代表和山东省、国家有关部委的领导、专家学者出席大会。

11月12日

［纲　文］　**西藏自治区国土资源厅发布，西藏首次地理国情普查完成并通过审核。**

［目　文］　调查显示，西藏全区林草覆盖面积为938744.64平方千米，占其国土面积约78%。此次普查历时3年多，采用高分辨率遥感影像，收集整合多行业专业数据，通过室内分析判读、野外实地调查，全面查清了全区行政区域内自然与人文地理要素空间分布情况，绘制了首张地理国情图，为开展其他国情国力调查提供了数据基础。

此次普查成果内容丰富、特点突出，共获取440多万个地表覆盖图斑和118万余个地理国情要素数据。这次普查查清了西藏高海拔（3500—5000米）和极高海拔（5000米以上）区域占自治区陆地国土面积的93.69%；种植土地总面积为5450.63平方千米；林草覆盖总面积为938744.64平方千米；河流总长度为1074542.16千米，水渠总长度为10161.55千米，湖泊总面积为33764.60平方千米，水库总面积为139.64平方千米，冰川与常年积雪总面积为20149.79平方千米。

11月12日

［纲　文］　**全球首艘2000吨级新能源纯电动船在广州广船国际龙穴造船基地吊装下水。**

［目　文］　该船由广州广船国际股份有限公司建造，总长70.5米，货舱为斗式结构，装载货品为电煤，主要航行于珠江内河等水域。该船安装有重达26吨的超级电容+超大功率的锂电池，整船电池容量约为2400千瓦时，相当于40台比亚迪E6汽车的电池容量，理论上2小时可以充满电；船舶在满载条件下，航速最高可达12.8公里/小时

（约7节），续航力可达80公里。在航行中全程不消耗燃油，实现碳、硫等废气污染物及 $PM_{2.5}$ 颗粒零排放，达到《内河绿色船舶规范》的绿色船舶—Ⅲ最高等级。

11月12日

［纲　文］　**中国科学家成功培育“无膜棉”。**

［目　文］　中国工程院院士、棉花遗传育种专家喻树迅率领科研育种团队，经过6年攻关，主持培育成功无膜棉新品系“中棉619”，实现了不用薄膜也能种植棉花的突破。新疆是全国最重要的产棉区，尤其是南疆棉花种植面积达2000万亩，约占全疆的2/3。20世纪80年代以来，新疆大范围推广使用地膜覆盖技术，棉花产量因此大幅提高，但残膜也带来一系列环境问题。截至2016年，新疆的地膜覆盖面积已近5000万亩，地膜总使用量达150万吨。本次培育成功的无膜棉新品系“中棉619”，可以晚播种10多天，正好躲过了春天播种时的低温；由于具有早熟的特点，又巧妙地躲过了秋天收获时遇到的低温霜冻等不良气候。通过这些特点，实现了不再需要覆盖地膜的目标。

11月12日

［纲　文］　**第32届世界蹦床锦标赛在保加利亚索非亚闭幕，中国蹦床队共获得7金1银1铜，名列金牌榜首位。**

11月12日

［纲　文］　**《人民日报》发表题为《开启创新发展方式新征程——二论习近平主席亚太工商峰会主旨演讲》的评论员文章。**

11月12日

［纲　文］　**《人民日报》发表题为《千秋伟业，百年恰是风华正茂——习近平总书记中外记者见面会讲话启示⑤》的评论员文章。**

11月12—16日

［纲　文］　**国务院总理李克强出席第20次中国—东盟领导人会议、第20次东盟与中日韩领导人会议和第12届东亚峰会，并对菲律宾进行正式访问。**

［目　文］　13日，第20次中国—东盟（10+1）领导人会议在马尼拉举行。李克强与菲律宾总统杜特尔特共同主持会议，东盟10国领导人与会。会议通过《中国—东盟关于进一步深化基础设施互联互通合作的联合声明》《中国—东盟关于全面加强有效反腐败合作联合声明》《中国—东盟旅游合作联合声明》和《未来十年南海海岸和海洋环保宣言（2017—2027）》等文件。

会议期间，李克强与东盟10国以及对话伙伴国领导人共同出席了庆祝东盟成立50周年纪念活动和本届东亚合作领导人系列会议开幕式；分别会见了越南总理阮春福、日本首相安倍晋三、新西兰总理阿德恩、韩国总统文在寅、柬埔寨首相洪森等。

14日，李克强在马尼拉出席第20次东盟与中日韩（10+3）领导人会议，东盟10国领导人以及日本首相安倍晋三、韩国总统文在寅出席。会议通过《10+3领导人关于粮食安全合作的声明》和《关于10+3合作20周年的马尼拉宣言》。

同日，李克强出席第12届东亚峰会。东盟10国领导人以及韩国总统文在寅、俄罗斯总理梅德韦杰夫、日本首相安倍晋三、印度总理莫迪、澳大利亚总理特恩布尔、新西兰总理阿德恩、美国国务卿蒂勒森等出席。与会领导人表示，当前本地区面临恐怖主义扩散、局部地区局势紧张等一系列传统和非传统安全挑战，各方应加强沟通，合作应对，完善区域安全架构，维护地区持久安全。当前南海局势趋缓，有关国家间关系改善取得进展，海上合作正在推进，中国为此作出了积极努力。欢迎中国与东盟启动“南海行为准则”案文磋商，希望各方共同维护地区和平稳定。会议通过《东亚峰会领导人关于减贫合作的声明》《东亚峰会领导人关于化学武器的声明》《东亚峰会领导人关于预防和应对恐怖主义意识形态扩散的声明》和《东亚峰会领导人关于打击洗钱和恐怖融资的宣言》等文件。

会议期间，李克强与东盟10国以及韩国、日本、印度、澳大利亚、新西兰领导人共同出席了区域全面经济伙伴关系协定领导人会议；分别会见了澳大利亚总理特恩布尔、欧洲理事会主席图斯克。

15—16日，李克强应菲律宾总统杜特尔特邀请对菲律宾进行正式访问。李克强同杜特尔特举行双边会谈，两国领导人就中菲关系及地区和国际问题交换意见并见证双方基础设施、产能、经济技术、金融、人文等领域14项双边合作文件的签署，共同会见记者；分别会见参议长阿基利诺·皮门特尔和众议长潘塔莱翁·阿尔瓦雷斯。双方发表了《中华人民共和国政府和菲律宾共和国政府联合声明》。

11月13日

［纲　文］　**《习近平谈治国理政》第二卷中英文版亮相第10届基多国际书展。**

［目　文］　受国家新闻出版广电总局委托，人民出版社和中国图书进出口（集团）总公司组团参展本次基多国际书展。本届书展中国展台主要展示主题图书、传统文化、中国文学、少儿读物、语言学习等5个类别的近200种精品图书。《党的十九大报告辅导读本》《党的十九大报告学习辅导百问》《将改革进行到底》《法治中国》《大国外交》《不忘初心 继续前进》等主题图书是首次在海外集中展出。尤其是《习近平谈治国理政》第二卷的中英文版图书成为中国展团一大亮点，受到各国参展商以及当地媒体、读者和社会各界的关注。

厄瓜多尔文化与遗产部国际合作司司长帕斯米尼奥表示，习近平主席是受人敬仰的中国领导人，厄瓜多尔各界对中共十九大召开后中国的发展道路十分关注。《习近平谈治国理政》是厄瓜多尔人了解中国发展道路和模式的重要参考文献。读过《习近平谈治国理政》（西文版）一书后很受启发，希望能尽快看到第二卷西文版的出版发行。

基多国际书展由厄瓜多尔文化与遗产部主办，是拉美地区一项重要的文化交流活动。本次书展10日开幕，展期为10天，有70余家出版社、政府机关、相关图书机构参与。

11月13日

［纲　文］　**新华社讯，中央军委印发《军级以上领导干部有关待遇规定》。**

［目　文］《规定》本着统一规范、保障必需、从严从紧、合理区别的原则，严格规范了军级以上领导干部在办公用房、住房、用车、工作人员配备、医疗等方面的待遇标准。这是中央军委认真贯彻党的十九大精神、严格落实中央八项规定精神和军委十项规定要求的重大举措和实际行动，彰显了以上率下、严于律己、全面从严治军的坚定决心。自2018年1月1日起施行。

11月13日

［纲　文］**汪洋在北京主持召开国务院扶贫开发领导小组第21次全体会议。**

［目　文］中共中央政治局常委、国务院副总理、国务院扶贫开发领导小组组长汪洋指出，要认真贯彻落实党的十九大关于打赢脱贫攻坚战的新部署、新要求和习近平总书记关于扶贫开发重要指示精神，准确把握新时代脱贫攻坚战略定位，增强脱贫攻坚使命担当，强化忧患意识和问题导向，有力推进脱贫攻坚，扎实兑现我们党对全体人民和国际社会的庄严承诺。作风建设攸关脱贫攻坚成败，要认真组织开展扶贫领域作风问题专项治理，较真碰硬、从严从实，以上率下、标本兼治，用作风建设的成果促进各项扶贫政策举措的落实。要加大对基层扶贫干部的培训力度，重点讲清党的十九大对脱真贫、真脱贫的要求，讲清脱贫攻坚制度政策举措，讲清改进作风的具体办法。要完善驻村帮扶管理制度，健全工作规范，打造懂扶贫、会帮扶、作风硬的扶贫干部队伍。要大兴调查研究之风，改进扶贫调研方式，力戒形式主义，注重发现并解决问题。要构建作风建设长效机制，加强对重点地区和重点工作的常态化监督，对扶贫领域作风问题的典型案件要严肃查处。

11月13日

［纲　文］**《人民日报》发表题为《开启发展更高层次开放型经济新征程——三论习近平主席亚太工商峰会主旨演讲》的评论员文章。**

11月13日

［纲　文］**《人民日报》发表题为《大就要有大的样子——习近平总书记中外记者见面会讲话启示⑥》的评论员文章。**

11月14日

［纲　文］**国家质检总局公布《出口食品生产企业备案管理规定》。**

［目　文］《规定》共5章36条。主要有总则、备案程序与要求、监督管理、法律责任、附则等内容。自2018年1月1日起施行。国家质检总局于2011年7月26日公布的《出口食品生产企业备案管理规定》同时废止。

11月14日

［纲　文］**国家质检总局公布《认证机构管理办法》。**

［目　文］《办法》共6章46条。主要有总则、资质审批、行为规范、监督管理、法律责任、附则等内容。自2018年1月1日起施行。国家质检总局2011年7月20日公布的《认证机构管理办法》、2015年5月11日公布的《国家质量监督检验检疫总局关于

修改〈认证机构管理办法〉的决定》同时废止。

11 月 14 日

［纲　文］　**工商总局发布《关于深化商标注册便利化改革切实提高商标注册效率的意见》。**

［目　文］　《意见》由七个部分组成：一、强化改革力度，明确改革目标。二、推进简政放权，改革体制机制。三、优化审查流程，提高审查效率。四、强化技术支撑，提升智能水平。五、推动法律修改，夯实改革基础。六、加强宣传引导，促进社会共治。七、精心组织实施，确保改革成效。

《意见》要求，各单位要统一思想，凝聚共识，形成合力，把党的十九大报告提出“加快建设创新型国家”“强化知识产权创造、保护、运用”的要求落到实处，回应社会关切，满足社会诉求，解决企业的实际问题，以商标注册便利化改革为抓手，深入实施商标品牌战略，推动实现中国产品向中国品牌转变，促进经济社会持续健康快速发展。

11 月 14 日

［纲　文］　**中欧高级别人文交流对话机制第 4 次会议在上海举行。**

［目　文］　国务院副总理刘延东与欧盟委员会教育、文化、青年和体育委员瑙夫劳契奇作为机制双方主席共同主持。刘延东指出，中欧人文交流对话机制实施 5 年来，双方在教育、文化、科技、媒体、体育、妇女和青年等领域开展多层次合作，取得丰硕成果，架起中欧近 30 个国家民相亲心相通的桥梁，为中欧关系发展注入了新活力。希望中欧人文交流围绕中欧和平、增长、改革、文明四大伙伴关系建设，落实《中欧合作 2020 战略规划》，加强“一带一路”倡议同欧洲发展战略的对接，发挥好正能量暖力量作用。双方应携手推进教育对话、文化体育交流、性别平等与青年友好伙伴等品牌活动，加强文化遗产保护互学互鉴，办好 2018 旅游年，把人文交流推向新高度，奏响新时代中欧友好的华彩乐章。瑙夫劳契奇表示，人文交流不断开花结果，已构成欧中关系的重要组成部分。欧中应本着开放和相互尊重的精神，增进理解互信，拓展欧中关系的广度深度，为全面战略伙伴关系提供持久动力。

其间，刘延东与瑙夫劳契奇共同出席中欧青年思想者论坛、“东亚文化之都”和“欧洲文化之都”论坛开幕式、中欧性别平等研讨会及合拍丝路新纽带纪录片等配套活动。

11 月 14 日

［纲　文］　**崔世安在澳门立法会发表 2018 财政年度施政报告。**

［目　文］　施政报告由四个部分组成：不断完善五大民生长效机制，加快各项城市建设，持续推动经济稳健发展，深化公共行政改革。特区政府 2018 年的施政重点是“务实进取，共享发展”。

澳门特区行政长官崔世安在报告中指出，过去一年，内外环境仍然复杂多变。我们凭着“一国两制”的制度优势，克服困难，推动经济逐步回暖，制度建设持续健全，居民生活不断改善，公共财政稳健，失业率维持 2% 的水平，整体社会保持稳定发展的总基调。政府有序开展各项施政：成立“一带一路”建设工作委员会，统筹特区参与和助力“一带一路”建设；就澳门参与粤港澳大湾区发展规划收集社会各界的意见；为港珠澳大桥的通车做好跨境交通安排；《海域管理纲要法》进入立法程序；开展第二阶段公共行政架构重整等。

11 月 14 日

［纲　文］ **中国高票当选联合国教科文组织世界遗产委员会委员。**

［目　文］ 在联合国教科文组织巴黎总部举行的《保护世界文化和自然遗产公约》缔约国大会第 21 次会议上，中国以 128 票当选世界遗产委员会委员，任期 4 年。与中国同时当选的还有澳大利亚、巴林、波黑、巴西等其他 11 个国家。目前，该委员会共有 21 个委员国。

11 月 14 日

［纲　文］ **《人民日报》发表题为《开启迈向美好生活的新征程——四论习近平主席亚太工商峰会主旨演讲》的评论员文章。**

11 月 14 日

［纲　文］ **《人民日报》发表题为《不能有任何喘口气歇歇脚的念头——习近平总书记中外记者见面会讲话启示⑦》的评论员文章。**

11 月 14—15 日

［纲　文］ **张高丽在黑龙江调研。**

［目　文］ 国务院副总理张高丽在黑龙江粮食交易市场、哈尔滨惠康食品公司了解粮食生产和销售、粮食产品深加工、政策性储粮去库存等工作；前往哈尔滨飞机工业集团有限责任公司、哈尔滨汽轮机厂了解国有老企业转型升级情况；到黑龙江工业技术研究院成果展示中心，察看哈工大卫星激光通信科技公司等高科技企业产品，了解产学研结合推动创新发展情况。

15 日，张高丽主持召开部分企业负责人座谈会，学习党的十九大精神，听取对经济工作的意见建议。张高丽指出，学习贯彻党的十九大精神，是当前和今后一个时期的头等政治大事。要深刻领会习近平新时代中国特色社会主义思想的历史地位和丰富内涵，用党的创新理论来武装头脑、指导实践，不断开创新时代中国特色社会主义伟大事业新局面。要强化改革创新，转变思想观念，完善营商环境，切实增强国有经济发展活力，大力支持民营经济发展。深入实施创新驱动发展战略，扎实推进“三去一降一补”，着力振兴实体经济。大力实施乡村振兴战略，加快推进农业现代化，推动一、二、三产业融合发展。做好秋粮收储和政策性储粮去库存工作，加强线上线下各种渠道营销，确保农民增收。统筹经济发展与民生改善，做好国有林区、资源枯竭城市职工安置工作，抓好棚户区改造，不断增强人民获得感。坚决打赢脱贫攻坚战，确保贫困县如期摘帽、贫困人口如期脱贫。坚持绿水青山就是金山银山，加强大小兴安岭生态功能保护区建设，加强湿地、草原保护，打造北方生态屏障和山青水绿的宜居家园。

11月14日

［纲　文］　**中央纪委原副书记侯宗宾，在北京逝世，享年89岁。**

11月15日

［纲　文］　**中国银监会公布《国家开发银行监督管理办法》。**

［目　文］　《办法》共9章66条。主要有总则、市场定位、公司治理、风险管理、内部控制、资本管理、激励约束、监督管理、附则等内容。自2018年1月1日起施行。

11月15日

［纲　文］　**中国银监会公布《中国进出口银行监督管理办法》。**

［目　文］　《办法》共9章71条。主要有总则、市场定位、公司治理、风险管理、内部控制、资本管理、激励约束、监督管理、附则等内容。自2018年1月1日起施行。

11月15日

［纲　文］　**中国银监会公布《中国农业发展银行监督管理办法》。**

［目　文］　《办法》共9章70条。主要有总则、市场定位、公司治理、风险管理、内部控制、资本管理、激励约束、监督管理、附则等内容。自2018年1月1日起施行。

11月15日

［纲　文］　**中国地质调查局完成我国首个全国性的城市地质调查报告。**

［目　文］　报告涉及我国337个地级以上城市及19个城市群，重点对资源环境承载能力、主要城市的优势地质资源和重大地质问题等方面进行了摸底调查。我国扩展城市发展空间，推进城市绿色发展，可以充分利用地热、地下空间、地质遗迹、地下水资源。

报告显示，我国337个主要城市地下可开发空间资源90亿平方米，可置换地表土地面积880万亩。南方166个城市有较大的地下水开发利用潜力，建议改善多数城市以地表水作为单一供水水源的现状，建设应急地下水水源地。北方51个地下水超采城市，可根据地质条件合理规划海绵城市，建设地下水库，调蓄城市洪水。在构建以城市群为主体、大中小城市和小城镇协调发展的城镇格局时，需要充分考虑资源环境条件，尤其是在城市绿色发展中，应充分利用地热、地下空间、地质遗迹、地下水等四大地质资源优势。全国337个主要城市浅层地温能可开采资源量折合标准煤7亿吨，可实现建筑物供暖制冷面积320亿平方米。建议未来在新区建设和旧城改造中，充分考虑采用浅层地温能，做好与地下空间开发的统筹协调。

11月15日

［纲　文］　**中共中央党校举行2017年秋季学期第二批入学学员开学典礼。**

［目　文］　中共中央政治局委员、中央党校校长陈希出席并讲话。中央有关部门负责人，中央党校校委成员、全体学员和教职工参加开学典礼。中国浦东、井冈山、延安干部学院通过视频会议系统同步参加开学典礼。

11月15日

［纲　文］　**中国风云三号D星搭乘长征四号丙运载火箭，在太原卫星发射中心成功**

发射。

［目　文］　作为我国第二代极轨气象卫星风云三号系列的第四位成员，风云三号D星将帮助人们更早获知未来天气状况，降低自然灾害对经济社会的影响。风云三号D星共装载了10台遥感探测仪器，载荷配置和性能指标均达到了国际先进水平。风云三号D星是国内首颗利用南极卫星数据接收站接收数据的对地遥感卫星。90%的全球观测数据都能从观测之时算起80分钟内传回国内，星地数据传输速率增加了30%，计算能力增加了17.5倍，数据存储能力增加了近10倍。

11月15日

［纲　文］　**《人民日报》发表题为《开启构建人类命运共同体的新征程——五论习近平主席亚太工商峰会主旨演讲》的评论员文章。**

11月15日

［纲　文］　**《人民日报》发表题为《为人类作出新的更大的贡献——习近平总书记中外记者见面会讲话启示⑧》的评论员文章。**

11月15—19日

［纲　文］　**第13届中国国际儿童电影节在广州举办。**

［目　文］　电影节由国家新闻出版广电总局电影局、广州市人民政府主办，中国儿童少年电影学会、广州市文化广电新闻出版局、广州市教育局等单位联合承办。“以儿童为主角、全球化（国际化）、专业化（精品化）、市场化、品牌化”的办节思路，搭建国际儿童电影产业交流合作的平台以及展示海内外优秀儿童电影的窗口，成为提升少年儿童文化艺术修养和德育美育的重要方式，促进中国乃至世界儿童电影艺术的繁荣，力争办成在世界知名、业界认可、儿童受益的国际儿童电影节，为广州打造一张专属于“儿童”的城市文化名片。来自全球20多个国家和地区的60多部儿童片、动画片参赛参展。中国影片《天籁梦想》获得最佳儿童片大奖。《摇滚藏獒》（中国）获得最佳动画片，《寻找宝藏》（墨西哥）的玛利亚·诺瓦罗获得最佳导演奖，《想飞的轮椅女孩》的奥利维亚·林戈尔（法国）和伊芙斯·林戈尔（比利时）获得最佳编剧奖。

11月16日

［纲　文］　**国家主席习近平应约同沙特国王萨勒曼通电话。**

［目　文］　萨勒曼对中共十九大胜利闭幕和习近平再次当选中共中央总书记表示诚挚祝贺，强调中共十九大一定会指引中国人民取得更大成功。萨勒曼表示，在我同习主席共同引领下，沙中关系取得巨大发展。沙方愿通过沙中高级别联合委员会深入推进两国合作，对接沙特“2030愿景”同中国“一带一路”倡议，深化能源、金融等领域合作。沙特愿意成为中国在海湾地区的重要伙伴，致力于加强和深化沙中全面战略伙伴关系，这符合我们两国利益，也有利于世界与地区和平稳定。

习近平感谢萨勒曼来电祝贺。习近平指出，上个月闭幕的中共十九大对中国发展具有里程碑意义。会议确定了中国发展的指导思想，对中国现代化建设作出了战略部署。我们有信心带领中国人民，朝着中华民族伟大复兴的崇高目标迈进。中沙元首保持密切沟通十分重要。中国和沙特是全面战略伙伴，战略互信和互利合作不断发展。无论国际和地区形势如何变化，中方深化同沙特战略合作的决心不会改变。中方支持沙特维护国家主权、实现更大发展的努力，愿同沙方一道，深化战略合作，稳步推进“一带一路”倡议同“2030愿景”的战略对接，通过两国高级别联合委员会机制落实好各领域合作，使中沙关系更多更好惠及两国人民和地区其他国家人民。

两国元首还就共同关心的国际和地区问题交换了看法。

11月16日

［纲　文］　**全国政协在北京召开双周协商座谈会，围绕“推进粮食定价机制、补贴政策和收储制度改革”建言献策。**

［目　文］　全国政协主席俞正声主持会议。全国政协副主席杜青林、张庆黎、陈元、梁振英出席座谈会。全国政协委员陈锡文、杜鹰、李成贵、柯炳生、刘晓庄、王国发、李世杰、杨维刚、朱家媛、张全国、尚福林、薛亮、戴公兴、胡汉平、霍学喜，以及专家学者叶兴庆、韩福春在座谈会上发言。国家发展和改革委员会副主任王晓涛介绍了有关情况。财政部副部长刘伟、农业部副部长屈冬玉、国家粮食局副局长卢景波等与委员互动交流。

委员们认为，粮食安全始终是我国全局性重大战略问题。近年来，各地各部门认真贯彻党中央、国务院关于粮食工作的决策部署，狠抓落实，粮食产量稳定增长，粮食安全得到有效保障，促进了农业和农村的稳定发展。当前，我国农业发展进入新的历史阶段，以最低收购价和临时收储政策为主要内容的粮食价格形成机制和收储制度，面临市场机制作用弱化、收储规模过大、库存积压严重、财政负担加重、加工流通企业经营困难等问题，粮食价格形成机制和收储制度亟待完善。

一些委员建议，一是要认真贯彻落实党的十九大精神，将“确保国家粮食安全，把中国人的饭碗牢牢端在自己手中”作为改革的基本原则和前提。完善新形势下的粮食安全观，藏粮于地保能力，适当储备防风险，面向市场调结构，改革机制减库存。二是坚持市场化改革取向与保护农民利益并重，按照市场定价、价补分离、主体多元原则，分品种施策、渐进式推进。三是在具体操作方法上，保留稻谷、小麦最低收购价政策框架，增强政策灵活性和弹性，面向市场逐步改革最低收购价的形成机制。改进补贴方式，防止农民收入下降。以稻谷价格为重点推进稻谷、小麦价格改革，保持粮食生产稳定。四是深化粮食收储机制和收储企业改革。完善多层次储备体系，加大中储粮的改革力度，强化内控管理，探索相关激励约束机制，健全外部监管体系。此外，委员们还就探索用保险方法支持粮食补贴机制改革、加大玉米深加工和转化力度、加大金融支持力度、归并和规范涉农补贴、建设高标准农田等问题提出意见建议。

11月16日

［纲　文］　**人力资源社会保障部、中组部、教育部、财政部、团中央印发通知，共**

同启动实施《高校毕业生基层成长计划》。

［目　文］《计划》全面贯彻落实党的十九大精神，以习近平新时代中国特色社会主义思想为指导，统筹推进“五位一体”总体布局和“四个全面”战略布局，着力在基层一线和困难艰苦的地方培养锻炼青年人才，培养一支高素质基层人才队伍，为基层经济社会发展提供人才支持，实现基层发展和人才成长的融合互动。面向以各种形式在基层服务工作的高校毕业生，力争用10年左右的时间，通过强化教育培训、实践锻炼、职业发展、管理服务等全链条的扶持措施，建设一支结构合理、素质优良、作风过硬的基层青年人才队伍。通过建立分层次、多渠道的基层优秀青年后备人才选拔体系，有计划、有重点地遴选一批基层管理人才、一批基层专业技术人才和一批基层创新创业人才。

《计划》包括六项具体计划，即实施能力素质培育计划、岗位锻炼成才计划、职业发展支持计划、成长环境营造计划、服务体系建设计划和后备人才选拔计划。针对高校毕业生在基层工作的不同环节分别制定了相应的政策措施。

11月16日

［纲　文］　**财政部印发《关于国有资本加大对公益性行业投入的指导意见》。**

［目　文］《意见》由三个部分组成：一、总体要求。二、国有资本加大对公益性行业投入的主要形式。三、保障措施。

《意见》明确，鼓励国有资本以多种形式加大对公益性行业投入。同时，地方政府向包括国有企业在内的各类主体注资后不得以任何形式要求其替政府融资，不得新增各类隐性债务，地方政府不得将公益性资产、储备土地等注入国有企业等各类主体。金融、文化等国有企业，中央另有规定的依其规定执行。

11月16日

［纲　文］　**财政部印发《小微企业创业创新基地城市示范工作绩效管理暂行办法》。**

［目　文］《办法》共6章24条。主要有总则、绩效目标管理、绩效目标执行监控管理、绩效评价、绩效信息反馈和应用管理、附则等内容。自2017年11月16日起施行。

11月16日

［纲　文］　**“中共十九大：中国发展和世界意义”国际智库研讨会在北京举行。**

［目　文］　研讨会由中国社会科学院、中国国际经济交流中心联合主办。中共中央政治局委员、中宣部部长黄坤明出席并发表题为《中国开启新征程 世界发展新机遇》的主旨演讲。中国有关部门负责人和知名学者以及来自31个国家的近100名知名智库学者和国际组织的代表出席研讨会，围绕十九大对实现中国发展宏伟目标以及世界和平发展的意义展开讨论。

11月16日

［纲　文］　**《人民日报》报道，中国航天科技集团一院在北京发布《2017—2045年航天运输系统发展路线图》。**

［目　文］　按《路线图》规划，到2020年，长征系列主流运载火箭达到国际一流

水平，低成本中型运载火箭长征八号实现首飞；2025年前后，可重复使用的亚轨道运载器研制成功，亚轨道太空旅游成为现实；到2030年前后，重型运载火箭将实现首飞，为载人登月提供强大支持；2035年左右，运载火箭实现完全重复使用，以智能化和先进动力为特点的未来一代运载火箭实现首飞，高性能智能化空间运输系统将实现广泛应用；2040年前后，未来一代运载火箭投入应用，组合动力两级重复使用运载器研制成功，核动力空间穿梭机出现重大突破，小行星采矿和空间太阳能电站有望成为现实；到2045年，进出空间和空间运输的方式将出现颠覆性变革，天梯、地球车站、空间驿站建设有望实现。

11月16日

［纲　文］　**国土资源部在北京发布，国务院批准天然气水合物成为我国第173个矿种。**

［目　文］　国土资源部有关负责人表示，根据《中华人民共和国矿产资源法实施细则》有关规定，经国务院批准，天然气水合物成为我国第173个矿种，发现单位为中国地质调查局。我国海域天然气水合物首次发现时间为2007年6月，产地为南海神狐海域，地理坐标为东经115° 20.058′，北纬19° 55.711′；我国陆域天然气水合物首次发现时间为2008年11月，产地为青海祁连山，地理坐标为东经99° 10.260′，北纬38° 5.591′。通过设立天然气水合物新矿种，确立其法律地位，将极大促进我国天然气水合物勘探开发工作进入新的发展阶段。天然气水合物列为我国第173个矿种，一是基于天然气水合物在成藏、赋存方式等方面具有特殊性。此次新发现的天然气水合物与其他能源矿产在赋存、成因、成藏等方面有很大不同。二是将其列为新矿种，有利于勘查开发统一管理，推动勘查开采产业化进程。三是列为新矿种，对推动社会经济发展意义重大。天然气水合物试采成功只是万里长征迈出的关键一步，实现产业化仍然面临着提高产量、降低成本、保护环境等诸多挑战。

11月16日

［纲　文］　**《人民日报》发表题为《历史是人民书写的——习近平总书记中外记者见面会讲话启示⑨》的评论员文章。**

11月16—22日

［纲　文］　**应国家主席习近平邀请，巴拿马总统巴雷拉对中国进行国事访问。**

［目　文］　访问期间，习近平在北京同巴雷拉举行会谈，两国元首共同见证了共建"一带一路"、经贸、投资、海运、铁路、人力资源、产业园区、农业、质检、民航、旅游等领域双边合作文件的签署。国务院总理李克强、全国人大常委会委员长张德江在人民大会堂分别会见了巴雷拉。双方发表了《中华人民共和国和巴拿马共和国联合声明》。

习近平同巴雷拉会谈时说，中国有句话，不到长城非好汉。你毅然作出同中国建交的政治决断，又实现访华。这就是英雄好汉的壮举。我们对此高度赞赏。历史将记住你的贡献。中巴人民保持友好交往已经160多年。两国在一个中国原则基础上建立外交关系，实现了双方几代人的夙愿。刚才我们并肩而立，巴拿马和中国两国国歌先后奏响。中巴要做平等相待、坚定互信的朋友。中国发展同巴拿马的关系，真心实意坚持合作双赢，坚持共同发展，坚持开放包容。巴拿马朋友会看到中方的实际行动。双方要加快搭建发展关系的主体框架，推动两国各部门进一步全面对接，把立法机构、政党、地方等广泛力量汇聚到两国交流合作上来，形成强大合力。中方把拉美看作“一带一路”建设不可或缺的重要参与方，巴拿马完全可以成为21世纪海上丝绸之路向拉美自然延伸的重要承接地。

巴雷拉说，巴中建交5个月来，两国合作已经取得重大进展，为双方关系长远发展奠定了坚实基础，再次证明巴中建交是一个正确决定。巴方积极支持习近平主席提出的“一带一路”伟大倡议，愿利用自身独特区位优势，积极参与海上丝绸之路建设，同中方加强港口、海事、航运、铁路、物流等领域合作，共同为“一带一路”合作向拉美延伸、为促进世界互联互通作出贡献。

李克强在会见巴雷拉时表示，中方赞赏巴拿马奉行一个中国政策，愿在相互尊重、平等相待、尊重彼此核心利益的基础上，同巴方增强政治互信，将“一带一路”倡议同巴方发展战略相衔接，深化互利合作，不仅为两国关系长期快速发展奠定基础，也为地区和世界经济发挥积极促进作用。中国愿将自身作为世界货物贸易大国的优势同巴拿马作为“世界桥梁”的区位优势相结合，开展物流网络合作。抓住当前世界经济出现回暖、全球贸易有所回升带来的机遇，抢占市场先机，以互利共赢合作巩固两国友好交往，为双方人民带来福祉。

巴雷拉表示，巴方将坚持一个中国政策，本着相互尊重，真诚合作的精神，将巴区位优势和中方发展优势相结合，加强互联互通和物流枢纽中心建设合作，携手推动巴中关系与合作的发展，造福两国人民。巴方愿为中国企业赴巴投资提供良好条件，并将巴建成中方企业对拉美合作的中心。

16日，巴拿马驻华大使馆在北京正式开馆。外交部部长王毅和巴雷拉共同出席开馆仪式。

11月16—17日

［纲　文］　应外交部部长王毅邀请，摩洛哥王国外交与国际合作大臣布里达对中国进行正式访问。

［目　文］　17日，中共中央政治局委员、国务委员杨洁篪在北京会见布里达时表示，中共十九大开启了全面建设社会主义现代化国家新征程，中国将致力于推动构建新型国际关系和人类命运共同体。双方要继续落实好习近平主席和穆罕默德六世国王达成的各项共识，深化战略伙伴关系，通过共建“一带一路”，推动中摩合作再上新台阶。布里达转达穆罕默德六世国王对中共十九大成功召开的祝贺，表示摩方高度重视发展摩中关系，将同中方不断努力深化两国战略伙伴关系。

同日，王毅在北京同布里达举行会谈。两国外长共同签署《中华人民共和国政府与摩洛哥王国政府关于共同推进丝绸之路经济带和21世纪海上丝绸之路的谅解备忘录》。

11月17日

［纲　文］　**全国精神文明建设表彰大会在北京举行，习近平会见与会代表。**

［目　文］　中共中央总书记习近平会见参加大会的新一届全国文明城市、文明村镇、文明单位、文明校园、未成年人思想道德建设工作先进代表和全国道德模范代表，向全体代表表示祝贺，勉励他们再接再厉，在社会主义精神文明建设中再立新功、作出表率。

中宣部部长黄坤明主持表彰大会。中共中央政治局常委、中央文明委主任王沪宁出席并讲话。国务院副总理刘延东在会上宣读《关于表彰第五届全国文明城市文明村镇、文明单位和第一届全国文明校园的决定》《关于表彰第五届全国未成年人思想道德建设工作先进城市（区）和第四届先进单位、先进工作者的决定》。大会为受表彰代表颁奖。第五届全国文明城市、全国文明村镇、全国文明单位代表，第一届全国文明校园代表，新一届全国未成年人思想道德建设工作先进代表，第六届全国道德模范代表分别在大会上发言。

王沪宁表示，5年来，社会主义精神文明建设取得了历史性成就、发生了历史性变革，根本在于以习近平同志为核心的党中央坚强领导，在于习近平新时代中国特色社会主义思想科学指引。在新时代抓好精神文明建设，要把学习宣传贯彻党的十九大精神作为首要政治任务，重中之重是加强习近平新时代中国特色社会主义思想的学习教育和宣传阐释。要积极培育和践行社会主义核心价值观，加强理想信念教育，大力弘扬中华优秀传统文化、革命文化、社会主义先进文化，深化群众性精神文明创建活动，坚持以人民为中心的工作导向，注重典型示范引领，更好构筑中国精神、中国价值、中国力量。要加强党的领导，推动各项工作改进创新，激励人们为实现党的十九大确定的目标任务而奋斗。

11月17日

［纲　文］　**国务院公布《关于修改部分行政法规的决定》。**

［目　文］　《决定》说，为了依法推进简政放权、放管结合、优化服务改革，国务院对取消行政审批项目涉及的行政法规进行了清理。经过清理，对《中华人民共和国中外合作经营企业法实施细则》《中华人民共和国母婴保健法实施办法》的部分条款予以修改。自2017年11月17日起实施。

11月17日

［纲　文］　**中国证监会公布《证券交易所管理办法》。**

［目　文］　《办法》共9章90条。主要有总则、证券交易所的职能、证券交易所的组织、证券交易所对证券交易活动的监管、证券交易所对会员的监管、证券交易所对证券上市交易公司的监管、管理与监督、法律责任、附则等内容。自2018年1月1日起施行。2001年12月12日中国证监会公布的《证券交易所管理办法》同时废止。

11月17日

［纲　文］　**国家食品药品监管总局公布《关于修改部分规章的决定》。**

［目　文］《决定》说，为贯彻落实国务院深化简政放权、放管结合、优化服务改革的要求，食品药品监管总局对涉及行政审批制度改革、商事制度改革等有关规章进行了清理，决定对以下规章的部分条款予以修改。一、《药品经营许可证管理办法》（2004年2月4日国家食品药品监督管理局令第6号公布）。二、《互联网药品信息服务管理办法》（2004年7月8日国家食品药品监督管理局令第9号公布）。三、《药品生产监督管理办法》（2004年8月5日国家食品药品监督管理局令第14号公布）。四、《医疗器械生产监督管理办法》（2014年7月30日国家食品药品监督管理总局令第7号公布）。五、《医疗器械经营监督管理办法》（2014年7月30日国家食品药品监督管理总局令第8号公布）。六、《蛋白同化制剂和肽类激素进出口管理办法》（2014年9月28日国家食品药品监督管理总局海关总署国家体育总局令第9号公布）。七、《食品生产许可管理办法》（2015年8月31日国家食品药品监督管理总局令第16号公布）。八、《食品经营许可管理办法》（2015年8月31日国家食品药品监督管理总局令第17号公布）。自2017年11月17日起施行。

11月17日

［纲　文］**交通运输部印发《关于废止一批规范性文件的决定》。**

［目　文］《决定》说，根据《国务院办公厅关于进一步做好“放管服”改革涉及的规章、规范性文件清理工作的通知》（国办发〔2017〕40号）要求，交通运输部对与“简政放权、放管结合、优化服务”改革决策相关的规范性文件进行了全面清理，并决定对《交通运输部关于进一步加强道路客运运力调控推进行业节能减排工作的通知》（交运发〔2010〕390号）等15件规范性文件予以废止。凡废止的文件，自本决定印发之日起一律停止执行，不再作为行政管理的依据。

11月17日

［纲　文］**张高丽在环境保护部调研并主持召开座谈会。**

［目　文］国务院副总理张高丽观看全国空气质量实时监测数据平台和京津冀传输通道城市重污染天气应急管理平台演示，听取空气质量预测预报系统介绍；察看生态环境保护工作展板，了解“大气十条”“水十条”“土十条”实施成效和环保督察问责，以及京津冀及周边地区等重点区域环境保护工作开展情况。

张高丽表示，习近平总书记强调，必须树立和践行绿水青山就是金山银山的理念，形成绿色发展方式和生活方式，坚定走生产发展、生活富裕、生态良好的文明发展道路，建设美丽中国，为人民创造良好生产生活环境，为全球生态安全作出贡献。要以调整产业结构、能源结构、交通结构为重点，持续实施大气污染防治行动，坚决打赢蓝天保卫战。全力落实京津冀及周边地区秋冬季大气污染综合治理攻坚行动各项措施，努力完成大气环境质量改善目标。要系统推进水污染防治、水生态保护和水资源管理，加强地下水污染综合防治，严格保护水质安全和饮用水水源。

11月17日

［纲　文］**水利部召开最严格水资源管理制度考核工作新闻发布会。**

［目　文］　水利部会同发展改革委等8部门组成实行最严格水资源管理制度考核工作组，对31个省（区、市）2016年度目标完成、制度建设、措施落实等情况进行了考核，全国31个省（区、市）2016年度考核等级均为合格以上，其中江苏、浙江、山东、北京、重庆5个省（市）考核等级为优秀。考核结果显示，2016年度，各省（区、市）加强考核目标管控、加快完善制度建设、落实重点工作措施、创新工作成效，全面落实最严格水资源管理制度，取得积极进展。全国31个省（区、市）用水总量为6040.2亿立方米；全国万元国内生产总值用水量比2015年降低7.2%，全国万元工业增加值用水量比2015年降低7.6%；全国农田灌溉水有效利用系数达到0.542；全国重要江河湖泊水功能区水质达标率为73.4%，全面完成了年度考核目标要求。在实行最严格水资源管理制度过程中，部分地区也存在一些问题。比如，对水资源消耗总量和强度双控重视不够，水功能区限制纳污控制任务仍然艰巨，水资源管理基础能力较为薄弱等。

下一阶段，水利部将通过“三条红线”管理、“四项制度”的实施，发挥水资源承载能力约束作用，倒逼经济社会转型发展和产业结构优化升级，推动最严格水资源管理制度落地生根。同时，发挥考核导向作用。严格责任追究，强化考核问题整改，推动重点难点问题解决；对期末年考核结果为优秀的省（区、市）人民政府，国务院将进行通报表扬，在相关项目安排中给予适度倾斜。

11月17日

［纲　文］　**在美国丹佛举行的全球超级计算大会上，基于中国“神威·太湖之光”超算系统的“非线性大地震模拟”应用获得“戈登·贝尔”奖。**

［目　文］　实现了中国高性能计算应用在此项大奖上的蝉联。“神威·太湖之光”超算系统连续第四次成为全球最快超算。“戈登·贝尔”奖旨在奖励时代前沿的并行计算研究成果，特别是高性能计算创新应用的杰出成就，是国际高性能计算应用领域的最高奖。

本年度“戈登·贝尔”奖由清华大学、国家超级计算无锡中心、山东大学、南方科技大学、中国科学技术大学、国家并行计算机工程技术研究中心组成的联合团队获得，团队基于“神威·太湖之光”的强大计算能力，成功设计实现了高可扩展性的非线性大地震模拟工具。该工具首次实现了对唐山大地震发生过程的高分辨率精确模拟，使得科学家可以更好地理解唐山大地震所造成的影响，并对未来地震预防预测等研究具有重要的借鉴意义。未来，“神威·太湖之光”将围绕世界重大科技需求，持续不断地开展高性能计算应用服务，为世界科技创新作贡献，支持国家高性能计算发展战略及创新型国家建设，特别将在能源环境、先进制造等领域发挥重要作用。

11月17日

［纲　文］　**中国铁路总公司发布，2017年中欧班列开行数量突破3000列，创中欧班列年度开行数量历史新高。自2011年开行以来，中欧班列累计开行数量突破6000列。**

11月17日

［纲　文］　**《人民日报》发表题为《不要人夸颜色好，只留清气满乾坤——习近平总**

书记中外记者见面会讲话启示⑩》的评论员文章。

11月17—20日

［纲　文］　**中共中央总书记习近平特使、中央对外联络部部长宋涛访问朝鲜。**

［目　文］　宋涛同朝鲜劳动党中央领导人举行会见、会谈。通报了中共十九大的主要精神和历史性贡献。朝方祝贺中共十九大取得圆满成功，祝愿中国人民在以习近平同志为核心的中共中央领导下，在建设中国特色社会主义现代化强国、实现中华民族伟大复兴中国梦的进程中取得巨大成就。双方就中朝两党两国关系、朝鲜半岛问题等共同关心的问题交换了意见，表示将加强党际交往和沟通，推动中朝关系向前发展。

其间，宋涛还进行了有关参观考察，并赴桧仓中国人民志愿军烈士陵园祭扫。

11月18日

［纲　文］　**云南红河哈尼族彝族自治州在蒙自市举行自治州成立60周年庆祝大会。**

［目　文］　中央有关部门祝贺团和云南省祝贺团出席庆祝大会。全国人大常委会、国务院发来贺电。贺电说，60年来，红河哈尼族彝族自治州经济发展，民族团结，社会稳定，人民生活不断改善，各项事业全面推进，取得了巨大成就。希望你们紧密团结在以习近平同志为核心的党中央周围，高举中国特色社会主义伟大旗帜，以习近平新时代中国特色社会主义思想为指导，深入学习贯彻党的十九大和中央民族工作会议精神，增强“四个意识”，坚定“四个自信”，按照统筹推进“五位一体”总体布局和协调推进“四个全面”战略布局要求，牢固树立创新、协调、绿色、开放、共享发展理念，进一步贯彻落实党中央、国务院支持云南经济社会发展的一系列政策措施，坚持各民族共同团结奋斗、共同繁荣发展，以自治州成立60周年为新的起点，解放思想，改革创新，锐意进取，埋头苦干，为决胜全面建成小康社会、夺取新时代中国特色社会主义伟大胜利、实现中华民族伟大复兴的中国梦、实现人民对美好生活的向往继续奋斗！

1957年11月18日，红河哈尼族彝族自治州宣告成立。60年来，红河州经济发展迅速，居民生活不断改善。全州地区生产总值从1957年的2.93亿元增加到了2016年的1333.79亿元；固定资产投资从1957年的363万元增加到2106.68亿元。

11月18日

［纲　文］　**中国首家独立法人直销银行——百信银行在北京宣布正式开业。**

［目　文］　百信银行由中信银行和百度公司发起设立，2016年12月30日获批筹建。百信银行的成立顺应了金融科技发展浪潮，是传统银行主动拥抱互联网技术的典范和商业银行战略转型的有益尝试，是践行数字普惠金融的积极探索，更是银行业响应国家战略的重大创新试验。

11月18日

［纲　文］　**西藏林芝市米林县发生6.9级地震。**

［目　文］　6时34分在西藏林芝市米林县（北纬29.75°，东经95.02°）发生6.9

级地震，震源深度 10 千米。本次地震共引发余震 300 多次，波及米林、巴宜、墨脱、察隅、波密、工布江达等 6 县（区），造成 1.2 万多人受灾，近 3000 户房屋不同程度受损，部分道路、通信线路、防洪堤、灌渠等基础设施不同程度受损。共造成米林县 3 人轻伤。

10 时 30 分，国家减灾委、民政部针对西藏米林 6.9 级地震紧急启动国家Ⅳ级救灾应急响应，派出工作组赶赴灾区，查看灾情，指导地方开展抗灾救灾工作。

24 日，财政部、民政部向西藏自治区安排中央财政自然灾害生活补助资金 2000 万元，主要用于西藏米林 6.9 级地震灾区受灾群众紧急转移安置、过渡期生活救助、倒损民房恢复重建等，支持地方做好受灾群众基本生活保障工作。

11 月 18 日

［纲　文］　**《人民日报》发表题为《让民族精神大厦巍然耸立》的评论员文章。**

11 月 18—21 日

［纲　文］　**外交部部长王毅应邀访问孟加拉国、缅甸并出席第 13 届亚欧外长会议。**

［目　文］　18 日，王毅在达卡会见了孟加拉国总理哈西娜；与孟加拉国外长阿里举行会谈。

19 日，王毅在内比都分别会见缅甸总统吴廷觉、缅甸国防军总司令敏昂莱；同缅国务资政兼外交部部长昂山素季举行了会谈。

20—21 日，第 13 届亚欧外长会议在缅甸内比都举行。王毅出席并在会上作了题为《共同构建新时代的亚欧新型伙伴关系》的引导性发言。会议发表了《第 13 届亚欧外长会议主席声明》。

11 月 18—25 日

［纲　文］　**第 4 届中国国际马戏节在广东省珠海市举办。**

［目　文］　马戏节由文化部、广东省人民政府联合主办。来自中国、乌克兰、瑞典、俄罗斯、爱尔兰、美国、意大利、加拿大、哥伦比亚等 18 个国家的 25 个节目参与。

11 月 19 日

［纲　文］　**国务院印发《关于深化“互联网 + 先进制造业”发展工业互联网的指导意见》。**

［目　文］　《意见》由四个部分组成：一、基本形势。二、总体要求。三、主要任务。四、保障支撑。

《意见》提出三个阶段发展目标：到 2025 年，覆盖各地区、各行业的工业互联网网络基础设施基本建成，工业互联网标识解析体系不断健全并规模化推广，基本形成具备国际竞争力的基础设施和产业体系；到 2035 年，建成国际领先的工业互联网网络基础设施和平台，工业互联网全面深度应用并在优势行业形成创新引领能力，重点领域实现国际领先；到 21 世纪中叶，工业互联网创新发展能力、技术产业体系以及融合应用等全面达到国际先进水平，综合实力进入世界前列。

11月19日

［纲　文］　国务院公布《关于废止〈中华人民共和国营业税暂行条例〉和修改〈中华人民共和国增值税暂行条例〉的决定》。

［目　文］　《决定》说，国务院决定废止《中华人民共和国营业税暂行条例》，同时对《中华人民共和国增值税暂行条例》部分条款、个别条文作了文字修改。自2017年11月19日起施行。《中华人民共和国增值税暂行条例》根据本文件作相应修改并对条文序号作相应调整，重新公布。

11月19日

［纲　文］　《人民日报》报道，新疆维吾尔自治区财政厅、教育厅、人力资源和社会保障厅下发《新疆维吾尔自治区高中阶段免费教育实施办法》。

［目　文］　《办法》规定，对自治区高中阶段学生实施免费教育，即对普通高中学生、实施全日制中等学历教育的中等职业学校学生（含技工院校全日制在校生）实施免费教育。

具体包括：免学费、免教材、免住宿费、补助家庭经济困难学生助学金（“三免一补”），民办学校按照当地同类公办学校免费教育标准给予补助，高出公办学校免费教育标准部分由学生家庭负担；低于公办学校免费教育标准的，按照民办学校实际标准予以补助。其中，普通高中免学费年生均1200元；免教材费年生均670元；免住宿费由同级财政承担寄宿管理和运行成本；助学金年生均2000元。中等职业学校免学费年生均2000元；免教材费年生均300元；免住宿费年生均600元；助学金年生均2000元。

11月19日

［纲　文］　中国铁路总公司发布，其所属18个铁路局均已完成公司制改革工商变更登记并正式挂牌运营。

［目　文］　18个铁路局改制为铁路局集团有限公司后，由中国铁路总公司行使出资人职责，不设股东会；设立党委会、董事会、经理层和监事会；依法建立职工董事、职工监事制度。改制后的公司坚持党的领导，实行“双向进入、交叉任职”的领导体制，将党委会研究讨论作为董事会、经理层决策重大问题的前置程序。此外，在推进铁路局公司制改革的同时，中国铁路总公司本级的公司制改革方案建议已经报国家出资人代表财政部；铁路总公司机关组织机构改革基本完成，内设机构精简调整，机关部门、二级机构、人员编制分别精简10.3%、26.6%、8.1%；总公司所属非运输企业公司制改革进展顺利，年内将基本完成。

11月20日

［纲　文］　习近平主持召开十九届中央全面深化改革领导小组第一次会议。

［目　文］　中共中央总书记、国家主席、中央军委主席、中央全面深化改革领导小组组长习近平指出，过去几年来改革已经大有作为，新征程上改革仍大有可为。各地区各

部门学习贯彻党的十九大精神，要注意把握蕴含其中的改革精神、改革部署、改革要求，接力探索，接续奋斗，坚定不移将改革推向前进。

李克强、张高丽、汪洋、王沪宁出席会议。中央全面深化改革领导小组成员出席，有关中央领导人以及中央和国家机关有关部门负责人列席会议。

会议审议通过了《关于建立国务院向全国人大常委会报告国有资产管理情况的制度的意见》《关于加强贫困村驻村工作队选派管理工作的指导意见》《农村人居环境整治三年行动方案》《关于在湖泊实施湖长制的指导意见》《全面深化新时代教师队伍建设改革的意见》《关于拓展农村宅基地制度改革试点的请示》《关于改革完善全科医生培养与使用激励机制的意见》《中央团校改革方案》《关于立法中涉及的重大利益调整论证咨询的工作规范》《关于争议较大的重要立法事项引入第三方评估的工作规范》《关于加强知识产权审判领域改革创新若干问题的意见》《关于贯彻落实党的十九大精神坚定不移将改革推向深入的工作意见》《中央全面深化改革领导小组工作总结》《中央全面深化改革领导小组工作规则（修订稿）》《中央全面深化改革领导小组专项小组工作规则（修订稿）》《中央全面深化改革领导小组办公室工作细则（修订稿）》。会议审议了《关于加大督察力度狠抓改革落实情况的报告》。

会议指出，各地区各部门要增强政治意识、大局意识、核心意识、看齐意识，强化落实责任，结合自身实际，把党中央提出的战略部署转化为本地区本部门的工作任务。党的十八大以来已经推出改革方案的要狠抓落实，还没有完成的改革任务要紧抓快干，已经落实方案的还要巩固改革成果。要坚持一把手抓改革，重视搞好调查研究，善于研究和解决新矛盾新问题，在抓落实上投入更大精力。明年改革工作要抓紧谋划起来，用更高的标准抓好各项工作，以实际行动迎接改革开放40周年。

11月20日

［纲　文］　**国务院办公厅印发《关于创建“中国制造2025”国家级示范区的通知》。**

［目　文］　《通知》由三个部分组成：一、创建主体。二、创建要求。三、组织实施。

《通知》要求，各省（区、市）人民政府要高度重视示范区创建工作，加强统筹指导和督促落实，确保扎实有序推进。国务院有关部门要将目前已在国家自主创新示范区等区域实施的市场准入制度改革、财税金融、土地供应、人才培养等有关政策扩展到示范区。国家制造强国建设领导小组办公室要统筹考虑东、中、西部和东北地区制造业发展的基础和特色，成熟一批，建设一批，协调解决示范区创建中的重大问题，加强总结交流、完善考核管理办法，形成动态调整的良性竞争激励机制。示范区制定实施的各项政策措施要对各类企业一视同仁，充分调动各方积极性，共同推动制造业转型升级。

11月20日

［纲　文］　**环境保护部发布《建设项目竣工环境保护验收暂行办法》。**

［目　文］　《办法》共4章19条。主要有总则、验收的程序和内容、监督检查、附

则等内容。自2017年11月20日起施行。

11月20日

［纲　文］ **国家卫生计生委公布《卫生计生系统内部审计工作规定》。**

［目　文］ 《规定》共8章41条。主要有总则、职责与权限、机构与人员、审计实施、审计整改、审计结果运用、奖励与处理、附则等内容。自2018年1月1日起施行。2006年8月16日原卫生部公布的《卫生系统内部审计工作规定》同时废止。

11月20日

［纲　文］ **中蒙最大铁路口岸二连浩特铁路口岸进出口运量首次突破千万吨。**

［目　文］ 二连浩特铁路口岸进出口运量完成1000.42万吨，同比增长15.1%，创历史新高。这是自1956年中蒙俄三国铁路开办国际联运业务以来，二连站进出口运量首次突破千万吨大关。

作为中欧班列中线运输通道的节点口岸，二连浩特通过加强中欧班列运输组织，开辟进出口货物绿色通道，大力提高班列通关效率。中欧班列在二连浩特口岸平均停留时间较以往压缩5小时，出境后在蒙古国扎门乌德站停留时间压缩1小时。2017年以来，经过二连浩特口岸的中欧班列已达462列，是2016年同期的3.4倍。

11月20日

［纲　文］ **国家新闻出版广电总局电影局发布：截至11月20日，2017年中国电影票房首次突破500亿元大关，创下新纪录。**

［目　文］ 国产影片票房262亿元。在票房过亿元的78部影片中，国产片有39部。

11月21日

［纲　文］ **习近平给内蒙古自治区苏尼特右旗乌兰牧骑的队员们回信。**

［目　文］ 中共中央总书记习近平在回信中写道，苏尼特右旗乌兰牧骑的队员们：你们好！从来信中，我很高兴地看到了乌兰牧骑的成长与进步，感受到了你们对事业的那份热爱，对党和人民的那份深情。乌兰牧骑是全国文艺战线的一面旗帜，第一支乌兰牧骑就诞生在你们的家乡。60年来，一代代乌兰牧骑队员迎风雪、冒寒暑，长期在戈壁、草原上辗转跋涉，以天为幕布，以地为舞台，为广大农牧民送去了欢乐和文明，传递了党的声音和关怀。乌兰牧骑的长盛不衰表明，人民需要艺术，艺术也需要人民。在新时代，希望你们以党的十九大精神为指引，大力弘扬乌兰牧骑的优良传统，扎根生活沃土，服务牧民群众，推动文艺创新，努力创作更多接地气、传得开、留得下的优秀作品，永远做草原上的“红色文艺轻骑兵”。

乌兰牧骑的蒙古语原意是“红色的嫩芽”，后被引申为“红色文艺轻骑兵”，是适应草原地区生产生活特点而诞生的文化工作队，具有“演出、宣传、辅导、服务”等职能，深受广大农牧民欢迎。1957年，苏尼特右旗建立了内蒙古第一支乌兰牧骑。目前，内蒙古草原上活跃着75支乌兰牧骑，每年演出超过7000场。近日，苏尼特右旗乌兰牧骑的16名队员给习近平总书记写信，汇报乌兰牧骑60年来的发展情况，表达为繁荣发展社会主义文艺事业作贡献的决心。

12月17日，《人民日报》报道，中共中央宣传部印发通知，部署学习贯彻习近平总书记给内蒙古自治区苏尼特右旗乌兰牧骑队员们回信的指示精神，号召广大文艺工作者努力做新时代“红色文艺轻骑兵”。

11月21日

［纲　文］　**首届丝绸之路沿线民间组织合作网络论坛在北京开幕，习近平向论坛致贺信。**

［目　文］　国家主席习近平在贺信中写道：值此首届丝绸之路沿线民间组织合作网络论坛开幕之际，我谨代表中国政府和中国人民，并以我个人的名义，向论坛召开表示热烈的祝贺！向出席论坛的各国民间组织代表和各界人士表示诚挚的欢迎！“一带一路”倡议提出以来，从愿景转变为现实，取得了众多建设成果。实践证明，加强“一带一路”国际合作，为维护世界和平、促进共同发展提供了新平台、注入新动力。民间组织是推动经济社会发展、参与国际合作和全球治理的重要力量。建设丝绸之路沿线民间组织合作网络是加强沿线各国民间交流合作、促进民心相通的重要举措。希望与会代表以这次论坛为契机，共商推进民心相通大计，为增进各国人民相互理解和友谊、促进各国共同发展、推动构建人类命运共同体作出贡献！祝首届丝绸之路沿线民间组织合作网络论坛取得成功！

中联部部长宋涛在开幕式上宣读了习近平的贺信并表示，习近平主席对民间组织合作网络建设十分重视和关心，专门向此次论坛发来贺信。希望各国民间组织充分发挥主人翁精神，为推动“一带一路”建设、构建人类命运共同体作出应有贡献。联合国秘书长古特雷斯发来贺信，埃及前总理沙拉夫、罗马尼亚前总理蓬塔和中国民间组织国际交流促进会会长孙家正分别致辞。

21—22日，首届丝绸之路沿线民间组织合作网络论坛在北京举办。论坛由中国民间组织国际交流促进会主办，主题为“共建‘一带一路’和人类命运共同体——民间组织的使命”，与会代表围绕“民间组织在推动‘一带一路’和人类命运共同体建设中的机遇与挑战”“民间交流与民心相通”以及“合作网络的机制化建设”等议题进行研讨。来自60个国家的约100名外方代表、近90名中方代表参会。论坛通过了《丝绸之路沿线民间组织合作网络章程》和《丝绸之路沿线民间组织合作网络论坛北京共识》。

11月21日

［纲　文］　**国务院总理李克强在北京会见日本经济界代表访华团。**

［目　文］　李克强会见日本经济团体联合会会长榊原定征、日中经济协会会长宗冈正二、日本商工会议所会长三村明夫率领的日本经济界代表访华团时表示，中日关系健康稳定发展符合双方共同利益。2017年适逢中日邦交正常化45周年，明年还将迎来中日和平友好条约缔结40周年。改善中日关系的关键在互信，基础在民间。信任可能因一时一

事受损，重建需要社会各界持之以恒的努力。希望双方珍惜并且巩固中日关系出现的改善向好势头，推动两国关系沿着正确轨道前行，避免再受波折干扰，实现稳定发展。中日关系发展离不开经贸合作的推动。希望日本经济界继承优良传统，继续致力于中日关系的改善与发展，同时发挥自身影响，带动双方人文、青年、地方等交流扎实开展，让和平、友好、合作成为日本各界对中日关系大方向的共识，共同以史为鉴，面向未来，在中日四个政治文件基础上推动两国关系行稳致远。

李克强介绍了当前中国经济形势并指出，中国经济将继续保持稳中向好态势。我们将进一步扩大对外开放，为中外企业提供一视同仁、公平竞争的营商环境。希望中日双方真正把对方的发展视为彼此的机遇，顺应时代潮流，发挥互补优势，通过创新合作促进各自发展，更好实现互利共赢，助力东亚经济共同体建设。共同维护经济全球化进程，加快推进中日韩自贸区和区域全面经济伙伴关系（RCEP）协定谈判，为地区乃至世界的稳定与繁荣作出贡献。

日本经济界三团体负责人表示，日本经济界欢迎日中关系出现改善向好的积极势头。中国经济结构调整取得的成效增强了日本经济界对加强日中经贸等领域合作的信心。日中合作潜力巨大，双方发挥各自优势、加强经济合作不仅可实现互利双赢，也能为亚洲乃至世界经济发展作出贡献。期待日中韩自贸区和RCEP协定谈判早日取得高水平结果，推动建立开放的国际经济贸易体系。

此系日本三大经济团体第43次联袂访华，也是近年来规模最大的访华团。日本主要企业负责人250余人出席。

11月21日

［纲　文］　**中共中央办公厅、国务院办公厅印发《关于支持深度贫困地区脱贫攻坚的实施意见》。**

［目　文］　《意见》指出，西藏、四省藏区、南疆四地州和四川凉山州、云南怒江州、甘肃临夏州（以下简称“三区三州”），以及贫困发生率超过18%的贫困县和贫困发生率超过20%的贫困村，自然条件差、经济基础弱、贫困程度深，是脱贫攻坚中的硬骨头，补齐这些短板是脱贫攻坚决战决胜的关键之策。中央统筹，重点支持“三区三州”。新增脱贫攻坚资金、新增脱贫攻坚项目、新增脱贫攻坚举措主要用于深度贫困地区。加大中央财政投入力度，加大金融扶贫支持力度，加大项目布局倾斜力度，加大易地扶贫搬迁实施力度，加大生态扶贫支持力度，加大干部人才支持力度，加大社会帮扶力度，集中力量攻关，构建起适应深度贫困地区脱贫攻坚需要的支撑保障体系。中央和国家机关有关部门要落实行业主管责任，对“三区三州”和其他深度贫困地区、深度贫困问题，予以统筹支持解决。重点解决因病致贫、因残致贫、饮水安全、住房安全等问题，加强教育扶贫、就业扶贫、基础设施建设、土地政策支持和兜底保障工作，打出政策组合拳。

《意见》提出，地方要统筹整合资源，紧盯最困难的地方，瞄准最困难的群体，扭住最急需解决的问题，集中力量解决本区域内深度贫困问题。要落实脱贫攻坚省负总责的主体责任，明确本区域内深度贫困地区，制订计划，加大投入。要做实做细建档立卡，加强贫困人口精准识别和精准退出，实现动态管理，打牢精准基础。要加强驻村帮扶工作，调整充实第一书记和驻村工作队，明确工作任务，加强日常管理。要实施贫困村提升工程，推进基础设施和公共服务体系建设，改善生产生活条件，发展特色优势产业，壮大村集体经济。

《意见》要求，打赢深度贫困地区脱贫攻坚战，要继续发挥我们的政治优势和制度优势，发挥贫困地区贫困群众主动性创造性，凝聚起各方面力量。坚定打赢深度贫困地区脱贫攻坚战的信心，坚持精准扶贫精准脱贫基本方略，深入推进抓党建促脱贫攻坚，加强扶贫资金监管，解决形式主义等倾向性问题，激发深度贫困地区和贫困人口脱贫致富内生动力，确保完成深度贫困地区脱贫攻坚任务。

11月21日

［纲　文］　**国土资源部公布《国土资源行政复议规定》，自2018年1月1日起施行，《国土资源行政复议决定履行与监督规定》同时废止。**

11月21日

［纲　文］　**农业部发布《兽药生产企业飞行检查管理办法》。**

［目　文］　《办法》共6章30条。主要有总则、组织检查、现场检查、审核与处理、检查工作纪律、附则等内容。自2017年11月21日起施行，《农业部兽药GMP飞行检查程序》（农办医〔2006〕59号）同时废止。

11月21日

［纲　文］　**国家质检总局发布《关于废止修订特种设备行政许可相关安全技术规范及文件的公告》。**

［目　文］　《公告》说，一、废止《质检总局关于公布特种设备行政许可鉴定评审机构和特种设备设计文件鉴定机构名单的公告》（2016年第2号）、《特种设备行政许可鉴定评审管理与监督规则》（国质检特〔2005〕220号）。二、特种设备生产单位、检验检测机构鉴定评审和检验检测人员考试不再要求申请人委托有关机构开展，改由特种设备行政审批部门委托有关技术服务机构开展。特种设备安全技术规范、规范性文件及政策性文件与本公告不一致的，以本公告为准。三、质检总局和省级特种设备安全监督管理部门负责在各自的行政许可职责范围内，按照法律法规规定，委托符合条件的技术服务机构承担特种设备生产单位、检验检测机构的鉴定评审工作和检验检测人员的考试工作，并向社会公布鉴定评审机构和考试机构的名称、地址、联系电话、工作范围，接受社会监督。四、受委托承担特种设备生产单位、检验检测机构鉴定评审工作和特种设备检验检测人员考试工作的技术服务机构应加强本机构从业人员的培训考核，及时组织参加法规标准培训。本公告自2017年11月21日起生效。

11 月 21 日

［纲　文］　**第 4 届全国少数民族医药工作会议在北京召开。**

［目　文］　国务院副总理刘延东与会议代表进行座谈时指出，要学习贯彻党的十九大精神，以习近平新时代中国特色社会主义思想为指导，贯彻落实 2017 年施行的《中医药法》，切实做好少数民族医药工作，推动中医药振兴发展，在决胜全面建成小康社会、开启全面建设社会主义现代化国家新征程中作出新贡献。要全面贯彻党的十九大新部署新要求，围绕健康中国目标，坚持中西医并重，把少数民族医药作为中医药事业重要组成部分统筹推进。

会议由国家民委主任巴特尔主持，国家卫生计生委副主任、国家中医药管理局局长王国强部署下一步工作，国家民委副主任李昌平作总结讲话。内蒙古自治区蒙中医药管理局、贵州省卫生计生委、西藏自治区卫生计生委、云南省绥江县、青海金诃藏医药集团股份有限公司的参会代表作了大会交流发言。代表们围绕学习贯彻刘延东讲话精神、修改完善《关于加强少数民族医药事业发展的若干意见（讨论稿）》、贯彻落实《中医药法》等三方面内容进行了分组学习讨论。

11 月 21 日

［纲　文］　**中国在太原卫星发射中心用长征六号运载火箭，成功发射吉林一号视频 04、05、06 星。**

［目　文］　卫星顺利进入预定轨道，发射任务取得圆满成功。吉林一号视频 04、05、06 星，采用一体化设计，充分继承了视频 03 星成熟单机和技术状态，并根据商业市场需求对星载相机系统进行了性能优化，将逐步完善增强星座观测能力，更好地促进遥感行业应用、商业市场推广。

11 月 21—23 日

［纲　文］　**应外交部部长王毅邀请，韩国外交部长官康京和对中国进行访问。**

［目　文］　22 日，王毅在北京同康京和举行会谈表示，前不久，双方就阶段性处理“萨德”问题达成一些共识，习近平主席和李克强总理分别同文在寅总统会晤，就推动两国关系改善和发展明确了方向。中方重视韩方关于不追加“萨德”系统、不加入美国反导体系、不发展韩美日三方军事同盟的“三不”表态以及无意损害中方安全利益的表态，希望韩方继续妥善处理“萨德”问题。中韩双方应共同努力，进一步增进相互了解，最大限度减少分歧，为两国关系全面恢复发展创造条件。

康京和表示，韩中建交 25 年来，两国关系实现跨越式发展，各领域合作取得丰硕成果。经过深入沟通，双方于 10 月 31 日就克服当前影响韩中关系发展的困难问题发表了共同新闻稿，对此韩方非常珍惜。韩方愿按照共同新闻稿和两国领导人不久前会晤时达成的共识，进一步加强双方高层往来，密切人文交流，推动韩中关系尽快全面正常化并在各领域取得更加丰硕的合作成果。

双方就朝鲜半岛核问题交换了意见。王毅重申了中方有关原则立场，强调中韩在通过对话协商实现半岛无核化、维护半岛和平稳定方面拥有共同利益，希望双方继续加强战略沟通并为此作出积极努力。康京和表示，施压和制裁不是目的，各方应共同致力于通过对话谈判解决朝核问题。在此问题上，韩中目标完全一致。

11 月 22—24 日

［纲　文］　**应国家主席习近平邀请，吉布提共和国总统盖莱对中国进行国事访问。**

［目　文］　23 日，习近平在北京同盖莱举行会谈。两国元首一致同意，建立中吉战略伙伴关系，全面深化两国各领域合作并共同见证了经济技术合作、农业等领域双边合作文件的签署。

习近平指出，中方愿同吉方一道，加紧落实中非合作论坛约翰内斯堡峰会成果，共同推进“一带一路”建设，全面深化两国各领域合作，更好造福两国人民。我们欢迎吉布提参与“一带一路”建设，愿同吉方一道稳步推进两国务实合作，使铁路、港口、供水、液化天然气管道等基础设施项目和自由贸易区建设、农业合作等取得良好经济社会效益。中方愿继续帮助吉方改善当地医疗条件，扩大人力资源开发合作，深化双方青年、妇女、智库、媒体等领域交流合作，夯实两国友好的民意基础和社会基础。中方支持吉方在国际和地区事务中发挥更大作用，愿同吉方就 2030 年可持续发展议程、非洲和平与安全等重大国际和地区问题加强沟通和协调，一道维护两国和发展中国家共同利益，为维护非洲之角和平稳定发挥建设性作用。中共十九大为中国长远发展制定了大政方针和行动纲领。我们对自己选择的发展道路充满信心，对实现中华民族伟大复兴充满信心。无论发展到哪一步，无论国际风云如何变幻，中国始终坚定同包括非洲在内的广大发展中国家站在一起，坚持正确义利观，永远做发展中国家的真诚朋友和可靠伙伴。

盖莱表示，吉布提地理位置独特，愿积极参与共建“一带一路”，加强同中国在基础设施、民生等领域合作。吉方赞赏中方积极参与联合国维和行动及打击海盗国际合作，感谢中国为世界和平与繁荣发挥的关键作用。赞赏中国长期以来、甚至在自身还很贫穷落后的时候就为非洲安全与发展作出贡献。吉方坚持一个中国政策，致力于发展同中国战略伙伴关系，高兴地看到中国恢复了在世界事务中应有的地位，愿密切同中方在多边事务中合作。

24 日，国务院总理李克强在北京会见盖莱时表示，双方将继续增进互信，深化合作，打造南南友好的典范。中方愿同吉方发挥互补优势，落实好有关基础设施和产能合作的旗舰项目，打造地区商贸和物流枢纽，助力吉经济社会发展和民生改善。中方鼓励有实力的中国企业赴吉投资兴业，希望吉方为中方企业提供安全便利条件。

盖莱表示，吉方感谢中方对吉发展给予的支持，愿充分发挥自身区位优势，同中方深化合作，促进共同发展。

11 月 22 日

［纲　文］　**李克强主持召开国务院常务会议。**

［目　文］ 会议主要内容是：一、听取依法保护产权工作汇报，以更有效的制度促进各类市场主体立恒心增信心。会议指出，一要按照《中共中央国务院关于完善产权保护制度依法保护产权的意见》要求，抓紧落实各项产权保护措施。二要抓住有代表性的典型案例，对企业和群众反映强烈、久拖不决的案件开展集中攻坚，推动涉产权冤错案件甄别纠正工作尽快取得突破，以纠错的实际行动取信于民。三要着力解决知识产权侵权成本低、维权成本高问题。推动运用“互联网＋”，通过源头追溯、实时监测、在线识别等强化知识产权保护。加快建立侵权惩罚性赔偿制度，在优势产业聚集地区创新知识产权保护机制，拓宽快捷、低成本的维权渠道。鼓励围绕知识产权综合管理改革试点开展多种类型、多种模式的探索，实施中小企业知识产权战略推进工程，提升综合运用知识产权促进创新驱动发展的能力。二、决定进一步清理规范涉企经营服务性收费，持续为企业减轻负担。会议决定，一是加大对已出台清费减负措施落实情况的督促检查，坚决防止不合理收费死灰复燃。抓紧推动将货运车辆年检年审合并、落实优化电信网和互联网网间结算价格措施，再为企业减负150亿元。二是加快政府定价经营服务性收费全国“一张网”建设，用公开透明和社会监督遏制乱收费。年内各地区和有关部门必须公布收费目录清单。坚持依法有据、问题导向，进一步压缩中央和地方层面收费项目，该取消的收费要坚决取消，新设收费项目必须依法严格审批。三是各地区、各部门要优化财政支出结构，将一些应由政府提供的公共服务由原来的面向社会收费改由财政给予保障。依托中国政府网等平台，各方协同构建信息发布、投诉举报和查处机制，坚决惩处违法违规收费行为，让企业和群众获得减负让利的实惠。

11月22日

［纲　文］ **国务院公布《中华人民共和国反间谍法实施细则》。**

［目　文］ 《细则》共5章26条。主要有总则、国家安全机关在反间谍工作中的职权、公民和组织维护国家安全的义务和权利、法律责任、附则等内容。自2017年11月22日起施行。1994年6月4日国务院发布的《中华人民共和国国家安全法实施细则》同时废止。

《细则》指出，国家安全机关、公安机关依照法律、行政法规和国家有关规定，履行防范、制止和惩治间谍行为以外的其他危害国家安全行为的职责，适用本细则的有关规定。

11月22日

［纲　文］ **新华社讯，中共中央办公厅转发《中央宣传部、中央组织部关于认真组织学习〈习近平谈治国理政〉第二卷的通知》。**

［目　文］ 《通知》说，党的十八大以来，以习近平同志为核心的党中央团结带领全党全国各族人民，推动党和国家事业取得历史性成就、发生历史性变革，中国特色社会主义进入新时代。在治国理政新的实践中，以习近平同志为主要代表的中国共产党人，顺应时代发展，从理论和实践结合上系统回答了新时代坚持和发展什么样的中国特色社会主

义、怎样坚持和发展中国特色社会主义这个重大时代课题，创立了习近平新时代中国特色社会主义思想。党的十九大把习近平新时代中国特色社会主义思想确立为党必须长期坚持的指导思想，实现了党的指导思想又一次与时俱进。习近平总书记是习近平新时代中国特色社会主义思想的主要创立者。党的十八大以来，在领导全党全国推进党和国家事业的实践中，习近平总书记以马克思主义政治家、理论家的深刻洞察力、敏锐判断力和战略定力，提出了一系列具有开创性意义的新理念新思想新战略，为习近平新时代中国特色社会主义思想的创立发挥了决定性作用、作出了决定性贡献。学习贯彻习近平新时代中国特色社会主义思想是当前和今后一个时期全党的重大政治任务，也是增强政治意识、大局意识、核心意识、看齐意识，维护习近平总书记党中央的核心、全党的核心地位，维护党中央权威和集中统一领导，在思想上政治上行动上同以习近平同志为核心的党中央保持高度一致的实际举措。各级党组织要把《习近平谈治国理政》第二卷和先期出版的《习近平谈治国理政》第一卷，作为深入学习领会习近平新时代中国特色社会主义思想和党的十九大精神的权威读本，切实组织好学习。要以高度的使命感和责任感，系统学习、深入学习，切实把思想和行动统一到习近平新时代中国特色社会主义思想上来，统一到党的十九大确定的重大决策部署上来。各级党委（党组）理论学习中心组要带头学好用好这部重要著作，推动全党深入领会习近平新时代中国特色社会主义思想的时代背景、科学体系、精神实质、实践要求，深入领会这一思想的重大政治意义、理论意义、实践意义，不断提高全党马克思主义水平。要大力弘扬理论联系实际的优良学风，强化问题意识、树立问题导向，着力增强学习本领、政治领导本领、改革创新本领、科学发展本领、依法执政本领、群众工作本领、狠抓落实本领、驾驭风险本领。各级党校、干部学院、行政学院要将其纳入培训教学内容，各高等学校要将其作为师生理论学习教育的重要材料，各级党委讲师团要组织好对基层党员和群众的宣讲活动。

11月22日

［纲　文］　司法部印发《关于严格准入 严格监管 提高司法鉴定质量和公信力的意见》。

［目　文］　《意见》由五个部分组成：一、严格准入、严格监管的必要性。二、严格准入。三、严格管理。四、严格监督。五、加强组织领导，狠抓责任落实。

《意见》要求，各级司法行政机关采取坚决有效措施，整顿司法鉴定执业不规范行为，在全行业形成从严治鉴、严格监管的态势，全面提升司法鉴定质量和公信力。

11月22日

［纲　文］　国家税务总局发布《关于进一步深化国税地税联合办税的指导意见》。

［目　文］　《意见》由三个部分组成：一、深化联合办税的重要意义。二、深化联合办税的主要举措。三、深化联合办税的工作要求。

《意见》指出，各地国税局、地税局要深刻认识推行联合办税的重要意义，切实加强组织领导，双方联合办税工作的牵头部门要共同细化实施方案，报请国税、地税合作联席会议审定后，统筹部署、协同推进、确保实效。同时，与国税、地税联合稽查、委托代征、信息共享等合作结合起来，形成集成效应，扩大效果。

11月22日

［纲 文］ **财政部、民政部印发《中央集中彩票公益金支持社会福利事业资金使用管理办法》。**

［目 文］ 《办法》共6章26条。主要有总则、使用范围、分配和使用管理、信息公开、绩效管理与监督检查、附则等内容。自2017年11月22日起施行。原《社会福利基金使用管理暂行办法》(财社字〔1998〕124号)同时废止。

11月22日

［纲 文］ **教育部等11部门印发《加强中小学生欺凌综合治理方案》。**

［目 文］ 《方案》由五个部分组成：一、指导思想。二、基本原则。三、治理内容及措施。四、职责分工。五、工作要求。

《方案》要求，各地要组织协调有关部门、群团组织，建立健全防治学生欺凌工作协调机制，统筹推进学生欺凌治理工作，妥善处理学生欺凌重大事件，正确引导媒体和网络舆情。教育行政（主管）部门和学校要重点抓好校园内欺凌事件的预防和处置；各部门要加强协作，综合治理，做好校园外欺凌事件的预防和处置。各地各有关部门要加强制度建设，积极探索创新，逐步建立具有长效性、稳定性和约束力的防治学生欺凌工作机制。

11月22日

［纲 文］ **国家铁路局发布《关于原铁道部规范性文件第六批清理结果的通知》。**

［目 文］ 《通知》说，中国铁路总公司：按照《国务院办公厅关于做好行政法规部门规章和文件清理工作有关事项的通知》(国办函〔2016〕12号）和《国务院办公厅关于进一步做好“放管服”改革涉及的规章、规范性文件清理工作的通知》(国办发〔2017〕40号）的要求，国家铁路局与中国铁路总公司充分协商，对原铁道部规范性文件进行全面清理。按照“先易后难、有序推进，边清理、边出成果、边向社会公开”的原则，现将第六批清理结果通知如下：一、落实中央关于实行铁路政企分开改革和进一步做好“放管服”改革的精神，将《铁道部关于调整施工企业信用评价办法及评价结果使用规则的通知》等7件文件交由中国铁路总公司管理。中国铁路总公司可继续执行，亦可修改或停止执行，修改或停止执行之日，原文件废止。二、根据铁路改革发展实际，将《铁道部关于铁路专用产品认证管理过渡的实施意见》等适用期已过、管理体制已调整、已有新规定替代等9件文件予以废止。

11月22日

［纲 文］ **中国首个干细胞通用标准《干细胞通用要求》在北京正式出版发行。**

［目 文］ 该标准是在中国细胞生物学学会干细胞生物学分会领导下，由北京干细胞库、中国标准化研究院和中国计量科学研究院等机构参照国内外相关规定，并征询干细胞领域多方专家的建议共同起草制定，经广泛征求意见，最终修订发布。干细胞是一类能

够自我更新、具有多向分化潜能的细胞，能用于治疗多种疾病。尽管我国已出台系列文件，规范干细胞基础研究与转化领域的发展，但由于干细胞来源多样、制备工艺复杂、质控和监管困难，干细胞的临床应用和产业化面临巨大挑战。

11 月 22 日

［纲 文］ **中国自主研发生物航空煤油首次跨洋航班飞行成功。**

［目 文］ “餐饮废油”经过处理，成为航空煤油。北京时间 11 月 22 日 2 时 11 分，美国中部时间 11 月 21 日 12 时 11 分，加注中国石化 1 号生物航空煤油的海南航空 HU497 航班波音 787 型客机，平稳降落在美国芝加哥奥黑尔国际机场。这标志着中国自主研发生产的 1 号生物航煤首次跨洋商业载客飞行取得成功。

本次用于跨洋商业载客飞行的生物航煤由中国石化下属镇海炼化公司生产，以餐饮废油为原料，并以 15∶85 比例与常规航煤调和而成。这是继 2013 年技术验证试飞、2015 年国内商业航班首次应用飞行之后的又一创举，表明我国生物航煤自主研发生产技术更加成熟。

11 月 22 日

［纲 文］ **香港特别行政区第十三届全国人大代表选举会议第一次全体会议在香港举行。**

［目 文］ 选举会议成员 1462 人出席会议。受全国人大常委会委托来港主持选举工作的全国人大常委会副委员长兼秘书长王晨主持会议并讲话。按照香港特别行政区选举第十三届全国人大代表的办法规定，会议根据全国人大常委会委员长会议的提名，经过表决，推选出由林郑月娥、董建华、梁振英等 19 名选举会议成员组成的选举会议主席团。会议向每位选举会议成员分发了代表候选人提名信。选举办法规定，香港特别行政区应选第十三届全国人大代表的名额为 36 名，每名选举会议成员提出的代表候选人不得超过 36 名；香港居民中的中国公民凡有意参选第十三届全国人大代表的，应在选举会议主席团确定的代表候选人的提名时间期限内领取和填写参选人登记表，取得 10 名以上选举会议成员分别填写的提名信，在提名截止日期以前，亲自送交选举工作办公室。

同日，香港特别行政区第十三届全国人大代表选举会议主席团第一次会议在香港举行。

根据香港特别行政区选举第十三届全国人大代表的办法，主席团主持选举会议。主席团会议分两个阶段进行。第一阶段，由全国人大常委会副委员长兼秘书长王晨主持，推选主席团常务主席。会议一致推选选举会议主席团成员林郑月娥为主席团常务主席。第二阶段，由林郑月娥主持。主席团确定：2017 年 11 月 24 日至 12 月 4 日为香港特别行政区第十三届全国人大代表候选人的提名时间；2017 年 12 月 19 日上午举行选举会议第二次全体会议，投票选举香港特别行政区第十三届全国人大代表。主席团还确定刘汉铨为主席团新闻发言人。会后，主席团发布了主席团第一号公告。

11月23日

［纲　文］ **新华社讯，国务院办公厅政府信息与政务公开办公室发布《全国综合性实体政务大厅普查报告》。**

［目　文］ 国务院总理李克强对《普查报告》作出批示指出，建立政务大厅是转变政府职能、方便企业和群众的积极探索，要不断完善，下一步要结合行政体制改革的深化，加快推进“互联网+政务服务”，着力打通信息孤岛，融合线上线下，线上能办的就不要再让企业和群众跑腿。

普查显示，以政务大厅为主体的全国政务服务体系初步形成。截至2017年4月，全国县级以上地方各级人民政府共设立政务大厅3058个，乡镇（街道）共设立便民服务中心38513个，覆盖率分别为94.3%、96.8%。2016年全国政务大厅总办件量6.02亿件。89.4%的政务大厅推行“两集中、两到位”改革，走向“一站式”审批服务。各地政务大厅共优化服务事项17.3万项，大厅办理量居前5位的事项累计减少办事材料34409份，平均每个事项减少14份，减少幅度达60.2%。

11月23日

［纲　文］ **国务院办公厅印发《关于推动国防科技工业军民融合深度发展的意见》。**

［目　文］ 《意见》由八个部分组成：一、总体要求。二、进一步扩大军工开放。三、加强军民资源共享和协同创新。四、促进军民技术相互支撑、有效转化。五、支撑重点领域建设。六、推动军工服务国民经济发展。七、推进武器装备动员和核应急安全建设。八、完善法规政策体系。

《意见》要求，各地区、各部门要充分认识推动国防科技工业军民融合深度发展的重大意义，做好统筹衔接，加强沟通协调，形成工作合力。各地方人民政府要结合本地区实际，出台有针对性的配套措施。国务院国防科技工业管理部门要会同有关方面制定分工方案，及时研究解决工作中遇到的矛盾和问题，确保国防科技工业军民融合深度发展取得实效。

11月23日

［纲　文］ **国务院办公厅通知河南省人民政府，同意新乡市城市总体规划。**

［目　文］ 通知说，一、国务院原则同意《新乡市城市总体规划（2011—2020年）（2017年修订）》。二、重视城乡区域统筹发展。在《总体规划》确定的850平方公里城市规划区范围内，实行城乡统一规划管理。加强城中村和城乡结合部地区的规划建设管理，城镇基础设施、公共服务设施的建设应当统筹考虑为周边农村提供服务。三、合理控制城市规模。到2020年，中心城区常住人口控制在155万人以内，城市建设用地控制在138.18平方公里以内。四、完善城市基础设施体系。要按照绿色循环低碳的理念规划建设城市基础设施。进一步完善公路、铁路等交通基础设施，加强城市内外交通衔接。五、建设资源节约型和环境友好型城市。六、创造优良的人居环境。要坚持以人民为中心，统筹

安排关系人民群众切身利益的教育、医疗、市政等公共服务设施的规划布局和建设。七、重视历史文化和风貌特色保护。八、严格实施《总体规划》。城市建设要实现经济社会协调发展，物质文明和精神文明共同进步。

11月23日

［纲　文］　**国家发展改革委印发《招标公告和公示信息发布管理办法》，自2018年1月1日起施行**。

11月23日

［纲　文］　**国家档案局、民政部、农业部公布《村级档案管理办法》，自2018年1月1日起施行**。

11月23日

［纲　文］　**全国人大常委会委员长张德江在北京会见塞浦路斯议长西卢里斯**。

［目　文］　张德江向客人介绍了中共十九大的情况并表示，中塞建交以来，两国始终相互尊重、真诚相待，双边关系保持健康稳定发展，各领域合作取得积极进展。中方愿同塞方一道，积极落实习近平主席和阿纳斯塔夏季斯总统2015年达成的重要共识，增进政治互信，深化互利合作，推动两国关系不断迈上新台阶。中国全国人大愿与塞议会保持各层次友好往来，为推动中塞关系进一步发展作出贡献。

西卢里斯预祝中共十九大确定的目标任务早日实现，并表示，塞坚定恪守一个中国原则，愿把两国传统友好的优势转化为务实合作的动力。

11月23日

［纲　文］　**新华社讯，马凯在江苏调研并主持召开国家制造强国建设领导小组第6次会议暨推动“中国制造2025”国家级示范区创建现场会**。

［目　文］　国务院副总理马凯指出，要认真贯彻落实党的十九大精神，坚持以习近平新时代中国特色社会主义思想为指导，坚持质量第一、效益优先，以供给侧结构性改革为主线，以提高供给体系质量为主攻方向，加快推动制造业质量变革、效率变革、动力变革，为实现“两个一百年”奋斗目标和中华民族伟大复兴的中国梦贡献更大力量。《中国制造2025》实施以来，经过各方面共同努力，制造强国建设迈出实质性步伐，创新中心建设积极推进，制造业创新能力不断提升；工业基础能力稳步增强，一批卡脖子问题得到解决；智能制造水平持续提升，新产业、新业态、新模式加快成长；绿色制造广泛开展，重点行业能耗水平和污染排放强度持续下降；高端装备创新成果不断涌现，一些领域达到甚至领先世界水平。制造业在中国特色社会主义新时代承担着重要的历史使命，在建设社会主义现代化国家和满足人民日益增长的美好生活需要中担负着重要责任。各地区、各部门要进一步认识加快建设制造强国的重大意义，突出问题导向，聚焦重点关键，加强统筹协调，创新体制机制，强化人才支撑，狠抓工作落实，持续推进《中国制造2025》重点工程实施，推动制造强国建设再上新台阶，推动中国制造走上高质量发展阶段。国务院决定开展“中国制造2025”国家级示范区创建工作，是加快制造强国建设，探索制造业转

型升级新路径、新模式的重要举措。他要求，遴选上要优中选优，严格创建标准，建立能进能出的动态管理机制；创建上要突出特色，实现差异化发展，形成各具特色的先进制造业体系；示范上要明确方向，科学选择示范内容，尽快取得突破并探索形成可复制、可推广的典型经验；支持上要集中资源，完善简政放权、财税金融、土地供应、人才培养等政策措施，引导各类资源要素向示范区集聚。

11月23日

［纲　文］　**郭声琨在北京主持召开中央政法委员会全体会议。**

［目　文］　会议主要内容：学习《中共中央政治局关于加强和维护党中央集中统一领导的若干规定》《中共中央政治局贯彻落实中央八项规定的实施细则》，审议贯彻落实文件，研究加强中央政法委员会自身建设。

中共中央政治局委员、中央政法委书记郭声琨指出，中央政法委要带头旗帜鲜明讲政治，提高政治站位，坚定政治信仰，增强“四个意识”，认真学习贯彻习近平新时代中国特色社会主义思想，强化忠诚核心、拥戴核心、维护核心、捍卫核心自觉性，坚决维护习近平总书记在党中央、在全党的核心地位，坚决维护以习近平同志为核心的党中央权威和集中统一领导，确保党对政法工作的绝对领导落到实处。带头加强学习和实践，增强政治领导本领、依法办事本领、群众工作本领、改革创新本领、驾驭风险本领、狠抓落实本领，做到既政治过硬又本领高强。带头加强作风建设，全面贯彻落实中央八项规定实施细则，依法、公正、廉洁用权，始终保持清正廉洁的从政品格。带头加强制度建设，认真贯彻中央政法委工作规则，自觉按法律制度办事，提高工作规范化、制度化水平。

11月23日

［纲　文］　**中国首个机场“苍擒无人机侦测防御系统”在广州白云机场投入使用。**

［目　文］　“苍擒无人机侦测防御系统”由“防御式侦测预警系统”和“无人机干扰系统”两大部分组成，一旦有可疑“黑飞”无人机，系统将捕捉到无人机的方位、机型、实时位置坐标等，干扰系统在安全范围内通过压制无人机遥控信号和卫星定位信号的方法迫使“黑飞”无人机原地降落或返航。该系统能够快速发现并控制无人机，确保机场周边安全。同时，系统工作时对机场设备、通导设备和机载设备正常工作基本不产生影响。

11月23日

［纲　文］　**“广西龙胜龙脊梯田系统”在罗马通过联合国粮农组织（FAO）评审，正式被认定为全球重要农业文化遗产（GIAHS）。**

［目　文］　广西龙胜各族自治县共有耕地272373.3亩，其中水田223976.85亩，坡度6°以上约占96%，坡度15°以上约占80%，坡度大于25°约占46.69%，分布在海拔200—1450米之间的龙胜县各个乡镇中；梯田落差大，层级多，层级最多达1100多级，连片梯田最大高差为860多米。

专家考证，龙胜县所处的南岭山地距今6000年至12000年前就出现了原始栽培粳稻，是世界人工栽培稻的发源地之一。秦汉时期，梯田耕作方式在龙胜已经形成。唐宋时期龙胜梯田得到大规模开发，明清时期基本达到现有规模。龙胜梯田距今至少有2300多年历史，堪称“世界梯田原乡”。至此，中国已有15个项目进入全球重要农业文化遗产保护大家庭，居世界第一。

11月23—24日

［纲　文］ **张高丽在青海调研生态文明建设工作。**

［目　文］ 国务院副总理张高丽在青海中利光纤技术有限公司，了解支持新材料和循环经济发展有关情况；在国家电投黄河水电太阳能电力有限公司西宁分公司，了解促进清洁能源持续健康发展和高效利用情况；在西宁北山美丽园生态治理修复工程现场，了解生态环境保护和治理有关情况；在西宁特殊钢股份有限公司，了解淘汰过剩、落后产能和提升传统动能有关工作；在青海省生态环境监测中心，通过远程视频察看祁连山、三江源等重点区域生态环境保护与修复工作实时监测情况，了解青海省推进生态环境保护的政策措施和实施效果，并听取了甘肃省张掖市关于祁连山自然保护区建设项目清理整治和生态环境修复工作情况的汇报。

24日，张高丽主持召开青海省生态文明建设工作座谈会时表示，青海承担着国家重要生态安全屏障功能，要坚持生态保护第一，扎实推进生态文明建设各项工作，加快建设生态大省、生态强省。全面落实主体功能区规划要求，进一步明确禁止开发区域、限制开发区域准入事项，构建人与自然和谐的空间开发保护格局。深入推进供给侧结构性改革，着力构建绿色环保、特色鲜明、优势突出、可持续发展的现代产业体系。加大生态系统保护力度，规划建设三江源国家公园，扎实推进祁连山水源涵养区、环青海湖地区等重大生态保护建设工程。牢固树立节约集约循环利用的资源观，加快推进循环经济发展先行区建设。

11月23—25日

［纲　文］ **郭声琨在陕西调研。**

［目　文］ 中共中央政治局委员、中央政法委书记郭声琨在延安、铜川、西安，瞻仰党的七大会址等革命纪念地，专程来到位于大山深处的北梁村韩山组看望慰问革命老区贫困群众，面对面了解他们的关切期待；在基层法院、检察院、派出所、社区警务室和社区矫正中心，了解政法机关学习宣传贯彻党的十九大精神和推进司法体制改革、司法便民、规范执法等情况；在西安市新城区咸东社区与群众座谈交流，宣讲党的十九大精神，听取干部群众对政法工作、社会治理和司法体制改革的意见建议。

郭声琨指出，学习宣传贯彻党的十九大精神，最重要的是用习近平新时代中国特色社会主义思想武装头脑，坚定政治信仰、强化政治担当，牢固树立“四个意识”、坚定“四个自信”，坚决维护以习近平同志为核心的党中央权威和集中统一领导，确保党对政法工作的绝对领导。要扎实做好维护国家安全和社会稳定各项工作，坚定不移全面深化司法体制改革、推进严格规范公正文明执法，深入推进新时代平安中国、法治中国和过硬队伍建设，为经济社会发展创造安全的政治环境、稳定的社会环境、公正的法治环境、优质的服务环境。

11月23—26日

［纲　文］　**第三届两岸媒体人北京峰会在北京举行。**

［目　文］　峰会由北京日报报业集团主办、旺旺中时媒体集团协办，以“携手·和声”为主题。两岸百余家媒体及相关机构代表200人与会，共话两岸新闻交流30年和融媒体时代的新闻实践。

24日，全国政协主席俞正声会见参加第三届两岸媒体人北京峰会的两岸新闻媒体代表时指出，中共十九大确立了习近平新时代中国特色社会主义思想的历史地位，描绘了决胜全面建成小康社会、夺取新时代中国特色社会主义伟大胜利的宏伟蓝图。两岸同胞同属中华民族，是命运与共的骨肉兄弟，是血浓于水的一家人，要携手努力推动两岸关系和平发展，共创属于全体中国人的美好未来。我们秉持“两岸一家亲”理念，愿意率先同台湾同胞分享大陆发展机遇；扩大两岸经济文化交流合作，逐步为台湾同胞在大陆学习、创业、就业、生活提供与大陆同胞同等的待遇；推动两岸同胞共同弘扬中华文化，促进心灵契合。我们愿以最大的诚意，尽最大努力，团结两岸同胞，共同维护台海和平稳定，推动两岸关系和平发展，争取和平统一的光明前景。我们坚持体现一个中国原则的“九二共识”，坚决维护国家主权和领土完整，坚决反对任何形式的“台独”分裂活动。2017年是两岸开启交流30周年，也是两岸新闻交流30周年。当年两岸隔绝的坚冰，是由新闻记者的采访打破的，两岸媒体的交流合作，也为两岸同胞增进相互了解和理解搭建了沟通的桥梁。2016年5月以来，由于民进党当局拒不承认“九二共识”，破坏了两岸关系和平发展的政治基础，使两岸关系遭受严重冲击。在当前两岸关系复杂严峻形势下，希望两岸媒体勇于担当，善尽社会责任，坚持为民发声，讲好两岸故事，努力做“九二共识”政治基础的维护者、同胞心灵契合的促进者、中华优秀文化的弘扬者、“台独”分裂言行的反对者，为推动两岸关系和平发展营造良好舆论环境。

11月24日

［纲　文］　**中共中央总书记、国家主席、中央军委主席习近平在北京会见缅甸国防军总司令敏昂莱。**

［目　文］　习近平说，中共十九大确定了今后一个时期中国经济社会改革发展的蓝图，将为中国自身发展注入强大动力，也会给包括缅甸在内的世界各国带来同中国合作的新机遇。中缅“胞波”情谊源远流长。中缅要加强战略沟通，照顾彼此关切。中国一贯尊重缅甸主权和领土完整，高度关注缅国内和平进程，并愿为此继续发挥建设性作用，维护两国边境安全稳定。中缅两军关系处于历史最好水平，中国政府支持两军加强各领域交流与合作，希望两军继续致力于两国关系发展与地区和平稳定。

敏昂莱说，缅中两国是近邻，缅方由衷感谢中方长期帮助缅国家和军队建设，感谢中方支持缅国内和平进程。缅方愿积极参与“一带一路”建设，加强与中国各领域交流合作。

23日，中央军委副主席许其亮在北京会见敏昂莱时说，中方重视中缅关系，无论国际风云和各自国内局势如何变化，都将坚持发展中缅友好关系，支持缅实现国内和平与民族和解。中国军队愿与缅军一道，增进战略互信，共同维护边境稳定，推动两国两军关系不断迈向前进。敏昂莱说，中国的发展成就离不开中国共产党的领导。缅军愿与中方加强各领域务实合作，更好造福两国人民。

11月24日

［纲　文］ **《习近平谈治国理政》第二卷出版座谈会在北京召开。**

［目　文］ 中共中央政治局常委、中央书记处书记王沪宁出席会议并讲话。中共中央政治局委员、中宣部部长黄坤明主持会议。中宣部、中央文献研究室、中国外文局负责人和有关专家学者作了发言。中央和国家机关有关部门负责人，各省区市和新疆生产建设兵团宣传部门负责人参加会议。

王沪宁表示，习近平新时代中国特色社会主义思想是具有原创性、时代性的21世纪中国的马克思主义。党的十九大提出用习近平新时代中国特色社会主义思想武装全党的重大战略任务，我们要把《习近平谈治国理政》作为学习领会党的十九大精神、习近平新时代中国特色社会主义思想的权威读本，学深悟透、融会贯通，切实用党的创新理论武装头脑、指导实践、推动工作。《习近平谈治国理政》第二卷生动记录了以习近平同志为核心的党中央团结带领全党全国各族人民在新时代坚持和发展中国特色社会主义的伟大实践，集中反映了习近平新时代中国特色社会主义思想形成发展的轨迹和成果，充分体现了为推动构建人类命运共同体、促进人类和平与发展事业贡献的中国智慧和中国方案。

11月24日

［纲　文］ **财政部、税务总局、水利部印发《扩大水资源税改革试点实施办法》。**

［目　文］ 《办法》指出，自2017年12月1日起，北京、天津、山西、内蒙古、河南、山东、四川、陕西、宁夏9个省区市将纳入水资源税改革试点，由征收水资源费改为征收水资源税，通过扩大试点，进一步发挥税收杠杆调节作用，有效抑制不合理用水需求，促进水资源节约保护，为全面推开水资源税制度积累经验、创造条件。

《办法》明确，除规定情形外，水资源税的纳税人为直接从江、河、湖泊（含水库）和地下取用水资源的单位和个人，对一般取用水按照实际取用水量征税。同时，为发挥水资源税调控作用，按不同取用水性质实行差别税额，地下水税额要高于地表水，超采区地下水税额要高于非超采区，超采区取用地下水税额加征1—4倍，对超计划或超定额用水加征1—3倍，对特种行业从高征税，对超过规定限额的农业生产取用水、农村生活集中式饮水工程取用水等从低征税。具体适用税额，授权省级人民政府统筹考虑本地区水资源状况、经济社会发展水平和水资源节约保护的要求确定。本办法自2017年12月1日起实施。

11月24日

［纲　文］ **环境保护部公布《决定废止的规范性文件》。**

［目 文］《文件》决定《关于电磁辐射建设项目环境管理有关问题的复函》（环函〔2003〕75号，2003年3月20日公布）等21件规范性文件，自2017年11月24日起废止。

11月24日

［纲 文］**国家海洋局公布《废止的规范性文件目录》。**

［目 文］《目录》包括《国家海洋局关于加强海洋倾废管理工作若干问题的通知》（国海环字〔2008〕525号）、《国家海洋局办公室关于印发分类型海域使用论证报告编写大纲的通知》（海办管字〔2009〕20号）、《国家海洋局关于印发〈海洋标准计划项目立项审查程序规定〉的通知》（国海环字〔2010〕44号）、《国家海洋局关于印发〈无居民海岛使用权登记办法〉的通知》（国海岛字〔2010〕775号）、《国家海洋局关于印发〈无居民海岛使用权证书管理办法〉的通知》（国海岛字〔2010〕776号）等5件规范性文件。

11月24日

［纲 文］**财政部关税司发布，12月1日起我国下调部分消费品进口关税。**

［目 文］经国务院关税税则委员会审议通过，并报国务院批准，我国将对部分消费品进口关税进行调整，自2017年12月1日开始实施。根据国务院要求，自2015年以来，为满足居民消费升级需要，合理增加与人民生活密切相关的一般消费品进口，我国已陆续降低了部分服装、箱包、鞋靴、特色食品和药品等消费品的进口关税。在此基础上，本次进一步降低消费品进口关税，范围涵盖食品、保健品、药品、日化用品、衣着鞋帽等各类消费品，共涉及187个8位税号商品，平均税率由17.3%降至7.7%。此次税率调整表中，婴儿尿布及尿裤税率由7.5%降为0%，部分婴幼儿奶粉税率由20%降为0%。

随着社会经济发展，科学技术进步和人口结构变化，人民的消费需求不断升级。此次降低消费品进口关税，紧紧围绕消费需求旺盛、与人民日常生活息息相关、国内一时供给不上的一些优质产品和特色优势产品，有利于丰富国内消费选择，引导国内供给体系转型升级。

11月24日

［纲 文］**宁夏水权试点成为中国首个通过验收的试点。**

［目 文］水利部组织的宁夏水权试点工作验收现场交流会发布：3年来，宁夏通过水资源刚性约束倒逼产业转型，用水效率明显提升，万元GDP用水量下降28.7%，万元工业增加值用水量下降29.8%。3年间，全区用水总量减少7.2亿立方米，GDP实现年均增长7.6%，实现了经济社会发展和水生态环境改善的双赢，探索出一套切合实际、行之有效、可复制可推广的经验做法。

宁夏人均水资源量不足全国平均水平的1/2。为拧紧水龙头，宁夏启动水权确权，实施总量控制、定额管理，建立区、市、县三级用水总量控制体系，用水指标层层分解，落实到各行业、各地块；留足生活用水、生态用水，将工农业用水总量指标细化到各用水户，推动以水定产、以水定城。

11月24日

［纲　文］　**国务院副总理刘延东在北京会见法国梅里埃基金会主席阿兰·梅里埃一行。**

［目　文］　刘延东高度评价基金会特别是中法P4实验室为加强人口健康和公共卫生合作、推动中法友好作出的积极贡献。她表示，中方高度重视人民健康，愿同法方一道，深化传染病防控等卫生领域合作，共同应对全球公共卫生挑战，攻克健康难题，为增进人类健康、促进世界和平繁荣作出贡献。

阿兰·梅里埃表示，基金会将继续致力于中法传染病防控和研发合作，为人类疾病防控和健康事业发展作出努力。

11月24日

［纲　文］　**澳门特别行政区第十三届全国人大代表选举会议第一次全体会议在澳门举行。**

［目　文］　受全国人大常委会委托来澳门主持选举工作的全国人大常委会副委员长兼秘书长王晨主持会议并讲话。选举会议成员430人出席。按照十二届全国人大五次会议通过的澳门特别行政区选举第十三届全国人大代表的办法规定，会议根据全国人大常委会委员长会议的提名，经过表决，推选出由崔世安、何厚铧等11名选举会议成员组成选举会议主席团。

会议向每位选举会议成员分发了代表候选人提名信。选举办法规定，澳门特别行政区应选十三届全国人大代表12名，每名选举会议成员提出的代表候选人不得超过12名；澳门居民中的中国公民凡有意参选十三届全国人大代表的，应在选举会议主席团确定的代表候选人提名时间期限内领取和填写参选人登记表，取得10名以上选举会议成员分别填写的提名信，在提名截止日期以前，亲自送交选举工作办公室。

同日，澳门特别行政区第十三届全国人大代表选举会议主席团第一次会议在澳门举行。根据澳门特别行政区选举第十三届全国人大代表的办法，主席团主持选举会议。主席团会议分两个阶段进行。第一阶段，由全国人大常委会副委员长兼秘书长王晨主持，推选主席团常务主席。会议一致推选选举会议主席团成员崔世安为主席团常务主席。第二阶段，由主席团常务主席崔世安主持。主席团确定：2017年11月26日至12月6日为澳门特别行政区第十三届全国人大代表候选人的提名时间；2017年12月17日上午举行选举会议第二次全体会议，投票选举澳门特别行政区第十三届全国人大代表。主席团还确定梁庆庭为主席团新闻发言人。会后，主席团发布了主席团第一号公告。

11月24—26日

［纲　文］　**中国工商业联合会第十二次全国代表大会在北京召开。**

［目　文］　国务院总理李克强出席开幕会，会见全体与会代表，并代表中共中央、国务院致贺词。全国人大常委会副委员长、民建中央主席陈昌智代表各民主党派中央致贺词。全国总工会党组书记、副主席、书记处第一书记李玉赋代表各人民团体致贺词。全国

政协副主席、全国工商联主席王钦敏代表全国工商联第十一届执行委员会作工作报告。

大会学习讨论中共中央国务院的贺词，通过了关于认真学习贯彻党的十九大精神的决议、关于十一届执行委员会报告的决议、关于《中国工商业联合会章程（修正案）》的决议，选举产生了全国工商联新一届执行委员会，向广大非公有制经济人士发起“弘扬企业家精神，争做新时代表率”的倡议。大会选举产生了由 487 人组成的全国工商联第十二届执行委员会。其中，非公有制经济代表人士共 339 名，占执委总数的 69.6%。新一届执委会增加了基层工商联和各级工商联所属商会的执委比例，人员结构合理，综合素质较高，社会影响较大，有较广泛的社会代表性和参政议政能力。执委中的非公有制经济人士行业涉及面广，企业规模涵盖大、中、小、微型和个体工商户，提高了制造业和高新技术企业比重。

11 月 24—27 日

［纲　文］　**应外交部部长王毅邀请，法国外长勒德里昂对中国进行正式访问。**

［目　文］　访问期间，国务院总理李克强、国务委员杨洁篪在北京分别会见了勒德里昂。

李克强在会见勒德里昂时表示，中法深化全方位合作空间广阔。中方愿同法方加强在民用核能等领域合作，共同在应对气候变化、履行《巴黎协定》方面发挥积极作用，倡导开放的世界经济，维护多边主义，为促进世界和平稳定与全球化健康发展注入动力。中方支持欧洲一体化进程，乐见一个繁荣稳定的欧盟，愿通过加强中法关系助力中欧关系发展，期待中国—中东欧国家合作能够带动地区国家发展，促进欧盟平衡发展。勒德里昂表示，法中都致力于维护世界和平稳定，促进共同发展繁荣。法方愿同中方保持高层往来，加强民用核能等领域合作，携手应对气候变化挑战，进一步深化欧中伙伴关系建设。

24 日，国务院副总理刘延东与勒德里昂作为机制双方主席在北京共同主持中法高级别人文交流机制第 4 次会议。刘延东和勒德里昂共同签署联合宣言，见证签署相关领域合作文件；共同出席首届 CGTN 法语大赛颁奖仪式、中法高层次应用型人才培养合作论坛、中法地方合作成果展等配套活动。

同日，王毅在北京与勒德里昂举行会谈。双方一致认为，中法都是安理会常任理事国，都具有重要全球影响力，都奉行独立自主外交政策，都支持开放、合作、对话，反对封闭、保守、对抗。长期以来，中法关系超越意识形态、制度体制和文化差异，成功走出一条合作共赢之路，有力促进了两国各自发展，为世界的稳定、繁荣也发挥了重要作用。当前国际形势正在经历百年未遇的大发展、大变革、大调整，中法两国相继完成了国内重要政治议程。中国开启了中国特色社会主义新时代，法国迈出了振兴法兰西新征程。中法关系承前启后，继往开来，迎来新的发展机遇。要推进重大项目和新兴领域合作，不断提升中法关系的生命力与活力。要继续推进国际关系民主化进程，共同应对气候变化、恐怖主义等全球性挑战，推动改善全球治理，加强在朝鲜半岛核、叙利亚等热点问题上的沟通协调。

11月25日

［纲　文］　**国家主席习近平、国务院总理李克强就埃及北西奈省阿里什市一清真寺发生严重恐怖袭击分别向埃及总统塞西、埃及总理伊斯梅尔致慰问电。**

11月25日

［纲　文］　**中国成功发射遥感三十号02组卫星。**

［目　文］　在西昌卫星发射中心用长征二号丙运载火箭，成功将遥感三十号02组卫星发射升空，卫星进入预定轨道，发射任务获得圆满成功。遥感三十号02组卫星采用多星组网模式，主要用于开展电磁环境探测及相关技术试验。遥感三十号02组卫星和长征二号丙运载火箭，分别由中国科学院微小卫星创新研究院和中国运载火箭技术研究院研制，测控任务由西安卫星测控中心、中国卫星海上测控部和北京航天飞行控制中心共同完成。此次任务是长征系列运载火箭的第256次飞行。

11月25日—12月1日

［纲　文］　**应全国人大常委会委员长张德江的邀请，塞尔维亚国民议会议长戈伊科维奇率团访华。**

［目　文］　27日，张德江在北京与戈伊科维奇举行会谈时说，中国和塞尔维亚是"铁杆朋友"。在争取各自民族独立和实现国家发展的历程中，双方结下了深厚友谊。2016年习近平主席对贵国进行历史性国事访问，塞尔维亚成为中国在中东欧地区的首个全面战略伙伴。2017年以来，尼科利奇总统对华进行国事访问，武契奇总统来华出席"一带一路"国际合作高峰论坛，两国元首就进一步推进中塞全面战略伙伴关系达成新的重要共识。中方愿同塞方一道，将深厚的传统友谊转化为共同发展的动力，落实好两国元首达成的重要共识，深入对接发展战略，全面深化各领域互利合作，协力打造中塞命运共同体，更好造福两国和两国人民。中方赞赏塞方始终积极支持参与"16+1合作"，愿与塞方等中东欧国家一道，推动"16+1合作"不断结出硕果。戈伊科维奇说，近年来，在两国领导人的亲自推动下，塞中铁的友谊发展到了新高度，两国立法机关交流合作发展到了新高度。塞尔维亚国民议会愿以此次访问为契机，充分发挥两国立法机关合作委员会的作用，加强往来，为塞中友好在新时期的发展作出贡献。

张德江和戈伊科维奇共同出席了中国全国人大和塞尔维亚国民议会关于建立合作委员会议定书的签字仪式。

同日，全国政协主席俞正声在北京会见戈伊科维奇时说，中塞两国政治上相互支持，经济上相互合作，人文交流不断增强，两国人民获得实实在在的利益。中方愿同塞方一道，为进一步深化中塞全面战略伙伴关系作出贡献。俞正声介绍了中国共产党领导的多党合作和政治协商制度，表示中国全国政协愿同塞国民议会继续开展多层次、多形式交流合作，促进两国关系持续稳定发展。

戈伊科维奇表示对中国取得的发展成就感到由衷高兴，塞尔维亚国民议会愿为塞中友好的传承多做工作。

11月26日

［纲　文］ **新华社讯，中共中央办公厅、国务院办公厅印发《推进互联网协议第六版（IPv6）规模部署行动计划》。**

［目　文］《计划》由五个部分组成：一、重要意义。二、总体要求。三、重点任务。四、实施步骤。五、保障措施。

《计划》指出，建立网信、发展改革、工业和信息化、教育、科技、公安、安全、新闻出版广电等部门协同推进机制，强化统筹协调，明确责任分工，加强部门、行业、区域间合作，扎实推进行动计划落地实施，研究推进IPv6规模部署工作的重点任务。统筹资金，加大支持力度，引导社会资金投入，充分发挥企业主体作用，推动IPv6技术创新、基础设施改造、应用部署、安全保障等领域发展。密切跟踪全球下一代互联网研究、试验、技术、产业和应用情况。

11月26日—12月1日

［纲　文］ **国务院总理李克强应邀出席第6次中国—中东欧国家领导人会晤并对匈牙利进行正式访问，出席在俄罗斯索契举行的上海合作组织成员国政府首脑（总理）理事会第16次会议。**

［目　文］ 27日，李克强在布达佩斯出席第6次中国—中东欧国家领导人会晤并就"深化经贸金融合作，促进互利共赢发展"的会晤主题发言。中东欧16国领导人参加。欧盟、奥地利、瑞士、希腊、白俄罗斯和欧洲复兴开发银行作为观察员与会。各国领导人共同见证有关"一带一路"、互联互通、产能合作、基础设施建设、金融、质检、人文等领域多个合作文件的签署，发表了《中国—中东欧国家合作布达佩斯纲要》。

同日，李克强分别与波兰总理希德沃、拉脱维亚总理库钦斯基斯、克罗地亚总理普连科维奇、斯洛伐克总理菲佐、爱沙尼亚总理拉塔斯、立陶宛总理斯克韦尔内利斯、黑山总理马尔科维奇、捷克总理索博特卡、保加利亚总理鲍里索夫等中东欧国家领导人举行双边会见，就双边关系和"16+1合作"交换意见；出席第7届中国—中东欧国家经贸论坛开幕式并致辞；出席同期举办的"16+1"中小企业合作对接会现场，参观对接会成果展并同企业家们交流；同中东欧16国领导人在布达佩斯共同出席"16+1合作"五周年纪念活动并致辞。

28日，李克强在布达佩斯同匈牙利总理欧尔班举行会谈并见证两国政治、经贸、金融、人文等领域11个双边合作文件的签署。两国总理还接受了匈牙利汉学家赠送的匈汉大辞典并共同会见记者。李克强分别会见了匈牙利国会主席克韦尔、塞尔维亚总理布尔纳比奇、斯洛文尼亚总理采拉尔、波黑部长会议主席兹维兹迪奇。29日，李克强在布达佩斯会见匈牙利总统阿戴尔。

30日—12月1日，上海合作组织成员国政府首脑（总理）理事会第16次会议在俄罗斯索契举行。国务院总理李克强、俄罗斯总理梅德韦杰夫、哈萨克斯坦总理萨金塔耶夫、吉尔吉斯斯坦总理伊萨科夫、塔吉克斯坦总理拉苏尔佐达、乌兹别克斯坦总理阿里波夫、巴基斯坦总理阿巴西和印度政府代表等与会。与会成员国领导人签署并发表《上海合作组织成员国政府首脑（总理）理事会第16次会议联合公报》，批准上合组织经贸、财政、安全等领域多项合作协定和决议。

会议期间，李克强分别会见了俄罗斯总理梅德韦杰夫、巴基斯坦总理阿巴西、塔吉克斯坦总理拉苏尔佐达、乌兹别克斯坦总理阿里波夫、吉尔吉斯斯坦总理伊萨科夫、白俄罗斯总理科比亚科夫、哈萨克斯坦总理萨金塔耶夫、阿富汗首席执行官阿卜杜拉；并与梅德韦杰夫共同参观了索契冬奥会场馆。

29日，李克强在莫斯科会见了俄罗斯总统普京。

11月27日

［纲　文］　**新华社讯，习近平就旅游系统推进“厕所革命”工作取得的成效作出指示。**

［目　文］　中共中央总书记习近平指出，两年多来，旅游系统坚持不懈推进“厕所革命”，体现了真抓实干、努力解决实际问题的工作态度和作风。旅游业是新兴产业，方兴未艾，要像抓“厕所革命”一样，不断加强各类软硬件建设，推动旅游业大发展。厕所问题不是小事情，是城乡文明建设的重要方面，不但景区、城市要抓，农村也要抓，要把这项工作作为乡村振兴战略的一项具体工作来推进，努力补齐这块影响群众生活品质的短板。

2015年4月，习近平就“厕所革命”作出指示，强调抓“厕所革命”是提升旅游业品质的务实之举。冰冻三尺，非一日之寒。要像反对“四风”一样，下决心整治旅游不文明的各种顽疾陋习。要发扬钉钉子精神，采取有针对性的举措，一件接着一件抓，抓一件成一件，积小胜为大胜，推动我国旅游业发展迈上新台阶。

自2015年起，国家旅游局在全国范围内启动三年旅游厕所建设和管理行动。行动启动以来，全国旅游系统将“厕所革命”作为基础工程、文明工程、民生工程来抓，精心部署、强力推进，“厕所革命”取得明显成效。截至2017年10月底，全国共新改建旅游厕所6.8万座，超过目标任务的19.3%。“厕所革命”逐步从景区扩展到全域、从城市扩展到农村、从数量增加到质量提升。

11月27日

［纲　文］　**中国外文局外文出版社同16个国家的知名出版机构在北京签署《习近平谈治国理政》第二卷国际合作翻译出版备忘录。**

［目　文］　共同翻译出版这些国家语种版本的《习近平谈治国理政》第二卷。这16个国家分别是意大利、波兰、乌克兰、阿尔巴尼亚、罗马尼亚、肯尼亚、塔吉克斯坦、越南、巴基斯坦、孟加拉国、柬埔寨、老挝、蒙古国、尼泊尔、斯里兰卡和阿富汗。

《习近平谈治国理政》第一卷和第二卷的出版发行，受到国际社会的高度关注和广泛好评。《习近平谈治国理政》第一卷已出版 24 个语种，全球发行超过 660 万册。《习近平谈治国理政》第二卷除中英文版，法、俄、西、阿、德、日、葡等语种的版本正在陆续翻译出版。许多国家的知名出版机构纷纷表达与我合作翻译出版当地语种版本的愿望。推进《习近平谈治国理政》第二卷的国际合作翻译出版，帮助世界各国读者更好了解习近平新时代中国特色社会主义思想的丰富内涵，客观认识和理解中国特色社会主义道路、理论、制度、文化，促进中外文化交流和治国理政经验互鉴。

11 月 27 日—12 月 1 日

［纲　文］　**中国农工民主党第十六次全国代表大会在北京召开。**

［目　文］　中共中央政治局常委栗战书出席开幕会并代表中共中央致贺词。全国政协副主席、九三学社中央主席韩启德代表各民主党派中央和全国工商联致贺词。全国人大常委会副委员长、农工党中央主席陈竺代表农工党十五届中央委员会作工作报告。

会议表决通过了《中国农工民主党第十六次全国代表大会决议》《中国农工民主党第十六次全国代表大会关于第十五届中央委员会报告的决议》，审议通过了《关于中国农工民主党党章修正案的决议》，会议选举产生了由 214 人组成的新一届中央委员会。陈竺当选主席。

大会要求，新一届中央领导机构进一步增强“四个意识”、坚定“四个自信”，始终坚持中国特色社会主义政治发展道路，继承和发扬同中国共产党风雨同舟、亲密合作的优良传统，承担起中国特色社会主义事业亲历者、实践者、维护者、捍卫者的政治责任，团结全体党员认真履行参政议政、民主监督、参加中国共产党领导的政治协商职能，不断巩固多党合作的思想政治基础，不断提升参政党建设水平，奋力开拓农工党工作新局面。全党要更加紧密地团结在以习近平同志为核心的中共中央周围，高举中国特色社会主义伟大旗帜，以邓小平理论、“三个代表”重要思想、科学发展观、习近平新时代中国特色社会主义思想为指导，认真学习贯彻中共十九大精神，不忘合作初心，继续携手前进，全面加强自身建设，切实履行参政党职能，为决胜全面建成小康社会、夺取新时代中国特色社会主义伟大胜利、实现中华民族伟大复兴的中国梦、实现人民对美好生活的向往作出新的更大贡献！

11 月 28 日

［纲　文］　**中共中央办公厅、国务院办公厅印发《领导干部自然资源资产离任审计规定（试行）》。**

［目　文］　《规定》明确，开展领导干部自然资源资产离任审计，应当坚持依法审计、问题导向、客观求实、鼓励创新、推动改革的原则，主要审计领导干部贯彻执行中央生态文明建设方针政策和决策部署情况，遵守自然资源资产管理和生态环境保护法律法规情况，自然资源资产管理和生态环境保护重大决策情况，完成自然资源资产管理和生态环

境保护目标情况，履行自然资源资产管理和生态环境保护监督责任情况，组织自然资源资产和生态环境保护相关资金征管用和项目建设运行情况，以及履行其他相关责任情况。审计机关应当根据被审计领导干部任职期间所在地区或者主管业务领域自然资源资产管理和生态环境保护情况，结合审计结果，对被审计领导干部任职期间自然资源资产管理和生态环境保护情况变化产生的原因进行综合分析，客观评价被审计领导干部履行自然资源资产管理和生态环境保护责任情况。

《规定》要求，被审计领导干部及其所在地区、部门（单位），对审计发现的问题应当及时整改。国务院及地方各级政府负有自然资源资产管理和生态环境保护职责的工作部门应当加强部门联动，尽快建立自然资源资产数据共享平台，并向审计机关开放，为审计提供专业支持和制度保障，支持、配合审计机关开展审计。县以上地方各级党委和政府应当加强对本地区领导干部自然资源资产离任审计工作的领导，及时听取本级审计机关的审计工作情况汇报并接受、配合上级审计机关审计。

11月28日

［纲　文］　**国土资源部公布《地图审核管理规定》，自2018年1月1日起施行。**

11月28日

［纲　文］　**国家外国专家局、外交部、公安部发布《关于印发〈外国人才签证制度实施办法〉的通知》。**

［目　文］　《通知》说，为进一步健全完善外国人才签证制度，明确申请人才签证的标准条件和办理程序，为外国人才来华创新创业和工作提供便利，国家外国专家局、外交部、公安部研究制定《外国人才签证制度实施办法》。现予以印发，请遵照执行。

11月28日

［纲　文］　**中国、印度尼西亚副总理级人文交流机制第3次会议在印尼梭罗举行。**

［目　文］　国务院副总理刘延东与印尼人力发展和文化统筹部部长普安共同主持会议。刘延东和普安见证签署科技创新等相关领域合作文件，并共同出席第十四届人口与发展部长级国际会议。刘延东还出席了中印尼大熊猫保护合作研究启动仪式、科技创新合作论坛、“留学中国”教育展等配套活动。

会议期间，刘延东在雅加达分别会见印尼总统佐科、印尼副总统卡拉。

11月28日

［纲　文］　**国家主席习近平特使、全国政协副主席王家瑞在内罗毕出席肯尼亚总统肯雅塔就职仪式。**

11月28日

［纲　文］　**国家能源投资集团有限责任公司重组成立大会在北京举行。**

［目　文］　资产规模超过1.8万亿元，拥有33万名员工、8家科研院所、6家科技企业，形成煤炭、常规能源发电、新能源、交通运输、煤化工、产业科技、节能环保、产业金融等8大业务板块。重组后的国家能源集团可谓能源界的“巨无霸”，按照2016年

年底口径计算，它同时拥有了四个世界之最：世界最大的煤炭生产公司、世界最大的火力发电生产公司、世界最大的可再生能源发电生产公司、世界最大煤制油和煤化工公司。此外，国家能源集团还拥有2155公里的铁路，年吞吐量3亿吨的港口，以及80艘自有船舶的船队，在重载铁路建设运营方面，也处于行业领先水平。

2017年8月28日，经党中央、国务院批准，中国国电集团公司与神华集团有限责任公司合并重组为国家能源投资集团有限责任公司（简称“国家能源集团”）。

11月28日

［纲　文］ **《人民日报》发表题为《把“厕所革命”一抓到底》的评论员文章。**

11月28日

［纲　文］ **《人民日报》发表题为《开创新时代工商联工作新局面》的评论员文章。**

11月28—29日

［纲　文］ **全国食品安全示范城市和农产品质量安全县创建工作现场会在北京召开。**

［目　文］ 中共中央政治局常委、国务院副总理、国务院食品安全委员会副主任汪洋出席会议并讲话。全国各省、直辖市、自治区人民政府主管负责人以及相关部门代表，国家食品安全城市和农产品质量安全县市的主要负责人共300人参加现场会。

汪洋指出，食品安全是人民日益增长美好生活需要的基本要求。要认真贯彻落实党的十九大精神，切实增强“四个意识”，以习近平新时代中国特色社会主义思想为指导，发扬钉钉子精神，深入实施食品安全战略，让人民吃得安全、吃得放心。这几年我国食品安全形势不断好转，但存在的问题仍然不少。要认真总结食品安全示范城市和农产品质量安全县创建取得的经验，紧紧抓住食品安全领域的突出矛盾和问题，持之以恒地加强源头治理，深入实施农业标准化战略和餐饮业食品安全提升工程，强化地方各级党委和政府的责任，完善体制机制，创新监管办法，不断提高食品安全治理能力和保障水平，不断增强人民群众的安全感、获得感、幸福感。

11月29日

［纲　文］ **国家主席习近平应约同美国总统特朗普通电话。**

［目　文］ 习近平指出，总统先生不久前对中国进行了十分成功的国事访问，我们就中美关系和共同关心的重大问题深入交换意见，达成多方面重要共识，对推动中美关系保持健康稳定发展具有重要意义。中美双方要落实好两国元首达成的重要共识，精心规划和安排两国高层及各级别交往，办好中美4个高级别对话机制第二轮对话，抓紧落实两国间合作协议和项目。双方要就重大国际和地区问题保持密切沟通和协调。实现朝鲜半岛无核化、维护国际核不扩散体系、维护东北亚和平稳定，是中方坚定不移的目标。中方愿同包括美方在内有关各方继续保持沟通，共同推动朝鲜半岛核问题朝着对话谈判、和平解决的方向发展。

特朗普表示，再次感谢习近平主席对我到访中国给予的热情接待，中国悠久灿烂的历史文化也给我留下深刻印象。我赞同习主席对访问成果的积极评价和推进美中关系的看法。美方对朝鲜再次试射弹道导弹对国际安全的影响深感担忧。美方重视中方在解决朝核问题上的重要作用，愿加强同中方沟通协调，找到解决朝鲜半岛核问题的办法。

11月29日

［纲 文］ **国家主席习近平向联合国举行的"声援巴勒斯坦人民国际日"纪念大会致贺电。**

［目 文］ 习近平在贺电中表示，巴勒斯坦问题是中东问题的根源性问题，攸关巴勒斯坦等中东各国长治久安和繁荣发展。早日实现巴勒斯坦问题全面公正解决，符合巴勒斯坦等地区各国人民利益，有利于促进世界和平稳定。中国是巴以和平的坚定支持者，今年7月提出中方推动解决巴勒斯坦问题的四点主张，旨在推动巴以双方重建互信，争取早日重启和谈。中国作为联合国安理会常任理事国和负责任的大国，愿继续同国际社会一道，为早日实现中东全面、公正、持久和平作出不懈努力。

29日，联合国大会举办活动纪念声援巴勒斯坦人民国际日。活动在联合国纽约总部以及联合国日内瓦、维也纳和内罗毕办事处举行。会员国、政府间组织和民间社会的代表在活动中就巴勒斯坦问题发表讲话。此次庆祝活动还包括一场特别展览，用以彰显巴勒斯坦人在面临严峻挑战之际在各行各业作出的贡献。联合国大会还举行了巴勒斯坦问题年度辩论会。

11月29日

［纲 文］ **国家主席习近平在北京钓鱼台国宾馆会见美国前总统奥巴马。**

［目 文］ 习近平积极评价奥巴马在担任美国总统期间为推动中美关系发展作出的努力并指出，中美两国在维护世界和平稳定、促进全球发展繁荣方面拥有广泛共同利益，肩负着重要责任。保持中美关系长期健康稳定发展，符合中美两国和世界各国的利益。中方愿同美方一道努力，加强沟通、交流、合作，推动两国关系不断得到新发展。习近平向奥巴马介绍了中共十九大主要成果。

奥巴马感谢习近平会见并表示，中国的发展成就令人赞赏。发展建设性的美中关系符合两国人民利益，我愿继续为增进美中相互了解和交往合作发挥积极作用。

11月29日

［纲 文］ **财政部公布《关于修改〈文化事业建设费使用管理办法〉的决定》。**

［目 文］ 《决定》说，经财政部部长办公会决定，并经中共中央宣传部同意，对《文化事业建设费使用管理办法》作出如下修改：在第十一条后增加一条作为第十二条，原第十二条至第十四条相应顺延，增加内容为："各级财政部门和相关主管部门及其工作人员在文化事业建设费审批工作中，存在违反本办法规定的行为，以及其他滥用职权、玩忽职守、徇私舞弊等违法违纪行为的，依照《中华人民共和国预算法》《中华人民共和国公务员法》《中华人民共和国行政监察法》《财政违法行为处罚处分条例》等国家有关规定追究相应责任；涉嫌犯罪的，依法移送司法机关处理。"本决定自2018年1月1日起

施行。

11月29日

［纲　文］ **中国首席大检察官、最高人民检察院检察长曹建明出席在俄罗斯圣彼得堡举行的第15次上海合作组织成员国总检察长会议。**

［目　文］ 会议主题为“打击利用现代信息和通信技术犯罪”。各方讨论了对利用现代信息和通信技术跨国犯罪的预防和调查、协调立法打击利用现代信息和通信技术犯罪、打击未成年人和青年网络犯罪、打击利用网络实施极端和恐怖主义行为等。曹建明作主旨发言时表示，中共中央总书记、国家主席习近平在中国共产党第十九次全国代表大会上强调，坚持和平发展道路，推动构建人类命运共同体。上合组织各成员国地缘相近，交往历史悠久，是兴衰相伴、安危与共、同舟共济的命运共同体。中国检察机关愿与各成员国检察同行一道，携手并进，强化合作，扩大惩治网络犯罪成果；加强联动，标本兼治，铲除网络犯罪生存空间，共同维护本地区繁荣稳定，推动构建人类命运共同体。

曹建明与上合组织各成员国总检察长共同签署了《第15次上海合作组织成员国总检察长会议纪要》。会议期间，曹建明分别与俄罗斯总检察长柴卡签署了两国最高检察机关2018—2019年合作协议，与哈萨克斯坦总检察长阿萨诺夫签署两国最高检察机关合作协议和加强两国边境地区检察机关合作谅解备忘录。

11月29日

［纲　文］ **中美双方签署《北斗与GPS信号兼容与互操作联合声明》。**

［目　文］ 中国卫星导航系统管理办公室与美国国务院空间和先进技术办公室签署《北斗与GPS信号兼容与互操作联合声明》。

根据《声明》，两大卫星导航系统在国际电联框架下实现射频兼容，实现民用信号互操作，并将持续开展兼容与互操作合作。《声明》指出，北斗卫星导航系统与GPS全球卫星导航系统在国际电联框架下实现射频兼容，两系统民用信号B1C和L1C实现互操作，将进一步促进世界卫星导航大家庭成员之间的合作。用户同时使用北斗和GPS民用信号，无需显著增加成本就可以享受到更好的服务。这标志着北斗和GPS在卫星导航系统的设计、建设方面，可以实现信号兼容使用，进一步提升导航定位精度，更好地服务全世界的用户。

11月29日

［纲　文］ **商务部有关负责人就美商务部自主发起对华“双反”调查表示，中方对美方此举表示强烈不满。**

［目　文］ 就华盛顿时间11月28日，美国商务部发布公告，对自中国进口的通用铝合金板自主发起反倾销反补贴调查。

商务部有关负责人表示，美方非基于国内产业申请，而由政府机关对来自中国的通用铝合金板自主发起反倾销和反补贴调查，这是25年来美国商务部第一次自主发起贸易救济调查。美方此种做法在国际贸易的历史上也是罕见的。中方对美方此举表示强烈不满。

中美两国铝业是互补的，中美之间的铝产品贸易是双向的，人为阻碍双边铝产品贸易的正常秩序，将损害中美双方的利益。中美两国元首刚刚达成“致力于互利共赢的中美经贸合作”的共识，希望美方遵照共识，与中方相向而行，共同促进中美经贸关系健康、稳定发展。同时，中方也将采取必要措施，维护中国企业的合法权益。

11月29日—12月1日

［纲　文］　**第3届中非政党理论研讨会在北京举行。**

［目　文］　研讨会由中共中央对外联络部在中国共产党与世界政党高层对话会框架下举办。研讨会主题为“构建中非命运共同体：政党的使命和作用”。来自非洲近20个国家的60多名政党代表出席研讨会。中共中央对外联络部部长宋涛出席开幕式并发表讲话。宋涛对非洲政党来函祝贺中共十九大召开和习近平总书记再次当选表示感谢，并全面宣介了中共十九大的重要精神和历史性成就。宋涛说，政党作为国家政策的源头，对各国国内发展和对外交往具有重要影响。进入新时代，中国共产党愿继续密切同非洲各国政党关系，努力打造中非命运共同体，深化政治互信，推进务实合作，加强安全合作，强化责任担当，携手共建人类命运共同体。

28日，宋涛在北京会见了埃塞俄比亚革命民主阵线副主席、政府副总理德梅克及其率领的代表团。

29日，宋涛在北京分别同来华出席中国共产党与世界政党高层对话会的柬埔寨人民党主席、政府首相洪森，坦桑尼亚革命党总书记基纳纳举行会见、会谈。

11月30日

［纲　文］　**国家主席习近平在北京会见来华出席“2017从都国际论坛”的世界领袖联盟成员。**

［目　文］　习近平介绍了中国发展道路以及中国参与全球治理的原则和主张，并听取外方嘉宾代表发言。习近平指出，中国发展道路，就是中国特色社会主义道路。我们走这条道路，是历史的选择、人民的选择。新中国成立后，特别是改革开放近40年来，中国发生了翻天覆地的变化，已经成为世界第二大经济体，13亿人民生活不断改善，7亿多人实现脱贫。实践是检验真理的唯一标准。中国取得的历史性成就，坚定了我们坚持中国特色社会主义道路、理论、制度、文化的信心。我在中共十九大报告中指出，经过几十年的发展，中国特色社会主义进入了新时代。中国社会主要矛盾已经转化为人民日益增长的美好生活需要和不平衡不充分的发展之间的矛盾。以前我们要解决“有没有”的问题，现在则要解决“好不好”的问题。我们要着力提升发展质量和效益，更好满足人民多方面日益增长的需要，更好促进人的全面发展、全体人民共同富裕。到2050年，我们要把中国建成富强民主文明和谐美丽的社会主义现代化强国。中国将推动构建新型国际关系，推动构建人类命运共同体。这是新时代中国外交追求的目标，也是世界各国共同努力的方向。推动构建新型国际关系，就是要秉持相互尊重、公平正义、合作共赢，摒弃传统的以强凌

弱的丛林法则，走出一条对话而不对抗、结伴而不结盟的国与国交往新路。我们坚定奉行独立自主的和平外交政策，维护国际公平正义，反对把自己的意志强加于人，反对干涉别国内政，反对以强凌弱。中国开展国际合作、推进共建“一带一路”从不附加干涉别国内政的条件。中方努力劝和促谈，推动国际热点难点问题的政治解决进程，积极参加联合国维和行动，致力于落实气候变化《巴黎协定》和联合国2030年可持续发展议程。

拉脱维亚前总统、世界领袖联盟主席弗赖贝加，意大利前总理、欧盟委员会前主席普罗迪，智利前总统拉戈斯，尼日利亚前总统奥巴桑乔，联合国前秘书长潘基文，日本前首相鸠山由纪夫，澳中友好交流协会会长周泽荣先后发言。

“从都国际论坛”由中国人民对外友好协会和澳大利亚中国友好交流协会于2014年共同创办，邀请多国前政要、知名专家学者、商界领袖等各界人士参加。“2017从都国际论坛”于11月28日至30日在广州举行，论坛主题为“全球治理与中国主张”。

11月30日

［纲　文］　**中共中央政治局召开会议。**

［目　文］　中共中央总书记习近平主持会议。审议通过《中国共产党党务公开条例（试行）》。

会议指出，推进党务公开，是贯彻落实党的十九大精神的重要举措，是发扬党内民主、发展社会主义民主政治的必然要求，对于推进全面从严治党，加强党内监督，充分调动全党积极性、主动性、创造性具有重要意义。《条例》制定出台，为做好党务公开工作提供了基本遵循，有利于推进党务公开工作制度化、规范化、程序化。党务公开政治性、政策性强。要坚持正确方向，认真贯彻落实习近平新时代中国特色社会主义思想，把党务公开放到新时代坚持和发展中国特色社会主义、推进党的建设新的伟大工程的实践中谋划和推进，把坚持和完善党的领导要求贯穿到党务公开全过程和各方面。要坚持发扬民主，保障党员民主权利，落实党员知情权、参与权、选举权、监督权，更好调动全党积极性、主动性、创造性，及时回应党员和群众关切，以公开促落实、促监督、促改进。要积极稳妥、有序推进，统筹各层级各领域党务公开工作。各级党委要认真抓好《条例》的学习培训和宣传解读，全面准确掌握《条例》的主要内容和工作要求。要加强对党务公开工作的组织领导，紧密结合实际抓好贯彻落实。

11月30日

［纲　文］　**2013—2022年亚太残疾人十年中期审查高级别政府间会议在北京开幕，国家主席习近平致贺信。**

［目　文］　习近平在贺信中指出，残疾人是人类大家庭的平等成员。在全球范围内推进可持续发展，实现“一个都不能少”的目标，对残疾人要格外关心、格外关注。随着联合国《残疾人权利公约》和《2030年可持续发展议程》实施，保障残疾人平等权益、促进残疾人融合发展越来越成为国际社会和各国的普遍共识和共同行动。“亚太残疾人十年”由中国首倡、在北京发起，对推动亚太国家和地区在发展残疾人事业上互学互鉴起到

了重要作用，成为残疾人事业区域合作的典范。改革开放以来，中国残疾人事业取得举世瞩目的成就。中共十九大提出，中国坚持以人民为中心，坚持在发展中保障和改善民生。中国将进一步发展残疾人事业，促进残疾人全面发展和共同富裕。中国将一如既往推动包括亚太地区在内的国际残疾人事业共同发展。希望本次会议为增进本地区残疾人福祉作出新的贡献。

国务委员、国务院残疾人工作委员会主任王勇在开幕式上宣读习近平主席的贺词并致辞。联合国秘书长古特雷斯发来贺信。王勇指出，要紧紧围绕解决涉及残疾人切身利益的现实问题，下大力气坚决打赢残疾人脱贫攻坚战，不断提升残疾人公共服务和社会保障水平，更好促进残疾人平等社会参与，使残疾人获得感、幸福感、安全感更加充实、更有保障、更可持续。中国将一如既往地积极参与“亚太残疾人十年”行动，继续支持联合国有关残疾人的国际行动，加强与“一带一路”沿线及亚太国家和地区残疾人事务交流合作，为国际残疾人事业发展作出积极贡献。

11月27日至12月1日，2013—2022年亚太残疾人十年中期审查高级别政府间会议在北京举行。会议由联合国亚太经社会与中国政府共同主办，中国残联（国务院残工委办公室）承办。来自亚太经社会各成员国和地区负责残疾人事务的部长级和高官级代表、联合国有关机构代表、非政府组织和残疾人组织代表约350人共商共议亚太残疾人事务。会议通过了《北京宣言和行动计划》。

11月30日

［纲　文］　**新华社讯，李克强就加强艾滋病防治工作作出批示。**

［目　文］　2017年12月1日是第30个世界艾滋病日。国务院总理李克强的批示指出：艾滋病是严重危害人民健康和生命安全的重大疾病，加强防治工作是实施健康中国战略的重要任务。党的十八大以来，各地区、各相关部门认真贯彻党中央、国务院决策部署，切实落实各项防治措施，将艾滋病持续控制在低流行水平，成绩应予充分肯定。望全面深入贯彻党的十九大精神，坚持以人民为中心的发展思想，按照新时期卫生与健康工作方针，针对艾滋病传播流行的新形势和新变化，进一步落实防治责任，加大投入力度，扎实推进实施“十三五”艾滋病防治行动计划。加强科研攻关，努力突破防治瓶颈。结合深化医改着力完善防治服务体系，提供更有针对性的预防治疗服务，特别要加大对受艾滋病影响的贫困人群帮扶力度。建立防治和科研人员激励保障机制，充分调动社会组织等各方力量，促进全社会广泛参与，倡导健康文明生活方式，推动形成共担防艾责任、共享健康权利、共建健康中国的良好局面。

同日，国务院副总理、国务院防治艾滋病工作委员会主任刘延东在北京考察艾滋病防治工作并召开座谈会。刘延东来到国家卫生应急指挥中心，通过远程视频观摩艾滋病疫情预警和异地转介服务功能演示，在线看望云南、贵州省远程诊疗的患者，慰问一线防治工作人员，并与医学专家、基层防治人员、志愿者、社会组织和联合国防艾组织驻华代表等座谈。她指出，以习近平同志为核心的党中央高度重视艾滋病防治工作。党的十八大以来，各地、各部门认真贯彻党中央、国务院决策部署，切实落实各项防治措施，艾滋病经输血、母婴、静脉注射吸毒传播得到有效控制，病人病死率显著下降，全国疫情持续控制在低流行水平，走出了一条符合国情的艾滋病防治道路。要按照党的十九大部署，立足国情，完善防治工作机制，强化投入保障，全面实施“十三五”艾滋病防治行动计划。要结合深化医改，加强医疗机构和防控网络建设，做好首诊检测、随访关怀、综合干预、药物供应等工作。加强科研创新和互联网技术应用推广，丰富青年群体等重点人群的综合干预手段，为群众提供更加高效优质方便的预防治疗服务。深入实施健康扶贫工程，落实医疗保险、大病保险、医疗救助等帮扶政策，解决受艾滋病影响贫困群众的生产生活困难。

11月30日

［纲　文］　**国务院办公厅印发《关于2018年部分节假日安排的通知》。**

11月30日

［纲　文］　**农业部公布《关于修改和废止部分规章、规范性文件的决定》。**

［目　文］《决定》说，为了依法保障简政放权、放管结合、优化服务改革措施落实，农业部对规章和规范性文件进行了全面清理。经过清理，农业部决定：一、对《农业基本建设项目管理办法》（2004年7月12日农业部令第39号公布）等18部规章和《关于印发农业基本建设项目申报审批等管理规定的通知》（2004年7月14日农计发〔2004〕10号，2016年5月30日农业部令2016年第3号修订）等4部规范性文件的部分条款予以修改。二、对《农药管理条例实施办法》（1999年7月23日农业部令第20号公布，2002年7月27日农业部令第18号、2004年7月1日农业部令第38号、2007年12月8日农业部令第9号修订）等3部规章和《农业部关于印发〈农业行业实行就业准入的职业目录〉的通知》（2000年3月1日农人发〔2000〕4号）等36部规范性文件予以废止。三、自2017年11月30日起施行。

11月30日

［纲　文］　**《人民日报》报道，暗物质粒子探测卫星“悟空”团队在北京发布首批科学成果。**

［目　文］　宣布“悟空”卫星在轨运行的前530天共采集了约28亿颗高能宇宙射线，其中包含约150万颗25GeV（1GeV=10亿电子伏特）以上的电子宇宙射线。基于这些数据，科研人员成功获取了目前国际上精度最高的电子宇宙射线能谱，该能谱将有助于发现暗物质存在的蛛丝马迹。“悟空”在太空中首次测量到电子宇宙射线的一处异常波动，数据初步显示存在能谱精细结构，可能是暗物质粒子存在的新证据。目前卫星运行状态良好，正持续收集数据，一旦该精细结构得以确证，将是粒子物理或天体物理领域的开创性发现。

“悟空”卫星于2015年12月17日发射成功，是中国的首颗天文卫星。卫星采用了中国科学院紫金山天文台研究人员自主提出的分辨粒子种类的新探测技术方法，在“高能电子、伽马射线的能量测量准确度”以及“区分不同种类粒子的本领”这两项关键技术指标方面世界领先，尤其适合寻找暗物质粒子湮灭过程产生的一些非常尖锐的能谱信号，从而获得了关于电子宇宙射线观测的最好结果。

11 月 30 日

［纲　文］ **《人民日报》报道，国家税务总局设立驻北京特派员办事处（简称“北京特派办”）。**

［目　文］ 承担对北京、天津、河北、山西、内蒙古 5 个省区市国税地税机关贯彻执行党中央、国务院决策部署情况的督查、税收执法合规性检查、财务内审、跨区域涉税大案要案稽查等任务。北京特派办的设立，让企业充分享受政策红利，并通过高效、精准查处跨区域涉税大案要案，震慑偷骗税行为，营造更加公平公正的税收环境。同时，将有力推进国税地税联合稽查，既可避免“多头查”“重复查”情况的发生，又可优化征管资源配置，腾出更多的人力到为纳税人服务的一线提供优质服务。此外，北京特派办将加强对五省区市税务部门执法行为的监督，最大限度减少税收执法的随意性，查处收“过头税”和“不作为”等违规事项。

11 月 30 日

［纲　文］ **《人民日报》发表习近平题为《弘扬“红船精神”走在时代前列》的文章。**

12 月

12月1日

［纲 文］ **中共中央总书记习近平在北京出席中国共产党与世界政党高层对话会开幕式并发表主旨讲话。**

［目 文］ 习近平在题为《携手建设更加美好的世界》的主旨讲话中指出，政党要顺应时代发展潮流、把握人类进步大势、顺应人民共同期待，志存高远、敢于担当，自觉担负起时代使命。中国共产党将一如既往为世界和平安宁、共同发展、文明交流互鉴作贡献。中共十九大规划了中国从现在到本世纪中叶的发展蓝图，宣示了中方愿同各方推动构建人类命运共同体的真诚愿望。政党在国家政治生活中发挥着重要作用，也是推动人类文明进步的重要力量。今天人类生活的关联前所未有，同时人类面临的全球性问题也前所未有。我提出“一带一路”倡议，就是要践行人类命运共同体理念。4年来，共建“一带一路”已成为有关各国实现共同发展的巨大合作平台。中国共产党是为中国人民谋幸福的党，也是为人类进步事业而奋斗的党。我们要把自己的事情做好，这本身就是对构建人类命运共同体的贡献。我们也要通过推动中国发展给世界创造更多机遇。我们不“输入”外国模式，也不“输出”中国模式，不会要求别国“复制”中国的做法。面向未来，中国共产党愿同世界各国政党加强往来，分享治党治国经验，开展文明交流对话，增进彼此战略信任，推动构建人类命运共同体，携手建设更加美好的世界。

11月30日—12月3日，中国共产党与世界政党高层对话会在北京举行。对话会围绕“构建人类命运共同体、共同建设美好世界：政党的责任”这一主题，就“习近平新时代中国特色社会主义思想”“新时代中国：新发展、新理念”“创新世界、中国贡献”和“加强政党建设：政党的挑战和未来”“建设美好国家：政党的实践和经验”“共建‘一带一路’：政党的参与和贡献”“引领构建人类命运共同体：政党的角色和责任”等议题进行了对话交流，共同探讨人类社会未来发展方向和现实问题的应对之道，推动构建人类命运共同体，携手建设美好世界。中联部部长宋涛出席并发表题为《坚定“四个自信” 作出中国贡献》的讲话。来自120多个国家的近300个政党和政治组织的领导人共600多名中外方代表与会。中共中央政治局委员、国务委员杨洁篪出席闭幕式并讲话。会议发表了《北京宣言》。

会议期间，习近平分别会见出席对话会的缅甸国务资政昂山素季和柬埔寨人民党主席、政府首相洪森；全国人大常委会委员长张德江会见部分兼任议会领导职务的外国政党领导人；中共中央政治局常委、中央书记处书记王沪宁集体会见部分外国政党领导人；中共中央政治局委员、国务委员杨洁篪会见美国共和、民主两党代表团；中共中央政治局委员、中宣部部长黄坤明集体会见外国左翼政党代表；宋涛分别会见刚果劳动党总书记、参议长恩戈洛，缅甸巩发党主席吴丹泰，蒙古国人民党总书记阿玛尔巴伊斯格楞，老挝国会主席巴妮和日本公明党党首山口那津男。

12月1日

［纲　文］　**国家外汇管理局公布《关于宣布废止失效6件外汇管理规范性文件的通知》。**

［目　文］　《通知》说，一、对《国家外汇管理局综合司关于信息系统代码标准化工作有关事项的通知》（汇综发〔2009〕101号）、《国家外汇管理局关于发布金融机构外汇业务数据采集规范（1.0版）的通知》（汇发〔2014〕18号）等2件外汇管理规范性文件，予以废止。二、对《国家外汇管理局关于境内居民个人外汇存款投资B股市场有关问题的补充通知》（汇发〔2001〕33号）、《国家外汇管理局综合司关于推广使用外商投资企业外汇收支情况网上报审系统的批复》（汇综复〔2005〕83号）、《国家外汇管理局国际收支司关于使用全国组织机构代码信息共享平台的通知》（汇国发〔2006〕14号）、《国家外汇管理局综合司关于对外金融资产负债及交易统计系统上线运行的通知》（汇综发〔2015〕1号）等4件外汇管理规范性文件，宣布失效。三、本通知自2017年12月1日起生效。国家外汇管理局各分局、外汇管理部收到本通知后，应及时转发辖内中心支局（支局）、城市商业银行、农村商业银行、外资银行；各中资外汇指定银行应尽快转发所辖分支机构。

12月1日

［纲　文］　**卫生计生委、中医药局发布《关于印发中医诊所基本标准和中医（综合）诊所基本标准的通知》。**

［目　文］　《通知》说，一、《中医诊所基本标准》适用于备案管理的中医诊所，是举办备案中医诊所应当具备的条件之一；《中医（综合）诊所基本标准》适用于提供中西两法服务和不符合《中医诊所备案管理暂行办法》规定的服务范围或者存在不可控的医疗安全风险的中医（综合）诊所，是中医（综合）诊所执业必须达到的最低标准，是卫生计生行政部门和中医药主管部门核发《医疗机构执业许可证》和校验的依据。二、原卫生部印发的《中医诊所基本标准》以及原卫生部和国家中医药管理局联合印发的《中医坐堂医诊所基本标准（试行）》同时废止。三、原卫生部印发的《民族医诊所基本标准》同时废止。民族医诊所的管理参照《中医诊所基本标准》和《中医（综合）诊所基本标准》执行。

12月1日

［纲　文］　**国家林业局公布《野生动物收容救护管理办法》，自2018年1月1日起施行。**

12 月 1 日

［纲　文］　**国家海洋局印发《海洋立法工作程序规定》。**

［目　文］　《规定》共 7 章 39 条。主要有总则，计划管理，起草送审，审议报送，公布、解释和评估，立法协调和立法指导，附则等内容。自 2017 年 12 月 1 日起施行,《国家海洋局海洋法规制定程序规定》(国海发〔2007〕25 号)同时废止。

12 月 1 日

［纲　文］　**第 5 次中法高级别经济财金对话在北京举行。**

［目　文］　国务院副总理马凯与法国经济和财政部部长勒梅尔共同主持。马凯表示，中共十九大为中国发展设计了新蓝图，中国对外开放的大门不会关闭，只会越开越大。我们愿与各国加强合作，实现互利共赢。本次对话是在习近平主席和马克龙总统汉堡会晤和中共十九大后经济财金领域两国首次政府间高层对话。双方要落实好两国元首共识，深入交流，加强宏观经济政策协调，规划好“一带一路”框架下对接和互利合作，共同反对贸易保护主义，推动完善全球经济治理，开创新时代中法合作新局面。勒梅尔说，中共十九大后法国对加强对华合作充满期待，法方愿积极支持“一带一路”倡议，共同开辟双边合作新的更好前景。

本次对话达成 71 项互利共赢成果。双方同意加快“中国制造 2025”与法国“未来工业”计划对接，重点加强投资、汽车、航空航天、核能、先进制造、绿色金融、“一带一路”建设、第三方市场等领域务实合作。

12 月 1 日

［纲　文］　**中共中央政治局常委、国务院副总理汪洋在北京会见日本公明党党首山口那津男一行。**

［目　文］　汪洋在会见山口那津男一行时表示，欢迎其来华出席中国共产党与世界政党高层对话会。习近平主席前不久会见安倍首相时指出，改善中日关系关键在于互信。双方要落实好两国领导人的重要共识，不断增加正向互动，创造务实合作的环境。中国共产党愿同包括公明党在内的日本各主要政党一道，增进相互理解和信任，为改善发展中日关系、造福两国人民积极努力。

12 月 1 日

［纲　文］　**国务委员杨洁篪应约同法国总统外事顾问埃蒂安通电话。**

［目　文］　杨洁篪指出，在习近平主席和马克龙总统的指引和推动下，中法关系正保持健康稳定发展。双方密集开展高层交往，全力推进重点领域、重大项目合作，为新时期中法关系更好更快发展不断积聚动能。埃蒂安祝贺中共十九大成功举行，表示法方期待同中方深化各领域及国际事务中合作，推动法中全面战略伙伴关系深入发展。

双方就气候变化等问题交换了看法。杨洁篪指出，应对气候变化是中国发展理念的重要组成部分，也是国际社会的共识。中方愿继续同包括法方在内的国际社会一道为此加强合作。

12月1—6日

［纲　文］　**中国民主促进会第十二次全国代表大会在北京召开。**

［目　文］　中共中央政治局常委、国务院副总理汪洋出席开幕会并代表中共中央致贺词。全国人大常委会副委员长、民盟中央主席张宝文代表各民主党派中央、全国工商联致贺词。大会主席团常务主席严隽琪代表民进第十三届中央委员会作工作报告。大会听取并审议了民进第十三届中央委员会报告，审议通过了《中国民主促进会第十二次全国代表大会决议》和《中国民主促进会第十二次全国代表大会关于〈中国民主促进会章程〉修正案的决议》，选举产生了由199人组成的新一届中央委员会。

大会强调，深入学习贯彻中共十九大精神，是民进当前和今后一个时期首要的政治任务。民进要立足新时代新方位，牢固树立“四个意识”，坚定“四个自信”，准确把握建设中国特色社会主义参政党的新要求，不忘合作初心，牢记历史使命，推进自身建设和履职能力迈上新台阶。大会号召，民进各级组织和广大会员要更加紧密团结在以习近平同志为核心的中共中央周围，在中共十九大精神的指引下，在民进新一届中央委员会带领下，不辱使命，不负重托，无愧于时代，为决胜全面建成小康社会、夺取新时代中国特色社会主义伟大胜利、实现中华民族伟大复兴的中国梦、实现人民对美好生活的向往而团结奋斗。

12月1—4日

［纲　文］　**2017年第4期县级人大常委会负责人学习班在北京举办。**

［目　文］　中共中央政治局委员、全国人大常委会副委员长王晨出席开班式在讲话时指出，要深入学习贯彻习近平新时代中国特色社会主义思想，学习贯彻党的十九大精神，坚定维护以习近平同志为核心的党中央权威和集中统一领导，始终坚持在党的领导下进一步推动人民代表大会制度与时俱进和人大工作完善发展，进一步加强县级人大及其常委会自身建设，更好发挥县级人大在社会主义民主政治建设中的重要作用。

授课内容围绕县级人大常委会的工作展开，包括“加强人大立法与监督工作”“地方组织法和地方人大工作若干问题”“做好人大预算审查监督工作”“进一步加强改进人大监督工作”和“做好人大代表工作”等。来自浙江、贵州、云南3省的303位县级人大常委会负责人参加学习班。

12月1—2日

［纲　文］　**纪念中美恢复交往45周年暨美中关系全国委员会成立50周年系列活动在北京举办。**

［目　文］　活动由中国人民外交学会和美中关系全国委员会共同举办。美前贸易代表、美中关系全国委员会主席希尔斯率美方代表团来华出席了相关活动。双方20多名专家学者参加了中美关系研讨会，围绕中美各自内外政策、中美经贸关系等议题进行了坦诚的交流。

1日，中共中央政治局常委、国务院副总理汪洋，中共中央政治局委员、国务委员杨洁篪分别会见了美方代表团。汪洋在会见美方代表团时表示，特朗普总统访华期间，两国元首达成一系列重要共识，为今后一个时期中美关系指明了方向。希望美中关系全国委员会继续为加强中美两国相互了解和交往合作发挥积极作用，促进中美关系长期健康稳定发展。

12月2日

［纲　文］　**国务委员杨洁篪在北京会见斯洛伐克副总理佩列格里尼。**

［目　文］　杨洁篪介绍了中共十九大的主要成果，表示中方重视中斯关系，希望两国以共建“一带一路”为契机，加强战略对接，深化务实合作。希望斯方继续为中欧关系、中国—中东欧国家合作发挥积极作用。

佩列格里尼祝贺中共十九大胜利召开，表示斯政府坚持一个中国政策，期待同中方共建“一带一路”，加强两国在经贸、投资、基础设施等领域合作。

12月2日

［纲　文］　**《人民日报》发表题为《共同开创人类更加光明的未来——一论习近平总书记中国共产党与世界政党高层对话会主旨讲话》的评论员文章。**

12月2—5日

［纲　文］　**中国致公党第十五次全国代表大会在北京召开。**

［目　文］　中共中央政治局常委、中央书记处书记王沪宁出席开幕会并代表中共中央致贺词。全国政协副主席、台盟中央主席林文漪代表各民主党派中央和全国工商联致贺词。全国政协港澳台侨委员会主任杨衍银代表全国人大华侨委员会、国务院侨务办公室、全国政协港澳台侨委员会和中国侨联致贺词。大会主席团常务主席万钢代表中国致公党第十四届中央委员会作工作报告。会议学习了中共十九大精神，审议并通过了《中国致公党第十五次全国代表大会关于第十四届中央委员会报告的决议》和《关于中国致公党章程修正案的决议》，选举产生了由116名中央委员组成的新一届中央委员会。

大会要求，致公党各级组织和广大党员要深入学习贯彻中共十九大精神，以习近平新时代中国特色社会主义思想为指导，坚决维护习近平总书记的核心地位，坚定不移地走中国特色社会主义道路，自觉把思想和行动统一到中共十九大精神上来，把力量凝聚到实现中共十九大确定的各项任务上来。今后五年，致公党要传承精神传统，突出党派特色，凝聚“侨”“海”力量，努力开创新时代致公党工作的新局面。大会号召，致公党全党要高举中国特色社会主义伟大旗帜，更加紧密团结在以习近平同志为核心的中共中央周围，不忘合作初心，牢记历史使命，致力为公，侨海报国，为决胜全面建成小康社会、夺取新时代中国特色社会主义伟大胜利、实现中华民族伟大复兴的中国梦、实现人民对美好生活的向往而努力奋斗！

12月2—3日

［纲　文］　**中国生态文明论坛年会在广东惠州举办。**

［目　文］　论坛由国家环境保护部、广东省人民政府指导，中国生态文明研究与促

进会主办，惠州市人民政府与广东省环保厅承办，中国光大国际有限公司协办。论坛的主题是“生态文明，绿色引领——学习贯彻十九大精神，推进新时代美丽中国建设”。此次论坛发布了《中国省域生态文明状况评价报告》，对全国31个省（区、市）生态文明状况总指数和生态空间、生态经济、生态环境、生态文化、生态生活、生态制度六大分领域指数进行了评价，对总指数及六大领域的进步情况进行分析，总结全国及各省生态文明建设的优势及短板，提出有针对性的意见及建议。

12月3日

［纲　文］　**第四届世界互联网大会在浙江乌镇开幕，国家主席习近平致贺信。**

［目　文］　习近平在贺信中写道：值此第四届世界互联网大会开幕之际，我谨代表中国政府和中国人民，并以我个人的名义，向大会的召开致以热烈的祝贺！向出席会议的各国代表、国际机构负责人和专家学者、企业家等各界人士表示诚挚的欢迎！当前，以信息技术为代表的新一轮科技和产业革命正在萌发，为经济社会发展注入了强劲动力，同时，互联网发展也给世界各国主权、安全、发展利益带来许多新的挑战。全球互联网治理体系变革进入关键时期，构建网络空间命运共同体日益成为国际社会的广泛共识。我们倡导“四项原则”“五点主张”，就是希望与国际社会一道，尊重网络主权，发扬伙伴精神，大家的事由大家商量着办，做到发展共同推进、安全共同维护、治理共同参与、成果共同分享。中共十九大制定了新时代中国特色社会主义的行动纲领和发展蓝图，提出要建设网络强国、数字中国、智慧社会，推动互联网、大数据、人工智能和实体经济深度融合，发展数字经济、共享经济，培育新增长点、形成新动能。中国数字经济发展将进入快车道。中国希望通过自己的努力，推动世界各国共同搭乘互联网和数字经济发展的快车。中国对外开放的大门不会关闭，只会越开越大。本届大会以“发展数字经济 促进开放共享——携手共建网络空间命运共同体”为主题，希望大家集思广益、增进共识，深化互联网和数字经济交流合作，让互联网发展成果更好造福世界各国人民。预祝大会圆满成功！

中宣部部长黄坤明在开幕式上宣读了习近平的贺信。中共中央政治局常委王沪宁出席开幕式并发表主旨演讲。泰国副总理巴金·詹东、蒙古国副总理恩赫图布辛、联合国副秘书长刘振民、苹果首席执行官蒂姆·库克、思科首席执行官罗卓克、互联网之父罗伯特·卡恩、阿里巴巴董事局主席马云等分别在开幕式上致辞。

3—5日，第四届世界互联网大会在浙江乌镇举行。大会由国家互联网信息办公室和浙江省人民政府联合主办。主题为“发展数字经济 促进开放共享——携手共建网络空间命运共同体”。来自五大洲80多个国家和地区的政府代表、国际组织负责人、互联网企业领军人物、互联网名人、专家学者等共1500多名嘉宾参加大会。会议期间举办了20场分论坛、发布本届大会年度成果文件《乌镇展望》外，大会首次发布了《中国互联网发展报告2017》和《世界互联网发展报告2017》两本蓝皮书。

3日，王沪宁分别会见出席第四届世界互联网大会的泰国副总理巴金、蒙古国副总理恩赫图布辛、法国前总理德维尔潘、苹果公司首席执行官库克、思科公司首席执行官罗卓克。

12月3日

［纲　文］**《人民日报》发表题为《把各国人民对美好生活的向往变成现实——二论习近平总书记中国共产党与世界政党高层对话会主旨讲话》的评论员文章。**

12月3—7日

［纲　文］**九三学社第十一次全国代表大会在北京召开。**

［目　文］中共中央政治局常委赵乐际出席开幕会并代表中共中央致贺词。全国人大常委会副委员长、民进第十二次全国代表大会主席团常务主席严隽琪代表各民主党派中央和全国工商联致贺词。大会主席团常务主席韩启德代表九三学社第十三届中央委员会作工作报告。大会完成各项议程，通过九三学社第十一次全国代表大会《关于第十三届中央委员会报告的决议》和《关于九三学社章程（修正案）的决议》，选举产生了由236人组成的新一届中央委员会。

大会要求，九三学社要深入学习贯彻中共十九大精神，以习近平新时代中国特色社会主义思想为指导，牢固树立"四个意识"，坚定"四个自信"，始终同以习近平同志为核心的中共中央保持高度一致。要切实发挥十一大对全社工作的指导作用，继承和发扬九三学社优良传统，以科学创新精神引领自身建设迈上新台阶，努力把九三学社建设成思想更加坚定、履职更加坚实、组织更加坚强的新时代中国特色社会主义参政党。大会号召，全社要更加紧密团结在以习近平同志为核心的中共中央周围，在中共十九大精神指引下，在九三学社新一届中央委员会带领下，求真务实、开拓创新，为全面建成小康社会、为实现中华民族伟大复兴的中国梦不断作出新贡献！

12月3—7日

［纲　文］**应国务院总理李克强邀请，加拿大总理特鲁多对中国进行正式访问并举行第二次中加总理年度对话。**

［目　文］4日，李克强在北京同特鲁多举行第二次中加总理年度对话。两国总理共同见证了教育、食品安全、能源等领域双边合作文件的签署并会见记者。

李克强表示，中方愿同加方加强交往，凝聚共识，聚焦合作，妥处分歧，推动中加战略伙伴关系不断取得新成果。中加务实合作有互补的优势、互利的基础、共赢的前景。我们愿同加方扩大双向贸易投资合作，鼓励两国企业结合自身优势，赴对方国家投资兴业、合作开拓第三方市场。挖掘创新合作潜力，拓展清洁技术、航空航天、民用核能、农业科技等新兴合作领域。中加同为亚太地区重要国家和世界贸易大国，在推进贸易投资自由化便利化问题上发出积极信号符合双方共同利益。中方愿同包括加拿大在内的各国一道，共创发展机遇，共享发展成果。特鲁多表示，加中交流与合作潜力巨大，加方愿本着互利互惠的精神，同中方保持高层交往，加强经贸合作，扩大民间交流，延续两国友谊，实现互利双赢。加方支持自由贸易，积极参与全球化进程，愿同中方密切沟通协调，共同推动全球化和自由贸易，为全球可持续发展作出贡献。

5日，国家主席习近平在北京会见特鲁多时指出，中加双方要扩大务实合作，充分挖掘合作潜力，在能源资源、科技创新、航空交通、金融服务、现代农业、清洁技术等领域打造更多合作亮点。中方愿继续支持有实力的中国企业赴加拿大投资，也欢迎加拿大企业积极参与“一带一路”建设。中加两国人民有着深厚的传统友谊。双方要加强教育、文化、旅游、体育等领域交流合作，使中加友好更加深入人心。双方要办好2018中加旅游年，中方愿在筹办2022年冬奥会过程中借鉴加方先进经验。双方还要加强在气候变化等重要领域以及多边框架内的协调和合作，不断充实中加战略伙伴关系内涵。特鲁多表示，近年来加中合作保持强劲发展势头，给两国人民带来了实际利益，也向国际社会发出了积极信息。加方致力于在相互尊重、相互信任的基础上深化同中方关系，加强两国经贸、人文等各领域交流合作，密切在重大全球和地区问题上沟通协调。

同日，全国人大常委会委员长张德江在北京会见特鲁多时说，两国立法机关应积极推动落实两国领导人达成的共识，充分发挥中加议会定期交流机制的作用，开展立法、治国理政经验交流，营造务实合作良好的政策和法律环境，扩大人文交往，增进人民友谊，共同促进两国关系健康稳定发展。特鲁多说，2016年加中两国启动进入黄金时代，两国合作卓有成效，成果丰硕。相信在两国领导人指引下，两国友好关系和务实合作将迈上新台阶。

12月3—5日

［纲　文］　**应外交部部长王毅邀请，蒙古国对外关系部部长朝格特巴特尔对中国进行正式访问。**

［目　文］　4日，国务委员杨洁篪在北京会见朝格特巴特尔时介绍了中共十九大的重大意义和成果并表示，中蒙双方应相互尊重彼此核心利益和重大关切，不断增进政治互信，以共建“一带一路”为契机，加强务实合作，扩大人文交流，谋求共同发展，推动中蒙关系进一步走深走实，更多造福两国和两国人民。朝格特巴特尔祝贺中共十九大成功召开，表示蒙方将继续坚定奉行一个中国原则，同中方加强互信与合作，推进两国全面战略伙伴关系。

同日，王毅在北京同朝格特巴特尔举行会谈时表示，蒙古人民党新政府成立以来，将对华关系放在更为突出的战略位置，就维护双方互信、妥善处理敏感问题发出明确信息，就深化务实合作、实现共同发展表达强烈意愿，中方对此表示欢迎。朝格特巴特尔表示，蒙方坚定不移地支持一个中国政策，认为西藏、台湾是中国领土不可分割的一部分，希望将蒙中关系打造成邻国交往的典范。

12月4日

［纲　文］　**国务院印发《关于开展第四次全国经济普查的通知》。**

［目　文］　《通知》由六个部分组成：一、普查目的和意义。二、普查对象和范围。三、普查内容和时间。四、普查组织和实施。五、普查经费保障。六、普查工作要求。

《通知》指出，第四次全国经济普查的对象是在我国境内从事第二产业和第三产业的全部法人单位、产业活动单位和个体经营户。普查的主要内容包括普查对象的基本情况、组织结构、人员工资、生产能力、财务状况、生产经营和服务活动、能源消费、研发活动、信息化建设和电子商务交易情况等。普查标准时点为2018年12月31日，普查时期资料为2018年年度资料。要持续深化统计管理体制改革，进一步提高统计数据真实性，建立健全普查数据质量追溯和问责机制，全面实施严重统计失信企业公示和联合惩戒制度，推动统计、工商、税务、银行等部门对企业的信用状况实行互认。

12月4日

［纲　文］　**新华社讯，中共中央办公厅、国务院办公厅印发《关于建立健全村务监督委员会的指导意见》，并发出通知，要求各地区各部门结合实际认真贯彻落实。**

［目　文］　《意见》由七个部分组成：一、总体要求。二、人员组成。三、职责权限。四、监督内容。五、工作方式。六、管理考核。七、组织领导。

《意见》指出，村务监督委员会是村民对村务进行民主监督的机构。建立健全村务监督委员会，对从源头上遏制村民群众身边的不正之风和腐败问题、促进农村和谐稳定，具有重要作用。各级党委和政府要高度重视建立健全村务监督委员会工作，县级党委和政府要切实履行主体责任，具体组织实施，抓好工作落实，及时研究解决相关问题。各级党委组织部门要牵头协调，民政、党委农村工作综合部门等单位共同参与，加强指导。严明有关纪律，对村务监督工作不配合不支持、设置障碍，甚至对村务监督委员会成员打击报复的，要及时制止、责令改正，情节严重的要依纪依法追究有关人员责任；对村务监督委员会成员利用监督职权谋私利、泄私愤、搞无原则纠纷、挑起矛盾的，要及时提醒、批评教育，后果严重的要按照有关程序终止其职务，并依纪依法追究责任。各地区各有关部门要从实际出发，为村务监督委员会开展工作创造良好条件，提供保障支持。

12月4日

［纲　文］　**国务院办公厅印发《关于推进重大建设项目批准和实施领域政府信息公开的意见》。**

［目　文］　《意见》由三个部分组成：一、总体要求。二、主要任务。三、政策保障和组织实施。

《意见》指出，各级政府要定期对重大建设项目批准和实施领域信息公开工作进行检查，主要包括政府信息、项目法人信息的公开内容、公开渠道和公开时效等。各有关部门每年应将本部门工作进展情况报同级政务公开主管部门，并在政府信息公开工作年度报告中公布，接受社会公众、新闻媒体的监督。

12月4日

［纲　文］　**国务院办公厅通知黑龙江省人民政府，同意鹤岗市城市总体规划。**

［目　文］　通知说，一、国务院原则同意《鹤岗市城市总体规划（2006—2020年）

（2017年修订）》。二、重视城乡区域统筹发展。在《总体规划》确定的1067平方公里城市规划区范围内，实行城乡统一规划管理。三、合理控制城市规模。到2020年，中心城区常住人口控制在86万人以内，城市建设用地控制在98.68平方公里以内。四、完善城市基础设施体系。要按照绿色循环低碳的理念规划建设城市基础设施。进一步完善公路、铁路、机场、港口等交通基础设施，加强城市内外交通衔接。建立以公共交通为主体，各种交通方式相结合的多层次、多类型的城市综合交通体系，方便不同交通方式的换乘。做好停车场规划布局，推动城市停车场建设。五、建设资源节约型和环境友好型城市。要增强绿水青山就是金山银山的意识，坚持节约资源和保护环境的基本国策。按照促进生产空间集约高效、生活空间宜居适度、生态空间山清水秀的总体要求，统筹山水林田湖草系统治理，形成合理的城市空间结构，促进经济建设、城乡建设和环境建设同步发展。六、创造优良的人居环境。要坚持以人民为中心，统筹安排关系人民群众切身利益的教育、医疗、市政等公共服务设施的规划布局和建设。七、重视历史文化和风貌特色保护。要统筹协调发展与保护的关系，按照整体保护的原则，切实保护好城市传统风貌和空间格局。八、严格实施《总体规划》。城市建设要实现经济社会协调发展，物质文明和精神文明共同进步。城市管理要健全民主法治，坚持依法治市，构建和谐社会，提高治理体系和治理能力现代化水平。

12月4日

［纲　文］　新华社讯，中央军委办公厅印发《关于认真组织学习〈习近平谈治国理政〉第二卷的通知》。

［目　文］《通知》指出，习近平新时代中国特色社会主义思想，是党必须长期坚持的指导思想。习主席是习近平新时代中国特色社会主义思想的主要创立者，为这一思想的创立发挥了决定性作用、作出了决定性贡献。学习贯彻习近平新时代中国特色社会主义思想，是当前和今后一个时期全党全军的重大政治任务，也是增强政治意识、大局意识、核心意识、看齐意识，维护习近平总书记党中央的核心、全党的核心地位，维护党中央权威和集中统一领导，在思想上政治上行动上同以习近平同志为核心的党中央保持高度一致的实际举措。各级要以高度政治自觉和走在前列标准，把《习近平谈治国理政》第二卷和先期出版的《习近平谈治国理政》第一卷，作为深入学习领会习近平新时代中国特色社会主义思想和党的十九大精神的权威读本，组织官兵原原本本学习领会，切实把思想和行动统一到习近平新时代中国特色社会主义思想上来，统一到党的十九大确定的重大决策部署上来。要抓好系统学习、深入学习，纳入党委理论学习中心组学习、领导干部理论轮训、部队思想政治教育和院校政治理论课教学，深入领会习近平新时代中国特色社会主义思想的时代背景、科学体系、精神实质、实践要求，深入领会这一思想的重大政治意义、理论意义、实践意义，进一步坚定对习近平新时代中国特色社会主义思想的政治信仰，不断提高马克思主义水平。要在全面学习的基础上，突出学好习近平强军思想，深入学习《习近平论强军兴军》，学习习主席最新重要讲话精神，全面领会思想体系和精髓要义，牢固确立

习近平强军思想在国防和军队建设中的指导地位。要大力弘扬理论联系实际的优良学风，贯彻“关键要实”的要求，在学懂弄通做实上下功夫，进一步强化维护核心、维护权威、维护和贯彻军委主席负责制的政治自觉和行动自觉，进一步增强“八个本领”、提高履行新时代使命任务的能力素质。各级领导干部要带头深钻细研，真正学深悟透，运用自身学习成果搞好对基层官兵的宣讲辅导，推动部队学习贯彻不断深入。

12月4日

［纲　文］　**财政部公布《关于修改〈注册会计师注册办法〉等6部规章的决定》。**

［目　文］　《决定》说，经财政部部长办公会决定，对《注册会计师注册办法》《行政单位国有资产管理暂行办法》《事业单位国有资产管理暂行办法》《事业单位财务规则》《基本建设财务规则》《国家农业综合开发资金和项目管理办法》等6部规章作出修改。自2018年1月1日起施行。

12月4日

［纲　文］　**民政部发布《中华人民共和国民政部公告（第424号）》。**

［目　文］　《公告》说，民政部规范性文件清理结果公告根据国务院有关文件精神，我部开展了规范性文件集中清理工作。经2017年第22次部长办公会议审议通过，继续有效的规范性文件197件，废止的规范性文件25件（截至2017年8月31日）。现将规范性文件清理结果目录予以公布。《继续有效的规范性文件目录》包括《民政部关于对〈国务院办公厅关于部门领导同志不兼任社会团体领导职务问题的通知〉有关内容解释的通知》（1994年5月27日民社函〔1994〕127号）等197件。《废止的规范性文件目录》有《民政部关于民办学校民事主体资格变更有关问题的通知》（2005年9月12日民函〔2005〕237号）等25件。

12月4日

［纲　文］　**教育部印发《义务教育学校管理标准》。**

［目　文］　《标准》的内容包括：坚持免试就近入学原则，不举办任何形式的入学或升学考试，不以各类竞赛、考级、奖励证书作为学生入学或升学的依据，不得提前招生、提前录取；实行均衡编班，不分重点班与非重点班；尊重学生个体差异，采用灵活多样的教学方法，因材施教，培养学生自主学习和终身学习能力；控制考试次数，探索实施等级加评语的评价方式，依据课程标准的规定和要求确定考试内容，对相关科目的实验操作考试提出要求，考试成绩不进行公开排名，不以分数作为评价学生的唯一标准；严格要求教师尊重学生人格，不讽刺、挖苦、歧视学生，不体罚或变相体罚学生，不收受学生或家长礼品，不从事有偿补课等。

12月4日

［纲　文］　**国家中医药管理局发布《关于推进中医药健康服务与互联网融合发展的指导意见》。**

［目　文］　《意见》由三个部分组成：一、总体要求。二、主要任务。三、保障

措施。

《意见》明确，中医药健康服务与互联网融合发展是将中医药养生、保健、医疗、康复、健康养老、中医药文化、健康旅游等中医药健康服务与互联网的创新成果深度融合，实现个性化、便捷化、共享化、精准化、智能化的中医药健康服务，对推进中医药供给侧结构性改革，激发创业创新活力，推动中医药传承发展，建设健康中国具有重要意义。发挥政策引导和监督作用，增强市场创新动力，支持和鼓励中医药健康服务与互联网融合新技术新产品新模式新业态发展，研究探索破除限制发展的障碍，实施包容审慎监管，依法加强服务的事中事后监管，营造公平、开放、包容、透明的市场环境。

12月4日

［纲　文］　**第4个国家宪法日“加强宪法教育普及宪法知识弘扬宪法精神”座谈会在北京举行。**

［目　文］　全国人大常委会委员长张德江出席座谈会并讲话。全国人大常委会副委员长王晨主持座谈会。中央宣传部、教育部、司法部有关负责人和大中小学生代表、全国法治宣传教育先进代表在座谈会上发言。

张德江指出，宪法是国家的根本法，是治国安邦的总章程，是党和人民意志的集中体现。大力弘扬宪法精神、全面贯彻实施宪法，要坚定不移坚持中国共产党的领导，牢固树立政治意识、大局意识、核心意识、看齐意识，坚定维护习近平总书记的核心地位，坚定维护党中央权威和集中统一领导，始终在思想上政治上行动上同以习近平同志为核心的党中央保持高度一致。要坚定不移坚持中国特色社会主义，进一步增强全体人民中国特色社会主义道路自信、理论自信、制度自信、文化自信，继续朝着实现中华民族伟大复兴的中国梦奋勇前进。深入开展宪法宣传教育，是全面推进依法治国的重要基础性工作，也是一项久久为功的长期任务。要继续发挥好国家宪法日活动、宪法宣誓等重要抓手的作用，更多采用人民群众喜闻乐见的方式开展宪法宣传教育，努力提高全民族法治素养，为推动宪法法律贯彻实施筑牢坚实思想基础、营造良好社会环境。要注重从青少年抓起，把宪法教育作为培养社会主义合格公民的基础工程，使大中小学生树立宪法意识，增强宪法自信，成为宪法的坚定信仰者、宣讲者、实践者、维护者。

12月4日

［纲　文］　**弘扬“红船精神”座谈会在浙江嘉兴召开。**

［目　文］　中共中央政治局常委、中央书记处书记王沪宁出席会议并讲话。中共中央政治局委员、中宣部部长黄坤明主持会议。浙江省委、上海市委、中央党史研究室、中央文献研究室、浙江嘉兴市委负责人和党史专家作了发言。部分省区市党委宣传部部长，中央有关部门负责人，部分全国爱国主义教育示范基地主要负责人，社科研究机构和智库有关党史专家等参加会议。

王沪宁表示，习近平总书记提出并阐释了“红船精神”的深刻内涵和时代价值，并在瞻仰南湖红船时强调要结合时代特点大力弘扬“红船精神”，让“红船精神”永放光芒。我们要认真贯彻习近平总书记关于弘扬“红船精神”等革命精神的重要指示，推动把学习贯彻党的十九大精神和习近平新时代中国特色社会主义思想引向深入，激励和鼓舞广大干部群众用伟大精神推动伟大实践，不忘初心、牢记使命、永远奋斗，为实现党的十九大提出的任务不懈努力。“红船精神”集中体现了中国共产党的建党精神，是中国革命精神之源，昭示着中国共产党人的初心。它所承载的首创精神、奋斗精神、奉献精神，是激励我们党顽强奋斗、不断发展壮大的精神动力，是我们党立党兴党、执政兴国的宝贵精神财富，也是新时代坚持和发展中国特色社会主义的坚强精神支撑，要在走好新时代的长征路上，不断赋予其新的时代内涵、绽放新的时代光芒。要把弘扬“红船精神”同深化党的十九大精神学习宣传贯彻结合起来，牢牢把握习近平新时代中国特色社会主义思想这个主线，在学懂弄通做实上下功夫。

座谈会前，与会人员共同瞻仰了南湖红船，参观了南湖革命纪念馆。

12月4日

［纲　文］　**庆祝中华人民共和国现行宪法公布施行35周年暨2017年“国家宪法日”座谈会在香港特别行政区举行。**

［目　文］　这是香港首次举办“国家宪法日”宣传教育活动，特区政府主要官员、中央驻港机构代表、法律界及其他各界人士参加。香港特区署理行政长官、政务司司长张建宗在座谈会致辞时表示，特区政府有责任加深市民大众对宪法、香港基本法和“一国两制”的认识，并树立正确的国家观念。香港中联办副主任黄兰发说，要尊重宪法权威，坚决反对一切危害国家主权、安全和发展利益的事情，坚决反对一切损害宪法权威的行为。全国港澳研究会副会长刘兆佳表示，要实施好“一国两制”，必须同时维护宪法和基本法权威，提升港人对宪法的尊重。香港中联办法律部部长王振民说，宪法是体现国家主权、维护国家统一的根本大法，宪法确立的国家根本制度对香港产生政治、法律效力。全国人大常委会香港基本法委员会委员陈弘毅表示，香港基本法是衍生于、从属于宪法的法律文件。宪法是母法，基本法是子法。香港立法会议员梁美芬说，宪法对香港有效，市民必须遵守、尊重及了解国家的根本大法。

12月4日

［纲　文］　**国务委员杨洁篪在北京会见美国百人会访问团一行。**

［目　文］　杨洁篪说，美国百人会长期努力推动中美两国民间交流与合作，为增进两国人民友谊开展了大量富有成效的工作。希望百人会广泛团结旅美侨胞，为进一步夯实两国关系民意基础、参与中国改革开放发展事业作出新的贡献。

美方表示，百人会祝贺中共十九大成功召开，愿继续发挥独特作用，为支持中国改革开放发展事业、促进中美民间交流与合作而努力。

12月4日

［纲　文］　**《人民日报》发表题为《为人类进步事业继续奋斗——三论习近平总书记**

中国共产党与世界政党高层对话会主旨讲话》的评论员文章。

12月4—9日

［纲　文］　**全军高级干部学习贯彻党的十九大精神专题研讨班在国防大学举办。**

［目　文］　来自全军各大单位和军委机关各部门的高级干部按照学懂弄通做实的要求，围绕学习领会、贯彻落实习近平新时代中国特色社会主义思想和党的十九大精神，学习思考，把握精髓要义，凝聚意志力量。中央军委高度重视这次专题研讨班，要求办成高质量的示范班，带动全军和武警部队兴起学习贯彻落实党的十九大精神热潮。中共中央政治局委员、中央军委副主席许其亮听取研讨交流并讲话，中共中央政治局委员、中央军委副主席张又侠出席开班动员并讲话。中央军委委员、军委政治工作部主任苗华全程参加教学活动。

12月4—7日

［纲　文］　**国务院副总理刘延东访问英国，并同英国卫生大臣亨特共同主持中英高级别人文交流机制第五次会议。**

［目　文］　刘延东访问期间，在伦敦分别会见英国首相特雷莎·梅、安妮公主、外交大臣约翰逊；与安德鲁王子共同出席中英科技创新论坛；访问了牛津大学、爱丁堡大学并出席中英艺术创意产业合作论坛等配套活动。

7日，刘延东与英国卫生大臣亨特在伦敦共同主持中英高级别人文交流机制第五次会议。

刘延东和亨特共同签署《中英高级别人文交流机制第五次会议联合声明》并见证签署相关领域10个合作协议。

12月4—13日

［纲　文］　**国务院副总理马凯出席中乌政府间合作委员会第3次会议，并对希腊、意大利进行正式访问。**

［目　文］　5日，马凯在基辅与乌克兰第一副总理兼经贸部部长库比夫举行会谈并共同主持中乌政府间合作委员会第3次会议；分别会见了乌克兰总统波罗申科、总理格罗伊斯曼。

马凯在希腊访问期间，在雅典会见了希腊总理齐普拉斯；与希腊副总理德拉加萨基斯举行会谈，并考察了中远海运比雷埃夫斯港项目。

马凯在意大利访问期间，在罗马会见意大利总理真蒂洛尼；与意大利经济发展部部长卡伦达举行会谈，并考察通信、港口、造船、设计等行业的企业。

12月4—5日

［纲　文］　**文化部推进文化产业园区建设和企业发展工作会议在长沙召开。**

［目　文］　文化部部长雒树刚出席会议并讲话，文化部副部长张旭主持会议并部署2018年文化产业工作。与会代表围绕学习贯彻十九大精神，做好新时代文化产业工作及推进文化产业园区建设、企业发展等进行了交流发言、专题研讨。

12月5日

［纲　文］　**国家主席习近平在人民大会堂接受11国新任驻华大使递交国书。**

［目　文］　习近平欢迎各国使节来华履新，请他们转达对各有关国家领导人和人民的诚挚问候和良好祝愿，表示中国政府将为使节们履职提供便利和支持，希望使节们为增进各国同中国友谊、促进双边关系发展作出积极贡献。习近平指出，中国愿同各国增进政治互信，深化务实合作并努力取得更多积极成果，加强在国际事务中合作，携手并肩，同舟共济，实现共同发展，为世界和平、稳定、繁荣作出贡献。

各国使节衷心祝贺中共十九大圆满成功，高度评价中共十九大成果的世界性影响。使节们转达了各自国家领导人对习近平的亲切问候和对习近平再次当选中共中央总书记的诚挚祝贺。使节们表示，他们对在中国进入新时代之际出任驻华大使深感荣幸，愿为增进各自国家同中国间相互了解和友谊，推动务实合作向更深层次、更广领域迈进作出积极努力。

11位新任驻华大使是：挪威驻华大使裴凯儒、韩国驻华大使卢英敏、阿联酋驻华大使扎希里、罗马尼亚驻华大使康斯坦丁内斯库、冈比亚驻华大使西塞、埃塞俄比亚驻华大使伯哈内、西班牙驻华大使卡内罗、黎巴嫩驻华大使贾布尔、印度驻华大使班浩然、土耳其驻华大使约南、葡萄牙驻华大使杜傲杰。

12月5日

［纲　文］　**国务院批复贵州省人民政府，同意贵阳市城市总体规划。**

［目　文］　批复说，一、原则同意《贵阳市城市总体规划（2011—2020年）（2017年修订）》。二、重视城乡区域统筹发展。在《总体规划》确定的3121平方公里城市规划区范围内，实行城乡统一规划管理。加强城中村和城乡结合部地区的规划建设管理，城镇基础设施、公共服务设施的建设应当统筹考虑为周边农村提供服务。三、合理控制城市规模。到2020年，中心城区常住人口控制在400万人以内，城市建设用地控制在380平方公里以内。四、完善城市基础设施体系。要按照绿色循环低碳的理念规划建设城市基础设施。进一步完善公路、铁路、机场等交通基础设施，加强城市内外交通衔接。五、建设资源节约型和环境友好型城市。要增强绿水青山就是金山银山的意识，坚持节约资源和保护环境的基本国策。六、创造优良的人居环境。要坚持以人民为中心，统筹安排关系人民群众切身利益的教育、医疗、市政等公共服务设施的规划布局和建设。七、重视历史文化和风貌特色保护。要统筹协调发展与保护的关系，按照整体保护的原则，切实保护好城市传统风貌和格局。八、严格实施《总体规划》。城市建设要实现经济社会协调发展，物质文明和精神文明共同进步。城市管理要健全民主法治，坚持依法治市，构建和谐社会，提高治理体系和治理能力现代化水平。

贵阳市人民政府要根据本批复精神，认真组织实施《总体规划》，任何单位和个人不得随意改变。贵州省和住房城乡建设部要加强对《总体规划》实施工作的指导、监督和检查。

12月5日

［纲　文］　**国务院办公厅印发《关于深化产教融合的若干意见》。**

［目　文］　《意见》由七个部分组成：一、总体要求。二、构建教育和产业统筹融合发展格局。三、强化企业重要主体作用。四、推进产教融合人才培养改革。五、促进产教供需双向对接。六、完善政策支持体系。七、组织实施。

《意见》要求，要推进产教融合人才培养改革，将工匠精神培育融入基础教育。推进职业学校和企业联盟、与行业联合、同园区联结，实践性教学课时不少于总课时的50%。健全高等教育学术人才和应用人才分类培养体系，为学生提供多样化成长路径。大力支持应用型本科和行业特色类高校建设，提高应用型人才培养比重。鼓励有条件的地方探索产业教师（导师）特设岗位计划。完善考试招生配套改革，逐步提高高等学校招收有工作实践经历人员的比例。要强化行业协调指导，规范发展市场服务组织，打造信息服务平台，健全社会第三方评价，促进产教供需双向对接。要利用市场合作和产业分工，构建校企利益共同体，形成稳定互惠的合作机制，促进校企紧密联结。

12月5日

［纲　文］　**国家林业局公布修改后的《湿地保护管理规定》，自2018年1月1日起施行。**

12月5日

［纲　文］　**中国塞罕坝林场建设者荣获2017年联合国环保最高荣誉——“地球卫士奖”。**

［目　文］　当地时间12月5日，在肯尼亚内罗毕举行的第三届联合国环境大会上，联合国环境规划署宣布，中国塞罕坝林场建设者荣获2017年联合国环保最高荣誉——“地球卫士奖”其“激励与行动奖”，中国摩拜单车公司获得“商界卓识奖”，中国亿利资源集团董事长王文彪获得“终身成就奖”，智利总统米歇尔·巴切莱特等人士获得其他奖项。

“地球卫士奖”是联合国系统最具影响力的环境奖项，创立于2004年，每年评选一次，由联合国环境署颁发给在环境领域作出杰出贡献的个人或组织。

塞罕坝林场是我国大力推进生态文明建设的生动范例。地处内蒙古高原浑善达克沙地南缘的塞罕坝，曾经森林茂密、鸟兽繁多，由于历史上的过度采伐，土地日渐贫瘠，北方沙漠的风沙肆无忌惮地刮入北京等地。1962年建场以来，三代林场建设者们在“黄沙遮天日，飞鸟无栖树”的荒漠沙地上艰苦奋斗、甘于奉献，营造出112万亩的世界上面积最大的一片人工林，将当地森林覆盖率从11.4%提高到目前的80%，创造了荒原变林海的绿色奇迹，用实际行动诠释了绿水青山就是金山银山的理念，铸就了牢记使命、艰苦创业、绿色发展的塞罕坝精神。2017年8月，中共中央总书记习近平对塞罕坝林场建设者感人事迹作出指示，强调持之以恒推进生态文明建设，努力形成人与自然和谐发展新格局。

12月5日

［纲　文］　**全国通关一体化工作推进现场会在广州召开。**

［目　文］　中共中央政治局常委、国务院副总理汪洋出席并讲话。广东省委书记李希，海关总署署长于广洲、党组书记倪岳峰，国家质检总局局长支树平，广东省省长马兴瑞，商务部国际贸易谈判代表兼副部长傅自应等出席会议。汪洋指出，通关一体化是打基础、利长远、惠企利民的重要举措，是培育外贸竞争新优势、发展更高层次开放型经济的必然要求。要以习近平新时代中国特色社会主义思想为指导，认真落实党的十九大对推进对外开放工作作出的重要部署，坚持依法治理、安全便利、集约高效、协同治理，强化跨部门、跨区域、跨层级通关协作，创新监管方式，完善配套政策，将通关一体化改革引向深入，为促进贸易便利化、改善营商环境作出积极贡献。在各地区、各有关部门共同努力下，全国通关一体化改革取得明显成效，国际贸易“单一窗口”在全国口岸全覆盖，今年压缩通关时间三分之一的目标提前实现，通关效率有了新的提高。要坚持问题导向，牢固树立“改革永远在路上”的意识，对标国际标准，深入挖掘潜力，一步一个脚印推进通关一体化改革。要扎实推进国际贸易“单一窗口”建设，扩大跨部门一次性联合检查范围，进一步压缩通关时间，加强口岸安全联防联控，实现“管得住”和“通得快”双提升。

12月5日

［纲　文］　**第三届国务院发展研究中心与印度国家转型委员会对话会在北京举行。**

［目　文］　会议围绕“全球经济形势与中印经济合作”和“可持续发展理论与实践”及中印两国的经济形势、全球贸易、经济增长、全球经济治理、中印经济合作现状、挑战和政策建议、可持续发展、清洁能源、电力交通、高等教育与经济特区发展等领域的理论议题进行了交流。中宣部、中联部、外交部、发展改革委、工业和信息化部、财政部、商务部、社科院等部门和有关研究机构，以及地方政府、企业界、媒体代表70余人参加会议。双方机构负责人共同签署会议纪要。

国务院发展研究中心和印度国家转型委员会对话会是由两国政府确立的高端对话机制，首届对话会于2015年11月在北京召开。双方可以通过对话交流，分析两国在区域发展、高新技术产业发展等方便的发展思路和发展经验，为两国人民，甚至亚洲人民获得更美好的生活贡献力量。

同日，国务院副总理张高丽在北京会见与会的印度国家转型委员会副主席库玛尔，双方围绕中印双边关系、中印经贸关系和智库合作交换意见。

12月5—9日

［纲　文］　**台湾民主自治同盟第十次全盟代表大会在北京召开。**

［目　文］　中共中央政治局常委韩正出席大会开幕会并代表中共中央致贺词。全国人大常委会副委员长、民革中央主席万鄂湘代表各民主党派中央和全国工商联致贺词。中华全国台湾同胞联谊会党组书记黄志贤代表全国台联致贺词。台盟第十次全盟代表大会主席团常务主席林文漪代表台盟第九届中央委员会作工作报告。大会学习贯彻中共十九大精

神和习近平新时代中国特色社会主义思想，表决通过了台湾民主自治同盟第十次全盟代表大会决议、关于台湾民主自治同盟第九届中央委员会报告的决议，审议通过了《台湾民主自治同盟章程（修正案）》，选举产生了由69人组成的新一届中央委员会。

大会指出，中共十九大指明了党和国家前进的方向，绘就了新时代中国特色社会主义事业的宏伟蓝图，对我们参政党更好地履职尽责提出了新的更高要求。深入学习贯彻中共十九大精神，是台盟当前和今后一个时期的首要政治任务。全盟要深入学习贯彻习近平新时代中国特色社会主义思想，确保台盟事业沿着正确的政治方向前进。要紧紧围绕中共十九大工作部署，大力推进各项工作，更好地承担起台盟的历史责任。要坚持以深化政治交接为主线，不断提高自身建设的科学化水平，推进台盟事业薪火相传。大会号召，全盟要高举中国特色社会主义伟大旗帜，更加紧密团结在以习近平同志为核心的中共中央周围，同心同德，砥砺奋进，不断开创台盟工作的新局面，为推进祖国和平统一大业、实现中华民族伟大复兴的中国梦作出新的贡献。

12月6日

［**纲　文**］　**中共中央在北京召开党外人士座谈会**。

［**目　文**］　中共中央总书记习近平主持座谈会并讲话。李克强、俞正声、张高丽、王沪宁、韩正、丁薛祥、刘鹤、尤权、周小川，中共中央、国务院有关部门负责人和党外人士齐续春、陈晓光、马培华和郝明金、刘新成、何维、蒋作君、苏辉、徐辉、辜胜阻、朱永新、曹鸿鸣、黄荣、李稻葵等出席座谈会。会议就2017年经济形势和2018年经济工作听取各民主党派中央、全国工商联负责人和无党派人士代表的意见和建议。国务院总理李克强通报了2017年经济工作有关情况，介绍了中共中央关于做好2018年经济工作的考虑。

民革中央主席万鄂湘、民盟中央主席张宝文、民建中央主席陈昌智、民进中央主席蔡达峰、农工党中央主席陈竺、致公党中央主席万钢、九三学社中央主席韩启德、台盟中央主席林文漪、全国工商联主席高云龙、无党派人士代表林毅夫发言。他们拥护中共十九大的决策部署，赞成中共中央对当前我国经济形势的分析和明年经济工作的考虑，并就实施区域协调发展战略、加快建设创新型国家、促进科技型中小企业发展、提高金融监管效率、加快税收体制改革、激发民间投资活力、实施健康中国战略、推动绿色发展、坚决打赢蓝天保卫战、重视住房管理、落实乡村振兴战略、发挥民营企业在脱贫攻坚中的积极作用、加快向“一带一路”沿线国家走出去步伐、提高中医药国际市场竞争力、把握好在全球气候和环境治理中的主动权、做好争取台湾民心工作等提出意见和建议。

习近平指出，2018年是贯彻中共十九大精神的开局之年，是实施“十三五”规划承上启下的关键一年。经济工作要贯彻新理念、聚焦新目标、落实新部署，为2020年全面建成小康社会打下坚实物质基础。一年来，各民主党派中央、全国工商联和无党派人士，围绕经济社会发展和关系国计民生的重大问题，就深入推进“一带一路”建设、振兴和提升实体经济等重大问题深入考察调研，提出意见和建议80余件，为中共中央科学决策和有效施策提供了重要参考。大家开展脱贫攻坚民主监督，为打赢脱贫攻坚战作出了积极贡献。现阶段，我国经济发展的基本特征就是由高速增长阶段转向高质量发展阶段。实现高质量发展，是保持经济社会持续健康发展的必然要求，是适应我国社会主要矛盾变化和全面建设社会主义现代化国家的必然要求。高质量发展是我们当前和今后一个时期确定发展思路、制定经济政策、实施宏观调控的根本要求，必须深刻认识、全面领会、真正落实。

12月6日

［纲　文］　**2017年广州《财富》全球论坛开幕，国家主席习近平致贺信。**

［目　文］　习近平在贺信中写道：值此2017年广州《财富》全球论坛开幕之际，我谨对论坛的举办表示热烈的祝贺！对各方嘉宾来华出席会议表示诚挚的欢迎！本届《财富》全球论坛以“开放与创新：构建经济新格局”为主题，聚焦全球发展面临的关键问题，与会嘉宾就此交流思想、建言献策，对促进世界经济增长具有积极意义。前不久召开的中国共产党第十九次全国代表大会制定了新时代中国特色社会主义的行动纲领和发展蓝图。我们将坚持以人民为中心的发展思想，深入贯彻新发展理念，建设现代化经济体系；全面深化改革，大力激发全社会创造力，持续释放发展活力；发展更高层次的开放型经济，深入推进“一带一路”建设，推动形成全面开放新格局。展望未来，中国发展动力更足、人民获得感更多、同世界互动更深，将为全球发展创造更多机遇、作出更大贡献。中国经济具有长期向好的光明前景，有基础、有条件、有动力实现稳中有进、持续向好。中国开放的大门不会关闭，只会越开越大，经营环境将更加开放、透明、规范。中国将继续发展全球伙伴关系，扩大同各国的利益交汇点，促进贸易和投资自由化便利化，推动经济全球化朝着更加开放、包容、普惠、平衡、共赢的方向发展。我们热忱欢迎全球企业家来华投资兴业，共享中国改革发展带来的机遇，共创中外经贸合作美好未来！预祝2017年广州《财富》全球论坛圆满成功！

国务院新闻办公室主任蒋建国在开幕式上宣读了习近平的贺信。中共中央政治局常委、国务院副总理汪洋出席开幕式并发表主旨演讲。广东省委书记李希、加拿大总理特鲁多、巴布亚新几内亚总理奥尼尔和时代公司首席内容官、《财富》杂志总裁穆瑞澜分别在开幕式上致辞。

6—8日，2017年广州《财富》全球论坛举办。论坛由广州市人民政府与美国《财富》杂志共同主办，以“开放与创新：构建经济新格局”为主题。外国政要、《财富》全球500强企业代表、中外企业代表、知名专家学者等逾1100位中外嘉宾出席论坛。本次论坛举办了55场会议活动，设置了阐释十九大精神的议程。组织多场“探索广州”商务考察活动，364个世界500强和行业领军企业分别参加考察，近距离地接触和了解广州。

《财富》全球论坛创办于1995年，总部位于纽约的主办方美国时代华纳集团每年在全球选择一个热门城市办会，邀请全球跨国公司董事长、总裁、首席执行官等参加。该论坛已举办过13届，其中，中国承办过5届：1999年在上海，2001年、2005年、2013年、

2017年分别在香港、北京、成都、广州。

6日，汪洋在广州分别会见出席2017年广州《财富》全球论坛的加拿大总理特鲁多和巴布亚新几内亚总理奥尼尔。

12月6日

［纲　文］　**李克强主持召开国务院常务会议。**

［目　文］　会议主要内容是：一、部署加快推进政务信息系统整合共享，以高效便捷的政务服务增进群众获得感。会议指出，一要明确提供公共数据是政府公共服务的重要内容。按照“整合是原则、孤网是例外”的要求，对分散、独立的政务信息系统加快清理整合，统一接入国家数据共享交换平台，并依法依规向社会开放。二要在网络通基础上加快实现数据通、业务通。年底前初步实现国务院部门40个垂直系统向各级政务部门开放共享数据，打通数据查询互认通道，逐步满足政务服务部门对自然人和企业身份核验、纳税证明、不动产登记、学位学历证明等约500项数据查询等需求，促进业务协同办理，提高政务服务效能，避免企业和群众办事多头奔波。三要在信息共享方面推进体制机制和技术创新。通过购买服务等方式，发挥社会专业力量作用，加快各地政府、各部门网站和中国政府网等信息系统互联互通，积极推动政务服务“一网通办”“全国漫游”。四要加快对涉及信息共享急需的相关法规规章立改废。出台电子证照等基础标准。五要确保信息安全。进一步提高国家电子政务外网、国家数据共享交换平台安全防护能力。对事关国家安全等政务数据资源，必须由政府部门行使管理权。二、确定推进公共资源配置领域政府信息公开的措施，推动规范化、透明化；会议确定，一是以保障性住房分配、政府采购、国有产权交易、国有土地使用权和矿业权出让、工程建设项目招投标等为重点，由各地、各部门纳入主动公开目录清单。二是公共资源配置涉及的行政审批结果由审批部门负责公开，公共资源项目配置或交易过程、中标、合同履约等信息由管理或实施配置的国家机关、企事业单位分别公开。三是地方各级政府和部门要通过网站、政务微博微信、客户端、新闻媒体等，及时发布公共资源配置信息，并与全国公共资源交易平台数据实时共享，做到“一网”覆盖。四是严格落实《政府信息公开条例》的时限要求，加强督查考核，国务院各有关部门每年要在政府信息公开年度报告中公布公共资源配置信息公开情况，接受社会监督。五是探索完善财政资金对困难群众补贴的公开方式，确保困难群众基本生活得到保障。三、批准2017年度国家科学技术奖励评审结果。

12月6日

［纲　文］　**国务院办公厅印发《保障农民工工资支付工作考核办法》。**

［目　文］　《办法》共13条，明确了考核的主体和对象、考核的内容和程序、考核分级和评价标准、考核结果的运用等事项。考核工作在国务院领导下，由解决企业工资拖欠问题部际联席会议负责实施，部际联席会议办公室具体组织落实。

《办法》指出，考核工作要坚持目标导向、问题导向和结果导向，强调突出重点，注重实效。考核对象是各省级政府。考核内容主要包括加强对保障农民工工资支付工作的组织领导、建立健全工资支付保障制度、治理欠薪特别是工程建设领域欠薪工作成效等情况。本办法由部际联席会议办公室负责解释，自2017年12月6日起施行。

12月6日

［纲　文］　**国家体育总局公布《国家体育总局规章和规范性文件制定程序规定》。**

［目　文］　《规定》共8章39条。主要有总则，计划，起草，审查，决定和公布，备案和解释，清理、修改和废止，附则等内容。自2018年1月1日起施行。2005年9月20日国家体育总局令第7号公布的《国家体育总局规章制定程序规定》同时废止。

12月6日

［纲　文］　**国家粮食局公布《国家粮食局废止的规范性文件目录》。**

［目　文］　《目录》废止的9件规范性文件是：一、《国家粮食局关于印发〈国家粮库项目建设资金管理办法〉的通知》（国粮管〔2000〕151号）。二、《国家粮食局办公室关于调整国家储备粮库预验收程序的通知》（国粮办管〔2001〕282号）。三、《中央储备粮地下仓代储资格认定标准》（国粮通〔2006〕1号）。四、《国家粮食局办公室关于做好拱形波纹钢屋盖结构罩棚安全隐患防范和改造工作的通知》（国粮办展〔2006〕226号）。五、《国家粮食局办公室关于印发〈粮食仓储设施建设和维修改造工作指导意见〉的通知》（国粮办展〔2009〕2号）。六、《中央储备粮代储资格延续申请办法》（国家粮食局公告2009年第4号）。七、《国家粮食局关于加强磷化氢熏蒸作业管理的通知》（国粮展〔2011〕204号）。八、《国家粮食局办公室关于规范粮食进出仓作业管理严防粮堆埋人事故发生的通知》（国粮办展〔2013〕64号）。九、《国家粮食局办公室关于切实做好露天储粮安全管理工作的通知》（国粮办展〔2014〕295号）。

12月6日

［纲　文］　**西安至成都高铁正式开通运营。**

［目　文］　西成高铁全长658公里，运营时速250公里，是我国第一条穿越秦岭的高速铁路，也被称为“中国最穿越高铁”。千年来阻隔我国西北西南的秦岭天堑被贯通，蜀道难成为历史。西成高铁自陕西省西安市引出，向南经陕西省安康市、汉中市，至四川省广元市、绵阳市，在江油站与已建成的成绵乐铁路相连，抵达成都市。

12月6—10日

［纲　文］　**中国民主同盟第十二次全国代表大会在北京召开。**

［目　文］　中共中央政治局常委栗战书出席开幕会并代表中共中央致贺词。全国人大常委会副委员长、民建中央主席陈昌智代表各民主党派中央和全国工商联致贺词。大会主席团常务主席张宝文代表民盟第十一届中央委员会作工作报告。大会学习中共十九大精神，听取并审议了民盟第十一届中央委员会工作报告，审议通过了《中国民主同盟章程（修正案）》，讨论通过了《中国民主同盟第十二次全国代表大会决议》，选举产生了由278名委员组成的新一届中央委员会。

大会指出，今后五年，既是我国全面建成小康社会决胜阶段、开启全面建设社会主义现代化国家新征程的关键时期，也是民盟充分履行参政党职能大有作为的重要时期。全盟要紧紧围绕中共十九大作出的重大战略决策部署，立足服务“五位一体”总体布局和“四个全面”战略布局，深入调查研究，凝聚全盟智慧，发挥优势，精准建言，切实履行好参政党职能。要深化政治交接，着力加强思想建设、组织建设、制度建设和机关建设，全面提高民盟自身建设水平，努力建设高素质的中国特色社会主义参政党。大会号召，全盟同志要更加紧密地团结在以习近平同志为核心的中共中央周围，高举中国特色社会主义伟大旗帜，认真贯彻落实民盟十二大精神，继承和发扬民盟优良传统，团结进取，尽职尽责，为决胜全面建成小康社会、夺取新时代中国特色社会主义伟大胜利、实现中华民族伟大复兴的中国梦作出应有的贡献！

12月6—10日

［纲　文］　**省部级干部学习贯彻习近平新时代中国特色社会主义思想和党的十九大精神集中轮训第一期研讨班在中央党校举办。**

［目　文］　中共中央政治局常委、中央书记处书记王沪宁出席开班式并讲话。来自各省区市、中央和国家机关各部委、各人民团体、中管金融企业和中管企业、中管高校的320名领导干部参加研讨班。中共中央政治局委员刘鹤、杨晓渡、陈希、黄坤明分别作了《决胜全面建成小康社会，开启全面建设社会主义现代化国家新征程》《坚定不移全面从严治党，夺取反腐败斗争压倒性胜利》《全面贯彻落实党的十九大关于新时代党的建设和组织工作新部署新要求》《用习近平新时代中国特色社会主义思想武装全党》的专题辅导报告。全体学员学习习近平新时代中国特色社会主义思想和党的十九大精神，结合中央领导人报告，联系本地区、本部门、本单位工作实际，深入研讨，进一步领会习近平新时代中国特色社会主义思想的历史地位和丰富内涵，更加全面准确理解和把握了党的十九大精神。

经中央批准，从2017年12月上旬至2018年4月底，在中央党校举办7期省部级干部学习贯彻习近平新时代中国特色社会主义思想和党的十九大精神研讨班，每期5天。

12月6—9日

［纲　文］　**应国家主席习近平邀请，马尔代夫共和国总统亚明对中国进行国事访问。**

［目　文］　访问期间，习近平在北京同亚明举行会谈，两国元首共同见证了《中华人民共和国政府和马尔代夫共和国政府关于共同推进“一带一路”建设的谅解备忘录》《中华人民共和国政府和马尔代夫共和国政府自由贸易协定》以及经济技术、人力资源开发、海洋、环境、卫生、金融等领域双边合作文件的签署。国务院总理李克强、全国人大常委会委员长张德江在北京分别会见了亚明。双方发表了《中华人民共和国和马尔代夫共和国联合新闻公报》。

习近平同亚明会谈时指出，中方赞赏马方积极参与“一带一路”建设，视马方为建设21世纪海上丝绸之路的重要合作伙伴，愿同马方对接发展战略，分享发展机遇，实现共同繁荣。双方要加强高层接触，密切政策沟通，为中马关系发展做好顶层设计和引领，加强治国理政经验交流以及政府部门、政党、立法、司法机关友好交往。要以此次签署政府间共同推进“一带一路”建设谅解备忘录和中马自由贸易协定为新平台，激发双边经贸合作活力，共同推动有关重大合作项目顺利完成，促进投资、金融和海洋等领域合作。要加强反恐、禁毒、打击犯罪合作，扩大旅游、文化、教育、医疗和地方等领域交流合作，促进两国民心相通。中方愿同马方一道，继续采取切实行动，促进国际合作，共同应对气候变化，实现绿色、低碳、可持续发展。希望马方继续支持加强中国同南亚区域合作联盟的合作，促进南亚地区发展繁荣。亚明表示，马方坚定奉行一个中国政策，在马中建交45周年之际，马方愿同中方加深友谊，密切基础设施、民生等领域合作。马尔代夫期待着中国在全球事务中发挥更大作用，并愿加强同中方沟通协调。

李克强会见亚明时指出，中马旅游合作前景广阔，中国已连续7年成为马最大游客来源国。我们支持中国公民将马作为旅游目的地之一，这将促进两国人文交流，夯实民间友好。希望马方继续为中国游客提供更多便利。双方还可分享旅游开发经验，探讨合作。中方乐见马方在同中国对接发展战略中取得更多发展成果，愿同马方在基础设施建设、民航、经贸、海洋科研、应对气候变化等领域加强合作，共同促进互利合作可持续发展。亚明表示，赞赏中方为应对气候变化所作的努力，将继续本着平等相待、相互尊重的精神，尊重中方核心利益，加强旅游、民航、基础设施建设等领域合作，扩大人文交往，进一步巩固和发展更加密切的合作伙伴关系。

张德江在会见亚明时说，中国全国人大愿进一步加强同马议会的友好合作，按照两国元首的战略指引，深入开展立法、治国理政经验交流，积极促进旅游、教育、青年等人文交流，为新时期中马关系实现更大发展奠定法律和民意基础。亚明表示，中国是马重要合作伙伴，马方珍视同中方的友谊与合作，愿同中方加强立法机关的交往，不断增进相互理解与信任。

12月7日

［纲　文］　**首届“南南人权论坛”在北京开幕，国家主席习近平致贺信。**

［目　文］　习近平在贺信中写道：今天，来自世界多个国家和地区的代表相聚北京，出席首届“南南人权论坛”，共商发展中国家和世界人权事业发展大计。我谨对本次论坛的举办表示热烈的祝贺！人人充分享有人权，是人类社会的伟大梦想。近代以来，发展中国家人民为争取民族解放和国家独立，获得自由和平等，享有尊严和幸福，实现和平与发展，进行了长期斗争和努力，为世界人权事业发展作出了重大贡献。中国共产党和中国政府坚持以人民为中心的发展思想，始终把人民利益摆在至高无上的地位，把人民对美好生活的向往作为奋斗目标，不断提高尊重与保障中国人民各项基本权利的水平。前不久召开的中国共产党第十九次全国代表大会描绘了中国发展的宏伟蓝图，必将有力推动中国人权事业发展，为人类进步事业作出新的更大的贡献。当今世界，发展中国家人口占80%以上，全球人权事业发展离不开广大发展中国家共同努力。人权事业必须也只能按照各国

国情和人民需求加以推进。发展中国家应该坚持人权的普遍性和特殊性相结合的原则，不断提高人权保障水平。国际社会应该本着公正、公平、开放、包容的精神，尊重并反映发展中国家人民的意愿。中国人民愿与包括广大发展中国家在内的世界各国人民同心协力，以合作促发展，以发展促人权，共同构建人类命运共同体。本次论坛以“构建人类命运共同体：南南人权发展的新机遇”为主题，顺应世界潮流，契合发展要求。希望各位代表和各位嘉宾深入探讨交流，为促进发展中国家人民享有更加充分的人权、实现全人类共同繁荣发展贡献真知灼见。预祝论坛取得圆满成功！

中共中央政治局委员、中宣部部长黄坤明在开幕式上宣读了习近平的贺信并致辞。中共中央宣传部副部长、国务院新闻办公室主任蒋建国主持开幕式。来自 70 多个国家和国际组织的官员、学者等 300 余人出席。

7—8 日，首届“南南人权论坛”在北京举行。论坛由国务院新闻办公室和外交部共同主办，主题为“构建人类命运共同体：南南人权发展的新机遇”，下设“构建人类命运共同体与推进全球人权治理”“包容性发展与南南人权的实现”“南南国家教育权的保障”“南南国家减贫及粮食权的保障”“南南国家健康权的保障”“中国与南南合作：对推进世界人权事业发展的重要作用”等六个分论坛。会议发表了《北京宣言》。

12 月 7 日

［纲　文］　**“中国—瑞士旅游年”在瑞士洛桑闭幕，国家主席习近平向闭幕式致贺词。**

［目　文］　习近平指出，举办“中国—瑞士旅游年”，是我和洛伊特哈德联邦主席共同作出的决定。一年来，双方以旅游年为契机，举办交流活动，扩大人员交往，加深了两国人民相互了解，促进了双方人文、经贸等多领域交流合作，为中瑞关系发展注入了新动力。人民的参与和支持是中瑞关系发展的重要基础。希望双方以“中国—瑞士旅游年”的成功举办为新的起点，加强人员往来，增进务实合作，为中瑞关系发展不断夯实民意基础。

当地时间 7 日晚，2017 中瑞旅游年闭幕式在瑞士洛桑举行。国家旅游局副局长杜江主持闭幕式。国家旅游局局长李金早宣读习近平的贺词并致辞。黑龙江省歌舞剧院民族乐团的艺术家为出席闭幕式的观众献上了一场精彩的“塞北之春”民族音乐会。来自中瑞两国各界 1000 多名嘉宾参加了闭幕式。

1 月 16 日，国家主席习近平在伯尔尼同瑞士联邦主席洛伊特哈德举行会谈，双方同意以签署新的文化合作协定为契机，加强文化领域交流合作。中瑞两国共同举办 2017 年中瑞旅游年，加强两国旅游合作。

12 月 7 日

［纲　文］　**全国政协在北京召开双周协商座谈会，围绕“少数民族戏剧的传承与发展”建言献策。**

［目　文］　全国政协主席俞正声主持会议并讲话。全国政协副主席杜青林、张庆

黎、卢展工、王家瑞出席座谈会。文化部副部长董伟介绍了有关情况。国家民委主任巴特尔、中宣部副部长崔玉英、财政部副部长张少春、国家新闻出版广电总局副局长田进等与委员互动交流。全国政协委员吴江、侯露、王全书、龙倩、曹育民、田青、乌恩、李羚、艾克拜尔·米吉提、杨承志、袁慧琴、郭瓦·加毛吉、张建国、聂震宁，以及专家学者王馗、谭志湘在座谈会上发言。

委员们认为，少数民族戏剧是中华文化的重要组成部分，以习近平同志为核心的党中央高度重视少数民族戏剧的传承与发展，出台了一系列保护扶持政策和措施，取得了明显成效。要以习近平新时代中国特色社会主义思想和党的十九大精神为指导，传承好、发展好少数民族戏剧，让它在祖国文艺百花园中绽放出更加绚丽的光彩。

针对少数民族戏剧传承与发展中存在的问题，一些委员建议，一要高度重视。要充分认识少数民族戏剧对于传承民族文化、增进“五个认同”、促进民族团结的重要意义。要准确把握少数民族戏剧种类繁多、形式多样、民族特色强、受众面小等特点，研究制定少数民族戏剧发展方针、特殊政策和办法。二要加大支持力度。在准确评估的基础上明确以“传承民族文化、为基层服务”为重点，分类指导，制定促进少数民族戏剧发展的政策。地方政府对少数民族戏剧要“一团一策”，加大资金支持。加大政府购买公共文化服务的力度，鼓励少数民族剧团到基层演出。民族地区要依据民族区域自治法，制定有利于少数民族戏剧传承与发展的政策措施。三要坚持正确的方法。按照民族文化传承和群众喜闻乐见的原则，鼓励发展便于深入基层、贴近群众的小戏、折子戏等戏剧形式，对少数民族戏剧人才特别是传承和创作人才实行特殊政策，制定有利于业余剧团发展的办法。

12月7日

［纲　文］　**海关总署公布《中华人民共和国海关暂时进出境货物管理办法》。**

［目　文］　《办法》共5章38条。主要有总则、暂时进出境货物的监管、暂时进出境展览品的监管、ATA单证册的管理、附则等内容。自2018年2月1日起施行。2007年3月1日海关总署令第157号公布的《中华人民共和国海关暂时进出境货物管理办法》、2013年12月25日海关总署令第212号公布的《海关总署关于修改〈中华人民共和国海关暂时进出境货物管理办法〉的决定》同时废止。

12月7日

［纲　文］　**海关总署公布《关于废止〈中华人民共和国海关关于异地加工贸易的管理办法〉的决定》。**

［目　文］　《决定》说，为进一步深化海关简政放权放管结合优化服务改革，在保证海关有效监管、精准监管的同时，优化加工贸易业务管理模式，为企业减负增效，现决定废止1999年9月22日以海关总署令第74号公布并于2010年11月26日以海关总署令第198号、2014年3月13日以海关总署令第218号修改的《中华人民共和国海关关于异地加工贸易的管理办法》。本决定自公布之日起生效。

12月7日

［纲　文］ **证监会公布《关于修改〈证券登记结算管理办法〉等七部规章的决定》。**

［目　文］ 《决定》对《证券登记结算管理办法》《全国中小企业股份转让系统有限责任公司管理暂行办法》《转融通业务监督管理试行办法》《证券发行上市保荐业务管理办法》《期货交易所管理办法》《期货公司监督管理办法》《期货公司资产管理业务试点办法》等七部规章的部分条款予以修改。自2017年12月7日起施行。

12月7日

［纲　文］ **证监会公布《关于修改、废止〈证券公司次级债管理规定〉等十三部规范性文件的决定》。**

［目　文］ 《决定》说，一、对《证券公司次级债管理规定》《证券公司业务范围审批暂行规定》《关于证券投资基金管理公司在香港设立机构的规定》《非银行金融机构开展证券投资基金托管业务暂行规定》《关于在发行审核委员会中设立上市公司并购重组审核委员会的决定》《关于填报〈上市公司并购重组财务顾问专业意见附表〉的规定》《〈上市公司收购管理办法〉第七十四条有关通过集中竞价交易方式增持上市公司股份的收购完成时点认定的适用意见——证券期货法律适用意见第9号》《中国证券监督管理委员会上市公司并购重组审核委员会工作规程》《关于规范上市公司与关联方资金往来及上市公司对外担保若干问题的通知》《期货公司金融期货结算业务试行办法》等10部规范性文件的部分条款予以修改。二、对《〈期货公司董事、监事和高级管理人员任职资格管理办法〉实施前后有关人员任职资格的衔接规定》(证监会公告〔2008〕23号 2008年5月22日证监会发布)、《关于暂停大豆油期货交易和禁止借开展食糖中远期合同交易之名进行期货交易的通知》(证监发字〔1995〕8号，1995年1月11日证监会、国内贸易部发布)、《关于证券监管部门行政事业性收费有关事项的公告》(证监会公告〔2010〕18号，2010年6月4日证监会发布)等3部规范性文件予以废止。三、自2017年12月7日起施行。

12月7日

［纲　文］ **俄罗斯总统普京在莫斯科会见中共中央政治局委员、中央军委副主席张又侠。**

［目　文］ 普京说，对华关系是俄对外关系的重点方向，俄方高度评价中俄高水平战略协作。中俄双方在许多重大国际和地区事务中拥有相同或相似的立场，双方应进一步加强沟通协调，共同维护世界和地区和平稳定。中俄军事合作在两国关系中具有重要地位，希望双方继续加强在联合演习、军事比赛、人员培训等领域合作，不断提升两军关系水平。

张又侠说，习近平主席在中共十九大上作出中国特色社会主义进入新时代的重大战略判断，意味着中国与世界的关系进入新时代，中俄关系迎来新的发展机遇。在两国元首的战略引领和推动下，中俄全面战略协作伙伴关系不断迈上新台阶，两国关系处于历史最好时期。中俄两军关系日益拓展深化，务实合作成效显著。中方愿与俄方一道，按照两国元首达成的重要共识，继续相互支持，共同维护两国安全利益和世界和平稳定。

8日，张又侠与俄国防部部长绍伊古在俄国防部举行会谈时说，2017年以来，双方在国际军事比赛、联合军事演习、战略反导等领域合作取得新进展，展示了中俄两军战略互信和协作的高水平。中方愿与俄方一道，认真落实两国元首达成的重要共识，更加积极务实地推动两军合作向更高更深层次发展。张又侠还介绍了中共十九大和军队现代化建设相关情况。

绍伊古说，中共十九大作出了中国未来几十年发展的战略规划，对于中国特色社会主义事业的发展十分重要。2017年以来，两军成功开展了一系列务实交流合作，充分体现了双方合作的高水平，有力促进了两国关系深入发展。俄方愿与中方进一步拓展务实合作领域，创新务实合作方式，为推动两军战略协作持续向前发展作出积极努力。

12月7日

［纲　文］　**商务部新闻发言人就美方日前在世贸组织争端解决机制中提交所谓“中国是非市场经济国家”的陈述表示，美方此举是将本国国内法中的所谓六条评判标准，凌驾于国际法之上的做法。**

［目　文］　发言人表示，中方敦促包括美国在内的个别世贸组织成员，切实、全面履行世贸组织义务，共同维护多边贸易体制。世贸组织规则是各成员普遍遵循的国际贸易法律体系，我们希望美方的做法不是对国际规则的无视。中国会认真履行世贸组织规定的义务，但必须享有世贸组织的各项权利，所有世贸组织成员都必须如期履行《中国加入议定书》第十五条的有关国际义务。关于美方在反倾销实践中的“替代国”做法的问题，中方已另案诉诸世贸组织。

12月8日

［纲　文］　**习近平主持中共中央政治局第2次集体学习。**

［目　文］　本次学习主题是“实施国家大数据战略”。北京理工大学副校长、中国科学院院士梅宏就这个问题作了讲解，并谈了意见和建议。中共中央政治局各位委员听取了讲解，并进行了讨论。

中共中央总书记习近平指出，大数据发展日新月异，我们应该审时度势、精心谋划、超前布局、力争主动，深入了解大数据发展现状和趋势及其对经济社会发展的影响，分析我国大数据发展取得的成绩和存在的问题，推动实施国家大数据战略，加快完善数字基础设施，推进数据资源整合和开放共享，保障数据安全，加快建设数字中国，更好服务我国经济社会发展和人民生活改善。要推动大数据技术产业创新发展。我国网络购物、移动支付、共享经济等数字经济新业态新模式蓬勃发展，走在了世界前列。我们要瞄准世界科技前沿，集中优势资源突破大数据核心技术，加快构建自主可控的大数据产业链、价值链和生态系统。要构建以数据为关键要素的数字经济。建设现代化经济体系离不开大数据发展和应用。我们要坚持以供给侧结构性改革为主线，加快发展数字经济，推动实体经济和数字经济融合发展，推动互联网、大数据、人工智能同实体经济深度融合，继续做好信息化和工业化深度融合这篇大文章，推动制造业加速向数字化、网络化、智能化发展。要运用大数据提升国家治理现代化水平。要建立健全大数据辅助科学决策和社会治理的机制，推进政府管理和社会治理模式创新，实现政府决策科学化、社会治理精准化、公共服务高效化。要以推行电子政务、建设智慧城市等为抓手，以数据集中和共享为途径，推动技术融合、业务融合、数据融合，打通信息壁垒，形成覆盖全国、统筹利用、统一接入的数据共享大平台，构建全国信息资源共享体系，实现跨层级、跨地域、跨系统、跨部门、跨业务的协同管理和服务。要制定数据资源确权、开放、流通、交易相关制度，完善数据产权保护制度。要加大对技术专利、数字版权、数字内容产品及个人隐私等的保护力度，维护广大人民群众利益、社会稳定、国家安全。要加强国际数据治理政策储备和治理规则研究，提出中国方案。

12月8日

［纲　文］　**中共中央政治局召开会议，分析研究2018年经济工作。**

［目　文］　中共中央总书记习近平主持会议。会议认为，党的十八大以来，党中央准确把握复杂局势，科学判断，正确决策，真抓实干，使我国经济发展取得历史性成就、发生历史性变革。供给侧结构性改革有力推进，经济结构出现重大变革，全面深化改革使经济更具活力和韧性，我国经济实力再上新台阶，成为世界经济增长的主要动力源和稳定器，对全球经济发展的影响力、对全球治理的话语权大幅度提升。生态文明建设决心之大、力度之大、成效之大前所未有，生态环境状况明显好转。居民收入增长总体快于经济增长，基本公共服务均等化程度不断提高，人民获得感、幸福感明显增强。

会议指出，2018年是贯彻党的十九大精神的开局之年，是改革开放40周年，是决胜全面建成小康社会、实施“十三五”规划承上启下的关键一年。做好明年经济工作，要全面贯彻党的十九大精神，以习近平新时代中国特色社会主义思想为指导，加强党对经济工作的领导，坚持稳中求进工作总基调，坚持新发展理念，紧扣我国社会主要矛盾变化，按照高质量发展的要求，统筹推进“五位一体”总体布局和协调推进“四个全面”战略布局，坚持以供给侧结构性改革为主线，统筹推进稳增长、促改革、调结构、惠民生、防风险各项工作，大力推进改革开放，创新和完善宏观调控，推动质量变革、效率变革、动力变革，在打好防范化解重大风险、精准脱贫、污染防治的攻坚战方面取得扎实进展，引导和稳定预期，加强和改善民生，促进经济社会持续健康发展。要统筹规划，有序推进，确保打赢三大攻坚战。防范化解重大风险要使宏观杠杆率得到有效控制，金融服务实体经济能力增强，防范风险工作取得积极成效；精准脱贫要瞄准特殊贫困人口精准帮扶，进一步向深度贫困地区聚焦发力，把扶贫和扶志、扶智结合起来，激发贫困人口内生脱贫动力，巩固扶贫成果，提高脱贫质量；污染防治要使主要污染物排放总量继续明显减少，生态环境质量总体改善。要在协调推进各项工作的同时，着力抓好重点工作，力争取得明显成效。

要深化供给侧结构性改革，激发各类市场主体活力，实施乡村振兴战略，推进区域协调发展，推动形成全面开放新格局，提高保障和改善民生水平，加快住房制度改革和长效机制建设，提供更多优质生态产品。

12月8日

［纲　文］　**国务院印发《关于探索建立涉农资金统筹整合长效机制的意见》。**

［目　文］　《意见》由五个部分组成：一、总体要求。二、推进行业内涉农资金整合。三、推进行业间涉农资金统筹。四、改革完善涉农资金管理体制机制。五、保障措施。

《意见》明确，到2018年，实现农业发展领域行业内涉农专项转移支付的统筹整合。到2019年，基本实现农业发展领域行业间涉农专项转移支付和涉农基建投资的分类统筹整合。到2020年，构建形成农业发展领域权责匹配、相互协调、上下联动、步调一致的涉农资金统筹整合长效机制，并根据农业领域中央与地方财政事权和支出责任划分改革以及转移支付制度改革，适时调整完善。要加强管理制度体系建设，进一步下放审批权限，充实涉农资金项目库，加强涉农资金监管，加大信息公开公示力度，通过改革完善涉农资金管理体制机制，促进提高涉农资金使用效益。地方各级人民政府要高度重视，把涉农资金统筹整合工作摆在突出位置，建立政府统一领导、相关部门参与的涉农资金统筹整合领导小组及办公室，为推进统筹整合工作提供组织保障。各有关部门要加强沟通配合，为推进涉农资金统筹整合工作提供机制保障。贫困县涉农资金统筹整合等相关试点，在试点期内继续按相关规定实施。

12月8日

［纲　文］　**质检总局公布《进口可用作原料的固体废物检验检疫监督管理办法》。**

［目　文］　《办法》共8章78条。主要有总则、供货商注册登记、收货人注册登记、装运前检验、到货检验检疫、监督管理、法律责任、附则等内容。自2018年2月1日起施行。原国家检验检疫局1999年11月22日发布的《进口废物原料装运前检验机构认可管理办法（试行）》（原国家出入境检验检疫局令第2号）、国家质检总局2009年8月21日发布的《进口可用作原料的固体废物检验检疫监督管理办法》（国家质检总局令第119号）同时废止。

12月8日

［纲　文］　**保监会发布《关于废止部分规范性文件的通知》。**

［目　文］　《通知》说，为适应保险市场发展需要，进一步完善保险监管制度体系，我会对现行规范性文件进行了清理，决定对《关于分红保险销售人员从业年限条件的通知》（保监发〔2000〕252号）、《关于保险中介市场发展的若干意见》（保监发〔2007〕107号）、《关于保险营销员持证管理工作有关事宜的通知》（保监中介〔2009〕210号）、《关于进一步规范银保专管员管理制度的通知》（保监中介〔2010〕925号）等4件规范性文件予以废止。自2017年12月8日起施行。

12月8日

［纲　文］　**国家统计局公布，2017年全国粮食总产量12358亿斤，比2016年增加33亿斤，增长0.3%。**

［目　文］　其中玉米4318亿斤、减少73亿斤，下降1.7%；稻谷4171亿斤、增加30亿斤，增长0.7%；小麦2595亿斤、增加19亿斤，增长0.7%；其他粮食作物1274亿斤、增加58亿斤，增长4.8%。2017年，各地深入推进农业供给侧结构性改革，主动调整农业种植结构，加快优化区域布局，在主要口粮作物稻谷、小麦播种面积保持基本稳定的基础上，调减库存较多的玉米种植，增加杂粮和豆类的播种面积，进一步扩大花生、中草药材等非粮作物面积。初步统计，2017年全国粮食播种面积16.83亿亩，比2016年减少1222万亩，下降0.7%；全国粮食作物平均单产367公斤/亩，比2016年增加3.6公斤/亩，增长1.0%。

12月8日

［纲　文］　**“时代楷模”南仁东先进事迹报告会在人民大会堂举行。**

［目　文］　报告会由中宣部、科技部、中国科学院、中国科协和贵州省委联合主办。中央和国家机关干部、首都科技工作者和高校师生代表参加报告会。报告团成员结合亲身经历，讲述了南仁东的先进事迹和崇高精神。

南仁东是著名天文学家，生前是国家天文台研究员，是国家重大科技基础设施建设项目——500米口径球面射电望远镜工程的发起者和奠基人，被誉为“天眼之父”。2017年9月15日因病逝世。11月，中宣部追授南仁东“时代楷模”荣誉称号。

报告会前，中共中央政治局委员、中宣部部长黄坤明会见南仁东亲属和报告团成员时说，南仁东是在实施创新驱动发展战略、建设创新型国家进程中涌现出的时代楷模，是新时代科技工作者的杰出代表和光辉典范。要广泛开展向南仁东学习活动，大力弘扬他忠于祖国、奉献人民的爱国情怀，开拓创新、勇攀高峰的进取精神，坚毅执着、严谨求实的科学态度。广大科技工作者要深入学习贯彻党的十九大精神和习近平新时代中国特色社会主义思想，以南仁东为榜样，保持赤子之心、立下超越之志、开拓科学之路，在新的征程上作出新的更大贡献。

12月8日

［纲　文］　**国务院副总理张高丽在北京会见国际能源署执行干事比罗尔。**

［目　文］　张高丽表示，中国作为世界上最大的能源生产国和消费国，始终高度重视能源转型发展。不久前中国共产党第十九次全国代表大会在北京胜利召开，习近平总书记在报告中强调，中国将坚定不移贯彻创新、协调、绿色、开放、共享的发展理念，壮大清洁能源产业，推进能源生产和消费革命，构建清洁低碳、安全高效的能源体系。中国愿与国际能源署加强合作，共同推进中国能源绿色发展和能源国际合作。

比罗尔表示，中国在推动全球能源绿色低碳转型中发挥了极其重要的作用，国际能源署期待与中方进一步加强各领域合作，共同推动世界能源发展和转型。

12月8日

［纲　文］　**国务委员兼国防部长常万全在北京与加蓬总统事务兼国防部部长马萨尔举行会谈**。

［目　文］　常万全说，2016年，习近平主席与邦戈总统共同决定将双边关系提升为全面合作伙伴关系，为中加关系指明方向。中方愿与加方一道，全面落实两国元首达成的重要共识，致力发展与中加全面合作伙伴关系相适应的两军关系。

马萨尔对中共十九大召开和习近平再次当选中共中央总书记表示祝贺。他说，加坚持一个中国原则，希望中方继续支持加的发展。

12月9日

［纲　文］　**第1次中加环境部长级对话会在北京举行**。

［目　文］　环境保护部部长李干杰与加拿大环境与气候变化部部长凯瑟琳·麦肯娜共同出席对话会。双方就两国环保领域的最新政策与进展、双边环境合作进展和国合会合作等议题进行了交流，并续签《中加环境合作谅解备忘录》。

12月9日

［纲　文］　**2017年国际形势与中国外交研讨会在北京举行**。

［目　文］　研讨会由中国国际问题研究院、中国国际问题研究基金会主办。主题是“世界大变局与新时代中国外交”。来自外交部、中联部、海峡两岸关系协会、中国国际问题研究基金会等有关部门负责人、中国前驻外大使，60余所大学、研究机构与智库的著名专家学者，以及新华社、人民日报、中央电视台等10余家媒体代表共计200多人出席了会议。

外交部部长王毅出席研讨会并发表演讲时表示，2017年，在党中央领导下，中国外交继续开拓进取，描绘了共建“一带一路”世纪蓝图，发出了引领全球化方向时代强音，为稳定大国关系发挥了中流砥柱作用，维护了周边形势稳定和地区合作势头，开启了金砖合作第二个“金色十年”。2018年中国外交将在以习近平同志为核心的党中央领导下，呈现新气象，展示新作为，体现新担当。

12月9—11日

［纲　文］　**中国环境与发展国际合作委员会2017年年会在北京举行**。

［目　文］　年会主题为“生态文明在行动：迈向绿色发展新时代”。会议通过了第六届国合会章程，听取中国绿色转型2050研究报告，讨论形成国合会给中国政府的政策建议。会议期间，设立7个主题论坛，分别是：绿色城镇化与环境质量改善、全球海洋治理与生态文明、长江大保护与流域治理创新、创新与绿色发展工商圆桌会、中国和全球绿色发展转型、清洁能源战略与气候变化、绿色“一带一路”与2030年可持续发展议程。国合会中外委员、特邀顾问、观察员等中外来宾260余人出席本次会议。

11日，国务院副总理、中国环境与发展国际合作委员会主席张高丽出席国合会2017

年年会并指出，中共十九大对新时代中国生态文明建设作出新的重要部署。我们要以习近平新时代中国特色社会主义思想为指导，牢固树立社会主义生态文明观，加快建设美丽中国，推动生态文明建设再上新水平。一是持续推进绿色发展。二是着力解决突出环境问题。三是加大生态系统保护力度。四是改革生态环境监管体制。五是共商、共建、共享美丽世界。张高丽表示，国合会是环境与发展领域的国际性高端咨询机构和双向交流平台、生态文明协作平台、环境治理体系创新平台。希望各位委员和专家加强交流互鉴，为构建人类命运共同体、推动世界更好实现可持续发展贡献更多智慧和力量。

12月9—11日

［纲　文］　**郭声琨在浙江调研**。

［目　文］　中共中央政治局委员、中央政法委书记郭声琨在杭州互联网法院、诸暨市公共服务中心、社会组织服务中心和枫桥镇、赵家镇东溪村与干部群众交流，了解学习宣传贯彻党的十九大精神、加强政法综治工作情况。得知网格员依托综治、市场监管、综合执法、便民服务“四个平台”服务群众，平安志愿者参与治安巡逻、矛盾化解，社会组织建立党组织，积极承接社区矫正、纠纷调解等社会治理工作，郭声琨给予肯定。他指出，为了群众、依靠群众，是“枫桥经验”的核心要义，也是“枫桥经验”50多年来历久弥新的关键所在。新时代，要把握好“枫桥经验”的精髓，传承好“枫桥经验”，同时，适应社会主要矛盾变化，顺应人民日益增长的美好生活需要，推动“枫桥经验”与时俱进，不断焕发新的生机活力。要认真学习贯彻党的十九大精神，准确把握我国社会主要矛盾发生历史性变化提出的新任务新要求，积极推动政法综治工作理念、机制、方法创新，努力建设更高水平的平安中国、法治中国，不断增强人民群众获得感、幸福感、安全感。坚持党对政法综治工作的绝对领导，按照党建引领的要求，抓党建、带队建、促业务，为政法综治事业发展进步提供根本保证。牢记人民是最好的老师、群众是最大的力量源泉，尊重人民主体地位，创新群众工作方法，脚板+鼠标、面对面+键对键，把社会治理深深扎根于人民群众中，形成共建共治共享的社会治理格局。

12月10日

［纲　文］　**国务院印发《关于在北京市暂时调整有关行政审批和准入特别管理措施的决定》**。

［目　文］　《决定》明确了需要在北京市暂时调整的有关行政法规、经国务院批准的部门规章规定的行政审批和准入特别管理措施，包括暂时调整《营业性演出管理条例》《娱乐场所管理条例》《中华人民共和国外资银行管理条例》《外商投资民用航空业规定》和《外商投资产业指导目录》相关条款的规定，允许外商从事开放的相关业务。例如，选择文化娱乐业聚集的特定区域，允许外商投资设立演出场所经营单位，不设投资比例的限制，允许外商投资航空运输销售代理企业，等等。

《决定》要求，国务院有关部门、北京市人民政府要根据上述调整，及时对本部门、本市制定的规章和规范性文件作相应调整，建立与试点工作相适应的管理制度。

12月10日

［纲　文］　**新华社讯，常万全在甘肃、宁夏调研全民国防教育工作。**

［目　文］　国务委员兼国防部长常万全指出，军地各级要领悟意图、把握遵循，以习近平新时代中国特色社会主义思想为指导，认真学习贯彻习近平强军思想，牢牢把握全民国防教育坚定正确的政治方向；要居安思危、安不忘危，充分认清国家安全面临的复杂严峻形势，始终保持永不懈怠的精神状态和一往无前的奋斗姿态；要牢记使命、强化担当，深化中国特色社会主义和中国梦强军梦宣传教育，大力加强爱党爱国爱社会主义和热爱人民军队教育。要在服务大局中突出摆位，充分认清国防教育在党和国家工作大局中的地位作用，做到认识到位、摆位到位、统筹到位、落实到位。要在政府主导中借力社会，把社会教育资源、人民群众爱国热情充分发掘出来。要在解决问题中构建体系，系统破解国防教育工作中存在的矛盾问题，致力于形成与新时代要求相适应的国防教育新格局。

12月10日

［纲　文］　**世界最大单体自动化智能码头——洋山港第四期码头开港。**

［目　文］　洋山港四期总用地面积223万平方米，设计年通过能力初期为400万标准箱，远期为630万标准箱。

中国交通建设集团有限公司所属振华重工承担洋山港四期码头的设计研发制造和安装调试任务。历时近三年时间的建设，经过为期18个月全面的设备及系统调试。全部采用中国制造，码头现场均使用电驱动，这标志着我国港口机械装备在由“中国制造”向“中国创造”的转变上又迈出了坚实的一步。

12月10日

［纲　文］　**首个“中国网络作家村”在杭州揭牌成立。**

［目　文］　“中国网络作家村”是集形象展示、交流互动和集中创作等功能于一体的公共平台，首批5位国内知名网络作家已签订入驻协议。从线上、线下两个层面建设网络作家村，打造从作品创作、作品改编到版权交易、项目孵化、影视动漫游戏衍生开发等产业生态链，在创投基金、版权保护等方面予以政策扶持。

12月10—14日

［纲　文］　**2017年亚洲青年残疾人运动会在阿联酋迪拜举办。**

［目　文］　本届运动会来自亚洲30个国家和地区的800名青年残疾人运动员参赛。中国体育代表团派出37名青年残疾人运动员参加田径、游泳、羽毛球、盲人门球4个大项，共23个小项的角逐，取得了27枚金牌、9枚银牌、5枚铜牌的成绩。

亚洲青年残疾人运动会是面向残疾人青少年运动员的地区性体育赛事，每4年举办一届。

12月10—11日

［纲　文］　**第7届世界中国学论坛在上海举办。**

［目　文］　论坛由国务院新闻办和上海市人民政府共同主办，上海社会科学院和上海市政府新闻办联合承办。论坛以“新时代的中国”为主题，包括开闭幕式、大会演讲和五个平行圆桌学术会议、两个专场会议。专家学者就“新时代的指导思想”“新时代的平衡发展”“新时代的文化自信”“新时代的制度建设”“新时代的大国外交”等展开圆桌讨论。来自30多个国家和地区的180多名中国学及汉学专家参加论坛活动。

12月10—15日

［纲　文］　**第3届海上丝绸之路国际艺术节在福建泉州举办。**

［目　文］　活动由文化部和福建省人民政府共同主办，以“展示、交流、合作、提升”为宗旨，以“海丝建设”为主题，主要活动包括展演展示、思想文化论坛、文化项目建设和其他项目等四大板块。主要有开幕式演出、中国—中东欧国家文化季泉州分场活动、海丝非物质文化遗产大展、海丝艺术发展论坛、国际木偶节、国际南音大会唱等10个核心项目。

12月11日

［纲　文］　**国家主席习近平同阿尔及利亚总统布特弗利卡互致贺电，祝贺阿尔及利亚一号通信卫星发射成功。**

［目　文］　习近平在贺电中指出，阿尔及利亚一号通信卫星项目是中阿全面战略伙伴关系的重要体现，开创了中国同阿拉伯国家开展航天领域合作的成功先例，将为推动阿尔及利亚经济发展、民生改善、社会进步发挥重要作用。明年是中阿两国建交60周年。中方愿同阿方一道努力，加强各领域交流合作，推动中阿全面战略伙伴关系深入发展，更好造福两国和两国人民。

布特弗利卡在贺电中表示，阿尔及利亚一号通信卫星成功发射是阿中两国航天合作的重大成就，体现了双方深厚的传统友谊。阿方愿同中方共同推动各领域合作取得更多成果。

11日零时40分，中国在西昌卫星发射中心用长征三号乙运载火箭，成功将阿尔及利亚一号通信卫星发射升空，卫星进入预定轨道，发射任务获得圆满成功。

阿尔及利亚一号通信卫星是中阿两国航天领域的首个合作项目，也是阿尔及利亚第一颗通信卫星，主要用于阿尔及利亚的广播电视、应急通信、远程教育、电子政务、企业通信、宽带接入和星基导航增强服务等领域。阿尔及利亚一号通信卫星和长征三号乙运载火箭，分别由中国航天科技集团公司所属中国空间技术研究院和中国运载火箭技术研究院研制，测控任务由西安卫星测控中心、中国卫星海上测控部等共同完成。这次任务是长征系列运载火箭的第258次飞行。

12月11日

［纲　文］　**新华社讯，习近平就新华社《形式主义、官僚主义新表现值得警惕》的文章作出指示。**

［目　文］　中共中央总书记习近平指出，文章反映的情况，看似新表现，实则老问题，再次表明“四风”问题具有顽固性反复性。纠正“四风”不能止步，作风建设永远在路上。各地区各部门都要摆摆表现，找找差距，抓住主要矛盾，特别要针对表态多调门高、行动少落实差等突出问题，拿出过硬措施，扎扎实实地改。各级领导干部要带头转变作风，身体力行，以上率下，形成“头雁效应”。在即将开展的“不忘初心、牢记使命”主题教育中，要力戒形式主义，以好的作风确保好的效果。

新华社的文章反映，党的十八大以来，从制定和执行中央八项规定开始，全党上下纠正“四风”取得重大成效，但形式主义、官僚主义在一定程度上仍然存在，如一些领导干部调研走过场、搞形式主义，调研现场成了“秀场”；一些单位“门好进、脸好看”，就是“事难办”；一些地方注重打造领导“可视范围”内的项目工程，“不怕群众不满意，就怕领导不注意”；有的地方层层重复开会，用会议落实会议；部分地区写材料、制文件机械照抄，出台制度决策“依葫芦画瓢”；一些干部办事拖沓敷衍、懒政庸政怠政，把责任往上推；一些地方不重实效重包装，把精力放在“材料美化”上，搞“材料出政绩”；有的领导干部热衷于将责任下移，“履责”变“推责”；有的干部知情不报、听之任之，态度漠然；有的干部说一套做一套、台上台下两个样。

12月9日，中共中央办公厅印发通知指出，习近平总书记的这一指示，一针见血、切中时弊，内涵丰富、要求明确，充分表明了以习近平同志为核心的党中央坚定不移全面从严治党、持之以恒正风肃纪的鲜明态度和坚定决心，对于全党深入学习贯彻党的十九大精神、加强党的作风建设具有重要指导意义。

通知要求，各地区各部门要迅速传达学习并切实抓好贯彻落实。要认真组织党员、干部学习讨论习近平总书记的重要指示，结合深入学习贯彻党的十九大精神和习近平新时代中国特色社会主义思想，深刻领会指示的内容和精神实质，牢固树立“四个意识”，不断提高政治站位和政治自觉，以永远在路上的坚韧锲而不舍抓好作风建设；各地区各部门年底召开民主生活会和组织生活会，要把贯彻落实中央八项规定精神、转作风改作风情况作为对照检查的重要内容，切实按照习近平总书记的重要指示要求，认真查找“四风”突出问题特别是形式主义、官僚主义的新表现，采取过硬措施，坚决加以整改，务求取得实效；要坚持从各级领导干部做起，以上率下、层层带动，继续紧盯元旦、春节等时间节点，从一件件小事抓起，坚决防止不良风气反弹回潮，不断巩固和拓展落实中央八项规定精神的成果。

12月11日

［纲　文］　国务院批复江苏、山东、广东省人民政府和商务部，同意设立中韩产业园。

［目　文］　批复说，一、同意在江苏省盐城市设立中韩（盐城）产业园，在山东省烟台市设立中韩（烟台）产业园，在广东省惠州市设立中韩（惠州）产业园。上述3个产业园依托现有经济技术开发区、高新技术产业开发区建设，具体实施方案分别由所在地省

级人民政府制定。二、中韩产业园建设要全面贯彻党的十九大精神，以习近平新时代中国特色社会主义思想为指导，深入贯彻落实党中央、国务院决策部署，统筹推进“五位一体”总体布局和协调推进“四个全面”战略布局，坚持以人民为中心的发展思想，认真落实创新、协调、绿色、开放、共享的发展理念，以深化改革、扩大开放为动力，充分发挥对韩合作综合优势，打造中韩地方经济合作和高端产业合作的新高地。要积极落实中韩自贸协定有关规定，加快复制推广上海等自贸试验区改革试点经验，努力把中韩产业园建设成为深化供给侧结构性改革、加快建设创新型国家、推动形成全面开放新格局的示范区，中韩对接发展战略、共建“一带一路”、深化贸易和投资合作的先行区。三、江苏省、山东省、广东省人民政府要切实加强组织领导，健全机制，明确分工，落实责任，扎实有序推进中韩产业园建设发展。要尽快制定、完善具体实施方案并抓好组织实施。中韩产业园建设应符合土地利用总体规划、城市总体规划等规划，涉及的重大政策和建设项目按程序报批。四、商务部要会同有关部门按照职能分工，加强统筹协调和指导督促，注重总结经验，在体制创新和政策实施等方面给予积极支持，为中韩产业园建设发展营造良好环境。重大问题及时向国务院报告。

12月11日

［纲　文］ **《人民日报》报道，中共中央办公厅、国务院办公厅印发《党政机关办公用房管理办法》**。

［目　文］ 《办法》共8章40条。主要有总则、权属管理、配置管理、使用管理、维修管理、处置利用管理、监督问责、附则等内容。自2017年12月5日起施行。其他有关党政机关办公用房管理的规定，凡与本办法不一致的，按照本办法执行。

12月11日

［纲　文］ **《人民日报》报道，中共中央办公厅、国务院办公厅印发《党政机关公务用车管理办法》**。

［目　文］ 《办法》共6章31条。主要有总则、编制和标准管理、配备和经费管理、使用和处置管理、监督问责、附则等内容。自2017年12月5日起施行。中共中央办公厅、国务院办公厅2011年1月6日印发的《党政机关公务用车配备使用管理办法》同时废止。

12月11日

［纲　文］ **国土资源部印发《关于改进管理方式切实落实耕地占补平衡的通知》**。

［目　文］ 《通知》说，为贯彻落实《中共中央 国务院关于加强耕地保护和改进占补平衡的意见》精神，改进耕地占补平衡管理，建立以数量为基础、产能为核心的占补新机制，通过“算大账”的方式，落实占一补一、占优补优、占水田补水田，促进耕地数量、质量和生态三位一体保护，现通知如下：一、坚持绿色发展理念，转变补充耕地方式；二、扩大补充耕地途径，严格上图入库管理；三、建立补充耕地储备库，实行指标分类管理；四、采取指标核销方式，落实耕地占补平衡；五、完善管理机制，规范省域内指

标调剂；六、拓宽资金渠道，加大补充耕地投入；七、强化监测监管，改进耕地占补平衡考核；八、实事求是分类处理，妥善做好政策衔接。

《通知》指出，改进管理方式、落实耕地占补平衡是适应耕地保护形势发展需要、落实《意见》要求的一项重要改革举措。各省（区、市）国土资源主管部门要高度重视、深刻领会，掌握要求、精心部署，更加科学、务实、高效地做好补充耕地工作，确保耕地占补平衡落实到位，严守耕地红线，保障国家粮食安全。本文件有效期5年。

12月11日

［纲　文］　**财政部公布《关于废止部分规章和规范性文件的决定》。**

［目　文］　《决定》说，为落实简政放权、放管结合、优化服务的改革措施，我部组织开展了规章、规范性文件清理工作。经过清理，决定对《中外合作经营企业外国合作者先行回收投资审批办法》（财政部令第28号）、《会计从业资格管理办法》（财政部令第73号）、《财政部关于修改〈会计从业资格管理办法〉的决定》（财政部令第82号）等3件规章和《财政部关于印发中央在京单位会计从业资格认定职能移交工作实施方案的通知》（财会〔2016〕14号）等34件规范性文件予以废止。自2017年12月11日起施行。

12月11日

［纲　文］　**新闻出版广电总局公布《关于废止、修改和宣布失效部分规章、规范性文件的决定》。**

［目　文］　《决定》说，为贯彻落实国务院简政放权、放管结合、优化服务改革措施，国家新闻出版广电总局对有关规章和规范性文件进行了清理。经过清理，根据《规章制定程序条例》的有关规定，现决定：一、废止《赴国外租买频道和设台管理暂行规定》（广电总局令第12号）。二、对《印刷业经营者资格条件暂行规定》（新闻出版总署令第15号）、《音像制品出版管理规定》（新闻出版总署令第22号）等8件规章修改。三、《批转中国电影发行放映公司〈关于解决农村乡（镇）电影放映工作人员工资待遇的通知〉》（广发干字〔1987〕111号）、《关于印发〈国产影片发行放映考核奖励办法〉的通知》（〔2008〕影字358号）、《关于印发〈国产影片出口奖励暂行办法〉的通知》（〔2009〕影字83号）等3件规范性文件宣布失效。四、此前发布的相关规范性文件，与国务院关于简政放权、放管结合、优化服务改革的文件精神以及此次规章清理结果不一致的内容，一律无效。自2017年12月11日起施行。

12月11日

［纲　文］　**国家版权局公布《关于废止部分规章、规范性文件的决定》。**

［目　文］　《决定》说，为贯彻落实国务院简政放权、放管结合、优化服务改革措施，国家版权局对有关规章和规范性文件进行了清理。经过清理，并商国家工商行政管理总局同意，决定自2017年12月11日起废止：一、《国外著作权认证机构在中国设立常驻代表机构管理办法》（国权联〔1996〕35号）；二、《关于加强对国外著作权认证机构中国常驻代表机构进行管理的意见》（国权〔2000〕24号）。

12 月 11 日

［纲　文］　**俞正声在北京会见新党主席郁慕明率领的新党大陆访问团。**

［目　文］　全国政协主席俞正声向客人介绍了中共十九大有关情况，阐述了十九大确定的对台方针政策。俞正声指出，解决台湾问题、实现祖国完全统一，是全体中华儿女共同愿望，是中华民族根本利益所在。以和平方式实现统一最符合包括台湾同胞在内的中华民族的整体利益。我们将坚持“和平统一、一国两制”方针，以最大诚意、尽最大努力争取和平统一的前景。没有一个中国原则，就谈不上两岸关系和平发展。体现一个中国原则的“九二共识”，明确界定了两岸关系的根本性质，反映了两岸关系的历史和现状，得到两岸双方授权认可，是确保两岸关系和平发展的关键。“台独”势力挑战一个中国原则，损害国家主权与领土完整，破坏台海和平稳定，是两岸关系和平发展的最大现实威胁。历史已经并将继续证明，“台独”是一条走不通的死路。今天，我们比历史上任何时期都更接近中华民族伟大复兴的目标，都更有信心、更有能力实现这个目标。俞正声对新党成立以来始终坚持一个中国原则、主张两岸和平统一、积极推动两岸交流、坚决反对“台独”的鲜明态度和坚定立场表示赞赏。他指出，我们愿与包括新党在内的一切主张一个中国、反对“台独”的台湾政党、团体和有志之士，开展交往对话，共同推动两岸关系和平发展，共谋祖国和平统一和中华民族伟大复兴。

郁慕明表示，新党将一如既往地坚持核心理念，坚持一个中国原则，高举“反独促统”的大旗，进一步促进两岸各领域交流合作，促进两岸青年交流，推动两岸关系和平发展，为和平统一、振兴中华向前迈进。

12 月 11 日

［纲　文］　**全国国有林场和国有林区改革推进会在北京召开。**

［目　文］　中共中央政治局常委、国务院副总理汪洋出席会议并讲话。汪洋指出，国有林场和国有林区改革是党的十八大以来部署的重大改革任务，是生态文明体制改革的重要组成部分，是维护国家生态安全、建设美丽中国的重大举措。要认真学习贯彻党的十九大精神，以习近平新时代中国特色社会主义思想为指导，落实新发展理念，增强“四个意识”，按照党中央确定的改革方案，强化落实责任，确保如期完成各项改革任务，为推动绿色发展、建设生态文明提供有力的制度保障。近两年国有林区林场改革取得显著成效，天然林商业性采伐全面停止，富余职工基本得到安置，国有林业管理体制正逐步理顺。下一步，要勇于打好改革的攻坚战，加快推进国有林区林场政事企分开，完善森林资源监管体制，转变林区林场发展方式，全面加强森林保护，改善林区林场基本民生。要认真对照党中央提出的目标和要求，梳理各项改革任务进展情况，加强对改革的督促检查，建立考核机制，鼓励先进，批评后进，确保改革扎实有序向前推进。

12 月 11 日

［纲　文］　**民政部、财政部在北京召开 2017—2018 年度全国冬春救助工作电视电**

话会议。

［目　文］　两部门安排下拨2017—2018年度中央冬春救灾资金57.275亿元，用于帮助各地灾区统筹解决今冬明春受灾群众口粮、衣被取暖等困难，妥善保障受灾群众冬春期间基本生活。

会议指出，各地要严格执行救灾资金按比例分担机制，优先加大本级冬春救灾资金投入。简化资金拨付手续和办理程序，加快冬春资金拨付进度，中央冬春救灾资金应在拨付地方的1个月内下拨至县级，县级民政部门要在接到上级拨款文件后15个工作日内将资金发放到救助对象手中，做到工作部署到村，落实到户，不漏一人。

12月11日

［纲　文］　**测绘地信局发布《国家测绘地理信息局公告（2017年第34号）》。**

［目　文］　《公告》说，为保障国务院"放管服"改革措施落实，根据《国务院办公厅关于进一步做好"放管服"改革涉及的规章、规范性文件清理工作的通知》（国办发〔2017〕40号）精神，国家测绘地理信息局对2017年6月30日前制定发布的规范性文件进行了全面清理。现将清理结果公告如下：一、《关于测绘野外队老干部离休后是否继续发给野外工作津贴的复函》等236件规范性文件继续有效。二、《关于颁发〈测绘成图、成果资料实行部分收费的试行办法〉的通知》等13件规范性文件废止。

《公告》指出，继续有效的规范性文件，有效期与本公告发布前连续计算。凡我局于2017年6月30日以前制定的规范性文件，未列入上述继续有效规范性文件目录的，原则上不再作为测绘地理信息管理的依据。各级测绘地理信息主管部门要严格依法履行职责，认真执行继续有效的规范性文件，并对照有关规范性文件废止的情况，做好本部门规范性文件清理的衔接工作。

12月11日

［纲　文］　**澳门特别行政区第十三届全国人大代表选举会议主席团第二次会议在澳门举行。**

［目　文］　全国人大常委会副委员长兼秘书长王晨出席会议，主席团常务主席崔世安主持会议。会议听取了崔世安关于澳门第十三届全国人大代表候选人提名情况的报告。在提名期间，有15人送交了《澳门第十三届全国人大代表参选人登记表》。主席团经过审查，这15人都是年满18周岁的澳门特别行政区居民中的中国公民，均亲自送交了参选人登记表和10名以上选举会议成员分别为其填写的候选人提名信，符合代表候选人条件。根据《澳门特别行政区选举第十三届全国人大代表的办法》的规定，主席团确认上述15人为澳门第十三届全国人大代表候选人。会议决定公布代表候选人名单及其简介。主席团还根据选举办法的规定，在不是代表候选人的选举会议成员中提名了总监票人、监票人人选，决定提请选举会议第二次全体会议表决。会后发表了《中华人民共和国澳门特别行政区第十三届全国人民代表大会代表选举会议主席团公告（第二号）》。

12 月 11 日

［纲　文］ **中俄印外长第 15 次会晤在印度新德里举行。**

［目　文］ 外交部部长王毅、俄罗斯外长拉夫罗夫和印度外长斯瓦拉杰出席。三国外长就地区安全、经济合作等热点议题展开磋商。会议发表了《中华人民共和国、俄罗斯联邦和印度共和国外长第 15 次会晤联合公报》。

12 月 11 日

［纲　文］ **亚洲基础设施投资银行在北京发布，董事会已经批准一笔 2.5 亿美元的贷款。**

［目　文］ 贷款用于在北京建设覆盖大约 510 个村落，连接大约 21.675 万户家庭的天然气输送管网等工程。投入使用后，这一项目预计每年可为北京减少 65 万吨标准煤的使用，减少二氧化碳排放量 59.57 万吨，颗粒物排放量 3700 吨，二氧化硫排放量 1488 吨，氮氧化物排放量 4442 吨。这是亚投行开业将近两年来首个对华项目，也是亚投行开业以来的首笔公司贷。项目执行方为北京市燃气集团有限责任公司，整体项目预计 2021 年完工。

亚投行由中国倡建，总部位于北京，是一家专注于基建投资的新型多边开发银行。2016 年 1 月，亚投行正式开业运营。秉持“简洁、廉洁、清洁”的核心价值观，亚投行赢得世界广泛信任，经过数次扩容后成员数量达到 80 个。此前，亚投行已经批准 20 多个投资项目，总投资额超过 34 亿美元。

12 月 11 日

［纲　文］ **中国话剧诞生 110 周年纪念座谈会在北京举行。**

［目　文］ 座谈会由文化部、中国文联共同主办，文化部部长雒树刚，中国文联副主席李屹出席并讲话。文化部副部长董伟主持座谈会。

会议回顾了中国话剧的 110 年历程。指出，通过 110 年的艺术探索和实践，中国话剧界涌现出一大批杰出的艺术家和一大批脍炙人口、深入人心的精品力作，构建起话剧百余年艺术长廊中鲜活生动的艺术形象，在中国社会发展进程的各个阶段熠熠生辉。110 年的实践证明，中国话剧立足于本土的艺术实践，经由民族自觉的选择、民族精神的洗礼、民族文化的哺育，在民族文化的土壤里扎根、成长、壮大，走出一条民族化的艺术道路，奠定了自身的文化品格和艺术特色。

12 月 11—12 日

［纲　文］ **李克强在武汉考察并主持召开全国自贸试验区工作座谈会。**

［目　文］ 国务院总理李克强在湖北自贸试验区武汉片区政务中心，对推行企业、群众办事“马上办、网上办、一次办”的做法表示肯定。听到通过下载 APP 软件，手机上就可办理工商、税务、社保等事项，就询问围拢的群众是否下载了软件，办事是否更方便。他叮嘱工作人员，要把自己当作办事企业和群众换位思考，针对办事中的难点堵点加大改革力度，更多运用互联网 + 政务服务，打造更好营商环境。在武汉协和医院看望白血病患儿和志愿者，与医生交流了解重大疾病攻关进展，对大家反映的科研经费、药物审批

等“卡脖子”因素，要求加大政策支持，早日攻克难关。李克强在药房了解短缺药品保障情况，他说，短什么都不能短治疗，缺什么也不能缺“救命药”，要完善政策和机制，切实保障“孤药”等急需药品长期稳定供应，扩大大病医保范围，减轻患病群众的病痛与担忧。在改革开放初期曾被称为全国小商品市场第一街的汉正街，与商户和摆摊群众交流并购买小商品，询问他们经营情况和税费成本，鼓励通过线上线下一体销售，更好适应市场竞争和满足群众需要。

考察期间，李克强主持召开全国11个自贸试验区工作座谈会。湖北和有关省市负责人发了言。李克强说，过去几年，自贸试验区建设抓住“放管服”改革这个牛鼻子，取得多方面重要进展，促进新动能快速成长，可以说是小切口、大成效，是不花钱的改革。下一步各自贸试验区要贯彻党的十九大精神和部署，牢牢把握建设现代化经济体系、推动高质量发展的要求，大胆试、自主改，在证照分离、“两随机一公开”综合监管、市场准入负面清单等重点方面取得更大突破，更好汇聚人民群众无穷智慧和力量，扛起新时代推动改革攻坚、推动创业创新的重任。

12月12日

［纲　文］　**习近平致信祝贺中国农学会成立100周年。**

［目　文］　中共中央总书记习近平在贺信中写道：值此中国农学会成立100周年之际，我向中国农学会全体同志、向广大农业科技工作者致以热烈的祝贺和诚挚的问候！中国农学会是我国历史悠久的农业学术性群众团体，是中国近现代农业科技发展的亲历者和推动者。新中国成立以来特别是改革开放以来，中国农学会紧紧围绕党中央关于“三农”工作的决策部署，以推动农业科技进步、农业农村现代化为己任，积极促进农业科技创新发展和普及应用，积极促进农业科技人才成长，成为推动我国“三农”事业发展的一支重要力量。当前，中国特色社会主义进入新时代。实施乡村振兴战略，推进供给侧结构性改革，推动农业绿色发展，深化精准扶贫，提高广大农民生活水平，对农业科技和农业农村人才提出了新的要求。希望中国农学会发扬传统，与时俱进，团结带领广大农业科技工作者，面向农业科技创新主战场，在推动我国“三农”事业发展中发挥更大作用，为实现“两个一百年”奋斗目标、实现中华民族伟大复兴的中国梦作出新的更大的贡献。

国务院总理李克强作出批示表示祝贺。他在批示中指出，当前，我国“三农”事业发展进入新的历史时期。希望学会全面深入贯彻党的十九大精神，以习近平新时代中国特色社会主义思想为指导，坚持以人民为中心的发展思想，围绕实施乡村振兴战略，充分发挥联系广泛、智力汇聚、独立客观的优势，广泛开展国内外农业科技交流与合作，结合农业农村发展实际和农民群众需要大力普及农业科学知识、推广先进品种和技术，加强农业科技创新智库建设和人才培养，不断提升综合服务能力，为加快推进农业农村现代化作出新贡献。

同日，中国农学会成立100周年回顾活动在北京举行。中共中央政治局常委、国务院副总理汪洋出席回顾活动并讲话。他指出，要认真学习贯彻党的十九大精神和习近平总书记贺信的要求，充分发挥农学会自身优势，坚持为农业科技工作者服务，坚持为创新驱动发展服务，坚持为提高农民和公众科学素质服务，坚持为党和政府科学决策服务，为促进农业农村发展质量变革、效率变革、动力变革作出贡献。

中国农学会成立于1917年，是我国成立最早的重要学术团体之一。国家有关部门负责人、有关学会代表、部分院士和农业专家学者，中国农学会第十一次全国会员代表大会代表、神农中华农业科技奖获奖代表、台湾中华农学会代表等参加了会议。

12月12—13日

［纲　文］　**习近平在江苏徐州考察并视察第71集团军。**

［目　文］　12日，中共中央总书记习近平在徐工集团重型机械有限公司，了解企业经营发展、自主创新、国际合作、人才培养、党的建设等情况，肯定企业继承红色基因、适应时代发展取得的成绩；看望公司劳动模范、技术能手等职工代表时说，徐工集团有光荣的历史，一定有更加美好的未来。我国经济由高速增长转向高质量发展，这是必须迈过的坎，每个产业、每个企业都要朝着这个方向坚定往前走。党的十九大描绘了建设社会主义现代化强国的美好蓝图，成果人人有份，责任也人人有份。广大企业职工要增强新时代工人阶级的自豪感和使命感，爱岗敬业、拼搏奉献，大力弘扬劳模精神和工匠精神，在为实现中国梦的奋斗中争取人人出彩。

习近平在徐州市贾汪区潘安采煤塌陷区整治工程神农码头考察，听取塌陷区整治和资源枯竭型城市转型发展情况汇报后表示，资源枯竭地区经济转型发展是一篇大文章，实践证明这篇文章完全可以做好，关键是要贯彻新发展理念，坚定不移走生产发展、生活富裕、生态良好的文明发展道路。对采煤塌陷区整治的有益经验，要注意总结推广。在潘安湖街道马庄村考察。在村史馆，习近平看图片、看资料、看实物，肯定该村从单纯以煤为生转型到多种产业共同发展的经验，指出发展特色产业、特色经济是加快推进农业农村现代化的重要举措，要因地制宜抓好谋划和落实。在党员活动室，习近平走进正在学习党的十九大精神的党员中间，听他们谈学习体会，看他们的学习笔记，问他们感受最深的是什么、有什么意见和建议，希望他们在学习贯彻党的十九大精神中发挥积极作用。他指出，农村基层党组织是农村各个组织和各项工作的领导核心，要强化农村基层党组织职能，把农村基层党组织建设成为宣传党的主张、贯彻党的决定、领导基层治理、团结动员群众、推动改革发展的坚强战斗堡垒。

13日，习近平在徐州凤凰山东麓，瞻仰了淮海战役烈士纪念塔，参观了淮海战役纪念馆。在烈士纪念塔前，习近平向淮海战役烈士敬献花篮，并三鞠躬。

同日，习近平在第71集团军视察时指出，全军要认真学习贯彻党的十九大精神，深入学习贯彻新时代党的强军思想，贯彻新形势下军事战略方针，坚持政治建军、改革强军、科技兴军、依法治军，聚焦备战打仗，把握集团军建设管理和作战运用特点规律，扎实推进转型建设，全面提高打赢能力，履行好党和人民赋予的新时代使命任务。

12月12日

［纲 文］ **人大制度理论和实践创新成果交流研讨会在北京召开。**

［目 文］ 全国人大常委会委员长张德江出席会议并讲话。全国人大常委会副委员长李建国出席会议。全国人大常委会办公厅、专门委员会、工作委员会和中国人大制度理论研究会有关负责人，以及部分专家学者参加会议。

张德江指出，要全面学习贯彻习近平新时代中国特色社会主义思想，坚持发展我国社会主义民主政治，深刻认识人民代表大会制度的科学内涵、基本特征和本质要求，坚定人民代表大会制度自信，为实现中华民族伟大复兴的中国梦提供更加坚实的制度保障。人民代表大会制度是中国共产党和中国人民的伟大创造，是坚持党的领导、人民当家作主、依法治国有机统一的根本政治制度安排，集中体现了社会主义民主政治的优势和特点。中国共产党领导是人民代表大会制度的本质特征和最大优势，也是做好人大工作的根本保证和关键所在。我们要坚定不移走中国特色社会主义政治发展道路，牢固树立"四个意识"，坚定人民代表大会制度自信，始终坚持党的领导，坚决维护习近平总书记的核心地位，坚决维护以习近平同志为核心的党中央权威和集中统一领导。人民代表大会制度保证和支持中国人民当家作主，确保国家和民族的前途命运牢牢掌握在人民手中，在全面依法治国进程中发挥着重要作用，是支撑国家治理体系和治理能力的根本政治制度。人大工作要坚持人民主体地位，保障人民民主权利，充分发挥人大代表作用，扩大人民有序政治参与。要坚持立法先行，完善以宪法为核心的中国特色社会主义法律体系，抓住提高立法质量这个关键，深入推进科学立法、民主立法、依法立法。要充分发挥立法引领、推动、规范、保障改革作用，确保重大改革于法有据、顺利实施。要切实把宪法法律赋予的监督权用起来，坚持正确监督、有效监督，增强监督实效。

12月12日

［纲 文］ **交通运输部公布《航空器型号和适航合格审定噪声规定》，自2018年1月12日起施行。**

12月12日

［纲 文］ **住房和城乡建设部公告《关于宣布失效一批住房城乡建设部文件的公告》。**

［目 文］ 《公告》说，为深入推进"放管服"改革，确保各项改革措施有效落实，加快建设法治政府，住房城乡建设部对本部门印发的文件进行了清理。决定对《关于认真学习贯彻〈中国人居环境奖申报和评选办法〉等文件精神做好建设档案工作的通知》（建办档函〔2006〕321号）等95件住房城乡建设部文件宣布失效。凡宣布失效的住房城乡建设部文件，自2017年12月12日起一律停止执行，不再作为行政管理的依据。

12月12日

［纲 文］ **气象局发布《关于公布已废止和修改的规范性文件的公告》。**

［目　文］《公告》说，按照国务院有关改革要求，我局对气象部门“放管服”改革和生态文明建设等工作涉及的规范性文件进行了清理。对《关于下发〈气象科学技术进步奖励试行办法〉的通知》(〔84〕国气科字第 039 号）等 42 件规范性文件废止；对《关于印发〈人工影响天气安全管理规定〉的通知》(气发〔2003〕56 号）的部分条款予以修改。自 2017 年 12 月 12 日起生效。

12 月 12 日

［纲　文］**气象局印发《关于加强生态文明建设气象保障服务工作的意见》。**

［目　文］《意见》由八个部分组成：一、新时代生态文明建设对气象保障服务的新要求。二、新时代生态文明建设气象保障服务的职能定位、作用和发展思路。三、提升生态系统保护气象服务能力。四、发挥气象服务绿色发展的保障作用。五、强化大气环境治理气象预报服务。六、提升生态文明气象保障服务依法履职水平。七、夯实生态文明建设气象业务基础。八、保障措施。

《意见》要求，各地各单位要将生态文明建设气象保障服务工作纳入到服务体制改革、业务体制改革和业务布局调整中。鼓励各地各单位因地制宜，及早谋划，对接地方需求，先行先试，大力推进气象服务供给侧结构性改革，形成一批可复制可推广的经验，发挥试点的示范、突破、带动作用。

12 月 12 日

［纲　文］**国家主席习近平特使、国务院副总理马凯出席法国巴黎“一个星球”气候行动融资峰会。**

［目　文］马凯出席峰会时指出，中国将从国内生态文明建设和构建人类命运共同体的高度，继续坚定支持《巴黎协定》，以实际行动为全球气候治理作出贡献。

峰会由法国政府、联合国和世界银行共同组织，60 多位国家元首和政府首脑出席。2015 年 12 月 12 日，《联合国气候变化框架公约》近 200 个缔约方在巴黎气候变化大会上达成《巴黎协定》。2016 年 11 月，《巴黎协定》正式生效，成为继《京都议定书》后第二份有法律约束力的气候协议。本次峰会进一步促进了各国在“扩大用于支持各国适应和应对气候变化能力的气候融资”“加速全球向低碳经济转型”以及“将气候问题融入金融和决策体系”三个方面形成统一意见、协同各方立场。

同日，马凯在巴黎会见法国总统马克龙时表示，习近平主席高度重视中法关系和两国在气候变化问题上的合作。中方将以实际行动坚定履行在《巴黎协定》框架下所作承诺，愿同法方及其他有关各方共同推进全球气候治理多边进程。中方赞赏总统先生积极支持“一带一路”倡议，愿同法方保持高层交往，发挥两国合作机制的政策协调作用，推进在核能、航空航天、绿色金融、先进制造、“一带一路”建设等领域的互利合作，为中法全面战略伙伴关系发展注入新的动力。马克龙表示，法方高度重视发展对华关系，希望同中方保持高层交往，愿积极参与“一带一路”建设，期待与中方在气候变化等多边治理进程中共同发挥更大作用。

12月12日

［纲　文］　**国务委员杨洁篪在北京会见由美国前副国务卿施奈德和约瑟夫共同率领的美国对外政策理事会代表团。**

［目　文］　杨洁篪说，保持中美关系长期健康稳定发展符合两国根本利益，也是国际社会普遍期待。双方应相互尊重、深化合作、妥处分歧，推动中美关系行稳致远。

美方表示，美中在诸多领域拥有共同利益和目标，美方愿同中方一道推动美中关系更好向前发展。

12月12日

［纲　文］　**国务委员兼国防部长常万全在北京会见伊朗武装力量副总参谋长涅扎米普尔。**

［目　文］　常万全说，近年来，两国关系快速健康发展，政治互信不断深化，经贸和能源合作成果丰硕。新形势下，中伊各领域合作面临重要契机。中方愿与伊方一道，全面落实两国元首达成的重要共识，保持两军友好交往，不断提升合作水平，为实现中伊关系更大发展作出新贡献。

涅扎米普尔说，希望双方加强沟通交流，开展务实合作，把两军关系提升到新高度。

12月12日

［纲　文］　**内蒙古自治区原党委书记、区人大常委会原主任王群，在武汉逝世，享年92岁。**

12月12日

［纲　文］　**《人民日报》发表题为《以好效果检验好作风》的评论员文章。**

12月12—13日

［纲　文］　**第12届全球孔子学院大会在西安举行。**

［目　文］　国务院副总理、孔子学院总部理事会主席刘延东出席并致辞。本次大会以“深化合作，创新发展，为构建人类命运共同体贡献力量”为主题，围绕“孔子学院发展与构建人类命运共同体”首次设立了大会论坛，并举办了15场中外大学校长论坛和孔子学院院长论坛。此外大会期间还举办了孔子学院办学成就展、汉语教材展、中华美食文化展等系列活动。来自140多个国家和地区的大学校长、孔子学院代表近2500人出席大会。

目前全球已有146个国家和地区建立了525所孔子学院和1113个中小学孔子课堂。2017年，各个国家和地区的孔子学院和课堂各类学员总数达232万人，举办各类文化活动受众1272万人。

12月13日

［纲　文］　**中共中央、全国人大常委会、国务院、全国政协、中央军委在南京举行南京大屠杀死难者国家公祭仪式。**

［目　文］　公祭仪式在侵华日军南京大屠杀遇难同胞纪念馆举行。中共中央总书记、国家主席、中央军委主席习近平出席仪式。全国政协主席俞正声出席仪式并讲话。黄坤明主持公祭仪式。参加中国人民抗日战争的老战士和老同志代表，中央党政军群有关部门和东部战区、江苏省、南京市负责人，各民主党派中央、全国工商联负责人和无党派人士代表，港澳台同胞代表，为中国人民抗日战争胜利作出贡献的国际友人亲属代表，第二次世界大战中国战区和遭受过日本法西斯侵略的亚洲国家驻华使节代表，以色列等国家驻华使节代表，南京大屠杀幸存者及遇难同胞亲属代表，江苏省各界群众代表等约1万名参加公祭仪式。80名南京市青少年代表宣读《和平宣言》。

俞正声发表讲话表示，今天，我们在这里隆重举行南京大屠杀死难者国家公祭仪式，为的是深切缅怀南京大屠杀死难者，缅怀惨遭日本侵略者杀戮的所有死难同胞，缅怀为中国人民抗日战争胜利献出生命的革命先烈和民族英雄，缅怀同中国人民携手抗击日本侵略者献出生命的国际战士和国际友人，宣示中国人民铭记历史、缅怀先烈、珍爱和平、开创未来的坚定立场，庄严表达走和平发展道路的崇高愿望。只有正确认识历史，才能更好开创未来。战争是一面镜子，能够让人更好认识和平的珍贵。日本军国主义发动的侵华战争，给中国人民造成巨大灾难，也给日本人民带来巨大伤害。中日两国要从两国人民根本利益出发，更加珍惜来之不易的和平，共同为人类和平作出贡献。今天，中国人民比历史上任何时期都更接近、更有信心、更有能力实现中华民族伟大复兴。在新的征程上，中国人民将自觉坚持以习近平新时代中国特色社会主义思想为指导，在中国共产党坚强领导下，全面推进新时代中国特色社会主义伟大事业，不断创造更加美好的幸福生活。中国人民愿同世界各国人民一道，推动构建人类命运共同体，始终做世界和平的建设者、全球发展的贡献者、国际秩序的维护者，共同创造人类的美好未来。

公祭仪式结束后，习近平参观了《南京大屠杀史实展》；会见了南京大屠杀幸存者代表和为中国人民抗日战争胜利作出贡献的国际友人亲属代表。

80年前的1937年12月13日，侵华日军侵入南京，对我同胞实施长达40多天灭绝人性的大屠杀，30万生灵惨遭杀戮，留下人类文明史上最黑暗的一页。2014年2月27日，十二届全国人大常委会第七次会议通过决定，以立法形式将12月13日设立为南京大屠杀死难者国家公祭日。

12月13日

［纲　文］　**李克强主持召开国务院常务会议。**

［目　文］　会议主要内容是：一、听取国企改革发展和监事会对央企监督检查情况汇报，发挥国资对经济高质量发展的支撑作用。会议指出，一要认真整改监督检查发现的问题。加强制度建设，形成长效机制。出台国资监管权力和责任清单，对国企实施精准的分类监管。建立监事会监督事项清单，强化对国资运营、境外资产项目等监督检查，严格责任追究。二要提升国企管理水平，加快形成有效制衡的公司法人治理结构和灵活高效的市场化经营机制，按照简政放权、放管结合、优化服务改革要求，落实企业经营自主权，

增强发展内生动力，实现国有资产保值增值。三要推进国企在落实质量第一、效益优先的要求中发挥领军作用。二、确定进一步扶持和培育新型农业经营主体的措施，推动现代农业发展。会议确定，一是实施新型农业经营主体培育工程，扶持一二三产业融合、适度规模经营多样、社会化服务支撑、与“互联网+”紧密结合的各类新型主体，更好带动小农生产和现代农业发展有机衔接。二是落实财政扶持、税费减免、设施用地、电价优惠等政策，重点支持新型农业经营主体发展农产品加工，对深耕深松、机播机收、疫病防治等生产服务给予补助。三是创新金融服务。支持开展农业设施设备抵押贷款和生产订单融资，推广大型农机设备融资租赁。推动省级农业信贷担保公司向市县延伸，力争明年实现主要农业县全覆盖、对新型农业经营主体的农业信贷担保余额占总担保规模比重达到70%以上。三、听取第三次全国农业普查情况汇报。会议指出，这次普查共登记了2.3亿农户、60万个村级单位、200多万个农业经营单位，全面反映了农业基础设施、综合生产能力、农村社会事业发展等情况。普查显示，我国粮食生产能力跨上新台阶，新型农业经营主体和新产业新业态新模式大量涌现，农村基础设施和社会事业全面进步，农民生活显著改善。会议要求，要依法公布普查数据，用好普查成果，为制定和完善政策、促进经济社会发展、更好改善民生提供科学依据。

12月13日

［纲　文］ **卫生计生委公布《国家卫生和计划生育委员会令（第17号）》。**

［目　文］《委令》说，为深入推进政府职能转变和行政审批制度改革，切实维护法制统一，推进依法行政，经2017年12月5日国家卫生计生委委主任会议讨论通过，决定废止《母乳代用品销售管理办法》《母婴保健监督员管理办法》《母婴保健医学技术鉴定管理办法》《卫生部健康相关产品检验机构认定与管理办法》等4件部门规章。自2017年12月13日起施行。

12月13日

［纲　文］ **中国人民银行公布《中国人民银行自动质押融资业务管理办法》，自2018年1月29日起施行。**

12月13日

［纲　文］ **中国人民银行公布《关于规范支付创新业务的通知》。**

［目　文］《通知》由八个部分组成：一、开展支付创新业务应事前报告。二、维护支付服务市场公平竞争秩序。三、加强收单业务受理终端管理。四、规范小微商户收单业务管理。五、加强代收业务管理。六、加强支付业务系统接口管理。七、严格遵守跨行清算政策要求。八、强化监督管理。

《通知》指出，请中国人民银行分支机构将本通知转发至辖区内城市商业银行、农村商业银行、农村合作银行、农村信用社、村镇银行、外资银行。

12月13日

［纲　文］ **香港特别行政区第十三届全国人大代表选举会议主席团第二次会议在香**

港举行。

［目　文］　全国人大常委会副委员长兼秘书长王晨出席会议并讲话。他指出，由选举会议主席团确认代表候选人名单，是代表选举的重要环节。必须按照宪法、基本法和选举办法的规定，充分发扬民主，严格依法办事，确保选出的代表都是拥护宪法和基本法，拥护“一国两制”方针政策，效忠中华人民共和国和香港特别行政区，爱国爱港、在香港具有代表性的人士。

主席团常务主席林郑月娥主持会议。会议听取了林郑月娥关于香港第十三届全国人大代表候选人提名情况的报告。主席团经过审查，有58名年满18周岁的香港特别行政区居民中的中国公民送交了参选人登记表和10名以上选举会议成员分别为其填写的候选人提名信，确认其中的49人符合代表候选人条件。根据选举办法的规定，主席团确认该49人为香港第十三届全国人大代表候选人。会议决定公布候选人名单及其简介。主席团根据选举办法的规定，在不是代表候选人的选举会议成员中提名了总监票人、监票人人选，决定提请选举会议第二次全体会议表决。会议结束后发表了主席团第二号公告。根据公告，香港第十三届全国人大代表选举会议第二次全体会议于2017年12月19日上午在港举行。

12月13日

［纲　文］　**国产ARJ21飞机执飞首条国内支线航线。**

［目　文］　成都航空一架ARJ21飞机平稳降落在江西省上饶市三清山机场。成都至上饶航线的开通，标志着ARJ21国产飞机正式执飞首条国内支线航线。

作为中国首次按照国际民航规章自行研制、具有自主知识产权的中短程新型涡扇喷气支线客机，ARJ21飞机可载客78—90座，航程2225—3700公里。能满足开通或加强中小城市点到点的直达航班需求，以及中小城市通过枢纽机场中转的输送航班需求。

12月13日

［纲　文］　**《人民日报》发表题为《不忘历史 矢志复兴——写在第四个南京大屠杀死难者国家公祭日》的社论。**

12月13—16日

［纲　文］　**应国家主席习近平邀请，韩国总统文在寅对中国进行国事访问。**

［目　文］　访问期间，习近平在北京同文在寅举行会谈，两国元首共同见证了经贸、绿色生态产业、环境、卫生、农业、能源、冬奥会等领域双边合作文件的签署。两国元首夫妇共同出席观看了“中韩建交25周年纪念演出”。国务院总理李克强、全国人大常委会委员长张德江在北京分别会见了文在寅。国务院副总理张高丽在钓鱼台国宾馆同文在寅共同出席中韩商务论坛。

习近平同文在寅会谈时指出，前段时间，由于众所周知的原因，中韩关系出现一些波折，给双方如何在相互尊重彼此核心利益基础上更好开辟两国关系未来，提供了镜鉴和启示。中方重视同韩方关系，愿同韩方一道，牢记两国建交的初心，以两国人民福祉为念，秉持尊重彼此核心利益和重大关切的基本原则，坚持以诚相待的为邻之道，把握互利共赢的合作宗旨，推动中韩战略合作伙伴关系始终健康稳定地走在正确发展轨道上。中共十九大给包括韩国在内周边国家同中国的合作带来更加广阔的前景。中韩要加强政治沟通，夯实互信基础。中方欢迎韩方参与“一带一路”建设，愿推动“一带一路”同韩国发展战略对接，积极探讨互利共赢的合作模式，实现共同发展。要促进人文交流，增进国民感情。双方要加强青年、教育、科技、媒体、体育、卫生、地方等领域交往，助力中韩关系实现长远健康发展。

文在寅表示，在中国为南京大屠杀死难者举行国家公祭之际，谨再次向南京大屠杀遇难者表示哀悼，向中国人民表示慰问。韩中两国互为重要邻邦和合作伙伴。我这是第五次访华，对中国持续发展取得的成就深感钦佩。韩中已经互为重要贸易伙伴，人文交往日益密切。韩方愿积极参与共建“一带一路”合作。韩方愿同中国及其他国家共同努力构建人类命运共同体。

两国元首就朝鲜半岛形势交换了看法。习近平指出，必须坚持半岛无核化目标不动摇，绝不允许半岛生战生乱，半岛问题最终要通过对话协商解决。习近平重申了中方在“萨德”问题上的立场，希望韩方继续妥善处理这一问题。

李克强在会见文在寅时指出，双方应抓住机遇，巩固两国关系转圜改善势头。要加强各自发展战略对接，适时启动中韩自贸协定第二阶段谈判，继续办好“中韩创新创业园”，扩大金融合作，拓展人工智能、5G、大数据等新兴领域合作，为彼此企业赴对方国家投资兴业营造良好的营商环境。拉紧人文交流纽带，为中韩关系行稳致远夯实民意基础。

文在寅表示，韩方愿同中方加快改善和发展两国关系，扩大创新产业、金融投资、农业、第三方市场、环保、旅游等领域的务实合作，早日启动韩中自贸协定第二阶段谈判，密切人文交流，努力构建面向下一个25年的伙伴关系，为促进两国共同发展和地区和平与繁荣作出新的贡献。

12月14日

［纲　文］　**国家主席习近平任免驻外大使。**

［目　文］　习近平根据全国人民代表大会常务委员会的决定任免下列驻外大使：一、免去黄惠康的中华人民共和国驻马来西亚特命全权大使职务；任命白天为中华人民共和国驻马来西亚特命全权大使。二、免去谢锋的中华人民共和国驻印度尼西亚共和国特命全权大使职务；任命肖千为中华人民共和国驻印度尼西亚共和国特命全权大使。三、免去孙卫东的中华人民共和国驻巴基斯坦伊斯兰共和国特命全权大使职务；任命姚敬为中华人民共和国驻巴基斯坦伊斯兰共和国特命全权大使。四、免去腊翊凡的中华人民共和国驻埃塞俄比亚联邦民主共和国特命全权大使职务；任命谈践为中华人民共和国驻埃塞俄比亚联邦民主共和国特命全权大使。五、免去赵本堂的中华人民共和国驻委内瑞拉玻利瓦尔共和国特命全权大使职务；任命李宝荣为中华人民共和国驻委内瑞拉玻利瓦尔共和国特命全权大使。

12月14日

［纲　文］　**十二届全国人大常委会第一百零五次委员长会议在北京举行。**

［目　文］　全国人大常委会委员长张德江主持会议。全国人大常委会副委员长李建国、王胜俊、沈跃跃、吉炳轩、张平、向巴平措、艾力更·依明巴海、万鄂湘、张宝文、陈竺出席会议。会议决定，十二届全国人大常委会第三十一次会议12月22日至27日在北京举行。

委员长会议建议，常委会第三十一次会议继续审议监察法草案、农民专业合作社法修订草案、烟叶税法草案、船舶吨税法草案、土壤污染防治法草案；审议全国人大常委会委员长会议关于提请审议英雄烈士保护法草案的议案；审议全国人大教育科学文化卫生委员会关于提请审议基本医疗卫生与健康促进法草案的议案，审议全国人大外事委员会关于提请审议国际刑事司法协助法草案的议案；审议国务院关于提请审议招标投标法、计量法修正案草案的议案；审议最高人民法院关于提请审议人民陪审员法草案的议案、关于提请审议法官法修订草案的议案，审议最高人民检察院关于提请审议检察官法修订草案的议案。

委员长会议建议，常委会第三十一次会议审议国务院关于提请审议关于批准内地与香港特别行政区关于在广深港高铁西九龙站设立口岸实施“一地两检”的合作安排的决定草案的议案，关于提请审议关于延长授权国务院在北京市大兴区等232个试点县（市、区）、天津市蓟州区等59个试点县（市、区）行政区域分别暂时调整实施有关法律规定期限的决定草案的议案；审议中央军事委员会关于提请审议批准中国人民解放军选举委员会人选的议案；审议国务院关于2016年度中央预算执行和其他财政收支审计查出问题整改情况的报告、关于国家财政教育资金分配和使用情况的报告、关于文化遗产工作情况的报告；审议最高人民法院、最高人民检察院关于在部分地区开展刑事案件认罪认罚从宽制度试点工作情况的中期报告；审议全国人大常委会执法检查组关于检查网络安全法、关于加强网络信息保护的决定实施情况的报告；分别审议全国人大法律委员会、教育科学文化卫生委员会、华侨委员会、环境与资源保护委员会关于十二届全国人大五次会议主席团交付审议的代表提出的议案审议结果的报告；分别听取全国人大常委会办公厅、科技部关于十二届全国人大五次会议代表建议、批评和意见办理情况的报告；审议全国人大常委会法制工作委员会关于十二届全国人大以来暨2017年度备案审查工作情况的报告；审议全国人大常委会代表资格审查委员会关于个别代表的代表资格的报告；审议有关任免案等。

12月14日

［纲　文］　**文化部发布《关于废止部分规范性文件的通知》。**

［目　文］　《通知》说，根据《国务院办公厅关于进一步做好“放管服”改革涉及的规章、规范性文件清理工作的通知》（国办发〔2017〕40号）要求，我部决定废止《文化部关于发布〈文化部创新奖奖励办法〉的通知》（文教科发〔2006〕17号）、《文化部关于印发〈国家文化科技提升计划管理办法（暂行）〉的通知》（文科技发〔2010〕17号）、《文

化部关于印发〈国家文化科技提升计划项目经费管理办法（暂行）〉的通知》（文财务函〔2010〕1158号）等3件规范性文件。

12月14日

［纲　文］　**中宣部、中组部、教育部党组在北京召开加强和改进高校思想政治工作座谈会。**

［目　文］　国务院副总理刘延东主持会议。中共中央政治局委员、中组部部长陈希出席。中共中央政治局委员、中宣部部长黄坤明出席并讲话。会议是在中共中央总书记习近平出席全国高校思想政治工作会议并发表讲话一周年之际召开的。会议指出，要深入学习贯彻习近平新时代中国特色社会主义思想和党的十九大精神，深入贯彻落实习近平总书记关于加强和改进高校思想政治工作的重要论述，努力开创新时代高校思想政治工作新局面。

黄坤明在讲话中充分肯定了一年来高校思想政治工作的进展成效，强调要准确把握党的十九大提出的新任务新要求，全面贯彻党的教育方针，进一步增强坚持社会主义办学方向的自觉性坚定性。要推动习近平新时代中国特色社会主义思想进教材进课堂进师生头脑，着力培养担当民族复兴大任的时代新人，扎实做好高校意识形态工作，全面落实新时代党的建设总要求，推动高校思想政治工作不断取得新成效新业绩。

刘延东在主持会议时指出，各地各高校各有关部门要认真贯彻落实好本次会议精神，站在新起点总结新经验，着眼新征程谋划新篇章，聚焦新要求落实新任务，全面加强党对高校的领导，办好新时代中国特色社会主义大学。

12月14日

［纲　文］　**国家统计局发布第3次全国农业普查公报。**

［目　文］　公报显示，随着城镇化进程加快推进，与10年前相比，我国乡镇数量减少了8.1%，自然村减少了3.8%，但农村水电路气房等基础设施条件明显改善，七成多通村道路为水泥路面，近九成的村通了宽带互联网。与2006年相比，2016年末，全国通村主要道路为水泥路面的村所占比重为76.4%，提高41.2个百分点；村内主要道路为水泥路面的村比重为80.9%，提高53.2个百分点；村内主要道路有路灯的村比重为61.9%，提高40.1个百分点。有73.9%的村生活垃圾集中处理或部分集中处理，提高58.1个百分点。2016年末，全国有幼儿园、托儿所的村占全部村的比重为32.3%，比2006年提高2.2个百分点。有卫生室的村比重为81.9%，提高7.6个百分点。2016年末，99.5%的农户拥有自己的住房，其中，拥有1处住房的农户占比为87.0%，比2006年下降5.5个百分点；拥有2处和3处住房的农户所占比重分别为11.6%和0.9%，分别比2006年提高5.2个百分点和0.5个百分点；拥有商品房的农户达到1997万户，占全部农户的比重为8.7%，而10年前很少有农户购买商品房。2016年末，有近1.1亿农户饮用经过净化处理的自来水，占全部农户的比重为47.7%，比2006年提高24.6个百分点。使用水冲式卫生厕所的农户有8339万户，占全部农户的比重为36.2%。

12月14日

［纲　文］　**民政部中国社区发展协会发布《2016年中国社区发展报告》。**

［目　文］　《报告》显示，2016年我国城乡社区建设取得长足发展。社区服务机构和设施数量普遍增长，截至去年底，全国共有各类社区服务机构和设施38.6万个，城镇便民、利民服务网点8.7万个，社区服务中心（站）覆盖率达24.4%；城乡覆盖比率差距仍较明显，城市社区服务中心（站）覆盖率为79.3%，农村社区服务中心（站）覆盖率仅为14.3%。2016年，我国居民自治深入推进，社区协商成突出亮点。截至2016年底，基层群众自治组织共计66.2万个，其中村委会55.9万个（比上年下降3.8%）、居委会10.3万个（比上年增长3.3%）。

12月14日

［纲　文］　**《内地与香港特别行政区关于就采取刑事强制措施或刑事检控等情况相互通报机制的安排》在北京签署。**

［目　文］　公安部部长赵克志、香港特别行政区行政长官林郑月娥共同见证签署仪式。

签署仪式由公安部副部长侍俊主持。公安部党委委员、港澳台事务办公室主任孙力军，香港特别行政区政府保安局局长李家超共同签署通报机制安排文本。

12月14日

［纲　文］　**原国防科工委科学技术委员会副主任叶正大，在北京逝世，享年91岁。**

12月14日

［纲　文］　**原国家土地管理局党组书记、局长王先进，在北京逝世，享年87岁。**

12月14—17日

［纲　文］　**2017中国海洋经济博览会在广东省湛江举办。**

［目　文］　海博会由广东省人民政府和国家海洋局共同主办，以“蓝色引领 创新发展”为主题。参展国家60多个，其中，“一带一路”国家28个，其他海洋经济发达国家35个。全国21个省（直辖市、自治区）、46个沿海城市有企业参展，参展企业3000多家。其中，世界500强及央企16家、龙头企业54家、上市公司56家。参展大学和科研机构61家、创新型企业256家。展出企业涵盖我国六大重要涉海产业集群，参展行业包括海洋能源、海工装备、海洋科技、海洋环保、海洋旅游、海洋生物医药、涉海军民融合、海洋现代服务业等板块。海博会举办了中国海洋经济发展高端论坛和军民融合产业发展高端论坛、第四届全国海洋材料与腐蚀防护大会、现代海洋渔业发展论坛、中国钢结构装配式建筑产业发展论坛、广东温泉行业协会年会、海洋科技金融与产业创新发展论坛6个专业论坛。

12月15日

［纲　文］　**中共中央在北京召开党外人士座谈会，就中共中央关于修改宪法部分内**

容的建议听取各民主党派中央、全国工商联负责人和无党派人士代表的意见和建议。

［目　文］　中共中央总书记习近平主持会议并讲话。张德江、俞正声、栗战书、汪洋、王沪宁、丁薛祥、王晨、许其亮、李建国、杨晓渡、陈希、黄坤明、尤权、周强、曹建明，中央有关部门负责人出席座谈会。出席座谈会的党外人士还有齐续春、陈晓光、马培华和郝明金、刘新成、何维、蒋作君、邵鸿、李钺锋、谢经荣、甄贞等。民革中央主席万鄂湘、民盟中央主席丁仲礼、民建中央主席陈昌智、民进中央主席蔡达峰、农工党中央主席陈竺、致公党中央主席万钢、九三学社中央主席武维华、台盟中央主席苏辉、全国工商联主席高云龙、无党派人士代表郝如玉先后发言。他们赞成中共中央提出修改宪法的建议，赞同本次宪法修改的总体要求和原则，并就加强宪法实施和监督、维护宪法权威、推进依宪治国和依法治国提出意见和建议。

习近平表示，中共中央坚持协商于决策之前，重视在重要会议召开之前、重要文件颁发之前、重大决策决定之前，听取各民主党派中央、全国工商联和无党派人士意见和建议。大家各抒己见，很多建议都非常中肯，我们将认真研究吸纳。中共十八大以来，中共中央多次强调，坚持依法治国首先要坚持依宪治国，坚持依法执政首先要坚持依宪执政。修改宪法，是党和国家政治生活中的一件大事，是中共中央从新时代坚持和发展中国特色社会主义的全局和战略高度作出的重大政治决策，也是推进全面依法治国、推进国家治理体系和治理能力现代化的重大举措。各民主党派和统一战线为我国宪法制度的形成和发展作出了重要贡献。宪法是党和人民意志的集中体现，是通过科学民主程序形成的国家根本法。修改宪法，是事关全局的重大政治活动和重大立法活动，必须在中共中央集中统一领导下进行，坚持党的领导、人民当家作主、依法治国有机统一，坚定中国特色社会主义道路自信、理论自信、制度自信、文化自信，坚定不移走中国特色社会主义政治发展道路和中国特色社会主义法治道路，确保修宪工作正确政治方向。宪法是人民的宪法，宪法修改要广察民情、广纳民意、广聚民智，充分体现人民的意志。希望大家深入思考，提出意见和建议。希望大家增强法治意识、强化法治观念，尊崇并带头遵守宪法法律，带动广大成员成为宪法的忠实崇尚者、自觉遵守者、坚定捍卫者。希望大家善用法治思维想问题、作判断、出措施，以法治凝聚共识、规范发展、化解矛盾、保障和谐，为实现中华民族伟大复兴凝聚人心、汇聚力量。

12月15日

［纲　文］　习近平、李克强在北京分别会见来京述职的香港特别行政区行政长官林郑月娥，听取香港当前形势和特区政府工作情况的汇报。

［目　文］　国家主席习近平在会见林郑月娥时说，2017年7月1日，我到香港出席庆祝香港回归祖国20周年大会暨香港特别行政区第五届政府就职典礼，见证了林郑月娥行政长官和新一届特别行政区政府主要官员宣誓就职。我高兴地看到，行政长官就任以来，带领管治团队依法施政，积极作为，聚焦发展经济、改善民生，推出一系列政策举措，加强同各界人士沟通，促进社会稳定，实现了良好开局，得到香港社会各界广泛认

同。中央对林郑月娥行政长官和新一届特别行政区政府的工作是充分肯定的。中共十九大召开后，行政长官带领特别行政区政府管治团队及时学习领会大会精神，邀请和配合中央宣讲团到香港开展宣讲活动，这些做法都很好。中共十九大把“坚持‘一国两制’和推进祖国统一”确定为新时代坚持和发展中国特色社会主义基本方略的重要内容，意义重大。这不仅表明中央对港澳工作的重视，而且表明中央在香港、澳门实行“一国两制”方针是长期的、坚定不移的。在香港成功推进“一国两制”事业，关键是要全面准确贯彻“一国两制”、“港人治港”、高度自治的方针，严格依照宪法和基本法办事。为此，要把维护中央对香港特别行政区全面管治权和保障特别行政区高度自治权有机结合起来。我在中共十九大报告中提出，要支持香港融入国家发展大局，这为香港发展指明了方向，也是香港与内地优势互补、合作共赢的必然选择。希望行政长官带领香港特别行政区政府，广泛团结社会各界人士，抓住机遇，共谋发展，与祖国人民共襄中华民族伟大复兴的伟业。

国务院总理李克强在会见林郑月娥时表示，不久前闭幕的中国共产党第十九次全国代表大会制定了国家未来发展的宏伟蓝图和行动纲领，为香港实现更好发展提供了更多机遇和更大空间。希望特区政府继续团结带领香港社会各界人士，拓展香港经济发展的空间，结合“国家所需，香港所长”，培育新兴产业和新的经济增长点，增强经济发展后劲和可持续性，同时注重防范各种风险。着力解决民生突出问题，使发展成果更好惠及香港同胞。自觉对接国家发展战略，积极参与“一带一路”建设，努力将粤港澳大湾区打造成国际经济竞争格局中的世界一流湾区。继续发挥好香港作为国际金融、航运、贸易中心的优势，提升香港在国家经济发展和对外开放中的地位和功能。

林郑月娥表示，香港的发展得益于国家的发展和中央政府的支持。今后将努力更好融入国家发展大局，大力推动金融、创新科技、创意产业的发展，让香港市民分享经济发展成果，促进香港的繁荣发展。

12月15日

［纲　文］　**习近平、李克强在北京分别会见来京述职的澳门特别行政区行政长官崔世安，听取澳门当前形势和特区政府工作情况的汇报。**

［目　文］　国家主席习近平在会见崔世安时表示，一年来，崔世安行政长官带领澳门特别行政区政府依法施政，大力推动稳经济、惠民生工作，顺利完成第六届立法会选举，稳妥应对各种突发事件和挑战，推动各项建设事业取得新进展。中央对崔世安行政长官和澳门特别行政区政府的工作是充分肯定的。不久前闭幕的中共十九大，对党和国家各方面工作进行了全面部署。行政长官主动带领澳门特别行政区管治团队学习领会中共十九大精神，配合中央宣讲团在澳门开展宣讲活动，引领澳门各界人士凝聚澳门与祖国共命运、同发展的社会共识，效果很好。我在中共十九大报告中将“坚持‘一国两制’和推进祖国统一”确定为新时代坚持和发展中国特色社会主义基本方略的重要内容，体现了港澳工作在党和国家工作全局中的重要地位，体现了中央对港澳工作的高度重视。中央将坚定不移贯彻“一国两制”方针，支持澳门特别行政区政府和行政长官依法施政、积极作为，

支持澳门融入国家发展大局。希望崔世安和特别行政区政府团结带领澳门各界人士，增强大局意识和忧患意识，锐意进取，不断推进“一国两制”在澳门的成功实践，为实现中华民族伟大复兴的中国梦作出新的更大贡献。

国务院总理李克强在会见崔世安时表示，中央政府将继续全面准确贯彻“一国两制”、“澳人治澳”、高度自治的方针，严格依照宪法和基本法办事，全力支持澳门特区政府和行政长官依法施政。发展是永恒的主题，也是澳门的立身之本，有助于促进民生改善。希望行政长官和特区政府团结带领澳门各界人士，抓住机遇，积极作为，主动融入国家发展大局，继续参与和助力“一带一路”、粤港澳大湾区建设等国家发展战略，深化同内地的交流合作。落实好中央支持澳门发展的政策，积极推进经济适度多元发展，加大人才培养引进和支持青年创新创业力度，加快建设世界旅游休闲中心和中国—葡语国家商贸合作服务平台。着力解决突出民生问题，继续完善住房、交通、医疗、基础设施建设、教育等领域工作，增强澳门民众的幸福感和获得感。

崔世安感谢中央政府对澳门经济社会发展的支持，表示澳门特区将积极对接国家发展战略，促进澳门经济适度多元发展。

12月15日

［纲　文］　**国务院批复上海市人民政府，同意上海市城市总体规划。**

［目　文］　批复说，一、原则同意《上海市城市总体规划（2017—2035年）》。二、上海是我国直辖市之一、国家历史文化名城，国际经济、金融、贸易、航运、科技创新中心。上海的城市规划、建设与发展，要立足国际国内和本地实际，主动服务“一带一路”建设、长江经济带发展等重大战略，切实在全面深化改革、创新驱动发展、优化经济结构等方面下功夫，在深化自由贸易试验区改革上有新作为，继续当好全国改革开放排头兵、创新发展先行者，为全国改革发展稳定大局作出更大贡献。三、优化城市空间布局。落实主体功能区战略，扩大生态空间、保障农业空间、优化城镇空间。根据市域内不同地区功能定位和资源环境条件，提升主城区功能等级，完善新城综合功能，促进新市镇协调发展，实施乡村振兴战略，逐步形成“一主、两轴、四翼，多廊、多核、多圈”的空间结构和“主城区—新城—新市镇—乡村”的城乡体系。四、严格控制城市规模。坚持规划建设用地总规模负增长，牢牢守住人口规模、建设用地、生态环境、城市安全四条底线，着力治理“大城市病”，积极探索超大城市发展模式的转型途径。到2035年，上海市常住人口控制在2500万左右，建设用地总规模不超过3200平方公里。五、加强生态环境保护。要增强绿水青山就是金山银山的意识，坚持节约资源和保护环境的基本国策。六、创造优良人居环境。要统筹安排关系人民群众切身利益的教育、文化、体育、医疗、养老等公共服务设施，提高生活性服务业品质，建设高品质、人性化的公共空间，构建宜居、宜业、宜学、宜游的社区服务圈。七、塑造城市特色风貌。坚持社会主义核心价值体系，进一步挖掘上海城市丰富的文化内涵，延续历史文脉，留住城市记忆，激发城市文化创新创造活力，提升城市软实力和吸引力。八、保障城市安全运行。要按照绿色循环低碳的理念规划

建设城市基础设施。进一步完善公路、铁路、机场、港口等交通基础设施，发挥综合交通枢纽功能，促进区域交通设施互联互通。九、健全城市管理体制。创新城市治理方式，加强精细化管理，在精治、共治、法治上下功夫，走出一条符合超大城市特点和规律的社会治理新路子。十、坚决维护规划的严肃性和权威性。《总体规划》是上海城市发展、建设、管理的基本依据，必须严格执行，任何部门和个人不得随意修改、违规变更。

12月15日

［纲　文］　**俞正声主持召开全国政协第六十七次主席会议。**

［目　文］　全国政协副主席杜青林、韩启德、董建华、万钢、林文漪、罗富和、李海峰、陈元、卢展工、王家瑞、王正伟、马飚、齐续春、陈晓光、刘晓峰、王钦敏出席会议。

会议决定2018年1月召开全国政协十二届常委会第二十四次会议。会议审议通过全国政协十二届常委会第二十四次会议议程（草案）和日程，原则通过《中国人民政治协商会议全国委员会常务委员会工作报告（草案）》《中国人民政治协商会议章程（修订草案）》，原则同意《政协全国委员会2018年协商计划》。上述文件草案提请第二十四次常委会议审议。

12月15日

［纲　文］　**中国人民银行、银监会、证监会、保监会印发《关于金融支持深度贫困地区脱贫攻坚的意见》。**

［目　文］　《意见》由13个部分组成：一、强化责任、提升站位，金融扶贫资源要更加聚焦深度贫困地区。二、综合运用货币政策工具，引导金融机构扩大深度贫困地区信贷投放。三、改进完善差别化信贷管理，更好满足深度贫困地区群众合理融资需求。四、加强资金筹集使用管理，全力做好深度贫困地区易地扶贫搬迁金融服务。五、发挥资本市场作用，拓宽深度贫困地区直接融资渠道。六、创新发展保险产品，提高深度贫困地区保险密度和深度。七、优先下沉深度贫困地区金融网点，更加贴近贫困农户需求。八、推进深度贫困地区信用体系建设，加大信用贷款投放力度。九、继续发挥经理国库职能，提升深度贫困地区国库服务水平。十、加强深度贫困地区金融生态环境建设，有效防范金融风险。十一、优化银行业金融机构监管考核，提升银行业金融机构贷款投放的积极性。十二、加强财税金融结合，撬动金融资源更多投向深度贫困地区。十三、完善监测考核评价机制，强化金融精准扶贫政策宣传推广。

12月15日

［纲　文］　**文化部公布《关于废止和修改部分部门规章的决定》。**

［目　文］　《决定》说，为落实国务院“放管服”改革工作部署，根据《国务院办公厅关于进一步做好“放管服”改革涉及的规章、规范性文件清理工作的通知》（国办发〔2017〕40号）的要求，文化部对“放管服”改革涉及的部门规章进行了全面清理。文化部决定：一、废止《文化科技工作管理办法》（文化部令第1号，1990年3月28日发布）、

《文化科学技术成果鉴定办法》（文化部令第2号，1990年7月3日发布）、《文化系统内部审计工作规定》（文化部令第3号，1990年8月25日发布）等3件部门规章。二、修改《社会艺术水平考级管理办法》（文化部令第31号，2004年7月1日发布）、《营业性演出管理条例实施细则》（文化部令第47号，2009年8月28日发布）、《网络游戏管理暂行办法》（文化部令第49号，2010年6月3日发布）、《互联网文化管理暂行规定》（文化部令第51号，2011年2月17日发布）、《娱乐场所管理办法》（文化部令第55号，2013年2月4日发布）等5件部门规章。三、自2017年12月15日起施行。

12月15日

［纲　文］　**卫生计生委、食品药品监管总局发布《疫苗储存和运输管理规范（2017年版）》。**

［目　文］　《规范》共6章26条。主要有总则，疫苗储存、运输的设施设备，疫苗储存、运输的温度监测，疫苗储存、运输中的管理，疫苗储存、运输中温度异常的管理，附则等内容。自2017年12月15日起施行。

12月15日

［纲　文］　**国务院新闻办公室发表《中国人权法治化保障的新进展》白皮书。**

［目　文］　白皮书全文约17000字，除前言、结束语外，共包括六个部分，分别为不断完善人权保障法律体系、依法行政保障公民合法权益、有效提升人权司法保障水平、夯实人权法治化保障的社会基础、加强党对人权法治化保障的领导和积极促进全球人权法治建设。

白皮书说，多年来，中国坚持依法治国基本方略，努力建设社会主义法治国家，人权法治化保障不断迈上新台阶。中共十八大以来，以习近平同志为核心的党中央，坚持以人民为中心的发展思想，从推进国家治理体系和治理能力现代化的高度，作出了全面依法治国的重大战略部署，将尊重和保障人权置于社会主义法治国家建设更加突出的位置，开启了中国人权法治化建设的新时代。中国共产党第十九次全国代表大会已就深化全面依法治国实践作出重大部署。当前，在习近平新时代中国特色社会主义思想指导下，在以习近平同志为核心的党中央坚强领导下，中国人民正在为实现“两个一百年”奋斗目标和中华民族伟大复兴的中国梦而努力。在实现伟大梦想的征程上，社会主义法治国家建设必将取得更加丰硕的成果，中国的人权法治化保障水平必将得到更大提升，中国必将为发展人类政治文明作出新的更大的贡献。

12月15日

［纲　文］　**北京2022年冬奥会会徽和冬残奥会会徽发布仪式在国家游泳中心举行。**

［目　文］　国务院副总理、第24届冬奥会工作领导小组组长张高丽，国务院副总理、第24届冬奥会工作领导小组副组长刘延东出席仪式，北京市委书记、北京冬奥组委主席蔡奇出席仪式并致辞。中央和国家机关有关部门、北京市、河北省和北京冬奥组委负责人，以及国际奥委会官员等出席发布仪式。

张高丽和国际奥委会副主席于再清以及运动员代表张虹一起，揭开了2022年北京冬奥会会徽“冬梦”的神秘面纱。北京冬奥会会徽“冬梦”以汉字“冬”为灵感来源，图形上半部分展现滑冰运动员的造型，下半部分表现滑雪运动员的英姿。中间舞动的线条流畅且充满韵律，代表举办地起伏的山峦、赛场、冰雪滑道和节日飘舞的丝带，为会徽增添了节日欢庆的视觉感受，也象征着北京冬奥会将在中国春节期间举行。

刘延东、蔡奇和残疾人运动员代表张强共同为北京冬残奥会会徽揭幕。北京冬残奥会会徽设计展现了汉字“飞”的动感和力度，巧妙地幻化成一个向前滑行、冲向胜利的运动员，同时形象化地表达了轮椅等冬残奥会特殊运动器械形态。上半部分线条刚劲曲折，下半部分柔美圆润，寓意运动员经过顽强拼搏、历经坎坷最终达到目标获得圆满成功。

国际奥委会主席托马斯·巴赫和国际残奥委会主席安德鲁·帕森斯通过视频对会徽发布表示祝贺。

12月15日

［纲　文］　**由科技部火炬高技术产业开发中心、中国科学院科技战略咨询研究院中国高新区研究中心联合编写的《国家高新区创新能力评价报告（2017）》在北京发布。**

［目　文］　《报告》主要基于国家高新区创新能力评价指标体系展开，对象范围涵盖至2016年底的全部147家国家高新区，评价所涉及的数据均来源于经国家统计局批准、火炬中心组织实施的国家高新区年度统计调查（此报告最新数据为2016年度数据）。

《报告》显示，纳入统计的147家高新区各自产生的GDP总和达8.98万亿元人民币，约相当于我国2016年国内生产总值的12.1%。这一数字超过国内最大的经济省份广东省，高于全球经济体排第12位的俄罗斯。2016年国家高新区企业的研发经费支出5544.7亿元，占我国全年研发经费支出的比例超过35%；新增授权专利26.2万件，当年新增注册企业29.8万家。国家高新区创新资源加速聚集，创新主体加速发育，“双创”平台建设加速扩张，创业企业加速生长，创业投资规模持续扩大。尤其以高新技术企业为代表的创新主体数量，2016年较2015年同比增长31.3%，比2015年10.9%的增速再度提高了20.4个百分点，反映出我国“以企业为主体创新”的国家导向正在国家高新区加速实现。

12月15日

［纲　文］　**中共中央政治局常委、国务院副总理汪洋在北京会见土耳其副总理希姆谢克。**

［目　文］　汪洋表示，中方愿同土方一道，全面落实好两国元首达成的重要共识，切实尊重和照顾彼此核心关切，推进“一带一路”和“中间走廊”倡议对接，加强在重大项目、贸易、金融、科技、旅游等领域务实合作，进一步丰富中土战略合作关系内涵，更好造福两国和两国人民。

希姆谢克表示，土耳其高度重视发展同中国的关系，土方将积极参与“一带一路”建设，推进同中方在交通、能源等领域重大项目合作，深挖两国合作潜力，推动双边关系不断发展。

12月15日

［纲　文］　**中共中央政治局委员、国务委员杨洁篪在北京会见由党主席、副总统梅里顿率领的塞舌尔人民党代表团。**

［目　文］　杨洁篪说，中塞关系迎来历史最好时期。中方将秉持真实亲诚理念和正确义利观，推动两国各领域交流合作不断发展。中国共产党珍视与塞舌尔人民党的传统友谊，两党应加强理念交流互鉴，促进务实合作，为推动各自国家发展更好发挥政治引领作用。

梅里顿说，塞中友好历史悠久，塞人民党希望同中国共产党深入交流党的建设经验，提升自身执政能力。

12月15日

［纲　文］　**澜沧江—湄公河合作第3次外长会在云南大理举行。**

［目　文］　外交部部长王毅、柬埔寨国务兼外交国际合作部大臣布拉索昆、泰国外长敦、老挝外长沙伦赛、缅甸国际合作部部长觉丁、越南副总理兼外长范平明出席。会议回顾了澜湄合作进展，对下一步工作作出规划，并为第二次领导人会议进行了准备。与会各国外长高度赞同王毅发言，充分肯定澜湄合作启动以来取得的令人瞩目成果和发展速度。各方认为，澜湄合作是新型次区域合作机制，六国政治意愿强烈，经济优势互补，发展前景向好。各方认为，澜湄合作与东盟共同体建设三大支柱完全契合，不仅将造福澜湄国家人民，还将有力推动东盟共同体建设。会议讨论了第二次领导人会议成果文件，并达成原则共识。会议发表了“澜湄合作第三次外长会联合新闻公报”，宣布了“澜湄合作专项基金首批支持项目清单”，宣布建立“澜湄合作热线信息平台”，散发了“首次领导人会议和第二次外长会成果落实清单”。

12月16日

［纲　文］　**第4届全国大众冰雪季启动仪式在石家庄举行。**

［目　文］　本届大众冰雪季由国家体育总局、北京市人民政府、河北省人民政府和北京冬奥组委共同主办。国务院副总理刘延东、河北省委书记王东峰、北京市副市长张建东出席启动仪式，国家体育总局局长苟仲文、河北省省长许勤致辞。

举办第4届全国大众冰雪季，是贯彻党的十九大要求广泛开展全民健身活动、落实中共中央总书记习近平“带动3亿人参与冰雪运动”指示、推动京津冀协同发展的实际行动，有利于满足我国群众多样化体育健身需求、推动全民健身和全民健康深度融合。2022年北京冬奥会筹办工作正在扎实有序推进，特别是体现中华灿烂文化与奥林匹克精神完美融合的北京冬奥会会徽和冬残奥会会徽的发布，意味着冬奥会筹办工作迈入新阶段。本届大众冰雪季活动的举办，对进一步营造冬奥会浓烈氛围、提高群众主动参与意识、扩大冰雪运动项目人口、促进体育消费和冰雪产业发展将产生积极影响。全国多地在冰雪季期间开展了具有地方特色的群众性冰雪活动，举办上千场次形式多样的大众冰雪活动。

12月16日

［纲　文］　**第九次中英经济财金对话在北京举行。**

［目　文］　国务院副总理马凯与英国财政大臣哈蒙德共同主持。双方就宏观经济形势、贸易投资、产业战略、金融改革与发展、“一带一路”合作等进行了讨论，共达成72项互利共赢成果。会后，马凯与哈蒙德共同会见了记者。

15日，国务院总理李克强在北京会见来华出席第九次中英经济财金对话的英国财政大臣哈蒙德时表示，2017年适逢中英建立大使级外交关系45周年，两国关系在相互尊重、平等相待的基础上不断取得新的发展。英国是高度开放的经济体，中国对外开放的大门也会越开越大。我们愿同英方增进政治互信，加强贸易投资、第三方市场等重点领域合作。充分利用伦敦作为世界主要金融中心的优势，深化中英在金融领域的合作。期待本轮经济财金对话能够推动取得更多互利共赢的成果。

哈蒙德表示，英中关系不断提升，当前面临新的合作机遇。英方愿同中方落实好已达成的各项重要共识，深化贸易、投资、金融、核能等领域合作，共同打造两国关系的“黄金时代”。

12月16日

［纲　文］　**《人民日报》发表题为《开启中国人权法治化的新时代》的评论员文章。**

12月16—20日

［纲　文］　**中国民主建国会第十一次全国代表大会在北京召开。**

［目　文］　中共中央政治局常委、国务院副总理汪洋出席开幕会并代表中共中央致贺词。全国人大常委会副委员长、农工党中央主席陈竺代表各民主党派中央、全国工商联致贺词。大会主席团常务主席陈昌智代表中国民主建国会第十届中央委员会作工作报告。大会学习中共十九大精神和中共中央致民建十一大的贺词，审议批准了陈昌智代表第十届中央委员会所作的报告，审议通过了《中国民主建国会第十一次全国代表大会决议》和《中国民主建国会第十一次全国代表大会关于〈中国民主建国会章程（修正案）〉的决议》，选举产生了由205名中央委员组成的新一届中央委员会。

大会要求，民建要按照中共中央致民建十一大贺词的精神，深化政治交接，全面加强思想建设、组织建设、制度建设和领导班子建设，牢固树立“四个意识”，坚定“四个自信”，不断提高“五种能力”。深刻认识我国社会主要矛盾的变化，充分发挥特色和优势，贯彻落实新发展理念，推动建设现代化经济体系，密切关注转变发展方式、优化经济结构、转换增长动力攻关期的战略部署和重要任务，围绕深化供给侧结构性改革、加快建设创新型国家、实施区域协调发展战略等方面建言践行，在履行参政党职能上有新作为。大会号召，民建全会要更加紧密团结在以习近平同志为核心的中共中央周围，以习近平新时代中国特色社会主义思想为指导，认真学习贯彻中共十九大精神，落实民建十一大确定的工作目标和任务，继承和发扬优良传统，不忘合作初心，继续履职前行，为决胜全面建成小康社会、夺取新时代中国特色社会主义伟大胜利、实现中华民族伟大复兴的中国梦而努力奋斗！

12月16日—2018年1月10日

［纲　文］　**第3届中国歌剧节在南京举办。**

［目　文］　歌剧节由文化部和江苏省人民政府主办，以“歌剧艺术的盛会，人民群众的节日”为宗旨。期间，23台剧目共演出45场，同时举办“一剧一评”15场、歌剧艺术讲座6场、下基层演出5场，剧场观众达7万余人次，网络观看超过26万人次。主要有《马向阳下乡记》《有爱才有家》《呦呦鹿鸣》《松毛岭之恋》《青春之歌》《玛纳斯》《蔡文姬》等。

12月17日

［纲　文］　**中共中央、国务院任命严纯华为兰州大学校长（副部长级）；免去王乘的兰州大学校长职务。**

12月17日

［纲　文］　**新华社讯，中共中央办公厅、国务院办公厅印发《生态环境损害赔偿制度改革方案》。**

［目　文］　《方案》由六个部分组成：一、总体要求和目标。二、工作原则。三、适用范围。四、工作内容。五、保障措施。六、其他事项。2015年印发的《生态环境损害赔偿制度改革试点方案》自2018年1月1日起废止。

《方案》指出，自2018年1月1日起，在全国试行生态环境损害赔偿制度。到2020年，力争在全国范围内初步构建责任明确、途径畅通、技术规范、保障有力、赔偿到位、修复有效的生态环境损害赔偿制度。各省（自治区、直辖市）、市（地、州、盟）党委和政府要加强对生态环境损害赔偿制度改革的统一领导，及时制定本地区实施方案，明确改革任务和时限要求，大胆探索，扎实推进，确保各项改革措施落到实处。省（自治区、直辖市）政府成立生态环境损害赔偿制度改革工作领导小组。

12月17日

［纲　文］　**《人民日报》报道，中宣部等部门联合发通知，要求加强社会主义核心价值观网上传播。**

［目　文］　通知要求，要加强网上主旋律宣传，充分运用各类网络平台，广泛组织开展党的十九大精神的宣传，深入开展习近平新时代中国特色社会主义思想的宣传，开展中国特色社会主义和中国梦的宣传，开展统筹推进“五位一体”总体布局、协调推进“四个全面”战略布局的宣传。要坚持“正能量是总要求”，准确把握网络传播规律，把社会主义核心价值观的要求体现到网络宣传、网络文化、网络服务中，用正面声音和先进文化占领网络阵地，用正确的网络舆论引导思潮、凝聚共识。要深化网上主题教育活动，以在全党开展“不忘初心、牢记使命”主题教育为契机，充分用好网络手段，通过网络直播、网络视频、网上交流等形式，为党员干部用党的创新理论武装头脑，搭建网上学习平台。

要广泛开展网络公益活动，积极探索“互联网+公益”新模式，搭建网络公益平台，壮大网络公益队伍，形成线上线下踊跃参与公益事业新格局。要积极创作传播优秀文艺作品，推出一批网络文艺精品力作。要依法加强网络空间治理，加大对突出问题、问题网站专项整治力度，持续不断净化网上舆论生态。

12月17日

［纲　文］　**民航局、国家发展改革委印发《民用航空国内运输市场价格行为规则》。**

［目　文］　《规则》共5章24条。主要有总则、国内运价制定、国内运价公布与执行、国内运价监督、附则等内容。自2017年12月17日起施行。

12月17日

［纲　文］　**澳门特别行政区第十三届全国人大代表选举会议在澳门举行第二次全体会议，投票选举澳门第十三届全国人大代表。**

［目　文］　全国人大常委会副委员长兼秘书长王晨出席会议并讲话。选举会议主席团常务主席崔世安主持会议。出席会议的466位选举会议成员以无记名投票方式，选出12名澳门第十三届全国人大代表，并根据选举办法的规定，确定了3名得票数不少于选票三分之一的未当选为代表的候选人在代表因故出缺时的递补顺序。

选举结束后，王晨讲话指出，澳门第十三届全国人大代表选举工作严格依法办事，充分发扬民主，是一次公开、公平、公正的选举。各位选举会议成员以国家主人翁的姿态，珍视参与国家事务的民主权利，心系国家根本利益和澳门同胞福祉，积极参与选举会议工作，圆满完成各项任务。他代表全国人大常委会和张德江委员长向新当选的全国人大代表表示热烈祝贺，并向选举会议成员表示衷心感谢。他说，相信新一届澳门全国人大代表，一定会秉承爱国爱澳的光荣传统，拥护并模范地遵守宪法和澳门特别行政区基本法，拥护“一国两制”方针政策，效忠中华人民共和国和澳门特别行政区，认真履行代表职责，为祖国繁荣昌盛和澳门长期繁荣稳定作出积极贡献。

同日，澳门特别行政区第十三届全国人大代表选举会议主席团第三次会议在澳门举行。全国人大常委会副委员长兼秘书长王晨出席会议，主席团常务主席崔世安主持会议。会议决定发布关于澳门特别行政区第十三届全国人大代表选举结果的公告。根据《中华人民共和国澳门特别行政区选举第十三届全国人民代表大会代表的办法》的规定，由主席团将选举结果的报告报送全国人大常委会代表资格审查委员会进行代表资格审查。会后，主席团发布第三号公告。

12月17日

［纲　文］　**第2架C919大型客机完成首次飞行。**

［目　文］　10时34分，C919飞机从上海浦东国际机场起飞，完成预定试飞科目后于12时34分安全返航着陆。本次飞行初步检查了飞机起飞、着陆性能与各主要系统、设备的工作情况。飞行过程中检查了飞机襟翼收放、起落架系统、导航通信系统状态以及加减速特性等。

这是继首架C919飞机11月10日转场陕西阎良以来，C919大型客机项目的又一重要节点。根据项目计划，C919飞机研制批共将投入6架试飞飞机进行试验试飞，2架飞机进行地面试验。6架试飞飞机需要完成1000多项符合性验证试验，2架地面试验飞机需要进行全机静力试验和疲劳试验等。未来几年，中国商飞公司将联合中国航空工业集团等，以山东东营与陕西阎良两大试飞基地为主战场，在全国多地机场展开密集试飞。这是我国首次对150座级的干线飞机进行适航验证。

12月17—20日

［纲　文］ **第4届世界华文教育大会在北京召开。**

［目　文］ 大会由国务院侨办和中国海外交流协会主办。开幕式上，国务院侨办表彰了1599名长期从事华文教育的海外优秀华文教师和128名为华文教育慷慨解囊的热心华教人士。会议期间，与会代表围绕“深化华文教育‘三化建设’，大力弘扬中华优秀文化”的主题进行交流研讨。来自55个国家和地区的近600位华文教育界代表参加了大会，有关部门和单位负责人出席会议。会后，部分境外代表赴黑龙江、山东、福建、江西、广西等地进行考察交流和观摩教学。

12月18日

［纲　文］ **国家发展改革委印发《全国碳排放权交易市场建设方案（发电行业）》。**

［目　文］ 《方案》由八个部分组成：一、总体要求。二、市场要素。三、参与主体。四、制度建设。五、发电行业配额管理。六、支撑系统。七、试点过渡。八、保障措施。

《方案》指出，国务院发展改革部门会同相关部门负责全国碳市场建设。各省级及计划单列市人民政府负责本辖区内的碳市场建设工作。符合条件的省（市）受国务院发展改革部门委托建设运营全国碳市场相关支撑系统，建成后接入国家统一数据共享交换平台。加强绿色循环低碳发展与碳市场相关政策法规的宣传报道，多渠道普及碳市场相关知识，宣传推广先进典型经验和成熟做法，提升企业和公众对碳减排重要性和碳市场的认知水平，为碳市场建设运行营造良好社会氛围。

12月18日

［纲　文］ **人力资源社会保障部、财政部公布《企业年金办法》。**

［目　文］ 《办法》共7章32条。主要有总则，企业年金方案的订立、变更和终止，企业年金基金筹集，账户管理，企业年金待遇，管理监督，附则等内容。自2018年2月1日起施行。原劳动和社会保障部2004年1月6日发布的《企业年金试行办法》同时废止。本办法施行之日已经生效的企业年金方案，与本办法规定不一致的，应当在本办法施行之日起1年内变更。

12月18日

［纲　文］ **交通运输部公布《国内投资民用航空业规定》。**

［目　文］《规定》共4章24条。主要有总则、投资准入、法律责任、附则等内容。自2018年1月19日起施行。民航总局于2005年7月15日公布的《国内投资民用航空业规定（试行）》（民航总局令第148号）同时废止。

12月18日

［纲　文］　交通运输部公布《外国公共航空运输承运人运行合格审定规则》。

［目　文］《规则》共6章。主要有总则、运行合格审定的条件和程序、运行的一般要求、监督检查、法律责任、附则等内容。自2018年1月29日起施行。民航总局于2004年8月23日公布的《外国公共航空运输承运人运行合格审定规则》（民航总局令第127号）同时废止。本规则施行之前已经取得运行规范的外国公共航空运输承运人应当于2018年7月29日之前符合本规则的相应要求。

12月18日

［纲　文］　商务部和澳门财政司在澳门签署《〈内地与澳门关于建立更紧密经贸关系的安排〉投资协议》《〈内地与澳门关于建立更紧密经贸关系的安排〉经济技术合作协议》。

12月18日

［纲　文］　中国空军新闻发言人发布，中国空军编队赴日本海远洋训练。

［目　文］　发言人说，中国空军于18日出动轰炸机、歼击机、侦察机等多型多架战机，成体系飞越对马海峡，赴日本海国际空域训练，以检验远洋实战能力。这是中国空军年度训练计划内的例行性安排，符合相关国际法和国际实践，不针对任何特定国家、地区和目标。对马海峡属于非领海海峡，依照《联合国海洋法公约》，所有国家均享有航行和飞越的自由。中国空军飞越对马海峡赴日本海国际空域远洋训练，合法、合理、合情。这次远洋训练，是中国空军首次飞越对马海峡。空军轰—6K、苏—30等多型多架战机从部署机场完成出动准备，编队飞越对马海峡，赴日本海国际空域训练，应对了外国军机的干扰，达成了既定训练目的，提升了远洋机动能力。当天赴日本海远洋训练的空军航空兵部队，师长、旅长、团长飞在第一梯队，用实际行动叫响了“看我的，跟我飞”。

就中国空军远洋训练引起海内外广泛关注。发言人表示，空军最近开展的一系列海上方向实战化军事训练，响应了练兵备战的号令，回应了人民群众的期盼。空军坚决听从号令、推进强军事业，在实战化军事训练中抓紧抓实备战、提高打赢本领，以大国空军的使命责任，扛起备战打仗的担子，让党和人民放心。

12月18日

［纲　文］　全国人大常委会委员长张德江在北京会见欧洲议会副议长帕帕迪莫里斯。

［目　文］　张德江说，中方高度重视中欧关系，支持欧洲一体化建设。2018年是中国欧盟建立全面战略伙伴关系15周年和中欧领导人会晤机制建立20周年，双方应加强发展战略对接，深化交流合作，推动中欧和平、增长、改革、文明四大伙伴关系建设不断取

得新进展。中国全国人大愿加强同欧洲议会的交往，用好中欧议会定期交流机制，增进政治互信，优化经贸合作的法律环境，巩固友好的民意基础，为中欧关系发展作出新贡献。

帕帕迪莫里斯说，欧盟与中国的关系很重要，双方友好合作对世界和平发展意义重大。欧洲议会愿加强与中国全国人大交流对话，减少分歧，促进互利互惠和共同发展。

12月18—20日

［纲　文］　**中央经济工作会议在北京举行。**

［目　文］　中共中央总书记、国家主席、中央军委主席习近平，中共中央政治局常委、国务院总理李克强，国务院副总理张高丽，中共中央政治局常委栗战书、汪洋、王沪宁、赵乐际、韩正出席会议。

习近平在会上总结了党的十八大以来我国经济发展历程，分析当前经济形势，部署2018年经济工作。李克强在讲话中对2018年经济工作作出具体部署，并作了总结讲话。

会议认为，党的十八大以来，我国经济发展取得历史性成就、发生历史性变革，为其他领域改革发展提供了重要物质条件。经济实力再上新台阶，经济年均增长7.1%，成为世界经济增长的主要动力源和稳定器。

会议指出，2018年是贯彻党的十九大精神的开局之年，是改革开放40周年，是决胜全面建成小康社会、实施“十三五”规划承上启下的关键一年。做好明年经济工作，要全面贯彻党的十九大精神，以习近平新时代中国特色社会主义思想为指导，加强党对经济工作的领导，坚持稳中求进工作总基调，坚持新发展理念，紧扣我国社会主要矛盾变化，按照高质量发展的要求，统筹推进“五位一体”总体布局和协调推进“四个全面”战略布局，坚持以供给侧结构性改革为主线，统筹推进稳增长、促改革、调结构、惠民生、防风险各项工作，大力推进改革开放，创新和完善宏观调控，推动质量变革、效率变革、动力变革，在打好防范化解重大风险、精准脱贫、污染防治的攻坚战方面取得扎实进展，引导和稳定预期，加强和改善民生，促进经济社会持续健康发展。稳中求进工作总基调是治国理政的重要原则，要长期坚持。“稳”和“进”是辩证统一的，要作为一个整体来把握，把握好工作节奏和力度。要统筹各项政策，加强政策协同。按照党的十九大的要求，今后3年要重点抓好决胜全面建成小康社会的防范化解重大风险、精准脱贫、污染防治三大攻坚战。要围绕推动高质量发展，做好8项重点工作。一是深化供给侧结构性改革。二是激发各类市场主体活力。三是实施乡村振兴战略。四是实施区域协调发展战略。五是推动形成全面开放新格局。六是提高保障和改善民生水平。七是加快建立多主体供应、多渠道保障、租购并举的住房制度。八是加快推进生态文明建设。

12月18—19日

［纲　文］　**应外交部部长王毅邀请，意大利外长阿尔法诺对中国进行正式访问。**

［目　文］　18日，中意政府委员会第8次联席会议在北京举行。王毅与阿尔法诺共同出席会议并举行会谈。双方一致同意，在中意全面战略伙伴关系基础上，继续深化两国人文交流、科技创新等领域合作，加强在国际事务上的协调与合作，共同推进“一带一

路”框架下的战略对接与务实合作。两国外长签署了《中意政府委员会第8次联席会议共同文件》，并见证了相关会议纪要的签署。

19日，中共中央政治局委员、国务委员杨洁篪在北京会见阿尔法诺时介绍了中共十九大有关情况并表示，中意传统友谊深厚，双边关系发展势头良好。双方要继续保持高层交往和各部门接触，深化“一带一路”框架下各领域务实合作，密切人文科技领域交流，推动中意、中欧全面战略伙伴关系迈上新台阶。阿尔法诺祝贺中共十九大成功召开，表示意方高度重视发展对华关系，愿积极参与“一带一路”建设，同中方进一步深化合作，推进双边关系不断向前发展。

12月18—21日

［纲　文］　**应外交部部长王毅邀请，坦桑尼亚外长马希加对中国进行正式访问。**

［目　文］　20日，中共中央政治局委员、国务委员杨洁篪在北京会见马希加时表示，中方始终从战略高度和长远角度看待中坦关系，愿同坦方进一步密切各领域交往，加强治国理政经验交流，不断提升政治互信，积极深化务实合作，加强在国际和地区问题上的协调配合，维护好两国和发展中国家的共同利益。马希加表示，坦中友谊深厚，各领域合作成果丰硕。坦方热烈祝贺中共十九大胜利召开，高度赞赏中方提出的“一带一路”倡议和共同发展理念，愿做中国最好的合作伙伴。

同日，王毅在北京与马希加举行会谈时表示，中方十分重视中坦关系发展，将中坦关系置于特殊重要位置。中方愿同坦方一道，共同推进“一带一路”建设，全面落实中非合作论坛约翰内斯堡峰会成果，深化基础设施建设、能源矿业、加工制造业等领域互利合作，扩大人文交流，密切国际和地区事务协调，推动两国关系不断取得更大发展。马希加表示，坦方愿积极参与“一带一路”建设，同中方在中非合作论坛框架下加强基础设施、能源、港口、航空等领域的合作。坦方期待明年在华举办的中非合作论坛新一届会议进一步促进中非关系发展和中非全面合作。

12月19日

［纲　文］　**国务院办公厅印发《关于推进公共资源配置领域政府信息公开的意见》。**

［目　文］　《意见》由三个部分组成：一、指导思想。二、主要任务。三、保障措施。

《意见》要求，按照“谁批准、谁公开，谁实施、谁公开，谁制作、谁公开”的原则，明确公开责任主体。探索建立公共资源配置“黑名单”制度，逐步将骗取公共资源等不良行为的信息纳入“黑名单”并予以公开。地方各级政府要按照政务公开工作绩效考核相关规定，把公共资源配置领域政府信息公开工作纳入政务公开工作绩效考核范围，加大考核力度，并探索引入第三方评估机制，推动工作有效开展。建立健全激励约束机制，对未按照相关规定和要求履行公开职责的，要通报批评，并在年度考核中予以体现；对工作成效突出的，给予通报表扬。

12月19日

［纲　文］　**全国人大常委会委员长张德江在北京会见越南国会副主席杜伯巳。**

［目　文］　张德江说，习近平总书记在中共十九大后首次出访就选择了越南，同越方领导人就推进新形势下中越关系作出顶层设计和战略部署。中国全国人大和越南国会要把推动落实中越两党两国领导人达成的重要共识作为首要任务，加强各层级交流合作，增进相互了解和政治互信，互相借鉴治国理政和立法监督方面的有益经验，不断优化经贸合作、人员往来的政策和法律环境，巩固两国关系的民意基础，共同构建中越两党两国命运共同体。

杜伯巳说，在两党两国领导人的直接推动下，越中关系的特殊性更加凸显。越南国会愿加强与中国全国人大的友好关系，推动互利合作，促进地方交往，助力越中关系发展。

12月19日

［纲　文］　**全国政协主席俞正声在北京与摩洛哥参议长本希马举行会谈。**

［目　文］　俞正声说，中方愿同摩方落实好两国元首共识，不断充实中摩战略伙伴关系内涵。双方应继续推进各领域、各层次交往，不断深化政治互信；深挖务实合作潜力，实现发展战略有效对接；不断丰富人文交流形式和内容，增进两国民众间的相互了解和友好感情；加强在国际事务中的合作，共同维护世界和平稳定，推动全球治理体系朝着更加公正合理的方向发展。俞正声向客人介绍了中共十九大主要成果，表示这次大会不仅为中国未来发展，也将为中摩战略伙伴关系深入发展带来新机遇。中国全国政协愿同摩洛哥参议院加强交流与合作，就治国理政、参政议政等互相借鉴，为深化中摩战略伙伴关系和增进两国人民福祉作出更大贡献。本希马说，摩洛哥非常重视发展与中国的关系，对双方在各领域的合作表示满意。摩洛哥参议院愿继续加强与中国全国政协之间的友好往来，为进一步深化摩中战略伙伴关系作出贡献。

20日，全国人大常委会委员长张德江在北京会见本希马时说，中国全国人大重视发展同摩洛哥参众两院的友好关系，愿在现有良好的基础上，开展治国理政、立法以及经贸等方面的交流互鉴，促进人文领域交往合作，营造务实合作良好的法律环境，更好服务中摩关系发展大局。本希马说，摩方有强烈意愿推动两国关系向前发展，愿与中国全国人大加强友好交流合作。

12月19日

［纲　文］　**香港特别行政区第十三届全国人大代表选举会议在香港举行第二次全体会议，投票选举香港第十三届全国人大代表。**

［目　文］　全国人大常委会副委员长兼秘书长王晨出席会议并讲话。选举会议主席团常务主席林郑月娥主持会议。出席会议的1796位选举会议成员以无记名投票方式，选出36名香港第十三届全国人大代表，并根据选举办法的规定，确定了6名得票数不少于选票三分之一的未当选为代表的候选人在代表因故出缺时的递补顺序。

选举结束后，王晨讲话指出，香港第十三届全国人大代表选举工作严格依法办事，充分发扬民主，是一次公开、公平、公正的选举。选举会议成员以国家主人翁的姿态，珍视参与国家事务的民主权利，心系国家根本利益和香港同胞福祉，积极参与选举会议工作，圆满完成各项任务。他代表全国人大常委会和张德江委员长向新当选的全国人大代表表示热烈祝贺，并向选举会议成员表示衷心感谢。相信新一届香港全国人大代表，一定会秉承爱国爱港的光荣传统，拥护并模范地遵守宪法和香港特别行政区基本法，拥护“一国两制”方针政策，效忠中华人民共和国和香港特别行政区，认真履职尽责，不辱使命、不负众望，为中华民族伟大复兴，为香港长期繁荣稳定作出积极贡献。

同日，香港特别行政区第十三届全国人大代表选举会议主席团第三次会议在香港举行。全国人大常委会副委员长兼秘书长王晨出席会议，主席团常务主席林郑月娥主持会议。会议决定发布关于香港特别行政区第十三届全国人大代表选举结果的公告。根据《中华人民共和国香港特别行政区选举第十三届全国人民代表大会代表的办法》的规定，由主席团将选举结果的报告报送全国人大常委会代表资格审查委员会进行代表资格审查。会后，主席团发布第三号公告。

12 月 19 日

［纲　文］　**中法战略对话第 17 次牵头人磋商在北京举行。**

［目　文］　中共中央政治局委员、国务委员杨洁篪与法国总统外事顾问埃蒂安出席。杨洁篪表示，中方愿与法方一道努力，筹备好下一阶段两国之间的高层交往，为中法全面战略伙伴关系注入新的动力。中国将法国视为新时代中国发展道路上的重要伙伴，愿同法方进一步夯实政治互信，相互尊重彼此核心利益和重大关切，坚持互利共赢，深化在核能、航空航天、工业制造和贸易投资等领域的合作，继续加强在国际事务中的协调与合作。中方希望法方继续在中欧关系中发挥积极建设性作用。埃蒂安表示，法国重视中国日益上升的国际地位和作用，始终将发展对华关系作为外交政策的优先方向。法方愿同中方进一步密切高层交往，深化务实合作，增进人文交流，加强国际地区问题协调，共同维护多边主义，将法中关系提升到新的高度。

同日，中共中央政治局常委、国务院副总理汪洋在北京会见埃蒂安时表示，近年来，在两国元首的直接推动下，中法积极开拓务实合作，两国关系保持高水平发展。中方愿同法方一道，密切高层交往，巩固政治互信，提升务实合作，深化人文交流，加强在国际事务中的协调配合，推动中法、中欧全面战略伙伴关系更上层楼。埃蒂安表示，法方高度重视发展对华关系，愿同中方保持密切协作，共同筹划下阶段两国高层交往，携手推动法中、欧中关系实现更大发展。

12 月 19 日

［纲　文］　**外交部发言人就美国政府发表的国家安全战略报告涉华内容表示，中方敦促美方停止故意歪曲中方战略意图，摒弃冷战思维和“零和”博弈等过时观念。**

［目　文］　有记者问：据媒体报道，美国政府 18 日发表了国家安全战略报告，对中国

内政和外交政策有多处批评，把中国等称作是美国利益的竞争者。请问中方对此有何评论？

发言人说，中国人民对自己选择的发展道路中国特色社会主义充满信心。历史和现实已经证明，这是一条符合中国国情、实现国家富强和人民幸福的成功之路。中国取得的发展成就是举世公认的，任何人、任何国家想歪曲事实都只能是白费心机。任何人、任何国家都阻挡不了中国人民沿着中国特色社会主义道路坚定不移地走下去，取得更大的成就。中国始终是世界和平的建设者、全球发展的贡献者、国际秩序的维护者，中国在世界各地的经济和外交活动受到各国普遍欢迎。国际社会对此是有目共睹的，任何国家、任何一个什么报告想歪曲事实、恶意诋毁都是徒劳的。中国绝不会以牺牲别国利益为代价发展自己，也绝不放弃自己的正当权益。中国坚定捍卫自己的主权、安全和发展利益，任何人都不要幻想让中国吞下损害自身利益的苦果。作为两个大国，中美之间存在一些分歧不足为怪。对此，应该在尊重彼此核心利益和重大关切基础上，采取建设性方式妥善处理。中方敦促美方停止故意歪曲中方战略意图，摒弃冷战思维和“零和”博弈等过时观念，否则只会损人害己。我们希望美方顺应时代潮流和民心所向，客观、理性地看待当今世界和中美关系，恪守有关承诺，同中方相向而行，维护中美关系健康稳定发展，这才是符合两国人民和世界各国人民利益的正确选择。

12月20日

［纲　文］　**国家食品药品监管总局公布《医疗器械网络销售监督管理办法》。**

［目　文］　《办法》6章56条。主要有总则、医疗器械网络销售、医疗器械网络交易服务、监督检查、法律责任、附则等内容。自2018年3月1日起施行。

12月20日

［纲　文］　**国家民族事务委员会公布《民族统计工作管理办法》。**

［目　文］　《办法》共6章24条。主要有总则、统计机构和统计人员、统计调查管理、统计资料的管理和公布、监督检查和法律责任、附则等内容。自2017年12月20日起施行。

12月20日

［纲　文］　**财政部、海关总署、税务总局公布《关于修改〈科学研究和教学用品免征进口税收规定〉的决定》。**

［目　文］　《决定》说，在第七条后增加一条作为第八条，原第八条和第九条相应顺延，增加内容为：“财政部、海关总署、税务总局等有关部门及其工作人员在政策执行过程中，存在违反本规定的行为，以及其他滥用职权、玩忽职守、徇私舞弊等违法违纪行为的，依照国家有关规定追究相应责任；涉嫌犯罪的，依法移送司法机关处理。”自2018年1月1日起施行。

12月20日

［纲　文］　**环境保护部公布《关于修改部分规章的决定》。**

［目　文］《决定》说，按照国务院关于做好“放管服”改革涉及的规章清理工作要求，环境保护部对有关规章进行了清理，决定对《国家级自然保护区监督检查办法》《放射性同位素与射线装置安全许可管理办法》等2部规章的部分条款予以修改。自2017年12月20实施。

12月20日

［纲　文］**交通运输部印发《道路客运接驳运输管理办法（试行）》。**

［目　文］《办法》共6章34条。主要有总则、安全管理制度与接驳组织方案、接驳运输信息管理、运行过程管理、监督检查、附则等内容。自2018年5月1日起实施，有效期5年。

12月20日

［纲　文］**海关总署公布《关于修改部分规章的决定》。**

［目　文］《决定》说，为进一步深化海关简政放权放管结合优化服务改革，在保证海关有效监管、精准监管的同时，推动通关以及相关作业流程“去繁就简”，去除不必要的制度性成本，营造良好营商环境，海关总署决定对《中华人民共和国海关对进出境旅客行李物品监管办法》等23部规章进行修改，自2018年2月1日起施行。

12月20日

［纲　文］**邮政局发布《关于推进邮政业服务“一带一路”建设的指导意见》。**

［目　文］《意见》由八个部分组成：一、重要意义。二、指导思想。三、基本原则。四、推动基础设施建设，构建“一带一路”寄递服务网络。五、加快走出去和引进来，促进“一带一路”跨境贸易发展。六、加强创新能力开放合作，培育“一带一路”邮政业发展新动能。七、推进政策沟通协调，深化“一带一路”邮政业国际合作。八、加强组织领导，抓好贯彻落实。

《意见》指出，各相关单位要站在全局的高度，充分认识邮政业服务“一带一路”建设的重要意义，切实增强责任感和使命感，明确任务、细化措施、制定方案，全力推进邮政业服务“一带一路”建设工作。国家邮政局各司（室）要按照职责分工，加强研究、勇于创新、密切配合，确保工作任务落到实处。各省（区、市）邮政管理局要结合地方要求和行业实际，找准定位，提出工作方案，抓好贯彻落实。行业各有关企业要切实发挥主体作用，把握发展机遇，强化资源投入，成立工作专班，制定实施方案，加快“引进来”和“走出去”，积极服务“一带一路”建设。

12月20日

［纲　文］**澳门特区政府举行酒会，庆祝澳门特别行政区成立18周年。**

［目　文］澳门行政长官崔世安在致辞时表示，必须要坚定对“一国两制”的信心，不断凝聚共识和力量，坚守“一国”之本，善用“两制”之利，融入国家发展大局，确保澳门长治久安。

全国政协副主席何厚铧、中央人民政府驻澳门特别行政区联络办公室主任郑晓松、外交部驻澳特派员公署特派员叶大波、解放军驻澳部队司令员王文和政委周昊刚、立法会主席贺一诚、终审法院院长岑浩辉，以及澳门行政会委员、立法会议员、特区政府官员、澳区人大代表、政协委员以及各界来宾700多人出席酒会。

同日8时，澳门特区政府在金莲花广场举行升旗仪式，多个政府部门及民间团体也分别举行活动，庆祝澳门特区成立18周年。

12月20日

［纲　文］　**乌兹别克斯坦总统米尔济约耶夫在塔什干会见国务委员兼国防部长常万全。**

［目　文］　米尔济约耶夫说，中国是乌兹别克斯坦的亲密朋友和可靠伙伴。乌方坚定奉行一个中国政策，坚定不移支持习近平主席提出的“一带一路”倡议，愿与中方深化各领域务实合作，造福两国人民，维护地区和平稳定。

常万全说，中乌两国人民的友谊源远流长。今年是中乌建交25周年，在习近平主席和米尔济约耶夫总统的战略引领下，中乌关系发展进入了新时代。中方愿与乌方一道，全面落实两国元首达成的重要共识，进一步深化两国两军关系，为中乌全面战略伙伴关系发展作出新贡献。

同日，常万全与乌国防部部长阿齐佐夫举行正式会谈。

12月20—24日

［纲　文］　**中国国民党革命委员会第十三次全国代表大会在北京召开。**

［目　文］　中共中央政治局常委、中央书记处书记王沪宁出席开幕会并代表中共中央致贺词。全国政协副主席、致公党中央主席万钢代表各民主党派中央和全国工商联致贺词。大会主席团常务主席万鄂湘代表民革第十二届中央委员会作工作报告。大会学习了中共十九大精神，审议通过了万鄂湘代表第十二届中央委员会所作的报告，审议通过了《中国国民党革命委员会第十三次全国代表大会决议》和《中国国民党革命委员会章程（修正案）》，选举产生了由220人组成的新一届中央委员会。

大会指出，民革各级组织和广大党员要把思想和行动统一到中共十九大精神上来，把智慧和力量凝聚到完成中共十九大确定的目标和任务上来。坚持中国共产党的领导，坚定不移地走中国特色社会主义政治发展道路，是民革的立党之本，在任何时候、任何情况下，都绝不能有丝毫动摇。大会号召，民革全党要更加紧密地团结在以习近平同志为核心的中共中央周围，高举中国特色社会主义伟大旗帜，以习近平新时代中国特色社会主义思想为指导，全面贯彻中共十九大精神及民革十三大精神，继承和发扬孙中山爱国、革命、不断进步精神，在民革十三届中央委员会的领导下，不忘合作初心，筑梦伟大时代，为决胜全面建成小康社会、夺取新时代中国特色社会主义伟大胜利、实现中华民族伟大复兴的中国梦、实现人民对美好生活的向往继续奋斗。

12月20—26日

［纲　文］　**应国家主席习近平邀请，冈比亚共和国总统巴罗对中国进行国事访问。**

［目　文］　21日，习近平在北京同巴罗举行会谈。两国元首一致同意，共同规划好中冈合作新蓝图，推动双边关系持续深入发展。共同见证了两国政府关于互免持外交、公务护照人员签证的协定，中冈合作设立冈比亚大学孔子学院的协议及经济、贸易、投资、技术合作，基础设施建设，人力资源开发等领域双边合作文件的签署。

习近平指出，2016年3月，中国同冈比亚实现复交，两国关系开启了新的篇章。事实证明，冈方作出同中国复交的决定，顺应时代发展潮流，符合两国和两国人民根本利益，是正确的选择。要牢牢把握一个中国原则和两国友好大方向，在涉及彼此核心利益和重大关切问题上相互理解和支持，永做真诚友好、平等相待的好朋友、好伙伴。中国对外合作，不附加任何干涉其他国家内政的政治条件。中非合作的要义，就是要把中国发展同助力非洲发展紧密结合起来，实现合作共赢、共同发展。无论中国发展到哪一步，无论国际风云如何变幻，中国都将始终同非洲等广大发展中国家站在一起，永远做非洲的真诚朋友和可靠伙伴。

巴罗表示，冈中复交完全符合冈比亚人民的意愿，冈比亚将坚定奉行一个中国政策，愿加强两国经贸、农业、电力、基础设施、教育、旅游等各领域务实合作和人文交流，并继续在国际事务中密切沟通协调。

22日，国务院总理李克强在北京会见巴罗时指出，中方愿结合冈方国情和特点，充分挖掘互补优势，推进两国在农业技术、渔业加工、基础设施建设、旅游等领域的务实合作，更好实现互利共赢。中方愿继续为冈比亚经济社会发展提供力所能及的支持和帮助。

巴罗表示，冈方高度重视发展对华关系，将坚定奉行一个中国政策，愿同中方加强农业、基础设施建设、旅游等领域合作，掀开两国关系发展新篇章。

同日，全国人大常委会委员长张德江在北京会见巴罗时说，中国全国人大愿与冈比亚议会一道，以推动落实两国元首达成的重要共识为首要任务，加强友好合作，开展治国理政、立法经验交流，推动人员往来和人文交流，完善务实合作的政策和法律环境，为深化两国友好合作关系作出积极贡献。

巴罗说，冈中复交完全符合冈比亚人民意愿，冈方感谢中国政府和人民的无私帮助，将坚定恪守一个中国原则，愿借鉴中方改革发展经验，加强两国各领域务实合作。

12月20—23日

［纲　文］　**应外交部部长王毅邀请，委内瑞拉外长阿雷亚萨对中国进行正式访问。**

［目　文］　20日，中共中央政治局委员、国务委员杨洁篪在北京会见阿雷亚萨时介绍了中共十九大有关情况并表示，中委政治互信巩固，经济融合日益加深，多边事务协作良好。中方重视发展中委关系，愿与委方一道努力推进两国关系，为两国人民带来实实在在好处。

阿雷亚萨祝贺中共十九大成功召开，表示委方将中国视为优先合作伙伴，愿积极参与“一带一路”建设，进一步加强同中国在各领域的友好合作，保持两国关系强劲发展势头。

22日，王毅在北京与阿雷亚萨举行会谈时表示，拉美是21世纪海上丝绸之路的自然延伸，很多拉美国家表示愿意参与“一带一路”国际合作，我们对此表示欢迎，愿意在“一带一路”框架内，本着共商共建共享原则，同委及拉美各国加强发展战略对接，发掘合作潜力，拓展合作空间，实现共同发展。

阿雷亚萨表示，中国是委外交多元化的优先方向。委方将积极与各方共建“一带一路”，期待中委务实合作产出更多成果。

12月21日

［纲　文］　**中共中央办公厅、国务院办公厅印发《关于加强和改进中外人文交流工作的若干意见》。**

［目　文］　《意见》指出，加强和改进中外人文交流工作要以服务国家改革发展和对外战略为根本，以促进中外民心相通和文明互鉴为宗旨，创新高级别人文交流机制，改革各领域人文交流内容、形式、工作机制，将人文交流与合作理念融入对外交往各个领域。要创新高级别人文交流机制，充分发挥元首外交和首脑外交的引领作用，充分发挥高级别人文交流机制的示范带动作用，巩固深化我国同有关国家的人文合作。要健全全社会广泛参与的体制机制，充分调动中央与地方、政府与社会的积极性，进一步挖掘各地方、各部门、各类组织和群体在中外人文交流中的潜力和资源。加强人文交流相关知识和理念的教育、传播、实践，引导海外华侨华人、留学人员、志愿者以及在海外投资的中资企业积极参与人文交流，将人文交流寓于中外民众日常交往中。要构建语言互通工作机制，推动我国与世界各国语言互通，开辟多种层次语言文化交流渠道。着力加大汉语国际推广力度，支持更多国家将汉语教学纳入国民教育体系，努力将孔子学院打造成国际一流的语言推广机构。健全国内高校外语学科体系，加快培养非通用语人才，不断提升广大民众的语言交流能力。要加强中外人文交流综合传播能力建设，推动中外广播影视、出版机构、新闻媒体开展联合制作、联合采访、合作出版，促进中外影视节目互播交流，实施图书、影视、文艺演出等领域的专项交流项目和计划，丰富人文交流的文学艺术内容和载体；做大做强“互联网+人文交流”，实现实体与虚拟交流平台的相互补充和良性互动。

12月21日

［纲　文］　**国务院总理李克强致信祝贺中泰铁路合作项目一期工程开工。**

［目　文］　李克强在贺信中表示，中泰铁路合作项目是双方共建“一带一路”、开展产能合作的旗舰项目，体现了共商、共建、共享的精神，是互利双赢，将有效提升泰国和本地区的基础设施建设和互联互通水平，促进泰国经济可持续发展，带动地区发展繁荣和民生改善。希望双方继续保持密切合作，高质量地完成中泰铁路合作项目一期工程建设，扎实推进项目二期相关工作，争取早日实现中泰铁路和中老铁路的互联互通，促进沿线国家经贸交流和人员往来，也可实现互利多赢。中泰一家亲。作为泰国的友好邻邦，中方高度重视发展中泰友好关系。中方愿同泰方共同努力，加强发展战略对接，以中泰铁路合作项目为新平台，持续推进两国互利共赢的务实合作，推动中泰全面战略合作伙伴关系

取得更大发展，为两国人民带来更多福祉。

同日，中泰铁路合作项目一期工程开工仪式在泰国呵叻府巴冲县举行。国家发展改革委副主任王晓涛在开工仪式上宣读了李克强的贺信。泰国总理巴育出席并致辞。来自中泰政府部门、铁路管理部门、相关企业等近 400 人出席开工仪式。项目一期工程长 252 公里，设计时速 250 公里/小时，线下土建工程由泰方负责，线上工程将由中方承建。

12 月 21 日

［纲　文］　**国家民委委员全体会议在北京召开。**

［目　文］　国务院副总理刘延东出席会议并讲话。国家民委主任巴特尔主持会议，中央国家机关和地方有关部门负责人出席会议。

刘延东指出，要全面落实党的十九大部署，把握新时代民族工作新形势新特点，创新工作方式方法，全面深入推进民族团结进步事业。要坚持全面小康一个民族都不能少，推动民族地区跨越式发展，打赢脱贫攻坚战，提升民族地区教育、医疗、卫生等公共服务水平，繁荣文化事业，增进民生福祉。要推进民族团结进步创建工作向纵深发展，促进各民族交往交流交融，铸牢中华民族共同体意识，切实维护民族团结和社会稳定。要加强和改进党对民族工作的领导，进一步提升依法治理民族事务能力，为全面建成小康社会、全面建设社会主义现代化国家、实现中华民族伟大复兴中国梦作出新的贡献。

同日，全国民委主任会议在北京召开。国家民委副主任刘慧主持会议。国家民委主任巴特尔出席并讲话。河北、内蒙古、吉林、山东、河南、海南、云南 7 省区民族工作部门主要负责人作了大会交流发言。

会议指出，2018 年，要把学习宣传贯彻习近平新时代中国特色社会主义思想和党的十九大精神引向深入，深入持久开展民族团结进步教育和创建活动，依法做好少数民族流动人口服务与管理，深化兴边富民行动，实施扶持民族地区和人口较少民族发展规划，办好全国民族自治州、自治县全面建成小康社会和少数民族特色村镇建设等 3 个现场经验交流活动，着力完善民族工作体制机制，筹备组织好广西、宁夏两个自治区成立 60 周年大庆，着力实现党的十九大之后民族工作的良好开局。

12 月 21 日

［纲　文］　**统计局发布《国家统计局公告（2017 年第 4 号）》。**

［目　文］　《公告》说，按照《国务院办公厅关于做好行政法规部门规章和文件清理工作有关事项的通知》（国办函〔2016〕12 号）、《国务院办公厅关于进一步做好“放管服”改革涉及的规章、规范性文件清理工作的通知》（国办发〔2017〕40 号）要求，国家统计局对 2017 年 9 月 30 日前制发的部门规章和规范性文件进行了全面清理。经清理，现决定 6 件部门规章和 19 件规范性文件继续保留有效，7 件规范性文件失效。

12 月 21 日

［纲　文］　**国家民委、教育部、国家语委发布《关于开展全国双语和谐乡村（社区）示范点建设工作的指导意见》。**

［目　文］《意见》由六个部分组成：一、重要意义。二、指导思想。三、基本原则。四、工作目标。五、建设管理。六、保障措施。

《意见》要求，各级民族语文工作部门和教育（语言文字）工作部门要高度重视、加强统筹、落实责任，切实做好推荐申报、建设推进、后续管理等工作，加强对全国双语和谐乡村（社区）示范点建设情况的监督评估，健全工作档案，严格按照有关财务制度使用专项经费，加强资金使用监督和绩效评价。

12月21日

［纲　文］**郭声琨在北京主持召开中央政法委员会全体会议。**

［目　文］会议主要内容是传达学习中央经济工作会议精神，研究谋划2018年政法工作。周强、曹建明出席会议。

中共中央政治局委员、中央政法委书记郭声琨指出，要全面贯彻落实党的十九大精神，以习近平新时代中国特色社会主义思想为指导，按照中央经济工作会议部署要求，充分发挥法治的引领、规范、保障作用，努力营造公正、透明、可预期的法治环境，促进经济社会持续健康发展。党的十八大以来，我国经济发展取得历史性成就、发生历史性变革，形成了习近平新时代中国特色社会主义经济思想。要自觉学深悟透、融会贯通，牢牢把握新时代高质量发展的基本特征，不断增强服务新时代经济社会发展的本领。依法稳妥查处经济犯罪案件，主动防范化解经济金融风险，切实维护社会主义市场经济秩序和群众切身利益。进一步完善产权司法保护政策，甄别纠正社会反映强烈的产权纠纷案件，促进市场主体立恒心、增信心。坚决打击和惩治黄赌毒、黑拐骗等违法犯罪活动，着力解决网上虚假信息诈骗、倒卖个人信息等突出问题，努力给人民群众带来更多获得感、幸福感、安全感。

12月21日

［纲　文］**《人民日报》发表题为《牢牢把握高质量发展这个根本要求》的社论。**

12月21—23日

［纲　文］**赵乐际在福建调研。**

［目　文］中共中央政治局常委、中央纪委书记赵乐际在宁德市霞浦县东山村，看望贫困群众，询问群众生产生活状况和脱贫进展情况。赵乐际指出，要坚持以人民为中心的发展思想，立足职能职责为群众办几件实实在在的事情。要以钉钉子精神抓好作风建设，坚持不懈纠“四风”、转作风，巩固拓展落实中央八项规定精神成果，在反对形式主义、官僚主义上下更大功夫，一个节点一个节点坚守，一个问题一个问题突破，移风易俗、成风化俗。扎实开展扶贫领域腐败和作风问题专项治理，深入一线督促落实脱贫攻坚重大政治责任，坚决纠正贯彻党中央决策部署态度不坚决、工作不扎实等现象，严肃处理贪污侵占、虚报冒领、截留挪用、吃拿卡要、优亲厚友等问题，为打赢脱贫攻坚战提供坚强纪律保障。在漳州、宁德，了解监察体制改革试点工作情况，与基层纪检监察干部亲切交流，并召开座谈会。赵乐际指出，国家监察体制改革试点工作取得阶段性成果，整体发

展态势良好。各级党委要担当起主体责任，实施坚强有力的领导，党委书记要当好“施工队长”，扎实有序整体推进改革。要蹄疾步稳抓好转隶组建工作，推进人员和工作深度融合，探索建立科学有效的监察权运行机制，确保转隶前后各项工作有序衔接。

调研期间，赵乐际主持召开部分中央国家机关纪检组长和省市县纪委书记座谈会，听取对做好纪检监察工作的意见。他还到东山县谷文昌纪念馆参观，要求纪检监察干部向先进典型学习，不忘初心、牢记使命，忠诚履职、为民奉献。

12月21—22日

［纲　文］　**应外交部邀请，第3次巴以和平人士研讨会在北京举行。**

［目　文］　研讨会以“以两国方案推动解决巴以冲突”为主题。巴以双方各8名和平人士围绕“双方领导人需要采取的措施”“双方公民社会可以发挥的作用”以及“国际社会可以发挥的作用”三大议题，本着求同存异、共谋和平的原则，进行了讨论，达成《以两国方案为基础推动解决巴以冲突》的共识文件，确认“两国方案”是解决巴以问题的唯一可行路径。

22日，外交部部长王毅在北京会见来华出席第3次巴以和平人士研讨会的巴以双方代表。

12月22日

［纲　文］　**国务院印发《关于环境保护税收入归属问题的通知》。**

［目　文］　《通知》说，《中华人民共和国环境保护税法》已由第十二届全国人民代表大会常务委员会第二十五次会议于2016年12月25日通过，自2018年1月1日起施行。《中华人民共和国环境保护税法》第二条规定，在中华人民共和国领域和中华人民共和国管辖的其他海域，直接向环境排放应税污染物的企业事业单位和其他生产经营者为环境保护税的纳税人，应当依法缴纳环境保护税。为促进各地保护和改善环境、增加环境保护投入，国务院决定，环境保护税全部作为地方收入。

12月22日

［纲　文］　**国务院公布修订后的《行政法规制定程序条例》《规章制定程序条例》，自2018年5月1日起施行。**

12月22日

［纲　文］　**新华社讯，中共中央办公厅、国务院办公厅印发《关于做好2018年元旦春节期间有关工作的通知》。**

［目　文］　《通知》由九个部分组成：一、用心用情用力做好关心困难群众生活工作。二、切实保障节日市场供应和平稳运行。三、丰富群众精神文化生活。四、扎实做好春运工作。五、狠抓安全生产责任落实。六、全力维护社会和谐稳定。七、倡导勤俭文明过节新风尚。八、持之以恒正风肃纪。九、认真做好值守应急工作。

《通知》要求，各地区各部门要高度重视，加强组织领导，认真部署落实元旦、春节期间有关工作，确保本通知精神落到实处。

12月22日

［纲　文］　**俞正声主持召开政协第十二届全国委员会第六十八次主席会议。**

［目　文］　全国政协副主席杜青林、韩启德、万钢、林文漪、罗富和、何厚铧、李海峰、陈元、卢展工、周小川、王家瑞、王正伟、马飚、陈晓光、马培华、刘晓峰、王钦敏、梁振英出席会议。会议传达学习中央经济工作会议精神，强调要深入学习贯彻中共十九大和中央经济工作会议精神，以习近平新时代中国特色社会主义经济思想为指导，紧紧围绕党中央的决策部署，认真履行政治协商、民主监督、参政议政职能，为促进我国经济社会持续健康发展贡献智慧力量。

会议通过了关于召开政协第十三届全国委员会第一次会议的决定（草案）、关于授权主席会议审议政协第十二届全国委员会常务委员会第二十四次会议未尽事宜的决定（草案），原则通过了政协第十三届全国委员会第一次会议议程（草案）和日程（草案）、政协全国委员会常务委员会关于提案工作情况的报告（草案）、政协全国委员会2018年对外交往计划，听取了关于政协全国委员会2017年重点提案工作情况的汇报，研究了2018年全国政协常委会学习讲座参考选题，书面审议了政协第十二届全国委员会对外交往工作总结（稿）、政协第十二届全国委员会各专门委员会工作总结（稿）、政协全国委员会办公厅五年工作总结（稿）、政协全国委员会办公厅关于十二届全国政协委员视察考察工作情况的报告（草案）、政协全国委员会办公厅关于十二届全国政协反映社情民意信息工作情况的报告（草案）。会议决定将上述有关草案（稿）提请全国政协十二届常委会第二十四次会议审议。全国政协副主席兼秘书长张庆黎、常务副秘书长潘立刚、副秘书长常荣军、提案委员会主任孙淦分别就有关议题作了说明和汇报。

12月22日

［纲　文］　**全国反恐怖工作视频会议在北京召开。**

［目　文］　中共中央政治局委员、国家反恐怖工作领导小组组长郭声琨出席并讲话。赵克志、汪永清、蒋建国、王小洪、张勇、李伟、刘跃进等出席会议。

郭声琨指出，要认真学习贯彻习近平新时代中国特色社会主义思想和党的十九大精神，深入贯彻落实习近平总书记关于反恐怖工作的一系列重要指示精神，深刻认识反恐怖斗争形势的严峻性复杂性，积极适应新时代新任务新要求，全面提升反恐怖工作能力和水平，坚决维护人民群众生命财产安全，为全面建成小康社会创造安全稳定社会环境。要始终坚持党的领导，坚持总体国家安全观，把反恐怖工作摆在维护国家安全的重要位置，加强整体统筹、组织领导和督导检查，压紧压实属地责任、部门责任、单位责任，督促相关企业、行业和社会单位落实主体责任，确保党中央、国务院关于反恐怖工作的决策部署落实到位。

12月22日

［纲　文］　**受中共中央委托，中共中央书记处书记、中央统战部部长尤权向党外人**

士通报中央经济工作会议精神。

［目　文］　陈竺、齐续春出席会议。各民主党派中央、全国工商联负责人和无党派人士，中央统战部部领导班子成员参加会议。

尤权指出，中央经济工作会议是中共十九大后中共中央召开的第一个全国性会议。习近平总书记的讲话，全面总结了中共十八大以来我国经济发展取得的历史性成就、发生的历史性变革，深刻阐述了新时代中国特色社会主义经济思想，明确了明年经济工作的总体要求、主要目标、重点任务，充分体现了以习近平同志为核心的中共中央深刻把握我国经济发展规律的卓越能力、熟练驾驭复杂局面的丰富经验、主动应对新时代我国社会主要矛盾发生历史性变化的战略远见，为战胜各种风险挑战，促进经济平稳健康发展和社会和谐稳定提供了重要指导。希望各民主党派、工商联、无党派人士牢牢把握建设现代化经济体系、推动高质量发展的要求，围绕深化供给侧结构性改革、实施乡村振兴战略、加快完善社会主义市场经济体制、打好“三大攻坚战”等战略举措建言献策，为党和政府提供决策参考。

12月22日

［纲　文］　**国务院副总理马凯在北京会见香港金融管理局总裁陈德霖率领的香港银行公会代表团。**

［目　文］　双方就深化内地与香港金融合作、发挥香港金融界在“一带一路”和粤港澳大湾区建设中的作用等交换了意见。

12月22日

［纲　文］　**中印边界问题特别代表第20次会晤在印度新德里举行。**

［目　文］　中共中央政治局委员、国务委员杨洁篪同印度国家安全顾问多瓦尔就中印关系、中印边界问题及共同关心的国际和地区问题深入交换意见。双方认为，在两国领导人的引领下，近年来中印关系总体保持稳定发展势头。中印之间的共同点远远大于分歧。两国应坚持和平共处五项原则，本着相互尊重和照顾彼此关切的精神，更好地管控和处理分歧。双方应进一步加强战略沟通，增进战略互信，全面推进各领域交流合作，携手实现共同发展，为带动亚洲发展，促进世界和平繁荣作出贡献。早日解决边界问题符合两国根本利益。双方要加强沟通协调，妥善处理有关边界问题，维护好边境地区的和平与安宁。双方同意继续充分发挥特代会晤重要作用，保持接触和谈判势头，加强战略对话和沟通，为中印关系取得更大更紧密的发展创造有利条件。

同日，杨洁篪在新德里会见印度总理莫迪时表示，中方愿同印方一道，加强战略沟通，增进战略互信，拓展各领域务实合作，成为和平共处的好邻居，世代友好的好朋友，携手振兴的好伙伴，共同为亚洲和世界的稳定与繁荣作出重要贡献。莫迪表示印度始终高度重视对华关系，愿同中方一道，加强印中互利合作，推动两国关系健康稳定向前发展，这也将十分有利于地区和世界的稳定与发展。

12月22日

［纲　文］　**纪念中国首批世界文化遗产列入《世界遗产名录》30年座谈会在故宫博**

物院举行。

［目　文］　文化部部长雒树刚、故宫博物院院长单霁翔、国家文物局局长刘玉珠等出席座谈会。

1987年12月，在法国巴黎联合国教科文组织总部举行的世界遗产委员会第11届会议上，中国首次申报的长城、北京故宫、莫高窟、秦始皇陵及兵马俑、周口店北京人遗址和泰山6处遗产列入《世界遗产名录》。

12月22日

［纲　文］　**全球首个鲜果期货品种苹果期货在郑商所上市交易。**

［目　文］　苹果主产区与中国重点贫困区域高度重合，苹果种植是当地农户重要收入来源。近年来，苹果价格波动加大，广大产业企业和果农避险需求强烈。上市苹果期货，为贫困地区产业企业和果农提供定价和避险工具，支持贫困地区优势产业发展，稳定贫困地区果农收入，是资本市场服务实体经济和国家脱贫攻坚战略部署的重要举措，是贯彻落实党的十九大和全国金融工作会议精神的实际行动。

12月22日

［纲　文］　**《人民日报》发表题为《坚持习近平新时代中国特色社会主义经济思想——一论贯彻落实中央经济工作会议精神》的评论员文章。**

12月22—27日

［纲　文］　**十二届全国人大常委会第三十一次会议在北京召开。**

［目　文］　全国人大常委会委员长张德江主持开幕会、闭幕会。全国人大常委会副委员长李建国、王胜俊、陈昌智、严隽琪、王晨、沈跃跃、吉炳轩、张平、向巴平措、艾力更·依明巴海、万鄂湘、张宝文、陈竺，常委会组成人员出席会议。会议期间，张德江主持召开了十二届全国人大常委会第一百零六次、一百零七委员长会议，听取、审议了十二届全国人大常委会第三十一次会议的有关议题。

十二届全国人大常委会第三十一次会议主要内容是：一、会议经表决，通过了新修订的农民专业合作社法、烟叶税法、船舶吨税法，通过了关于修改招标投标法、计量法的决定，国家主席习近平分别签署第83、84、85、86号主席令予以公布。二、会议表决决定将中华人民共和国监察法草案提请十三届全国人大一次会议审议。三、会议表决通过了关于批准《内地与香港特别行政区关于在广深港高铁西九龙站设立口岸实施“一地两检”的合作安排》的决定，通过了关于延长授权国务院在北京市大兴区等232个试点县（市、区）、天津市蓟州区等59个试点县（市、区）行政区域分别暂时调整实施有关法律规定期限的决定。四、会议表决通过了中国人民解放军选举委员会主任、副主任、委员名单。五、会议表决通过了全国人大法律委员会、教育科学文化卫生委员会、华侨委员会、环境与资源保护委员会分别提出的关于十二届全国人大五次会议主席团交付审议的代表提出的议案审议结果的报告。六、会议表决通过了全国人大常委会代表资格审查委员会关于个别代表的代表资格的报告。七、会议经表决，免去南英的最高人民法院副院长职务。

12月22—23日

［纲　文］　**中组部在北京召开全国组织部长会议。**

［目　文］　中共中央政治局委员、中组部部长陈希出席会议并讲话，指出要全面贯彻党的十九大精神，坚持以习近平新时代中国特色社会主义思想为指导，以党的政治建设为统领，坚决维护习近平总书记在党中央和全党的核心地位、坚决维护党中央权威和集中统一领导，在思想上政治上行动上同以习近平同志为核心的党中央保持高度一致，不断提高组织工作质量和水平，为新时代中国特色社会主义伟大事业提供坚强组织保证。要坚持用习近平新时代中国特色社会主义思想武装党员干部，牢固树立“四个意识”、坚定“四个自信”，提高适应新时代、实现新目标、落实新部署的能力。抓好换届后领导班子政治建设、思想建设，从严管理监督干部，督促落实中央八项规定和实施细则精神，力戒形式主义、官僚主义。着力建设高素质专业化干部队伍，以对党忠诚选忠诚于党的人、以事业为上选担当干事的人、以扎实作风选作风扎实的人。要以提升组织力为重点、突出政治功能，统筹推进基层党组织建设。坚持党管人才原则，努力构建具有全球竞争力的人才制度体系。持续建设“讲政治、重公道、业务精、作风好”模范部门，坚持实践实干实效，忠诚履行在全面从严治党、推进伟大事业中的政治责任。

12月22—23日

［纲　文］　**国家发展改革委在北京召开全国发展和改革工作会议。**

［目　文］　会议学习贯彻党的十九大精神，以习近平新时代中国特色社会主义思想为指导，落实中央经济工作会议决策部署，传达国务院总理李克强、国务院副总理张高丽批示要求，总结一年来发展改革工作取得的成效，紧扣解决社会主要矛盾，研究部署2018年发展改革主要任务。国家发展改革委主任何立峰作工作报告。国家发展改革委党组成员，各直属单位主要负责人，国家粮食局、国家能源局负责人，各省、自治区、直辖市，计划单列市及副省级省会城市，新疆生产建设兵团的职能部门负责人出席会议。

会议要求，一是加强党对发展改革工作的领导，持续加强全面从严治党，坚定不移强化“四个意识”，坚定不移强化理论武装，坚定不移强化正风肃纪。二是持续提升履职本领，大力建设学习型机关，大力提升统筹谋划能力，大力建设高素质专业化干部队伍。三是持续强化执行能力，要有弹钢琴的巧劲、钉钉子的韧劲和言出必行的干劲，确保各项政策措施落地生根。四是持续增强整体合力，加强上下联动，强化业务协同，在合力促落实、合力抓调研、合力推试点上见实效。

12月22—23日

［纲　文］　**教育部直属高校工作咨询委员会第27次会议在北京召开。**

［目　文］　国务院副总理刘延东出席并讲话。教育部部长陈宝生主持会议。会议主题是“深入学习贯彻党的十九大精神，全面开启建设高等教育强国新征程”。

刘延东指出，建设高等教育强国，要坚持正确方向，着眼“四个服务”，深刻把握新时代高等教育的战略定位和历史使命，使高等教育发展同我国发展现实目标和未来方向紧密相联。要以全面提高人才培养能力为核心点，坚持立德树人，完善培养模式，实现全员全过程全方位育人。要聚焦国家发展需要，优化学科结构，强化科技攻关，加快一流大学和一流学科建设，提升中西部高等教育水平，推进以质量为重点的内涵发展。要立足时代、面向未来，弘扬社会主义核心价值观，建设师德高尚、业务精湛的教师队伍，培育优良校风学风。要加强党的领导，保证高校始终成为培养社会主义事业建设者和接班人的坚强阵地。

目前，我国接受高等教育总人口已达 1.7 亿，在学人数达 3699 万，高等教育整体实力达到世界中上水平。

12 月 22—25 日

［纲　文］　**第 10 次全国台湾同胞代表会议在北京召开。**

［目　文］　中共中央政治局常委、国务院副总理汪洋出席开幕会并讲话。台盟中央主席苏辉代表台盟中央致贺词，中国侨联主席万立骏代表各人民团体致贺词。来自各省、自治区、直辖市和有关单位的台胞代表共 300 多人与会。汪洋指出，中国特色社会主义进入了新时代，推动两岸关系和平发展、实现祖国和平统一，是全体中华儿女的共同愿望，是中华民族根本利益所在，意义重大，使命光荣。各级台联组织要在新时代的历史征程中，实现新的作为，要深入学习贯彻习近平新时代中国特色社会主义思想和党的十九大精神，牢牢把握两岸关系和平发展的正确方向；要发挥独特优势，深化两岸民间交流交往；要加强自身建设，切实肩负起争取台湾民心的神圣使命。

会议听取并审议通过了全国台联第九届理事会工作报告，审议通过了全国台联章程修正案，选举产生了由 100 人组成的全国台联第十届理事会。会议强调，当前和今后一个时期，台联系统要把深入学习贯彻习近平新时代中国特色社会主义思想和党的十九大精神作为首要政治任务，深入贯彻落实中央关于群团改革的重大部署，全面推进全国台联改革，秉持“两岸一家亲”理念，发挥亲情乡情优势，努力提高沟通、联谊、服务和团结台胞的能力和水平，为早日实现祖国完全统一、实现中华民族伟大复兴的中国梦团结奋斗。

12 月 23 日

［纲　文］　**中国成功发射陆地勘查卫星二号。**

［目　文］　在酒泉卫星发射中心用长征二号丁运载火箭，成功将陆地勘查卫星二号发射升空，卫星进入预定轨道，发射任务获得圆满成功。该卫星主要用于开展陆地资源遥感勘查。此次任务是长征系列运载火箭的第 259 次飞行。

12 月 23 日

［纲　文］　**《人民日报》报道，全球首条最高世代线——京东方合肥第 10.5 代 TFT-LCD（薄膜晶体管液晶显示器）生产线投产。**

［目　文］　京东方科技集团股份有限公司 2015 年在合肥自主投建的 10.5 代线是全

球最高世代线，设计产能为每月12万片玻璃基板，智能化和核心工艺技术均达到业界最高水平。

12月23日

［纲　文］　**外交部发言人就联合国安理会第2397号决议发表谈话。**

［目　文］　联合国安理会北京时间23日就朝鲜射导问题一致通过第2397号决议，决议适度强化对朝制裁措施。

发言人说，安理会针对朝鲜11月发射洲际弹道导弹一致通过第2397号决议。决议适度强化对朝制裁措施，同时强调不应对朝平民产生不利人道影响，不影响正常经济活动与合作、粮食援助和人道援助，不影响驻朝外交使团活动，并重申维护朝鲜半岛和东北亚和平与稳定，呼吁以和平、外交和政治方式解决问题，支持恢复六方会谈，还强调有关各方应当采取措施降低半岛紧张局势。中方希望有关各方都能全面、平衡执行包括第2397号决议在内的安理会涉朝决议，推进半岛有关问题和平解决。作为朝鲜半岛的近邻，中方密切关注半岛局势发展，始终坚持实现半岛无核化、坚持维护半岛和平稳定，坚持通过对话协商解决问题的立场。这是中方处理朝核、导相关问题，包括参与安理会审议时一贯秉持的立场。当前半岛形势复杂敏感，中方呼吁有关国家保持克制，为缓和半岛紧张局势，妥善解决半岛问题作出积极努力。我们也希望有关各方积极考虑中方提出的“双暂停”倡议和“双轨并行”思路，同中方一道坚持推动对话协商，为推动半岛无核化进程，实现半岛和平稳定作出努力。

12月23日

［纲　文］　**《人民日报》发表题为《大力推动我国经济实现高质量发展——二论贯彻落实中央经济工作会议精神》的评论员文章。**

12月24日

［纲　文］　**新华社讯，中共中央办公厅、国务院办公厅印发《关于加强贫困村驻村工作队选派管理工作的指导意见》。**

［目　文］　《意见》由六个部分组成：一、总体要求。二、规范人员选派。三、明确主要任务。四、加强日常管理。五、加强考核激励。六、强化组织保障。

《意见》指出，省级党委和政府对本行政区域内驻村工作队选派管理工作负总责。市地级党委和政府要加大对驻村工作指导和支持力度。县级党委和政府负责统筹配置驻村力量，组织开展具体驻村帮扶工作。地方各级党组织和组织部门要加强管理，推动政策举措落实到位，为驻村帮扶工作提供有力支持。

12月24日

［纲　文］　**中国产大型水陆两栖飞机AG60成功首飞，中共中央、国务院致电祝贺。**

［目　文］　中共中央、国务院的贺信说，在大型灭火/水上救援水陆两栖飞机

AG600首飞成功之际，中共中央、国务院向参加AG600项目研制任务的全体参研参试单位和人员，表示热烈的祝贺和亲切的慰问！大型灭火/水上救援水陆两栖飞机AG600是我国首次按照中国民航适航规章要求研制的大型特种用途飞机，是国家应急救援体系建设急需的重大航空装备。它的首飞成功，标志着我国航空工业特种用途飞机研制能力取得重大突破，是继C919大型客机首飞成功后我国民用航空工业发展的又一个重要里程碑。这是在以习近平同志为核心的党中央坚强领导下我国航空工业发展的最新成就，对于践行新发展理念，实施创新驱动发展战略，推进制造强国和科技强国建设，具有十分重要的意义。新时代要有新气象新作为。AG600首飞成功只是项目研制中的关键一步，后续任务依然艰巨繁重。希望你们更加紧密地团结在以习近平同志为核心的党中央周围，高举中国特色社会主义伟大旗帜，全面贯彻党的十九大精神，以习近平新时代中国特色社会主义思想为指导，不忘初心、牢记使命，大力弘扬航空报国精神，勇攀科技高峰，加快我国大型水陆两用飞行器研制进程，促进国家应急救援航空装备体系建设发展，为决胜全面建成小康社会、夺取新时代中国特色社会主义伟大胜利、实现中华民族伟大复兴的中国梦再立新功！

同日，中国首款大型灭火/水上救援水陆两栖飞机“鲲龙”AG600，在广东珠海成功首飞。国务院副总理马凯出席首飞活动并致辞。

AG600是为满足森林灭火和水上救援的需要，首次研制的大型特种用途民用飞机，是国家应急救援体系建设急需的重大航空装备。按照“水陆两栖、一机多型、系列发展”的设计思路，AG600兼顾改装成海洋环境监测和保护等用途的可能性和灵活性。飞机采用悬臂式上单翼、前三点可收放式起落架、单船身水陆两栖飞机布局形式，选装4台国产涡桨六发动机，最大起飞重量53.5吨，载重量大、航程远、续航时间长。AG600既能在陆地上起降，又能在水面上起降。可在水源与火场之间多次往返投水灭火，20秒内可一次汲水12吨；可在复杂气象条件下实施救援行动，起降抗浪能力不低于2米，一次能救助50名海上遇险人员。AG600坚持自主创新，全机5万多个结构及系统零部件中98%由国内供应商提供，全机机载成品95%以上为国产产品。

12月24日

［纲　文］　**刘延东在北京出席国务院全民健身工作部际联席会议并讲话。**

［目　文］　国务院副总理刘延东指出，全民健身是建设健康中国的重要支撑，是人民群众向往美好生活的必然要求。要坚持以人民为中心的思想，确立大健康理念，发挥全民健身在促进人们健康幸福生活方面的独特优势，推动体育运动蓬勃发展。通过健全组织，完善设施，提供科学指导，弘扬中华体育文化，广泛开展群众性体育活动。体育系统全力做好平昌冬奥会参赛、北京冬奥会筹办、东京奥运会备战、体育事业和管理体制改革等重点工作。

12月24日

［纲　文］　**中共中央、国务院决定，李言荣任四川大学校长（副部长级），谢和平**

不再担任四川大学校长职务。

12月24日

［纲　文］《人民日报》发表题为《坚持稳中求进 加强政策协同——三论贯彻落实中央经济工作会议精神》的评论员文章。

12月25日

［纲　文］《人民日报》报道，中共中央印发《中国共产党党务公开条例（试行）》，并发出通知，要求各地区各部门认真遵照执行。

［目　文］《条例》共5章27条。主要有总则、公开的内容和范围、公开的程序和方式、监督与追责、附则等内容。自2017年12月20日起施行。

通知指出，推进党务公开，是贯彻落实党的十九大精神，坚定不移全面从严治党，提高党的执政能力和领导水平的重大举措。这既是我们党“四个自信”的重要体现，也是增强全党“四个意识”的重要途径，对于发展党内民主，加强党内监督，充分调动全党积极性、主动性、创造性，对于推进社会主义民主政治建设，动员组织人民群众形成最大的同心圆和凝聚力，更好贯彻落实党的理论和路线方针政策，具有重要意义。《条例》的制定出台，为做好党务公开工作提供了基本遵循，标志着党务公开工作全面走上制度化、规范化、程序化轨道。

通知要求，各级党组织要以习近平新时代中国特色社会主义思想为指导，牢牢把握党务公开基本原则，把党务公开放到新时代坚持和发展中国特色社会主义、推进党的建设新的伟大工程的实践中谋划和推进，把坚持和完善党的领导要求贯彻到党务公开全过程和各方面。各级党委（党组）理论学习中心组要组织专题学习，党校、干部学院、行政学院要将《条例》纳入培训课程。各地区各部门要紧密结合实际，制定好《条例》的实施方案，编制党务公开目录，以钉钉子精神狠抓落实。要加强对党务公开工作的组织领导，建立由党委领导人负责、办公厅（室）牵头、有关部门参与的统筹协调机制，加强党务公开工作机构和人员队伍建设，确保党务公开工作扎实有效开展。

12月25日

［纲　文］　国务院公布《中华人民共和国环境保护税法实施条例》。

［目　文］《条例》共5章26条。主要有总则、计税依据、税收减免、征收管理、附则等内容。自2018年1月1日起施行。2003年1月2日国务院公布的《排污费征收使用管理条例》同时废止。

《条例》对《环境保护税税目税额表》中其他固体废物具体范围的确定机制、城乡污水集中处理场所的范围、固体废物排放量的计算、减征环境保护税的条件和标准，以及税务机关和环境保护主管部门的协作机制等作了明确规定。

12月25日

［纲　文］　国务院印发《关于在自由贸易试验区暂时调整有关行政法规、国务院文

件和经国务院批准的部门规章规定的决定》。

［目　文］《决定》说，为保障自由贸易试验区有关改革开放措施依法顺利实施，在自由贸易试验区暂时调整《中华人民共和国船舶登记条例》等11部行政法规，《国务院办公厅转发国家计委关于城市轨道交通设备国产化实施意见的通知》《国务院办公厅关于加强城市快速轨道交通建设管理的通知》2件国务院文件以及《外商投资产业指导目录（2017年修订）》《外商投资民用航空业规定》2件经国务院批准的部门规章的有关规定。

《决定》要求，国务院有关部门和上海市、广东省、天津市、福建省、辽宁省、浙江省、河南省、湖北省、重庆市、四川省、陕西省人民政府要根据有关行政法规、国务院文件和经国务院批准的部门规章的调整情况，及时对本部门、本省市制定的规章和规范性文件作相应调整，建立与试点要求相适应的管理制度。

此前，国务院于2017年3月批准印发辽宁、浙江、河南、湖北、重庆、四川、陕西7个自由贸易试验区总体方案以及全面深化上海自由贸易试验区改革开放方案，明确了上述自由贸易试验区实行的相关改革开放措施。2017年6月，国务院办公厅印发《自由贸易试验区外商投资准入特别管理措施》，明确了对自由贸易试验区外商投资准入特别管理措施之外领域的外商投资企业的设立、变更以及合同章程实施备案管理，同时，在采矿业、制造业、交通运输业、信息技术服务业、金融业、租赁和商业服务业、教育、文化、体育和娱乐业等领域进一步深化改革和扩大开放。

12月25日

［纲　文］**司法部公布修订后的《基层法律服务所管理办法》《基层法律服务工作者管理办法》，自2018年2月1日起施行。**

12月25日

［纲　文］**中国人民银行印发《条码支付业务规范（试行）》，自2018年4月1日起实施。**

12月25日

［纲　文］**《人民日报》发表题为《不忘合作初心 继续携手前进》的评论员文章。**

12月25日

［纲　文］**《人民日报》发表题为《全力完成改革发展重点任务——四论贯彻落实中央经济工作会议精神》的评论员文章。**

12月25—26日

［纲　文］**中共中央政治局召开民主生活会。**

［目　文］中共中央总书记习近平主持会议并讲话。生活会以“学习领会习近平新时代中国特色社会主义思想、坚定维护以习近平为核心的党中央权威和集中统一领导、全面贯彻落实党的十九大各项决策部署”为主题，重点对照《中共中央政治局关于加强和维护党中央集中统一领导的若干规定》《中共中央政治局贯彻落实中央八项规定实施细则》，联系中央政治局工作，联系带头执行中央八项规定的实际，联系狠抓党的十九大决策部署

的实际，进行自我检查、党性分析，开展批评和自我批评。会前，有关方面作了准备。中央政治局的同志同有关负责人谈心谈话，围绕主题进行查摆，撰写了发言材料。会上，中央政治局的同志逐个发言，按照要求进行对照检查。中央政治局同志的发言认识深刻，体会真切，查摆严格，意见坦诚，达到了统一思想、明确方向、凝聚力量的目的，增强了中央政治局的凝聚力、战斗力、向心力。

中央政治局同志的发言，把握和体现了4个重点。一是带头学习贯彻习近平新时代中国特色社会主义思想情况，真正学懂弄通做实，自觉用习近平新时代中国特色社会主义思想武装头脑、指导实践、推动工作。二是带头维护习近平总书记党中央的核心、全党的核心地位，维护党中央权威和集中统一领导情况，真正做到对党忠诚、襟怀坦白，守纪律、讲规矩，自觉在思想上政治上行动上同以习近平同志为核心的党中央保持高度一致。三是带头遵守、执行中央八项规定及实施细则情况，真正做到改进调查研究、精简会议活动、精简文件简报、规范出访活动、改进新闻报道、厉行勤俭节约，自觉反对特权、不搞特权。四是带头贯彻落实党的十九大决策部署情况，真正做到拿出实实在在的举措，真抓实干、埋头苦干，自觉把分管工作抓紧抓实、抓出成效。

习近平在讲话中对中央政治局各位同志的对照检查发言进行了总结，并就中央政治局贯彻落实《规定》《实施细则》提出了要求。习近平指出，党的十九大指明了党和国家事业前进方向，为中国这艘承载着13亿多人的巨轮前行立起了新的航标，为实现中华民族伟大复兴的中国梦吹响了新的集结号。有了好的决策、好的蓝图，关键在落实；坚持和加强党的全面领导，首先要维护党中央权威和集中统一领导。保证全党令行禁止，是党和国家前途命运所系，是全国各族人民根本利益所在；“四风”问题具有顽固性反复性，纠正“四风”不能止步，作风建设永远在路上。形式主义、官僚主义同我们党的性质宗旨和优良作风格格不入，是我们党的大敌、人民的大敌。中央政治局的同志必须带头树立正确政绩观，始终做老实人、说老实话、干老实事，自觉反对形式主义、官僚主义；调查研究是我们党的传家宝，是做好各项工作的基本功。要在全党大兴调查研究之风，推动全党崇尚实干、力戒空谈、精准发力，让改革发展稳定各项任务落下去，让惠及百姓的各项工作实起来，推动党中央大政方针和决策部署在基层落地生根；不忘初心，牢记使命，首先要从中央政治局的同志做起。要管好家属子女和身边工作人员，坚决反对特权现象，树立好的家风家规。中央政治局的同志尤其要增强忧患意识、居安思危，时刻准备进行具有许多新的历史特点的伟大斗争，知危图安，尽职尽责、勇于担责，着力破解突出矛盾和问题，有效防范化解各种风险。

12月25—26日

［纲　文］　交通运输部在北京召开全国交通运输工作会议，习近平对“四好农村路”建设作出指示。

［目　文］　中共中央总书记习近平在指示中指出，近年来，“四好农村路”建设取得了实实在在的成效，为农村特别是贫困地区带去了人气、财气，也为党在基层凝聚了民

心。交通运输部等有关部门和各地区要认真贯彻落实党的十九大精神，从实施乡村振兴战略、打赢脱贫攻坚战的高度，进一步深化对建设农村公路重要意义的认识，聚焦突出问题，完善政策机制，既要把农村公路建好，更要管好、护好、运营好，为广大农民致富奔小康、为加快推进农业农村现代化提供更好保障。

国务院总理李克强作出批示，要求认真总结地方经验，进一步完善政策和工作机制，注重发挥地方、基层和农民的积极性，有效提升农村公路建设、管护和运营水平，为实施乡村振兴战略、推动农民脱贫致富和加快农业农村现代化提供有力支撑。

会议传达了习近平指示和李克强批示精神，贯彻党的十九大和中央经济工作会议精神研究部署贯彻落实相关工作。总结党的十八大以来交通运输发展成就，分析当前交通运输发展的形势，部署2018年重点工作，明确未来3年攻坚任务，聚焦突出问题，完善政策机制，推动“四好农村路”迈入高质量发展的新阶段。

12月25—26日

［纲　文］　**张高丽在河北调研冬奥会筹办工作情况。**

［目　文］　国务院副总理、第24届冬奥会工作领导小组组长张高丽在张家口市职教中心，了解冬奥会职业学校建设和专业人才、志愿者培养有关工作；到云顶滑雪公园，检查比赛场馆施工建设进度，看望正在训练的运动员；在崇礼铁路太子城隧道建设现场，实地检查工程安全质量和监理工作；在张家口赛区规划临时展厅，了解比赛场馆设计、建设进度和赛后利用情况。

26日，张高丽主持召开第24届冬奥会筹办工作现场会，研究解决存在的问题和困难。

张高丽表示，要统筹推进、突出重点，高标准建设好冬奥会场馆及相关基础设施。要综合考虑赛时需求、环境保护和赛后利用，加快推进场馆建设。大力推进交通基础设施建设，重点抓好高速铁路、高速公路建设，促进赛区交通网络协调发展。充分考虑人工造雪与生产生活等需求，精心做好输水、节约用水、水资源保护等工作。加快竞赛日程编制、场馆运行、人才引进培养等赛事准备工作，提高赛会运行保障和服务效率。落实绿色办奥理念，狠抓治气、治水、治沙，加快改善京张地区生态环境。要按照“参赛也要出彩”的要求，以拼搏精神加强训练，提高运动员竞技水平。精心做好“北京交接”、人才培养、赛事备战、宣传推广等工作。同时通过筹办冬奥会，推动京津冀协同发展。

12月25—26日

［纲　文］　**中日执政党交流机制第七次会议在厦门、福州举行。**

［目　文］　会议由中国共产党和日本自民党、公明党共同举办。中共中央对外联络部部长宋涛出席会议，并作题为《坚持和平友好合作，造福两国人民》的主旨发言。

会议期间，双方围绕政治、经济和人文交流专题探讨，一致通过了《中日执政党交流机制第七次会议共同倡议》，表示应始终按照中日四个政治文件和已达成的共识行事，切实维护中日关系政治基础，增进政治互信，改善国民感情，推动中日关系向前发展；愿不断提升双边务实合作水平，积极推进区域经济一体化，并在第三方市场推动中日企业间的合作；愿在“一带一路”倡议基础上，用好福建省作为海上丝绸之路的起点以及海陆丝绸之路的重要连接点的优势，积极探讨两国具体合作项目；进一步推进文化、媒体、旅游、友城、青少年等领域交流，开展奥运合作，增强两国关系发展的民意纽带，日方表示将积极研究成立“支持东京、北京奥运会合作议员联盟”；在中日执政党交流机制框架内推进两国年轻政治家交流治党治国经验做法。

12 月 26 日

［纲　文］　**国务院公布修订后的《食盐专营办法》，自 2017 年 12 月 26 日起施行。**

12 月 26 日

［纲　文］　**《人民日报》报道，中共中央纪委印发通知，要求各级纪检监察机关巩固和拓展落实中央八项规定精神成果，确保 2018 年元旦春节风清气正。**

［目　文］　通知说，习近平总书记专门就纠正“四风”问题作出指示，中共中央办公厅、国务院办公厅印发《关于做好 2018 年元旦春节期间有关工作的通知》(以下简称《通知》)。为贯彻落实习近平指示和《通知》精神，确保节日风清气正，现就有关事项通知如下。一、提高思想认识，强化责任担当；二、加强监督检查，形成监督合力；三、抓住重点问题，严格执纪问责；四、严明换届纪律，确保风清气正。

通知要求，各级纪检监察机关要认真落实《通知》要求，建立“两节”期间紧盯“四风”问题值班、报告和督办制度，对有关线索、舆情及重要情况，第一时间逐级报告，及时核查处置、上报结果。打铁必须自身硬，纪检监察干部要从自身做起，从严从紧要求，自觉做遵纪守法的模范。

12 月 26 日

［纲　文］　**国家统计局、国家发展改革委、环境保护部、中组部发布《2016 年生态文明建设年度评价结果公报》。**

［目　文］　《公报》说，根据中共中央办公厅、国务院办公厅印发的《生态文明建设目标评价考核办法》和国家发展改革委、国家统计局、环境保护部、中央组织部印发的《绿色发展指标体系》《生态文明建设考核目标体系》要求，现将 2016 年各省、自治区、直辖市生态文明建设年度评价结果公布如下：一、2016 年生态文明建设年度评价结果排序。二、2016 年生态文明建设年度评价结果。

12 月 26 日

［纲　文］　**海关总署公布《中华人民共和国海关预裁定管理暂行办法》，自 2018 年 2 月 1 日起施行。**

12 月 26 日

［纲　文］　**国家发展改革委公布《企业境外投资管理办法》。**

［目　文］　《办法》共 6 章 66 条。主要有总则、境外投资指导和服务、境外投资项

目核准和备案、境外投资监管、法律责任、附则等内容。自2018年3月1日起施行。《境外投资项目核准和备案管理办法》(国家发展和改革委员会令第9号)同时废止。

12月26日

［纲　文］　**财政部公布《政府采购质疑和投诉办法》。**

［目　文］　《办法》共6章45条。主要有总则、质疑提出与答复、投诉提起、投诉处理、法律责任、附则等内容。自2018年3月1日起施行。财政部2004年8月11日发布的《政府采购供应商投诉处理办法》(财政部令第20号)同时废止。

12月26日

［纲　文］　**国家卫生计生委公布《关于修改〈新食品原料安全性审查管理办法〉等7件部门规章的决定》。**

［目　文］　《决定》说，为深入推进政府职能转变和行政审批制度改革，依法推动简政放权、放管结合、优化服务，根据国务院取消、下放和调整行政审批项目等事项的决定，我委对《新食品原料安全性审查管理办法》《食品添加剂新品种管理办法》《公共场所卫生管理条例实施细则》《消毒管理办法》《血站管理办法》《卫生行政许可管理办法》《卫生行政执法文书规范》等7件部门规章的部分条款予以修改。自2017年12月26日起施行。

12月26日

［纲　文］　**银监会印发《金融资产管理公司资本管理办法(试行)》。**

［目　文］　《办法》共6章84条。主要有总则、集团母公司资本监管要求、集团资本监管要求、监督检查、信息披露、附则等内容。自2018年1月1日起施行。

12月26日

［纲　文］　**文物局印发《关于废止12件规范性文件的决定》。**

［目　文］　《决定》说，对国家文物局发布的《文物商店工作条例(试行稿)》(〔81〕文物字第343号)等12件规范性文件予以废止。自2017年12月26日起，予以废止的12件规范性文件停止执行，不再作为行政管理的依据。请结合“放管服”改革实际，认真梳理与此次废止的规范性文件相关的工作内容，研究有效衔接、规范管理、提升服务的具体举措，确保文物领域相关改革取得实效。

12月26日

［纲　文］　**国务委员兼国防部长常万全在北京与阿富汗国防部部长巴哈拉米举行会谈。**

［目　文］　常万全说，近年来，两国高层保持接触，经贸往来密切，共建“一带一路”取得积极进展。中方愿与阿方一道，全面落实习近平主席与加尼总统达成的重要共识，进一步深化两军关系，加强反恐和安全领域合作，为维护两国和地区安全稳定，不断丰富中阿战略合作伙伴关系内涵作出新贡献。巴哈拉米说，阿重视两国两军关系，希望进一步提升双方合作水平。

27日，中央军委副主席许其亮在北京会见巴哈拉米时说，中方高度重视发展对阿关系，坚定支持阿方为维护国家主权独立和领土完整所作的努力，坚定支持阿方推进和谈和解与和平重建。中国军队愿与阿军一道，加强各领域务实合作，推动两军关系不断迈向前进。巴哈拉米说，阿方坚定支持一个中国原则，愿与中方一道深化反恐和安全方面的合作，推动两国两军各领域友好合作关系不断迈上新台阶。

12月26日

［纲　文］　**首次中国—阿富汗—巴基斯坦三方外长对话在北京举行。**

［目　文］　外交部部长王毅主持对话，阿富汗外长拉巴尼、巴基斯坦外长阿西夫出席。对话发表了《首次中国—阿富汗—巴基斯坦三方外长对话联合新闻公报》。

12月26日

［纲　文］　**外交部发言人针对近期涉及日本军事安全领域动向的相关报道表示，中方敦促日方坚持走和平发展道路，在军事安全领域慎重行事。**

［目　文］　有记者问：据报道，日本计划引进F-35B战机并将直升机护卫舰“出云”号改造为航空母舰。中方对相关动向有何评论？是否担心亚洲掀起新一轮军事竞赛？

发言人表示，由于历史原因，日本在军事安全领域的动向一直受到亚洲邻国和国际社会高度关注。我注意到有报道认为，日方要采取的举措可能违反日本宪法第九条。日本宪法第九条是日本战后走和平发展道路的重要法律保障和象征，也是日本面向国际社会作出的郑重承诺。中方敦促日方坚持“专守防卫”，坚持走和平发展道路，在军事安全领域慎重行事，多做有利于增进地区国家互信和地区和平稳定的事，而不是相反。近年来，我们听到日本官员多次表示，日本是一支和平的力量。希望日方将有关表态真真切切地落实到政策和行动中去。

12月26日

［纲　文］　**中华全国新闻工作者协会第七届、八届理事会主席，新华通讯社原社长、党组书记田聪明，在北京逝世，享年74岁。**

12月26日

［纲　文］　**《人民日报》发表题为《党务公开彰显党的“四个自信”》的评论员文章。**

12月26—27日

［纲　文］　**全国行政学院院长会议在国家行政学院召开。**

［目　文］　会议由国家行政学院常务副院长马建堂主持。中组部、国务院、人力资源和社会保障部、国家行政学院相关领导出席会议。会议指出，各级行政学院要深入学习贯彻党的十九大精神，以习近平新时代中国特色社会主义思想为指导，牢固树立“四个意识”，高扬学院“姓党”旗帜，充分发挥特色优势，做强培训主业，打造高端智库平台，更好服务党和政府科学决策、干部队伍建设和全面开放新格局。要加强党对行政学院工作的领导，建立完善质量立院、人才强院、从严治院体制机制，大力推动改革创新，不断开创新时代行政学院事业发展新局面，为决胜全面建成小康社会、夺取新时代中国特色社会

主义伟大胜利、实现中华民族伟大复兴的中国梦作出新贡献。

12月27日

［纲　文］　**习近平签署《中华人民共和国主席令（第83至86号）》。**

［目　文］　主席令（第83号）说，《中华人民共和国农民专业合作社法》已由中华人民共和国第十二届全国人民代表大会常务委员会第三十一次会议于2017年12月27日修订通过，现将修订后的《中华人民共和国农民专业合作社法》公布，自2018年7月1日起施行。

主席令（第84号）说，《中华人民共和国烟叶税法》已由中华人民共和国第十二届全国人民代表大会常务委员会第三十一次会议于2017年12月27日通过，现予公布，自2018年7月1日起施行。

主席令（第85号）说，《中华人民共和国船舶吨税法》已由中华人民共和国第十二届全国人民代表大会常务委员会第三十一次会议于2017年12月27日通过，现予公布，自2018年7月1日起施行。

主席令（第86号）说，《全国人民代表大会常务委员会关于修改〈中华人民共和国招标投标法〉、〈中华人民共和国计量法〉的决定》已由中华人民共和国第十二届全国人民代表大会常务委员会第三十一次会议于2017年12月27日通过，现予公布，自2017年12月28日起施行。

12月27日

［纲　文］　**新华社讯，中共中央印发《关于调整中国人民武装警察部队领导指挥体制的决定》。**

［目　文］　《决定》说，自2018年1月1日零时起，武警部队由党中央、中央军委集中统一领导，实行中央军委—武警部队—部队领导指挥体制。

《决定》明确，武警部队归中央军委建制，不再列国务院序列。武警部队建设，按照中央军委规定的建制关系组织领导。中央和国家机关有关部门、地方各级党委和政府与武警部队各级相应建立任务需求和工作协调机制。各地区各部门、人民解放军和武警部队，要坚决贯彻党中央决策部署，强化“四个意识”，积极主动协调配合，做细做实相关工作，确保武警部队领导指挥体制有序转换、稳定运行。

12月27日

［纲　文］　**中共中央政治局召开会议。**

［目　文］　中共中央总书记习近平主持会议。会议决定2018年1月在北京召开中国共产党第十九届中央委员会第二次全体会议，主要议程是，讨论研究修改宪法部分内容的建议。会议听取中央纪律检查委员会工作汇报，研究部署2018年党风廉政建设和反腐败工作。

会议指出，中国特色社会主义进入新时代，我们党一定要有新气象新作为。要把全面从严治党长期坚持下去，将反腐败斗争进行到底，决不半途而废。中央纪委要以习近平新时代中国特色社会主义思想为指导，切实担负起推进全面从严治党的政治责任，严于监督、严格执纪、严肃问责，坚决维护党章和其他党内法规，认真检查党的十九大精神贯彻落实情况，推动党中央决策部署落地生根。要牢牢把握全面贯彻落实党的十九大精神这条主线，紧紧围绕新时代党的建设总要求，以党的政治建设为统领，思想建党、纪律强党、制度治党同向发力，增强全面从严治党的系统性、创造性、实效性。要严明政治纪律和政治规矩，聚焦“七个有之”，严肃查处对党不忠诚不老实、阳奉阴违的“两面人”和违背党的政治路线、破坏党内政治生态问题，确保党中央政令畅通。要徙木立信、以上率下，锲而不舍落实中央八项规定精神，一个节点一个节点坚守，一个问题一个问题解决，抓具体、补短板、防反弹，重点纠正形式主义、官僚主义问题，坚决反对特权思想、特权现象，使党员干部知敬畏、人民群众有信心。要巩固发展反腐败斗争压倒性态势，全面加强纪律建设，全面深化国家监察体制改革，严厉整治发生在群众身边的腐败和作风问题，重点审查党的十八大以来不收敛、不收手，问题线索集中、群众反映强烈，现在重要领导岗位、可能还要提拔使用的领导干部，严肃查处政治问题和腐败问题通过利益输送相互交织，在党内培植个人势力、结成利益集团的行为。各级纪检监察机关要忠实履行职责，强化自我监督和自我约束，建设忠诚干净担当的纪检监察干部队伍。

此前，习近平主持召开中央政治局常委会会议，听取中央纪委重点工作情况和十九届中央纪委二次全会准备情况汇报。会议同意2018年1月11日至13日召开十九届中央纪律检查委员会第二次全体会议。

12月27日

［纲　文］　**中共中央、国务院决定，吴普特任西北农林科技大学校长（副部长级）。**

12月27日

［纲　文］　**财政部发布《国有文化企业改革发展报告（2017）》。**

［目　文］　《报告》显示，我国国有文化企业资产和经营规模不断扩大，截至2016年底，全国国有文化企业共计14838户，同比增长6%；资产总额36937.1亿元，同比增长16.3%；营业总收入15673.9亿元，同比增长11.3%；利润总额1373.6亿元，同比增长4.7%。国有文化企业资产和经营规模不断扩大，截至2016年底，中央文化企业共计3610户，同比增长4.4%；资产总额9312.3亿元，同比增长13.2%；利润总额518.7亿元，同比增长1.1%，数字产品的研发、产出和盈利优势明显。地方国有文化企业共计11228户，同比增长6.6%；资产总额27624.8亿元，同比增长17.4%；利润总额854.9亿元，同比增长7.1%，东部地区国有文化企业投入与产出、资本化运作等方面具有明显优势。

《报告》指出，国有文化企业在深化文化体制改革、实现社会效益和经济效益相统一、探索文化发展新业态新模式等方面，取得了显著成效，为满足人民日益增长的美好生活需要提供了丰富的精神食粮。

12 月 27 日

［纲　文］ **发展改革委发布《国家发展和改革委员会令（第 12 号）》。**

［目　文］ 《委令》说，为贯彻落实党中央、国务院关于“简政放权、放管结合、优化服务”改革和生态文明建设、环境保护等要求，经商国务院相关部门，现决定废止《关于印发〈关于改进工程建设概预算定额管理工作的若干规定〉等三个文件的通知》等 9 件规章和《关于颁发〈电力网电能损耗管理规定〉的通知》等 143 件规范性文件。自 2018 年 1 月 1 日起施行。

12 月 27 日

［纲　文］ **国家税务总局、国家海洋局发布《海洋工程环境保护税申报征收办法》，自 2018 年 1 月 1 日起施行。**

12 月 27 日

［纲　文］ **林业局印发修改后的《国家湿地公园管理办法》，自 2018 年 1 月 1 日起实施，有效期至 2022 年 12 月 31 日。**

12 月 27 日

［纲　文］ **邮政局印发《快递业信用管理暂行办法》。**

［目　文］ 《办法》共 6 章 52 条。主要有总则、信用档案的建立和信用信息的采集、信用评定、信用信息的披露和应用、监督管理、附则等内容。自 2017 年 12 月 27 日起施行。

12 月 27 日

［纲　文］ **国务委员杨洁篪在北京会见沙特能源、工业和矿产大臣法利赫，财政大臣贾丹。**

［目　文］ 杨洁篪说，在习近平主席和萨勒曼国王指导下，中沙全面战略伙伴关系取得长足发展。中方始终把沙特作为中东外交的优先方向之一，愿与沙方一道，落实两国高级别联合委员会成果，对接“一带一路”倡议与“2030 愿景”，打造惠及两国人民的合作新格局。沙方表示，萨勒曼国王和穆罕默德王储高度重视对华关系，视中国为面向未来的重要合作伙伴，愿同中方加强战略对接，深化两国全面战略伙伴关系。

12 月 27 日

［纲　文］ **宁波舟山港成为全球首个年货物吞吐量超 10 亿吨大港。**

12 月 27—29 日

［纲　文］ **全国扶贫开发工作会议在北京召开。**

［目　文］ 中共中央政治局常委、国务院扶贫开发领导小组组长汪洋出席会议并讲话。

会议指出，2017 年度减贫任务超额完成，贫困人口减少 1000 万以上。对 2018 年，要认真贯彻落实党的十九大和中央经济工作会议、中央农村工作会议精神，牢记初心使命，坚定信心决心，增强忧患意识，科学谋划 2018 年各项重点工作，全面打好精准脱贫攻坚战。

汪洋指出，2018年是脱贫攻坚承上启下的关键之年。要聚焦深度贫困地区攻坚，聚焦特殊贫困人口精准帮扶，聚焦贫困群众脱贫最急需解决的突出问题，改进帮扶政策举措，增强贫困群众获得感。建立稳定脱贫长效机制，防范各类风险，强化资金管理，促进脱贫提质增效。加强学习培训，促进领导干部转变观念，提高县乡村攻坚能力。将扶贫同扶志、扶智相结合，激发贫困人口内生动力。关心爱护基层帮扶干部，帮助解决实际困难。完善考核评估，减轻基层工作负担。深入调查研究，以问题为导向改进作风。将贫困地区作为实施乡村振兴战略支持重点，促进巩固脱贫成果。

12月27—28日

［纲　文］　**财政部在北京召开全国财政工作会议。**

［目　文］　财政部部长肖捷主持会议并作工作报告。全国人大常委会预算工委主任刘昆等出席了会议。会议学习党的十九大精神，以习近平新时代中国特色社会主义思想为指导，认真落实中央经济工作会议部署，传达学习国务院总理李克强、国务院副总理张高丽批示要求，总结党的十八大以来的财政工作，研究部署2018年财政工作。

12月28日

［纲　文］　**国家主席习近平在北京会见来华出席中日执政党交流机制第七次会议的日本自民党干事长二阶俊博、公明党干事长井上义久及其率领的代表团。**

［目　文］　习近平积极评价中日执政党交流机制为推动双边关系发展所发挥的作用，赞赏两位干事长长期不懈致力于推进中日执政党交流，为促进两国务实合作和民间友好作出的努力。希望双方加强党际交往，深化沟通合作，为中日关系改善发展发挥引领作用。二阶俊博和井上义久衷心感谢习近平拨冗会见，表示日本执政党愿同中国共产党加强交流合作，为推动两国关系发展作出更大贡献。

同日，国务委员杨洁篪在北京会见二阶俊博、井上义久及其率领的代表团时说，中日关系稳定发展符合双方利益，双方应切实增进政治互信，深化互利合作，为中日关系长远发展夯实社会基础。双方应用好执政党机制化交流平台，推动中日关系改善，共同促进地区和世界和平与发展。日方表示，执政党交流机制为推动日中关系发展作出了重要贡献，日方愿进一步深化双方在政治、经济、文化等领域的交流。

12月28日

［纲　文］　**习近平在北京接见2017年度驻外使节工作会议与会使节并发表讲话。**

［目　文］　习近平指出，中国特色社会主义进入了新时代。做好新时代外交工作，首先要深刻领会党的十九大精神，正确认识当今时代潮流和国际大势。放眼世界，我们面对的是百年未有之大变局。新世纪以来一大批新兴市场国家和发展中国家快速发展，世界多极化加速发展，国际格局日趋均衡，国际潮流大势不可逆转。中国共产党团结带领中国人民顽强奋斗、发愤图强，中华民族迎来了从站起来、富起来到强起来的伟大飞跃，中华

民族伟大复兴展现出前所未有的光明前景。只要我们咬定青山不放松，沿着中国特色社会主义道路奋勇前进，我们的国家必将日益繁荣昌盛，必将日益走近世界舞台中央，必将日益为人类作出新的更大贡献。在中国共产党坚强领导下，我国各族人民坚定信心、坚定信念，坚定不移走中国特色社会主义道路，坚定不移改革开放，不走老路，不走邪路，勇开新路，使中国特色社会主义取得了举世瞩目的发展成就，展现出日益光明的发展前景。当前我国发展既面临前所未有的机遇，也面临前所未有的挑战。外交战线全体同志要认真学习贯彻党的十九大精神、新时代中国特色社会主义思想，不忘初心，牢记使命，锐意进取，开拓创新，深入推进中国特色大国外交，继续为党和国家事业发展贡献力量。第一，永葆对党忠诚、为国奉献的赤子心。第二，永葆开拓奋进、担当有为的事业心。第三，永葆主动学习、自我革新的进取心。第四，永葆党要管党、从严治党的责任心。希望各位使节牢记党和人民重托，忠实履责，奋发有为，努力用自己的实际行动，为新时代中国外交工作谱写新的华彩乐章。

2017年度驻外使节工作会议的主题是“深入学习贯彻党的十九大精神和习近平新时代中国特色社会主义思想，开创新时代中国特色大国外交新局面”。外交部及中央有关部门负责人出席了会议。国务委员杨洁篪出席会议并讲话，要求深入学习并深刻领会习近平总书记讲话精神，以党的十九大精神和习近平新时代中国特色社会主义思想为指引，更加紧密地团结在以习近平同志为核心的党中央周围，开拓进取，奋力前行，展现新时代中国特色大国外交的新气象、新作为。

12月28日

［纲　文］　**全国人大教科文卫委员会在北京召开会议。**

［目　文］　中共中央政治局委员、全国人大常委会副委员长王晨出席会议并讲话。全国人大常委会副委员长陈竺出席会议。会议听取关于研究处理著作权法执法检查报告和相关审议意见情况汇报。王晨指出，完善知识产权保护制度，依法保护著作权，是实施创新驱动发展战略和推动社会主义文化繁荣兴盛的迫切需要，是贯彻新发展理念、建设现代化经济体系的重要任务。要深入学习贯彻党的十九大精神，以习近平新时代中国特色社会主义思想为指引，以更加有力的举措推动著作权法全面深入实施。

12月28日

［纲　文］　**中国首条承载式高速公路光伏路面试验段在济南正式通车。**

［目　文］　由齐鲁交通发展集团投资建设的世界首条高速公路光伏路面试验段在济南正式通车，其将承载式光伏路面技术应用到通行要求最为严格的高速公路上。承载式光伏路面技术，是将符合车辆通行条件的光伏发电组件直接铺设在道路路面上，从而实现太阳能发电及其他关联功能的技术，是以跨界融合的方式解决当前交通和能源瓶颈的有效途径。

12月28日

［纲　文］　**《人民日报》发表题为《确保党对武警部队绝对领导的重大政治决定》的评论员文章。**

12月28—29日

［纲　文］　**中央农村工作会议在北京召开。**

［目　文］　中共中央总书记习近平，国务院总理李克强，国务院副总理张高丽，中共中央政治局常委栗战书、汪洋、王沪宁、赵乐际、韩正，中共中央政治局委员、中央书记处书记，全国人大常委会有关领导人，国务院领导人，最高人民法院院长，最高人民检察院检察长，全国政协有关领导人等出席会议。会议的主要议题是：贯彻党的十九大精神、习近平新时代中国特色社会主义思想，全面分析“三农”工作面临的形势和任务，研究实施乡村振兴战略的重要政策，部署2018年和今后一个时期的农业农村工作。

习近平在讲话中总结了党的十八大以来我国“三农”事业的历史性成就和变革，深刻阐述实施乡村振兴战略的重大问题，对贯彻落实提出明确要求。李克强在讲话中对实施乡村振兴战略的重点任务作出具体部署。汪洋在会议结束时作总结讲话。会议讨论了《中共中央、国务院关于实施乡村振兴战略的意见（讨论稿）》。

会议提出了实施乡村振兴战略的目标任务和基本原则。按照党的十九大提出的决胜全面建成小康社会、分两个阶段实现第二个百年奋斗目标的战略安排，明确实施乡村振兴战略的目标任务是，到2020年，乡村振兴取得重要进展，制度框架和政策体系基本形成；到2035年，乡村振兴取得决定性进展，农业农村现代化基本实现；到2050年，乡村全面振兴，农业强、农村美、农民富全面实现。会议指出，党的十八大以来，以习近平同志为核心的党中央坚持把解决好“三农”问题作为全党工作重中之重，贯彻新发展理念，勇于推动“三农”工作理论创新、实践创新、制度创新，农业农村发展取得了历史性成就、发生了历史性变革，为党和国家事业全面开创新局面提供了有力支撑。农业供给侧结构性改革取得新进展，粮食生产能力跨上新台阶，新型农业经营主体发展壮大，农村新产业新业态蓬勃发展，农业现代化稳步推进。农业农村农民问题是关系国计民生的根本性问题。没有农业农村的现代化，就没有国家的现代化。实施乡村振兴战略，是我们党“三农”工作一系列方针政策的继承和发展，是中国特色社会主义进入新时代做好“三农”工作的总抓手。

会前，习近平等会见了80名受邀列席全国农业工作会议的全国农业劳动模范和先进工作者代表，并与大家合影留念。

12月29日

［纲　文］　**《人民日报》报道，中央军委主席习近平签署命令，发布新修订的《中国人民解放军军事训练条例（试行）》。**

［目　文］　《条例》共11章77条，按照“军委管总、战区主战、军种主建”总原则，构建军委统一领导下归口统筹、分工负责的军事训练管理模式，科学划分各级职能界面，整体重塑军事训练管理体系。坚持以战领训，突出真难严实，按照打仗要求创新训练方式，瞄准强敌对手发展训练标准，优化新形势下人民军队军事训练基本布局，明确各层

次各领域训练的目的要求、组训主体、参训对象、主要内容和实施步骤，立起实战实训刚性规范，推进训练与实战达到一体化。

《条例》具体规范军事训练规划、计划、统计、报告、考核和评估、等级评定等基本制度，拓展完善军事训练保障、安全管理、监察、奖励与处分等支撑制度，建立健全军事训练工作运行机制，推进全军军事训练“一盘棋”设计、“一棋盘”运行。自2018年1月1日起施行。

12月29日

［纲　文］ **国务院国资委发布《关于公布规章规范性文件清理结果的公告》。**

［目　文］ 《公告》说，根据《国务院办公厅关于做好“放管服”改革涉及的规章、规范性文件清理工作的通知》（国办发〔2017〕40号）、《国务院办公厅关于转发国务院国资委以管资本为主推进职能转变方案的通知》（国办发〔2017〕38号）、《国务院关于在市场体系建设中建立公平竞争审查制度的意见》（国发〔2016〕34号）要求，国务院国资委对截至2017年11月底现行有效的规章规范性文件进行了全面清理。清理结果已经国务院国资委第131次主任办公会议审议，现予公告，对《企业国有产权转让管理暂行办法》（国资委财政部令第3号）等29件规章规范性文件废止失效。

12月29日

［纲　文］ **国土资源部公布《关于修改和废止部分规章的决定》。**

［目　文］ 《决定》说，国土资源部决定：一、对《中华人民共和国海洋倾废管理条例实施办法》（国家海洋局令第2号）的部分条款予以修改。二、对《委托签发废弃物海洋倾倒许可证管理办法》（国土资源部令第25号）、《土地登记办法》（国土资源部令第40号）、《海洋标准化管理规定》（国家海洋局令第4号）等三部规章废止。三、自2017年12月29日起施行。

12月29日

［纲　文］ **税务总局公布《国家税务总局令（第42号）》。**

［目　文］ 《总局令》说，根据国务院办公厅关于做好“放管服”改革涉及的部门规章、规范性文件清理工作的有关要求，国家税务总局对现行有效的税务部门规章和税收规范性文件进行了清理。清理结果已经2017年11月30日国家税务总局2017年度第2次局务会议审议通过。现将《全文废止的税务部门规章目录》《全文失效废止的税收规范性文件目录》《部分条款废止的税收规范性文件目录》予以公布。

12月29日

［纲　文］ **税务总局发布《增值税一般纳税人登记管理办法》，自2018年2月1日起施行。**

12月29日

［纲　文］ **国家食品药品监管总局公布《生物制品批签发管理办法》。**

［目　文］ 《办法》共8章49条。主要有总则，批签发机构确定，批签发申请，审

核、检验、检查与签发，复审，信息公开，法律责任，附则等内容。自2018年2月1日起施行。2004年7月13日公布的《生物制品批签发管理办法》（原国家食品药品监督管理局令第11号）同时废止。

12月29日

［纲　文］　**中医药局发布《关于公布现行有效和决定废止的规范性文件目录的通告》。**

［目　文］　《通告》说，为贯彻落实党的十九大坚持全面依法治国基本方略，落实深化“放管服”改革要求，深入推进中医药系统依法行政，按照国务院办公厅和国务院法制办有关要求，中医药局开展了规范性文件清理工作。经2017年11月27日国家中医药管理局局长会议审议通过《中医药局现行有效的规范性文件目录（93件）》《中医药局决定废止的规范性文件目录（2件）》。

12月29日

［纲　文］　**国家气象局发布《关于加强气象防灾减灾救灾工作的意见》。**

［目　文］　《意见》由五个部分组成：一、党的十九大和《意见》对气象防灾减灾救灾的新要求。二、新时代气象防灾减灾救灾发展思路。三、建设新时代气象防灾减灾救灾体系。四、实施气象防灾减灾救灾七大行动。五、保障措施。

《意见》要求，各省（区、市）气象局和国家级业务单位要高度重视，加强组织领导，健全工作机制，组织制定贯彻落实的实施方案，部署推进新时代气象防灾减灾救灾体系建设具体举措并抓好落实。

12月29日

［纲　文］　**卫生计生委、中医药局发布《进一步改善医疗服务行动计划（2018—2020年）》。**

［目　文］　《计划》由四个部分组成：一、总体要求。二、巩固切实有效举措，形成医院工作制度。三、创新医疗服务模式，满足医疗服务新需求。四、精心组织抓好落实，改革改善同步推进。

12月29日

［纲　文］　**发展改革委发布《国家发展和改革委员会令（第13号）》。**

［目　文］　《委令》说，根据投诉举报处理工作实际情况，并考虑到适用主体、调整对象均发生了变化，现决定宣布失效《电力监管机构举报处理规定》（国家电力监管委员会令第17号）、《电力监管机构投诉处理规定》（国家电力监管委员会令第18号）。宣布失效的文件，自2017年12月29日起停止执行，不再作为行政管理的依据。

12月29日

［纲　文］　**国家保密局公布《泄密案件查处办法》。**

［目　文］　《办法》共10章64条。主要有总则、管辖、证据、受理、初查与立案、调查与处理、结案、配合机制、法律责任、附则等内容。自2018年1月1日起施行。国

家保密局1992年11月20日印发的《泄密事件查处办法（试行）》同时废止。

12月29日

［纲　文］　**财政部等七部门公布修改后的《中国清洁发展机制基金管理办法》，自2018年1月1日起施行。**

12月29日

［纲　文］　**中国地震局公布《关于废止部分部门规章和规范性文件的决定》。**

［目　文］　《决定》说，为贯彻落实国务院有关“简政放权、放管结合、优化服务”改革要求，中国地震局对涉及取消地震安全性评价人员执业资格、单位资质审批事项的部门规章和规范性文件进行了清理。现决定：一、废止《地震安全性评价资质管理办法》（中国地震局令第8号，2002年2月25日公布）。二、废止《关于印发〈一级地震安全性评价工程师资格考试大纲〉和〈二级地震安全性评价工程师资格考试大纲〉的通知》（中震发防〔2006〕86号，2006年9月12日公布）等10件规范性文件。三、自2017年12月29日起施行。

12月29日

［纲　文］　**国家税务总局发布《货物运输业小规模纳税人申请代开增值税专用发票管理办法》，自2018年1月1日起施行。**

12月29日

［纲　文］　**国家质检总局发布《出入境检疫处理管理工作规定》。**

［目　文］　《规定》共5章26条。主要有总则、检疫处理过程、现场监督检查、年度监督检查、附则等内容。自2018年3月1日起施行。《国境口岸卫生处理监督管理办法》（质检总局2013年第143号公告）同时废止，其他已发文件与本规定要求不一致的，以本规定为准。

12月29日

［纲　文］　**国家海洋局发布《深海海底区域资源勘探开发样品管理暂行办法》。**

［目　文］　《办法》共6章41条。主要有总则、深海样品汇交、深海样品保管、深海样品申请与使用、法律责任、附则等内容。2017年12月29日起施行。

12月29日

［纲　文］　**国家海洋局发布《深海海底区域资源勘探开发资料管理暂行办法》。**

［目　文］　《办法》共6章32条。主要有总则、资料汇交、资料保管、资料申请与使用、法律责任、附则等内容。自2017年12月29日起实施。

12月29日

［纲　文］　**中国人民政治协商会议全国委员会在全国政协礼堂举行新年茶话会。**

［目　文］　茶话会由全国政协主席俞正声主持。党和国家领导人习近平、李克强、张德江、俞正声、张高丽、栗战书、汪洋、王沪宁、赵乐际、韩正等同各民主党派中央、全国工商联负责人和无党派人士代表、中央和国家机关有关方面负责人以及首都各族各界

人士代表共迎2018年元旦。

中共中央总书记习近平在讲话中指出，2017年是党和国家发展进程中具有里程碑意义的一年，中国特色社会主义各项事业取得新的重大成就。我们坚持稳中求进工作总基调，贯彻新发展理念，统筹推进“五位一体”总体布局，协调推进“四个全面”战略布局，深入推进供给侧结构性改革，有力实施脱贫攻坚，经济建设、政治建设、文化建设、社会建设、生态文明建设、军队和国防建设等取得新进展。2018年，我们要全面贯彻中共十九大精神，以新时代中国特色社会主义思想为指导，坚持稳中求进工作总基调，统筹推进稳增长、促改革、调结构、惠民生、防风险各项工作，促进经济社会持续健康发展。我们要以改革的实际行动庆祝改革开放40周年，继续沿着改革开放的康庄大道奋勇前进。我们要继续贯彻“一国两制”、“港人治港”、“澳人治澳”、高度自治的方针，维护香港、澳门长期繁荣稳定。我们要继续坚持一个中国原则，在“九二共识”基础上推动两岸关系和平发展，反对一切分裂国家的活动。我们要始终不渝走和平发展道路，推动建设持久和平、普遍安全、共同繁荣、开放包容、清洁美丽的世界，让世界各国人民共享人类文明进步成果。

农工党中央主席陈竺代表各民主党派中央、全国工商联和无党派人士讲话，表示将更加紧密地团结在以习近平同志为核心的中共中央周围，以习近平新时代中国特色社会主义思想为指导，不忘合作初心，继续携手前进，切实加强自身建设，自觉融入大局、服务大局、保障大局，为决胜全面建成小康社会、实现中华民族的伟大复兴贡献智慧和力量。

12月29日

［纲　文］　**2018年新年戏曲晚会在国家大剧院举行。**

［目　文］　党和国家领导人习近平、李克强、张德江、俞正声、张高丽、栗战书、汪洋、王沪宁、赵乐际、韩正等，与首都近千名群众一起观看演出，喜迎新年的到来。

12月29日

［纲　文］　**《人民日报》发表题为《完善立法机制 提高立法质量》的评论员文章。**

12月29日

［纲　文］　**《人民日报》发表题为《公正司法 增强群众财产财富安全感》的评论员文章。**

12月29—30日

［纲　文］　**全国工商和市场监管工作会议在北京召开。**

［目　文］　会议的主要任务是：贯彻落实党的十九大及中央经济工作会议精神，全面总结2017年全国工商和市场监管工作，研究部署2018年和今后一个时期的重点工作任务。工商总局局长张茅在开幕式上作题为《深入贯彻落实党的十九大精神开创新时代工商和市场监管工作新局面》的工作报告。来自全国各地的会议代表分六组就2018年如何更好地做好市场监管工作和消费维权工作展开了讨论。

12月30日

［纲　文］　**习近平给莫斯科大学的中国留学生回信，勉励他们胸怀大志、刻苦学习、早日成才，并向所有海外学人致以节日问候。**

［目　文］　中共中央总书记习近平在信中写道，莫斯科大学的中国留学生们：你们好！读了来信，我很高兴，我从中读出了祖国日益强大带给你们的自豪之情，也感受到了海外学子们心向祖国、追求进步的强烈心声。60年前，毛主席在你们学校接见中国留学生时曾深情地说，青年人"好像早晨八九点钟的太阳，希望寄托在你们身上"。青年一代有理想、有本领、有担当，国家就有前途，民族就有希望。实现中华民族伟大复兴的中国梦，离不开一代代青年的接力奋斗。希望你们弘扬留学报国的光荣传统，胸怀大志，刻苦学习，早日成长为可堪大任的优秀人才，把学到的本领奉献给祖国和人民，让青春之光闪耀在为梦想奋斗的道路上。新的一年即将到来，我向你们、向所有的海外学人致以诚挚的问候。

1957年，毛泽东在莫斯科大学接见中国留学生时，发表了"希望寄托在你们身上"的著名讲话。近日，莫斯科大学的中国留学生给习近平总书记写信，汇报了结合毛主席当年讲话学习党的十九大精神的体会，表达了追求进步、报国为民的决心。

12月30日

［纲　文］　**中共中央印发《关于建立国务院向全国人大常委会报告国有资产管理情况制度的意见》。**

［目　文］　《意见》由五个部分组成：一、重要意义。二、指导思想和基本原则。三、报告方式和重点。四、审议程序和重点。五、组织保障。

《意见》指出，依据宪法和法律，国务院代表国家行使国有资产所有权并负有管理职责，全国人大及其常委会负有国有资产监督职责。向全国人大常委会报告国有资产管理情况是国务院的一项重要工作，也是全国人大常委会依法履行监督职责的重要手段。国务院每年向全国人大常委会报告国有资产管理情况，依法由国务院负责人进行报告，也可以委托有关部门负责人报告。全国人大常委会依照监督法、预算法、企业国有资产法等有关法律规定，把国务院关于国有资产管理情况报告纳入年度监督工作计划，精心组织审议，推进公开透明，实行全方位监督。全国人大常委会和国务院要明确分工，建立健全工作机制，不断推进国有资产管理情况报告的规范化程序化。

12月30日

［纲　文］　**新华社讯，经中共中央批准，自2018年1月1日起由人民解放军担负国旗护卫和礼炮鸣放任务。**

［目　文］　2018年1月1日7时36分，天安门广场升国旗仪式，首次由人民解放军仪仗队和军乐团执行，中央人民广播电台、中央电视台、中国国际广播电台及人民网、新华网、中国网络电视台、中国网、中国军网进行现场直播。

此前，国旗护卫和礼炮鸣放任务由国旗护卫队和礼炮部队担负，均隶属于武警北京总队。

12月30日

［纲 文］ **中共中央、国务院决定，任命曹雪涛为南开大学校长（副部长级）；免去龚克的南开大学校长职务。**

12月30日

［纲 文］ **中共中央、国务院决定，任命张宗益为重庆大学校长（副部长级）；免去周绪红的重庆大学校长职务。**

12月30日

［纲 文］ **北京轨道交通燕房线开通试运营。**

［目 文］ 燕房线是国内首条完全拥有自主知识产权的全自动运行示范线路，其信号、综合监控、车辆、通信等全部国产化，列车可以实现无人值守驾驶功能，具有提高驾驶精确度、减少人工失误等优点。

12月30日

［纲 文］ **《人民日报》发表题为《谱写新时代乡村振兴新篇章》的社论。**

12月31日

［纲 文］ **习近平发表2018年新年贺词。**

［目 文］ 国家主席习近平的贺词全文如下：

大家好！时光飞逝，转眼我们将迎来2018年。在这里，我向全国各族人民，向香港特别行政区同胞、澳门特别行政区同胞、台湾同胞和海外侨胞致以新年的祝福！我也祝愿世界各国各地区的朋友们万事如意！

天道酬勤，日新月异。2017年，我们召开了中国共产党第十九次全国代表大会，开启了全面建设社会主义现代化国家新征程。我国国内生产总值迈上80万亿元人民币的台阶，城乡新增就业1300多万人，社会养老保险已经覆盖9亿多人，基本医疗保险已经覆盖13.5亿人，又有1000多万农村贫困人口实现脱贫。“安得广厦千万间，大庇天下寒士俱欢颜！”340万贫困人口实现易地扶贫搬迁、有了温暖的新家，各类棚户区改造开工数提前完成600万套目标任务。各项民生事业加快发展，生态环境逐步改善，人民群众有了更多获得感、幸福感、安全感。我们朝着实现全面建成小康社会目标又迈进了一大步。

科技创新、重大工程建设捷报频传。“慧眼”卫星遨游太空，C919大型客机飞上蓝天，量子计算机研制成功，海水稻进行测产，首艘国产航母下水，“海翼”号深海滑翔机完成深海观测，首次海域可燃冰试采成功，洋山四期自动化码头正式开港，港珠澳大桥主体工程全线贯通，复兴号奔驰在祖国广袤的大地上……我为中国人民迸发出来的创造伟力喝彩！

我们在朱日和联合训练基地举行沙场点兵，纪念中国人民解放军建军90周年。香港回归祖国20周年时，我去了香港，亲眼所见，有祖国做坚强后盾，香港保持了长期繁荣稳定，明天必将更加美好。我们还举行了纪念全民族抗战爆发80周年仪式和南京大屠杀死难者国家公祭仪式，以铭记历史、祈愿和平。

我们在国内主办了几场多边外交活动，包括首届“一带一路”国际合作高峰论坛、金砖国家领导人厦门会晤、中国共产党与世界政党高层对话会等会议。我还参加了一些世界上的重要多边会议。今年年初，我出席达沃斯世界经济论坛年会，并在联合国日内瓦总部作了讲话，后来又出席了二十国集团领导人峰会、亚太经合组织领导人非正式会议等。在这些不同场合，我同有关各方深入交换意见，大家都赞成共同推动构建人类命运共同体，以造福世界各国人民。

2017年，我又收到很多群众来信，其中有西藏隆子县玉麦乡的乡亲们，有内蒙古苏尼特右旗乌兰牧骑的队员们，有西安交大西迁的老教授，也有南开大学新入伍的大学生，他们的故事让我深受感动。广大人民群众坚持爱国奉献，无怨无悔，让我感到千千万万普通人最伟大，同时让我感到幸福都是奋斗出来的。

2018年是全面贯彻中共十九大精神的开局之年。中共十九大描绘了我国发展今后30多年的美好蓝图。九层之台，起于累土。要把这个蓝图变为现实，必须不驰于空想、不骛于虚声，一步一个脚印，踏踏实实干好工作。2018年，我们将迎来改革开放40周年。改革开放是当代中国发展进步的必由之路，是实现中国梦的必由之路。我们要以庆祝改革开放40周年为契机，逢山开路，遇水架桥，将改革进行到底。

到2020年我国现行标准下农村贫困人口实现脱贫，是我们的庄严承诺。一诺千金。到2020年只有3年的时间，全社会要行动起来，尽锐出战，精准施策，不断夺取新胜利。3年后如期打赢脱贫攻坚战，这在中华民族几千年历史发展上将是首次整体消除绝对贫困现象，让我们一起来完成这项对中华民族、对整个人类都具有重大意义的伟业。

当前，各方对人类和平与发展的前景既有期待、也有忧虑，期待中国表明立场和态度。天下一家。中国作为一个负责任大国，也有话要说。中国坚定维护联合国权威和地位，积极履行应尽的国际义务和责任，信守应对全球气候变化的承诺，积极推动共建“一带一路”，始终做世界和平的建设者、全球发展的贡献者、国际秩序的维护者。中国人民愿同各国人民一道，共同开辟人类更加繁荣、更加安宁的美好未来。

我们伟大的发展成就由人民创造，应该由人民共享。我了解人民群众最关心的就是教育、就业、收入、社保、医疗、养老、居住、环境等方面的事情，大家有许多收获，也有不少操心事、烦心事。我们的民生工作还有不少不如人意的地方，这就要求我们增强使命感和责任感，把为人民造福的事情真正办好办实。各级党委、政府和干部要把老百姓的安危冷暖时刻放在心上，以造福人民为最大政绩，想群众之所想，急群众之所急，让人民生活更加幸福美满。

谢谢大家。

12 月 31 日

［纲　文］　**国家主席习近平、国务院总理李克强分别同俄罗斯总统普京、俄罗斯总理梅德韦杰夫互致新年贺电。**

［目　文］　习近平在贺电中代表中国政府和中国人民，向普京总统和俄罗斯人民致以诚挚的祝贺和良好的祝愿并表示，回首 2017 年，中俄全面战略协作伙伴关系在高水平上取得新的重要发展。双方在涉及彼此核心利益的问题上相互坚定支持，“一带一路”建设同欧亚经济联盟对接合作取得重要早期收获，两国战略性大项目合作稳中有进，创新、农业、地方合作不断释放新动能，媒体交流年圆满收官，人文合作蓬勃开展，两国友好的民意基础更加巩固，双方在国际和地区事务中保持密切有效的协调配合，为维护世界和平稳定作出了重大贡献。新的一年里，我愿继续同你携手努力，巩固中俄政治和战略互信，拓展中俄全方位务实合作，推进中俄国际战略协作，共同引领两国关系发展结出新硕果。我相信，2018 年和 2019 年将举办的中俄地方合作交流年活动必将全面扩大和深化两国地方交往，使中俄世代友好、共同振兴的理念更加深入人心。

普京在贺电中向习近平主席致以新年祝贺，祝全体中国人民幸福安康并表示，在即将过去的一年里，俄中关系发展取得新成果。双边贸易额显著增长，科技、文化、人文领域交流蓬勃开展，我对此表示满意。俄中在国际事务中开展了富有成效的协作，为解决国际热点问题作出重要贡献。双方积极开展地方交往，将于 2018 年至 2019 年举办俄中地方合作交流年。我们将同中方共同努力，不断深化俄中全面战略协作伙伴关系，造福友好的两国人民。

李克强在贺电中表示，2017 年，中俄总理成功举行第二十二次定期会晤，就推动两国各领域务实合作达成重要共识，双方利益融合进一步加深。在新的一年里，我愿同你携手努力，推动中俄全方位合作不断取得新成果。

梅德韦杰夫在贺电中表示，当前，俄中全面战略协作伙伴关系达到前所未有的高水平，重大合作项目顺利实施，相信在新的一年里，双边合作关键领域一定会取得新成果。

12 月 31 日

［纲　文］　**新闻出版广电总局电影局发布 2017 年全国电影总票房为 559.11 亿元，同比增长 13.45%。**

［目　文］　国产电影票房 301.04 亿元，占票房总额的 53.84%；票房过亿元影片 92 部，其中国产电影 51 部；城市院线观影人次 16.2 亿，同比增长 18.08%。2017 年，全国生产电影故事片 798 部、动画电影 32 部、科教电影 68 部、纪录电影 44 部、特种电影 28 部，总计 970 部；国产电影海外票房和销售收入 42.53 亿元，同比增长 11.19%；全国新增银幕 9597 块，银幕总数已达到 50776 块。

12 月 31 日

［纲　文］　**《人民日报》发表题为《实现中华民族伟大复兴的一项重要任务——论贯彻落实中央农村工作会议精神》的评论员文章。**

附　录

［附录一］

2017年中国县级以上行政区划变动一览表

批准日期	批准机构	省、市、自治区	变动内容
4月9日	民政部批复	河北省	撤销平泉县，设立县级平泉市，以原平泉县的行政区域为平泉市的行政区域，平泉市人民政府驻平泉镇府前街17号。平泉市由河北省直辖，承德市代管。
		浙江省	撤销玉环县，设立县级玉环市，以原玉环县的行政区域为玉环市的行政区域，玉环市人民政府驻玉城街道东城路6号。玉环市由浙江省直辖，台州市代管。
		陕西省	撤销神木县，设立县级神木市，以原神木县的行政区域为神木市的行政区域，神木市人民政府驻神木镇府阳路1号。神木市由陕西省直辖，榆林市代管。
		四川省	撤销隆昌县，设立县级隆昌市，以原隆昌县的行政区域为隆昌市的行政区域，隆昌市人民政府驻古湖街道大东街64号。隆昌市由四川省直辖，内江市代管。
		湖南省	撤销宁乡县，设立县级宁乡市，以原宁乡县的行政区域为宁乡市的行政区域，宁乡市人民政府驻玉潭街道金洲大道5段398号。宁乡市由湖南省直辖，长沙市代管。
		贵州省	撤销盘县，设立县级盘州市，以原盘县的行政区域为盘州市的行政区域，盘州市人民政府驻亦资街道凤鸣北路1号。盘州市由贵州省直辖，六盘水市代管。
5月29日	国务院批复	山西省	山西省人民政府驻地由太原市杏花岭区府东街101号迁至太原市小店区长风街30号。
7月18日	国务院批复	浙江省	撤销县级临安市，设立杭州市临安区，以原临安市的行政区域为临安区的行政区域，临安区人民政府驻锦城街道衣锦街398号。
		福建省	撤销县级长乐市，设立福州市长乐区，以原长乐市的行政区域为长乐区的行政区域，长乐区人民政府驻吴航街道解放路27号。
		江西省	撤销九江县，设立九江市柴桑区，以原九江县的行政区域为柴桑区的行政区域，柴桑区人民政府驻沙河街镇庐山北路168号。
		山东省	撤销县级即墨市，设立青岛市即墨区，以原即墨市的行政区域为即墨区的行政区域，即墨区人民政府驻通济街道振华街140号。
		四川省	撤销罗江县，设立德阳市罗江区，以原罗江县的行政区域为罗江区的行政区域，罗江区人民政府驻万安镇景乐北路88号。

续表

批准日期	批准机构	省、市、自治区	变动内容
7月18日	国务院批复	西藏自治区	撤销达孜县，设立拉萨市达孜区，以原达孜县的行政区域为达孜区的行政区域，达孜区人民政府驻德庆镇德庆中路21号。
		陕西省	撤销南郑县，设立汉中市南郑区，以原南郑县的行政区域为南郑区的行政区域，南郑区人民政府驻汉山街道西大街24号。
		西藏自治区	一、撤销那曲地区和那曲县，设立地级那曲市，市人民政府驻新设立的色尼区浙江西路3号。 二、那曲市设立色尼区，以原那曲县的行政区域为色尼区的行政区域，区人民政府驻那曲镇文化西路26号。 三、那曲市辖原那曲地区的聂荣县、安多县、巴青县、索县、比如县、嘉黎县、尼玛县、班戈县、申扎县、双湖县和新设立的色尼区。

资料来源于民政部网站。

［附录二］

2017年国民经济和社会统计资料

项目	单位	数量	比上一年增长
一、全国行政区划			
省级区划数	个	34	0.00%
地级区划数	个	334	13.99%
地级市	个	294	0.34%
县级区划数	个	2851	0.00%
市辖区	个	962	0.84%
县级市	个	363	0.83%
县	个	1355	–0.81%
自治县	个	117	0.00%
二、全国人口及就业状况			
年底总人口	万人	139008	0.53%
男	万人	71137	0.45%
女	万人	67871	0.62%
城镇	万人	81347	2.58%
乡村	万人	57661	–2.22%

续表

项目	单位	数量	比上一年增长
人口出生率	‰	12.43	-4.02%
人口死亡率	‰	7.11	0.28%
人口自然增长率	‰	5.32	-9.22%
就业人员总数	万人	77640	0.05%
城镇	万人	42462	2.50%
乡村	万人	35178	-2.76%
第一产业	万人	20944	-2.57%
第二产业	万人	21824	-2.35%
第三产业	万人	34872	3.30%
三、国内生产总值及构成（按当年价格计算）			
国内生产总值			
国民总收入	亿元	824828.4	11.37%
国内生产总值	亿元	827121.7	11.23%
第一产业增加值	亿元	65467.6	2.82%
第二产业增加值	亿元	334622.6	12.84%
第三产业增加值	亿元	427031.5	11.39%
农林牧渔业增加值	亿元	68008.7	3.08%
工业增加值	亿元	279996.9	12.96%
建筑业增加值	亿元	55689	12.04%
批发和零售业增加值	亿元	77743.7	9.05%
交通运输、仓储和邮政业增加值	亿元	36802.7	11.32%
住宿和餐饮业增加值	亿元	14594.1	9.25%
金融业增加值	亿元	65748.9	7.57%
房地产业增加值	亿元	53850.7	11.74%
其他增加值	亿元	174687.1	14.17%
人均国内生产总值	元／人	59660	10.61%
国内生产总值构成			
国内生产总值	%	100	
第一产业增加值	%	7.9	-8.14%
第二产业增加值	%	40.5	1.50%
第三产业增加值	%	51.6	0.00%
支出法国内生产总值			
支出法国内生产总值	亿元	812038.1	8.91%
最终消费支出	亿元	435453.2	8.89%
居民消费支出	亿元	317509.7	8.20%

续表

项目	单位	数量	比上一年增长
政府消费支出	亿元	117944	10.78%
资本形成总额	亿元	360626.8	9.57%
固定资本形成总额	亿元	346441	8.92%
存货变动	亿元	14185.8	28.33%
四、全社会固定资产投资			
新建	亿元	452483.29	7.44%
扩建	亿元	67597.37	-2.01%
改建和技术改造	亿元	91873.25	7.59%
五、农林牧渔业生产状况			
总产值（绝对数按当年价格计算）	亿元	109331.72	–2.46%
农作物播种面积	千公顷	166331.91	–0.19%
粮食播种面积	千公顷	117989.06	4.38%
全国主要农业产品产量			
粮食	万吨	66160.72	7.36%
棉花	万吨	565.3	6.67%
油料	万吨	3475.24	–4.25%
麻类	万吨	21.79	–16.83%
甘蔗	万吨	10440.43	–8.28%
甜菜	万吨	938.41	–1.91%
烟叶	万吨	239.14	–12.26%
茶叶	万吨	246.04	2.31%
水果	万吨	25241.9	–10.97%
六、工业生产状况			
工业增加值（按当年价格计算）	亿元	279996.9	12.96%
规模以上工业企业实现利润	亿元	74916.25	4.16%
全国主要工业产品产量			
纱	万吨	4033.92	8.07%
布	亿米	787.68	–13.13%
化学纤维	万吨	4877.05	–0.19%
成品糖	万吨	1472.04	1.99%
彩色电视机	万台	15932.62	1.03%
家用电冰箱	万台	8548.39	0.79%
房间空气调节器	万台	17861.53	24.54%
原煤	亿吨	35.24	3.31%
原油	万吨	19150.61	–4.10%

续表

项目	单位	数量	比上一年增长
天然气	亿立方米	1480.35	8.16%
发电量	亿千瓦小时	64951.43	5.74%
粗钢	万吨	83138.09	2.94%
钢材	万吨	104642.05	–7.77%
十种有色金属	万吨	5498.31	2.87%
水泥	万吨	233084.06	–3.30%
硫酸（折 100%）	万吨	9212.92	0.87%
烧碱（折 100%）	万吨	3329.17	3.98%
乙烯	万吨	1821.84	2.29%
农用氮、磷、钾化肥产量	万吨	5891.71	–11.13%
汽车	万辆	2901.81	3.20%
大中型拖拉机	万台	34.44	–44.31%
集成电路	万块	15645800	18.71%
程控交换机	万线	1240.81	–14.88%
移动通信手持机	万台	188982.37	–8.18%
微型计算机设备	万台	30678.37	5.76%
七、全国能源生产和消费状况			
能源生产总量	万吨标准煤	359000	3.76%
能源消费总量	万吨标准煤	449000	2.98%
八、交通运输及邮电状况			
运输线路长度			
铁路营业里程	万公里	12.7	2.42%
公路里程	万公里	477.35	1.64%
高速公路里程	万公里	13.64	4.12%
内河航道里程	万公里	12.7	–0.08%
定期航班航线里程	公里	7483033	17.88%
管道输油（气）里程	万公里	11.93	5.20%
全国客运情况			
客运总量	万人	1848620.12	–2.71%
铁路客运量	万人	308379.34	9.59%
公路客运量	万人	1456784.33	–5.57%
水运客运量	万人	28300.34	3.91%
民航客运量	万人	55156.11	13.03%
全国旅客周转总量	亿人公里	32812.8	4.97%
铁路旅客周转量	亿人公里	13456.92	6.98%

续表

项目	单位	数量	比上一年增长
公路旅客周转量	亿人公里	9765.18	-4.53%
水运旅客周转量	亿人公里	77.66	7.37%
民航旅客周转量	亿人公里	9513.04	13.55%
全国货运量			
货运总量	万吨	4804850	9.53%
铁路货运量	万吨	368865	10.71%
公路货运量	万吨	3686858	10.34%
水运货运量	万吨	667846	4.64%
民航货运量	万吨	706	5.69%
管道货运量	万吨	80576	9.76%
全国货物周转总量	亿吨公里	197372.65	5.76%
铁路货物周转量	亿吨公里	26962.2	13.32%
公路货物周转量	亿吨公里	66771.52	9.32%
水运货物周转量	亿吨公里	98611.25	1.31%
民航货物周转量	亿吨公里	243.55	9.49%
管道货物周转量	亿吨公里	4784.13	14.02%
民用汽车拥有量	万辆	20906.67	12.56%
私人汽车拥有量	万辆	18515.11	13.38%
民用运输船舶拥有量	艘	131746	-8.87%
沿海规模以上港口货物吞吐量	万吨	865464	6.72%
全国邮电业务情况			
邮政业务总量	亿元	9763.71	31.99%
电信业务总量	亿元	27596.74	76.71%
函件数	亿件	31.48	-13.01%
包裹数	万件	2657.2	-4.90%
报刊期发数	万份	12572.8	-7.67%
九、商业、物价及外贸状况			
全国社会消费品零售情况			
社会消费品零售总额	亿元	366261.6	10.21%
批发和零售业商品销售额	亿元	630181.3	12.76%
住宿和餐饮业营业额	亿元	9276.71	3.79%
全国各种价格指数（以上年为100）			
居民消费价格指数		101.6	-0.39%
商品零售价格指数		101.1	0.40%
工业生产者出厂价格指数		106.3	7.81%

续表

项目	单位	数量	比上一年增长
工业生产者购进价格指数		108.1	10.31%
固定资产投资价格指数		105.8	6.44%
全国进出口贸易情况			
进出口总额（人民币）	亿元	278101	14.26%
出口总额（人民币）	亿元	153311.19	10.76%
进口总额（人民币）	亿元	124789.81	18.88%
进出口差额（人民币）	亿元	28521.38	−14.74%
进出口总额（美元）	百万美元	4107164.27	11.44%
出口总额（美元）	百万美元	2263371.33	7.90%
进口总额（美元）	百万美元	1843792.94	16.11%
差额（美元）	百万美元	419578.39	−17.68%
十、财政状况			
财政收入	亿元	172592.77	8.14%
中央财政收入	亿元	81123.36	12.10%
地方财政收入	亿元	91469.41	4.85%
财政支出	亿元	203085.49	8.17%
中央财政支出	亿元	29857.15	8.95%
地方财政支出	亿元	173228.34	8.03%
收支差额	亿元	−30492.72	8.32%
国家财政主要收入项目			
国家税收收入	亿元	144369.87	10.75%
国家非税收入	亿元	28222.9	−3.49%
国家专项收入	亿元	7028.71	1.73%
国家行政事业性收费	亿元	4745.27	−3.08%
国家罚没收入	亿元	2394.14	24.80%
国家其他收入	亿元	2409.02	32.12%
国家财政主要支出项目			
国家财政一般公共服务支出	亿元	16510.36	11.63%
国家财政国防支出	亿元	10432.37	6.83%
国家财政公共安全支出	亿元	12461.27	12.96%
国家财政教育支出	亿元	30153.18	7.41%
国家财政科学技术支出	亿元	7266.98	10.71%
国家财政文化体育与传媒支出	亿元	3391.93	7.24%
国家财政社会保障和就业支出	亿元	24611.68	13.99%
国家财政医疗卫生支出	亿元	14450.63	9.82%

续表

项目	单位	数量	比上一年增长
国家财政环境保护支出	亿元	5617.33	18.64%
国家财政城乡社区事务支出	亿元	20585	11.91%
国家财政农林水事务支出	亿元	19088.99	2.70%
国家财政交通运输支出	亿元	10673.98	1.67%
国家财政其他支出	亿元	1729.31	–8.95%
中央财政债务余额	亿元	134770.15	12.25%
国内债务	亿元	133447.43	12.32%
国外债务	亿元	1322.72	5.35%
十一、金融状况			
货币和准货币（M2）供应量	亿元	1690235.31	9.04%
货币（M1）供应量	亿元	543790.15	11.76%
流通中现金（M0）供应量	亿元	70645.6	3.43%
货币供应量中活期存款供应量	亿元	473144.55	13.12%
黄金储备	万盎司	5924	0.00%
外汇储备	亿美元	31399.49	4.30%
十二、人民生活			
居民人均可支配收入	元	25973.79	9.04%
城镇居民人均可支配收入	元	36396.19	8.27%
农村居民人均可支配收入	元	13432.43	8.65%
居民人均消费支出	元	18322.15	7.08%
城镇居民人均消费支出	元	24444.95	5.92%
农村居民人均消费支出	元	10954.53	8.14%
十三、教育状况			
研究生培养机构学校数	所	815	2.77%
普通高校研究生培养机构学校数	所	578	0.35%
科研机构研究生培养机构学校数	所	237	9.22%
普通高等学校学校数	所	2631	1.35%
本科院校学校数	所	1243	0.49%
专科院校学校数	所	1388	2.13%
中等教育学校数	所	77018	–0.49%
高中阶段教育学校数	所	24618	–0.38%
高中学校数	所	13947	0.93%
普通高中学校数	所	13555	1.29%
初中阶段教育学校数	所	52400	–0.54%
初等教育学校数	所	176718	–6.71%
普通小学学校数	所	167009	–5.98%

续表

项目	单位	数量	比上一年增长
十四、文化事业状况			
文化文物机构数	个	326364	5.06%
公共图书馆业机构数	个	3166	0.41%
群众文化服务业机构数	个	44521	0.05%
艺术教育业机构数	个	120	–4.00%
文化市场经营机构数	个	242652	4.78%
图书、期刊和报纸出版情况			
图书出版种数	种	512487	2.52%
图书新出版种数	种	255106	–2.79%
图书总印数	亿册	92.44	2.29%
期刊出版种数	种	10130	0.46%
期刊出版总印数	亿册	24.9	–7.68%
报纸出版种数	种	1884	–0.53%
报纸出版总印数	亿份	362.5	–7.07%
十五、卫生事业状况			
医疗卫生机构数	个	986649	0.33%
医院数	个	31056	6.58%
综合医院数	个	18921	5.00%
中医医院数	个	3695	6.73%
专科医院数	个	7220	8.70%
基层医疗卫生机构数	个	933024	0.70%
社区卫生服务中心（站）数	个	34652	0.95%
卫生人员数	万人	1174.9	5.16%
卫生技术人员数	万人	898.80	6.31%
执业（助理）医师数	万人	339	6.24%
执业医师数	万人	282.9	6.70%
注册护士数	万人	380.4	8.46%
药师数	万人	45.3	3.14%
乡村医生和卫生员数	万人	96.86	–3.17%
卫生机构床位数	万张	794.03	7.15%
医院床位数	万张	612.05	7.59%
专业公共卫生机构床位数	万张	26.26	6.23%
妇幼保健院（所、站）床位数	万张	22.11	7.07%
专科疾病防治院（所、站）床位数	万张	4.08	2.00%

资料来源于2019年1月6日国家统计局国家年度数据表。

［附录三］ 2017年中国参加的多边条约和对外缔结的主要双边条约

2017年中国参加的多边条约					
序号	条约名称	签订日期地点	生效日期	中国采取行动情况	备注
1	关于成立中亚区域经济合作学院的协议	2016年10月26日伊斯兰堡	2017年8月24日	2016年10月26日签署 2017年6月27日批准 2017年8月3日交存批准书	仅适用澳门特区
2	上海合作组织成员国边防合作协定	2015年7月10日乌法	2016年10月29日	2017年4月27日批准 2017年6月6日交存批准书 2017年6月13日对我生效	适用于香港和澳门特区
3	亚太贸易协定第二修正案	2017年1月13日曼谷	尚未生效	2017年1月13日签署 2017年10月7日接受	不适用于香港和澳门特区
4	《关于暂准进口的公约》附约B.2《关于专业设备的附约》和附约B.3《关于集装箱、托盘、包装物料、样品及其他与商业运营有关的进口货物的附约》	1990年6月26日伊斯坦布尔	1993年11月27日	2017年7月13日接受	
5	上海合作组织反极端主义公约	2017年6月9日阿斯塔纳	尚未生效	2017年6月9日签署	
6	选择法院协议公约	2005年6月30日海牙	2015年10月1日	2017年9月12日签署	
7	关于建立澜沧江—湄公河综合执法安全合作中心的谅解备忘录	2017年10月17日北京	尚未生效（但已临时适用）	2017年10月17日签署	

2017年中国对外缔结的主要双边条约			
序号	条约名称	签署日期	签署地点
1	中华人民共和国政府与瑞士联邦委员会文化合作协定	1月16日	伯尔尼
2	中华人民共和国政府和巴巴多斯政府经济技术合作协定	1月18日	布里奇顿

续表

2017年中国对外缔结的主要双边条约			
序号	条约名称	签署日期	签署地点
3	中华人民共和国政府和密克罗尼西亚联邦政府经济技术合作协定	3月27日	北京
4	中华人民共和国政府和马来西亚政府在水资源领域合作谅解备忘录	4月10日	吉隆坡
5	中华人民共和国政府和乌兹别克斯坦政府国际道路运输协定	5月12日	北京
6	中华人民共和国政府和土耳其政府关于互设文化中心的协定	5月13日	北京
7	中华人民共和国政府和黑山政府经济技术合作协定	5月13日	波德戈里察
8	中华人民共和国政府与阿富汗伊斯兰共和国政府关于海关事务的合作与互助协定	5月15日	北京
9	中华人民共和国政府和肯尼亚政府关于在肯尼亚设立中国文化中心的协定	5月15日	北京
10	中华人民共和国政府和斯里兰卡政府关于促进投资与经济合作框架协议	5月16日	北京
11	中华人民共和国政府和斐济共和国政府经济技术合作协定	5月16日	北京
12	中华人民共和国政府和阿根廷政府关于在阿根廷设立中国文化中心的协定	5月17日	北京
13	中华人民共和国和西班牙王国社会保障协定	5月19日	巴德诺伊纳尔
14	中华人民共和国政府和哈萨克斯坦共和国政府关于合作拍摄电影的协议	6月8日	阿斯塔纳
15	中华人民共和国政府与卢森堡大公国政府关于合作拍摄电影的协议	6月12日	北京
16	中华人民共和国和巴拿马共和国关于建立外交关系的联合公报	6月13日	北京
17	中华人民共和国政府和巴拿马共和国政府关于建立外交关系的谅解备忘录	6月13日	北京
18	中华人民共和国政府和古巴共和国政府经济技术合作协定	6月23日	北京
19	中华人民共和国政府与俄罗斯联邦政府关于合作拍摄电影的协议	7月4日	莫斯科
20	中华人民共和国政府和赤道几内亚政府关于互免持外交、公务和官员护照人员签证的协定	7月7日	北京
21	中华人民共和国和突尼斯共和国关于建立磋商机制的协议	7月17日	北京
22	中华人民共和国政府和尼泊尔政府关于促进投资与经济合作框架协议	8月15日	加德满都
23	中华人民共和国政府和国际移民组织关于设立国际移民组织驻华代表处的协议	8月22日	北京

续表

2017年中国对外缔结的主要双边条约			
序号	条约名称	签署日期	签署地点
24	中华人民共和国政府和科威特国政府关于在科威特设立中国文化中心的协定	8月22日	科威特城
25	中华人民共和国政府和巴西政府关于合作摄制电影的协议	9月1日	北京
26	中华人民共和国政府和苏里南政府经济技术合作协定	9月13日	帕拉马里博
27	中华人民共和国政府和肯尼亚政府对所得避免双重征税和防止逃避税的协定	9月21日	内罗毕
28	中华人民共和国政府与圣多美和普林西比民主共和国政府贸易、经济和技术合作协定	9月22日	圣多美
29	中华人民共和国政府和格林纳达政府经济技术合作协定	10月13日	圣乔治
30	中华人民共和国政府和哈萨克斯坦共和国政府关于中哈苏木拜河联合引水工程改造的协定	11月15日	北京
31	中华人民共和国政府和巴拿马政府关于铁路运输系统领域合作的谅解备忘录	11月17日	北京
32	中华人民共和国政府和巴拿马共和国政府民用航空运输协定	11月17日	北京

资料来源于外交部网站。

［附录四］　2017年国家科学技术奖励情况

2017年度国家最高科学技术奖获奖人				
王泽山院士（南京理工大学，由江苏省推荐） 侯云德院士（中国疾病预防控制中心病毒病预防控制所，由陈竺、赵铠、饶子和推荐）				
2017年度国家自然科学奖获奖项目				
一等奖				
序号	编号	项目名称	主要完成人	推荐专家
1	Z-105-1-01	水稻高产优质性状形成的分子机理及品种设计	李家洋（中国科学院遗传与发育生物学研究所） 韩　斌（中国科学院上海生命科学研究院） 钱　前（中国水稻研究所） 王永红（中国科学院遗传与发育生物学研究所） 黄学辉（中国科学院上海生命科学研究院）	李振声

续表

序号	编号	项目名称	主要完成人	推荐专家
2	Z-103-1-01	聚集诱导发光	唐本忠（香港科技大学） 秦安军（浙江大学） 董宇平（北京理工大学） 李　振（香港科技大学） 孙景志（浙江大学）	谭蔚泓 张　希 曹　镛

2017年度国家技术发明奖获奖项目

一等奖（通用项目）

序号	编号	项目名称	主要完成人	推荐专家
1	F-30802-1-01	燃煤机组超低排放关键技术研发及应用	高　翔（浙江大学） 吴国潮（浙江省能源集团有限公司） 朱松强（浙江省能源集团有限公司） 郑成航（浙江大学） 胡达清（浙江天地环保科技有限公司） 岑可法（浙江大学）	浙江省
2	F-30801-1-01	高性能碳纤维复合材料构件高质高效加工技术与装备	贾振元（大连理工大学） 高　航（大连理工大学） 王福吉（大连理工大学） 鲍永杰（大连理工大学） 李兰柱（航天材料及工艺研究所） 刘建波（哈尔滨飞机工业集团有限责任公司）	教育部

2017年度国家科学技术进步奖获奖项目

特等奖（通用项目）

序号	编号	项目名称	主要完成人	主要完成单位	推荐单位
1	J-21702-0-01	特高压±800kV直流输电工程	李立涅　刘振亚　舒印彪 刘泽洪　尚　涛　黎小林 荀锐锋　马为民　黄　莹 陆剑秋　吴宝英　陆家榆 王　健　宓传龙　周远翔 印永华　罗　兵　张喜乐 梁政平　高理迎　蔡希鹏 张月华　于永清　王建生 余　军　洪　潮　梁言桥 陈　东　吕金壮　齐　磊 李　侠　彭宗仁　王　琦 李　正　张万荣　胡　蓉 卢理成　余　波　马　斌 司马文霞　李海英　方森华 党镇平　贺　智　种芝艺 薛春林　郑　劲　郭振岩 冯晓东　汤晓中	国家电网公司 中国南方电网有限责任公司 中国西电集团公司 中国电力科学研究院 南方电网科学研究院有限责任公司 国网北京经济技术研究院 西安电力电子技术研究所 特变电工沈阳变压器集团有限公司 清华大学 南京南瑞继保电气有限公司 电力规划总院有限公司 保定天威保变电气股份有限公司 许继集团有限公司 西安西电变压器有限责任公司 华北电力大学	中国电机工程学会

续表

序号	编号	项目名称	主要完成人	主要完成单位	推荐单位
1	J-21702-0-01	特高压±800kV直流输电工程		西安西电电力系统有限公司 中国电力工程顾问集团中南电力设计院有限公司 中国电力工程顾问集团西南电力设计院有限公司 中国电力工程顾问集团华东电力设计院有限公司 中国能源建设集团广东省电力设计研究院有限公司 中国电力工程顾问集团西北电力设计院有限公司 北京电力设备总厂有限公司 西安交通大学 重庆大学 江苏神马电力股份有限公司 大连电瓷集团股份有限公司 桂林电力电容器有限责任公司 机械工业北京电工技术经济研究所 抚顺电瓷制造有限公司 淄博泰光电力器材厂	中国电机工程学会
2	J-23302-0-01	以防控人感染H7N9禽流感为代表的新发传染病防治体系重大创新和技术突破	李兰娟 舒跃龙 管 轶 冯子健 袁国勇 高 福 袁正宏 王 宇 余宏杰 王大燕 高海女 王 辰 郑树森 杨仕贵 杨维中 曹 彬 陈鸿霖 李 群 朱华晨 周剑芳 刘 翟 高荣保 吴南屏 胡芸文 姚航平 张 曦 俞 亮 郑书发 吴 凡 卢洪洲 王 嘉 夏时畅 崔大伟 白 天 梁伟峰 林赞育 武桂珍 揭志军 郭 静 杜启泓 盛吉芳 刁宏燕 向妮娟 杨益大 赵 翔 汤灵玲 邹淑梅 余 斐 朱丹华	浙江大学医学院附属第一医院 中国疾病预防控制中心病毒病预防控制所 中国疾病预防控制中心 汕头大学 香港大学 复旦大学 中国科学院微生物研究所 上海市疾病预防控制中心 上海市第五人民医院 首都医科大学附属北京朝阳医院 浙江省疾病预防控制中心	中华医学会

续表

一等奖（通用项目）					
序号	编号	项目名称	主要完成人	主要完成单位	推荐单位
1	J-210-1-01	涪陵大型海相页岩气田高效勘探开发		中国石油化工股份有限公司勘探分公司 中国石油化工股份有限公司江汉油田分公司 中国石油化工股份有限公司石油工程技术研究院 中国石油化工股份有限公司石油勘探开发研究院 中石化中原石油工程有限公司 中石化江汉石油工程有限公司 中石化石油机械股份有限公司 中国石油化工股份有限公司石油物探技术研究院 中石化胜利石油工程有限公司 国土资源部油气资源战略研究中心	中国石油化工集团公司
2	J-213-1-01	煤制油品/烯烃大型现代煤化工成套技术开发及应用	张玉卓 吴秀章 舒歌平 张继明 闫国春 张传江 梁仕普 杨占军 刘中民 王鹤鸣 陈茂山 崔民利 范传宏 王国良 史士东	神华集团有限责任公司 中国神华煤制油化工有限公司 煤炭科学技术研究院有限公司 中国石化工程建设有限公司 中国科学院大连化学物理研究所 中石化洛阳工程有限公司 中国第一重型机械集团公司 中国科学院武汉岩土力学研究所 新兴能源科技有限公司 天津大学	中国煤炭工业协会、中国石油和化学工业联合会

续表

序号	编号	项目名称	主要完成人	主要完成单位	推荐单位
3	J-223-1-01	蛟龙号载人潜水器研发与应用	徐芑南 刘峰 崔维成 胡震 朱敏 王晓辉 刘涛 吴崇建 李向阳 侯德永 叶聪 杨波 刘开周 余建勋 刘军	中国船舶重工集团公司第七〇二研究所 中国大洋矿产资源研究开发协会 中国科学院沈阳自动化研究所 中国科学院声学研究所 中国船舶重工集团公司第七〇一研究所 中国海监第一支队 河南新太行电源股份有限公司 北京长城电子装备有限责任公司 浙江大学 国家深海基地管理中心	国家海洋局
4	J-21701-1-01	600MW超临界循环流化床锅炉技术开发、研制与工程示范	吕俊复 徐鹏 肖创英 胡昌华 聂立 苏虎 马怀新 陈英 刘吉臻 杨海瑞 胡修奎 郑兴胜 李星华 杨冬 岳光溪	清华大学 东方电气集团东方锅炉股份有限公司 神华集团有限责任公司 华北电力大学 中国电力工程顾问集团西南电力设计院有限公司 四川白马循环流化床示范电站有限责任公司 浙江大学 神华国能集团有限公司 四川电力建设三公司 中国华能集团清洁能源技术研究院有限公司	教育部
5	J-210-1-02	南海高温高压钻完井关键技术及工业化应用	李中 刘书杰 董星亮 黄熠 杨进 李炎军 齐美胜 罗鸣 谢仁军 张智 孙东征 张勇 王尔钧 周建良 黄凯文	中海石油（中国）有限公司湛江分公司 中海油研究总院 中海油田服务股份有限公司 中国石油大学（北京） 中海油能源发展股份有限公司 西南石油大学 长江大学 深圳新速通石油工具有限公司 华油阳光（北京）科技股份有限公司 深圳市远东石油钻采工程有限公司	中国海洋石油总公司

续表

序号	编号	项目名称	主要完成人	主要完成单位	推荐单位
6	J-223-1-02	复杂环境下高速铁路无缝线路关键技术及应用	高 亮 陈 峰 曾宪海 尹 辉 蔡小培 肖 宏 魏 强 李秋义 闫红亮 董彦录 彭 华 辛 涛 白明洲 侯博文 张艳荣	北京交通大学 中铁第四勘察设计院集团有限公司 铁道第三勘察设计院集团有限公司 西南交通大学 中铁宝桥集团有限公司	国家铁路局
7	J-212-1-01	干喷湿纺千吨级高强/百吨级中模碳纤维产业化关键技术及应用	张国良 张定金 陈惠芳 刘 芳 刘宣东 张斯纬 席玉松 陈秋飞 金 亮 连 峰 郭鹏宗 于素梅 张家好 李 韦 裴怀周	中复神鹰碳纤维有限责任公司 东华大学 江苏鹰游纺机有限公司	中国纺织工业联合会
8	J-206-1-01	中国电子网络安全与信息化科技创新工程		中国电子信息产业集团有限公司	国有资产监督管理委员会
9	J-213-1-02	高效甲醇制烯烃全流程技术	谢在库 王子宗 刘红星 吴 雷 罗 强 张西国 钟思青 王振维 顾松园 余龙红 王家纯 张 赪 齐国祯 王传明 孙培志	中国石油化工股份有限公司 上海石油化工研究院 中国石化工程建设有限公司 中国石化中原石油化工有限责任公司 中国石油化工股份有限公司北京燕山分公司	中国石油化工集团公司

续表

序号	编号	团队名称	团队主要成员	主要支持单位	推荐单位
10	J-207-1-01	中国科学院寒区旱区环境与工程研究所冻土与寒区工程研究创新团队	程国栋 赖远明 马　巍 吴青柏 牛富俊 俞祁浩 金会军 刘永智 盛　煜 张建明 李东庆 温　智 张明义 李国玉 喻文兵	中国科学院寒区旱区环境与工程研究所	甘肃省
11	J-207-1-02	袁隆平杂交水稻创新团队	袁隆平 邓启云 邓华凤 张玉烛 马国辉 徐秋生 阳和华 齐绍武 彭既明 赵炳然 袁定阳 李新奇 王伟平 吴　俊 李　莉	湖南杂交水稻研究中心，湖南省农业科学院	湖南省
12	J-207-1-03	西安交通大学热质传递的数值预测控制及其工程应用创新团队	陶文铨 何雅玲 王秋旺 何茂刚 唐桂华 屈治国 李增耀 曾　敏 李印实 赵存陆 刘迎文 陶于兵 张剑飞 杨卫卫 陈　黎	西安交通大学	教育部

2017年度中华人民共和国国际科学技术合作奖获奖人

一、厄尔·沃德·普拉默（美国）
二、肖开提·萨利霍夫（乌兹别克斯坦）
三、张首晟（美国）
四、菲利普·戴维·寇茨（英国）
五、陈德亮（瑞典）
六、施扬（美国）
七、保罗·斯潘诺斯（美国）

资料来源于科技部网站。

［附录五］ **2017 年我国运动员创世界纪录和获世界冠军情况**

2017 年我国运动员创世界纪录情况

项目	举办地	运动员	性别	赛事	产生日期	成绩
男子射击飞碟双多向	印度	胡斌渊	男	2017 年射击飞碟世界杯总决赛	10 月 27 日	资格赛 137 中，决赛 79 中
男子射击气步枪（10 米）	印度	宋布寒	男	2017 年射击世界杯分站赛第一站	2 月 24 日	资格赛 624.4 环，决赛 249.5 环
女子射击飞碟多向	塞浦路斯	王晓菁	女	2017 年射击飞碟世界杯分站赛第三站	5 月 5 日	资格赛 71 中，决赛 45 中
女子射击气步枪（10 米）	印度	史梦瑶	女	2017 年射击世界杯分站赛第一站	2 月 24 日	资格赛 418.6 环，决赛 252.1 环
女子射击气手枪（10 米）	印度	林月美	女	2017 年射击世界杯分站赛第一站	2 月 26 日	资格赛 380 环，决赛 240.8 环
航海模型动力艇 F3-E	匈牙利	张林强	男	2017 年航海模型动力艇项目世界锦标赛	8 月 21 日	13.68 秒

2017 年我国运动员获国际主要赛事世界冠军情况

项目	运动小项	运动员	性别	赛事	产生日期	举办地	成绩
游泳	男子 200 米自由泳	孙　杨	男	2017 年游泳世界锦标赛	7 月 25 日	布达佩斯	01:44.39
	男子 100 米仰泳	徐嘉余	男	2017 年游泳世界锦标赛	7 月 25 日	布达佩斯	00:52.44
	男子 400 米自由泳	孙　杨	男	2017 年游泳世界锦标赛	7 月 23 日	布达佩斯	03:41.38
跳水	男子 1 米板	彭健烽	男	2017 年游泳世界锦标赛	7 月 16 日	布达佩斯	448.4
	男子 3 米跳板	谢思埸	男	2017 年游泳世界锦标赛	7 月 20 日	布达佩斯	547.1
	女子 3 米跳板	施廷懋	女	2017 年游泳世界锦标赛	7 月 21 日	布达佩斯	383.5
	混合十米台	任　茜	女	2017 年游泳世界锦标赛	7 月 15 日	布达佩斯	352.98
		练俊杰	男				
	混合 3 米板	王　涵	女	2017 年游泳世界锦标赛	7 月 22 日	布达佩斯	323.7
		李　政	男				

续表

项目	运动小项	运动员	性别	赛事	产生日期	举办地	成绩
跳水	男子双人10米跳台	陈艾森	男	2017年游泳世界锦标赛	7月17日	布达佩斯	498.48
		杨　昊	男				
	女子双人10米跳台	任　茜	女	2017年游泳世界锦标赛	7月16日	布达佩斯	352.56
		司雅杰	女				
	女子双人3米跳板	施廷懋	女	2017年游泳世界锦标赛	7月17日	布达佩斯	333.3
		昌雅妮	女				
花样游泳	自由组合	呙　俐	女	2017年世界游泳锦标赛花样游泳比赛	11月22日	布达佩斯	96.1
		梁馨枰	女	2017年世界游泳锦标赛花样游泳比赛			
		尹成昕	女	2017年世界游泳锦标赛花样游泳比赛			
		肖雁宁	女	2017年世界游泳锦标赛花样游泳比赛			
		汤梦妮	女	2017年世界游泳锦标赛花样游泳比赛			
		冯　雨	女	2017年世界游泳锦标赛花样游泳比赛			
		王柳懿	女	2017年世界游泳锦标赛花样游泳比赛			
		王芊懿	女	2017年世界游泳锦标赛花样游泳比赛			
		常　昊	女	2017年世界游泳锦标赛花样游泳比赛			
		于乐乐	女	2017年世界游泳锦标赛花样游泳比赛			
		蒋文文	女	2017年世界游泳锦标赛花样游泳比赛			
		蒋婷婷	女	2017年世界游泳锦标赛花样游泳比赛			

续表

项目	运动小项	运动员	性别	赛事	产生日期	举办地	成绩
田径	女子20公里竞走	杨家玉	女	2017年田径世界锦标赛	8月13日	伦敦	1:26:18
	女子铅球	巩立姣	女	2017年田径世界锦标赛	8月9日	伦敦	19.94
羽毛球	男子双打	张 楠	男	2017年羽毛球世界锦标赛	8月27日	格拉斯哥	
		刘 成	男				
	女子双打	陈清晨	女	2017年羽毛球世界锦标赛	8月27日	格拉斯哥	
		贾一凡	女				
柔道	女子+78公斤级	于 颂	女	2017年柔道世界锦标赛	9月2日	匈牙利	
体操	男子全能	肖若腾	男	2017年体操世界锦标赛	10月5日	加拿大	86.933
	男子双杠	邹敬园	男	2017年体操世界锦标赛	10月8日	加拿大	15.9
	女子高低杠	范忆琳	女	2017年体操世界锦标赛	10月7日	加拿大	15.166
射击	男子飞碟双多向	胡斌渊	男	2017年射击飞碟世界杯总决赛	10月27日	印度	
	混合10米气步枪团体	吴明阳	女	2017年射击步手枪世界杯总决赛	10月24日	印度	
		宋布寒	男				
乒乓球	乒乓球男子单打	马 龙	男	2017年乒乓球世界锦标赛	6月5日	杜塞尔多夫	
	乒乓球女子单打	朱雨玲	女	2017年乒乓球女子世界杯	10月29日	万锦	
	乒乓球女子单打	丁 宁	女	2017年乒乓球世界锦标赛	6月5日	杜塞尔多夫	
	乒乓球男子双打	樊振东	男	2017年乒乓球世界锦标赛	6月5日	杜塞尔多夫	
		许 昕	男				
	乒乓球女子双打	丁 宁	女	2017年乒乓球世界锦标赛	6月5日	杜塞尔多夫	
		刘诗雯	女				
跆拳道	男子63公斤级	赵 帅	男	2017年跆拳道世界锦标赛	6月24日	茂朱	
	女子团体	郑姝音	女	2017年跆拳道世界杯	12月7日	科特迪瓦	
		刘凯琪	女				
		闻人云涛	女				
		周俐君	女				
		高 盼	女				
		张梦宇	女				

续表

项目	运动小项	运动员	性别	赛事	产生日期	举办地	成绩
滑冰	花样滑冰双人滑	韩　聪	女	2017年花样滑冰世界锦标赛	3月30日	赫尔辛基	232.06
		隋文静	女				
	短道速滑女子500米	范可新	女	2017年短道速滑世界锦标赛	3月11日	鹿特丹	00:43.605
	短道速滑女子300米接力	范可新	女	2017年短道速滑世界锦标赛	3月12日	鹿特丹	04:14.058
		郭奕含	女				
		臧一泽	女				
		林　悦	女				
		曲春雨	女				
滑雪	女子U型场地单板雪上技巧	蔡雪桐	女	2017年单板滑雪世界锦标赛	3月11日	西班牙	90.75

资料来源于国家体育总局网站。

［附录六］

2017年第六届全国道德模范名单

全国助人为乐模范（10名）	
方　敬	华东师范大学退休教师
田　华（女）	中国人民解放军八一电影制片厂演员剧团原团长
刘　源	国网成都市高新供电公司副总经理
刘长城	山东省威海市残疾人就业服务中心主任
刘玉杰（女）	北京市朝阳区奥运村街道双泉社区第二党支部书记
刘贵芳（女）	河北省广平县南阳堡镇乡村医生
张全收	河南省驻马店市上蔡县朱里镇拐子杨村党支部书记、村委会主任
陈　贤（女） 曹　旭　（夫妇）	安徽省滁州市定远县天定律师事务所律师
逄秘书	甘肃省临夏州临夏市人民武装部部长
韩　凯	浙江省杭州微笑行动慈善医院医生
全国见义勇为模范（10名）	
王生廷 王双廷　（兄弟）	王生廷系国网河北石家庄井陉县供电公司小作供电所员工 王双廷系河北省石家庄市井陉县小作镇南石门村党支部书记

续表

王海滨	昂思菲特贸易（上海）有限公司职工
王　锋	生前系河南省南阳市方城县广阳镇古城村村民
扎西林具（藏族）	西藏自治区公路局拉贡机场高速公路管理分局养护中心桑达养护站副站长
匡　兵 温琦华（女） （夫妇）	匡兵系湖南省耒阳市公安局导子派出所副所长 温琦华系湖南省耒阳市国税局临聘人员
麦麦提敏·阿卜杜喀迪尔（维吾尔族）	新疆维吾尔自治区和田地区皮山县桑株镇巴斯喀克村村民
李忠华	黑龙江省黑河市嫩江县江畔花园小区居民
杨科璋	生前系广西壮族自治区玉林市公安消防支队名山中队政治指导员
罗腊英（女）	生前系安徽省青阳县杜村乡上峰村村民
周炳耀	生前系福建省古田县卓洋乡庄里村党支部书记
全国诚实守信模范（8名）	
王新华（女）	中国人民解放军第三〇二医院妇产科护士长
艾买尔·依提（维吾尔族）	生前系新疆维吾尔自治区喀什地区叶城县民政局退休工人
陈淑梅（女） 李其云 （夫妇）	重庆市铜梁区巴川街道六顺花园居民
呼秀珍（女）	陕西省咸阳道北中学特级教师
房公训	山东省莱芜市茶业口镇崖下村村民
郭俊华（女）	天津市宝坻区天星皮革厂工人
黄大发	贵州省遵义市播州区平正仡佬族乡原草王坝村党支部书记
魏德友	新疆生产建设兵团第九师161团退休职工
全国敬业奉献模范（18名）	
王家元	四川省宜宾市筠连县腾达镇党委副书记、春风村党支部书记
毛腊生	贵州航天风华精密设备有限公司技术人员
甘科伟（壮族）	生前系广西壮族自治区南宁市公安局禁毒支队民警
宁允展	中车青岛四方机车车辆股份有限公司高级技师
戎鹏强	内蒙古北方重工业集团有限责任公司防务事业部工人
许启金	国网安徽省电力公司宿州供电公司输电运检室带电作业班副班长
农加贵（壮族）	云南省文山壮族苗族自治州广南县莲城镇落松地小学教师
苏鸿熙	中国人民解放军总医院原胸心外科主任
张　超	生前系中国人民解放军92950部队一级飞行员
姜　妍（女，满族）	辽宁省沈阳鼓风机集团股份有限公司设计院副总工程师
姚玉峰	浙江大学医学院附属邵逸夫医院眼科主任
骆抗先	南方医科大学南方医院主任医师、教授

续表

高凤林	中国航天科技集团公司一院首都航天机械公司高凤林班组组长
黄大年	生前系吉林大学新兴交叉学部学部长
黄旭华	中船重工719研究所名誉所长
廖俊波	生前系福建省南平市委常委、常务副市长兼武夷新区党工委书记
谭清泉	中国人民解放军96733部队84分队高级工程师
薛　莹（女）	航空工业西飞国航厂铆装钳工
全国孝老爱亲模范（12名）	
王必盛	江西省赣州市会昌县总工会退休干部
白　琴（女）	宁夏回族自治区平罗县陶乐镇施家台子村村民
白永皓	西安科技大学学生
刘学举	湖北省十堰市竹山县柳林乡洪坪村村民
孙银聪（女）	山西省运城市芮城县古魏镇太安村村民
杨素静（女）	辽宁省鞍山市交运集团有限公司第二汽车分公司工会干事
张红萍（女）	陕西省延安市陕煤集团黄陵矿业公司二号煤矿专职家属协管员
陈淑芳（女）	浙江省宁波市象山县畜牧兽医总站站长
周长芝（女）	江苏省徐州市云龙区彭城养老服务中心院长
周艳梅（女）	内蒙古通辽职业学院学生
高妹香（女，苗族）	海南省保亭黎族苗族自治县三道镇三弓村委会新建村村民
温金娥（女）	福建省龙岩市上杭县实验小学教师

资料来源于中国文明网。

［附录七］

2017年全国自然灾害情况

指标	单位	数量
农作物受灾面积	千公顷	18478.1
农作物绝收面积	千公顷	1826.7
旱灾受灾面积	千公顷	9874.8
旱灾绝收面积	千公顷	752.4
洪涝、山体滑坡、泥石流和台风受灾面积	千公顷	5808.8
洪涝、山体滑坡、泥石流和台风绝收面积	千公顷	766.1
风雹灾害受灾面积	千公顷	2268.1

续表

指标	单位	数量
风雹灾害绝收面积	千公顷	225.2
低温冷冻和雪灾受灾面积	千公顷	524.5
低温冷冻和雪灾绝收面积	千公顷	83
自然灾害受灾人口	万人次	14448
自然灾害受灾死亡人口	人	979
自然灾害直接经济损失	亿元	3018.7

资料来源于2018年3月2日国家统计局国家年度数据表。

［附录八］ **2017年国务院机构简称**

全称	简称
中华人民共和国国务院办公厅	国务院办公厅
国务院组成部门	
中华人民共和国外交部	外交部
中华人民共和国国防部	国防部
中华人民共和国国家发展和改革委员会	发展改革委
中华人民共和国教育部	教育部
中华人民共和国科学技术部	科技部
中华人民共和国工业和信息化部	工业和信息化部
中华人民共和国国家民族事务委员会	国家民委
中华人民共和国公安部	公安部
中华人民共和国国家安全部	安全部
中华人民共和国监察部	监察部
中华人民共和国民政部	民政部
中华人民共和国司法部	司法部
中华人民共和国财政部	财政部
中华人民共和国人力资源和社会保障部	人力资源社会保障部
中华人民共和国国土资源部	国土资源部
中华人民共和国环境保护部	环境保护部
中华人民共和国住房和城乡建设部	住房城乡建设部
中华人民共和国交通运输部	交通运输部

续表

全称	简称
中华人民共和国水利部	水利部
中华人民共和国农业部	农业部
中华人民共和国商务部	商务部
中华人民共和国文化部	文化部
中华人民共和国国家卫生和计划生育委员会	卫生计生委
中国人民银行	人民银行
中华人民共和国审计署	审计署
监察部与中共中央纪律检查委员会机关合署办公，机构列入国务院序列，编制列入中共中央直属机构。教育部对外保留国家语言文字工作委员会牌子。工业和信息化部对外保留国家航天局、国家原子能机构牌子。环境保护部对外保留国家核安全局牌子。	
国家语言文字工作委员会	国家语委
国家航天局	航天局
国家原子能机构	原子能机构
国家核安全局	核安全局
国务院直属特设机构	
国务院国有资产监督管理委员会	国资委
国务院直属机构	
中华人民共和国海关总署	海关总署
国家税务总局	税务总局
国家工商行政管理总局	工商总局
国家质量监督检验检疫总局	质检总局
国家新闻出版广电总局	新闻出版广电总局
国家体育总局	体育总局
国家安全生产监督管理总局	安全监管总局
国家食品药品监督管理总局	食品药品监管总局
国家统计局	统计局
国家林业局	林业局
国家知识产权局	知识产权局
国家旅游局	旅游局
国家宗教事务局	宗教局
国务院参事室	参事室
国家机关事务管理局	国管局
国家预防腐败局列入国务院直属机构序列，在监察部加挂牌。国家新闻出版广电总局加挂国家版权局牌子。	
国家预防腐败局	预防腐败局

续表

全称	简称
国家版权局	版权局
国务院办事机构	
国务院侨务办公室	侨办
国务院港澳事务办公室	港澳办
国务院法制办公室	法制办
国务院研究室	国研室
国务院台湾事务办公室与中共中央台湾工作办公室、国务院新闻办公室与中共中央对外宣传办公室、国务院防范和处理邪教问题办公室与中央防范和处理邪教问题领导小组办公室，一个机构两块牌子，列入中共中央直属机构序列。	
国务院台湾事务办公室	台办
国务院新闻办公室	新闻办
国务院防范和处理邪教问题办公室	防范办
国务院直属事业单位	
新华通讯社	新华社
中国科学院	中科院
中国社会科学院	社科院
中国工程院	工程院
国务院发展研究中心	发展研究中心
国家行政学院	行政学院
中国地震局	地震局
中国气象局	气象局
中国银行业监督管理委员会	银监会
中国证券监督管理委员会	证监会
中国保险监督管理委员会	保监会
全国社会保障基金理事会	社保基金会
国家自然科学基金委员会	自然科学基金会
国务院部委管理的国家局	
国家信访局	信访局
国家粮食局	粮食局
国家能源局	能源局
国家国防科技工业局	国防科工局
国家烟草专卖局	烟草局
国家外国专家局	外专局
国家公务员局	公务员局
国家海洋局	海洋局

续表

全称	简称
国家测绘地理信息局	测绘地信局
国家铁路局	铁路局
中国民用航空局	民航局
国家邮政局	邮政局
国家文物局	文物局
国家中医药管理局	中医药局
国家外汇管理局	外汇局
国家煤矿安全监察局	煤矿安监局
国家档案局与中央档案馆、国家保密局与中央保密委员会办公室、国家密码管理局与中央密码工作领导小组办公室，一个机构两块牌子，列入中共中央直属机关的下属机构序列。	
国家档案局	档案局
国家保密局	保密局
国家密码管理局	密码局

资料来源于国办秘函〔2013〕12号文件。

图书在版编目(CIP)数据

中华人民共和国史编年．2017年卷 / 当代中国研究所，中央档案馆编．-- 北京：当代中国出版社，2019.9
ISBN 978-7-5154-0970-2

Ⅰ．①中… Ⅱ．①当… ②中… Ⅲ．①中国历史—现代史—编年体—2017 Ⅳ．①K270.43

中国版本图书馆CIP数据核字(2019)第183413号

出 版 人 曹宏举
责任编辑 袁又文
责任校对 康 莹
装帧设计 海 洋
出版发行 当代中国出版社
地 址 北京市地安门西大街旌勇里8号
网 址 http://www.ddzg.net 邮箱：ddzgcbs@sina.com
邮政编码 100009
编 辑 部 (010)66572264 66572154 66572132 66572180
市 场 部 (010)66572281 66572161 66572157 83221785
印 刷 北京润田金辉印刷有限公司
开 本 787毫米×1092毫米 1/16
印 张 61.5印张 2插页 1338千字
版 次 2019年9月第1版
印 次 2019年9月第1次印刷
定 价 360.00元

ISBN 978-7-5154-0970-2